中国媒介批评史

刘建明等 著

海峡出版发行集团
THE STRAITS PUBLISHING & DISTRIBUTING GROUP
福建人民出版社

本书著者及撰写章节：

刘建明：撰写第 2 章、第 3 章、第 4 章、第 5 章第 3 节、第 7 章第 6 节、第 8 章第 1 节、第 9 章第 2 节、第 10 章第 1 节，设计全书框架，拟订全书章节题目，对全书各章节的写作进行了指导、修改并补充了部分内容。

焦　健：撰写第 1 章。

王颖吉：撰写第 4 章第 2 节、第 5 章第 2 节。

樊拥军：撰写第 5 章第 1 节。

宋双峰：撰写第 5 章第 4 节。

武　婧：撰写第 6 章。

冯　静：撰写第 7 章。

易发俊：撰写第 8 章。

胡云炽：撰写第 9 章

赵裕玮：撰写第 10 章。

黄　辉：撰写第 11 章。

自序：中国媒介批评的视域与历程

媒介批评史是对媒介（包括记者和编辑）传播与媒介制度解读的历史，揭示媒介批评发展的规律，为传媒工作者、媒介批评者和媒介批评研究者提供历史范例和借鉴。本书对中国古代邸报及当代大众传媒的评价活动，给予系统的介绍和总结，揭示各个时期中国媒介批评的视点和发展历程。

媒介批评本身应有两种视野，即不仅瞄准宏观层面，分析媒介的性质和传播制度，而且还对微观层面——传播内容和传播者，其中包括对具体作品（报道或书籍）做出评价或指引。这两种视域往往相互交叉、融合在一起，成为媒介批评的主要内容与线索。

邸报出现后，最初有人对这种官报有过简单的描述或评论，后来由于朝廷需要对报道内容加以控制，对邸报的评介渐渐扩展到传播制度领域。到近代和当代媒介时期，许多社会活动家、政治家、思想家和著名报人，对媒体的方针、传播内容提出过重要的指导或批评意见，媒介批评成为整个历史脉络的意识旋律，震响于历史变动的前奏。

中国媒介批评的方式多种多样，从提出办报宗旨到评价媒介的社会效果，从检查媒体的传播内容到禁止刊载不合政治要求的内容，从褒贬媒体或记者到迫害或枪杀被视为仇敌的报人，多角度地展现出中国媒介批评史演变的路径，映现了中国媒介生态的发展道路。简单地说，中国媒介批评史是对一定历史阶段大众媒介应当如何办，应当传播什么内容，媒体与记者的传播是好还是坏，政治权力如何对待和管理媒介等史实，进行陈述与评价。

本书著者认为，作为一部史著，重要的是写出确切的史实，著者的结论只是对史实的概括和揭示。只要史实准确、要点突出，有些读者自己也可得出结论，所以这本《中国媒介批评史》重视对史实的撰编和介绍。在前五章基本以人物为线索，后几章则以历史时期或事件为叙述顺序，全书大体按年代启承的先后排列章节。由于肇始年月前后交错，纪年开端又很难十分严整，为了照顾重要事件的始末衔接自然，有些人物出场的时间只好稍做提前或移后的安排。

就我国当代的大量史著看，许多著者忽视史实的介绍，著者本人的归纳和分析占据文本的绝大部分，读者阅后根本看不到历史画面和历史人物的语言。这就很难再现历史，再现的却是史家的观点。本书为避免这种倾向，尽量对史实和历史人物说过的话做更多的引述。本书研究的是历史人物如何进行媒介批评，他们的批评思想如何，引述他们的言论过少，很难达到编撰目的。

由于许多历史问题年代久远，有些史料记载有不同说法，真伪多有疑点，本书只能使用多人共识的材料。由于改革开放前思想僵化和“左”的思想影响，有些研究历史的人往往“以阶级划线、以主义为鉴”，“革命者完美无瑕，不革命者一切皆黑”。本书以历史事实为依据，对人对事只做历史分析，绝不妄下结论。只要历史人物说过重要的观点，在媒介批评中有一席之地，本书就予以撰述；那些有过重大历史功绩的人可能犯过错误，违背历史潮流做过错事、说过错话，本书也把它写出来，这不仅为了忠于历史，而且也是为了引起读者有益的思考。还有些重要历史人物和报人，没有提出过报刊批评意见或仅仅有少量的见解，难以成节、成段地陈述和分析，只好摒除在本书之外。

不容忽视的是，媒介批评往往带有批评者的主观愿望，因为批评不仅是评价活动，同时又是一种研究活动，每个批评者都有自己的追念和一套理论。如果说媒体作品是用一套语言系统对世界的再现，那么，媒介批评则是批评者用另一套语言体系对编辑、记者、作品、媒体和受众反响的再现。这样，媒介批评研究对批评者的见解自然具有注释的意味，不能不介绍批评意见产生的背景和内在意义。有些批评意见就目前思想解放的要求，还不便给予透彻的分析，只能原原本本地把它们介绍给读者。本书将本着这一准则，客观地评介媒介批评的观点，尽可能做出多维揭示。

《中国媒介批评史》是福建人民出版社 2007 年出版的《西方媒介批评史》的续篇，以期对中外媒介批评的发展给以全面总结。前后经过我同我的研究生 6 年的努力，才最终完成。由于不能把它写成新闻史和媒介史，而且又不得不在阐述各时期媒介批评活动和观点时涉及这些材料，撰写难度就大大出乎预料。实际上媒介批评史是媒介批评活动与批评观点发展的历史，报刊史与记者身世的介绍只是作为背景材料出现在本书中，尽管这类材料比重较大，十分重要，但它们不是入史的主线。

最后，万分感谢福建人民出版社大力支持这两本书的出版，也希望对媒介批评感兴趣的读者和学者对这两本书给予斧正。

刘 建 明

于清华大学宏盟楼

2010 年 10 月 1 日

目 录

第一章　从邸报禁令到民国报灾

中国古近代的报纸批评分为官方、民间和士人三个层面，其中，专制皇室的批评与他们的新闻传播一样，在当时占据统治地位。在封建社会，集权人物的报纸控制成建制地实施，民间的报纸批评则呈现分散状态，多表现为口念腹诽、街谈巷议。士人报纸批评介乎二者之间，既确定又隐微，既积极主动又漫不经心。中国古近代媒介批评的实践在一种简单而繁复、分殊而统一的局面中启动，并悄然、微弱地开展起来。

第一节　王朝对报纸的控制

自唐朝以来，虽然每一朝代的报纸批评都不仅限于统治者，但新闻思想与传播观念大都首先从统治者那里产生。正如马克思所说："统治阶级的思想在每一个时代都是占统治地位的思想。也就是说，一个阶级是社会上占统治地位的物质力量，同时也是社会上占统治地位的精神力量。"① 从这个意义上讲，厘清封建统治者的意识脉络，不仅便于把握我国古代邸报批评的起源，而且对后文论及民间与士人的报纸批评也有引路的作用。

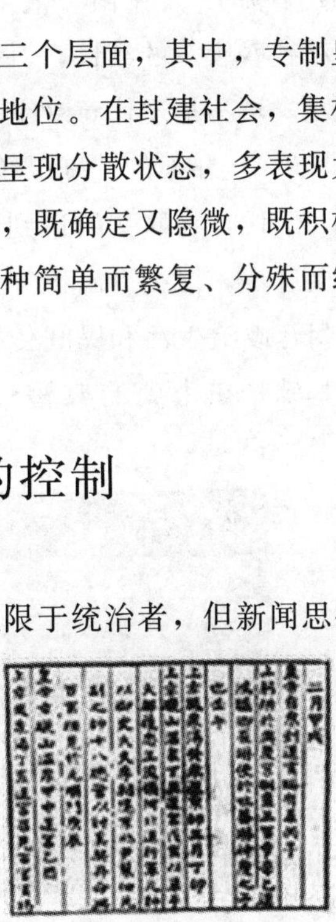

图 1－1　唐代《开元杂报》（约 724—735 年）

一、宋代邸报的"有误编修"

就史料来看，还没有发现唐朝的皇帝、大臣对当时的"进奏院状报"发出批评的言论，这大概是由于当时邸报刚刚萌芽，既没有在政治生活中产生

① 《马克思恩格斯选集》，第 1 卷，第 98 页，人民出版社，1995。

影响，也没有“兴风作浪”引起统治者的警觉。但根据唐代孙樵《读〈开元杂报〉》一文描述，当时的报纸（有“状、报状、状报、报”等名称）“系日条事，不立首末”。“杂报”是孙樵定的名称，一个“杂”字，评价了他所见到的这张“报状”的内容繁杂。“系日条事，不立首末”又评价了这幅状报的版面形式。“所记每日内容，无头无尾，没有标题”，对新闻的外观作了简要的评论。或许他感到唐代末期的局势已远不及“盛唐”，所以认为“诚不类数十幅书”，发出“恨生不为太平男子，及睹开元中事”的感叹。孙樵出于对“盛唐”的缅怀，“因取其书帛而漫志其末”，这种带有评价意味的思想抒发，虽不是现代意义上的媒介批评，也可视为早期报纸评论的简单表达。

（一）邸报的“别录单状”与“定本”

宋代，物质文明达到中国历史的新高度，新闻传播较之以前的朝代有了明显进步。报纸走出雍容华贵的皇城和衙门，开始赋予市民味和街巷化，成为朝廷政治生活和民间传播趣闻不可缺少的部分。这为报纸批评的发展奠定了基础，在宋朝的典籍中，有关皇帝、大臣对邸报的批评言论就倏然多起来。

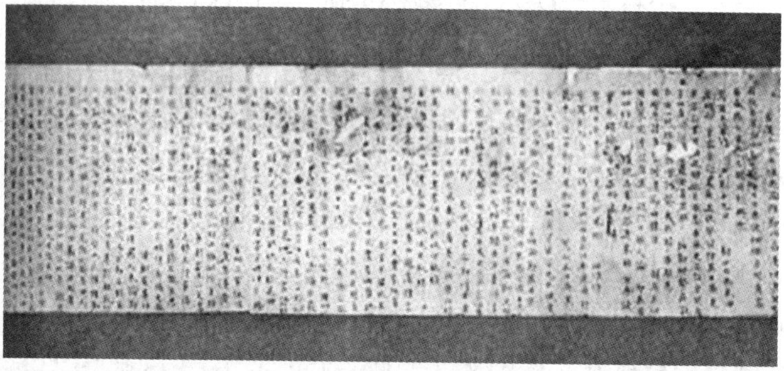

图 1－2　发行于唐僖宗三年（887 年）的邸报

邸报这一名称最早出现于宋，是宋代以来对封建官报最经常、最习惯的称呼，成为历朝对封建官报乃至一般报纸的泛称。由进奏官编写的早期的宋朝邸报，可以说和唐朝的进奏院状报一样，是朝廷公报内容的摘要及京师政治、社会新闻的混合物。由于它编发的环节少、传递速度快，很快使朝廷感到存在泄露机密的弊端。

《宋会要辑稿·职官》二之四四记载，太宗雍熙二年（986 年）五月，诏：“开封府进奏官，止依例供申本府报状，诸州不许申发。”三年后，《宋会要辑稿·职官》一八之七八又载，太宗端拱二年（989 年）五月，“史馆年当馆旧例，差知书库刘襄抄录报状，供应攒日历。今缘宣命，不能抄录诸州杂报，窃虑有误编修。”这说明，当时有的进奏官没有“依例”行事，越权对诸州发布消息，超出朝廷许可的范围。起先打着“报状”的招牌，后来发展到“诸州杂报”。对牵涉朝廷机密的消息，只是指其“有误编修”，不许抄录。这种批评还是很温和的。胡宿（995—1067 年，字武平，常州晋陵人，进士，历官扬子尉、通判宣州、两浙转运使、翰林学士、枢密副使等职）在《文恭集》卷七载有一道“论臣僚对进，密陈机事，即时外传，乞赐防闲”的奏疏，强调“比来群臣进对，有所密陈，往往即时传之在外，岂非防闲之道未尽其要”。并提出今后臣僚上殿时要“乞严屏左右，以防漏泄”。

又过了多年，朝廷发现，刊载在诸如“诸州杂报”上的未经朝廷发布的消息，主要来自进奏院中的大小官吏。为了维护朝事消息发布的权威性，朝廷开始把整顿新闻发布秩序的重点放到整顿进奏院。《宋会要辑稿·职官》二之四五中记载：真宗大中祥符元年（1008 年）诏：“进奏院不得非时供报朝廷事，宣令进奏官五人为保，犯者科违制之罪。”这就相当严厉了，不仅是邸报批评，更像是对发布朝廷消息的官吏下达了禁令，以违制罪惩治泄露消息的邸报编者。

此时进奏院“非时供报朝廷事”可能多次发生，皇帝才下诏予以禁止，并提出“五人为保”的防范措施，采取株连、互保制度。宋真宗对邸报消息的作用十分重视，唯恐对其统治不利，便以生死之罪威胁进奏官。可见，他对邸报的控制达到骇人听闻的程度。

但是进奏院“非时供报朝廷事”的情况并未禁绝，甚至各路进奏官在“依例”传发“报状”之外，已经发展成为“别录单状”，传播未经朝廷批准刊发的消息。《宋会要辑稿·刑法》二下载，宋仁宗庆历八年（1018 年）秘阁校书相州杨孜“奏言”：“自余灾祥之事，不得辄以伪题亲识名衔，以报天下。如违，进奏官吏并科制之罪。”《宋会要辑稿·刑法》二之一七载：仁宗天圣九年（1031 年）润十月十五日诏：“闻诸路进奏官，报状之外，别录单状……自今听人告捉、勘罪、决停，告者量与酬赏。”

这里，朝廷公开诏示，鼓励人们检举告发那些“别录单状”的进奏官，只要一“告”，官府就“捉”，然后“勘罪”，决不手软，对告发者则“量与酬赏”。鼓励人们告发，是朝廷控制邸报的严防手段。

但效果仍然不佳，或者可能过了几年又死灰复燃，皇帝不得不出面重颁禁令：《宋会要辑稿·刑法》二之三〇载：仁宗皇祐四年（1052 年）九月十七日诏："访闻诸州进奏官，近日多撰合事端誊报，煽惑人心，及将机密不合报外之事供申。今后许开封府陈告……本犯人特行决配，同保人等第断遣。同保觉察告首捕获，亦与免罪酬奖。监管不举察，致有败露，当行冲替降官。仍今后只得以枢密院送下报状供申，遂处施行。"仁宗的这次诏书指斥进奏官的"撰合"，是在"煽惑人心"，严重危及朝廷统治。皇室提出的对策就是对犯人"特行决配"，对保人"等第断遣"，即撤职后遣送回原籍。假如同保人觉察后检举，则不但可免于刑事处罚，还可给予奖赏。诏书再次明确规定了进奏院的传报范围是"只得以枢密院送下报状供申，遂处施行"，凡未经过枢密院检查下发的报状都不准下发。

宋英宗赵曙在位仅四年，至神宗当朝，社会已孕育一股政治风潮，导致日后的王安石变法。动荡的社会环境致使对新闻需求的激增，人们最关心的新闻是朝廷的动态，原本一再禁止的脱离朝廷控制的民间报纸开始出现。据《宋会要辑稿·刑法》二之三四载，神宗熙宁二年（1069 年）闰十一月二十五日，检察御史里行张勘言："窃闻近日有奸佞小人，肆毁时政，摇动众情，传惑天下。至有矫撰敕文，印卖都市。乞下开封府严行根捉造意、雕卖之人，行谴。"这说的就是宋代的小报，世界上最早的民间报纸。小报反映了封建统治集团的内部矛盾，一出现就迅猛发展，被作为政治斗争的工具，所以被封建最高统治者认为是一种攻击朝政、煽动人心，甚至伪造敕文的报纸。为此，宋代两度实行邸报的定本制度。

定本制度是中国最早的报业检查制度，起始于宋真宗咸平二年（999年）。《宋会要辑稿·职官》二之四五载，宋真宗咸平二年（999 年）规定："进奏院所供报状每五日一写，上枢密院定本供报。"所谓"定本"，指的是根据进奏官们采录来的各种发报材料，经本院监官编好，送请枢密院或当权的宰相审查通过后，产生的邸报样本。进奏官员们必须根据这一样本进行发报。但一些进奏官通报消息心切，也有一些进奏官办事拖拉，导致一些进奏院半路拦截有新闻价值的信息，不经审定就自行抄传，从而使定本制度有名无实。《宋史》卷三《刘奉世传》载，熙宁三年（1070 年），大臣刘奉世进奏宋神宗赵顼，陈清"邸吏辄先期报下，或矫为家书以入邮置"，造成进奏院状报未报而天下先知的局面，请求对进奏院状报"乞革定本，去实封，但以通函眷报"。

刘奉世因进奏院状报未报而天下先知的原因，奏请皇帝批准改掉定本制度，不再用密封形式下发进奏院状报，而改用一般公告（通函）形式，向全国发布。皇上“从之”。同时增设了一个专管新闻发布审查的机构——检详文字（官署），以“太子中允”之官员任检详之官。在枢密院设“检详文字”之官的同时，皇帝还任命刘奉世加衔“集贤校理，检正中书户房公事”。可见皇帝对新闻发布审查的重视，定本制度在历史上曾两度被取消，这便是第一次。

另据《宋会要辑稿·职官》二之五三载，熙宁四年（1071年）十一月一日诏：“枢密院检详吏房文字刘奉世言，旧例每五日令进奏官一名于阁门抄劄状报，申枢密院呈定，录供各处。”讲的是同一件事情，也就是把审查新闻的程序提到朝廷对外发布之前，凡不适合发布的就由枢密院和中书省检详，而且“其报状仍委本院监官逐月抽摘点检”。这种事后检查制度，及时发现漏网，达到既通达政令又能控制传播的目的，在使进奏院状报发表的消息和朝廷意志一致方面，似乎达到了一个较高的水平。

为防止泄密，邸报上的消息多有剪辑而内容不全。正如汪应辰（1118—1176年，本名洋，字圣锡，信州玉山人，宋高宗绍兴五年乙卯科状元）在《文定集》卷十五《与李运使书》中说：“垦田之议，顷于邸报中见之，颇讶其首尾不贯串，今得见全文，甚幸。”因为邸报所载有时并不是全文照抄进奏院状报中的诏令章奏，而是选用或摘录，甚至摘录得相当简略，故“其首尾不贯串”。

徽宗宣和二年（1120年）恢复定本制度，规定“非定本事辄传报者，令尚书省一降指挥，别行措置”。高宗绍兴五年（1135年）又补充规定，除定本外，“擅报及录与诸处箚探入传报者，许人告，赏钱三百贯”。[①] 而在秦桧执政时期即宋高宗赵构当政时，还实行过“亲自定本”制度。但仅仅过了一年，即高宗绍兴二十六年（1156年），右正言凌哲便陈奏定本制度的弊端，认为实行定本制度“动辄年旬日，俟许报行，方感传录。而官吏迎合意旨，多是删去紧要事目，止传常程文书，偏州下邑往往又经历时月不闻朝廷诏令。窃恐民厅妄生迷惑，有害治体”。[②] 皇帝同意予以取消。这便是定本制度第二次被废止。

偏安一隅的南宋王朝，一直受到辽、金、元的威胁与骚扰，国内也是矛盾重重、社会动荡。迫于内外压力，朝廷再次加强对进奏院状报发布朝廷动

① 方汉奇、李矗主编：《中国新闻学之最》，第24页，新华出版社，2005。

② 方汉奇、李矗主编：《中国新闻学之最》，第24页，新华出版社，2005。

态、官员任免等政治新闻的控制，定本制度再次恢复。《宋会要辑稿·职官》二之五一载，孝宗乾道六年（1170年）八月十九日，中书门下省言："近来进奏官又将传闻不实之事，便行传报"，要求相关部门"写录定本，呈宰执讫，发赴进奏院，方许报行。"光宗时期（1190—1194年），又规定由"门下省定本，经由宰执可报行"。由此定本制度一直沿用到宋末。作为新闻检查，定本制度可以看作是封建统治阶级控制传播机构的一种手段，是给报纸"越轨"行为戴上的"紧箍咒"。

（二）小报的"疑误群听"

神宗年间，民间报纸有了更大发展，除了在制作手段、公开买卖、编辑分工等外，在内容上已不仅仅是早先的"偷传新闻"和"撰合事端"，而是"矫撰敕问"，也就是以编造皇帝诏书的手法表达编印者的意见。小报造假造到了皇帝的头上，更能吸引民间的注意。继神宗之后的哲宗，宋王朝积贫积弱，金人骚扰日甚，徽宗时已成败局。京城谣言四起，朝廷权威日减。在这种社会动荡时期，各种小道消息流布甚广，民间的小报蓬勃发展，冲击了宋王朝的专制统治，引起官方的打压和制裁。

《宋会要辑稿·刑法》二之四〇载，哲宗绍圣元年（1094年）五月二十三日，三省枢密院言："近闻奸人多说朝廷未施行事，以惑民情。"《宋会要辑稿·刑法》二之四一载，哲宗元符元年（1098年）五月十五日，尚书省言："其实封文字或事干机密者，不得传报……即撰选事端誊报，若交结谤讪惑众者，亦如之（以违制论），并许人告。"

《宋会要辑稿·刑法》二之四七载：徽宗大观元年（1107年）十一月十四日诏："比来京师传报差除，皆出伪妄。盖缘小人意不得骋。造言欺众，规欲动摇。奸不可纵，可令开封府立赏一百贯，许人告捕，仍以违制论。"

《宋会要辑稿·刑法》二之四九载，徽宗大观三年（1109年）四月二十二日，臣僚言"好事之人，因缘附会，造为语言，事出不根，宣播中外，动摇上下，因以胁持言语，显其震怒，并恐奸人肆为异诛，浸淫成风，为患不细"。《宋会要辑稿·刑法》二之五三载，徽宗大观四年（1110年）六月再下诏书："近撰造事端，妄作朝报，累有约束，当定罪赏。仰开封府检举，严切差人缉捉，并进奏官密切觉察。"《宋会要辑稿·刑法》二之八五载，徽宗宣和四年（1122年）十二月二十七日诏："进奏院朝报，非定本事辄传报者，令尚书省检会，以降指挥，别行措置，约束取旨。"这是徽宗改变策略，在"严行缉捉"、"违科之罪"、"许人告"、"立赏"等措施无效后，改用的

“以文治文”策略。

从皇帝批评小报和民间消息的措词上看，朝廷对报纸与民间口头新闻的控制已相当重视，民间报纸已发展到朝廷无法控制的程度。诏书所言既是批评策略的改变，也是压制民间言论黔驴技穷、无可奈何的表现。

京城南迁后，小报的数量激增，消息渗透的速度快，影响加大。如《宋会要辑稿·刑法》二之五八载，孝宗隆兴元年（1163年）四月二十八日，臣僚言：“近日每遇批旨差除，朝殿未退，事已传报。甚者诸处进奏官，将朝廷机事公然传写誊录。”最后竟然发展到“以小报为先，以朝报为常”的局面，引起当局对小报的恐惧，陆续颁布了不少严禁小报的新规定。主要有：

《宋会要辑稿·职官》二之四九载，高宗绍兴元年（1135年）闰二月十二日，诏：“进奏院如将不系合报性事辄擅报行，及录与诸处劄探人传报者，许人告，赏钱三百贯。”《宋会要辑稿·职官》二之五一载，孝宗乾道六年（1170年）八月四日，尚书省言：“进奏院违戾约束，擅报告词。系厅司刘资、冯时主承发朝报保头人，候草诏送临安府，并各杖一百断罢。”《宋会要辑稿·刑法》二之一一八载，孝宗淳熙二年（1175年）七月十日诏：“六曹等处人吏，不得与诸路承受规图厚利，探报利害，入斥堠转送。”《宋会要辑稿·刑法》二之一二五载，光宗绍熙四年（1193年）六月十九日，臣僚言：“朝廷大臣之奏议，台谏之章疏，内外之封事，士子之程文，机谋密划，不可漏泄。今乃传播街市，书坊刊行，流市四远，事属未便。”

直接指斥小报的圣旨也多次发布，小报泛滥已成为宋最高统治者的一块心病。比如：《宋会要辑稿·刑法》二之一二三载，孝宗淳熙十五年（1188年）正月二十日，诏：“近闻不逞之徒，撰造无根之语，名曰小报。传播中外，骇惑听闻，今后除将进奏合行官报已施行事外，如有似乎之人，当重绝配。其所受小报官吏，取旨施行。令临安府常切觉察禁戢，勿致违戾。”《宋会要辑稿·刑法》二之一二三载，淳熙十六年（1189年）闰五月二十日诏：“今后有私衷小报，唱说事端，许人告发，赏钱二百贯文，犯人编管五百里。”

这些诏旨主要从三个方面批评了小报：1.“辄擅报行”。“先传于外”，即把尚未正式发表的事情先做了传报。2. 泄露“机谋密划”。3.“凿空撰造，以无为有”，即自行凭空撰造事实。皇帝认为小报的这些行为“骇惑听闻”。“流布近远，疑误群听”，极大地危害了皇室的安全，命令下属严加惩处。

朝廷记录小报发展的情况，并对小报的“危害”作出全面评价的是《宋会要辑稿·刑法》二之一二三中下面这段话：光宗绍熙四年（1193 年）十月四日，臣僚言：“比来有司防御不严，遂有命令未到，差除未定，即时誊报，谓之小报，始自都下，传之四方。甚者凿空撰造，以无为有，流布近远，疑误群听。且常程小事，传之不实，犹未害也；倘事干过题，或涉边防，妄有流传，为害非细。乞申明有司言行约束，应妄传小报，许人告发，根究得实，断罪追赏，勿在必行。”又言：“先传于外，固已不可。至有撰造命令，妄传事端，朝廷之差除，台谏百官之章奏，以无为有，传播于外。人性喜新而好奇，皆以小报为先，而以朝报为常，真伪亦不复辨也。欲乞在内令临安府重立赏榜，缉捉根勘，重作施行。其进奏官令院以五人为甲，递相委保觉察，不得仍前小报于外，如违重置典宪。”小报“始自都下，传之四方，凿空撰造，以无为有，流布近远，疑误群听”，已对朝廷构成严峻的挑战，臣僚们作出“缉捉根勘，重作施行，根究得实，断罪追赏”的断言，不免带有几分恐慌。

在宋朝颁布的法令中，没有禁止民间出版报刊的明文规定，但“议论朝政”有禁，“讪谤大臣”有禁，“妄造妖书妖言”有禁，“鼓吹界说”和刻印邪说之类的文字有禁，“探听和传报朝政”有禁，其中任何“一禁”都可成为查禁小报的理由。① 小报的出现打破了官报的垄断局面，然而，这种“以小纸书之，飞报远近”的民间信息，从一开始就被批评为“骇惑听闻”、“疑误群听”，遭到严厉的打压。宋朝采用“臣僚言”和皇帝诏旨的形式，颁布实施了一系列对报刊编辑、印抄和传播活动的控制措施，实际已具有法令效果。那些旨在规范、控制和禁绝小报的法令和奏章，是我国媒介法制批评的萌芽。

进奏官抄传泄密行为的屡禁不止，使得朝廷多次重申禁令，逐步加强控制，又引起邮递官僚的不满。《宋史·吕溱传》载：“侬智高寇岭南，诏奏邸毋得辄报，溱言一方有警，使诸道闻之，共得为备。今欲人不知，此意何也?”宋仁宗对于当时少数民族贵族侬智高犯扰广州这件事，是不许传报的，而翰林院学士吕溱就表示了不同的意见。当然，吕溱的意见是从军事角度来阐发的，不无道理。不过在封建专制的统治下，这种公开出来的不满情绪，

① 方汉奇：《方汉奇文集》，第 137 页，汕头大学出版社，2003。

只能是微弱的。

如前所述，南宋时期的小报飞速发展，时有刊发未经批发的奏章、谕旨，伪造朝廷事实，南宋高宗时期吏部尚书周麟之《海陵集》中的《论禁小报》一文，对小报的罪名贬斥有加，认为“不无小人诪张之说，眩惑众听，无所不至”，“往往以虚为实，以无为有”，“其说或然或不然”。他把小报上的新闻斥之为“浮言胥动”，“此于害治，虽若甚微，其实不可不察”。他提出“深诏有司，严立罪赏，痛行禁止”的主张。周麟之既是文人也是高官，他的言论体现了浓厚的统治阶级意识。南宋赵昇《朝野类要》卷四载：“皆衷私小报，率为漏泄之禁，故隐而号之新闻。”《宋史》卷四二二中《李知孝传》称：“又言德秀，节改圣语，谬眷牒示，道信邪说，鼓簧同流，其或再有妄者，当追削流窜，以正典刑。”①

以上都是士人对小报的批评和指责，从侧面反映了宋代民间报纸的新闻自由以及实施新闻管制等现代性问题，在封建社会已成为人们关注的对象。小报作为宋代的“自由报刊”，引起报刊批评的活跃，对其限制和反限制成了当时报刊批评的重要内容。宋代朝廷严禁小报，但直到宋朝末年小报也没有禁绝，可见民间对小报的欢迎，也说明小报受到当时舆论的好评。

二、元、明两朝的抄传禁令

元王朝前后总共只有 97 年的历史，掌握全国政权的时间还不到 90 年，公私文献中还不曾发现有关邸报的记载。② 但是从现有的文献资料看，元代虽然没有办过中央一级的封建政府官报，但新闻传播活动仍然大量存在。元代的“小本”很可能就是宋代民间小报的延续和发展，《元史》中有禁止“条画民间辄刻小本卖于市”的记载，说明“小本”作为新闻纸在市场上已经流通，民间抄传的消息引起朝廷的不安。

（一）假揭抄传，妄言时政，公行诬害

在《元史》的《世祖本纪》、《英宗本纪》和《元史·刑法志》中涉及新闻消息传播的法令却有多处。不但“讹言惑众”有禁，“妄言时政”有禁，“诽谤朝政”有禁，而且“诸人臣口传圣旨行事者”也有禁，其禁之严可知

① 倪延年：《中国古代报刊发展史》，第 99 页，东南大学出版社，2001。

② 方汉奇主编：《中国新闻事业通史》，第 1 卷，第 116 页，中国人民大学出版社，2000。

一斑。不过禁也无用，小报拥有极强的生命力，民间仍然对秽闻轶事抄传不断，甚至威胁到刚刚建立尚不稳固的皇权。于是太宗时期又颁布了“诸公事非当言而言者，拳其耳；再犯笞；三犯杖；四犯论死”的禁令，此后，元朝历代最高统治者多次下令“禁聚众”、“禁集场”，甚至“禁唱货郎”。① 反映了元代统治者对禁绝原始形态报纸的果断措施。

明代的邸报抄传分通政司、六科、提塘三个环节，统治者十分重视遏制抄传环节中出现不利于朝廷的信息。明太祖政治体制改革的一个重要方面就是，把国家的最高新闻机构都进奏院改为通政司，取消中间环节，直接受皇帝管辖。明代的通政司权力很大，“出纳王命，为朝廷之喉舌；宣传下情，广朝廷之聪明，与政体关系最重”。② 明代皇帝非常看重通政司的工作，将其视为舆论动态的总窗口，承担收集和汇总各方面信息的任务。

朱元璋特别叮嘱通政司的第一任主管官员说：“卿审命令以正百司，达幽微以通庶务。当执奏者勿忌避，当驳正者勿阿随，当敷陈者勿隐蔽，当引见者勿留难。”③ 永乐年间，有次通政司把一些不重要的章奏没有上报皇帝，而是直送六科。明成祖朱棣获知后，很不高兴，责备道：“设通政司，所以决壅蔽，达下情。今四方言事，朕不得悉闻，则是无通政司矣。自今宜深惩前过，凡疏奏关民休戚者，虽小事必闻，朕于听受不厌倦也。”④ 可见皇帝们是何等重视了解舆论动向、下情上达和上情下达，甚至把它看作是关系国家兴衰存亡的大事。

明代的“邸报”既是朝廷用以将政事动态从京城向全国各地传播的宣传工具，又是统治集团内部派系之间的政治斗争工具。当时邸报在很长时期都是非印刷品，在辗转抄传的过程中容易增损和作伪，把一些无中生有的消息或章奏混入邸报。对这类作伪事件，朝廷极力申禁，万历帝也曾“下诏购捕”，他还曾就邸报出现伪揭发出诏旨：“假揭抄传，公行诬害，大干法纪。法司作速发拿抄报人，究明重拟来说。”⑤

天启以后，内忧外患严重，明王朝的政权岌岌可危，对邸报抄传活动的

① 丁淦林主编：《中国新闻事业史》，第18页，高等教育出版社，2002。

② 陆容：《菽园杂记》，第9卷，第116页，中华书局，1985。

③ 《明史·职官志》，第72卷，第1780页，中华书局，1974。

④ 余继登：《典故纪闻》，第7卷，第120页，中华书局，1981。

⑤ 《万历三十二年邸抄》，转自朱传誉《清代塘报研究》，台北《报学》杂志，1972年6月。

控制也明显加紧。从史料看，禁止在邸报上抄传的，除了和皇帝及当权大臣意见相左的材料外，还有涉及军机、刑狱、机密内容的文字。天启元年（1621 年）四月甲戌发布的“禁抄发军机”，崇祯三年（1630 年）正月发布的“禁抄传边报”和崇祯十三年（1640 年）十二月发布的“严军机抄传之禁”，都是在清兵攻城掠地，明边城守将阵亡、前方吃紧的情况下发布的禁传军机内容的命令，结果是“凡涉边事，邸报一概不敢抄传，满城人皆以边事为讳”。①

对于小报泄密，被称为“中兴英主”的崇祯皇帝即位后曾进行大力整顿。崇祯年间的孙承泽《春明梦余录》卷四十九载，崇祯元年（1628 年）上谕，“各衙门章奏，未经御览批红，不许报房抄发，泄露机密。一概私揭不许擅行抄传，违者治罪。”孙承泽称赞说：“体制严肃，制甚称善。”② 所谓机密，往往指的是那些一旦公布出去，足以涣散人心、动摇皇权统治的事情。

皇帝重视报房抄传这个环节，对哪些章奏可以抄传，哪些不应抄传直接作出批语，表明最高统治者对邸报的把关严格。严厉限制邸报抄传活动的结果，使依靠邸报获知朝政和国家大事的官员们耳目闭塞，信息不灵；既封锁了百姓和敌人，也封锁了当朝的各级官吏。御史祁佳彪在上崇祯疏中所说的“自抄传禁而情同射复，隔若面墙。欲借箸而苦曲折之未谙，欲请缨而惮遥揣之未真”，③ 就是对这一后果的委婉批评。对邸报传抄稿件的限制，往往出于皇帝或大臣、太监们的个人好恶，目的在于维护皇帝和权臣个人的权威，保持封建王朝的统治秩序，巩固封建治体。

（二）谏君与受谏忠奸论

从迄今发现的史料看，明朝对社会舆论曾一度较为开放，几代帝王对待舆论的态度也比较开明。这和开国皇帝朱元璋积极纳谏是分不开的。④ 朱元璋登基后，以异常认真的态度总结了历代王朝兴衰的经验与教训，认为要长久地保住王朝江山，君王必须广耳目、通下情、防壅蔽，广泛听取各方面的意见。他认为：“臣不谏君，是不能尽臣职，君不受谏，是不能尽君道。若

① 文秉：《列皇小识》，第 6 卷，第 163 页，上海神州国光社，1946。

② 孙承泽：《天府广记》，第 24 卷，第 331 页，古籍出版社，1984。

③ 《祁佳彪集》，第 1 卷，转自尹韵公《中国明代新闻传播史》，第 25 页，重庆出版社，1990。

④ 尹韵公：《明代新闻传播史》，第 200 页，重庆出版社，1990。

君上乐于听谏，而臣下善于进谏，则政事岂有不善，天下岂有不治？乃知明良相逢，古今所难。”① 朱元璋以君王能否受谏的态度，作为划分明君与昏君的标志，以臣下能否进谏，作为忠臣和奸臣的区别，把对待舆论的态度提升到新的高度。

图 1－3　明朝邸报现身合肥

朱元璋曾告诫诸臣：“人主聪明，不可使有壅蔽，一有壅蔽，则耳目聋瞽，天下之事，俱无所达矣。”② 他积极鼓励和支持大臣们反映情况，“凡军民利病，政事得失，条陈以近，下至编民卒伍，苟有所见，皆得尽言无讳。”③ 对于那些能够及时反映情况的官吏，朱元璋大加赞扬，予以提拔重用。如中书行人高慎在巡查陕西私茶回京后，直言人民生活痛苦，朱元璋听后，高兴地说：“古之使者以览风俗咨询民情为务，今慎亦可谓能利国富民矣。”并立即擢升高慎为鸿卢寺丞。④ 朱元璋还明文规定：“大小官员并百工技艺之人，应有可言之事，许直到御前奏闻，其言当理，即付所司施行，诸衙门毋得阻滞，违者即同奸论。”⑤

在元末社会大动乱中，通过农民起义取得政权的朱元璋非常关心民瘼，重视舆论，与其说是他的明智之举，不如说是他亲身躬行。但在阶级社会，统治与被统治的对立是不可改变的，决定了明代新闻传播的控制与反控制的斗争也绝不会因某个君主的英明而消弭。明代对新闻传播的法规限制也很多，《明会典》中就有“若近侍官员漏泄机密重事于人者，斩。常事杖一百，罢职不叙”，“若边疆报道军情重事而泄漏者，杖一百，徒一年”，“探听抚按题奏副封传报消息者，缉事衙门巡城御史访拿究问，斩首示众”⑥ 等规定。有的皇帝执政期间，对舆论管束得比较严厉。《万历邸钞》曾载：“科臣王元翰请禁发抄，唯在军国之机，而明旨所禁并及未奉谕旨一

① 余继登：《典故纪闻》，第 2 卷，第 20 页，中华书局，1981。
② 余继登：《典故纪闻》，第 5 卷，第 89 页，中华书局，1981。
③ 余继登：《典故纪闻》，第 4 卷，第 71 页，中华书局，1981。
④ 余继登：《典故纪闻》，第 5 卷，第 99 页，中华书局，1981。
⑤ 《明会典》，第 80 卷，第 1833 页，中华书局，1989。
⑥ 《明会典》，第 162 卷，第 2825 页，中华书局，1989。

切章奏。”① 本来万历皇帝懒于政事，许多章奏均被扣留不发，当时的官员们想出个变通的办法，若章奏不下，就将其副本拿来抄传。可是按照这一新的政策，就不允许抄传副本，邸报的稿源也就断绝了。许多习惯于从邸报上获取信息的官员对此颇为不满，庶吉士郑曼曾说："留中乃壅遏之渐，窃弄之机也。”② 南京户科给事中段然更是大声疾呼道："禁科抄之报，不使誊传，一世耳聋，万年长夜。”③

（三）擅行抄传的罪责

比起万历来，崇祯更加热心于新闻检查。他一上台就宣布："各衙门章奏，未经御览批红，不许报房抄发，泄露机密，一概私揭不许擅行抄传，违者治罪。”④ 这一政策同样激起了众多文官的不满，刑部左给事中左懋第认为，所谓机密，有各种不同的机密，不能一概而论。如果不注意区别的话，就有可能造成言路壅蔽；如果过多限制报刊登的内容，就会引起"讹言无端，疑揣传甚，张皇孔多"，导致社会舆论混乱。⑤ 官员祁彪佳说："忆已巳敌震都城，臣乡两旬邸报不通，谣传日四、五至。”⑥ 陈贞慧也说："闯贼之变，邸报断绝，民间颇有流传，中外大震。”⑦ 史可法也说："捷后正遇邸报久断，又老亲困天津城中，日夕忧惶，眠食俱废，遂不得不于寇退后，整旅北行。”⑧ 或许由于反对的官员太多，崇祯皇帝只好妥协让步，下旨说"今后除密切事情外，可照常发抄，以信前旨"。⑨ 威胁皇权统治的传抄案的当事人，往往丢掉性命，明代"陈新甲案"是中国最早因报纸泄密处斩的朝廷官员。

---

① 《万历邸钞》，第 1491 页，转自尹韵公《明代新闻传播史》，第 84 页，重庆出版社，1990。

② 李逊之：《三朝野记》，第 40 页，北京古籍出版社，2002。

③ 《万历邸钞》，第 1619 页，转自尹韵公《明代新闻传播史》，第 84 页，重庆出版社，1990。

④ 孙承泽：《天府广记》，第 24 卷，第 331 页，北京古籍出版社，1984。

⑤ 尹韵公：《明代新闻传播史》，第 85 页，重庆出版社，1990。

⑥ 《祁彪佳集》，第 2 页，转自尹韵公《中国明代新闻传播史》，第 86－87 页，重庆出版社，1990。

⑦ 李逊之：《三朝野记》，第 191 页，北京古籍出版社，2002。

⑧ 史可法：《史可法集》，第 70 页，上海古籍出版社，1984。

⑨ 《祁彪佳集》，第 2 页，转自尹韵公《中国明代新闻传播史》，第 86 页，重庆出版社，1990。

陈新甲是四川长寿人，崇祯十三年（1640 年）继傅宗龙为兵部尚书，崇祯十五年，受崇祯指示，秘密主持与清方议和事宜。这件事属于高度机密，崇祯曾“手诏往返者数十，皆戒以勿泄。”不料，陈一时大意，其家僮误以为塘报付之抄传，把这件事捅了出去。事情发生后，崇祯皇帝十分恼怒，“降严旨切责新甲，令自沉。”而陈新甲却不知道代主子承担责任，一味为自己辩解，把事情越闹越大，终于被下狱弃市。① 邸报在抄传中出现误报之事由来有之，明人沈德符在《万历野获编·权臣述史》云：“想邸报不甚经心，故偶误耳。”沈国元在《两朝从信录》的《自序》中称：“每阅邸报，中有妙绝章奏。一经抄报人录写，千差百讹，读不能竟。”②

对于小报刊发未经允许发抄的内容，于慎行（1545—1607 年，字可远，更字无垢，号谷山，东阿人，明代诗文家，著有《谷城山馆集》、《读史漫录》等）在《谷山笔尘》卷十一《筹边》中有所批评说：“近日都下邸报，有留中未下先已发钞者；边塞机宜，有未经奏闻先有传者，乃至公卿往来、权贵交际，各边都府日有报贴，此所当禁也”，“设有造膝附耳之谋，不可使暴于众，居然传播，是何政体？又如外夷情形，边方警急，传闻过当，动摇人心，误大事矣。”究其原因，是“报房贾儿博锱铢之利，不顾缓急”。万历二十三年（1595 年）的进士谢肇淛在他的《五杂俎》卷十三《自述》中说得更恶劣：“一日看除目，三年损道心。除目，今之推升朝报也。其中升沉得丧，毁誉公私，人情世志，畔援歆美，种种毕具。”

但是也有另外一种对待邸报的态度。主张迁就承认，假若无邸报的坚强支撑，《国榷》是不可能完成的。他说：“事之先后不悉，人之本末未详，闻见邸报，要归断烂，凡在机要，非草野所能窥一二也。”③ 可见无论哪种报纸，自有其历史价值。清朝的袁栋在其《书隐丛话》卷十三中也对邸报出现的错误进行了辩护，“今日邸报，往往用活版配印，以便屡印屡换。乃出于不得已，即有讹谬，可以情恕也”。

为了避免机密稿件在邸报上传播，天启、崇祯两皇帝，都依前例禁抄传，经常对哪些章奏可以抄传直接作出批示。崇祯十年（1637 年）十一

---

① 方汉奇、李矗主编：《中国新闻学之最》，第 22 页，新华出版社，2005。

② 方汉奇、李矗主编：《中国新闻学之最》，第 122 页，新华出版社，2005。

③ （明）谈迁：《北游录》，第 98、99 条，转自尹韵公《明代新闻传播史》，第 167 页，重庆出版社，1990。

月初八日“上谕”：“凡关系机密的，不许抄传。”所谓机密，是指那些一旦公布出去，足以涣散人心，动摇统治者的权力地位的事情。皇帝不希望臣民们了解这方面的情况，又不便公开说明，便以“机密”为名，加以限制。

三、清代提塘小报的禁忌

在清代，提塘构成递送官文书和传播“邸钞”的通讯网，提塘曾经发行过一种小报，主要见于清初的顺、康、雍、乾四朝，小报受到当局的注意和限制肇始于顺治年间。

为了及时处理邸报的誊录发行，从清朝初始，就出现了提塘自设的报房。有的提塘小报印发了未经六科发抄的章奏，受到惩处，清初与中期多次发布这方面的禁令。如顺治二年（1645年）八月二十六日上谕，“一应题奏本张，非经奉旨下部，不准擅以揭帖先行发抄。其有原无本章，径以私揭妄付邮递抄传者，尤宜严禁”。[①] 康熙五十三年（1714年）公布的“各省提塘除传递公文本章并奉旨科抄事件外，其余一应小抄，概行禁止”。[②] 雍正六年（1728年）的一条谕旨要求，“未经御览批发之本章，一概严禁，不许刊刻传播”。如果报房与负责的官吏私通，未经批发便行私刻，“即捏造讹名，并招摇诈骗情弊，各照例分别治罪”[③]。乾隆十一年（1746年）公布的“行私报密，甚为浅陋，传谕申饬”，及“前有提塘串通军机处写字之人，将军机处事件钞寄该省督抚，朕降旨申饬”等，竭力限制这一类小抄的刊布。一方面扣下大量章奏留中不发，一方面严禁未经批发章奏的刊刻，以便对章奏传报活动进行全面控制。

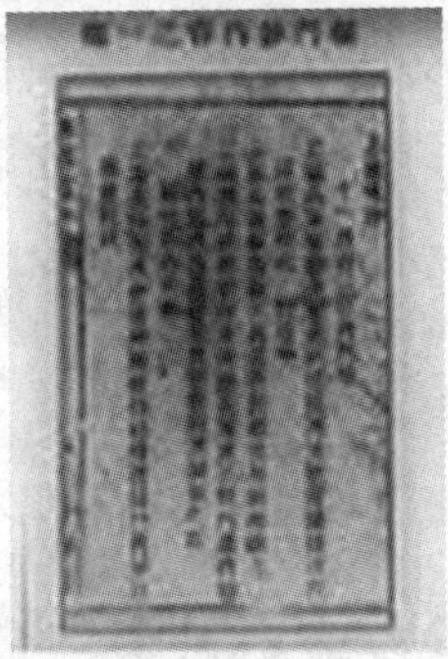
图1-4 清代的邸钞

雍正年间，提塘小报出现了先于部文到达地方，泄露了司法机密，影响了对获罪官员的惩处事件。程

① 《清世祖章皇帝实录》，第20卷，中华书局，1985。

② 蒋良骐：《东华录》，引康熙五十三年三月左都御史揆叙疏言，中华书局，1980年标点本。

③ 《大清会典事例》，第1017卷，转自方汉奇主编《中国新闻事业通史》，第204页，中国人民大学出版社，2000。

如丝是四川省的按察使，因事被奉旨处斩。刊有这则上谕的小抄先于部文五天就已到达，结果没等到部文送到，程就自缢而死了。《朱批谕旨》第三十四册记载，雍正六年（1728 年）二月，四川巡抚宪德奏，"《京报》之小钞泄露之弊若此。以臣愚见，不若将提塘一项尽行革除，各驿量加夫马。一应公文总自部收部发。公文箱内不许容带私书，或可少杜漏泄字画弊"，他指责小抄"泄露"之弊，建议"将提塘一项尽行革除"。（据《东华录》）雍正否决了这一建议，认为"提塘管理京报，设立久矣，岂能禁革不用"，但是也认为"此等弊端，不可不加防范"。经过九卿确议后，让各督抚从本辖区内选人"顶补三年，无过准照本班即用"，"如将应密事件欲通信息及设词恐吓诈骗，一经发觉，即交刑部治罪"。

清廷还严禁小报擅自探听写录。"近闻各省提塘及刷写报文者，除科抄外，将大小事件探听写录……请严行禁止，从之。"① "各省抄房在京探听事件捏造言语，录报各处者，系官革职，军民杖一百，流三千里。"②

《钦定大清会典事例》卷七〇三塘务类中有不少关于"讹传"的处罚办法，是针对小报"刊发不实报道"而实施的。失实报道一旦涉及皇帝，往往课以重刑。雍正四年（1726 年）五月报房小抄错报雍正游园活动的事件就是一例，查处的结果是何遇恩、邵南山两名报人被残酷处死。"何欲恩、邵南山案"起因于雍正四年（1726 年）报道雍正游园活动失实的事件。当时雍正在皇室中身陷权力角斗，对这一失实报道十分敏感，认为和对方的流言排陷活动有关，立即批交兵刑二部"详悉审讯，务究根源"。最后以"捏造小钞，刊刻散播，以无为有"的罪名，将何遇恩、邵南山二人判处斩刑，后改为斩监候，于同年秋后处决，"以戒将来，以惩奸党"。

图 1-5 北京报房胡同今貌

据《东华录》记载，雍正四年五月下达谕旨说，"……报房捏写小钞，以无为有，甚属可恶。……今观小钞所载，既可

---

① 蒋良骐：《东华录》，康熙五十三年三月左都御史揆叙疏言，中华书局，1980 年标点本。

② 陶骏、陶念霖增修：《大清律例增修统纂集成》，刑律遭贼类，造妖书妖言条，光绪三十二年。

以捏造全无影响之谈，则从前之偶尔看花，又不知如何粉饰传播矣。……乃无识之人，不能知此，又加以捏造之言，令人闻而疑骇。如小钞所载，正复不少。……似此卑陋之见，谬误之言，远近传闻，安能察其真伪，故因小钞捏造之事，并谕及之。”这条谕旨竟以“偶尔看花，又不知如何粉饰传播矣”为例进行论证，借故记者的过错镇压记者，颇有让人不寒而栗的效果。

封建统治者的言禁与迫害暴露了他们的凶残和专横，也反映了他们的卑怯心理。封建统治者害怕人民，唯恐他们犯上作乱，图谋不轨。历史上各个时期的皇权无不风声鹤唳、草木皆兵，不许臣民发表任何触犯他们的尊严和非议朝政的言论，竭尽全力加强对臣民言论的限禁和束缚。《钦定大清会典事例》、《钦定六部处分则例》及各朝议准的关于禁止“捏造讹名”、“招摇诈骗”和“任意捏造、骇人耳目”的各项规定都和小报“伪造题奏和御批”有关。

清代最大的一起查禁伪造题奏和御批的案件发生在乾隆十五年（1750年），到乾隆十八年（1753 年）才全案了结，史称传抄伪稿案。《东华录》记录了这次“卢鲁生、刘时达”的伪钞事件。乾隆十五年七月，江西抚州卫千总卢鲁生，听到乾隆皇帝将要南巡的消息，为了避免老百姓遭殃，就和南昌卫守备刘时达商议，编写了一个奏稿，列举“五不解，十大过”，指责乾隆不应南巡。假借当时有“敢言”声誉的吏部尚书孙嘉淦，充作他的奏疏，并伪造了“朱批”假借为内阁发钞的邸钞，交给提塘抄传。经过辗转抄传，历时达一年之久，才被云贵总督硕色发觉，向朝廷奏报，乾隆当即谕令各省“密访严拿”。

乾隆十六年八月上谕，“阅密禀所抄传播之词，竟系假托廷臣名目，瞻肆讪谤，甚至捏造朱批，种种妄诞，不一而足，显系大恶逆徒，逞其狂悖，不法已极等语”。从语气中就可以看出，乾隆是多么愤怒，视其为罪大恶极，遂令各省官员“选派贤员，密加缉访，一有踪迹，即行严拿，奏闻请旨，勿令党羽得有漏网”，还进一步强调“务须密之又密，不可稍有张扬泄漏”。

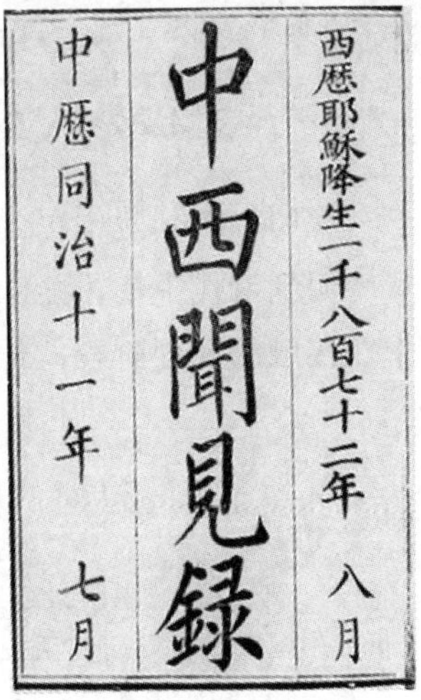
西歷耶穌降生一千八百七十二年 八月
中西聞見録
中歷同治十一年 七月

图 1－6　北京第一份期刊

因抄传或阅读这份邸钞而受到株连的人为数众多，直至乾隆十八年正月，才破案。最后盖棺定论为：“卢鲁生、刘时达二犯，商撰伪奏，肆行传播，其诬谤朕躬，凡天下臣民自所共晓，不足置论。”认为他们是“作伪逞奸，摇惑众听，其贻害于风俗人心者甚巨，自应并之重典，以照炯戒”。封建最高统治者为了维护自己的统治，对伪造奏闻者进行严酷镇压。

清朝对提塘小报的种种禁忌，实际是对小报新闻传播活动的严格限制，把小报置于封建朝廷的严控之下，防止不利于封建统治者的信息和言论扩散，进而控制舆论，维护皇权统治。经过清代几朝的一再申禁和严厉镇压，提塘报房和民间报人的传报活动受到致命的钳制，乾隆以后，此类违禁事件已经很少发生了。

第二节　外报的“格物致知”

新闻史学者卓南生先生把“邸报—京报”称为中国的“古代报纸”，把欧美人士以东南亚及中国沿海港口为据点，定期出版的华文报刊，称作“近代型中文报纸”。① 换句话说，卓先生是将后者划入近代报纸范畴的，本书将这类报纸一律采用“对华外报”的称谓。

近代报纸“自西历1615年起，创于德国之政府报，而踵行于欧美各国。后二百年基督新教教士东来，师其成法，于1815年发行华文月刊，刊名《察世俗每月统记传》者，是为我国有正式报纸之始”。② 从1815年《察世俗每月统记传》的诞生起，直至维新运动前后中国出现第一次国人办报的高潮，“对华外报”则一度占据中国近代新报的主流地位。

一、对华外报的自我定位

晚明以来到达中国的西洋人主要有三种——传教士、商人和外交官，但从晚明到清代中期，能深入内地、深入宫廷与民众之中的只有传教士。③ 在中西接触的开创阶段，传教士是开路先锋，担任复杂的职责，也介入办报事

① 卓南生：《中国近代报业发展史1815—1874》日文版原序，中国社会科学出版社，2002。

② 戈公振：《中国报纸进化之概观》，引自《中国近代报刊史参考资料》，上册，第1页，中国人民大学新闻系校内用书，1982。

③ ［英］马礼逊夫人编，顾长声译：《马礼逊回忆录》序言，广西师范大学出版社，2004。

业。到清季咸同之际，全国“通都大邑报章创刊七十六种，而教会创办者占十之六焉”。[①] 晚清以后，商人与外交官的活动显著加强，但来华传教士的活动更加公开和深入，影响也远在外交官与商人之上。

在中国强烈抵抗西方文化渗透的年代，所有在华外国人的目标只有一个，就是如何打开中国的大门，影响近代中国的历史进程。在中华民族救赎式革命的各个时期里，他们的态度、声音和行动或多或少纳入他们国家的对华政策，在每一次社会骚动中打下了烙印。

图 1-7 马礼逊与梁亚发编印《察世俗每月统记传》

鸦片战争前，闭关锁国下的中国人对于外国人、基督教异常陌生，对近代报刊也十分生疏，抱有某些疑惧态度，对他们不信任甚至抱有敌视态度。这些传教士们清楚懂得，要使广大中国读者一下子接受他们所宣传的思想观点，注定障碍重重、困难极大。这就使得他们不得不采用宣扬“润泽汉人”的办报立场来缓解这种敌意，力图使中国人相信“外国人是他们的朋友，而不是他们的敌人”。[②]《东西洋考每月统记传》一再表白，该刊之介绍实用知识，使中国的“儒农工商，各有所取”。[③] 像“中外雍睦”、“百姓一家”、“四海之内皆兄弟”等词句，在外报上随处可见。这种办报立场的表白抵消了中国读者的戒心，为外国势力打入中国找到了突破口。

《六合丛谈》宣称，“吾西人越七万余里航海东来，与中国敦和好之谊”。[④]《遐迩贯珍》则说，该刊之创办，“非欲借此以邀利也，盖欲从究事物之巅末，而知其是非，并将识世事之变迁，而增其闻见，无非为华夏格物致知之一助”。[⑤]《申报》主人英国人美查把该报视作一种盈利企业来经营，该报一方面标榜“劝使其除弊，望其阵型，是本馆所以为忠国之正道”，另一方面又说报馆“所卖之报张皆属卖与华人，故依恃者唯华人，与西人有何

① 赖光临：《中国近代报人与报业》，上册，第 14 页，台湾“商务印书馆”，1979。

② 载 1838 年 12 月《中国丛报》。

③ 载 1838 年 2 月《东西洋考每月统记传》。

④ 《六合丛谈・小引》，载 1857 年 1 月《六合丛谈》。

⑤ 《遐迩贯珍・小记》，载 1854 年 12 号《遐迩贯珍》。

察世俗每月統記傳
子曰多聞擇其善者而從之
博愛者纂
嘉慶乙亥年七月

图 1－8　1815 年《察世俗每月统记传》创刊号

依恃乎？”也就是说，报纸是卖给中国人看的，为了赚钱，就不得不讨好中国人，所以报馆裁录如果一味夸助西人而轻藐华人，“若是之不智也”。[1]

可见，无论是“敦和好之谊”，还是“助格物致知”，还是“为忠国正道”，都是外报冠冕堂皇的自述，实际是为了自己的利益。美查的话已经把道理讲得很坦率。

英国传教士李提摩太在出任《时报》主笔（1890 年 7 月）后，大力加强言论工作，每日自撰论说一篇，鼓吹新政，一年间共写了 200 余篇，后将其中一部分汇编成集，题名《时事新论》。关于写这些文章的宗旨，他作过如下表白：“倘效寒蝉而不言，坐视中华缚于贫弱之中不能自振，恐乖践士食毛之义，亦非圣教一视同仁之心”，所以才承借报馆陈言，并且说到他这么做的目的，无非是“为中国计也，盖良不欲中国落人之后”。[2] 在《申江新报》的缘起中他曾经说到自己是“多见博闻而便于民者也”，并且和中国士大夫做了个约定，“愿各无惜小费而惠大益于天下，以冀集思而焉”。俨然表现出一副博大的胸襟。

申報

图 1－9　1875 年的上海《申报》

按照这些报纸所宣扬的“润泽汉人”的办报立场，人们看到的是这样一幅图画：到处在说科学、讲博爱、谈友谊，人人在宣讲天下一家、四海皆兄弟，每个外国人、每一份外国报纸都是温文尔雅、彬彬有礼的“使者”。然而事实却迥然不同：他们偷运鸦片、传递情报、

① 《论本馆作报本意》，载 1875 年 10 月 11 日《申报》。
② ［英］李提摩太：《报中杂论跋》，载 1891 年 6 月 27 日《直报》。

窥测形势、研究策略，为商讨如何侵略中国而议论纷纷。

摩勒在接任《广州周报》编辑之际就曾表示："我们所要特别注意的是发表中国当地的新闻，以便读者认识中国人的态度。"①《北华捷报》创办人奚安门在发刊词中公开表示："我们别为自己假扮……我们的热情的努力将唤起一种对于广大的商业和亲切的国际政治关系之安适。他的结果是一个对于英帝国的永恒的根深的各国关系的断案。"②

事实证明，对华外报并非"润泽汉人"而来，而是经常站在外国侵略者的立场，不仅为各自国家的侵华活动作辩护，还反对中国抗击外国侵略的斗争，要求中国以忍让、妥协的态度，与外国敦睦邦交。他们所一直宣扬的"润泽汉人"的办报立场在现实利益面前变得一文不值。正如戈公振先生所言，"西报之论调，有时似若为我国借箸而筹，实则大半便利私图，为外交上之一种策略。"③ 这一对外报办报立场的精辟点评，直指问题的本质。

二、对"报道公正"的标榜

对华外报的自我定位不止一端，还一再标榜所谓"报道公正"，认为这是报纸的最高准则，或为记者的信条。"西国新闻纸馆之设，其立论则甚公，其议事则甚当。不避权势，不畏奸豪，如有非理之处，皆得从容而议之。"④"我外国新闻纸，比中华之吏更直，虽至亲骨肉，也不徇情偏护。……一切不公不平之事，俱为载之新闻，以禁后人。"⑤"吾人欲以文字播道，宜迎合中国自有之国民性，而使其思想变为基督化，不必夹入许多西方思想，为之障碍。"⑥

这几句话都是外报对自己报纸的强烈肯定，坚信自我具有良好的职业操

① 1835 年第 1 卷第 22 号《广州周报》。

② 方汉奇：《中国近代报刊史》，第 36 页，山西人民出版社，1981。

③ 戈公振：《中国报纸进化之概观》，转自《中国近代报刊史参考资料》，上册，第 1 页，中国人民大学新闻系校内用书，1982。

④ 花之安：《新闻纸论》，转引自方汉奇《中国新闻事业史通论》，第 383 页，中国人民大学出版社，1996。

⑤ 1863 年 12 月 12 日《上海新报》。

⑥ 亩诲：《基督教文字播道事业谈》，转自《中国近代报刊史参考资料》，上册，第 142 页，中国人民大学新闻系校内用书，1982。

守。他们所说的“公正”就是：对一切不公平的事情敢于批评揭发，不畏权势，不徇私情。当时的不少外报就是以此自居的，就连创办初期曾是港英政府喉舌的《德臣报》都公开表白，说它为港英政府的机关报这一事实，丝毫不会影响“公正”这一原则。它声称，一旦发现政府官员失职，就会无所畏惧地对他们揭发批评。①

对如何通过言论和报道体现“公正”精神，外报虽未展开充分地讨论，但也提出一些有意思的观点。例如“序事必求实际，持论务期公平”。②“新闻记者在报道时，也要对公众采取公正立场，负责把事件的整个真相原原本本地说出来。”③ 这类说法，在当时的中国报界是颇为新颖的观点，颇为接近当时流行于西方的客观报道的思想。

尽管外报对“公正”的原则百般吹捧，但对西方列强的侵华活动却从来没有公正报道过。他们所要做的是编织理由，网罗事实，给自己的宣传披上“公正”的外衣。例如，在对武昌起义的报道中，英文《汉口日报》对汉口租界内的另一家英文报纸《华中邮报》进行了批评，因为后者责备清军“为何选择租界附近作战场”。《汉口日报》评价道：“我们的同行显然已经在竭尽全力地为革命军辩护了。昨天的社论可以说完全不符合中立的立场。……我们对任何这类问题的答案都是：战争中的一切都是公正的，如果一排房屋就能根除受狙击的危险，这也只是取胜的手段。”④ 人们可以看出，《汉口日报》所声明过的“向读者直接报道事态的进展情况”的“严格原则”，实际上已烟消云散，取而代之的则是对这场革命的有倾向性的立场。

对“报道公正”思想的标榜，适应了鸦片战争后外报深入中国社会、加强对华宣传这一形势的需要。他们的“公正”不是削弱政治倾向，而是加强政治倾向。1862 年 3 月，《北华捷报》亮出的“公正而不中立”的信条是最好的说明。《新闻报》竭力表白自己和各种政治势力没有任何联系，主张“中庸之道”，一方面附和社会舆论，见好于群众；另一方面又反对“过情之论”，为反动宣传开辟道路。后来“无偏无党”被奉为该报的办报方针，但

① 1845 年 2 月 20 日《德臣报》。

② 1858 年 11 月 15 日宁波《中外新报》。

③ 1840 年 9 月《中国丛报》。

④ 张功臣：《外国记者与近代中国》，第 80 页，新华出版社，1999。

实则袒护英、美走狗直系军阀，可见其标榜“无偏无党”的虚伪性。此后数十年间，这些对华外报对中国内政的干涉，就是在“报道公正”这一旗号的掩饰下进行的。

三、外报对《京报》的非议

帝国主义者在入侵中国后，对《京报》也是十分关注的。前燕京大学新闻系教授美国人白瑞登，于1935年12月12日在上海“亚洲文会分会”所做的演讲中提到：担任清王朝海关“总税务司”的英国人赫德，在1885年（光绪十一年）三月向英国政府发出过一份他对《京报》的调查报告的电报。电文说：“《京报》是一些私人投机家的出版物。他们将自己所能搜集到的敕令和文告刊印出来。这并不是政府公报，里面包含的真正重要的文件也很少。上谕是皇帝的决定和命令，正式记录在内府档案室里。必须是皇帝的准许发出且经记录的，才是上谕，而无须乎见知于这般《京报》的。”[1]这个说法虽然并不完全符合《京报》的实际，但却说明了一个事实，帝国主义者关注过《京报》，对它进行过调查，评价不高。

图1－10　《京报》

对报房《京报》的缺点，当时中国的读者已经司空见惯，不以为怪，感到不习惯的倒是一些刚到中国来的外国人。他们认为“所叙仅撮其时日及地方，因其铺张各说，原难凭信，且其所载，专指军兴之事，亦未精详，尤属迂阔。故除时地之外，足征不讹者无几。”[2]“吾辈所不解者，中国之《京报》所有日行之公事皆列于众，如山东之灾亦属中国之大事，而《京报》所列并未多见，故中国朝廷并不能详知山东之大灾也。”[3]类似的议论还可以举出不少。英国著名汉学家庄延龄（巴克尔）甚至得出结

① 黄卓明：《中国古代报纸探源》，第159页，人民日报出版社，1982。
② 1853年8月《遐迩贯珍》。
③ 1877年5月2日《申报》。

论："世上没有一个都市，比北京更难获得其国中的消息。"①

对华外报阐明过中国邸报（古代报纸）与新报（近代报纸）之间的区别，概括起来有以下三点：其一，新报纪事，无所限制，它"传述各国国家之事，上自朝廷，下及闾里，一行一言，一器一物，无论美恶精粗，备书于纸"；而中国邸报，"谈朝廷之政事，不录闾里之琐屑而已"②。其二，西国新报，广泛反映民意，"故每遇事，可以尽情议论，直陈无隐"③；而中国《京报》只登皇帝谕旨，大臣奏章，"以见国家之意"，而"民之意不达于上"。④ 其三，新报读者众多，遍及农、工、商、学各界；至于邸报，"阅之者学士大夫居多，而农工商贾不预焉"⑤。

在言论上，对华外报或标榜"序事必求实际"，或宣传新闻纸"贵在信实无欺"，有的郑重其事地声称，新闻"必再三访问街上之店客与街上之端人，非众口一词，断断不肯付刻"⑥。有的强调"或所登之事得之耳闻，亦必潜心探访，绝无疑窦，方可登之"。⑦ 为了表明对新闻真实性的崇奉，很多西报还对当时中国报界的新闻严重失实现象进行过批评，来自北京的报房《京报》曾经是他们的主要批判对象。如《遐迩贯珍》指出，《京报》所载有关太平天国的战事，"除时地之外，足征不讹者无几"⑧。《上海新报》更就具体事实揭露说："顷见《京报》四月十一等日，黄彬、吴全美督带师船剿匪，过仪征三十余里，交部从优议叙。其实，众目昭彰，何曾接仗！后吴全美被曾帅提至九伏州，又同总兵陈国泰运来卖于长毛，反未见有人说起，中国《京报》不可信如此！"⑨ 新闻要真实，已成为当时报界公认的报界标准，似乎还不曾有人公开反对过它。至于实践上是否能贯彻，贯彻的程度如何，就需具体考察了。

---

① 转自朱传誉：《先秦唐宋明清传播事业论集》，第378页，台湾"商务印书馆"，1988。

② 《邸报别于心报论》，载1872年6月8日《申报》。

③ 《论新闻日报馆事》，载1875年1月24日《申报》。

④ 《〈申江新报〉缘起》，载1872年5月6日《申报》。

⑤ 《邸报别于新报论》，载1872年6月8日《申报》。

⑥ 1868年1月23日《中外新闻七日录》。

⑦ 1875年11月20日《万国公报》。

⑧ 《西兴报论》，载1853年8月《遐迩贯珍》。

⑨ 1862年8月20日《上海新报》，转自方汉奇主编《中国新闻事业通史》，第1卷，第420页，中国人民大学出版社，2000。

第三节　国人新报初期的报业观

鸦片战争前后，中国民族资产阶级没有完全形成，报界先驱者的成分异常驳杂，其中有从清王朝统治阶级内部分化出来的、具有改革要求的地主阶级革新派，有太平天国起义中个别受到西方文化熏陶的领导人物，也有一些较少受封建传统文化束缚、耳濡目染西方文化的新派读书人，还有少数一度跻身于近代新兴买办阶级行列、富有爱国热忱的商人。他们中有的人有过办报实践，对报刊理论作过初步探讨。这些先驱者围绕抵御外侮、振兴中华这一目标，开始从不同角度对近代新报进行思索，对报刊功能提出零散、简短的论述，成为中国近代报刊批评思想的最初萌蘖。

一、外报译者的“夷情备采”

鸦片战争前夕，在广州出现了一件新鲜事，这就是林则徐在禁烟中，创办了一份《澳门新闻纸》。1839 年 3 月 10 日林则徐抵达广州，着手进行译报、译书工作，到任后 20 来天，就有“新闻纸零星译出”。① 把摘译的新闻编成一份报，名曰《澳门新闻纸》，在当时不能不说是一种创新。《澳门新闻纸》属于文摘式译报，传阅范围很小，也不具备近代化报纸的诸多因素，很像一份情报汇编。但这一创举，却是我国近代新闻史上国人翻译外国新闻纸的嚆矢，对指导反侵略斗争起了很大作用，也给清王朝了解世界打开一扇窗子。这在林则徐给当时广东巡抚怡良的信中看得很清楚。

（一）林则徐、魏源的新闻制夷论

1839 年 4 月，林则徐转送数本《澳门新闻纸》供怡良参阅，附信写道：“唯其（指外报上的新闻报道）中颇多妄语，不能据以为实，不过借以采访夷情耳。”② 1840 年 3 月，林则徐在新闻纸中抄出夷信六件上呈道光皇帝，上奏折说：“现值防夷吃紧之际，必须时常探访夷情，知其虚实，始可以定

---

① 方汉奇主编：《中国新闻事业通史》，第 1 卷，第 453 页，中国人民大学出版社，2000。

② 林则徐：《致怡良书柬》第 2 件，道光十九年二月，转自胡太春《中国近代新闻思想史》，第 17 页，山西人民出版社，1987。

控制之方。”[①] 1841年4月，林则徐在给靖逆将军奕山的信中特意谈到了报纸的作用，他写道：“又有夷人刊印之新闻纸，每七日一礼拜后，即行印出，系将广东事传至该国，并将该国事传至广东，彼此互相知照，即内地之塘报也。近年雇有翻译之人，因而辗转购得新闻纸，密为译出，其中所得夷情，实为不少，制取准备之方，多由此出。虽近时间有伪托，然虚实可以印证，不妨兼听并视也。”[②]

作为“开眼看世界”的第一人，林则徐对西方近代报纸有了较早的认识，把它比作中国的塘报，并把译编的《澳门新闻纸》定位为一种“探访夷情”、收集外国情报、制定反侵略斗争策略的工具。他的译报思想虽然还不能算作一种明确的媒介主张，但他重视近代报刊作用的观点，在当时被愚昧无知、狂妄自大思想所笼罩的中国知识界闪射出灿烂的光芒，对报刊反对封建专制主义的禁锢，起了重要的启蒙作用。

林则徐主持编译《澳门新闻纸》至1840年11月，到他被清王朝革职为止。林则徐的未竟事业，后来落到了他的好友魏源肩上。魏源十分注意搜集西方新闻纸情况，《海国图志》一书专门辟有报纸部分，据最初五十卷本中第四十九卷“夷情备采”中记载：“《澳门月报》一论中国、二论茶叶、三论禁烟、四论用兵、五论各国夷情，以及华事夷言录要和贸易通志。”其核心部分来源于林则徐的《澳门新闻纸》。

图1-11 林则徐递送《澳门新闻纸》

《海国图志》的意义大大超出了历史地理专著的范畴，成为我国人民了解西方、抵御外侮的典籍。魏源在《海国图志叙》中揭示其写作目的时说：“为以夷攻夷而作，为以夷款夷而作，为师夷长技以制夷而作。”[③] 魏源还阐述了书中关于记录外国新闻纸的目的：“知己知彼，可款可战，匪证

① 《林则徐集·奏稿》，中册，第765页，转自胡太春《中国近代新闻思想史》，第17页，山西人民出版社，1987。

② 林则徐：《答奕将军防御粤省六条》，转自胡太春《中国近代新闻思想史》，第17页，山西人民出版社，1987。

③ 魏源：《海国图志叙》，载《魏源集》，上册，第207页，中华书局，1976。

奚方，孰医瞑眩，述夷情备采第十五。”[①] 魏源基于“医瞑眩”的“夷情备采”的主张，是他编纂《海国图志》的主导思想，成为林则徐主办《澳门新闻纸》指导思想的继承和发展。在魏源看来，“欲制外夷者，必先悉夷情始，欲悉夷情者，必先立译馆、翻译书始”。[②]

在中国近代新闻史上，林则徐、魏源没有提出明确的办报主张，《澳门新闻纸》、特别是《海国图志》还都不能算作严格意义上的近代报纸。但是，正如康有为所说：“中国自古为大一统国，其自大也久矣。道光二十年，林文忠始译洋报，为讲求外国情形之始。”他们的认识之高不在于理论的完备，而在于令国人“开眼”的启蒙意义。林则徐的思想经由魏源概括并提倡，后来被资产阶级改良主义者所发展，成为近代中国维新变法的理论胞胎。

（二）洪仁玕的新闻体制论

1851年爆发的太平天国运动虽然只是一次农民战争，但它明显带有向资产阶级民主革命转化的思想痕迹与趋势。一个很重要的标志就是，太平天国后期，“治国必先立政，而为政必有所资”的《资政新篇》的颁行。

《资政新篇》是一个企图实行自上而下的资本主义改革性质的新政纲。这个在政治、经济、文化、宗教等诸方面具有资本主义色彩的改革方案，在19世纪50年代的中国是空前的。这一政纲的提出者洪仁玕，从国家政权结构的宏观方面着眼，高度评价了近代化报纸在社会结构中的地位，提出创设新闻馆和在各省设立新闻官的建议。洪仁玕（1822—1864年），字谦益，号吉甫，广东花县人，洪秀全的族弟，也是“拜上帝会”的最早参与者之一。逃往香港期间，他研究了西方资本主义国家的政治制度和思想文化，思索了解决中国社会现实问题的途径，成为后来他写作《资政新篇》的思想来源。

洪仁玕认为，报纸有教育民众、移风易俗的作用。“上览之得以资治术，士览之得以识变通，商农览之得以通有无”。报纸还可以“昭法律，别善恶，励廉耻，表忠孝”，这样“民相劝戒，才德日生，风俗日厚矣”[③]，必能达到转变社会风气的作用。

洪仁玕指出，报纸是维系中央政权，加强太平天国集权领导的工具，只

① 魏源：《海国图志叙》，载《魏源集》，上册，第208页，中华书局，1976。

② 魏源：《海国图志》第2卷，《筹海篇三·议战》，载《魏源集》，上册，第869页，中华书局，1983。

③ 洪仁玕：《资政新篇》，见中国近代史资料丛刊《太平天国》，第二册，第735页，上海古籍出版社，2000。

有发挥报纸的作用，协调中央和地方政权的关系，太平天国政权才能达到如身使臂、如臂使指的畅通局面。他强调，通过报纸可以“禁朋党之弊，消弭各种弱本强末的离心力量”。他甚至把报纸比作照亮一切黑暗的阳光，“有新闻篇以泄奸谋，纵有一切诡弊，难逃太阳之照矣”。① 在他看来，报纸是实现民主政治的手段，运用报纸能够沟通太平天国的中央决策和民间公议。“要自大至小，由上而下，权归于一，内外适均而敷于众也。又由众下而达于上位，则上下通情，中无壅塞弄弊者，莫善于准卖新闻篇或设暗柜也”。② 他主张，要想达到上下通情，最好的办法就是准许买卖报纸或者设立意见箱。

洪仁玕认为，报纸有监察政治的作用，监督地方政权机关和官吏，以加强中央政府权力。为了保证报纸有效地发挥监察作用，他还强调新闻官的相对独立性。“兴各省新闻官，其官有职无权，性品诚实不阿者。官职不受众官节制，亦不节制众官，即赏罚亦不准众官褒贬，专收十八省及万方新闻篇有招牌签记者，以资圣鉴，则奸者股栗存诚，忠者清心可表，于是一念之善，一念之恶，难逃人心公议矣。”③ 他的这一主张缺乏完备的约束机制，只是企图依靠新闻官的“性品诚实不阿”和“公议”来制约，明显带有理想主义色彩。因此他的建议得到洪秀全的朱批是：“此策现不可行，恐招妖魔反间。俟杀绝残妖后行未迟也。”④

《资政新篇》的“新闻篇”，是我国最早的新闻制度设计。洪仁玕对近代报纸的高度评价和他的新闻理想，超越了后来改良派报人的新闻思想，企图用资产阶级报纸的民主形式克服农民政权中不可避免的封建专制缺陷。但他希望依靠报纸调节吏治，显然过高估计了报纸的作用，与中国当时社会的发展状态不相适应，弥漫着浓重的“新闻乌托邦”色彩。

（三）知识界的“办报图强”论

19 世纪 70 年代，清王朝勾结帝国主义绞杀了太平天国农民起义，加剧

① 洪仁玕：《资政新篇》，见中国近代史资料丛刊《太平天国》，第二册，第 735 页，上海古籍出版社，2000。

② 洪仁玕：《资政新篇》，见中国近代史资料丛刊《太平天国》，第二册，第 735 页，上海古籍出版社，2000。

③ 洪仁玕：《资政新篇》，见中国近代史资料丛刊《太平天国》，第二册，第 735 页，上海古籍出版社，2000。

④ 洪仁玕：《资政新篇》，见中国近代史资料丛刊《太平天国》，第二册，第 735 页，上海古籍出版社，2000。

了中国社会向半封建半殖民地转化。一方面，迫于民族危机，出于巩固封建专制统治的需要，清王朝中的一些官僚搞起了洋务运动；另一方面，少数先进的地主阶级知识分子认识到，洋务派向西方学习徒习皮毛，无济于事，变法自强的思潮开始酝酿。

王韬（1828—1897 年）是洋务派中最早分化出来的具有早期维新思想特征的人物，原名利宾，字紫诠，号仲弢，又号天南遁叟，江苏长洲（今吴县）人，秀才出身，著有《弢园文录外编》、《弢园尺牍》等。王韬是一个报人，更是一个政治家，他的办报观深受其政治理想的影响。“日报立言，义切尊王，纪事载笔，情殷敌忾，强中以攘外，诹远以师长，区区素志，如是而已。”[①] 他把办报立言看作是实现强中攘外志向的一种手段。

王韬认为，报纸是政府“唯恐下情壅于上闻”的“博采舆论”的工具，主张报纸议论时政。“今新报指陈时事，无所忌讳，不亦类于讪谤乎？非也。直陈时事，举其利弊，不过欲当局采择之而已”，从而使“民隐得以上达”。他阐述了政府办报可以得到诸如“知地方机宜”、“知讼狱之曲直”等好处，[②] 办报还可以达到“上有以信夫民，民有以爱夫上，上下之交既无隔阂，则君民之情自相浃洽”的一种手段。[③] 乡里小民不知法律，“子诟其父，妇谇其姑，甚或骨肉乖离，友朋相诈，诪张变幻，寡廉鲜耻”。报纸把这些事情传播出来，能够使他们知错悔改，“辅教化之不及也”。[④]

图 1－12　王韬论报

王韬还敏锐地看到，报纸还是了解各国情报的工具，“其达彼此之情意，通中外之消息者，则有日报”[⑤]；同时也是捍卫本国主权的有力武器。所以他建议中国人要办外文报纸，向外国人宣传自己的主张，抵御外侮

---

① 王韬：《上潘伟如中丞》，《韬园尺牍》，第 206 页，（台北）广文书局，1994。

② 王韬：《论各省会城宜设新报馆》，载《中国近代报刊史参考资料》，上册，第 238 页，中国人民大学新闻系校内用书，1982。

③ 王韬：《重民》，载《弢园文录外编》，第 20 页，上海书店出版社，2002。

④ 王韬：《论各省会城宜设新报馆》，载《中国近代报刊史参考资料》，上册，第 238 页，中国人民大学新闻系校内用书，1982。

⑤ 王韬：《变法自强》（上），《弢园文录外编》，第 36 页，上海书店出版社，2002。

“非自设西字日报不为功”①。

郑观应（1842—1922年）是从买办队伍中分化出来、具有早期资产阶级改良主义思想的知识分子，原名官应，字正翔，号陶斋，别号杞忧生、慕雍山人。历任上海电报局总办，轮船招商局帮办、总办。在经营工商业的过程中，关心时政，留意西学，著有《盛世危言》、《盛世危言后编》等。他的报刊思想主要集中在著作《盛事危言》“日报”篇中。

郑观应同样认为，日报是“通民隐、达民情”的有力工具。他从报纸有功于救荒、除暴、学业等方面，阐述了“夫报馆之设其益甚多”的观点。“日报与议院，公论如秉炬”，“欲通之达之，则莫如广设日报矣。”② 他把报纸与议院相提并论，认为是通达民意的最佳办法。允许自由创办各种报纸，是中国变法自强的一个重要方面，因此，他建议清政府努力发展新闻事业。“今如欲变法自强，宜令国中各省、各府、各州、各县设报馆。”“凡有益于国计民生、日用行为、性命身心者，则无不录，录无不详。”“若夫医学、化学、天学、电学、艺学、矿学，以及治兵课士、军装战舰，皆必另设一报。不唯详言七事，而且细绘其图，此又利世利民而欲与天下人共趋于上理者也。”“至各省及都会之地，其日报报馆每日所出新闻，必以一纸邮寄京师，上呈御览。其有志切民生、不惮指陈、持论公平、言可施行者，天子则赐以匾额，以旌直言。不准地方官恃势恫喝，闭塞言路，偶摘细故，无端封禁。”“如是，则国势之隆无不蒸蒸日上，将见直道复行于天下矣。”③

郑观应认为，如果我国政府有了自己的报纸，就会大张国威。他主张，为了民族利益，必须准许华人办报，对侵略者的反动舆论予以绳裁，运用报纸这个有力武器反对西方侵略，维护民族尊严。“遇交涉不平之事，据理与争，俾天下共评曲直。”④ 华人办报，即使出格，也可稽查，“较今日之禁止华人而听西人开设者，其是非得失损益为何如也!”⑤

这一时期，陈炽也充分认识到报纸的重要作用，“所谓不出户庭，而周知天下之事者，非报馆无由也”。他的另一段话更加详细论述了这一观点，

① 王韬：《论中国设西文日报之利》，《弢园文录外编》，第36页，上海书店出版社，2002。

② 郑观应：《日报》(上)，《郑观应集》，上册，第345页，上海人民出版社，1988。

③ 郑观应：《日报》(下)，《郑观应集》，上册，第350页，上海人民出版社，1988。

④ 郑观应：《日报》(下)，《郑观应集》，上册，第350页，上海人民出版社，1988。

⑤ 郑观应：《日报》(上)，《郑观应集》，上册，第347页，上海人民出版社，1988。

也把报纸提升到一个更高的高度："报纸之流行广矣，华人知日报之益者多矣，一转移间则诸利皆兴，诸弊皆去，集思益广，四民之智识宏开，殚见博闻，万里之形声不隔，高掌远跖，明目达聪，修益地之图，补职方之志，此亦大一统之先声嚆矢也，而顾可忽视乎哉?"[①] 陈衍也阐述了同样的言论，"公法可以折强邻乎？曰不可；报馆可以张国势乎？曰可"。[②] 李端棻认为，通过报纸可以使得"在上者能措办庶务而无壅蔽，在下者能通达政体以待上之用，富强之原，厥由于事"。[③]

当时这些知识分子的思想并没有离开儒老循环变易学说，王韬虽然提出"古今之变局"的时局观，批驳了中国自古不变的谬说，但仍然用治乱盛衰来说明时代的变易，把历史进化的过程描绘成所谓太古、中古、末世之间的循环回复，陷入历史循环论的泥沼。建立在这种哲学之上的新闻报业观也必然具有历史局限性，但无论如何，对中国报刊批评史而言，他们的那些只言片语犹如粒粒珍珠闪烁在史册的前言中。

二、新报的耳目与喉舌说

清末民初是两个世纪交接、两种社会制度更替的特殊时段，古老的中华民族遭遇"数千年来未有之强敌"（李鸿章语）、痛历"四千年来未有之创局"（王韬语），中国社会在西方列强轮番侵略下从古代向现代转型，中国文化在西方文化的冲击下力图"东山再起"。与文化的代际递嬗相对应的，是主张兼采西体西用以兼改中体中用的政治哲学，此时报人们对中国近代新报有了崭新的认识。

（一）维新派的"枢铃喉舌"论

经过林则徐、魏源的开眼看世界和王韬、郑观应等人的思想启蒙之后，中国近代报业出现了一个突然加速的时期，相继迎来了近代中国的两次办报高潮。在这两次办报高潮中，有一大批杰出的报人不仅主持报刊实际工作，而且对新闻理论建设做出了重大贡献，无论在报刊业务的改革上，还是在对

① 陈炽：《报馆》，载《中国近代报刊史参考资料》，上册，第231页，中国人民大学新闻系校内用书，1982。

② 陈衍：《论中国宜设洋文报馆》，载《中国近代报刊史参考资料》，上册，第235页，中国人民大学新闻系校内用书，1982。

③ 李端棻：《奏请推广学校设立译局报馆折》，载《中国近代报刊史参考资料》，上册，第245页，中国人民大学新闻系校内用书，1982。

报刊性质、功能的认识上，都大大超越了之前的所有历史时期。

维新派康有为、梁启超和谭嗣同等人，论西学的修养，比不上以后的革命派，但他们从不轻薄西学而抬高中学。这些先进的知识分子已经认识到，中国要富强，必须进行改革；要改革，就必须兴办报业，发挥报纸的先导作用。为了使更多的人了解报纸、重视报纸，他们广泛宣传报纸的社会作用，将其视为广见闻、通时务的渠道。严复认为，“阅兹报者，观于一国之事，则足以通上下之情；观于各国之事，则足以通中外之情”。兴办报业，借助报纸这种新式媒介，传递更多、更新的信息，使国人了解天下大事，对巨变中的大千世界作出有效的反应，成为他们念念不忘的神圣事业。由于“大抵阅日报者，则商贾百执事之人为多，而上焉者或嫌其陈述琐屑；阅旬报者，则士大夫读书之人为多，而下焉者或病其文字之艰深”，就要兴办不同类型的报刊。①

梁启超在为时务学堂学生所开西学必读书目中就有《格致汇编》。他评价说：“皆言西人格致新理，洪纤并载，多有出于所翻各书之外者，读之可增益智慧。”② 梁启超（1873－1929 年），字卓如，号任公，别号饮冰子、哀时客、饮冰室主人、自由斋主人等，广东新会人。中国近代著名的政治活动家、启蒙思想家，资产阶级宣传家、教育家、史学家和文学家。他把报纸形象地比喻为国君的耳目、臣民的喉舌，“无耳目，无喉舌，是曰废疾……其有助耳目喉舌之用而起天下之废疾者，则报馆之谓也”。③ “报馆者国家之耳目也、喉舌也，人群之镜也，文坛之王也，将来之灯也，现在之粮也。”④ 梁启超还首先揭示了近代国人对报刊功能的第一个认识纽结，精粹地把“去塞求通”四个字概括为“耳目喉舌”之用。“而报馆者实荟萃全国人之思想言论，或大或小，或精或粗，或庄或谐，而一一绍介于国民；故报馆者，能纳一切，能吐一切，能生一切，能灭一切。”报馆“此殆于贵族、教会、平

---

① 严复：《国闻报缘起》，载《中国近代报刊史参考资料》，上册，第 283 页，中国人民大学新闻系校内用书，1982。

② 梁启超：《读西学书法》，《中西学门径书七种》，第 7 卷，转自胡太春《中国近代新闻思想史》，第 203 页，山西人民出版社，1987。

③ 梁启超：《论报馆有益于国事》，载《中国近代报刊史参考资料》，上册，第 242 页，中国人民大学新闻系校内用书，1982。

④ 梁启超：《清议报一百册祝辞并论报馆之责任及本馆之经历》，载《中国近代报刊史参考资料》，上册，第 297 页，中国人民大学新闻系校内用书，1982。

民三大种族之外，而更为一绝大势力之第四种族也”。梁启超把报纸与贵族、教会、平民并列，称之为“第四种族”，显然来自西方“第四权力”说，是对报纸地位的高度认同。

1902 年左右，梁启超吸收了资产阶级社会政治学、新闻学中的进步观点，提出了不同于戊戌变法时期的报纸性质职能说。他认为报纸应和政府处于平等地位，还公开承认报纸的资产阶级政党性质，认为“有一人之报，有一党之报，有一国之报，有世界之报”。“以一党之利益为目的者，一党之报也。……若前之《时务报》、《知新报》者，进入于一党报之范围也”。[①] 姑且不论梁启超前后的学说孰优孰劣，但他提出了报纸的多样性，体现了梁启超报刊批评思想的演进。

图 1－13　梁启超在编辑报纸

从 1910 年起，梁启超更多地从舆论的视角评价报刊和新闻报道。他在创办《国风》报期间，对自己的舆论观作了充分的论述，向往资产阶级“民主”，把舆论明确定义为“多数人意见之公表于外者也”。他指出，舆论在社会生活中应有的地位是：“舆论者，天地间最大之势力，未有能御者也”，“凡政治必藉舆论之拥护而始能存立。”[②]

梁启超分析了封建专制制度下和资产阶级宪政制度下两种舆论的差别，把舆论具体划分为两种：不健全舆论（消极舆论）和健全舆论（积极舆论）。他认为，封建专制下是不健全舆论，他幻想着资产阶级宪政下的健全舆论。“舆论之足以为重于天下……非舆论之可贵，而其健全之为可贵。”不健全舆论会把社会引上歧途，“盖以瞽相瞽，无补与颠扑，以狂监狂，无益其号呶俗论妄论之误人国，中外古今，数见不鲜矣”。[③]

梁启超明确提出报纸是舆论机关，要办好报纸，履行报馆的“天职”，

---

① 梁启超：《清议报一百册祝辞并论报馆之责任及本馆之经历》，载《中国近代报刊史参考资料》，上册，第 297 页，中国人民大学新闻系校内用书，1982。

② 梁启超：《读十月初三日上谕感言》，转自胡太春《中国近代新闻思想史》，第 136 页，山西人民出版社，1987。

③ 梁启超：《国风报叙例》，载《中国近代报刊史参考资料》，下册，第 509 页，中国人民大学新闻系校内用书，1982。

“舆论之所自出，虽不一途，而报馆则其造之之机关之最有力者也。”① 他强调，报馆要尽到自己的职责，要具备一系列职业道德。他归纳了八条，大体上与健全舆论形成的五个根本要素（常识、真诚、直到、公心、节制）相类同。梁启超这时期的舆论观，是对他1903年提出的“舆论无形，而发挥之代表之者，莫若报馆”② 的观点的进一步补充。

梁启超片面夸大了报纸的舆论作用，认为报刊的舆论力量甚至超过了物质力量。他主张“以言论易天下”、“以语言文字开将来之世界”，吹嘘单凭报纸舆论的所谓“黑血革命”就能代替武装暴力的“红血革命”。他提出“开民智”的方法，就是通过报纸“取万国之新思想以贡于同胞”，“将古来谬误之理想，摧陷廓清，以变易其脑质”。但他忘记了，人民的觉醒除了接受报章宣传之外，一点也离不开实际的革命运动。“健全舆论观”变成离开物质、片面夸大精神作用的观点，显然是不能长久的。梁启超设计的那一套“健全舆论”，主张报业与政治居于平等地位，运用报纸这个“人道总监督”达到改良清王朝政治的目的，是难以行得通的。

维新派对新报做过正确评价的另一个思想家，是血荐轩辕的谭嗣同。谭嗣同（1865—1898年），字复生，号壮飞，湖南浏阳人，出身于封建官僚家庭，但不守封建家庭的常规，四出游历，也接受了一些西方的新知识，成为日后维新派的一员干将。他认为，“切夫报纸，又是非与众共之之道也”。“报纸，即民史也。不有报纸以彰民史，其将长此汶汶暗暗以穷天，而终古为喑哑之民乎！”③ 谭嗣同还把报纸看作是“民口”，甚至把创办近代报纸的重要意义抬到“以彰民史”的地位，他还从反面论证，一个国家内报纸的情况标志着这个国家和人民的文明水准和民主程度。“嗣同以各新闻纸为绝精之测量仪器，可合测其国，兼可分测其人。国愈盛者，出报必愈多……人至极暗陋，必不阅报。……”④ 谭嗣同对《湘学报》有过这样的评价：“《湘学报》实巨声宏，既足以智其民矣，而立论处处注射民权，又觉难能可贵。”⑤

---

① 梁启超：《国风报叙例》，载《中国近代报刊史参考资料》，下册，第509页，中国人民大学新闻系校内用书，1982。

② 梁启超：《敬告我同业诸君》，载《中国近代报刊史参考资料》，上册，第308页，中国人民大学新闻系校内用书，1982。

③ 谭嗣同：《谭嗣同全集·湘报后叙（下）》，下册，第418页，中华书局，1981。

④ 谭嗣同：《谭嗣同全集·与唐绂丞书》，上册，第262页，中华书局，1981。

⑤ 谭嗣同：《谭嗣同全集·与徐仁铸书》，上册，第270页，中华书局，1981。

革新派特别强调，近代报刊是通民隐、达民情的桥梁，而封建时代则君民相隔、上下不通，君主专制制度这种弊病凝固了社会的活力。“民之所欲，上未必知之而与之也；民之所恶，上未必察之而勿之施也。”[①] 要改革上闻壅蔽之弊，就应该广设报馆，通过报纸来反映民情，沟通上下。汪康年在《论设立〈时务日报〉宗旨》一文中明确阐明了自己的观点，认为日报之制，“能通消息，联气类，宣上德，达下情。内之情形暴于外，外之情形告于内。”“顾其利或全或偏，或有利不能无弊，然要之，利胜于弊，于撤壅蔽，辟顽固，力甚大而效甚捷。”“处今之世，而欲使吾壅蔽顽固之俗，一变而洞彻，而愤厉，唯日报宜也。”他的评论将报纸称为能够决壅蔽、通达上下情的唯一利器。

（二）报章文体的革新

维新报刊成为思想的载体，气势磅礴的报章文体，洋溢着革新的锐气，谭嗣同关于报章文体和文风的论说，成为评价当时新派报纸新视角。1896年10月，谭嗣同写下了《报章文体说》，历述了中国数千年封建社会文体的变化。“若夫皋牢百代，卢牟六合，贯穴古今，笼罩中外，宏史官之益而昭其义法，都选家之长而匡其阙漏，求之斯今，其唯报章乎？”他认为，古代传统文体无论是史书，还是文选，不但范围狭窄，而且内容也不甚丰富；而近代出现的报章文体，才是范围最广泛、内容最丰富的文体。

他饱含激情，对报章文体进行了礼赞：“文武之道，未坠于地；知知觉觉，亦何常师？斯事体大，未有如报章之备在灿烂者也。”[②] 谭嗣同的文体观，激扬了戊戌前后报章文体的改革波澜。这一改革主张由持有同类观点的梁启超所扩展和实践，出现了近代中国报界的第一次新闻文体变革。梁启超在创办《时务报》后，把这一文体出色地运用到办报实践中，创立了“时务报章文体”，进而在主办《新民丛报》期间使这种文体臻于成熟。

梁启超说：“我支那之民不识字者，十人而六，其仅识字而未解文法者，又四人而三乎！故教小学教愚民，实为今日救中国第一义。”他把创办《时务报》比喻为“犹见火宅而撞钟，睹入井而怵惕。至其所以救焚拯溺，切实

① 王韬：《达民情》，载《弢园文录外编》，第3卷，第118页，上海书店出版社，2002。

② 谭嗣同：《报章总宇宙的文说》，《谭嗣同全集》，下册，第375页，中华书局，1981。

下手之事，未之及也”。[1] 还说：“启超夙不喜桐城派古文，幼年为文，学晚汉魏晋，破尚矜炼。至是自能放，务为平易畅达，时杂以俚语、韵语及外国语法，纵笔所至，不检束。”[2] 自此以后，“平易畅达，不检束”成为梁启超时务报章文体的一大鲜明旗帜。

《时务报》揭橥变法图存的大旗，态度鲜明，议论透彻，且文笔大多清新流畅，富有激情，因而大受读者欢迎。从汪康年保存下来的一些信件中，可以看到当时读者的反应是何等热烈。

湖南邹代钧《致汪康年书》：“阅之令人狂喜，理识文兼具，而采择之精，雕印之雅，犹为余事，足洗吾华历来各报馆之陋习。三代以下，来由词句。为吾党幸，为天下幸。”又谓：“此报名贵已极，读书人无不喜阅。”[3] 湖南陈三立《致汪康年书》：“忽见《时务报》册，心气舒豁，顿为之喜。”“日起有功，必能渐开风气，增光上国。公度书言梁卓如乃旷世奇才，今窥一斑，益为神往矣。”[4] 南京郑孝胥《致汪康年书》：“《时务报》灿然而出，如挈白日，照耀赤县，可谓杰哉。梁君下笔，排山倒海，尤有举大事，动大众之概。”[5] 重庆吴樵致信汪、梁：“急读之下，狂舞万状，自始至终，庄诵万遍，谨为四百兆黄种额手曰：死灰复炽，谨为二百里清蒙气、动物、植物种种众生额手曰：太平可睹。我辈亦当互相称庆。”[6] 旅顺丁其忱致信汪康年：“《时务报》详载中外时事，使阅者耸动心目，上以当执政者之晨钟，下以扩士君子之闻见，法至善，意甚盛也。至佩至佩。”[7]

这些评论把《时务报》及其主笔梁启超提到了一个前所未有的高度，甚至奉为经国救世之神明，足见时务报章文体在当时万马齐喑的时代是多么的熠熠生辉，耀眼夺目。

及至后来编辑《清议报》、《新民丛报》时期，梁启超继续进行报章文体的改革，使“时务文体”达到新的高度。他写道：“今之为文，只能以被之

---

① 梁启超：《蒙学报演义报合叙》，载《时务报》，第44册，见沈云龙主编《近代中国史料丛刊三编第33辑·时务报》，第2977页，文海出版社有限公司印行。

② 梁启超：《清代学术概论》，第25页，上海古籍出版社，1998。

③ 汪康年：《汪康年师友书札》，第2658页，上海古籍出版社，1987。

④ 汪康年：《汪康年师友书札》，第1983页，上海古籍出版社，1987。

⑤ 汪康年：《汪康年师友书札》，第2917页，上海古籍出版社，1987。

⑥ 汪康年：《汪康年师友书札》，第500页，上海古籍出版社，1987。

⑦ 汪康年：《汪康年师友书札》，第1页，上海古籍出版社，1987。

报章，供一岁数月之遒铎而已。过其时则以覆瓿焉可也。”[①] “报之所议惠于人者不一端，而知今为最要。”报纸“不图重主笔，而更重时事”。[②] 他还认为，新闻报道要把主观立场寓于客观事实之中，即所谓“史家精神”。他说：“史家必有主观客观二界，作报者亦然。政府人民所演之近事，本国外国所发之现象，报之客观也。比近事，察现象，而思所以抽绎之，发明之，以利国民，报之主观也。有客观而无主观，不可谓之报”[③]。很明显，他对待言论和新闻报道的态度发生了巨大转变。

梁启超的学生吴其昌曾对晚清一班“青年文豪”的文章风格进行一番比较。他认为，真正能够做到“雷鸣潮吼，恣睢淋漓，叱咤风云，震骇心魄，时或哀感曼鸣，长歌代哭，湘兰汉月，血沸神销，以饱带情感之笔，写流利畅达之文，洋洋万言，雅俗共赏，读时则摄魂忘疲，读竟或怒发冲冠，或热泪湿纸，此非阿谀，唯有梁启超之文如此耳!”[④] 这段评论，出自梁启超学生之笔，难免有溢美之意，但仅就理念、风格及影响而言，说梁启超的文风冠绝时人，是符合实际的。

（三）守旧派的“祸国殃民”说

与革新派相反，守旧派始终抵制创办和发行新报，先进的报业观念遭到很多人的怀疑和鞭挞，对立的报刊批评潮流也很强大。北京强学会的成立及其报纸的出版，很快引起了守旧派的不安和歧视，京师谣诼蜂起，报纸“送至各家门者，辄怒以目，驯至送报人惧祸，及悬重赏亦不肯代送矣”。[⑤] 1896年1月，御史杨崇伊上疏弹劾强学会“专门贩卖西学书籍，并抄录各馆新闻报，刊印《中外纪闻》，按户销售，犹复藉口公费，函索外省大员，以毁誉为要挟”。随即奉谕：“着都察院查明封禁。”[⑥] 北京强学会和《中外纪闻》被封禁的消息传出，张之洞立即嘱咐幕僚电致上海各报馆：“自强学

① 梁启超为《饮冰室合集》第一次出版时写的《序》。

② 梁启超：《清议报一百册祝辞并论报馆之责任及本馆之经历》，载《中国近代报刊史参考资料》，上册，第297页，中国人民大学新闻系校内用书，1982。

③ 梁启超：《敬告我同业诸君》，载《中国近代报刊史参考资料》，上册，第308页，中国人民大学新闻系校内用书，1982。

④ 吴其昌：《梁启超》，第28页，重庆胜利出版社，1944。

⑤ 梁启超：《鄙人对于言论界之过去及将来》，载《梁启超选集》，第619页，人民文学出版社，2004。

⑥ 《德宗景皇帝实录》，第381卷，（台北）新文丰出版公司影印本。

会报章，未经同人同意，遽行发刻，内有廷寄及孔子卒后一条，皆不合”，并且决定：“现时各人星散，此报不刊，此会不办。”① 上海强学会随之解散，《强学报》也于第三号停刊。

张之洞（1837—1909年），字孝达，号香涛，又号香严，晚年自号抱冰老人，直隶南皮（今属河北）人，同治二年（1603年）进士，中国清末重臣，洋务派首领。《时务报》的创办曾得到他的鼎力赞助。《时务报》最初的开办费，主要是移用上海强学会的余款，其中张之洞所捐占半数以上。《时务报》发刊后，他又以湖广总督的名义，饬行湖北全省“官销《时务报》”，称誉其“识见正大，议论切要，足以增广见闻，激发士气……实为中国创始第一种有益之报”。② 但是张之洞对《时务报》的支持也不是毫不保留的，当《时务报》逾越他所认可的言论界限时，便进行干涉和压抑。尤其当梁启超在第四十册上发表了《知耻学会序》后，张之洞认为此文“太悖谬，阅者人人惊骇，恐招大祸”，立即电饬湖南巡抚陈宝箴“速告湘省送报之人，此册千万勿送”，禁止该期《时务报》在所辖地区发行。③

最能体现张之洞反复的是他对《湘学新报》、《湘报》态度的幡然相左。1897年4月22日，《湘学新报》既刊，巡抚陈宝箴认为它“指事类情，洵足开拓心胸，为学者明体达用之助”，“且为湘中承学有得之言，于本省人士，启发尤为亲切”，札饬各州县订购。④ 湖广总督张之洞也认为《湘学新报》“大率皆教人讲求经济、时务之法，令饬湖北各道府州县购阅，发给书院诸生阅看”。⑤ 1898年3月《湘报》创刊，在此后的办报中，由于贯彻了谭嗣同的新闻思想，《湘学新报》、《湘报》大力宣传了一些资产阶级民权主张，引起了守旧势力的惊恐。张之洞先说：“乃近日由长沙寄来湘学报两次，其中奇怪议论，较去年更甚。”⑥ 湘绅叶德辉连连投书南学会，攻击《湘报》

---

① 《强学会》影印说明，中华书局，1991。

② 张之洞：《鄂督张饬行全省官销时务报札》，载《时务报》，第6册。

③ 张之洞：《致长沙陈抚台、黄署臬台电》，载《中国近代报刊史参考资料》，上册，第291页，中国人民大学新闻系校内用书，1982。

④ 《湖南抚院陈饬各州县订购湘学新报札》，载《湘学新报》，第5册，1987。

⑤ 《两湖督院张咨会湘学院通饬湖北各道府州县购阅湘学报》，《湘学新报》，第15册，1987。

⑥ 张之洞：《致长沙徐学台》，载《中国近代报刊史参考资料》，上册，第292页，中国人民大学新闻系校内用书，1982。

"谬论甚多";岳麓书院院长王先谦诋骂《湘报》"真中国之巨蠹";邵阳守旧士绅竟以"乱民"罪名,将《湘报》撰述樊锥驱逐出境,说他"直欲以我列圣以来乾纲独揽之天下,变为泰西民主之国……真汉奸之尤哉!"①

1898年5月,张之洞致电陈宝箴,说"《湘学报》中可议处,已时有之。至近日新出《湘报》,其偏尤甚。易鼐议论一篇,直是十分悖谬,见者人人骇怒。此等文字,远近煽播,必致匪人邪士倡为乱阶。"② 张之洞的批评骤然升级,甚至变成了谩骂,"该逆等狼子野心,仍在沿海一带,煽诱华民,并开设报馆,肆行簧鼓,种种悖逆情形,殊堪发指"。"著各该督抚逐处严查,如有购阅前项报章者,一体严拿承办。""即在洋界开设,冒充洋牌,亦断不准购阅递送,违者一并拿办。"③ 来自于张之洞的干预,使陈宝箴不得不劝诫《湘报》取消报首议论,自此,《湘报》不再像初期那样尖锐泼辣,锋芒毕露了。

百日维新,昙花一现。重出"训政"的慈禧不但囚禁光绪,诛杀"六君子",而且对维新期间推行的新政大砍大杀。9月26日,上谕宣布:"《时务官报》无裨治体,徒惑人心,并著即行裁撤。"上谕称:"莠言乱政,最为生民之苦,前经降旨,将官报《时务报》一律停止。近闻天津、上海、汉口各处,仍复报馆林立,肆口逞说,捏造谣言,惑世诬民,罔知顾忌,亟应设法禁止。著各该督抚,饬属认真差劲。其馆中主笔之人,皆斯文败类,不顾廉耻,即饬地方官严行访拿,从重惩治,以息邪说而靖人心。"④ 这段上谕可以说是措辞严厉的报刊大批判,既把诸如《时务官报》类的报馆斥责为"惑世诬民",更把报人骂为不顾廉耻的"斯文败类"。但是,在专制统治日渐飘摇的背景下,封建守旧者越是大动肝火,越表现出他们的心虚恐惧,更大的革新浪潮随时将爆发出来。

三、革命派的"经世救时"论

资产阶级革命派登上政治舞台要晚于维新派,但在19世纪末,他们已

① 《摘驳樊锥开诚篇中语尤悖谬者》,载《翼教丛编》,第5卷,1898。

② 张之洞:《致长沙陈抚台、黄臬台》,载《中国近代报刊史参考资料》,上册,第291页,中国人民大学新闻系校内用书,1982。

③ 张之洞:《札江汉关道查禁悖逆报章》,载《中国近代报刊史参考资料》,上册,第293页,中国人民大学新闻系校内用书,1982。

④ 《德宗景皇帝实录》,第428卷,第8页,(台北)新文丰出版公司影印本。

经在积蓄力量，他们当中大多数人有着更深厚的西学背景，从一开始便对西方世界和近代新报有充分的认识和接近的机会。

（一）孙中山、章太炎的报刊革命

孙中山是中国民主革命的最早发起人和组织者，被称为中国革命的先行者，一生为推翻清廷的专制统治及其余孽而奋斗不息。1896 年 11 月，他在伦敦被清政府驻英公使诱禁，使馆人员准备把他装在大箱子里秘密运回国，加以杀害。孙中山在香港西医书院时的英国老师康德黎得知后，将此事在当地报纸上公开披露。一夜间，孙中山被秘密绑架成了轰动的新闻。由于英国舆论的干预，孙中山终于获释。这件事使他“对于报纸左右社会之力量，至能达成政治力量所未能完成之任务，有身受其惠之深切认识，而觉革命主义之借报纸宣传，收效必能速于置邮，是无疑也”。[①] 可以说，孙中山这一经历为其日后重视报纸的舆论宣传埋下了伏笔。

孙中山（1866—1925 年），原名孙文，字德明，号日新，改名逸仙，广东香山县（今中山县）人，中国伟大的革命家。孙中山不是一个职业报人，但事实上他是整个辛亥革命之前资产阶级革命派报刊事业的创立者、缔造者和领导者。他对资产阶级民主革命报刊事业的贡献，以及他的报刊批评思想的影响，是同时期任何一个资产阶级报刊活动家都无与伦比的。

在同维新派的辩论中，孙中山对中国报刊良莠不分、鱼龙混杂的状况十分失望，批评了维新报刊脱离实际。孙中山对立宪派大造保皇舆论提出无比愤激的抨击：“近时杂志之作者亦伙矣。婍词以为美，嚣听而无所终，摘埴索涂不获，则反复其词而自惑。求其斟时弊以立言，如古人所谓对症下药者，已不可见，而况夫孤怀宏识，远瞩将来者乎？”[②] 当时改良派的报纸杂志虽然很多，有时也是一副慷慨陈词的面孔，说得天花乱坠，但不能切中时弊。这些没有远大目光和卓越见识的报刊，不能在舆论上引导人民前进，指出一条救国的坦途。相反，它们的宣传对挽救民族危亡不啻乱投药石，

图 1－14　1905 年的孙中山

① 胡道静：《中国国民党党报溯源》，载《新闻史上的新时代》，第 29 页，（上海）世界书局，1946。

② 孙中山：《民报发刊辞》，载《中国近代报刊史参考资料》，下册，第 464 页，中国人民大学新闻系校内用书，1982。

使人民迷惘、惶惑而无所适从。

孙中山重视言论自由，但更重视报刊能在舆论上引导人民前进，成为舆论之母。“由之不二，此所以为舆论之母也。”“唯夫一群之中，有少数最良之心理能策其群而进之，使最宜之治法适应于吾群，吾群之进步适应于世界，此先知先觉之天职。”“抑非常革新之学说，其理想输灌于人心而化为常识，则其去实行也近。”① “夫此已见为社会心理所同，而今日最有力之舆论矣。”②

孙中山认为，引导舆论是先进分子的职责，利用报刊这一舆论工具教育、引导人民，使人民觉悟起来进行革命，应是革命派办报的宗旨。与改良派片面夸大报刊的舆论作用所不同的是，孙中山认识到革命舆论与武装起义并重，宣传工作与组织工作并重；这两件事实际就是一件事，革命派要在两条战线上同时作战。

1906 年，孙中山在给同盟会新加坡分会的信中陈述了革命舆论必须先行的观点：“以从速印之（《革命军》），分派各处，必能大动人心，他日必收好果。南洋各埠现下风气初开，必要先觉之同志多用工夫，竭力鼓吹，不避劳苦，从此日进，不久必风气可以大开，则助力者当有多人，而革命之事容易进行矣。”③ 但是他并不过分夸大报刊的宣传作用，不像改良派那样片面追求对清政府进行所谓“舆论监督”，而是强调在两条战线上同时作战，使报刊宣传和武装斗争紧密配合，互为体用。孙中山在辛亥革命后曾总结说：“此次民国成立，舆论之势力与军队之势力相辅而行，故曾不数月，遂竟全功。”④ “相辅而行”四个字，可以说是孙中山辩证舆论观的绝好概括和体现。

19 时世纪末 20 世纪初，中国报业已经发展到一定阶段，报纸要吸引更多的读者，必须进行竞争和创新；另一方面，资产阶级上层和中下层之间的不断论战，都自觉地对报刊宣传艺术进行深入探讨与研究，不断总结办报经

① 孙中山：《民报发刊辞》，载《中国近代报刊史参考资料》，下册，第 464 页，中国人民大学新闻系校内用书，1982。

② 胡汉民：《〈民报〉之六大主义》，载《中国近代报刊史参考资料》，下册，第 465 页，中国人民大学新闻系校内用书，1982。

③ 孙中山：《致张永福函》，《孙中山全集》，第 1 卷，第 295 页，中华书局，1986。

④ 孙中山：《致武汉报界联合会函》，《孙中山全集》，第 2 卷，第 336 页，中华书局，1986。

验。当时梁启超提出了浸润的宣传和激烈的宣传方法。所谓“浸润法”，就是在不知不觉中影响读者，“激烈法”则是在大声疾呼中使读者猛省。1902年前后，梁启超在政治上表现激进，在选择浸润和激烈这两种宣传方法时，较多地采取后一种。1903年后，梁启超在政治上保守渐进，在文风上也有明显改变。他曾比较浸润和激烈这两种宣传方法的短长：“浸润于煽动相反对，此二者皆为鼓吹舆论最有力之具。煽动之收效速，浸润之收效缓。顾收效速者，如华严楼台，弹指旋灭。收效缓者，如积壤泰华，阅世愈坚。且煽动所得为横溢之势力，顾其弊之蔓延变幻，每为煽动之人所不及防。浸润所得为深造之势力，顾其效力锡类溥施，亦每为浸润之人始愿不及。此两者之短长也。”① 虽然这种比较有一定的道理，但他片面强调宣传应采取浸润的方法，反对“偏至之论”，主张报刊要沿袭诗经之义，采取“矢志必洁，而称物唯芳，托体虽卑，而择言近雅”的“风人之旨”，② 使他的文风一度失去昔日的战斗锋芒和气势，给人以卑词细语、形同妻妾之感。

孙中山也提出报刊工作者要特别注意宣传艺术，引导舆论走向正确方向。他给《中兴日报》提出了“以攻心为先，以至理服人为上策”的宣传方法，使革命派在论战中“以堂堂之源，正正之阵，不涉谩骂，不攻击其私人行诣，”③ 发动和组织大众进行严肃的战斗。他说：“若革命报作，其触发于人感情者独多，人无知识能力，而动其感情，则发为狂热，周脉偾兴，无与匡救。是说也，以为革命报规善业，以为革命报唯有触发感情之效力不可也。”“故夫论舆论之真价者，贵其依于理性为判断，而感情用事者弗尚焉。”④

武昌起义爆发后，章太炎提出了“革命军起，革命党消”的错误言论，使革命的舆论界出现了混乱。孙中山对此坚决反对，他在给《中国同盟会意见书》中说：“而吾党偏怯者流，乃唱为‘革命军起，革命党消’之言，公

① 梁启超：《国风报叙例》，载《中国近代报刊史参考资料》，下册，第509页，中国人民大学新闻系校内用书，1982。

② 梁启超：《说国风》（下），转自胡太春《中国近代新闻思想史》，第120页，山西人民出版社，1987。

③ 冯自由：《革命逸史·居正述参加南洋办报之经过》，第5集，第219页，中华书局，1981。

④ 胡汉民：《〈民报〉之六大主义》，载《中国近代报刊史参考资料》，下册，第465页，中国人民大学新闻系校内用书，1982。

然登诸报纸，至可怪也。此不特不明乎利害之势，与本会所持之主义而亦懵之，使儒生阘茸之言，无一粲之值。"①

章太炎（1869—1936年），名炳麟，后改名绛，字枚叔，号太炎，浙江苏杭县（今余杭）人。中国近代哲学家、中国社会学的先驱者，早年提倡维新变法，后接受孙中山的民主革命纲领，驳斥康有为以保皇对抗革命和托古改制的主张，宣传民主革命。章太炎强调报纸的经世救时作用，先是沉痛地批判道："往者，士大夫不思经世之业，而沾沾于簿书期会……以有今日。"② 然后他指出，当时国内有两种思想倾向，阻碍新政。一种是夜郎自大，顽固守旧。另一种是洋奴哲学，盲目崇外。他认为，报纸应该同时反对这两种倾向，把维新变法引导到正确的方向上来，使"孤陋者不囿于见闻以阻新政，而颖异之士亦由是可以无遁邪也"。③

图1－15　中年章太炎

1912年春，孙中山又提出："报馆记者，攻击之积习，今仍如前。""今日报纸，必须改易其方针，人心乃能一致。""报纸在专制时代，则利用攻击，以政府非人民之政府也；报纸在共和时代，则不利攻击，以政府乃人民之政府也。"④ 他批评了当时报纸好攻击的恶习，强调在共和时代，要少攻击，多讲道理，以理服人。

孙中山主张"舆论归一"，要求革命派的舆论工作要步调一致，报界要言论统一，达到人心一致。他一再告诫报纸工作者，报纸要长久地永远办下去，必须"毋激而过，毋党而偏。以国利民福为前提"。⑤ 1912年，他在上海对《民立报》记者说："此次革命事业，数十年间，屡起屡仆，而卒睹成

① 孙中山：《中国同盟会意见书》，《孙中山全集》，第1卷，第587页，中华书局，1986。

② 章太炎：《变法箴言》，见汤志钧编《章太炎政论选集》，上册，第17页，中华书局，1977。

③ 章太炎：《正学报缘起》，见汤志钧编《章太炎政论选集》，上册，第25页，中华书局，1977。

④ 孙中山：《对粤报记者的演说》，《孙中山全集》，第2卷，第349页，中华书局，1986

⑤ 孙中山：《〈民意报〉周年纪念祝词》，《孙中山全集》，第2卷，第558页，中华书局，1986。

于今日者，实报纸鼓吹之力。”① 遵循孙中山的观点，《民报》发表胡汉民的文章说：“或谓革命者，非徒以触发社会之感情而已，必且导其知识，养其能力，三者具，而后革命可言。”“故夫论舆论之真价者，贵其依于理性为判断，而感情用事者弗尚焉。……革命当为抽象的研究，革命报不能如是，不足为革命报也。”②

另一个革命派代表人物郑贯公在《拒约必须急设机关日报议》一文中阐述了报纸的职能，他认为“报纸能宣布公理，激励人心，何异政令告示？报纸能声罪致讨，以儆效尤，何异裁判定案？报纸能密查侦察，以显其私，何异侦察暗差？报纸能布其证据，直斥其人，何异警察巡兵？报纸能与人辩诬讼冤，何异律师？报纸能笔战舌争，何异军人？”伴随近代中国第二次办报高潮而登上历史舞台的革命派报人，对报刊的性质、职能的认识从一开始就超越了维新派的各种观点，更多的是与民主政治权力联系起来，但新型的资产阶级革命派往往把报纸比拟为警察、法官和律师等角色，实际上夸大了报纸的作用。

1903 年，章太炎等人办的爱国学社控制了《苏报》。6 月 1 日，《苏报》刊出《本报大改良》宣称：“报馆为发表舆论之天职。”“本报务以单纯之议论，作时局之机关，所有各省及本埠之琐屑新闻，盖不合本报之格，严从沙汰，以一旨归。”③ 他明确提出了“报刊是舆论机关”的论点。

章太炎同孙中山一样，并没有像改良派那样把报刊宣传夸大到不适当的地位，甚至和物质力量完全等同。“今日之民智，不必恃他事以开之，而但恃革命以开之。”“公理之未明，即以革命明之。旧俗之俱在，即以革命去之。革命非天雄大黄之猛剂，而实补泻兼备之良药矣。”④ 在这里，章太炎对资产阶级改良派只事宣传、反对武功的“开民智”做法进行驳斥，反对用报刊宣传去代替推翻清王朝的武装斗争。

---

① 孙中山：《在上海〈民立报〉之答词》，《孙中山全集》，第 2 卷，第 337 页，中华书局，1986。

② 胡汉民：《〈民报〉之六大主义》，载《中国近代报刊史参考资料》，下册，第 465 页，中国人民大学新闻系校内用书，1982。

③ 《本报大沙汰》，见 1903 年 6 月 3 日《苏报》。

④ 章太炎：《驳康有为论革命书》，《章太炎全集》，第 4 册，第 180 页，上海人民出版社，1985。

1903年8月7日出版的《国民日日报》发刊词指出："舆论者，造因之无上乘也，一切事业之母也。故将图国民之事业，不可不造国民之舆论。""舆论者，必具有转移社会、左右世界之力者也。"发刊词认为，革命的舆论工作是革命事业的先导，强调了"舆论之母"的观念。

《国民日日报》根据西方资产阶级的"第四种族"报刊理论，分析了当时中国报业的弊端，先提出"中国之业新闻者，亦既三十年，其于社会有一毫之影响与否?"的疑问，然后验之得到"有取媚权贵焉者，有求悦世人焉者，甚有混淆种界、折辱同胞焉者"，就是没有"求一注定宗旨，大声疾呼，必达其目的地后已者"，"有之，则又玉碎而不能瓦全也"。[①] 继而又指出：当时中国报界的问题就在于没有"言论之母"的观念。如果新闻界的这种状况一直继续下去，平民的不觉悟境况就不能改变，"而欲蔚成一种族，吸取民族之暗潮，改造全国之现势"简直是不可能的。

《国民日日报》还宣称，报刊必须从"国民"观念出发，特别是在当时中国大地上"狼豖纵横，主人失其故居"的情况下，报纸要做"国民公仆"，"为警钟木铎，日聒于我主人之侧，敢以附诸无忘越人之杀而父之义。"[②] 它认为，报刊应该成为平民的舆论反映，把报刊视为唤起民众，实现其革命主张的强大舆论机关。著名女革命家秋瑾在《中国女报》发刊词中说道，"然则具左右舆论之势力，担监督国民之责任者，非报纸而何?"明确提出了报纸左右舆论、监督国民的责任，同时要让《中国女报》"为女界之总机关"。她的观点也是"报纸是舆论机关"的一种体现。

尽管章太严与孙中山等人的思想同属于民主革命的思想范畴，但并不一致。前者较多地反映和代表了下层民众的愿望，他的报刊理论和他的政治思想一样，是当时中国进步思潮的一枝奇葩。章太炎是其同时代革命者中十分罕见的饱学之士，是著名的"章黄学派"的掌门人，一代学术宗师。章太炎的文风比较艰涩，"文必法古"是其引以自矜的观点。早在他参加编辑《时务报》时，人们就对他的文风进行过批评。黄遵宪曾给汪康年写信说："馆

---

① 《国民日日报发刊词》，载《中国近代报刊史参考资料》，下册，第425页，中国人民大学新闻系校内用书，1982。

② 《国民日日报发刊词》，载《中国近代报刊史参考资料》，下册，第425页，中国人民大学新闻系校内用书，1982。

中新聘章枚叔、麦孺博，均高材生，大张吾军，使人增气。章君《学会》，论甚雄丽，然稍嫌古雅。此文集之文，非报馆之文。"① 当时读者来信反映说，章太炎的文章"太艰涩，洗散太碎，观者颇不悦目，操笔人宜嘱其选词加润为要"。② 这些批评反映了章太炎特立独行，学究气重，惯发诡思奇想。

1902年以后，章太严的文风主张有了明显的变化，自称是35岁"文章渐变"。他认为文章应以内容为重，不必刻意模仿某种形式；搞政治宣传必须讲究文词通俗，不仅要感情充沛，痛快淋漓，而且要说理绵密，逻辑性强。当邹容把浅显通俗的《革命军》一书交给他，请他"稍稍润色"时，他万分感慨道："余持排满主义者数岁，世少和者，以文不谐俗故，欲谐俗者，正当如君书。"③

但此时他的文风观仍然有保守落后一面，常常站在文风革新者的对立面，横加挑剔或痛斥。他在论及龚自珍文章时，曾对梁启超的"报章体"进行过批判："后生（梁启超）信其（龚自珍）狂耀，以为巨子，诚以舒纵易效，又多淫丽之辞，中其所嗜，故少年靡然成风。自自珍之文贵，则文学之涂地垂尽。将汉种灭亡之妖邪！"④

辛亥革命以后，资产阶级政治家、报人们开始在中国实现资产阶级宪政，推行法治，进而实现真正的"平民政治"。这样的政治理想体现在新闻思想上就是，以梁启超的"言论独立"论和黄远生的"不党之言"论为代表的自由主义新闻观。但是在旧中国，要把报纸办成不偏不倚的"孤介之物"，如同在政治上追寻资产阶级宪政一样，不过是海市蜃楼般的幻影。

（二）梁启超、黄远生的"言论独立"论

1912年初，梁启超创办了《庸言》报。庸言，就是平允之言，实用之言，独立之言。《庸言》办了整整一年后，梁启超让黄远生接任编辑主任。1914年《庸言》第25、26号合刊上，发表了《本刊特别启事》说："本报极力保持言论独立之精神，与一切个人关系及党派无涉。"⑤

---

① 黄遵宪：《致汪康年书》，载汤志钧《章太炎年谱长编》，上册，第45页，中华书局，1979。

② 叶瀚：《致汪康年书》，载汤志钧《章太炎年谱长编》，上册，第45页，中华书局，1979。

③ 章太炎：《邹容传》，明治四十年三月二十五日出版的日本《革命评论》第十号。

④ 章太炎：《说林》，《章太炎全集》，第4册，第119页，上海人民出版社，1985。

⑤ 1914年《庸言》第25、26合刊号《本报特别启事》。

梁启超提出："夫报之所以有益于人国者，谓其持论之能适应乎时势也；谓其能独立而不倚也；谓其能指陈利害，先乎多数人所未及察者而警告之也；谓其能校正偏颇之俗论而纳诸轨物也；谓其能补多数人常识所未逮，而谓之馈贫粮也；谓其能窥社会心理之微，针对发药而使之相说以解也；谓其对于政治上能为公平透亮之批评，使当局有所严惮也；谓其建一议发一策，能使本国为重于世界，四邻咸知吾国论所在而莫敢余侮也。"① 这些要求集中一点，就是报刊言论要中庸平和、不偏不党，实行"言论独立"的方针。

在袁世凯和段祺瑞政府苛刻的新闻检查制度下，梁启超对"言论独立"的前景无比失望。他说："十年以来，吾国报业之发达，骎骎乎殆一日千里，迹其本意，莫不曰将以忠告政府而指导社会。夷考其实，其能履此天职者有几?"所以他"为言论界之前途悲也。"② 1921年，梁启超在给《时事新报》出版五千号写纪念辞时写道："吾侪为欲保持发言之绝对的自由，以与各方面罪恶的势力奋斗。于是乎吾侪相与矢：无论经营何困难，终不肯与势力家发生一文钱之关系。"③ 他感到报业最终要受社会经济或某种势力的支配，难以做到不偏不倚，他无可奈何地承认："攻甲时则甲疑其袒乙，攻乙时则乙又疑其袒甲，即旁观者亦或疑其态度之不常。"④

梁启超承认，在近代中国，一份报纸要苦守"言论独立"，简直像一个寡妇在苦守贞节。特别是在军阀、政客派系争斗的漩涡中，主张"言论独立"办报异常艰难，连报纸的生存也成了问题。他悲叹地说，由于经济力量所限，他理想中的"言论独立"的报纸一直没有出现。

黄远生主张，在当时的中国"不必分党，吾亦知法制国家不可无政党之对立，特今日中国诚非其时耳"。他多次向袁党、国民党、共和党提出劝告，要他们"实做政敌，勿作私敌；实做政友，勿作比匪；实为政党，勿为朋党。"⑤

① 梁启超：《京报增刊国文祝辞》，载《饮冰室合集》，第12册，中华书局，1989。

② 梁启超：《京报增刊国文祝辞》，载《饮冰室合集》，第12册，中华书局，1989。

③ 梁启超：《时事新报五千号纪念辞》，载《饮冰室合集》，第13册，中华书局，1989。

④ 梁启超：《时事新报五千号纪念辞》，载《饮冰室合集》，第13册，中华书局，1989。

⑤ 黄远生：《三党合并论》，载《远生遗著》，第1册，第5页，商务印书馆，1984。

图 1－16 国民国著名的记者黄远生

他为国为民的良苦用心，体现出他的天真和幼稚。黄远生（1885—1915 年），原名为基，字远庸，笔名远生，江西德化（今九江）人。出身书香门第，并有深厚的西学背景，为民国初年报界奇才。他希望在中国实现有法律保障的平民言论自由，报纸能发表不受任何政党操纵的“不党之言”。

黄远生看到，由于袁世凯蓄意培植私人势力，演变成党争不已、互相攻讦的局面，报纸沦为政党操纵舆论的工具，践踏了国民的意愿。他批评道：“甲党之报，今赞成而前反对。乙党之报，则今反对而前赞成。同此一人，而前后有尧桀之别；同此一事，而出入有霄壤之分。”“无舆论之后援”，“而断绝民意之生存。”① 当记者“可将一无辜良善之人，凭空诬陷，即可陷其人于举国皆曰可杀之中，盖一人杜撰，万报誊写，社会心理薄弱，最易欺蒙也。至于凭臆造论，吠影吠声，败坏国家大事，更易为矣”。② 黄远生尖锐地批评了当时报纸左右逢源，沦为政党操纵舆论的工具，他经常对报纸“凭空臆造”、以讹传讹、“败坏国家大事”的行为痛心疾首。

怎样才能改变新闻界的这种现状？黄远生开的药方是，要以“文字救世”，须用“不党之言”。他在接替梁启超主办《庸言》时就说：“吾曹此后，将力变其主观的态度，而易为客观。”“吾人造言纪事，决不偏于政治一方。”“吾曹不敢以此区区言论机关，据为私物，乃欲以此裒集内外之见闻，综辑各种方面之意见及感想。凡一问题，必期与此问题有关系之人，一一发抒其所信，以本报为共同论辩之机关。”③

黄远生要求实现有法律保障的“言论独立”，在当时有反对专制的进步意义。但是，他同梁启超一样，把言论独立的实现始终求助于资产阶级法治，把制定法律的国家权力看成是没有个人私利的、独立的最高权力。“法

① 黄远生：《一年以来政局之真相》，载《远生遗著》，第 1 册，第 84 页，商务印书馆，1984。

② 黄远生：《忏悔录》，载《远生遗著》，第 1 册，第 133 页，商务印书馆，1984。

③ 黄远生：《本报之新生命》，载《远生遗著》，第 1 册，第 102 页，商务印书馆，1984。

治国家不得有个人势力存乎其际”，“人人须服从相当之法律”。① 但在专制的旧中国，法律和言论，如同军队和警察一样，无不为独裁者所控制，无论黄远生的幻想多么美妙，在办报实践中不能不落空。

四、清末报案与报律钳制

清光绪皇帝入继大统，内有慈禧称制临朝，外有洋夷船坚炮利，他意图振衰起弊，锐意革新图兴。光绪二十四年（1898 年）四月，在孙家鼐为《时务报》改为官报如何筹措经费而上的奏折上，光绪批谕道：“锁住论说，总的昌明大意，决去壅蔽为妥，不必相牵忌讳，致多窒碍。”② 六月，工部尚书孙家鼐在给光绪皇帝的“改上海时务报为官报”的奏折中，拟定了“官报章程”三条，请求新官报可以“随时进呈，列陈利弊”，“开除禁忌，仿陈诗之观风，准乡校之议政。”光绪下谕道：“报馆之设，所以宣国是而通民情，必须亟为倡办，该大臣所拟章程三条，均尚周妥。”③ 在皇权至上、传统观念十分顽固的当时，能立法定规“开除禁忌”，准予在报刊上议论政事，不能不说是志在革新的光绪所实行的较为开明的新闻政策。“官报章程”三条作为具有法的性质的专门规定，已经显露出近代新闻法规的萌芽。

在“百日维新”期间，光绪根据维新派建议，颁布了几十条改革诏令。其中有一条规定：“允许自由创报馆、学会。”这是清王朝第一次正式承认官报以外的民间报具有合法存在的权利。这些改革措施，给了人民一定程度的言论、出版、结社的自由。可惜，变法只不过百日，以慈禧太后为首的顽固派很快反扑过来，以血腥手段扼杀了一场轰轰烈烈的变法运动，使闪耀出一线光明的新闻政策重新陷入了封建专制的黑暗之中。

光绪二十七年（1901 年）印行的《大清律例增修统纂集成》，把顺治三年（1646 年）颁布的《大清律》、乾隆时编修的《大清律例》和以后各个年代修订的律例统纂集成，列入刑律盗贼类的“造妖书妖言”条规定：“各省抄房，在京探听时间，捏造言语，录报各处者，系官革职，军民杖一百，流三千里。”

① 黄远生：《个人势力与国家权力之别》，载《远生遗著》，第 1 册，第 15 页，商务印书馆，1984。

② 方汉奇、李矗主编：《中国新闻学之最》，第 24 页，新华出版社，2005。

③ 方汉奇、李矗主编：《中国新闻学之最》，第 24 页，新华出版社，2005。

创刊于1896年的《苏报》首先遭到大清报律的剪除。《苏报》在创刊后几经转手盘让给退职官员陈范，并由进步人士章士钊出任主笔，报纸的态度逐步激进。主持《苏报》的陈范、章士钊等人考虑到“若言论长此奄奄无生气，将见人心无从振发”，因此“不惜以身家性命与其所得发纵指示之传达机构，并为爆炸性之一击”。① 章士钊，字行严，笔名黄中黄、烂柯山人、孤桐、青桐、秋桐等，1881年3月20日生于湖南长沙，中国著名报人和政论家，1911年后曾任北京大学教授，北京农业学校校长，广东军政府秘书长，南北议和南方代表。

图1－17 中年章士钊

1903年4月间，刚从日本回国的留日学生邹容写了一部宣传革命的小册子《革命军》。章炳麟读后非常赏识，评价说：“语虽浅直，然感动普通社会，非如此不可！”并为这本书写了一篇序言。《苏报》为《革命军》的出版也做了大量的宣传工作。1903年6月9日，在《新书介绍》中，作了这样的评介：“笔极锐利，文极沉痛，稍有种族思想者，读之无不拔剑起舞，发冲眉竖。若能以此书普及于四万万人之脑海，中国当兴也勃焉。”6月29日，《苏报》又刊出了章炳麟的《康有为与觉罗君之关系》一文，直呼光绪皇帝为“载湉小丑”，“自章炳麟邹容之论著先后在《苏报》中发表后，举国上下无不震动”。

1903年5月间，清政府开始策划迫害《苏报》有关人员。清政府感到革命威胁迫在眉睫，清商约大臣吕海寰曾函告苏抚恩寿，谓：“上海租界有所谓热心少年者在张园聚众议事，名为拒法拒俄，实则希图作乱，请即将为首之人密拿严办。”② 当局开始对《苏报》有关人员实行拘捕。7月6日，《苏报》上刊出章太炎《狱中答新闻报》，严厉谴责清朝当局制造“苏报案”的罪行，指出此案乃是清廷政府与四万万同胞的“大讼”，“吾辈数人则汉种四万万人之代表”。他坚定地表示：“逆胡挑衅，兴此大狱，盗憎主人，固亦其所。吾辈书生，未有寸刃尺匕足与抗衡，相延入狱，志在流血，性分所

① 章士钊：《苏报案始末记叙》，载《辛亥革命》，第1册，第387页，上海人民出版社，1957。

② 张篁溪：《苏报案实录》，载《中国近代报刊史参考资料》，下册，第515页，中国人民大学新闻系刊印，1982。

定，上可以质皇天后土，下可以对四万万人矣！”

公堂上，清政府委托律师古柏指控《苏报》和章、邹“故意诬蔑今上，诽讯政府，大逆不道，欲国民仇视今上，痛恨政府，心怀叵测，谋为不轨”。这场以清政府为原告，以章炳麟、邹容为被告的官司，竟打了10个月之久，一共开过7次庭。被告一方，面对“凌迟”酷刑的威胁，毫不畏惧、大义凛然。当章太炎、邹容等被马车送回巡捕房时，观者添巷。章太炎在车上看到这种情景，风趣地吟道：“风吹枷锁满城香，街市争看员外郎。”① 表现出大义凛然的气度。

清政府本想借“苏报案”杀一儆百，将当时方兴未艾的革命思潮扑灭下去，但此案的发生反而促进了革命思潮在国内的广泛传播。《江苏》第4期的一篇时评说得十分清楚：“前日之《苏报》与《革命军》，议论虽激，然而阅此报与此书者几何人也？一般之国民固未尝知其所号呼者为何事，其鼓吹者为何事。今日《苏报》之被禁，章、邹之被锢，其势固已激荡于天下。”还分析说，“苏报案”可以使更多的国民思索背后的原因，并且能够做到“以此而互相问答，互相传说，一传十，十传百，百千万。于是，排满之一主义，遂深入于四万万国民之脑髓中”②。“苏报案”起到了一种星星之火可以燎原的作用。

《苏报》被封后，《国民日日报》于1903年8月7日创刊。它在言论上，“较《苏报》之峻急有差”，着重于揭露清政府的黑暗腐败。《国民日日报》的刊行，使清政府大为惊恐，但鉴于“苏报案”办理棘手，不敢再贸然捕人封禁，乃通令长江一带严禁售阅，谓：“又有人创办《国民日日报》，依然妄肆蜚语，昌言无忌，实属执迷不悟，可恨已极。仰各属府州厅线，将《国民日日报》荒谬悖逆情形，示知地方商民，不准买看。如有寄售《国民日日报》者，提究。”清王朝统治者妄图依靠高压手段进行赤裸裸的舆论钳制，但世事已变，时过境迁，这次禁令倒是为该报做了一次宣传。“自悬禁后潜行购买者较未禁以前益盛，即妇孺等亦知该报之神奇，足以震顽固之耳目，皆思得一睹为快。”③

事实上，清政府是彻头彻尾的失败者，它一手炮制的“苏报案”，不仅

---

① 陈玉申：《晚清报业史》，第195页，山东画报出版社，2003。

② 陈玉申：《晚清报业史》，第199页，山东画报出版社，2003。

③ 《国民日日报之发达》，载《岭东日报》，1903年11月10日。

没能抑制革命宣传活动，反而促进了革命报刊在国内的发展。1905 年至 1911 年，革命派在上海先后出版了十几家报刊，其中影响最大的是于右任创办的《民呼日报》、《民吁日报》和《民立报》，史称“竖三民”。

1906 年 7 月又颁布了《大清印刷物专律》，规定一切印刷及新闻记载均需在印刷总局注册，印刷和发卖人如违犯，则处百元以下罚款或 3 月以下监禁或并罚。该律把“毁谤”分为普通毁谤、讪谤、诬谤三种，认为“讪谤”为“一种惑世诬民的表揭，令人阅之有怨恨或侮谩，或加暴行于皇帝、皇族或政府，或煽动愚民违背典章国制，甚或以非法强词，又或使人人有自危自乱之心，甚或使人彼此相仇，不安生业”。清政府制定的这部有关报刊的专门法律，是对出版自由强悍的压制，标志中国封建统治者钳制报刊的恶劣行径。

然而，《大清印刷物件专律》毕竟尚非专门的报律，遂又由巡警部制定了《报章应守规则》9 条，规定新开报馆必须经巡警部批准，严禁报刊“诋毁宫廷”、“妄议朝廷”。就在一个月前，清廷刚刚宣布实行“预备立宪”，许诺“庶政公诸舆论”，而《报章应守规则》却公开剥夺报界的出版自由，遭到报界的指摘和反对。清廷又对《报章应守规则》重加厘订，于 1907 年 9 月颁布了《报馆暂行条规》10 条，规定报纸在出版前要呈报巡警部，经批准后方能发行，钳制舆论的政策并没有改变。报界并不承认“暂行条规”具有法律效力，上海《神州日报》评论道：“政府诸公以为《报馆暂行条例》而有效也，请勿复言宪政；政府诸公如欲言宪政也，请勿亟亟言《报馆暂行条例》。”① 尖锐批评了清廷对新闻的钳制与其宣扬的“立宪精神”背道而驰。

1908 年 1 月清廷拟定了《大清报律》草案，规定报纸创办发行 20 日以前，必须申报呈请备案，每日发行之报纸，应与发行前一日晚 12 时以前送呈查核。《大清报律》的颁布，激起报界强烈的愤慨。汉口《江汉日报》抨击道：“政府诸公仇视舆论之隐衷，今日已大昭而表示天下。”北京《正宗爱国报》痛斥道：“甚么叫报律呀？简直就叫收拾报馆，堵住报馆的嘴，不准你说话，就是报律的真精神。”② 当时的民政部只好于 1909 年 11 月奏请修正报律。1911 年 2 月，清廷颁布修订后的报律，名为《钦定报律》。这时的

---

① 陈玉申：《晚清报业史》，第 300 页，山东画报出版社，2003。
② 陈玉申：《晚清报业史》，第 302 页，山东画报出版社，2003。

国内形势已经是山雨欲来风满楼，不到数月，清王朝便倾覆于辛亥革命的风暴之中，这部“钦定”报律也成为历史的陈迹。

创刊于1909年5月15日的《民呼日报》只出版了92天，就被当局以“毁坏名誉”的罪名勒令停刊，但它在读者中留有深刻印象。在于右任被押期间，每日都有数十读者投书该报表示声援，其中有联云：“九十期伟论震冠裳，铸鼎燃犀，只缘尽状穷形，卿大夫皆可杀；千万载大名留社会，覆巢碎卵，行见销声匿迹，士庶人何以聊生。”① 随后的《民吁日报》存在时间更短，只48天就被封。报馆被封当天，就有人贴出揭帖，表示抗议，此后连续几天，都有人在报馆门前贴出“吊词”。江南学界人士八百人联名致电清政府当局，谓“上海民吁报因日领要挟，未讯先封，既失主权，复背报律，舆论哗然，乞大部速饬沪道先行启封，秉公核办。该报是否有罪，应按报律为出入，庶保国权，而伸舆论。”② 上海道台蔡乃煌老羞成怒，居然发布牌示，声称《民吁日报》“宗旨不正，所著论说，类多臆断，挑动中日衅隙，损碍两国邦交，既为日本领事所持，故饬令封禁，实属咎由自取”。一直拖到12月28日才由日方指控《民吁日报》新闻共六十余条，“均指为排日之证据”，未经辩论，即强行判决：“将该报永远停止出版”，“机器不准作印刷纸张之用”。③

民间以对联、揭帖、吊词等独特形式表达对革命报纸的高度评价，给予“竖三民”很大支持，也对统治者镇压报刊进行了有力的控诉。通过民间批评的声音，显示出真正的民心所向，展示了历史强悍的趋向。

五、报人笔战与民国报灾

清末民初是中国历史上的一段特殊时期，文明古国面临从未有过的变局，在短短不到半个世纪的时间里，各种力量粉墨登场。在经历过两次办报高潮后，政治家、报人们对新式报纸有了深刻的认识，也更懂得如何利用报纸作为斗争的工具。有挑战，就有镇压，有镇压，就有反抗，世纪更迭推动不同政见的报纸卷入论战。论战是当时媒介批评的特殊形式，也是新思潮爆发、各种势力尖锐对立的一场思想战斗。

---

① 《挽民呼报馆联句》，载《民呼日报》，1909年8月13日。

② 冯自由：《革命逸史》，第3集，第312页，中华书局，1981。

③ 陈玉申：《晚清报业史》，第265页，山东画报出版社，2003。

1905年11月，中国同盟会机关报《民报》创刊，标志着中国近代新闻事业进入新阶段，各种类型的报刊重新活跃起来，形成了国人办报的第二次高潮。报业有了长足发展，资产阶级报刊思想开始确立，反清革命派成为报刊活动的主角，报刊的党派色彩越趋浓重，最终成为政党论战的工具，引发了革命派报刊与改良派报刊之间的大论战。

新加坡出版的革命派报纸《中兴日报》认为，改良派的《南洋总汇报》反动至极，对其实施言弹攻击，双方论战此起彼伏，甚至施以拳脚。在当地华侨的一次集会上，田桐、汪精卫率《中兴日报》的人员潜入会场，当徐勤发表演说时一哄而上，推翻讲台，举手便打，徐勤抱头鼠窜。陈楚楠后来回忆这场论战时说："《中兴日报》出版未久，便和《南洋总汇报》的保皇党笔战。保皇党是主张君主立宪，我们是主张革命，主张推翻满清，创立民国。那个时候，笔枪墨炮，此来彼往，杀声四起，把南洋昏聩的同胞，从梦中惊醒起来，不论反对革命的或赞成革命的，多欲要争读《中兴日报》。后来东京《民报》诸记者又联翩到新加坡，一齐加入笔战，把保皇党攻击得体无完肤，人心大快。"① 我们可以想象当时以笔为矛、以墨为炮，杀声四起、人心激奋的对垒场景，人身攻击或殴斗事件可谓媒介批评史上的特殊战斗。

在檀香山，《自由新报》与保皇派的《新中国报》形成对垒，"由丁未至辛亥之四五年间，几无日不与保皇党之《新中国报》笔战。且于笔政而外，往往因报上一字一句之微，与保皇党人涉讼法庭。……故报业中人于办报经常费外，尚须为讼费之预备"。② 也就是说，这里的论战还不仅仅限于口诛笔伐，甚至要经常动用法律，以法律为武器争个你死我活。

在加拿大，1909年冬创办的《大汉日报》，邀冯自由任主笔。冯受任两月，即与当地的保皇党报纸《日新报》展开论战。他在《革命逸史》中有如下追述："余计余在加一年有半，大好光阴几全耗于笔战时代。"加拿大为康有为创始保皇会的发源地，保皇党势力颇大，但是经过几番口诛笔伐，"侨胞之陷溺君宪邪说者，遂多豁然觉悟，而改趋革命一途。"③ "有最初主张革命，而其后反对革命唯恐不力者，如梁启超于初期《新民丛报》及《新小说月刊》，鼓吹破坏论及民族主义，异常激烈，及游新大陆归来，乃高唱'自

---

① 徐咏平：《革命报人别记》，第284页，台湾正中书局，1973。

② 冯自由：《革命逸史》，第4集，第132页，中华书局，1981。

③ 冯自由：《革命逸史》，第4集，第133页，中华书局，1981。

有后膛枪出而革命之迹绝'之说，且与《民报》笔战经年，前后反复，如出两人。然该报初年之努力鼓吹，影响青年思想至巨，功不可没也。"① 这是冯自由对以梁启超为首的保皇派做过的较为辩证客观的评价。

孙中山后来总结说：此次中国推倒清廷，"固赖军人之力，而人心一致，则由于各报鼓吹之功。"② 又说："此次革命事业，数十年间，屡起屡仆，而卒睹成于今日，实报纸鼓吹之力。"③ 回想乙未年孙中山于广州发难，号召革命，海内外同胞不知所以，不要说慷慨赞助了，几乎都视其为毒蛇猛兽，躲避不及。庚子以后，革命报纸相继创刊，开展了持久而普遍的宣传，尤其是与维新派的几次轰轰烈烈的大论战，孰优孰劣昭然若揭，革命党终以革命大义鼓动群伦，国人猛醒，志士风偃，人心归向。直到武昌新军一举反正，全国上下云起风从，革命洪流奔腾于全国。

在中国近代史上，清王朝为了维护其统治，曾制定过一套残酷的刑法，相继颁布过《大清印刷物专律》、《大清报律》等法律，以期镇压进步报刊，控制言论。辛亥革命后，孙中山在南京就任中华民国临时大总统，临时政府内务部认为，以前清王朝所颁布的《大清报律》应当废除，但是，新闻也应该有专门法律来进行管制。于是在立法机构尚未订立专法的过渡时期，内务部拟定了《民国暂行报律》，通令全国一致执行。

1912 年 3 月 4 日，《民国暂行报律》三章发布以后，在新闻界引起了巨大的反响。当时"全国报界俱进会"正在上海举行会议，各派报纸代表人物接到这一通令后，提出两点反对理由：第一，暂行报律，未经立法手续是不能生效的。第二，议会将来一定要拟定出版法，是否订立"报律"应在出版法订立之后详加考虑，不应该在出版法未定之前先定"报律"。

章太炎针对这一问题，写了一篇《还却内务部所定报律议》，提出所谓"民主国本无报律"的观点。他认为利用报刊自由地说话，是平民直接享受民主权利的手段，不应该有什么限制，否定新闻立法的必要。他说："观美、法诸国，对于杂志新闻，只以条件从事，无所谓报律者。"只有清王朝那些

---

① 冯自由：《辛亥革命前海内外革命书报一览》，载《中国近代报刊史参考资料》，上册，第 88 页，中国人民大学新闻系校内用书，1982。

② 孙中山：《对粤报记者的演说》，《孙中山全集》，第 2 卷，第 348 页，中华书局，1982。

③ 孙中山：《在上海〈民立报〉之答词》，《孙中山全集》，第 2 卷，第 337 页，中华书局，1982。

“亡清诸吏，自知秕政宏多，遭人指摘，汲汲施行报律，以为壅遏舆论之阶。”“今民国政府初成，杀人行劫诸事，皆未继续前清法令，声明有效，而独皇皇指定报律，岂欲蹈恶政府之覆辙乎?”章太炎对内务部是否有颁布报律的资格表示了质疑，他写道：“内务部所司何事，当所自知。辄敢擅定报律，以侵立法大权。已则违法，何以使人遵守!”①

章太炎还分条一一批驳了《暂行报律》，认为它较前清“报律”的专制之法更重，是明目张胆地压制“言论自由”。他说，内务部这样做，是“自处卫巫之地，为诸公监谤”。内务部的“三吏数人，口含天宪，越分侵权”，无知妄作，擅自制订报律，是破坏了立法大权。“内务部既无作法造律之权，所定者，又有偏党模糊之失，若贸然类守斯令，是对于官吏则许其侵权，而对于自身则任人陵践”，所以绝对不能承认。② 可以看出，一方面章太炎是多么珍惜平民直接利用报刊这一民主权利；另一方面，他主张放弃新闻立法，一概反对制定报律，暴露了他新闻法制观念的淡薄。

孙中山接到“全国报界俱进会”的决议电后，接纳了这一意见，于3月9日发表《令内务部取消暂行报律文》，立即责成临时政府内务部撤销了《民国暂行报律》。他给内务部的饬文说：“该部所布暂行报律，虽出补偏救弊之苦心，实昧先后缓急之要序。使议者疑满清钳制舆论之恶政，复见于今，甚无谓也。”他又从制定法律的流程角度对《民国暂行报律》提出了批评：“该部所布暂行报律，既未经参议院议决，自无法律之效力，不得以暂行二字，谓可从权办理。寻绎三章条文，成为出版法所必载，或为宪法所应稽，无取特立报律，反形裂缺。民国此后应否置报律，及如何订立之处，当俟国民议会决议。勿遽亟亟可也。”③ 孙中山在民国初年，对“言论自由”思想十分尊重，尽管这一思想在当时实施没有任何可能性。

两天后，南京临时政府颁布了《中华民国临时约法》，其中第6条第4款明确规定：“人民有言论、著作、刊行及集会结社之自由。”《中华民国临时约法》的公布，对新闻事业起到了鼓励和保护作用，促进了民国初期新闻

---

① 章太炎：《还却内务部所定报律议》，载《中国近代报刊史参考资料》，下册，第587页，中国人民大学新闻系校内用书，1982。

② 章太炎：《还却内务部所定报律议》，载《中国近代报刊史参考资料》，下册，第587页，中国人民大学新闻系校内用书，1982。

③ 孙中山：《令内务部取消暂行报律文》，载《孙中山全集》，第2卷，第198页，中华书局，1986。

事业的蓬勃发展。

1912年3月，袁世凯在北京就任中华民国临时大总统，篡夺了辛亥革命之胜利果实。

作为封建买办官僚军阀的总代表袁世凯对“言论自由”思想表现出无比的仇视，1913年3月宋教仁被刺，袁世凯的反动面目彻底暴露，袁政府出于建立独裁统治的需要，对新闻事业残酷地摧残。袁世凯用金钱收买并建立自己的御用报纸，大肆为其进行舆论宣传。如北京的《亚细亚日报》、广州的《华国报》、上海的《时报》等，在宋教仁被刺和对外借款等问题上，极力为袁政府辩护，污蔑二次革命是违抗中央、破坏国家统一，叫嚣从速讨灭，完全成为助袁为虐的舆论工具。

袁世凯及其追随者打着“舆论之仆”和“顺从民意”的幌子，处心积虑地要弄种种手段驾驭报刊，钳制言论。1914年4月，袁世凯制定了《报纸条例》，把《大清报律》改头换面，重新公诸于世。该条律共三十五条，突出了警察官署的职能，带有明显的军警印记。同年12月，袁政府又制定了所谓《出版法》，共二十三条，其中第十一条与《报纸条例》内容相同，规定了八个方面的禁载内容，对报纸的登记出版发行和编辑采访写作等活动横加干涉。从此，报社报人被警告训斥、传讯罚款、打砸搜查、封门逮捕等事件接连不断，国民党报纸遭到严重压制和迫害。北京《国风日报》，天津《新春秋报》、《民意报》，汉口《震旦民报》等一大批国民党系统的报纸，在二次革命正式爆发前就遭到封禁。广州军阀龙济光一次就查封了《中国日报》、《平民报》、《中原报》、《民生报》、《讨袁报》、《觉魂报》等6家。上海《民立报》、《民权报》、《民强报》等报纸因在租界出版，未被直接查封，但袁政府内务部命令各地“禁止售卖”，使这些报纸的发行出不了租界，印数骤降至几百份，无法维持，被迫停刊。

由于构陷报纸、报人成风，一些本来拥袁的报纸也被殃及。如一向“拥护中央”的广州《粤声报》、《公论报》、《民治报》等因被怀疑与国民党的粤军和民军有关联，遭到查封。而原受军阀江朝宗津贴的北京《超然报》，因登载《顺天府中之黑幕》一则消息，被赵秉钧指为“诋毁军人名誉”，下令惩处，被封禁。就连在政治上相当保守的北京《正宗爱国报》也难逃被封禁的命运。一个编辑写的时评中有“军人为国家卖命，非为个人卖命。若为个人，可谋生之处甚多，何必从军”等语，被加上“迹近通匪，煽惑军心”的罪名，社长丁宝臣被逮走，于1913年8月19日未经审讯即被枪毙，使整个北京新闻界为之震惊。有报道称，国民党“新闻团分子逃亡者半，遭显戮者半，京中言论界稍带国民党色彩之报纸从此无片影之留”。1913 年正逢农历癸丑年，当时新闻出版界将报纸遭受的浩劫称为“癸丑报灾”。袁世凯专权的 4 年成为中国近代报业最黑暗的时期。

图 1－18　中年梁启超

袁世凯以收买、拉拢的手段引诱一些著名报人鼓吹帝制，或让他们对帝制三缄其口，把报刊当作他实现皇帝梦最好的拉拉队。1915 年袁世凯发布命令禁止报纸刊载议论国体的文章，并令各地政府派员到邮局检查邮件，一旦发现反袁报纸与书刊立即没收，逮捕报刊编辑。梁启超对袁氏淫威不屑一顾，写下反对袁氏做皇帝的评论《异哉所谓国体问题者》。袁氏得知后，马上派人送去 20 万大洋，要求他不公开发表这篇文章，梁启超断然拒绝。1815 年 8 月 31 日《异哉所谓国体问题者》一文在上海《大中华》月刊上发表，《申报》、《时报》等报刊迅速转载，激起全国反响。《北洋军阀史话》评价梁启超此文说：“梁启超在当时，人们常说他的文字像利刃一样可以杀人，梁的政治立场在历史上评价是有问题的，可是他的文章确是荡气回肠，令人百读不厌，尤以《异哉所谓国体问题者》一文，对筹安会和袁称帝的打击，不下于蔡锷领导的护国之役。”

第二章　三民主义的宣传方略

孙中山是中国伟大的民主主义革命家和宣传家，一生创办多种报刊，领导了三次报刊论战，形成了独特的报刊批评思想。他于1866年生于广东香山县（今中山市）翠亨村，1879年随母赴檀香山，先后在檀香山、广州、香港等地接受西方教育，目睹清政府的卖国、专制和腐败，激起挽救民族危亡、推翻清廷、改造社会的救国思想，经常发表激烈的反清言论。1894年11月，孙中山从上海去檀香山组织兴中会，以“驱除鞑虏，恢复中国，创立合众政府”为目标密谋起义，因多次失败被迫流亡海外。经过17年的革命斗争，终于在1911年推翻了封建帝制，成为中国共和制度的第一位总统。

孙中山在革命斗争中高度重视宣传工作，在兴中会成立前后，就积极投入报刊活动，派人在香港创办了《中国日报》。他主张中国要像西方那样，大办“学会”和“学报”，“学报以进其益，萃全国学者之能，日稽考于古人之所已知，推求乎今人之所不逮，翻陈出新，开世人无限之灵机，阐天地无穷之奥理”。① 1905年同盟会成立，他领导了同盟会机关报《民报》的创办，亲自撰写了《民报·发刊词》，提出民族、民权、民生的三民主义理论，推动了国内外革命报刊的发展，出现了一批杰出的报人和报刊批评家。

第一节　孙中山的先知先觉说

1905年同盟会成立后，大批革命志士掀起办报高潮，形成了上海、港穗、武汉三大报刊中心。较著名的报纸国内有《中国日报》、《神州日报》、《苏报》、《民呼日报》、《民吁日报》、《民立报》、《大江报》、《大汉报》、《南粤报》、《亚洲日报》等100多家。海外革命报刊发展也极为迅速，仅在日本

① 《上李鸿章书》，《孙中山选集》，第3页，人民出版社，1981。

就有《醒狮》、《复报》、《鹃声》、《四川》、《晋话报》、《云南》、《滇话报》、《河南》、《洞庭波》、《秦陇》、《夏声》等20多种，在南洋有《图南日报》、《中兴日报》、《星洲晨报》、《南侨日报》、《槟榔日报》、《光华日报》、《吉隆坡日报》、《泗滨日报》、《民锋报》、《苏门答腊报》、《华铎报》等40余种；在欧美、澳洲还有10多种。中华民国成立后创立了《中华民国公报》，是中国历史上第一个政府机关报。在指导这些报刊的实践中，孙中山以“先知先觉”说要求报人奋力宣传三民主义，感化全国民众，建设独立、繁荣、平等的民国。

一、三民主义的办报宗旨

清末，以康有为、梁启超为首的改良派同孙中山等革命派发生了尖锐对立。兴中会成立之初，由于忙于会党建设和准备起义，孙中山没有意识到报刊宣传的重要性。但维新派却利用报刊广泛传播君主立宪制，对民众产生极大的影响。1895年广州起义失败后，在改良派报刊的煽动下，许多民众视革命党人为乱臣贼子。孙中山说：“举国之人，无不以我为大逆不道，万恶乱臣贼子，为匪徒海盗。”① 孙中山感到推翻清朝统治，在武力斗争的同时，必须重视报刊宣传。1899年他指派陈少白在香港创办《中国日报》，1905年在日本创办了《民报》，与梁启超的《新民丛报》论战，使革命思潮渐渐深入人心。

孙中山直接领导的这两份报纸以宣传三民主义为宗旨，指引所有革命报刊的宣传方向，回击了保皇党“共和政体不能行于中国”的论调。孙中山在《民报》发刊词中首先批评了保皇报刊对中国问题不能对症下药，指出拯救中国的道路。他写道：“近时杂志之作者亦夥矣，婍词以为美，嚣听而无所终，摘埴索涂，不获则反复其词而自惑。求其斟时弊以立言，如古人所谓对症发药者，已不可见；而况夫孤怀宏识，远瞩将来者乎？夫缮群之道，与群俱进，而择别取舍，唯其最宜。”②

宣传什么思想才是革命报刊当时“远瞩将来、与群俱进、唯其最宜”的任务呢？孙中山从世界潮流出发，总结欧美社会变革的经验，提出惠民为基

① 《孙中山全集》，第1卷，第420页，中华书局，1981。

② 《民报发刊词》，转引自《中国新闻事业史文选》，第119页，中国人民大学出版社，1999。

的三民主义思想。正如他后来回顾时所说："同盟会成立后，首在日本东京创刊《民报》，鼓吹革命，并正式揭出民族、民权、及民生三大主义的旗帜，以为号召，于是革命思想遂传播于全国，革命行动，亦再接再厉。"① 他在《民报·发刊词》中指出："予维欧美之进化，凡以三大主义：曰民族、曰民权、曰民生……世界开化，人智益蒸，物质发舒，百年锐于千载。经济问题，继政治问题之后，则民生主义跃跃然动；20世纪不得不为民生主义之擅扬时代也。是三大主义皆基本于民，递嬗变易，而欧美之人种胥治化焉。"

他认为报刊宣传其他思想都是"故说者"，只有围绕三民主义充分发挥，才是办报的正确方向。孙中山在该发刊词中扼要阐述了三民主义的内涵，后来他又在该报发表文章详细论述了三民主义的内容。孙中山首先主张民族主义，他认为，中国社会危机是"异种残之，外邦逼之"，解决民族问题"殆不可以须臾缓"。"洎自帝其国，威行专制，在下者不堪其苦，则民权主义起"。以革命手段推翻清朝统治，打击外国资本主义，对内实现各民族一律平等，是民族主义的中心。为使中国人民摆脱民族压迫，解除痛苦，就不得不采取革命手段推翻清廷，实行民族革命。在解释民族主义的时候，他一再强调要与狭隘民族复仇主义划清界限。"民族革命是要灭尽满洲民族，此话大错……我们并不是恨满洲人，是恨害汉人的满洲人。假如我们实行革命的时候，那满洲人不来阻害我们，决无寻仇之理。""我们并非是遇到不同种族的人，便要排斥他"，而是"要扑灭他的政府，光复我们民族的国家"。②

他的民权主义就是"建立民国"，推翻封建专制制度，进行一场"政治革命"。"诚可举政治革命、社会革命，毕其功于一役"。"政治革命的结果，是建立民主立宪政体"，按照自由、平等、博爱精神，给国民以民权。通过暴力革命建立议会制共和国，推翻专制政体的统治，驳斥了改良派建立君主立宪制的观点。在《民报》及一切革命报刊上，民权主义的宣传特别强调实行议会制和选举制。

用"平均地权"防止贫富分化与对立，解决国计民生问题，是民生主义的主要含义与目的。孙中山反对欧洲资本主义国家"富者极少，贫者极多"，"善果被富人享尽，贫民反食恶果，总由少数人把持文明幸福"。这种社会问

① 转引自李瞻著：《新闻学》，第255页，台湾三明书局，1985。
② 《孙中山选集》，第81－82页，人民出版社，1981。

题积重难返，必然引起新的革命。因此，“我们实行民族革命、政治革命的时候，须同时想法予改良社会经济组织，防止后来的社会革命”。① 要“改良社会经济组织，防止后来的社会革命”，就必须解决土地问题。孙中山提出“平均地权”和“土地国有”的主张，有利于经济的发展，符合广大人民的要求。孙中山要求革命报刊宣传民权，主要从理论上说明平均地权的必要性和可能性。

孙中山在《民报·发刊词》中最后说：“此先知先觉之天职，而吾民报所为作也。抑非常革新之学说，其理想输灌于人心，而化为常识，则其去实行也近。吾于民报之出世觇之。”同盟会和《民报》的主持者是先知先觉，以三民主义启迪民众的后知后觉，是《民报》应当大力宣传的历史任务。只有把这一革新的理想灌输于人心，化为常识，实现它就不远了。这是孙中山对《民报》及一切革命报纸提出的奋斗目标。

《新民丛报》自1906年1月第73号起，连续发表梁启超的《开明专制论》和《申论种族革命与政治革命之得失》两篇长文，鼓吹在中国只能实行“开明专制”，然后再实行君主立宪。《民报》第3号特发号外，刊登题为《〈民报〉与〈新民丛报〉辩驳之纲领》，陈述革命派和保皇派报纸的根本对立，罗列的主要论点是：《民报》主共和，《丛报》主开明专制；《民报》以政府恶劣，故望国民革命，《丛报》以国民恶劣，故望政府专制；《民报》主张政治革命必须有实力，《丛报》以为政治革命只须要求；《民报》以为革命要实现共和，《丛报》认为革命反以得专制；《民报》鉴于世界前途，社会问题必须解决，故提倡社会主义，《丛报》以为社会主义不过煽动乞丐、流氓之具。该纲领开头公开宣告：“本报以为中国存亡诚一大问题，然使如《新民丛报》所云，则可以立亡中国。”② 从此论战围绕要不要采取革命手段推翻清政府、要不要建立共和政体、要不要实行土地国有这三个问题辩论不休，相互指责。当时，实行民族革命，推翻清政府；实行政治革命，建立民主共和国；实行社会革命，平均地权，成为《民报》及革命报刊坚定不移的宣传方针。

革命派的报纸没有辜负孙中山的希望，突出宣传了民族主义和民权主

① 《孙中山选集》，第82—86页，人民出版社，1981。

② 张之华主编：《中国新闻事业史文选》，第70—71页，中国人民大学出版社，1999。

义，提出“自由、平等”的口号，号召民众起来推翻君主专制，建立民主共和制的国家。在孙中山看来，是否宣传三民主义是划清革命派报纸和改良派报纸的界限。《民报》在《本社简章》中宣布了由胡汉民起草的《〈民报〉之六大主义》，强调革命报刊宣传三民主义的重大作用，指出“革命报之作，所以使人知革命也。盖革命有秘密之举动，而革命之主义，则无当秘密者。非唯不当秘密而已，直当普遍之于社会，以斟灌其心理而造成舆论”。①

《〈民报〉之六大主义》分析了国内外革命报刊的发展形势，指出：“中国内地压于异族政府，无言论自由，故杂志新闻，意微而隐；至其展发于海外者，则自一二有所为而求媚异族者外，可一言以蔽之曰，皆革命报也。夫此已见为社会心理所同，而今日最有力之舆论矣。”他认为，革命报刊要向民众灌输知识，启发觉悟，不能仅仅激发感情，更重要的是要宣传理性，培养他们的能力。他写道：“或谓革命者，非徒以触发社会之感情而已，必且导其知识，养其能力，三者具，而后革命可言，若革命报作，其触发于人感情者独多，人无知识能力，而动其感情，则发为狂热，周脉愤兴，无与匡救。是说也，以为革命报规善也，以为革命报唯有触发感情之效力不可也。夫人召其感情之发动易，而直其辩理心难，感情诚强，有火其辩理心而不自悟者，然而其不载辩理心以俱也，其感情必不久。故夫论舆论之真价者，贵其依于理性为判断，而感情用事者弗尚焉。曰区区于触发感情，而他无裨益，此革命报之未尽其责，未可以为概也。”正如胡汉民指出的，“《民报》以革命为唯一主义，而此主义所函者，即由革命之当有种种事业而来，必分致之，而后其大主义完成无缺。”所谓“大主义”，就是三民主义。

中华民国建立后，如何实行三民主义？报刊在实行三民主义过程中发挥什么作用？这些问题在护法运动失败后，提到孙中山的日程上来。当时，孙中山开始埋头于革命和建国理论的研究，希望民国的报刊转到社会建设上来。1919 年 7 月他指定胡汉民创办一份指导社会发展的刊物，胡汉民想用《改造》为刊名。孙中山对他说，“建设为革命之唯一目的。如不存心建设，即不必有破坏，更不必言革命”，遂定名为《建设》。② 1919 年 8 月 1 日，孙中山发表了《建设》杂志创刊词，强调国家面临的建设任务：“八年以来，国际地位犹未能与列强并驾，而国内则犹是官僚舞弊，武人专横，政客捣

① 张之华主编：《中国新闻事业史文选》，第 59 页，中国人民大学出版社，1999。
② 转引自陈锡祺主编：《孙中山年谱长编》，第 1192 页，中华书局，1991。

乱，人民流离者，何也？以革命破坏之后而不能建设也。所以不能者，以不知其道也。吾党同志有见于此，故发刊《建设》杂志，以鼓吹建设的思潮，展［阐］明建设之原理，冀广传吾党建设之主义，成为国民之常识，使人人知建设为今日之需要，使人人知建设为易行之事功，由是万众一心以赴之，而建设一世界最富强最快乐之国家为民所有，为民所治，为民所享者，此《建设》杂志之目的也。”①

孙中山在该刊上发表了《建国方略》，提出把中国建设成一个现代工业化强国，实现他的民生主义。军阀官僚们攻击孙中山是空谈的“理想家”，甚至“党人亦起异议”，众口铄金，反对孙中山的实业计划。孙中山是个实干家，重视社会实践，而当时的许多人崇尚空谈。有人乘机排斥孙中山，军阀势力和君主立宪党人在报刊上讽刺孙中山是“孙大炮”、“空谈家”，日嚣尘上。

在孙中山的计划里还把新闻事业列为民生必需的工业，与食、衣、住、行同等重要。其中有关出版工业部分，他做了如下的说明：“此项工业，为以知识供给人民，是为近世社会之一种需要，人类非此无由进步。一切人类大事，皆以印刷记述之；一切人类知识，皆以印刷蓄积之；故此为文明之一大因子。世界诸民族文明之进步，每以其每年出版物之多少衡量之。……昰所定国际发展计划，亦须兼及出版工业，若中国依予实业计划发展，则四万万人所需出版物必甚多。须于一切大城乡中设立大印刷厂，出版一切，自报纸至百科全书。各国所出新书，以中文翻译，廉价出售，以应社会公众之所需，一切书市，由一公设机关管理，结果乃廉。”② 他对新闻出版业的经济地位的评价不仅恰当，而且有准确的预见性，对我们今天发展文化产业仍具有借鉴作用。

到 1923 年，他还告诫言论界要准确宣传三民主义，他又把这一理论简单地概括为：“本党的三民主义，便是无形中改造人民思想的。何谓三民主义呢？简单的说，便是民有、民治、民享。详细的说，便是民族主义、民权主义和民生主义。这三项主义的意思，是要把全国的主权，都放在本族人民手内；一国的政令，都是由人民所出；所得的国家利益，由人民共享。这三项意思，便可用民有、民治、民享六个字包括起来。五权宪法是根据于三民

---

① 《孙中山全集》，第 5 卷，第 89－90 页，中华书局，1985。

② 转引自李瞻著：《新闻学》，第 259 页，台湾三民书局，1986。

主义的思想，用来组织国家的……三民主义和五权宪法，都是建国的方略。”他要求要用这个道理教育人民，“让四万万人都明白了我们的主义，他们便欢迎我们建设中华民国”①。

图2－1 《民报》

他认为，三民主义是个整体，民国建立后只宣传其中一个主义，人民就不会接受。他指出：“从前宣传民族主义，推翻满清，很有功效。我们现在从事宣传，必要把民权主义和民生主义，同民族主义一样的注重。不过从前宣传民族主义的时候，有汉人同满人的比较，很容易教人明白；现在宣传民权主义和民生主义，难找到一个简单的比较，很不容易教人明白。因为环境可以束缚人的。……许多人从前只知道民族主义，现在才知道民权主义。讲到民生主义，现在还有许多人不知道的。我们担任宣传的，自己先要明白他才好。如果不然，便是以盲导盲，都不知道是从那一条路走。”他认为要改变人们的看法，就“要想法子去感化他。感化就是宣传”。②

二、报纸鼓吹要造成群力

孙中山将报刊宣传视为革命胜利的三大方略之一，报纸宣传和武力进攻是推翻清朝统治的两种手段，报纸鼓吹对辛亥革命的胜利发挥了重要作用。早年，他曾把檀香山《隆记报》改造为兴中会的机关报，把报馆变为革命活动的场所，报纸成为革命斗争的根据地。据后来革命党人追述：“报馆为本党机关，招纳党员，筹商进行，以谋推广兴中会，从此党员日益增加，革命之风为之一振。曾在报馆举行会议多次。”③ 从同盟会成立到民国建立，革命报纸积极投入各地的斗争，为推翻清廷的残暴统治做出巨大贡献。正如1922年孙中山在《致〈党民日报〉函》中说：“夙仰贵报为吾党之喉舌，作侨界导师，大声疾呼，发聋振聩久矣，尽宣传之巨责，收文字之奇功，一纸风行，万流景仰。”④

① 《孙中山选集》，第563页，人民出版社，1981。

② 《孙中山选集》，第562－566页，人民出版社，1981。

③ 《全国学生会之议决案》，载广州《民国日报》，1923年9月3日。

④ 《孙中山全集》，第6卷，第578页，中华书局，1985。

对中华民国的创立，报纸鼓吹发挥了巨大作用，孙中山总结说："此次民国成立，舆论之势力与军队之势力相辅而行，故曾不数月，遂尽全功。"① 1912年3月，孙中山在上海民立报馆致辞时，直接盛赞报纸对革命成功的巨大功绩。1912年6月他在《〈新国民〉杂志序》中说："自武汉发难，不数月而见共和政治出现于东亚大陆，论者推原功首，咸以为数年来言论提倡之力，固矣！固共和虽成，而共和之实能举与否，则当视国民政治能力与公共道德之充足，以为比率。"② 他对革命报刊的宣传完全给予肯定，他认为我们从前手无寸铁，何以会革命成功呢？就是由于宣传。他强调："人类的政治思想极发达，民权的学说极普遍，更不专可用兵力，必要人人心悦诚服，都欢迎我们的主义，那才容易成功。革命成功极快的办法，宣传要用九成，武力只可用一成。"③

最初，孙中山把革命成功的希望完全寄托在武力斗争上，后来发现报刊对改变人们的认识有巨大作用，就决定"注重宣传"。他指出宣传与军事的功效相比，"自然是宣传奋斗的效力大，军事奋斗的效力小"。他举武昌起义的例子说，表面上虽然是军事奋斗的成功，但当时在武昌的军队是清朝训练的，不是本党训练的，因为没有起义之先，他们受过了我们的宣传，明白了我们的主义，才为主义去革命。所以这种成功，完全是由于宣传奋斗的成功。假若武昌的军队丝毫没有受过宣传，不明白革命的道理，专由本党另外起一支兵，打那一些清兵，想把他们尽数消灭，他们一定拼命来和我们反抗，那么，我们的革命未必能够成功。"他们受了宣传，都赞成我们的主义，所以便不来和我们反抗。"④

他列举中国古代和其他国家的例子，证明宣传是文化、宗教广泛传播、日益深入人心的根本原因。他指出："我们用以往的历史来证明，世界上的文明进步，多半是由于宣传。譬如中国的文化自何而来呢？完全是由于宣传。大家都知道中国最有名的人是孔子，他周游列国，是做什么事呢？是注重当时宣传尧、舜、禹、汤、文、武、周公之道。他删诗书，作《春秋》，是为什么事呢？是注重后世宣传尧、舜、禹、汤、文、武、周公之道。所以

---

① 《致武汉报界联合会函》，载《孙中山全集》，第2卷，第336页，中华书局，1982。

② 《孙中山全集》，第2卷，第381页，中华书局，1982。

③ 《孙中山全集》，第8卷，第568页，中华书局，1985。

④ 《孙中山选集》，第556—557页，人民出版社，1981。

传播到全国，以至于现在，便有文化。今日中国的旧文化，能够和欧美的新文化并驾齐驱的原因，都是由于孔子在二千多年以前所做的宣传工夫。再像佛教，自印度流行到亚洲全部，信仰的人数比哪一种教都要多些呢，都是由于释迦牟尼善于宣传的效果。再像耶稣教，从前自欧洲传到美洲，近代传到亚洲，流行于中国，世界上到处都有他们的教堂。这样普遍的道理，也是由于耶稣教徒善于宣传。宗教之所以能够感化人的道理，便是在他们有一种主义，令人信仰。普通人如果信仰了主义，便深入刻骨，便能够为主义去死。因为这个原因，传教的人往往为本教奋斗，牺牲生命亦所不辞。所以宗教的势力，比政治的势力还要更大。"①

在孙中山看来，报纸"能以一种之理想普及于人人之心中。其初虽有不正当之舆论淆惑是非，而报馆记者卒抱定真理，一往不渝，并牺牲一切精神、地位、财产、名誉，使吾所抱之真理屹不为动，作中流之砥柱。久而久之，人人之心均倾向于此正确之真理，虽有其他言论，亦与之同化"。孙中山认为，人类的智慧是不平等的，认识社会问题的快慢有很大差别，因此有"圣、贤、才、智、平、庸、愚、劣"之分。就世界人类得之天赋的才能，约可分为三种：一是先知先觉的，二是后知后觉的，三是不知不觉的。先知先觉为发明家，后知后觉为宣传家，不知不觉为实行家。记者把领袖人物的重要思想鼓吹、宣传出去，让人民通晓国内外时局动态，人民觉醒后就产生了变革社会的巨大力量。

当时的革命之所以艰难，发动多次起义都遭受失败，主要是民众没有觉醒。群众对革命的愚昧和迟钝，是清廷统治者长期压榨、蒙蔽人民耳目的结果，所以他们不知不觉，需要革命报刊的启蒙。孙中山指出："（清政府）堵塞人民之耳目，锢蔽人民之聪明。尤可骇者，凡政治书多不得浏览，报纸尤悬为厉禁。是以除本国外，世界之大事若何？人民若何？均非所知。国家之法律，非人民所能与闻。……所以中国人民，无一非被困于黑暗之中。……近日本提兵调将，侵入国土，除居住战地之人外，鲜有知中日关衅之举者。彼内地之民，或并不知世界有日本国。即使微有风传，但闻一二，亦必曰：是外夷之犯上国，断不相信敌国之入侵也。"② 宣传是"以先知觉后知，以先觉觉后觉"的神圣事业，宣传就是对人的感化和教育。孙中山认为宣传的

① 《孙中山选集》，第557页，人民出版社，1981。

② 转引自李瞻著：《新闻学》，第254页，台湾三民书局，1985。

奋斗，是改变不良的社会，感化人群。

推行一种政治纲领，实现某种政治目标，主要应启发群众的觉悟，说服群众接受，这种宣传是非常有效的。孙中山指出："要政治上切实的道理实行出来，统共有两种方法：（一）是用武力压逼群众，强迫去行——中国古时政治变更大多数都是用这种方法。（二）是靠宣传，使人心悦诚服，情愿奉令去行——这种方法在中国历史上不多见……必要把我们的主义，潜移默化，深入人心，那才算是有效果。我们要能够收到这种效果，便非请诸君对于宣传做继续的工夫不可。如果不能继续做去，便是不明白革命的道理。"①

孙中山认为，启发人们的觉悟，让人们心悦诚服地接受一种道理，可以造成群力，宣传的目的就是要造成群力。他说："像辛亥年汉人排满，这种人人要做一件事的力，叫做'群力'。这种群力是很大的。因为中国的大事业太大，要用四万万人的力才容易做成功，不是一两个人的力可以做得到的……我们要求中国进步，造成一个三民主义、五权宪法的国家，非用群力不可。要用群力，便要合群策群力，大家去奋斗。"②

报刊鼓吹的力量，在于把某种真理扩散到人们的心里，使人们明辨是非。孙中山指出："报纸所以能居鼓吹之地位者，因能以一种之理想普及于人人之心中。其初虽有不正当之舆论淆惑是非，而报馆记者卒抱定真理，一往不渝……使吾所抱之真理屹不为动，作中流之砥柱。久而久之，人人之心均倾向于此正确之真理。"③ 此外，宣传者有真诚、正确的宣传方法，才能让人们接受真理。此外，宣传者要真诚可信，以信取人，才能感化人。孙中山指出："宣传的方法，第一个条件便要有诚心。""就是要以至诚为重，能有诚心，便容易感人。能感化人，才可以把我们的主义宣传到民众，令民众心悦诚服。""有了至诚做基本，便是有了宣传材料，便是得到宣传的能力；假若没有至诚，就是有高深的学问，雄辩的口才，永远还是没有成功的希望。"④ 孙中山还强调："担负宣传的任务，应该有恒心，不可虎头蛇尾，今日热心奋斗，明日便心灰意冷，因为要人心悦诚服，不是一朝一夕、一言一动能够收效果的。必要把我们的主义，潜移默化，深入人心，那才算是有效

---

① 《孙中山选集》，第 558—559 页，人民出版社，1981。
② 《孙中山选集》，第 560—562 页，人民出版社，1981。
③ 《孙中山全集》，第 2 卷，第 337 页，中华书局，1985。
④ 《孙中山全集》，第 10 卷，第 350—352 页，中华书局，1986。

果，我们要能够收到这种效果，便非请诸君对于宣传做继续的功夫不可。”①

既然宣传是感化人，造成群力是个渐进的过程，孙中山要求，宣传“应该由近及远，先对父母兄弟姊妹和一切家人说明，再对亲戚朋友和一般普通人说明”。② 这样，“一传十、十传百、百传千，不到三五年，便可以传到四万万……到了四万万人都受过了本党的宣传，四万万人的心理便要归化本党”。③ 在此过程中，还要“过细考察反对人的心理”，通过劝导，“把那些最反对的心理，变成最赞成的心理”，使之“热心为本党尽力，替本党的主义去奋斗”。

孙中山对五四时期报刊的鼓吹作用，也给予高度评价，他的宣传造成群力的理论是对一般宣传规律的概括。他说：“自北京大学学生发生五四运动以来，一般爱国青年，无不以革新思想，为将来革新事业之预备。于是蓬蓬勃勃，抒发言论。国内各界舆论，一致同倡。各种新出版物，为热心青年所举办者，纷纷应时而出。扬葩吐艳，各极其致，社会遂蒙绝大之影响。虽以顽劣之伪政府，犹且不敢撄其锋。此种新文化运动，在我国今日，诚思想界空前之大变动。推其原始，不过由于出版界之一二觉悟者从事提倡，遂至舆论放大异彩，学潮涨漫全国，人皆激发天良，誓死为爱国之运动。倘能继长增高，其将来收效之伟大且久远者，可无疑也。吾党欲收革命之成功，必有赖于思想之变化，兵法攻心，语曰革心，皆此之故．故此种新文化运动，实为最有价值之事。”④ 他重视报刊的鼓吹作用，看到报刊是造成群力、发起群众运动的奇葩，因而积极筹款建立印刷所，鼓励各地党部办报，努力加强革命的宣传工作。

三、从争自由到“用不着自由”

对言论、出版自由问题，孙中山的态度在民国前后有所变化，这一方面是由于他有一党独大的思想，另一方面同袁世凯篡权前后言论界和政局混乱有关。从根本上说，他是言论与出版自由的倡导者和拥护者。1924 年孙中山曾说过，现在中国号称民国，要名实相符，必须这个国家真是以民为主，

---

① 《孙中山选集》，第 559 页，人民出版社，1981。

② 《孙中山全集》，第 10 卷，第 30 页，中华书局，1986。

③ 《孙中山选集》，第 563 页，人民出版社，1981。

④ 《孙中山选集》，第 482 页，人民出版社，1981。

要人民都能够讲话，的确是有发言权，像这个情形，才是真民国。如果不然，就是假民国。他认为报业服务民主政治的途径有三个：一为让人民讲话，二为领导舆论，三为支持民主政府。报纸应充分报道新闻，使人民了解公共事务，这是报纸服务民主政治的前提。

中华民国建立后，孙中山领导制定的《中华民国临时约法》（1912年3月11日公布），明确规定："人民有言论、著作、刊行及集会、结社之自由。"在我国历史上首次以立法形式确定人民的新闻出版自由权利。此前，孙中山坚持撤销《民国暂行报律》，体现了他恪守言论出版自由的立场。1912年3月2日，南京临时政府内务部鉴于《大清报律》中关于报刊出版法令已废弛，颁布了一个由内务部参事林长民草拟的暂行报律，宣布对报界"约法三章"：一、新闻杂志已出版及今后出版者，其发行及编辑人员姓名须向本部呈明注册；二、流言煽惑，关于共和国体，有破坏弊害者除停止出版外，其发行人、编辑人有坐以应得之罪；三、调查失实，污毁个人名誉者，被污毁人要求其更正，而不能履行时，经被污毁人提起诉讼，得酌量科罚。

《中华民国临时约法》尚未颁布，其他法规也多未制定，民国究竟有无必要单独颁布这一报律？一个政府部门擅自颁布法律确属越权行为，加上这个《民国暂行报律》罪与非罪的界限及量刑标准都很模糊，易被误解和滥用。当这个报律电文发至上海中国报界俱进会并令其转全国报馆遵照执行时，立即遭到全国新闻界的普遍反对，多家报纸联名致电孙中山，并通电全国表示抵制。

孙中山得知此事后，于1912年3月9日下令撤销了《民国暂行报律》。孙中山这一指令和举动，制止了《民国暂行报律》在全国的执行，切实维护了新闻言论出版自由，受到新闻界和史家的称道。

在孙中山的"三民主义学说"中，实现自由是他奋斗的重要革命目标。他说："自由和民权是同时发达的，所以今天来讲民权，便不能不讲自由……争取自由的结果才得到民权。"① 自由和民权不可分离，自由意味着公民有发表言论、表达思想和选举的权利，在逻辑上讲民权不能不包含自由，孙中山领导的革命自然也是一场争取自由的斗争。在1904年他发表的《中国问题的真解决——向美国人民的呼吁》中，列出了在清政府260年统

① 《孙中山选集》，第712页，人民出版社，1981。

治之下中国人民遭受到的11项“虐待”，其中有3条就涉及自由问题：他们侵犯了我们不可让与的生命权、自由权和财产权；他们压制言论自由；他们禁止结社自由。① 他批判清朝的言论制度时说：清代，“集会有禁，文字成狱，偶语弃市，是人民之集会自由、出版自由、思想自由皆已剥夺净尽。”② 言论、出版自由被剥夺，残酷的统治才能维持，国民革命不能不是一场争取言论出版自由的斗争。在孙中山的理念中，言论、人身和出版自由是不可剥夺的，“三民主义就是平等和自由的主义”。③ 这一理念深深地扎在他的脑海里。

正因为如此，当1919年“六三大罢工”爆发后，6月22日，孙中山在上海面对戴季陶对罢工问题的责问——“这许多无组织、无教育、无训练、又没有准备的罢工，不但是一个极大的危险，而且于工人本身也是不利的……一般的人对于世界上思想的系统，不能够明白，那些做煽动工夫的人，就拿了一知半解、系统不清的社会共产主义，传布在无知的兵士中和工人里面。先生对于这个问题，有什么意见？”孙中山得体地回答说：“这确是一种危险。……中国在社会思想和生活还没有发达，人民知识没有普及，国家的民主的建设还没有基础的时候，这种不健全的思想，的确是危险。不过这也是过渡时代一种自然的事实，如果要去防止他，反而煽动人的好奇心，助成不合理的动机。再冷静一点想，无论在什么地方，荒地开垦的时候，初生出来的，一定是许多的杂草毒草，决不会一起便天然生出五谷来的，也不会忽然便生出牡丹、芍药来的。这种经过，差不多是思潮震荡时代的必然性，虽是有害，但也用不着十分忧虑的。”④

孙中山不仅对人民的自由有全面的认识，而且对工人罢工这种自由权抱有极大的宽容。实际上，真正的自由是法律界定下的人人应有的权利，不应有阶级或政党的区别。到1924年，他还认为：“就平等、自由的界限说，或者是本国与外国相竞争，或者是本党与他党相竞争，都应该有平等、自由。”⑤ 就是说，自由不能仅给一部分人、一个政党，在自由面前，每个人

① 《孙中山选集》，第65页，人民出版社，1981。

② 《孙中山全集》，第6卷，第412页，中华书局，1985。

③ 《孙中山全集》，第6卷，第3页，中华书局，1985。

④ 《孙中山全集》，第5卷，第69—71页，中华书局，1985。

⑤ 《在黄埔军官学校的告别演说》，载《孙中山全集》，第11卷，第268—269页，中华书局，1985。

和每个政党都是平等的，都有法律赋予的同等权利。

在另一方面，孙中山在民国建立后又对新闻出版自由有许多保留的态度，有些观点发生了变化。民国刚一建立，全国报刊的言论各持主张、各行其是，有的激烈抨击民国政府，出现了空前的混乱，引起孙中山的忧虑。1912年4月他在广州对记者演讲时说："近视上海各报，言论不能一致，今回粤省，见各报之言论，亦紊乱而不按公理，攻击政府。不知一般人重视报纸，每谓报纸经载，必有其事，以致人心惶惶，不能统一，报纸在专制时代，则利用其攻击，以政府非人民之政府；报纸在共和时代，则不利用攻击，以政府乃人民之政府也。"① 他告诫记者："舆论为事实之母，报界诸君又为舆论之母。望诸君今日认定宗旨，造成健全一致之言论。"② 他是说，现在建立民国了，报纸不应攻击政府，报纸上发表的意见应当正确、一致。

当他接受了苏俄"以党制国"的思想后，强调国民党在国家建设事业中的核心地位，要求记者服务于党的宗旨。1924年他严厉批评广州《民国日报》同三民主义唱对台戏，下令除名反对三民主义的记者。这年8月1日，广州《民国日报》的"影响录"栏目以"兰"的笔名发表了一篇题为《少谈主义》的文章，反对宣传各种"主义"，显然这是胡适观点的唱和者。该文居然就刊在孙中山所写的《民权主义第一讲》的右上方。孙中山见报后大怒，立即提笔在报纸上批示："编辑与记者之无常识，一至于此，殊属可叹！汝下段明明大登特登我之民权主义，而上面乃有此影响录，其意何居？因此，着中央执行委员会将此记者革出，以为改良本报之一事。"③

孙中山对言论出版自由态度的变化，不能不同当时某些报刊的堕落有一定关系。1923年11月孙中山在为伍超的《新闻学大纲》一书所写的序言中指出，"吾国今日，外逼与强权之压境，内则因奸邪横行；国事蜩螗，民生涂炭；只可藉以一叹呻吟者，舍新闻记者外，更属谁何？是则我国新闻记者之职责，不较甚于欧美耶！"他接着指出当时的一般老百姓对于记者则"尤目之如蛇蝎"。接着他批评道："试观各地之所谓访员者，或称有闻必录，徒为风影之谈；或竟闭门造车，肆作架空之语。乃至真相暴露乃又风马牛之不

① 《各报言论求一致》，转引自李瞻《新闻学》，第257页，台湾三民书局，1985。

② 《在广州报界欢迎会的演说》，载《孙中山全集》，第2卷，第356页，中华书局，1981。

③ 广州《民国日报》，1924年8月1日。

相及。于此，而欲求新闻记载之有价值，不亦南辕北辙乎？究其原，未明新闻事业之本旨而已！”①

孙中山并不是自由主义者，他对自由过度的负面有清醒的认识，但在某种程度上也说明他对自由的肤浅认识。在《三民主义》一书中，孙中山曾经明确宣布：“我们革命党向来主张三民主义去革命，而不主张以革命去争自由。”他认为“现在我们中国人还不懂自由是什么”，“由于自由太过，便发生许多流弊”。中国人有充分的自由，所以一盘散沙，所以中国人现在的病不是欠缺自由，而是一盘散沙。他说：“中国人因为自由过于充分，便不去理会”，“欧洲人民因为从前受专制的痛苦太深，所以一经提倡自由，便万众一心去赞成。假若现在中国来提倡自由，人民向来没有受过这种痛苦，当然不理会”。他批评学生运动说：“中国人用不着自由，但是学生还要宣传自由，真可谓不识时务。”②

图 2－2　孙中山对自由的思考

从《三民主义》一书中的论述看，孙中山所说的自由是政治思想和政治权利的自由。比如他说：“欧洲人当时争自由，不过是一种狂热，后来狂热渐渐冷了，便知道自由有好的和不好的两方面，不是神圣的东西。所以外国人说中国人是一片散沙，我们是承认的；但是说中国人不懂自由，政治思想薄弱，我们便不能承认。中国人为什么是一片散沙呢？由于什么东西弄成一片散沙呢？就是因为是各人的自由太多。由于中国人自由太多，所以中国要革命。中国革命的目的与外国不同，所以方法也不同。到底中国为什么要革命呢？直截了当说，是和欧洲革命的目的相反。欧洲因为从前太没有自由，所以革命，要去争自由。我们是因为自由太多，没有团体，没有抵抗力，成一片散沙。因为是一片散沙，所以受外国帝国主义的侵略，受列强经济商战的压迫，我们现在便不能抵抗！要将来能够抵抗外来的压迫，就要打破各人的自由，结成很坚固的团体，像把士敏土参加到散沙里头，结成一块坚固石头一样。中国人现在因为自由太多，发生自由的毛病，不但是学校内的学生这样，就是我们革命党里头也有

① 伍超：《新闻学大纲》序，商务印书馆，1925。
② 《孙中山选集》，第 717－720 页，人民出版社，1981。

这种毛病。”[①] 所以从前推倒清政府之后，至今无法建设民国，就是错用了自由之过也。孙中山的这种结论无疑会影响言论出版自由领域，容易被专制主义者所利用，蒋介石就曾多次引用孙中山的这些话，要求国民的言论和行动同他保持一致。

从反清革命争取自由，到后来的“中国人自由太多”、“自由太过”、“用不着自由”，孙中山的立场发生了微妙的变化。不管他指的是哪种自由，但他的许多言行证明，他不喜欢记者、民众或下级官员同他的三民主义和政府持有对立的意见。到1924年，孙中山明确表示他不赞成个人有更多的自由，而是主张国家应有绝对的自由。他写道：“在今天，自由这个名词究竟要怎么样应用呢？如果用到个人，就成一片散沙。万不可再用到个人上去，要用到国家上去。个人不可太过自由，国家要得到完全自由。到了国家能够行动自由，中国便是强盛国家，要这样做，便要大家牺牲自由。”[②] 他的观点已经走得很远，几乎露出专制思想的影子。国家同人民的关系，其中包括每个公民，绝不是个人服从国家，而是国家为每个公民服务，服从公民个人的正当需要。公民的个人自由不能随便牺牲，拱手让给政府，当然也不能为了个人自由而牺牲国家利益，他只能遵循法律享有或放弃自由。

孙中山对自由的理解脱离了法制，才推导出上述错误的论断。真正的自由都是受法律限制和保护的，既不会造成专制也不会出现一盘散沙。旧中国既没有自由也没有法制，整个国家充满政治、经济和思想专制，个人的日常行为又毫无秩序，并不是自由太多。如果国家得到完全的自由而个人没有太多的自由，势必造成国家对个人的压制，这正是法西斯的统治理论及导致的必然结果。

四、党化教育与党义宣传

1924年国民党“一大”通过《出版及宣传问题决议》案，明确规定：“改组后的国民党应成立有系统的宣传组织，使教育与国民党的事业紧密结合，一方面建立以‘党义宣传、党德养成’为中心的学校，培养国民党的干部，另一方面扩大国民党在其他学校的影响，使其他学校逐步变成国民党的学校。”[③] 这是先知先觉导引民众后知后觉的实践，即把三民主义灌输到人

① 《孙中山选集》，第717—720页，人民出版社，1981。

② 《孙中山选集》，第722页，人民出版社，1981。

③ 于述胜：《中国教育制度通史》，第7卷，第68页，山东教育出版社，2000。

民的头脑中去，“全国人民都遵守本党主义，中国然后才可以治”。①

孙中山提出的“党化教育”、“党义宣传”的思想，成为国民党的教育方针、宣传方针和重要的新闻政策。看上去，这个方针起初仅在教育界贯彻，是针对学生教育提出来的。实际上它是向全民灌输三民主义，用国民党的纲领争取民心的政治宣传活动。1925 年《民国日报》记者与陶行知辩论时说，“党化教育”不仅要“党化”学生，而且要“党化各阶级”。② 显然，孙中山要求对全社会进行“党化教育”，要通过报刊文字、讲演、谈话等方式，把“党义”贯彻到各种活动和形式的宣传中。根据邹鲁回忆，“总理于第一次全国代表大会以后，因同志决心从事攻心之奋斗，亟须三民主义以为宣传，在广东大学（开始时仍为高等师范）礼堂，按期演讲三民主义，分令党、政、军人员和各学校教职员学生等，前来听讲”。③

为什么孙中山如此重视党化教育和党义宣传呢？1923 年 10 月 15 日他《在广州中国国民党恳亲大会的演说》④ 中（以下引文均出自此篇演讲），列举了四个重要理由：

（一）大多数人不了解国民党的主义，不明白民国的道理，所以建设民国不成功。他写道：“辛亥年革命推翻满清、创造民国，一直到今日，徒有民国之名，毫无民国之实。关于民国的幸福，人民丝毫都没有享到。……这是什么原故呢？就是由于革命没有成功。因为革命没有成功，所以真正的民国，无从建设。……但是本党在辛亥年革命，能够推翻满清、创造民国，何以十二年以来，不能一气呵成，建设民国呢？就是因为国内大多数人民，还不明白民国的道理，不了解本党的主义。因为大多数人民不了解本党的主义，所以本党在中国革命，从前的破坏成功，现在的建设不能成功。”

（二）大多数党员入党是为了做官，对本党主义不愿意为之奋斗，一旦做不成官，就不热心党务，立场动摇，反对国民党。他说：“譬如许多党员，总是想做大官。如果是得志的，做了大官便心满意足；这些党员的心理，以为达到了做官的目的，革命事业便算了结一样。若是不

① 《孙中山选集》，第 525 页，人民出版社，1981。
② 《党化教育的意义》，载《民国日报》，1925 年 1 月 26 日。
③ 邹鲁：《回顾录》，第 124 页，岳麓书社，2000。
④ 《孙中山选集》，第 23—530 页，人民出版社，1981。

得志的，不能做大官，便反对本党，去赞成敌党。至于热心党务、真正为本党主义去奋斗的，固然是很不少，但是大多数党员都是以加入本党为做官的终南捷径。因为加入本党的目的都是在做官，所以党员的人格便非常卑劣，本党的分子便非常复杂。”“做党员的精神是在什么地方呢？就是能够为主义去牺牲。大家为党做事，事无大小，必须持以毅力，彻底做成功。平日立志，应该想做大事，不可想做大官。如果存心做大官，便失去党员的真精神！”

（三）宣传党义是立党治国的要求，立党治国就是按照党的主义管理国家，全国都要遵守党的主义。他指出：“本总理向来主张以党治国。以党治国的这一说，是什么意思呢？是不是所有的党员都要做官，才算是治国呢？如果党员的存心都以为要用党人做官，才算是以党治国，那种思想便是大错。……所谓以党治国，并不是要党员都做官，然后中国才可以治；是要本党的主义实行，全国人都遵守本党的主义，中国然后才可以治。”

（四）要巩固革命成果，使国民党不断成功，必须得民心，用党义争取民心。他认为：“本党自成立以来，成功的次数少，失败的次数多。现在得到广东这片净土做我们的策源地，可算是一个小小的成功。诸君这次到此地来开恳亲大会，也是一个不易得的机会。试问这个地盘，今天归我们所有，将来能不能够保守呢？……这个保守地盘的方法是什么呢？就是在得人心。人心一得，这个地盘便永远归我们所有，别人便争夺不去。人心一失，这个地盘便要归别人所有……人心就是立国的大根本。辛亥年满清之所以亡，是亡于他们失去了这个根本；民国之所以成，就是成于我们得到了这个根本。”“至于不肖党员，行为不正，或假本党党员名义在外招摇，更是失全国人心的大原因。”

当时国民党还没有完全掌握全国政权，“党化教育”和“党义宣传”是国民党发展革命成果、战胜军阀的需要，也是使广大民众信仰国民党，吸收新党员、壮大国民党的策略。所谓党义，就是指国民党的三民主义和五权宪法，是国民党的理论基础和纲领。1925 年 7 月广州国民政府成立后，明确规定：“一切教育措施皆依三民主义之精神，对于各级教育尽量灌输以党义，称之为‘党化教育’。”① 可见，党化教育主要是一种宣传活动、宣传方针，

① 陈进金：《抗战前教育政策之研究》，第 116 页，台北近代中国出版社，1997。

除了在各类学校的课堂内外较为集中开展外，广泛地在报刊上进行并加以贯彻。正如孙中山所说："要诸君注重宣传，教本党以外的人都明本党的主义，欢迎本党的主义，然后本党施行主义便无阻力，便无反抗。本党在辛亥年革命成功的道理，就是由于一般先烈自己能够牺牲，为主义去奋斗，并且把本党的主义宣传到全国人民，令全国人心都赞成革命，所以武昌起义一经发动，便全国响应。"①

在当时舆论界，党义宣传似乎开展得轰轰烈烈，吸引了许多青年人。罗尔纲在致胡适的信中说："在民国十二三年的时候，正是两广党化初次升腾的时代，那时候青年人最时髦的口号是'放落书包，到民间去!'我那时适从上海高中毕业回里省亲，看见满街的标语口号，好似到了一个新奇的世界。我就给人拉了鼻子走做了许多糊涂的事，例如参加贵县领导青年运动的组织'微熹青年社'，下乡进行反帝反军阀的宣传，足足'胡闹了半年'。"②

"党化教育"和"党义宣传"越来越纳入国民党的党务活动，逐步贯彻到平民阶层，到1925年10月，国民党中央青年部平民教育委员会草拟的平教方针规定："为实施本党政纲，励行教育普及起见，特组织平民教育委员会办理平民教育，先作初步的识字运动，进而灌输普通常识，启发革命思想，使全国民众能一致切实从事于革命工作。"不久，广州《民国日报》上刊载了一篇专论，明确论述了"党化教育"、"党义宣传"与国民党党纲的关系："就是叫他们（学生及一般民众）信仰国民党的党纲，做孙文主义的信徒，努力实行国民革命，以求中国之完全独立与自由。"③

孙中山《在广州中国国民党恳亲大会的演说》和相关文章中还提出宣传党义的方法，他指出："得人心的方法很多，第一是要本党现在的党员，人格高尚，行为正大。不可居心发财，想做大官；要立志牺牲，想做大事，使全国佩服，全国人都信仰。"其次，"宣传就是劝人。要劝世人都明白本党主义，都来倾向本党，便要诸君自己先明白三民主义、五权宪法，知道怎么样去宣传。"最后要"过细考察那些反对人的心理，大概都是挟持成见，不肯改变。我总是用尽方法去开导，反复规劝，以至于了解而后

① 《孙中山选集》，第527页，人民出版社，1981。
② 潘光哲：《胡适与罗尔纲》，载《文史哲学报》，第42期，台湾大学，1995。
③ 毅锋：《党化教育与革命》，载广州《民国日报》，1926年5月13日。

已。并且把那些最反对的心理，变成最赞成的心理，热心为本党尽力，替本党的主义去奋斗”。①

第二节 于右任为民请命而办报

于右任，1879年4月11日生于陕西三原，原名伯循，字诱人，国民党元老，民国政府著名官员、报人和报刊批评家。1905年在《新民丛报》著文时始用“右任”笔名，用以代字。1906年9月，为创办《神州日报》赴日本考察并募集经费，在日本结识了心仪已久的孙中山，正式加入同盟会。孙中山委任于为长江大都督，负责上海一带同盟会事务。回国后，经过紧张的筹备创办了《神州日报》，该报一出，世人即谓之“炸弹”。辛亥革命后，他任南京临时政府交通部次长，国民政府常委、军委会常委、审计院院长。《民立报》停刊后，他曾致力于反袁护法斗争，先后当过陕西靖国军司令和上海大学校长，1931年后长期担任国民政府的监察院长，1964年病逝于台湾。

一、再造神州的言论机关

1907年初，于右任与好友邵力子从日本回国，4月2日革命党人在上海主办的第一份大型日报——《神州日报》正式创刊，于右任任社长。该报“以祖宗缔造之艰难和历史遗产之丰富，唤起中华民族之祖国思想”，“激发潜伏的民族意识”为宗旨，以期再造神州。“一水茫茫判天壤，神州再造更何年”，报纸用于右任这首《马关》诗句中的“神州”二字命名。该报不用光绪年号，报头上用的是“丁未年二月二十日阴历一九〇七年四月二日”这种纪年法，表明与朝廷决裂的决心。报纸筹备得到孙中山的支持，他指示于右任要把它办成革命的机关报，成为联系“东南八省”的“党务”和宣传组织工作的“革命运动枢纽”。同盟会江苏分会和同盟会设在上海的健行公学、中国公学等团体给《神州日报》不断提供稿件，为报纸做了许多社会联系工作。

《神州日报》在《发刊词》中提出“三个主义”，即“神州社会主义”、

---

① 《孙中山选集》，第527—528页，人民出版社，1981。

"神州国家主义"和"神州帝国主义"的宣传纲领，报纸的宗旨是推翻封建王朝，唤醒国民意识，重振中华之威。宣传革命主张，报道革命党人事迹，鼓舞民众斗志，揭露清政府的腐朽，抨击帝国主义侵略，是该报报道与宣传的主要内容，一出版就引起广大读者的关注，发行量很快超过一万份。但报纸办得也很艰难，具有革命性质的报纸遭到国内专制势力和帝国主义的仇视，随时遭到不测。它吸取《苏报》被封的教训，言辞委婉，但"时政批评，针针见血"。在"有闻必录"的掩护下，详细报道了秋瑾烈士遇害的经过和各地武装起义的消息，揭发贪官污吏的罪行，赢得了广泛的舆论支持。

在充满"民族主义"革命情绪的《发刊词》中，于右任以下列语句提出再造神州的三个主义："挥政客之雄辩，陈志士之危言，澡雪国魂，昭苏群治，回易众听，纪纲民极。"言辞激荡，隐含民族主义和民权主义的思想，发出革命的号召和动员令。报纸以稳健平稳的面目出现，采用"迂回"的宣传手法，掩盖革命报纸的性质，被后人称为"隐而不露"的党报策略。在这种思想指导下，《神州日报》言论的激烈程度远不如《苏报》、《国民日日报》、《俄事警闻》和《警钟日报》，也不如他自己后来创办的《民呼日报》、《民吁日报》和《民立报》。

图2－3　倡导神州主义的于右任

发刊词阐释了革命的目标和远大志向，即：（一）传播"神州社会主义"，让中国"封建既息，阶级遂平，卖浆织屦者，徒步而取公卿；揭竿斩木者，赤手而沦大宝"。（二）传播"神州国家主义"，其目标是"应天顺人之微旨，旁薄乾坤；外夷内夏之大防，昭垂云汉"。（三）宣传"神州帝国主义"，其方针是"建冠裳以会万国，崇封禅以召百灵。"最后以一段抒情文字作为结束："嗟夫！即因求果，弥怀履霜集霰之哀；振聩发聋，宁辞被发缨冠之诮。欢娱朝野，悼燕雀之焚如。大好河山，怅蟪蛄兮盈耳。惕亭林匹夫之责，绎南雷待访之编。嗟我兄弟，孰非轩昊之神孙；请续阳秋，备纪中原之文献。空言可托，有痛哭流涕以陈辞；来日大难，冀喑口哓音之有补。矫矫风云之气，会扶白日再中；昭昭天祖之灵，眷我黄图亿。"① 这篇发刊词约3000字，署名"函三"，由于右任、王无生、杨笃生等人合作写

① 引自方汉奇：《新闻史的奇情壮彩》，第130页，华文出版社，2000。

成，大量骈四俪六的句式，文字矞皇典丽，古色斑斓。

该报刚创刊那几天，刊有一些社会团体的贺词，对《神州日报》做出评价，提出希望。其中，中国公学的贺词是："黄帝挥戈，战驻蚩尤；神武既张，民乐自由。"同盟会江苏分会以会长高天梅个人名义致送的贺词是："（水调歌头）凤立高刚哕，蓦地嚛鸥鹗。仿佛五云深处，吹彻大成韶。秽史魏收羞死，直笔董狐复活，元箸尽超超。夜半钟声响，静听海音潮。铸轩圣，拜虞帝，梦神尧。诸公今日，应尔公义未能消。敲起昆仑天鼓，把这睡狮唤醒，敌忾励同胞，料得收功日，铁马荡□□。"创办震旦学院和于右任有师生之谊的天主教爱国人士马相伯，给该报送来了充满爱国感情的题词："以热心毅力鼓舞国民，恢复我神州二万余里之权利，完成我神州四百兆同胞之责任，扫除三代以降小康之事业，而跻斯世于大同之景运。"担任中国公学董事的张謇则亲自为该报书写了报眉。这些知名人士都认为该报能够担负起指导反清革命、宣传民主自由思想的重任。由于该报其他的发起人多数是中国公学的教师或学生，同知识文化界的关系比较密切，得到不少社会名流和教育界知名人士的赞助。

与同时期的大多数革命派报刊一样，该报以"上中社会"的读者为主要对象，尤其侧重于学生和军人。创刊伊始就宣布："凡我全国官私公立各学堂以及各省军营均常年致赠一份，以备公阅，不敢报资。"对个别的学生订户则实行半价优待。其目的：一是为了配合各地同盟会组织在新军和青年学生中进行革命发动工作，一是企图通过他们把民主革命的思想扩散到全社会。1907 年 5 月 8 日黎明，创刊才 37 天的《神州日报》突然遭到了一场火灾，所有主笔房、排字房、机器房及其中的访稿、存稿、藏书、藏报、藏纸、印机、铅字、铜模等均付一炬。遇火的当天，《神州日报》被迫停刊，但只中断了一天，又恢复了出版。在复刊后的第一天发表的下面这段文字表达了该报的精神："国民前途之希望无穷无尽，神州将来之事业无穷无尽，则本社社员之责任亦与之无穷无尽。本社一切职事者幸未焦烂，即当重整旗帜，逐日出版，庶有以慰读者诸君之廑存，即以副向来之期望。传曰：火者所以除旧布新。今旧神州之黑暗将被扫除，新神州之光明将益见，盖已于是乎兆之。昔者柳子厚有贺某京兆失火书，彼个人事业者抑何足道。以吾《神州日报》读者诸君与我新神州新事业之关系，讵不可贺也耶。"

但是，没有多久，由于善后工作的头绪很多，又很棘手，有些人终于不胜工作繁重，宣告退却。于右任就是其中一个。1907 年 6 月 20 日，《神州

神州日報

本社廣告

图 2－4　《神州日报》

日报》在头版位置刊出了于右任宣布辞去经理职务的一则启事：“右任启事不佞自总理神州以来，竭力经营，妄冀鼓吹文明，于神州前途（有）所裨补，不意出版未久，竟遭祝融，本当收拾余烬，勉复旧观，自顾才力竭蹶，不足以肩此重任。乃从权邀集在沪发起人及股东会议，推举叶仲裕、汪漱尘（即汪彭年）二君接任。此后凡有关于社中一切事件，即与汪、叶二君接洽可也。”[①]《神州日报》持续发行 3 个月共 80 天，于右任结束了在该报的革命宣传活动。

该报是继《警钟日报》后，革命派在国内出版的第一份大型日报，每日对开三大张，设有论说、专电、要闻、各省通信、杂俎、沪事评论、本埠新闻、商业新闻、余录、文苑等栏目。《神州日报》并不公开声言自己是革命派言论机关，但其革命倾向十分明显，当时一般读者都认为它是革命派的言论机关。该报特别重视主版社论一栏，该栏目多为批评时政，以切中时弊著称，杨毓麟为社论主要撰稿人之一。[②] 于右任称：“杨笃生是对于《神州日报》最努力的一个。长于小学，熟谙国史，血性尤热烈过人，故其文，能以坚确之词义，抒其真挚之感情，深切地注入读者。”

该报的言论主要宣传自由、平等、独立等政治理想，有时引述革命党人的主张，号召：“颠覆现政府，谋求共和政体，分配土地，使国民亲爱自由平等”；“脱□□羁轭，扫除数千年专制政治，建设一完全新共和国”，比如著名时评《革命之恐慌》、《东京近信》[③] 等，表达了革命党人的鲜明立场。该报还着力揭露清朝统治腐败无能、贪贿成风和种种凶残暴政，进行抵制“预备立宪”的宣传。该报发表的《呜呼盗贼世界》、《北京官场之酒色财气》、《盛宣怀之贪污史》一类文章，对清廷统治进行了有力的鞭挞，对资本主义列强对中国的侵略也进行了揭露，号召国民团结起来，与列强抗争。

该报在同盟会在 1907 年 4 月的钦廉起义、5 月的黄岗起义、6 月的惠州

① 方汉奇：《新闻史的奇情壮彩》，第 130 页，华文出版社，2000。

② 冯自由：《上海神州日报小史》，《革命逸史》，第 2 集，第 242－243 页，中华书局，1981。

③ 《神州日报》，1907 年 6 月 18、19 日。

七女湖起义的新闻中，言词炽烈，渲染了反清起义的正义性，介绍了革命党人的英雄事迹和起义队伍严明的纪律。6月2日的一则报道说：革命党“纪律甚严，除官员外概不骚扰”，“如此严明，较之我们巡警局有过之无不及也”。当时《神州日报》在民众和知识分子中极受好评，发行量在很短时间超过万份，成为当时上海地区最畅销的报纸之一。

二、为民敢呼敢言的报纸

《神州日报》遭到火灾，于右任因无力恢复而辞去报社社长职务，初辞报馆，上海道台蔡乃煌欲重金聘他为《舆论日报》主笔，由于政见不合，遭于拒绝。于右任于1909年5月15日在上海创办了名闻海内外的《民呼日报》，在创刊《启事》中他说：此报“以‘为民请命’为宗旨，大声疾呼，故曰‘民呼’”。《民呼日报》自称为“炎黄子孙之人权宣言书也”①。在“大声疾呼为民请命”的旗帜下，《办报启示》满是对大清王朝的鞭挞，以“声讨民贼”、“吊民伐罪”为名开展斗争，吹响了革命号角。

创刊《启事》说，所谓民呼者，为民请命也。“大声疾呼，故为民呼，辟淫邪而振民之气，亦初创神州之志也。”创刊《启事》对该报的方针与使命做了如下规定：“本报为纯全社会之事业，所有办法，是系完全股份公司，不受官款，不受外股。故对于内政外交，皆力持正论，无所瞻徇。本报编辑总目，凡分三大部分，曰言论之部，曰纪事之部，曰丛录之部。其余各子目凡二十余，如外史、佚史、吉光片羽录、陆沉小识诸门，其特色皆为本报所独有。本报又欲引起国人世界观念，于世界各国各港新发生之重要事件，专电译文，登载独多。本报自发起以来，组织备极艰辛，而内容益求精美，故取价不得不独高（全年九元，邮费在内，零买一份八厘）。本报虽未出版而预订者已及数千份，恐赶印不及，故出版时，仅本埠送阅一天。本报除第一日送阅外，第二日特备福引券一千张，如至本社购报三分以上者，均有赠彩。第三日除本报四大张外，附送世界社精印之六十名人画像一张。出版一月内，订阅本报全年者，特送六十名人一册（原价二元）；半年者，送书券一张（值洋一元）。外埠展限一月。本报提倡商务、学务起见，特送商学界告白十日。本报博征内外名人各种著作，以收集思广益之效。本报每日精印图画一大张，皆系请名手所绘，庄谐各极其妙，不另加费。如同人有以画片

① 《本社启示》，载《民呼日报》，1909年5月15日。

见惠者，并择优刊登，藉广流传。”①

于右任极力招揽人才，除了旧时王无生、李梦符、范鸿仙外，又聘得戴季陶、吴宗慈、朱少屏、谈善吾、杨千里、陈非卿等妙笔生花之士，于的如椽大笔更是桀骜不驯，夭矫不群。不足三月，《民呼日报》销量跃居上海各报之首。于右任把报刊视为人民疾苦的表达者、民权的捍卫者和政府的监督者。他在《民呼日报》创刊号的《启示》中说：“《民呼日报》为何而出现哉？记者曰：《民呼日报》者，黄帝子孙人权宣言也。有世界而后有人民，有人民而后有政府；政府有保护人民之责，人民亦有监督政府之权。政府而不能保护其人民，则政府之资格失；人民不能监督其政府者，则人民之权利亡。”② 为了表达“为民请命”的宗旨，创刊号公布了办报的十个要素：“一曰志”、“二曰仁”、“三曰义”、“四曰智”、“五曰勇”、“六曰公”、“七曰洁”、“八曰忠信”、“九曰讽喻”、“十曰财力”。

《民呼日报》揭露清廷官吏的昏聩，谴责上海某些报刊甘作“达宦之机关，为他人之奴隶”。于右任反对“党见”和“党派”束缚报刊，辛亥革命胜利后他虽然是国民党的官员，却提出报刊绝非“一二党派之言论机关”，大呼“报纸乎？政党乎？天下许多之罪恶假汝之名以行，吾为中华民国哭！”③ 当时《民权报》批评于右任不提携党报，对报刊的党派性反感，甚而攻击党报，真是莫名其妙。据戈公振说，“横三民”强求于右任认同党报，于则“以脱党相拒”。④ 他希望中国政党报刊能像西方政党报刊那样，在完成革命后转化为大众报刊，不再参与党争，站在大众立场持有公正大胆的言论。

他特别主张报纸在政治经济上不依赖党派，“对于内政外交，皆力持正论，无所瞻徇”⑤。机关报不可能做到这一点，他要办的是敢言敢说的真正的民间报纸，只有民间报纸才能不看别人的眼色说话。他宣称：《民呼日报》“出现之日，即私人机关报消灭之期。凡向之所欲言而不敢言、不能言、不忍言者，皆将于是乎昌昌大言之。”⑥ 他认识到，经济独立才有报纸独立，

---

① 《本社启示》，载《民呼报》，1909 年 5 月 15 日。

② 《本社启示》，载《民呼报》，1909 年 5 月 15 日。

③ 傅德华：《于右任辛亥文集》，第 241 页，复旦大学出版社，1986。

④ 《中国万岁　民立万岁》，载《民立报》，1910 年 10 月 11 日。

⑤ 《本社启事》，载《民呼日报》，1909 年 5 月 15 日。

⑥ 《民呼日报宣言书》，载《民呼日报》，1909 年 5 月 15 日。

报纸独立才可能实现言论独立。《民呼日报》拒绝蔡乃煌①的经济收买，创刊号刊登《本社启事》申明："本报纯为全社会上之事业，所有办法系完全股份公司，不受官款，不受外股。"

于右任面对社会丑恶，奋笔疾书，为民生、民权大声呐喊。1909 年 5 月 18 日《民呼日报》上发表了一首白话诗："一个锭，几个命，民为轻，官为重；要好同寅，压死百姓。气得绅士，打电胡弄。问是何人作俑，樊方伯发了旧病。请看这场官司，到底官胜民胜?"这首顺口溜刻画出贪官污吏鱼肉百姓的嘴脸。该报的各种时政也多指向贪官污吏、奢富恶棍，对某些报纸"作达宦之机关，为他人之奴隶"进行了斥责。对此，上海旧派报纸忌恨不已，公然在报上恶语诋毁。

该报抨击陕甘总督升允三年匿灾不报、田赋不免，造成饿殍遍野、人间相食的报道与言论，最震撼人心。同时于右任邀集陕甘同乡领袖刘定荣、李岳瑞等人组成赈灾公所，以民呼日报馆为办公地点，开辟专栏，发起募捐活动，开创了我国报纸参与赈灾工作的先例。但《民呼日报》终于引起陕省大吏的忌恨，上海道台蔡乃煌收到陕甘总督毛庆藩诬告于右任侵吞赈款的专电，蔡下令通知报馆："今义赈收款既有三万余金之多，解到甘省止有二千两，究竟钱归何处？款存何处？仰即提案严究押追，限三日内将收赈款全数缴出，呈由该廨禀请扫解。毋许蒂欠。"1909 年 8 月 2 日晚，于右任、陈飞卿二人因以上"莫须有"罪名被拘至巡捕房，于右任于 8 月 6 日托请律师抗辩，把救灾款去向说得清清楚楚，审判官张口结舌。清吏为彻底打垮《民呼日报》，唆使其他官员诬告《民呼日报》毁坏名誉，结果"毁谤名誉案"也被驳回，但于右任仍被关在狱中。报社同仁为周全于右任性命，没有征求于右任意见，关闭报社。于右任被禁闭 25 日后，才被释放，但被逐出英租界。

1909 年 8 月 13 日，《民呼日报》以《〈民呼日报〉与于右任之生死》为题发表社论说："本报主笔于右任，横受飞诬，身囚囹圄审到稽迟。酷暑炎天，死生难测。加以官家痛恨本报已入骨髓，大有不与并存之势，故其最后之对待，必以本报存亡为唯一之目的。近复冒言无讳，谓民呼不停，右任万

① 蔡乃煌，字伯浩，出生年月日不详，广东番禺人。年轻时中过秀才，1891 年花钱买了顺天府举人，到福建任候补。甲午战争后投靠袁世凯，任上海道台。袁世凯复辟称帝，以杨度为首的"筹安会"急需白银 3000 万两作为活动经费，袁世凯便派蔡乃煌任苏、赣、粤禁烟特派员，以禁烟的名义贩卖鸦片。袁世凯垮台后被清廷官僚枪杀于广州。

不能释。推其用心，一若死，一于右任，封一民呼报，彼官家即可高枕无忧。”① 8月14日《民呼日报》发表《停刊声明》：“同人审时度势，报纸一日不停，讼案一日不了。加以酷暑如焚，总理于右任被系狱中，备受苦楚，同人委曲求全，不得不重违于君之意，已招由开明日报馆经理，所由本馆经手事件及账项等类，统由于君出狱，自行清结。特此声明。”同日又刊登《与读者告别书》。

至此，坚持“为民请命”的《民呼日报》，只发行92天就被迫停刊。9月8日，公共租界会审公廨理屈词穷，只好胡言胡语定个罪名：“《民呼日报》不安本分，叠被控发。公堂念系初犯，姑予以从轻议结。于右任已在押一月零七天，毋须再行押办，判逐出租界。……嗣后如有借开报馆，不安本分，凭空毁诋，叠被控发情事，定当重办，不得仍援民呼之案为例。”②

《民呼日报》停刊不到1个月，于右任联络同仁在原址利用旧机器，于1909年9月29日又创办了《民吁日报》。迫于压力，于右任不宜出面，命朱少屏担任发行，范光启担任社长，主持社论。《民吁日报》创刊不久，便撰有《论中国之危机》、《锦齐铁路与远东危机》、《买日货者看看》等社论，日本驻上海领事松冈览毕，甚为恼怒，暗自记恨在心。

据于右任观察，报刊能够监督政府、使人民不受压迫，首先必须替人民说话，人民借助报刊能够大声疾呼，表达自己的要求，否则一切都要落空。1909年9月29日，沪上各报刊出一则《民吁日报》的《出世广告》：“本社近将《民呼日报》机器生财等一律过盘，改名《民吁日报》。以提倡国民精神，痛陈民生利病，保存国粹，讲求实学为宗旨。仍设上海望平街一百六十号内，即日出版。内容外观，均擅海内独一无二之声价。”③ 于右任后来在《如何写作社评》一文曾进一步补充说：“以吁之与呼，字形相近，用以表示人民愁苦阴惨之声；而分析‘吁’字，又适为‘于某之口’，于沉痛中，尤含有幽默的意味。”“民不敢声，唯有吁也。”④

10月3日《民吁日报》的版面上醒目印着几个大字：“民不敢声，唯有吁也。”于右任认为报纸应该成为正确的言论机关，决不能“以讹言乱国

① 刘作忠：《于右任办报屡败屡战》，载《炎黄春秋》，2002年第3期。

② 刘作忠：《于右任办报屡败屡战》，载《炎黄春秋》，2002年第3期。

③ 刘作忠：《于右任办报屡败屡战》，载《炎黄春秋》，2002年第3期。

④ 于右任：《如何写作社评》，载《新闻学季刊》，1940年第5卷第2期。

是”，“以浮言伤国交”，“以妄言愚国民”。《民吁日报》以“宣达民情，鼓舞民气”，“振刷国民精神，提倡国民实力”，“与专横政府对抗，与强霸列强抗争”为使命，把反映民众的意志作为办报的出发点。《民吁日报》创办不久，日本加紧与沙俄勾结，阴谋共同攫取我国的景齐铁路。10 月下旬，日本前首相伊藤博文在访俄途中，窜到我国东北进行活动，26 日在哈尔滨火车站被朝鲜爱国志士安重根刺死。范光启等即以此为题，在《民吁日报》上掀起反对日本侵略的宣传高潮，对伊藤博文的来华和遇刺，给予尖锐的痛击。他写道：“汉族不幸，清政失纲，东夷乘衅，陵铄诸夏，惧将倾覆国家，沦丧区宇，斯诚志士致命致节之日矣！”号召人们奋起反对日本帝国主义的侵略。

《民吁日报》的反日文章，引起日本政府的恼怒，日驻上海总领事松冈以《民吁日报》“任意臆测，煽惑破坏，幸灾乐祸，有碍中日邦交”为词，向清廷上海当局提出“强烈抗议”。上海当局遂于 11 月 19 日查封了《民吁日报》，拘捕了范光启。经过审讯，判定该报永远停止出版，所有主笔人等免于深究。《民吁日报》对日人的蛮横置之不理，又连续刊载了《外交回顾之惋叹》、《利益均沾之余焰复兴》、《伊藤噩耗杂感》、《伊藤公赞》、《呜呼歌舞英雄》、《满洲痛史之鳞爪》、《和平了结之忠告》、《野心家走满之警告》、《华人受挟制之可怜》、《解除抵制日货之善后》、《满洲风云日急》等通讯与时评，继续抨击日本对华的侵略。

《民吁日报》这种立场，受到广大读者的称赞，而日本驻上海领事松冈对此却暴跳如雷，恼羞成怒，再次照会蔡乃煌，诬蔑《民吁日报》“一味揣摩臆断，恣意诋骂”，应“从速惩究”。11 月 16 日，蔡乃煌致书公共租界会审公廨，称“该报（《民吁日报》）所载各论，尤多影响臆断，实属有意挑衅，损失邦交”，要求“将该报馆封禁具报，无稍片延”。17 日，松冈会晤蔡乃煌，声称《民吁日报》“事固属清国之自主权，本官未便予以干涉，但为两国邦交计，望能对此采取断然措施，严厉镇压”。19 日，公共租界会审公廨传讯民吁日报社社长范光启，当晚报馆被封。

《民吁日报》被封禁，引起社会各界的强烈反响。被封的当天，就有人把挽联、悼词贴在报馆门口，还有烧香点烛痛哭的，更有人在闹市中心张贴“揭帖”，痛说《民吁日报》被封的缘由，并指出主使者。宁、苏、皖、赣四省学界 800 人联名分电北京外务、民政两部说：“上海《民吁报》因日领要挟，未讯先封，既失主权，复背报律，舆论哗然，乞大部速饬沪松先行启封，秉公核办。该报是否有罪？应按报律为出入，庶保国权，而伸舆论。”

可见，《民吁日报》在民众心中有极高的威望，为民请命换来人民的高度信赖和敬仰。

三、戮力同心，为民“立政”

1910年10月11日，于右任、宋教仁与邵力子等在上海创办《民立报》。报社选址法租界三茅阁桥附近，集编辑、印刷、发行三位一体。主要编辑人员有张季鸾、吕志伊、范鸿仙、徐血儿、叶楚伧、杨千里、马君武等。《民立报》上承《民呼日报》、《民吁日报》的传统，除揭露清廷腐败、大力宣扬革命外，还作为革命的联络机构和指挥机构，宋教仁、邵力子先后任主笔，讨袁檄文大都出自二公之手。《民立报》成为当时国内发行数量最大的报纸，感动和激励了一代学子。武昌起义爆发后，孙中山从国外回到上海，首先到民立报馆会见于右任，并题“戮力同心”四字，嘉勉《民立报》对辛亥革命的贡献。

在《民立报》时期，于右任完全改变了他的反对“党见”、“党报”的立场，直接打出革命旗号，代表同盟会直斥清政府为“冥顽不仁之政府、倒行逆施之政府”、“万无可恃之政府”，歌颂革命党人的英勇坚毅，甚至预言革命党即将“担负今年之国是”，“战胜政府”，“改造中国”。[①] 至此，他的报纸的党报性质已充分反映出来。

于右任代表《民立报》严正地宣称：“本社之志愿在造成国民正当的言论机关”，“以唤起国民责任心为宗主”。[②] 他在《发刊词》中强调：“《民立》之际此时会，此佳节之中而产《民立》，天之厚《民立》，《民立》敢不自重。大凡一杰物之出现此社会，与此社会即有际地皤天之关系；否则新事业无异乎陈死人。倘其适宜于此社会也，虽百劫而不磨，而其精光浩气，时来时往于两大之间，时隐时现于世人耳目之表，待时而出，自足风靡乎一世；而社会宝爱之，而国家更须珍惜之。夫然后始能自立于四面楚歌之中，以造福于国民。”

于右任要求报馆和报人要严格履行职责，具有修养和高尚的品格，恪守客观公正的报道原则，在知人论世上，本着“是则是之，非则非之，存真是非于社会”的立场。这是“执笔人之责也”。于右任明确地指出，记者的职

---

① 《担负今年之中国者何人乎》，载《民立报》，1911年2月2日。

② 《民立报·发刊词》，载《民立报》，1910年10月11日。

责应当是“整顿全神，以为国民效驰驱，使吾国民之义声，驰于列国，使吾国民之愁声，达于政府，使吾国民之亲爱声，相接相近于散漫之同舱，而团体日固，使吾国民之叹息声，月消日灭于恐慌之市面，而实业日昌。并修吾先圣先贤，闻人巨子自立之学说，以提倡国民自立之精神，搜吾军事实业，辟地殖民、英雄豪杰独立之历史，以培植吾国民独立思想。重以世界之知识，世界之事业，世界之学理，以辅助吾国民进立于世界之眼光。此则记者之所深赖，而愿为同胞尽力驰驱于无已也”。他强调，“社会中有真是非而后始能产出真人物”，记者应当“平心论事，慎而又慎，是者不欺，非者即正”。①

他特别强调《民立报》有独立的地位、独立的言论和独立的精神，这是一个国家和民族能够独立的象征。他在《发刊词》中写道：“是以有独立之民族，始有独立之国家；有独立之国家，始能发生独立之言论。再推而言之，有独立之言论，始产独立之民族；有独立之民族，始能卫其独立之国家。言论也，民族也，国家也，相依为命；此伤则彼亏，彼倾则此不能独立者也。呜呼！岂不重欤！”

《民立报》出世之日，正为清廷君臣倡言立宪之时，国中言论较为自由。革命党人乘此时机，纷纷在长江沿岸诸省大举活动。《民立报》不仅是革命党人的宣传机关，而且党人赴沪联络工作、通报消息、接运弹药均以该报馆为活动中心。1911 年 4 月，孙中山发动赵声、黄兴等海内外革命党人在广州起义，宋教仁、陈其美以《民立报》记者的身份前往参加。起义第二天开始，《民立报》连续发表有关起义的报道和评论。于右任在一篇评论中兴奋地说：“得此惊天动地之杀声，亦足为河山壮气。”起义因敌我力量悬殊而失败，于右任连夜满怀悲愤地撰写了一篇题为《天乎……血》的短评，文中说：“粤王台下血渍模糊，愁风凄雨之中，竟演此一场血战，留为维新史上之纪念物。……问革命党人之炸弹何人制造？曰亲贵也。问革命党之手枪何人制造？曰：官吏也。问革命党之革命党何人制造？曰：政府也。一言以蔽之，革命党者，不良政治下之产儿也。吾敢断言之曰：假面政治之下，革命党万不能断，故政府以捕杀为消灭革命党之法，则万无消灭之一日……革命党者，死党也，彼既破釜沉舟而起事，必置生死于度外。”②

① 《存真是非于社会》，载《于右任先生文集》，第 167 页，台湾“国史馆”印行，1978。

② 刘作中：《于右任办报屡败屡战》，载《炎黄春秋》，2002 年第 3 期。

同年7月31日，领导长江流域革命运动的同盟会中部总会在上海湖州旅沪公学成立，《民立报》的中坚于右任、宋教仁、陈其美、范鸿仙（范光启）、吕志伊等人均任职其中。这个时期的民立报馆，成为革命党人的喉舌和重要办公地点。此后，各省光复的《通告》、《通电》及革命党人的一切消息，都是由《民立报》首先发出的。

武昌起义前夕，《民立报》以通栏标题斥责清政府为“倒行逆施之政府”，大力声援全国各地的保路运动，公开预言：“民党”即将“战胜政府”。10月10日，武昌起义爆发，《民立报》每天刊载大量专电及短评予以全力宣传，还在报馆门前贴出最新战况的快报。报馆前每日万人云集，买报的、看报的络绎不绝。印刷机昼夜不停，报纸供不应求。报贩乘机哄抬报价，一份《民立报》由小银元3角涨到1元，而其时的《申报》、《新闻报》每份仅售3个铜元。

这时，革命党人正欲筹划选举孙中山为临时大总统，而孙却在电文中将自己置身于事外，使革命党人失望，《民立报》在孙的电文后加《按语》说：“孙君不以总统自居，自系谦让美德。唯现在共和国第一任总统，必以国民公意选举。他日议会成立，当必有极正当之选举法及极合宜之选举心理也。”不久，《民立报》又专门刊载拥护孙中山为总统的评论，以唤起国人注意。12月25日，流亡海外的孙中山返回上海，当天即接受《民立报》记者的采访，并发表对国是的看法：“武昌举师以来，即美旅欧，奔走于外交、财政二事。今归海上，得睹国内近况，从前种种困难虽幸破除，而来日大难尤甚于昔。今日非我同人持一真精神、真力量以与此困难战，则过去之辛劳将归于无效。”12月31日，孙中山专门前往民立报馆看望于右任及同仁，除手书“戮力同心”相赠，又以临时大总统的名义，向《民立报》同仁颁赠一张“旌义状”。

1912年1月1日，中华民国临时政府成立，孙中山就任大总统，《民立报》诸贤多出任要职，于右任任交通部次长，宋教仁任法制局局长，陈其美任沪军都督，景耀月任教育部次长，吕志伊任司法部次长，范鸿仙任安徽铁血军司令，马君武任实业部次长，等等。报中事务，先后由范鸿仙、章士钊主持。袁世凯窃取中华民国大总统职位后，于右任不愿与袁合作，辞职回沪，继续主

图2－5　于右任创办的“竖三民”报刊

持《民立报》。

1912年10月11日，为《民立报》创刊两周年，黄兴专程自北京赴沪祝贺。黄在祝词中强调："《民立报》于破坏、建设两时代，均极尽力，所持言论、态度，尤各如分际，破坏时激烈，建设时则稳健。此不独吾党所公认，则一般国民对于《民立报》，皆具有一种敬之爱之之心理。"黄在祝词中还明确支持于右任关于扩大《民立报》招股至50万元的计划，希望革命党人"能视报纸为强国必要之元素"，"祝《民立报》为中国前途之师友"。①

1913年3月20日晚，袁世凯指使爪牙在上海火车站刺杀了中华民国总理、国民党代理理事长宋教仁，于右任是现场目睹者之一。"宋案"发生后，《民立报》率先公布袁世凯刺宋真相，斥责袁系"元凶正犯"。于右任为此发表了一系列文章和演讲，鼓吹兴师讨袁。讨袁护国的"二次革命"爆发，《民立报》刊发孙中山的《讨袁通电》和黄兴的《誓师文告》，以示声援。袁氏政府对此十分忌恨，勾结公共租界当局，胁迫民立报馆自望平街迁至法租界三茅阁桥堍。淞沪警察厅还出示布告称《民立报》为"乱党机关报"，禁止售卖。从此，《民立报》只能在租界销售，销量锐减，渐趋困境。延至9月4日，被迫停刊。

1940年，于右任在《本人从前办报的经过》一文中，回顾《民立报》时代感慨地说：那"是同盟会革命运动的急进时代，我们的任务：一面在揭发清政府之鸩毒，唤起民众；一面在研究实际问题，作建国的准备。"1943年10月，时任国民政府监察院院长的于右任，在接受《新华日报》采访部主任陆诒采访时，不愿多谈时事政治，却侃侃而谈当年的《民立报》。他说："编辑到了晚上都在一间大屋子工作，每晚总要工作到清晨四时，才能编好稿子，上版印刷。早上五点钟印出的第一批报纸，先要供给苏州河一带的小火轮船，让他们运到苏州、杭州一带销售；六点钟以后所印的报纸供本埠发行。当时报纸中还没有专职的外勤记者，遇到重大事件须由编辑亲自去采访。平时的社会新闻和市场经济消息都是靠一般的访员供给的。《民立报》的特色就是有时刊载国外新闻专电，在美国、日本和欧洲，我们都有特派记者。记得有一天晚上，电报局信差送来一批欧洲发来的新闻电，一算电报费用要大洋六百元。从当时报馆的经济情况而论，无法偿付这笔巨款，但不付钱就拿不到电报。只好动员全报馆每个人的力量，多方设法筹措，才勉强付

① 刘作中：《于右任办报屡败屡战》，载《炎黄春秋》，2002年第3期。

款。为了取得有价值的新闻，满足广大读者的需要，我们不计任何代价。……因此，我总是讲办报的人心目中要有读者，时刻不能忘记广大读者的需要和愿望。"①

于右任曾将"竖三民"拿来与《神州日报》相比，指出它们在言论上的差别，认为"《神州日报》以沉郁委婉见长"，"《民呼》、《民吁》则以发扬蹈厉见长"；"神州颇似古典文学，《民呼》、《民吁》则已接近现代文学"。"《民呼》、《民吁》的创刊，已在革命发动时期，我们社评，自应较启蒙时代更为大众化"。"《民立报》时代，可算是同盟会革命运动的激进时代，那时报社经济，受沈缦云先生扶助，较为充裕；人才亦一时称胜。各有专长，所写社论，在言论界上，都有很大权威"。"竖三民"时代的报刊社评，不乏关于媒介批评方面的短论，反映了革命派在报刊宣传、报人修养、报刊品格等方面的主张。

作为革命党的党报，最重要的是真实、正确地宣传党的政治纲领和行动，光明正大地进行政治斗争。当1911年革命达到高潮时，为了配合革命形势发展，争取早日胜利，《民立报》不惜破坏新闻真实、客观、公正的宣传方针，制造虚假新闻。邹鲁在《中国国民党史稿》中回忆道："辛亥武汉起义，上海《民立报》日事制造利于革命之电报新闻，清吏震惊，党人气盛。"② 据朱琦三在其所著的《辛亥武昌起义前后记》一文描述：当时革命派报纸大量制造革命胜利的假新闻、假舆论，以动摇敌人军心，瓦解敌人士气。"撰述诸人，夜间计划鼓吹方式，撰写各处电文，使清疆吏相互猜疑，如先载湖南响应，九江独立，南昌、安庆起义。"这些假新闻因迎合了人心，产生了鼓动效果。如在广州，"及武昌革命军兴，清吏张鸣岐、龙济光、李准等初欲负蜗自固，讵沪电谣传京陷帝崩四字，港粤各报相率登载，全城人士欢声雷动。张督知人心已去，无可挽救，始仓皇出走，龙、李遂卑辞乞降，使广东省城，得以不流血而光复者，报纸之力为多焉"。③

毛泽东在延安接见美国记者埃德加·斯诺时谈道："……在长沙，我第一次看到报纸——《民立报》，那是一份民族革命的报纸，登载着一个名叫

① 刘作中：《于右任办报屡败屡战》，载《炎黄春秋》，2002年第3期。

② 邹鲁编：《中国国民党史稿》，载《民国丛书》，第1编，第25册，第493页，上海书店，1989。

③ 冯自由：《广东报纸与革命运动》，载《革命逸史》，第1集，新星出版社，2009。

黄兴的湖南人领导的广州反清起义和七十二烈士殉难的消息。我深受这篇报道的感动，发现《民立报》充满了激动人心的材料。这份报纸是于右任主编的，他后来成为国民党的一个有名的领导人。”1911 年 8 月间，毛泽东就注意到该报关于“社会主义”的讨论。他对斯诺说：“当时鼓吹革命的报刊中有《民立报》，它经常讨论‘社会主义’，我就是从这里第一次知道‘社会主义’这个名词。”①

四、报刊批评的“三化”观念

从 1907 年 4 月到 1913 年 9 月的 7 年间，于右任创办的《神州日报》和“竖三民”，为辛亥革命的成功发挥了巨大的宣传作用，在中国近代史上留下光辉的一页。于右任本人也因此赢得了“元老记者”的盛誉。他在新闻工作中，提出许多重要的报刊批评观点，对媒介批评研究有一定的借鉴意义。例如他说：“社评是笔战的焦点，也是新闻纸的灵魂”，“无论哪一种战争，都离不了笔战，都莫不以笔战作先锋，新闻纸就是记者的战场”。“炮弹的射程不能出乎数十公里之外，但是权威报纸的社评，却能在几点钟之内跑遍全世界。事实上无数人们，是以社评的见解为见解，不知不觉中在社评的领导支配之下，社评竟成了他们思想和行动的指针。明乎此，便认识了社评的意义和重要性”②。

于右任认为，社评作者要有丰富的知识，没有丰富的知识不但写不出好的社评，也完不成伟大的事业。丰富的知识“是社评写作者取材和运用思想的无尽宝藏，是认识一切，判断一切的基本功夫”。因为“社评作者的目光，不但要注视到现世界的每一个角落，同时脑筋里还应忆想到过去的一切时代，不但要认识现世界和以往的世界，还要能正确地想象推测到未来的世界。有了这样的本领，方能应付裕如，不致临时仓皇失措”。但是有了丰富的知识不一定就会有“明确的认识”。于右任指出，对事物的分析和认识应当从发展、运动和相互联系的观点出发，从纵横两个方面，即从历史性和现实性加以分析。好社评必备的三项标准是“大众化、革命化、时代化”。

概括他的上述观点就是报刊批评要有“三化”的方针。他进一步强调：“人的思想不同，一国和一国的情形各异，我们只能站在国家民族，尤其是

① ［美］埃德加·斯诺：《西行漫记》，第 115 页，三联书店，1979。
② 《如何写作社评》，载《新闻学季刊》，1940 年第 5 卷第 2 期。

革命党人的立场上，提出我们所需要的社评。”大众化要求社评必须为大众服务，社评应当做“民众喉舌”，为全民服务。他解释道：“大众化的社评，就不是为特殊阶级而写，乃是对社会大众而发。不但社评的对象是大众，而且要说大众所要说，大众所能懂的话。我们革命的目的是为全民族的解放，是为着全民的幸福，因此，我们所要求的社评，亦只能代表大众的意见，大众的利益。所谓‘民众喉舌’，也就是这个意思。特殊阶级，不但占有人口中之最少数，他们的思想，他们的利益又常常与大众相违反，所以我们革命党人的社评，决无代表他们的理由。”①

“时代化”就是坚持新闻自由的现代文明，用言论与思想独立的观念看待新闻现象，反对镇压言论的野蛮制度。于右任尖锐地批判了清廷压制言论自由的行为以及封建报律的野蛮性。1909 年 5 月 2 日《民呼日报》的《再向官报乞哀书》一文，以揶揄的口吻将官报色厉内荏、外强中干的表现昭布于世。他写道：“官报仁兄大人再鉴：阁下今日太哀伤了，哭得不亦乐乎，请你放心，尽管骂我，你有所挟而为之，我总不回付你，请你看看大家的公论，众怒难犯，你哭也不中用了，即请升安不一。”此文虽短，但入木三分。

1909 年 6 月 10 日于右任在《民呼日报》上发表的《报以千金》一文，针对浙江当局不惜悬赏千金派人秘密捕拿《民呼日报》驻杭记者，指出浙江需要花钱的地方很多，当局不惜花重金抓捕记者，压制言论达到急不可耐的程度。当时清廷御使温肃上奏朝廷请严定报律，温肃在奏折中称当时的报业一是充当逆党机关，二是充当机要机关，三是充当无赖渊薮。于右任指出：该奏折中所指的“逆党”就是指革命党。而所谓机要机关，大概指的是官营的商业报纸，又与其有商业上要求，并不能尽职尽责地充当封建势力的喉舌，因此也被列入了限制之列。更为可恨的是温肃将民间报馆视为“无赖渊薮”。“御史如俾寿等类，污浊万分，诚足以羞天下之士矣，而温肃轻视人乎，正不知报馆中人鄙官而不为者，不知多少也。”②

1945 年 4 月 5 日于右任在出席复旦大学新闻馆落成典礼演讲时，进一步阐述了“独立自由”与“新闻事业”之间的关系。他说：“独立自由的精神，是近代文明的特征，近代的文明与进化，都由独立的精神中产生出来。本党五十年的革命与此次世界大战最后的目标，都是在此，现代社会中的新

① 《如何写作社评》，载《新闻学季刊》，1940 年第 5 卷第 2 期。

② 《呜呼温肃》，载《于右任先生文集》，第 80 页，台湾“国史馆”印行，1978。

闻事业，便是推进与培养这种精神的。今天成立的新闻馆，可以说是本校过去精神的象征，未来努力的目标，更可说名则‘新闻馆’而实是‘自由馆’，足由中华民国推及世界的一个大自由库。”① 在于右任看来，新闻自由具有世界性，没有自由就没有真正的新闻事业；新闻事业的真正目的便是促进独立自由精神的养成。

于右任热诚追求新闻自由，但不赞同毫无限制、毫无条件的自由。他从道德角度分析，认为新闻自由要与新闻道德相依存：“新闻道德与新闻自由是相辅相成的……所以新闻自由今后能否保持与扩大，全恃新闻记者的新闻道德。”② 于右任一再告诫记者：“保持新闻道德才有公正的舆论和是非。”③ 记者的“不二法门”是“民之所好好之，民之所恶恶之”，做到这一点，需要记者持有一种自省意识。他对记者强调：“一报之名誉，一报之价值，乃至一报之精神命脉，皆悬于诸君之手。”④

于右任强调，言论独立和自由是报刊最重要的品格，也是一个民族、国家是否独立的基础，二者相互依赖，不可分割。报刊没有独立、自由的言论，恰恰说明这个民族和国家很难独立于世界，这个辩证法他在《民立报》的《发刊词》中做了完整的阐释。他指出：“是以有独立之民族，始有独立之国家；有独立之国家，始能发生独立之言论。再推而言之，有独立之言论，始产独立之民族；有独立之民族，始能为其独立之国家。言论也，民族也，国家也，相依为命。此伤则彼亏，彼倾则此不能独立者也。”⑤ 于右任把言论独立与民族、国家联系在一起，把民众能否独立、自由地表达意见，看作振奋民族精神、建立独立国家的前提。

于右任特别指出，真正独立的言论必须是正确的言论，言论正确是办报的基本要求。报纸必须“力求为正确言论之机关”，决不能“以讹言乱国是”，“以浮言伤国交”，“以妄言愚国民”，并以此为自我警戒。强调新闻记者“对内政外交，皆力持正论，无所瞻徇”。⑥

---

① 《如何写作社评》，载《新闻学季刊》，1940年第5卷第2期。

② 许有成、徐晓彬：《于右任传》，第110页，复旦大学出版社，1997。

③ 丁中江：《哀念一代大老于右任先生》，载《新闻天地》，第875期，1964年11月21日。

④ 张育仁：《自由的历险——中国自由主义新闻思想史》，第187－191页，云南人民出版社，2002。

⑤ 《中国万岁　民立万岁》，载《民立报》，1910年10月11日。

⑥ 《中国万岁　民立万岁》，载《民立报》，1910年10月11日。

他号召“未来的新闻界斗士”珍惜并维护新闻自由，“必须要恪守新闻道德”。他对记者说“新闻记者不守道德，便不能负责任。新闻记者不但应有法律责任观念，尤须有道德责任观念。我敢向各位预言，将来我国的新闻自由必然可以获得，但是新闻自由获得以后的保障，就是新闻界要恪守新闻道德”，“没有新闻道德的记者，把新闻自由随便玩弄，其流弊与祸害，固不堪言。而辛苦奋斗所得之新闻自由，终不易保持。所以新闻自由今后能否保持与扩大，全恃新闻记者的新闻道德”。①

图 2-6　晚年于右任

民国建立后，于右任被任命为孙中山临时政府的交通次长，以后又随孙中山从事倒袁的二次革命、护国运动、护法运动等斗争，主要在军界和政界工作，先后担任国民党的中央委员、行政院长、监察院长等职，没有再从事新闻工作。于右任在蒋介石政府中供职数十年，是非功过时遭世人议论，不过在人们心目中，于右任因在辛亥革命时期极其出色的报刊宣传工作享有较高声望。他甚至为自己过早地离开新闻界感到后悔和无限惋惜，1945 年在一次讲演中，他说：“我离开新闻界已有三十余年，在今天回忆起来，在三十年前，我因为革命需要而离开新闻界，并离开上海到北方去，虽然在革命的整个计划上，有一点贡献，但是在我新闻事业的立场上，至今我还深悔那时候离开太失策，至今没有完成我在新闻上的志愿。”② 晚年时他更饱含深情地说：“在我生活的历程当中，最使我难忘的也最使我怀念的还是从事新闻记者时期。”③

第三节　章士钊及退出《民立报》

章士钊 1905 年流亡日本，正值同盟会在日本东京成立，但他坚不入盟，

① 《如何写作社评》，载《新闻学季刊》，1940 年第 5 卷第 2 期。

② 《我还想做新闻记者》，载《于右任先生文集》，第 560 页，台湾“国史馆”印行，1978。

③ 《答谢赠送“元老记者”纪念邮票讲词》，载《于右任先生文集》，第 649 页，台湾“国史馆”印行，1978。

始终没有同任何政党走到一起，后来辗转到了英国留学。1911 年他得到武昌起义胜利的消息，携家眷从英国回国，对孙中山和辛亥革命给予支持。1912 年春他抵南京，受黄兴、于右任之邀，任上海《民立报》主笔，兼江苏都督府顾问。此后，他对政党报刊和议会共和制度的宣传提出许多批评意见。

一、关于“政党政治”的争论

章士钊认为同盟会不合西方政党标准，提出“毁（旧）党造（新）党说”，主张施行政党内阁制，随后在几种报刊上发表对政党和议会政治的看法，或明或暗地批评同盟会及后来的国民党的幼稚和混乱。章既给同盟会的机关报《民立报》服务，为何敢于对同盟会和国民党加以公开批评？这是基于他对西方报刊自由讨论的忠诚信仰，也由于对当时中国舆论界怀有批评冲动的结果。正如他说：“舆论之死，未有甚于吾国者也。在欧美之政治，凡一问题发生，其正负两面之议论，必喧腾于全国者，数年或数十年而始决，非如此不得谓之舆论，非至数年以至数十年，不得谓之舆论之成熟，而吾国乃何有者。”[①] 接着，他对民国议会很少让报刊公开报道表达了不满，他说：“数十参议院议员埋头聚议于一室之内，举国之人，未尝闻其声息，忽有所发布，字曰法律。”章士钊认为，作为一个报人，对这种现象提出批评，也可能批评得不准确，无论如何，在一个半死不活的社会，这种批评不会引起轩然大波，产生什么影响。但“记者之为此言，乃非无病呻吟也”。[②]

于是，章士钊于 1912 年 7 月 1 日在《民立报》上发表《政党政治之唯一条件》，指出“迩日之党争，可谓激烈矣”的现状，共和党与同盟会势不两立，互相攻击，他提出政党政治的唯一条件是“两党同活动于政治范围内，谁得国民多数之信用，即谁主持国事”；“国民之拥护，一旦失去，则飘然下野”。7 月 4 日他又在《民主报》上发表了《政党组织案》，主张将当时国内现有政党（包括同盟会）一律解散，在一段时间内各抒己见，然后根据政见分为两党进行竞选，得多数民众拥护的，出来组阁管理国家。这就是著名的“毁党造党说”。此论一出，遭各方攻击，同盟会内部大哗，许多同盟会的报刊反对再造政党，但章士钊却认为他的观点代表了现代潮流，是三民

---

① 《一院制议之发端》，载《章士钊文选》，第 21 页，上海远东出版社，1996。

② 《一院制议之发端》，载《章士钊文选》，第 21 页，上海远东出版社，1996。

主义精神的真正体现。

当许多同盟会报刊反对章士钊时，他批评这些党报是“异己者之私行”，“视国事为儿戏”。他在《政党政治与新闻》一文中指出：“迩日新闻之失其职甚矣，不能做正大之主张，以拥护其所隶属之党，徒于异己者之私行，寻垢而索瘢，偶一得之，至少以供十日之材料，所有市井无赖之口吻，不难于数百字论文之中，尽力堆砌，甚至夙所主张之主义，恐反对党资之以为利，且不惜牺牲之，而移其自杀之锋以向人。”章士钊把某些党报反对内阁政治比作爱清廷的行为，大加痛批：“乃党报中竟有根本上反对内阁政治之论，视国事如儿戏，爱民国转不若爱满清甚矣。新闻之失其职，而循此种党争之潮流，即有人能建造百民国，亦将不足亡也。”①

图 2-7　著名报人章士钊

章士钊十分崇尚西方的两党政治与内阁制，报刊、特别是政党报刊应当大力刊载这方面的文章，他对报刊上反对两党政治的言论异常恼怒。他认为，如果报人不理解两党政治的真谛，就会使出不道德的手段加以歪曲。“新闻者与政党政治相依为命者也，记者即痛吾国新闻之不德，不足以促进政党政治，而转以贼之。”②他大力提倡两党政治，认为持反对立场的报刊为“无常识、无公德者也”，根本不了解“政府之命运，且于新闻之论态决之”。③

1911 年初章士钊就在《帝国日报》上发表过大量文章，介绍有关两党政治的知识，其间《民立报》几乎每天刊登章氏关于政党政治的宏论。他指出：“政党断不容变更国家根本之组织者也，凡政党者皆求于现行国家组织之下，相造代用以施行其政策者也”，因而“凡政党不得含有革命性质”，即“革命党非政党也”。④ 他把实行暴力革命的党排除在政党之外，遭到同盟会报刊和报人的强烈反对。关于政党与徒党的区别，章士钊明确指出：“徒党之主动力为私，政党之主动力为公；徒党不惜牺牲国家以拥护个人，而政党

① 《章士钊文选》，第 49 页，上海远东出版社，1996。

② 《章士钊文选》，第 49 页，上海远东出版社，1996。

③ 《章士钊文选》，第 50 页，上海远东出版社，1996。

④ 《帝国统一党党名质疑》，《帝国日报》，1911 年 3 月 2 日。

则不重人而重政策；徒党恒欲置反对者于死地，政党则听异己者意见之流行。徒党者国家之隐患也，而政党则能造福于国家。”① 这种解释，引起许多革命党人的反感，在报刊上发表文章攻击《民立报》。他认为，“数日来，论者对于本报之态度，多所误解”。②

章士钊在他的文章中强调，当时中国的同盟会、政闻社、宪政公会、国会请愿代表团都是普通政治结社，亦非政党。因为这些团体不具有永久性目的，达到目标即行解散，随处结集，出没靡定，都与政党的性质不相容。他认为，民国党派林立，党纲大同小异，无大区别，“今日立，明日合，今日合，明日分”，“可谓尽党争之奇观矣”。而“记者极其耳目之所能及，尚不见有足当政纲两字者”，即使有也只是某些具体政见。他说：“党员纯属党魁的奴隶。”无论是同盟会攻击共和党，还是共和党攻击同盟会，弄得政坛纷乱，“吾国政治前途危矣”③。

他始终坚持，政党政治是两党政治。“凡国家能获政党之福音，必其国内有两大党，而亦仅两大党，政纲截然不同，相代用事者也。”因此，“今之政党，当以今之政府为对立党，对于彼等之失策，尽力以攻之……彼而倾跌，我乃代之”。④ 同盟会或后来的国民党即使管理不好国家，也决不会把政权让给其他党。他们没有这种民主意识。当章士钊这类观点发表出来，立刻受到革命党的围攻。辛亥革命后，同一切初行民主政治的国家一样，党争歪风导致人身攻击、砸烂对方机关报，这正是专制传统根深蒂固的表现。所以，一个真正的革命政党需要通过机关报广泛宣传两党政治的民主思想，让广大国民熟知民主的道理。章士钊写道：“其最宜注意者，则吾之政纲果为国民所熟知与否也……于是，为运动之先驱者，其为无数强有力之机关报。”⑤

实际上，章士钊多年都在进行推广两党政治的宣传，提请国人认识这种历史进程。他的言论确实在一些人那里，比如在宋教仁那里收到些实效。

---

① 《中国应组织之政党及其性质当如何?》，载《帝国日报》，1911 年 3 月 12 日。

② 《说本报之态度》，《章士钊文选》，第 52 页，上海远东出版社，1996。

③ 《毁党造党说》，载《民立报》，1912 年 7 月 29 日。

④ 《中国应即组织之政党其性质当如何》，《章士钊全集》，第 1 卷，第 483 页，文汇出版社，2000。

⑤ 《论政党之作用及其进行之法》，《章士钊全集》，第 1 卷，第 486 页，文汇出版社，2000。

1911年冬，当章氏从英国回到国内，“谒宋遁初（教仁），寒暄乍已，主人捧剪报巨册见示。则数年间，吾所寄京沪诸报论政文字咸在……吾笑谓遁初：‘江左夷吾偌大本领，原来孕育于故纸堆中，亦自可喜。’遁初以一笑见报，两俱莫逆。吾思之，吾重思之，遁初后来见毁，终为此类断烂朝报所误。”① 宋教仁从1905年开始就不断把报刊发表的章士钊谈政党政治的文章剪报积累起来，经常拿出来阅读，使他关注宪政的有关问题，他的很多现代政治知识来自章士钊。

《民立报》在章士钊的主持下，不作过激之谈，没有过偏之论，作为同盟会的机关报，还对同盟会中激进派的言论和行为进行批评，引起激进派对《民立报》的不满，甚至对他发起围攻。有些人质问社长于右任：《民立报》是同盟会机关报，为什么要由章士钊这个非党人士主持？有的同盟会会员到处扬言：“中国可亡，而章行严之名誉不可不毁。”他们指责章为保皇党，至少也是“徘徊于梁卓如、杨皙子之间”②。还说章士钊过去在《帝国日报》发表文章，倡言“和平改革”，是用“秋桐”笔名，而今在《民立报》上撰文，却都用“行严”本名，是故意隐瞒前情，“若有隐图”。章士钊听到这些言论，十分不解，不顾黄兴、于右任的苦劝，当即退出《民立报》。

二、《独立周报》与《甲寅》的超然立场

章士钊辞去《民立报》主笔，于1912年9月与王无生在上海创办《独立周报》，高扬独立、超然的旗帜，针对时势阐发学理，消除党见，开言论之正风。章士钊自英伦归国后，他的办报理想就是在中国有一份类似英国《旁观者》（Spectator）那样的以政论为主的综合杂志，以知识分子、议员和商业界人士为读者，影响社会的精英阶层。《独立周报》正是他的理想的实验场。该报从1912年9月创刊到1913年7月章投身“二次革命”时终刊，历时10个月，设有纪事、政论、专论、投函、评论之评论、文苑等栏目，从15期开始改为纪事部、论说部、文艺部、杂俎部。宋教仁案发生以前，章几乎在每期政论栏或专论栏中都发表重要文章，为《独立周报》奠定了基本的编辑方针和政论基调。

《独立周报》创刊正是专制既废、民国奠基的时代，同盟会—国民党、

① 《与黄克强相交始末》，《章士钊全集》，第8卷，第315页，文汇出版社，2000。
② 《章行严与杨怀中书》，载《独立周报》，1912年第1期。

立宪派与共和—进步党三大政治集团围绕中国将建立什么样的政治制度展开论战。他们唇枪舌剑，意气用事，在报刊上兴味昂扬，但很少拿出充满科学阐释、法理论证的文章。章士钊以《独立周报》为论坛，就内阁制与总统制、主权问题、制宪问题、集权与分权问题等政党政治，侃侃而论，一度在言论界大放异彩。他深得广大知识界的欢迎，特别吸引了关心国家前途命运的进步青年的关注，许多立志改变国家现状的人对章产生敬仰。李大钊保存了几乎全套的《独立周报》，他在日本留学时曾写信给章士钊说："仆向者喜读《独立周报》，因于足下及率群先生，敬慕之情，兼乎师友。"①

《独立周报》发表的许多观点同立宪派—共和党接近，与同盟会—国民党激进派分歧较大，对后者的"暴烈"行动多有批评，被激进派指责为"媚袁"。而袁世凯正想利用章与国民党的嫌隙，为其复辟帝制寻求理论支持，将章士钊请到北京，许以高官厚禄。章士钊与袁接触不久就洞悉其帝制野心，果断回到上海举起反袁旗帜，起草了"二次革命"宣言，与孙中山合作。此时的《独立周报》成为民国报界中的"一异彩"②，并奏响了思想启蒙的先声《甲寅》的前奏。

袁世凯的舆论钳制和大肆追捕，迫使大批反袁人士隐居上海或东渡日本，章士钊又一次来到东京。1914 年 5 月 10 日他与陈独秀、谷钟秀等人在东京创办了《甲寅》月刊，四期后因故停刊半年，次年 5 月在上海恢复出版，至十期被禁。《甲寅》出版时间虽不长，但影响很大。《甲寅》既有反袁的政治立场，又有章士钊的"有容"、"尚异"的调和主张，介绍和发表各种促进民主共和的观点，成为知识界的公共刊物。

章士钊在《甲寅》第一期发表了《政本》一文，重申两党制的主张，后又发表《学理上之联邦论》等一系列关于政体的文章，宣称联邦制可以用舆论力量达到革命的目的。《甲寅》注重代议制政府，宣传对立党间的相互容忍和强有力的法律制度，提倡思想自由和言论自由，主张以公共意志限制政府权力。《甲寅》是政治刊物，创刊号的《宣告》明确强调"条陈时弊，朴实说理"，阐发"政治根本之精神"。章士钊在编辑《甲寅》的活动中，通过分析一件件具体的政治事件，宣传"多数政治"，带有浓厚的精英主义倾向。因为他始终认为，在报纸上"劣官稗政时见表襮，民间疾苦勤为宣泄，新闻

---

① 《李大钊文集》，上，第 95—96 页，人民出版社，1984。

② 程甫：《论吾国各学校当注重图算》，载《独立周报》，1912 年第 3 期。

之确捷又恒为他报先，社说栏中有领导社会政治之论”[1]，“新闻督责执政，如日中天，执政未尝敢剔除异己，禁止何种新闻之发行”[2]。

1914 年 6 月，李大钊在日本与章士钊相识，并曾为《甲寅》月刊撰稿，两人开始建立友谊。当时李大钊在反对帝制、主张共和等政治观点上与章士钊基本相同，但李的思想较为激进。他在创刊号上发表了题为《〈甲寅〉之新生命》，主张依据“宇宙进化”的规律，推动中国社会的进步，该刊应随“世界进化”而“蜕演”、“流动”。该刊必须尽自己最大努力，“亦宜千百万倍于畴昔”，做出应有的贡献。他说，《甲寅》的努力，可以奋发国民的努力；用《甲寅》的进化，开导国民的进化，这是《甲寅》的责任。

图 2－8　民国政论期刊《甲寅》

章士钊在《甲寅》月刊上发表了《调和立国论》、《国家与责任》、《自觉》等文章，对革命后如何恢复政治秩序，建立一套完整的民主宪政制度，多有建言。他认为，要把政治活动纳入一定的秩序，就要有“调和”的精神，善于吸纳反对派的意见。各派政治势力心胸狭隘、党同伐异、好走极端、拒绝调和，必然导致社会冲突。

章士钊在《甲寅》创刊伊始，就设置“通讯”栏，并宣布：“本志既为公共舆论机关，‘通讯’一门，最所置重，务使全国之意见，皆得如量以发表之。其文或指陈一事，或阐发一事，或于政治学术有所怀疑，不以同人为不肖，交相质证，俱一律欢待，尽先登录。若夫问题过大，持理过精，非同人之力所及，同人当设法代请于东西洋学者，以解答之。”[3] 章士钊为吸引读者来信，还借《甲寅》公开承诺：“本志非私人所能左右，亦非一派之议论所得垄断，所列论文，一体待遇，无社员与投稿者之分，任何意见，若无背于本志主旨，皆得发表。”章士钊开创了中国报刊“制造”和“动员”舆论的先河，不但使“通讯”逐渐为读者接受，而且越来越受到读者的欢迎。

《甲寅》注重严肃新闻，关心国家命运和社会疾苦，不登娱乐性和风花

---

① 《老大帝国之少年新闻》，《章士钊全集》，第 1 卷，第 447 页，文汇出版社，2000。

② 《章士钊全集》，第 1 卷，第 460 页，文汇出版社，2000。

③ 杨早：《〈甲寅〉：过渡者》，载《中华读书报》，2006 年 2 月 15 日。

雪月的新闻和悠闲文字，成为知识界思考社会问题的园地。《甲寅》也决不为了自己的利益而不顾廉耻，随波逐流，丧失独立的立场。正如当时有人称赞《甲寅》而对某些格调低下、蝇营狗苟的报刊批评的那样："继而业报纸者，苦于销路日狭，支持维艰，于是将昔日揣摩政府之心理，移至揣摩社会一般人之心理。社论既少，闲评遂多。偶检报纸，非叙京华之风月，即谈八阜之声歌。丝竹而外，无复文章。北里之游顿成习惯。而且以骚人自命，以名士自居，举国若狂，贻人笑柄。"① 1915 年，一位读者致信章士钊，称"国内日报虽多，然足引起人之注意者殊少。不足当呼者之目，以鄙人之私意测之，其足当此者，唯足下所撰之贵杂志，及梁任公所撰之《大中华》杂志"。② 不断有读者来信，称赞《甲寅》是唯一不受政府或某一政党控制的论坛。

《甲寅》的最大特点是立场的超然性，思想的包容性和作者的多元性。作者中既有同盟会观点的陈独秀、吴稚晖和张继，也有进步党系统的张东荪、黄远庸，还有北洋法政系的李大钊、郁嶷、白坚武，也有研究系的李剑农、周鲠生，无党派的胡适、皮宗石等也是《甲寅》的热心作者。这些各路撰稿人都接受过新式教育，多数有留学经历，并与民初报刊界有密切的关系。他们是当时中国思想界最活跃、力挺改造中国的进步人士，在此后长达 20 年间成为中国社会进步的推动者。《甲寅》创刊号确立的"本志既为公共舆论机关，通讯一门，最所置重，务使全国之意见，皆得如其量以发表之"的宗旨，吸引了全国知识界得以自由地在该刊上讨论中国社会的许多关键问题。

三、倡导言论自由的法律保护

国民的言论及其他自由权利，一直是章士钊关注的中心，但他更重视法律对自由权利的有效保护。清廷 1906 年颁布的《报章应守规则》是一部限制公民言论自由的恶法，1910 年 12 月清廷竟然利用资政院把《大清报律》修订为《钦定报律》，由皇帝颁布实行。章士钊立即对这部恶法给予抨击，指出，"今报社无控者而受检阅，检之而不实，则侵削人权之责果谁负之？

---

① 刘陔：《致〈甲寅〉杂志记者函》，载《章士钊全集》，第 3 卷，第 163 页，文汇出版社，2000。

② 杨早：《〈甲寅〉：过渡者》，载《中华读书报》，2006 年 2 月 15 日。

如无人负此责者，则政府刻刻假定国民之违法，是直狗马国民也！是直盗贼国民也……如此，则人权之危险不可思议”。[①] 清廷此举侵犯了公民的私权，假如政府或某个公民认为有哪些言论违法，可以诉诸法院，依照法律程序解决，根本不需要什么报律，否则人权就有被剥夺的可能。

章士钊还指出：“凡人论事，最易为近例所欺，日本有新闻条例，为论者最近之引针……以为日本所有者，吾国当亦有之，而根本上之怀疑，乃至无从梦想。嘻！此膏肓之病也。”英国“在17世纪以前，王权未衰时见此种。而近二百年，则英伦之言论机关，乃绝不受政府之羁绊。新闻监督执政，如日中天，执政未尝敢剔除异己，禁止新闻之发行。如新闻有违法事件或损人名誉事件，乃以普通手续受审判于普通裁判所，法官执法如山，未尝以执政之意出入人罪。”[②] 现代社会秩序以个人自由为基础，是坚决维护个人自由的秩序，法律是社会秩序运作的规范。正如后来有的学者所说，言论、出版自由“愈放任则愈和平，愈限制则愈激烈……你不压迫他不妨害他，他断不会激烈的反抗你；你容许他自由讨论，他有自由推理的机会，就自然会向理性的方面走去”。[③]

1912年3月11日民国《临时约法》公布，在第六条第四项中规定“人民有言论、著作、刊行及集会、结社之自由”，但在第十五条又规定：“本章所载人民之权利，有认为增进公益，维持治安，或非常紧急必要时，得以法律限制之。”这等于政府有权确定哪些言论有害于公益，政府有权限制它认为有害的言论，由于“增进公益”、“维持治安”、“非常紧急”、“必要”这些名词没有限定，恶劣的政府可以任意使用。对《临时约法》这一重大失误，章士钊等有识之士很快察觉，并在报刊上指出《临时约法》的这一错误。

1912年3月12日章士钊撰文揭露《临时约法》有两大缺陷：其一是，没有解决公民自由的保障问题。“《约法》曰：‘人民之身体，非依法律不得逮捕、拘禁、审问、处罚。倘有人不依法律逮捕、拘禁、审问、处罚人，则如之何？以此质之《约法》，《约法》不能答也’。”他建议应该吸取英、美、法系的优长予于补救：“然人欲滥用其权，中外一致。于是英人之保障自由，

① 《言论自由与报律》，《章士钊全集》，第1卷，第459—460页，文汇出版社，2000。

② 《章士钊全集》，第1卷，第461、460页，文汇出版社，2000。

③ 剑农：《宪法上的言论出版自由权》，载《太平洋》杂志，1919年第2卷第1号。

厥有一法。其法维何？则无论何时，有违法侵害人身之事件发生，无论何人（或本人或其友）皆得向相当之法庭呈请出庭状（Writof Habeas Corpus）。法庭不得不诺，不诺，则与以相当之罚是也。出庭状者乃法庭所发之命令状，命令侵害者于一定期限内，率被害者出庭，陈述理由，并受审判也。英人有此一制而个人自由全受其庇荫……兹制者，诚宪法之科律也，吾当亟采之。"①

其二是，为行政侵犯司法独立留下了隐患。《临时约法》第十条规定："人民对于官吏违法损害权利之行为，有陈诉于平政院之权。"所谓平政院属于行政裁判系统。"平政院者，即行政裁判所之别词也。凡有平政院之国，出庭状之效力必不大，何也？人民与行政官有交涉者，乃不能托庇于普通法庭也……使行政权侵入司法权，则约法所予吾人之自由者，殆所谓猫口之鼠之自由矣。"② 因此，他强烈要求删除这一条和第十五条中与第六条第四项相矛盾的内容。

章士钊指出，视国家为帝王个人的产业是中国传统的观念，近代意义上的国家是自由的人民为公益而结合，人们建立国家、组织政府的根本目的，不是为了束缚人的自由权利，而是为了保护个人的自由权利，增进个人的幸福。"国为人而设，非人为国而设也。人为权利而造国，非国为人而造权利也。"③ 思想言论自由、人身自由和司法平等问题不仅是一个国家、一个社会形成、发展、进步的必要条件，还是一个国家能否强盛不衰的根本途径。人类要进步，就必须容忍个人的自由，保护个人的自由权利。如果人们的自由意志能够在国家的政治生活领域得到充分发展，国家就能逐渐进步，"自由意识发展一次，而国家状态变易一次"；④ 反之，国家社会就没有多少进步的希望。

辛亥革命后，临时政府也弄出一个《民国暂行报律》，虽然已剔除送审等条款，仍属言论自由的障碍。章士钊再一次挺身捍卫言论自由。大声疾呼："民国当求真正之言论自由!!!"他写道："以是理由，本报（《民立报》）对于内务部之报律，其所主张，乃根本的取消！无暇与之为枝枝节节之讨

① 《临时约法与人民自由权》，《章士钊全集》，第1卷，第85—86页，文汇出版社，2000。

② 《章士钊全集》，第1卷，第85—86页，文汇出版社，2000。

③ 《章士钊全集》，第3卷，第406页，文汇出版社，2000。

④ 《政治与社会》，《章士钊全集》，第3卷，第441—442页，文汇出版社，2000。

论！以后并灌输真正之自由理想于国民之脑中，使报律两字永不发于国会议员之口。”① 而所谓“关于共和国体有破坏弊害者”，既没有界定的标准和内容，又没有区分是言论还是行为，这种罔顾现代法理的所谓法律，当局可据以抓人封报，显然也是堵塞言论自由的恶法。他说：“人欲出版，则出版而已，无他手续也。至出版后如或违法，须受法庭审判，则亦与他种违法事件等耳，非于出版独异也。以后并灌输真正之自由理想于国民之脑中，使报律两字，永不发于国会议员之口。”② 在报界舆论的压力下，孙中山下令取消了这个法令。

章士钊的新闻自由思想深入人心，到1921年6月，中华全国报界联合会第三届大会竟敢于义正辞严地致函国务院和通告全国同业，宣布1914年袁世凯执政时期和1919年颁行的两项法律和两个条例无效。他们说：“窥维言论、出版自由、集会自由载在《约法》，民国三年所颁行之《出版法》、《治安警察法》、《预戒条例》及民国八年所颁行之《管理印刷业条例》等，对于言论、出版、集会种种自由加以限制，显与《约法》冲突。征之法理，命令与法律相抵触，则命令无效；法律与宪法相抵触，则法律无效……然自此等诸法颁行以后，言论、出版、集会种种方面居然受其制裁，且因此而罹祸灾者不知其凡几。此真吾国特有之例，无疆之羞，本会认此为切身之害。佥谓在《约法》范围内，该《出版法》等，当然无效，公同议决以后，关于言论、出版、集会等等绝不受其束缚。”③ 这封函件实则是一种抗议，反映了报界的强烈呼声，当时遍布全国的独立自主经营的报刊和通讯社，已成为维护言论自由和公民其他自由权利的重要力量。

章士钊认为：“人莫不自私，而有权者尤莫不欲滥用其权力以自恣”④，国家既要从法律上保护公民的个人权利，更要从法律上防止执法者滥用权力。“国家之职务，一面在巩固个人之私权，一面在维持社会之秩序，苟能以人权自由之理，与公安国利之道，互相调融而无罅漏，则其国之文化，已达于观止之境，无可更高。”理想的治国之道，就是“不在毁民之所有以集乎公，而在致民之所有于相当之位”。中国要做到这一点，唯一的途径就是

---

① 《论报律》，《章士钊全集》，第2卷，第68、70页，文汇出版社，2000。

② 秋桐（章士钊）：《新闻条例》，载《甲寅》，第1卷第1号。

③ 《中华全国报界联合会致国务院函》，载彭明主编《中国现代史资料选辑》，第1册，第526页，中国人民大学出版社，1987。

④ 《章士钊全集》，第3卷，第120、184页，文汇出版社，2000。

保护公民个人的私权，实行西方国家的代议制。

四、后《甲寅》的复古与倒退

1915 年冬，袁世凯公开称帝，5 月护国军肇庆军务院成立，章士钊出任军务院秘书长，兼两广都督司令部秘书长。6 月袁死，黎洪元就任总统，章留居北京，任国会议员，并应蔡元培之邀，受聘为北京大学教授。1917 年 1 月 28 日又创办《甲寅日刊》，主要撰稿人有李大钊、邵飘萍和高一涵等人。此间《甲寅》停刊几次，可称作“后甲寅”时期，1925 年后的《甲寅》编辑者和支持者，又称甲寅派。

章士钊在《甲寅日刊》创刊号的《发端》社论中阐述该刊宗旨，认为袁氏帝制已废除，共和制开始逐步建立，这是“新旧代谢、时序莫复”的规律，北洋政府“绝非于现在有所典庇”，要找出政治弊端，对它给以适当药剂，而决不要抛弃。当时的社会环境“决非理想之域”，但“吾人不可逃之”，“舍尊今，别无良法”。当今现实政治，“新旧相冲，错综百出，欲爬梳而调理之，所须调和质剂之功”。最后章士钊主张“勿妄忆过去而流于悲观，勿预计将来而蹈乎空想，脚踏实地从所踏处做去”。① 很明显，该刊宗旨不仅不明确，而且对军阀势力、封建余孽只字不提，不敢触及。

在办报过程中，章士钊与李大钊意见经常相左，在对待现政府和研究系、政学系问题上，两人所持态度有些不同。经高一涵劝说，彼此达成一致：不谈内政，多写国际问题文章。至 1917 年 5 月初李大钊回乐亭探亲，除寄两篇通讯外，便不再为日刊撰稿。邵飘萍也于当月离开。6 月 9 日张勋军开进北京，章士钊躲避于天津，11 日发表紧急声明，声称“秋桐久已离京，与本报脱离关系”。此后，由高一涵一人支撑门面。同年 6 月 19 日停刊，共出刊 50 号。

《甲寅日刊》是在袁世凯复辟帝制失败后创办的，多篇评论指出，现在各国有一种“离心主义之势力日见伸张”，这种离心主义就是自治、民治、民主主义，它与专制主义、向心主义相对立，民主主义是世界发展的趋势，是任何力量也阻止不了的，“纵有千百拿破仑与威廉二世，亦将为向心主义最后之牺牲，何况一袁世凯”。它希望“政治当局，稍顾世界离心主义之大势，而自觉省焉”。这些评论，多少透露出革新社会的意味。

---

① 《章士钊文选》，第 347－351 页，上海远东出版社，1996。

当时，袁世凯及其封建余孽的复辟活动，往往打着尊孔的旗号，康有为上书总统、总理，主张把孔教定为国教，列入宪法。李大钊等人连续在《甲寅日刊》上发表文章批判这些谬论。李大钊说：我们“掊击孔子，非掊击孔子之本身，乃掊击孔子为历代君主所雕塑之偶像的权威也；非掊击孔子，乃掊击专制政治之灵魂也。”[①] 高一涵的《孔教问题评议》也指出：“由于孔教大义，在于尊君。孔道精华托于专制”；因此我们“反对孔教规定于宪法之上”。退一步说，就是孔教是主张民主共和的，也不能列入宪法之中。因为“一尊则依赖模棱之性成，独立自制之念薄”，“依违瞻顾，不得自抒其特长，拘束人民心思”。

在《甲寅日刊》上，反对日本侵略的文字比比皆是。例如李大钊《黄金累累之日本》一文，提到在第一次欧战中，“收拾黄金最多，独有日本一国而已矣”。这些黄金如何运用呢？他作了具体分析：黄金像洪水，似“增师造舰犹为可惧”，提醒大家不要让这盆祸水泼向中国。在《旅行日记》中写到，他进入昌黎大德增客栈，看见冀东一带商人带着家眷去东北三省，感到很高兴。他说：昌、乐、抚、滦等县，“向来往东经商者，皆不携眷，所以终不能植深厚之根据于东省，今则渐渐觉悟矣。国人多一个定居东省者，即日本人少一个侵入东省者，斯不独一乡之幸也”。李大钊十分关心国家民族危亡，在反对帝国主义侵略问题上，想得比别人多，也比别人深刻。

《甲寅日刊》在揭露帝国主义侵略的同时，也竭力树立中华民族的自尊，主张中华民族要独立于世界之林。1917 年俄国二月革命爆发后，立即引起该刊的注意，连续发表多篇文章，介绍此次革命情况，探索革命的起因和影响。其中尤以李大钊的《俄国革命之远因近因》较为系统全面。该刊对农民和广大工人的艰难困苦生活都有所反映，对不合理的现实社会进行了尖锐的抨击。该刊通过诗歌、小说、谚语、谐文等形式，揭露军阀、官僚、政客上层社会的腐败生活。如张究公写的《北京竹枝词》数首，描绘宴会忙，请帖挥成付信差，军人政客坐团圆。捧角忙，楼名广德欢歌舞。疏通忙，拍马吹牛擅长技，国亡家破也何妨等等。

《甲寅日刊》对青年和学生问题曾发表好的见解，指出学生问题在中国和工人、农民、妇女问题一样重要，“中国之学生，实为最可怜之一阶级”。

① 《自然的伦理观与孔子》，载《李大钊文集》，上，第 263—264 页，人民出版社，1984。

6 月 17 日，该刊报道了张勋谒见清朝末代皇帝溥仪的消息，揭露他们的相互勾结。这样的一个杂志自然难为当局所容，1917 年 6 月 19 日《甲寅日刊》正式停刊。

1925 年《甲寅》周刊在北京复刊，成为章士钊等宣传复古思想，反对白话文，抨击新文化运动制造舆论的新阵地。章士钊提倡复古，尊孔谈经，攻击新文学运动，激烈反对用白话文取代文言，甚至鼓吹恢复科举制。这是一本文言文杂志，声明不发表白话文的作品。在复刊号上他发表了《评新文化运动》，公开点名批评胡适提倡白话文，指出提倡白话文是“陷青年于大阱，颓国本于无形”，甚至不顾自己的身份，以谩骂的口气攻击胡适。经鲁迅为代表的新文化革命阵营的奋力批驳，《甲寅》很快败下阵来，公然支持军阀镇压学生，提出“读书乃真救国”的口号，同反帝反封建的政治口号相对抗。

1925 年 4 月，章士钊被北洋军阀政府任命为教育总长。受命后，即宣称要整顿学风，宣布大学统一考试，合并北京八所大学，引起教育界进步人士及青年学生的反对。4 月 9 日，各校学生聚会请愿罢免章士钊。章遂辞职赴沪，后经段祺瑞挽劝，乃复任司法总长之职。7 月继续发行《甲寅》周刊。8 月 1 日他又派出武装警察护送北京女子师范大学校长杨荫榆到校就职，后又下令解散“女师大”，镇压爱国学生运动。他利用手中的职权，极力在学校中宣扬封建思想，他的倒行逆施遭到鲁迅和新文化运动倡导者的抵制。

章士钊顽固地坚持复古，认为，“所谓思想之流转于字与文间，恒相间而迭见”，“世界中所有的思想都是从前所有的思想，绝没有什么新的发生”①。他认定文化无须作古今中外之分，因为所有文化，都是相通的，“正如《墨经》所云，弥异时，弥异所，而整然自在”。从文化的循环相通出发，章士钊推导出两个结论：一是不需要去学西方，因为“吾人非西方之人，吾地非西方之地，吾时非西方之时，诸缘尽异”。学好了传统文化就能融会贯通，以一驭万。二是不需要创制“新文化”，因为“新者早已孕育于旧者之中，而决非无因突出于旧者之外”。既然“新”派生于“旧”，自然“新的不如旧的好”，“新文化”不但无用，而且是可笑的。

---

① 郑振铎编：《中国新文学大系·文学论争集》，第 226 页，上海良友图书印刷公司，1935。

章士钊先是在《甲寅》周刊第1卷第9号上重登了他在1923年发表过的《评新文化运动》，极力否认文化有新旧优劣之别。接着，又发表了《评新文学运动》一文，说“吾之国性群德，悉存文言，国苟不亡，理不可弃”。甲寅派倡导文化复古与军阀联系密切。章士钊利用军阀政府给他的权力，强令小学以上学校尊孔读经，禁止学生用白话作文。这使这次复古思潮较之以往显得来势更为凶猛。

新文化的倡导者批判旧文学的载道传统，要创立“人的文学”。甲寅派既然强调“新的不如旧的好”，就自然会推崇旧文学的载道功能。在《评新文学运动》中，章士钊强调道与文休戚与共，“所有良法美意，孕育于礼与文”。他力主传统的诗教，强调文只有在道的统领下才能“百行醇而到乐出”，而新文学“淫情滥绪”，让文学失去温柔敦厚的本性，重弹“文以载道”的老调。但是章士钊的“夫子自道”却露出了马脚：“兹信念者，亦期于有而已，固不必持绝对之念，本逻辑之律，以绳其为善为恶，或衷于理与否也。”①

甲寅派还逐一批判了新文化运动试图创建逻辑严密、语法清晰、能够准确表达复杂思想的现代白话。胡适认为文言文的句法过于繁难，不利于普遍推广。甲寅派反对白话、维护文言，出发点在于维护文言文所负载的精神传统。章士钊说：“吾之国性群德，悉存文言，国苟不亡，理不可弃。”② 章士钊认为文言文有着白话文所无法比及的表意系统和应用基础，“文言贯乎数千年，意无二致，人无不晓”，“二千年外之经典，可得朗然诵于数岁儿童之口”，而白话文“诵习往往难通”。他觉得文言文高雅典丽，“今之白话文，差足为记米盐之代耳”，“作白话而欲其美，其事之难，难如登天”。③ 甲寅派成员瞿宣颖在《文体说》中称，“欲求文体之活泼，乃莫善于用文言”，他甚至公开提出取消“白话文学”这一名词。

为了还击甲寅派的进攻，新文学阵营撰写了许多批驳文章，从不同角度对甲寅派的观点进行驳斥，阐明新文学代替旧文学、白话文代替文言文的原因和依据。徐志摩读了章士钊的《评新文学运动》，发现章士钊文学观的虚无与恋旧，他说，从章士钊的思想里“看了一个中国传统精神的秉承者，牢

① 《再疏解辑义》，载《甲寅》周刊，1925年第17期。

② 章士钊：《评新文学运动》，载《甲寅》周刊，1925年第1卷第10号。

③ 章士钊：《答适之》。

牢的抱住几条大纲，几则经义”不放，“在他严刻的批评里，新派觉悟了许多一向不曾省察到的虚陷与弱点”。章士钊捧出“大道之忧，孰甚于是”“来作他文章的后镇”，暴露出他是“没有基本信仰的人”，他的“守旧”其实是“玩旧”，因为他“不是根基于传统精神的贯彻，为的也只是实际的便利”。[①]吴稚晖在《章士钊——陈独秀——梁启超》、《友丧》两文中揭破了章士钊文学观念中的实利主义。

鲁迅分析了章士钊的“得意之笔”[②]，订正了章士钊对“二桃杀三士”的解释，[③] 反击了甲寅派“文言优长”的论调。甲寅派一直极力维护文言文，反对白话文，他们常为自己的文言文写作自鸣得意，但鲁迅看出了在白话文逐渐成熟的年代里，他们维护文言文是出于“瞒”和“骗”。“偶然见到他所发表的‘文言’，知道他于法律的不可恃，道德习惯的并非一成不变，文字语言的必有变迁，其实倒是懂得的，懂得而照直说出来的，便成为改革者；懂得而不说，反要利用以欺瞒别人的，便成为‘孤桐先生’，及其‘之流’。他的保护文言，内骨子也不过是这样。”[④] 郁达夫等人曾撰文批驳学衡派的语言观，成仿吾发表了《读章氏〈评新文学运动〉》一文，健攻的《打倒国语运动的拦路“虎”》、荻舟的《驳瞿宣颖君〈文体说〉》与唐钺的《文言文的优胜》等，都批评了章士钊等人的顽固守旧倾向。

由于甲寅派凭借反动政治势力来反对新文化运动，要求人们读经尊儒，很快引起公愤，人们要求打倒这只拦路虎。鲁迅是这一斗争中的猛将，他的《十四年的读经》、《古书与白话》、《忽然想到》等文，有力地揭露和批判了甲寅派的本质，指出甲寅派是“连成语也用不清楚”的一伙人，他们的活动是在配合帝国主义的奴化教育。他说：“外国人办给中国人看的报纸，不是最反对五四以来的改革么？而外国总主笔治下的中国小主笔，则倒是崇拜道学，保存国粹的!”他们提倡国粹的目的，正是想“用旧习惯，旧道德，或者凭着官力，将一切新生的力量压下去”。《甲寅》的复刊是封建势力垂死前的挣扎，“倘说这是复古运动的代表，那可是只见得复古派的可怜，不过以此当作讣闻，公布文言文的气绝罢了”。他号召青年不要为反动的封建思想

---

① 徐志摩：《守旧与“玩”旧》，《中国新文学大系·文艺论争集》，第227页，上海良友图书印刷公司，1935。

② 《答KS君信》，载《莽原》周刊，1925年第19期。

③ 鲁迅：《再来一次》，载《莽原》半月刊，1926年第11期。

④ 鲁迅：《再来一次》，载《莽原》半月刊，1926年第11期。

所欺骗，要英勇地站到革命方面来，“我们目下的当务之急，是一要生存，二要温饱，三要发展。苟有阻碍这前途者，无论是古是今，是人是鬼，是三坟五典，百宋千元，天球河图，金人玉佛，祖传丸散，秘制膏丹，全都踏倒他。”①

当甲寅派攻击白话文和新文学运动的时候，胡适也是应战者，他还在《老章又反叛了》一文中，批评章士钊的心理“就是一个时代落伍者对于行伍中人的悻悻然不甘心的心理”。② 此前章士钊曾赠他一首打油诗说：“你姓胡，我姓章，你讲甚么新文学，我开口还是我的老腔。你不攻来我不驳，双双并坐，各有各的心肠。”胡适则说：“‘但开风气不为师’，龚生此言吾最喜，同是曾开风气人，愿长相亲不相鄙。”章士钊的自白，说明二人在思想上有许多难言的暧昧，但胡适主张实行白话文、新文化的立场始终没有向章让步。在新文学阵营的强大火力打击下，随着段祺瑞政府的倒台，甲寅派的进攻也很快宣告失败。这是新文学与旧文学、白话文与文言文的最后一次论争，自此，新文学和白话文的脚跟站得稳了，虽然后来还有复古的沉渣泛起，但再也没有形成大的气候。

章士钊从《甲寅》日刊到周刊期间不断发表文章提倡“以农治国”，遭到一些学者的反对，1926 年 1 月 8 日《申报》上发表杨铨君的《中国能长为农国乎》反驳他的“农村立国之义”，章士钊写了篇答辩文章《农国辩》与其争鸣。章士钊早年曾说：“夫以农立国者，皆主消极，但求自给。至于以工业立国者，则事事皆积极进行，故恒至生产过剩，竞争市场，推广殖民地，因此血战，前后相继。”③ 他认为，农村自治是做到自给自足的制度保证，村是农村自治的基本单位，一村的出产由公共保管，设一公共买卖社，除掉要应用的以外，由公家以纸币收买，以所余的，运到各处去发卖。这实际是一种理想化的、落后的农业社会主义理想，带有原始共产主义的复古意味。

1926 年，发生了“三一八”惨案，章士钊任段祺瑞政府秘书长，公然支持镇压学生，遭到国人的痛骂。章后被国民军驱逐下台，到天津日租界继

① 鲁迅：《忽然想到》，1925 年 4 月 18、22 日发表于《京报》副刊。

② 胡适：《老章又反叛了》，1925 年 8 月 30 日发表于《京报》副刊。

③《在上海暨南大学商科演讲欧游之感想》，《章士钊全集》，第 4 卷，第 159 页，文汇出版社，2000。

续出版《甲寅》周刊。鲁迅著文痛骂段祺瑞、章士钊为“落水狗”，著名思想家、报刊家的章士钊已在中国思想界失去光辉，1931 年后他到上海做了律师。

鲁迅对章士钊的评价是：他对学校的手段，我并没有诧异，因为我本就没有预期章士钊能做出比现在更好的事情来。我们看历史，能够据过去以推知未来，看一个人的以往的经历，也有一样的效用。有人将章士钊当作学者或智识阶级的领袖，他的行为让人感到失望。① 胡适对章士钊的评价是：他是“1905—1915 年这十年期间很有影响的政论家，文章的逻辑与文笔，以及为文时所表现的个性，都是令人称道的”。② “五四”时期的学者李剑农说：“吾邦论坛先导之秋桐，其平昔政论之价值，持与《爱丁堡杂志》主撰柯克氏（Harald Cox）所为者相较量，亦复难于伯仲。”③

鲁迅对《甲寅》的批评是：《甲寅》第一次出版时，大约章士钊还不过熟读了几十篇唐宋八大家文，所以模仿吞剥，看去还近于清通。至于这一回，关于内容的事且不说，即以文章论，就比先前不通得多，连成语也用不清楚，如“每下愈况”之类。章士钊的文章更于何处讨生活呢？况且，前载公文，接着就是通信，精神虽然是自己广告性的半官报，形式却成了公报尺牍合璧了。《甲寅》不足称为敌手，也无所谓战斗。每周印一回公牍和游谈的堆积，纸张虽白，圈点虽多，是毫无用处的。④ 徐志摩对《甲寅》的评价是：“假如，我的祈祷有效力时，我第一就希望《甲寅》周刊所代表的精神‘亿万斯年’。”⑤

第四节　朱执信痛批报刊谬论

朱执信 1885 年生于广州豪贤街，祖籍浙江萧山，是中国民主革命著名

---

① 《答 KS 君信》，载《莽原》周刊，1925 年第 19 期。

② 章含之：《愿长相亲不相鄙：章士钊与胡适》，载《环球时报》，2009 年 4 月 16 日。

③ 《读〈甲寅日刊〉之舆论一束》，载《太平洋月刊》，1917 年第 2 号。

④ 《答 KS 君信》，载《莽原》周刊，1925 年第 19 期。

⑤ 《守旧与玩旧》，《中国新文学大系·文艺论争集》，第 227 页，上海良友图书印刷公司，1935。

的活动家和理论家。1904 年留学日本，1905 年 8 月中国同盟会在日本东京成立，他被选为评议部议员兼书记。1906 年回国，先后在广州高等学堂和政治学堂任教，在军队中秘密开展活动，多次参与、策划起义。1911 年辛亥革命爆发，联络党人和军队促成广东光复，担任军政府参议、审计院院长等职。1913 年后，积极参与孙中山领导的反袁（世凯）斗争，成为中华革命党的思想家。1920 年 9 月 21 日，他在虎门殉难，孙中山获悉后悲痛不已，称赞朱执信的牺牲是“我党失此长城”，孙中山曾赞叹“执信是革命中的圣人!”

朱执信自幼志趣不凡，向往儒家“内圣外王”的理想人格，1901 年 12 月他以《读辛幼安南渡录感叹题后》一文，阐发反抗清廷镇压人民的思想，被广州著名学府广雅书院拟取为文学第一名。自 1902 年在教忠学堂读书期间，他阅读了《天演论》、《原富》、《民约论》和《万法精理》等西方名著，确立了救国救民、实现民主与自由的民主主义思想。1904 年冬，他与胡汉民、汪精卫等人一起东渡日本，进入东京法政大学速成科攻读经济，不久结识了孙中山并加入中国同盟会，担任《民报》的编辑和主要撰稿人，发表了大量政论，揭露清政府立宪骗局，驳斥保皇党的改良理论。

一、斥君主立宪与开明专制

1906 年朱执信自日本毕业回国，积极宣传革命，参与秘密策划反清斗争。1908 年广州起义失败后，在举世闻名的黄花岗起义中负责指挥围攻两广总督衙门的敢死队成员。1909 年在闵南创办《闽星》杂志，漳州地区成为新文化运动的南方据点。1911 年任《中国日报》主笔，广州《可报》编辑。民国建立后先后担任过《民报》、《建设》等刊物的编辑，积极从事资产阶级革命的理论宣传工作。1917 年 7 月，朱执信担任孙中山大元帅府的军事联络及掌管机要文书的职务，随孙中山率北京政府起义海军南下护法。同时，奉命在上海创办《民国日报》副刊《星期评论》。在编辑诸多报刊时，朱执信刚直敢言、嫉恶如仇，立场鲜明地驳斥保皇派的谬论。

图 2－9　青年朱执信

1905 年前后康有为、梁启超在日本的《新民丛报》等改良报刊上大肆宣传“依靠朝廷改制，君主立宪”，“立宪易，革命难”，一时朝廷一些大臣也主张立宪，改行宪政。朱执信在《民报》上发表《论满洲虽欲立宪而不能》一文驳斥“君主立宪”的虚伪性和危险性，认为这是改良派及其报刊“以立宪为饵”、“无从得之”的骗人伎俩。朱执信指出：“夫宪法，非可使君主与其二三嬖佞定者也……革命者，以去满人为第一目的，以去暴政为第二目的。”①

1906 年 4 月清廷派出大臣出洋考察君主立宪制度，国内外一些报刊鼓噪起来，欢迎清廷进行主动改革。其中日本《法律新闻》报道说：“载泽一行即已遥集于东京矣，余辈披沥满腔热情以欢迎之者，亦欲少陈卑见，以资其采择之万一也。”“想基于国民精神立宪政之实施，优得收满汉一家之效，而足利用国民之自觉心。”② 康有为、梁启超主张立宪而非革命的重要理论根据是汉满民族同化，光绪帝接受现代思潮，完全有可能进行平稳的改革。

针对《法律新闻》报的报道和言论，1906 年 4 月《民报》第 3 号上发表了朱执信的《驳〈法律新闻〉之论清廷立宪》一文，指出：“所谓立宪之特质者，乃在其机关组织之完全，而不在独夫之自由意志思，以运转统治权，即有监督机关也。而其为监督机关，又以独立而有实力为要素。其言若是，则满洲则为律制，虽标宪法之词，又安得篡权立宪之名哉……目下操切之令，徒悬空文而已。”③ 必须有三权分立的议会机构，有监督宪法的制定和执行机制，才能实行真正的立宪政治，当朝廷皇权在握，专制依旧，立宪考察和立宪主张都是一纸空文。朱执信运用西方民主政治的学说批驳得有理有据，一语中的。

皇朝立宪在中国历史上是破天荒的大事，被朱执信和当时的革命派看作今古奇观，原因在于“皇朝”与“立宪”本身就针锋相对，自然让人怀疑其中有诈。朱执信指出，中国的国情与日本不一样，日本民众对天皇没有恶感，而中国人民对于一贯背信弃义、荼毒民众的清政府早已深恶痛绝。“民协于君交相赖，这则其相信深夜也。中国之民，久受困苦于此恶劣政府，且习知其食言，又安从信之。”④ 朱执信认为，皇朝立宪充其量有宪法而没有宪政，有法律而没有法治，人民不会看到任何摆脱压迫的希望。他提出爱国主义与民族主义命题——“真鼓吹革命者，方且以破之邪自任，廓清思

---

① 《朱执信集》，上集，第 1—7 页，中华书局，1979。

② 《朱执信集》，上集，第 33—34 页，中华书局，1979。

③ 《朱执信集》，上集，第 35 页，中华书局，1979。

④ 《朱执信集》，上集，第 36 页，中华书局，1979。

想，以迓完全之新知，致一般之幸福……我国之民智日蒸，则革命之思想亦逾溥”。[①] 多民族共处是中华民族的传统，清朝执行卖国和民族压迫的政策，日益加深了民族矛盾，只有汉民族在革命旗帜下团结起来斗争，才能带领各兄弟民族免除压迫，振兴中华。

日本的《法律新闻》报还攻击中国的革命派和革命报刊言论诡激，用新思潮骗人，清廷立宪的公表则使革命论客陷于狼狈。它写道：“所谓革命风潮，与其新学流行，共入于国民之头脑，往往弄诡激之言论，无所顾忌。故于其民论尚未甚沸腾，而来要有参政权之际，清廷其先公表立宪誓约，以使彼不逞之徒无措手之地乎。其既已一度公表誓也。志士论客忽狼狈……”[②] 朱执信驳斥该报这一论调说：“凡全篇之所谓喋喋者，意端在此数言。笔者劳苦，然而误矣。……唯其唱革命，则漫谓之诡激。吾意是唯不习闻革命原理，专制国之民乃然。”[③] 最后，朱执信推测日本《法律新闻》上这条报道传到中国一定会被保皇派利用，由于得到外国人的赞扬而高兴，“被其摇惑者”也不在少数，所以他必须同这篇报道所持的观点辩论，弄清道理，让国民辨别是非。他认为“辨理心之薄弱，于国民心理乃为大玷，不可不急去也”。[④]

1906 年梁启超在《新民丛报》上发表《杂答某报》、《社会革命果为今日之必要乎》等文章，猛烈抨击孙中山等革命派的“社会革命”——土地国有的主张。《新民丛报》认为，社会革命不可能实现，推行土地国有等于抢夺人民的财富，社会秩序势必大乱，反对民生和民权主义，认为今日社会革命是不必行、不可行、不能行的。梁启超认为，中国与欧洲的情况不同，“中产之家多，而特别富豪之家少”，我国尚无“极贫极富之两阶级存”。我国经济既可和平发展，目前更无社会危机存在，“所谓不必行社会革命者此也”。[⑤]

朱执信以县解为笔名在《民报》上发表《论社会革命当与政治革命并行》一文，把《新民丛报》攻击民生主义的论点归纳为“要有四端”：“社会革命终不可以现于实际，而现矣而非千数百年之内所能致，一也；行土地国

---

① 《朱执信集》，上集，第 37 页，中华书局，1979。

② 《朱执信集》，上集，第 35 页，中华书局，1979。

③ 《朱执信集》，上集，第 36 页，中华书局，1979。

④ 《朱执信集》，上集，第 38 页，中华书局，1979。

⑤ 《社会主义果为今日中国所必要乎?》，载张丹、王忍之《辛亥革命前十年间时论选集》，第 332－339 页，三联书店，1977。

有于政治革命时同于掠夺，二也；利用下等社会必无所成而徒荼毒一方，三也；并行之后，无资产之下等握权，秩序不得恢复，而外力侵入，国遂永沦，四也。”

朱执信所说的社会革命是指社会主义革命，他把民生主义同社会主义视为同一种理想。他批评《新民丛报》否定社会革命，不应采取污言秽语进行歪曲，“姿为讥惮”，由于缺少切实的道理而陷入自相矛盾。他写道：“论者于社会主义多所诋諆羌无理论根据。假令一一拾去其凶秽之词，还加彼身，恐彼亦无缘自为解。顾此非吾辈之所屑事也。至其谬误之原，则吾可揭之以告于天下。盖世每唯不知者乃易言之，又易而攻之，复不自省，乃生之为矛盾之结果。然后有以今日之我，与昔日之我挑战之以一说，以为解嘲。”①《新民丛报》对社会主义、社会革命没有全面的了解，完全根据主观判断来否定对立面的观点，是“亦信口雌黄，则亦当失笑也”。保皇派这种办刊方针，及用这种方式反驳论敌，没有“君子之德”。

朱执信认为，西方社会主义学说的产生，是由于贫富不均引起的，贫富不均的根源是资本家垄断。“不由放任竞争固不得致贫富悬隔也。贫富悬隔，由资本跋扈，不放任竞争，则资本无由跋扈也”，所有这一切，都是“私有财产制”造成的。如果对私有财产制度“加相当的限制，则资本无由跋扈”。“托辣斯者，中国未来之大毒物，救治之法，舍实践民生主义末由”。在今日之中国，“绝灭竞争，废除私有财产，或不可即行”，但加以限制则是必要的。社会革命“即变不平之制为平，此其真义也”，在中国实行民生主义，“以救正贫富不均，而图最大多数之幸福故”。②

朱执信强调，《新民丛报》只是根据一两部书籍，就断下结论，不知“学派有异同，学说有变迁沿革”。该报是以空想社会主义否定科学社会主义，“妄诞不已，继以虚诬”。“夫往者诚有排社会主义者，顾其所排者非今日之社会主义，而纯粹共产主义也……顾自马尔克（即马克思）以来，学说皆变，渐趋实行，世称科学的社会主义。论者独未知耳”。朱执信谴责梁启超与《新民丛报》说，“慎言君子之德，固非所以勖于论者”，“吾不知其所谓信良知者果如何也”。③

---

① 《朱执信集》，上集，第 55 页，中华书局，1979。

② 《朱执信集》，上集，第 57—59 页，中华书局，1979。

③ 《朱执信集》，上集，第 55—56 页，中华书局，1979。

1906年1月梁启超在《新民丛报》第73号起连载《开明专制论》的文章，反对暴力革命，主张先实行“开明专制”，然后再实施君主立宪。梁的理由是人民的程度太低，不能胜任议会政治，正常行使自己的权利；施政机关不完备，距离法制及其相应机构相差甚远。1911年10月10日爆发的辛亥革命结束了中国的专制王朝统治，使开明专制论没有依据，但梁启超把希望寄托于袁世凯。1912年梁启超暗中进言袁世凯，要其“参用开明专制之意”，并与康有为等人鼓吹袁氏实行开明专制，一时专制的空气弥漫。从1913年冬到1915年秋，报刊上再度展开一场关于“开明专制”是否适合中国的争论。

1914年8月朱执信在《民国》杂志第1号上发表《文明专制》一文，全面批判康、梁及其改良报刊上的观点。朱执信认为，不能因为以开明为目的，就肯定专制。社会运动难以预期，“目的者达否未可知，手段则一施而不可复”，“则有目的是认手段之求，而适得手段破坏目的之效也”，手段有效才能证明这种制度可行。“近日言”①“开明专制义如其文，不过以专制之政体行开明之政治而已”。“专制者岂有开明可言？开明与专制互相背反，专制又不能随时舍置，结果想要的结果得不到，不想要的结果却去不掉。”而且，专制必然会“禁遏人民”，根本不利于人民宪政知识和经验的培养。专制是一种不良的制度，开明专制是专制的一种状态，这种状态“纵曰欲之，不必得之”，正如历史上“志为明主而得之者什一，不得者什九”一样，“今之行专制而志开明者，其得为开明亦不过什一之数而已”。② 朱执信强调“立宪国民不患其程度之不足，在其不足之日，亦唯先行立宪可养成之，非可以专制进其程度”，“如是始有立宪之教育可施，其人民有得立宪的经验之途也”。“经验由事物生，未有事实，何由有经验”。③ 他在开篇就得出的结论——“近日言开明专制者，其志固在专制不在开明也”④，是很有说服力的。

朱执信注意到改良派及其报刊在阐述“开明专制论”时犯了“悬空而论”的错误，⑤ 就题论题，就事说事，不考虑社会效果和是否可行。“其结果当如何可也”，“反于事实，不可通也”。正如他在文章开头所指出的，“今

① 《朱执信集》，上集，第218—219页，中华书局，1979。
② 《朱执信集》，上集，第215—217页，中华书局，1979。
③ 《朱执信集》，上集，第221、227页，中华书局，1979。
④ 《朱执信集》，上集，第215页，中华书局，1979。
⑤ 《朱执信集》，上集，第227页，中华书局，1979。

于民国，有一部分人每为政论，必不敢明言专制之效果良，而委屈其辞，而一方于开明专制，则又无人称言其非，此可怪也。”这种论证的错误，正好说明改良派口是心非，明知提倡专制不光彩，以历史上有过这种专制为根据，更是极其荒谬。他写道：“今之论证者耻言专制，意或为效果必不良。因是见古有效果良者，异于其他专制也。此一种谬论而已。”① 这种论证的错误，正是民国改良派刊物和许多政论的通病。

二、驳谬论，捍卫民国精神

1913 年 2 月中华民国根据《中华民国临时约法》，首次举行国会选举，国民党得票最多，准备由宋教仁组阁。可是 3 月 20 日宋教仁遇刺身亡，袁世凯以武力压服革命派篡夺辛亥胜利果实，孙中山等被迫流亡日本。孙中山回国后，在 1917 年和 1918 年在广州召集“非常国会”，联合西南军阀成立护法军政府，孙当选为大元帅，进行反对北洋军阀的“护法战争”。不久桂系军阀排挤孙中山，护法军政府成为南方军阀的政权，以陈炯明为首的南方军阀勾结北洋军阀发动政变，使孙中山再次在广州无法立足，护法运动遭到失败。为此，朱执信写了几篇文章揭露军阀反对三民主义、抵制宪政的嘴脸，随后《中华新报》却为军阀辩护，在报道中“既揭开南方军阀护法的假面具，又露出其拥护南方军阀的真面目”，被《逐日评论》报的记者所揭破。②

朱执信在报上发表《拥护南方军阀之荒谬》一文，驳斥《中华新报》记者高唱骗人的暧昧论调，批评《中华新报》“护法难以持久，宪法不成，护法必败”的观点。朱执信指出：“以买收威胁等等使不足法律之人数，军政府便可长据护法之名，而行其独裁政治之实乎？此真《中华新报》记者之迷梦也。吾以为《中华新报》中，当尚有明白事理之人，未必尽如此君。惜乎其匿名以答，使我以唯有以记者称之。”他认为，尽约法的义务，改组国会，是护法的重点，如果军政府蹂躏约法赋予国会的权力，“则尚有何法可护？除此现存之约法，另求未可得成之宪法，未得宪法，先宣言难长久维持约法，此种暧昧之论调，将于欺谁？究竟《中华新报》记者以为若宪法久未议成军政府当于何时起，不维持约法？”③

① 《朱执信集》，上集，第 215 页，中华书局，1979。
② 《朱执信集》，下集，第 486 页，中华书局，1979。
③ 《朱执信集》，下集，第 486－487 页，中华书局，1979。

《中华新报》把矛头指向民权政治，责难议员总是大讲理论，言行径直，他们需要因势利导，用软化、委婉的方式，“曲折以求达其目的”。朱执信反驳说：“今日所求于国会者，即直白代表国民之意思，不许稍为曲折……今日国会缺点之最大者，即在不能完全代表真正之民意。至于政争，岂有可逼。即逼政争，便当唯军阀之命是听，尚何须于国会乎？今者，国会议员基于民意，本其天职，以扫荡南方军阀。”朱执信以国会是实现民权的基本形式，议员是民意的代表，而不是军阀的代表，“军政府背叛国会者，皆为荒谬”，有力驳斥了《中华新报》的军阀立场。朱执信抓住《中华新报》的本质，揭穿了它的老底，他写道：“《中华新报》记者或者向为军阀所豢养，不惜讴歌，国民尚有耳目，未可欺也……可知彼报记者眼中，只有兵力，绝无民意。”①

在朱执信看来，执行约法，尊重国会为当局，由国会决定国家大事，就是民国精神。“抑且民国立国精神，即在国会为当局者，且由国会生出其他当局者。当局者于约法之下，不尊重国会，即为谋叛，即为失去法律上存立之根据。”② 可是，《中华新报》却说：“南方各省当局，以事实上有共同维持军政府之必要，利害密切，故始终拥护。议员态度如何，与此无干……南方重要当局，已决计对国会局面暂置不理。”朱执信在《谁为重要当局》一文质问《中华新报》且以南方为当局，“此其居心为何”？朱执信指出：“护法者，不外拥护约法国会，国会之存在，不在其能开议，而在其意见之被尊重。自去年军政府改组以来，国会名存实亡久矣。”③ 他严正警告站在军阀立场上的报纸，只知有一己利害，不知有国家利害，“与北方军阀有何分别乎”。“而逢军阀之恶，有此非人，亦上海报界之羞，不可无社会之制裁也”。④

1914 年 6 月当朱执信在报纸上读到记者把革命派的胜利、建立民国、制定共和议会制度称为“暴民政治”时，十分愤怒。他在《民国》杂志上发表《暴民政治者何》一文写道：“自革命以来，共和之名既定，顽迷之论者颇穷于非议之途。偶有一二不肖新闻记者，造为种种不根之报道，而加以

① 《朱执信集》，下集，第 487 页，中华书局，1979。
② 《朱执信集》，下集，第 489 页，中华书局，1979。
③ 《朱执信集》，下集，第 489 页，中华书局，1979。
④ 《朱执信集》，下集，第 490 页，中华书局，1979。

‘暴民政治之称’。于是宿昔不平者，皆于此一语荫蔽之下，力攻前日造成共和政治之人，然后可以一宣其蓄愤。”① 把共和民主的主张和民众的政治要求和行动称为“暴民政治”，是民国建立后在清朝遗老遗少和保皇党人士中颇为流行的一种诬语。

在朱执信看来，民国精神的实质就是民主共和，让人民有发言权和选举权，实行议会政治。反对共和民主，把革命党人称为暴民，显然是“谤人之事实”、“宣泄私愤”。朱执信首先从“暴民政治”的来源驳斥这种污蔑词不达意。在古希腊和古罗马，因没有法制，寡头政治压制平民政治，往往出现暴民。而“近世之共和，所以异于古者，正赖交通发达，教育普及，报纸盛行，人各有选举权，各能为政治上之主张，乃得有此美治”。古希腊的共和制无法与今天的美国共和制相比。接着，朱执信列举多项理由驳斥暴民论没有任何根据，从议会政治的民主形式到各省权力足以自治，中国人没有暴民之心，多数革命党人没有人民反对的行为，岂有暴民政治可言？他说：反对派“于是凡不合于彼意者，皆曰‘暴民’。而于全国民中除去所谓‘暴民者’，则不过彼富贵之一团而已”。② 实际上是一小撮有钱有权有势的人把绝大多数想改变不合理的社会现状的人，称为暴民，这就是这种论调的实质。

朱执信坚持理论宣传活动，坚定地捍卫共和制，有力驳斥了改良派维护专制主义的论调。在《无内乱之牺牲》及《革命与心理》等文中，他一方面揭露袁世凯祸国殃民的罪行，另一方面又批判了改良分子把革命者及其主张诋毁为“暴民”和“暴民政治”的谬论，反复指出“民心恶袁”，民主革命必然胜利。朱执信认为，民主制度要求一切都得依照宪制行事，更换政府或领导人的程序尤其如此。人民按照法律行使自己的权力，人民不喜欢、不愿意的东西，会通过言论自由和行使其他权力提出来，根本不会产生暴力。历史上之所以出现人民的暴力，是由于少数专制主义者和武人用暴力压制人民的合理要求而导致的结果。专制统治者和军阀才是真正的极少数的“暴民”。

1920 年 2 月 20 日《正报》上有一篇文章说：“中国辛亥的革命，讨伐的目标是满洲政府，结果没有杀满洲政府一个人。丙辰的革命，讨伐的目标是洪宪皇帝，结果也没有杀袁朝一个人。这种不名誉、不痛快的革命，直教

---

① 《朱执信集》，上集，第 164 页，中华书局，1979。

② 《朱执信集》，上集，第 172 页，中华书局，1979。

人肉麻，哪里配说革命。我劝以后的革命党，惩前毖后，确定革命的要素在哪里。”这篇以《革命的遗憾》为题的文章，引起朱执信的忧虑，他挥毫写了一篇《杀人不是革命的要素》的文章发表在该年《建设》杂志第2号上，反驳对共和革命的误解。他写道：“革命目标是推倒不良制度，另外拿一个良制度来替它，并不是复仇。所以革命的要素，破坏同时建设，不是杀人。我们革命的遗憾，就是破坏不尽，建设不来，不是杀人不痛快。就是没有杀人，也不是不名誉。”①

朱执信对不杀人是革命的遗憾提出的动机进行了分析，他认为有三种：一是受过反动派的压迫，借此发泄；二是参加革命党是为了报仇；三是有意引起革命党的盲动，去杀人，被它利用，做它杀人的工具。他特别指出，一定要观察说话人的动机。特别值得一提的是，朱执信以宽广的胸怀对待敌人，反映了他在理论和革命实践上的深厚理性。他说满洲政府里有坏人是制度不好养成的，或因为政治不好把坏人弄进政府里做官，如果社会完全改革了，就是坏人也有变好的日子。他认为袁世凯专制不光是他个人的责任，只是社会组织不好。所以革命绝不是杀几个人可以了事的。② 这篇评论表明，朱执信是个真正彻底的民主主义者，他对革命的理解就是改造社会，改造人和解放人。这是民国更伟大的精神。这篇评论在批评报刊上“革命就是杀人”这种错误认识的同时，也捍卫了革命的崇高原则——创造好的制度，让人成为真正的人。

1920年张东荪在《时事新报》上发表文章认为，革命不是扰乱秩序，破坏公安，暗指有些革命措施搞得社会混乱，执法人员无规可行。朱执信读到此文，从理论上进行了全面分析，认为对革命与秩序问题要从两方面看，以《恢复秩序与创造秩序》为题发表了独到的见解。他说：“革命虽然不是不要秩序，却不能不推倒现在所有的秩序的一步。要是连这个秩序都保存下来（坏的秩序），不许扰乱，这就没有革命，没有改造。”“凡有一个革命，都是破坏一种不合用的制度。如果不是破坏坏制度，另行筑设，就不是革命，也不是改造。”③ 他提出，革命是要恢复有用的秩序，建立合理的秩序，但也要破坏不好的秩序。他进一步明确说：“与其说革命不是扰乱秩序，不

① 《朱执信集》，下集，第769页，中华书局，1979。
② 《朱执信集》，下集，第770页，中华书局，1979。
③ 《朱执信集》，下集，第861页，中华书局，1979。

如说革命破坏有害的秩序，建立有益的秩序，革命能够给人民一个更好的秩序，人民就不会无端地怕起来了。”①

他认为，中华民国应包含许多制度，有的建立有的还没有建立，多半是恢复秩序，少数是创造秩序。如果把一切制度和秩序都“抹倒了”，“就剩了一个中华民国的虚名在那里”。可见，只有建立合理的制度和秩序，中华民国才能立得起来，否则民国就是个空架子，民国精神也就泯灭了。朱执信坚定捍卫民国精神，提出要建立三种秩序。第一，建立民尊官卑的秩序，国民要自己相信是主人翁，官吏自问没有威光，国民要用约法上应有的权利。第二，建立言论自由的秩序，言论自由就是多数贫民的便利。第三，建立集会结社自由的秩序，不能把结社当做罪案，集会起来做不好的事，也要有法律来禁止。最后，朱执信说：“我们想创造的秩序很多，现在先提出两个来：一个是直接民权的政治上的秩序；一个是平均地权的经济上的秩序。”② 朱执信坚定地捍卫民国精神，说明他的民主革命理论的彻底性。

1919 年 8 月 31 日《每周评论》还未印完，北京军阀政府查封了这个刊物，禁止这期出版发行。就此，朱执信写道：“在内地之以文字鼓吹新思想者，必叹曰：我亦不知命在何时。”③ 朱执信联想外国租界经常查封中国报刊，中国报馆却得不到中国法律的保护，十分愤慨，他写道：“言论出版自由，为中国国民约法上之权利。顾吾人对于租界之检束报馆，则虽能以正理求其反省，不能主张权利，以指为不合法也……封汝禁汝，谁能代鸣怨。”

言论出版自由是民国约法规定的一项权利，有没有言论出版自由也是重要的民国精神，但这种精神常常被军阀或外国侵略者所扼杀。朱执信指出：“至于中国内地，本有法律上之言论出版自由，而杀主笔、封报馆之事，层见叠出，又要租界所不及者。而最近则有更时髦之‘过激’二字，可以随意指命。凡所嫉恶，皆可以此名目摧抑之。”④ 朱执信怀着最大愤怒揭露专制势力对言论出版自由的践踏，叱责他们对宣传劳工主义的迫害。专制主义者闭目塞听，无视世界发展潮流，不愿、也不想了解何为过激，就对新思想进行镇压。他们“非不欲知，不敢知也”。但，正确的思想是扼杀不了的，谁

① 《朱执信集》，下集，第 865 页，中华书局，1979。
② 《朱执信集》，下集，第 865—870 页，中华书局，1979。
③ 《朱执信集》，下集，第 461 页，中华书局，1979。
④ 《朱执信集》，下集，第 461 页，中华书局，1979。

也阻止不了“过激主义”的传播。他宣称：“至于现代之政府，则决非能谓禁二三杂志，便可无过激主义进中国”，“天下之塞耳者多矣，未一能以塞耳免者也”。①

三、朱执信、章士钊与调和论

1910至1919年间，章士钊在报刊上提出“调和论”和“调和立国论”，在自己创办和主编的《甲寅》杂志上，系统论述了“调和立国”的道理，引起舆论界的争论。他的这个主张既批判了袁世凯的专制统治，也严肃地批评了以孙中山为代表的激进主义错误，希望建立以调和、宽容为基础的多元社会机制和议会政治。章士钊这一见解的基本理论是：“社会化同以迎异则进，剋异以存同则退。”② 他认为，先秦以后的中国社会停滞不前，就是以利禄之途，逼人尊孔，固守好同恶异的原则而造成的。他说：“为政有本，本何在？曰在有容，何谓有容？曰不好同恶异。”③ 可见，政治上的“有容”最根本的原则是不好同恶异，“使异者各守其异之域，而不以力干涉之，非欲诱致异者使同于我也”。④

辛亥革命后，党争四起，人身攻击，议会辩论大打出手，党派报刊互相指责，把政治搞得乌烟瘴气。在“政党政治”潮流的影响下，当时全国出现了大大小小的300多个政党。有的昙花一现，有的有名无实，经过几年的分化组合，到第一届国会选举之前，基本形成了同盟会—国民党与共和党—进步党两大系统，在国会中占有较多席位，都创办了多家机关报为自己宣传。1912年8月同盟会改组为国民党，其党报《民立报》受到袁世凯的迫害在1913年9月4日停刊，它的党报还有上海的《太平洋报》、《民国新闻》、《天铎报》、《中华民报》等，北京的《国风日报》、《亚东新报》，天津的《民意报》、《国风报》等等。共和党、进步党系统的报刊主要有上海的《大共和日报》、《时事新报》，北京的《国民公报》，天津的《庸言》等。双方之所以不惜工本大量办报，无非是为了壮大自己的声威，在议会和政府中获得更多的席位和权力。

---

① 《朱执信集》，下集，第462—463页，中华书局，1979。

② 《政本》，载《章士钊全集》，第3卷，第7页，文汇出版社，2000。

③ 《章士钊全集》，第3卷，第1页，文汇出版社，2000。

④ 《章士钊全集》，第3卷，第147页，文汇出版社，2000。

同盟会—国民党同共和党—进步党对一切事务都针锋相对，两党报刊互相攻击、论战不休。除了对政治问题争论外，两派报刊互揭老底，我骂你是"贼党"，你骂我是"贼报"，直至发展到殴打报人、捣毁报馆。北京的《国民公报》因攻击南京临时政府，同盟会方面的《国光新闻》等7家报纸的数十人捣毁了《国民公报》报馆，打伤该报主笔徐佛苏和蓝公武。在同一政党的各报之间，也经常争论，对一些重大问题的意见也前后不一致。例如被视为同盟会机关报的《民立报》，就公开反对过孙中山建都南京和举办汉冶萍抵押贷款的主张。《民立报》于1911年11月2日曾发表《驳议和论》一文，反对南北议和；既而又毁版重排，另发一篇《檄文中之檄文》，支持议和。两种版本的报纸都流入社会，暴露了报社内部的意见分歧，损害了同盟会的声誉。

其他政党、政治团体和个人也办起了党报，自由党在上海创办了《民权报》，由戴季陶、何海鸣主编。该报言论激烈，提出"以暴易暴，惨无人道，欲真共和，重在改造"，"报馆不封门，不是好报馆"、"主笔不入狱，不是好主笔"的办报口号。《民权报》与同时在上海出版的《中华民报》和《民国新闻》，被人们称为"横三民"，与《大共和日报》和《民立报》不断发生笔仗，但二者都属于"激进派"报纸。中国社会党在上海创办了《社会日报》和《新世界》杂志，康有为在上海办的《不忍》杂志，以提倡君主立宪为宗旨，猛烈抨击革命党，竭力宣传皇室立宪政治。

章士钊针对党派报刊和议员各持己论、压制异党观点强调，政党政治"即英儒梅依（T. E. May）所言'听反对党意见之流行'是也……下院议事法程恒设法保护反对党，使得尽情攻击政府是也。在他国或以反抗为不法，而英伦则'王之反对党'一言，乃为党争之习语，知言者谓英伦政术之进步，实在此语发见（确立）以后"。[①] 每个政党都应允许对立党发表意见，采纳其中正确的见解，这就是政治调和。

由于国民党和共和党、进步党都欲把对方置于死地，在许多问题上争执不休，结果袁世凯坐收渔利。章士钊指出，武昌起义后，革命党人在发动革命、建立新政权过程中，由于"未能注意于利益不同之点，极力为之调融，且挟其成见，出其全力，以强人同己，使天下人才尽出己党而后快。又其中

---

① 《政党政治之唯一条件》，载《章士钊全集》，第2卷，第389页，文汇出版社，2000。

有所谓暴烈分子者，全然不负责任，肆口谩骂，用力挤排，语若村妪，行同无赖，因之社会之情以伤，阴谋之局以起”，“国人乃惶惶然忧，以谓暴民终不足言治，群相结合，肆其抵排。”①

此后的“二次革命”，以军事斗争取代政治斗争，国民党的党章中规定胜利后实行一党政治，不给其他党派参政的机会，章士钊在报刊上批评了这种主张，驳斥了国民党报刊上的上述论调，指出不能自认为正确就可为所欲为，必须回到调和立国的轨道。他写道：“总之愚为政本，只论同异而不论是非。若以同为是，以异为非，即是好同恶异。故真正立宪国，其政党所守之规律，在认反对党行为之合法。”②

虽然革命需要暴力行为，但如果达到“暴民专制”的程度，也就走向了反面，必然失去民心。章士钊对国民党的批评，虽然言之沉痛，但发自肺腑。他写道：“往者清鼎已移，党人骤起，其所以用事，束缚驰骤鲁莽灭裂之弊，随处皆有。国人乃惶惶然忧，以谓暴民终不足言治。”党人“未能注意于利益不同之点，极力为之调融，且挟其成见，出其全力，以强人同己，使天下人才尽出己党而后快。又其中有所谓暴烈分子者，全然不负责任，肆口谩骂，用力挤排，语若村妪，行同无赖，因之社会之情以伤，阴谋之局以起，则事实具陈，无可掩也”。③ 国民党不敢正视自己的错误，处于四分五裂状态，章士钊指出了国民党存在弊病的根本原因。

为此，章士钊认为实行调和政治、调和国策，是社会兴旺发达的关键，他发表了几篇文章宣传自己的思想。他说：“调和者，两利之术也。”“调和者，两让之谓也。”“欲祸之不起，唯有保其离心力于团体之内，使不外奔，断无利其离而转排之之理，苟或排焉，则力之盛衰原无一定，强弱相倚而互排之局成，辗转相排，辗转相乱，人生之道苦，而国家之命亦将绝矣。由是两力相排，大乱之道，两力相守，治平之原。”④ 他认为，要使政治清明，推动社会和谐有序发展，就要有“调和”的精神，善于调和，善于吸纳反对派的意见；不善于调和，甚至拒绝调和，政治就会陷入重重矛盾，危机四伏。他提出，“调和者，立国之大经也。美儒罗伟，谓为政制传之久远所必

① 《章士钊全集》，第3卷，第11、1页，文汇出版社，2000。
② 《论政本》，载《章士钊全集》，第2卷，第147、148页，文汇出版社，2000。
③ 《调和立国论》，《章士钊全集》，第3卷，第265－266页，文汇出版社，2000。
④ 《章士钊全集》，第3卷，第189页，文汇出版社，2000。

具之性……吾国唯懵于此义，故共和三年，徒尸其名，而远离其实。吾民之厄于淫威，失其自由，舆情不彰，冤苦莫诉，较之前清末季，专制未改，万万有加”，[①] 把“调和”提升到“治国之大经”的高度，可见章士钊当时认为“调和立国”的主张重于一切。

他大力提倡调和立国，热衷于调和各派政治势力，希望他们能够回到政党政治的轨道上。他发表文章指出：“今日政局唯一解决之法，乃在觅一机会，使全国人之聪明才力，得以迸发，情感利害，得以融和，因范为国宪，演为国俗，共通趋奉，一无诈欺。”他特别奉劝各党派要员，“立国于20世纪，亦当稍顾国家原理，使国中利害情感希望意见不同之点，得以调和，各方面优秀分子，努力并进，不酿鸡鹜蚌鹬之势，以堕和平进步之基。”[②]

1919年10月间，朱执信针对章士钊的“调和论”在报刊上发表了《不合时宜之调和论》一文。他说：“近年来反对调和的声音渐渐高起来，章行严演说了一回调和，凡是有主张的人，都反对他。”[③] 显然，章士钊的“调和论”在当时的政治家和知识界有许多人不赞成，以朱执信看，赞成他的主张的却是一般国民，其原因是，国民认为激进派没有推翻旧势力的力量，激进和保守争个不休，“是我们受苦，我们是不愿意的”。“人民希望的是新派同旧派没有冲突，令他过安乐的日子”。“我想国民爱听这两个字，自然有这种人来主张他，就同这外国人有猫癖一样。所以主张调和的，也就源源而来，没有什么稀奇的。”[④]

朱执信在《学者的良心》一文把章士钊的“调和论”遭到舆论的冷遇，给予半同情、半批评的分析，希望他能改变自己的观点。他回忆说，“章士钊在九月间在上海寰球中国学生会演说过一次调和，跟着就受四方八面的攻击。不得已在《新闻报》上辩解几句，更被人指出他的糊涂遮掩前后不符的地方。弄到无可如何，就宣言从大病以来，已有觉悟……当时看了他的宣言的，无论是他的友人、他的论敌，都起了一种同情，希望他明白自己的缺点。……本来调和这两个字，没有什么不好的。章行严那一次演讲，受驳最厉害的，就是因为他把调和限于妥协的意义来解释，又把这个解释借来做政

① 《章士钊全集》，第3卷，第253—254页，文汇出版社，2000。
② 《章士钊全集》，第3卷，第371—377页，文汇出版社，2000。
③ 《不合时宜之调和论》，《朱执信集》，下集，第527页，中华书局，1979。
④ 《朱执信集》，下集，第527—528页，中华书局，1979。

的公愤。从此调和两个字，几乎没有人敢提。前回陶孟和先生的一篇论文，用了一个调和，就赶快解释他的真意。实在调和何尝不好，就是受了章行严言说的累，真是不自陨灭，祸延调和了。”①

朱执信认为，两种势力的斗争是不可调和的，不仅今天如此，将来也会这样。进步的势力一旦变得陈腐，就会有新的派别与其斗争，而不会不争。“不过这个不争，是永远没有的。旧的势力终归要失败，反动的现象总不能长久。而且我们现在似乎很急激，恐怕不久也变了陈腐了，另外还有一班新的来。一去一来，这个争斗，是永远没有了期的。”② 他认为革命斗争就是反对旧的势力，革命成果不能通过反动势力的让步自动得来。“世界的人类，没有可以坐享其成的道理。如果自己不出来力争上游，也是没有安乐日子过的。希望调和，没有不失望的。那一班标榜调和的人，不过是在新派、旧派两边，都挂一个号，将来哪一边得胜就附在那一边，向着那失败一边再踢两脚，口气还说道可怜你总没有听我的话。”③ “所以反对调和，主张自决，最要紧的还是把新的旧的逐件问题同他解释清楚，利弊所在，如何才能够着手改良。有了这一步功夫，这个觉悟才有内容，这个自觉才有把握。”④ 由此可见，朱执信坚信，在新旧势力、反动和进步势力之间，只能通过斗争才能实现社会进步，根本没有调和的余地。

朱执信用其他报刊的反应进一步批评“调和论”是站在革命斗争之外，不想得罪任何政治势力，对革命抱有暧昧的态度。言论界应当吸取教训，不要像章士钊那样充当和事佬和政治闲人。他说，章士钊的“演说发表以后，广东的反响如何，我现在也不能完全晓得。但是我随手捡一张《天民报》，已经有一篇很痛快的文字，批评他的闲人政治。料来广东学界，虽然屡被摧残，究竟朝气还在，这种连吓带骗的演说，一定是瞒不过的。我现在主意，并不在乎驳章行严，只要言论界里头的人，拿他做个榜样，时时提醒自己啊，免得陷入他那种毛病，把清白一身，给人家和章行严一律看待，我就满足了”。⑤

不过，完全否定章士钊的观点也有失公允。章并非主张只向反动势力让

① 《朱执信集》，下集，第660—661页，中华书局，1979。
② 《不合时宜之调和论》，《朱执信集》，下集，第528页，中华书局，1979。
③ 《朱执信集》，下集，第528页，中华书局，1979。
④ 《朱执信集》，下集，第529页，中华书局，1979。
⑤ 《朱执信集》，下集，第666页，中华书局，1979。

步，而不坚持革命原则。他提醒革命党不要唯我独尊，完全否定其他派别可能持有的正确观点。所谓调和，其实他更多指的是各种观点、各种政治主张要相互吸取有益的因素，综合各派的思想理论提出一种大家都能接受的最好的主张，达到革命的最大效益，促进社会的和谐发展。但是1921年2月至9月间，章士钊再次游欧归来，观点走向了极端，认为新与旧、革命与倒退、反动与进步根本没有区别。他断言："所谓文明野蛮，不过循环蝉递。""新旧并无一定之界限，何者为新，何者为旧，很难于断定……新旧是循环的，昔日以为新者，今日或视为旧，甲地以为旧者，乙地或反视为新。""故思想之进化，亦是循环的，并无新旧之不同。"① 这种观点几近虚无，以循环为借口否定事物的差别性，犯了低级、幼稚的错误。

由于当时报刊上争论调和问题，主要是指各种学说、各种主义的相互关系，同"问题与主义"的争论联系在一起。朱执信在批驳"调和论"时也谈到如何看待宣传主义和社会实践问题。他说："逐个问题没有一定的主张，那所谓自决的怎样决法，也是空洞洞的。""现在的人何尝不谈问题，不过谈的并不是研究，只是一个空谈罢了。真要研究问题，自然也研究到一个主义上来，没有可以逃得过的。"② 朱执信的观点基本是正确的，即主义要谈，更重要的是实践，解决实际问题。为了解决实际问题又不能没有主义的指导，但一定要力避空谈主义的坏毛病。他写道："大家拿着重要的主义去粉饰那些无聊的议论，如果这种象征的行动也可以救济社会，那和尚念经，也可以超度死人了。照我看这种人那里是提倡主义、实行主义的人，不过自己弄一个名声，耽误了人罢了。"③ 当时报刊上关于"问题与主义"的争论，双方都有偏执的倾向，正确的观点应当是：正确的主义要谈、要宣传，要贯彻到行动中，但不能流于空谈；理论联系实际，用正确的主义指导实践，解决社会的实际问题，是宣传主义的出发点和最终目的。

四、厘清对社会主义的曲解

1920年3月8日朱执信在《民国日报》上发表文章，抨击当时某些报

---

① 《记章行严先生演词》，《章士钊全集》，第4卷，第154、155页，文汇出版社，2000。

② 《朱执信集》，下集，第529、881页，中华书局，1979。

③ 《新文化的危机》，《朱执信集》，下集，第880－881页，中华书局，1979。

刊对社会主义和共产主义学说的歪曲。他说，有人看见共产主义就怕了，却完全忘记为什么要怕这些主义。“驳共产主义的人一定说，这个制度行了之后，个个都懒惰，不做工，社会就会覆灭了。”① 朱执信指出，当时在中国不做工的人，都是富人，都好过，就是无业流民也比工人、农民饿死的少，工人天天做工却不好过。他反问道：“如果共产社会奖励懒惰的人，那现在的官、绅、富豪、强兵、悍匪、卖淫、吓诈、鼠窃、狗偷等脚色，就应该众口一词，来欢迎他，为什么还要反对。”共产主义是反对人剥削人的理论，一切剥削者、不劳而获者才反对它。

早在1906年，当时广东就粤汉铁路是官办还是商办，报刊上展开争论，朱执信在《民报》上发表《从社会主义论铁道国有及中国铁道之官办私办》一文，果断提出：“所谓铁道国有论，社会主义铁道国有论也。”② 他分析了铁路各种所有制的形式和利害，运用马克思的经济学理论揭示了铁道私有的弊端，揭露了资本家的贪婪性。他写道：“彼资本家以数百年外界之刺激，已失人性之常，知有金钱而已。”为批判当时许多报刊鼓吹铁路私有，他对国有和私有作了对比分析，认为：“国有者以其经营之权归属于国家或公共团体之谓也，国有铁道之政策，以国家握有全国各线路之经营之权利为目的者也”，“铁道既国有则凡独占事业专横之弊悉去”。“铁道国有以抑制私营自然独占事业之专横为目的，而其抑制之原因则以欲致社会上幸福”，“其对乘客及运货者，运费得廉，设备得固，其对职工保护的完全。要之，使一国之人民皆得食交通机关之益，而不受其害也。国家固非恃铁道以谋收入之增进，其经营皆以适应社会需要而止……铁道国有之社会上真之利益也。”③

朱执信是同盟会和国民党中最早接受马克思主义的人，并在自己有限的一生中宣传了马克思主义，对当时报刊上对马克思学说的误解和攻击进行了抗辩，厘清了加给马克思主义的种种谬论。毛泽东在《中国共产党第七次全国代表大会的工作方针》中说：“以前有人如梁启超、朱执信，也曾提过一下马克思主义。……朱执信是国民党员，这样看来，讲马克思主义倒还是国

① 《朱执信集》，下集，第753－755页，中华书局，1979。
② 《朱执信集》，上集，第46页，中华书局，1979。
③ 《朱执信集》，上集，第52－53页，中华书局，1979。

民党在先。不过以前（即指十月革命前——引者注）在中国并没有人真正知道马克思主义的共产主义。”①

1906年1月至4月朱执信在《民报》上发表了《德意志社会革命家小传》等文章，介绍了马克思、恩格斯的革命活动和《共产党宣言》、《资本论》等相关著作。他在绪言中说：“要之，社会的运动，以德意志为最，其成败之迹足为鉴者多。而其功，实马尔克、拉萨尔、必卑尔（即倍倍尔——引者注）等尸之。故不揣颛蒙，欲绍介之于我同胞。翔瞻博洽，所未赶云。所期者，数子之学说行略，溥遍于吾国人士脑中，则庶几于社会革命犹有所资也。”② 朱执信对马克思给予极高的评价，认为马克思以前的社会主义攻击资本主义的大有人在，但都“空言无所裨。其既也，资本家印讪笑之，以为乌托邦空想，未可得蕲至也，是也社会革命自为计未审之过也。夫马尔克之为《共产主义宣言》也异于是”。③ 朱执信根据《共产党宣言》中的原理对土地政策总结出十条原则。他认为“禁私有土地而以一切地租充公共事业之用；课极端累进税；不认相继权；没收移居外国及反叛者之财产；由国民银行及独占事业集信用于国家；交通机关为国有；为公众而增加国民工场中生产器械，且于土地加之开垦，更时为改良；强制为平等之劳动，设立实业军；结合农工业，使之联属，因渐泯邑野之别；设立无学费之公立小学校，禁青年执役于工场，使教育与生产为一致”。他运用马克思关于财产社会共有制的学说，反驳了梁启超在《新民丛报》上发表的提倡土地和财产私有的主张，驳斥了梁启超对社会主义的“讥惮”。

朱执信赞成马克思主义关于阶级斗争的观点，在同反动思潮的论战中写了不少同情农工阶级的文章，分析了中国革命的必然性。在《野心家与劳动阶级》一文说：“阶级斗争的存在取决于资本家‘取得剩余价值多少，和劳动生活工作条件如何’。”中国的“小资本家取得剩余价值的手段，更比欧美的大资本家凶十倍”，中国劳动者“所受的苦压迫，比别国的国民也要多几倍”。从这个理论分析中，他断定：“中国的革命是难免的。”④

随着马克思主义在中国的传播，一些知识界名流同富人一样，反对阶级

① 《毛泽东文集》，第3卷，第290页，人民出版社，1996。

② 《朱执信集》，上集，第10页，人民出版社，1979。

③ 《朱执信集》，上集，第11页，人民出版社，1979。

④ 《朱执信集》，下集，第725页，人民出版社，1979。

斗争，认为中国的劳工阶级没有力量推翻资本家的统治。1920 年 3 月《民铎》杂志上发表《阶级斗争与现在环境的打破》一文说：“我国雄厚之资本家既不多见，而劳动阶级组合能力之薄弱，尤在零点以下。则震撼全球之劳动阶级战争，在吾国目前之极短时期，除野心家煽动不计外，决不计吃紧之问题。”① 朱执信的《野心家与劳动阶级》一文就是针对这个谬论发表在该年 3 月 1 日的《国民日报》上。朱执信指出：“中国的劳动者虽然没有力量，他所受的痛苦压迫，比别的国民也要加多几倍。我们如果是替资本阶级打算，当然觉得劳动者没有能力斗争，可以说不是吃紧的问题。但是要从国民着想，从人类的进步着想，那一般劳动者还没有能力斗争，岂不是最吃紧的问题么。他这斗争是应该的，他这斗争的能力是没有的。我们正应该扶助他，替他想解决的办法……我以为中国的革命是难免的，工人的力量是一天增加一天，说不成吃紧问题这句话，未免要后悔。”②

朱执信还指出，阶级斗争的发生不是谁煽动得起来的，而是阶级存在的必然结果。1920 年 4 月《少年世界》杂志 2 月号出现一篇鼓吹中等社会联合的文章（《中等社会联合起来的问题》），要摆脱劳动阶级，由中等阶级来享有权利，指导劳动社会，监督政府。朱执信认为，现在“应该有撤去中等社会、劳动社会的界限的决心，把中等社会合并到劳动社会里头”，“因为这二十多年继续的产业集中，物价腾贵的结果，所有中产阶级，除了有特别好机会的以外，都跑到劳动者一路去”。③ 他进一步指出：“在人人做工里头，特别有一部分人不用做工，而享很多结果，于是成了所谓资本阶级。又有一种人，做工是特别少，而享结果比较多，就成了中等阶级……劳动阶级是这两种阶级的反射出来的。阶级斗争也是这两种阶级逼出来的。”

朱执信在反驳阶级斗争是有人煽动起来的妄说时，不仅有深厚的理论基础，而且有对中国社会的独自观察。他说：“阶级斗争是什么事情，岂有野心家可以无因煽动的道理？大概《民铎》记者观察向来的革命，只注目有人煽动，没有注意到中国社会组织的缺陷，和改革的真正动力。”“社会上这种生活不安，是逼人而来，没有什么野心家，革命也是不能免的。”④ 这种反

① 《朱执信集》，下集，第 724 页，人民出版社，1979。
② 《朱执信集》，下集，第 724—725 页，人民出版社，1979。
③ 《朱执信集》，下集，第 766—767 页，人民出版社，1979。
④ 《朱执信集》，下集，第 725 页，人民出版社，1979。

驳方式，完全符合马克思关于阶级斗争的观点。

朱执信对马克思阶级斗争的观点有深刻的理解，他在《德意志社会革命家列传》中说："马尔克之意，以为阶级斗争自历史来，其胜若败必有所基。彼资本家者，啗粱肉，刺齿肥，饱食以嬉，至于今兹，曾无复保其势位之能力，其端倪亦既朕矣。故推往知来，富族之必折而侪于吾齐民，不待龟筮而了也。""马尔克以为：资本家者掠夺者也，其行盗贼也。其所得者，一出于朘削劳动者以自肥尔"，"马尔克之谓资本基于掠夺，以论今之资本，真无毫发之不当也。""一人劳动终身，其蓄积所得者，不足以供资本家一日之费也。资本家所蓄妓者明既费消，今所得者全非由于蓄积，特以蓄积所得为刀斧毒以劫取之者耳。故马尔克目之盗贼非为过也。"① 朱执信认真研究了社会的阶级状况和经济地位的作用，把《资本论》提出的许多原理用于分析当时报刊对中国社会问题提出的各种错误观点。他说："凡社会主义运动诚为阶级战争，而其目的则社会全体之幸福也"，"不忍一时之苦痛，而舍永久之康乐，安于残酷之组织，聊为自娱，唯恐食之，是皆鼠目寸光之类也"。他不仅看到了社会主义革命的实质和方向，而且批评了否定政治革命与社会革命同时进行的错误观点。

朱执信运用马克思的观点驳斥改良派报刊的主张，配合孙中山的革命理论宣传，对孙中山影响很大。孙中山、朱执信形成一派，创建了民生社会主义理论。朱执信的大量宣传也影响了后来的许多劳工阶级的革命者，从这个意义上说，民生社会主义推动了科学社会主义在中国的发展。

---

① 《朱执信集》，上集，第11、16、17页，人民出版社，1979。

第三章 马克思主义的报刊思潮

20 世纪初，当马克思主义著作在中国开始传播[①]，俄国革命的炮声震醒了一些知识分子，中华大地出现了几位以马克思主义理论为指南、期望解放灾难深重的中国人民的革命先驱。他们比孙中山站得更高、看得更远，以推翻一切剥削阶级和三座大山为目标，驰骋于报刊宣传这块最危险的阵地上。在这批激情澎湃的革命志士中，陈独秀、李大钊、毛泽东、周恩来、瞿秋白等新型革命知识分子最令人景仰，与他们的名字相伴随的还有响彻中外的《新青年》、《每周评论》、《觉悟》等报刊。他们在办报活动中，对思想传播、新闻报道和言论制度进行了批判性的探索，为中国共产党党报的开创和发展做了宝贵的理论准备。

第一节 陈独秀的办报立场

为民众办报、为言论自由冲破新闻出版审查而进行庄严的斗争，是每个探索真理的斗士首先投入的一场战役。1915 年前后，当马克思主义和劳工

① 1899 年 2 月，上海《万国公报》刊载了由英国人李提摩太节译、蔡尔康撰写的题为《大同学》的文章，介绍了《共产党宣言》的重要观点。1900 年 12 月 6 日中国留日学生戢翼、杨廷栋、杨荫杭、雷奋等在东京创刊的《译书汇编》介绍了马克思的活动和第一国际的情况。1902 年湖南志士赵必振翻译了日本幸德秋水 1901 年撰写的《二十世纪之怪物帝国主义》，由上海广智书局出版，介绍了马克思对资本主义的批判。1902 年 12 月《译书汇编》第 11 期发表了马君武写的《社会主义与进化论比较》一文，阐述了马克思的唯物论与历史唯物主义，作者向读者推荐 25 本社会主义著作，其中有《英国工人阶级状况》、《哲学的贫困》、《共产党宣言》、《政治经济学批判》、《资本论》。1903 年在梁启超创建的广智书局出版了从日文翻译过来的《近世社会主义》、《社会主义》、《社会党》三本书的中译本。

革命思潮刚刚在中国露出一丝曙光,① 思想自由与言论自由立刻成为工农革命家奋斗的目标，也直接成为他们讨论和报刊批评的内容。当时社会主义理论刚传入中国，当政者视之为洪水猛兽，处处查禁、封、堵，陈独秀第一个对旧制度、旧礼教和思想专制发起攻击。

一、“俗话报主义”与“长舌”说

陈独秀（1879—1942年），安徽怀宁县（今安庆市）人，字仲甫，留学日本时名陈由已，辛亥革命后开始用“陈独秀”的名字发表文章。他是中国现代文化的开拓者、中国最早的马克思主义思想家、中国共产党的创立者和报刊活动家。他创办了《新青年》、《每周评论》等著名报刊，在中国报刊史上产生过重大影响。

1894年，中日甲午战争爆发，时年15岁的陈独秀开始投身社会运动，举办演说会、结社、办报、办学堂，鼓吹反帝反封建革命。1904年，他与桐城中学学长房秩五、教师吴守一在芜湖创办《安徽俗话报》。在《开办〈安徽俗话报〉的缘故》一文中，陈独秀认为，报刊是最方便、最简单的学习知识、通晓事理的途径，“买几种报来家看看，也可以学点学问，通些时事，这就算事倍功半了。”② 但他要办一份普通百姓能够看得懂的报纸，因为“现在各种日报、旬报，虽然出的不少，却都是深文奥意，满纸的之、乎、也、者、矣、焉、哉字眼，没有多读书的人，哪里能够看得懂呢？这样说起来，只有用最浅近最好懂的俗话，写在纸上，做成一种俗话报，才算是顶好的法子。……我们做报的人，就算是大家打听信息的人”③。

《安徽俗话报》以“救亡图存，开通明智”为宗旨，虽然最初由陈独秀、房秩五、吴守一合办，但不久后就由陈独秀一人主持。陈独秀断言：“为革新感情所驱使，寄居在科学图书楼上，做《安徽俗话报》，日夜梦想革新大

① 1913年汉阳兵工厂工人罢工，1915年安源煤矿工人罢工，是我国工人运动的开始。1911年7月江亢虎在上海成立社会主义研究会，有50余人参加。上海光复的第二天，他将社会主义研究会改组为中国社会党，标榜社会主义，在该党的刊物上大谈马克思的学说。当时，《社会主义大家马儿克的学说》、《理想社会主义与实行社会主义》、《社会主义与社会政策》等文章为多家报刊转载。以上几个历史事件，标志中国劳工革命的曙光已经出现。

② 《陈独秀文章选编》，上，第15页，生活·读书·新知三联书店，1984。

③ 《陈独秀文章选编》，上，第15—16页，生活·读书·新知三联书店，1984。

业。”陈独秀以“三爱”为笔名，在俗话报上发表不少文章，笔刀锋芒，影响甚广。他以白话文针砭时弊、唤醒民众，达到革新社会的目的。1905 年 9 月，因为当局压制，这份“长见识、明利弊”的报纸最终停刊。

陈独秀把创办穷人的报刊、为普通人办报作为好报刊的标准，正如他说：“若说起穷人来，越发要懂得点学问，通达些时事，出外去见人谋事，包管人家也看得起些，却是因为想学点学问通些时事，个个人都是要上学攻书，这岂不是一桩难事么？但是有一样巧妙的法子，就是买几种报来家看看。”“所以各省做好事的人，可怜他们同乡不能够多多识字读书的，难以学点学问，通些时事，就做出俗话报，给他们的同乡亲戚朋友看看。”[①] 他的报纸关心的是穷人，为穷人遭遇困境提供帮助，因为“不通时事，若遇有兵荒扰乱的时候，那里可以避乱，那里可以谋生，那里是荒年多盗，那里是太平无事，这都要打听的一些真实的消息，才好保得身家性命哩”。“别说是做生意的，做手艺的，就是顶刮刮读书的秀才，也是一年三百六十天，坐在家里，没有报看，好像睡在鼓里一般，他乡外府出了倒下天来的集体，也是不能够知道的。”

为普通人办报，必须让他们看得懂，要用大众的“俗话”写报道，发议论，适合他们的需要，为此陈独秀提出“俗话报主义”。他写道：“我就想起我们安徽省，地面着实很大，念书的人也不见多，还是没有这种俗话报。皖南皖北老山里头，离上海又远，各种报都看不着。譬如庚子年，各国的兵，都已经占了北京城，我们安徽省徽州、颖州的人，还在传说义和团大得胜战。那时候若是有了这种俗话报看，也可以得点实在信息，何至于说这样梦话呢？……我这种俗话报的主义，是很浅近的，很和平的，大家别要疑心我有什么奇怪吓人的议论。……用通行的俗话演出来，好教我们安徽人无钱多读书的，看了这俗话报，也可以长点见识。”

陈独秀对报刊作用的理解非常形象，将报刊比喻为“长舌”。1903 年俄国驻兵大连、营口一带，上海外国的报纸和欧、美、日的报纸大量登载我国东北将被瓜分的消息，但中国内地却不知道。陈独秀说：“中国人尚不知之，其何以防之？”

“谓中国人天然无爱国性，吾终不服，特以无人提倡刺激，以私见蔽其灵性耳，若能运广长舌，将众人脑筋中爱国机关拨动，则虽压制不许起爱

① 《陈独秀文章选编》，上，第 15 页，生活·读书·新知三联书店，1984。

国，恐不可得。”① 所以报刊的责任就是像“长舌”一样进行灌输、激励与启发。

1902 年春，陈独秀从日本回到安庆，准备创办《爱国新报》，对办报目的的设想就是“其宗旨在探讨本国致弱之源，及对外国争强之道，依时立论，务求唤起同胞爱国之精神”。② 后来成立爱国学社附刊《爱国新报》，又进一步对报刊的此种责任进行了评价：“凡出版书报，唯期激发志气，灌输学理，不得讪谤诋毁，致涉叫嚣。”③《新青年》一创刊，他就特辟“通信”一栏，“以为质析疑难，发抒意见之用”。他说：“凡青年诸君对于物情学理有所怀疑，或有所阐发，皆可直缄惠示。本志当尽其所知，用以奉答，庶可启发心思增益神志。”④ 陈独秀认为，记者应当代表民众说话，报刊应该旗帜鲜明地承担社会责任，不仅仅依托新闻事实吸引民众注意，更重要的是鼓造舆论、激发革命事实。

在《国民日日报》的发刊词中，他评价记者和报纸说：“专以代表平民为职志，所为新闻记者是也。……一纸之出，可以收全国之视听；一议之发，可以挽全国之倾势。如林肯为记者，而后有释黑权之战争；格兰斯顿为记者，而后有爱尔兰自治案之通过。言论为一切事实之母，是岂不然。”所以《国民日日报》就要以“区区之组织，詹詹之小言，而谓将解说‘国民’二字，以飨我同胞，而非能如裁判官，能如救世主（松本君平之所欲新闻记者），诚未之敢忘，亦以当今狼豕纵横，主人失其故居，窃愿作彼公仆，为警钟木铎，日聒于我主人之侧，敢以附诸无忘越人之杂而父之义”。⑤ 如此一来，每一种报刊都应当有自己的观点和主张，关注社会问题，提出解决民众面临的难题。

在新文化运动中，他批评旧文学“其形体则陈陈相因，有肉无骨，有形无神，乃其装饰而非实用品；其内容则木观不越帝王权贵，神仙鬼怪及其个人之穷通利达”。所以要“推倒雕琢的、阿谀的贵族文学，建设平易的、抒情的国民文学；推倒陈腐的铺张的古典文学，建设新鲜的、立诚的写实文

---

① 任建树：《陈独秀传》（上），第 47 页，上海人民出版社，1989。
② 任建树：《陈独秀传》（上），第 45 页，上海人民出版社，1989。
③ 贾兴权：《陈独秀传》，第 23 页，山东人民出版社，1998。
④ 马以鑫：《中国现代文学接受史》，第 41 页，华东师范大学出版社，1998。
⑤ 《中国新闻事业史文选》，第 108－109 页，中国人民大学出版社，1999。

学；推倒迂晦的、艰涩的山林文学，建设明了的通俗的社会文学”。① 由于当时的文学作品大都发表在报刊上，陈独秀的这番言论，是对当时报纸杂志作品的批评态度，因而不可避免地成为报刊批评的重要组成部分。

与胡适在《文学改良刍议》中对旧文学形式上的批判不同，陈独秀侧重对旧文学的内容进行批判，发挥文学对社会进步的作用，希望通过当时甚为流行的文学来传达观点，教化民众。他自己就是个身体力行者。陈独秀曾在《国民日日报》上用连载长篇小说《南渡录演义》的形式，借古喻今，唤起种族观念，宣传抗清主张。他还在《国民日日报》上连载法国著名作家雨果《悲惨世界》的中译文（和苏曼殊合译），但却如他自我批评的并没有忠于原著，《悲惨世界》是苏曼殊译的，取材于嚣俄的哀史而加以穿插，我曾经润饰一下。“苏曼此书的译笔，乱添乱造，对原著很不忠实，而我的润饰，更是马虎到一塌糊涂”。② 他的润色，实际是借题发挥，为宣传革命添加自己的观点，借助流行文学宣扬自己的主张，不愧是陈独秀利用“长舌”的一次尝试。

陈独秀的报刊“长舌说”与新文化运动时期知识分子强烈的变革心态是分不开的，他们希望通过报纸这一新兴事物，传播新思想、改造旧思想、变革国民性。他曾对友人汪孟邹说：“让我办十年杂志，全国思想都全改观。”③ 他也曾直截了当地评价新闻记者“负有指导社会的天职”。在陈独秀那里，报刊就是要以“长舌”的姿态，毫不掩饰地直接宣传自己的主张，改造国民思想，指导民众行动，推动社会革新。

二、对两种报刊的鲜明褒贬

陈独秀对革命或进步报刊总是满腔热情地支持和鼓励，同时也提出中肯的批评建议；而对反动或奴性十足的报刊则进行无情的鞭挞，表现出鲜明的褒贬态度。《国民日日报》创刊于1903年8月7日，陈独秀担任主编，是他报刊活动的开始，成为当时屈指可数的革命报刊之一。在陈独秀的主导下，该报革命立场坚定，称清朝统治者为“独夫民贼”、“北敌”、清廷为“专制

① 《文学革命论》，载《新青年》，1917年第2卷第6号。

② 谢颖：《从〈惨世界〉看苏曼殊翻译选材的动机》，载《宁波工程学院学报》，2010年第3期。

③ 任建树：《陈独秀传》（下），第184页，上海人民出版社，1989。

政体”。在发刊词中，公开提出该报是“图国民之事业”，向国人宣告：“当今狼豕纵横，主人失其故居，窃愿作彼公仆，为警钟木铎，日聒于我主人之侧，敢以附诸无忘越人之杀而父之义，更发狂呓，以此报出世之期，为国民重生之日。”①

1920年初，是陈独秀奠定马克思主义革命立场的时期，他积极呼吁创办劳工报刊，反映劳动人民的生活现状。他写了《告新文化运动诸同志》一文，奉劝上海的朋友办报，不必办和人雷同的报，像《店员周刊》、《劳动周刊》，倒有办的必要，但至今无人肯办。他指出新文化运动将影响到产业上，应该令劳动者觉悟到自己的地位。在中国共产党上海发起组成立前后，他亲自筹办工人刊物，组织工会，促进工人的觉醒。他和李汉俊等创办的《劳动界》、《伙友》（均为周刊），指导了当时的工人运动。《劳动界》还特别重视刊登工人的来稿来信，反映工人的呼声，被誉为“工人的喉舌”、“工人的明星”。他在《伙友·发刊词》中说：“本周刊发行的目的有二：就是（一）诉说伙友现在的苦恼，（二）研究伙友将来的职务。”②

他要求革命报刊不说空话，爱憎分明，公开亮出自己的旗帜。1918年，他在与《东方》杂志争论时，提出《东方》杂志记者应“赐以详明之解答，慎勿以笼统不中要害不合逻辑之议论见教；笼统议论，固前此《东方》记者黄远庸君之所痛斥也”。③ 1919年11月，正在主编《新社会》的郑振铎向陈独秀请教办刊的方向，陈建议要把《新社会》办成给劳动者灌输新思潮的通俗报纸，社会改造运动要做切实的工作，不要说空话。他办的刊物总是直率地向读者宣布自己的意图，绝不吞吞吐吐，隐藏自己的观点。正像鲁迅所说：“《新青年》每出一期，就开一次编辑会，商定下一期的稿件。其时最惹我注意的是陈独秀和胡适之。假如将韬略比作一间仓库罢，独秀先生的是外面竖一面大旗，大书道：‘内皆武器，来者小心！’但那门却开着的，里面有几支枪，几把刀，一目了然，用不着提防。适之先生的是紧紧地关着门，门上粘一条小纸条道：‘内无武器，请勿疑虑。’”④ 一位坦率、耿直并毫不客气，另一位则委婉，虚与委蛇，常常让人上当，办报和写文章的风格和手段

---

① 《中国新闻事业史文选》，第109页，中国人民大学出版社，1999。
② 《陈独秀文章选编》，中，第30页，生活·读书·新知三联书店，1984。
③ 《陈独秀文章选编》，上，第289页，生活·读书·新知三联书店，1984。
④ 《鲁迅全集》，第6卷，第72页，人民文学出版社，1981。

截然相反。

陈独秀坚定地维护革命报刊的阵地和荣誉，但并不拒绝来自各方的批评，特别重视来自读者的批评并作出回答。陈独秀对《新青年》要求内部意见一致、可以发表外部来稿的不同意见。他在《本志宣言》中写道："本志具体的主张，从来未曾完全发表。社员各人持论，也往往不能尽同。读者诸君或不免怀疑，社会上颇因此发生误会。现当第七卷开始，敢将全体社员的公共意见，明白宣布。就是后来加入的社员，也公同担负此次宣言的责任。但'读者言论'一栏，乃为容纳社外异议而设，不在此例。"陈独秀又主张，欢迎有意识、有道理的反对意见，反对没有信仰而符合《新青年》的观点。他指出："我们因为要实验我们的主张，森严我们的壁垒，宁欢迎有意识有信仰的反对，不欢迎无意识无信仰的随声附和。但反对的方面没有充分理由说服我们以前，我们理当大胆宣传我们的主张，出于决断的态度；不取乡愿的、紊乱是非的、助长惰性的、阻碍进化的、没有自己立脚地的调和论调；不取虚无的、不着边际的、没有信仰的、没有主张的、超实际的、无结果的绝对怀疑主义。"① 这一报刊观点反映了陈独秀办刊的彻底性，对真理追求的矢志不渝。

《浙江新潮》周刊在1919年11月1日创刊，是浙江第一师范的几位激进的学生创办的，主编俞秀松。该刊前身是10月10日创办的《双十》半月刊，《双十》出了两期，编者们便不满足"中华民国"，转向激进，俞秀松提议把刊名改为《浙江新潮》。俞秀松亲自写了《发刊词》，声称该刊"第一种旨趣，就是谋人类——指全体人类——生活的幸福和进化。""第二种旨趣，就是改造社会。""第三种旨趣，就是促进劳动者的自觉和联合。""第四种旨趣，是对于现在的学生界、劳动界加以调查、批评和指导。"在《浙江新潮》第二期上，出现一篇爆炸性文章——施存统（施复亮）写的《非孝》，攻击"忠孝节义"的封建道德的四大支柱之一。浙江省省长齐耀珊、教育厅厅长夏敬观等一批"大人物"指责这小小的刊物倡导"非孝、非孔、公妻、共产"，省议会里一片喧嚷，要找出一个"罪魁祸首"来，开除"四大金刚"陈望道、夏丏尊、刘大白、李次九等，撤职校长经亨颐。《浙江新潮》终于被迫停刊。

① 《本志宣言》，转载张之华主编《中国新闻事业史文选》，第362、364页，中国人民大学出版社，1999。

远在北京的陈独秀在第七卷第二号《新青年》上写了一篇题为《〈浙江新潮〉——〈少年〉》的随感录。(《少年》是由北京高等师范附属中学少年学会出版的一种刊物)。文中陈独秀对《浙江新潮》的评价很高，说它的议论更彻底，“非孝和攻击杭州四个报——《之江日报》、《全浙公报》、《浙江民报》和《杭州学生联合会周刊》——那两篇文章，天真烂漫，十分可爱，断断不是乡愿派的绅士说得出来的”。他欢欣鼓舞地说：“我祷告这班可爱可敬的小兄弟，就是报社封了，也要从别的方面发扬《少年》、《浙江新潮》的精神，永续和穷困及黑暗奋斗，万万不可中途挫折。”“中学生尚有这样奋发的精神，那班大学生、那班在欧美、日本大学毕业学生，对于这种少年能不羞愧吗？各省都有几个女学校，何以这班姐妹们却是死气沉沉！难道女子当真不及男子，永远应该站在被征服的地位吗？”①

这场斗争的结果，一方面反动派迫于舆论压力，同时有人出面调停，由姜琦出任一师校长，校友会十日刊继续发行，创刊了《钱江评论》，是继《浙江新潮》被迫停刊后出现的革命刊物。在《钱江评论》的发刊旨趣中说，“1919 年虽然是中国的出版年，但是杭地的出版界却是寂寞得很，除了已经夭亡的某周刊外，没有私人组合自由发表新思想的出版物……就是免不了要蹈那夭亡的覆辙，也顾不得了！所以要发行这评论。”

1920 年 1 月 1 日，陈独秀发表《新出版物》一文，对新思潮冲击下全国出现的出版物做了归类，他认为“近来新出了许多杂志，并且十种里头有八九种是说‘人’话的新杂志”。他对当时中国大城市所办的同质化的杂志提出批评，认为这是在人力、财力上的浪费。提出办杂志的人要有创造力，办出新的杂志。要“办性质不同、读者方面不同的杂志，若是千篇一律，看杂志的同是那一班人，未免太重复了”。他指出：“凡是一种杂志，必须是一个人一团体有一种主张不得不发表，才有发行底必要；若是没有一定的个人或团体负责任，东拉人做文章，西请人投稿，像这种‘百衲’杂志，实在是没有办的必要，不如拿这人力财力办别的急着要办的事。”②办刊物要有创造性，突出自己的特色，无论哪个时代，这都是报刊生存的重要规律。

1924 年初奉天的《东报》被军阀封闭，经过斗争于同年 4 月 30 复刊，

---

① 《陈独秀文章选编》，上，第 466 页，生活·读书·新知三联书店，1984。

② 《陈独秀文章选编》，上，第 467 页，生活·读书·新知三联书店，1984。

陈独秀接到消息后“何等快乐”，对该报同仁“决不畏难”的精神大加赞赏。但他又同时批评了那些“媚容可掬”的奴性报纸写道：“我一方面敬佩《东报》记者们勇于爱国奋斗不屈的精神，一方面觉得勇于受蒙的上海各报的记者们，对英、美、法、日接二连三的最近压迫，大都‘媚容可掬’。”[①] 他对媚态十足的报纸非常厌恶，批判得十分尖锐泼辣。

陈独秀的报刊批评是以反帝反封建、反专制为标准的，不符合这一立场的报刊他都予以严厉的斥责或痛骂。例如，对那些媚外的“软骨头记者”，他认为连军阀都不如。他在《新闻记者与土匪》这篇短评中写道：“军阀们觊觎青岛，强提路款以充海军饷，滥提盐款，强截捐税，种烟贩烟，这些举动我们当然应该反对。但《申报》记者因此责备他们不计日人之反对，不顾外交上有约束，不问条约之信用。可见日人之反对，在这班新闻记者心中眼中，比在军阀心中眼中更为可怕，可见置中国人死命的什么外交约束什么条约，在这班新闻记者心中眼中，比在军阀心中眼中更应该谨守毋违。这班软骨头的新闻记者们，对于外人比媚外的军阀还要恭顺。他又责备土匪随地掳劫，屡及外人，他又责备武官强迫开车，殴击洋员，‘外人’、‘洋员’在这班记者心中眼中，都是神圣不可侵犯，中国人便是该死的奴才。”[②] 这段对洋奴记者的揭露，入骨三分，让读者看到媚外记者和报刊的一副奴才相。

时任段祺瑞政府教育总长的章士钊和由他主持的《甲寅》杂志投靠军阀，领取津贴而为其张目，也遭到陈独秀的正义抨击。在《段执政的〈甲寅〉》一文中，他以嘲讽的笔调指出“《甲寅》周报乃是段祺瑞的机关报”，《甲寅》“现在不恭维段祺瑞，这周报哪来的经费出版，而且教育总长的位置又如何能保得住？”[③] 后来又在《放狗屁的〈甲寅〉》一文中，彻底大骂一通：“章士钊拿黄兴的钱办的《甲寅》，也只能算是放狗屁，后来拿段祺瑞的钱办的《甲寅》，便是狗放屁了，现在拿张宗昌的钱办的《甲寅》，更是放屁狗了。放狗屁的毕竟还是一个人，狗放屁固然讨厌，或者还有别的用处，放屁狗只会放屁，真是无用的厌物。张宗昌在天津赌赢了二十万元，本拟照例赏给侑酒的妓女，薛大可伸手接去，说是拿去和章士钊办《甲寅》杂志。《甲寅》有这样多的经费，所以能够送人看不卖钱。拿张宗昌赏妓女的钱办

① 《陈独秀文章选编》，中，第 476 页，生活·读书·新知三联书店，1984。

② 《陈独秀文章选编》，中，第 431 页，生活·读书·新知三联书店，1984。

③ 《陈独秀文章选编》，下，第 103 页，生活·读书·新知三联书店，1984。

《甲寅》，这《甲寅》要比放屁狗还下流。”① 在陈独秀笔下，章士钊的奴性让读者看到骨子里。

陈独秀还批评了一种媚外和立场摇摆不定的报纸，他们为自己寻找主子，都背叛了正义立场。1926 年他在《〈独立报〉对谁独立》一文中指出：“上海《独立报》满纸都是反对苏俄，反对共产党，却不曾反对过帝国主义与军阀；并且声称张作霖、吴佩孚、李景林、张宗昌辈是爱国者。他们所谓独立，想必不是拥护中国民族利益对外独立的意思，而是拥护帝国主义及军阀的利益，对中国人民宣告独立!”② 有些报纸之所以摇摆不定，是因为他们要在夹缝里生存，或根本就属于反动阶级的阵营。1927 年陈在《青天白日旗下之上海新闻界!》一文中指出：“北伐军一到上海，《新申报》自动停刊了，《民国日报》与《中南晚报》都自动的复刊了。最肉麻的是《新闻报》，他本是一家帮军阀反对革命政府、帮陈炯明反对国民党的报，而于北伐军到上海之次日，在论前大登其中山先生的遗像和遗嘱。最识时势的是《时事新报》，他远在孙传芳从九江败退以来，就渐渐改变了论调，我们希望他将来不至于很快的回到他的旧路。”③ 看来，一个有正义感的报刊，绝不能扮演叭儿狗的角色。

三、为言论自由而战斗

陈独秀参加了 1911 年的辛亥革命，胜利后不久任安徽省都督府秘书长。1913 年参加讨袁“二次革命”，失败后被捕入狱，出狱后于 1914 年到日本，帮助章士钊创办《甲寅》杂志。1915 年，36 岁的陈独秀从日本回到上海，9 月在上海创办了《青年杂志》，后来改名为《新青年》。

在创刊号上他发表了《敬告青年》一文，开宗明义写道：“青年如初春，如朝日，如百卉之萌动，如利刃之新发于硎，人生最可宝贵之时期也。青年之于社会，犹新鲜活泼细胞之在人身。”用以比喻“社会遵新陈代谢之道则隆盛，陈腐朽败之分子充塞社会之社会亡”，号召“新鲜活泼之青年，以自觉而奋斗耳!”提出新青年之“自由的而非奴隶的、进步的而非保守的、进取的而非退隐的、世界的而非锁国的、实利的而非虚文的、科学的而非想象

① 《陈独秀文章选编》，下，第 344 页，生活·读书·新知三联书店，1984。

② 《陈独秀文章选编》，下，第 163 页，生活·读书·新知三联书店，1984。

③ 《陈独秀文章选编》，下，第 414 页，生活·读书·新知三联书店，1984。

的”的行为准则。陈独秀扛起《新青年》的大旗，以“国人而欲脱蒙昧时代，羞为浅化之民也，则急起直追，当以科学与人权并重”为办刊宗旨，提出“解放云者，脱离夫奴隶之羁绊，以完其自主自由之人格之谓也”。① 这种为解放被压迫民众、为争取人的自由而奋斗的报刊思想，同马克思主编《莱茵报》时期的思想基本一致。

陈独秀与李大钊于1918年12月22日在北京创办了《每周评论》。至1918年8月31日被北洋军阀政府查禁，共出刊37期，前25期由陈独秀主编。陈独秀主办下的《每周评论》，更加贴近时事，直接、大肆地鼓吹革命，观点涌泄铺成，论证鞭辟精锐。在《发刊词》中，陈独秀激情呐喊道：“我们发行这《每周评论》的宗旨，也就是‘主张公理，反对强权’八个大字，只希望以后强权不战胜公理，便是人类万岁！本报万岁！”

在《每周评论》上，陈独秀发表了一系列匕首般的檄文，向旧制度发起进攻。如《公理何在》、《旧党的罪恶》、《六月三日的北京》、《研究室与监狱》等文字，强调“凡合乎平等自由的，就是公理；依仗自家强力，侵害他人平等自由的，就是强权”②。在1919年6月8日的《每周评论》上，陈独秀为声援被反动当局逮捕的北京大学等七百余名学生，表明自己的革命斗志，撰写了《研究室与监狱》一文，慷慨激昂地指出，专制制度下仁人志士唯一的出路：“世界文明发源地有二：一是科学研究室，一是监狱。我们青年要立志出了研究室就入监狱，出了监狱就入研究室，这才是人生最高尚优美的生活。从这两处发生的文明，才是真正的文明，才是有生命有价值的文明。”这篇文章反映出陈独秀一身反骨，大义凛然，追求真理，不畏强暴，这是他的刊物的斗争精神，也是他与旧制度决裂、誓死捍卫出版自由的报刊批评气概。

北洋军阀统治时期，没有出版自由，扣押报刊、检阅函电、查封报馆、杀害记者事件，层出不穷。进步报刊往往中途夭折，政治记者常常横遭监禁，严酷的环境使进步报刊难以生存。陈独秀猛烈抨击当局对进步新闻事业的迫害，他认为“言论思想自由，是文明进化的第一重要条件”。③ 真理只

---

① 《陈独秀文章选编》，上，第74页，生活·读书·新知三联书店，1984。

② 《陈独秀文章选编》，上，第304页，生活·读书·新知三联书店，1984。

③ 《旧党的罪恶》，载《陈独秀文章选编》，上，第359页，生活·读书·新知三联书店，1984。

有通过各种观点、意见和思想的公开辩论和自由竞争才能获得，不受拘束是言论自由的本性。罪恶只存在于那些利用权势，压迫异已思潮的古今中外的官僚和旧思想家的头脑中，而“无论新旧何种思想，他自身本没有什么罪恶”。而真正的罪恶，是“利用政府权势，来压迫异己的新思潮”。① 这种反对镇压思想言论的态度，表现在他编辑的报刊上。《新青年》和《每周评论》对批评、反对的意见，不论是否接受，只要不是谩骂，均留一栏之地。陈独秀把它称为“讨论学理之自由权”。对“立论精到，足以正社论之失者，记者理应受教……苟反对者能言之成理，记者虽未敢苟同，亦必尊重讨论学理之自由，虚心请益”。但对常识“妄人尚复闭眼胡说，则唯有痛骂之一法”。② 他认为，报刊上“讨论学理之自由，乃神圣之自由也”，“而滥用此神圣自由，真理之贼也”。

在陈独秀身上，带有很强的“弥尔顿”色彩，是西学东渐影响的重要标志。陈独秀所真正反对的，不光是儒家思想中落后的东西，更主要是儒学与国家政权相结合的专制政治。一旦政治权威与思想权威相联合，政治权力假思想权威之手推行一种思想，而压制不同思想，意味着专制政治的绝对统治。强权为了维护自身在理论上的合法性，必定把其他一切思想作为异端加以打击，从思想上把强权转化为特权，把万民的服从规定为义务，制造出一大批思想奴才。所以陈独秀珍爱自由，反抗思想统治。在他的眼中，“言论自由是父母，法律文明是儿子”，言论自由应该包括“法律以外的自由”：“法律只应拘束人民的行为，不应拘束人民的言论；因为言论要有逾越现行法律以外的绝对自由，才能够发现现在文明的弊端，现在法律的缺点。”“政府一方面自己应该遵守法律，一方面不但要尊重人民法律以内的言论自由，并且不宜压迫人民‘法律以外的言论自由’”。③

“五四运动”前夕，以北京大学为代表的思想新潮汹涌激荡，引领全国学子争相阅读《新青年》、《新潮》、《每周评论》等报刊。1918年底，保守势力的代表林琴南在《新申报》与《公言报》上发表文章，把矛头指向蔡元培、陈独秀、胡适三人，攻讦蔡元培、陈独秀、胡适诋毁圣贤，离经叛道，

---

① 《旧党的罪恶》，载《陈独秀文章选编》，上，第359页，生活·读书·新知三联书店，1984。

② 《陈独秀文章选编》，上，第267页，生活·读书·新知三联书店，1984。

③ 《陈独秀文章选编》，上，第440页，生活·读书·新知三联书店，1984。

扮演新派妖魔的角色。1919 年 3 月 18 日，林琴南在《公言报》上再度发难，发表《致蔡元培书》，污蔑北京大学非圣无法，毁灭人伦国粹，引起各地一片哗然。陈独秀对某些人、对《新青年》的攻讦作了一次答辩，即发表了著名的《〈新青年〉罪案之答辩书》①。

陈独秀在“答辩书”中说：“他们非难本志的，无非是破坏孔教，破坏礼法，破坏国粹，破坏贞节，破坏旧伦理（忠孝节），破坏旧艺术（中国戏），破坏旧宗教（鬼神），破坏旧文学，破坏旧政治（特权人治）这几条罪案。这几条罪案，本社同人当然直认不讳。但是追本溯源，本志同人本来无罪，只因为拥护那德谟克拉西（Democracy）和赛因斯（Science）两位先生，才犯了这几条滔天的大罪。要拥护那德先生，便不能不反对孔教、礼法、贞节、旧伦理、旧政治；要拥护那赛先生，便不得不反对旧艺术、旧宗教；要拥护德先生又要拥护赛先生，便不得不反对国粹与旧文学。”

他还指出，自古以来汉文的书籍，几乎每本每页每行，都带着反对德、赛两先生的臭味；许多老少汉学大家，开口一个国粹，闭口一个古说，不啻声明汉学是德、赛两先生天造地设的对头。陈独秀承认，杂志发表钱玄同“废汉文”的主张是“激切”的，类似于“用石条压驼背”的医法，对于这种“激切”的“医法”，“本志同人多半是不大赞成的”。但是为了反对“国粹”的压迫，为了洗刷“反对德、赛两先生的臭味”，这种矫枉过正的“医法”未必就不是一种可行的手段。他“激切”地说：“难道你们能断定汉文是永远没有废去的日子吗？”② 反对国粹与旧文学，拥护德、赛两先生，是《新青年》的坚定主张，其目的对于中国人来说是“从黑暗中把他们救出，引到光明世界”。陈独秀果断坚持这一办刊方向，“就是断头流血，都不推辞”。

随着封建余孽的攻击，“团团谣言”袭来，北京大学感到压力。1919 年 2 月陈独秀在《新青年》第 6 卷第 2 号上发表“辟谣启事”：“近来外面的人往往把《新青年》和北京大学混为一谈，因此发生种种无谓的谣言。现在我们特别声明：《新青年》编辑和做文章的人虽然有几个在大学做教员，但是这个杂志完全是私人的组织。我们的议论完全归我们自己负责，和北京大学

① 《新青年》杂志，1919 年第 6 卷第 1 号。

② 《〈新青年〉罪案之答辩书》，载《陈独秀文章选编》，上，第 318 页，生活·读书·新知三联书店，1984。

毫不相干。”3月10日胡适在《北京大学日刊》上辟谣：“这两个星期以来外面发生一种谣言，说文科陈学长及胡适等四人，被政府干涉，驱逐出校，并有逮捕的话，并说陈学长已逃至天津。……这事乃是全无根据的谣言。”3月16日《每周评论》第13号上陈独秀又发表《关于北京大学的谣言》再次辟谣，引用上海《时事新报》的报道说：“今以出版物之关系，而国立之大学教员被驱逐，则思想自由何在？学说自由何在？以堂堂一国学术精华所萃之学府，无端遭此侮辱，吾不遑为陈、胡诸君惜，吾不禁为吾国学术前途危。愿全国学界对于此事速加以确实调查，而谋取以对付之方法，毋使庄严神圣之教育机关，永被此暗无天日之虐待也。”

正如陈独秀在《旧党罪恶》一文所说：“无论新旧何种思想，他自身本没有什么罪恶。但若利用政府权势，来压迫异己的新思潮，这乃是古今中外旧思想家的罪恶，这也就是他们历来失败的根源。至于够不上利用政府来压迫异己，只好造谣吓人，那更是卑劣无耻了！”北京《晨报》也载文指出：“思想自由、讲学自由，尤属神圣不可侵犯之事，安得以强力遏抑？稍文明之国家，当不至有此怪谬之事实。……顽旧者流，疾视新派，又不能光明磊落在学理上相为争辩，故造此流言，聊且快意而已。”陈独秀一面声明“政府并没有干涉”，一面指斥国粹派对付革新杂志的两种恶毒手段：“依靠权势”和“暗地造谣”，这是“故国党”的“恶根性”的表现。

陈独秀被撤掉北大文科学长，离开了北大，决定直接投身政治革命，他对黑暗政治的一腔怒火再也压抑不住。他亲自到北京人群密集的城区散发传单，动员北京市民“直接行动”，反对巴黎和会强加给中国人民的不平等条约。1919年6月9日他拟定了《北京市民宣言》，请胡适译成英文附于传单背面，10日去中央公园散发，11日又去城南的新世界游艺场散发，被军警当场逮捕。社会各界、各团体闻风而起，奔走呼吁当局立即释放陈独秀。呼吁放人的不仅有胡适和北大教授同仁，还有章太炎、章士钊、刘师培，与北京政府政治上对峙的广州军政府总裁岑西林、安徽省长吕调元，远在湖南办《湘江评论》的毛泽东也加入了要求放人的行列。

陈独秀拟定的这份“宣言”除要求列强还我山东，免除徐树铮、曹汝霖、陆宗舆、章宗祥、段芝贵、王怀庆等六人官职外，还要求取消步军统领及警备司令部两机关，市民需有绝对集会、言论、出版自由权。北京警厅查了三个多月，没有查出陈独秀有什么犯法事实，也只好将他释放。9月16日陈独秀出狱，但仍受警厅管制，行动并无自由，最后逃出了北京，转天津坐船到了上海。陈独秀在上海同信奉马克思主义的李达、陈望道、李汉俊等交上朋友，《新青年》从第8卷第1号起转到上海出版，在陈独秀的领导下，《新青年》大量宣传马克思主义，实际变成中国共产党上海发起组的机关刊物。

1921年陈独秀在广州公立法政学校演讲《社会主义批评》，他的自由思想有了新的发展，批评了无政府主义者主张的绝对自由，因为这种绝对自由在政治、经济等方面是不能实行的。“一面赞成绝对自由，一面又赞成联合，是不对的，也是不能成功的。”“要绝对自由就不能联合，要联合就不能绝对自由。”但他认为，绝对自由可以应用于艺术道德方面。他说：“艺术离开物质社会关系，没有个体自由底冲突，所以他的自由是可以绝对的，而且艺术必须有绝对的自由，脱离了一切束缚，天才方可以发展的；道德重在自律自动，同法律的作用完全不同……”① 这时的陈独秀一方面对行为自由确定了明确的界限，即经济和政治实体的联合行动，不允许有绝对的自由，另一方面，凡言论和思想表达应当保护其绝对自由，最大限度发挥人类的创造性。

陈独秀有这种清醒的认识，使他成为敢于抵制、反抗错误舆论的人，在《反抗舆论的勇气》短评中他说：“舆论就是群众心理的表现，群众心理是盲目的，所以舆论也是盲目的。古今来这种盲目的舆论，合理的固然成就过事功，不合理的也造就过许多罪恶。反抗舆论比造就舆论更重要而却更难。投合群众心理或激起群众恐慌的几句话，往往可以造成力量强大的舆论，至于公然反抗舆论便不是一件容易的事了。然而社会的进步或救出社会的危险，都需要有大胆反抗舆论的人，因为盲目的舆论大半是不合理的。此时中国的社会里正缺乏有公然大胆反抗舆论的勇气的人。”② 陈独秀就是这样一个人，一个敢于批评盲从错误舆论的人。

四、马克思主义报刊思想的踪迹

陈独秀不是将自由思想引入中国的第一人，但却是在中国倡导言论与思想自由名声最高的思想家。他给民主和科学取的“德先生和赛先生”的昵称，曾遭到政府的压迫、社会的笑骂，但他一生勇敢地捍卫言论自由，用这个标准看待一切出版物，甚至以其作为衡量社会制度的优劣。

① 《陈独秀文章选编》，中，第94页，生活·读书·新知三联书店，1984。

② 《陈独秀文章选编》，中，第126页，生活·读书·新知三联书店，1984。

“五四”时期，陈独秀接受了法国大革命的自由思潮和马克思的言论自由思想，批判中国传统的君臣秩序和人伦礼教，揭露封建宗法制度“窒碍个人意思之自由”的罪恶。① 他同传统社会的意识形态，即使同孔孟的民本思想也是格格不入的，认为儒家的民视民听、民贵君轻、民为邦本等观念“皆一文不值”。他用马克思阶级分析的方法把封建士大夫创造的尊民爱民的美好思想，视为统治者以我为中心的体现。“所谓民为邦本，皆以君主之社稷（即君主祖遗之家产）为本位”，“而与由民主主义之民主政治，绝非一物。……是所谓蒙马以虎皮耳，换汤不换药耳”。②

正是这一理念，使陈独秀钟爱独立的言论自由，倾其一生为之奋斗。法国大革命精神和马克思等人的自由思想对他的影响深远，正如1915年9月15日他在《法兰西人与近世文明》一文中所说：“自千七百八十九年，法兰西拉飞耶特之‘人权宣言’刊布中外，欧罗巴之人心，若梦之觉，若醉之醒，晓然于人权之可贵，群起而抗其君主，仆其贵族，列国宪章，赖以成立。……人类之得以为人，不至永沦奴籍者，非法兰西之赐而谁耶？……法兰西人之嗜平等博爱自由，根于天性，成为风俗也。”接着他写道：19世纪初，社会主义兴盛于法兰西，“其后数十年，得意志之拉萨尔（Lassalle）及马克斯（Karl Marx）承法人之师说，发挥而光大之”。③ 陈独秀早期的自由与民主思想，主要来自18世纪法国的大革命精神和马克思的自由理论。

1919年12月陈独秀在《实行民治的基础》一文中强调，实现自由必须实行民治，只有建立劳动阶级的专政，才有真正的自由。他说：“我们既然是个‘自由民’不是奴隶，言论、出版、信仰、居住、集会这几种自由权，不用说都是生活必需品。”实现这些生活必需品，必须“人民自身同时是统治者又是被统治者”。④ 他在《答柯庆施》一文中，运用马克思无产阶级专政的观点进一步指出：“现在有许多人拿‘德谟克拉西’和‘自由’等口头禅来反对无产的劳动阶级专政，我要问问他们的是：（一）经济制度革命以前，大多数的无产劳动者困苦不自由，是不是合于‘德谟克拉西’？（二）经济制度革命以后，凡劳动的人都得着自由，为什么不合乎‘德谟克拉西’？

① 《陈独秀文章选编》，上，第98页，生活·读书·新知三联书店，1984。
② 《陈独秀文章选编》，上，第353页，生活·读书·新知三联书店，1984。
③ 《陈独秀文章选编》，上，第79—81页，生活·读书·新知三联书店，1984。
④ 《陈独秀文章选编》，上，第430页，生活·读书·新知三联书店，1984。

那班得不着自由的财产家，为什么不去劳动？到了没有了不劳动的财产家，社会上都是无产的劳动者，还有什么专政不专政？”① 陈独秀认为，只有建立劳工当政的国家，人民才能实现各种自由权利，而一旦劳工阶级取得政权，全社会都是劳动者，就没有什么无产阶级专政了。陈独秀这个观点发展了马克思主义，而且是符合社会逻辑的。

陈独秀接受并修正了无产阶级专政的观点，对西方资产阶级的民主与自由的态度发生了变化，揭示了资本主义共和制和舆论制度的本质。他指出：“共和政治为少数资本阶级所把持，无论哪国都是一样，要用他来造成多数幸福，简直是妄想。”陈独秀得出与先前完全不同的结论：“我敢说：若不经过阶级战争，若不经过劳动阶级占领权力阶级地位底时代，德谟克拉西必然永远是资产阶级底专有物，也就是资产阶级永远把持政权抵制劳动阶级底利器。”他认为资本主义报刊被资产阶级所控制、所操纵，不可能为穷人说话。他写道：“共和国里当然要尊重舆论，但舆论每每随着多数的或有力的报纸为转移，试问世界各共和国底报纸哪一家不受资本家支配？有几家报纸肯帮多数的贫民说话？资本家制造报馆，报馆制造舆论，试问世界上哪一个共和国底舆论不是如此？”②

1927 年 7 月国共合作破裂，陈独秀离开了中共中央总书记的位置，处于被抛弃的境遇，对苏俄革命和恩格斯、列宁关于党内批评自由的思想进行了研究，也对党内需要民主与平等的意见讨论深有所感。1929 年 7 月至 10 月，他先后致信中共中央，批评中央关于“中东路事件”宣传“拥护苏联”、“发动群众游行”支持苏联的做法，受到中共中央和共产国际的严厉斥责。8 月 5 日他给中共中央常委会再次写信，引用列宁的话强调党的报刊开展公开讨论的意义。信中说：“德谟克拉西，是各阶级为求得多数意见之一致以发展其整个的阶级力所必需之工具，他是无产阶级民主集权制之一元素，没有了他，在党内党外都只是集权而非民主，即是变成了民主集权制之反面官僚集权制。”

他在信中引用列宁的话，对于党报批评和党内批评自由作了分析，他的观点在 70 多年后苏联解体不久，中国理论界才有人提出来。他写道：“现在中央政策，竟在反对‘极端民主化’的名义之下，把党内必需的最小限度德

① 《陈独秀文章选编》，中，第 49 页，生活·读书·新知三联书店，1984。

② 《陈独秀文章选编》，中，第 31—32 页，生活·读书·新知三联书店，1984。

谟克拉西也根本取消，并不是什么‘相当缩小’……同志们对于政策上工作方法上有不同的意见一概不许开口，从省委到支部，都不能讨论政策及工作方法问题，都成了机械的‘中央命令传达机关’……中央的政策或工作路线若有小小的不正确或大大的不正确，则是否需要自我批评呢？……列宁说过：‘我们的机关报上，并不一般的排斥同志间的争论，宁可说，为了说明现存之意见相差深到若何程度，为了争论诸问题的全面讨论，为了讨论诸种见解之代表者等，陷于偏狭性之斗争，在每个社会民主主义者有意识的劳动者面前公然争论，都是必要的，既然有不同的见解，而缺乏公然的争论，把关于真实问题之不同的意见隐秘的搁置起来是现代运动缺陷之一。’（《火花》发刊宣言）。……同志间关于理论上政策上意见不同的争论，是党的进步的现象，决不是坏现象；反之，大家都没有什么不同的意见，这正是党之幼稚的表现，争辩之结果，理由最充足的，自然会为大众所公认：错误的意见，一经公开的被大众批驳下去，以后才不至隐藏在党内，遇着机会便要发作出来，俄国布尔塞维克党的理论，就是长期在这样的争辩中生长出来的，我们同志政治水平线一般的低，也只有不同意见的相互争辩中增高起来，决不能拿出陈套话什么‘程度不够’的理由，以为必须他们的政治水平增高了才好‘恩赐’他们发表意见的理由。你们主张：党内民主化是要依着党员政治水平提高而扩大，党员政治水平低便应缩小；这正是因果倒置了。”

陈独秀发出告诫：“如果你们老是固执你们的偏狭性，而不顾及党内德谟克拉西的重要性，而畏不同的意见如蛇蝎，而企图用中央威权霸蛮造成你们意见的一致，对于不同的意见，禁止讨论，或消极的不在党报上公表出来，一听到同志中和你们有不同意见，不管他的内容如何，便简单的用‘小资产阶级观念’、‘非无产阶级意识’、‘观念不正确’，如此等类没有内容的抽象名词来排斥他，更或者给他戴上一顶帽子，如‘反对派’‘托洛斯基派’‘某某派’等，来镇压住他，且以暗示一般有不同意见的同志免开尊口，这便是有意的或无意的阻住了党的进步。”① 陈独秀的上述观点，批判了党内、包括在党的报刊上以权压制有关政策问题的讨论，是非常深刻和正确的。

陈独秀对 1927 年中国共产党人的失败负有重要责任，但斯大林和共产国际的错误指挥也有不可推卸的责任，陈独秀不认为是他导致了中共那场革

① 任建树等编：《陈独秀著作选》，第 3 卷，第 37 页，上海人民出版社，1993。

命的挫折，加上他因中东路问题公开批评中央推行“盲动路线”，于 1929 年 11 月被开除党籍。同年底，陈独秀等人在《我们的政治意见书》中援引列宁的话写道：“我们曾经屡次确定对于工人政党的队伍中纪律之重要与见解。行动统一，讨论和批评的自由，这就是我们的定义。只有这样的一个纪律，才配称先进阶级的民主政党。所以无产阶级，若没有讨论和批评的自由，即不承认有任何行动的统一。”“现在党的官僚们的所谓‘铁的纪律’，恰恰和列宁的遗教相反，恰恰是群众在自己的经验中已经明知党的策略与战术是错误的，而他们还不顾一切的继续执行，恰恰是不许党员对于他们错误的策略与战术有讨论的批评的自由，恰恰是官僚们用为掩护自己错误的维持官僚统治的工具；这样的‘铁的纪律’，除废话，矫饰，与欺诈而外，没有别的意义。”① 他认为当时的中共中央不允许他的批评，对他实行铁的纪律，是违背列宁批评自由的思想原则的。

陈独秀 1932 年被国民党逮捕入狱，1936 年 3 月，他在狱中以“孔甲”为笔名，在《火花》杂志上发表《无产阶级与民主主义》，指出无产阶级取得政权后，并非抛弃民主主义，而应扩大民主主义，无产阶级是民主主义的真正代表。斯大林不懂得这一点，抛弃了民主主义。我们现在应予以矫正。② 出狱后他阅读了中国托派译介的几本揭露苏联“大清洗”内幕的书籍，其中有托洛茨基的《被背叛的革命》、《真理在前进中》，法国作家纪德的《从苏联归来》、《为我的〈从苏联归来〉答客难》以及《苏联党狱的国际舆论》、《苏联党狱之真相》等，不断反思苏联的民主制度问题，渐渐形成他的晚年的思想自由观。自 1940 年 3 月 2 日至 1942 年 5 月 13 日期间，陈独秀除了写些文章宣传抗战，还发表了 4 篇文章和写给朋友的 6 封信，猛烈抨击苏联对新闻自由、言论自由的践踏，他发出质问：“资产阶级政权，是少数人统治多数，他们能允许集会、结社、言论、出版自由，不怕跨台；而无产阶级专政是多数统治少数，竟怕这怕那，强调一党专政不允许言论自由，焉有是理。”③

1940 年 7 月在《给连根的信》、9 月《给西流的信》和 11 月《我的根

① 任建树等编：《陈独秀著作选》，第 3 卷，第 120 页，上海人民出版社，1993。

② 陈独秀：《无产阶级与民主主义》，《陈独秀年谱》，第 468 页，上海人民出版社，1988。

③ 濮清泉：《我所知道的陈独秀》，《陈独秀印象》，第 141－144 页，上海学林出版社，1997。

本意见》中，陈独秀沉痛地提出了一些令人震惊的观点，被称为“最后的政治见解”。他说：“我认为民主不仅仅是一个抽象名词，有它的具体内容，资产阶级的民主和无产阶级的民主，其内容大致相同，只是实施的范围有广狭而已。……民主之基本内容（法院外无捕人杀人权，政府反对党派公开存在，思想、出版、罢工、选举之自由权利等）无产阶级和资产阶级是一样的。”①

1940 年 9 月在给朋友西流的信中，陈独秀再次强调，“民主不仅仅是一个抽象名词，有它的具体内容，资产阶级的民主和无产阶级的民主，其内容大致相同，只是实施的范围有广狭而已”。他强调，苏联的专制不能全部归罪于斯大林，而是独裁体制的逻辑发展，是“独裁制产生了斯大林，而不是有了斯大林才产生独裁制”。“我们若不从制度上寻出缺点，得到教训，只是闭起眼睛反对斯大林，将永远没有觉悟，一个斯大林倒了，会有无数斯大林在俄国及别国产生出来。”② 针对所谓资产阶级民主制只适用于资本主义社会，社会主义不必为民主斗争，陈独秀痛心疾首地声明：这就“等于说无产阶级政权不需要民主，这一观点将误尽天下后世！”

晚年陈独秀坚决主张建立人民大众的民主制度，反对任何形式的少数人对多数人的专政，一生为思想言论自由奋斗不息。1938 年，陈独秀被王明、康生和共产国际定为托派，而且被王明、康生诬蔑为日本间谍，他要求恢复党籍的愿望没有实现。1942 年 5 月，这位中国著名的政治家、报刊与思想批评家和为中国的解放事业奋斗的战士，于四川江津病逝。1942 年 3 月 30 日毛泽东在中共中央学习组发言时说：“陈独秀是五四运动的总司令。现在还不是我们宣传陈独秀历史的时候，将来我们修中国历史，要讲一讲他的功劳。”1945 年毛泽东在中共“七大”预备会上讲“七大”工作方针时说：“关于陈独秀这个人，我们今天可以讲一讲，他是有过功劳的。他是五四运动时期的总司令，整个运动实际是他领导的。他周围的一群人，如李大钊同志等，是起了大作用的。……我们是他们那一代人的学生。……这些人受陈独秀和周围一群人的影响很大，可以说是由他集合起来，这才成立了党。”③

① 转引自王思睿：《陈独秀晚年的民主思想》，载《书屋》，2000 年第 4 期。

② 《陈独秀著作选》，第 3 卷，第 555 页，上海人民出版社，1993。

③ 《毛泽东在 1945 年 4 月 21 日中共七大预备会议上的讲话》，载《人民日报》，1981 年 7 月 17 日。

第二节　李大钊的新闻观

李大钊是中国共产党早期新闻事业的缔造者，编辑《新青年》、《每周评论》等报刊，揭开了我国马克思主义思想传播的大幕。他在1918年完全接受了马克思主义学说，在报刊领域坚持革除旧世界、再造新中国的革命方向，开创了中国马克思主义报刊批判的先河。正如他说“新闻事业是一种活的社会事业”，“现在的新闻纸，就是将来的历史”。他以报刊创造历史，完成报刊改变中国的伟大使命，对报刊的性质、作用与革命的创造性，做过深刻的评价。

一、《晨钟》之声，青年之舌

李大钊（1889—1927年），字守常，笔名明明、孤松、猎夫等，河北乐亭人。中国最早的马克思主义播种者，杰出的政论家，报刊宣传活动家。1905年毕业于直隶永平府新式中学，两年后考入北洋法政专门学校，深受辛亥革命影响，于1913年赴日本早稻田大学专修政治本科。在日本，李大钊阅读了日本社会主义思想家河上肇、幸德秋水的著作，接触了马克思主义。

1916年回国后，他先后主编、编辑或指导出版的报刊近20种，为30多家报刊撰写文章，后到北京大学任图书馆主任。此时，俄国十月革命胜利，他树立了共产主义信念，深入宣传马克思主义学说，领导了北方的马克思主义小组和革命运动，成为中国共产党的发起人之一，也为第一次国共合作和与孙中山建立密切的联系，做了关键性工作。后任中共北方区委书记，被军阀称作“北赤”的首要而遭通缉。1927年4月被北京军警逮捕、杀害。

1913年4月，李大钊主编北洋法政学会刊物《言治》月刊，宣传爱国主义、民主主义，开始从事报刊活动。1916年2月，主编留日学生总会刊物《民彝》杂志，同年8月，应聘《晨钟报》主编，宣传再造青春中华的理想，抨击陈腐道德，复活国家再造之声。李大钊在《晨钟》报工作了22天，他的发刊词《〈晨钟〉之使命》、《新生命诞孕之努力》希望国人“唯知跃进、唯知雄飞”，希望进步报人团结战斗，结成反帝反封建的统一战线。他说，有了这个团体，平时，可以增进相互情谊，交流不同意见，“遇有国民的运动发生时，我们总可以定一大目标，共同进行，以尽指导群众，而为国民的宣传的责任”。

1916 年 6 月 6 日袁世凯病死，6 月 9 日孙中山致电继任总统的黎元洪，要求恢复约法，尊重国会，摒除一切僭制妄作。黎元洪申令遵行《民国临时约法》，7 月 16 日，宣布废除《报纸条例》，李大钊认为其创造青春中华的理想正面临着即将实现的时刻，满怀激情，遂有在《晨钟》任编辑主任 22 天的经历。

李大钊主编《晨钟》，把它作为炸毁旧世界、再造新生活的阵地，借其创造自由、理想的新中华。他写道：“际兹方死方生，方毁方成，方破坏方建设，方废落方开敷之会，吾侪振此《晨钟》，期与我慷慨悲壮之青年，活泼地之青年，日日迎黎明之朝气，尽二十祺黎明中当尽之努力，人人奋青春之元气，发新中华青春应发之曙光，由是一一叩发一一声，一一声觉一一梦，吾民族之自我的自觉，自我之民族的自觉，一一彻底，急起直追，勇往奋进，径造自由神前。索我理想之中华，青春之中华，幸勿姑息迁延，韶光坐误。”① 在他看来，报纸犹如慷慨悲壮的青年，每天迎接朝阳，发出青春的曙光，叩动震天的响声，唤起民族的觉醒，迎接青春的中国。

李大钊鲜明地举起报纸的旗帜——依仗青年、引导青年、誓做青年喉舌，履行再造青春中国的使命。他发出这样庄严的声音：“《晨钟》自身无所谓使命也，而以青年之使命为使命。青年不死，即中华不亡，《晨钟》之声，即青年之舌，国家不可一日无青年，青年不可一日无觉醒，青春中华之克创造与否，当于青年之觉醒与否卜之，青年之克觉醒与否，当于《晨钟》之壮快与否卜之矣。”②

为此，该报不惧困难，冲破一切障碍，敢于发表任何言论，开拓思想、追求道义、征服历史，实现青年的伟大精神。他对《晨钟》的希望和评价，充满朝气蓬勃的斗志和铮铮发声的语言：“青年之字典，无‘困难’之字，青年之口头，无‘障碍’之语；唯知跃进，唯知雄飞，唯知本其自由之精神，奇僻之思想，锐敏之直觉，活泼之生命，以创造环境，征服历史。老辈对于青年之道义，亦当尊重其精神，其思想，其直觉，其生命，而不可抑塞其精神，其思想，其直觉，其生命。”他认为，“盖青年者，国家灵魂，《晨

① 《李大钊文选》上，第 177 页，人民出版社，1984。
② 《李大钊文选》上，第 178 页，人民出版社，1984。

钟》者，青年之友。青年当努力为国家自重，《晨钟》当努力为青年自勉，而各以青春中华之创造为唯一之使命。”李大钊的这些掷地有声的宏论，强调他主编的报纸是青年的报纸，宣传青年精神向上的豪情，为打造充满朝气的新中华而挥洒笔墨。

李大钊还强调，《晨钟》报要完成自己的使命，必须不断培育青年的修养，砥砺青年的意志，鼓舞青年的社会运动，倡言自由，增强青年的勇气，只有这样，才能消除中华的病象，中华这只睡狮才能霍然而起。他发出这样的召唤：“觅新国家，拓新世界，于欧洲战血余腥、炮焰灰烬之中，而以破坏与创造，征服与奋斗为青年专擅之场，厚青年之修养，畅青年之精神，壮青年之意志，砺青年之气节，鼓舞青春中华之运动，培植青春中华之根基，吾乃高撞自由之钟，以助其进行之勇气。中华其睡狮乎？闻之当勃然兴；中华其病象乎？闻之当霍然起。”①

《晨钟》为日报，每日第二版上有一钟状题标，刊出一条警语，皆为中外名人名言，内容日日更新。如：“少年人望前，老年人望后（第1号）”、“但求同于理，不求异于人（第3号）”、“国家兴亡，匹夫有责（第5号）”、“铁肩担道义（第6号）”等等。② 每日警语是《晨钟》报的组成部分，具有现实的针对性。这些警语算不上是李大钊的话，但从中看出他对每天报纸的立场。1916年8月20日《晨钟》报上刊出的“铁肩担道义”，是针对当时许多报人不敢坚持正义、对抗强权的警示。但李大钊没有刊出杨继盛此联的后一句“辣手著文章”。“辣手著文章”和“妙手著文章”只改了一个字，取自陆游《文章》一诗中“文章本天成，妙手偶得之”一句，说明写文章要有文字修养和善于揭示问题的实质，坚决完成肩担道义的社会使命。李大钊把此句作为报纸的警语，警醒报人，表明《晨钟报》是以捍卫正义为宗旨的。

李大钊的好友、《言治》月刊的编辑郁嶷在1913年3月《言治》第1号上代表李大钊首先提出报刊“兼容并包”的方针，提倡发表各种言论和思想。这一期的《本刊宣言》提出的宗旨说：本刊“凡所论列，一以同人自由研究之所得，为独立之发表。苟其说持之有故而言成理，则兼收并包，无所于排，循是以往”。这篇《宣言》虽署名郁嶷，但李大钊与郁嶷同为编辑部长，共同主办这一刊物，因而这也是李大钊的主张。他们主张报刊“兼收并

① 《李大钊文集》，上，第177－182页，人民出版社，1984。

② 朱志敏：《李大钊传》，第193页，山东人民出版社，1998。

包”，是为了使“从学之士，各抒天禀，交攻互证”，通过自由讨论，达于“理精”。1917年4月，李大钊在《真理之权威》一文中，再一次表示了他的这种主张：“人生最高之理想，在求达于真理。”“古今来之天经地义，未必永为天经地义，而邪说淫辞，则又未必果为邪说淫辞也。……平情论之，社会之进演、进步与秩序宜并重之。即高悬理想与俯就社会之言论，亦当兼容互需，而不可有所偏废。”[①] 这里提出的“兼容并包”比蔡元培的主张提前了6年，两人的思想脉络基本是相同的。

1916年9月5日，因政见不同，李大钊离开了《晨钟报》，和郁嶷参加了《宪法公言》报的编辑工作。1916年10月1日，在出版的《宪法公言》报上，李大钊发表的《国庆纪念》、郁嶷发表的《人治与法治》等文章，向宪法形同虚设、思想专制发起攻击，用手中的笔，捍卫他们兼容并包、思想自由的主张。

1917年1月，章士钊从日本回到中国，在北京大学任教授，着手恢复《甲寅》杂志，在北京创办了《甲寅》日刊。李大钊和高一涵担任日刊主笔，全身心投入《甲寅》的编辑与写作。该刊的目的是“意在纠正当时政治偏向，与所持学理及所奉主义无涉”。由于思想、文风接近，李大钊、章士钊、高一涵曾被海内外称作“甲寅”派。李大钊在《〈甲寅〉之新生命》一文中强调，万事万物都在变化，宇宙越来越复杂进步，“这种向上之机，进化之象”给《甲寅》生存之道与空间。《甲寅》的使命就是跟上时代的步伐，“一周而有新生命也”、“一日而有新生命也”。《甲寅》通过自身的努力和进化，“奋发我国民使之努力，开导我国民使之进化”，这是《甲寅》唯一的责任。[②] 实际上，李大钊这里继续发扬青春的宇宙观，把《甲寅》视为推动中华不断进步的思想阵地。

二、思潮激战与《甲寅》的调和之美

1917年1月29日，李大钊在《甲寅》上发表《调和之美》一文，在阐述美寓于和谐之后，就《甲寅》的美韵不拒对立因素，因而赢得各界读者的钟爱，阐释了报刊应有汇纳百川的宏大胸怀。他写道：“《甲寅》而欲成其自身之美以固阅者之爱也，必与各方之利害情感以调和之域，俾如量以彰其

① 《李大钊文集》，上，第447页，人民出版社，1984。
② 《李大钊文集》，上，第447页，人民出版社，1984。

实。《甲寅》而欲以其自身之美，感化国人，使之益昭其美而交相爱也，必人人本《甲寅》之精神，与人人以调和之域，俾如量以获其分。是即《甲寅》之美，亦即宇宙之美。”①

李大钊在谈论“调和”时，极力赞美事物的“调和之美”，认为“调和之美”是万事万物的最佳境界。报刊的最佳品格应以“自身之美，感化国人，使之益昭其美而交相爱也”，这种美，就是“与人人以调和之域”。李大钊观察自然与社会种种现象，认为最美的东西都凝聚了各种事物的特征和本性，协调地归为一个统一体。美味是由辛、酸、甜、咸调和之成，美色是由青、黄、赤、白、黑调和所显，美音皆宫、商、角、徵、羽调和之出，美好姻缘由男女两性调和所就，“宇宙一切事物罔不如是”。② 作为报刊，能够发表各种观点，或发表的观点能吸取各家的长处，因而该刊受到广大读者的喜爱，李大钊认为，自然是最好的。李大钊很好地阐释了《甲寅》精神，宇宙精神。

“调和”就是我们今天所说的协调、和谐、融会、统一和包容等意思，李大钊关于“调和”的论述，主要是指政治主张、思想观点和报刊立场要有包容性，善于吸取各家的精华，使其富有强大的生命力。从 1917 年秋至 1918 年秋，李大钊先后发表了《调和之美》、《调和之法则》、《辟伪调和》、《调和剩言》等文章，就章士钊、梁启超提出的政治调和论，批判主张与反动军阀妥协、拒绝“伪调和论”，反对北洋军阀的“暴力论”。特别是，他极力反对压制不同思想的暴力，指出：“然则欲二种之思想，相安而不相排，相容而不相攻，端赖个人于新旧思想接触之际，自宏其有容之性，节制之德，不专己以排人，不挟同以强异，斯新旧二者，在个人能于其思想得相当之分以相安，在社会即能成为势力而获相当之分以自处，而冲突轧轹之象可免，分崩决裂之祸无虞矣。”③

报刊是传播各种思潮的载体，各种观念在传播中互动，才能推进先进思潮的发展和影响。各种思潮可以坚守自己的立场，扩大自己的影响，但不能依恃暴力压制对立面。李大钊在《新旧思潮之激战》中指出：“宇宙的进化，全仗新旧二种思潮，互相挽进，互相推演，仿佛像两个轮子运着一辆车一

① 《李大钊文集》，上，第 257 页，人民出版社，1984。
② 《李大钊文集》，上，第 257、549 页，人民出版社，1984。
③ 《李大钊文集》，上，第 252 页，人民出版社，1984。

样；又像一个鸟仗着两翼，向天空飞翔一般。我确信这两种思潮，都是人群进化必要的，缺一不可。我确信这两种思潮，都应该知道须和他反对的一方面并存同进，不可妄想灭尽反对的势力，以求独自横行的道理。我确信万一有一方面若存这种妄想，断断乎不能如愿，徒得一个与人无伤、适以自败的结果。我又确信这二种思潮，一面要有容人并存的雅量，一面更要有自信独守的坚操。"① 这一铮铮警言，对于报刊而言尤为重要，因为在思潮激战中，只有允许发表各种观点、调和并进，才能发现真理，推动社会的进步。

李大钊认为"调和"是事物的常态，但任何事物之间都有差别和对抗，差别、对抗则是"非常境"。他说："宇宙间有二种相反之质力焉，一切自然，无处不在。由一方言之，则为对抗；由他方言之，则为调和……社会之演进，历史之成立，人间永远生活之流转无极，皆是二力鼓荡之结果。吾人目有所见，皆是二力交错之现象；耳有所闻，皆是二力交错之声音。""须知调和之机，虽肇于两让，而调和之境，则保于两存也。"② 他还说："遵调和之道以进者，随处皆是生机。背调和之道以行者，随处皆是死路也。"他认为社会发生逆向变动，破坏了"调和"，"调和之变，则非调和之常境也"。在这里，李大钊认为调和与统一是普遍、绝对的现象，事物的对立与斗争是少见的、相对的，这一观点是真正符合实际和辩证法的思想。正因为如此，他主张《甲寅》采取调和的办刊方针。

但李大钊绝不把调和视为唯一、至上的因素，而是把调和与对抗作为事物的两面来认识。调和与对抗是不可分割的，调和建立在调和与对抗"两存"的基础上，没有"两存"也就不存在调和。离开了这一基点，"调和"必然不分是非、没有原则，或者唯我独大，打击别人。李大钊这一观点，划清了与"伪调和论"的界限。真正的调和，无非是要看到不同思想的长处，尊重不同思潮派别存在的权利。

在裁定报刊立场时，对待调和问题总是产生两种倾向，一谈"调和"和包容，就否定斗争和对抗；而强调斗争、对抗时，又否定调和与包容。李大钊指出："以一言调和，即当捐禁竞争，一言竞争，即皆妨碍调和也者。"这样的"调和"，李大钊斥之为是"自毁之调和，为伪调和"。因而李大钊宣

① 《李大钊文集》，上，第 660 页，人民出版社，1984。

② 《李大钊文集》，上，第 555、503、550 页，人民出版社，1984。

称："余爱两存之调和，余故排斥自毁之调和。余爱竞立之调和，余否认牺牲之调和。"[①] 李大钊的"两存调和"的观点符合辩证法，无论报刊还是思想家，绝不能只允许自己存在，而剥夺他人存在的权利，事物失去了对立面，哪一方都不可能健康的生存和发展。

在李大钊看来，要正确地对待不同的派别和观点，达到调和之境，需要遵循以下五种规则：（一）"而调和之目的，乃在自他两存。故西洋人言调和，宜自使其保存自我之努力，止于不牺牲他人；东洋人言调和，宜以不牺牲他人为归而先谋保存其自我。"——保存自我，互相谦让，给对方生存之地。（二）"则同一派别者，其主张亦不尽相同，只以感情至历史上种种关系牵之使然者往往有之。足隶于新者未必无旧，隶于旧者亦未必无新也。"——任何新旧事物、新旧观点，都互相渗透，你中有我，我中有你，相互包容。（三）"言调和者，须知各势力中之各个分子，当尽备调和之德也。夫调和者，乃思想对思想之事，非个人对个人之事。个人与个人，意见情感，稍有龃龉，可由当事者以外之第三者出面调停之，和解之。""宏其有容之性，节制之德"——思想观点发生分歧，可由双方以外的人来评论是非，当事人不必争论不休，发挥包容收敛的道德。（四）"言调和者，当知即以调和自任者，亦不必超然于局外，尽可以担于一方，亦未必加担一方，其调和之感化，乃有权威也。……盖虽自居于一方，若为新者，而能容旧势力之存在；若为旧者，而能容新势力之存在。"——真正的调和吸取各方的正确因素，不全面否定新旧思想和新旧势力，具有感化国人的力量，是有权威的。（五）"且凡能达于调和之境者，溯厥由来，成于自律者半，他律者亦半，而第三者之调停不与焉。自居于一势力者，能确遵调和之理，而深自抑制，以涵纳其他之势力，此自律之说也，是曰有容。自居于一势力者，确认其对待之势力为不能泯，而此对待之势力，亦确足与之相抵，遂不得不出于调和之一途，此他律之说也，是日有抗。分此皆虚伪之调和，非真实之调和，支节之调和，非根本之调和，绝无成功之希望者也。"[②] ——调和的成功，最终体现为自律和他律的作用。

李大钊还提出，对待政治势力和思潮，坚持调和的立场，决不是搞折中主义，放弃自己的正确立场。他特别强调："调和之目的，在存我而不在媚

① 《李大钊文集》，上，第 550—551 页，人民出版社，1984。

② 《调和法则》，《李大钊文集》，上，第 550—554 页，人民出版社，1984。

人，亦在容人而不在毁我。自他两存之事，非牺牲自我之事。抗行竞进之事，非敷衍粉饰之事。不幸此种绝美之名辞，一为吾懦弱颓废之民族利所用，遂而淮橘北枳，迁地弗良，取以为逆流降下之梯航，以便其姑息苟安之劣性，而遂其实梯滑稽之俗癖，斯诚非昌言调和者初意之所及料也矣。”①要调和就要“容人”，但“容人”绝不是“媚人”，把自己毁掉。坚持调和还须向对立面做出让步，甚至做出点牺牲。但这是有一定度的，把握一定的底线，既要让他人有生存空间，又要保存自我、发展自我。

李大钊认为事物的发展、传承与更新，总是新旧交织在一起，是个新中有旧、旧中有新的进化过程。他当时所处的社会环境，政局混乱，各派势力、各种思潮混杂在一起，某种势力摇身一变带上新派的帽子，新旧真假难辨。“全国之内，无上无下，无新无旧，无北无南，无朝无野，鲜不怀挟数副假面。共和则饰共和，帝制则饰帝制，驯至凡事难得实象，举国无一真人……此真亡国灭种之象，万劫而不可复者也。”② 在这种情况下，李大钊主张调和，希望一切愿意打倒帝制、军阀的革新派相互尊重对方的长处，抛弃善恶梗塞，相互合作。他写道：“今日最终之希望，唯在各派各人反省悔悟，开诚相与，剖去种种之假相，而暴露其真面目，鼓荡其真血气。”

过去，对李大钊主张的“调和论”有许多不正确的评价，有人认为这种观点抹杀了矛盾与斗争，“有消极的一面”；有人把这一思想引申到社会关系，认为滑入阶级调和论，“不可避免地在理论上坠入了政治改良的泥坑”。李大钊关于“新旧无质差”的观点错误（新旧之间“但有量之殊，安有质之异”）③，也导致一些学者对他的“调和论”一直持怀疑态度。实际上，李大钊所主张的是，不管政治立场、思想观点还是办报方针，如有一些共同点，值得相互吸取，不存在势不两立和绝对隔绝分裂状态。历史的发展是新旧相互联系、前后继承和延续的关系，各种主张都有可以借鉴、吸取的正确成分，只有贯彻“调和”的立场才能避免残酷斗争、以暴易暴，最大限度、最平稳地推动社会的进步。

就阶级关系而言，不同阶级之间有对立的一面，也有调和的一面，不同阶级成员的合作和协调行动，是生产发展和社会生活安居乐业的基础，成

① 《调和法则》，《李大钊文集》，上，第550页，人民出版社，1984。
② 《辟伪调和》，《李大钊文集》，上，第512页，人民出版社，1984。
③ 《调和法则》，《李大钊文集》，上，第551—552页，人民出版社，1984。

为社会生活的主导面。只有当统治阶级残酷压迫广大人民群众时，才出现尖锐的阶级斗争，阶级的调和状态被打破。在历史长河中，这种情况只是阶级对立的短期状态，在斗争中一方战胜另一方后，又进入漫长的调和时期，统治阶级力求形成和宣传许多共同的思想观念，以维护社会的安定秩序。

不管哪个阶级的思想体系都是在先前思想成果的基础上发展起来的，离开前人的创造不可能有后来的意识结晶。不同观点如果都产生在同一个社会，它们首先有共同的土壤和共同的社会环境，必然有紧密的联系和互通的内容。在同一个社会，即使对立的思想意识也会不断相互吸取对方的长处，在争鸣中争取更多的赞成者，形成符合社会发展和人民愿望的新思想。各种报刊为发现和发展真理，以意识调创造前提，才能开展有益的自由讨论。李大钊关于“调和论”的思想揭示了社会发展的普遍规律，也阐释了媒体生态演变的重要原理。

三、言论之权威，示良知之自由

1913年9月李大钊在《言志》月刊上发表文章说：“顽凶既戢，黎元其苏。言论自由，如水决堤，潮流横溢。共和建造以来，海内言论界各标帜志，立论建议，策嘉谋猷。嗫嚅趦趄、踡地局天之余，一旦脱其钤制，亦得飞眉舞色，张口伸舌，论天下事，抑何大幸。”① 他认为，中国人的精神和自然生存状态都需要自由的特质，辛亥革命推翻帝制后，海内言论界的自由气氛可喜可贺，但也为它“脱其钤制”、混乱有余而担心。这是李大钊首次评述思想与言论自由问题。他的有关这方面的观点，表明他对当时社会制度与报刊言论制度的立场，也为判断报刊自由政策提供了理论根据，他还指出如何建立社会主义新闻自由制度的问题。

（一）言论自由，声华不朽

在李大钊看来，自由有着崇高的地位，是“人类生存必需之要求，无自由则无生存之价值”。作为人的天然属性，自由是人最基本的权利，因此它重于一切，高于一切。他写道：“西谚有云：‘不自由毋宁死’。夫人莫不恶死而贪生，今为自由故，不惜牺牲其生命以为代价而购求之，是必自由之价值与生命有同一之贵重，甚或远在生命以上。人之于世，不自由而生存可

---

① 《李大钊文集》，上，第61页，人民出版社，1984。

也，生存而不自由不能忍也。”① 马克思早就指出：“自由确实是人的本质，因此就连自由的反对者在反对自由的现实的同时也实现着自由。”② 他还强调：“没有一个人反对自由，如果有的话，最多也只是反对别人的自由。可见，各种自由向来就是存在的，不过有时表现为特殊的特权，有时表现为普遍的权利而已。”③ 马克思认为，新闻出版和言论自由是人类的精神特权。

李大钊高度评价思想自由的重要性，特别是坚信言论自由的伟大作用，同马克思的观点完全一致。作为人类认识世界、表达良知、发现真理的途径，言论自由是人类的崇高理想。李大钊强调：“人生最高之理想，在求达于真理。……余爱自信之言论，余尤爱自由之言论。盖言论而基于自信本于自由者，虽不必合于真理，而与真理为邻。余虽为急进之言论，余并不排渐进之言论，盖言论而发于良知之所信，无论其为急进、为渐进，皆能引于进步之境，而达于真理之生涯也。余故以真理之权威，张言论之权威，以言论之自由，示良知之自由，而愿与并世明达共勉之矣。”④ 不管言论包含多少真理，对社会的认识是激进还是保守，是正确还是谬误，只要抱着探索真理的愿望，都对社会的进步有好处，不应遭到排斥。所以李大钊说他犹爱言论自由，忠信言论自由。这是报刊的灵魂，是能否办好报刊的基本因素。

李大钊对人类的自由权利作了划分，参照欧美宪政制度的相关规定，提出“身体自由、财产自由、家宅自由、书信秘密自由、出版自由、教授自由、集会结社自由、信仰自由”等类型，这些自由内容是世界文明的潮流，应在宪法中作出明文规定。其中，思想自由主要有三种：“一出版自由，一信仰自由，一教授自由是也。”⑤ 无论表达信仰还是传授思想，通过出版报刊、书籍才能让社会广为知道，出版自由是思想自由的实现形式，实质是人的生存和教育的自由，其核心是思想自由，如果失去它，对一个国家和民族是致命的打击。他指出，袁世凯“僇吾人之身体，掠吾人之财产，剥夺吾人家宅、通信、集会结社之自由，其祸仅及于身体，仅及于个人，仅止于一时，兹乃并民族之生命、民族之思想而亦杀之，流毒所届，将普遍于社会，

① 《宪法与思想自由》，《李大钊文集》，上，第 244 页，人民出版社，1984。
② 《马克思恩格斯全集》，第 1 卷，第 167 页，人民出版社，1995。
③ 《马克思恩格斯全集》，第 1 卷，第 167 页，人民出版社，1995。
④ 《李大钊文集》，上，第 446、448 页，人民出版社，1984。
⑤ 《李大钊文集》，上，第 247 页，人民出版社，1984。

流传于百世”。①

思想自由是人生权利的最高原则，真理通过言论与思想的自由来发现，没有出版自由就无法达到真理，整个国家、民族将隔绝于光明，永远处于愚昧状态。但是，一旦允许思想家挥毫洒墨，国家与民族便心窍洞开，目力深邃。“洒一滴墨，使天地改观，山河易色者，文豪之本领也。盖文之入人者深，而人之读其文者，展卷吟哦，辄神凝目眩于其文境。潜移默化，观感旋殊，虽旷世异域，有千秋万里之遥，而如置身其间，俨然其时其境也者。文字感化之伟，充其量可以化魔于道，化俗于雅，化厉于和，化凄切为幽闭，化狞恶为壮伟。三寸毛椎力，能造光明世界于人生厄运之中。”②

李大钊倡导言论与出版自由不是追求单纯的理性，而是为批判旧世界号召文豪投入揭露旧制度的斗争。李大钊在《文豪》一文中以中外今古文豪为例，盛赞文字功绩，说明文豪艰苦卓绝的奋斗，是献身于社会的壮举。一切文章、书籍都是历史的记载，都是作者切身感受的肺腑之言。它们揭示人生，绘写坎途，记光明与黑暗于笔下，让人知千古、长教训，永载人类史册。每位文豪都应揭露社会的不仁不义，阐释良知，惊醒国人。他写道：“文豪本其直觉，发为文章，俾人天物我之实相，稍能映露万一，以通消息于其间，而补造物者之缺陷，斯其有功于造物者不小也。”“江山故宅，文藻空存，册籍千秋，声华不朽。”“千古之文章，千古文人之血泪也。”最后，李大钊针对民国初年“世衰道微，国风不作，举世滔滔，相率而趋于罪恶之途，百物丧尽，民不聊生，天地有晦冥之象”的现状，发出“当代作者，其有大声疾呼，以唤醒众生于罪恶迷梦之中者乎？”③ 的天问。

（二）驳“思想危险论”

五四运动前后，马克思主义理论和介绍俄国十月革命的文字更多地发表在报刊上，一批顽固势力和专制主义者非常害怕新思想和新信仰，常常搬出“新思想的危险”来压制言论和出版自由。针对这种论点，李大钊于1919年6月1日在《每周评论》上发表了《危险思想与言论自由》一文指出：“思想本身没有丝毫危险的性质，只有愚暗与虚伪是顶危险的东西，只有禁止思想，是顶危险的行为。近来——自古已然——有许多人听见几个未曾听过、

① 《李大钊文集》，上，第245页，人民出版社，1984。

② 《李大钊文集》，上，第70页，人民出版社，1984。

③ 《李大钊文集》，上，第71—73页，人民出版社，1984。

未能了解的名辞，便大惊小怪起来，说是危险思想。问他们这些思想有什么危险，为什么危险，他们认为危险思想的到底是些什么东西，他们都不能说出。像这样的人，我们和他共同生活，真是危险万分。”① 实际上，对新思想毫无所知的人，一般不会感到有什么危险，李大钊只是讽喻这类人不问是非、异己则反的顽固立场。只有敌视新思想的人，才对新思想感到恐慌，因为新思想要推翻专制、独裁、剥削和不平等，恶势力必然认为这是危险的。

李大钊指出：“思想自由与言论自由，都是为保障人生达于光明与真实的境界而设的。无论什么思想言论，只要能够容他的真实没有矫揉造作的尽量发露出来，都是于人生有益，绝无一点害处。”言论与思想自由是公正的，即使“异端邪说”，也让它表达出来，在传播过程中让人们认识它。“假使一种学说确与情理相背，我以为不可禁止，不必禁止。大背情理的学说，正应该让大家知道，大家才不去信。若是他隐蔽起来，很容易有被人误信的危险。”

李大钊对禁止思想、限制思想自由十分鄙视，因为这是一种无知、愚蠢的行为。他认为：“禁止思想是绝对不可能的，因为思想有超越一切的力量。监狱、刑罚、苦痛、贫困乃至死杀，思想都能自由去思想他们，超越他们。这些东西，都不能钳制思想，束缚思想，禁止思想。这些东西，在思想中全没有一点价值，没有一点权威。思想是绝对的自由，是不能禁止的自由，禁止思想自由的，断然没有一点的效果。你要禁止他，他的力量便跟着你的禁止越发强大。你怎样禁止他、制抑他、绝灭他、摧残他，他便怎样生存发展传播滋荣。因为思想的性质力量，本来如此。我奉劝禁扼言论思想自由的注意，要利用言论自由来破坏危险思想，不要借口危险思想来吝止言论自由。”这段论证十分深刻，一语中的，把思想的力量阐述得异常准确。正确思想能征服一切，最终也包括反对它的人，压制思想言论自由只能导致有更多的人想了解它，使它传播得更迅速、更广泛，接受它的人越来越多。

正确思想的力量决定了任何思想不能被禁止，一切禁止思想的行为既不会达到目的，也是绝对的罪恶。“禁止人研究一种学说的，犯了使人愚暗的罪恶。禁止人信仰一种学说的，犯了教人虚伪的罪恶。”李大钊认为，世界上没有“天经地义”，对于思想理论而言也没有真正的“异端邪说”，就是

① 《李大钊文集》，下，第7—9页，人民出版社，1984。

有，也应该让人们去“自由知识，自由信仰。就是错知识了，错信仰了所谓邪说异端，只要他的知识与信仰，是本于他思想的自由、知念的真实，一则得了自信，二则免了欺人，都是有益于人生的，都比那无知的排斥、自欺的顺从远好得多。”①

（三）出版检查制乃文化之蠹

思想自由不能存在于脑海里，没有言论、出版的表达，思想自由就成了一句空话。所以历来的专制统治者总是通过对报刊发行和书籍出版的检查控制言论表达，剥夺人们的思想自由，西方国家所制定的出版物检查制度也被中国的统治者所效仿。李大钊在《宪法与思想自由》一文中批判说：“世界出版最不自由之国，首推中国及俄罗斯、西班牙、土尔其。……盖尝考之，出版自由之要求，即在欧洲，亦非甚早。而欧洲古代对于出版之禁制，亦尝层见迭出。苏格拉的曾以否认国家之神而为梅利达士、亚尼达士及雷昆等所控诉矣，科巴尔尼加士与加里雷阿之书，为当时官吏所焚矣。即至法国革命之际，所有文书，尚归国家管理，书籍出版，亦为国家所指定图书馆之特权，且复严加检阅，科著者以苛刑。故法国有名之著作，多在外国出版，如孟德斯鸠之《法意》，则出版于杰聂窪，福禄特尔、卢骚之名著，亦多在伦敦、杰聂窪、亚母士达母刊行。千七百七十五年，《天理哲论》一书，依巴黎巴力门法院之命令破毁之，著者且受对于天神人类犯叛逆罪之宣告矣。千七百八十一年，雷那尔因所著《印度史》一书，而受渎神罪之宣告焉。此外之例，正复不遑枚举。”

但西方的资产阶级革命终于铲除了压制出版自由的书报检查制度，出版物自由印行，并制定法律给予保障。“迨至革命之风云卒起，巴黎市中，攻击时政之小册，传布街巷，飞如蝴蝶，非复禁令之所能遏制矣，卒于《人权宣言》中确认出版自由，而美国渥金尼亚州、边西尔渥尼亚州之权利典章亦明认之。厥后各国宪法，莫不资为模范。唯德意志诸邦对于出版之禁令，较英、法、美、比诸国为迟，盖不过近五十年来事也。各国关于出版，初行检阅之制，然检阅由于官吏一人之偏见，每多失当，最足为文化之蠹。”② 检查制之所以错误，是因为检查官把个人之见当作真理，他抱有偏见，就毁掉了好的思想。正如马克思所说：“书报检查制度不是控告我违反

① 《李大钊文集》，下，第8—9页，人民出版社，1984。

② 《宪法与思想自由》，《李大钊文集》，上，第247页，人民出版社，1984。

了现行法律。它宣布我的意见有罪，因为这个意见不是书报检查官和他上司的意见。”①

李大钊严正地指出，吾国“天坛草案”第十条有“中华民国人民有言论著作及刊行之自由，非依法律不受制限”的条文。但此所谓法律，是否包有检阅制度，语意颇为模糊。“吾以为关于出版，绝不可施行检阅制度，除犯诽毁罪及泄漏秘密罪律有明条外，概不受法律之限制，仿各国以严禁检阅制度揭于宪法明文中为宜也。”没有明确文字规定，容易被专制势力利用法律达到压制出版自由的目的。

自由与专制水火不容，专制的本性是谋求权力者的私利和思想独裁，把人民当作任意驱使的牛马，不允许对他们的统治有任何批评。言论自由则不断孕育出对专权、压迫和奴役的斥责和批判，导致专制统治者的垮台，两者始终处于你死我活的地位。只有打倒专制，肃清维护专制制度的思想和论著，中国才有希望。李大钊指出：“言论自由盖民与君不两立，自由与专制不并存，是故君主生则国民死，专制活则自由亡。而专制之政与君主之制，如水与鱼，如胶与漆，固结不解，形影相依。今犹有敢播专制之余烬，起君主之篝火者，不问其为筹安之徒与复辟之辈，一律认为国家之叛逆、国民之公敌，而诛其人，火其书，殄灭其丑类，摧拉其根株，无所姑息，不稍优容，永绝其萌，勿使滋蔓，而后再造神州之大任始有可图，中华维新之运命始有成功之望也。”②

中国文人中有些卑鄙、阴毒之徒，一面利用言论自由发表他们的谬论，另一面则对正确言论嫉妒憎恨，总是用阴谋手段对其污蔑诽谤，甚至投靠专制统治者，借用他们的武力对真理落井下石。李大钊客气地把他们称为旧人，他们见了“稍稍激昂的议论、稍稍新颖的道理，因为靡有旗鼓相当的对立”，就开始陷害了。李大钊对这类文人嗤之以鼻，在《新旧思潮之激战》一文中指出：“那些旧人见了，尚且鬼鬼祟祟的，想用道理以外的势力，来铲除这刚一萌动的新机。他们总不会堂皇正大的立在道理上来和新的对抗。在政治上相见，就想引政治以外的势力；在学术上相遇，就想引学术以外的势力。我尝追究这个原因，知道病全在惰性太深、奴性太深，总是不肯用自己的理性，维持自己的生存，总想用个巧法，走个捷径，靠他人的势

① 《马克思恩格斯全集》，第 1 卷，第 181 页，人民出版社，1995。

② 《民彝与政治》，《李大钊文集》，上，第 175 页，人民出版社，1984。

力，摧除对面的存立，这种靠人不靠己，信力不信理的民族性，真正可耻！真正可羞！”① 历来的思想专制都有帮凶，有一群蝇营狗苟的打手，才能血淋淋残害忠良。李大钊关于这方面的论述，有极其重要的意义。

接着，李大钊义正严词地向这些思想界的败类发起宣战：“我正告那些顽旧鬼祟、抱着腐败思想的人：你们应该本着你们所信的道理，光明磊落的出来同这新派思想家辩驳、讨论。公众比一个人的聪明质量广、方面多，总可以判断出来谁是谁非。你们若是对于公众失败，那就当真要有个自觉才是。若是公众袒佑你们，那个能够推倒你们？你们若是不知道这个道理，总是隐在人家的背后，想抱着那位伟丈夫的大腿，拿强暴的势力压倒你们所反对的人，替你们出出气，或是作篇鬼话妄想的小说快快口，造段谣言宽宽心，那真是极无聊的举动……我很盼望我们中国真正的新思想家或旧思想家，对于这种事实，都有一种觉悟。”如果思想界的思想家们觉悟了，那么，一切文字狱都不会发生。秦始皇的焚书坑儒不能有，辛丑报灾也不会出现，20 世纪的“文化大革命”将不是一场喋血的浩劫。

（四）涤荡党见之私、说士裂国

李大钊从来没有把思想、言论和出版自由加以绝对化，提倡错误、有害的言论。对言论不分是非、不加区别，一律毫无节制的鼓吹，是他所不齿的。他强调要传播符合真理的言论，发表言论的人要慎重考虑自己的观点是否正确，不能盲目随从社会的喝彩，迎合某些人的需要。符合真理的言论既是遭到压制，也要坚持到底。他说：“言论之挟有真值与否，在其言论本身之含有真理之质与否。苟其言之确合于真理，虽一时之社会不听吾说，且至不容吾身，吾为爱真理之故，而不敢有所逡巡嗫嚅以迎附此社会；苟其言之确背乎真理，虽一时之社会欢迎吾说，而并重视吾身，吾为爱真理之故，而不敢有所附和唯阿，以趋承此社会。”②

李大钊还认为，发表言论要服从真理，也要服从多数人赞成的意见，因为这是公意。实行这一原则的前提是，首先允许每个人公平地把自己的意见发表出来，经过充分讨论形成多数人的意见，并被事实验证其正确，少数人就应当接受、采纳这种意见。少数人应有服从多数人意见的义务，而多数人也应有保护少数人意见的海量。他写道：“不在以多强少，乃在使一问题发

① 《李大钊文集》，上，第 661 页，人民出版社，1984。

② 《真理之权威》，《李大钊文集》，上，第 445 页，人民出版社，1984。

生时，人人得以自由公平之度，为充分之讨论，翔实之商榷，而求一公同之认可。商讨既至详尽之程度，乃以多数之取决验稽其结果。在商讨之中，多数宜有容纳少数之精神；在取决之后，少数宜有服从多数之道义。自由政治之真谛，非依多数，乃依公认。多数取决，不过表示公认之一种方法而已。”“意谓少数之公认，非迫于多数之强力，乃发于自由之信念，其服从非服从多数势力之自身，乃服从表示公认之方法。”① 思想自由绝不是各持己见，而是通过自由讨论寻求最好的意见，达到最大限度的共识。

民国之初，政党林立，言论一度没有限制，是非颠倒，党见纷争，言论界一时乌烟瘴气。李大钊这样描述当时的情形：“今之以言论号召于天下者，多挟其党见之私，黄钟瓦缶，杂然并作，望风捕影，各阿所私。上焉者或无成见存于其间，只以同异之党伐，而正直之灵明，深蔽牢锢，遂不自知其失当，伺瑕蹈隙，抗辩攻讨；下焉者则如桀门之犬，嗷嗷吠尧，不惜出违心之论，肆口罗织，国体之荣辱，人格之保丧，外界之非笑，均所罔顾，唯以博其主人私党之快意。此以是相寻，彼以是相报，是者非之，非者是之，反唇相诋，循环无已，驯至恶声遍于国中，士庶之听闻，亦因以大惑。”这种各行其是、相互攻击、不讲是非的言论自由，只能“恶声遍国，士庶大惑”，李大钊是极力反对的。这样下去，“真理大义，阁而不明，郁而不彰，世人为所迷瞀……循兹以进，国家将为说士裂夫……此其为祸，不且烈于洪水猛兽耶?”② 不受限制的言论，望风捕影，反唇相诋，只能祸国殃民。

不克服言论的混乱，将导致社会分崩离析，就没有真正的言论自由。李大钊从西方经验中提出言论法治的主张，“自由之保障，系于法制精神”，是实行正当、健康的言论自由的重要前提。他写道：“立宪国民之于言论自由也，保障之以法制，固为必要，而其言论本身，首当洞明此旨。但察其是，勿拒其非，纵喜其同，莫禁其异，务使一群秉彝之所好，皆得相当之分，反复辩论，获其中庸之理以去。最后衷定之辞，勿得轻用，终极评判之语，勿得漫加。健全之舆论成，而美满之宪政就矣。”③ 没有法律对言论自由的行为与尺度做出规定，报刊与出版没有遵从的标准，言论界很容易陷入“是者非之，非者是之，反唇相诋”的结果。所以“无宪法上之自由，则无立宪国

---

① 《强力与自由政治》，《李大钊文集》，上，第543页，人民出版社，1984。

② 《是非篇》，《李大钊文集》，上，第59—60页，人民出版社，1984。

③ 《李大钊文集》，上，第172页，人民出版社，1984。

民生存之价值。吾人苟欲为幸福之立宪国民，当求善良之宪法；苟欲求善良之宪法，当先求宪法之能保障充分之自由。”① 宪法保障自由，切实的自由又是衡量宪法良善的尺度，两者相辅相成才能确保真正的言论自由。

李大钊提醒人们，中国即使有了初步的法律，统治者不是谋求保障人民有讲话的自由，而总想利用法律来限制言论自由，李大钊揭露了有史以来的这种专制恶习。他写道：“盖一国专制之积习，沦浃既深，民间持论之态，每易昧于商权之旨，好为抹杀之辞。未尽询谋之诚，遽下彖定之语，此其流弊，以视偶语之禁，腹诽之罚，尚为可怖。”②

（五）社会主义保护个人自由

五四运动前后，李大钊已经是个马克思主义者，对科学社会主义学说有深入的研究，对社会主义社会的思想与言论自由也提出一些正确的论断。他认为，在社会主义社会，合理的个人主义同样受到尊重，个人自由得到保障。他写道：“真正合理的个人主义，没有不顾社会秩序的；真正合理的社会主义，没有不顾个人自由的。……真实的自由，不是扫除一切的关系，是在种种不同的安排整列中保有宽裕的选择机会；不是完成的终极境界，是进展的向上行程。真实的秩序，不是压服一切个性的活动，是包蓄种种不同的机会使其中的各个分子可以自由选择的安排；不是死的状态，是活的机体。我们所要求的自由，是秩序中的自由；我们所顾全的秩序，是自由间的秩序。只有从秩序中得来的是自由，只有在自由上建设的是秩序。个人与社会、自由与秩序，原是不可分的东西。”③

在近一个世纪前，李大钊就能认识到，社会主义同个人主义是统一的，社会主义允许、保护个人自由，在理论上达到了至今都无人论证的高度。这是基于社会和个体的基本关系得出的正确结论。当时李大钊写道：“极端主张发展个性权能者，尽量要求自由，减少社会及于个人的限制；极端主张扩张社会权能者，极力重视秩序，限制个人在社会中的自由。‘个人主义’（Individualism）可以代表前说；‘社会主义’（Socialism）可以代表后说。但是，个人与社会，不是不能相容的二个事实，是同一事实的两方面；不是事实的本身相反，是为人所观察的方面不同。一云社会，即指由个人集成的

① 《李大钊文集》，上，第244页，人民出版社，1984。

② 《李大钊文集》，上，第169页，人民出版社，1984。

③ 《自由与秩序》，《李大钊文集》，下，第437—438页，人民出版社，1984。

群合；一云个人，即指在群合中的分子。离于个人，无所谓社会；离于社会，亦无所谓个人。故个人与社会并不冲突，而个人主义与社会主义亦决非矛盾。”① 在社会主义社会，如果大量个人利益被损害，社会的整体利益就不存在，这样的社会同样是万恶的。反之，如果个人利益凌驾于社会之上，任意侵害他人利益来满足个人和少数人的要求，就不再是社会主义。对个人自由而言，同样是这一逻辑，所以李大钊说“真正合理的社会主义，没有不顾个人自由的”，两者在一定的秩序中统一起来。李大钊是真正的马克思主义者和社会主义者，他对社会主义和思想自由的理解，经受住了历史的检验。对这一问题的错误宣传，曾严重地颠倒是非，丑化了社会主义。

李大钊将自由、平等、博爱和劳动人民的翻身解放联系在一起，在社会主义社会，被压迫的人民在政治经济上做了主人，他们才能获得真正的自由。他指出：“现在资本主义制度的底下，哪里有劳动者的自由，只有少数的资本家的自由，高楼、大厦、汽车、马车全为他们所占据，我们如牛马的劳苦终身，而衣食住反得不着适当的供养。所以我们想得到真的自由，极平等的自由，更该实现那‘社会主义的制度’，而打倒现在的‘资本主义的制度’。”②

李大钊同时认为，社会主义的自由要受政府的保护，在向社会主义过渡时期，个人主义和资本家的自由要受到束缚，但大多数人的自由却不断增加。他在《社会主义与社会运动》一文中说：“社会主义者要求政府有一种权力，使之伸张，以保障每个人享受极大量的个人平等、自由。”“故社会主义是保护自由、增加自由者，使农工等人均多得自由。”③ 他引用西欧社会主义思想家关于未来社会的蓝图时，对出版自由作出的论述：“设有一种书籍，其言论是反对社中制度者，其出版自由权，不免失去，此显见之事也。其实不然，凡是行 Gide 之制度者④，如有反对该制度之言论出版，此时著作者担任出版费，均可自由印刷出版，斯实发挥创造冲动之自由

---

① 《自由与秩序》，《李大钊文集》，下，第 437 页，人民出版社，1984。

② 《社会主义释疑》，《李大钊文集》，下，第 672 页，人民出版社，1984。

③ 《李大钊文集》，下，第 374－375 页，人民出版社，1984。

④ 法国学者季特（Charles Gide）和波亚桑（E. Possion）等人提出消费合作社的理论，设计建立这样一种制度：消费者主宰经济大权，克服资本主义制度的弊端，一切经济活动的目的都在于消费，消费者联合起来，按消费需求控制工业及原料品的生产，最后建立供需合理的社会制度。

之精神也。”[①] 这就是说，在社会主义可以自费出版发表反对社会制度的意见，出版自由权仍可不受压制。

四、新闻是鲜活的历史

1922年2月12日，北大新闻记者同志会成立。徐宝璜、胡适、李大钊都到会演讲。由于之前《新青年》从第8卷第1号起正式改组为中共上海发起组的机关刊物，以宣传马克思主义为宗旨，胡适对刊物的这一转向十分不满，在演说中点引其“多研究活的问题，真的问题”，不要高谈马克思主义。李大钊以朴素的语言，阐述了他对革命报刊应有的立场，提出新闻的“写真说”。“写真说”不仅回应了胡适对现实问题的重视，也揭示了记者要善于将马克思的学说用于实际。

李大钊在演说中评价新闻“是现在新的、活的、社会状况的写真。历史是过去的、旧的、社会状况的写真。现在的新闻，就是将来的历史。历史不应是专给一姓一家作起居注，或专记一方面的事情，应当是注重社会上多方面的记载，新闻纸更应当如此”。[②] 记载历史，必须真实，要真实尤其需要把社会的全部情况写出来，特别是要把大量需要解决的实际问题报道出来，报刊才是真正活的事业。

报刊应秉承忠于事实、忠于历史的信念，全面客观真实地复写社会原貌，不因暴力压制、利益引诱或观念冲突刻意回避某些问题。但在当时，许多记者往往趋炎附势，不关心劳苦大众的命运。李大钊批判说：“现在的新闻界，遇着‘督军的举动’，或‘阔人的一言一行’，都是用大字排在前几版，那穷人因穷自尽，或其他种种因为受环境压迫发生不幸的结果，社会上很大的变故，反用小字排在报的末几版不注意的地方，这是旧习惯未退尽的一个最大的表现，也就是新闻界的一个大缺点。”[③] 新闻必须完全“写真”，要写的主要不应是达官贵人，更主要的是下层民众的生活。报刊肩负传递信息的职能，承载着记录历史的责任，需要全面反映劳动人民的生存状况和阶级关系。

---

① 《李大钊文集》，下，第381页，人民出版社，1984。

② 《在北大记者同志会上的演说词》，《李大钊文集》，下，第538页，人民出版社，1984。

③ 《在北大记者同志会上的演说词》，《李大钊文集》，下，第538页，人民出版社，1984。

1923年，李大钊在《顺天时报》上发表《报与史》一文，对报纸反映事实、宣传主义、书写历史，向记者提出忠告。他写道："报的性质，与记录的历史，尤其接近，由或种意味言之，亦可以说，'报是现在的史，史是过去的报'。今日的报纸，于把每日发生的事件，报告出来以外，有时亦附载些文艺论坛，及别种有趣味的评论等，以娱读者。又，凡一个报，无论其为一党派或一团体的机关，或为单纯营业的独立的组织，必各持有一定的主义与见解。社中的记者，即本此主义与见解以发挥其宣传的作用。而就报纸的普通，而且重要的主旨，乃在尽力把日日发生的事实，迅捷的而且精确的报告出来，俾读报纸的人们，得些娱乐、教益与知识。"①

在李大钊看来，报纸有三种内容，记者有四项任务：一是报道新闻，反映社会事件，把每天发生的事实告诉读者；二是登载文艺作品、文艺评论和其他有趣的言论，为民众提供娱乐；三是作为某个党派或某一团体的机关，坚持一定的政治主张和理论，对民众进行宣传教育；四是有些报刊是单纯的盈利组织，办报是为了挣钱，但也有一定的主张和见解，不能不发挥宣传作用。李大钊认为报纸最重要、最普遍的任务和工作是报道消息、"写真社会"，让读者得到教益和知识。所以"今日报纸的需要，几乎成了一种人生必需品的原故，就在他能把日日新发生的事件，用有系统、有趣味的笔法，描写出来，以传布于读者，使人事发展、社会进化的现象，一一呈露于读者的眼前。报纸上所纪的事，虽然是片片段段，一鳞一爪的东西，而究其性质，实与纪录的历史原无二致。故新闻记者的职分，亦与历史研究者极相近似。今日新闻记者所整理所记述的材料，即为他日历史研究者所当搜集的一种重要史料。"② 由于今天的新闻就是明天的历史，今日的报刊就是明日的历史教科书，记者通过"写真"推动"人事发展、社会进步"。李大钊告诫记者，不要轻视为报纸写的这些"片片段段，一鳞一爪的东西"，它们能再现历史，告诉今人和后人社会发展的方向，指引人们如何生活，为什么奋斗。

谭嗣同在《湘报后序》中说："新会梁氏，有君史民史之说，报纸即民史也。"③ 谭嗣同吸收梁启超的"民史"说，阐发了"报纸即民史"的观点。

---

① 李大钊：《报与史》，载《新华文摘》，1997年第8期。

② 李大钊：《报与史》，载《新华文摘》，1997年第8期。

③ 张之华主编：《中国新闻事业史文选》，第97页，中国人民大学出版社，1999。

他指出："不有报纸以彰民史，其将长此汶汶暗暗以穷天，而终古为喑哑之民乎？西人论人与禽兽灵愚之比例，人之所以能喻志与事以显其灵，而万过于禽兽者，以其能言耳。而喑之，而哑之，其去禽兽几何矣。呜呼！吾见《湘报》之出，敢以为湘民庆，曰诸君复何忧乎？国有矣。"人与动物最大的区别在于，能说话，要表达自己的思想，如果人不能说话，同动物就没有区别了。报纸是人民的思想"口器"，离开了报纸，人民的声音无以表达，"民史"也就无法写出来了。李大钊同谭嗣同一样，重视报纸反映人民生活、表达人民疾苦的重要性。真正的历史就是劳苦民众的生活画卷，报纸承担的正是这样一种使命。

历史记录社会进程，新闻是这种进程中的写实，只是报纸没有历史书那样系统，但它却是现代历史教科书的基础。新闻记者虽不是史官，但他的职能就是史官，肩负着记录历史的重任。而且他要比史官更敏感、更善于发现问题，以最快的时效把生活中瞬间的事实记录下来。"唯作报与作史最有不同之点，就是作报大率多致于力求其报告的迅捷，求迅之念切，则与蒐实之义不能两全，而新闻记者之纪事，又每易为目前发生的零碎事象所迷骛。因之于察变会通之义，常易纷失其因果联贯之系统，这是新闻记者应该特加注意的事。"[①] 面对复杂纷乱的事件，记者尤应通过现象看本质，揭穿假象看实质，找到事件的因果联系，对于记者，李大钊的这一告诫非常重要。

李大钊在《对北大新闻记者同志会的演说》中希望记者"遇有国民的运动发生时，我们总可以定一大目标，共同进行，以尽指导群众，而为国民的宣传的责任"。但又不应背离"写真"的原则，捕捉"活"的问题，来指导人民的实践。但是认识任何活的问题，都需要正确的理论和知识去引路，记者谈论主义要联系实际，分析实际问题又离不开主义。针对胡适所说"新闻宜注意活的问题，不应单讲克鲁泡特金、马克思等等死的学说。"李大钊反驳道："这话诚然不错，但是材料虽然是死的，若是用当也未尝不可把它变成活的。譬如平日登些克鲁泡特金的学说，人便全不注意，若当接到克鲁泡特金逝世的消息，那一天，把他的历史，他的学说，写出来贡献在社会上，便可以引起社会一般人的注意了。又如但丁的历史和他的文学，在平日登出

① 李大钊：《报与史》，《新华文摘》1997年第8期作为新发现的李大钊重要佚文刊出。

来充充篇幅，实在于一般看报的人没有多大的意味，若在去年，有为他作六百年纪念的事实那一天登出，便可以引起社会一般人的兴味来。又如今天高师为达尔文一百十三周年诞生的纪念，开博物展览会并演讲会，北京的报馆，若有在今日把达尔文的历史、肖像和他的学说的概要登出来的，岂不是格外有趣吗？又如一八七一年三月的巴黎自治团，在平时写出来，人并不十分注意，若在去年三月十八、九日恰恰是五十周年的纪念日，把这一段历史记载出来，登在报上，岂不是绝好的材料吗？”

实际上，在记者面前没有死的材料，联系活生生的事实，反映实际，都能讲清深刻的道理，发挥知识与理论指导实际的作用。死的材料若是随着活的事表现出来，便是活的、有趣味的材料，最好的材料。“若作平日充满篇幅之用，因为它与现实的生活不相关联，于阅者亦丝毫不发生兴趣。照这样子做去，一切的科学知识，都可以觅得机会，利用一种活的事实，输入给大家。例如新疆、甘肃发生地震，我们便去访问地质学家，太阳忽然现出红光，我们便去访问天文学家，某种政治问题发生，我们便去访问政治学家，请他就此事实为学理上的说明。此外如有各国学者来华，亦当随时访问，叩其意见，以转为介绍于社会。这是新闻界对社会灌输知识的职分与方法。”①

新闻与历史有区别又有联系，但在一定条件下是可以把新闻变成活的历史的。李大钊指出：“死的材料，若是随着活的事实表现出来，便是活的，有趣味的材料。”报刊上最好的材料如果与人们的现实生活无关，读者对它丝毫不发生兴趣，就是死的历史，甚至不会载入史册。只能在一定意义上说，“历史可以说是过去的报章，报章可以说是现在的历史”。编辑记者忠于事实，有写史的责任感，做报才是未来史家的绝好材料。李大钊告诫记者，过去的历史“是可以改作重作，是必须改作重作的”。有人则认为，历史一经写出，便不能随便改动，就看这种历史是否符合事实。他认为，历史是永远前进的，绝不停滞和逆反；我们不应该悲观和拜古，而应该欢天喜地地向前行走，② 通过新闻报道不断记录、创造新的历史。

---

① 《在北大记者同志会上的演说词》，《李大钊文集》，下，第538页，人民出版社，1984。

② 《李大钊文集》，下，第764页，人民出版社，1984。

第三节　《新青年》的功绩与社会评价

以陈独秀、李大钊和胡适为主将的《新青年》，从1915年创刊到1922年休刊，是中国知识分子思想解放的年代，作为新旧思潮激战的先锋，标志着中国社会由孙中山的三民主义革命向中共领导的新民主主义革命的转变。《新青年》适应了时代的要求，培育了许多知识青年，老一辈革命者对《新青年》都给予很高评价，而否定的声音则弱如蚊蝇。毛泽东说："《新青年》是有名的新文化运动的杂志，由陈独秀主编。当我在师范学校做学生的时候，我就开始读这一本杂志。我特别爱好胡适、陈独秀的文章。他们代替了梁启超和康有为。当时成了我的模范。"① 恽代英等写信给《新青年》说："我们素来的生活，是在混沌的里面，自从看了《机关报青年》渐渐的醒悟过来，真是像在黑暗的地方见了曙光一样。我们对于做《新青年》的诸位先生，实在是表不尽的感谢了。我们既然得了这个觉悟，就发了个大愿要做那'自觉人'的事业，于是就办了《新声》。"②

一、"五四"新文化运动的旗手

1915年6月中旬，陈独秀和易白沙从日本回国，面对复古倒退的浊流，目睹革命党人的时艰，意识到当时中华民国不过是一块招牌，还得再来一次政治革命。"欲使共和名副其实，必须改变人的思想，要改变思想，须办杂志。"③ 一本杂志开一代风气，影响国家的历史进程，没有哪份报刊可同《新青年》相比。《新青年》一创刊就举起民主与科学的大旗，向封建制度和旧礼教进攻，点燃了中国启蒙的火把。

陈独秀总结近代欧洲强盛的原因，认为人权和科学是推动社会历史前进的两个轮子，首先需要在中国高举科学与民主两面大旗。《新青年》的创刊是新文化运动兴起的标志，《敬告青年》一文则成为新文化运动的宣言书。

---

① ［美］埃德加·斯诺著，董乐山译：《西行漫记》，第110页，解放军文艺出版社，2002。

② 载《新青年》六卷三号，"通信"，1919年3月15日。

③ 《报人陈独秀》，载《江淮文史》，2009年第3期。

“科学”与“民主”这两个词在《新青年》杂志上被大量使用，发表的许多文章讨论了孔教问题、道德问题、妇女问题、婚姻问题、个性解放问题，批判了上海《灵学丛志》的无知妄说。在反对封建文化和政治枷锁的斗争中，《新青年》推动了民主和科学，即“德先生”和“赛先生”深入人心。

图 3－1　《新青年》

许多知识青年和教授，与陈独秀切磋讨论，认为陈独秀为走向新时代的导师，把《新青年》的撰稿人胡适、钱玄同、刘半农和陈独秀誉为“四大支笔”。当时北大中文系学生杨振声说：《新青年》“像春雷初动一般……惊醒了整个时代的青年。他们首先发现自己是青年，又粗略的认识了自己的时代，再来看旧道德、旧文学，心中就生出了叛逆的种子。一些青年逐渐地以至于突然地，打碎了身上的枷锁，歌唱着冲击了封建的堡垒。”① 周恩来早在东渡日本留学时，曾称，《新青年》对他产生了巨大的影响，他在日记中写道：“晨起读《新青年》，晚归复读之。于其中所持排孔、独身、文学革命诸主义极端的赞成。”②

梁启超并不轻视科学，但他不相信科学万能，他对《新青年》杂志提倡的民主与科学持有保留态度。他在《自鉴序》中写道：“我虽不懂自然科学，但向来也好用科学方法做学问，所以非科学的论调，我们当然不敢赞同。虽然，强把科玄分而为二，认为绝不相容，且要把玄学排斥到人类智识以外，那么我们也不能不提出抗议了。”③ 梁启超麾下的报纸《学灯》在 1919 年 3 月刊有《本栏之提倡》说：“（本刊）于西方文化，主张以科学与哲学之调和而一并输入，排斥现在流行之浅薄科学论。”所谓“现在流行之浅薄科学论”，显然是指“科学万能”论，即唯科学主义。1919 年 1 月，《新青年》第 6 卷第 1 号发表陈独秀著名的《本志罪案的答辩书》，强调坚决拥护“德”、“赛”两先生。《学灯》发表评论指出：“赛先生”当含“费先生”（哲学），后者曾是前者的先生，几十年前“赛先生”风行，“费先生”则退隐了。“前数十年是赛先生专权的时代，现在是赛先生和费先生共和的时代。这是欧美一般赛先生和费先生的门生所公认的。何以贵志只拥护赛先生，而

① 《五四运动回忆录》，上，第 260 页，人民出版社，1984。
② 《陈独秀在建党中“应属首位”的作用》，载《学习时报》，2010 年 6 月 24 日。
③ 《饮冰室合集·文集》，(41)，第 1 页，中华书局，1989。

不提及费先生呢？记者所以有此疑问了”。[1] 这篇文章的作者无疑是在批评《新青年》强调科学有些过分了。

当时一些启蒙思想家，以《新青年》为阵地，在反对旧道德、提倡新道德的同时，对封建文学从内容到形式展开了凌厉的批判。1917 年《新青年》提出文学革命的号召，胡适首先倡议“文学改良”，接着陈独秀号召文学革命，钱玄同、刘半农继起响应，鲁迅则以他的批判的现实主义小说和犀利的杂文加入新潮的行列。《新青年》提倡文学革命，从倡导白话文开始，对全部文化领域的变革和新思想向民众传播具有拓荒的意义，是反封建的思想革命在文学创作和评论中的反映。《国民公报》载文称道：“近来《新青年》杂志中，提倡这种自由白话诗，真是中国诗歌的大革命。”1918 年元月，改版后《新青年》第 4 卷第 1 号，全部采用白话文，向文学革命迈出了第一步。鲁迅说：“凡是关心现代中国文学的人，谁都知道《新青年》是提倡‘文学改良’，后来更进一步而号召‘文学革命’的发难者。”[2]

《新青年》原为综合性的评论刊物，很少发表文学作品，除介绍一些欧洲现实主义及其他流派作家作品之外，刊登的小说及诗歌都还是文言的。从 1918 年初出版的第 4 卷第 1 期刊登了胡适、沈尹默、刘半农的新诗作，接着于 1918 年 5 月第 4 卷第 5 期全部改为白话，成为当时第一个全部用白话文宣传新思潮的刊物。

早在 1913 年 3 月，古文学家林纾先后在上海《新申报》发表小说《荆生》、《妖梦》，影射陈独秀、胡适、钱玄同，骂蔡元培是乌龟，呼吁恶势力杀死他们，诋毁白话文为“引车卖浆之徒所操之语。”恶毒地诬蔑新文化宣传是“禽兽自语，干人胡涉”，并且假托一个卫道的“伟丈夫”荆生，表达对陈、胡、钱等人恨之入骨，“留尔以俟鬼诛”。《每周评论》为了发动作者起来反击，在 1918 年第 12 期上转载了这篇人身攻击的文章，在按语中指出它是代表武力压制政策的，并连续发表文章痛加驳斥。1919 年 4 月 18 日和 27 日出版的两期《每周评论》上，汇集了京、沪、浙、川 4 个省市 14 家大报发表的 27 篇文章，揭露“学术界之大敌，思想界之蟊贼”，对《新青年》提倡的科学与民主、白话文和文学革命作了一次深入的宣传。

---

① 《读〈新青年〉杂志第六卷一号杂评》，《学灯》，1919 年 3 月 15 日。

② 《〈中国新文学大系〉小说二集序》，上海文艺出版社，2003。

1916年9月李大钊在《新青年》上发表了《青春》一文，认为中国当时正处在黎明与黑暗之交，中国的黎明即将来临，中国的青春即将到来。号召青年“冲破历史之桎梏，涤荡历史之积秽，新造民族之生命，挽回民族之青春”，为青年擦亮了眼睛，指明了道路，对无数青年产生了鼓舞。他在发表于1918年《新青年》第5卷5号上的《庶民的胜利》就认为，“1789年的法国革命，是19世纪中各国革命的先声。1917的俄国革命，是20世纪中世界革命的先声”。他把中国革命纳入到20世纪世界革命的范围，而20世纪对世界革命影响最大的思想是马克思主义，他看到马克思主义思想在俄国的胜利，中国将找到新的思想，走上“庶民革命”的道路。李大钊于1917年俄国十月革命后开始热衷于对社会主义学说和苏俄布尔什维主义的介绍。他说：“我是喜欢谈谈布尔什维主义的。……我总觉得布尔什维主义的流行，实在是世界文化上的一大变动。我们应该研究他，介绍他，把他的实象昭布在人类社会，不可一味听信人家为他们造的谣言，就拿凶暴残忍的话抹煞他们的一切。”①

新文化运动兴起时，孙中山正忙于召开非常国会会议，联络南方军队成立军政府并举起护法大旗。五四运动爆发后，新文化运动进一步开展，孙中山关注到运动的伟大作用，并给予《新青年》高度评价和赞扬。他说“全国学生之奋起，何莫非新思想鼓荡陶之功”，②“一般爱国青年，无不以革新思想，为将来革新事业之预备。于是蓬蓬勃勃，抒发言论”，“……社会遂蒙受绝大之影响。……此种新文化运动，在我国今日，诚思想界空前之大变动。推其原始，不过出版界之一二觉悟者从事提倡，遂至舆论放大异彩，学潮弥漫全国，人人皆激发天良，誓死为爱国之运动”。不久陈独秀被捕，激起孙中山的激愤，他在上海见到北洋军阀政府的代表许世英，就说：“独秀我没见过……你们做的好事，很足以使国民相信我反对你们是不错的证据。”“他们这些人死了一个，就会增加五十、一百，你们尽做着吧！”许世英听了孙中山一番话连忙说：“不该，不该，我就打电报回去。”③ 孙中山身为民国临时总统，其显赫的地位对北洋政府的影响是巨大的。当局迫于压力，只好将陈独秀释放。

---

① 《孙中山文集》，下，第35页，人民出版社，1984。

② 《孙中山全集》，第5卷，第66页，中华书局，1985。

③ 《沈定一给胡适的信》，《胡适来往书信选》（上），第77页，中华书局，1979。

由于发生了所谓“问题与主义”的争论，社会上出现一些传言，似乎杂志内部出现了分裂。但这是一个民主杂志应有的多元思想和讨论的自由。当时李大钊和胡适仍然关系密切，基本立场一致，倒是后来的思想学术界歪曲了他们讨论的性质，把两位大师的论争看作是敌对阵营的一次所谓较量。当时李大钊和胡适之间并不是意识形态的根本对立，而是对宣传学说和重视解决实际问题的看法不同。胡适比较注重思想启蒙和联系生存问题，李大钊较为重视介入现实政治，重视学理的介绍和宣传，特别是对马克思主义的介绍和宣传。胡适虽然不完全赞成马克思主义，但他当时没有反对陈独秀和李大钊信仰和宣传马克思主义。

1919 年 4 月，李大钊曾经给胡适写信说：“我们愈该结合起来向前猛进。我们大可以仿照日本‘黎明会’，他们会里的人，主张不必相同，可是都要向光明一方面走是相同的。我们《新青年》的团体，何妨如此呢？刚才有人来谈此事，我觉得外面人讲甚么，尚可不管，《新青年》的团结，千万不可不顾。不知先生以为如何？”“在这团体中，固然也有许多主张不尽相同，可是要想再找一个颜色这样相同的，恐怕不太容易了”。①

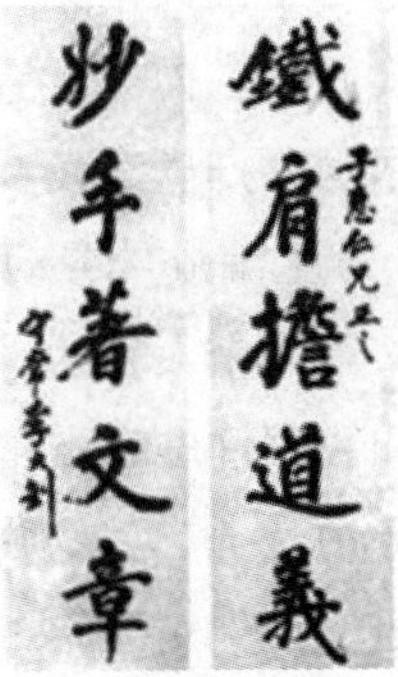

图 3－2　李大钊墨迹

后来李、陈与胡之间确实产生一些分歧，是关于杂志同仁要不要参与政治斗争，为改变中国的专制制度而奋斗，还是不谈政治、走向整理国故的书斋？是期望出现一个好人政府还是来一场革命？对两个问题，胡适的主张不符合国情，显然是错误的。陈独秀对此抱怨说：“本志同人及读者，往往不以我谈政治为然……政治问题，往往关于国家民族根本的存亡，怎应该装聋作哑呢？”“此种根本问题，国人倘无彻底的觉悟，急谋改革，则其他政治问题必至永远纷扰”。② 实际上，1919 年以后的《新青年》更多地介入现实政治的讨论，指导了全国的学生运动和工人运动。国家危亡，社会动荡，不断发生武力镇压民众的事件，《新青年》又岂能置身度外。

傅斯年在回忆五四各种新思潮刊物时说：“以多年研究所得的文艺思想，

① 李大钊：《致胡适》，《李大钊文集》，下，第 936 页，人民出版社，1984。

② 《今日中国之政治问题》，《陈独秀文章选编》，上，第 268 页，生活·读书·新知三联书店，1984。

人道主义，精切勇猛地发表出来，只有一个《新青年》。”① 郭沫若后来将创造社和《创造月刊》的“异军突起”，作为《新青年》文学革命的新阶段，即《新青年》“主要在向旧文学的进攻”；创造社“主要在新文学的建设”。创造社的崛起，展现了思想界的分化，正如郭沫若针对胡适整理国故提出的那样：“谈‘国故’的夫子们哟！你们除饱读戴东原、王念孙、章学诚之外，也应该知道还有马克思、恩格斯的著作，没有辩证唯物论的观念，连‘国故’都不好让你们轻谈。”②

二、《新青年》转向的惊雷

1919年五四运动后，《新青年》革命色彩更为浓厚，逐渐成为宣传马克思主义的思想阵地。李大钊负责编辑的第6卷第5号，办成了《马克思主义思想研究专号》。从此《新青年》发表有关马克思主义、十月革命和工人运动的论文和译文达130余篇，远远超过胡适等人同期在杂志上宣扬“实用主义”哲学文章的数量。

陈独秀于1920年1月29日到上海，《新青年》也迁至上海出版，实际成为中国共产党上海发起组的思想阵地。陈独秀开始深入工人群众，筹创工人刊物，向工人宣传马克思主义，为实施他和李大钊的秘密计划——“组织中国共产党”发挥作用。陈独秀把这年5月1日出版的《新青年》第7卷第6号主编成《劳动节纪念号》，上有孙中山、蔡元培等16人的题字，第一篇文章是李大钊的《五一运动史》，还有9个劳苦工人的文章，有美、英、日和我国许多省市工人状况的调查。杂志刊载了《俄罗斯苏维埃联邦共和国劳动法典》，陈独秀写了《劳动者的觉悟》和《上海厚生纱厂湖南女工问题》。1920年始，《新青年》已不仅宣传民主主义，还宣传社会主义，读者也由青年知识分子扩大到工人阶层，《新青年》的政治倾向已完全转向社会主义。胡适很有意见，对此采取不合作的态度，很少在《新青年》上发表文章。

1920年9月，《新青年》从第8卷第1号起，由民主主义性质的刊物改组成为中共上海发起组领导的社会主义刊物，上海发起组成员李汉俊、陈望道等加入了编辑部，成为编撰骨干。第8卷第1号《新青年》的封面绘制了

---

① 傅斯年：《〈新潮〉之回顾与前瞻》，载1919年9月《新潮》二卷一号。

② 参见郭沫若：《中国古代社会研究》，“自序”，上海联合书店，1930。

一幅地球图案，从东西两半球伸出两只强劲有力的手紧紧相握。据沈雁冰回忆，这一设计“暗示中国人民与十月革命后的苏维埃俄罗斯必须紧紧团结，也暗示全世界无产阶级团结起来”。从这一号起，增辟了《俄罗斯研究》专栏，绝大部分内容译自美、英、法、日等报刊所载有关苏俄的情况和各方面的政策，关于列宁生平及其著作的介绍和资料。改组后的《新青年》刷新论说、通信、随感录等栏目，用社会主义、马克思主义的思想来引导读者。对《新青年》的转向，北方的一些教授越发感到震惊，1920年8月胡适写信给陈独秀，提出《新青年》差不多成为《苏俄》杂志的汉译本，要求公开“声明不谈政治”。这些意见受到陈独秀、李大钊、鲁迅等人的反对，未能付诸实践。

为此，陈独秀发表了《谈政治》一文，抛弃了先前崇仰的西方资产阶级的民主、共和政治，转而介绍和阐释马克思主义的无产阶级革命和无产阶级专政理论，提出“建立劳动阶级（生产阶级）的国家，创造那禁止对内对外一切掠夺的政治法律，为现代社会第一需要”，倡导马克思的“阶级战争”和“劳动专政与劳动阶级的特权”，[①] 进一步扩大了马克思主义的影响。在这篇文章中，陈独秀无论使用劳动阶级还是劳工阶级的提法，都比无产阶级的概念有更宽和更准确的含义。中共当时的领导者多用劳工阶级、劳工革命的概念，偶尔才使用“无产阶级、无产阶级革命”的提法，后者是从马克思著作中翻译过来的概念。本书认为，“劳工阶级”比“无产阶级”更能反映当时中国革命主力军的情况。依靠劳工阶级，意味着中共决不仅仅代表当时中国不到100万产业工人的利益，而是代表一切以劳动为生的工人、农民、知识分子和小商业者的要求和呼声，这些人有3.98亿，在当时占4亿人口的99.5%。

针对《新青年》提倡思想解放，倡导马克思主义，冲破封建传统思想的束缚，梁启超既反对又无奈，只好说：“提倡思想解放，自然靠这些可爱的青年。但我也有几句忠告的话：‘既解放便须彻底，不彻底依然不算解放’。”“中国旧思想的束缚固然不受，西洋新思想的束缚也是不受的”。“我们须知，拿孔孟程朱的话当金科玉律说他神圣不可侵犯，固是不该，拿马克思、易卜生的话当作金科玉律说他神圣不可侵犯，难道又是该的吗？我们又须知，现

---

① 《谈政治》，《陈独秀文章选编》，中，第7－8页，生活·读书·新知三联书店，1984。

在我们所谓新思想，在欧洲许多已成陈旧，被人们驳得个水流花落。就算他果然很新，也不能说‘新’便是‘真’呀!”①

1921年1月3日，胡适把北京其他编者的意见归纳起来复函陈独秀，提出解决《新青年》“色彩过于鲜明”的办法，他列出三条：(一)听任《新青年》流为一种特别色彩之杂志，而另创一个哲学文学杂志。(二)移北京，并发表声明“不谈政治”。(三)停办(此为陶孟和提出)。此信发出后，鲁迅并代表周作人声明，三个办法都可以，“而第二办法更顺当”，宣言“不谈政治，我却以为不必”。蔡和森却称赞《新青年》的转向，说：“仲甫同志倾向社会主义以后，就由美国思想变为俄国思想了，宣传社会主义了。”② 这里说的“美国思想”，是针对胡适宣传的杜威实验主义。这时，陈独秀正在上海筹建中国共产党，《新青年》成为中共的机关刊物。胡适对《新青年》的变化极为惋惜，在《口述自传》中说：“在上海陈氏又碰到了一批搞政治的朋友——那一批后来中国共产党的发起人。因而——《新青年》杂志就逐渐变成个中国共产党的机关报；我们在北大之内反而没有个杂志可以发表文章了。”

《新青年》的社会主义化也引起上海外国租界的惊慌，随时想逮捕陈独秀。1921年9月11日，他辞掉广东省政府教育委员长之职，悄悄回沪主持中共中央的日常工作和《新青年》的出版，住在法租界环龙路。此举被报纸报道后，很快引起法租界的注意。10月4日中午，陈独秀在寓所楼上睡午觉，闯进4个人嚷叫：“我们要见陈独秀先生!”“我们要买《新青年》。”于是，在场的5个人全部被押上汽车带走。后经多方营救陈才得以出狱。

1922年7月1日，《新青年》出版了第9卷第6号后休刊，1923年，《新青年》季刊在广州创刊，作为中共中央理论性刊物和机关刊物，瞿秋白担任主编。孙中山对把社会主义的《新青年》当做宣传世界主义的《新青年》，大为不满。1924年2月，他在做三民主义演讲时说：“我们今日要把中国失去了的民族主义恢复起来，用此四万万人的力量为世界上的人打不平，这才算是我们四万万人的天职。列强因为恐怕我们有了这种思想，所以便生出一种似是而非的道理，主张世界主义来煽惑我们。……近日中国的新青年，主张新文化，反对民族主义，就是被这种道理所诱惑。但是这种道

① 《饮冰室合集·专集》(23)，第25—26、27页，中华书局，1989。

② 龚令民：《陈独秀：好花看半开身艰气若虹》，载《中国青年》，2009年第13期。

理，不是受屈民族所应该讲的。我们受屈民族，必先要把我们民族自由平等的地位恢复起来之后，才配得来讲世界主义。”① 孙中山对《新青年》的批评，受了戴季陶的蛊惑。依据戴季陶的理解，“社会主义者，人道主义也，世界主义也”②。当时许多中国人将主张国际主义的马克思主义看成是世界主义的一部分，引起孙中山的强烈反对。

傅斯年曾对《新青年》做过这样的总结：“《新青年》可以分作三个时期看，一是自一九一五年九月创刊时至一九一七年夏，这时候是他（陈独秀）独力编著的。二是自一九一七年夏至一九二〇年年初，这是他与当时主张改革中国一切的几个同志，特别是在北京大学的几个同志共办的。不过他在这个刊物中的贡献比其他人都多，且他除甚短时期以外，永是这个刊物的编辑。三是自民国十年年初算起，这个刊物变成了共产主义的正式宣传刊物，北大的若干人，如胡适之先生等便和这个刊物脱离了关系。现在从《新青年》中看陈君之贡献与变迁是很明了的。”“独秀当年最受人攻击者，是他的伦理改革论，在南在北都受了无数的攻击、诽谤及诬蔑。我觉得独秀对中国革命最大的贡献正在这里。因为新的政治决不能建设在旧的伦理之上。支持封建时代社会组织之道德，决不适用于民权时代，爱宗亲过于爱国者，决不是现代的国民。而复辟与拜孔，家族主义与专制政治之相为因果，是不能否认的事实。独秀看出徒然的政治革命必是虎头蛇尾的，所以才有这样探本的主张。”③

傅斯年还认为：“独秀在《新青年》八卷以前，对社会主义的倾向全没有具体化。但《新青年》自第六卷起，渐注重社会问题，到第七卷的下半，便显然看出马克思主义的倾向了。自国民党清共以来的立场论，共产党是罪犯了。然清共以前，十三年改组以后，国民党自身对于民众运动之注意，特别在劳工运动上，不在共产党之下。则独秀当年之创此路径，只可看做前驱，不得视为反动。”

三、《新青年》的名气是炒作出来的吗？

《新青年》原名《青年杂志》，1915 年 9 月 15 日创刊于上海，1916 年 9

① 《孙中山全集》，第 9 卷，第 216—217 页，中华书局，1986。

② 天仇：《无道国》，载《天铎报》，1911 年 2 月 2 日。

③ 傅斯年：《陈独秀案》，载《独立评论》，1932 年 10 月第 24 号。

月《青年杂志》改名为《新青年》。因为上海基督教青年会指责《青年杂志》与他们的刊物同名，要求其改名，陈独秀不想把改名的真实原因告诉读者，便向读者解释说："自第二卷起，欲益加策励，勉副读者诸君属望，因更名为《新青年》。"① 后来史家据此推断说："添加一个'新'字，以与其鼓吹新思想、新文化的内容名实相符。"② 最近几年，研究《新青年》的学者甚至声称，为了让《新青年》名震全国，陈独秀设置圈套，进行过多次炒作。

周作人晚年回忆说，印象中的早期《新青年》，"是普通的刊物罢了，虽是由陈独秀编辑，看不出什么特色来"；"我初来北京，鲁迅曾以《新青年》数册见示，并且述许季茀（引注：即许寿裳）的话道：'这里边颇有些谬论，可以一驳。'大概许君是用了民报社时代的眼光去看它，所以这么说的吧。但是我看了却觉得没有什么谬，虽然也并不怎么对。"③ 鲁迅后来在《〈呐喊〉自序》中称，那时的《新青年》"仿佛不特没有人来赞同，并且也还没有人来反对"。④ 张国焘晚年在回忆中也说，《新青年》创办后的一两年间，北大同学知道者非常少。⑤ 后来有的学者曾作出判断，有关《新青年》早期就已"声名远扬"以及"壮观的作者队伍"之类的说法，多半是史家的"后见之盲"。⑥

1917年8月，《新青年》出完第3卷后，因发行不广，销路不畅，群益书社感到实在难以为继，一度中止出版。后经陈独秀极力交涉，书社到年底才勉强应允续刊。1918年1月4日鲁迅致许寿裳信中提到："《新青年》以不能广行，书肆拟中止；独秀辈与之交涉，已允续刊，定于本月十五出版云。"⑦ 陈万雄在《五四新文化的源流》中写道：《新青年》自第2卷起，接连发表了反孔文章，胡适、陈独秀进而提出了文学革命的要求，"新文化运动因为有这两个具体内容而引起了舆论的重视，也带来了强烈的反响。"但王奇声先生认为，"这一结论显然与实际不符。并非陈独秀一出掌北大文科，杂志即随之改观。更为实际的是，陈独秀入北大后，一批北大教授加盟《新

---

① 《通告》，《新青年》，1916年第2卷第1号。

② 萧超然：《北京大学与五四运动》，第38页，北京大学出版社，1986。

③ 周作人：《知堂回想录》，第333—334页，香港三育图书有限公司，1980。

④ 《〈呐喊〉自序》，《鲁迅全集》，第1卷，第419页，人民文学出版社，1981。

⑤ 张国焘：《我的回忆》，第1册，第39页，东方出版社，1991年。

⑥ 陈平原：《触摸历史与进入五四》，第52—60页。北京大学出版社，2005。

⑦ 《鲁迅全集》，第11卷，第345页，人民文学出版社，1981。

青年》，使杂志真正以全国最高学府为依托。除第3卷的章士钊、蔡元培、钱玄同外，第4卷又有周作人、沈尹默、沈兼士、陈大齐、王星拱等人加入。与此同时，杂志的编务，也不再由陈独秀独力承担。第4卷开始采取集议制度，每出一期，就开一次编辑会，共同商定下期稿件。大约自第5卷起，编辑部开始采取轮流编辑办法。第6卷由陈独秀、钱玄同、高一涵、胡适、李大钊、沈尹默6人轮流编辑，6人均为北大教授。《新青年》遂由一个安徽人主导的地方性刊物，真正转变成为以北大教授为主体的'全国性'刊物。如果说之前的'名彦'、'名流'、'名家'执笔，多少有些虚张声势的话，如今由'货真价实'的'北大教授'担任撰译，对一般青年读者之号召力，当不难想象"。①

一位署名"爱真"的读者给陈独秀写信说："我抱了扫毒主义已有七八年了。无如帚小力微，所以收得的效果很小。先生等都是大学教授，都是大学问家，帚大力大，扫起来自然是比人家格外利害。"② 正是"北大教授"的积极参与，使《新青年》大壮声威，以至于"外面的人往往把《新青年》和北京大学混为一谈"。编辑部为此大加"辟谣"，以减轻校方的压力。但有人提出这是陈独秀炒作的开始，以达到"欲盖弥彰"的目的。

早在他协助章士钊办《甲寅》时，他就采用过"故作危言，以耸国民"以及"正言若反"等手法。《新青年》创刊伊始，即仿照《甲寅》开辟了一个"通信"栏目，发表读者来信。陈独秀开辟此栏目固然有激发公众参与讨论的考虑，也有刻意营造"众声喧哗"的氛围。《新青年》编者们竟然策划了一场内部人员冒充读者的"自问自答"表演。1918年3月，先由钱玄同化名"王敬轩"，以读者名义致信《新青年》，指责《新青年》排斥孔子，废灭纲常，尤集矢于文学革命。再由刘半农代表《新青年》逐一批驳。虚拟的正方反方各尽意气，指责者百般挑衅，批驳者刻薄淋漓，极具戏剧性和观赏效果。胡适将此事内情告诉好友任鸿隽后，任氏担心伪造读者来信将有损《新青年》信用，而任妻陈衡哲则认为此举具有"对外军略"的意义。③ 表演显然取得了一定的"炒作"效果，聚集了受众相当的注意力。④

---

① 王奇生：《新文化是如何"运动"起来的》，载《近代史研究》，2007年第1期。

② 爱真：《五毒》，载《新青年》，1918年12月第5卷第6号。

③ 《任鸿隽致胡适》（1918年9月5日），《胡适来往书信选》（上），第14页，中华书局，1979。

④ 王奇生：《新文化是如何"运动"起来的》，载《近代史研究》，2007年第1期。

陈独秀大有“正言若反”的意味，故意挑动反对者出来论辩，以激发公众舆论的关注。“王敬轩”来信发表后，真的引来了一批反对者。当真的反对者出来辩驳时，《新青年》同人却表现出无法容忍的态度。如北大学生张厚载批评《新青年》所发表的白话诗及对中国旧戏的看法不当时，陈独秀、胡适、钱玄同、刘半农 4 人群起围剿。钱玄同甚至对胡适刊发此信十分生气，扬言要因此脱离《新青年》。胡适则认为，“无论如何，总比凭空闭户造出一个王敬轩的材料要值得辩论些”。① 《新青年》同人态度十分决绝，落笔时只求痛快，语调不无刻薄，遂激起部分读者反感。一位自称“崇拜王敬轩”的读者来信说：“王先生之崇论宏议，鄙人极为佩服；贵志记者对于王君议论，肆口侮骂，自由讨论学理，固应又是乎！”② 致函《新青年》表达不同意见者，态度尚属平和，激烈的反对者开始借助其他报刊加以攻击。

其中以林琴南的攻击最为恶辣，也最具影响。1919 年 2、3 月间，林琴南于上海《新申报》接连以小说形式诋毁《新青年》同人，以《荆生》、《妖梦》两篇小说分别发表于《新申报》1919 年 2 月 17 日、3 月 19—23 日。继而在北京《公言报》以公开信的形式两度致书蔡元培，攻击《新青年》与北大的关系似有内幕。林琴南的公开信发表后，蔡元培亦借助报刊复信驳辩。③ 林、蔡均系学界名流，两人的论辩迅速引发舆论关注。

当时有人就指出，所谓“新旧之争”完全是报刊导演出来的：“从《公言报》登了一篇《北京学界思潮变迁之近状》的新闻及林琴南致蔡孑民一信，京内外各报都作为极好资料，大家发抒意见，至再至三……各报所藉以评论的资料，只是靠着一篇《公言报》的新闻和林、蔡来往的几封信（林也不是旧的，蔡也不是新的，信中也没有新旧的话），都不能算做事实……今林琴南来了一封责难的信，我们看来虽然是胡闹，但在大学方面却不能当他胡闹。所以蔡的回答罢，也是尽大学一分子的责任。奈偏偏被一般无知识的人给他一个‘新旧战争’的名词。”陈独秀又趁机将这些报道有选择性地转

---

① 《新文学及中国旧戏》，载《新青年》第 4 卷第 6 号，1918 年 6 月；《胡适致钱玄同》（1919 年 2 月 20 日），载《胡适来往书信选》（上），第 24—25 页，中华书局，1979。

② 《崇拜王敬轩先生者致独秀》，载《新青年》第 4 卷第 6 号。

③ 罗志田：《林纾的认同危机与民初的新旧之争》，载氏著《权势转移：近代中国的思想、社会与学术》，第 263－289 页，湖北人民出版社，1999。

载于《每周评论》，仅《每周评论》第17、19两期就转载了14家报刊的27篇社评。

令林琴南始料未及的是，他对《新青年》的攻击诋毁，招来媒体的广泛报道，无形中为《新青年》作了一次声势浩大的广告宣传。在此之前，报纸几乎没有关注过《新青年》。1919年3月6日《申报》报道说："日前宣传教育部有训令达大学，令其将陈（独秀）钱（玄同）胡（适）三氏辞退，并谓此议发自元首，而元首之所以发动者，由于国史馆内一二耆老之进言，但经记者之详细调查，则知确无其事。此语自何而来，殊不可解。"① 《申报》又有消息说，参议院议员张元奇拟弹劾教育部，理由是北京大学教授"有离经叛道之鼓吹"，而教育部总长傅增湘并不过问。

恰在这样一种情景下，林琴南致蔡元培的公开信，立即使人联想到"旧派"有意借官方力量打压"新派"。如《时事新报》称："北京大学新派教员，屡被旧派学者之掊击。近复闻旧派藉某军人与新国会之权力，以胁迫新派文科学长陈独秀先生，有愿辞职以自由主张新学之说。"② 这时又有人投书上海《中华新报》说，听到陈、胡、刘（半农）、钱四君被逐的消息后，并不消极悲观，"至少言之，我知从此以后之《新青年》杂志发行额必加起几倍或几十倍"。③ 成都《川报》亦发表评论说：北京政府驱逐陈、胡、傅（斯年）、钱四人出校，"从此《新青年》的价值，愈增高了！陈、胡、傅、钱的声名，也是愈增高了！"

正是1919年春初的这场"新旧之争"，使《新青年》及其同人声名大振。杂志的最高印数达到一万五六千份。作为一份思想文化类刊物，一万五六千份的印数在当时甚为可观。据称《东方杂志》的最高销量也是一万五千份。④ 1919年5月，《新青年》决定重印前5卷。这无疑是《新青年》销路大开的一个重要标志，也是《新青年》真正成为"名刊"的象征。我们不排除陈独秀有炒作的嫌疑，但《新青年》成为新思潮的旗手，宣传新文化，改变了文言文对中国人的束缚，推动了中国的工人运动，才使它成为知名一时的杂志，并永远成为中国历史上最卓越的报刊。

---

① 静观：《北京大学新旧之暗潮》，载《申报》，1919年3月6日。
② 见匡僧：《威武不能屈》，转引自《每周评论》，1919年第17号。
③ 志拯：《谁的耻辱》，《每周评论》，1919年第19号。
④ 李欧梵著，毛尖译：《上海摩登》，第48页，香港牛津大学出版社，2000。

第四节 劳工革命家的报刊思想

中国早期的劳工阶级的革命家毛泽东、周恩来和瞿秋白既从事革命报刊活动，又对革命报刊提出一些新的思想，为党报早期的实践作了理论上的准备。这一时期工农知识分子对报刊的评价已经显露出崭新的思想，提出报刊要为宣传社会主义、改造社会服务。他们的观点为中国劳工阶级报刊的创办和发展指明了方向。这些革命者的报刊思想都有一个转变过程，其中毛泽东由呼声革命转变为武力革命的办报立场，就是突出的例证，深刻反映了他们革命思想的变化。

一、毛泽东“呼声革命”的转变

毛泽东1893年12月26日生于湖南湘潭韶山冲一个农民家庭，作为中国伟大的劳工阶级的革命家、战略家和理论家，中国共产党和中华人民共和国的主要缔造者和领导人，从青年时期就怀有救国救民的思想。1911年辛亥革命爆发后，毛泽东加入湖南起义的新军，后在湖南第一师范学校学习，积极组织革命团体。1918年夏，毛泽东在湖南省立第一师范学校毕业，8月，为了组织湖南青年赴法勤工俭学，从长沙来到北京。毛泽东由杨昌济介绍到北京大学图书馆做助理员，读了许多革命书刊，参加了北大新闻学研究会、哲学研究会，很快便融入救国斗争的洪流。

（一）呼声革命，忠告运动

1919年3月，毛泽东从北京回到长沙，不久，五四运动爆发，他立即投入反帝反封建的革命斗争，参与领导了湖南的学生运动，主编了《湘江评论》。这年7月14日，《湘江评论》在长沙创刊，创刊号上刊登了署名毛泽东的创刊宣言，发出“由强权得自由”的号召，主张以平民主义（德谟克拉西）来打倒强权；向强权者实行持续的“忠告运动”，实行“呼声革命”。在宣言中毛泽东指出：“时机到了！世界的大潮卷的更急了！洞庭湖的闸门动了，且开了！浩浩荡荡的新思潮业以奔腾澎湃于湘江两岸了！顺它的生，逆它的死。如何承受它？如何传播它？如何研究它？如何施行它？这是我们全体湘人最切最要的大问题，即是《湘江》出世最切最要的大任务。”①

《湘江评论》是一张发出革命号召、从事革命活动的报纸，宣传新思潮、打倒强权，是当时这份革命报刊的基本立场。该报每期介绍俄国十月革命的经验，分析辛亥革命的教训，结合实际，指出改造社会的根本办法。毛泽东提出，该报要打倒一切强权，实行社会改革，为平民争得自由。“各种改革，一言蔽之，‘由强权得自由’而已。各种对抗强权的根本主义，为‘平民主义’（德莫克拉希，一作民本主义、民主主义、庶民主义）。宗教的强权、文学的强权、政治的强权、社会的强权、教育的强权、经济的强权、思想的强权、国际的强权，丝毫没有存在的余地，都要借平民主义的高呼，将它打倒。”②

毛泽东当时认为，打倒强权不宜用武力解决，以强权对付强权必然导致强权。所以《湘江评论》通过在学术上研究社会问题，破除迷信寻找真理，实行“呼声革命”，奉劝强权向人民让步。他写道：“如何打倒的方法，则有二说，一急烈的，一温和的。两样方法，我们应有一番选择。（一）我们承认强权者都是人，都是我们的同类。滥用强权，是他们不自觉的误谬与不幸，是旧社会旧思想传染他们遗害他们。（二）用强权打倒强权，结果仍然得到强权，不但自相矛盾，并且毫无效力。欧洲的‘同盟’‘协约’战争，我国的‘南’‘北’战争，都是这一类。所以我们的见解，在学术方面，主张彻底研究，不受一切传说和迷信的束缚，要寻着什么是真理，在对人的方面，主张群众联合，向强权者为持续的‘忠告运动’，实行‘呼声革命’——面包的呼声、自由的呼声、平等的呼声——‘无血革命’，不致张起大搅乱，行那没效果的‘炸弹革命’‘有血革命’。”③

年轻的毛泽东以善良之心对待军阀，以“忠告运动”启迪人们的良知，期望把《湘江评论》办成“无血革命”的报纸。在毛泽东看来，用报纸讲清道理，动员人民联合起来，逼迫军阀势力攘除强权，搞一场和平革命是必要和可能的。他坚信：“子弹永世打不倒曹汝霖等一班奸人，我们起而一呼，奸人就要站起身来发抖，就要舍命的飞跑。我们要知道别国的同胞，是通常用这种方法，求到他们的利益。”④ 出版的几期报纸，笔调高昂、激情洋溢，

① 《毛泽东早期文稿》，第293－294页，湖南出版社，1990。

② 《湘江评论》，《毛泽东早期文稿》，第293页，湖南出版社，1990。

③ 《毛泽东早期文稿》，第293－294页，湖南出版社，1990。

④ 《民众的大联合》，《毛泽东早期文稿》，第344页，湖南出版社，1990。

对军阀和一切旧势力展开劝说，把他们吓跑。

健学会成员张效敏批评中国学术界“总是崇拜古人”，主张独立、自由、发挥个性，《湘江评论》给予肯定，对维新变法年代的书籍报刊做了恰当的评价。他认为：“那时候的思想，是空虚的思想。我们试一取看那时候鼓吹变法的出版物，便可晓得。一味的‘耗矣哀哉’，激刺他人感情作用，内面多是空空洞洞，很少踏着人生社会的实际说话。那时有一种‘办学堂’‘办自治’‘请开议会’的风气，寻其根抵〈柢〉，多半凑热闹而己〈已〉。凑热闹成了风，人人思想界，便不容易引入实际去研究实事和真理了。”①

毛泽东强调，维新派的报刊书籍，没有针对中国社会的实际问题提出革命的主张，他们的空洞宣传没有探索真理，而只是跟着洋人屁股后头跑，变法不能自强，这是毫无用处的。他得出的结论是：“那时候的思想，是自大的思想。什么‘讲求西学’，什么‘虚心考察’，都不外‘学他到手还以奉敬’的办法。”“学到了新法，便可自强。一达到自强目的，便可和洋鬼子背城借一，或竟打他个片甲不回。正如一个小孩，受了隔壁小孩的晦气，夜里偷着取出他的棍棒，打算明早跑出大门，老实的还他一个小礼。什么‘西学’‘新法’相当于小孩的棍棒罢了。”② 毛泽东对改良派出版物的分析，揭示了宣传西学来改良中国不能解决中国的问题，只有研究中国的实际问题，输入新思潮，才能消除中国的强权压迫和落后。

《湘江评论》创刊号寄到北京后，李大钊十分欣赏，特地在 1919 年 8 月 24 日出版的《每周评论》第 36 期上予以介绍，说：“武人统治之下，能产出我们这样的一个好兄弟，真是我们意外的欢喜。”李大钊认为这是全国最有分量、见解最深的刊物。《晨报》也予以介绍，说它“内容完备”、“魄力非常充足”。然而在 8 月上旬，军阀张敬尧派军警查封了《湘江评论》，前后共出 4 期。

（二）“呼声革命”走不通

《湘江评论》遭查封后，“呼声革命”遭到挫折，毛泽东积极参加和组织湖南的“驱张运动”和“湖南的自治运动”，作为对社会改造的实际步骤。他倡议成立学生周刊联合会，各周刊派一代表，每周开会一次，商讨在宣传

① 《毛泽东早期文稿》，第 363 页，湖南出版社，1990。

② 《毛泽东早期文稿》，第 362－363 页，湖南出版社，1990。

上如何步调一致。湘雅医学院学生会办的周刊《新湖南》，从第7期至停刊由毛泽东主编。1919年9月毛泽东在《〈新湖南〉周刊第七号刷新宣言》一文中提出：“本报第七号以后的宗旨是：一、批评社会。二、改造思想。三、介绍学术。四、讨论问题。……第七号以后的本报，同人尽其力之所能，本着这四个宗旨去做；‘成败利钝’自然非我们所顾。就是一切势力 Authority 也更非我们所顾。因为我们的信条是‘什么都可以牺牲，唯宗旨绝对不能牺牲！’”① 此时，毛泽东开始认识马克思主义和社会主义思想，认为报刊必须有坚定的信念，即用报刊批评社会。

1919年12月1日，《新青年》第7卷第1号《长沙社会面面观》摘登这一宣言时写道：“《新湖南》周刊的内容，自从第七号已与以前大不相同，请列位看他第七号刷新的宣言就知道的。”在摘登后又加了一段话：“再看他第七期的内容如何？其中精彩真是不少。最要的如《社会主义是什么？无政府主义是什么？》——洋洋数千言，说得很透。又有评中国假冒新招牌的《新中国》杂志及哭《每周评论》，‘工读问题’等，都是很好的。”

湘江評論

图3－3 《湘江评论》创刊号

为了传播新思潮，1920年下半年，毛泽东、何叔衡、易礼容等发起创办了文化书社，毛泽东为文化书社起草的组织大纲写道：“本社以运销中外各种有价值之书报杂志为主旨。书报杂志发售，务期便宜迅速，庶使各种有价值之出版物，广布全省，人人有阅读之机会。”7月31日，长沙《大公报》刊出《发起文化书社的缘起》，说：“没有新文化由于没有新思想；没有新思想由于没有新研究，没有新研究，由于没有新材料。湖南人脑子饥荒，实在过于肚子饥荒，青年人尤其嗷嗷待哺。文化书社愿以最迅速、最简便的方法，介绍中外各种新杂志，以充青年及前进的湖南研究的材料。”② 文化书社是以销售图书为活动的革命组织，出售的《马克思资本论入门》、《社会主义史》、《新俄国之研究》、《劳农政府与中国》、《晨报小说》第一辑和杂志《劳动界》（5000份）、《新青年》（2000份）、《新生活》（2400份）及《新潮》、《新教育》、北京《晨报》（每天销45份）、《时事新

① 《毛泽东早期文稿》，第408页，湖南出版社，1990。

② 《毛泽东早期文稿》，第499页，湖南出版社，1990。

报》（每天销40份）等出版物，都是新文化的代表，推广新文化是文化书社的责任！①

毛泽东特别强调读报的作用，它可以让人知天下，学到新思想。他在《读书会的商榷》一文中说："报是人人要看的东西，是'秀才不出门，全知天下事'的好方法。现在学校里的学生诸君，也有好多不看报的，是因为学校不能买许多报，报的份数太少的原故。最好是'每班'组织一个读书会，每月各人随便出几角钱，合拢起来钱就不少。除开买书之外便可多定几份报，至少也可以定一种。那么，便立刻变成不出门知天下的'秀才'了，岂不很好。上列的好处，如你先生觉得还不错，'读书会'这东西，何妨就从你先生组织起呢？若要备新出版新思想的书、报、杂志，则敝社应有尽有，倘承采索，不胜欢迎。"②

《湖南通俗报》是辛亥革命的产物，1912年创刊时名《演说报》，1914年改名为《湖南教育通俗报》，由湖南省教育馆主办，1920年9月由何叔衡、毛泽东等接办，邀谢觉哉任主编。在"驱张运动"中表现突出的何叔衡被选为湖南省教育委员会委员，并被任命为《湖南通俗报》社长。从《通俗报》上读到劳工神圣、妇女解放、文学革命、民众联合起来以及反对吃人的礼教、反对贪官污吏等消息和言论，大胆揭露了帝国主义的侵华阴谋，反对军阀，提高了民众的思想政治觉悟。毛泽东指出："报纸主张什么，反对什么，态度要明朗，不可含糊。通俗报是向一般群众教育的武器，文字必须浅显生动，短小精悍，尤其要根据事实说话，不可专谈空洞的大道理。""这一年的《湖南通俗报》办得很不错。"③

《湖南通俗报》在社会上的影响日益扩大，发行量大增，由几百份迅速增加到六七千份，赵恒惕们如坐针毡，惶惶不可终日，惊呼"湖南风气之坏，坏就坏在通俗报上"，"政府自己办的报纸专门骂政府，本是教育民众的《湖南通俗报》，变成了宣传'过激主义'的刊物，真是岂有此理！"1921年6月11日，赵恒惕政府即以"宣传过激主义"罪名，撤掉了何叔衡《湖南通俗报》社长职务，6月15日被迫停刊。在反对军阀张敬尧和谭延闿的斗争中，"无血革命"的宣传遭到压制均告失败，开始认识到"强暴复来乎，

① 《毛泽东早期文稿》，第498页，湖南出版社，1990。

② 《毛泽东早期文稿》，第545—546页，湖南出版社，1990。

③ 转引自高菊村等著：《青年毛泽东》，第120—121页，中共党史出版社，1990。

正式之抵抗，仍不可少也”。[①] 毛泽东终于认识到，宣传新思潮，为唤起统治者的良知办报，搞“呼声革命”是行不通的。

（三）要办劳动大众战斗的报纸

1920年冬天，毛泽东第二次来到北京，读了许多关于俄国十月革命的文章和共产主义著作的中译本，树立了对马克思主义的信仰。他阅读了陈望道译的《共产党宣言》、考茨基著的《阶级斗争》，以及柯卡普著的《社会主义史》。[②] 这时毛泽东的思想发生了变化，认为在中国搞“呼声革命”、“呼声办报”无法改变黑暗的中国，推翻强力对人民的统治。他写信给在法国留学的向警予说：“几个月来，已看透了。政治界暮气已深，腐败已甚，政治改良一途，可谓决无希望。”[③] 就在这年的下半年，何叔衡协助毛泽东创办文化书社，为在湖南传播马克思主义开辟阵地，何又和毛泽东、彭璜等发起组织俄罗斯研究会，同年冬天，何叔衡参加长沙共产主义小组。

1920年12月1日毛泽东又写信给在法国留学的蔡和森说，温和改良的法子，实属“理论上说得通，事实上做不到”。“要人心改变，也要有一种与这心力强度相等的力去反抗它才行。用教育之力去改变它，既不能拿到学校与报馆两种教育机关的全部或一大部到手，虽有口舌、印刷物或一二学校报馆为宣传之具，正如朱子所谓‘教学如扶醉人，扶得东来西又倒’，直不足以动资本主义者心理的毫末，哪有回心向善之望？历史上凡是专制主义者，或帝国主义者，或军国主义者，非等到人家来推倒，决没有自己肯收场的。”“资本家久握教育权，大鼓吹其资本主义，使共产党人的共产主义宣传，信者日见其微。所以我觉得教育的方法是不行的。我看俄国式的革命，是无可如何的山穷水尽诸路皆走不通了的一个变计，并不是有更好的方法弃而不采，单要采这个恐怖的方法。”[④] 至此，毛泽东彻底改变了“呼声革命”的办报思想，决心走上武装革命的道路，报刊要成为打倒敌人的斗争武器。1921年7月，他到上海出席了中国共产党第一次全国代表大会，开始成为劳工阶级的职业革命家。

为武力革命而办报，宣传推翻军阀统治、夺取政权的道理，首先要对腐

---

① 《毛泽东早期文稿》，第490页，湖南出版社，1990。

② 吴黎平整理：《毛泽东1936年同斯诺的谈话》，第39页，人民出版社，1979。

③ 《毛泽东早期文稿》，第348页，湖南出版社，1990。

④ 《毛泽东书信选集》，第3—6页，人民出版社，1983。

朽势力进行揭露。早在1920年7月毛泽东联络在长沙的湘潭教育界人士，发起成立湘潭教育促进会，通过了由他等人起草的宣言。1921年5月1日创办的《湘潭教育促进会会报》，毛泽东成为该报的两个编辑主任之一（另一人为吴毓珍）。在《发刊词》中，毛泽东呼吁实行“新教育”，“适合人性的教育”。“湘潭教育腐败！凡是湘潭人，或是曾经到过湘潭稍微了解湘潭情形的人，乃至身在湘潭教育界自己摸粉条擦黑板的人，几乎都有这样一句评语。但腐败原不要紧，寻出他所以腐败的原由，想方法把他去掉，腐败的东西，就不腐败了。腐败既附着于‘湘潭教育’，他俩已发生了亲密的关系，那么，怎样使他俩离开，就成了湘潭人士亟待解决的一个问题。湘潭教育促进会为解决这个问题而组织，会报也当然为解决这个问题而发刊。会报不是和各方面捣乱的，但也不是和各方面调和的。真理只有一个，不容谁捣乱，也不容谁调和。教育的真理就是‘新教育’。新教育的条件很多，概括一句，就是‘适合人性的教育’。会报本着这种宗旨，借文字之便，和各方面商榷，以期共同解决这个湘潭教育问题。换一句话，就是共同促进湘潭教育。”①揭露腐败，打倒腐败，让它“离开”，成为新的办报口号。

1923年4月10日湖南自修大学主编的《新时代》杂志创刊，这是毛泽东、何叔衡、贺民范等人利用长沙船山学社的房屋与经费于1921年8月创办的一所中国共产党湖南党组织干部学校的校刊，由李达兼任主编。《发刊词》表明该刊对于国家与社会的改造将有一种“根本的研究和具体的主张”。创刊号刊有毛泽东撰写的《外力军阀与革命》等12篇文章。《新时代·发刊词》指出，本刊的使命对于“将来国家如何改造，政治如何澄清，帝国主义如何打倒，武人政治如何推翻，教育制度如何改革，文学艺术及其他学问如何革命、如何建设等等问题”，必有一种根本的研究和具体的主张贡献出来。也就是说自修大学学员在研究马克思主义学说的同时，注重运用马列主义基本观点，分析回答中国革命进程中的实际问题。李达在《何谓帝国主义》、《马克思主义与中国》文章中科学地分析了中国政治、经济和各阶级的关系，论证了中国共产党提出的民主革命纲领是符合马克思主义的基本原理，又符合中国的国情。在校刊上发表的文章还有如李维汉的《观念史观批评》、陈佑魁的《货币革命观》、罗学瓒的《环境与教育》，还有李达译文《德国劳动党纲领栏外批评》（即《哥达纲领批判》）、罗学瓒译文《共产主义与经济进

---

① 《毛泽东早期文稿》，第497页，湖南出版社，1990。

化》、夏明翰的小说《死后的回忆》等。①《新时代》已经成为劳动大众的战斗报刊，投入推翻统治阶级的激烈斗争。

中共"三大"以后，国共合作的步伐大大加快，1923年12月底，毛泽东离开长沙经上海又一次来到广州，以国民党湖南代表的身份，参加了1924年1月20日至30日举行的中国国民党第一次全国代表大会，被大会指定为《中国国民党章程草案》审查委员，并在会上作了多次发言。经孙中山提名，毛泽东当选为国民党中央候补执行委员。1月25日讨论《出版与宣传问题案》，毛泽东就审查结果做了说明，提出宣传要体现革命斗争的目标，"众谓无异议"而通过。②

1925年8月，毛泽东按党的要求到达广州，参加了国民党的改组工作，10月20日，在他撰写的《广东省党部代表大会会场日刊·发刊词》中，热情赞颂了广东的同志领导农民同地主所做的斗争，指出革命报刊必须动员人民反对帝国主义、军阀、大商买办阶级和地主阶级，才能保障和扩大革命的胜利。他旗帜鲜明地指出："孙中山先生看清楚我们主要的敌人是帝国主义，于是定下了革命的民族主义。又看清楚帝国主义借以剥削中国人民的重要工具，是军阀、大商买办阶级和地主阶级，又定下了革命的民权主义与民生主义。""革命的民族主义叫我们反抗帝国主义，使中国民族得到解放。革命的民权主义叫我们反抗军阀，使中国人民自立于统治地位。革命的民生主义叫我们反抗大商买办阶级，尤其是那封建宗法性一切反动势力根本源泉之地主阶级，使中国大多数穷苦人民得享有经济幸福。"③

1925年9月，毛泽东再次来到广州，经中共中央同意，10月6日出任国民党中央宣传部代理部长。为反击国民党西山会议派、戴季陶主义以及帝国主义、军阀豪绅地主的反革命舆论，巩固国共合作统一战线，他认为必须有一个坚强的革命宣传阵地，极力主张创办《政治周报》，得到国民党中央党部的同意。对创办《政治周报》的目的，毛泽东说得十分明确："为了革命。为什么要革命？为了使中华民族得到解放，为了实现人民的统治，为了使人民得到经济的幸福。我们为了革命，得罪了一切敌人——全世界帝国主义，全国大小军阀，各地买办阶级，土豪劣绅，安福系、研究系、联治派、

① 《青年毛泽东》，第164页，中共党史资料出版社，1990。

② 《青年毛泽东》，第202页，中共党史资料出版社，1990。

③ 《毛泽东文集》，第1卷，第15—16页，人民出版社，1993。

国家主义派等一切反动政派。这些敌人，跟着我们革命势力的发展而增强对于我们的压迫，调动他们所有的力量企图消灭我们。他们有外国及本国的海军、陆军和警察，有国际的广大宣传机关（路透社等），有全国的报纸和学校。他们之间虽因利害不同时起冲突，说到对于我们，却无一怀着好意。”①毛泽东果断地亮出这张革命报刊的旗帜：“我们现在不能再放任了。我们要开始向他们反攻。向反革命宣传反攻，以打破反革命宣传，便是《政治周报》的责任。”《政治周报》在广州、上海、北京、开封、重庆、昆明等全国大中城市及香港等地，都设立了分售处，每期发行约4万份，成了当时革命派打击敌人、赢得群众的一种有力的思想武器。

图3－4 《政治周报》编辑部旧址

毛泽东把革命报刊的宣传目标，始终集中在依靠大多数民众，打击革命最主要、最危险的敌人。他认为，当时的革命报刊已处于攻势，发挥了重要作用。1926年元旦，国民党第二次全国代表大会在广州召开，毛泽东代表国民党中央宣传部在大会上作了《宣传报告》。在报告的结语中，毛泽东说：“两年来在革命宣传与反革命宣传相对抗之中，革命宣传确是取一种攻势；这种攻势，在五卅运动中特别地表现出来。反革命宣传却始终是一种守势，为了招架不住，才抬出‘反共产’、‘赤色帝国主义’这两块挡箭牌来。这种对抗攻守的现象，乃中国革命势力日益团结进取，而反革命势力日益动摇崩溃的结果。”1月16日，毛泽东参加起草的《关于宣传决议案》在大会上通过。《关于宣传决议案》指出：“中国的解放和统一，是大多数人所要求的。所以大多数的民众就是国民革命的基础。”“我们如果想促成国民革命的成功，必须要拥护农民的利益。宣传部应当正式指示，凡是赞成中国农民的解放运动的，就是忠实的革命党员，不然就是反革命派。”《关于宣传决议案》还强调：“一个党的成功，须赖有党的重心。中国国民革命的重心，就隐伏在大多数受剥削的农民群众。宣传部应当时常指示各党员，并且命令他们趋重于这个重心。”②

① 《毛泽东选集》，第1卷，第138页，人民出版社，1991。
② 《青年毛泽东》，第232－233页，中共党史资料出版社，1990。

二、周恩来的报格与报风论

周恩来（1898—1976年）原籍浙江绍兴，是中国无产阶级革命家、政治家和外交家，中国共产党和中华人民共和国主要领导人之一。1898年3月5日他生于江苏淮安，1917年在天津南开学校毕业后赴日本求学，开始接触马克思主义，1919年回国入南开大学，在五四运动中成为天津学生界领袖，1921年加入中国共产党，1922年和赵世炎等组织旅欧中国少年共产党，任中国社会主义青年团旅欧支部书记。1924年秋回国，在国共合作期间担任许多重要领导职务。

1913年春，周恩来随伯父迁居天津，在南开学校度过中学时代，南开学校的老师对周恩来产生了很大的影响。他从1914年10月主编第一个刊物《敬业》到1938年领导中共组织在国民党统治区发行《新华日报》期间，还先后主编过《天津学生联合会报》、《少年》、《赤光》等报刊，担任过天津《益世报》旅欧通讯员。在他早年对报刊工作的评论中，突出阐释了报格、报风对履行报纸责任的重要，提出过“一字之褒贬，胜于斧钺”，“秉董狐之笔，勿为报贼”，“守正不阿，严于褒贬”的办报要求。

（一）宣之众者，阐扬至理

1914年3月，在南开学校读书的周恩来与张瑞峰、常策欧等同学组织了“敬业乐群会”，含有“敬重学业，联络感情”之意，一些老师也成了会友，创办了会刊《敬业》，周恩来负责主编。1915年8月30日，南开学校校刊《校风》周刊创刊，周恩来初为该刊成员，1916年1月4日，担任《校风》文苑部部长，后又兼纪事类编辑。他为该刊撰写了很多文章，表现了对政治时弊的深切关注，新闻实践使他对报纸有了深刻的认识。

1915年9月他在《〈校风〉报传》中说，“传闻记实，宣之众者，谓报也。在昔有輶轩之创，三坟五典，七索九丘，国风雅颂，皆报类也。然传之不广，实未足比乎今日一日千里，纸贵洛阳之报章也。”[①] 他给报纸下的这个定义偏重于报纸记录事实、宣传大众两种作用，用这个标准衡量，中国春秋时代的史籍都是报纸，只是当时传阅范围不大。周恩来对中国古代典章的这一评价，对中国新闻史的研究有很重要的参考价值。

---

① 《〈校风〉报传》，载《周恩来早期文集》，上卷，第59页，中央文献出版社、南开大学出版社，1998。

报纸的出现依赖于文字的发明，文字的功用在于记录消息，褒贬时事。周恩来指出："人类所以迭出于他种动物之上者，岂仅恃其灵性之高而已哉，要亦有文字为之妙用耳。文字之功用固多，而察往昭来，誉扬褒贬，灵通消息，又为文字功用中之功用也。"① 在《说报纸之利益》一文中他进一步指出，中国古代的报纸——无论国风还是朝报，出现的根本原因是为了传播时事，但到了汉代就出现了新闻专制，开启了一个黑暗时代。"溯吾国古代，有国风之创，朝报之设，实为流通时事之一大起源也。乃因行之不久，至汉而废其制，人民耳不闻朝事，口不谈国政，昏昏焉衣食是谋，上下隔膜，数百里外不通消息。甚至茶肆有莫谈国事之禁，司法有妄谈朝政之罪。国之强弱，民不得而知。甚矣！专制时代之黑暗也。"

但现代报刊与古代的朝报不同，后者有鲜明的特征，办报的人要体现这些特征，贯彻现代的办报原则。他在 1916 年为《校风》报写的《本社之责任观》的社论中指出："是故无论机关大小，范围广狭，凡新闻杂志号称异于朝报者，报首概有言论之刊，标其主张，期他人表其同情。盖言论非文章比，阐扬至理，建立名言，表明其意见，此言论家之本色。若徒以文字炫于众，点缀粉饰，极其起承转合之能，以求合于国粹丈人之列者，是当入以文苑，示范后进，无所谓言论也。吾《校风》之言论，又岂期其有此?"② 这就是说，《校风》作为现代报刊，它同其他机关刊物一样，重视言论的地位。在报头发表的言论一定要表明报刊的立场，表达对时事的明确态度，不能仅图辞藻华丽，字炫于众。

接着，周恩来指出，办报还要着眼于未来，有建功立业的志向，言论要立意深远，照亮世界。"未来兴腾之事业，须待提倡者，出以热心，见以深远，开其幽邃之道。吾愿吾执言论之笔者，明烛乎此。吾尤愿吾千百同学，本社社员，时懔此义，勿视《校风》言论为无足轻重之地，而作之者亦宜勿使言论之出有令人视为无重轻之文，则言论正鹄定，《校风》之责任明。"他强调办报必须有"铁肩担道义，辣手著文章"的气概，这是"吾党青年愿毋忘斯语焉"。显然，办报的人必须献身于社会，投身于正义事业。

---

① 《说报纸之利益》，载《周恩来早期文集》，上卷，第 82－83 页，中央文献出版社、南开大学出版社，1998。

② 《本社之责任观》，载《周恩来早期文集》，上卷，第 281－283 页，中央文献出版社、南开大学出版社，1998。

周恩来在《本社之责任观》中，对报纸的性质有深刻的认识，把报纸称作“言论机关”、“国家之舆论机关”。1919 年他撰写的发刊词《〈天津学生联合会日刊〉发行断趣》中又称报纸为“舆论机关”，这里去掉了“国家”二字，界定了报纸的社会中介地位：它不从属于权力，只从属于社会正确的舆论，宣传正确的舆论。这些当时社会上多年沿袭下来的对报纸的称谓，揭示了报纸的性质，周恩来把握了这些称谓的实质，指引报人站在社会舆论的立场办报。

周恩来把报纸同实际斗争联系起来，称报纸为一种“利器”，在《〈天津学生联合会日刊〉发行断趣》一文中写道：“我们学生联合会在求社会同情的时候，不能不有两个利器：一个是讲演，一个是报纸。‘演讲、报纸’全是表现我们学生思潮了（的）结晶。现在学生的演讲，已经实行两个多月，报纸还没有组织，求社会同情的利器终究不算完全。”① 这就是《会报》为什么要创刊的原因，周恩来要走出学校，在社会上创办供市民阅读的报纸。

当时正值国难当头，周恩来及同学纷纷走上街头演讲，动员和组织民众同封建主义、帝国主义进行斗争，需要一份在社会上发行的报纸。演讲和报纸虽可互相补充，但不能互相代替，报纸在传播信息、发表言论方面，具有广泛性与深刻的思想性和战斗性。在《〈天津学生联合会日刊〉发行断趣》中，周恩来提出“本日刊是学生联合会的舆论机关，所以必须同联合会一致始终”，即报纸一定要执行联合会的宗旨，机关报与所属机关处于从属关系，在立场上不能唱反调。为了改造社会、救国救民，周恩来带领同学投入复杂的斗争，需要步调高度一致，报纸上不能有杂音。

早在 1914 年 10 月《敬业·创刊词》中，他就写道：“吾辈生于 20 世纪竞争之时代，生于积弱不振之中国，生于外侮日逼，自顾不暇之危机时间，安忍坐视而不一救耶!”“天下兴亡，匹夫有责!”他这种拯救中华、献身社会的志向，在他主编的《天津学生联合会报》的宗旨中也体现出来。他认为中国现实的危机一是政治的，二是精神方面的，辛亥革命后的政治急剧变化，对军阀和守旧顽固势力姑息、妥协后患无穷。

图 3－5 《敬业》杂志

① 《〈天津学生联合会日刊〉发行断趣》，上卷，第 419 页，中央文献出版社、南开大学出版社，1998。

就精神危机而言，国民道德沦丧，官场腐败日渐严重，社会一片颓靡之气。周恩来想用报纸呼吁国民应有“闻鸡鸣起舞之感，天下兴亡匹夫有责之念”，发行一份与学生联合会的斗争密切配合的报纸，在当时是十分必要的。

（二）从通风气到铲除旧势力

报纸有什么用途？周恩来在《说报纸之利益》一文中作了深刻的概括，他说：“然近世以来，欧风东渐，有一二智者，倡报章之利益，足以疏通风气，开化顽蒙，为当务之急，不可不创办也，于是渐有为报馆生涯者，庚子以还，日渐发达。人民之智识渐启，世界之观念稍具。风俗通，智识进，彼泰西之科学，赖世以输入。亚东之文化，仗斯以开明。日居斗室，而国事尽知。足不出户，而地理均明。道吾人之所不能道，知吾人之所不能知。”

报纸使民众通晓生活，了解世界，开启人民的智慧，是一部真正的教科书。更重要的是，报纸使人具有世界观念，对面临的社会问题能够讲清道理，知道世界的变化。因此，报纸上的每个字、每句话关系到国家的兴亡。周恩来进一步指出：“一字之褒贬，胜于斧钺。数版之文字，敢比春秋。报纸之利益如上，诚吾人终日不可缺之物，亦开通民智必要之事也。”①

周恩来以英国报刊在政治和社会生活中发挥的重要作用为例，高度评价了报纸影响政治的舆论地位，报纸主笔有政治经验和深厚的学问，秉笔直书，忠于事实，关系到全社会的利害。他强调：“吾闻之欧美，其执政者恒视舆论之可否，为行政之方针。故总统大臣，常退为报馆之主笔。非文豪、政治、教育等博士，不能为主笔。其严格如此，盖诚恐不学之徒，借以为其信口雌黄，颠倒黑白，以淆人听闻也。故泰晤士舆论，有转移全世界之能力。虽议院议员之发言，其效力尚不如是速。影响之大，利益之广，可谓伟哉！”②

《南开日刊》1919 年 7 月 12 日发表了《〈天津学生联合会报〉发刊旨趣》，周恩来在这篇文章中写道：“这次全国学生自动的事业，在世界上可以说很不希罕，但是在我们东亚，实在是不甚多见。日本的米骚动风潮，朝鲜的独立运动，这都是受世界新思潮的波动，在东亚历史上增加些国民自觉和

---

① 《说报纸之利益》，载《周恩来早期文集》，上卷，第 82 页，中央文献出版社、南开大学出版社，1998。

② 《说报纸之利益》，载《周恩来早期文集》，上卷，第 82 页，中央文献出版社、南开大学出版社，1998。

事迹。”文中提出的主要办报宗旨是，“本民主的精神发表一切主张；对于政府的政策有指导同监督的责任；介绍现在最新思潮于社会”。天津各报纷纷转载了这篇文章，在社会上引起了强烈的反响。

1919年8月底，为营救参加反帝爱国运动而遭军阀政府逮捕的学生代表，周恩来等率领天津学生五六百人赶到北京，经与北京各界代表的联合请愿，终于迫使军阀政府释放了被捕的同学。9月2日，周恩来、郭隆真、张若名、谌小岑等人在返津的列车上酝酿成立一个比学联更严密的团体，就是后来的觉悟社。他决心带领同学从事学术和新思潮研究，出版新的报刊，本着“革心”、“革新”精神，以“自觉”、“自决”为主旨，宣传新思潮，投入变革现实的斗争。1920年1月20日，由周恩来主编的《觉悟》第1期出版。这本杂志有百余页，将近10万字，周恩来在上面发表了《觉悟》、《觉悟的宣言》、《有什么分别》3篇文章和《游日本京都圆山公园》、《雨后岚山》等5首白话诗。

他在《〈觉悟〉的宣言》中说：“‘觉悟’的声浪，在20世纪新潮流中，澎渤得很利害。我们中国自从去岁受欧战媾和的影响，一般稍具普通常识的人，也随着生了一种很深刻的‘觉悟’；凡是不合于现代进化的军国主义、资产阶级、党阀、官僚、男女不平等界限、顽固思想、旧道德、旧伦常……全认他为应该铲除，应该改革的。有了这种‘觉悟’，遂酝酿成这次全国的‘学潮’，冲动了全国的学生界，人人全想向‘觉悟’方面走。”① 五四运动后，报刊的功能不再是简单的通风气、化顽蒙，而是提高国民的觉悟，引导他们铲除不合世界潮流的一切旧势力、旧思想、旧习惯。正因为如此，《觉悟》这个刊物（小册子）欢迎社会监督批评，看它是否表现出上面的觉悟。周恩来写道：“我们标榜的名字既是《觉悟》，我们小册子的内容，要没有一点‘觉悟’的实质表现出来，对着社会实在是惭愧；并且还要夹着一种‘哄骗’的成分在里头了。”周恩来对自己办的刊物表现出的自我批评精神，是此前的报人少有的品格。

他认为觉悟社的目标本着反省、实行、持久、奋斗、活泼、愉快、牺牲、创造、批评和互助精神，适应于“人”的生活，做学生方面的“思想改造”事业。《觉悟》的办刊方针要坚持研究科学、评论社会和输入新思潮，

① 《觉悟的宣言》，《周恩来早期文集》，上卷，第471—472页，中央文献出版社、南开大学出版社，1998。

具体表现为：一、取共同研究的态度，发表一切主张；二、对社会生活，取评论的态度；三、介绍社外人的言论——著作同演讲；四、灌输世界新思潮。最后，周恩来要求全社会都来审查、批评这个刊物，是不是有觉悟，并为之奋斗。他提出："我们很盼望社外边的人，从旁观的态度上能够给一种严重的审查、深刻的批评，我们是非常欢迎的……我们的决心就是齐心努力向'觉悟'道上走，同时也盼望社会上所有的人都向'觉悟'道上走。努力！奋斗！"周恩来提出的开展报刊批评，作为监督报刊是否履行自己诺言的实际步骤，为报界形成批评与自我批评的风尚树立了榜样。

觉悟社还经常召开各种问题的讨论会，对学生的思想觉悟、家庭改造、共同生活、工读主义等问题探求真理，脚踏实地进行自我革新。周恩来撰写的《觉悟》一文实际是该刊的另一篇《发刊词》，认为"凡人不满意现状，必生出感觉；由感觉而悟到一切真的事理——为人类大多数生存进化，比较现状为有进步的——是谓之大'觉悟'"。[①] 觉悟社的活动和《觉悟》杂志，受到社会各界的注意，北京《晨报》载文称觉悟社为"天津的小明星"，上海《新人》杂志评价《觉悟》杂志，"讨论的问题全是长篇而有秩序，为现在各出版物中所未有"。[②]

（三）发公正之言，勿为报贼

在《〈天津学生联合会日刊〉发刊旨趣》一文中，周恩来提出这份报纸"代表全津学生的舆论"，"对于政府的政策有指导同监督的责任"，"本民主主义的精神发表一切主张。学术研究的发表不分派别，但以稿件合于社会的生活作标准。新闻的记载以有关于社会生活、人类进步为范围，并且力求敏捷。对于社会生活同各种学术用哲学的眼光科学解析，公允正确的批评"。[③] 每个编辑要具备良好的职业道德和公正不阿的立场，坚定履行重大的职责，正如他在《报纸之利益》一文中所说："吾甚望置身舆论界者，秉董狐之笔，为春秋之言；毋阿私，毋寻隙；勿为报纸之贼，勿作文字之蠹，则吾华庶几能受报纸之利益也哉。"[④] "董狐之笔，勿为报贼"的主张，提出了报刊应有的报格和报风，概括了记者伦理的最高原则。

---

① 《觉悟》，《周恩来早期文集》，上卷，第473页，中央文献出版社、南开大学出版社，1998。

② 江明武编著：《周恩来生平全记录》，上，第41页，中央文献出版社，2004。

③ 载《南开日刊》第三十号，1917年7月12日。

④ 《周恩来早期文集》，上卷，第82页，中央文献出版社、南开大学出版社，1998。

他认为，报纸持论要公正，事实要准确，不能煽惑谩骂。他写道："盖报纸本集多数人之意见，发为公正之言论，确当之事实，非谩骂揭私可比。而今日之报纸，多党同伐异，挟仇寻私，互相嘲笑，谣传时事，骇人听闻，肆其煽惑之手段，鼓其扰乱之心理，致人民有相戒不看报之语。第二次革命，浔阳沪滨之乱，实报纸之鼓动力。诚如是，则凡所谓报纸之利益，举一扫而空之矣，岂不哀哉！"[①] 如果报纸传播谣言，扰乱人心，党同伐异，相互攻击，没有公正的立场，就是报贼。

根据报纸的品格，周恩来将报纸分为上、中、下三等。在《〈校风〉报传》一文中，他提出最好的"上报"是"守正不阿，严于褒贬，秉董狐之笔，执春秋之义"；"中报"则"唯善是彰，唯恶是隐，持一见，虽败勿悔，刀锯加身而不惧"；而"下报""至传闻失实，随声附和，则自哙以下矣"。他把报纸划分为这三类的依据是新闻伦理标准，反映了中学时代的周恩来的善恶观和是非观非常鲜明。

周恩来深刻认识到报刊的巨大作用，认为记者只有具备正直、坚贞的品质，才能向民众输入新思潮，投入反对军阀和一切顽固势力的斗争。他在《天津学生联合会报》上曾发表两篇文章质问天津《益世报》"负'转移社会趋向'的责任，为什么每天总拿'奉吉私争'一事纠缠不休？"发生的更大事情（例如山东戒严、北大学生被捕等）却不报道。"移开国民的注意点，这里是否别有作用？"[②] 当时天津的《益世报》对"奉吉私争"做大题目，[③] 对北洋政府和张作霖却不置一词，周恩来对《益世报》发出质问："《益世报》为什么对于安福派所促成的吉奉私争有所偏向呢？《益世报》何以这次大说特说中央威信、中央命令？这个时候还替这班军阀讲威信，讲命令，真是令人莫名其妙。"[④] 他认为"现在舆论界总要有个是非"。

---

① 《周恩来早期文集》，上卷，第 83 页，中央文献出版社、南开大学出版社，1998。

② 《再问〈益世报〉》，载《天津学生联合会报》，1919 年 6 月 8 日。

③ 1919 年 3 月 6 日，北京政府为讨好张作霖，把盘踞吉林多年的原督军孟思远调往北京。孟和他的部下高士傧等人不服，双方剑拔弩张，互相指责，这就是所谓"奉吉风潮"。7 月 19 日，在吉林长春二道沟，日本兵向高士傧的第一师挑衅，双方发生冲突，互有伤亡。张作霖电告北京政府，指责高士傧。7 月 22 日，北京政府下令免去高师长职务，高发表通电反对。

④ 周恩来：《评现今舆论界并问〈益世报〉》，载《天津学生联合会报》，1919 年 8 月 5 日。

周恩来批评《益世报》袒护北洋政府，转移人民的斗争目标，放弃对政府的监督，丧失了公正立场。“国民能团结起来监督政府，也是因为报纸的力量。假如报纸不天天说，国民便不十分注意，不能十分团结，外交后援也没了，政府监督也没了。”① 这种“转移社会趋向”只能站在北洋政府一边，反对人民的正义斗争，背弃了报刊的正当立场。他在《评现今舆论界并问〈益世报〉》（1919 年 8 月 5 日）一文中提醒报界：“外交内政的风云日急，国人的热度日减，舆论界的论调，忽然也跟着消沉，这样的反比例，实在让人看着危险。国民第一步的胜利，舆论界后援总算很大，到现在反‘噤若寒蝉’，岂是因为‘大功告成’呢？还是别有作用呢？”

当时的军阀有收买报纸的，有打砸报社的，周恩来提出：“国内的报纸，到底还不是全没有骨气的，那没有津贴没有党派的报馆，难道就不能发挥些‘正义’、‘光明’的论调吗？”他引用南开同学王石予、于鹤年在《南开日刊》上的言论——“我们怎样对付这报馆中的败类呢？我想最好的法子，就是宣布他们的秘密，教大家都知道鄙弃他们，不买他们的报，他们还能作怪吗？”号召民众不读他们的报，抵制他们的立场，这是最有效的斗争方法。

周恩来对反动势力毫不退缩，坚持言论公正的立场，给当时的新闻界树立了榜样。1919 年 8 月初，当山东戒严司令、济南镇守使马良悍然宣布全省戒严，残酷镇压爱国运动的消息传到天津后，爱国群众人人义愤填膺，学生运动重新高涨起来。8 月 6 日，《天津学生联合会报》发表了周恩来写的《黑暗势力》一文，大声疾呼：“国民啊！国民啊！黑暗势力‘排山倒海’地来了。”“我们应当怎样防御啊？要有预备！要有办法！要有牺牲！推倒安福派，推倒安福派所倚仗的首领，推倒安福派所凭借的军阀，推倒安福派所请来的外力。国民自觉！国民自觉！现在就是时候了。”② 8 月 9 日，《天津学生联合会报》发表《讨安福派的办法》一文，写道：“单靠打电报、发宣言、上请愿书，是不能去掉安福派的。”“我们当知道，我们所恃的是群众运动。”并响亮地提出：“黑市！黑市！不纳税！罢课！种种的举动，那才真是足以致安福派的死命。”《天津学生联合会报》已经在投身革命、号召和动员革

---

① 周恩来：《评现今舆论界并问〈益世报〉》，载《天津学生联合会报》，1919 年 8 月 5 日。

② 《周恩来早期文集》，上卷，第 426 页，中央文献出版社、南开大学出版社，1998。

命，并置身于革命的行列！

《天津学生联合会报》的影响越来越大，引起了北洋政府的恐惧。8月底，北洋政府内务部下令查禁《天津学生联合会报》。9月22日，直隶警察厅派出军警（厅长杨以德），武力逼迫印刷厂不准承印《天津学生联合会报》。《天津学生联合会报》被迫停刊，周恩来写了紧要启事，说明真相，力争继续出版。《天津学生联合会报》在周恩来的领导下，不屈不挠地进行恢复出版的斗争，益世报馆拨出百忙的人工，承印该报，于1919年10月7日复刊。周恩来在为该报复刊所写的布告上说："本报休刊的号外上，已经说过，本报是天天在奋斗里讨生活的，又岂能因为杨以德的干涉印刷局，因为杨以德不予立案，我们就不去同他奋斗。我们办事是秉着良心去做，光明正大，没有一点退缩的。现在学生的奋斗是一天急似一天，我们靠着传布消息的会报，是断断不能再'噤若寒蝉'的歇着，不去尽他的责任。爱本报的也都是这样大义相责。本报是不能不想法快快的出版。杨以德的干涉，我们是没有一点退却的。"①

记者坚持言论公正，不做报贼，关键是要负起办报的责任，勇往直前、百折不挠。正如周恩来在1917年为《校风》撰写的《本社之责任观》一文所说的："愿董吾《校风》之事者，勿苟安，勿自诿，勇往直前，百屈不挠。勿临渴掘井，勿缘木求鱼。预备于先，持久于后，为《校风》谋与校俱长与日俱存之念。勿囿于目前，致贻事后之悔。勿姑息俯就，致弊重而难返。发扬增长非诸公之力莫措，精美丰富非诸公之力莫致。"办报不仅不能苟且偷安，而且要从实际出发，讲究实效，要有踏踏实实的精神，为做好报道创造物质与精神条件。

周恩来强调，记者精通业务，知识渊博，文字娴熟，有独到见解，论理公允，文笔生动，不拉杂成篇，才能有正确的立论，履行自己承担的责任。他写道："记者不学，年来感于外象，每执笔为文，辄觉肠空如笥，无可言者。即勉成篇章，亦都拾人牙慧，效颦东施，屡用自怜。唯以疏于文字如记者，择句艰涩，见理偏异，言之恐增阅者恶，转弗若藏拙为佳。思之再，辞之数四，均不见许。无已其本我良心上所认为是者，拉杂成篇，聊供阅者咀嚼。味甘味劣，自不暇计，而揣摩风气之消，或得稍敛迹于吾文。私幸之余，首成是篇，以明责任。倘阅者不以书生之见，而讥其识短，老气横秋而

① 《本报继续出版的布告》，载《天津学生联合会报》，1919年10月7日。

笑其言夸，则记者当源源而来，以供千虑之一得，亦不暇计其腹空如笥矣。”① 这些经典论述，是每个记者都应牢记的警策。

1920年周恩来赴法国勤工俭学，边学习边考察西欧的工人运动，写了大量的欧洲工人罢工、工会活动和共产党组织的通讯，发表在天津的《益世报》和后来的旅欧中国共产主义青年团支部机关刊物《少年》上。1922年6月3日，旅欧共产主义者赵世炎、周恩来、李维汉、王若飞、陈延年、陈乔年、刘伯坚等在巴黎西郊布伦森林开会，正式成立旅欧中国少年共产党。周恩来负责宣传工作。8月1日，创办机关刊物《少年》月刊，周恩来承担编辑和发行重任。1924年2月，旅欧中国共产主义青年团机关刊物《少年》改组为《赤光》。为适应国内革命形势的迅猛发展，《赤光》将办刊重点从介绍马克思主义学理转向对中国革命实践与方针的探讨。《赤光》由周恩来主编，邓小平等人参加编辑和刻印等工作。

在发刊词《赤光的宣言》中，周恩来阐明了该刊的宗旨：“我们所认定的唯一目标便是：反军阀政府的国民联合，反帝国主义的国际联合。”“我们知道，我们远处欧洲的中国国民，对于我们故乡的政治经济现状常有隔膜而不谙内情的苦闷。为要使大家解此苦闷，我们不但要评论中国时事，且更愿为大家指出他的乱源所在和他的解脱之方。”“我们又知道旅居在欧洲的国人大都具有充分的救国热诚，只以救国之方多未能趋于一致，且常有因囿于一隅之见而深拒固绝的反对国民联合。我们现愿诚恳而忠实的给大家指示出救国的唯一道路和其他转弯拐角迂拘而不可能的途径。”② 显然这份无产阶级刊物，被定位为反对军阀和帝国主义、实现民主与民族解放的斗争任务，但它仍然坚持周恩来的报格、报风——“我们是要以科学的方法，综合而条理出各种事实来证明我们的主张无误”。不过，周恩来这时期的报刊活动是为夺取赤色革命在中国的胜利而奋斗。

三、瞿秋白眼中的革命罗针

瞿秋白原名瞿双，后改名瞿霜、瞿爽，是中国劳工革命家、理论家和报刊宣传家。他于1899年生于江苏常州，早年曾到武昌外国语学校学英文，

---

① 《周恩来早期文集》，上卷，第283—289页，中央文献出版社、南开大学出版社，1998。

② 《赤光》半月刊，1924年第1期。

后到北京谋生。1917年考入北洋政府外交部办的俄文专修馆读书。1919年参加五四爱国运动，同年11月参与创办《新社会》旬刊。1920年初参加李大钊组织的马克思主义研究会，同年10月以北京《晨报》和上海《时事新报》特派记者的身份去莫斯科采访。1921年兼任莫斯科东方劳动者共产主义大学中国班的教员，1922年2月在莫斯科加入中国共产党，1923年春回到北京，主持起草了中共第三次全国代表大会纲领草案，参与制定国共合作的战略决策。1927年"八七"会议后任中央临时政治局常委、总书记，主持中共中央工作。

1923年6月他出席中共第三次全国代表大会，当选为中央执行委员会委员，担任中共中央机关刊物《新青年》、《前锋》主编和《向导》的编辑。在他有生之年，全部精力投身于中国共产党的革命事业，先后编辑、主编和领导过《新社会》、《新青年》、《前锋》、《热血日报》、《布尔什维克》、《红旗日报》、《实话》、《红色中华》等十多种革命报刊，领导过"中国新闻学研究会"和"中国左翼记者联盟"。在多年的党报新闻实践中，他提出了党的新闻工作的理论、原则、任务和方法，对党报产生过极重要的影响。

在五四运动中，他参与创办和编撰《新社会》旬刊，传播民主与科学及社会主义思想，主张以马克思主义"去改造现在社会，重建现在的国家"。1920年10月，他应聘担任北京《晨报》和上海《时事新报》赴苏俄的3名特派员之一，坚持报道苏俄的革命和社会状况，采写了《共产主义之人间化》等数十篇新闻，写作纪实文集《饿乡纪程》、《赤都心史》及《俄国文学史》、《俄罗斯革命论》等书。他的报刊文章和出版的书籍，都是为了"研究中国现实的政治经济状况，综合分析世界的社会现象，解释现实的社会现状，解决现实的社会问题……为改造社会真理而与各种社会思想的流派辩论，为改造社会而求真理"。①

1923年他担任《向导》的编辑和主编，创办中共中央机关理论刊物《新青年》季刊、政治经济刊物《前锋》月刊。他为《新青年》季刊撰写的发刊词《〈新青年〉之新宣言》，论述了党的报刊产生的源流、使命和宣传方法。他指出，作为中共理论刊物的《新青年》季刊不是凭空出现的，是"五四"反封建的民主革命思想先驱《新青年》的继承者和发展者。今日的《新青年》是"无产阶级思想机关"，也是"中国无产阶级革命的罗针"，揭示了

① 《〈新青年〉之新宣言》，《新青年》季刊，1923年6月15日。

《新青年》由民主主义向社会主义转变的必然性。

这个“罗针”指的方向是革命，组织革命青年向反动势力发起进攻。他指出：“在中国旧社会崩坏的时候，《新青年》乃不得不成为革新思想的代表，向着千万层重重压迫中国劳动平民的旧文化，开始第一次的总攻击。”《新青年》的职志是：“要与中国社会以正确的指导，要与中国平民以智识的武器”，“助平民劳动界实际运动之进行”。《新青年》当为社会科学的杂志。因为现代社会已有解决社会问题的物质基础，要根据社会科学研究考察革命和无产阶级在社会中的地位。

他对《新青年》季刊提出的宣传方法，在当时具有重要的实际意义。他从五个方面阐述了《新青年》季刊的宣传方法：（一）研究传播现代最先进的社会科学，即共产国际奉行的马克思主义，要由浅入深，有系统、有规划地向革命青年及劳动平民提供社会科学的根本知识，借以“明察现实的社会现象，求得解决社会问题的方法”。（二）用马列主义的社会科学方法，研究宣传中国现实的政治经济状况，解决现实的社会问题，力求“综观实际现象而取客观的公律”。（三）刊载中外革命文学作品，“与中国麻木不仁的社会以悲壮庄严的兴感”。（四）“广开中国社会之世界观，综合分析世界的社会现象”。“研究各国无产阶级运动之过去与现在，使中国得存所借鉴”。（五）开展“与各种社会思想流派的辩证”，“为改造社会而求真理”。最后，瞿秋白写道：“《新青年》曾为中国真革命思想的先驱，《新青年》今更为中国无产阶级革命的罗针。”①

瞿秋白在《新宣言》中向世人宣告该刊的使命是：“将继续旧时《新青年》之中国社会革命的事业，进行彻底的斗争，以颠覆一切旧思想，引导实际行动，帮助实际行动——以解放中国，解放全人类，消灭一切精神上物质上的奴隶制度，达最终目的：共产大同。”显然，这同五四时期陈独秀、李大钊编辑的《新青年》有不同的任务，那时的主要任务是宣传新思潮、新文化和马克思主义，而现在的《新青年》则是进行实际的革命斗争，实现共产大同的理想。每个党报工作者写文章不再是为了给人类留下文化遗产和思想成果，而是动员群众投入战斗。正如他说：“我们的著作是想要利于革命的实践的，而并非想‘藏之名山，传诸其人’的。列宁说：‘自然……与其要革命，毋宁做革命。’我们固然很愿意从事于中国马克思主义的巨著，但是

---

① 《中国新闻事业史文选》，第372—377页，中国人民大学出版社，1999。

在现时革命潮流汹涌的时机，既不应幻想明窗净几闭户著书的余暇，那么，仅只我这些马克思主义的试作……也就未始无益哩。”①

1925年“五卅”惨案发生，瞿秋白受命创办和主编中共第一张日报《热血日报》，作为指导运动的舆论工具。他把《热血日报》办出了鲜明的战斗性、群众性。在《热血日报》出版期间，他看见一个工人在看《商报》，就和他聊起来。工人向他诉苦说：“没有合适工人看的报纸，现在报纸都看不懂。”② 瞿秋白受到了很大的启发，在编写《热血日报》时特别注意文字的通俗，力求用口语，尽可能使用方言，文章的观点开门见山，文章的篇幅尽量减少，使工人有空看，看得懂，喜欢看。《热血日报》很快就取得了劳动群众的拥护和支持。他强调，报纸的宣传工作和打仗一样，必须做到知己知彼，每天了解敌友我的动态和思想情况，“做被压迫民众的喉舌”为报纸的职志。他说：“工人读者心里要想知道：‘咱们的工友打伤几个，怎样打死的，如今怎样了……商人怎样办法，工会怎样办法，‘学生先生’怎样办法，英国要不要再开枪，再开枪怎样的对付，不开枪又怎样对付。”③ 瞿秋白认为，办给工人看的报纸一定要报道工人关心的事情，否则就失去读者，也无法教育和引导工人群众。

第五节　对“赤化”宣传的杀戮

在20世纪20年代，关于马克思主义、社会主义的言论在报刊上广泛传播，著名的劳工革命家和宣传家的思想和活动对许多报人产生了深远影响，报刊上关于马克思主义、工农运动的报道与评论逐渐多起来。北洋军阀和一切反动派把这种宣传斥为“赤化”，颁布了压制劳工革命思想传播的法规。1922年10月，北京各界要求废止《治安警察条例》，以《晨报》为代表的报刊严正指出：“言论、著作、集会、结社之自由，为立宪公民绝对应享受之民权”，但都被《治安警察条例》与《出版法》完全剥夺，“以致全国呻吟

① 《瞿秋白选集》，第312页，人民出版社，1985。

② 杨之华：《回忆秋白》，第43页，人民出版社，1984。

③ 唐宝林：《中央局成员和〈热血日报〉》，载《陈独秀与瞿秋白》，团结出版社，2008。

于专制虐政之下，钳口结舌，怒不敢言”。到1925年，全国报界纷纷发表宣言、通电与社论，抵制压制言论与思想自由，北京政府不得不废止相关决定。但军阀并没有放弃镇压言论的暴行，残酷地杀戮进步报人和马克思主义宣传家。第一个在军阀屠刀倒下的是山东报人胡信之。1925年张宗昌作为山东都督，对《公民报》记者胡信之报道纱厂工人罢工怀恨在心，抓捕后将其枪杀在狱中。张宗昌威胁山东的各报社、通讯社记者说：“你们报上登载的消息只许说我好，不许说我坏。如果哪个说我坏，我就以军法从事。”①他已经是个赤裸裸压制言论自由的血腥恶霸了。

一、李大钊为赤旗而就义

1927年4月奉系军阀张作霖占领北京后，白色恐怖日益严重。李大钊痛感国家危亡，国民思想萎靡不振，把马克思的学说输入国民精神，激发劳工阶级投入实际斗争越发紧迫。早在1918年冬，他与陈独秀等人创办了《每周评论》，广泛宣传马克思主义。在十月革命的影响下，1919年爆发了轰轰烈烈的五四爱国运动。李大钊同进步的学生一起上街散发传单，营救被捕入狱的学生，发表了《社会主义与社会运动》、《俄国革命之远因近因》、《俄国大革命之影响》、《马克思的经济学》等文章，批驳各种反马克思主义思潮，推动了马克思主义在中国的广泛传播。

接着，李大钊陆续发表了《法俄革命之比较观》、《庶民的胜利》、《Bolshevism的胜利》、《中国的社会主义与世界的资本主义》等文章，在《晨报》上开设马克思主义专栏，编辑《新青年》的“马克思研究专号”，成为我国五四时期“喜欢谈谈布尔扎维主义”的人，也是中国第一位在理论上为马克思主义进行辩护的人。他明确指出，无产阶级反对资产阶级的阶级斗争是劳工阶级翻身的必经之路，“始于罢工，终于革命”，是劳工阶级得到政权、达到“完全目的”的手段。在他介绍社会主义思想的文章中，内容可靠、客观，推理有说服力。他阐发“中国实业之振兴，必在社会主义之实行”，“世界的经济组织，既已经资本主义经至社会主义，中国想行保护资本家的制度，无论理所不可，抑且势所不能”。②

---

① 朱小平：《报界人杰林白水》，载《北京日报》，2010年3月1日。

② 《中国的社会主义与世界的资本主义》，《李大钊文集》，下，第454—455页，人民出版社，1984。

他在报刊上对不同观点，包括对马克思主义的曲解，都十分宽容，从理论到实践认真分析马克思主义的科学性和实现的条件性，从不盛气凌人，拿大帽子压人。当时社会思潮非常复杂，大量西方不同观点的学说传入中国，存在许多认识上的模糊。无产阶级专政理论与民主观念相抵触，无政府主义、自由主义冒充民主主义，民粹思想和人民民主论难以区分，科学社会主义和空想社会主义混为一谈。李大钊以严肃、通俗、联系中国实际及辩证的方法介绍和宣传马克思主义。他没有神化马克思主义，在肯定马克思主义的同时指出："马氏实把阶级的活动归在经济行程自然的变化以内。但虽如此说法，终觉有些牵强矛盾的地方。这全因为一个学说最初成立的时候，每每陷于夸张过大的缘故。"①

李大钊从马克思主义出发，也运用其他学说中正确的观点分析各种政治问题。他在《平民主义》中反复说明，社会主义与民主主义并不矛盾，"工人政治"亦是一种民主主义。无产阶级专政"是在革命期间必经的阶段"，当其"经过"之后，社会主义精神"普及于一般"之时，真正的"工人政治"，亦即真正的民主，"便自然的实现"。他就这样辩证地论证了民主与无产阶级专政之间的关系。在《社会主义释疑》一文中，他借用英国空想社会主义者威廉·莫里斯的"美感的社会主义"理论，论证在社会主义下自由工作可以带给人愉快，社会主义也会"保存艺术的个性发展的机会"。为了说服人们接受马克思主义，他提倡阐释正确的马克思主义观点，必须由浅入深，通俗易懂。如在《政治对抗力之养成》、《民彝与政治》等文中，他所引述的托尔斯泰所谓"历史上事件之因缘"，乃是"让于一定人物之群众意志之累积"的"势力"的观点，得出"民彝者，可以创造历史"的结论，对马克思主义关于人民创造历史的观点作了生动的解释。

当章士钊提出"调和立国论"后，引起思想界激烈的争论，他引用斯宾塞的社会总是在新旧参半的状态下"常沿常革，方死方生"而进化的观点，既说明章士钊本人提出调和论的部分思想来源，也发挥了马克思关于任何事物都是相互联系、相互继承和连续过渡的观点。他对马克思主义的宣传坚持正确的思想方法，贯彻实事求是的原则，不搞本本主义，努力团结和说服各流派的学者和持有不同立场的人。

李大钊在报刊上介绍了马克思主义的唯物史观、政治经济学和科学社会

① 《我的马克思主义观》，《李大钊文集》，下，第 64 页，人民出版社，1984。

主义，称赞苏俄的工农革命的胜利。李大钊第一篇宣传“十月革命”的文字，是把俄国作为“世界的新文明”、“20世纪全世界人类普遍心理变动之显兆”，提出建立“以民众为基础的劳农政府”，让中国知识界初步了解了无产阶级革命的基本道理。在李大钊、陈独秀的影响下，一批先进的青年知识分子接受了马克思主义，决心以新的理论改造社会。

1918年11月15日，北京大学在天安门前举办演讲大会，许多人在演讲中反复强调所谓“公理战胜强权”。李大钊针对这种说法，于同年11月末在北大与中央公园举行的演讲会上，发表了题为《庶民的胜利》的著名演说。认为公理本身无法战胜强权，战胜强权靠民众起来共同奋斗，他明确地指出阶级斗争理论恰如一条金线，把马克思主义的全部理论“联络起来”。① 他用马克思主义来宣传、教育、武装民众，对报刊上的非马克思主义观点及时进行批评，促进全国民众的不断觉醒，对孙中山也产生了深刻影响。他在《Bolshevism的胜利》一文中，第一次告诉中国民众，列宁领导的布尔什维克党，是以马克思主义为指导的党，它的使命就是发动和带领劳动阶级打破资本家的旧生产制度。他预言：“试看将来的环球，必是赤旗的世界!”这个战斗的号角，对军阀是一种挑战，令他们胆战心寒，也概括了李大钊的斗争决心和最终信仰。

图3－6 《每周评论》

当时胡适认为，不要因大谈主义而忽略解决实际问题，因为主义同实际问题还有一定的距离。他在《每周评论》上发表了《多研究些问题，少谈些主义》。李大钊于1919年8月17日，在《每周评论》上发表了《再论问题与主义》一文，批评了胡适的错误观点。通过“问题与主义”的讨论，马克思主义被更多的人所了解，学习、宣传马克思主义者的人士越来越多，对理论与实践相结合有了初步的认识。《新青年》第6卷第5号出刊《马克思主义研究专号》，标志着李大钊对马克思主义的宣传形成了一定气候。

李大钊在许多刊物上抨击封建文化，提倡新文化运动，积极参加和支持爱国运动和新文化运动，发起组织少年中国学会等进步社团。他写了大量文

① 《我的马克思主义观》，《李大钊文集》，下，第50页，人民出版社，1984。

章抨击反动军阀的统治，揭露帝国主义的侵略，指导爱国青年的社会运动。1920年3月，在李大钊指导下，由北大学生邓中夏、黄日葵、高君宇、范鸿劼、罗章龙、刘仁静等19人秘密发起成立了“北京大学社会主义研究会”。同年12月，李大钊和费觉天等8名北大学生发起成立了“北京大学马克思主义学说研究会”。马克思主义学说研究会成立后，李大钊还开设了“亢慕义斋”，即共产主义读书室。此外，又组织外语系的同学成立了翻译小组，先后翻译了《共产党宣言》、《哲学的贫困》、《雇佣劳动与资本》、《法兰西内战》和恩格斯著的《社会主义从空想到科学的发展》、《家庭私有财产和国家的起源》和列宁著的《共产主义运动中的“左派”幼稚病》、《无产阶级革命和叛徒考茨基》、《苏维埃政权的当前任务》等经典著作。在李大钊的领导下，“亢慕义斋”成了我国第一个马列书刊的翻译室，创造一个赤旗的世界，成为他们奋斗的目标。

李大钊不仅利用报纸杂志和进步社团传播马克思主义，而且还利用课堂、讲演会进行思想引导，让社会主义深入人心。他兼任北京大学、朝阳大学、中国大学、北京师范大学和北京女子高等师范学校的课程，在课堂上讲授《史学思想史》、《唯物史观》、《史学要论》、《社会学》、《社会主义与社会运动》、《社会主义》、《唯物史观研究》、《现代政治》和《女权运动史》等基础理论课。李大钊传播马克思主义的活动，为中国革命高潮的到来起到促进作用，也为中国共产党的建立打下了理论基础。

1925年，张作霖企图从日本换取军火而出卖国家主权，这种行径引起奉军高级将领、具有民主思想的爱国军人郭松龄的愤怒，他于11月22日在滦州通电请张作霖下野，把军权交给张学良。11月25日，冯玉祥表示响应，致电张作霖，敦促其下野。不久爆发了战争，郭松龄部连克秦皇岛、山海关、绥中、兴城、连山、锦州，直逼奉天，张作霖接连战败弃城逃跑，郭松龄部易帜为东北国民军，与冯玉祥国民军相呼应。后张作霖竟然勾结日本关东军，击败郭松龄并杀害其夫妇。这一事件的前期进展与李大钊的军事统一战线工作是分不开的。郭松龄倒戈反奉的第八天，11月29日李大钊在北京领导了首都民众示威，宣布推翻卖国政府，建设国民政府，声势浩大，不下十万余人，军阀当局十分惊恐。1926年1月27日，北京各界在中山公园召开追悼郭松龄大会，李大钊在会上发表讲演。1月31日，北京各界在天安门前举行讨张反日大会，示威游行，散发传单。冯玉祥接受了李大钊为其制订的“进军西北、解围西安、出兵潼关、策应北伐”的策略，于1926年

9月26日，成功地实现了五原誓师。

李大钊长期活动在北洋军阀统治的心脏北京，中国共产党成立后，他担任中共北方区委书记，有力地配合“五卅”运动后的革命斗争和北伐战争，直接威胁了北洋军阀的统治。1926年发生三一八惨案，北京群众5000多人在李大钊等人领导下，在天安门举行国民大会，反对八国通牒，要求惩办大沽口事件的祸首。全国人民的反抗怒潮直指军阀统治。第二天段祺瑞反动政府下令，再次通缉李大钊。1926年春，奉系和直系军阀除拼命抵抗北伐军外，加紧实行白色恐怖，到处搜捕革命者。12月6日负责警备北京和天津的张学良接受《大公报》记者采访时说：“实告君，吾人确有讨赤作战决心，只要党军驱除俄国人，且不再到处鼓动工潮，提倡工会，使举世骚然，人人危惧，则奉军对党军本无仇恨之意，否则为国家、社会计，不惜与之一拼，不得最后解决不止也!”① 这就是说，孙中山和李大钊放弃联俄、联共、扶助农工的三大政策，奉军才能与之合作，防赤、讨赤、灭赤是北方军阀的既定政策。为此张作霖先是杀害了《京报》主笔邵飘萍、《社会日报》主编林白水，接着就把屠刀指向了李大钊。

张作霖通缉李大钊，一是因为他是共产党，在北大宣扬共产主义；二是因为李大钊秘密策反冯玉祥，策应国民革命军北伐。1927年4月5日按照张作霖的密令，奉军逮捕了李大钊，4月29日残暴地杀害了他，李大钊牺牲时年仅39岁。

二、因“赤化”殉难的邵飘萍

邵飘萍于1886年出生于浙江东阳紫溪村，14岁中秀才，后来考入浙江省立高等学堂，开始为《申报》写稿。辛亥革命胜利后他在杭州参与主办《汉民日报》，先后任编辑、主编，大力宣传孙中山的主张，揭露贪官污吏的丑行，发出“呜呼！内务部。呜呼！内腐部！”的脍炙人口的言论。他因撰文讥讽袁世凯，三年内三次被捕，军阀多次企图陷害他，但他仍以“报馆可封，记者之笔不可封也。主笔可杀，舆论之力不可杀”② 的不怕死精神，继续仗义执言。1913年，宋教仁在上海火车站被暗杀，邵飘萍指出：“有行凶者，有主使者，更有主使者中之主使者”，矛头直指袁世凯，当局以“扰害

① 张友坤等：《张学良年谱》，上卷，第193页，社会科学文献出版社，1996。

② 林贤治：《报人邵飘萍和他的时代》，载《南方都市报》，2006年11月6日。

治安罪”查封了《汉民日报》，逮捕了邵飘萍，出狱后不得不到日本避难。1915年外国报纸透露日本政府向袁世凯提出“二十一条”，邵飘萍最早向国内及时发回消息，才使国内尽快了解了真相。

1915年，邵飘萍在反袁声中返回上海，为《申报》等3家报纸执笔，不久被《申报》聘为驻京特派记者。稍后他在北京创办了“北京新闻编译社”。在北京，邵飘萍看到，当时的报纸几乎都被各个政治集团操纵，报纸不尊重事实，以一党一派的私利和津贴为向背。① 邵飘萍深感要有自己的报纸，不依附于任何权势集团，独立发言、独立报道，把真实情况告诉民众。他认为尊重事实是记者的人格，“所谓人格者，凡事但知以事实为标准，如裁判官对于两造，无虚捏造加减之弊，而观其职务为神圣，果凡事并无私意而完全根据事实”。②

1918年10月他创办了《京报》，在创刊词《本报因何而出世乎》中，提出的办报宗旨是：“对国家和人民利益的看护，对理性的呼唤，对权力的制衡，对本真的逼近，对美好的追求，对公义的捍卫，对丑恶的鞭挞”；“必使政府听命于正当民意之前，是即本报之所作为也”；“从政治教育入手，固万年大计……使政府听命于正当民意之前”；“军阀所为者俱为祸国病民，今则国民共起，共同道合，协力除之！”③ 他借明代义士杨椒山著名诗句“铁肩担道义，妙手著文章”之意，书“铁肩辣手”四字，悬于报馆内，意为该报突出“辛辣”的特色。

1918年2月《京报》刊载一篇张作霖抢劫政府军械的报道，题目是《张作霖自由行动》，文章写道：“奉天督军张作霖，初以马贼身份投剑来归，遂升擢而为师长，更驱逐昔为奉天督军现为陆军总长之段芝贵，取而代之。‘张作霖’三个字乃渐成中外瞩目之一奇特名词。至于今所谓‘大东三省主义’，所谓奉天会议，所谓未来之副总统，所谓第二张勋，时时见之于报纸，虽虚实参半，褒贬不同，委之马贼出身之张作霖亦足以自豪也矣。”“消息传来，此当中原多故，西北云扰之时，张督军忽遣一旅之师，截留政府所购枪械二万余支，陈兵滦州，观光津沽。当局莫知其命意，商民一夕而数惊”。

① 《我国新闻学进步之趋势》，载《中国新闻事业史文选》，第181页，中国人民大学出版社，1999。

② 余家宏、徐培汀编注：《新闻文存》，第398页，中国新闻出版社，1987。

③ 《本报因何而出世乎》，载《京报》，1918年10月5日。

寥寥数笔，就把军阀张作霖的嘴脸勾勒得惟妙惟肖。

《京报》以新闻为主，以“探求事实不欺阅者”为第一信条，凡事必力求实际真相。1919年因发动和宣传五四运动，《京报》被查封，邵飘萍再次流亡日本。时隔一年，段祺瑞政府垮台，邵飘萍返回北京，《京报》恢复出版，继续对北洋政府丧权辱国、贪残横暴进行揭露。《京报》对军阀的鞭挞和叱责不仅震惊了读者，而且引起大小军阀的仇视，张作霖赠给邵飘萍30万元企图收买他。他义正词严地说：“张作霖出30万元买我，这种钱我不要，枪毙我也不要！”恼怒的张作霖下令：打到北京后，立即处决邵飘萍。

1921年元旦，《京报》刊出奉系军阀头目的照片，附以简短的文字说明：“奉民公敌张作霖”、“直民公敌李景林”、“鲁民公敌张宗昌”等。1925年底，《京报》又推出一期“最近时局人物写真”特刊，张作霖照片下的文字为“一世之枭、亲离众叛之张作霖”。冯玉祥曾这样形容邵飘萍的文字，他说：邵飘萍“主持《京报》握一枝毛锥，与拥有几十万枪支之军阀搏斗，卓绝奋勇，只知有真理，有是非，而不知其他，不屈于最凶残的军阀之刀剑枪炮，其大无畏之精神，安得不令全社会人士敬服！”① 于是“飘萍一枝笔，抵过十万军”的美名就由此而传出。

图3－7 惧怕邵飘萍的奉军

1926年3月18日，段祺瑞执政府下令向和平请愿的民众开枪，当场打死47人，伤200多人。惨案发生时，邵飘萍正在《京报》报馆，闻讯后立即增派记者赴出事地点和有关医院调查采访。第二天，《京报》发表新闻和评论，揭露事实真相，率先报道了“国务院门前之屠杀”，“中弹倒地之男女甚众，满地皆血，哭声震天”。长篇报道《国民拥护国权大流血——八国通牒之大反响》，全面揭露反动政府屠杀爱国群众的真相，列出伤亡者的姓名及负伤部位。邵飘萍亲自撰写社论和特写。从3月19日到31日，《京报》发表有关惨案的消息、评论、通电、文章113篇，平均每天10篇以上，《京报副刊》刊登文章103篇。3月23日，北京民众在北京大学操场举行万人大会，追悼刘和珍、杨德群等死难烈士，邵飘萍登台演说，痛斥段祺瑞执政府的暴行，全场雷动。

① 《民国初期名报人——邵飘萍和林白水》，载《中国文化报》，2004年6月2日。

早在1916年，他创办我国最早的通讯社——新闻编译社时，就树立了为人民而办报、用报刊同帝国主义和反动派做殊死斗争的崇高目标。他在《愚与我国新闻界之关系》一文中说，决不能让外国通讯社“任意左右我国之政闻”。1918年创办《京报》时，他在创刊辞中提出为人民代言的立场，开辟“特别记载”栏目，专门揭露军阀政府的腐败行为和欺压民众的暴行。

1926年4月18日，北京为奉军和直鲁联军所占领，进京之前的奉天军事会议决定，坚决扑灭“赤化”，取缔宣传“赤化分子”，加剧了北京的白色恐怖。4月19日，段祺瑞派人迎张学良等入北京，试图联奉制吴。4月24日，京师警察厅封闭《京报》报馆，张宗昌下令逮捕社长邵飘萍。当北京新闻界的代表于次日请求张学良救助邵飘萍时，张学良的回答是：“逮捕飘萍一事，老帅与子玉及各将领早有此种决定，并定一经捕到，即时就地枪决。余与飘萍私交亦不恶，唯此次要办飘萍，并非因其记者关系，实以其宣传赤化，流毒社会，贻误青年，碍难挽回。”① 4月26日，邵飘萍被枪杀于北京天桥。刑场上，邵飘萍从容镇定，传说当时他对现场进行监督的官兵说了句：“诸位免送。”然后仰天大笑，壮烈就义。

邵飘萍成为军阀的仇敌，不仅由于他尖锐地揭露他们的丑恶嘴脸，还因为他们知道邵飘萍已经“赤化”，站在共产党的立场上，坚定地宣传马克思主义和社会主义。正如1926年9月9日张学良接见国闻社记者谈论时局时所透露的，他说：“邪说横行、青年丧志，诚为国家一大隐忧。”“所望海内拥有实力者，早息内争，共御外侮。共产之学，不传自消。过激之论，不攻自破。试观一班血气未定之青年，经媚外军阀之诱惑，难免不为赤化主义所蒙蔽，自害害人，自误误国，则祸乱将靡所底止。我辈分属军人，又焉能袖手作壁上观哉!”② 其反共讨赤的决心跃然纸上。

邵飘萍在流亡日本期间就接受了马克思主义，写下了《综合研究各国社会思潮》和《新俄国之研究》两本书，预言“今后见社会主义之成功，其影响于世界，将较诸美国独立、法国革命之威力尤著”。③ 从日本回国后，邵飘萍开始出版他的著作。在五四运动之后和中国共产党成立前，邵飘萍宣传马克思主义，介绍俄国十月革命。在马克思诞生105周年纪念日那天，他在

① 叶再生著：《中国近代现代出版通史》，第2卷，第781页，华文出版社，2002。
② 张友坤等：《张学良年谱》上卷，第178—180页，社会科学文献出版社，1996。
③ 旭文：《邵飘萍传略》，第74页，北京师范学院出版社，1990。

《京报》上公开印行了李大钊主持的、马克思主义研究会编辑的《马克思纪念特刊》，刊登了马克思和燕妮的头像，以及马克思的传记、专著等。

中国共产党成立后，特别是后期的《京报》，十分重视宣传中共提出的纲领、路线和主张。他自觉接受党的北方区委领导，大力支持党的政治刊物《向导》、《政治周刊》及工人运动宣传品的印刷出版；他拥护孙中山“联俄、联共、扶助农工”的三大政策和国共合作的南方政府，鼓吹中苏建交，赞成“以俄为师”，支持革命将领冯玉祥，欢迎孙中山北上共商国是、主持大政。[①] 他在报上刊载中共报刊的宣传广告，后来几乎《京报》每一期都刊载《向导》的详细目录，广告旁以文字标示：“反帝国主义反军阀的先锋、领导民众运动理论与实践，人人必读的《向导》周刊。”“每周的论文是实际政治的预言！每周的内容是民众运动的寒暑表！”[②] 他的昭明印刷所协助中共北方区委领导的“非宗教运动”，为其承印书籍。在“二七”大罢工中，他充当呐喊的旗手，使高君宇等人撰写的《京汉工人流血记》及时出版。“五卅”运动发生后，《京报》持续进行了两个多月的报道，其时间之长、影响之大居全国报纸之首。

图 3-8　铁肩辣手记者邵飘萍

20 世纪 80 年代以后无论是中共早期领导人之一的罗章龙回忆，还是新闻史学家方汉奇教授的分析，都认为邵飘萍是中国共产党的“特别党员”。罗章龙晚年透露，邵飘萍是中共“秘密党员”，“不断向我们党组织提供了关于北洋军阀政府方面的主要军事、政治、经济等一系列情报资料”，以及经常从驻北京的外国通讯社那里取得“特殊重要的新闻消息”。“邵飘萍 1922 年以后就和党有联系，为党做了不少工作，并表示了入党的愿望。1924 年前后，经我和守常（李大钊）介绍入党，我和守常认为像他那样的有社会影响的人，以不暴露党员身份为好，因此是秘密党员。发展邵入党后，曾就此事向上海中央作过报告。我和守常通过北大外文系的一位姓谢的女同志和他保持工作联系。我当时在北京工作，不久就调至上海中央，仍经常往来于北京、上海，一度负责过北方区委组织部的工作。”他还说：“当时在北方区，是由我

① 《民国初期名报人——邵飘萍和林白水》，载《中国文化报》，2004 年 6 月 2 日。
② 旭文：《邵飘萍传略》，第 90 页，北京师范学院出版社，1990。

负责同《京报》馆邵飘萍来往的”，而邵飘萍的入党，“是我向区委提出，区委会议上讨论通过的，旋经中央批准也是肯定的”。①

邵飘萍做报人和记者15年，最重视采访，最具有采访的功夫。他在《实际应用新闻学》一书中认为：“报纸之第一任务，在报告读者以最新而又最有兴味、最有关系之各种消息，故构成报纸的最重要原料厥为新闻……新闻材料何自来？全赖外交（外勤）记者之活动。然则外交记者之养成，尤为改良报纸之根本。”② 有人认为，暗访以及随之而运用的偷拍、偷录等手段，让人有“鸡鸣狗盗”的嫌疑，记者也更像是特务，采访就成为见不得人的活动。但邵飘萍主张“化装采访”（即暗访），应遵循两条原则：一是要有正当之理由——即在道德行为或目的上应是高尚的；二是事后一定要给当事人解释清楚原委。否则将会授人以柄，有作伪、说谎、假扮之嫌。邵飘萍还是著名的新闻学者，1918年，北京大学成立了新闻学研究会，邵飘萍每星期天上午都去主讲新闻学。他强调办报要有指导性，痛感当时小报的弊病，倡导锐意改革，刷新版面。

邵飘萍反对“有闻必录”和“趣味至上”。他说：“愿有志于新闻事业者，振起其责任心，凡事必力求实际真相，以‘探究事实不欺阅者’为第一信条。”③ 他主张凡属花柳猥亵一类品评纪事、淫秽小说以及不堪入目的广告等，都应彻底清除。即使暂时牺牲报纸发行量，也决不同“黄报”同流合污，以“桃色新闻”招徕读者。他认为，“事实乃最易于证明是非”，“其足令读者同情信仰，反较诸凭空臆断之言为有力”。④ 他主张写评论要“简洁明快”、“含有美术之意味”，“除去记述某问题之理由见解外，其文词亦具有几分动人之魔力”。他所写的时事评论，不论是长篇社论还是短评，都“精通简要，雅善讥弹”，广告“不吹、不捧”，“不追求低级趣味”。

三、林白水抨击“讨赤”而献身

林白水是我国辛亥革命前后名重一时的报人，与邵飘萍齐名，世人将其誉为“青萍白水”。邵于1926年被奉鲁军阀张宗昌杀害，而林白水也遭此厄

---

① 散木：《大革命前后的中共“特别党员”和“秘密党员”》，载《党史博览》，2006年第6期。

② 余家宏、徐培汀编注：《新闻文存》，第385页，中国新闻出版社，1987。

③ 余家宏、徐培汀编注：《新闻文存》，第385—386页，中国新闻出版社，1987。

④ 《新闻学总论》，载《邵飘萍新闻学论集》，第223页，北京大学出版社，2008。

运。林既是黄兴的战友、蔡元培的朋友，曾为辛亥革命奔走呼号，也追随过袁世凯，与安福系有所瓜葛，走过一段曲折的道路。但无论如何，他最终坚定地站在革命者一边，因揭露封建军阀和官僚而献出生命。

林白水原名林獬，字少泉，1874 年 1 月 17 日出生于福州一个书香门第，19 岁时文才出众，主持创办了福州蒙学堂。1901 年 6 月，他又成为《杭州白话报》主笔，并为该报撰写了发刊词《论看报的好处》。他写道："因为我是一个平民，所以我说白话，是一般老百姓的语言，而不是一般士大夫阶级的咬文嚼字或八股文的文章。我不满风花雪月，也不像别的报纸一样，捧戏子或歌颂妓女的美丽风骚。我只是把国内外发生的大事小事报告给一般老百姓。""《杭州白话报》是开风气的事体，诱人识字的一件宝贝。""看白话报的人越久越多，那新风俗、新学问、新知识必将出现在所处的老大中国了。"① 《杭州白话报》评论时政，一度风靡全国，成为当时最有名的白话报纸之一。

图 3－9　白话道人林白水

后来林白水与妹妹林宗素赴日本求学，1903 年回国来到上海，与蔡元培等人创办《俄事警闻》，成立"对俄同志会"。林白水在其起草的该报发刊词中，除了针对俄国的威胁，呼吁民众起来"自己救自己"外，还指出报纸存在的普遍问题。他说："如今月报、日报，全是给读书人看的，现在中国的读书人没有什么可望了。可望的都是我们几位种田的、做手艺的、做买卖的，当兵的及那十几岁小孩子阿哥姑娘们。"② 短短数言，再次说明林白水人民报刊思想的鲜明性。他认为，只有普通大众才是救国和改造社会的力量，是新闻界服务的主要对象，改变中国需要依靠民众。

林白水把报刊视作斗争的武器，应成为痛击反动派贪腐与暴虐的炸弹。他说："我巴不得我这本白话报变成一枚炸弹，把全国的种种腐败社会炸裂了才好。"③ 这个宗旨在《俄事警闻》的《发刊词》中也有表明，他认为知识分子无能，就在于他们不能起来同反动阶级斗争，最多写写文章而已。

---

① 参见吴光：《开"风气"的〈杭州白话报〉》，载《中共浙江省委党校学报》，1986 年第 4 期。

② 贾树枚：《晚清时期报纸》，载《上海新闻志》，第 1 编，上海社会科学院出版社，2000。

③ 《发刊词》，载《中国白话报》，1903 年 12 月 19 日。

“我们中国最不中用的是读书人，那般读书人，不要说没有宗旨，没有才干，没有学问，就是宗旨、才干、学问件件都好，也不过嘴里说一两句空话，笔底下写一两篇空文，还能够干什么大事呢?”①

1904年11月16日，正逢慈禧70寿辰，由《俄事警闻》更名的《警钟日报》刊出了由林白水撰写的社论，题目是《呜呼！万寿无疆》，侧旁还登了一副“每逢万寿必无疆”的寿联：“今日幸西苑，明日幸颐和，何日再幸圆明园，四百兆骨髓全枯，只剩一人何有幸；五十失琉球，六十失台海，七十又失东三省，五万里版图弥蹙，每逢万寿必无疆!”这些文字表现了林白水不畏强权、嫉恶如仇的果敢精神。林白水的社论和长联，传遍全国，引起清政府的注意，透过租界工部局查抄了《警钟日报》和《中国白话报》，罪名是“叛逆谤渎，淆惑人心”。此后林白水东渡日本，入东京早稻田大学主修法政，兼修新闻，先后与宋教仁、孙中山结识。孙中山手书“博爱”相赠，不久便加入同盟会。

1913年林白水来到北京，在袁世凯复辟帝制后，他在报纸上鼓吹并支持过帝制，应邀在袁政府中任职，洪宪帝制落幕后，他辞去政府议员职务，继续办报。1916年9月1日他创办的《公言报》在北京问世，办报资金来自段祺瑞的心腹徐树铮，这不是一张独立的报纸。从这时起，他以“白水”的笔名发表论说、通讯，将精力、时间、智慧全部献给报业。《公言报》有时为安福系说话，也发表过“有吏皆安福；无官不福安”这样的对联，有时则让段祺瑞难堪。1917年春，他在报上披露政客陈锦涛贿赂议员拉选票的丑闻，曝光原交通总长许世英在津浦租车案中贪赃舞弊，结果陈锦涛锒铛入狱，许世英畏罪辞职。他说：“《公言报》出版一年内颠覆三阁员，举发二赃案，一时有刽子手之称，可谓甚矣。”②

当时北京的许多报纸刊登的重要新闻多半是关于军阀官僚的起居应酬，与人民毫不相干，林白水把视线转向社会下层，关注普通民众。同时，《公言报》兼收并蓄的办报风格，吸引了大批名人大师投稿，近代启蒙思想家严复以“地雷”为名在该报发表15篇文章，阐述中国的前途。该报关心百姓与国家命运，影响越来越大。

1919年2月，“南北议和”开幕当天，他在上海创办《平和日刊》该报

① “时事问答”，载《中国白话报》，1904年1月2日。
② 傅国涌：《一代报人林白水之死》，载《文史精华》，2004年总167期。

宗旨是祈望南北双方谈判能平心静气，和和气气，平稳地进行。林白水对北方政府比较了解，在报上常常率先披露北方政府的内部消息或官员动向，用神来之笔，对正在发生的事件，进行精妙的评述。每当报纸刊出重要言论，“南北和议代表拱手以听，军阀欲顾咋舌；望平街市上响晨翘首鹄立者数千，人踵相接也”。① 3个月后，和平会议宣告破裂，《平和日刊》只好停刊。

1921年3月1日，林白水和胡政之一起创办《新社会报》，其宗旨是“树改造报业之风声，做革新社会之前马”，把改革和创新作为报纸的目标。林白水与安福系打过很长时间的交道，对他们的黑幕了如指掌，“议论个人长短，或揭人隐事，涉及权贵私德问题，形容备至，不留余地”。北洋军阀千方百计想控制报纸，政府要员为了制约报纸的言论，主动给各大报以不等的“宣传费”。《新社会报》被列入其中，财政总长李思浩每月派人给胡政之三四百块津贴。北洋政府虽然资助了《新社会报》，却没有阻止林白水对政府的揭露。《新社会报》有时报道政府内幕消息，政府十分被动、恼怒。胡政之担心林白水锋芒毕露会遭到政府报复，不久离开该报，到上海去办“国闻通讯社”了。

1922年2月，《新社会报》揭露吴佩孚搬用炸弹和盐余公债的黑幕而被北洋当局查封，林白水也因此锒铛入狱。出狱后，林白水索性把报名改为《社会日报》，发表社论说：“自今伊始，斩去‘新社会报’之‘新’字，如斩首然，所以自刑也。”他的笔锋尖刻辛辣，把受贿的议员斥为“猪仔”，在报上痛骂不已，当局十分畏惧。林白水也因此被誉为“透骨见血，铁肩辣手”的政论家。“报馆要替百姓说话，不去献媚军阀”，消息灵通，无言不击中流弊，“举人生日用社会消息，无不笔而出之”。林白水说：“新闻记者应该说人话，不说鬼话，应该说真话，不说假话!”他的评论“词严义正，道人所不敢道，言人所不敢言”，因此，“污吏寒心，贪官打齿”。②

2月28日，《社会日报》“紧急新闻”栏刊出一篇《吴大头之进项》，骂吴景濂为“塞外的流氓、关东的蛮种”，披露曹锟送他3万元、送副议长张伯烈1.1万元等丑闻。6月，又揭穿了曹锟贿选总统，每个议员每月津贴600元、每张选票5000元大洋等内幕，深深触怒了当权者，结果报馆被封3

① 傅国涌：《一代报人林白水之死》，载《文史精华》，2004年总167期。

② 王文彬：《中国现代报史资料汇编》，第935—936页，重庆出版社，1996。

个多月，林白水也被囚禁了3个多月，罪名是妨碍总统选举。但林白水没有被压倒。[①]

1925年12月1日，北京晨报馆被捣毁，社会日报报馆差点被砸，林白水也收到威胁信。他主持公道，伸张正义，不断受到各方的压力和威胁，除了无赖官员、军阀武夫，也有同事亲友不断向他发出警告。1925年12月2日，林白水在《社会日报》登出一则《白水启事》写道："昨承王、徐二君，贻书鄙人，以言论不合见责，并云三日内如再不悛改，当用激烈对待云云。……（我）今则年逾五十，家徒四壁，一子一女，学业未成，外对社会，内顾家庭，犹多未尽之责，迭承亲友劝告，勿以言论招祸。自今日起，不再执笔为文……"这则启事是林白水争取读者支持的策略。此后5天里，他收到200多封读者来信。有人甚至说："我们每日拿出脑血换的八枚铜元，买一张《社会日报》，只要读一段半段的时评，因为他有益于我们知识的能力。"从12月6日到27日的22天中，他在《社会日报》每日一栏，一共发表了57封读者来信。在12月20日林白水又在《社会日报》刊登另一则《白水启事》："这半个月之内，所收到的投书，大多数是青年学生，都是劝我放大胆子，撑开喉咙，照旧的说话。我实在是感激的很，惭愧的很。世间还有公道，读报的还能辨别黑白是非，我就是因文字贾祸，也很值得。"[②] 当天时评栏的署名即由"白水"改为"记者"。

与此同时，林白水还在报上对北京报刊界的立场做出评论，强调报纸要有独立的立场、直言不讳的报格。他说，当时的北京新闻界，"报馆，不下百十家，通讯社，亦不下百十处。讯以同通，文以同载，篇章抄袭，意兴寡索，其志在骗乞津贴。挂名部曹，藉此以为媒者不必说，即号称大报日出三大张，亦不过多载'呢''么'等新文，'呀''呵'等新诗，其艰奥难读，其于典漠誓训，非浅学者所能共喻"[③]；"无私无党，直言不讳者，白水一人而已。观其时评，无论任何军阀、任何政客、任何士民，有好坏处，莫不良心驱使，力加戒勉，且聪明绝顶，料事如神"[④]。他"信手拈来，借成妙谛；其见诸报章，每发端于苍蝇臭虫之微，而归结及于政局，针针见血，物无遁

① 傅国涌：《一代报人林白水之死》，载《文史精华》，2004年总167期。

② 王文彬：《中国现代报史资料汇编》，第936页，重庆出版社，1996。

③ 载《社会日报》，1925年12月21日。

④ 载《社会日报》，1925年12月10日。

形”。“词严义正，道人所不敢道，言人所不敢言”，“污吏寒心，贪官打齿”，“对一般恶官僚，当头棒喝；对一般新青年，痛下针砭”，人称“透骨见血，铁肩辣手”。①

1926年4月16日，直奉军阀进入北京，声言要消灭赤党、镇压赤色宣传。张宗昌被北京政府授为义威上将军，即刻颁布治安公告27条，其中规定：“宣传共产，鼓吹赤化，不分首从，一律处以死刑”，反对奉系军阀，同情国民党，也同样被列为赤化。② 4月24日《京报》社长邵飘萍因“赤化”被捕，26日在天桥惨遭杀害。5月12日，林白水在《社会日报》头版发表《敬告奉直当局》：“吾人敢断定讨赤事业必无结果，徒使人民涂炭，断丧国家元气，靡费无数国帑，牺牲战士生命，甚为不值。”5月17日，他在时评《代小百姓告哀》中批评直奉联军：“但直奉联军开到近畿以来，近畿之民，庐舍为墟，田园尽芜，室中鸡犬不留，妇女老弱，流离颠沛。彼身留兵祸之愚民，固不知讨赤有许多好处在后，而但觉目前之所遭之惨祸，虽不赤亦何可乐也！……赤党之洪水猛兽未见，而不赤之洪水猛兽先来……呜呼，自由自汝之名以行，今之讨赤者，念之哉！”③ 显然，他站在共产党和人民大众一边，为“赤党”辩护，抨击“讨赤者”的卑鄙谎言。

林白水对北京许多报纸对军阀的屈膝阿谀十分鄙视，1926年5月26日，著文发出谴责，他在时评中写道：“军既成阀，多半不利于民，有害于国。除是死不要脸，愿作走狗，乐为虎伥的报馆，背着良心，替他宣传之外，要是稍知廉耻，略具天良的记者，哪有不替百姓说话，转去献媚军人的道理。”6月5日，他又发表署名时评《欢迎吴张者注意》，指斥某些报纸“报馆要替百姓说话，不去献媚军阀”。

1926年8月5日，林白水发表一篇名为《官僚之习气》的时评，评论了当时的3个军阀——吴佩孚、潘复和张宗昌。潘复当时为“国务总理”，林白水痛恨其助纣为虐，对潘大加讥讽，这成为他被直接枪杀的原因。他在文中写道：“某君者，人皆号为某大军阀之‘肾囊’，因其终日系在某军阀之胯下，亦步亦趋，不离晷刻，有类于肾囊之累赘，终日悬于腿间也。此君热心做官，热心刮地皮，固是有口皆碑……”林白水在这里把被人称为“智

① 转引自《新闻界人物》(四)，第50页，新华出版社，1984。

② 孙先伟：《林白水的报人生涯》，载《民国春秋》，1988年第2期。

③ 傅国涌：《一代报人林白水之死》，载《文史精华》，2004年总167期。

囊”的潘复比作“肾囊”，并对他的种种劣迹大加揭露。潘复读到这篇时评时勃然大怒。更早在1923年1月25日，林白水在《社会日报》发表《山东全省好矿都要发现了，矿师潘大少爷恭喜山东人发财》，揭露潘复贪污敛财的劣迹，使其未当成山东省长，潘就怀恨在心。

潘复看到《官僚之运气》的当晚，派宪兵司令王琦到报社勒令林白水更正请罪，林以“言论自由，岂容暴力干涉”而断然拒绝。当天下午，潘复又给林白水打电话，限他即刻在报上更正谢罪，再次被拒绝。潘复恼羞成怒，在张宗昌面前鼓动张一定要杀林，否则祸害无穷。当天午夜林白水被捕，张宗昌下达杀掉林白水的命令，次日凌晨，林白水被枪杀于北京天桥南大道。被杀时，林白水身着一件白色大褂，白发蓬蓬，身体尚未站稳之际，便饮弹身亡。《社会日报》仗义执言，与恶势力短兵相接，毫无畏惧，保全了社会良知，受到当时新闻界的好评。当时的《国闻周报》把《社会日报》誉之为“苍头异军突起，报界风尚为之一变”，《东方》杂志则赞扬该报深受读者欢迎：“北京之中央公园，夏日晚凉，游人手持报纸而诵者，皆《社会日报》。”① 当时的新闻界对林白水的评价也很高：“无私无党，直言不讳者，白水一人而已。观其时评，无论任何军阀、任何政客、任何士民，有好坏处，莫不良心驱使，力加戒勉，且聪明绝顶，料事如神”；“信手拈来，皆成妙谛，其见诸报章，每发端于苍蝇、臭虫之微，而归结及于政局，针针见血，物无遁形”；“他能言人所不敢言，‘议论个人长短，或揭人隐事，涉及权贵私德问题，形容备至，不留余地’”“对一般恶官僚，当头棒喝；对一般新青年，痛下针砭”，“污吏寒心，贪官切齿”②。

图3－10　林白水（前排右一）与孙中山及福建同盟会负责人

林白水从办《杭州白话报》起就宣传民主、反对专制，鼓吹建立共和，号召民众用暴力推翻昏君，提出建立自由国家的口号。在辛亥

① 《东方》杂志，1925年第32卷第13期。

② 《被张宗昌杀害的林白水　揭露军阀的丑恶行径》，载《人民政协报》，2010年4月8日。

革命风起云涌的时刻，他的这些宣传为孙中山的革命斗争发挥了巨大的推动作用。他在报上明确提出资产阶级民主革命要以孙中山为领袖，“有孙逸仙而中国始可为”。1925 年上海爆发“五卅”惨案，日本纱厂老板枪杀工人代表共产党员顾正红，引发全国反帝大游行。林白水主办的《社会日报》发出义正辞严的声音——“我们就排外赤化吧！反正迟早总得逼到这条路!”“为公理而战!”“为世界人类生存而战，为世界弱小被压迫的民族自由而战，为倾覆帝国主义，剿灭资本家而战!”林白水此刻的言论与共产党领导下的“五卅”大罢工通电的词句十分相近。其实 1926 年 8 月 6 日清晨，林白水被押赴天桥刑场，北洋军阀就是以“通敌有证”的罪名杀害他①。所谓通敌，是指他同共产党和国民党有联系，在报上宣传共产党和国民党的主张。他和邵飘萍的死，显然是因为“说人话，不说鬼话”，“说真话，不说假话”而以言获罪。②

1985 年林白水被民政部正式追认为“革命烈士”。作为革命家，他一生追求光明、追求进步，在五四运动及马克思主义的影响下，最终成为一个反对专制主义的斗士，为宣传正义和民众的解放献出了生命。

---

① 《晨报》，1926 年 8 月 7 日。

② 傅国涌：《一代报人林白水之死》，载《文史精华》，2004 年总 167 期。

第四章　国统区的言论管制与新闻抗争

孙中山逝世后，蒋介石掌控下的国民党严厉管制媒体，文禁如毛，达到骇人听闻的地步。蒋介石竭力宣扬国民政府统治的合法性，把报刊管理建立在“党化新闻界”、“党营新闻业”和“新闻统治”的政策上。他不断放言，要求新闻界履行社会责任，不惜采取暴力压制言论，知识文化界反对国民政府新闻专制的斗争从来没有停止过。在国民党内部，一些职业宣传家怀有“新闻自由”的职业理想，但却对政府钳制言论、迫害民主报人的行为开脱，国统区的报刊批评充满复杂、尖锐的斗争。

第一节　蒋介石的新闻控制与围剿

从北伐战争到国民政府成立，蒋介石借口各种特殊历史情况，加强对人民的思想控制，限制人民的言论出版自由。在公开场合，蒋介石及其拥护者们大谈人民的权利和自由，摆出广开言路的姿态，但又制定各种法规对正当的言论加以限制，甚至动用警察特务机关逮捕或暗杀新闻出版界的进步人士。

一、“党义说”与《中央日报》危机

蒋介石需要报刊为他宣传时，报刊可以自由地为他鼓吹革命；当他进行反革命阴谋时，则把不利于他的报刊清剿干净，丝毫不留痕迹。1926 年 3 月 20 日“中山舰事件”发生前，广东各城市书摊和旧书店里最新一期《黄埔半月刊》，在一两天内几乎全被人买走。原来上面载有蒋介石在黄埔纪念周的一篇讲话，全篇论调高扬，洋溢着革命激情，其中一段说：“革命一定要联俄、联共。今天，虽然总理逝世了，不能再领导我们的了，但我们还有

鲍顾问（指苏联顾问鲍罗廷）继续领导我们革命到底。”① 蒋介石在政变之前，派人收毁了这本刊物，想毁灭他言行不一的证据。果然没几天，他就制造了“中山舰事件”，走上反对国共合作的道路。

1926年1月16日，国民党第二次全国代表大会上通过了《关于宣传决议案》，确定了国民党的文宣方针。决议要求：（一）统一中央及各省执行委员会的实际的宣传工作。（二）欲实现宣传的统一，中央及各省的宣传部，须致力于目前政策的解释。本党所颁行的一切论文、杂志、日报、传单、布告、指导群众集合的训令、和为示威运动所拟定的口号，都应集中于此目前的政策。（三）本党目前急待实现的政策，先总理的遗嘱中，已有明白规定。中央和各省宣传部，应当根据“总理遗嘱的实现，就是中国解放成功”的口号进行宣传工作。（四）一个政党，只宣传有利于群众的理论和主义，断不能使群众和政党在行动上采取不一致的态度。所以抽象的宣传，不能造成一个群众的党，唯有从事实上表示某党对民众的工作，才能造成一个群众的党。（五）如果将党对民众所应作的工作，继续列出中国民族解放途径，定为民众所认识，于是真正引导民众完成国民革命的群众党，才能实现。（六）因此中央和各省委员会的宣传的工作，必定根据民众的实际的利益去执行。所以我们作宣传工作的口号是：“依据民众的需要，实现先总理所指示给我们的国民革命，力欲解放中国，除此之外，再无捷径。”（七）各个群众虽说因为社会地位的不同而异其需要，但是他们要求国民革命的实现，确是一致的。宣传部应当正式指示，凡是赞同中国农民解放运动的，就是忠实的革命党员，不然就是反革命派。（八）一个党的成功，须赖有党的重心。中国国民党的重心，就隐伏在大多数受剥削的农民群众。（九）本党的宣传，应注意普遍于全国各处。举凡乡村、省县、商埠、重镇的大小事件，均不应脱离本党视线。宣传部遇有事件发生，应首先供献本党和全国民众以精确的报告，并且解释该事件的原委，及对于国民革命的影响；并且指出怎样利用这种事件，以实现本党的政策。（十）宣传部供给党员及民众以政治学识，行运的方策，使能于国民革命困苦的过程中，努力奋斗，在各种互相冲突的意见和情绪中，坚持本党的主张。宣传部应指示各党员为何战胜帝国主义和反革命派的恶势力。（十一）宣传部应当是本党最活泼、最敏捷的机关，故凡本党能纂述书籍小册子、编辑论说、拟就宣言和口号的党员，都应参与宣传

① 徐铸成：《旧闻杂忆》，第2—3页，四川人民出版社，1981。

部的工作。凡不能亲身参加宣传工作的著述家，或新闻记者，应分出一部分时间和精力，来作宣传工作。（十二）宣传部和党员及民众的联络，极关重要，设使宣传部所发出的文告训令，不能为党员所应用，或纵能应用而不适合民众需要，宣传的目的便完全失去，宣传部完全无用。（十三）凡在本党统治区域以内的宣传部，致力于普通宣传工作，应唤起民众拥护本党政府的同情。①

这个决议案在毛泽东的参与和指导下，所确定的宣传方针是正确的，明确了国民党各级宣传部、各种宣传工具（书籍、报刊、小册子、讲演）担当的宣传任务及应遵循的规约。但这个纲领性文件又要求全国的宣传工作要"统一到国民党中央和各省的执行委员会"，要宣传国民党的"理论与主义"，为国民党控制全国各种媒体奠定了政策基础。当年5月15日蒋介石主持召开了国民党二届二中全会，提出"整理党务案"，一批共产党人从国民党的领导层被清除，撤除毛泽东代理宣传部长的职务，顾孟余当上国民党首位中央宣传部长。他全部用上自己的私交，国民党中宣部被称为"顾家祠堂"。1927年3月22日，武汉国民政府在汉口创办《中央日报》，社长由顾孟余兼任，总编辑为陈启修。陈启修为地下共产党员，有一批共产党人和左翼人士参加编辑，如沈雁冰、孙伏园等。四一二事变后，有不少反蒋文章发表在《中央日报》上，蒋介石认为顾孟余串通共党，撤掉了他的中宣部部长之职，武汉《中央日报》于9月15日停刊，共发行176号。

1927年国民党占领上海，在外国租界南京东路哈同大楼成立了"新闻检查所"，检查中国人办的报纸。除美国人所属的《新闻报》外，上海各报均在被检查之列。② 当时国民党检查报纸达到无孔不入的程度，凡不利于国民党的文字，包括评论、新闻、图片、摄影及小品文，均被检查员删去，被删之处必须用其他文字或广告填补，不得"开天窗"③。国民政府的宣传部经常写些反共新闻，勒令各报用"本报特讯"照稿登出。

1927年4月18日，南京国民政府成立。1928年4月二次北伐后，全国

① 见《中国国民党历次会议宣言决议案汇编》，第96—99页，浙江省中共党史学会编印，1983。本书引用有删减。

② 陶菊隐：《记者生活三十年》，第146页，中华书局，1984。

③ "开天窗"指报纸版面上留有空白，是旧时报人同新闻检查进行斗争的一种策略。读者看到报纸上开了"天窗"，知道反动政府镇压言论自由了，等于记录了他们的一次罪行。

战事基本结束，国民党随即宣布全国统一，进入训政时期。5月，蒋介石提出实行“党化教育提案”，要求各级学校设置“党义课程”，检定党义教师，建立训导制度。同时颁布《党报设置办法》，规定中央宣传部在中央政府所在地发行《中央日报》，其他重要城市的《中央日报》，均由中宣部直接发行。在各省会城市则由省党部发行《民国日报》，县党部发行油印党报，形成金字塔结构的党报体系，蒋介石的“党义说”成为各级党报的指导思想。

国民党中央先后通过一系列旨在加强三民主义研究、宣传的决议案，要求各机关、学校、团体，均须组织党义研究会、演讲会；社会科学的一切著述“均须以本党主义为原则”。蒋介石在1928年7月的一次讲话中强调：“以党治国，并不是说以党员治国，是以党义治国。”① 蒋介石强调要随时随地“讲演我们党的主义，政府的命令，和现在的时局情形，使他们明白党的主义，革命的意义”。②

1928年2月1日新的《中央日报》在上海创刊，后来迁址南京，由国民党中央宣传部党报委员会领导，新的中宣部部长叶楚伧兼任该委员会主席。经过蒋介石审定的《中央日报》的发刊词提出：“本报为代表本党之言论机关报，一切言论，自以本党之主义政策为依据。”《中央日报》的编辑方针除了“阐明党义，宣扬国策”外，特别强调以“拥护中央，消除反侧，巩固党基，维护国本”为责。③ 1928年10月，国民政府颁布的《中华民国训政纲领》规定，在必要时，国民党可对民众的言论、出版等自由权，“在法律范围内加以限制”，公然将一党思想强加于亿万民众。

1929年蒋介石发表《双十节敬告同胞书》，说“中国的民众是日益变成机会主义者了”，民众利用“阶级斗争”和“言论自由”，“在颠覆我们的国家”。国民党中央党部训练部长兼江苏省教育厅厅长周佛海提出：“信仰领袖，要信仰到迷信程度；服从领袖，要服从到盲从程度。”④ 蒋介石欣然接受，大肆宣传，以图控制全国的民心。为了使《中央日报》贯彻“党义说”，把国民思想统一到蒋介石的脑子里，蒋介石加紧对《中央日报》领导权的控

① 蒋介石：《中国建设之途径》，张其昀主编《先“总统”蒋公全集》，第1册，第558页，台北中国文化大学出版部，1984。

② 张鸣：《蒋介石维系教育观·两教论》，载《武夫当权：军阀集团的游戏规则》，陕西人民出版社，2008。

③ 载《中央日报》，1928年2月1日。

④ 荣孟源：《蒋家王朝》，第97页，中国青年出版社，1980。

制，《中央日报》的负责人因其不能准确反映蒋的意旨，屡屡遭到蒋的痛斥和换马。

《中央日报》社长程沧波擅长文笔，经常帮助蒋介石的“文胆”陈布雷起草文稿，得到蒋介石的称许，自1932年起任社长。1938年报社西迁重庆后，蒋介石要求在同《新华日报》较量中一定要把共产党的“气焰”压下去，可是《中央日报》在公信力与水准上都不敌《新华日报》。蒋介石每天必读的大报是《中央日报》、《大公报》和《新华日报》。对《中央日报》他边读边用红、蓝铅笔在文字和标题上做上各种记号，读后把带记号的报纸交给侍从送达《中央日报》总编室。这期间，程沧波偶尔应《大公报》之邀，为其“星期论文”专栏撰稿，此事被人告到蒋介石那里。一次蒋出席中央党部总理纪念周活动，碰到程沧波，突然大发雷霆，斥责程不该给重庆《大公报》写稿，叱责说：“你是国民党党员，为什么不给党报写文章？这哪里像一个国民党党员？”[①] 其实《中央日报》的重要社论和评论，多出自程手，经蒋这一训斥，程当即留下一纸辞呈，靠着于右任的关系出任监察院秘书长去了。

程沧波走后，原任三青团宣传处长的何浩若接任《中央日报》社长，没有几天他发现《中央日报》名义上属国民党中央宣传部管，实际上听命于蒋介石个人。蒋介石通过侍从室主任陈布雷指挥《中央日报》，何浩若担心自己的办报思想很难符合蒋介石的心意，到职3个月后，谋得行政院物资局局长之职便走了。

后来蒋介石亲自点将，要中央通讯社社长萧同兹把陈博生借出来整顿《中央日报》。陈博生带了一批办报老手到任后发现，《中央日报》财务上亏空严重，往往版模已经上机，纸张尚无钱购买，便到共产党的《新华日报》社商借。《新华日报》本着互通有无的原则向《中央日报》借铜模浇铸铅字。当时日本飞机实施疲劳轰炸，重庆市区经常停电，《中央日报》往往出版很迟，有时到了夜里，蒋还未看到当天报纸，多次打电话找陈布雷查问原因，经调查，《中央日报》与《新华日报》互通有无的问题暴露出来，蒋介石大为震怒，陈被迫辞职。

1942年，陶百川任《中央日报》社长。陶百川不知蒋介石与英、美间

① 余育国、孙炳芳：《国民党中央日报五次改组始末》，载《文史精华》，2009年第11期。

勾心斗角的内幕，刊出的国际新闻常常不合蒋的心意。1942年12月27日，《中央日报》为赶在美、英前面抢发独家新闻——《中美、中英新约明年元旦正式公布》。这条消息中英双方约定过一段时间再向外界公布，现在却泄漏了外交机密，把外交部长宋子文惹火，蒋也大为光火，一怒之下写了手谕，要将《中央日报》总编辑袁业裕送交军法审判。陶百川慌了，请出陈布雷、叶楚伧、潘公展等人说情，袁业裕被交保释放，总编辑一职由中央通讯社编辑主任钱沧硕取代。

钱沧硕吸取前任教训，严格审稿，每晚坐在总编室里字斟句酌。一天，陈布雷派人送来一份《中央日报》，上面有蒋用红铅笔加注的记号。蒋的习惯是，红圈表示满意，黑叉表示不满，问号表示有问题。这次加注的红色记号，非圈非叉，亦非问号，让人不知所云。陈布雷看后也百思不得其解，派人一送了之。陶百川提笔批下几个字："标题不当。"钱沧硕认为这是陶对他的侮辱，当即留条不辞而别。陶就请他的老师陈德徵来报社帮助看稿，对外名义是顾问，报社内大家戏称他为陈总编辑。

也许蒋感到近日《中央日报》没有出什么漏子，颇有一番太平气象，便问左右："现在《中央日报》的总编辑是谁?"左右答："是陈德徵。"蒋听罢大吼一声："快把这个家伙抓起来!"原来，1930年陈担任上海教育局长和上海《国民日报》社长时曾在报上举行民意测验：谁是中国的伟人。投票的结果第一是孙中山，第二是陈德徵，第三才是蒋中正。蒋当时闻讯下令把陈扣留了十几天，撤销了陈的一切职务。这次，陈居然又在蒋的鼻子底下钻出来，当上了《中央日报》总编辑，蒋自然怒不可遏，大笔一挥"陈永不录用"。陶百川别无良策，只有辞职了事。《中央日报》西迁重庆7年，报社经历5次改组，社长、总编辑、总主笔、总经理等，先后更换五任。

1946年4月，社长马星野通知副刊编辑黄墅，叫他同摄影记者一起到南京下关和郊区拍摄一组从苏北逃难过来的流民生活镜头，用以印成画报，想揭露中国共产党领导的解放战争造成难民流离失所。谁知这位黄编辑异想天开，又去太平路、夫子庙拍了一些达官贵人的纸醉金迷的生活，然后两者对照，突出"朱门酒肉臭，路有冻死骨"的主题，把主旋律唱反了调。蒋介石读了当天报纸，顿时热血冲头，怒不可遏，连连批示："《中央日报》竟有如此之画刊，《中央日报》竟有如此之画刊编辑，真是岂有此理，岂有此理!"

1947年2月18日，中共地下组织找到《中央日报》广告科的一位熟人，要刊登《资本论》的书籍广告，一名业务员对《资本论》一书不甚了了，对 120 万广告费颇为满意，同意刊登。第二天报社收到 120 万元广告费，就把这条广告排在《中央日报》最显眼的位置，赫然登出某书店出售马克思巨著——《资本论》，称这是一部“政治经济学不朽的宝典”、“人类思想的光辉结晶”。蒋介石读报发现这条广告，顿时眼冒火星，立即召来中央党部秘书长吴铁城，下令彻底追查，并收回当日全部报纸。然而，查来查去，最后把宣传部长彭学沛给撤职了。

1947 年 7 月 29 日的《中央日报》第四版头条，居然刊登了《孚中暨扬子公司破坏进出口条例财经两部奉令查明》的消息，揭露孔祥熙、宋子文的这两家公司利用特权，8 个月内向中央银行结汇了 3.8 亿多美元，占国内同期售出外汇的 88%。宋、孔二人既是国民政府的大员，又是蒋介石的亲戚，国民党的《中央日报》怎么也骂起宋子文、孔祥熙来了呢？

中央日報
讀書出版社
資本論
發售預約
是政治經濟學不朽的寶典
是人類思想的光輝的結晶
正風圖書公司

图 4－1　《中央日报》上的《资本论》广告

原来 1947 年夏，孔祥熙、宋子文以“扬子”和“孚中”两公司的名义，向中央银行结汇 3.8 亿多美元（当时美元与黑市价相差十多倍），从国外购买禁止进口的汽车、无线电器材等运到上海抛售，牟取巨额利润。当年 5 月，在国民党的“国民参政会”上，素有“黄大炮”之称的贵州籍参政员黄宇人为此开了一炮，并吁请当局从速彻查。这使当时在会上采访的《中央日报》副总编辑、采访部主任陆铿非常气愤，他一回到报社，就布置记者集中全力设法搞到这一案件的全部材料。最后终于在青年党人陈启天主持的经济部里，将财政部和经济部的调查报告，连骗带偷地弄了出来。第二天，即 1947 年 7 月 29 日《中央日报》第四版头条就刊出了这条消息，上海的《申报》、《大公报》、《新闻报》纷纷转载；外国驻南京的记者也将这个消息传到国外，立即在国内外引起轰动。

当天下午，蒋介石就在黄埔路的“官邸”召集紧急会议，决定叫国民党中央宣传部部长李惟果和副部长陶希圣以国民党中央宣传部正、副部长的身份，直接找陆铿弄清消息来源，然后再作处理。陆铿坚决表示，新闻记者有不泄露消息来源的义务，并说这是必须遵守的信条。

蒋介石把宣传部长李惟果和陆铿找来亲自追查此事，第一句就问："这个事是什么人告诉你的？你说！"陆铿说："能不能让我多说两句？"于是陆铿就将自己见到的国民党多种腐败现象脱口而出，特别把他在豫北采访王仲廉部的亲身感受，详详细细地和盘尽托。他说前方士兵艰苦作战时想喝一口水都不可得，因为国家没钱给他们买水壶；而后方的官僚们却穷奢极侈，国人的怨恨都集中在孔祥熙、宋子文身上。《中央日报》揭露孔、宋等中央大员，正表示国民党"不同流合污"，蒋总裁是"大公无私"。说了这些"捧场"的话后，陆铿和李惟果都要求处分。蒋介石脸上的怒气全消，站了起来连着说："我什么人也不给处分，我什么人也不给处分。"这一事件就此结束，事后美国总统杜鲁门的特使魏德迈跟蒋介石谈话时，无意中说到这件事，竟赞扬这是"民主的表现"。①

二、新闻出版专制与文坛血溅

南京国民政府建立后，国民党中央宣传部认为，当时全国报刊"言论正确的约占25％，失常的约占15％，其中以共党刊物最多，其他刊物，如国家主义派占总数约5％，第三党、社会民主党约占3％，国家社会党和无政府党各占3％"。② 为达到控制舆论的目的，国民政府出台了大量有关新闻出版的法令、法规。从1927年到抗战前夕，颁布的法令法规主要有《检查新闻条规》（1928年）、《宣传品审查条例》（1929年1月10日）、《取缔销售共产书籍办法》（1929年6月22日）、《出版条例原则》（1929年8月23日）、《出版法》（1930年3月17日）、《出版法施行细则》（1930年5月）、《宣传品审查标准》（1932年11月24日）、《修正重要都市新闻检查办法》（1933年9月25日）、《党报及与党有关报纸审查标准》、《查禁反动刊物令》、《新闻检查标准》（1933年1月19日）、《新闻禁载标准》（1933年10月5日）、《取缔不良小报暂行办法》（1933年10月25日）、《查禁普罗文艺密令》（1933年10月30日）、《新闻报纸在检查期间不服检查之处分办法》（1934年2月21日）、《图书杂志审查办法》（1934年6月9日）、《检查新闻办法大纲》（1934年8月9日）、《审查取缔大小日报标准》（1935年5月27日）、

① 戴澍霖：《蒋介石全力追查的一次新闻报道》，载《炎黄春秋》，2008年第5期。

② 江沛：《南京国民政府时期舆论管理评析》，载《近代史研究》，1995第3期。

《取缔刊登军事新闻及广告暂行办法》(1935 年 6 月 10 日)、《取缔发售业查禁出版品办法》、《取缔印刷业规则》、《关于法院制裁新闻纸杂志社编辑人及发行人》、《民营广播无线电台暂行取缔规则》等等。这些法令法规犹如罗网，把新闻出版界严密地控制在国民政府手里，稍有独立倾向，立刻遭到惩治。

上述《出版法》、《细则》、《标准》和《办法》规定，凡“意图破坏中国国民党或三民主义者，意图颠覆国民政府或损害中华民国利益者，意图破坏公共秩序者，妨害善良风俗者”，都要受到查办；凡报纸、杂志、书籍在出版前都要送到“党国政府”的检察机关审查，如认为必要时得扣押出版品的底版或处以其他更重的刑罚。凡未经许可出版，而擅行出版的书籍，一律扣押。凡经许可出版之书籍，如出版后与核准之原稿不符，内政部应予以禁止或扣押。“审查之图书杂志稿本，其内容如有认为不妥之处，得发还原申请人，令饬依照审查意见删改”。

1931 年 1 月 31 日颁布的《危害民国紧急治罪法》，把宣传共产主义、反对或批评政府、要求民主自由和新闻出版自由视为“危害民国”。九一八事变后，凡批评国民党不抵抗主义，要求抗日，以及谴责日本侵略和汉奸，也被视为“危害民国”。国民政府还要求报刊、书籍对“关东军事或外交事项，均不得记载”，“凡有上项记载者，内政部禁止出售，扣押之，并处以千元以下之罚金，或有期徒刑”。如全部文字有犯“宣传品审查标准”及违背“出版法”之限制者，“得将原稿扣呈中央宣传委员会核办”。

1930 年中华书局出版了一部《武昌革命真史》，著者曹亚伯是湖北阳新县人，与禹之谟、黄克强、刘揆一、宋教仁、张难先、陈天华、吴兆麟等在清末同为革命团体日知会会员。孙中山逝世后，他目睹政局混乱，便在昆山购地数十亩，经营农场，植树栽花，过着隐居生活。国民党改组后，有些知识浅薄的年轻人，谈起清朝覆灭数典忘祖，莫明是非。他认为这是不知革命历史所致，遂产生了写作《武昌革命真史》的动机，书写成后由中华书局出版。国民党中央党部借口该书抹煞起义各团体的功绩，独归功于日知会是篡改历史，禁止该书发行，强令中华书局把所有书册一律缴出，不得隐藏。中央党部派了一批恶徒，挟着铡刀来到中华书局，当场把所有成书拦腰铡毁，《武昌革命真史》被腰斩。[1]

国民政府把文化专制的矛头对准出版物和出版活动，查封书刊越演越

① 郑逸梅：《书报话旧》，第 48 页，学林出版社，1983。

烈。据《中国现代出版史料》所载：1929 年至 1931 年查禁报刊 92 种，还有书刊 211 种。1931 年 9 月国民党长沙市党部查禁书刊 228 种；1934 年国民党在北京焚书千种以上，上海查禁书籍 149 种。国民党中央宣传部秘密文件透露 1929 年至 1936 年查禁文艺书籍 309 种，1936 年 8 月查禁社会科学书刊 676 种；1936 年 12 月至 1937 年 6 月查禁报刊 98 种。据 1936 年国民党中央宣传部的秘密文件《反动刊物调查》规定，查禁的书报种类和内容有：一、鼓吹与苏联一致抗日；二、鼓吹学生联合全国民众抗日；三、打倒汉奸政府；四、打倒卖国政府；五、攻击本党外交政策；六、要求停止剿匪；七、鼓吹国难教育方案。凡有这些内容的报刊，都被认为有"左倾"背景，一律加上"反动"的罪名。

国民党用来对付舆论界最常见的手段就是捣毁报馆、书店、出版社。1933 年 11 月 13 日，上海良友图书公司被砸，随后神州国光社遇劫。1941 年 1 月 16 日，特务闯入湖南衡阳《开明日报》，边打人边乱砸一气，有的编辑记者被打得血肉模糊。2 月 4 日，重庆《新华日报》报馆营业部被特务捣毁门窗。1942 年 9 月 16 日，福建省南平《南方日报》报馆被 40 余暴徒所毁。1945 年 1 月 23 日，重庆《新华日报》报馆两次被特务纵火，均未造成巨灾。成都《华西日报》编辑部在 1 月内竟被"政治性偷窃"达 5 次，损失 50 余万元，后又多次发生火灾，遭到流弹射击。4 月，《华西日报》报馆被特务捣毁两次。从 1944 年 12 月至 1945 年 3 月上旬，仅重庆《新华日报》报纸被没收、报丁被打事件就发生了 232 起。1946 年 2 月 22 日，特务再次冲砸《民主报》和《新华日报》，酿成震动全国的"二·二二"血案。3 月 1 日，西安《秦风工商日报》报馆被砸，27 日又遭特务纵火焚毁。

从 1946 年 2 月至 7 月，国统区先后发生特务捣毁报馆及戏院事件 17 起，共有 21 家报馆、报纸销售处和两家戏院被捣毁。1947 年 2 月，潜伏于民盟创办的《民主报》内部特务，以增加工资为名煽动闹事，借机捣毁全部印刷设备，致使《民主报》被迫停刊。陈立夫、潘公展、吴国祯等出面拉拢上海《文汇报》总编辑徐铸成被拒绝，陈布雷托人转交《文汇报》一张中央银行空白支票任其填写，企图以金钱收买《文汇报》。收买被拒绝后，国民党上海当局勒令《文汇报》于 1947 年 5 月永久停刊。①

---

① 江沛：《南京国民政府时期舆论管理评析》，载《近代史研究》，1995 第 3 期。

国民政府用军警封闭左翼文化团体和书店，指使黑社会组织捣毁报馆、书店和出版公司，连电影制片厂也不能幸免。1933年11月12日上海艺华影片公司遭到“影界铲共同志会”轰砸，流氓散发的小传单上说：艺华公司“造成电影界之赤化”，“如该公司及其他公司不改变方针，今后当准备更激烈手段应付，联华、明星、天一等公司，本会亦有严密之调查。”13日上海大小电影院同时接到署名“上海影界铲共同志会”的警告信，说：“对于田汉、沈端先、卜万苍、胡萍、金焰等所导演、所编制、所主演之各项鼓吹阶级斗争、贫富对立的反动电影，一律不准放映，否则必以暴力手段对付，如艺华公司一样，决不宽假。”①

与此同时，尖锐批评国民党政府的记者、作家和出版家遭到逮捕或杀戮，人民的言论和新闻出版自由遭到血腥镇压。1930年4月12日，蒋介石发表文章说，现在“贫穷、疾病、愚昧、贪污和扰乱，‘五鬼闹中华’”，“任何一个政府都应当有保护自己而镇压那些危害自己的运动的权利”，② 大肆对人民反抗的“扰乱”者进行镇压。1929年8月，无锡《新民报》记者朱冰蝶被以“侮辱党部”罪名非法逮捕，引起舆论界的抗议。1930年2月，《时事新报》记者陈荇荪被以“宣传国家主义”罪名判刑6个月。

1930年6月上海市党部委员，《前锋月刊》主编朱应鹏，发表《民族主义文艺运动宣言》，攻击无产阶级的文艺运动，鼓吹法西斯主义。一年后胡秋原、苏汶（杜衡）等人，自称“自由人”，以批判“民族主义文艺”为幌子，反对人民的革命文艺。国民政府指使上述两类御用文人和警特，严查“左联”刊物，“围剿”进步书刊，屠杀共产党员作家。1930年秋，蒋帮在南京杀害了左翼戏剧联盟的会员宗晖，1931年2月在上海杀害了左联会员、共产党员作家柔石、胡也频、白莽、李求实、冯铿等23人。在北京、上海和天津等地杀害了洪灵菲、应修人、潘漠华等人。此后蒋家王朝拘捕和杀害的各地作家和爱好文艺的青年不可记数。

1932年7月26日下午，镇江《江声日报》经理兼编辑刘煜生在游鹤林寺时被当地侦缉队拘捕，30日移送江苏省保安处戒严司令部，囚禁达五个月之久。1933年1月21日，未经任何法律程序，刘煜生被枪决。7月28日，《江声日报》馆亦被江苏省警察局查封。31日下午4时，上海《时事新

① 荣孟源：《蒋家王朝》，第136—137页，中国青年出版社，1980。

② 荣孟源：《蒋家王朝》，第128—129页，中国青年出版社，1980。

图 4－2　1931 年在上海被杀害的五位左联作家

报》驻南京记者王慰三在中山门外四方城被谋杀，身中四弹，当即毙命。原因是他在 1 月 7 日的《时事新报》上发表了一条消息，揭露芜湖汉奸张显如、田焰甫在街头抛掷炸弹，遂被张、田的党徒所害。这两件惨案发生后，舆论哗然，群情愤激，中国民权保障同盟认为这跟北洋军阀政府枪杀进步报人邵飘萍、林白水的暴行毫无二致，要求查明王慰三案真相，严惩杀害刘煜生的罪魁——江苏省政府主席顾祝同及其有关人员。王慰三案不了了之，刘煜生案则以顾祝同的走马换任而告终。

1931 年 12 月，蒋介石安排顾祝同任江苏省政府主席。顾以强化地方治安为名，震慑民众，多次纵容部下贪污走私，自己从中渔利。其中以民政厅长赵启贩卖鸦片作恶最甚。由于赵是顾的儿女亲家，早年曾资助顾求学，顾对赵十分器重。在顾的庇荫下，赵启竟公开拍卖县长和警察局长，以地方好坏定价，在上海租界交款。镇江《江声日报》揭露了赵启的丑行，顾祝同便大开杀戒，向刘煜生开刀。顾祝同指控刘煜生在 1927 年 3 月“结合共产党分子，组织非法工会，煽惑车夫罢工，图谋扰乱治安”。实际上，刘煜生跟共产党并无联系，所指事实子虚乌有。顾给刘煜生加的第二条罪状是，在《江声日报》副刊《铁犁》上刊登的诗文有“地上泛起一片红潮”、“一切旧的马上就被冲倒，时代已敲起丧钟”之类的句子，是要“煽起阶级斗争，鼓动红色恐怖”，企图推翻政府。顾祝同用这些“罪状”枪杀了刘煜生，查封了《江声日报》。

国民党中宣部对全国销路最大的上海两家老牌报纸《申报》和《新闻报》以资本参股的形式打进去，改变他们“民间报纸”的面貌。上海市党部宣传部屡次向两报示意，英、美、日等国报纸日销数百万，日出一二十大张，中国报纸至多只能日销十万或十几万份，日出七八版，主要由于缺乏资金，不能扩大设备。倘由政府投资改为官商合办，以民办为主，加上中国人口之众，可以超过欧美而居世界之首。两报负责人不敢承教，谈判没有结果，《申报》后来遭到残暴镇压。

史量才是上海《申报》老板，作为富有正义感的著名报人，多次揭露国民政府的倒行逆施。史量才认为，“报纸是民众喉舌，除了特别势力的压迫外，总要为人民说些话，才站得住脚”。他的办报原则是“纯以社会服务为职志，不挟任何主义，亦无任何政治背景”。在他的引领下，《申报》以“传达公正舆论，诉说民众痛苦”为己任，成为当时中国发行量最大、影响力最巨的报纸之一。1931 年“九一八”事变后，蒋介石采取不抵抗政策，全国舆论大哗，史量才的思想发生根本转变，聘左翼作家黎烈文主编《申报》副刊“自由谈”，多次刊登著名左翼作家鲁迅的文章。国民党 CC 系要求撤换黎烈文，史置之不理，随后反唇相讥说：“蒋委员长拥有雄师数十万，我也拥有读者数十万。”此言为蒋所深忌。史亦知失言，平日戒备甚严，除雇用镖师护卫外，还备有私人装甲汽车。①

1932 年蒋介石对红军发动第四次“围剿”，《申报》先后发表了几篇《剿匪时评》，《剿匪与造匪》中指出：“所‘剿’之‘匪’，何莫非我劳苦之同胞，何莫非饥寒交迫求生不得之良民。枪口不以对外而以之剿杀因政治经济两重压迫铤而走险之人民。正如杨杏佛氏所言：‘对杀人放火，奸淫掳掠之日军，既委曲求全，礼让言和，请其撤退；独对于国内铤而走险之人民，则竟动员大军，大张挞伐。’此诚吾人所不解者也。”又说：“政治黑暗如此，蚩蚩之氓如沦地狱，是正所谓官逼民变。”又说：“今日之所谓‘匪’者，与其谓为由于共党政治主张之煽惑，毋宁谓为由于政治之压迫与生计之驱使。政治如不改革，民生如不安定，则虽无共党煽惑，紊乱终不可免。……故今日‘剿匪’为扬汤止沸；澄清吏治，安定民生，乃为釜底抽薪。”②

1932 年 7 月 3 日《申报》又发表《中大学潮平议》一文，指出：“外患之刺激，政治之混乱，生活之不安，实为学潮之根因。”文章指斥，某省“烟苗遍全省”；“张贞在漳横肆骚扰”；陈调元“在合肥荼毒地方”；陈济棠攻打海南岛等等蒋府地方官员搜刮民众的行为。③ 1932 年 8 月间蒋介石亲批“申报禁止邮递”6 个大字，随后撤

图 4-3　史量才读报

① 陶菊隐：《记者生活三十年》，第 149 页，中华书局，1984。
② 载《申报》，1932 年 6 月 30 日。
③ 荣孟源：《蒋家王朝》，第 99 页，中国青年出版社，1980。

换总编辑陈彬龢，由蒋帮指定张蕴和接替。

1934 年 11 月 14 日，戴笠派特务王克全等 6 人在沪杭公路上暗杀了史量才。当史的汽车开到沪杭公路上时，忽遇一辆“京字 72 号”别克汽车挡在前边，史的车停下来后有六七个穿黑色短装持手枪的大汉从“京字 72 号”车里冲出来，先打死史的司机，然后把下车逃跑的史量才射杀在一个干涸的水塘里。史量才死后，蒋介石还电唁史量才家族并且命令浙江省主席鲁涤平悬赏缉凶，这种阴阳手法令人发指。

1935 年 5 月 4 日上海《新生周刊》第二卷第十五期刊载易水写的《闲话皇帝》一文，泛论古今中外的帝制，其中提到日本天皇。日本驻沪总领事以“妨害邦交”向国民政府抗议。南京政府立即查封《新生周刊》，判处主编杜重远一年又两个月徒刑，关进监狱，不准上诉。警方无法查找作者易水的住处，作者没有遭到逮捕。① 当时在法庭上旁听的群众纷纷表示愤慨，有人喊口号，有人散发传单，随后组织了“新生事件后援会”。上海实业界的名人穆湘玥提出抗议，上海律师公会请司法部纠正错误的判决，沈钧儒亲到南京向司法院抗议。国民政府不但对人民的抗议置之不顾，反而一再电令各省市党部转饬当地出版界及报社、通讯社，“取缔排日运动”。

在抗日战争期间和国民党撤出大陆前夕，国民政府也没有停止对进步记者的迫害。1939 年 3 月，在国防最高委员会之下设立了精神总动员会，蒋介石兼任会长，公布了《国民精神总动员纲领》。在纲领中提出：“国民精神总动员，有国民人人所易知易行之简单而明显之三个共同目标，为国民精神所当集结者，当首先标揭之，即（一）国家至上民族至上，（二）军事第一胜利第一，（三）意志集中，力量集中。”在“国家至上民族至上”条款中说：“在国家民族之前，应牺牲一切私见、私心、私利、私益，乃至于牺牲个人之自由与生命亦非所恤。”在“军事第一、胜利第一”条款中说：“在此时期，应无所谓个人得失、个人利害与个人之屈伸与荣辱，唯求得军事之胜利。”抗战时期的国民党，仍坚持言论出版服从国民党一党专政的政策，对言论强调的是高压管制、取缔和刑讯。

据相关研究者的大略统计，自 1939 年至 1949 年的 10 年间，全国被杀、被抓捕的记者还有：1939 年 3 月 14 日，成都《时事新刊》记者李亚凡被刺杀；同年 12 月，中国青年新闻记者学会会员王良、金戈被阎锡山部所杀。

---

① 郑逸梅：《书报话旧》，第 166—167 页，学林出版社，1983。

1940年3月，《新华日报》成都分馆经理洪宗希被杀；同年，《大声周刊》总编辑车耀先喋血报馆。1941年，衡阳《开明日报》被特务冲砸，总编辑等11人被逮捕。

抗战胜利后，国民党以特务手段镇压舆论界人士，已成为公开的秘密。从1946年1月12日至8月8日，北平、上海、广州、西安、昆明、重庆等多个大城市先后有20名记者和大学教授遭特务毒打，47人被捕。1946年1月13日，著名记者羊枣（杨潮）惨死杭州监狱。3月28日，《国民日报》记者孙平天被逮捕，特务将铅丝扭入其脑内，惨杀后沉尸河中。4月10日，衡阳《大华晚报》记者李某，被特务用棉絮塞口装入麻袋，乱刀砍死。4月25日，西安《秦风工商日报》义务律师王任，被诬以“烟犯”的罪名枪决。5月1日，西安《民众导报》主编李敷仁被特务绑架至咸阳郊外枪击，幸未殒命。1947年6月1日，重庆《新民报》、《国民公报》、《商务日报》等报20余人，在临时戒严中以“中共特嫌分子”的名义被捕。1948年，全国有26名记者被捕、6名记者被绑架或失踪。1949年，上海《文萃丛刊》的陈子焘、骆何民、吴承烈；《新华日报》的何天泉和胡南；《新民报》重庆版记者胡作霖与编辑陈丹墀、胡其芳、校对张朗生；《贵阳力报》总编辑顾希均；上海《学生报》严庚初先后惨遭杀害。①

仅据1935年11月1日《平津十校学生自治会为抗日救国争自由宣言》中所说：蒋记政府自“奠都以来，青年之遭受杀戮者，报纸记载至三十万人之多，而失踪、监禁者更不可胜计。杀之不快，更施以活埋；禁之不足，复加以毒刑。……北京大学学生组织‘帝国主义研究会’，清华大学学生组织‘现代座谈会’，此乃约法所许之权利，而政府则解散之，逮捕之。”

三、国共两党的舆论战

在国统区，国民党一再严令查禁、取缔共产党报刊，残酷迫害编辑与发行部门、承印机关、贩报人和读者，凡运送、传阅共产党报刊的人，一经查出就会被监禁或杀害。中共的地下报刊就是在如此严重的白色恐怖下出版发行的。1930年8月《红旗日报》出版仅一周，先后被捕去发行人员四五十人，该报承印机关前后被封闭3次。1929年创刊的《上海报》先后有10名送报人和特派员被捕，其中有的被判8年重刑。因此，共产党的报刊经常伪

① 江沛：《南京国民政府时期舆论管理评析》，载《近代史研究》，1995第3期。

装封面、更改报名出版。如《布尔塞维克》就曾用过《少女怀春》、《中央半月刊》、《新时代国语教科书》、《中国文化史》、《经济月刊》、《虹》等伪装名称。《红旗》的伪装封面有《快乐之神》、《摩登周报》、《红妮姑娘艳史》、《佛学研究》等10多种刊名。《列宁青年》用过《美满姻缘》、《何典》等伪装名称。《中国工人》曾用《红拂夜奔》、《南极仙翁》、《爱的丛书》等伪装封面出版。此外，为逃避国民党耳目，共产党的报纸还常常仿照消闲小报外形，用红纸印刷，第1版和第4版都刊满商业广告，标题也尽量趣味化，文章也常用隐晦曲折的手法。

蒋家王朝还采取“以量胜质”的手段，由C.C派和复兴社办起许多报纸、杂志和书店，以壮“党化”舆论的声势。在上海就有10多种刊物在为国民党呐喊，特务们还冒充进步团体给各报刊投递恐吓信，打乱这些新闻出版机构的工作。1931年8月《东方杂志》、《中学生》杂志都收到署名“左联”的恐吓信，1932年由国民党当局把持的《社会新闻》周刊多次刊载由特务炮制的“内幕消息”，对中共文化界进行造谣中伤。御用文人们还大肆攻击“左联”的旗帜鲁迅，企图分化、瓦解进步的舆论界。鲁迅曾愤慨地说：“近来一些人，联合谓我之《南腔北调》乃受日人万金而作，意在卖国，称为汉奸……是直欲置我们于死地，这是我有生以来，未尝见此黑暗的。”①

1932年6月23日，国民党中央军委政治训练处处长贺衷寒为了宣传“剿共”，在南昌创刊了《扫荡报》，先后在几个省会城市创刊了分支版。南昌《扫荡报》尽管表面鼓吹“中国革命”、“民族复兴”，但宣传目标是针对中共和苏区红军的，经常以德意法西斯理论批判中国革命。《中央日报》的主持者常受蒋介石的申斥：“你们怎么不学学《扫荡报》呢！”由于《中央日报》剑拔弩张和《新华日报》论战，而又总是败下阵来，当时舆论界流行一句顺口溜：“是中央扫荡新华呢，还是新华扫荡中央！”郭沫若戏言道：“把扫荡用作这样的动词，大有中间的味道吧。”② 更有意味的是，《扫荡报》采访主任谢爽秋却是中共的地下党员。1945年11月各地《扫荡报》改名为

---

① 鲁迅：《致郑振铎》，《鲁迅全集》，第34卷，第516页，人民文学出版社，1981。

② 中国社会科学院新闻研究所编：《抗日战争时期的中国新闻界》，第83页，重庆出版社，1987。

《和平日报》，并由于右任书写报头。

抗战爆发后，面对积极要求抗战、呼吁民主政治的舆论界，国民党政权不仅采取收买报刊，指派总编辑“帮助”工作的手段，甚至派人强行“接办”进步报刊。如CC系曾以13万元收买了上海的《立报》，转移至香港出版，在该报工作的进步记者被迫相继离去。重庆《新蜀报》、《国民公报》被迫“改组”，《新疆日报》于1943年春天被重庆国民党当局派人“接办”，南洋、印度、南美等地10多种华侨报纸，也被国民党当局派去的总编辑所把持。到抗战结束，由CC系和复兴社操纵的报纸有近200家，占了大后方报纸的多数。

《新华日报》在国统区的影响越来越大，蒋介石无时无刻不注视这份报纸，每天到办公室必读《新华日报》。1938年9月4日是国际青年节，《新华日报》刊载胡愈之的文章提出“我们需要更多的‘英勇战士’，不需要更多的循良子弟。”郭沫若在这天的报纸上题了词：“让青年自由发挥，就像培养树木一样，只要给以阳光和水分，免受风害和虫灾，就能成为栋梁之材。”文章发表第二天郭沫若接到陈布雷的通知，说胡的文章和郭的题词“委座”读了不满。随后蒋介石召见郭沫若说，你们都是公务员，不要在有色彩的报纸上发表文章，有文章要在像《大公报》这样中间性的报纸上发表。

蒋介石严禁《新华日报》使用“八路军”、“新四军”、“边区”的字样。1940年秋，八路军发动百团大战，毙伤日伪军25000余人，10月19日，蒋介石指示战时新闻检查局，饬令“严禁《新华日报》刊登有关百团大战的新闻”。1940年10月28日，《新华日报》刊登成都教师上街要求增加米贴的消息，蒋介石当天密电国民党中宣部部长王世杰，命他严查《新华日报》登载请愿加薪之事，此类新闻一律扣检。1943年4月28日，蒋介石手令王世杰，指斥《新华日报》发表对重庆联中学潮“煽动蛊惑”的文章。①

皖南事变传到重庆，重庆新闻界出现两种截然不同的立场。1940年12月20日，国民党军方的喉舌《扫荡报》抛出社论《统一军政贯彻军令》，宣称“国有道揆，政有系统，军有法纪，汉奸与动摇分子们违背道揆，反抗政府，干犯法纪，无论如何饰词狡辩，终为纪律所必诛”。“汉奸们的罪恶，固为天下共知，但外此如操纵军队，把持地盘，或擅移阵地，扩军自利，罔顾

① 《白色恐怖下的新华日报——国民党当局控制新华日报的档案材料汇编》，第18、60、114、186页，重庆出版社，1987。

法令的人物，虽未必投入敌人怀里，而其危害国家减弱抗战的力量，初无二致。在此胜利年行将降临之前夜，甚望这些人物痛自悔改，纳入轨道，否则亦将倾辀辍辂，湮没连踵。在革命的巨潮激荡之下，一切反革命的行动必无存在的余地。”“在我国今日之抗战期间，军人服从命令，尤属格外重要，所以若有嚣顽之徒，托词借故，毁法乱纪，自创例外或自同于化外，中央应立即彻底纠正，从严惩处。”

针对国民党顽固派的信口雌黄，《新民报》特派员、在新四军和陈毅处工作过一段时间的施白芜，根据亲历赶写了《在前方过年》、《沦陷区过旧历年》、《一个辩证的军事家》等3篇文章，于1941年1月2日至6日连续在《新民报》上发表，如实报道了新四军坚持抗战，与人民血肉相连，深受人民拥护的事迹。周恩来为了抗议和揭露国民党顽固派的罪行，奋笔直书“为江南死国难者志哀”、“千古奇冤，江南一叶；同室操戈，相煎何急!?”在1月18日的《新华日报》上发表。当天，《新华日报》拒绝刊登国民党中央军委会关于皖南事变的通令和发言人谈话，《中央日报》、《扫荡报》分别发表了社论《抗战的纪律》、《严肃军纪》。《新民报》、《大公报》、《新蜀报》、《国民公报》、《时事新报》、《商务日报》等，则一言未发，使《中央日报》、《扫荡报》的反共气焰独显孤家寡人的窘态。但国民党顽固派对沉默者是不肯放过的，凭借生杀予夺之权，迫使《时事新报》和《商务日报》在19日分别发表了社论《军政统一》、《对解散新四军之认识》，《新民报》、《大公报》、《新蜀报》、《国民公报》也在21日和22日分别发表了违心之论。

1944年夏，重庆的中外记者组织西北参观团访问延安，中央日报社派张文伯参加，国民党中央宣传部派谢葆樵和邓友德为领队，于5月31日进入陕甘宁边区参观访问。张文伯出发前，国民党中央宣传部给他下达了两项任务：（一）进入边区扩大反共宣传；（二）为准备在延安出版《中央日报》摸清情况。张文伯在途中利用各种机会向中外记者透露陕北广种鸦片。6月4日参观团由金盆湾到延安，在途中休息时，张文伯向当地老百姓打听：“你们这里哪些地方种有鸦片烟？”老百姓都摇头说：“不知道!”张文伯就利用休息时间走几个进山沟，东寻西找，终于发现一片青绿的禾田。张文伯选了一株苗壮的幼苗，拿去问当地的老百姓：“这是鸦片烟苗吗？”老百姓摇摇头说：“不知道!”张文伯认为这肯定是鸦片的幼苗，高兴得跳了起来，拿去给中外记者观看，并说：“这肯定是鸦片的幼苗，大家赶快拍照……”后来证实这是一株青菜的幼苗，粉碎了张文伯的谰言。

张文伯深感没趣，随着参观团于6月6日到达南泥湾。三五九旅旅长、延安警备区司令员王震设宴招待中外记者，王震致词欢迎参观团访问延安，最后严正地说："有个别记者对鸦片很感兴趣，我准备请他留下来，让他到处去走走看看，把这个问题搞清楚了再回去。"张文伯听到王震这番谈话，忙站起来声明："我是与参观团一道来的，要与参观团一道回去。我不能一个人留下来！"张文伯的话引起哄堂大笑。

《中央日报》编辑部听了张文伯的报告，都认为他的处理不当，因为王震并未指名道姓指出张文伯，张又何必站起来声明，这岂不是不打自招吗？张文伯申辩说："你们不知道，王震那双眼睛多凶啊！他说那番话时狠狠地盯着我，我深怕他把我留在延安不让我回来！"①

经张文伯在延安的实地考察，他认为在延安出版《中央日报》困难很大。国民党中央宣传部给中外记者参观团配备了一部电台，到延安就无法架设天线通报，《中央日报》若要在延安出版，困难更多；陕甘宁边区的老百姓组织很严密，国民党的记者无法活动。纵然《中央日报》能在延安出版，肯定卖不出去，也无人去读。后来，中国共产党对国民党明确答复，国民党要在延安出版《中央日报》，共产党不反对；延安人民愿意不愿意读《中央日报》，国民党也不能勉强。这样，国民党既未在延安出版《中央日报》，也找不到借口取缔重庆的《新华日报》。国民党的这一计划最终流产了。

重庆中外记者参观团访问延安后，纷纷撰文报道陕甘宁边区真相，冲破了国民党的新闻封锁，产生了很大影响。如《新民报》主笔赵超构写的《延安一月》在报上连载时，以亲切动人的笔调，忠实客观地报道了革命根据地的气象，受到广大读者的欢迎。张文伯写的《陕北归来答客问》一书，极尽歪曲诬蔑之能事，但也无法掩盖事实真相。蒋介石于是下令，以后严禁中外记者访问延安。②

中共在重庆办的《新华日报》，很受读者欢迎。因《中央日报》不能抵消该报的影响，而且内部又屡屡出事，蒋介石恼恨至极，对国民党中央宣传

① 中国社会科学院新闻研究所编：《抗日战争时期的中国新闻界》，第90—91页，重庆出版社，1987。

② 中国社会科学院新闻研究所编：《抗日战争时期的中国新闻界》，第92页，重庆出版社，1987。

图 4－4　新华日报报童在义卖

部和《中央日报》“责备备至，几至负责人无地自容”。蒋曾感慨地诘问陈布雷：“何以本党言论低落？”陈亦困惑不解，私下转询唐纵。① 唐则认为：“本党在朝，对于政府之缺点，不能不加掩饰，攻击的话容易讲，亦容易听，颂誉的话不易讲，亦不易听。且异党在野，办文化宣传的人，都是最优秀的人才。本党在朝，优秀的人都做了官。唯本党平日无计划来培养这一类人才，则不能辞其责也。”②

有一次蒋介石把他的侍从室主任陈布雷找去说：“布雷先生，看人家办的报刊，舆论上笼络了许多人。我决定出一份刊物，譬如，可以叫《三民主义月刊》，你是不是可以负责？”③ 陈布雷建议先办个《三民主义半月刊》，由三青团宣传处副处长杨玉清④主持，蒋介石应允，不久半月刊在重庆创刊。该刊大肆宣传国民党的一个政党、一个领袖观点，反对言论自由，鼓吹法西斯专政。国民党顽固派的反动宣传引起了国民党内部一些有良知的政治家的异议。邵力子在给《三民主义半月刊》的信中说：“特别是本党的刊物，三民主义的刊物，更不应稍有代纳粹宣传或对纳粹赞扬之处。同盟国家正有怀疑我国战胜以后，或将纳粹化者，我自应特别郑重，既以避嫌，亦以杜渐。”⑤ 国民党元老续范亭发表言论指出：“法西斯思想方面的表现，就是独

---

① 国民党中央委员会常委，曾在南京创办《建业日报》，1930 年任戴笠情报处主任秘书，1932 年任复兴社总社副书记。1938 年任国民政府军事委员会委员长侍从室第六组少将组长，1945 年 9 月后先后任国民政府中将参军、军统局代局长。

② 杨者圣：《侍密二》，《国民党“军机大臣”陈布雷》，上海人民出版社，2010。

③ 王泰栋：《陈布雷外史》，第 143 页，中国文史出版社，1987。

④ 1948 年杨玉清因反对蒋介石发动内战，遭撤职查办关押于广州监狱，李宗仁就任代总统后被释放，杨遂移居香港。1949 年 8 月，杨与在港住留的原国民党高层人士龙云等 42 人，联名发表通电，脱离国民党，拥护新中国。董必武副总理致电杨玉清，欢迎他回来共同建设祖国。1949 年底，杨回到北京，于 1952 年 8 月任中央政法干部学校研究员，1954 年 8 月任《政法研究》杂志社副总编，1957 年 4 月任国务院参事，1958 年 8 月被错化为右派下放到湖北，任武汉市人民委员会委员。1962 年当选为武汉市政协委员，1978 年 10 月平反后奉调回京，恢复国务院参事职务。

⑤ 转引自《解放日报》，1943 年 9 月 13 日。

裁，怕民主、反共；反进步、特务政策。加大特务权力，镇压人民的不满。盲目的捧领袖，领袖万能，好像只要把领袖捧到天上，则天下大事定矣。”“这一套必须放弃。”①

1945年7月1日，国民参政会的6位参政员黄炎培、褚辅成、冷遹、左舜生、章伯钧、傅斯年应毛泽东的邀请去延安访问。黄炎培回来后，把在延安所见所闻写成了《延安归来》一书，介绍了中国共产党各项政策的实施情况和解放区的成就。为免遭国民党书刊检查官的删改，国讯书店在其他进步出版机构的支持下，接受了中共党员黄洛峰的建议，决定不将此书送国民党当局检查，此书稿没有递交国民党检查就于8月7日正式出版了，至此拉开了拒检运动的序幕。

《延安归来》出版后没有受到国民党的封杀，进步人士张志让、杨卫玉、傅彬然3人起草了重庆杂志界宣布“拒检”的《联合声明》，在征得16家杂志社的签名后，于1945年8月17日正式发表，庄严宣告自9月1日起一致不再送检，随后将这一决定正式函告国民党中宣部、宪政实施协进会和国民参政会。16家杂志社拒检声明一发表，立即轰动了整个文化界，得到了各界的支持与响应。9月1日记者节这天，重庆《新华日报》发表社评《为笔的解放而斗争》，抨击国民党当局实施的原稿审查制度，至此，由重庆出版界发起的拒检运动扩展到成都，并由出版界扩展到新闻界。

蒋介石认为，国内外的舆论，包括美国盟邦在内，都与他作对，这是中共巧妙宣传的结果。蒋曾对来访的美国副总统华莱士直言不讳地说：他对共产党的宣传是五体投地的佩服，不得不策划发动一场反共宣传战，以改善国民党的内外形象。这场反共宣传是从蒋介石发表《中国之命运》一书开始的。此前，中共领袖毛泽东写了一篇《新民主主义论》，提出并回答了“中国向何处去”的问题，海内外舆论为之瞩目。蒋看了之后，颇感震撼，也想把这些年来自己鼓吹的理论总结一下，弄出一个东西，与毛泽东抗衡。蒋亦多次同陈布雷说明此意，后来把任务交给《中央日报》总主笔陶希圣。②

---

① 转引自《解放日报》，1943年9月13日。

② 陶希圣在20世纪30年代做过多所大学教授，办过报刊，于1938年7月任第一届国民参政会参政员；同年底随汪精卫出走河内，1939年8月任汪伪中央常务委员会委员兼中央宣传部部长。1940年1月，与高宗武逃赴香港，在香港创办国际通讯社，发行《国际问题周刊》。1941年太平洋战争爆发后电蒋认罪，去重庆任蒋介石侍从秘书，并任《中央日报》总主笔，成为国民党权威理论家，1947年兼任国民党中央宣传部副部长。

陶希圣终于炮制出一份长达10万言的《中国之命运》，系统地表达了蒋的政治观点、哲学思想和对内对外政策，强调反对共产主义，民主不适合中国国情，污蔑共产党、八路军和新四军，暗示两年内一定要解决共产党问题，被当时国内外舆论评为“第三次反共高潮的宣言书”。1943年3月，《中国之命运》正式出版，国民党上下为之大肆宣传，并在国共之间引发一次大规模的舆论战。

不久，毛泽东发表了《论联合政府》一文，根据地的报刊和《新华日报》纷纷刊载此文并发表评论。毛泽东反驳蒋介石的谬论指出：“大敌当前，民主民生改革的问题不应该提起，等日本人走了再提好了。——这是国民党反人民集团的谬论，其目的是不愿抗日战争获得彻底胜利。有些人居然随声附和，作了这种谬论的尾巴。大敌当前，不解决民主民生问题，就不能建立抗日根据地抵抗日本的进攻。”蒋介石公然说：“现在许多人都说民主，真是大错误。现在说民主的人细细地一看，都是共产党。共产党是要民主，拿民主来打击我们。真是民主起来，我们还能建国么?”“国民党是一切党派中的骄子，它以外的党派，根本不能与它讲平等。”“国民党外的一切党派，都没有独立存在底理由。”①

1946年2月，重庆大渡口钢铁厂为要求增加工资而罢工，遭到国民党政府的镇压，一些工人被打死，工厂戒严。《新华日报》和各抗日根据地的报刊发表了21条消息和大量来信，在社论中把这场工潮定性为“民主与独裁的斗争，文明与黑暗的斗争”，呼吁“立即唤起舆论制止国民党屠杀逮捕工人的恐怖行动”，否则这种恐怖“会光顾到我们每个人头上”。在《新华日报》的带头下，重庆各界舆论一致谴责国民党政府，声援罢工工人，使政府不得不同意增加工资，实行8小时工作制。

1946年下半年内战爆发，由于国共和谈仍在名义上进行，国民党政府仍允许《新华日报》在国统区发行。这时《新华日报》的宣传更加深入人心，挑战国民党的统治，最厉害的一招是开辟了“被俘国民党军官介绍”，共刊发35期，介绍了484名被俘军官的简历和在何处被捕等情况，刊登亲属通过《新华日报》在上海、南京、重庆、成都和昆明的联络处和他们联系的信息。这个专栏既显示了共产党的强大，又表现出共产党的温情，瓦解了

① 冯玉祥：《我所认识的蒋介石》，第44章，第155页，黑龙江人民出版社，1980。

“国军”的士气。

1947年初，就国民党军队在战场上的挫折，共产党对蒋介石发动内战进行连续的谴责，蒋介石几次对陈布雷指示宣传机要，他说：“现在（1947年前），政府是允许共方及民主同盟存在及正当活动的。他们的一切阴谋诡计和宣传伎俩，均出自共方南京办事处梅园新村的策划。共方的宣传方式是：运用对政治并无深刻了解而社会地位又相当高、仍受人钦敬的人出面，对政府作批评，使对现实不满之人，对政府更感不满。如上海商务印书馆的张元济就是。息影已久的人，最怕寂寞，有人奉承，说些风凉话，甚觉高兴，却不料中了计。”陈布雷觉得蒋介石讲的话有些道理，但又感到国民党有些要人所作所为，造成了共产党可乘之机。

蒋介石接着讲下去：“譬如《大公报》，过去张季鸾主持，对抗战建国的基本国策，尽力支持，在中央执行技术上则作善意批评，在社会上有中立声望。张氏一死，王芸生继主笔政，作风一变，由善意批评转变为恶毒讽刺。《大公报》拿了国家津贴30万美金，却以中立姿态为共方张目。”蒋介石这时提高了声音，很激愤的样子说：“共党发动的耳语运动最恶毒，他们有计划制造谣言，往往恶意中伤政府及负责官员。什么‘四大家族’，‘五大家族’，在茶余酒后散布出来。不知就里的报纸杂志也信以为真而加以揭载，以讹传讹，一时有众口铄金之势。而中央文化宣传机关不识敌人宣传伎俩，若干年轻同志，也有中毒的。宣传小组要制订原则，建立社会声誉，坚定同志信心，巩固党和国家政府的地位。”①

陈布雷一边答应，一边思索，总感国民党现在的宣传民众不信服，不像北伐时那样得心应手。他终于委婉地说：“蒋先生，实际情形与宣传不应有很大距离，竭诚盼望许多实际问题应有改善，宣传自易取信于人；否则，徒责宣传之不能尽责，而委过于宣传，是不公平的。……”蒋介石对陈布雷这段话不无吃惊，但也感到确实有部分道理，相信陈布雷是出于忠心。他点点头说：“那当然，实际问题当然要改善。布雷先生，你对党国很忠心，你说下去，说下去。”

陈布雷举了张道藩在“宣传小组”例会上的发言，说：“张道藩是党的文化运动委员会主任委员，和文化界接触面很广，也曾经提倡文艺人才的培养，如国立剧专，便是由他提倡而设立的，他很感慨地说：‘我们训练了人

① 转引自王泰栋：《陈布雷外史》，第170－171页，中国文史出版社，1987。

材，没有好好去运用，反为敌人制造干部。’他向宣传小组提出：不可再蹈覆辙，要把现有文化界人士组织起来，动员起来，要适当地和积极地运用我们的文化斗士，在宣传方面发挥效果。”陈布雷说的时候，蒋介石不时点头。陈布雷这时一泻千里，声音很轻，继续说道：“张道藩还说，身陷共区又陆续逃出的文化斗士很多，他们亲身受到惨痛虐待，活生生的亲身经历，如果撰写成书，必可使社会加深对共党面目的认识，在宣传上有极高的价值。”“蒋先生，不过这些人生活困难达于极点，我们对于他们应与协助。”

蒋介石十分赞赏陈布雷的观点，高兴地说：“我拨给宣传小组一百亿元经费，就是派这些用场的，可以发给他们著作稿费，也算对他们生活帮助吧！”

陈布雷又向蒋建议：“张道藩和军方广泛接触，知道前线军队对物质如香烟、毛巾等固极需要，作战部队在战壕中生活单调，香烟的调节和刺激作用很大，获烟一支有如至宝。但是精神粮食也颇重要。应透过宣传途径，发动慰劳运动，以维系士气和民心。”最后，陈布雷发表了自己的主张说：“对于当前宣传，布雷认为要确定几个原则：一是尽量以真实代替夸大或虚伪，不仅要对敌人的夸大与虚伪揭露之，就是我们自己也要尽量避免过去的毛病；二是尽量避免片面宣传，设法运用侧面或中立的宣传机构代替我们发言；三是尽量避免口号宣传，废谩骂宣传代之以客观的心平气和的说明事实；四是要考虑人们易于接受宣传感染是在娱乐的机会中，应当运用文艺作品，以娱乐为主，渗入宣传。”①

1947 年 1 月，当国共双方交战进入白热化时，《新华日报》在国统区热热闹闹地庆祝创刊 9 周年纪念日。郭沫若、张澜、沈钧儒、黄炎培、陶行知、许广平、陈铭枢等民主人士纷纷写贺信贺词，说它是“人民的号角，民主的喉舌”。1947 年 2 月 28 日，国民党政府面对《新华日报》的舆论攻势，最后封闭了这份中共中央的机关报。

1948 年 11 月 13 日陈布雷自杀，陈布雷之死对蒋家王朝的官员们的心灵投下一束阴影，11 月 28 日蒋介石在黄埔路官邸的一个小规模会议上，神情冷漠地对高级文武官员说：“在座的诸位都知道，近来局势危艰，于党国很不利。值此千钧一发之际，更须本党同志精诚团结，同仇敌忾，而绝不允许任何人有涣散军心、动摇斗志的言论和行动。”蒋介石的语调越发严峻，

---

① 王泰栋：《陈布雷外史》，第 170－172 页，中国文史出版社，1987。

说："共产党的宣传厉害得很呐！连布雷先生这样的人，居然也会受共产党的影响，我们万万不可轻视呐！"接着他又说："我还要说一件事。有人曾经对我陈言，说要让宋子文、孔祥熙、陈立夫、陈果夫加上夫人宋美龄，拿出五亿美元，用于国家。这是什么话！嗯！"蒋介石火气上来了，声音也提高了："宋子文有什么钱，嗯！孔祥熙有什么钱，嗯！至于夫人，那就更没有钱了。所以，这个，散布这个言论，不管怎么说，只会给党国带来危害，有利于共产党！"① 据传，陈布雷死前曾对蒋忠谏，让宋子文、孔祥熙和宋美龄拿出钱来以解国家之需，这一说法从此不胫而走。

蒋介石一贯认为，社会舆论不过是少数人制造的言论，作为败坏党国权力的一种攻击手段，不应对其有任何敬畏的态度。正如他说："什么舆论，舆论，舆论！我拿三百万元开十个报馆，我叫他说什么，他就说什么。什么狗屁舆论！我全不信。"② 国民党只想把新闻舆论变成自己的传声筒，血腥的特务手段使更多的人认清了国民党的本质，最终导致蒋介石众叛亲离败退台湾。

四、《中央日报》改革与蒋介石的感叹

1932年春，《中央日报》实行社长负责制，改变了由国民党中央宣传部长兼任社长、实际不管社务的情况，程沧波任社长，李圣五任主笔。具有新闻学专业背景的程沧波意识到，《中央日报》过强的党国色彩对争取社会舆论不利，下决心推动中央机关报的民间化与平民化。与叶楚伧执掌时期不同，程沧波到任后，报社有了独立的法人地位，实行报社资金独立核算制，强调营业性，报社管辖权和人事权也有了松动。程沧波后来回忆说，他在《中央日报》的追求是：它"不是盛气凌人、或是借政治势力对其他方面压迫，而是以极礼貌亲和的方式与全国思想界周旋；用盛情与友谊对全国舆论界联系。"③《中央日报》的这些努力，在一定程度上争取了部分读者，在报摊上赢得了回报，发行量虽不及民营报纸，但保持在3万份左右。除了正报，还增出了《中央夜报》、《中央时事周报》。

---

① 王泰栋：《陈布雷外史》，第200—201页，中国文史出版社，1987。

② 冯玉祥：《我所认识的蒋介石》，第22页，黑龙江人民出版社，1980。

③ 冷冰：《南京〈中央日报〉的经营策略及启示》，载《青年记者》，2006年第8期。

台湾新闻学者更为抗战胜利后的社长马星野击掌相赞，因为他大书一笔《中央日报》企业化的创意。1946 年 6 月，马星野力主南京《中央日报》停领中央办报经费，改组为股份有限公司，在经营上自谋出路。报社资本总额从企业化经营前仅 7 亿元，迅速增长到 16.8 亿元。当时围绕《中央日报》的办报方针，新旧两派出现一番较量。以中央宣传部副部长之职兼任《中央日报》总主笔的陶希圣提出“先中央、后日报”的主张，认为报纸既是党的机关报，就要以站稳党的立场为第一要务。而马星野则坚持“先日报、后中央”的主张，认为报纸如果办得没有人看，中央的立场站得再稳，又有何用？

马星野招募了一批得意门生进入《中央日报》，总编辑、副总编辑只有 30 岁左右，起初颇有为民争利、为党国清廉执政的胸怀。副总编辑陆铿 1947 年 7 月 29 日在《中央日报》上揭露孔祥熙、宋子文非法套汇，在国民党高层引起轩然大波。记者徐佳士采访国大代表，听到因国军失利，有国大代表提出“杀陈诚以谢天下”的主张，就照实写出来，陆铿则照实刊登在《中央日报》上。陆铿多次采访军令部部长徐永昌未果，愤而在《中央日报》刊登“徐永昌部长失踪”的消息，虽然受到上面的批评，却也逼得徐氏乖乖接受记者访问。一时，国民党控制最严的《中央日报》内部有了自主报道的声音。后来陆铿回忆说，当时的《中央日报》企图采取“先日报、再中央”的办报方针，因得罪国民党权贵，被蒋介石勒令整改，编辑方针又回到“先中央、再日报”，终于变成一张完全不考虑读者、直接为国民党中央服务的报纸。①

当时储安平曾任《中央日报》副刊编辑，文笔犀利，敢说敢言，终因与党报体制不合而游离出去，后来主办《观察》杂志，成为自由知识分子抨击国民党专制的代表性媒体。殷海光是著名哲学家金岳霖的弟子，1946 年任《中央日报》主笔，凭借对国民党的一腔忠诚，写出一批热血社论，例如《设防的基础在人心》、《赶快收拾人心》等，猛烈抨击国民党豪门贵族，受到蒋介石训斥。殷海光痛感党人“至死不悟”，不能跟着“这个样子的国民党跑”，不久也脱离了《中央日报》。

1947 年下半年，陆铿等人目睹国民党的腐败积重难返，《中央日报》已无

---

① 祝华新：《世上已无〈中央日报〉》，载中国选举与管理网站（http：//www.chinaelections.org）2010-4-11。

前途可言，给他的老师兼社长马星野递交了辞职信。马星野大吃一惊，赶紧请国民党中宣部副部长兼总主笔陶希圣给他写信劝留，信中有一句“站在一起，吾人方能生存”。陆铿不假思索地回复说：“站在一起，吾人同归于尽。”

1948年后，国民党在大陆的末日即将来临，国民党的新闻机构纷纷拆迁设备，遣散人员，转移至台湾。《中央日报》在1948年即开始筹办台北版，1949年初南京总社社长马星野带着总社的大批人员和印制设备到了台北，于3月12日出版台湾《中央日报》。台湾时期的社长曹圣芬，曾延续程沧波的思路提出：《中央日报》的目标，不仅是作一党的喉舌，更是全社会的公器。曹圣芬认为，要把新闻事业视为积极的文化事业来经营，既要盈利，又要推动整个文化领域的发展。

蒋介石在结束其大陆政权的前后，才开始意识到宣传俘获人心的力量，但他丝毫没有悟出合民心者才能得人心的道理，仅仅把宣传看作是一种文字功夫。他多次对中共的宣传发出感慨，赞其文字写得好，但从没有从道义上认识两党的根本对立。1947年12月，毛泽东在陕北米脂县杨家沟一次会议上作了《目前形势和我们的任务》的报告，蒋看到报告的文本后，生气地把它摔到陈布雷的面前说：“看人家写得多好！”言下之意是，你从来没替我写过这么好的文章。当时，陈布雷也按捺不住，便顶了一句：“人家可是自己写的！”言下之意是：我不如人家，你呢？没有我代笔，你寸步难行。把蒋介石气得几乎晕过去。①

1945年，毛泽东来到重庆与国民党进行和平谈判，应柳亚子索要诗句之请，把自己1936年2月写的《沁园春·雪》一词重新抄录送给了柳亚子。柳展读之余，惊叹不已，称毛泽东为“中国有词以来第一手”。这首词不胫而走，被人们竞相传抄诵读，重庆的《新民晚报》将这首“地下文学”全文照登出来，轰动了山城朝野。

一天上午，侍从室主任陈布雷拿着这首词向蒋介石报告说：“毛泽东给柳亚子写了一首词，发表在《新民晚报》上，词文在山城到处传咏，影响甚大。”蒋介石很不高兴地问道：“什么词，给我念念。”陈布雷便展开词文念起来：“北国风光，千里冰封，万里雪飘。望长城内外，惟余莽莽。大河上下，顿失滔滔。山舞银蛇，原驰蜡象，欲与天公试比高。须晴日，看红装素裹，分外妖娆。江山如此多娇，引无数英雄竞折腰。惜秦皇汉武，略输文

---

① 《陈布雷为什么写不过毛泽东》，载《应用写作》月刊，1992年第1期。

采；唐宗宋祖，稍逊风骚。一代天骄，成吉思汗，只识弯弓射大雕。俱往矣，数风流人物，还看今朝。”

陈布雷读完，蒋介石惘然问道：“这是毛泽东自己写的吗？”陈布雷回道：“很多人亲眼目睹是他自己写的。好多人为毛泽东的词着迷，不管在朝在野，是敌是友，他们都在唱和着。先生想想，谈判还没有完毕，毛泽东已经在重庆引起很多人的重视，后果值得考虑。”

蒋介石听后大为震怒，也大为不安：“我看他毛泽东野心勃勃，想当帝王，称王称霸。你要赶快组织一批人，写文章批判他。要全国人民都知道，毛泽东来重庆，不是为和谈而来，而是为称帝而来。”国民党中宣部秘密通知各地、各级党组织，要求会吟诗作赋的国民党员，每人写一首《沁园春》，选出最好的以国民党主要领导人的名义公开发表，将毛泽东的《沁园春·雪》比下去。

12月4日，《和平日报》抛出了一首易君左写的《沁园春·和毛泽东柳亚子》。易君左（1899—1972年），湖南省汉寿县人，北京大学文学学士、日本早稻田大学硕士。留学回国后，长年在国民党报业工作，兼任中华诗社社长。易君左这首词如下：“国命如丝，叶落花飞，梗断蓬飘。痛纷纷万象，徒呼负负；茫茫百感，对此滔滔。杀吏黄巢，坑兵白起，几见降魔道愈高？明神宵，忍支离破碎，葬送妖娆。黄金难贮阿娇，任冶态妖容学细腰。看大漠孤烟，生擒颉利；美人香草，死剩离骚。一念参差，千秋功罪，青史无私细细雕。才天亮，又漫漫长夜，更待明朝。”①

这个为蒋介石举起“围剿”毛泽东《沁园春·雪》的大旗的易君左，是当年因散文集《闲话扬州》引发轩然大波而声名远播的作家。易君左以深厚的词学功底推出的这一“力作”流露出一丝忧国忧民的情愫，但将人民革命诬为黄巢“杀吏”，白起“坑兵”；喻延安边区为“大漠孤烟”，称《沁园春·雪》词是“冶态妖容”。尤其是结尾句与《沁园春·雪》针锋相对：中国才迎来一线光明，由于共产党的存在，内战将不可避免，“国命”又将陷入黑暗之中，只能把幻想寄托在“明朝”了。

易君左的词遭到进步知识分子和民主人士的回击。正在重庆工作的郭沫若在和词中赞颂毛泽东的词“气度雍容格调高”，反讽易词“传声鹦鹉翻桥，

---

① 参见王树人：《毛泽东〈沁园春·雪〉公开发表始末》，载《党史纵横》，2008年第7期；苏辛：《〈沁园春·雪〉发表以后》，载《人民政协报》，2005年10月27日。

又款摆‘闲话扬州’腰”，“朽木之材未可雕”。事后，据不完全统计，毛泽东的词刊发后，国民党控制的《中央日报》、《和平日报》、《文化先锋》、《益世报》等报刊登出了此类词近 30 首。当陈布雷捧着一叠征集来的词稿请蒋介石过目时，蒋介石不屑一顾地说：“你们的词，带有一股从棺材里发出来的腐臭味，怎么能和毛泽东比？……这比打一个大败仗还丢脸！”

蒋介石曾多次说《大众哲学》害死人！因为《大众哲学》让人们知道如何观察和认识社会，使许多知识青年投向共产党。他指责陈立夫说：“共产党能写出《大众哲学》，你们身为国民党党员怎么就写不出来？到了台湾，蒋介石多次在高层会议上讲，同共产党的长期较量，1949 年丢掉大陆，不仅输在军事上，乃是人心的失败，一本《大众哲学》搞垮了国民党的思想。蒋介石不仅读《大众哲学》，经常将《大众哲学》放在案头，还要蒋经国读这本书。”①

1936 年，中共地下党员、上海读书生活出版社的编辑艾思奇出版了《大众哲学》一书，这本通俗哲学著作一出版就引起知识界和政治家的注意。1937 年 10 月艾思奇赴延安在抗日军政大学任主任教员，兼任陕甘宁边区文化协会主席。《大众哲学》运用马克思主义解释了客观世界，许多人读了这本书作出正确的人生选择，走上革命道路。一个政党的宣传工作能否反映人民的意志和历史要求，在于他们是否以正确的哲学观指导自己的认识，制定正确的宣传政策与策略。《大众哲学》给真正的革命者与革命宣传家提供了有效的思想武器。

五、蒋介石的新闻观点

蒋介石名中正，早期跟随孙中山，参加推翻清政府腐朽统治的革命活动，一度成为革命者。1907 年他考入保定陆军速成学堂，1908 年春赴日，入东京振武学校，1910 年冬毕业后成为日本陆军士官候补生。他在日本结识并参加了孙中山领导的革命团体，回国后于 1912 年 1 月在上海受陈其美派遣，收买歹徒暗杀了光复会领袖陶成章。案发后逃往日本，自办《军声》杂志，使用“介石”的笔名（后为他的字）。再度回国后，他受到孙中山的器重，先后任黄埔军校校长，北伐战争中任国民革命军总司令，在这一时期

① 参见石仲泉：《中国应当有成千个艾思奇式的大哲学家》，载《理论视野》，2010 年第 3 期。

他没有接触过宣传工作。在领导国民政府和担任国民党总裁后，他对报刊出版的管制常常陷于被动，但却有一套独特的新闻宣传见解。

前几节列举的事实表明，蒋介石既没有现代新闻观念，更不是西方新闻自由忠实的实践者，而是思想专制主义者，但他却发表过一些端雅的新闻观点。1928 年蒋刚当上南京政府领袖，有人揭发《申报》有一篇文章批判蒋，骂蒋是“叛徒”，蒋看后大怒。有人向他建议查封《申报》，蒋沉思片刻说：“言论上，应有自由，或不干涉。”史家认为：“这也许是他沽名钓誉的心理作祟。”① 当时，蒋介石对新闻界的自由、责任和使命，抱有刚正之心，或许是国家元首常有的那种郑重感，也许他刚上台不得不有正人君子之胸怀。

1928 年夏天，蒋介石与宋美龄一同到达北平，大小报纸都想抢独家新闻。蒋和宋的驻跸处每天都有许多端着照相机的记者，苦苦寻觅拍摄的机会。蒋介石忙着筹办（对孙中山）谒陵，对记者似乎没有兴趣，各报难以得到什么有价值的东西。可是北平的“时闻社”却每天发表一条关于蒋介石和宋美龄的“起居注”，蒋介石夫妇乘什么车，车牌号是多少，要会见哪位要人、谈多长时间，他们何时睡觉，宋美龄穿什么旗袍，穿什么颜色和式样的鞋，都一一报道，成了人们茶余饭后的谈资。

蒋介石夫妇到北平后的第三天，终于传出消息，他要在北京饭店举行记者招待会，各报社都派出精兵强将前往采访。北京饭店的会场早就挤满了记者。蒋介石出场时阴沉着脸，一开口就用宁波口音“这个，这个”地哼了几次，随后说：“这个北平是几代古都，封建传统很浓厚，希望新闻界勿沾染坏习气。”说到这儿他的目光扫了一下会场上的记者，尤其是时闻社的人，接着说：“对女人评头品足的坏习惯最要不得，这是对女性的侮辱……”蒋介石痛斥了“时闻社”报道的无聊，最后他说此次到北平无非是“敬谒总理灵柩”，“北伐成功，告慰总理在天之灵”。招待会草草收场。②

几天后（7 月 18 日），蒋介石在招待各界的宴会上发表讲话说：“现在要遵守纪律秩序，不能像从前那样随便了。中国人太自由，中国所以贫弱，所以受不平等条约的束缚，就是中国人太自由的毛病出来的。以后各社会团

---

① ［美］易劳逸：《毁灭的种子：战争与革命的国民党中国》，第 186－195 页，江苏人民出版社，2009。

② 边东子：《蒋介石缘何痛斥“狗仔队”》，《北京饭店传奇》，当代中国出版社，2009。

体一定要养成党化、军队化”，“谋中国人思想统一”，“必须以党治国”。他的言外之意是，社会一切团体，包括新闻界，都要克服“自由”和“随随便便”的毛病，都要按照国民党的要求统一思想、统一行动，遵守秩序。

蒋介石经常引用孙中山的话——“自由这个名词如果用到个人，就成一片散沙，万不能再用到个人上去，要用到国家上去，个人不可太过自由”。他告诫下属说：“切戒个人自由”①，“如果我们个人要讲自由，国家民族便要受人家的压迫！”因此，为求国家的自由，每个人“在社会上，就要服从各级政府，遵守一切法令。必须我们都能严守纪律，服从领袖”。② 以这个“国家自由论”为纲领，国民党创建了专制统治。

1929 年正值江西井冈山游击队开展武装斗争，南北新军阀相继反对南京的独裁统治，12 月 30 日蒋介石把一些记者招到南京官邸，对新闻界发表了谈话。他首先对当时的国内形势和新闻界报道存在的问题作了概括，他说：“一年以来，自桂系称兵，以迄现在，总是逆乱迭出，这实在是很不幸的，舆论界于此应知扰乱和平者为谁，谁扰乱和平，谁即为国民之公敌，新闻界在昔因未注意变乱真相，以为政府是好穷兵黩武，总是设法打别人，因此之故，遂使社会起了很多不良的观念。”蒋介石对报刊有损国民政府的报道不满，强调国民政府有责任和权力维护国内稳定，他说：政府“若不明令讨伐，还成什么政府，责任所在，实非得已。”他指出：“由以上事实，舆论界就可深刻认识，究是政府好战，还是他们一般叛将危害党国，而引起战争。”“现在一般国民也因舆论失正，怀疑政府有意好战，他们不知道叛逆军阀之野心难填，且终必叛乱，此叛军如若不讨伐，国家何能统一！民族何能独立！”

在蒋介石看来，报刊不支持他消灭共产党和反对他的地方势力，就是不明是非，蛊惑人心。他指责“新闻界在过去常有是非不明、模棱两可者，无论对于何事，每持袖手旁观态度，弄得是非不明，纲纪不振”。他认为，“历年纷乱，其原因虽多，而以人民无是非，不管事，为最大原因，卒至以失败与胜利定是非，遂酿成致乱之由，这是要请新闻界特别注意的”。他“希望

① 蒋介石：《党政人员自修研究与工作要项》，《总裁言论选集》，第 9 卷，第 2217 页，（台北）国民党中央党史委员会，1984。

② 蒋介石：《中国青年之责任》，《先“总统”蒋公思想言论总集》，第 13 卷，第 288 页，台北“中央文物出版公司”，1985。

新闻界认清是非与顺逆，常有正确之批评，以正民众视听，则野心家与一切反动派必惕于舆论之不可欺，而再不敢故意作乱”。①

1940年3月23日，蒋介石在国民党中央政治学校第一期新闻专修班发表“毕业同学训词”——《今日新闻界之责任》，明确提出国民党记者应有的使命与职责，认为新闻记者应充当国家意志的喉舌、启迪民众的导师，“实不亚于前线冲锋陷阵之战士”。他把记者的责任归结为四点：“一曰善尽普及宣传之责任，二曰善尽宣扬国策之责任，三曰善尽推进建设之责任，四曰善尽发扬民气之责任。”

他认为，现在办报困难，新闻记者最好以筚路蓝缕之精神，向广大内地散播文化种子，提高人的知识。每三五个县应办一份有一定规模和完善的地方报纸，印刷不求精美，内容却需充实，以补救社会教育不足，成为地方进步的动力。一切言论记载，应以促进国民独立自尊、养成国民奋斗向上为目标。处处遵守抗战建国纲领，时时不忘国家至上，民族至上。报刊剖析国际局势，不唯求其真实精要，尤以中国利害观点为中心，让读者感到真切而有益。他说：“昔日报纸之所重者为政治，今后应重在经济与生产，昔日报纸采取新闻之主要对象为官团机关，今后应为农村，为工场，为合作社，为一切生产之组织。报纸之篇幅，与其以人民不感关切充数，无宁尽量介绍经济建设之实例，与讨论生产改进之方法。”②

蒋介石强调：“吾人今当努力抗战，同时又努力建国，必当善导国民，共履忠义奋发之正道，奸邪在所必斥，正气在所必扬。故积极方面应充分表彰战区军民英勇壮烈之事迹；消极方面，宜鄙弃轻薄浮夸淫靡之文字，尽扫颓废无聊之气氛。吾人须知高谨严非即为枯燥之别名，而趣味之养成，亦自有其办法，新闻界人士悉心研究，自能得之，此于教育国民，实有甚大之关系。……我新闻界能日新又新，导国民以前进，则国民必相率而前进，我新闻界能同德同心，扶持我国运于共同之正鹄，则国民亦自集中意志力量以趋于一鹄，此则全赖新闻界在人才有新的补充，在技术精神有新的修养，以共负此千载一时之任务。”③

---

① 《蒋中正于南京对新闻记者谈话》，载秦孝仪编《先“总统”蒋公思想言论总集》，第38卷，第19—20页，台北“中央文物出版公司”，1985。

② 李瞻：《新闻学》，第262页，台北三民书局，1985。

③ 李瞻：《新闻学》，第261—262页，台北三民书局，1985。

作为民国政府和国民党的首脑，蒋介石力主新闻事业由大城市向全国各县市推进，在全国范围扩大宣传阵地，奠定国民党的宣传工作基础。在他看来，记者的首要责任不仅是善导国民、奋斗向上，而且要“介绍国家重要政令，解释法令主旨”，使国民知法守法，“统一国论，提振人心”。这种新闻观，从头至尾都以国民党建国为口号，实则为了奠定国民党政权的思想基础。

1940年7月26日，蒋介石再次出席中央政治学校新闻专修班二期毕业典礼，对学生发表了《怎样做一个现代新闻记者》的训词。他在训词中对国民党的报刊大为不满，严厉地批评了新闻报道中掺杂的谣言。他说“现在我们中国新闻事业的缺点：第一是新闻不确实，甚或故意歪曲事实而作虚伪的报道，因之读者对报纸不发生信仰。以后我们党的新闻机关对于此点务必格外注意，总要字字忠实，语语负责，矫正一般虚伪的宣传，才能得到民众的信用。第二就是迟缓。本校长从前无论在南京、南昌、汉口以及现在到了重庆，都规定当地报馆，每天在早晨八点以前一定要出报。”“现在本党所经营的新闻机关或书店，有少数不仅不能提早出报，充实其刊物的内容，甚而志在赢利；毫无服务精神，且其盈余又不用之于事业本身，而作不正当的分配，像这样以党国宣传文化事业为营利的机会，其在社会上所发生的不良印象，与贪官污吏有何分别？……平日受了党国的培养，负了革命的责任，不能精诚尽到职责，反而藉此只图赚钱，这比贪官污吏，真是罪恶还大！”①

显然，当时国民党的报刊不仅欺骗读者，已无力履行国民党的政治使命，而且内部充满腐败。记者们唯利是图，争相借党报赚钱，没有尽到蒋介石赋予他们的责任，使蒋忧心忡忡，不得不再次强调党国新闻事业的性质和任务。他说：“现代新闻事业的经营，决不是纯粹商业的性质，而是要求达到宣达民意，指导舆论，贯彻国家宣传政策的目的。因此一般从业人员，一方面必须以牺牲服务的精神，尽我最大的贡献，一方面要尽量减轻读者的负担，满足大众的需要，以求出版物之普遍行销。而我们现在的新闻事业，要阐扬三民主义，宣传一贯国策，更要以服务为目的，不仅不能以营利为目的；而且要不惜成本，不惜牺牲，充实内容，提高效率。要本此精神来经营，然后新闻事业才能普遍深入社会民众，才能真正发生宣传效果。”②

---

① 李瞻：《蒋中正先生的传播思想及对世界的贡献》，第29—30页，台北黎明文化事业有限公司，1991。

② 李瞻：《新闻学》，第264页，台北三民书局，1985。

1941年3月16日蒋介石在中国新闻学会成立时发表了“大会训词”，再次对新闻记者的责任感发出责怪，从道德修养的层面评价当时记者的精神面貌，要求记者“砥砺报业道德，维持报界荣誉”。他说：“新闻记者之工作，实为教育家、历史学家与救世者，必须群策群力，研究学问，砥砺道德，始可达成其使命。”“新闻记者非可媲于普通之职业，以其任务相当于教育，而影响每及于国运之消长。故新闻记者之就业，决非仅视为生活之所资，而且必另有其高尚之目的。如以新闻事业比之于教育，则国境以内，皆为其教室；而全国读者，胥受其熏陶。抑且四方觇国之行人，藉是而察国情，调查后代修史之学者，藉是而稽国故焉。以空间言，则沟通内外，以时间言，则贯串古今，是以新闻记者必自待甚厚，而自修甚笃，不以艰辛而改其业，不以困难而辍其功，新闻记者所进以维持其恒久之群力者，唯救世之抱负，与日新又新之兴趣。然而独弦之鸣不成乐，故必群策群力，而后其抱负斯宏，独学无友则寡闻，故必相观相摩，而后其兴趣斯永！”①

蒋介石提出，记者必须以国民党的三民主义为指导，新闻学会也要以三民主义引导记者研究报道，提高业务水准。他说：“贵会由新闻研究者与从业者之职合，愿在三民主义之最高指导方针下，研究报学，改进报业，肃斯旨趣，砥砺报业之道德，维持报界之荣誉。固诸君之志，亦国家之幸。”②他在《怎样做一个现代记者》的训词中，强调记者的品格和他的立场是统一的。他认为，“新闻记者的地位如此高尚，责任如此重大，所以我们第一件事就是要修养新闻记者的品德。我们要作一个现代的新闻记者，首先要确定立场，抱定宗旨，为了贯彻立场达成宗旨，我们一定要有富贵不能淫，贫贱不能移，威武不能屈的精神……要以国家民族的利益为我们奋斗的目标，即不可随波逐流，丧失革命精神，更不可用个人的恩仇好恶，感情用事”。③

对国民党党报的新闻报道现状与记者的专业能力，蒋介石一贯持批评态度，他在提出改进的要求时，阐述了新闻报道规律。他说：新闻“第一就要迅速。要知道，新闻之所以成为新闻，就在于其内容的新颖，所以新闻特别注重‘时间’的因素。因为现代国家机构日趋紧密，国际关系错综复杂，一切国内外的政治、外交、经济、军事之演变，真是瞬息万端，一桩事情发生

---

① 李瞻：《新闻学》，第260页，台北三民书局，1985。

② 李瞻：《新闻学》，第261页，台北三民书局，1985。

③ 李瞻：《新闻学》，第261—262页，台北三民书局，1985。

之后，报导稍一迟延，即成陈迹，时效一失，即无价值可言！所以新闻的时间，就是要用分秒来计算。不仅今天的新闻今天要传播，而且此刻的消息此刻就要报道出来。如果得到了实在的消息，不能立刻发出，或者今天发出的事情要明天才知道，甚至三五天才能传达于社会，那就成了旧闻，无论文字如何优美，情节如何动人，亦都失却新闻的价值。”① “第二是确实，本来迅速确实，是任何人——无论士、农、工、商——办事的基本原则，而从事新闻事业尤要特别注意。如果新闻传播失实，或竟完全虚伪，结果必致失掉读者的信誉。读者对我们的记载既有怀疑，那你无论花多少经费，都毫无用处——所以我们无论写一条新闻，或是作一篇评论，都要根据客观的事实，经过确切的调查，运用个人的理智，总要力求翔实，力求正确，以树立本身的信誉。”②

蒋介石的新闻言论有正确的一面，对国民党报刊的批评也有几分思想光彩，但他同一切两面派的政治家一样，说的是一套，做的是另一套，即使历史之鞭把他赶到台湾，也没有改变他的行事准则。国民党入台后，台湾社会依然弱肉强食，政治维艰，世风日下，新闻界低俗淫糜之风十分严重。1963年蒋介石在《第一次新闻工作会谈训词》中，要求台湾的新闻界“要站在时代的前面，不可落在时代的后面；要站在道德的前面，不要落在道德的后面；要成为社会进步的精神标竿，不可成为社会进步的绊脚石”。他始终不肯实行民主、政务公开，记者没有报道和舆论监督自由，媒体怎能站在时代前面呢!? 1968年他在国民党八届五中全会上痛切地说：“各报对盗劫奸淫一类新闻，每每任意渲染，甚或记载失实，对社会风气与青年心理，均易发生不良影响。”③ 他对台湾新闻界这一评价，是符合实际的，但这也是他思想专制、压制媒体、拒绝法治的必然恶果。

第二节　宣传要员的文宣管理

在国民党中央宣传部长和《中央日报》的社长中，有“以党治国”的忠

① 李瞻：《新闻学》，第265页，台北三民书局，1985。

② 李瞻：《新闻学》，第263页，台北三民书局，1985。

③ 转引自谷风翔：《新闻界今后努力的方向》，载台湾《中央月刊》，1968年第373期。

诚宣传者，有科班出身的新闻理论家，还有正直、公正的思想家、文艺家或说过某些符合实际话的管理者。他们都有自己的追求，在制定或贯彻国民党文宣方针时，或坚持国民党的新闻政策，或提出一些合理的建议或指令，让人们既看到国民党内部的复杂性，又认识到国民党新闻与宣传政策失败的原因。在这一节，我们选择四位国民党高级宣传官员，介绍和分析他们领导文选工作的指导思想、工作作风和管理效果。

一、开明的文宣管理者邵力子

邵力子，1882 年生于浙江会稽，1904 年初在日本与俄国发生冲突、日俄战争一触即发时，他首次在刊物上发表文章谴责帝国主义对中国的侵略。1906 年邵力子与于右任在日本认识孙中山，接受了三民主义的革命思想，先后参与创办了《神州日报》、《民呼日报》、《民吁日报》和《民立报》，1919 年任《民国日报》主编、复旦大学中文系主任。邵力子是中国共产党的筹建人之一，曾任广州黄埔军校秘书处长，后经陈独秀安排脱离共产党，任国民党中央政治会议委员，（陆、海、空）总司令部秘书长。从此留在国民党内先后任国民党中央监察委员、甘肃省政府和陕西省政府主席，1937 年被任命为国民党中央宣传部部长。在国民党高级宣传官员中，邵力子不仅熟悉报刊工作，而且了解意识形态的特性，具有宽容的胸怀，对报刊书籍等精神产品有正确的判断力，他提出的报刊出版批评意见有很多值得称道的地方。

1919 年 6 月 16 日，《民国日报》副刊《觉悟》创刊，邵力子兼任主编。从《觉悟》创刊至 1925 年夏他被迫离开该报，邵力子共撰写了一千余篇文章，内容涉及政治、经济、文化等各方面。在上海共产主义小组的影响下，他主编的《觉悟》副刊“成为宣传马克思主义的园地”，表现出比较彻底的民主主义思想和社会主义倾向，被称为当时全国报纸中的四大副刊之一。

为使报刊能直接与读者交流，他很重视读者的来信和报刊批评。1920 年 7 月他接到读者朱瘦桐的来信，希望在《觉悟》副刊中增设“书报批评”专栏。这封信说：“现在无赖文人在那里冒挂着新文化的招牌，出那不伦不类的丛书，想借此作投机的营业，为数也不少。我们若不赶速竭力的攻击，恐怕遗害于学术界，比古圣贤的瞽说还大呢！所以我现在要求你们专立一‘书报批评’栏，专批评现近出版的书报及讨伐那些冒牌的东西。如此办法，非但学者大家能做公开的研究，而且也可使那班冒牌的知所敛迹。”① 邵力子采纳了这位读者的建议，在版面上开辟了“书报批评专栏”，并在答复该读者的短文中主张由广大读者对书报发表批评意见，而不是组织专家、学者来投稿。他写道：“现在风起云涌的出版界，关于各种学问的书，几乎都有，我自问实在不能胜‘批评’之任。若果延聘通家专门担任，或特约海内学者分科认定，就种种关系上面——本报的经济，学者的时间——都有困难。现在只能希望同志诸君随时投稿，本栏本取公开态度，只要确有见地，无不随时登载。稿件能源源而来，专设一栏，固然最好；否则登入别栏（评论），也无不可。”②

图 4-5　邵力子

《觉悟》副刊刊载有关马克思主义的随笔、杂谈和基本知识，从发刊第三天起，就连续发表李达所撰写的《什么叫社会主义?》、《社会主义的目的》、《战前欧洲社会党运动的情况》等，邵力子也常以个人署名解答读者来信中的问题。许多青年把《觉悟》副刊当作自己的喉舌，把邵力子当作良师益友。1920 年 4 月，邵力子与陈独秀等人在上海会见第三国际代表维辛斯基，共同研究了中国建党的问题。1920 年 5 月间，邵力子、陈望道与陈独秀、李达等在上海发起组织了“马克思主义研究会”。1921 年 7 月，为迎接中共一大在上海召开，邵力子与张国焘等人一起负责大会的组织筹备与联络工作，对非马克思主义思潮及时给予批评。

当时国内的一些报刊不断转载西方报刊上登载的列宁杀死托洛茨基或托洛茨基杀死列宁的谣言，也有不少攻击陈独秀的谣言，邵力子发表了《谣言的由来》一文，对革命势力备受谣言诬陷的现象进行了批评。邵力子指出：“列宁和托罗斯基冲突的话，欧美报纸登载过的，总计起来，不下数十次，其实全是谣言，不值一笑。我们常听人骂中国新闻记者无程度，专会造谣。欧美新闻记者的程度又怎样呢，我以为这不仅关于新闻记者程度问题，更关

① 《邵力子文集》，上册，第 353 页，中华书局，1985。

② 《专设“书报批评”栏的要求》，载《邵力子文集》，上册，第 352 页，中华书局，1985。

于社会组织问题。立在资本主义之下，偶然听到能使资本家快心的话，便不问真伪，立刻振笔疾书，再加上些附会粉饰，不必立意造谣而谣已成了，何况还有故意制造的呢?”① 他批判了资本主义报刊和记者迎合资本家的需要，不惜破坏新闻真实，经常制造谣言进行人身攻击。

当时陈独秀高举反对旧礼教和三从四德等宗法思想的大旗，在报刊上宣传社会主义，有些保守势力歪曲他的主张，说他提倡“非孝”和“公妻”。邵力子反问：“陈独秀的著作登在《新青年》、《每周评论》上面，他的言论，在北京、上海的学生和朋友，更都听见过。试问哪一处有过讨孝、公妻的主张，哪一个曾听见他讲过这些话?”“这个谣言的来源，今天本报的广东通信，说得很明白，原来是先从香港电传到上海，再从上海递解回广州，这种造谣的方法，真太巧妙了。上海几家报纸，起初为香港访员所误，还不足怪，到了后来，总应常考查考查在广州的真实情形，却不料就此以讹传讹，并利用作骂人的好题目。我不敢说诸君没良心，我总要奉劝诸君多培养些常识。在这种地方，我不能不佩服申报馆。《申报》对于这件事，始终没有为造谣者所利用，也始终不借这种谣言来反对新思潮，真不愧为大报的态度。”② 邵力子对报纸造谣的手法，分析得一语中的，肯定了《申报》这样的严肃大报的真实可靠，不人云亦云是一切报刊都应做到的。

邵力子还指出，西方报纸上的新闻左右国人的观点，产生了严重的危害，出现越来越严重的倾向。国内不仅报人、军阀官僚，就连一般国民都关注外国记者报道中国问题。他指出，袁世凯实行帝制，全国报纸慑于淫威，多不敢公开抨击，唯有译登外国人的评论。这在当时本已显出记者没有敢言的勇气，但万想不到后来这种风气反是变本加厉。有野心的军阀或官僚，也看到这一点，利用舆论为自己说话有时竟推及于外国报纸。“利用一外国报纸，其效力可胜于利用七八中国报纸。因为一外国报纸替他说话，七八中国报纸自能译出登载。所以外国通讯社和报馆的主笔访员，都会做什么巡阅使、督军的顾问。一千元或八百元的薪水很是常事。”③ 这就是我们今天所批评的新闻“出口转内销”的现象，不过那时要比今天严重得多。邵力子的揭露深入到问题的本质，这一现象的出现，是由于统治者自身的需要，似乎

① 《邵力子文集》，上册，第446页，中华书局，1985。
② 《邵力子文集》，上册，第538页，中华书局，1985。
③ 《邵力子文集》，下册，第743页，中华书局，1985。

外国的月亮比中国圆，让外国记者说话更对这些人的胃口。

1925年，邵力子离开上海，前往广州黄埔军校，先后任军校秘书处长和秘书长。1932年4月任甘肃省政府主席，1937年，邵力子被任命为国民党中央宣传部部长，在抗日统一战线时期，曾身为中共高级干部的邵力子出任国民党中央宣传部部长，对巩固和发展国共两党的合作有推动作用。邵力子上任后，对进步舆论给以同情和保护，允许发表一些抨击法西斯罪恶、预言法西斯必败的文章，共产党的书籍报刊在国统区有一定的传播空间。他的正确的宣传管理政策和措施，遭到国民党右派的围攻，他据理力争，义正辞严地质问这些顽固分子：我国正同日本帝国主义作战，反对同日本勾结的德、意建立法西斯轴心，是理所当然的，为什么要查禁这类文章？他坚决表示，他宁愿不当宣传部长，也不愿意对国民党右派妥协。①

根据《邵力子》、《周恩来与邵力子》和《邵力子传》② 三本书的介绍和书中当事人的回忆，邵力子在领导全国抗日斗争的宣传中，高举团结、进步、开明的大旗，冲破国民党顽固派的阻挠，对新闻出版管理奉行积极、宽容、是非明确的方针，推动了抗日战争的发展，他对报刊出版工作的领导和批评是卓有成效的。

邵力子当宣传部长几天后，举行了一次新闻发布会。记者问他："当前的宣传方针是什么呢?"他指出："目前国难严重时期，凡违反国家统一及民族复兴之记载与言论，必须清除务尽"，"要积极为团结抗日扩大舆论，奔波呼号"。有记者提问："这样做是否有阻力?""邵力子回答说：'阻力肯定会有，但国共两党的进步势力会联合起来清除各种阻力。不管怎么说，在中国共产党的统一战线政策的推动下，经过各方面的努力，使国民党五届三中全会在政策上有了重大转变，结束了十年内战，初步形成了全国抗日民族统一战线。中国开始了一个新的历史阶段。'"邵力子严肃地重复说："在目前国难严重时期，凡违反国家统一，不利于团结抗日、民族复兴之记载与言论，必须清除务尽。"

1939年春，邵力子担任中苏文化协会副会长，主持日常工作。他热情

① 卢森：《和平老人邵力子》，载《团结》杂志，2008年第4期。

② 参见朱顺佐著：《邵力子》，花山文艺出版社，1996；舒风著：《周恩来与邵力子》，华文出版社，2001；朱顺佐著：《邵力子传》，浙江大学出版社，1988。本书这部分内容中的史实主要来自这3本书。

地支持中苏文化交流，举办座谈会，组织放映苏联电影、翻译出版苏联文学作品，从各方面介绍苏联的情况，引导和教育广大青年走上革命道路。

1937年春天，邵力子收到许广平的一封信和随信寄来的《鲁迅全集》的底稿，要求国民党中宣部审定，并建议出版。邵力子收到书稿后，担心让特务知道后找麻烦，经过慎重考虑，与编审会总干事朱子爽在一天内迅速审完，开创了宣传部长亲自审稿及书刊审查速度的纪录。邵力子翻了几本已出版的书，对朱说："这些书没有什么问题。鲁迅去世前，他公开出版和发表在报刊上的作品我都读过了。但集中起来读，就更体会到鲁迅作品的思想性与艺术性。尤其是结合当前形势读鲁迅的杂文，更感到鲁迅先生人格的伟大。我在主编《觉悟》副刊时，还在这个副刊上发表过鲁迅的评论、小说，译作十四篇多。我还以'本刊记者'名义在'文坛消息'专栏发表了《小说集〈呐喊〉》出版的消息。在中国小说史上，为了它就得'划分时代'。"邵力子和朱子爽签署了审读意见，然后请朱子爽包扎好书稿，自己提笔给许广平写信，告诉她《鲁迅全集》可立即交书局出版。

1937年夏，邵力子的学生孙寒冰从上海送来一部书稿，是美国知名记者埃德加·斯诺写的《毛泽东自传》（即《西行漫记》），反映毛泽东的身世、共产党、红军和延安的情况，已经译成中文。孙寒冰问能否在《文摘》上发表，邵力子翻阅了一下书稿，心里暗自忖度：允许发表，蒋介石知道了肯定恼火，特务也会攻击；但现在正是倡导建立抗日民族统一战线的时候，要求国共合作的呼声很高，许多人不了解共产党、毛泽东和延安情况。这时发表《毛泽东自传》，肯定能鼓舞人民的斗志，提高广大民众的抗日勇气，对国共合作大有裨益。邵力子再三权衡利弊后，终于拿起笔写了四个苍劲的字："准予发表。"孙寒冰非常高兴，当天就回到上海，没过几天，《毛泽东自传》就在《文摘》旬刊上发表出来，立即轰动全国。

同年7月中旬，周恩来在庐山与蒋介石、邵力子、张冲会谈，会议休息时，周恩来向邵力子提出："今后我们国共两党合作，但有许多人不了解共产党的政策，不了解苏区的建设情况。我们党拟在南京办一张《新华日报》，你看可以吗？"邵力子说："我看可以。这次会谈时间太紧，没时间谈。到了南京，咱们再具体商量。"周恩来说："还要与委员长打招呼吗？"邵力子说："一般的报刊批准权限在我这里，但你们的报纸，最好给委员长讲一下，只要他点过头，别人找麻烦就不怕了。"当周恩来把蒋介石没有不同意见告诉邵力子后，邵力子立刻办理了批文。

1938年春，《鲁迅全集》编辑好了，由于资金不足，无法开机付印。抗日救国会主席沈钧儒为出版《鲁迅全集》，想了一个筹集资金的办法，举行茶话会出售预约券。邵力子提前声言预购1000元的书，打消了其他国民党官员的顾虑，纷纷出席茶话会，踊跃预购《鲁迅全集》。

蒋介石对邵力子在中宣部的一些做法，很不满意，有天晚上，蒋介石打电话到孙越崎家里，找邵力子接电话。蒋介石气呼呼地质问邵力子："你知道现在的报刊有多少是共产党的?"邵力子说："这个我还不大清楚，可以查一查。"蒋介石说："你这个宣传部长是怎么当的？我告诉你，百分之九十是共产党的!"邵力子仍然沉着地说："我可以查一查嘛。"蒋介石在那边"啪"的一声就把电话挂断了。

1938年初，《文摘》旬刊刊载了批评鼓吹德、意、日轴心的一篇翻译文章。邵力子读后说："这是篇好文章。我们对德、意、日法西斯的反苏反共轴心理论，必须进行无情地揭露。"他认为的好文章，却招来反动当局的责难，要求查封《文摘》旬刊。邵力子知道此事后，极力为其辩解，反对查封《文摘》。拖了一个多月，由于蒋介石的坚持，该刊最终被查封了。邵力子借着改组国民政府的机会，愤然提出辞去中宣部部长职务，蒋介石立即批准了。邵力子从1937年2月下旬出任国民党中央宣传部部长，到1938年2月1日辞去职务，任职不到一年。在他短短的任职期间，批准出版了《鲁迅全集》和《毛泽东自传》，有志之士无不称赞邵力子的胆识和魄力。

1949年邵力子以南京和平谈判代表的身份留在北平，脱离了国民党政府，不久加入民革，历任民革第二、三、四届中央常委；还担任多届全国人大常委会委员、政协常委会委员，民革常委；同时在全国文联、华侨事务委员会、中国人民外交学会、中苏友好协会、世界和平理事会任各种重要职务。1967年12月25日，邵力子在北京病逝。

二、程沧波也谈"党与人民的喉舌"

程沧波，原名程中行，字晓湘，笔名沧波，1903年出生于江苏常州武进县，1925年毕业于复旦大学，后赴英国留学，1931年从伦敦回国。历任复旦大学教授兼新闻系主任，中国公学大学部教授，政治大学、东吴大学教授，上海《时事新报》主笔。后投身政界，历任国民政府国难会议委员、国民政府军事委员会秘书、国民党中央政治会议秘书、《中央日报》社长、《中央时事周报》社长、江苏监察使。1939年冬调任国民政府监察院秘书长、国民党中央宣传部副部长。1941 年 9 月被国民党中央派往香港，任《星岛日报》总主笔。太平洋战争爆发前回渝，与成舍我等人合作组织中国新闻公司，投资经营重庆《世界日报》，主持该报的社评委员会，任总主笔。

程沧波最为得意的杰作是 1933 年关于陈独秀案与章士钊的一场笔战（见本章第四节），1937 年“卢沟桥事变”为蒋介石起草《告全国军民书》，揭开了全民抗战的序幕。这篇凝聚国力、振奋民心的抗日檄文，程沧波仅用两个多小时写成，文中有“和平未到最后关头，决不放弃和平”，“牺牲未到最后关头，决不轻言牺牲”以及“地无分南北，人无分老幼，无论何人，皆有守土抗战之责任，皆应抱定牺牲一切之决心”等震撼人心的语句。正如前述，他在《中央日报》进行的新闻改革，也值得他一生大书特书一笔。

1928 年 6 月，国民党中央常务委员会通过了《指导党报条例》，把国民党的报纸分为党报、本党报和准党报 3 种。党报是由中央和各党部机关办的，本党报是由国民党党员主办、由党给予津贴的报纸，准党报则指由国民党党员个人出资办的报纸。后两种报纸都是“民营报纸”，以民营的旗号为国民党宣传。当时数十家此类报纸都有一定的党报色彩，对国民党政府与要员多是恭维和赞扬，很少有批评的言论，但也有个别报刊盛行讥讽叫骂的文字，抨击时事和政府。正如程沧波所说：“今之时弊，有言责者不尽其言，而为政者唯知以言相尚，故谣词谤言盈天下而卒无补于时艰，是非言之过而言者之职位殊也。言人今日所期望于国人且所以自期者，亦唯言行两界，互加勉策，互尽其责而已。报纸之责为言，服役报纸之人为力求其所言之完美，何如使吾所言者尽美尽善，今日所愿敬告读者诸君者在此。”①

自 1932 年 5 月程沧波担任《中央日报》社长、李圣五任主笔后，二人对《中央日报》进行了某种程度的改造，创造了党报的机关化与党报大众化相结合的办报途径，但他始终坚持《中央日报》是党报，以“发扬党义与阐明遗教”为己任。他在该报《敬告读者》（1932 年 5 月 8 日）的社论中宣布该报的方针是：“《中央日报》在系统上为党的报纸，是其职守，应为党之主义言，为党的创建者之遗教言，故发扬党义与阐明遗教，允称本报使命之一，然而本报言论上与党之关系，仅止于此。所谓仅止于此者，本报所辨扬者为整个之党与党之主义，而非党内之任何机关与党内任何之个人，本报不

---

① 《敬告读者》，引自《中国新闻事业史文选》，第 397 页，中国人民大学出版社，1999。

讳为本党主义之辩护人，而决不作党内机关或党内个人之辩护人，党内机关或党内个人之行为，苟其违反党的主义，本报凭其职责，不仅不能为之辩护，且将尽量予以批评，不仅本报予以批评，且将唤起全国之信仰主义者予以制裁。”①也就是说，《中央日报》的重要宗旨是维护党义，不维护党的机关；为党的正确立场辩护，不为任何个人辩护。

图4－6 《中央日报》社长程沧波

但他强调，政府是听命于党的机关，本报是党的辩护人，在政府不违反党的主义的前提下，也是政府的辩护人。他申明，《中央日报》以坚持真理为尺度，勇敢地维护政府的声望。程沧波指出：“今之政府，受命于党，而本报则本党之辩护人也，前既言之，党内之机关与个人，苟其行为违反党之主义，本报将尽量予以批评。然从另一方面言，则苟政府或个人之行为并不悖于主义而蒙意外之毁憎者，本报一本其批评政府之勇气以为政府辩护，报纸之生命在声名，吾人岂敢遽云忘情清名，吾爱清名，吾尤爱真理，唯爱真理者有大勇，亦唯有大勇者能为政府辩护，此吾人所沾沾自喜以为不同流俗者。”②

程沧波深知任何政党脱离人民都要垮台，任何党报不反映人民的声音都不会有读者，他提出党的利益与人民的利益是一致的，大谈“党报既是党的喉舌也是人民的喉舌”。他在《敬告读者》中指出：“依吾人所见，党之利益，与人民之利益，若合符节，换言之，人民之利益即党之利益，为人民利益而言，即为党之利益而言，故本报为党之喉舌，即为人民之喉舌，同人此来，共发宏愿，凡人民利益所关，不论其利益之性质为积极或为消极，将不辞任何牺牲而为人民宣泄其不平，研究其补救方法。同人自信以本报所处之地位，苟能戮力于此，必能直接间接为政府消弭无限怨毒，为民众保障不少利益，增加无量福利。在最近之将来，本报篇幅以内，将特设‘读者通信’或‘民众之声’一栏，尽量供给人民宣泄其隐衷，复尽量予政府以辩白之机会。”在程沧波看来，为人民利益、疾苦、怨恨而宣泄，为反映他们的情绪

① 引自《中国新闻事业史文选》，第397页，中国人民大学出版社，1999。

② 引自《中国新闻事业史文选》，第397－398页，中国人民大学出版社，1999。

提供版面，是《中央日报》的重要职责。

在《敬告读者》中，程沧波认为老百姓的道德堕落，民众智慧浅薄，需要党报去教育他们，报纸应成为教育的工具。他指出："今日社会之病，民德之堕落与民智之浅薄，实相互为因果，报纸既为社会教育重要之工具，凡报纸所记载，其与社会之暗示，力量实甚浩大，今日吾国当前之大敌为何，救亡之术安在，实举世有心人所宜严重注意之一问题，吾人于此所愿效力于社会者，在民德方面务求尽力鼓吹仁勇之精神，在民智方面力期注重事实，认识事实，了解事实，故于国内外各种问题，必将作有系统之介绍，在横的纵的方面作叙述的或论断的研究。"显然，程沧波不管用什么事实，《中央日报》提出何种问题，只要蔑视人民大众的品德和智力，他的党报不可能发挥教育作用。这同共产党的党报始终认为人民大众是上帝，他们最高尚、最有智慧的立场，截然相反。

程沧波也许始终无法理解，民众中许多下层百姓的偷抢、骂人、殴斗、不讲卫生、破坏秩序等道德低下的行为，是剥削制度和他们备受凌辱造成的。下层民众被驱赶进黑暗的世界，没有受教育的权利，没有温饱，深受歧视与欺压，法律又不能为他们伸张正义而只代表富人和达官贵人的意志，他们不可能文质彬彬地忍受欺凌。阶级压迫促使他们以魔鬼的手段去生存和抗争，以种种破坏行为发泄不满。在对待人民的态度上，如果党报认识不到这个根本问题，所谓为人民代言都是装潢门面。尽管在程沧波的领导下，《中央日报》增加了反映百姓生活和揭露某些贪官污吏的内容，但不可能办成一张真正的人民的报纸。

1949 年 2 月，北平《世界日报》被中共北平市军管会查封，成舍我委托的代理人吴范寰被软禁；同年 7 月，重庆版《世界日报》因发表批评国民党地方官员的文章，被国民党重庆市党部没收，并将该报改为重庆市党部机关报。成舍我在内地已没有立足之地，于 1949 年 4 月携家眷到了香港，与程沧波、王云五、左舜生等人创办了《自由人》报（3 日刊），意为"他们要做自由人"。

面对北平、重庆两报被封事件，程沧波、成舍我可能意识到，自由、特别是表达思想的自由对于人多么重要，任何政权都不应剥夺它。程沧波在《自由人·发刊词》中写道："如果中世纪的欧洲是人类历史上一个黑暗时期，那么，20 世纪的世界——尤其从 30 年代开始——正是人类历史上一个大混乱时期。这个大混乱，到今天已闹得全世界天翻地覆，人类的未来，是否能够逃出整个的覆灭，全视大家能否把握问题的中心，向前去奋斗。”于是，他向大家提出一个问题——“世界人类，现在与将来，要不要做人？如果想做人，从什么地方着手奋斗？”为了回答这个问题，他把世界划分为人的社会和非人社会。在人的社会中，每一个人不仅有四肢五官，还要有思想、有灵魂、有人格、有个性。因为有思想、有灵魂、有人格、有个性，所以每个人都可以自由地、充分地发挥其创造性，从而推动社会的进步。思想自由、个性解放与人格尊严，对每个人和整个社会非常重要！另外，在人的社会中，任何人都不可能离开其他人而独自存在；人不仅要为自己、也要为其他人而存在。程沧波认为，“人与人之间应该是一种相互需要、和谐相处的关系，而不是相互斗争、相互仇恨”。

与人的社会相比，非人社会的人们虽具备人的形态，却因为没有思想、没有灵魂、没有人格、没有个性，便只能是一台机器、一个奴隶、一头牛马或一只绵羊。于是，他们只能是“大编组中一个微小的东西”。他们的一举一动，总是要“受牧人的操纵指使”，生存完全是为少数专制寡头服务。另外，为了防止他们具有个性，这个社会还特别强调纪律，并把个人自由与人格尊严当作执行纪律的最大障碍。程沧波进一步指出：“自由是做人的主要条件，要做人必先得自由，得着自由，方可做人。换句话说，人之所以为人，人之所以异于奴隶牛马，在于自由之有无。有了自由才能做到人，才能做到一位堂堂正正之人。”

他提出：“要做一个堂堂正正的人，关键在于自由之有无，而不在于知识之高低。这些年来，我们这个社会在‘知识改变命运’等口号的影响下，过于重视知识之高低，从而忽视了自由之有无，从而影响了几代人的成长。这种情况应该引起大家的警觉。”程沧波最后说：“自由两个字，不是一时详细解释得清楚。但我们可以扼要地说，这是一个人类生存的主要条件。其重要性，等于空气。……一个人获得了自由，才能保持其人性，保持其人格尊严，发挥其个性的至善，以造福于自己及社会。要做人先要求得自由，要建立一个人的社会，必先得为个人或一群人争取自由。”①

在从这份发刊词中，不仅看出程、成二人创办《自由人》的宗旨以及对自由的憧憬，也窥视到程沧波对政权剥夺思想自由的几分痛感。

---

① 以上均引自智效民：《成舍我、程沧波与〈自由人〉》，载《南方都市报》，2010年8月5日。

三、张道藩文宣方针的两面性

张道藩1897年7月生于贵州省盘县，1919年赴欧洲勤工俭学，走前在上海见到了孙中山，这是他参与政治的起点。到欧洲后他先在伦敦大学美术部、后到巴黎美术专科学校学习，于1922年在伦敦求学时加入中国国民党，1926年回国。回国后他接受的第一项任务便是回家乡贵州组建国民党组织，出任省党务指导员。这时国民革命军正在总结多次起事失败的教训，准备发动一场打倒军阀、统一中国的大革命运动。在北伐成功的1928年，张道藩起初担任国民党中央组织部秘书，后任广东省政府农工部代理部长。

在张道藩从政的一生中，管理文学艺术不过是他经营国民党党务的一种工具，也是他从政的主要工作。蒋介石控制国民党政权后，视张道藩为心腹，在蒋氏一手擢拔下，仕途一帆风顺，先后任青岛大学教务长、浙江省教育厅厅长，国民党政府交通部、内政部和教育部次长。1942年11月接任王世杰任国民党中央宣传部部长。

1942年2月4日蒋介石与宋美龄访问印度，随员3人中有张道藩。印度国大党领袖尼赫鲁与蒋介石第一次会见时，双方不是握手、拥抱，而是尼赫鲁向蒋等一行全身拜倒。这本是印度教大礼，毫无思想准备的蒋介石一时不知如何还礼，手足无措。正在尴尬之际，张道藩从后面跑出来，对着印度国大党领导人来了一个就地打滚，接着做拜倒姿势。这是印度教的回拜礼节，一下子缓和了气氛。张道藩就地一滚，得到蒋介石、宋美龄的极大赞赏。回国后这年11月2日，张道藩升任国民党中央宣传部部长，成为CC系担任这一职务的第一人。①

由于工作关系，他和各种派别的文人常有来往，如担任中央文化运动委员会主任期间，给左翼文人茅盾、胡风、冯雪峰、田汉、洪深、许广平、张友渔、韩幽桐等按月以“特约撰述，预付稿酬”为名发津贴，亲自登门拜访，做他们的“统战”工作，但这些左派文人并未在政治上从此右倾。有人便将此事密告陈布雷，陈布雷为其打掩护说，这都是为了团结更多的文人为党国效力，不必在意。这种发“稿费”的事一直维持到1943年。张道藩于1944年10月5日在重庆的广播大厦成立“著作人协会”，呼吁大家重视、

① 冯祖贻：《话说国民党宣传部部长张道藩》，载《贵阳文史》，2009年第1期。

保护著作权。但此前的1943年，国民党禁演的话剧剧目就有100余种。1938年至1944年间以“违反禁载标准”为名，禁印扣留书稿、文稿达1045件，其中绝大部分是进步书刊和论著，国民政府臭名昭著的《图书杂志审查办法》就是由张道藩起草的。

张道藩在中国现代戏剧史上是有贡献的人。20世纪30年代创作的《自救》、《自娱》，为配合抗战写的《最后关头》、《杀敌报国》等剧本在中国话剧史上留有一页。他翻译了法国剧作家约瑟尔曼的《第一次的云雾》，将其剧情中国化，改名为《蜜月之旅》，又改编雨果的《项日乐》，将背景从15世纪的意大利改为中国的军阀统治时期，将剧名改为《狄四娘》。他自编自导了来自他在贵州建立党务经历的电影《密电码》，上映后很受观众欢迎。

张道藩在主管国民党的文化宣传工作期间，为对抗毛泽东《在延安文艺座谈会上的讲话》，发表了《我们所需要的文艺政策》的长篇文艺理论文章，刊载在《文化先锋》创刊号上，共两万余字。该文实际执笔者为张的下属李辰冬，经张道藩修改订正，再请国民党元老戴季陶、陈果夫审阅，作为方针性文件公布于众。这篇论文在指导思想上与蒋介石的意识形态是一致的，反对文艺为阶级斗争服务，反对写社会黑暗，企图抹杀文艺作品的战斗作用。该文提出“创造民族的文艺”、“以民族的立场来写作”，“吸取世界文学名著情节，要兼容并包，要建立自信心，发挥创造力，复兴中华文化”等主张。①

对张道藩的文章，首先发难的是梁实秋。他在1942年10月20日出版的《文化先锋》第1卷第8期上发表了《关于“文艺政策”》一文，认为“文艺政策必然配合着一种政治主张、经济主张而建立的……是站在文艺范围之外如何利用管理文艺的一种企图”，“是用鲜明的政策统制文艺”，和苏联用“文艺政策”要求作家配合政治并无两样。张道藩针对梁实秋这种

图4-7　国民党中宣部长张道藩

① 冯祖贻：《话说国民党宣传部部长张道藩》，载《贵阳文史》，2009年第1期。

“误解”，在《关于文艺政策的答辩》中说：“我们提出的文艺政策并没有要政府施行统治的意思”，不过是“向我国文艺界建议一点”具体做法。张道藩在文中讲到“六不政策”（不专写社会的黑暗、不挑拨阶级的仇恨、不带悲观的色彩、不表现浪漫的情调、不写无意义的作品、不表现不正确的意识）和“五要政策”（要创造我们的民族文艺、要为最受苦痛的平民而写作、要以民族的立场来写作、要从理智里产生作品、要用现实的形式），以“三民主义与文艺之必然关系”要求作家必须遵循的金科玉律，是不许违背的。[①] 这实际是官方审查文艺作品的标准，也是当权者监控文艺的一种手段。

国民党中央文化运动委员会委员兼秘书的赵友培也出来批评梁实秋的观点，发表了《我们需要“文艺政策”》一文，指出张道藩前头讲的“不专写社会的黑暗”与后面讲的“要为最受苦痛的平民而写作”虽然有矛盾之处，但文艺毕竟还是需要政策的。现在不是要不要的问题，而是如何将其完善，政府应尽快制定出切实可行的办法来。王平陵发表了《评〈我们需要“文艺政策”〉》一文，在指导思想上与张道藩无任何分歧，但他强调“政策”二字过于刺激，不如将这二字去掉，以免让人“感觉头痛”。翁大草的《论情感与理智》、常任侠的《关于“文艺政策”的补充》，分别从创作是由理智还是从情感中产生，以及对民间文艺、边疆文艺问题作了发挥和补充。王梦鸥的《戴老光眼镜读“文艺政策”》则劝作家们要相信政府，只要政府代表民意，大家同意三民主义为立国之本，“文艺政策”就不会伤害作家创作的积极性。王梦鸥的观点貌似平和客观，其实是站在官方一边，不过比一般作家的文笔更显得老气横秋罢了。[②] 除上述外，这场论战的参与者，还有丁伯骝、夏贯中、易君左、王集丛、太虚法师、罗正纬、陈铨、李辰冬等，共发表文章30余篇，对国民党的文艺政策进行了一次批评和反批评。

对知名的进步文人、包括中共党员作家，张道藩有一定的爱惜之情，还没有鞭挞或加害于这些人。当时张道藩对老舍和田汉较为关心，将老舍夫人胡絜青和孩子从北京接到重庆与老舍团聚，后为庆祝老舍全家团圆并贺老舍

① 《张道藩：未能魂归故里的文艺总管》，载古远清著《几度飘零：大陆赴台文人沉浮录》，广西师范大学出版社，2010。

② 《张道藩：未能魂归故里的文艺总管》，载古远清著《几度飘零：大陆赴台文人沉浮录》，广西师范大学出版社，2010。

50岁生日发起集会。1935年田汉被捕，张道藩出面保释，抗战时期对田汉也依旧信任。有人说这是对进步文化人的拉拢收买，但无论老舍、田汉都没有写过歌颂国民党的文字，张道藩也没有要求他们为国民党卖力。张还援救过丁玲。张当时知道他们的共产党员身份，但对他们的被捕仍伸出援救之手，保持了一定的交往。①

事情的原委是：1932年5月14日中统特务秘密绑架了丁玲，国民党中央组织部调查科主任徐恩曾来劝降，遭到丁玲的拒绝。9月上旬，叛徒顾顺章又多次来劝降，结果也碰壁而去。1934年5月，张道藩三次面见丁玲，劝降不成又改为邀写剧本拉拢，均被拒绝。1936年5月，丁玲与CC系首脑交涉，提出去北平看望老友李达、王会悟夫妇，实际是准备出狱后找党的关系，经CC系张道藩活动和批准，丁玲于1936年9月出狱，转沪去陕北，11月抵达延安。②

1935年2月19日田汉、阳翰笙、杜国庠等十余人被捕，田汉被关进上海市公安局，后又押到南京特务总部。徐悲鸿与田汉是莫逆之交，径奔张道藩家求情，要求把田汉"捞出来"。张道藩知道田汉是著名剧作家、话剧界难得的人才，便说："那我试试吧！你就等着消息行了。"不久张道藩把徐悲鸿找来，告诉他："我已关照过有关机关，他们答应可以因病保释。田汉出狱是有条件的，开给他的条件是不能回上海，在南京搞创作。"不久《中央日报》副刊给田汉出了专刊，还发了《记田汉先生》的报道。田汉在相对自由中，创作又活跃起来，1935年一年就完成了著名的《洪水》、《械斗》、《黎明之前》等剧作。③ 张道藩对中共党员作家和进步文化人的保护，主要出于对人才的重视，起码的道德良心还没有泯灭。

1943年9月，国民党五届十一中全会通过了反动的《文化运动纲领》，并于11月间在重庆举行"民族文化建设运动周"。张道藩亲自登台宣讲，指使其御用文人打出"民族文艺"的旗号，高唱反共论调，宣传"一个主义，一个党，一个领袖"。1945年2月，《新华日报》刊登了重庆文化界要求召开临时紧急会议，组成"战时全国一致政府"的签名的消息，列出了300多人的

① 参见冯祖贻：《话说国民党宣传部部长张道藩》，载《贵阳文史》，2009年第1期。

② 参见沈以淡：《丁玲的蒙难与脱险》，载《人民政协报》，2010年1月21日。

③ 参见王由青著：《张道藩的文宦生涯》，团结出版社，2008。

名单，其中也有一些国民党作家。张道藩看到名单后打电话训斥国民党老牌作家华林："你吃着国民党的饭，替共产党服务，你这个饭碗还要不要？"①

抗战胜利后，张道藩随国军"收复"东北，负责恢复和建设国民党东北文化宣传机构。当时国民党"六届中常会三十次全会通过的改善宣传办法"规定，"一切宣传应根据本党主义及政纲政策与现实问题与政治需要为适当之配合，对政府应站在民众立场作公正评论。尽量扶植舆论，特别争取中立性之宣传力量，对妨害国家民族利益之宣传应随时作积极的驳斥。各级宣传机构应与当地党部所属之宣传人力密切联系，以收群策群力之效。关于国家大计之宣传方针，各级党部应遵守中央之指示。关于地方性之事件，各省县党部得因地制宜、因时制宜制定宣传任务。地方党部之宣传机构，中央应密切联系，并设法充实其人力与设备。……宣传工作除与党的组织密切配合外，应渗透教育机构、职业团体、自治组织，务使每一党员均以宣传为基本义务，每一社会组织均为本党宣传力量之所及"。②

张道藩根据国民党中央的精神，对下属的要求是："关于宣传者，根据二中全会通过之宣传办法，做如下设想：1. 有关整个东北各省市者，除中央已规定外，由东北党务指导委员会按东北实况随时决定。2. 关于宣传工具之应用不应只限于报纸杂志标语，应就当地人力财力所及用种种简单方法如口头宣传、壁报、黑板报之类；或借民众赶集之时作宣传，尤须利用民间艺术如戏剧、大鼓、说书、杂技等娱乐场所进行宣传，此外应利用广播电影作为宣传利器。3. 各省、市、县规定自己范围内的宣传方针，唯以下几项口号应遵行：（1）肃清祸国害民杀人放火的中国共产党；（2）安定社会秩序，巩固国家统一，维持国家主权。4. 多印发总理遗教、总裁言论，多用间接宣传方式。"③ 他的这一讲话，反映了他忠于南京政府、反对中国共产党，注重运用各种宣传方式贯彻国民党的"党义"。

四、三民主义新闻理论家马星野

马星野，中国新闻教育家、新闻学者、国民党报人，原名允伟，又名马伟，星野曾为笔名。1909 年生于浙江平阳，1991 年 3 月 11 日卒于台北。早

---

① 参见王由青著：《张道藩的文宦生涯》，团结出版社，2008。

② 张堂锜：《文艺斗士——张道藩先生》，载台北《文讯》，1991 年 4 月总第 66 期。

③ 张堂锜：《文艺斗士——张道藩先生》，载台北《文讯》，1991 年 4 月总第 66 期。

年曾入读厦门大学，1927 年春北伐军抵达南京，随后设立中央党校，马星野闻讯与十数位同学前去应试，揭榜时以第一名被录取。他在学习期间兼任《黄埔军报》编辑，开始在《东方杂志》上发表文章。1928 年，中央党校改名中央政治学校，马星野毕业留校，任同学会总干事，接任《政治舆论民意》杂志主编。后来到清华大学选课学习，其间曾主编过《清华校刊》等多种报刊。1931 年 8 月由国民党中央政治学校派往美国留学，就读于美国密苏里大学新闻学院，1933 年冬毕业，次年 5 月回国，随后入国民党中央政治学校、政治大学新闻系任教达 14 年之久。1942—1945 年任国民党中央宣传部新闻事业处处长，1945 年 11 月任南京《中央日报》社长，1949 年 3 月《中央日报》迁台湾后继续担任社长。1952 年转任国民党中央委员会第四组主任，主管宣传。

马星野在报业经营管理、新闻教育、新闻学术研究等方面取得了令同僚们羡慕的成绩，有人将其称为国民党新闻事业中的“教父”和“一代宗师”。1942 年，马星野受中国新闻学会委托，参照美国新闻道德信条起草了《中国新闻记者信条》，这个包括十二项条款的《信条》成为国民党政权下一些报纸普遍接受的自律原则。

抗战胜利后，马星野担任《中央日报》社长，力主报社改革，从社论写作、新闻采集到经营与发行都进行了革新。马星野有一种崇拜蒋介石的炽热心理，把蒋介石的新闻统制政策视为“新闻自由”的理念。他在《蒋公与政大新闻系》一书中说：“我在政治大学办新闻教育十四年，以后在抗战期间，做宣传部新闻处处长，校长又派我到南京接《中央日报》社社长，一直把《中央日报》搬到台北，以后做中央第四组主任，到巴拿马去当大使，调回来做中央社社长，都是校长指定的。……除了父母以外，恐怕没有第二个人对我这么爱护。”

蒋介石于 1939 年 5 月 8 日在国民党中央党部演讲“三民主义之体系及其实行程序”，对三民主义理论作了讲述，即“对党义有整个一贯的解释”。① 为配合蒋介石的讲话，马星野撰写了一篇题为《三民主义的新闻事业建设》的论文，对“三民主义的新闻事业”进行了全面的论述。这篇论文与蒋介石的演讲稿同时刊登在 1939 年 9 月出版的《青年中国季刊》创刊号上。在这篇论文中，马星野不仅建构了“三民主义”新闻理论，而且对包括美国在内的

① 蔡铭泽：《中国国民党党报历史研究》，第 244 页，团结出版社，1998。

几乎所有其他国家的新闻事业和新闻体制进行了批评。

1934年，马星野认为中国的报业相比于英国和日本来说，无论是数量还是质量，无论是营业还是服务都是“非常落后的”，而对于全世界报业最发达的美国来说，它与中国报业的差距更是“有数十年或一世纪的文明差度”。① 在马星野看来，美国报纸的成就其他国家是无法相比的，“虽然欧洲人以至于美国的知识阶级，对于美国报业，往往存在极厌恶心理，作苛刻之批评，但美国报纸在数量上、机械上、商业上及对于一般大众之服务上，其成就之大，确是谁都不能否认的”。② 从这些言论上看，马星野对于美国的新闻事业是非常推崇的，对“苛刻”挑剔美国新闻事业的做法颇不以为然。

不过，在时隔5年之后的1939年，马星野对美国新闻事业的态度发生了很大变化。为了论证“三民主义新闻事业”，他几乎对英、美的新闻事业进行了全面的否定，因为英、美新闻事业是商业化的盈利机构，而且是属于私营的民间企业，“报在民间”显然不符合蒋介石的观点。蒋介石认为，报纸的唯一功能是政治宣传而不是赚钱，所以马星野的新闻思想来了个大转变，公开场合的讲话和发表文章，彻底抛弃了对美国新闻事业的崇敬心理，转而依据蒋介石的思想构建了“三民主义的新闻事业”理论。

马星野提出：“民族至上国家至上，这是中国新闻界的第一个指南针。”“三民主义社会的新闻事业之目标，不是为资本家赚钱，不是为统治阶级说谎，而是为着全社会中每个分子（国民），同全社会的整个生命（民族）服务。记载时事，领导舆论只是一个手段，解放民族，建设文化才是目标。”三民主义的新闻事业因此“不会是以个人赚钱为目的的英、美新闻事业，不会是以宣传少数统治阶级利益，以迷惑大众为目的的德国、意大利及苏联的新闻事业，更不是出卖民族利益的洋奴汉奸之新闻事业及诋毁祖国替他国捧场的某某党的新闻事业。”③

接着，他批判英、美的新闻事业是“个人营利为目的的报纸”，在办报的编辑方针方面“是投众所好，所以选择新闻常力求其富有刺激性，惊心骇

---

① 马星野：《美国新闻事业之现状》，载《国闻周报》第11卷第36期，第1—6页，1934。

② 马星野：《美国新闻事业之现状》，载《国闻周报》第11卷第36期，第1—6页，1934。

③ 马星野：《三民主义的新闻事业建设》，载《青年中国》创刊号，第159—167页，重庆青年书店，1939。

目，使读者趋之若鹜。营业方面的方针，在于增加销路，销路增则广告效率大……为增加销路，第一是不许得罪读者，因此有许多报纸应说的话也不敢说，应暴露的罪恶也不敢暴露。第二是满足读者较低级的兴趣……故奸淫掳掠，兴趣性小新闻小说体的警厅法律新闻等等，成为英、美、法大众化报纸的主要特色”。

为了说明英、美报业商业化、营业性质的危害，马星野还特别以美国“黄色新闻”浪潮为例，说明“美国近年来社会道德之堕落，有人归咎之于大众化的报纸”是很有道理的，并且这股报业黄色浪潮越出美国的界限，向英国、法国和中国等地扩展。“他们对于各国的社会道德，多少都有不良的影响”，然而，“他们都成为很赚钱的企业。哈斯脱北岩等以报业起家，均成为世界上最富的人物。虽然国家社会之利益，因他们受到不良之影响，然办报者之钱囊已经充满，他们的目的也算是完成了”。如果单从这些言论上看，马星野似乎已经全面否定了营业性报纸的价值，也就否定了报纸的商业化价值。但从他在 1945 年 11 月接手《中央日报》后所进行的企业化改革来看，马星野在这里所说的这些观点，并不真正地表明他对报纸商业化的否定。

实践证明，马星野不仅不反对报业商业化经营，而且他还是一位不可多得的报纸企业化方面的奇才。在他的领导下，《中央日报》的党报企业化改革进行得有声有色，取得了不小成绩，基本达到了既坚持国民党的党报立场，又通过报业经营管理使党报成为不拿津贴的现代企业。他之所以全面而痛快地批判英、美新闻事业，完全出于一种政治上的需要，是为了配合蒋介石的言论而发表的应景文章，他的观点并不全部代表他对报业的真正看法。

否定了英、美之后，马星野接着展开对德、意、日报纸的批评。他将德、意、日三国的报业视为“以宣传一阶级及少数人利益为目的之报纸”，“独裁者们认定报纸是统治阶级的工具，是使被统治阶级俯首帖耳、五体投地、服从命令、解除精神武装之利器。他们办报方针，美其名曰宣传，实际上便是欺骗。所以东京发生政变，在法西斯蒂化的日本报纸中，是看不见真确消息的，因为军阀们是不肯将自己的罪恶向大众宣布的……这些报纸是‘鸦片’，是‘海洛因’，可以使全德国、全意大利、全日本的无辜人民，受着麻醉，而狂热地做着统治者的牛马。”① 马星野对这种为少数统治阶级服

① 马星野：《三民主义的新闻事业建设》，载《青年中国》创刊号，第 159－167 页，重庆青年书店，1939。

务的报纸的批判，分析深刻，一针见血，且入木三分。不过如果我们联系前面所叙述的蒋介石对于报业宣传功能的强调，联系国民党政府关于“新闻统制”的严酷政策，联系国民党的新闻法规与检查制度，联系国民党对民间报纸和爱国进步报纸的迫害，来解读马星野的这些言论，便产生了一种奇特的反讽效果。

图4－8 《中央日报》社长马星野

英、美的新闻事业是“为个人‘摇钱树’之报纸，是献媚大众之报纸”。而德、意、日法西斯的报纸是“为统治阶级‘扬声筒’之报纸，是煽惑欺骗大众之报纸”。那么中国的报纸情况又如何呢？马星野对中国报业历史做了梳理，认为中国古代的报纸是统治阶级的工具，近代外国人在华所办报纸也只是外国人传教的工具，这些都不足为道。清末至辛亥革命前的这段时间由于改良和革命需要，才“造成中国新闻及最有生气最有精神的一段历史”。辛亥革命后，经袁世凯压迫，中国的政治报纸减少，营利性报纸增加。“中国新闻界，上海香港等处许多报纸，是盲目地学英、美黄色新闻纸，专门给公子哥儿们有闲阶级开心，专门制造一种洋奴的心理……媚外心理特别根深蒂固。……更有一派报纸，其性质与买办阶级报纸不同，虽不鼓吹崇拜英、美，但是鼓吹崇拜异国，鄙弃祖国，消除民族意识。如某某党之机关报，骤视之，好像是某某国办给中国人看的宣传刊物。史太林、伏罗希洛甫的画像，语录满了篇幅，好像告诉中国人：你们的祖国在乌拉山之麓，梵尔加河之滨。这种刊物，一样的足以造成一种洋奴心理，虽然此‘洋’非彼‘洋’”。①

马星野最后提出，只有三民主义的新闻事业才是理想的新闻事业，因为从民族主义的角度上看，三民主义新闻事业秉承“总理对于文化事业之理想，是发扬固有文化地吸收世界文化，这一方面不是养成洋奴心理之媚外主义的，又不是抱残守拙的排外主义”。② 这种新闻事业是奉“民族至上国家

① 马星野：《三民主义的新闻事业建设》，载《青年中国》创刊号，第159－167页，重庆青年书店，1939。

② 马星野：《三民主义的新闻事业建设》，载《青年中国》创刊号，第159－167页，重庆青年书店，1939。

至上”为“中国新闻界的第一个指南针”的新闻事业。

马星野力图解决关于“报业同政府的关系怎样？报纸同人民的关系怎样？”这个问题，“如果这个问题不能解决，则新闻界意志与力量无由集中，新闻界与政府步调无由一致。如果这个问题解决了，现在一派主张言论出版自由的，同一派主张新闻统制的互相争辩，也是庸人自扰，闹不必要的纠纷了”①。

不过，他的目的并不是要主张实行自由的新闻政策，而是试图超越于“言论自由”和“新闻统制”概念之上处理政府与报纸的关系和人民与报纸的关系。显然，马星野的理论实质仍然是谋求国民党对于新闻界和思想文化领域的绝对领导权。

在论述这一问题时，马星野仍旧从批评英、美、德、意、日等国新闻事业入手，针对“现在鼓吹言论自由出版自由的人，以为中国应该效法英、美等国，使报纸充分发挥批评政府监督官吏，指摘失政失职之处的任务。他们认为言论自由出版自由，是民治主义的最好保障”。至此，马星野的笔锋一转说，英、美的新闻自由是虚伪的，尽管美国宪法修正案第一条甚至规定了新闻自由是最高原则。但是这只是在理论上成立的自由，而在现实生活中，英、美的新闻自由是受到金钱、权力等因素制约的，一般百姓由于没有钱，因此也难以享受到新闻自由。这一观点，同列宁的分析有许多相似之处。

他进一步指出：“像英、美式的言论出版自由，能不能充分发展民权，能不能充分表示民意，在理论上，答复是肯定的，在实际上，答复是否定的，专门在宪法及法律上去看是不够的。英、美国家，只有资产阶级、特权阶级之报纸，很少有代表全民说话的报纸，只有百万富家，才有在伦敦、纽约办报的能力，他们维护着阶级利益，是十分明显的。……英、美出版是自由的，但是没有钱便什么自由都没有了。在资本家支配利用下之出版自由，能不能代表民意伸张民权呢？能不能忠实记载事实不偏不颇呢？我们非常怀疑。在劳资发生冲突的时候同情于劳方的往往只有销路很少的左派报纸的《每日工人》等……英、美报纸肆意攻击政府批评政客，往往另有动机，而不是为全民之利益着想。……军火制造商，利用报纸煽起国际之仇恨，外国的外交家们可以厚赂报纸，以便在法国大举外债，买空卖空的投机家，可以

① 马星野：《三民主义的新闻事业建设》，载《青年中国》创刊号，第159－167页，重庆青年书店，1939。

利用报纸，以实行骗取人底金钱的阴谋。出版自由，言论自由，多少罪恶假汝以行。”①

对于新闻统制，马星野也表现出强烈的反对，在1939年的国际环境下，“新闻统制”因其与法西斯有天然的密切关系而变得面目可憎。国内抗日民族统一战线的形成也决不可能给赤裸裸地鼓吹“新闻统制”的言论留下任何空间，在美国接受教育的马星野自然也不会赞同“新闻统制”的理论。他批评说：“主张言论统制，新闻统制的人，则主张效法于德意志、意大利。在德、意等独裁国家，报纸在政治上之地位，便是做独裁者鞭策民众的工具，做独裁者制造民意的发酵素。希脱勒说过：利用报纸，可以使人民视地狱为天堂。……如果报纸仅仅是政治工具，如果世界上没有是非真伪之分别，则德国、意国的报纸，可谓尽了他们的使命。然而，记载时事，人民所求者为真，批评时事，人所求者为理。牺牲了真理和正义，不许成千成万的人民说他愿意说的话，这只有中世纪黑暗时代，才有这种现象。使人民的耳聋了，使人民的眼睛瞎了，使人民的感觉神经麻木了，思想中枢麻木了，这样的现象，不是我们所愿意有的，这种新闻事业，决不许存在于三民主义的社会。”②

马星野认为，孙中山先生的民权主义理想政治“既不是英、美式民主政治，也不是德国意国苏联的独裁政治……民权主义与民治主义、极权主义均有分别，所以理想的中国新闻事业之使命，亦与他国有所不同”。③ 他概括地说，民权主义主要有以下四个方面特点：第一，民权主义主张“全民政治，不是阶级专政或财阀政治”。因此，“凡鼓吹阶级利益，少数人利益，及派别利益的报纸，都要予以限制或不许其存在”。第二，民权主义主张“革命人权，不是天赋人权，凡是反革命者不许享受民权”。因此，“凡是反革命的人，显然不许其享有言论自由与出版自由，换言之，创办报纸，记载时事与批评时事，只有服膺革命的人民才有此权利。……凡是叛国叛党乱臣贼子，都不许在民权主义的社会中，借口言论自由与出版自由，肆无所忌。为

① 马星野：《三民主义的新闻事业建设》，载《青年中国》创刊号，第159－167页，重庆青年书店，1939。

② 马星野：《三民主义的新闻事业建设》，载《青年中国》创刊号，第159－167页，重庆青年书店，1939。

③ 马星野：《三民主义的新闻事业建设》，载《青年中国》创刊号，第159－167页，重庆青年书店，1939。

了使反革命分子不致于盗窃此项自由，所以任何人在出版报纸之先，要由国家审查其合格与否，而颁给许可证。在报纸出刊以后，国家不许其有危害党国及公安之言论记载。出版法之订立即在完成此二任务。”第三，民权主义主张“权能分开，政府要有充分的治权，人民要有充分的政权”。因此，“根据权能分开之意义，则当政府行使其充分的治权的时候，报纸不能作不负责之攻击；当报纸领导人民，训练人民行使其充分的政权的时候，政府也不许对报纸作不必要之束缚。关于前一点，总理曾对新闻记者演说时说过：‘报纸在专制时代，利用攻击，以政府非人民之政府。报纸在共和时代，则不利用攻击以政府乃人民之政府，政府的官吏乃人民之公仆。……如果政府作恶，人民当一致清除之。”关于后者，“中国国民能不能行使直接民权，新闻界实负最大之责任。列宁说：‘在群众从事于建设新社会之斗争中，报纸是最好的组织者与领导者’这些都是很正确的话。因为政治是管理众人之事，新闻纸之任务，一方面是把众人之事，真真确确地报告给众人，解释给众人。另一方面是把管理众人之事的方针，明明白白的指示给众人，领导着众人去做。新闻事业之发展，不可作不必要之束缚，而碍及民权之发展。”第四，主张报纸在涉及国家、社会、团体利益的冲突中，应当做出让步，牺牲自己的利益。“根据团体自由重于个人自由，对人义务重于个人权利之意义，则当报纸的记载自由及批评自由与国家利益社会利益有冲突之时候，报纸要牺牲其自由；当报纸之记载权利与批评权利，侵入其他个人或团体应有权利之时，报纸也应守着义务而牺牲其权利。”①

总之，马星野认为：“民权主义之特色决定了中国新闻事业在政治上、社会上所处特殊之地位及所负特殊之使命。英、美的自由主义与德、意的统制主义，我们均无所取。而且民权主义是民生主义（经济上平等主义）的民权主义，所以言论自由不许资产阶级或无产阶级垄断。民权主义又是民族主义（民族利益第一主义）的民权主义，所以为顾全民族利益与国家自由，报纸要牺牲其自由之一部分。”②

他强调，有了这样的一种认识，民生主义的新闻事业问题就显得简单

① 马星野：《三民主义的新闻事业建设》，载《青年中国》创刊号，第159－167页，重庆青年书店，1939。

② 马星野：《三民主义的新闻事业建设》，载《青年中国》创刊号，第159－167页，重庆青年书店，1939。

多了。

首先，所谓民生主义，就是“研究社会经济组织之结构，科学地合理地解决人民生计之困难，满足人民生活各方面之需要”,① 报纸问题因其事关人民精神食粮的供给，因此也是民生问题。“报纸是人类精神的食粮。文明国家的人民，没有读到当天的报纸，比没有吃饭还要不舒服。本来民生问题，是包括一切自下而上需要的问题，精神上之自下而上需要，决不比物质上生存需要如衣、食、住、行等为不要重。所以报纸问题也可以说是民生问题。”②

其次，民生主义的新闻事业问题的核心是“研究中国新闻事业之组织与经营问题”。③ 中国的新闻事业存在两个方面的问题：一是中国的新闻事业比较落后，报纸发行总量和人均拥有数量都很低。另一方面是中国新闻事业在地区发展上很不平衡，报纸大多集中在上海、南京、广州、天津、武汉、北平等大城市中，仅所列的这五个大城市就“占去了中国报纸全数的三分之二”，而其人口数量仅占全国的百分之二，也就是说“其他百分之九十八的中国文人只有三分之一的报纸，这三分之一的报纸，也集中在重庆、西安、成都等都市发行。农村的人民，是不容易沾到光的”。④ 这种生产的不足和分配上面的不均是当时中国新闻事业的发展现状。而中国新闻事业在经营管理和所有制上也比较混杂，同时存在世界上的三种主要模式：一是在英、美国家中居于主流地位的私人经营的，私有化的报业；第二是苏联为代表的国营的新闻事业；第三是以德国、意大利为代表的私人经营但受到国家统制的模式。

针对这一现实，马星野提出了他的改进中国新闻事业的民生问题的方案。

首先要大力发展国营的新闻事业，也就是发展国民党党办和军办的报纸。“两个国营新闻事业之系统，应该用最新的科学方法配合着抗战建国最

① 蔡铭泽：《中国国民党党报历史研究》，第 253 页，团结出版社，1998。

② 马星野：《三民主义的新闻事业建设》，载《青年中国》创刊号，第 159－167 页，重庆青年书店，1939。

③ 马星野：《三民主义的新闻事业建设》，载《青年中国》创刊号，第 159－167 页，重庆青年书店，1939。

④ 马星野：《三民主义的新闻事业建设》，载《青年中国》创刊号，第 159－167 页，重庆青年书店，1939。

迫切的需要，作有计划有步骤之扩充。在这里，苏联国民新闻事业，许多部分是值得我们参考的。苏联的党报与政府机关报，在技术方面差不多百分之百采用英美方法的，新闻之传递迅速，印刷之精美巨量，管理之严密与发生之有效率，都可以直追英美。”① 马星野对苏联的媒介制度做出某些肯定，说明他对国家集中控制报纸，是完全认同的。

其次，对于那些不符合国民党要求的“不良”私营报纸则要“加以取缔及扑灭”。②“不良”自然是一个复杂而且含混的词，凡政见不合，不服从国家管理的报纸；报格低下、诲淫诲盗的报纸甚或是通敌卖国、出卖民族利益的报纸都在此列。而对于那些愿意服从国民党领导的私营报纸，则要加以扶植，以使之成为国民党党报军报之外的辅助报业力量，“为国营新闻事业之辅翼”③。当然，这也只是在国家力量不够强大的时候的一种变通做法，民生主义以生产工具国有为最后理想，所以中国报业最后当然会走上纯粹国营的道路上去。

马星野提出的三民主义新闻事业的基本原则，为国民党和蒋介石的新闻政策寻求理论根据。“三民主义的新闻事业”实质上完全是按照国民党的新闻政策和法律来管理新闻界、建设新闻界，以蒋介石和国民党的意志为报刊的最高指导思想。

第三节 思想独裁下的重大报案

从民国时期的北洋政府到蒋介石的南京政府，都颁布了管束出版自由的粗暴的法律，形成了思想统制局面。国民党的新闻检查不同于北洋军阀政府，有时严厉，有时由于各种原因而有所通融，但在整体上实施的仍是一种高压的新闻检查制度。各类报人和报刊活动家不是依附于新的专制势力，就是为坚持正义的报道或言论同思想专制展开各种形式的斗争，大大小小的报

① 马星野：《三民主义的新闻事业建设》，载《青年中国》创刊号，第159－167页，重庆青年书店，1939。

② 马星野：《三民主义的新闻事业建设》，载《青年中国》创刊号，第159－167页，重庆青年书店，1939。

③ 马星野：《三民主义的新闻事业建设》，载《青年中国》创刊号，第159－167页，重庆青年书店，1939。

案不断发生，报人批评思想独裁的言论书写了一幕幕悲壮的历史画面。

一、成舍我的牢狱之灾

经过8年抗战和流亡，1945年11月20日《世界日报》和《世界晚报》在北京复刊，当天成舍我在报上我发表了《我们这一时代的报人》一文。他说：“我们真不幸，做了这一时代的报人！在艰苦奋斗中，万千同样的报人中，单就我自己说，三十多年的报人生活，本身坐牢不下二十次，报馆封门也不下十余次。……《世界日报》的生命中断，一个纯粹的民营的报纸，竟如此牺牲。实则此种艰辛险恶的遭遇，在这一时代的中国报业，也可算司空见惯，极其平凡。做一个报人，不能依循轨范，求本身正常的发展。人与报均朝不保夕，未知命在何时，我们真不幸，做了这一时代的报人！但从另一角度看，我们也真太幸运了，做了这一时代的报人！……过去凡是我们所反对的，几无一不彻底消灭。这不是我们若干报人的力量，而是我们忠诚笃实反映舆论的结果。……打倒我们的，只有我们自己；只有我们自己，变成了时代和民众的渣滓。我们向正义之路前进，我们有无限的光明。我们太幸运，做了这一时代的报人！”①

成舍我于1898年出生在湖南湘县，幼年随父母到安徽省安庆居住，10岁那年父亲被人诬陷，有位记者在报纸上详细报道了案件经过，成父得以洗去冤屈。这段经历给成舍我的童年留下难忘的印象，想长大做个仗义执言的记者。20岁那年，成舍我求学北大，便学习在报社写稿和做编辑。1924年大学毕业后，他靠积累起的微薄资金和人脉，先在北京办起《世界晚报》。4月1日《世界晚报》发行，只有副刊编辑张恨水和新闻编辑龚德柏，第二年又创办《世界日报》和副刊《世界画报》。张恨水在《世界日报》副刊上连载了《金粉世家》，一时间洛阳纸贵，倾倒了无数小说读者。

成舍我办这三份报纸的原则是言论公正、不畏强暴、不受津贴、消息灵确。他亲自撰述时论和社评，对军阀打仗的消息也总是据实报道，对采访到的重大事件保持独立，绝不恭维任何势力。在具体报道中，他非常注意每个环节和文字上的严谨，绝不允许因少许疏漏而招来麻烦。他说：“一张报纸犹如一把手枪，如果社长或总编辑自己不看大样，就好像把自己的手枪交给他人，万一他乱扫乱射，责任都是自己的。”他举例说，“你看大样时，务须

---

① 傅国涌：《一代报人成舍我》，《炎黄春秋》，2003年第10期。

注意'效帅'的'效'字，倘若不慎将'效'字错排'妓'字，那就变成'妓帅'，犯了张宗昌的忌讳，可能遭不测之祸。"[①] 作为正义感很强的报人，成舍我憎恶军阀的所作所为，否则不会以"妓帅"相讥讽。

图 4-9　成舍我在翻阅报纸

成舍我十分重视市民读者对报纸的阅读率，以对社会的尖锐批评赢得了读者的欢迎。对于不成功的报纸，他评价说："我所以说他们必然惨败，是败在不先注意报纸内容。因为内容不弄好，言论、版面一塌糊涂，就发行说，你即逢人哀求，或竟免费奉送，人家也不愿阅看。""至于如何才可以使销路达到第一或第二位，毫无疑问，就看你的言论，是否比别人精辟、公正；你的新闻是否比别人迅速确实；你的排版，是否比别人生动美观；文理不通的话，和排印错误的字，你是否能够保证比别人少，或完全没有。换一句话说，即必须一切内容，都比同一区域内任何一家别的报纸好，或比任何一家报纸，有你独特的优点，然后你才可以安全稳固，取得广大的读者。"[②]

成舍我办报讲究效率，往往能用最少的人发挥最大的影响，因此对部下要求十分严格。他说："指定的发稿时间，一定不许迟误，指定的采访任务，一定需要达成。印刷部延时出版，一定要追究责任，校对房错字连篇，一定要依章处罚。尤其重要的，即对于参加这支报馆军的每一分子，必须随时随地充分鼓舞他们的战斗精神。一个标题不如人，编辑先生应该感到羞愧，一条新闻不如人，外勤先生应该吃不下饭，人人要争取胜利，但这胜利的有效期限，永远只是一天。"[③] 成舍我聘用各种人才，包括一些进步人士和共产党人。如共产党员张友渔当《世界日报》总编辑时只有 22 岁，起初他还在平民大学新闻系学习，不仅将他安排在重要位置上，做报社的主笔，还让张友渔撰写社论等重要文章，甚至其他人撰写的社论也可以由张友渔来审查，决定取舍。

---

① 张建安：《成舍我和张宗昌：谁笑到了最后》，载《人民政协报》，2010 年 6 月 22 日。

② 黄侯兴：《成舍我的三个"世界"》，载《传记文学》，1998 年第 1 期。

③ 周海波：《论成舍我与中国报纸的大众化趋向》，载《报海生涯——成舍我百年诞辰纪念文集》，新华出版社，1998。

1924年5月7日，北京各校学生在天安门集会，纪念缔结廿一条国耻日，被军警打伤几十人。《世界晚报》在头版头条披露惨案详情，在时评中抨击北洋政府的暴行，受到青年读者的尊重。1924年秋爆发“直奉战争”，为堵住奉军入关，吴佩孚调张福来任前敌总指挥。吴以为“张福来”这名字取得好，“福来”准能打胜仗。《世界晚报》得到消息后立即抢发头条，但标题《前敌总指挥张福来今早出发》却把“福”字误排成“祸”字，闯下大祸。当晚，报馆被宪警查封。报馆被封的第三天，冯玉祥临阵倒戈，包围了北京城，软禁曹锟，吴佩孚逃往洛阳。五天后，《世界晚报》得以复刊，销路大增，由原来的三千份骤增到万份以上。有人说，晚报因“祸”得“福”。成舍我的名声顿时大噪。成舍我经常对编辑记者说：“舆论家是要往前进的，不可以随后走的。他要秉公理的，不可存常见的。他是要顾道德的，不可以攻阴私的。他是要据事实的，不可以臆想的。他是要主知识的，不可以尚意气的。”①

1926年奉鲁军阀占领北京，联军公布的维持地方治安公告规定“宣传共产，鼓吹赤化，不分首从，一律处以死刑”，北京的一些报纸纷纷发文讨逆，性格残暴的张宗昌决定武力镇压。1926年4月，《京报》社长邵飘萍被逮捕杀害，罪名为“宣传赤化”。8月6日《社会日报》主笔林白水被逮捕，扣上“通敌有据”的罪名也被枪杀。张宗昌草菅人命，令人发指，白色恐怖笼罩京城。成舍我于林白水被杀的当天上午，决定将这一消息以大字标题加黑边，刊登在《世界晚报》上。8月7日夜间，宪兵司令王琦奉张宗昌命令，到报社将成舍我逮捕。路透社抢先发出电讯：“成氏已被枪决。”国外朋友，有人打唁电慰问成舍我的家属；北京的朋友，有的已等在天桥刑场对成舍我作最后的辞别。“成舍我已被枪决”的流言很快传遍全国。

成舍我的夫人杨璠次日向北方军政界“三元老”之一的孙宝琦跪泣哀求，成舍我才免于一死，四天后被释放出来。成舍我并不因此改变自己的信念，他对几个编辑说：“报继续出。现在韬光养晦，避避风。军阀总归要骂的；张宗昌胡作非为，是不会长久的。”② 1926年夏秋之际，成舍我离开北京南下，在南京创办了《民生报》，继续揭露军阀罪行和社会黑暗。自1931

---

① 周海波：《论成舍我与中国报纸的大众化趋向》，载《报海生涯——成舍我百年诞辰纪念文集》，新华出版社，1998。

② 傅国涌：《一代报人成舍我》，载《炎黄春秋》，2003年第10期。

年日本帝国主义侵略中国，成舍我坚决主张抗日，反对不抵抗政策，抨击国民党政府乃至"国联"。"一二·九"运动的第二天，《世界日报》即在要闻版刊登"平市治安无虞，禁止集会游行举动，昨日军警特别戒备"的新闻，《世界画报》刊出学生与军警搏斗的照片，并以巧妙的文字披露学生游行情况。

1934年5月，《民生报》的记者采访到一条新闻：国民党行政院盖大楼，建筑商贿赂汪精卫的亲信、行政院政务处处长彭学沛，给他修了一幢私人别墅。建筑商在建设行政院大楼时偷工减料，屡次追加预算。时任《民生报》总编辑的张友鸾听说，彭学沛是成舍我的妻子的姑父，处理这条新闻难免有些踌躇。张友鸾拿着稿子去问成舍我该如何处理。成舍我说："既然确有其事，为什么不刊发？"但这条消息被新闻检查官员扣发了。成舍我以扣发这条新闻与有关规定不合，坚持予以刊登。《民生报》登出的报道题为《某院处长彭某辞职真相》，立即激起轩然大波，时任国民政府行政院院长的汪精卫勃然大怒，以"不服检查"的罪名，通知南京警察厅罚《民生报》停刊3天。但是，3天后《民生报》复刊时，刊登了社论《停刊经过如此!!!》，说明了被罚的全部经过，决心依法抗争到底。汪精卫又让彭学沛向法院控告成舍我妨碍名誉，成舍我亲自出庭答辩。在法庭上，他慷慨陈词，把彭学沛驳得体无完肤，并公开了自己的万言答辩书。彭学沛心虚，当天没敢出庭，经人从中调停，最终撤回诉控。

在激烈的报业竞争中，成舍我的报业集团之所以能立于不败之地，在于他拥有一批与他一样具有独立人格的编辑和记者。他们"立场坚定、言论公正、不畏强暴、消息灵通"，对社会政治与时事敢于公正的批评。成舍我常对部下说："只要保证真实，对社会没有危害，什么新闻都可以刊登。如果出了什么事，你们不负责任，打官司、坐牢，归我去。"他还曾说过，最不齿这样的记者："写评论则揣摩风气，随声附和，采新闻则追逐权要，争取私利。"① 正是有了成舍我这种刚正不阿的态度，才成就了成氏报业的辉煌。

1934年7月20日，《民生报》头版头条发表了民族通讯社记者陈云阁采写的一条消息，题目是《蒋电汪、于勿走极端!》，向外界透露了汪精卫、于右任（时任国民政府监察院院长）的争执以及蒋介石对此进行干预。消息触怒了蒋介石和汪精卫。汪精卫电令宪兵司令谷正伦，"立刻查封《民生

① 吴娟：《成舍我：以新闻复兴民族》，载《时代周报》，2009年第30期。

报》，拘办负责人，并严究消息来源”。谷正伦接到命令后查封了《民生报》和民族通讯社，以“泄露军机”为由逮捕了成舍我、陈云阁等四人，前后拘禁达40天。成舍我在狱中坚贞不屈，经多方营救获释后，汪精卫又派外交部常务次长唐有壬对他传话：“新闻记者怎能与行政院长作对？新闻记者总是失败的，不如与汪先生妥协，《民生报》仍可恢复。”唐有壬暗示，只要成舍我向汪精卫写一封道歉信，汪就可以收回成命，否则就会碰得头破血流！成舍我当场拒绝，他说：“我的见解完全与你相反，我有四大理由，相信最后胜利必属于我！此四大理由，最重要的一点，就是我可以做一辈子新闻记者，汪则不能做一辈子的行政院长。新闻记者可以坚守自己主张，保持自己的人格；做官的则往往不免朝三暮四，身败名裂！”最后国民政府封杀了《民生报》，永久停刊，成舍我也“不许再在南京用其他名义办报”，“不得以本名或其他笔名发表批评政府的文字”，[①] 犹如被禁锢在毫无缝隙的铁桶里。

1935年9月20日，成舍我在上海创办《立报》，以“立己、立人、立国”为宗旨，提出“以日销百万为目的”和“报纸大众化”的口号。“发刊要旨”指出，该报“欲复兴民族，必使每一个国民，能了解本身对国家的责任。为欲达此目的，则定价低廉，阅读便利，日销百万份之大众化报纸，实有乘时崛起之必要。……以最新姿态，使报纸功能，普及全国大众”。他在《我们的宣言》中说：“我们认为不仅立己立人不能分开，即立国也实已包括在立己的范围以内。我们要想树立一个良好的国家，我们就必先使每一个国民，都知道本身对于国家的关系。”“我们要使报馆变成一个不具形式的大众乐园，和大众学校。我们始终认定，大众利益，应超过于任何个人利益之上。”同时提出四项办报原则：“一、凭良心说话。二、用真凭实据报告新闻。三、除国家币制，及社会经济，有根本变动外，我们当永远保持‘一元钱看三个月’廉价报纸的最低价格，决不另加丝毫以增重读者的负担。四、除环境及不得已原因外，我们认定，报纸对于读众，乃一种无形的食粮，和无形的交通工具，应当终年为读众服务，无论任何节日，概不许有一天的休刊。”[②]

---

① 金建陵、钟和：《用笔对抗强权：成舍我揭汪精卫亲信贪腐真相》，载《金陵晚报》，2009年6月23日。

② 黄侯兴：《成舍我的三个“世界”》，载《传记文学》，1998年第1期。

1935年著名记者、地下共产党员恽逸群进入《立报》，不久与其他70名记者联名发出《上海新闻记者为争取言论自由宣言》，抗议国民党当局的新闻检查制度，要求撤销新闻检查制度，认为舆论机关的报纸绝不应接受检查！1936年他应邹韬奋之邀，到香港协助创办《生活日报》和《生活星期刊》，坚持抨击新闻检查制度，呼吁言论自由。在《真实消息与报纸》一文中，他说："在严密的检查下，报纸不敢讲话，不敢记载真实的新闻，纸面上千篇一律，人云亦云，人民肃然迫切地有看报的需要，可是报纸不能供给他们以要看的东西，这种报纸又有谁要看呢？"①

在国民政府的压力下，1937年8月9日《世界晚报》、《世界日报》、《世界画报》终于被迫停刊，所有财产被没收，成舍我只能靠《民生报》完成自己的报业理想。他坚持"小报大办"，仅一年发行量就突破3万份。曾虚白在他主编的《中国新闻史》中评价《民生报》说：《民生报》"是国民政府奠都南京以后首创的小型报——是当时小型报的翘楚。《民生报》批评时事非常精辟，偶因揭发行政院政务处长彭学沛贪污渎职劣迹——触怒了当时行政院长汪精卫，严令封闭民生报。"②

1945年5月1日，他以"中国新闻公司"名义集资在重庆恢复出版《世界日报》，复刊号上写道："我们有笔，要写文章；有口，要说话。报纸是发表意见最著功效的工具，我们一定要竭尽心力，珍重爱护。""我们向正义之路前进，我们有无限的光明。我们太幸运，做了这一时代的报人！"4个月后，北平"世界"报系复刊（《世界画报》没有复刊）。他提倡改进国民心理，转变社会风气，"发动全国舆论，正视事实，自由思想，自由判断"。成舍我主张报纸超党派，早在《世界日报·发刊词》中就提出，"以国民意见为意见"，"以超党派立场争取全民福利"。1945年12月《世界日报》曾发表朝阳大学教授陈瑾昆的《少"自作孽"》一文，借古论今，抨击时政，呼唤光明。《世界日报》副刊《明珠》对当时某些报刊的消极倾向提出批评，以"四个反对"——反对茶余饭后的消遣，反对不顾及大众的个人牢骚，反对软性化色情化的东西，反对无聊的考证，③ 抵制报刊的非政治化和黄色娱乐化倾向。

---

① 《恽逸群文集》，第66页，江苏人民出版社，1986。

② 曾虚白：《中国新闻史》，第374页，台北三民书局，1966。

③ 傅国涌：《一代报人成舍我》，载《炎黄春秋》，2003年第10期。

1949年成舍我到了台湾，1955年以“立法委员”身份在“立法院”会议上以《人权保障与言论自由》为题作长篇发言，针对著名报人龚德柏被捕失踪五年、“立法委员”马乘风被捕三年的案情，向“行政院长”俞鸿钧提出质询。他在会上质问何以“不审？不判？不杀？不放？”，“新办报纸杂志何以不许登记？”他的质询提出后，蒋介石相当不快，对人说，“现在‘立法院’内有人不爱国，此人即成舍我。”

国民党宣传部长陶希圣曾找成舍我谈话，说“你不是一直想恢复出版《世界日报》吗？你最好直接给蒋公写封信”。成舍我回答说：“我不能写，我一旦写信给蒋公，他必然会对我有所要求，我也必然对他有所承诺，这就束缚我办报的手脚。我只能正式向政府申请出版《世界日报》。”“报禁一日不解除，我一日不办报”！据说陶向蒋汇报后，蒋大发雷霆，亲笔批示道：“此人不宜让他在台湾办报。”[①] 1988年1月台湾正式解除长达37年的“报禁”，成舍我以90高龄创刊《台湾立报》，最终回到报业生涯中。他对国民党报刊制度的批评与抵制，表现了中国正派报人的骨气。

二、《新月》与言论专制的对抗

1928年3月10日，《新月》由上海新月书店出版发行，主要编辑人员有徐志摩、胡适、陈西滢、梁实秋、闻一多、叶公超、沈从文等人。这些社会名人凭借在文学和政治上的影响，祈望通过该刊为社会输送新鲜空气。但这个刊物发行后一再掀起轩然大波，由文学批评走向时政批评多次翻船，不断惹来麻烦。

1927年5月胡适由英国来到上海，随着国民党政权的确立，政治上的高压政策逐步暴露出来，胡适就忍耐不住了，便在《新月》上发表了一系列政论。此时，蒋介石集党、政、军、大权于一身，实行个人专制、以党治国。他的许多下属阿谀逢迎，依葫芦画瓢，也成为大大小小的专权者。1929年3月，国民党召开第三次全国代表大会，上海市特别代表陈德徵提出一项《严厉处置反革命分子案》，称“凡经省及特别市党部书面证明为反革命分子者，法院或其他法定之受理机关应以反革命处分之。”这就是说，从拘捕、审问、定罪、处刑到执行，均不必经过任何法治机构，国民党省、市党部有权决定谁是反革命，并实施判刑、关押。

---

① 吴娟：《成舍我：以新闻复兴民族》，载《时代周报》，2009年第30期。

胡适看到这个提案十分生气，立即给国民党司法部长王宠惠写了封信，说报上登的《严厉处置反革命分子案》真是闻所未闻，这样的决定可以“夸耀于全世界”。胡适又将此信寄给国闻通讯社发表，但稿件被检查者扣去，而上海《民国日报》却刊出了陈德徵批判胡适不懂党规、不懂主义，不要自以为是。恰好4月20日国民政府颁布了一道保障人权的命令，胡适看出国民政府破绽百出，玩弄两面手法，他赶写了《人权与约法》的长文在《新月》上发表出来，对国民党进行批评。接着他又在《新月》上刊出《知难，行亦不易》，公然批判孙中山的“行易知难说”。同时梁实秋发表了《孙中山先生论自由》，指出孙中山对自由的说法自相矛盾。后来，胡适又发表了《新文化运动与国民党》，批评国民党中央宣传部长叶楚伧发表文章吹嘘“中国本来是由美德筑成的黄金世界”。

图4－10　徐志摩与新月社

这些文章在《新月》发表后，在社会上引起轩然大波。蔡元培称“振聩发聋，不胜佩服。”张謇之子张孝若说：“先生在《新月》所发表的那篇文字，说的义正词严，毫无假借，真佩服先生有识见有胆量！这种浩然之气，替老百姓喊几句，打一个抱不平，不问有效无效，国民人格上的安慰，关系也极大。试问现在国中，还有几位人格资望够得上说两句教训政府的话？”王云五与张元济等朋友，却不断提醒胡适注意个人安危。①

国民党各地党部纷纷提出质疑，认为，“中国公学校长胡适，公然侮辱本党总理，并诋毁本党主义，煽惑民众，应严惩查办。”国民党政府认为胡适文章超出学术研究范围，泛言空论，错误甚多，有失大学校长尊严，损害了党政形象，要求教育部严加警告。胡适拒绝这种批评，将自己和罗隆基、梁实秋等人的文章结集为《人权论集》，由新月书店单独出版。在该书的序言中胡适说：“我们所要建立的是批评国民党的自由和批评孙中山的自由。上帝我们尚且可以批评，何况国民党与孙中山！”“天天摧残思想自由，压迫言论自由，妄想做到思想的统一，殊不知统一的思想只是思想的僵化。”②

① 转引自周为筠：《民国年间的一场人权运动》，载《凤凰周刊》，2009年第2期。
② 胡适主编：《人权论集》，第125页，上海新月书店，1930。

图 4－11 《新月》时期的胡适

罗隆基是五四时期清华大学的学生领袖，后来也加入了新月派，1928 年留美回国，他对英、美的民主政治和议会制度十分欣赏。他在《新月》上一面介绍英、美的政治学理论，一面以现代政治理论批评国民党。在《新月》第 2 卷第 8 号一篇文章中，罗隆基写道："国民党天天拿民主、民权来训导我们小百姓，同时又拿专制独裁来做政治榜样。天天要小老百姓看民治的标语、喊民权的口号，同时又要我们受专制独裁的统治。"他还在《新月》上发表了《告压迫言论自由者》、《我对党务上的尽情批评》、《我们要甚么样的政治制度》等文章，利用蒋介石于 1929 年岁末通电全国征求对国事意见之机，批评国民党"以党治国"、"党在国上"等政治舛谬。这些文章，使罗隆基名震一时，口碑甚好。但 1930 年 11 月 4 日下午，他在办公室内被逮进公安局，后来在张群活动下，他旋即被保释出来。罗隆基立即写了篇《我的被捕的经过与反感》发表在《新月》上，说："一切罪孽，都在整个的制度；一切责任，都在南京国民政府和党魁。"① 针对罗隆基的系列言论，南京政府决定以"言论谬妄，迭次公然诋毁本党"为由，要求他任教的上海光华大学解除其教职。

1930 年 1 月 20 日，上海特别市党部宣传部决定查封新月书店，查禁《新月》第 2 卷 6、7 期合刊，罪名是"诋诽本党、肆行反动"。之后国民党中宣部又下令查禁新月书店出版的《人权论集》，胡适的中国公学校长的职位由于右任代替，胡适思考良久，决定退出这场较量。后来胡适发表了《我们走哪条路》，从此避而不提人权与法治，认为当时真正的敌人"是贫穷，是疾病，是愚昧，是贪污，是扰乱"五大恶魔；解决问题的办法是用科学的方法，是一点一滴的改革。此后罗隆基也离开上海，去天津做《益世报》主编，《新月》同人纷纷各奔他乡。

1931 年 7 月下旬，天津市整委会给北平市整委会去函，称《新月》2 卷 8 号有诋毁约法、诟辱党国之文字。于是，北平公安局奉北平市整委会之命，没收了北平新月分店一千多份刊物，逮捕了店员。蒋介石认为他们不过

① 转引自周为筠：《民国年间的一场人权运动》，载《凤凰周刊》，2009 年第 2 期。

是作点文章出点风头罢了，并询问属下，是否可以把他们引为“同调”？胡适听说后讥之不是同调问题，是政府能否容忍异己问题，但在重重挤压下他不得不向当局低头，投向官位的诱惑，在1931年接受了国民政府财政委员会委员一职。①

三、陈独秀、章士钊的抗辩

1932年10月15日，上海租界巡捕房拘捕了谢德培、罗世凡、彭述之、濮一凡、宋逢春等5人，此后，又拘捕了病中的陈独秀，抄去中、日、俄三国文字的共产主义书籍多种。当时这几个人已被中共开除出党，被指为中国的托派。国民党江苏高等法院加给他们的罪名是“以危害民国为目的，集会组织团体，并以文字为叛国宣传”。

国内各大报刊纷纷对此事作出报道，为陈独秀辩护的舆论顿时高涨起来。《先锋报》发表《起来！起来！！援救中国革命领袖陈独秀》一文，要求“从反动派的手中夺回我们的领袖陈独秀”，“一切革命的分子都应立即起来游行、示威、通电、开大会，坚韧不拔的为援救陈独秀而斗争！”《北方公论》发表政论《由陈独秀被捕说到中国共产党分化之趋势》，《益世报》发表社论《因陈案而引起的几个问题》，《世界日报》的社评《陈独秀被捕事件》声称，在新文化运动中只有陈独秀一人能蔑视“高名厚利”，保持人格清白，没有违法之事。天津《大公报》发表评论《陈独秀案移送法院》说：“陈独秀是一个领袖，自有他的信仰和风格，所以只须给予他机会，叫他堂堂正正地主张意见，向公众公开申述，这正是尊重爱护他的道理。”② 许多社会名流四处活动，要求无罪释放陈独秀。陈独秀在狱中对记者发表了谈话，说他的唯一要求就是希望当局将他公开审判。迫于舆论的压力，国民党当局决定将陈独秀案“交法院”公开审理。

1933年4月14日江苏高等法院开庭审判陈独秀。审判长问他：“何以要打倒国民政府？”他回答：“这是事实，不否认。至于理由，可以分三点，简单说明之：（一）现在国民党政治是刺刀政治，人民即无发言权，即党员恐亦无发言权，不合民主政治原则。（二）中国人已穷至极点，军阀官僚只

① 转引自周为筠：《民国年间的一场人权运动》，载《凤凰周刊》，2009年第2期。

② 胡明：《陈独秀20世纪30年代的被捕与法庭上的斗争》，载《殷都学刊》，2004年第4期。

知集中金钱，存放于帝国主义银行，人民则困苦到无饭吃，此为高丽亡国时的现象。（三）全国人民主张抗日，政府则步步退让。十九路军在上海抵抗，政府不接济。至所谓长期抵抗，只是长期抵抗四个字，始终还是不抵抗。根据以上三点，人民即有反抗此违背民主主义与无民权实质政府之义务。”①

4月20日上午第三次开庭，检察官朱隽起立发言，对起诉书作补充说明：“陈独秀、彭述之等人被共产党内的另一派开除，并非完全脱离共产党。从法律角度说，他们都主张打倒国民政府和建立无产阶级专政，是一样的目的，都是共产党员。检察官要求法庭按危害民国的罪行对陈独秀等人判刑。”陈独秀当庭抗辩：“检察官论告，谓我危害民国，因为我要推翻国民党和国民政府，但是我只承认反对国民党和国民政府，却不承认危害民国。因为政府并非国家，反对政府，并非危害国家。”他指出：“国者何？土地，民权，人民之总和也，此近代国法学者之通论，决非‘共产邪说’也。以言土地，东三省之失于日本，岂独秀之责也；以言主权，一切丧权辱国条约，岂独秀签字者乎？以言人民余主张建立‘人民政府’，岂残民川逞之徒耶？若谓反对政府即为危害民国，次种逻辑难免为世人所耻笑。”他指斥：“如果认为宣传共产主义就是‘宣传与三民主义不相容之主义’，就是‘危害民国’，欧洲中世纪专横黑暗的宗教法庭迫害异教徒、科学家，以阻塞思想信仰自由的故事，岂不是重见于今日的民国，那不是正好证明日本人所谓的‘中国非近代国家’之说不是污蔑吗？”在陈独秀的揭露和质问下，法官和检察官已哑口无言，接着，章士钊起立为陈独秀辩护，洋洋万言，据理力争，长达53分钟。章士钊自1933年起在上海从事律师职业，成为当时全国闻名的大律师，并任上海政法学院院长。他指出，本案首先当区分言论与行为，“以言论反对，或攻击政府，无论何国，均不为罪。”即使是应付紧急状态的特别法规，也未见有这样的规定。法庭指控，“无中无西，无通无别，一切无据”。他强调：“近世文明国家，莫不争言论自由。而所谓自由，当不以侵乙之自由为限，一涉毁谤，即负罪责。一党在朝执政，凡所设施，一任天下公开评骘，而国会，而新闻纸，而集会，而著书，而私居聚”，“何谓行为，反对或攻击政府矣，进一步而推翻或颠覆之，斯曰行为”。独秀之开罪于政府者，非以其鼓吹共产主义乎？若而主义，由司直（指检察官）之眼光视之，非以其与三民主义不相容乎？孙中山先生之讲民生主义也，开宗明义之言曰：“民生

① 李健：《红船交响曲》，第九章，中共党史出版社，1998。

主义就是社会主义，又名共产主义，即是大同主义。”国民党既是赞成三民主义，便不应该反对共产主义。章士钊的言辞毫不留情地撕下了当局假三民主义的面具，将陈独秀一案的冤情大白于众。① 江苏高等法院仍“以文字为叛国之宣传”罪判刑 13 年（经上诉，1934 年 6 月 30 日最高法院终审改判为 8 年）。

陈独秀、章士钊两篇辩诉状，轰动全国，各大报纸都希望登载，但国民党以“不许为共党张目”而禁止。只有天津《益世报》登载了全文，国民党《中央日报》不仅不予登载，反由程沧波写了一篇《约法至上答陈独秀与章士钊》。这篇文章确如王婆裹脚布，又臭又长，除了约法至上，邪说该死，打倒“共产”之外，没有讲出一点道理来。连约法怎样产生，是否通过民意，都一字不提，只是党腔党调，咿哩哇啦地讲了一大堆。程沧波认为章身为律师，“应知今日中国现行之根本大法为《中华民国训政时期约法》”。“训政时期由中国国民党全国代表大会代表行使中央统治权。中国国民党全国代表大会闭会时，其职权由中国国民党执行委员会行使之。”“陈独秀、彭述之共同以文字为叛国之宣传，章士钊律师的‘辩护词’则更是费尽心思精心结撰。国人对程的文章不屑一顾，而陈、章二人的辩诉状，被上海沪江大学、苏州东吴大学选为法学系的教材。这是两个教会学校，才有这个胆量，至于国内其他大学，都在国民党控制之下，纵有此意，也不敢冒坐牢的危险。”陈独秀与章士钊的法庭辩护，指斥国民政府没有言论思想自由，迫害知识界和出版自由达到无法无天的地步，全国报刊再次纷纷报道，激起全国的愤怒。

章士钊随即在《申报》上发表了《为陈独秀的辩护词》，对《中央日报》“负党以趋，意之所指，辄生杀予夺人”的霸道作风，提出了严正的批判。1933 年 5 月 4 日，章士钊在《申报》上发表《国民党与国家》一文，反驳程沧波。他发现程所引的《中华民国训政时期约法》第三十条与原文不同，原文为：“训政时期，由中国国民党全国代表大会、代表国民会议，行使中央统治权。”他指出，“代表国民会议”是本条的眉目，贸然将“国民会议”割去，“不知是何用意?”“则以主权论，全民者国家也，国民党不过全民中一小小分子，勿得谬居其名”。② 这场抗辩从法庭到报纸，让国人清楚看到国民党压

① 田荔枝：《章士钊的法庭论辩修辞艺术》，载《修辞学习》，2002 年第 2 期。

② 傅国涌：《政府等于国家吗？——章士钊就陈独秀案与陈沧波的笔战》，载《江淮文史》，2009 年第 6 期。

制言论自由和垄断宣传的思想独裁，大批新闻记者对南京政府愤而远之。

四、封杀浪尖上的邹韬奋

1895 年，邹韬奋出生于福建永安的一个富有家庭，1919 年考入上海圣约翰大学，主修西洋文学。他喜欢读书阅报，想当一名记者，课余时间写稿并兼任家庭教师，以微薄的收入维持学习生活。1922 年在黄炎培等创办的中华职业教育社任编辑股主任，开始从事教育和报刊工作。1926 年 10 月接任《生活》周刊主编，以犀利的笔锋，力主舆论正义，抨击黑暗势力。他主编《生活》周刊时指出："我们办这个周刊不是替任何个人培植势力，不是替任何机关培植势力，是要借此机会尽我们的心力为社会服务，求有裨益于社会上的一般人，尤其注意的是要从种种方面引起服务社会的心愿，服务所应具有精神与德性。"① 这不仅是该刊的宗旨，也是他对报刊持有的立场、态度和要求。

邹韬奋引用老报人周孝庵的话说，记者"秉孟子'富贵不能淫，贫贱不能移，威武不能屈'之人格与精神，以与世周旋；上至政府下至贫民窟，盖莫不为记者日常视觉听觉之对象，然后基于'公平正义'而监督之，指导之"。② 他的《生活》周刊以这一崇高理念作指导，不畏强暴，尖锐地抨击社会腐败。1930 年 11 月间，国民党军阀、安徽省政府主席陈调元拿他搜刮的民脂民膏给母亲做寿，耗资 10 多万元。邹韬奋在《生活》上发表《民穷财尽中的阔人做寿》一文加以揭露。韬奋派人调查国民党交通部长王伯群贪污公款造洋房娶小老婆的丑行，准备在《生活》上披露。王伯群知道后赶忙派两个人带着 10 万元巨款对邹韬奋行贿。邹韬奋说："《生活》是一个自力更生的刊物，经费多有困难，但是不受任何方面的津贴；一个小刊物也用不着偌大的巨款。""王部长既然这样慷慨，不如替他捐助仁济堂（水灾救济机关），救救几百万嗷嗷待哺的灾民吧！"两个人只好扫兴而归。他以自己的报道实践了自己捍卫正义的办报原则——"反对少数特殊阶级剥削大多数劳苦民众的不平行为"。③

---

① 《〈生活〉周刊究竟是谁的?》，《韬奋新闻出版文选》，第 278 页，学林出版社，2000。

② 《新闻记者是不戴帽子的皇帝》，《韬奋新闻出版文选》，第 4 页，学林出版社，2000。

③ 《韬奋新闻出版文选》，第 310 页，学林出版社，2000。

邹韬奋重视听取读者对刊物的意见。《生活》从第2卷第1期开始，正式开辟《读者信箱》专栏，答复读者提出的各种问题，在答复的附言中说："本刊切盼多登新颖有趣之文字。""本刊文字诚当力求浅显，然同时并当顾到雅达，使读者不但改进思想，并能获得以文会友之益。""本刊所取之格言，务取与经验之十分亲切，力避陈旧式老生常谈之弊病，且不限于古人，投稿者偶有心得，亦可发挥。"本刊"把读者的事看作自己的事，与读者的甜酸苦辣，打成一片"。在第2卷第25期，邹韬奋针对一位读者提出的当时"国内刊物，非失之庄，即失之陋。庄则枯索乏味，陋则鄙邪诲淫"的情况，明确指出："本刊的材料，十分注意'有益'，同时更十分注意'有趣味'……要能够增加生活上的快乐，解脱生活上的烦闷，同时所谈的东西，又是'进德修业'上极有价值的材料。"[①] 邹韬奋很重视同读者的联系，特别注意听取读者的声音。《生活》周刊的最终目的是以民众的福利为前提，尽量容纳读者的意见，无论意见或有异同，无不公布以作公开的讨论。[②]

图4－12　邹韬奋在写作

1931年九一八事变后，邹韬奋的报刊思想发生了变化，《生活》周刊的报道内容和指导思想也有了转变，开始旗帜鲜明地呼吁停止内战，一致抗日，批评国民政府的投降主义。事变爆发后，《生活》周刊立即作出反应，在9月28日出版的周刊"本周要闻"中悲愤地写道："本周要闻，是全国一致伤心悲痛的困难，记者执笔忍痛记述，盖不知是血是泪！"此后，《生活》表现出坚定的抗日立场和社会主义倾向。

1932年1月他在《生活》周刊上发表了《我们最近的思想和态度》、《我们最近的趋向》两篇文章，阐述新的办刊方针，他说"本刊最近已成为新闻评述性质的周报，故有所论述，多以当前事实为对象。但于就事论事之中，亦有其核心标准。此种核心标准，简言之可曰'正义'……我们所信守

① 《韬奋新闻出版文选》，第255－277页，学林出版社，2000。

② 《韬奋新闻出版文选》，第271页，学林出版社，2000。

的正义，是反对少数特殊阶级剥削大多数劳苦民众的不平行为……剥削大多数民众以供少数特殊阶级享用的资本主义的社会制度终必崩溃，为大多数民众谋福利的社会主义的社会制度终必成立。”① 显然，此时他的办报立场已转向社会主义，以是否平等、正义、有无剥削作为刊物判断是非的标准。最后他公开声明：本刊“就民众的立场，对政府、对社会，都以其客观的无所偏私的态度，作诚恳的批评或建议；论事论人，一以正义为依归；正义所在，全力奔赴，生死不渝。”

邹韬奋主持《生活》周刊，开辟了给读者寄邮书刊的业务，到 1932 年 7 月发展成生活书店，邹韬奋任经理。随着抗战形势发展的需要，先后在全国各地设立了 55 个分店，出版发行了大量的图书期刊（1938 年底，生活书店由武汉迁到重庆）。生活书店既是出版社，又是出售书刊报纸的地方，书店和出版书刊的结合，对于宣传抗日救国发挥了巨大的作用。

一・二八淞沪抗战，得不到南京政府的增援，以与日本侵略者签订丧权辱国的《淞沪停战协定》而告终。蒋介石却集中兵力“剿共”，压制民众抗日救亡运动，使韬奋对国民政府的本质有了更深刻的认识。他发表了大量言论抨击国民党“攘外必先安内”的政策，提出停止内战、民主团结、实现抗战的主张。他的文章在国内外引起重大反响，《生活》周刊的订数逐渐上升到 15 万多份，成为当时中国销量最多、影响最大的刊物。国民党政府时刻都在注意《生活》的动向，蒋介石向黄炎培施压，要求他改变刊物的立场，禁止刊物邮寄，并造谣中伤邹韬奋。②

1932 年 12 月，宋庆龄、蔡元培、鲁迅等人发起组织“中国民权保障同盟”，邹韬奋、胡愈之应邀参加并被推选为执行委员，通过报刊揭露国民党迫害和屠杀进步人士的罪行，蒋介石十分恼火。6 月民权保障同盟执委兼总干事杨杏佛被国民党特务暗杀，韬奋亦被列入黑名单，他不得不出国暂避。12 月国民党政府终于以“言论反动，思想过激，毁谤党国”的罪名，下令封闭《生活》周刊。

1933 年 12 月 16 日，最后一期《生活》发表了邹韬奋的《与读者诸君告别》一文，指出：“记者所始终认为绝对不容侵犯的是本刊在言论上的独立精神，也就是所谓报格。倘须屈服于干涉言论的附带条件，无论出于何种

① 《韬奋新闻出版文选》，第 310 页，学林出版社，2000。

② 参见赵晓恩：《邹韬奋与抗日救国运动》，载《出版发行研究》，1996 年第 6 期。

方式，记者为自己的人格计，为本刊报格计，都抱有宁为玉碎，不为瓦全的决心。记者原不愿和我所敬爱的读者遽尔诀别，故如能在不丧及人格及报格的范围内保全本刊的生命，固所大愿，但经三个月的挣扎，知道事实上如不愿抛弃人格、报格便毫无保全本刊的可能，如此保全本刊实等于自杀政策，决非记者所愿为，也不是热心赞助本刊的读者诸君所希望于记者的行为，故毅然决然听任本刊之横遭封闭，义无反顾，不欲苟全。"①《生活》出至8卷50期停刊，他的《与读者诸君告别》表达了邹韬奋献身报业、不向反动派低头的决心，也表明《生活》周刊奉行独立、不容侵犯的办刊方针和高贵的报格。

邹韬奋非常重视报刊的言论，为报人树立了"言论卓见、代表舆论"的评论思想——"报纸评论一方面是代表舆论的，一方面是指导民意的，至少也要给予读者对某问题获得多少知识与卓见"。② 他认为："在政治未上轨道的国家里，言论虽亦有相当的功能，但可以说微乎其微，于是乎使人觉得'实际'的功能比'言论'的功能大得多，使人觉得仅有言论之为不满。"新闻记者——尤其是委身言论方面的新闻记者，"应看清客观的环境，消极方面尽量暴露社会的矛盾黑暗，积极方面指明社会走得通的出路。倘若他所指明的社会出路是正确的，是走得通的，明白的人多了，加入向前走的人多了，便发生伟大的社会力量，便易于达到目的。"③ 他还强调，《生活》的"言论或评述向以光明磊落的公开态度与国内外同胞向见……希望用新闻学的眼光，为中国造成一种言论公正评论精当的周刊"④。媒体言论的重要性，正在于它应暴露社会黑暗，给受众指出前进的道路，这是言论的伟大力量所在。

1935年8月邹韬奋回国，11月16日在上海创办了《大众生活》周刊，在创刊词《我们的灯塔》中他写道："我们为什么要办《大众生活》周刊？……我们提起大众生活这四个字，就不免引起无限的感慨，尤其是想到中国目前的现状，因为'大众'与'生活'一天一天地在脱离关系！"他提出要让人们认识"民不聊生"的现状，让他们明白其中的原因，寻找

① 《韬奋新闻出版文选》，第325页，学林出版社，2000。

② 《韬奋新闻出版文选》，第16页，学林出版社，2000。

③ 《新闻记者不能脱离大众》，《韬奋新闻出版文选》，第20、23－24页，学林出版社，2000。

④ 《韬奋新闻出版文选》，第296页，学林出版社，2000。

出路，所以才出版这个刊物。他提出办刊的目的是“力求民族解放的实现，封建残余的铲除，个人主义的克服”。① 当一二·九运动爆发后，《大众生活》投入爱国民主运动，发表文章痛斥国民党政府的卖国行径，对学生的爱国救亡行动给予热情的宣传和支持。《大众生活》指出：“这是大众运动的急先锋，民族解放前途的曙光！”呼吁民众“共同擎起民族解放斗争的大旗以血诚拥护学生救亡运动，推动全国大众的全盘的努力奋斗！”《大众生活》因此受到广大民众的热烈欢迎，销量达到 20 万份，超过原来的《生活》周刊。

12 月，邹韬奋又与沈钧儒等人组织成立了上海文化界救国会，邹韬奋当选为执行委员，《大众生活》实际成为救国会的会刊，有力地推动了全国救亡运动的发展。邹韬奋及《大众生活》的正义言行，再度激起国民党政府的惶恐，又使出种种计谋扼杀它，对邹韬奋本人进行人身攻击。当局先后派复兴社总书记刘建群和后来成为国民党中央宣传部部长的张道藩到上海拉拢邹韬奋，② 不久蒋介石又有意约邹韬奋到南京面谈，被邹韬奋拒绝。1936 年 2 月 29 日，《大众生活》出至第 16 期，被国民党政府查封。邹韬奋决定暂避锋芒，于 1936 年 2 月出走上海，前往香港。

邹韬奋到香港后，经 3 个月筹备于 6 月 7 日创办了《生活日报》，在发刊词中明确提出：“本报的两大目的是努力促进民族解放，积极推广大众文化”，“从民众的立场，反映全国民众在现阶段内最迫切的要求”，积极宣传抗战救亡运动。邹韬奋遂根据读者要求，宣告从 8 月 1 日起移至上海出版。他“希望《生活日报》成为真正‘人民的报纸’，做到真正的民治、民有、民享”。他认为，“所谓‘人民的报纸’，当然不是依靠大老板出钱的报纸，也不是有党派背景的报纸。”③

他对《生活日报》提出办报七原则，即绝对公开、老百姓的背景、广博的言论、编排要统一照应、内容广泛、注重研究、文字大众化。在《我们要怎样办〈生活日报〉?》中他说：“《生活日报》也有它的背景，不是少数人的，也不是一党一派的；他所有的是中国的最大多数老百姓的背景。”“因为

---

① 《韬奋新闻出版文选》，第 27 页，学林出版社，2000。

② 参见邹韬奋：《一位大员的话》，载《经历》，生活·新知·读书三联书店，1958。

③ 《〈生活日报〉的创办经过和发展计划》，《韬奋新闻出版文选》，第 124、125 页，学林出版社，2000。

《生活日报》是以最大多数老百姓为背景，所以它的内容应该力求大众化，应该极力接近大众，使大众看得懂这个报；使大众感觉到这个报对于他们的知识、经验以及一切日常生活，都有益处；使大众感觉到这个报是他们的生活里不能离开的一件东西。这不是一个空洞的幻想，要竭力在报的内容里努力实现出来。”① 为民众办报，依靠民众办报，反映他们的利益，是邹韬奋办报的最重要的追求，也是他最高的办报理想。

邹韬奋办的刊物为大众所欢迎，成为大众的喉舌，根本原因是他重视读者，注意读者的需要。他认为，“一般大众读者的需要当然不是一成不变的，所以不当用机械的看法，也没有什么一定的公式可以呆板地规定出来。要用敏锐的眼光和深切的注意，诚挚的同情，研究当前一般大众读者所需要的是怎样的‘精神粮食’：这是主持大众刊物的编者所必须负起的责任”。② 为此，他提出办刊最重要的是要有创造精神，内容力求精警，要使读者真正满意，使《生活日报》“必须是反映全国大众的实际生活的报纸；必须是大众文化的最灵敏的触角；必须是五万万中国人（连国内国外的中国人合计）一天不可缺少的精神食”。“必须成为生产大众的集体作品，必须由全国各地的工人、农民……直接供给言论和新闻资料。”③ 这就是说，民众是报刊的主人，民众的报刊要采用和刊登民众的稿件和言论。

图 4－13 邹韬奋（右一）等救国会七君子

1936 年 7 月 31 日，邹韬奋和沈钧儒、陶行知、章乃器等 4 人联名发表《团结御侮的几个基本条件与最低要求》的公开信，提出救国会的抗敌救国主张，呼吁蒋介石促成联合阵线的建立，联合各党派共同抗日。1936 年 11 月 22 日深夜，国民党政府以“危害民国”罪，逮

① 《我们要怎样办〈生活日报〉?》，《韬奋新闻出版文选》，第 129－134 页，学林出版社，2000。

② 《几个原则》，《韬奋新闻出版文选》，第 225－226 页，学林出版社，2000。

③ 《关于〈生活日报〉问题的总答复》，《韬奋新闻出版文选》，第 116 页，学林出版社，2000。

捕了邹韬奋和救国会的沈钧儒等七位领导人即“七君子事件”。在全国各界的强烈反对下，国民党不得不将邹韬奋等7人释放出狱。邹韬奋出狱后先后出版了《全民抗战》五日刊、《全民抗战》通俗周刊和《抗战画报》六日刊，宣传抗战救国，发行量不断扩大，影响范围越来越广，再度引起国民党的惶恐和恼怒，从1939年4月起，国民党特务机关对生活书店进行不断骚扰，多次封闭或迫令停业，有时对图书一律禁止出售或没收。

1939年5月4日，日机狂炸重庆市区，《全民抗战》临时加出油印壁报（《全民抗战油印壁报》）。5月13日，《全民抗战》从第70号起改为周刊，在第75号上发起为前方将士写10万封慰劳信运动。7月4日，国民党中央宣传部副部长潘公展找邹韬奋谈话，提出生活书店与官办的正中书局、独立出版社合并，提供100万资金，成立董事会，直接由党部领导。邹韬奋坚决反对，表现出一个正直报人的气节。不久，陈立夫派中统头目、邹韬奋的同学徐恩曾几次约韬奋谈话，重提书店与官办书店合并一事，建议邹韬奋加入国民党，邹韬奋严正驳斥说：“做一个光明磊落的国民，只能做有益国家民族的光明磊落的事情，我不能于国家法令之外，做任何私人或私党的走狗！”① 到1941年2月，除重庆分店外，生活书店在国统区内的50余家分店，全部被国民党当局封闭。面对蒋介石政府压制言论与新闻自由，邹韬奋始终坚持独立办报的立场，深刻地揭露了国民党的新闻检查制度。他指出，那些稿件审查机关不及时审稿，使新闻的时效性受到损害；审查老爷们为躲避日机轰炸在最安全的地点办公，而记者必须留在最危险的重庆市区，严重影响了记者的工作；审查老爷们任意删减稿件或扣留原稿，谁敢批评这些官吏压迫舆论，便被诬蔑为破坏国家利益；审查老爷自恃有高高在上的地位，不允许记者跟他们讲理，只能乖乖遵守他们的法令。邹韬奋因为一篇稿子被无辜扣留去找他们讲理，审查老爷大谈了一通歪理：“你和我讲理没有用！只有处于平等地位的彼此才可以讲理，我是主管机关，我说怎么办就要怎么办，你和我是不平等的，你不能和我讲理！”②

为此，邹韬奋在由他起草的《上海新闻记者为争取言论自由宣言》中，向国民党政府表达了严正的立场：“我们都是以新闻事业为职业的记者，深

---

① 参见邹韬奋：《与党部“特务”首领的谈话》，载《经历》，生活·新知·读书三联书店，1958。

② 《老爷与老百姓不平等论》，载《经历》，生活·新知·读书三联书店，1958。

知道我们的责任是要做民众的耳目，民众的喉舌，要把国家民族所遭遇的实际情形，坦白地报告给读者，为了国家民族前途的利益，说民众所必要说的话。但是，几年来环境的束缚，我们正确的报道，不能刊登在报纸上，我们连受良心驱使所要讲的话，也不能披露在号称舆论总汇的报纸上，每天翻开报纸，寻到我们辛勤得来的可靠消息，已经变成一大块空白，或者成为几百个几十个方框，或者是用了一块报馆的广告抵补着，我们心中的悲愤，当然比任何读者为甚；因为我们身历其境，当然对违反全国民意的新闻检查制度，和报馆奉令唯谨不敢稍违的态度，更觉痛心疾首。在这整个国家整个中华民族的存亡关头，我们决不忍再看我们辛勤耕耘的新闻纸，再做掩饰人民耳目，欺骗人民的烟幕弹，更不忍抹煞最近各地轰轰烈烈爱国运动的事实披露。我们认为言论自由，记载自由，出版自由，是中国国民应有的权利，……我们不必向什么机关请求，哀乞，我们应该自己起来，争取我们自己所应有的自由!"①

他指出，对政府能发挥舆论监督力量的报刊，"(一) 最重要的当然是言论自由须得到充分合法的保障，否则舆论无从表现，或得不到充分的表现。(二) 不应把批评政治或国事，即视为推翻政府或另建'政治中心'，在宪法的实行上争取人民应有这种监督政府的基本的民主权利。(三) 舆论的力量不是仅仅由于少数人执笔写出几篇文章，最重要的是所发表的言论真能反映最大多数人民的愿望与要求。"② 他批判了香港当局和国民政府的新闻检查制度，发出"反对新闻检查制度继续存在! 作为舆论机关的报纸绝不受检查!"的口号。他从宪政制度和舆论制约的高度，阐释了言论与新闻自由的必然性和必要性，揭露了国民政府压制言论与新闻自由，不仅违背宪法，而且也背离社会舆论规律。

五、民营报纸的"反骨"

面对国民政府针对新闻出版的高压政策，不同政治背景的民营报纸不断反对思想专制，进行争取新闻自由的斗争，他们经常被封、被堵，报人遭到

① 《上海新闻记者为争取言论自由宣言》，《韬奋新闻出版文选》，第 41 页，学林出版社，2000。

② 《上海新闻记者为争取言论自由宣言》，《韬奋新闻出版文选》，42 页，学林出版社，2000。

逮捕。为了发出高亢的声音，扩大自己的影响，有时民营报纸之间也发生激烈的争吵。但在大多数情况下，他们面对蒋介石政府的摧残，能达成一致立场，表达共同主张。每当一家报社遭受迫害时，其他报纸以至整个报界便一致发出声援，向专制势力声讨，表现出坚韧的“反骨”。

（一）《南京人报》的骨头硬

1936年初，张友鸾建议张恨水南下办报。张恨水带着多年的稿酬所得四五千元来到南京，在中正路（今天的中山南路）租下两栋小楼，自当社长，办起了《南京人报》。报纸的副社长和副经理，则由好友张友鸾担任。《南京人报》的办报主张，坚持了张友鸾为民办报的“超政治”的主张，也贯彻了张恨水的一贯宗旨：“凡是不体恤老百姓的举动，我们就反对，至少也不应该捧场。”①

图4－14 张恨水自费创办《南京人报》

然而，1937年的七七事变，再次打破了张恨水、张友鸾的报刊梦。七七事变后，《南京人报》编发了一条中央社的消息，标题做得十分抓人：《南京只剩一口兵》，讽刺了国民党军队望风而逃、保命溃败的狼狈相，让何应钦恼羞成怒，亲自下令闯进报馆抓人，报社两名记者先后被捕。在日军占领南京的前几天，《南京人报》被迫关闭。

胡木兰是国民党元老胡汉民的女儿，大革命时期曾留学苏联，其父胡汉民在国民党内资格老，经常不把蒋介石放在眼里，与蒋时有冲突。在20世纪20年代后期胡木兰在广州当上了妇联会副会长，1927年国民党定都南京后，胡木兰放心不下胡汉民，辞去职务到了南京，协助父亲处理公文信函。

当时《中央日报》为南京第一大报，直接隶属国民党中央宣传部领导，资金充足，版面多。陈立夫、张道藩等CC系官员常去中央日报社视察，要求报社在维护蒋的领导问题上旗帜鲜明，维护其绝对权威。胡汉民被软禁于汤山后，舆论哗然，地方派系军政首脑纷纷谴责南京当局。《申报》、《新闻日报》、《大公报》、《北平晨报》等也都对蒋介石软禁胡汉民提出批评，而《中央日报》则全力为蒋介石说话，两个月内刊发长短文章三十余篇。其中

① 《张恨水的办报生涯》，载《文汇报》，2004年4月20日。

一部分文章竟是直接针对胡木兰的。

《中央日报》、《扶轮周报》等报纸上时常刊载化名杂文，攻击胡木兰有“雌虎之见戾之气”、“不知教养为何物”。胡木兰在忍无可忍的情况下托人出重金买下《南京人报》小半个版面，刊出自己撰写的反驳文章，斥骂对方为“令斯文扫地之衣冠丑类，只知仰窥风向即出口乱咬，以求承欢于主人膝下”。南京市民纷纷争阅两家报纸的对骂，感到十分热闹。对此，陈立夫、张道藩等人大为恼火，派人去警告《南京人报》负责人，如再刊登胡木兰的文章，将被停刊。这一来反而产生逆反作用，同情胡汉民父女的人越来越多。

何香凝、陈树人等两广派元老向政府提出严厉批评，《中央日报》内部也有很多人不赞成围攻胡汉民父女。后经国民党中央党部秘书长吴铁城出面调解，先让《中央日报》、《扶轮周报》停发笔仗文章，又去做胡木兰的工作，暗示其父会很快恢复人身自由，胡木兰也就不再写文章攻击《中央日报》，这场笔仗顿时收场。①

抗战胜利后的1946年4月8日，《南京人报》在南京复刊。张友鸾主张民营报纸必须为老百姓讲话，要敢于讲真话，政治上要公平、中立。这家民营报纸的这一办报方针一再碰壁，但他以坚定的信念继续斗争，决心贯彻到底。6月23日，在南京下关车站发生了国民党特务殴打从上海来宁进行反对内战和平请愿的代表的暴行，国民党宣传部门打电话通知各报，只许刊登中央社通发的《苏北难民在下关车站与上海代表冲突》的稿件。《南京人报》编辑逃过国民党人员的监视，拒登国民党的通稿，第二天在一版显要位置刊出“今日无话可说”6个大字。国民党要员见报后，个个暴跳如雷，声言“苏北难民要砸烂报社”，报社收到以“国防部”公用笺写的恐吓信。

几天后，持有国民政府立场的龚德柏的《救国日报》上连日大登《退出〈南京人报〉的启事》，攻击张友鸾“被共党分子利用”，撰写文章和社论说报社的某位编辑是新四军陈毅的学生，要求国民党绳之以法。龚德柏倚仗军统势力，不仅骂共产党，而且对国民党内的开明人士和别的派系的头面人物也时有狂骂乱叫。《南京人报》的骨头硬，连续发表文章同他针锋相对，揭发其劫收敌伪产业中饱私囊，读者阅之对龚十分厌恶。连续两三个月的笔

① 王炳毅：《侠女胡木兰在南京的秘闻轶事》，载《南京晨报》，2006年11月18日。

仗，龚德柏开始胆怯，唯恐自己发国难财的事实暴露无遗，引起民愤，便悄悄停笔休战，这场笔墨官司以龚德柏的失败而告终。

（二）《新民报》有一副硬骨头

《新民报》也是一家民营报纸，持“超党派”立场，掌门人陈铭德、邓季惺夫妇一向认为报纸是超政治的，表示“决不官报化，传单化”。1936 年 9 月 9 日，《〈新民报〉七周年纪念词》提出：“为办报而办报，代民众以立言，超乎党争范围之外。”1946 年 5 月 1 日，上海版晚刊的发刊词说：“我们愿忠于国，忠于民，但是坚决不效忠于任何政治集团。”同年 10 月 10 日，南京版日刊复刊词再次声明：“本报是一个民间报纸，以民主自由思想为出发点，不管什么党，什么派，是者是之，非者非之。只求能反映大多数人群的意见和要求，绝不讴歌现实，也不否认现实。……我们郑重声明：要做一个纯民间性的报纸，它只能以是非和正义做出发点，以主观之良心裁判，配合客观上人民大众之要求，不偏不倚，表达舆情，取舍好恶，决于读者，其余知我罪我，皆非所计了。”[①] 1942 年以后，该报表现出“中间偏左”的倾向，因为它宣传抗战，反对摩擦，揭露国民党政府的腐败和反映百姓的疾苦，受到广大读者的欢迎。

1948 年 6 月，中国人民解放军占领开封，国民党空军的 3 个机群进行轮番轰炸，导致城区毁坏过半，市民死伤无数。6 月 24 日，国防部长何应钦在立法院秘密会议上作中原战局检讨报告，引起立法委员、《新民报》主管邓季惺的强烈不满。在她领衔下，有 30 多名立法委员提出一项动议：“今后应严禁轰炸城市。”第二天，南京出版的《新民报》把这项动议公诸于众，刊载出何应钦绝密报告及立法委员的质询要点，国民党当局极为震怒。在第二次会议上，邓季惺要上台发言，反对者指责她泄露机密，制止她讲话，支持者和反对者互相攻击，会场乱作一团。

立法院委员相菊潭以《新民报》泄露秘密会议为由，指责《新民报》已经两次泄密了！有的大骂《新民报》故意影响军心。蒋介石闻后暴怒并作出决定：《新民报》在南京永久停刊。他下达手谕：“查南京《新民报》屡次刊载为匪宣传、诋毁政府、散布谣言、煽惑人心、动摇士气暨挑拨离间军民地方团队情感之新闻、通讯及言论；近更变本加厉，在豫东军事紧张之际，企图发动舆论，反对空军对匪部之轰炸，显系蓄意摧毁政府威信，中伤军民感

① 陈铭德、邓季惺：《〈新民报〉春秋》，第 50、46—47 页，重庆出版社，1987。

情，有计划之反对戡乱步伐，实违犯出版法第二十一条第二、第三两款出版品不得损害中华民国利益及破坏公共秩序之宣传或记载之规定，依照出版法第三十二条规定，应即予以永久停刊处分。”① 勒令南京《新民报》从7月8日起永久停刊关门。

7月10日，王芸生率先在上海《大公报》发表《由〈新民报〉停刊谈出版法》的社评，称此为中国新闻界之“不幸事件”，“要求废止与宪法抵触的出版法，给新闻界以言论出版的自由”。② 7月13日，上海新闻界、文化界、法学界的毛健吾、曹聚仁、谢东平、方秋苇、陆一远、瞿云白、胡道静等24人联名在《大公报》上刊出《反对政府违宪摧残新闻自由，并为南京〈新民报〉被停刊抗议》。7月8日南京《新民报》被封当晚，驻南京的路透社、法新社、合众社、联合社等各外国通讯社记者立即发出了这一消息。据不完全统计，美国国内至少有63家以上的报纸在显著位置刊载了这条新闻。③

新民報
戰事結束天下太平

图4－15　1945年的《新民报》

在此之前，《新民报》曾多次挑战国民政府。1946年10月蒋介石60大寿，南京《新民报》日刊推出《西太后六十寿》专辑；1947年蒋介石即将宣布当选总统时，南京《新民报》晚刊的《夜航船》副刊又推出《袁世凯》专辑。它对当时发生的许多侵犯人权的事件几乎都作了客观、公正的报道，如李闻血案、沈崇事件、摊贩事件、臧大口交子事件等。1947年2月20日，吴祖光主编的《夜光杯》副刊刊出根据国民党党歌（《中华民国国歌》）改写的《冥国国歌》，报纸被迫停刊一天；5月25日，国民党当局以“破坏社会秩序，意图颠覆政府”的罪名勒令《新民报》与《文汇报》、《联合晚报》一起停刊，后接受屈辱条件才恢复发行。

---

① 陈铭德、邓季惺：《新民报二十年》，载《文史资料选辑》第63辑，第174－175页，中华书局，1979。

② 王芝琛、刘自立编：《1949年以前的大公报》，第208、210页，山东画报出版社，2002。

③ 傅国涌：《南京〈新民报〉被封杀之后》，载《追寻失去的传统》，湖南文艺出版社，2004。

该报总管陈铭德和邓季惺的办报立场始终恪守忠于真理、指导社会的责任，正如他们在 1938 年重庆《新民报》复刊词所说的那样："任何报纸之职责，要不外以报道之精神，能代人立言。本报夙以前进立场，指导社会；本客观态度，批判是非；虽认识未必尽是，而立意总求至公。兹后凡属新闻之披露，事物之评论，要公忠诚质，决不自陷腐恶。"①

（三）龚德柏攻孙科，报馆被砸

龚德柏 1922 年从日本回国后，总想有一块舆论阵地，把自己想说的话说出来。他先后在《国民外交杂志》、《东方日报》、《世界日报》、《申报》从事主编，以泼辣的笔锋针刺时弊，鞭挞权贵。1932 年初于南京创办《救国晚报》和《救国日报》，支持蓝衣社拥护蒋介石，被蒋介石聘为国民政府军事委员会少将参议。1946 年，《救国日报》复刊于南京，极力宣扬行宪反共，鼓吹蒋介石的内战政策，1949 年被中共列为战犯。抗战后，他主办的《救国日报》，任意抨击他反对的国民党高官，1947 年利用报纸反对孙科竞选副总统，竟闹出一场报馆被砸的风波。

在 1947 年民国选举总统时，龚德柏作为湖南人，力捧程潜，猛轰行政院长孙科，指名道姓地说他贪污行贿。连轰几炮后，见对手没有动静，便以群众来信的名义捏造事实，揭发孙科玩女人，用黄片招待外宾，被孙中山拳打脚踢等事实，这下子惹恼了孙科。

这封信还激怒了广东代表团，因为孙科属于广东代表团成员，于是张发奎、薛岳发狠报复《救国日报》，挽起袖子，率 60 多名国大代表，分乘两辆红色交通车直扑报馆。他们进入报馆后，见人就打，见物就砸，而报馆的工作人员也不甘示弱，奋起还击，一时间椅子、棍子、墨水、糨糊、排字盘满天飞。张发奎、薛岳想冲上楼，打进总编室，活捉龚德柏，却不料迎面遇上两把双枪，只得乖乖止步。原来，龚德柏早已拔出平时护身用的武器，守住楼梯口，声称如有人胆敢上楼，必要与之一拼。于是，两位将军只好与龚对骂一阵，然后愤愤而去。

龚德柏下楼来，见报馆被砸得一片狼藉，把孙科等人告上法庭，要求依法严惩，赔偿全部损失。法院作为社会公器，要保持中立，不能置之不理。孙科作为堂堂的立法院长，为了几张选票，败坏自己形象，也不愿意扩大事态，不得不忍痛让步，以赔偿 100 亿元（相当于今天人民币 100 万元）为条

① 转引自《中国新闻事业史文选》，第 423 页，中国人民大学出版社，1999。

件而达成和解。

龚德柏作为国民政府架构内的一家民营报刊，敢于同某些高官较劲，是因为他背后有国民党要人的支持。这种立场偏右的民营报刊的独立地位，完全子虚乌有，因为它基本站在国民政府一边，对某些政府官员的揭露大都属于派系之争。

第四节　《大公报》的“四不”与夹缝生存

在国民党的新闻统制下，完全独立的民营报纸只有《大公报》遭遇的迫害最少，因为它采取了“双攻双捧”的新闻政策，获得夹缝生存的最好“养料”。所谓“双攻双捧”，就是既攻击共产党又攻击国民党，既吹捧共产党又吹捧国民党。中国这两个最大政党只能对它打压有度，不让它完全倾向于另一方。这正是《大公报》“四不”与“四独”办报方针达到的最佳境界。

1926年吴鼎昌、胡政之、张季鸾接办《大公报》，以“永为中国公民之独立言论机关，纯以公民地位发表意见”为目标，定下“不党、不私、不卖、不盲”的“四不”办报原则。作为一家不依附任何政治集团的民间报纸，《大公报》录用编辑记者必须无党无派。蒋介石每日必读《大公报》。在他的办公室、公馆和餐厅里各放一份，以备随时翻阅。① 毛泽东长征北上，首先是从《大公报》上知道陕北刘志丹有一块巩固的革命根据地，决定红军开往陕北。

一、《大公报》的历程与声誉

自1902年6月17日英敛之在天津租界创办《大公报》，1926年张季鸾、胡政之、吴鼎昌三人联手开办新记《大公报》，到抗日战争结束，40多年的办报业绩受到世人的广泛好评，也得到极高的荣誉。1941年5月《大公报》获得美国大奖，“中国报纸获得国际荣誉奖章只此一家，只此一次”。②

该年美国密苏里大学新闻学院对它颁发的奖状中说：“在中国遭遇国内外严重局势之长时期中，《大公报》对于国内新闻与国际新闻之报道，始终

① 齐客：《有关〈大公报〉的三点误会》，载《东方早报》，2009年11月15日。

② 周雨编：《大公报人忆旧》，第309页，中国文史出版社，1991。

充实而精粹，其勇敢而锋利之社评影响于国内舆论者至巨。该报自于1902年创办以来，始终能坚守自由进步之政策；在长期作报期间，始终能坚执其积极性新闻之传统；虽曾遇经济上之困难，机会上之不便以及外来之威胁，仍能增其威望。……保持其中国报纸中最受敬重最富启迪意义及编辑最为精粹之特出地位。《大公报》自创办以来之奋斗史，已在中国新闻史上放一异彩，迄无可以颉颃者。”①

《大公报》把中国民间报纸“文人论政”的传统推向了峰巅，成为中国报界的里程碑，也为《大公报》的历程翻开新的篇章。

《大公报》自1902年创刊以来一直是书册式，整版直排，分上下两栏，栏之间留一空白。从1916年11月10日起，《大公报》由书册式改成了通栏式，将垂直的两栏改成四栏，以后又经过几次改革，版面为六栏、八栏。1917年1月10日，《大公报》在报头显著位置刊出《本报特辟教育实业专栏预告》：“本报同人以为今日救国大计唯在教民、富民，故教育实业乃国家存亡的关键。拟即日于本报特辟教育实业专栏，广搜名家论著介绍、调查报告，披露各种成绩，以供爱读诸君参考。……”英敛之初创《大公报》，以“开风气，牖民智”为宗旨，标揭“大公”的旗帜，以无党无偏、直言敢谏而著称。熊少豪在《五十来年北方报纸之事略》中指出：“《大公报》创办之始，宗旨纯正，言论激切，一时声誉鹊起，惜锋芒太露，致遭官府之忌，而惹政客之注意，卒为某党所收买，坐视营业日散，销路日减。”② 这是指它一度屈就于北洋军阀，但后来它“敢言”的精神长久被人们记诵，是由于其不畏强暴，执理直言，始终如一的结果。“办报非难，持久斯难，而百折不移卒能发扬光大者，斯尤难之难也。”③

英敛之时期的《大公报》长期宣传反帝、反封建、反强权，抨击官僚腐败，以良知践诺，“忘已之为大，无私之谓公”。新记《大公报》继英敛之遗风，高擎“大公”火炬，褒贬时政，臧否人物，笔墨激扬，疾恶如仇。1927年蒋介石发动四一二政变。当年4月29日，张季鸾写出社评《党祸》一文，抨击蒋介石“杀机大开，继续不已”，“前后之间，判若两人”。④ 张对蒋介

① 《中国新闻事业史文选》，第381—383页，中国人民大学出版社，1999年。

② 《中国近代报刊发展概况》，第437页，新华出版社，1986。

③ 《中国近代报刊发展概况》，第440页，新华出版社，1986。

④ 《党祸》，载王芝琛、刘自立编《1949年以前的大公报》，第115页，山东画报出版社，2002。

石的倒行逆施示以“极端抗议”。12月2日，蒋介石与宋美龄结婚次日，张季鸾写了社评《蒋介石之人生观》，斥蒋“离妻再娶，弃妾新婚”，还骂蒋“不学无术，为人之祸”，文章冷嘲热讽，淋漓尽致。在抗战时期，张季鸾一面痛恨破坏国家统一的特殊势力，痛恨蛊惑青年破坏团结的某些政党，另方面又强调“全国国民必须放弃多年来只责骂政府之消极政治观”。

图4－16　1947年的天津《大公报》

正是张季鸾的这些文章，使蒋介石看到了他出众的文采，人品的端正，从此蒋每日必读《大公报》。中原大战前夕，蒋介石想起张季鸾，于1929年12月27日以国民政府主席的身份通电全国报馆，发出求言诏书，电文的抬头为：“《大公报》并转全国各报馆钧鉴。”此电一发，确定了《大公报》在全国的舆论权威地位。1934年夏，蒋介石在南京大宴百官，紧靠蒋左边席位就坐的竟是一介布衣张季鸾，而且蒋给张频频斟酒布菜，二人谈笑风生，与宴者都感到非常惊讶。国民党人认为，除了张季鸾，蒋把所有的人都当作他的部下，而没有和他平起平坐的诤友。1931年5月22日，在纪念《大公报》发行一万号时，蒋介石送来亲笔题写的“收获与耕耘”的贺词，称该报“改组以来，赖今社中诸君之不断努力，声光蔚起，大改昔观，曾不五年，一跃而为中国第一流之新闻纸”。①

《大公报》出满一万号时，在当日第四版上发表了许多名人的贺辞。胡适的贺辞是“后生可畏”。他认为《大公报》已超过了历史比它更长的《申报》和《新闻报》。《大公报》的不断努力，赶上了那些五六十岁的老前辈，跑在他们的前面，不但从一个天津的地方报变成一个全国的舆论机关，并且安然当得起“中国最好的报纸”。对于《大公报》成功的原因，胡适认为，《大公报》所以能有这样好的荣誉，不过是因为他在这几年中做到了两项最低限度的报纸服务：第一是登载确实的消息，第二是发表负责任的评论。这两项都是每一家报馆应该尽的职务。只因为国中的报纸都不敢做，或不肯

① 李满星：《百年第一国士张季鸾与蒋介石的交往》，载《名人传记》，2007年第10期。

做、不能做，而《大公报》居然肯努力去做，并且有不小的成功，所以他就一跳而享大名了。胡适说："君子爱人以德，我们不敢过分恭维这个努力的小孩子。我们要他明白，他现在得到的成绩还不算很大，只算是个个报馆都应该有的成绩。只因为大家太不长进，所以让他跑到前面去了。在矮人国里称巨无霸，是不应该自己满足的。我们爱护《大公报》的人，应该很诚恳地祝贺他努力更进一步两步以至百千步，期望他打破'中国最好的报纸'的记录，要在世界的最好报纸之中占一个荣誉的地位。"①

胡适对于《大公报》的评价，不是简单的客套话，其中寄托着他的理想。胡适一生对言论自由非常重视，在《大公报》上他看到西方文化在中国土地上已经生根。他希望《大公报》能够放开言论，改变国内报刊畏首畏尾的沉闷状态。

张季鸾能够受到蒋介石的"优待"，是因为张季鸾支持蒋介石统一中国，他认为中国再不能一盘散沙了，必须有一个统一的政权，而能够统一全国的，只有国民党和蒋介石。张季鸾这种维护国民党利益的立场赢得了蒋介石的敬重。1941年9月5日，张季鸾病危时，蒋介石亲自到医院探望。蒋介石坐在张季鸾的病榻前，握着他的手，望着他清瘦的病容，眉宇凝重。第二天凌晨，张季鸾病逝，蒋介石率孔祥熙、宋子文、张群、张治中、于右任、陈布雷等人吊唁。中共方面周恩来、董必武、邓颖超等也前往吊唁。于右任在张逝世后称赞他写道："《大公报》论述之成功，其留心经世学问，立言在天下，固早有所受也。从古愚师诸同门中，年最少，学最勤，晚年所最得意之弟子，实唯先生耳。先生后游日本，一时陕西留学生中，亦唯先生年最少，而成就亦最可贵。……先生积三十年之奋斗，对国家有大贡献，对时代有大影响，其言论地位，在国家、在世界，并皆崇高。"②

1944年，在张季鸾逝世三年后，《大公报》出版了张季鸾先生第一部也是唯一的一部著作——《季鸾文存》。于右任为这部著作题写了书名，《大公报》总经理胡政之为张季鸾的遗著作序说："季鸾是一位新闻记者，中国的新闻事业尚在文人论政阶段，季鸾就是一个文人论政的典型。他始终是一个热情横溢的新闻记者，他一生的文章议论，就是这一时代的活历史。读者今日重读其文，将处处接触到他的人格与热情，也必将时时体认到这一段历

---

① 《后生可畏》，《胡适文集》，第12卷，第196页，北京大学出版社，1998。

② 于右任：《悼张季鸾先生》，载重庆《大公报》，1941年9月7日。

史。季鸾已逝，其文尚存；国族永生，亟待进步。我编《季鸾文存》既竟，既伤老友之逝，尤感国事之待我侪努力者尚多，国人读季鸾之文，倘能识念其一贯的忧时谋国之深情，进而体会其爱人济世的用心，则其文不传而传，季鸾虽死不死！”

张季鸾去世后，毛泽东等以参议员名义发去唁电，称张季鸾“坚持团结抗战，功在国家”，周恩来、董必武的唁电称之为“文坛巨擘，报界宗师，谋国之忠，立言之达，尤为士林所矜式”。① 周恩来认为：“先生之足为报人楷模，在其不以办报为捷径，自誓终身不服官。这种视办报为终身事业的精神确是值得钦敬的。”1944 年，毛泽东在宴请中外记者赴延安参观团时，曾请《大公报》特派记者孔昭恺坐首席。席间，毛泽东举杯对孔说：“只有你们《大公报》拿我们共产党当人。”② 指的是《大公报》从来不骂共产党和红军为“匪”，而当时国统区的报刊在国民政府的要挟下称红军为“匪军”或“共匪”。

1958 年毛泽东对吴冷西纵论《大公报》时，说：“解放前的《大公报》，也有他们的好经验，我们一定要把对我们有益的东西学过来。”“张（季鸾）本人年轻时在日本留学，虽然许多留学生都参加党派，但他始终以超党派自居。此后，特别是在国共合作时期，他更是以第三者标榜。”③ “人们把《大公报》对国民党的作用叫做‘小骂大帮忙’，一点也不错。”又说“《大公报》总编辑张季鸾办报素以客观、公正自夸，平常确也对国民党腐败加以揭露批评，但每到紧要关头，如皖南事变发生后，他就帮蒋介石骂周恩来了。王芸生后来接他的班，在国民党发动内战前后，也是这样给蒋介石帮忙的。”“张季鸾摇着鹅毛扇，到处作座上客。这种眼观六路、耳听八方的观察形势的方法，却是当总编辑的应该学习

图 4－17　报界宗师张季鸾

① 重庆《新华日报》，1941 年 9 月 26 日。

② 王鹏：《毛泽东保下了“右派”王芸生》，载《扬子晚报》，2009 年 3 月 26 日。

③ 吴冷西：《“五不怕”及其他——回忆毛主席的几次谈话》，载《新闻战线》，1988年第 5 期。

的。张季鸾这些人办报很有一些办法。例如《大公报》的星期论坛，原来只有报社内的人写稿，后来张季鸾约请许多名流学者写文章，很有些内容。”

周恩来在1958年与费彝民谈及新记《大公报》的历史贡献时，肯定了三点，第一，她是爱国的；第二，她是坚持抗日的；第三，她为中国的新闻界培养了众多杰出人才。①

二、国士的“文人论政”机关

《大公报》三巨头对《大公报》的功能定位十分执著，那就是“文人论政”。正如1941年5月15日，美国密苏里大学新闻学院把荣誉奖章颁授给《大公报》时，张季鸾就此事在社评《本报同人的声明》中所说：“中国报，有一点与各国不同。就是各国的报是作为一种大的实业经营，而中国报原则上是文人论政的机关，不是实业机关。这一点，可以说中国落后，但也可以说是特长。……以本报为例，假若本报尚有渺小的价值，就在于虽按着商业经营，而仍能保持文人论政的本来面目。”②

《大公报》打出“文人论政”的旗号，提倡报人介入政治、干预政治，这是报刊的最高使命。“文人论政”的前提是“文人办报”，“论政”所秉持的是民间立场，报人保持人格的独立，这一切又取决于社会有一定的民主和言论自由。在政党斗争异常尖锐的时代，《大公报》以“文人论政”的姿态，企图用舆论的力量纠正时代的错误，发表负责任的时评决断是非；通过报纸批评政治、提出政治主张，达到匡正时弊、政治清明的目的。“文人论政”四个字精辟地概括了百年中国报业的特点，也揭示了张季鸾的终生追求。他一贯认为，报纸如果只是客观地报道新闻，只能算“无负社会”，只有发挥报纸评论的重要作用，勇于对国家大事表达独立的见解，才能对国家与社会尽到匡导的责任。他主持《大公报》笔政，将王韬、梁启超等开创的“文人论政”的报业传统推向了顶峰，将中国报业带入了一个更高的境界。

在20多年间，新记《大公报》从来没有放弃批评政治，凡发生重大事件，都要抛出言论。针对政治状况、政治是非写出的重要报道，也都表明他们的政治态度。这种论政也常常出现错误，招致对《大公报》的批评。1941

① 刘自力：《大公报一百年》，载《南方周末》，2001年10月26日。

② 《大公报》，1941年5月15日；《季鸾文存》（第二册），第126页，大公报馆，1947。

年4月苏联不惜牺牲中国人民的利益同日本签订了《苏日中立条约》，墨迹未干，日军挟“条约”的所谓“威力”，认为八路军会听苏联的话不会配合国民党军作战，即在1941年5月以五万余兵力向山西南部黄河北岸的中条山地区发起进攻，结果国民党军队惨败。传言首先从日军中窜出，什么“八路军不愿和国民党中央军配合作战”，什么“坐山观虎斗”等等。

事件发生后，陈布雷打电话给张季鸾，希望《大公报》表态写社评。于是，王芸生写了篇社评发表于5月21日的《大公报》上，题为《为晋南战事作一种呼吁》。社评综述了日军对八路军的种种说法，然后说：“这些说法，固然大部出自敌人的捏造，唯既播之中外，其事实真相自为中外人士尤其我们忠良军民所亟愿闻知，因此我们热诚希望十八集团军能给这些说法以有力的反证。”接着说：“以上所举各项说法，我们皆不愿相信。晋南战役，业已经过半个月之久，我军苦战，全国关切，而十八集团军集中晋北，迄今尚未与友军协同作战，则系事实……现当晋境敌军求逞之际，近在咫尺的十八集团军，岂能坐视敌军猖獗而不抗？岂能坐视国军苦战而不援？”

正在重庆的周恩来看到《大公报》这篇社评后，十分重视，当晚亲笔给张季鸾和王芸生写信，除驳斥日军的谣言外，婉转地批评了《大公报》对八路军的误解。周恩来在引述敌谣之语后说：“我可负责敬告贵报，贵报所据事实并非事实。在贵报社论发表一周前，晋南白晋公路一段即为十八集团军部队袭占，停止通车；其他地区战事正在进行，只因这在敌后，电讯联络困难，此间遂不得按时报道。而中枢及前线旬余军事有效磋商与夫配合作战之计划，皆因军机所限，既不便且不得公诸报端，亦不宜在此函告，于是惯于造谣者流曾公开向人指摘十八集团军拒绝与友军配合作战，我曾为此事一再向中枢请求更正，不意市虎之言亦影响于贵报，当自承同业联络之差。”最后周恩来指出：“我虑友邦人士不察，易中敌谣，故曾向美国通讯社作负责声明，已蒙其19日在上海广播，不图今日在此复作又一次声明。我信贵报此文是善意的督责，但事实不容抹杀，贵报当能一本大公，将此信公诸读者，使贵报的希望得到回应，敌人的谣言从此揭穿。”①

《大公报》历来有“敢言”的传统，与该报报人的职业理念有极大关系。可以说，《大公报》的“敢言”绝非一时冲动、意气用事，而是理性思维的结果，有其坚实的思想基础。这种思想基础是什么？在最初的英敛之时期就

① 傅国涌：《百年回首〈大公报〉》，载《书屋》，2002年第5期。

有了明确的信念：他将报纸命名为《大公报》，向读者昭示其良苦用心——“忘我之为大”，“无私之为公”。该报的记事发言是本着“知无不言”、“言无不尽”的原则，“以大公之心，发折中之论”。可见，“大公”是英敛之时期“敢言”的指导思想。到新记《大公报》时期，则变得“善言”了，注意表达思想的策略。

新记《大公报》三巨头立志要对得起国家，对得起百姓，还要对得起自己的良心，其论政的主要目的，既表达自己的政治信仰，又要在特定的历史条件下求得生存。“国家中心论”是《大公报》论政的核心，又是《大公报》坚定信念，大部分言论都是围绕这一观点展开的。“爱国”是它言论的出发点，爱国之心从来没有变，爱国立场又决定其论政的热度。《大公报》对待政府和时事的态度源自“国家中心论”，在民族生死存亡的关头，这种理念尤其鲜明而突出。1937年12月14日，上海沦为“孤岛”，拒绝日本侵略者的新闻检查，断然停刊，发表掷地有声的两篇评论《暂别上海读者》、《不投降论》，最能说明他们对国家的忠诚，正像他们宣示的那样：“我们是中国人，办的是中国报，一不投降，二不受辱。”①

但是新记《大公报》三巨头把国民政府作为国家实体，把蒋介石作为国家的标志。“国家中心论”提出的背景则是抗战救国，在抗击外敌时，《大公报》主张报纸要拥护政府，服从领袖，以“国家至上，民族至上”为论政的出发点。因此《大公报》论政的前提是以维护国家利益为先，把国家利益视为超越狭隘的民族主义之上的最高理念。张季鸾在为战时重庆的一个记者刊物撰写的《无我和无私》里说：“报人的职责是在谋人类的共同福利，不正常的自私对其他国家民族也是罪恶。以中国今天论，我们抗日决非私于中国。假若中国是侵略者，日本是被侵略者，那么，中国报人就应该反战。”②

在张季鸾逝世前的几个月他还强调说：“我们同人都是职业报人，毫无政治上事业上甚至名望上的野心，就是不求权，不求财，并且不求名。我们以为不求权不求财，是士人常行，容易办，不求名却不甚容易……因为一个报人若只求虚名，得喝彩，有时要犯严重错误，甚至贻害国家。”③ 在他的

① 《暂别上海读者》，《中国新闻事业史文选》，第417页，中国人民大学出版社，1999。
② 周雨编：《大公报人忆旧》，第287－288页，中国文史出版社，1991。
③ 周雨编：《大公报人忆旧》，第287－288页，中国文史出版社，1991。

心目中，国家主义是高于民族主义的，真正的爱国主义不是民族至上的狭隘的爱国观，而是以正义和民族平等为基础的国家主义。

"文人论政"包含了他们言论报国的全部梦想，是《大公报》的基本属性。《大公报》对政治连续、深入地发表高论的时期，是在抗战胜利前后，对中国向处去的问题尤其笔墨集中，文字炽烈。张季鸾、王芸生等以国士自诩，对国家的命运与前途频频指点江山。《大公报》社评《我对中国历史的一点看法》，观点十分明确，指出中国的唯一出路，要从两千年的专制文化中摆脱出来，避免民众再经战火蹂躏，不要另起炉灶，勾画出一幅和平民主的新图景。《大公报》的另一篇社评《做一个现实的梦》，重申了实行联合政府，实行议会民主和军队国家化，进行经济重建，实行新闻自由等主张，都源于该报"国家中心论"主旨。

1941年9月8日，由王芸生亲自撰写了社评《敬悼季鸾先生》。王芸生说："先生之视报业，一非政治阶梯，亦非营利机关，乃为文人论政而设，而个人则以国士自许。先生为十足之文人，而其言论行谊，则有国士风。先生之学问见识，高人一筹；而热情忠悃，常流笔端。先生尝言：报人之天职，曰忠，曰勇。忠即忠于主张，勇则勇于发表。忠勇二字，本做人行事之本，先生引为报人天职，故先生之主张能忠贞不惑，发表亦少所禁忌。"对张季鸾的这一评价，概括了一位国士的"文人论政"的报刊生涯，这是整个《大公报》外在的缩影。

三、"四不"与"四独"的办报立场

1926年吴鼎昌、胡政之和张季鸾三人在《本社同人之旨趣》中提出"不党、不卖、不私、不盲"的"四不原则"，宣告了与当时众多政党报刊和商业报刊不同的办报立场。观其言行，不管在任何时期，《大公报》对"四不"原则的坚持都没有松懈过。张季鸾"根据自己在政界和报界的经验认识到，如果让《大公报》公开地依附政界和军界中的某一派，难免有一天报纸会随着某一派的倒台而倒台。而当北洋军阀即将失势，南方新兴力量即将取代之时，《大公报》只有采取一种'不偏不倚'的立场才能站稳脚跟，求得日后的发展"。[1] 因此，张季鸾亲撰《本社同人之旨趣》，公然宣称其"四不原则"。

① 夏晓林：《张季鸾》，《新闻界人物》(1)，第121页，新华出版社，1983。

图 4－18 《大公报》总编辑王芸生

三巨头对“四不”做了阐释，指出“第一不党。党非可鄙之辞。各国皆有党，亦皆有党报。不党云者，特声明本社对于中国各党阀排戏，一切无连带关系已耳。唯不党非中立之意，亦非敌视党系之谓。今者土崩瓦解，国且不国，吾人安有中立袖手之余地？而各党系皆中国之人，吾人既不党，故原则上等视各党，纯以公民之地位发表意见，此外无成见，无背景。凡其行为利于国者，吾人拥护之；其害国者，纠弹之。勉附清议之末，以彰是非之公，区区之愿，在于是矣。第二不卖。欲言论独立，贵经济自存。故吾人声明不以言论做交易。换言之，不受一切带有政治性质之金钱补助，且不接受政治方面之入股投资是也。是以吾人之言论，或不免囿于知识及感情，而断不为金钱所左右。本社之于全国人士，除同胞关系一点外，一切等于白纸，唯愿赖社会公众之同情，使之继续成长发达而已。第三不私。本社同人，除愿忠于报纸固有之职务外，并无私图。易言之，对于报纸并无私用，愿向全国开放，使为公众喉舌。第四不盲。不盲者，非自诩其明，乃自勉之词。夫随声附和，是谓盲从；一知半解，是为盲信；感情所动，不事详求，是谓盲动；评诋激烈，昧于事实，是谓盲争。吾人诚不明，而不愿自陷于盲。”①“四不原则”一旦公诸天下，就界定了《大公报》的报格，付诸公众明鉴，天下监督。从“四不”原则可以看到《大公报》还奉行“四独”主义，即立场独立、人格独立、言论独立、经济独立。

“四不”与“四独”是《大公报》的办报立场，其实质就是思想自由、言论自由，反对任何势力对新闻报道的干涉与统制。张季鸾曾说：“我们这班人，本来自由主义色彩很浓厚的。人不隶党，报不求人，独立经营，久成习性。所以在天津、在上海之时，往往与检查机关小有纠纷。”“中国报人本来以英美式的自由主义为理想，是自由职业者的一门。其信仰是言论自由，而职业独立。对政治，贵敢言；对新闻，贵争快。从消极的说，是反统制，反干涉。”②

在邵飘萍、林白水惨遭杀害不久，有了这样的“四不”和“四独”，《大

① 《大公报》，1926 年 9 月 1 日。

② 《抗战与报人》，《大公报》香港版社评，1939 年 5 月 5 日。

公报》才有可能为自己找到提供“确实消息”的勇气，让读者读到“负责任的评论”，迅速地由地方报纸“变成一个全国的舆论机关”，《大公报》开始持久、深刻地影响中国。从根本上说，《大公报》的这“两个四”来自张季鸾同仁对报纸属性的根本认识，即这份报纸不是办报人的，而是公众的思想园地。正如张季鸾在《无我与无私》一文中所说：“根本上说，报纸是公众的，不是‘我’的。譬如发表一主张，当然是为主张而主张，不要夹杂上自己的名誉心或利害心。而且要力避自己的好恶爱憎，不任自己的感情支配主张。”①

1930年4月，《大公报》因为客观报道中原大战，不容于南、北军阀，报纸在南方被蒋介石所扣，在阎锡山控制的平津受到“警告”。《大公报》为此在4月24日公开发表启事，公布“警告”内容，向读者声明：“本报绝不变其独立公正之立场，决无受任何方面贿赂津贴之情事。地方政令虽愿遵守，至于官厅谅解与否，只有听其自然。”② 第二天又发表社评《诉之公众》，再次强调“不卖”的主旨，一时名声大振，不到半年，发行量就由3万份上升到5万份。

胡政之在1936年说过，“报馆比学院更了解社会，接触实际，超然公正，洞察全局。这样才能把报纸办成社会向导、舆论权威。”“我们向来主张学术自由，在政治允许范围之内，各种学派都可百家并存，各抒己见，相互探讨；为了民族复兴，求同存异。我们的社评和《星期论文》，就是这样，并不都顺从当局的意图。正由于我们不是政府机关，不食禄领俸，客观公正，可以发挥自由思想。”③ 这番话表明，《大公报》始终坚守客观公正、超然独立、思想自由、学术自由，以实现“文章报国之志”。

1945年11月22日，复刊不久的上海《大公报》如实报道了李健吾、金仲华、周建人、徐伯昕、马叙伦、唐弢、许广平、傅雷等知识分子签署的文化界宣言，要求即日废止新闻检查制度，禁止非法没收取缔书刊行为。1948年7月8日，国民党悍然查封有二十年历史的民间报纸南京《新民报》，10日上海《大公报》发表了《由〈新民报〉停刊谈出版法》社评。随

① 《战时新闻工作》，载王文彬《新闻工作六十年》，第286页，重庆出版社，1990年。

② 方汉奇主编：《中国新闻事业通史》，第2卷，第477—478页，中国人民大学出版社，1996。

③ 周雨编：《大公报人忆旧》，第55、56页，中国文史出版社，1991。

后又发表毛健吾、曹聚仁、胡道静等24位新闻界、文化界、法学界人士的《反对政府违宪摧残新闻自由，并为南京〈新民报〉被停刊抗议》。《大公报》对那些侵犯人权、鱼肉人民的恶劣行径，几乎都进行了报道，公开表明了自己的态度，不仅常常得罪权贵和国民政府，而且由于它以蒋介石为国家中心，有时也遭到过共产党的猛烈批判。

蒋介石对王芸生也够得上客气，王芸生刚到重庆时，就收到国民政府聘他为军事委员会参议的聘书。蒋介石侍从室主任陈布雷打来电话说："这是委员长的意思。"军委会还给他送来相当数目的薪水，王芸生立刻把聘书和薪水一起退了回去。张季鸾闻之，赞扬王芸生是执行《大公报》"四不"方针的模范。因此，从根本上说，给王芸生以支持的是他骨子里的民主思想和《大公报》"不党、不卖、不私、不盲"的"四不"社训。

王芸生说过，"我作为一份民间报纸的发言人，要保持自己独立的人格，我才有独立的发言权，我才有资格说真话，对国民党才能嬉笑怒骂。同时，待国共双方都必须一样，是我一贯的原则。"① 从另一方面看，《大公报》的"四不"与"四独"到了国共两党你死我活的斗争时期，不仅是为了取得超党派的身份证明，也是为了在两党之间搞平衡。比如蒋介石和毛泽东在重庆谈判期间，王芸生写过《毛泽东先生来了》等热情洋溢的社评，称之为"大团圆"，不久又发表了《质中共》的社评，攻击中国共产党以武力同政府争夺地盘。

四、小骂大帮忙的夹缝生存

作家邵燕祥曾说："对于《大公报》的立场，有一个至少流传了半个多世纪的说法，叫做'小骂大帮忙'……这个说法不知其来何自，但我猜是来自当时的革命阵营，因为我是在1948年听中共地下组织的同志这样评价的，人很年轻，显然也是从自认为可信赖者那里听来的。"② 对《大公报》"小骂大帮忙"几乎是后来的报史研究者一致的评价，其实这一说法既源于中共高层领导人的论断，也来自《大公报》张季鸾心曲的吐露，更是《大公报》自

① 王芝芙：《老报人王芸生——回忆我的父亲》，载《文史资料选辑》，第97辑，第61页，文史资料出版社，1985。

② 周葆华：《质疑新记〈大公报〉的"小骂大帮忙"》，载《新闻与传播研究》，2002年第3期。

身证实的结论。

1945年11月，内战烽火在局部愈演愈烈，20日《大公报》发表《质中共》的社评，主张共产党"应该循政争之路堂堂前进，不可在兵争之场滚滚盘旋"，重庆《新华日报》第二天即发表了《与〈大公报〉论国是》的社论，除对"政争"、"兵争"进行严厉的批驳外，对《大公报》"小骂大帮忙"作了解释："在若干次要问题上批评当局，因而建筑了自己地位的《大公报》，在一切首要问题上却不能不拥护当局。这正是《大公报》的基本立场。"①这是外界对《大公报》"小骂大帮忙"的最早说法。

1949年1月23日天津解放后，中共中央给天津市委关于处理民营报纸的电报中称，《大公报》"过去对蒋一贯'小骂大帮忙'，如不改组，不能出版"②。把"小骂大帮忙"之名加于《大公报》，解释最为详细的是1949年2月27日由原天津《大公报》改名的《进步日报》创刊号上发表的《〈进步日报〉职工同人宣言》（代发刊词）。在谈到《大公报》主持人"善于在所谓的'社论'宣传上运用狡诈手段"时，写道："他们懂得如果完全正面为罪恶昭著的反动统治者说话，是徒劳无功的，因此，他们总是竭力装成'在野派'的口气来说出官家要说而不便直说的话……小骂大捧是《大公报》的得意手法。它所骂的是无关痛痒的枝节问题和二、三等的法西斯小罗罗，它所捧的是反动统治者的基本政策和统治国家地位的法西斯匪首，即所谓'国家中心'。长期处于言论不自由的情况下的读者，看了《大公报》的小骂，觉得很舒服，无形中却受了它的'大捧'的麻痹。《大公报》以'小骂'作为欺骗读者的资本，也以'小骂'来向他们的主人要索更多的代价。……因此，《大公报》在蒋介石御用宣传机关中，取得特殊优异的地位，成为反动政权一日不可缺少的帮手。"③

所谓"小骂大帮忙"，是指对小问题批评，并且批评得轻描淡写，而对实质和关键问题则给予歌颂、支持，使之大获好处。1943年《大公报》在抨击国民党新闻检查制度时，曾指出："为了国家利益着想，报纸对于政府，应该是小批评，大帮忙。假使批评为难，则帮忙时也就乏力。因为在那种情

① 重庆《新华日报》，1945年11月21日。

② 中国社会科学院新闻研究所编：《中国共产党新闻工作文件汇编》，上册，第270页，新华出版社，1980。

③ 天津《进步日报》，1949年2月27日。

图 4－19 《大公报》总经理胡政之

况下，一般民众以为反正报纸都是政府的应声虫，不会有真知灼见，而国际读者也以为你们的报纸没有独立精神，而不重视，到那时报纸虽欲对政府帮忙，而也没有力量了。"① 看来，正是《大公报》自己给自己的报道方针定位为"小骂大帮忙"，这一结论首先是它自己概括出来的。《大公报》表达这个意见的真正动机是什么，尚无文字根据。

从好的方面想，也许《大公报》是为了争取对官方舆论监督的权利。这篇社评发表于中国新闻学会第二届年会在重庆召开之际，针对的是当时国民党的新闻检查条例愈来愈苛刻，各报只能采用清一色的"中央社"、"新闻检查处"的稿件，各报难以发表有自己独到见解的文章。就《大公报》而言，1943 年 2 月 2 日发表社评《看中原，念重庆!》遭停刊 3 天、1942 年发起的"爱、恨、悔"运动到 1943 年 5 月遭禁，接连遭受打击后，《大公报》越来越感到"批评难"，无法尽到"言论独立的责任"。于是《大公报》说了上面这段话，要求政府放宽新闻检查，允许报纸批评政府。

从报道实践看，新记《大公报》从创刊之日起就有小骂政府的传统，曾撰写过被人们称之为"三骂"的社评。一骂吴佩孚，是 1926 年 12 月 4 日的《大公报》社评《跌霸》，文中说："吴氏之为人，一言以蔽之，曰有气力而无知识，今则并力无之，但有气耳。"二骂汪精卫，是 1927 年 11 月 4 日的《呜呼领袖之罪恶》，揭露汪精卫"特以'好为人上'之故，可以举国家利益，地方治安，人民生命财产，以殉其变化无常目标不定之领袖欲"。三骂蒋介石，1927 年 12 月 2 日发表的《蒋介石之人生观》社评，针对蒋介石与宋美龄结婚而"深信人生若无美满姻缘，一切皆无意味"，指责"兵士殉生，将帅谈爱；人生不平，至此而极"。九一八之后，《大公报》上发表《望军政各方大觉悟》的社评，指出"国家今日受此奇辱，人民遭此奇劫，凡过去现在政治上负责任的人，虽自杀亦无以谢国人!"骂意颇为浓烈。

---

① 《今后的中国新闻界》，《大公报》重庆版，1943 年 10 月 1 日。

1941年12月22日《大公报》报道“飞机洋狗事件”，矛头直指孔祥熙家族，指斥“非分妄为之事，荡检逾闲之行，以掌政府枢要之人，竟公然为之而无忌”。激起遵义和昆明大学师生示威游行，喊出“打倒国民党”的口号，迫使蒋介石将外长郭泰祺撤职，以宋子文继任。1944年12月22日的社评《晁错与马谡》，引证史实，主张“除权相”、“戮败将”，要求罢免孔祥熙，诛杀何应钦。1945年9月27日，《大公报》发表社评《莫失尽人心》，批评国民党派往收复区的接收大员们大发横财，“五子登科”，这类小骂，在《大公报》上比比皆是。实际不是骂，而是对事实的真实报道与评论，只是用语过于彻骨而已。

但在重大政治事件中，《大公报》基本站在国民党政府立场上，谴责共产党的方针与行动。1938年秋，蒋介石提出“一个党，一个主义，一个领袖”的反动政治纲领，以反对中共提出的取消国民党一党专政。范长江为《大公报》写了一篇《抗战中的党派问题》的社论，反对“三个一”的纲领，主张各抗日党派民主团结。这篇稿子在付印前被张季鸾（又有一说是胡政之）发现，大为震怒，要求范修改此文，并说：“《大公报》要完全以蒋先生的意见为意见。”范拒绝修改说：“《大公报》应以全中国大多数人的意见为意见。”张说：“你是《大公报》的人，你应以《大公报》的意见为意见。”他扣下了这篇文章，由他另写了一篇拥护“三个一”的文章。范坚持自己的立场，遂被张季鸾辞退。①

图4－20　范长江

1941年1月，皖南事变发生，18日《大公报》照发国民党中央社消息，刊登《军委会通令》和《军委会发言人谈话》，21日，发表题为《关于新四军事件》的社评，表态拥护蒋介石对新四军的处置，支持蒋的“一个军队”、“一个军令”的观点，强调维护国家统帅权威，同时也要求宽大处理叶挺。1946年4月苏军撤离长春，国共两军争夺长春时，《大公报》社评根据该报沈阳通讯《春天里的秋天》报道的内容，发表社评《可耻的长春之战》，无端指责中共部队“用徒手的老百姓打先锋，以机枪迫击炮在后面督战……请问这是什么战术？残忍到极点，也可耻到极点”。②

① 于友：《解读范长江》，第70、86页，群言出版社，2009。

② 参见方蒙主编：《〈大公报〉与现代中国》，第601页，重庆出版社，1993。

重庆《新华日报》随即发表《可耻的〈大公报〉》社论驳斥《大公报》的谰言。《新华日报》指出："对于《大公报》的社论作者，凡是国民党法西斯反动派打击人民、残害人民、撕毁诺言、发动内战等事情，哪怕天大的事，都是不'可耻'的；只要人民对于这种反动派还一还手，那就不得了，那就是'可耻'的了。《大公报》社论作者如此反对人民，应该是够'可耻'的了吧。《大公报》社论作者说，'东北是国家的'。很好，请问你说的是什么国家，是国民党一党专政的国家么？还是中国人民的民主国家？……你从什么地方知道东北民主联军用这样的战术？拆穿了说，除了从专门造谣反共反人民的特务机关那里以外，除了从国民党的'素有经验的特工同志'办的报上抄来以外，世界上找不出这样战术。《大公报》为要污蔑东北人民的民主联军，不惜写出这种话来，把自己降低到一个特务报纸的地位。你在反人民这一点上，真正做到家了，真正残忍到极点，可耻到极点。""《大公报》里是有好人的，但它的社论作者，原来是这样一个法西斯的有力帮凶，在平时假装自由主义，一到紧要关头，一到法西斯要有所行动时，就出来尽力效劳，不但效劳，而且替法西斯当开路先锋，替吃人的老虎当虎伥，替刽子手当走狗……《大公报》社论作者又把自己的原形暴露出来了！"①

《大公报》捧的是"统据国家地位"的蒋介石，即所谓"国家中心"。张季鸾的"国家中心论"就是认同蒋介石是国家领袖。从这一立场出发，《大公报》在西安事变中力保蒋介石也就毫不奇怪。根据西安事变后张曾给蒋送过膏药给其治伤的说法，② 可见两人绝非一般的关系。据王芸生回忆，张季鸾曾关照他："我和蒋介石先生有交情，你写社评，只要不碰蒋先生，任何人都可以骂。"③ 1941 年，张季鸾病中给胡政之写信，说"《大公报》只有紧随着蒋介石才有前途"。④

《大公报》曾作过许多客观上有利于共产党的报道，这也是事实。早在 1930 年 4 月 11 日、6 月 6 日和 1931 年 3 月 12 日，《大公报》就客观报道了

---

① 张之华主编：《中国新闻事业史文选》，第 313－315 页，中国人民大学出版社，1999。

② 吴廷俊：《新记〈大公报〉史稿》，第 247 页，武汉出版社，1994。

③ 王芸生、曹谷冰：《1926 至 1949 的旧大公报》，载《文史资料选辑》，第 25 辑，中国文史出版社，1991。

④ 胡济生：《忆我的父亲胡政之》，载周雨《大公报人忆旧》，第 272 页，中国文史出版社，1991。

红军的消息，并配发短评赞美红军纪律严明。最为典型的报道还有两例：一是“十月革命”后，《大公报》派曹谷冰去苏联采访，在中国民营报纸上第一个报道苏联的真实情况；二是在红军长征到达陕北后，《大公报》又率先刊登范长江采写的系列西北通讯（后结集成《中国的西北角》出版），报道了红军长征和陕北的真实情况。不论其出于扩大报纸影响或其他动机，《大公报》在客观上帮了共产党的忙。同时也不能忽略，在国民党严酷的新闻检查制度下，《大公报》的报纸版面上长期坚持“不用‘共匪’、‘匪军’字样，只用‘共党’、‘共军’，它承认共产党是国民党的反对党，而不是‘土匪’”。① 但它对共产党媒体的消息和时评很少转载、引用，正如王芸生所说：“《大公报》很少刊载新华社的稿子，因为其间主要是攻讦暴露。”②

《大公报》对共产党、国民党都骂，也都有帮忙；为“帮”国民党而遭到共产党的“骂”，也因“帮”了共产党而受到国民党的“骂”。《大公报》夹在中间，两头受气。对此《大公报》自己曾多次流露：“说来可怜，《大公报》一非‘国特’，二不‘尾巴’，在这天下滔滔、不归于杨则归于墨的情形之下，《大公报》实在落于一条极狭的夹缝当中。我们咒骂内战，愤恨内战，要安定，要进步。这同一立场，两面受攻。一面飞来一顶红帽子，使我们苦笑；另一面又骂你是‘帮闲’，骂你是‘法西斯帮凶’，更使我们莫名其妙。”③

《大公报》对蒋介石、国民政府是“小骂大帮忙”，但它为什么采取这样的手法？也绝非用张季鸾同蒋介石关系密切所能完全解释的。蒋介石政府的许多倒行逆施、对抗人民意志的国策该骂，但《大公报》是一份国统区的报纸，要继续生存，骂蒋只能“小骂”而不能大骂。非但不能大骂，在大多数情况下要歌颂蒋，高声赞扬“一个党、一个主义、一个领袖”，以减轻蒋介石的打压，这种夹缝生存策略是不得已而为之的。后人责备《大公报》，要求他们大骂、狠骂蒋介石才“爱憎分明”，才和共产党是一条心。这显然是幼稚与无知的想法。《大公报》一旦对南京破口大骂，蒋介石第二天就把它彻底封闭，报人不仅饭碗保不住，就连小骂也成泡影。更何况《大公报》三巨头是无党无派人士，把蒋介石政府视为国家的象征呢。这只能是新记《大公报》抵挡来自国、共两党压力的法宝，采取一种“左右逢源、适者生存”的策略。

---

① 周雨编：《大公报人忆旧》，第 310 页，中国文史出版社，1991。

② 《论宣传休战》，《1949 年以前的大公报》，第 184 页，山东画报出版社，2002。

③ 《论宣传休战》，载《大公报》，1946 年 5 月 30 日。

五、蒋介石对《大公报》的挤压

《大公报》虽然对蒋介石小骂大帮忙，但蒋介石丝毫不允许它发表损害国民政府的报道。任何批评国民政府的新闻和言论，不管是否符合事实，都要给点颜色。1942年河南省发生大旱灾，饿死几百万人，国民党政府仍向河南人民勒逼征粮。在陪都重庆，物价飞涨，抢购成风，官僚们生活富殷。《大公报》重庆版于1943年2月1日刊载了该报记者张高峰自河南叶县寄来的通讯《豫灾实录》，揭露河南灾民惨况。王芸生根据这篇通讯，对比重庆的情况，写了一篇《看重庆，念中原!》的社评，发表在2月2日的《大公报》上，激怒了蒋介石。

这篇社评说："河南灾情之重，人民遭遇之惨，大家差不多都已知道；但毕竟重到什么程度，惨到什么情况，大家就很模糊了。谁知道那三千万同胞，大都已深陷在饥馑死亡的地狱。饿死的暴骨失肉，逃亡的扶老携幼，妻离子散，挤人丛，挨棍打，未必能够得到赈济委员会的登记证。"文章接下去描写重庆物价跳涨，阔人豪奢的情况，然后说："河南的灾民卖田卖人甚至饿死，还照纳国课，为什么政府就不可以征发豪商巨富的资产并限制一般富有者'满不在乎'的购买力？看重庆，念中原，实在令人感慨万千!"

这篇社评发表的当晚，国民党重庆新闻检查所即派人到《大公报》送去

图4－21　天津《大公报》同仁：前排左起张季鸾、吴鼎昌、胡政之、杜协民、王芸生、杨历樵；后排左起：何心冷、许萱伯，其他人不详

“军委会”限令——《大公报》停刊3天，记者张高峰被捕，造成轰动大后方的《大公报》停刊事件。陈布雷对《大公报》说：“委员长根本不相信河南有灾，说省政府虚报灾情。并且严令河南的征实不得缓免。”可见蒋的刚愎自用，不恤民命，达到何种程度。

1943年春天，抗战已至最艰难的阶段，王芸生决定发起一场“爱、悔、恨”连续报道活动，开展一次振作人心的狂飙运动，以扫颓风。《大公报》发表了一连串的社评、星期论文，抨击世风日下、精神颓靡、自私自利，鼓舞大众要振作精神、爱憎分明、共同抗击日军。报道指出耶稣济世是由于爱，马克思倡导社会革命是由于恨，佛陀普度是由于悔。王芸生在社评中写道：大凡一种运动，皆不是凭空而来的，都有其必备的客观环境，而在心理上的动力则有两种。一是由于大恨，恨之极，能够形成运动：如同马克思的社会革命运动，是恨腐败社会；我们国父（孙中山）的辛亥革命，是恨恶浊的满清。……我们要恨，恨敌人，恨汉奸，恨一切口是心非，损人利己，对人无同情，对国无热爱，贪赃枉法，以及做事不尽职的人！

文章刊出后，广大读者热烈响应，收到近百份读者来稿、来信，声援“爱”、“恨”、“悔”运动，激发起广大群众抗日爱国热情。但国民党当局却喝令停止，当局担心运动会真把人心激荡起来。在一个星期一的“中央纪念周”上，国民党中央监察委员、国民政府委员吴稚晖讲话说：“《大公报》宣传爱、恨、悔，有些形迹可疑。因为孙总理（中山）的学说只讲仁爱，从不讲恨。恨是马克思学说，《大公报》恐怕是给共产党做宣传。”吴稚晖讲话后，《大公报》即接到禁令，停止“爱”、“恨”、“悔”的宣传。

1946年6月23日，在南京下关事件中，多名记者被特务殴打受伤。《大公报》的记者高集被打成重伤，国民党的《救国日报》发表文章说：“下关事件”是共产党“行凶”，“凶手”就是高集。可笑的是，当时高集还不是共产党员。到1947年，《大公报》重庆版的8名记者及家属、上海版记者唐振常、驻广州特派记者陈凡先后被捕。同年，在国民党上海党部宣传指导会议上，国民党特务机关负责人方治甚至指着上海《大公报》经理曹谷冰威胁他：“大公报如果不改正过来，我就枪毙你！”这是《大公报》坚持“文人论政”，报道“确实的消息”，发表“负责任的评论”的结局，最后连王芸生也因发表同情学生运动的社评，被《中央日报》社论骂为“新华社的应声虫”。①

① 《百年回首〈大公报〉》，载《书屋》，2002年第5期。

第五章　民国知识界的报刊睿见

民国知识界是非常复杂的群体，其中高层知识分子大都有留洋的经历，信仰各自的主义，也多和报刊打交道。他们或在大学教书，或以舞文弄墨为生，或有从政的经历，或同时编辑某种报刊，对报刊有许多重要的评论。这一章主要选取从事教育、学术或新闻学研究的思想泰斗，评介他们对新闻制度和报刊的睿见。这些人志向高远，对社会充满憧憬和批判精神，各放思想异彩，各抒报国之志，在报刊园地上争春斗艳。民国不同时期的思想专制和一定程度的言论自由，使他们有可能揭露独裁的报刊制度，批评报界的低俗、堕落之风，给我们留下丰富的思想批判遗产。

第一节　新闻学者对报刊流弊的揭露

基于新闻学理的民国报刊批评，集中体现在其领军人物徐宝璜、戈公振、黄天鹏、谢六逸几位民国时期的学者身上。他们相继对报纸的性质功能、经营管理及生存环境与报人德才的堕落进行了揭露，也有一些建设性的阐述，形成了我国早期报刊批评的学术风貌，开辟了蔚为大观的媒介批评视野。他们的睿见对矫正业界时弊，挽赎过失，有很强的指导价值，对当代新闻实践也不乏史鉴之力。

一、徐宝璜在《新闻学》中的忠告

1919 年 12 月，徐宝璜的《新闻学》（原名《新闻学大意》）出版，邵飘萍在《京报》上评论说："无此书，人且不知新闻为学，新闻要学。"蔡元培称该书为"破天荒之作"，在该书序言中他说："则我国新闻之发起（昔之邸报与新闻性质不同），不过数十年，至今日而始有新闻学之端倪，未为晚也。”① 徐宝璜，字伯轩，1894年生于江西九江，年少时考官费留美，归国后曾在北京《晨报》任编辑，受蔡元培邀请任北大教授兼校长室秘书。1918年与蔡元培等共同发起成立北京大学新闻学研究会，徐为副会长、新闻学导师和会刊《新闻周刊》编辑主任，代蔡处理日常事务，定期为会员讲授新闻学知识，最先在国内开设新闻学课程。1920年起他在北平、朝阳、中国、平民等大学授课，兼任平民大学新闻系主任，后积劳成疾，于1930年英年早逝。黄天鹏称他为“新闻教育第一位大师”、“新闻学界最初的开山祖”。

图5－1 徐宝璜

在《新闻学》“自序”中，徐宝璜开宗明义：“吾国之报纸，现多徘徊歧路，即已入迷途者，亦复不少。此书发刊之意，希望能导其正当之方向而行，为新闻界开一新生面。”② 书的开篇就谈到西方报纸舆论操纵能力强大，我国报纸这方面的势力也与日俱增，其为祸为福，关键在于人能否善用。“能则福泽国民，反之，危害甚于洪水猛兽”。本着趋利避害的宗旨，以导正为己任的徐宝璜，在建构我国新闻学理论时，提出许多宝贵的报刊批评思想。

（一）报刊“职务不尽”的缺憾

我国现代报纸起步于社会急变之际、外患无穷之时，清政府腐朽堕落，社会风云激荡。徐宝璜开天下之先，系统阐述了新闻的知识体系，以期指导报刊的正确报道。在《新闻学》中，徐宝璜认为新闻事实是创造健全的舆论、从事社会研究的前提，又是实现报纸其他职能的根本所在。“以供给新闻为重要，能全尽六种职务而无愧者，固为极完备之新闻纸。但能供给新闻，虽未兼尽其他职务者，仍不失为新闻纸也。”③ 针对当时许多报纸沦为党派喉舌和商人牟利工具而忽视提供新闻事实的现象，徐宝璜提出报纸“供给新闻”的重要性。他要求报人全力以赴提供真实的新闻，发表评论要立足新闻事实，不得弄虚作假。

① 徐宝璜：《新闻学》，“序”，第6页，中国人民大学出版社，1994。

② 徐宝璜：《新闻学》，“自序”，第11页，中国人民大学出版社，1994。

③ 徐宝璜：《新闻学之重要》，载黄天鹏主编《新闻学论文集》，第1页，上海大光书局印行，1935。

徐宝璜观察国内各报在发刊词中虽多以舆论代表自居，但对国民的呼声和情绪实际多缄口不言。他指出，报纸“应默察国民之大多数，对于各事之舆论，取其正当而有利于国有福于民者，著论立说，在社论栏中，代为发表之。言国民所欲言而又不善言者，言国民所欲言而又不敢言者，斯无愧矣”。① 他提出报纸仅代表一人一党意愿不足以代表舆论，如臭名昭著的鼓吹帝制报纸——《亚细亚日报》。徐宝璜称羡欧美政府在政策取舍、一事兴革方面，往往视舆论为转移，在国会中和重要新闻纸言论中观察舆论动向，借此责批我国当局封报杀人、戕害舆论，难与欧美相提并论。他对我国新闻纸明哲保身、言行不一，不能联合对抗专制深表不满。他指出：报纸“畏首畏尾，置职务于不尽，亦为不可。盖为舆论殉，为正义殉，本为光荣之事，况全国报纸，如能同起而代表舆论，则政府虽有意干涉，亦莫可如何哉”。②

当时的多数报刊难以代表社会舆论，创造正当舆论也差强人意。姚公鹤在《上海报学小史》中曾直言：“世界报纸有制造时势的权能，我国报纸乃为时势所构成。两两相较，殊有愧色。”③ 徐宝璜通过举赏世界大新闻社的做法，支持报纸的舆论创造力，激励新闻纸“不仅应代表舆论也，亦应善用其势力，立在社会之前，创造正当之舆论，而纳人事于轨物焉。此种创造的职务，世界之大新闻社，无不重视之。我国戊戌以后，上海发行之《苏报》、《警钟报》、《民呼报》等报，亦均注重创造舆论之报纸也”。④ 他为革故鼎新的舆论创造总结出的规律是：登载正确新闻，访问重要人物，发表精确社论，特别是编辑精神纯洁、思想高尚、眼光远大，将导引社会走向光明。报刊发展史证明，他的一系列认识是有建树的，确实具有超越时空的普适价值。

针对输灌知识的职能，徐宝璜认为做得好可使阅者不出屋而知天下事，花较少工夫了解很多有用的知识。为了增进民智公益，他主张报纸设立专栏，介绍新思潮，创办有关教育、实业、妇女、医学、英文、美术、文艺等周刊随日刊附送。他批评大报专注军政要闻、名流权贵和鸡零狗碎的事实，黄色新闻害人尤甚，都是“不尽职务”的不良表现。他写道：“偏重本国政

---

① 《新闻学》，第 6 页，中国人民大学出版社，1994。

② 《新闻学》，第 6 页，中国人民大学出版社，1994。

③ 杨光辉等编：《中国近代报刊发展概况》，第 259 页，新华出版社，1986。

④ 《新闻学》，第 6 页，中国人民大学出版社，1994。

治之消息，事虽琐碎，亦多夹杂其中，对于学术思潮，丝毫不为介绍。而香艳小诗，诲淫小说，某某之风流案，某某之秘史，反日日登载。此吾国之民知不进，而民德日衰也。”① 为此，他期望报纸尽善尽美，助益民智、民德的提升，成为阅者的每日图书馆和购买知识的杂货店。

在报纸的“六职”（供给新闻、代表舆论、创造舆论、灌输知识、提倡道德、振兴商业②）之中，徐宝璜深恶痛绝报刊道德的劣迹斑斑。他严词指斥记者迎合低俗是“令人鄙弃的贱者所为”，登载失德广告诲淫导邪，罪大恶极。“虽无不以提倡道德自命，然查其新闻，常不确实，读其论说，常欠平允，往往使是非不明，致善者灰心而恶者张胆。更观其广告，则诲淫之药品，冶游之指南，亦登之而无所忌讳。甚至为迎合社会心理以推广销路起见，于附张中或附印小报，登载‘花国新闻’……且有广收妓寮之广告并登妓女之照片，为其招徕生意者。是不惟不提倡道德，反暗示阅者以不道德之事。”③

我国早期报纸不重视经济功能，对报刊振兴实业少有人谈及，但有留学美国攻读经济学、新闻学双重学科背景的徐宝璜，了解西方报纸在经济上的成功，以中西比较的视角指出国内报纸在经济上的贡献太少需要着力纠正。这既是对传统重农抑商文化在报纸上体现的反思，又是对报人热心政治、轻言服务实业的提醒。他举例西方报纸广告如何提供经济信息，促进产业和商业发达，要求我国报纸应实现这个职能。更可贵的是，他反对报纸过分追求商业利益，强调报纸要注重社会责任。

徐宝璜提出的六职定论与王韬等“达民隐、通外情、论国事”和梁启超“监督政府、向导国民”两大天职相比，更加系统全面，在评析报纸各项职能不善的表现中，首次从新闻学的角度，探讨报纸全方位的正确取向，开启了报刊职能批评的六个领域。

（二）对新闻实务的多维审视

不难看出，报刊“职能未尽”的根源，主要归于报人的责任与新闻学修养。徐宝璜审视当时新闻界职业道德低下、专业素养太差导致业务失当的形形色色现象，以期规范业务标准，提高报纸服务社会的水平。

---

① 《新闻学》，第8页，中国人民大学出版社，1994。

② 《新闻学》，第4—9页，中国人民大学出版社，1994。

③ 《新闻学》，第8—9页，中国人民大学出版社，1994。

首先，徐宝璜不遗余力地反对记者弄虚作假、以伪乱真，强调“新闻须为事实……故凡凭空杜撰闭门捏造之消息，均非新闻”。[①] 他深信记者造假固然有客观原因，但访员的德才素养这类主观因素更居首位。他说：“彼因无采访之能力，捏造消息，以了责任者，或为迎合社会之恶劣心理，常捏登猥亵之新闻如某某之风流案，某姨太太或小姐之秘史者，或因受股东或津贴之指挥，登载一种谣言以混乱一时之是非者，是为有意以伪乱真，其欺骗阅者之罪，实不可恕。”[②] 徐宝璜告诫访员不能有意颠倒事实，随意穿凿附会，访员的金科玉律应当是“访得新闻，访得所有之新闻，切勿视谣言为事实”。他警告“访员编辑尤不可受贿，为他人隐藏”。[③] 他批评不亲临一线的采访者，“待人访问，且有高抬身价者，诚为笑谈”。[④]

当时业界盛行“有闻必录”，他不仅不苟同这种行为，而且详尽剖析它的害处，提出种种“反对有闻必录”的理由：其一，相信一二人传说不详加查证，必然登出以讹传讹的消息；其二，即使所闻是事实，无新闻价值也不能全登，何况篇幅有限；其三，按有闻必录原则，无调查确否必要，对所登新闻不负责任。报纸以此为护身符……攻击他人私德，不留余地。[⑤] 徐宝璜指出，这种行为造成新闻栏多有无根记载，使谣言公开传布，“足以败坏他人一生之事业，而令团体失其信用不能进行。以后虽能来函更正，或由新闻社申明错误，然终不能完全打消该谣言登载后所发生之影响，因人类大抵以先入为主也”。[⑥] 这种危害一旦形成，则不可挽回，有时根本无法补救。

徐宝璜指出，政党机关报以发表主张为幌子，从事混淆意见和事实的勾当。他告诫说：“政党之机关报，为达一时之政治目的起见，往往对于敌党之领袖，造一篇大谣言，登之报上，以混乱一时之是非，反美其名曰：此‘新闻政策’也。”“或每日于新闻栏内，为灌输不利于敌党之感想于阅者脑中起见，将一原来五六行即可登完之新闻‘特别放大’，成一篇淋漓痛快洋洋千言攻击敌党之大文章，亦美其名曰：此‘新闻政策’也。……此种明目

① 《新闻学》，第 10 页，中国人民大学出版社，1994。
② 《新闻学》，第 10 页，中国人民大学出版社，1994。
③ 《新闻学》，第 44 页，中国人民大学出版社，1994。
④ 《新闻学》，第 46 页，中国人民大学出版社，1994。
⑤ 《新闻学》，第 10—11 页，中国人民大学出版社，1994。
⑥ 《新闻学》，第 44 页，中国人民大学出版社，1994。

张胆造谣挟私之‘新闻政策’，绝无存在之余地，不待烦言矣。”①

在编辑方面，徐宝璜一再要求应将意见与新闻分开，不可混为一谈；对广告新闻化现象也提出批评，坚决抵制新闻栏刊登广告，报纸为己私利而损害读者利益。他反对标题为引人注目而失真，干扰读者的自由判断，即“则不惜牺牲事实，故意夸大其词，言过其实者，此诚为不正当之举动。题目不应与广告同，以事实为根据，以诚实为标准，不可允许新闻中所不能履行者也”。“况题目如带一种色彩，常足以在阅者脑筋中，发生一种不自然之印象，致使其读新闻时，无形中失其观察之自由乎。至题目之不能用以填塞篇幅，更不待说明。”② 他告诫制标题者应记述事实，不可评论，全力维护新闻的真实。

如果弄虚作假是报人道德修养问题，那么编排不利读者接受，则是编辑专业素质太差所致。报纸作为服务大众的媒体，“故最好使用白话。凡古奥难明之字，或意义晦涩之句，切不可用。……吾国报纸，至今尚鲜有对于新闻加以标点符号者，此实为不可解之事。因各种符号，均足以增进文字之明了而使阅者易于了解也”。③ 一些固持“国粹”的保守报纸确实顽固存在这些匪夷所思的现象，而白话文和句读的最后普遍采用，证明徐宝璜指正的远见。他还倡导编排要删繁就简，选裁得当，不浪费版面。“要简单经济文字，记最充实之事实，枝叶之浮词，重复之语句，均不宜有，即无甚价值之细情，亦不合放入，以免靡费阅者之时间，而空占报纸之篇幅也。”④

报纸记载如果失实，必须及时声明纠正。“无论其出于有意之造谣与播弄，抑出于无意之疏忽与传讹，小之常足以使个人受莫大之损失与痛苦，大之足以贻毒社会，扰乱国家，此亦为不能掩饰之事实。在昔日新闻纸自视为万无一失之时，虽明知何者错误，亦不肯慨然更正取消，自承其过，致有害者常有怨莫诉，唯有忍泪吞声，自叹其不幸而已。”“正确与公道，乃与新闻业所万不能分离者。”⑤ 徐宝璜严肃正告新闻界，报道出错坑国害民，危害匪浅，使人蒙受委屈和损失。他指出，报纸不能严于及时律己，是固执错失的自负，是无理霸道的表现，损人不利己，必会对报纸公信地位造成冲击。

① 《新闻学》，第 57 页，中国人民大学出版社，1994。

② 《新闻学》，第 73 页，中国人民大学出版社，1994。

③ 《新闻学》，第 58 页，中国人民大学出版社，1994。

④ 《新闻学》，第 58 页，中国人民大学出版社，1994。

⑤ 《新闻学》，第 97 页，中国人民大学出版社，1994。

为此，徐宝璜号召报界采取纽约《世界报》知错必改的更正措施，挽回报道失实的危害，重树报纸威信。他认为报刊增进社会公道，制定预防失实的措施，设立健全的把关环节。报纸的总编辑对访员、编辑询问与核实，确保新闻材料无误，应该欢迎他人指正。这些批评建议，无疑是规避报界错失的金玉良言。

对因循守旧、依然采用文人纪事体裁的编排手法，徐宝璜指出这是让闲聊者通自愉，对多数读者是一种损害。他写道："致往往居新闻之首者，为琐碎事实，而能引人注意与阅者所欲知之新闻精采反埋居新闻之末。又甚至用小说家之惯技，故意先叙无甚紧要之事，将人人所最注意者，直至末尾方龙睛一点，破壁飞去，意将使阅者拍案叫奇也。"① 他以美国报纸按重要程度排列材料顺序为例，强调防止埋没新闻的要害之处，改变长篇大论不分段落等令人沉闷的新闻写作方法。

新闻写作的素材编排为的是使线索清晰，避免内容雷同，不可理喻的是"最可怜者，为一种报纸，对于新闻，毫不加以组织。同一新闻，因数通信社均有报告，遂不计重复而均列载之，而不知将各报告合成一新闻。有时数种新闻，虽彼此显有至深之关系，因非得自一通信社也，遂分别登出，听阅者自行看出其相互之关系，不知联合之而编成一新闻。其不便于阅者，自不待言，而本身亦于无形之中，变成各通信社之机械矣"。② 徐宝璜对毫无创新意识、照搬他人稿件内容，未尽基本职责的懒汉记者，不屑一顾，已溢于言表。

社论是报纸指导舆论、树立言论权威的重要手段。徐宝璜认为，社论以新闻为基础才有新意，多数阅者注意的事实才具备引发舆论的根基，而发泄私怨、"罔顾左右而言他"的观点不会有指导价值，对报纸是一种失职。"彼于社论中因发牢骚而无端谩骂他人者，或以四书五经上之句子为题而发挥讲道德谈仁义之空论者，或以类似《西学原出中国考》、《中国宜亟图富强论》之题，而做极浮泛油滑之策论者，均属不当，因其非以事实为材料也。又彼因有所顾忌而置当面之问题，众所注意之事实于不议不论者，亦为不当。因有材料而不加以批评，以指导社会，是为放弃天职也。"③ 要求社论引发舆论应考虑社会情境，讲究适度与实效，过迟于事无补，过早可能引起纷扰，

---

① 《新闻学》，第 59 页，中国人民大学出版社，1994。

② 《新闻学》，第 59－60 页，中国人民大学出版社，1994。

③ 《新闻学》，第 81 页，中国人民大学出版社，1994。

他强调社论应具有的现实性与针对性，才有指导效果。

他指出，如果社论的观点不透辟，即使众人关注的新闻也无价值，特别是编辑不可畏首畏尾，或以模棱两可、无关痛痒的话敷衍搪塞，或发表一些愤激、悲观的话，而文字工整而实无主张的言论也是毫无价值的。他指出："必有撰著者，学识广博……研究有素……然后其所撰之文，方可望有独到之见解，原原本本，侃侃而谈，不仅一事之表而已。故欧美新闻社近多欢迎大学毕业生，入社论门担任编辑。愚亦深望吾国之毕业大学者，多置身新闻界，不让斗方名士，无聊政客，与失学青年，盘据其间，而日以谩骂及无谓之社论，呈于吾人眼帘之前也。"① 徐宝璜判定，辛辣揶揄、无病呻吟、隔靴搔痒的社论大行其道，是编辑记者素养太差的表现，他希望以他山之玉，驱除混迹业界的南郭先生，提升社论质量，减少对人耳目的污染。

徐宝璜深知故弄玄虚的长篇大论妨碍读者理解，难以真正产生社会影响，妨害社论指导民众的作用。"然苟文字艰深，难于速读，则阅者自少。若长篇大纸，则每日仅以少许工夫看报之阅者，将多因无暇而置之不看矣。若分数日登出，则阅者且多不看矣，遑云普及乎？……切不可用古奥难明之字，或许多学理上的术语，以自炫学问。尤不可'拖泥带水'，以无谓空泛之语，虚占篇幅。每一意思应为一段。如此，阅者看时，方不费力，而可速读。若意思甚多，可分日分别以新题发表之。不宜作为一篇，分日登出。一日登出，则嫌冗长，故亦不当。"② 提倡社论浅易晓畅，易于读者接受，是对当时社论诸多毛病的中肯批评。

徐宝璜认为，社论能否创造健全的舆论，主持笔政者至为关键。他说："有洁白之胸怀，爱国之热心，公平之性情，听良心之驱使，作诚恳之文章，为众请命，或示人以途，总以国利民福为归。虽有所触忌，亦见义勇为，当仁不让。如是则其所撰之社论，自为读者所重视，政治因之改良，社会因之进步。否则纵有所代表或创造，无非不健全之舆论耳。……或行其逢迎，因以博官猎贿，或受一人一派之指挥，发不问事实专偏袒一面之议论，是不明记者之责任者。其社论自不为读者所重视而无甚价值，因吾人虽能暂时愚弄多数之人，或始终愚弄少数之人，然不能始终愚弄全国之人也。"③ 他还告

① 《新闻学》，第82页，中国人民大学出版社，1994。

② 《新闻学》，第83页，中国人民大学出版社，1994。

③ 《新闻学》，第83页，中国人民大学出版社，1994。

诚编辑，遇有不能自信时，应请专家代撰社论，避免以其昏昏使人昭昭，不懂装懂。

（三）报刊经营的伦理问题

新闻业是神圣的事业，经营良善并能真正独立，才有益国家和民生。但没有经过市场法治的洗礼和规范，加上各种因素干扰，新闻业的运营往往遭受挫折。徐宝璜声讨淫秽广告、专以致富为目的的报刊经营，提出报刊经营的伦理要则：（一）抵制虚假骗人广告；（二）抵制色相淫荡广告；（三）报道内容诚实可信；（四）履行赔偿义务。

广告是媒介的经济命脉，与报刊的生存发展利害攸关，徐宝璜主张登载正当的、真实的广告，谴责降低品格、饮鸩止渴的广告营业行为。他写道："若为卖春药、治梅毒、名妓到京或种种骗钱之广告，则虽人愿出重资求其一登，亦当拒而不纳。因登有碍风纪之广告，足长社会之恶风，殊失提倡道德之职务；而登载虚伪骗人之广告，又常使阅者因受欺而发生财产之损失。此损失纵使于法律上，不能向该新闻社索赔偿，而就道德方面而言，该社实有赔偿之义务。故一报常登不正当之广告，必致广告之信用扫地，因之其价值不堪阅矣。最后结果，必为广告减少。……故一报拒绝不正当之广告，虽似于营业有碍，而实无碍也。登载不正当之广告，虽似营业有益，而实无益也。"① 这一批评很有辩证思想，提示编辑，广告不能张皇招摇，误导读者。充斥版面，粗陋不堪的陈词滥调，或千篇一律的广告词，只能增加人们的厌烦。徐宝璜认为，解决之道是用精通业务的专业人才，推陈出新，既追求广告引人注目的效果，又能提振社会的健康风气。业者要善于随时节而动，千方百计招徕广告客户，杜绝广告经营不法、不善和不轨的倾向。

徐宝璜指出，报纸要办好，应增进材料品质的分量，减轻报资，发送敏捷，设"问答栏"，有效扩张市场销路。他指出记者道德与销路相关，如记者受贿丧失社会信任，迎合低俗的营销，都会使正直的读者不齿于报纸。登载诲淫小说及制造猥亵新闻以迎合社会卑劣心理，甚至每日印送一张娼优之图片者，且登广告说："本报今日随报附送名画一张，是真为不知耻者也。"② 他指出，小报第一时期，以李伯元的《游戏报》和《世界繁

① 《新闻学》，第86－87页，中国人民大学出版社，1994。
② 《新闻学》，第102页，中国人民大学出版社，1994。

华报》为代表，内容以花伶为主，常附送名妓照片，制以铜板，印以磅纸，沾在报中。[①]借色情等消极颓废信息增大销量，有害国民身心，消磨民众意志，与多难的时代背景不合，非良善经营者所为。

综上所述，对报刊职能、业务、经营与报人德才的批评，徐宝璜建言立说，提出自己的疗救措施，即以教育提升报人的整体素质，达到报纸尽职善用的目标。他和同仁一道积极奔走，创研究会，开设新闻课程，知行合一，耦犁不止。从报人素质入手解决报业病态的症结，本无可厚非，但报刊的控制者更为紧要。若报刊操纵者唯利是图，何谈良才坚守道德？纵然有也难施展才华，大半要遭致厄运，邵飘萍、林白水之死已是明证。对此，徐宝璜有所怒斥，可惜多浅尝辄止，没有深层次的探究。确切地说，过多寄望于报人独善其身，引领时代的理想，不如为建立公正的新闻制度而奋斗更为重要。

二、戈公振对中外报刊的针砭

兼有记者、学者和新闻教育者三种经历于一身，戈公振是其中的佼佼者。他 1890 年生于江苏东台，1913 年投奔狄楚青，在《时报》工作近 15 年，对该报的编排革新有突出贡献。1925 年 2 月，戈公振的译著《新闻学撮要》出版，梁启超作序，称该书“大有助益业界实践”。1927 年，我国新闻史奠基之作《中国报学史》出版，戈公振定义“所谓报学史者，乃用历史的眼光，研究关于报纸自身发达之经过，及其对于社会文化之影响之学问也”。[②]以此衡准，他对新闻史的撰述不乏史家本色，以如椽大笔对报刊史予以犀利的透视。1932 年 9 月他出访欧洲和 1933 年出游苏联，扩大了他对报刊世界性的认识，为他在报刊批评中运用比较的方法提供了前提。

图 5－3　戈公振

（一）我国官报的“言禁”

我国古代官报历史悠久，寿命绵长，但各朝代均设重刑严防官报消息外露，所以官报非属百姓所享有。戈公振考究官报大量史实，揭露其专制的本性：“首禁既在漏泄，臣下又何敢故犯其禁以贾祸？所以遇有机要之事，其底稿不敢宣示于众，唯同列尚能知之。其他朝臣，不敢过问，即问之恐亦如

① 孟兆臣：《中国近代小报史》，“前言”，第 2 页，社会科学出版社，2005。

② 戈公振：《中国报学史》，第 1 页，生活·读书·新知三联书店出版，1955。

孔光之不言，反不如不问之为愈也。又安敢笔之于书，播之于众，相传于草野之间哉？由唐而五代，而两宋，而元，而明，而清，相沿成风，未之或改。故‘邸报’之所得而传录者，仅在习闻习见之事，至于机要大事，则付缺如。专制之下，言禁必严，势也!”① 透析漫长官报史，不过是皇帝官僚沟通信息的工具，必然与广大庶众绝缘。

戈公振一语定论：“官报，无民意可言也。”通过中西报纸比较，他痛批官报阻碍文化发展的历史罪恶：“我国之有官报，在世界上为最早，何以独不发达？其故盖西人之官报乃与民阅，而我国乃与官阅也。‘民可使由，不可使知’，乃儒家执政之秘诀；阶级上之隔阂，不期然而养成。故‘官报’从政治上言之，故可收行政统一之效；但从文化上言之，可谓毫无影响，其最佳结果，亦不过视若掌故，如黄顾二氏之所为耳。进一步言之，官报之唯一目的，为遏止人民干预国政，遂造成人民间一种‘不识不知顺帝之则’之心理；于是中国之文化，不能不因此而入于黑暗状态矣。”② 这种一针见血的剖析，映射到反动军阀统治的机关报，难以遮掩他对报刊专制的愤懑。

（二）对外报的赞誉与棒喝

戈公振富有爱国情怀，但作为新闻史学家，对外报的评价是客观公允的。他肯定外报在政治上有兴利除弊、裕国便民的作用；在经济上对商品与企业经营有益；在学术上促进中西文化交流，“最功不可没”。他指出：“均足补我国旧有学术之不足，而另辟一新途径。同时渠等又致力我国经籍，贯串考核，讨流溯源，别具见解，不随凡俗。其印为专书而销行欧美者不少。中间又经过中英与英法之战，我国人士之守旧思想，渐次为之打破，而以研究新学相激励。至是，中西文化融合之机大启，开千古未有之创局。追本溯源，为双方灌输之先导者，谁欤？则外人所发行之书报是已。”“不过以第三者眼光观之，外报于编辑、发行、印刷诸方面，均较中国报纸胜一筹，销数不多而甚有势力，著论纪事，均有素养，且无论规模大小，能继续经营，渐趋稳固。是则中国报纸所宜效法者也。”③ 他以专业眼光称赏外报的编发与经营成就，号召新闻界师人技长。

---

① 《中国报学史》，第62—63页，生活·读书·新知三联书店出版，1955。
② 《中国报学史》，第63页，生活·读书·新知三联书店出版，1955。
③ 《中国报学史》，第112页，生活·读书·新知三联书店出版，1955。

但他也清醒地看到，“初外报对于中国，尚知尊重，不敢妄加评议，及经几度战事，窘象毕露，言论乃肆无忌惮。挑衅饰非，淆乱听闻，无恶不作矣”。① 特别对外报的传教危害，他的见解高人一筹，指出我国传教的均肤浅之士，非但无益传播科学，反而有阻挠破坏作用。他写道：“是去一偶像而又立一偶像也。且流弊所及，一部分乃养成许多‘Boy’式之人材，舍本逐末，为彼辈之走狗，得不偿失，无过于此。若就近日之外报言之，几一致为其国家出力，鼓吹资本主义与帝国主义。关于外交问题，往往推波助澜，为害于我国实大。”② 对以办报为掩护，刺探我国各种情报，培植代理势力，左右国家舆论，为侵略大肆鼓噪，将其亦步亦趋的帮凶身份揭露得体无完肤。戈公振尤其谴责日本在华报纸的罪恶：“今彼报代表其政府，以我国之文字与我国人之口吻，而攻击我政府与国民，斯可忍，孰不可忍！附述于此，以当国人棒喝。”③

外报有时会发些似乎有利中国的消息和文章，迷惑许多民众乃至新闻人，戈公振揭穿其“为传教与通商服务，厉行殖民政策”的画皮，“似为我国借箸而筹，实则大半是便利私图”。他犀利地批驳道：“不要误会他们爱中国，是上等的，不过因为偶然发点慈悲心，可怜中国人，否则就是在中国政治上或经济上有一种策略。”他以外报对五卅惨案的恶意宣传为例，无情撕下外报宣扬和平的面具，用列强强迫我国签订不平等条约的事实，驳斥洋奴高唱的“‘日人同文同种可亲’，‘英人态度稳重可亲’、‘美人主张正义可亲’滥调。”告知国人“我国之所谓友邦，实际皆有侵略我国之心；今更昭然若揭矣”。④

对早期外人主办、国人主持的买办报纸，他同样毫不客气：“外报，仅可代表外人之意思；虽其间执笔者有华人，然办报之宗旨不同，即言之亦不能尽其意也。”⑤ 借《最近五十年之中国》评论商业性质的报馆报人说：“其时开报馆者，唯以牟利为目标；任笔政者，唯以省事为要诀。而其总原因，由于全国上下皆无政治思想，无世界眼光，以为报纸不过洋商一种营业，与

① 《中国报学史》，第109页，生活·读书·新知三联书店出版，1955。

② 《中国报学史》，第112页，生活·读书·新知三联书店出版，1955。

③ 《中国报学史》，第110页，生活·读书·新知三联书店出版，1955。

④ 戈公振：《中国新闻事业之将来》，转引自《新闻界人物》（一），第160－161页，新华出版社，1983。

⑤ 《中国报学史》，第113页，生活·读书·新知三联书店出版，1955。

吾侪初无若何之关系。”① 他还指出，“笔政者愚蠢暗昧，为外人利用”，嘲谑他们喜好口水争斗，夸己之长，蹈人之短，目标渺小，作为浅薄，可笑可悲。

（三）民国报纸的精神衰退

真正意义上的我国民办报纸始于清末，兴于孙中山创建中华民国前后，以支持革命、进步向上著称，尤其鼓吹武昌起义，令国人称道，可惜这种革命精神仅昙花一现。戈公振为此感慨道：“民国以来之报纸，舍一部分之杂志外，其精神远逊于清末。盖有为之记者，非进而为官，即退而为营业所化。故政治革命迄未成功，国事窳败日益加甚。”②

袁氏称帝，扶持御用报纸，迫害异己，“癸丑报灾”骇人听闻，所剩报纸多数噤若寒蝉。袁氏暴政事前未发动舆论阻止，事后又不敢齐声讨伐，戈公振深以报纸惮于强权压力，苟且胆怯，抛弃历史责任为耻。于是，他不留情面地斥责道：“故从严格立论，若当袁氏蓄意破坏共和之时，各报即一致举发，则筹安会中人或不敢为国体问题之尝试，是以后纷乱，可以不作。更进一步言之，使袁氏至今而健在，则其为害于民国，有为吾人所不敢想象者。报纸之失职，有逾于此耶？其实袁氏虽死，继之而起者，往往倒行逆施，无所恐惧。虽曰其故甚多，而舆论之软弱无力，不可谓非一种诱因。”③对报纸受军人利诱和威胁蹂躏，兼受商业色彩腐蚀侵染，大多利欲熏心，精神萎靡，道德堕落，舆论颠倒，他深感不安和忧虑。当时北京为政治中心，因津贴而办报者有之，因谋差缺而为记者有之，怪状百出，杀记者封报馆之案亦屡见不鲜。“自好者流，幡然觉悟，改向本身努力，以求经济之独立，然商业色彩太浓，渐失指导舆论之精神。”④

当科学民主思潮西风东渐，国人需要报纸介绍光大，多数记者又盲目照抄，妄加传布，自以为是，固步自封。戈公振批判了这种报刊弊端，指出：“各种学说，纷纭杂错，目迷五色，论其学理，无不持之有故，言之成理；然其果适合于我国国情否，果适用于我国今日之人否，是尚不能无所踌躇。身为记者，于此应先下一番研究工夫，以徐待事实之证明，若根据捕风捉影

---

① 《中国报学史》，第 122 页，生活·读书·新知三联书店出版，1955。

② 《中国报学史》，第 196 页，生活·读书·新知三联书店出版，1955。

③ 《中国报学史》，第 196 页，生活·读书·新知三联书店出版，1955。

④ 戈公振：《中国报纸进化之概观》，载《中国近代报刊史参考资料》，上，第 2—3 页，中国人民大学新闻系校内用书，1979。

之谈，人云亦云，漫为鼓吹相攻击，其不为通人所齿冷也几希。”① 在文明渐兴时代，有些报纸不仅不破除封建迷信，还堕落到打造占卜谎言、鼓惑民众。他写道：“从科学方面观，可谓最无贡献。因科学之不发达，而迷信遂益难打破。……野蛮时代之把戏，居然能在二十世纪之新舞台上与人争长短，不可嗤哉？甚至‘天皇圣明’、‘天命所归’之文字，竟能在报纸上发表，此真足悲愤者也。”②

戈公振看到有益人生的艺术娱乐如音乐、戏曲、绘画、文学等，报纸多不提及，与此同时，乌烟瘴气的内容处处可见，他以上海报纸的低俗为例，诘问某些报人：“试以上海一隅言，大部分之女子，除吃著生育而外，唯有烧香，打牌，看戏，逛游戏场，请问此为何等生活耶？其所以致此者，为一方面无高尚之娱乐，一方面多恶劣之引诱。譬如小说尚不脱章回窠臼，公然提倡嫖赌，无丝毫清醒之气，则无知女子之日趋堕落，亦不足怪。报纸于此种现象，岂不应注意耶？”③ 当时外报尚大肆关注考古发掘的“敦煌艺术”，而我国报纸却惊人地漠视，“试问我国报纸对于此种事业之成绩如何，能不扪心自愧否？今日之报纸，唯搜求不近人情之新奇事物，以博无知读者之一笑。其幼稚诚不堪言矣。”④

通过比较中外报纸处理国家间政治经济利益冲突的报道方式，戈公振对我国报纸缺乏外交常识、遇事无为而忧心如焚。他写道：“外人之对我国也，其政策均有一定步骤，虽五卅惨案之猝然发生，可谓震动全国，而外人之态度依然不改其镇静。盖由平日知之有素，自可因病而下药也。我国报纸向不注意国际间事，外交常识可云绝无。每遇交涉，则手忙脚乱，恒不能导民众人于有利之途。上者为外人宣传而不自觉，下者则以受外人之津贴为得计。言念及此，不寒而栗矣。”⑤ 我国报纸不知据理力争，服务外交毫无自觉，叫人痛惜震惊。还有的报纸竟替外人说话，出卖国家利益，戈公振提醒他们应振作起来，在外交报道上要有民族立场，维护中国人的尊严。

尽管他痛陈我国报纸过失颇多，但又在总体上对 20 世纪以来我国近代

① 《中国报学史》，第 196—197 页，生活·读书·新知三联书店出版，1955。
② 《中国报学史》，第 197 页，生活·读书·新知三联书店出版，1955。
③ 《中国报学史》，第 197 页，生活·读书·新知三联书店出版，1955。
④ 《中国报学史》，第 197 页，生活·读书·新知三联书店出版，1955。
⑤ 《中国报学史》，第 197—198 页，生活·读书·新知三联书店出版，1955。

报纸的进步给以积极的评价，激励我国报人不辜负时代的要求，积极传播进步思想。他说："不过自全体言之，欧战以后，报界思想之进步，不可不谓一线曙光，如对内则有所谓废督裁兵之主张，对外则有所谓废除不平等条约之论调。苟循斯途以进行，则去中华民族自决之期不远矣。"① 戈公振从宏观历史角度，对报纸传播文化知识，促进文化交流，传播先进观念提出许多启蒙思想。他指出："因批判之风开，而真理乃愈见。所谓自由、博爱、平等之学说，乃一一输入我国，而国人始知有所谓自由、博爱、平等。故能于十余年间，颠覆清社，宏我汉京，文学之盛衰，系乎国运之隆替。不其然欤！"②

他从读者角度赞赏培养读报意识，启发民众早日觉醒。他写道："本来我国人对于'自己'之观念甚深，而对于社会国家之观念则甚薄。'各人自扫门前雪，休管他家瓦上霜'之消极人生观，实为我民族积弱之由来。今则渐知自己以外，尚有社会，尚有国家，去真正觉醒之期不远矣。且人民因读报而渐有判断力，当安福专政时代，报纸多为收买，凡色彩浓厚者，俱为社会所贱恶，而销数大跌。年来报纸之主张不时变易者，虽竭力振刷精神，而终不得社会之信仰。是可见阅报者之程度日见增高，能辨别孰真而孰伪，孰公平而孰偏颇。宣传之术，不容轻售矣。"③ 对读者民族意识的增强，民众甄别真伪好坏能力因读报而提升，反动宣传欺蒙之术受到人民的抵制，他都非常欣慰。他高度评价了人们借助报纸发抒意见、报界的经济独立和关注社会心理、积极改良经营和编辑方法等方面取得的进步。

对中日甲午战争时期的中国报纸，戈公振赞赏其关注国家兴亡的立场。他说："以庞大之中国，败于蕞尔之日本，遗传唯我独尊之梦，至斯方憬然觉悟。当时之执笔者，念国家之阽危懔然有栋折榱崩之惧，其忧伤之情，自然流露于字里行间。故其感人也最深，而发生影响也亦最速。其可得而称者，一为报纸以捐款而创办，非以谋利为目的；一为报纸有鲜明之主张，能聚精会神以赴之。斯二者，乃报纸之正轨，而今日所不多觏见者也。"④ 民

① 《中国报纸进化之概观》，载《中国近代报刊史参考资料》，上，第2—3页，中国人民大学新闻系校内用书，1979。

② 《中国报学史》，第207页，上海古籍出版社（插图整理本），2003。

③ 《中国报学史》，第198页，生活·读书·新知三联书店出版，1955。

④ 《中国报学史》，第206页，上海古籍出版社（插图整理本），2003。

族危亡当头，报纸发挥巨大的凝聚力和引导民心的功能，是因为当时的报纸具有团结一致、共度国难的宝贵精神，但“今日不多觏见者”。他对20世纪20年代中国报纸向上风气的衰落，怀有深沉的惋惜。实际上，当时报纸进步缓慢是不争的事实，若就国家民族急于振兴的期望来说，其潜在的功效远远没有发挥出来。正如他所总结的：“自本国言之，似比较的有进步，若与欧美之进步率相比较，则其进步将等于零。至此，吾不能不希望我国报纸之觉悟，吾更不能不希望我国报界之努力！”① 他以西方为参照，对我国报纸发出切实的鞭策。

（四）报刊反映而非制造舆论

戈公振认为：“报纸之原质，质言之，即新闻公布之谓也。大凡事物之原质，其特色必具恒存性。”② “报纸之元素，新闻而已。今报纸所载之新闻，大半得诸通讯社，而此种通讯社，并非为供给新闻而设，纯系一种宣传作用，于是人民不能于报纸上觅得争取之事实，而对于国家或国际政策之思想，遂易误入歧途，而无由集中，此至可痛惜之事也。”③ 戈公振与徐宝璜所见略同，即传播新闻是报纸本职所在，报纸代表舆论，有发表意见的功能。但戈公振不同意制造舆论，认为这不是报纸的原质，而是附生者，反对宣传职能的膨胀。他说：“报纸者，表现一般国民之公共意志，而成立舆论者也。故记者之天职，与其谓为制造舆论，不如为代表舆论；更进一步言之，与其令其起而言，不如令其坐而听，耳有所听，手有所记，举凡国民欢笑呻吟之声，莫不活跃纸上，如留声机器然。则公共意志自然发现，而舆论乃一有价值而非伪造。”④ 这是对受控报纸大肆制造伪舆论的批判，也是戈公振对报纸功能的一种清醒认识。

需要指出的是，徐宝璜寄望于报纸创造正当的舆论，有益于社会事业的革兴，因新闻事实而生舆论，是真实进步舆论的聚合。其实，戈、徐二人对此并无根本分歧。戈公振批评当时的报纸重政治而不重国民需要，迎合政党所好是报纸制造舆论的根源。时北京70余家报纸，较重要的有35种，其中

① 《中国报学史》，第198页，生活·读书·新知三联书店出版，1955。

② 《中国报学史》，第13页，生活·读书·新知三联书店出版，1955。

③ 《中国报纸进化之概观》，载《中国近代报刊史参考资料》，上，第8页，中国人民大学新闻系校内用书，1979。

④ 《中国报纸进化之概观》，载《中国近代报刊史参考资料》，上，第10页，中国人民大学新闻系校内用书，1979。

2/3 以上都有政治背景。[①] 报纸缺乏专门人才，主持者功利心热，投机心切，甘心沦落为政治势力的吹鼓手。他指出："夫报纸有公众之需要而刊行，则纪载当根据国民心理，而后发达可期，今不问中央新闻、地方新闻与本埠新闻，均不离乎政治，而所论及者又为政治中最卑鄙而无思想学术关系之一片段，其不受社会欢迎必矣。因是报纸之生活愈难，遂愈不得不卵翼军人政客之下，寖假而记者随意下笔，便谓为代表舆论，军人政客利用几家机关报，事先鼓吹，随意作为，便谓为实行民主政治，此真滑稽之尤，又何怪报业之黯淡无光，记者之生涯愈为寥落乎！往者已矣，来日方长，深愿吾同业知环境之不良，有彻底之觉悟，重视本业，勿务其他，迎合世界之新潮，发皇吾侪之美质，天职所在，其共勖之！"[②] 他揭露了报纸在从政中堕落，虚伪的民主和军人掌控报纸的玄机，及二者狼狈为奸的关系，导致报纸助纣为虐、为虎作伥，可谓批评尖锐深刻，热望报人尽快觉醒！

戈公振最早注意到我国纸媒的另一种形式——杂志对提倡新思想、形成社会舆论的重要作用，将其分为学术、政论、文学与社会批评三种，指出杂志的数量与学术兴衰有关。戈公振认为，第一次世界大战以前，民国初造，国人望治，建议纷如，杂志主要讨论政治问题，着眼治标。欧战以后，国人始渐认识人生的意义，寻求根本解决之道，讨论人生哲理问题的杂志风起云涌，多涉猎国家政治、家族制度、婚姻和迷信等思想问题，表明我国思想界正在发生变化。戈公振说："然吾人有不可不注意者，即破坏之能事已尽，而建设之能事未举。且矫枉过正，昔人所悲，今则将成为事实矣。夫我国社会上之根本问题，自不能不力谋最有效最安全之方策。故吾人苟主张婚姻自由，男女平等，财产共有，无政府主义，凡曾经三思者未尝不可提倡，如徒袭他人之文章，不问本国国情之是否适合，则其发生之恶影响，亦殊可惧。虽然真理以讨论而渐明，今日之议论百出，亦为进步过程之不可免；吾人固不能不大有待于今后杂志之努力也。"[③] 当时一些杂志盲目宣传不符合国情的思想，不可避免会造成一些混乱。

他发现，社会文化水准太低，不利于杂志的发展，他的见解是："已发

---

① 方汉奇主编：《中国新闻事业通史》，第 2 卷，第 87 页，中国人民大学出版社，1990。

② 《中国报纸进化之概观》，载《中国近代报刊史参考资料》，上，第 10－11 页，中国人民大学新闻系校内用书，1979。

③ 《中国报学史》，第 217－218 页，上海古籍出版社（插图整理本），2003。

行之诸杂志，所惜创始易，继续难，此非完全执笔者不努力之咎，实亦社会要求程度太低之故。”① 可惜他对杂志生存环境的批评，仅仅一言带过，没有更多的探究。

戈公振认识到，报刊真实地反映社会舆论，必须有言论自由。他倡导新闻自由，把报纸进步、发达与否，以至国家兴亡，都系于报界的切肤问题——言论能否自由。他深知国内的黑暗统治和来自殖民主义的压迫，是我国新闻业难以自由发展的根源。清廷及后来的专制势力镇压报人，摧残报馆，遏制舆论，可谓罪行累累。戈公振指出：“文字贾祸，自古有之；报纸既行，于今尤烈。”② 他怒斥穷凶极恶的官员说：“概官权之无限久矣，出一言而莫予敢违，以习惯之所趋，而成为不文之法。今忽有倡言无讳之报馆，与立于极端反对之地位，而时时刺取不可告人之隐事，宣诸万众之听闻，恶其所为，则思去其籍。彼巍然民上之有司，其痛心疾首于报馆欲得而甘心以为快者，岂一朝一夕之故哉？独是外人之干涉实别有用心，乃亦推波助澜，隐有‘咎由自取，权不我操’之意，其情为最不可恕耳。”③

洪宪之后，军人秉政，兵祸连天，他痛责横暴的军阀及走狗，“谋生无术，是高等流氓，对外虽畏葸无能，对内则凶狠如虎”。④ “封报馆，扣报纸，检阅函电，十余年来，数见不鲜。然而返视报界，则涣散特甚，无一机关可代表一地方之报纸，遑论全国。甚有幸灾乐祸，以他报之扣留或封闭为快者，彼且不自尊，欲人尊之也得乎？夫《出版法》之废止，要求亘十年之久。《出版法》废止矣，而邵飘萍、林白水之流，可以身死顷刻，则更无法律可言，岂不足以促我报界之觉悟耶！”对反动势力蔑视法律，践踏新闻自由，与世界潮流相背而行的罪行，予以无情的鞭笞；号召报人联合起来，共同承担社会责任，不应一盘散沙、自相争斗。

面对统治阶级对新闻自由的扼杀，他说：“唯在报界，一致团结，以与之抗，而人民又当为报纸之后盾，随时防止恶势力之潜滋，不稍松懈。盖思想不能发表，徒成空幻，思想者必甚感苦痛，而郁积既久，无所发泄，势必至于横决，国家运命之荣枯系之，拥护言论自由，实亦国民之天

① 《中国报学史》，第 218 页，上海古籍出版社（插图整理本），2003。

② 《中国报学史》，第 203 页，上海古籍出版社（插图整理本），2003。

③ 《中国报学史》，第 204－205 页，上海古籍出版社（插图整理本），2003。

④ 戈公振：《中国新闻事业之将来》，转引自《新闻界人物》（一），第 159 页，新华出版社，1983。

职也。”[①] 戈公振指出报刊的险恶生存环境，用语激烈，笔墨激荡，远远超过徐宝璜等人的粗略批评。在倡导新闻自由基础上，他主张除军事上有时必须保守秘密外，其他一切消息都可公开报道，让民众监督报纸。

他反对报纸的精英取向和忽视平民的立场，他说：“今我国报纸之所重视者，只一般所谓‘名人’‘要人’之文电，然大半皆私见而非公论，大半皆政治问题而非社会问题，深愿主持笔政者，今后能移易其眼光，开豁其胸襟，予平民以发抒意见之机会，勿执己见，勿护过失，而第以寻求真理为归也。”[②] 只有让大众发表意见，报刊才能反映舆论，这些真知灼见，至今看来仍未过时。

三、黄天鹏对公器和公德的呼唤

黄天鹏，1909 年生于广东普宁，曾做过记者和新闻学刊物的编辑，从事过新闻教育与报刊管理工作。他先后主编过《新闻学刊》、《新闻周刊》、《报学杂志》等我国最早一批新闻学术刊物，1929 年受谢六逸之邀任复旦大学新闻系新闻学研究室主任，兼任上海沪江大学等几所高校新闻学教授，并任《申报》和《时报》主笔。1929 年至 1931 年，他编的《新闻学名论集》出版，留下丰富的学术成果，他还撰写了《中国新闻事业》等十几种著作。

图 5－2　黄天鹏

抗战期间，他任重庆《时事新报》经理，当《中央日报》、《大公报》、《时事新报》等因日机轰炸而联合出版时，他又被推为联合版经理。1982 年逝世于台湾。

黄天鹏在平民大学师从徐宝璜，二人交往深厚，谦称所知多出自这位“平生风仪兼师友”[③]。黄长期供职上海报业和复旦大学新闻系，与戈公振、谢六逸等学者志同道合，相互砥砺，有丰富的新闻实践和学术建树。

（一）报业应为社会公共事业

集中代表黄天鹏报业批评思想的是《新 Journalism 的建设》一文[④]。该

① 《中国报纸进化之概观》，载《中国近代报刊史参考资料》，（上），第 7－8 页，中国人民大学新闻系校内用书，1979。

② 《中国报纸进化之概观》，载《中国近代报刊史参考资料》（上），第 7－8 页，中国人民大学新闻系校内用书，1979。

③ 黄天鹏：《新闻学纲要》，“序”，载《新闻学纲要》，上海联合书店，1930。

④ 黄天鹏：《新 Journalism 的建设》，载《新闻学入门》，第 68－70 页，上海大光书局印行，1936。（以下引文未加注者，均引自此文）

文笔锋犀利，见解深刻，堪称报刊批评不可多得的经典。文章伊始，反思新闻学界仰人鼻息，唯外人是从，独创性可怜，许多研究脱离本国新闻界现实，玄谈充斥。黄天鹏说："从所有的新闻书籍中来检阅，大半移译东西洋的学说，这也许是初期必经的现象。最堪注意的是这寥寥的几个作家的中心思想，老是在大谈'改良改革'，在过去或可以说是时代的关系，但在黄金独占了一切的现在，'改良改革'简直是空谈，我们要从唯物史观来解决新闻业的实际问题，由这二点来做新 Journalism 的理论的中心，就是我们所应建设的新的'新闻学'。"

戈公振在《新闻事业之将来》一文明确指出，报业是社会公共机关。黄天鹏支持并深化了这种观点，认为营业是新闻业独立发展的必然性，但不能放弃公共的身份，成为赚钱的机器。他指出："固然新闻业也是企业的一种，但新闻业还常有社会公共事业的性质，我们并不希望新闻业为一种绝对的公益事业，而放弃营业致危及本身的生存。但我们却诚恳的希望其不要只着眼营利，而牺牲其对社会公众的责任。"在他眼里，新闻业的特质是公共性而非营利性，它只有充当社会公器才能服务于广大公器。"新闻纸主要的目的，在宣布新闻于公众。新闻纸是社会公共机关，与营业牟利者异其旨趣。""营业者可以牟利为前提，而新闻纸则应以公众的利益为准则。报告正确的消息，贡献公允之意见，皆其应循之正轨。我们评判新闻价值的高低，可以以这种'公共性'质量的多寡来做分寸。换句话说，倘若这种新闻纸带御用的色彩，违反社会的公意，必为群众所厌弃。"① 对新闻业卷入营业漩涡，他警告经营者只知汲汲于私利，忘其公共特质和社会大义，必败无疑。报纸为公共机关的论断，极富前瞻性，虽有些理想化，但穿越近一个世纪，媒介实践证明其批评思想的远见。

面对报纸丧失公共职责，黄天鹏谴责资本家挟持报纸蝇营狗苟，损害读者利益。新闻纸独占的结果，只成了一张"赚钱"的废纸。当时中国最大城市上海的报纸沉闷枯燥杂乱，读者感到不满，希望改革，但因私人独占，资方忘却了本身的使命，笑骂由他，只知"赚钱"。改变报纸身份异化的出路何在？黄天鹏不再停留于理论批判，而是大声呼吁："我们应该起来督责，使新闻业入于正轨，简单地说，我们需要着'社会化'的新闻业。"这种颇有见地的论断如何实现？他寄望于记者启蒙和民众联合。他指出："我们要

① 黄天鹏：《新闻学入门》，第 45 页，上海大光书局印行，1936 年。

有积极的呼叫，提出一般的要求，同时给他们一种有力的制裁和监督，督促他们改革与觉悟。这种力量需要着大众的集团。我们新闻人负有这个唤醒大众的责任，而来催产出我们一般社会所需要的新闻纸。”他正告记者做服务大众的公仆，树立无冕之王的权威，甚至干脆让读者判定报纸的生死存亡，“可给自私自利的新闻纸以共弃的制裁，而纳之于正轨。”① 他热情呼吁：“最后让我叫句口号，时代的警钟响了，新闻人组合起来！”

黄天鹏把大众看作新闻业发挥公共职能发挥的决定力量，突破了徐宝璜服务读者为天职的理念，对报纸公共身份的丧失发出大声疾呼，不能不令今天的学界业界振聋发聩。他强调，报纸对读者要尽长期的指导作用，公共内容只有结合艺术性手段才能收到成效。② 黄天鹏认为：报纸是“人类精神的食粮；人群活跃的记录；人生享用的一种。……新闻纸乃现代的历史——活的历史。若人云：欲知古事，莫如读史；欲知今事，莫如阅报……”他引用美人索露布之论“世上的事业，唯红十字会与新闻事业，乃人类的事业”，③ 深刻而确切地界定了新闻业的性质与作用。

为了体现报刊的公共职能，他视报纸与衣食起居同样重要，是普通人不可缺少的精神生活。他提出在报纸上人人有发表意见的权利，各种声音都能通过报纸表达，不能把报纸变成主办者的一家之言。这种公众平等参与报纸公共机关的理念，充分揭示了媒介的社会角色，正如他说：“然彻底而言，新闻纸的制造，并非新闻社，乃社会所需要而制造，新闻纸并非纯粹商品，乃人生享用之一种。因人类的求知欲，乃天性的所赋，由欲知道而生新闻纸的需求，由欲使人知道，而发行新闻纸。由欲被人知道而有新闻纸之广告。故新闻纸与人生之需与文学的娱乐，哲学的慰藉，艺术的美感，皆有等量的价值。”“凡是愈文明的国家，人民愈重之。”④

报纸既为人生享用，同衣食之用等价，那么“则享用自必审择其精粗，而供应者亦力求谋如何始可臻于真美善。供求者的目标既同，则进而谋所以求精的方法，于是有新闻学之发生。集无数人的精力，将新闻纸置之研究室中，检讨之，分析之，议论之，以求一应改进之良策，而致益用于人生。此

---

① 黄天鹏：《新闻学入门》，第 47—48 页，上海大光书局印行，1936。
② 黄天鹏：《新闻学入门》，第 51 页，上海大光书局印行，1936。
③ 黄天鹏：《新闻学入门》，第 55 页，上海大光书局印行，1936。
④ 黄天鹏：《新闻学入门》，第 63 页，上海大光书局印行，1936。

又新闻学之所以日兴。职是诸因，新闻从业者为人群之服役，则应修养其学力与人格，以扶持其所业的进步，而有较大贡献于人生。”① 他指出，报纸的供应者要追求真善美，以为人群服役来确定内容，其发展必然也有赖读者帮扶。对于报纸这一公共机关，每个读者“亦应尽其扶翼的责任，而扶持其前进，以极其用于人生”。因而他指出，“新闻学之应研究，新闻业要发展，启发个光明灿烂的世界”。② 黄天鹏实际提出“报纸是所有人的事业”，人人都应为公共机关负责，他对新闻业的思考远比同时代其他报刊批评家更为深刻。

（二）记者应为舆论的执衡人

黄天鹏认为，记者的特殊身份使他们多受诱惑，其立身准则与独立的人格不能忽视，否则将危害匪浅。他指出：“要有道德的涵养，而又有独立尊严的人格——品性为立身的根本，谁都要有完全的人格。而在新闻记者尤其重要。因为新闻记者受引诱的机会多，而堕落后的影响比别人大的缘故。英人说：‘伟大的人格者一支笔，胜过一把刀。’防止诱惑，不为金钱、威武所逼诱，公平正直态度，尊严崇高的人格，全赖着道德的涵养。若是没有修养而堕落，则妨害于社会不堪言了。”“从事新闻业者以事论说，应以大无畏的精神，公正无私的态度，默察国民大多数的心理，与人群的利益正义，议事立言，自为国民的喉舌，先得民众之心而言之。信是，既得大多数人的同情与信仰，自为舆论的执衡人。”③

为使新闻业发达，真正能够负载舆论，他纵笔书写一首《怎样做一个新闻记者》的自由体诗④，表达对这个特殊群体的期望。

Mss C. C Tyen

她不为名，
她不为利，
她不愿做社会的蠹虫，
她不愿做权威阶级的奴隶，

① 黄天鹏：《新闻学入门》，第 64 页，上海大光书局印行，1936。
② 黄天鹏：《新闻学入门》，第 65 页，上海大光书局印行，1936。
③ 黄天鹏：《新闻学入门》，第 50 页，上海大光书局印行，1936。
④ 天庐（黄天鹏）著：《怎样做一个新闻记者》，上海联合书店，1931。

她从心底敬仰着博爱，正义的新闻事业，
她要做一个勤敏、忠诚的新闻记者，
她要为人类制造真、美、善地食粮，
她要为人类摄映繁剧活动的影象。

她有冷静头脑，
广罗人生丰富的智识；
她有热烈的感情，替苦难民族司理传声机器；
她有勇敢的精神，
在冰天雪地，
晓风月夜里，
效力驱驰。
她有勇敢的手腕，
在疑难人海中，
求真探秘！

她向帝国主义敲响彻宇的丧钟，
她代被压迫同胞燃烧革命，反抗的警锋，
她用她那寒锐笔尖，
瞄准恶者的污点，
表彰良者之积善，
她高高唱着人生进行曲，
她一丝儿也不徘徊、瞻顾，
务实工作，尽了她的力量展步，
片刻时光她不敢闲里偷度！

太阳哟！在新生，
热情哟！在沸腾，
肮脏，阴霾底中华新闻道人，
她在举行大扫除，
踢开刺足的石（阶）砾，
拔除塞路的棘荆，

新闻纸的灵魂，
被她浴在光和热中，
洗涤得新新；
看呵！
她努力灌出，
时代的报业之花，
芬芳，微笑，展向人群！

（1930年11月10作于上海江湾）

不可否认，报纸从业者素质的高低是决定新闻业能否服务于民众的重要因素，黄天鹏和其他学者一样看重这个规律。他在激情四射的诗作中，对记者秉持爱国、独立、勇敢、正直、奋进、理性和追求真理、不畏胁迫的品性，特别是对他们应有的高尚人格，表达了很高的寄望，但也隐含着他对当时记者背离职业理想的拳拳批评之意。

黄天鹏发表了多篇对报人和报刊研究的批评文章，指正报刊研究文章不敢直言、放弃客观立场、有违民意的不良品质。这些文章多收入他的《新闻学论文集》中。他认为吴天生的《中国之新闻学》对报纸不着边际空论，因受政府压迫不敢放言，主观议论多，客观议论少，“常以主观之主张，武断客观之舆论，以主观之见解，混淆客观之事实，因少数人利益，抹杀多数人甚至一般之利益，经济鲜有独立，丧失主张公道之勇气”。①

他指出，汪英宾的《中国报业应有之觉悟》一书批评报界受外部势力摧残，无视报人误导民意的恶果，指出“民意之兴衰，民意机关之功咎也。今日中国民意之衰落，大半由我报界人不能负其完全责任之咎也”。② 黄天鹏就王世杰《对于中国报纸罪言》一文针对“有闻必录”、闻风言事，损害他人名誉还不更正的错误，大加鞭挞。黄天鹏对允许他人用报纸广告栏以丑诋他人的行为深表痛切，指出广告泛滥，刊登赌博信息，痛心疾首。他借用西方的政谚发出感慨：怎样的一个民族，就有怎样的一种报纸。③

罗志希《今日中国之新闻界》认为，报纸及记者“缺少常识，不专业，

---

① 黄天鹏：《新闻学论文集》，第15－18页，上海大光书局印行，1935。
② 黄天鹏：《新闻学论文集》，第29－30页，上海大光书局印行，1935。
③ 黄天鹏：《新闻学论文集》，第90－98页，上海大光书局印行，1935。

纪事眼光非常之短，抄袭盲从，目光盈寸；各报无精确评论。不痛不痒，有道学派、诙谐派、莫名其妙派等。新闻道德也缺少一点……还有逢迎社会之恶”。[①] 黄天鹏对这些结论极为赞成，予以全面肯定。他引用胡仲持的《上海新闻界》批评报纸“无兴味，无特色，时评揣摩一般商人的心理而说，陈词滥调，报道模式化，自身营利心切”，[②] 进一步揭露拜金主义对记者良心的污染，指斥新闻界中许多人已成为十足的商人。黄天鹏列举刘陔在《新闻记者与道德》一文中指责记者“礼义廉耻，四维不顾”，竟然有在报纸上开辟“花城选举榜”的举动，[③] 严厉抨击某些报刊的堕落。

徐宝璜曾评价说“黄子天鹏嗜新闻学”[④]。黄承继前人思想，吸收同侪成果，热衷学术研究和编撰工作，多富有前瞻性思想和有责任感的论断，对新闻业的发展裨益匪浅，对今日媒介批评也有丰厚的借鉴价值。

四、谢六逸笔下批判报刊堕落现状

1929年9月，上海复旦大学新闻系创办，走马上任的首届系主任是著名的作家和新闻学家谢六逸（1898—1945年），谢六逸一生，著译颇丰。在新闻学领域，他著有《新闻学概论》、《实用新闻学》、《国外新闻事业》等。与徐宝璜一样，年轻时谢六逸考取官费而出国留学，东渡到了日本。在媒介功能、记者教育及读者素养等方面，他多有探索。

图5-4 谢六逸

（一）对亵渎报纸职能的谴责

谢六逸强调，报纸是求知工具，是历史教科书、人生教科书，报馆是政本之本，教师之师，人民嗜之如饮食男女，不可不有。可是，多数报纸并不能满足人们的需求，谢六逸指出：“梁氏创办《清议报》是在1898年，到现今已经是30余年了。这30余年以来，我国的报纸无论在量的方面或是质的方面，实在不能达到梁氏

① 黄天鹏：《新闻学论文集》，第189页，上海大光书局印行，1935。

② 黄天鹏：《新闻学论文集》，第197页，上海大光书局印行，1935。

③ 黄天鹏：《新闻学论文集》，第281—284页，上海大光书局印行，1935。

④ 徐宝璜：《〈新闻学刊全集〉序言》，载徐宝璜《新闻学》，第132页，中国人民大学出版社，1994。

的期望。换言之，就是现在的报纸能够叫人满足求知的欲望的，没有几种。这实在为当前的一个大问题。”① “适用于特载的新闻记事的题材，有戏剧、历史、世相、保健、养育、家政、时令、流行、趣味、体验、感想等。我国的报纸，多未注意，实为可惜。”② 当时报纸在传播知识、服务人生上，乏善可陈，无为可书，无功可言，总体令他失望。

谢六逸把报纸视为一国文化的镜子，应对文化发展有莫大贡献，其功能发挥与大众使用新闻纸的关系密切。他说：“观察一国的文化，必先观察那国家的新闻纸。不能充分发展新闻纸或误用其职能的结果，不仅不能推进社会文化，反而毒害社会甚至阻碍文化的进展。”③ 1926 年到 1930 年中国出现小报的热潮，其中刊载色情、凶杀、犯罪等新闻以取悦读者的达 180 种之多，最堕落的是大量登载吃、喝、嫖、赌和两性生活以迎合低级趣味的文章，内容淫秽肮脏，不堪入目，以上海尤甚。④ 姚公鹤的《上海报学小史》评论说，上海报纸发达，但苟以上海报纸自豪于全国者，其亦可愧甚矣。⑤ 陈灵犀在《小型报杂论》中提到横报（一种横式的四开小报）下流不堪，色情色彩太浓，总非正路。⑥ 谢六逸对恶劣报纸触目惊心的负面效果痛心疾首，指出：“正如毒物一般，在每天的早晚，残杀最有为的青年，颓唐健全的国民。看报纸的人的头脑浸润在战争、奸杀、盗窃、娼寮、酒食、冠盖往来、买办暴富里面。一切受苦受难之声音，被虐被榨的实况，国际情势的变迁，近代学术的趋向，是永远和中国的阅报者绝缘的。”⑦

在日留学期间，谢六逸对新闻教育兴趣浓厚，主张社会教育有赖报

① 谢六逸：《实用新闻学》（《申报新闻函授学校讲义》之三），第 3 页，《申报》新闻函授学校印行，1935。

② 谢六逸：《实用新闻学》（《申报新闻函授学校讲义》之三），第 147－148 页，《申报》新闻函授学校印行，1935。

③ 谢六逸：《实用新闻学》（《申报新闻函授学校讲义》之三），第 4 页，《申报》新闻函授学校印行，1935。

④ 方汉奇主编：《中国新闻事业通史》（二），第 203－204 页，中国人民大学出版社，1990。

⑤ 杨光辉等编：《中国近代报刊发展概况》，第 259 页，新华出版社，1986。

⑥ 孟兆臣：《中国近代小报史》，第 82 页，社会科学出版社，2005。

⑦ 转引自胡正强：《中国现代报刊活动家思想评传》，第 363 页，新华出版社出版，2003。

章，“普及教育之利器，首数报章，以其一纸风行，力能转移社会之趋向也”。[①] 他赞扬日本报纸有功于此，对我国报纸为非作歹、无所不为十分愤慨，强烈质疑报纸的堕落。他说：“日本社会新闻栏，真值，这事在我国的报纸能否做到？记载‘强奸’，则唯恐不能绘声绘影，记载外国巡捕脚踢人力车夫，则措辞间不惜称巡捕为英雄好汉，呜呼哀哉！又如记载世界的‘时事’，有头无尾，甚或替著名的都市‘移居’，为著名于世的人更改籍贯等，真是‘不胜枚举’。此种新闻纸的‘教育的职能’，不知应用到什么地方去了。不过当作‘强奸教科书’或者‘奴隶教本’，那倒是很合用的。现今的企业家有几人肯依照 Wendell Philips 菲利普斯的话——‘新闻纸是一切人的父母、学校、大学、剧场、模范、顾问’去经营新闻纸呢？”[②] 他还指出，两性新闻极尽引诱教唆能事，败坏社会风气，报人缺乏教育的责任心。

报纸与政治关系也受到谢六逸的关注，不过，比起戈公振，其言辞温和许多。他不否认报纸具有政治功能，但关键是如何正当发挥政治功能。“政治家、资本家与新闻纸依然打成一片，犹如三位一体。……但是新闻纸为什么要给‘政治’利用？其原因就在于新闻纸本身具有‘政治的职能’，它有时要发挥它的政治主张，贡献政治上的意见，或指摘行政的缺陷，所以它不能不和政治发生密切的关系。”“我们不可忘记大多数的新闻纸是顺从善良的，是与时代合流的。如要做一个时代的‘弄潮儿’或者站立在时代之前，那就看这种新闻纸如何应用它的政治的职能了。”[③] 言下之意，报纸应推进政治革新，尽到符合历史责任和时代要求的政治责任，而非仅仅片面地服务政府的宣传。

（二）对记者德才低下的透视

谢六逸认为，记者缺乏专业常识，道德修养低下，是报纸品格败坏的根源。他写道：“中国现在著名的报馆里，有许多记者连新闻价值（News value）是什么还弄不清楚。例如在九十度的暑天，数十万的上海闸北的住户，不知什么原故，忽然有两天没有一滴自来水，但是报纸上却没有只字

---

① 李建新：《中国新闻教育史论》，第 111 页，新华出版社，2003。

② 谢六逸：《实用新闻学》（《申报新闻函授学校讲义》之三），第 8 页，申报新闻函授学校印行，1935。

③ 谢六逸：《实用新闻学》（《申报新闻函授学校讲义》之三），第 6 页，《申报》新闻函授学校印行，1935。

的记载。但是某姓（并非记者心目中的要人）有姊氏死亡而妹往填房的新闻，却很有力地登载出来。”“有几家报纸的社会栏，除开记载死者的家庭与遗书、致死的原因之外，更将自杀者死后的姿态照相制版，恭而且敬的印在报纸上，仿佛开什么成绩展览会。此种举动实在使阅者十二分的不快，对于死者却是最大的侮辱。老实说，这是最野蛮的办法，只有毫无人心的记者才干得出的玩意。”① 记者的笔德恶劣至此，焉能不使报纸形象大跌？

谢六逸高举报业职业化和独立化大旗，试图通过专业资格认定提升记者素质，提高报纸品质。他强调：“假定新闻事业由国家经营，如同电报邮政一样，或由城市的自治团体来管理新闻，那么新闻记者的资格便可以严密规定，不致有危害社会的新闻记者混杂在新闻界里，然后可以说新闻记者是无冕的帝王。”② 他以资本主义职业化效果为榜样，借西方职业化提高记者从业门槛，严格检查新闻人的从业资格。“新闻记者是‘社会现象’的传达人，他是社会指导者，他们的职业犹如医生、律师、学校教师一样，是一种独立的职业。他们的职务对于社会公众，有莫大的关系。世界的文明国家，凡医生、律师、教员都得经过政府的试验，试验及格，然后许可执业。其用意有两点：一是借此保护此种‘公的职业’；一是保护国民，维持国家的安定。德、英、美诸国的学者，有的主张新闻记者也应该受政府的试验，可是至今未能实现。”③

应当说，这或许是提高新闻业职业道德奏效的措施，但他没有真正了解西方新闻业独立于政府之外的实质，没有把记者职业化和政府控制结合起来分析。不过，他颇有远见地提出，建立新闻组织、保护劳动权利，改善福利报酬和津贴待遇及工作设施等，④ 是增强记者独立性、对抗资本侵蚀的重要条件。他的这一见解，比黄天鹏的“记者联合启蒙”的思想更进了一步。可

① 转引自胡正强著：《中国现代报刊活动家思想评传》，第363—364页，新华出版社，2003。

② 谢六逸：《实用新闻学》（《申报新闻函授学校讲义》之三），第33—34页，申报新闻函授学校印行，1935。

③ 谢六逸：《实用新闻学》（《申报新闻函授学校讲义》之三），第33—34页，申报新闻函授学校印行，1935。

④ 谢六逸：《实用新闻学》（《申报新闻函授学校讲义》之三），第39—40页，申报新闻函授学校印行，1935。

惜，在阴暗冷酷的年代，他们的批判思想仅仅是一种理想而已，根本无法实现。

在批判之中，谢六逸确立记者高素质的标准是，学识丰富、勤苦耐劳，具有高度的“责任心”与“伦理观念”。① 他说：“就现在各国培养新闻记者的现况看来，我们知道新闻记者是不可以随便从事的，没有真正的学识就不能担任新时代的记者的任务。所以中国未来的新闻记者，应该脚踏实地地研究新闻学，如果认定新闻记者为自己的终身职业，就应该以此为‘专业’，不可再兼他种的业务。”② 他指出：“以前服务报馆的人只凭自己的经验和文学的技能就可以应付裕如了，因为过去的报纸都是保守的，即使没有新闻学的知识也不要紧。何况他们根本不需要研究，而且也不屑于研究呢。现在是一个转变的时代，在这个新时代生存的新闻记者，必须具备丰富的常识，优良的文学技能；尤其需要的便是专门的新闻学知识。欧美和日本的大学近来颇注重新闻记者的培植，就是这个缘故。我们若要立志做一个新闻记者或是对于报纸（或其他定期刊物）感到兴味，都非努力研究新闻学不可。”③

谢六逸重视理论价值，尊重理论联系实际这个经久不衰的规律，认为记者不仅要双手写，还要双腿走，做好新闻实务必须理论与实际并重。理论求其精深，实际工作求其熟练，没有精深的理论，便不能促进报纸的改进。④ 他出任复旦大学新闻系主任后，把记者具备“史德、史才、史识”作为新闻教育培养合格人才的标准之一，提出新闻记者必须是多才多艺的复合型人才。

（三）对报纸环境缺陷的剖析

谢六逸提出社会环境是制约报纸进步的重要因素，指出“我国报纸的贫弱，乃是一个无可讳言的事实。如果追究原因，绝不能把责任全部推卸在

---

① 谢六逸：《实用新闻学》（《申报新闻函授学校讲义》之三），第33－34页，《申报》新闻函授学校印行，1935。

② 谢六逸：《实用新闻学》（《申报新闻函授学校讲义》之三），第36页，《申报》新闻函授学校印行，1935。

③ 谢六逸：《实用新闻学》（《申报新闻函授学校讲义》之三），第5页，《申报》新闻函授学校印行，1935。

④ 谢六逸：《实用新闻学》（《申报新闻函授学校讲义》之三），第303－304页，《申报》新闻函授学校印行，1935。

'办报'者的身上，这和国家的政治、经济、教育、社会、交通各方面都有连带的关系。"[①] 寥寥数语，对影响报纸的社会环境进行了简要分析，以批评者的眼光，把报纸落后的根源追索到社会系统。徐宝璜与其有相同的思想，可惜没有明确的表述；黄天鹏虽有所触及，但多从资本侵蚀入手；戈公振有比较全面的认识，但未加以系统的阐述。

谢六逸深知商业化控制是记者职业道德低下的重要原因，"因为现在的新闻记者全为企业家雇用，他们在新闻企业家的统治之下，断难维持'公职'的权威"。"在资本主义的社会里面，新闻是一种商品，所以新闻的生产必以劳动力为基础，新闻记者就是受报馆的雇用而从事于生产劳动的劳工。"[②] 此种支配，使记者难以完成神圣使命，只能成为资本家赚钱的附庸和文字机器，"无冕之王"名不副实也就自然而然了。在当时，这个论断确实是难得的深邃之见！

不容忽视的另一个社会因素是，读者和评论家对报纸缺乏必要的批评，导致报纸我行我素。谢六逸最早指出我国报纸的批判力量薄弱，推崇报刊批评的重要性。他看到报纸落后，一方面办报者难辞其咎，但三类"看报者"素养不高，没有形成对报刊的有力监督，也是导致报纸落后的原因。他把批评目光聚焦在读者身上，指出："就中国目前的情况说起来，理想的报纸的制作，自然是不容易的，可是能够鉴别报纸好坏的人——就是善于看报的人，也是不常有的。"[③] 在《新闻教育的重要及其设施》一文中，他愤世嫉俗、辛辣透彻地写道："办报的人是十数年如一日的办下去，看报的人是永远的看'报屁股'下去，所以我国报纸的改善是遥遥无期的，而报纸的好坏也没有一个人出来说一句有批评价值的话了。如此这般，近代的报纸在中国是早已失掉了它的功能，埋没了它的使命了。"[④]"我们要使得国内的报纸发达，除开不需的条件之外，第一要有多数看报的人，第二要有批判报纸的

---

① 谢六逸：《实用新闻学》（《申报新闻函授学校讲义》之三），第4页，《申报》新闻函授学校印行，1935。

② 谢六逸：《实用新闻学》（《申报新闻函授学校讲义》之三），第33—34页，《申报》新闻函授学校印行，1935。

③ 转引自胡正强著：《中国现代报刊活动家思想评传》，第361页，新华出版社，2003。

④ 转引自胡正强著：《中国现代报刊活动家思想评传》，第360页，新华出版社，2003。

人，第三要有研究报纸的人。在我国，第一种人太少，大多数还不看报或不能看报的，第二种第三种人尤其少，几乎等于零。在这种情形之下，我国报纸的进步自然迟缓。”① 强调报纸健康发展需要报人、读者及批评者的共同努力，而读者批评素养的提高至关重要。办报者不负责任，自甘堕落，读者随波逐流，良莠不分，缺乏批判意识，报纸难以取得进步。

1934 年 9 月他在《青年与新闻》一文中，要求大家积极辨别新闻质量，择善而从。谢六逸把“看报者”素质的提高看作报纸进步的力量。他说：“在目前我们希望有力的批评出来，如像日本的长谷川如是闲、大宅壮一之流，将国内的报纸痛快地批评一下，一方面促进各报的改善，一方面使阅者知道辨别报纸的好坏。”② 历史上，日本新闻批评家的文章对新闻业健康发展起到很强的规范作用，谢六逸深受启发，认为日本经验对我国报界的进步大有益处。

第二节　蔡元培论报刊与新闻学理

蔡元培号孑民，1868 年 1 月 11 日生于浙江绍兴，中日甲午战争后开始接触西方政治学说，学习外语，1902 年参与创立中国教育会任会长。1904 年他在上海参加创立光复会，1905 年加入同盟会，任上海分会会长。1907 年 6 月赴德，在中国驻德使馆工作，次年秋入莱比锡大学，攻读哲学、心理学、美术史学等学科。武昌起义后回国，1912 年 1 月出任南京临时政府教育总长，1917 年 1 月任北京大学校长，提出“思想自由”、“兼容并包”的办学方针，倡导白话文，提倡科学与民主和“劳工神圣”，反对军阀政客，使北大成为五四新文化运动的发起地。蔡元培在中国国民党第一、二次全国代表大会上，被选为候补和正式中央监察委员。蒋介石发动四一二反革命政变前后，蔡元培与国民党右派联名发表“护党救国”通电，参加“清党”反共活动，后任国民政府代理司法部长、国立中央研究院院长。1928 年 8 月，

---

① 谢六逸：《实用新闻学》（《申报新闻函授学校讲义》之三），第 4—5 页，《申报》新闻函授学校印书，1935。

② 谢六逸：《实用新闻学》（《申报新闻函授学校讲义》之三），第 4—5 页，《申报》新闻函授学校印书，1935。

他不愿与蒋介石集团继续为伍，辞去所兼各职，专任中央研究院院长，定居上海。1932 年，同宋庆龄、鲁迅等发起成立中国民权保障同盟，任副主席。抗日战争爆发后移居香港，1940 年 3 月 5 日病逝于香港。

一、“记注”与“据事直书”

蔡元培对中国教育和学术思想的巨大贡献受到世人敬仰，但他的报刊批评活动和新闻思想却少有学者研究。在辛亥革命前，他曾参加《苏报》的编撰，创办《俄事警闻》和《警钟日报》，1918 年主持创办我国第一个新闻学术教育机构“北京大学新闻学研究会”，一生为多种报纸书刊写了发刊词。在晚年为维护人民的言论、出版、集会和结社自由而斗争，阐述了一些重要的新闻学理，对报刊编辑工作也提出过许多意见。

1901 年 10 月，蒋智由、赵祖德等在上海创办文摘性旬刊《选报》(1904 年改名《域外报》)，蔡元培为该报写了《发刊词》，从修史角度对新闻的编写体例作了阐述。他认为，古人修史主要有三种方式——“曰记注，曰辑比，曰撰述。记注者，据事直书，如董狐南史之事是。辑比者，整齐故事，实录历史，皆其例也。撰述者，抽理于移动之中，得见于行墨之外，别识通裁，非文明史不足以当之。”① 所谓“记注”，是指记录事实并解释其精要，相当于今天报刊上对事实的报道与做出的评论。蔡元培的“记注”说，揭示了新闻报道的基本特征和要求。当时我国尚无新闻学，国人根本不知道西方现代报刊的编辑知识，蔡元培以修史为例研究新闻的特点与报刊编辑体例，对报刊工作有重要的指导意义。

图 5－5　蔡元培

蔡元培在考察中国当时报刊编辑体例的发展之后指出：“海通以来，有日报为记注之体；其后或拔其萃，为旬报，七日报，则辑比之体。然所采率不出上海各报，有以宗旨不定，猎粕舍精，于所谓辑比以为撰述之资者，固为或胜任也。”而蒋、赵等人所办的《选报》的优点在于：“荟域中域外之国闻报而抉择之，其在观天下之故、通古今之变者，咸具本末，间附评议，托体于温固，

① 《〈选报〉叙》，《蔡元培全集》，第 1 卷，第 153 页，中华书局，1984。

而取径于开新。盖不居撰述之名，而有其意者，非与寻常辑比之报为重台也。”① 据此可见，蔡元培认为文摘类报刊的取材范围应当广泛，要有一定的编辑方针，通过文章的选择体现编者的思想。这个思想则是“在观天下之故、通古今之变，取径于开新”，“记注”的目的是为了通古达变。他批评当时的上海报刊则是“宗旨不定，猎粕舍精”，“撰述之资者，固为或胜任也”。②

1901年10月蔡元培与张菊生（元济）、赵从藩、杜亚泉等创办旬报《开先》，想以报刊启发民智，唤起民心。同年10月22日《开先》改名为《外交报》。此刊连续出版达十年之久，是我国最早介绍国际动态和知识的刊物。蔡元培于10月31日发表《外交报》叙例，是他写的有关报刊批评的最早文章之一。该文以事实、思想、言论三者间相互影响为切入点，论及报刊的目的和作用，讨论了报刊的社会功能。他认为，言论、事实、思想之间互为因果、互相助益，“其际如循环也”。“然而有思想而后有言论，有言论而后有事实，是故以思想为言论、事实之根源”。他又指出“然而思想之为物也，非能孑然而孤立、画然而凝结者，必激动于之所感而生长，而变迁，则又以言论、事实为思想之根源”。③ 蔡元培这个结论并不清晰，到底是事实决定言论或思想，还是言论、思想决定事实，在他的笔下有些混乱。对于记者和报刊评论家而言，毫无疑义，事实是正确思想的来源，如果认为言论或思想是事实的根源，那就颠倒了实在性的逻辑，为错误的言论和思想寻找根据制造了口实。

蔡元培继续评论道：“我国人思想之幼稚，关于言论、事实之间，已可概见。丁戊之际，有《时务报》，始欲以言论转移思想，抉摘弊习，有摧陷廓清之功；其后有《知新报》，参以学理；有《湘学报》，参之以掌故。嗣是人心为之一变，中更多故，流为诡谲模棱之习。于是有《亚东时报》者，揭当时之言论、事实，而一反之于思想，以名家言疏核之，视前三者有精粗之差，盖亦因病而投药，随风会播，荡而进化者也。更庚子之难，而人心又为之一变，高志孤愤者，大抵专思议于极端，而中庸之才，见朝廷变科举，励游学，有革新之象，则相与剽耳食之论，为口头之禅，诡入诡出，以求捷

① 《〈选报〉叙》，《蔡元培全集》，第1卷，第153页，中华书局，1984。

② 《〈选报〉叙》，《蔡元培全集》，第1卷，第153页，中华书局，1984。

③ 《创办〈外交报〉叙例》，《蔡元培全集》，第1卷，第137页，中华书局，1984。

径，去实际远矣。”凡精当的言论与学理都来自事实，并驱使“人心为之一变”，脱离实际的言论，只能“诡入诡出”。

报刊的重要性就在于，它可以供给思想，但思想直接来自“据事直书”，避免凭空想象和没有依据的言论。蔡元培写道：“夫思想玩钝，赖言论以破之；言论暧昧，则藉事实以画之。然而研地学者，必取之于图绘，习制造者，或效象于雏形，事实一界，非空言所能发也。”因此，“同人有鉴于此，议发旬报，荟我国自治之节度，外交之政策，与外国所以对我之现状，之隐情，胪举而博译之，将以定言论之界，而树思想之的，为理论家邮传，为实际家前驱。”① 蔡元培以办报的方式为国人提供外交方面的信息，以报刊的报道为思想提供事实依据，旨在于“有裨实际”。由于“凡放言琐事不录焉”②，“事实一界，非空言所能发也”，他的办报思想就是“思想玩钝，赖言以破；言论暧昧，则事实画之”。不言而喻，只有对事实的“记注”，才能向人们注入思想。

1902年4月，蔡元培与蒋观云、黄宗仰、经莲三、林少泉（林獬）等人创办了中国教育会，被选为会长。此后，他参与了《苏报》的编撰工作，为该报写作了《释“仇满”》、《绍兴教育会之关系》等重要文章。“苏报案”后，他回到上海，时值上海志士在愚园集会追悼因揭露《中俄密约》内幕而遭清廷杖毙的记者沈荩。他到会“当众演说，痛诋清廷的政治暴乱、蔑视人权，听者无不动容”。③ 当时俄国霸占我国东三省，拒不撤兵，妄图将东三省永远变为殖民地。我国人民在1901年和1903年两度掀起声势浩大的拒俄运动，1903年10月俄军再次实行武力讹诈，进占奉天，激起中国人民的激烈抗争。在举国上下的拒俄浪潮中，蔡元培成为拒俄运动的领袖，为了领导舆论，与王小徐、陈竞泉等人于15日组织成立“对俄同志会”（后改名“争存会”），创办了《俄事警闻》，“借俄事为名，而本意仍在提倡革命”。④

1904年2月8日，日俄战争爆发，蔡元培等人决定将《俄事警闻》改名为《警钟日报》，前后共出版了73号。他在《俄事警闻之尾声》一文中对

① 《创办〈外交报〉叙例》，《蔡元培全集》，第1卷，第137页，中华书局，1984。

② 《创办〈外交报〉叙例》，《蔡元培全集》，第1卷，第138页，中华书局，1984。

③ 马鉴：《纪念蔡孑民先生》，见陈平原、郑勇《追忆蔡元培》，第111—113页，中国广播电视出版社，1997。

④ 蔡元培：《自写年谱》，《蔡元培全集》，第17卷，第447—448页，浙江教育出版社，1997。

改名作了说明："东三省之问题，前者为俄人独据时代，今则为日俄并争时代。在独据时代，我国民宜专筹对付俄人之策；在并争时代，则我国民一面为对付俄人之策，一面又宜为对付日人之策。此本社将于明日改为《警钟》之原因也。"①《警钟日报》以"抵御外辱，恢复国权"为宗旨，由蔡元培、汪允宗、刘师培、林獬先后为主编。他在《〈俄事警闻〉该刊广告》、《〈俄事警闻〉改为〈警钟〉之原因》《〈警钟〉之发刊旨趣》等文章中，阐述了报刊应当服从民众爱国斗争的需要，成为对内唤醒民众、团结民众，对外力争国权，共同御辱的有力机关，注重报道事实，激起舆论对国家命运的关切。对此，徐宝璜曾指出："我国戊戌以后上海发行的《苏报》、《警钟报》、《民呼报》等报，亦均注重创造舆论之报纸也。"而"发生正当之舆论，使应兴之事果兴，应革之事果革。非编辑有纯洁之精神，高尚之思想，远大之眼光，不足以语此也"。②

蔡元培要求新闻写作要像史书一样，要尊重事实，以"事实画之"，"不掩恶，不虚美，据事直书"。他强调："新闻之与史，又有异点。两者虽同记已往之事，史所记不嫌其旧，而新闻所记则愈新愈善。其异一。史作者可穷年累月以成之，而新闻则成于俄顷。其异二。史者纯粹著述之业，而新闻则有营业性质。其异三。是以我国虽有史学，而不足以包新闻学。"③ 无论新闻报道还是某个学科的研究，都依赖于事实，都是"记注"。"凡一科学之成立，必先有事实，然后有学理。以无事实。则无经验可言；无经验，则学理亦无由发生"再现事实、研究事实或评论事实，就是"记注"，④ 是一切思想产生的根源。

民国成立后不久（1912 年 4 月）蔡元培又与胡汉民、唐绍仪、宋教仁、李石曾、张竞生、黄复生、汪精卫等人发起创办天津《民国报》，"以谋军界之开明，女权之发展，与一般普通人民普通常识之输入"。⑤ 并亲自为该报写了《出版公启》。在《〈民国报〉出版公启》中表达了为振兴国家民族，尽快缩小与西方国家的差距而使我国屹立于世界民族之林的办报思想，即"俾

---

① 蔡元培：《俄事警闻之尾声》，《俄事警闻》，1904 年 2 月 25 日。

② 徐宝璜：《新闻学》，第 6—7 页，中国人民大学出版社，1994。

③ 蔡元培：《〈新闻学〉序》，载徐宝璜《新闻学》，中国人民大学出版社，1994。

④ 蔡元培：《北大新闻学研究会第一次期满式训词》，《蔡元培全集》，第 3 卷，第 348 页，中华书局，1984。

⑤ 蔡元培：《民国报出版公启》，载《亚细亚日报》，1912 年 4 月 7 日。

吾泱泱民国实符于新者兴者恒者宁着成者，交邻国实符于先者威者光者峙者平者，而《民国报》出”。① 他的报刊实践始终服从于一个伟大目的，振兴国家民族，使祖国独立富强。

二、报刊的“三弊”与三“要务”

1918年10月20日，国民杂志社成立，蔡元培到会发表演说，并亲自为《国民杂志》作序。蔡元培在发言中以会场国旗为例，提出报刊“三弊”的观点，指出办报要“拯国家于危亡”，必须“质坚色美，幅均位顺”，这就要“实业发达，学术修明，发扬国光，提高国民道德”。蔡元培指出：“若乃杂志之发行，实在提倡实业，发展学术，增进道德，诚足以抒救国之热忱矣。然杂志之良否，亦得以国旗为喻，例如内容无价值，犹旗质之不坚也。内容善矣，而文笔晦涩，编次凌杂，不能使读者知其真意之所在……内容及形式均善矣，而或参以过当之言论，激起反动，或加以卑猥之小品，若广告，以迎合一部分恶劣之心理，则亦犹国旗之污损。去此三弊，则杂志始为完善，而有以副诸君救国之本意。”他所说的杂志“三弊”，是指内容无价值，形式晦涩凌乱和言论过当或卑猥，造成社会恶果。蔡元培在《国民杂志·序》中还明确提出办报的“三要务”——正确、纯洁和博大，以此纠正杂志的“三弊”。

《国民杂志》由北京学生印行，参与的学生出于爱国心，将其作为救国事业。蔡元培认为：“我国大多数之国民，方漠然于吾国之安危，若与己无关。而一部分有力者，乃日以椓丧国家为务。其能知国家主义而竭诚以保护之者，至少数耳。求能助此少数爱国家、唤醒无意识之大多数国民，而抵制椓丧国家之行为，非学生而谁？呜呼！学生之牺牲其时间与心力，以营此救国之杂志，诚不得已也。”② 蔡元培高度评价了学生“营业”这个杂志的高贵人格，它必须遵行“正确、纯洁和博大”这三条编辑“要务”，才能体现学生的救国心和求学的崇高目标。

所谓“正确”，就是编辑的头脑冷静，根据事实作出判断，决不妄下结论。蔡元培说：“有一事焉，与吾人之所预期者相迎合，则乍接而辄认为真；又有一事焉，与吾人之所预期者相抗拒，则屡闻尚疑其伪。此心理上普通作

---

① 蔡元培：《民国报出版公启》，载《亚细亚日报》，1912年4月7日。

② 《〈民国杂志〉序》，《蔡元培全集》，第3卷，第254页，中华书局，1984。

用也。言论家往往好凭借此等作用，以造成群众心理，有因数十字之电讯而酿成绝大风潮者，当其时无不成如荼如火之观，及事实大明而狂热顿熄，言论家之信用荡然矣。故爱国不可不有热诚；而救国之计划则必持以冷静之头脑，必灼见于事实之不诬而始下判断，则正确之谓也。”编辑记者不能根据事实是否符合其愿望和好恶对事实作出判断，并拿这个判断去误导群众，爱国要有热忱，救国也需要冷静，反复考察、斟酌事实然后作出结论，才能称得起“正确”。①

所谓“纯洁”，乃“救国者，艰苦之业也。墨翟生勤而死薄，勾践卧薪而尝胆，范仲淹‘先天下之忧而忧，后天下之乐而乐’”。就是说，办刊的人专心救国，舍弃个人利益，不怕苦难和牺牲，把国家命运摆在首位，这才是纯洁的表现。蔡元培指出：“断未有溺情于耳目之娱，侈靡之习，而可以言救国者。近来我国杂志，往往一部分为痛哭流涕长太息之治安策，而一部分则杂以侧艳之诗文，恋爱之小说，是一方面欲增进国民之人格，而一方面则转以陷溺之也。愿《国民杂志》慎勿以无聊之词章充篇幅。”为贯彻爱国、救国的使命，杂志决不可迎合读者的“耳目之娱，侈靡之习”，刊登谈情说爱、无聊诗词之类的内容。

所谓“博大”，是指报人要有博大的胸怀，既要考虑部分群众的利益，更要考虑国家和世界人民的利益，小家的利益服从大家的利益，一国利益服从世界的利益。最后，蔡元培把报人的博大胸怀落脚在世界主义的大旗下：“积小群而为大群，小群之利害，必以不与大群之利害相抵触者为标准。家，群之小者也，不能不以国之利害为标准。故有利于家，而又有利于国，或无害于国者，行之。苟有利于家，而有害于国，则绝对不可行。此人人所知也。以一国比于世界，则亦为较小之群。故为国家计，亦当以有利于国，而有利于世界，或无害于世界者，为标准。而所谓国民者，亦同时为全世界人类之一分子。苟倡绝对的国家主义，而置人道主义于不顾，则虽以德意志之强而终不免于失败，况其他乎？愿《国民杂志》勿提倡极端利己的国家主义。”《国民杂志》以服务于国家、人民与世界为目标，极力反对自私的国家主义，力主世界胸怀。

最后，蔡元培指出，这三条要务都是关于内容方面，《国民杂志》社力行“有恒”二字。全体杂志社成员将以“责无旁贷之决心，永葆朝气，以唤

---

① 《蔡元培全集》，第3卷，第254页，中华书局，1984。

醒国民之初心，始为无负也”。① 蔡元培认为，报刊要负救国之责，评论切忌主观武断，意气用事，因世间“人事蕃变，非备悉其始末，灼见其情伪，而平心以制之，鲜或得当”。所以要力戒借评论发泄私愤，只有对事物全面考察后，才可置于评断。

蔡元培的办刊“三要务”一直贯穿在他一生的编辑活动中。比如他的世界主义思想，早在1914年夏他就论述过，当时蔡元培在留法期间撰写的《〈学风〉杂志发刊词》中指出：“今之时代，其全世界大交通之时代”；吾国作为世界之一分子，应该“通力合作，增进世界之文化”。中国古代在“交通较隘之时期”于科学与艺术上是有贡献于世界的，但这是“千百年以前所尽之责任”。而考虑中国现代“学术之程度，则吾人益将无地以自容”。他感慨地说：“使吾人而尚自命为世界之分子者，宁得不自愧乎?”“其最完全不受他种社会之囿域，而合于世界主义者，其唯科学与美术乎……故曰：科学、美术，完全世界主义也。”② 1918年11月，他在《北京大学月刊》发刊词中又指出：“从事于研究，要必有几许之新义，可以供献于吾国之学者及世界之学者。”③ 蔡元培站在国际化的高度，纵论西方各国学术界的历史与现实，希望通过报刊介绍西方思想来促进中国的发展，以谋中国“与一切人类各立于世界一分子之地位，通力合作，增进世界之文化”。

1916年8月蔡元培在法国都尔成功出版了《旅欧杂志》，“该杂志以交换旅欧同人之智识及传布西方文化于国内为宗旨”。每期约三四十页，万余言，内容有图画、论说、纪事、通讯、丛录、杂俎六部分，每半个月出版一期，由都尔中华印字局印刷。他出任北京大学校长后，多次强调《北大月刊》、《法政学报》等刊物应研究学理、破除成见、传播真知，强调它们“促进进步的思想与养成非利的公德心”的作用，体现了他的“正确”的办刊方针。

三、北大岁月中的新闻学情结

1917年初，蔡元培正式执掌北大校务，革故鼎新，进行大刀阔斧的改革，使旧式半官半学的衙门式学堂成为容纳百川的思想殿堂。蔡本着大学为

---

① 《蔡元培全集》，第2卷，第216页，中华书局，1984。

② 《〈学风〉杂志发刊词》，《蔡元培全集》，第2卷，第335－336页，中华书局，1984。

③ 《〈北京大学月刊〉发刊词》，1919年7月。

“囊括大典，网罗众家”的学术机关，使学生在业余时间熟悉社会，在休闲时间认识人生，积极支持并参加各种学生社团，北京大学新闻学研究会就是这些社团中的一个。

1918年蔡应北大学生罗章农、谭平山等人的邀请，主持成立了北京大学新闻学研究会，亲自任会长，聘徐宝璜、邵飘萍为研究会导师，开展报刊批评与新闻学研究。蔡元培对新闻学有种特殊的情结，先后在《北京大学日刊》上发表了《北京大学新闻学研究会简章》、《北京大学新闻学研究会成立之演说》、《北京大学新闻学研究会第一次期满式训词》和刊于《北京大学月刊》第一期的《北京大学月刊发刊词》、刊于《国民》杂志第一期的《〈国民〉杂志社成立会上的演说》以及为徐宝璜《新闻学》一书所写的序文。

蔡元培认为，新闻学是一门具有独立地位的新兴学科，与其他学科一样，都有一个从实践到理论的认识和发展过程。在为《新闻学》写的序言中，他指出：“凡学之起，常在其对象特别发展以后。烹饪、裁缝、运输、建筑之学旧矣，积久而始有理化；树艺、畜牧之业旧矣，积久而始有生物学、农学；思想、辩论、信仰之事旧矣，积久而始有心理、伦理、宗教诸学；音乐、图画、雕塑之术旧矣，积久而始有美学。以此例推，则我国新闻之发起（昔之邸报与新闻性质不同），不过数十年，至今日而始有新闻学之端倪，未为晚也。”① 这一观点在其《北大新闻研究会成立演说词》中也有相同的阐述：“凡事皆有术而后有学。外国之新闻学，起于新闻发展以后。我国自有新闻以来，不过数十年，则至今日而始从事于新闻学，固无足怪。”②

蔡元培在为《新闻学》所写的序中，仍以修史与办报相比附，不过与早期的比附不同的是，他对新闻报刊已经有了更为全面的认识。他比较修史与报刊的异同，指出新闻“俄倾而成”的特征。他写道：“余唯新闻者，史之流裔耳。古之人君，左史记言，右史记事，非尤今日之新闻中记某某之谈话若行动乎。‘不修春秋’录各国报告，非尤今新闻有专电通信若译件乎。由是观之，虽谓新闻之内容，无异于史可也。然则我国固早有史学矣，何需乎特别之新闻学？”

---

① 《〈新闻学〉序》，载徐宝璜《新闻学》，第5—6页，中国人民大学出版社，1994。

② 蔡元培：《北京大学新闻研究会成立演说词》，载《北京大学日刊》，1918年10月16日。

他指出，报刊和新闻报道的发展，奠定了新闻学产生的基础，新闻学依赖新闻报道经验的积累。他写道："我国第一新闻，是为《申报》。盖以前虽有所谓邸抄若京报，是不过记录成文，非如新闻之有采访、有评论也。故言新闻，自《申报》始。《申报》为西人所创设，实以外国之新闻为模范。其后乃有《沪报》、《新闻报》等。戊戌以后始有《中外日报》、《时报》、《苏报》等。十五年前，鄙人在爱国学社办事时，与《苏报》颇有关系。其后亦尝从事于《俄事警闻》、《警钟日报》等。其时于新闻术等实毫无所研究，不过借此以鼓吹一种主义耳。即其他《新闻报》、《申报》等，虽专营新闻业，而其规模亦尚小。民国元年以后，新闻骤增，仅以北京一隅，文有80余种。自然淘汰之结果，其能持续至今者，较十余年前之规模大不同矣。唯其发展之道，全恃经验，如旧官僚之办事然。苟不济之以学理，则进步殆亦有限。此吾人所以提出新闻学之意也。"① 可见，新闻学是报刊实践的产物，离开新闻经验，就谈不上新闻学。

正是基于这一认识，蔡元培不仅认为新闻学为一门独立学科，应当大力提倡，而且应当在大学中设有新闻学专科教育。在《新闻学》序文末尾，他寄希望徐宝璜和北大新闻学研究会，对新闻学做出深入的探索。他说："甚愿先生与新闻学研究会诸君，更为宏深之研究，使兹会发展而成为大学专科，则我国新闻界之进步，宁有涯涘欤。"

针对当时人们对新闻学的不了解，认为"新闻无学、全赖经验"，蔡元培反复阐释新闻学的特点，纠正人们对新闻学的无知与偏见。在《北京大学新闻学研究会第一次期满训词》中，蔡元培指出新闻学的形成需经过经验积累和草创阶段，特别强调："以无事实，则无经验可言；无经验，则学理亦无由发生。现吾人之新闻学研究会，虽无闳大之印刷机关，似与普通之报馆不侔，故经验亦不能谓之大备。""但科学之起，必始于草创，始于简单。今虽为本会之草创时期，然他日固可由周刊，进而办日刊。且经验之不足，又不独吾人为然；即外国大学之新闻科，其成绩亦未能谓完满。盖新闻为经验之事业，非从事于新闻之人，以其经验发为学理，则成绩终无由十分完满也。"②

---

① 蔡元培：《北京大学新闻研究会成立演说词》，载《北京大学日刊》，1918年10月16日。

② 蔡元培：《北京大学新闻学研究会第一次期满训词》，《蔡元培全集》，第3卷，第348页，中华书局，1984。

他对新闻学研究提出一个非常重要的观点，即没有新闻工作实践是无法研究新闻学的，没有新闻工作经验，将无法引申出学理。

蔡元培认为，新闻所涉及的内容包罗万象，无所不有，其发展具备两个条件：一是各种与新闻活动相关的学科的发展，如心理学、伦理学、文学等学科的进步与发展；二是新闻实践要达到一定的阶段，有了一定的经验积累之后，参之以学理，新闻学才能成立。他说："新闻之内容，几与各种科学无不相关。外国新闻，多有特辟科学、美术、音乐、戏曲等栏者，固非专家不能下笔。即普通纪事，如旅行、探险、营业、犯罪、政闻、战报等，无不与地理、历史、经济、法律、政治、社会等学有关。而采访编辑之务，尤与心理学有密切之关系。至于记述论辩，则论理学及文学亦所兼资者也。根据是等科学，而应用于新闻界特别之经验，是以有新闻学。欧美各国，科学发达，新闻界之经验又丰富，故新闻学早已成立。而我国则尚为斯学萌芽之期，不能不仿《申报》之例，先介绍欧美新闻学。是为吾人第一目的。"① "新闻事业在欧美各国，均已有非常发展，而尤以北美合众国为盛。自美国新闻家 Joseph Pulitzer 君创设新闻学校于哥伦比亚大学，而各大学之特设新闻科者，亦所在多有。新闻学之取资，以美为最便矣。"②

在蔡元培看来，中国近代新闻事业是舶来品。所以我们不能完全模仿第一新闻《申报》的办报路子，新闻学研究也要本着国内经验和情况进行归纳、抽象和总结，建立中国的新闻学。当我们强调新闻事业的共同规律时，千万不能忘记我国新闻工作的特殊性，不问实际情况。一味地模仿外国，只能是缺乏新闻学理的表现，无法推动学术向前发展。

他敏锐地察觉到，中国的新闻实践具有许多不同于外国的具体情况，在学习西方新闻学的时候应当立足于中国新闻业的实际。他说："我国社会与外国社会有特别不同之点。因而我国新闻界之经验，亦与外国有特别不同之点。吾人本特别之经验而归纳之，以印证学理，或可使新闻学有特别之发展。是为吾人第二目的。"③ 中国新闻学虽源于欧美，但早在引进阶段，蔡元培、徐宝璜、邵飘萍、任白涛等新闻学者就已注意到了新闻学的中国化问

① 蔡元培：《北京大学新闻研究会成立演说词》，载《北京大学日刊》，1918 年 10 月 16 日。

② 《〈新闻学〉序》，载徐宝璜《新闻学》，第 6 页，中国人民大学出版社，1994。

③ 蔡元培：《北京大学新闻研究会成立演说词》，载《北京大学日刊》，1918 年 10 月 16 日。

题，几乎所有的中国早期新闻学者都持有与蔡元培相同的观点，强调中国新闻事业的民族性、特殊性，对于西方新闻学不可全盘照搬。

结合新闻学的学科特点，蔡元培在强调新闻学的独立地位之后，特别强调新闻学研究和教育应当密切联系实际，正如前述引文所说："盖新闻为经验之事业，非从事于新闻之人，以其经验发为学理，则成绩终无由十分完满也"，"新闻事业既全恃经验，此后从事新闻事业之人，能以其一身经验研究学理，而引进于学校中，乃吾所深望者也"。① 据此，他希望在新闻学研究会学习的同学联系实际研究新闻学理，推动新闻学科的健康发展。

蔡元培重视报人的职业道德，强调新闻的"品格"。他在北京大学新闻学研究会成立大会上的演说中，以严肃口吻批评当时的报风不正，指出："抑鄙人对于我国新闻界尚有一种特别之感想，乘今日集会之机会，报告于诸君，即新闻中常有猥亵之纪闻若广告是也。闻英国新闻，虽治疗梅毒之广告，亦所绝无。其他各国，虽疾病之名词，无所谓忌讳，而春药之揭帖，冶游之指南，则绝对无之。新闻自有品格也。吾国新闻，于正张中无不提倡道德；而广告中，则诲淫之药品与小说，触目皆是；或且附印小报，特辟花国新闻等栏；且广收妓寮之广告。此不特新闻家自毁其品格，而其贻害于社会之罪，尤不可恕。诸君既研究新闻学，必皆与新闻界有直接或间接之关系，幸有以纠正之。"② 这种批评可谓一针见血，切中时弊。

"新闻自有品格"这一断语，应成为传媒界的名言。记者编辑的伦理重于新闻写作的技巧，因为道德的堕落和新闻界的不良风气将扭曲新闻事实，埋葬真正的新闻报道。记者有了道德，新闻有了品格，报刊才能克服"三弊"，具备"正确、纯洁和博大"精神。

四、报刊思想的革命倾向

1919 年 11 月，北大经济系学生李泽彰翻译了《共产党宣言》第一章，发表于《国民杂志》第二卷第一号。1920 年 12 月，由李大钊、费觉天、郛祥、郭弼藩、梅祖芬等 9 人发起成立了北京大学社会主义研究会，其章程在

① 蔡元培：《北京大学新闻学研究会第一次期满训词》，载《北京大学日刊》，1919 年 10 月 21 日。

② 蔡元培：《北京大学新闻研究会成立演说词》，载《北京大学日刊》，1918 年 10 月 16 日。

《北京大学日刊》上刊发，从此，对社会主义学说的研究在北大已从秘密状态走向公开。不久在李大钊的指导下，由邓中夏、何孟宏（即何孟雄）、刘仁静、罗章龙等19人，秘密酝酿成立了“北京大学马克思学说研究会”，1921年11月17日在《北京大学日刊》上刊登启事，招收会员。据罗章龙回忆，启事“写好以后，由我和另一位同志去找蔡元培先生，要他同意把启事刊载在《北京大学日刊》上。我向蔡先生宣传一番我们为什么要组织马克思学说研究会的道理，蔡先生看了一下启事和名单，沉默了一会，最后同意给予刊登了”。“尔后，马克思学说研究会拟在北大会议厅开成立大会，蔡先生又答应了我们的请求，同时还应邀出席了成立大会，并在会上作了简短扼要的讲话。”“成立以后，需要活动场所，蔡先生又同意给两间房子，一间当办公室，一间当图书室。”“蔡先生顶着反对派的压力，从精神到物质上对马克思学说研究会的支持，使我们很感动。这在当时反动派到处防范、侦缉‘过激主义’、‘过激党’情况下，是很不容易的。”①

马克思学说研究会成立时，蔡元培应邀出席并发表演讲，对社会主义思潮表示赞同。他曾说，社会主义就是“对内主均贫富，对外不取黩武主义与殖民政策”，社会主义“很可以令我们猛省，知要实行这种主义，必有各种的研究”。② 他对马克思主义的态度立即遭到非议，有些人径自向他说：“今后学校不得太平了。”蔡元培力排众议，使马克思主义学说在北大自由讨论。

北洋安福系机关报《公言报》撰文指责蔡说：“蔡元培氏自掌北大以来，引用非人，败坏士习，有目共睹。蔡氏夙隶国民党，比年复借教育家之美名，实行灌输社会革命、无政府等等邪说，阴为破坏举动，而已则肥遁鸣高，聚群不逞之徒为之羽翼。”京师警察总监朱深曾告诫同僚：“诸君不可视蔡元培为一书生，当视为十万雄师，吾人不可不以全副武装对付。”③ 在军阀森严恐怖的刀刃面前，蔡元培没有退缩，他针锋相对，为新思潮辩言。他在《新青年》发表《洪水和猛兽》一文，说：“我以为用洪水来比新思潮，很有几分相像，他的来势很勇猛，把旧的习惯冲破了，总有一部分人感受痛苦，仿佛水势太旺，旧有的河槽，不能受他，就泛滥到岸上，把田庐都扫荡

① 梁柱：《蔡元培与中国共产党》，载《高校理论战线》，2008年第7期。

② 《社会主义史》“序”，《蔡元培全集》，第3卷，第434、436页，中华书局，1984。

③ 张家康：《蔡元培与中国共产党》，载《党史纵览》，2006年第11期。

了。”“猛兽，恰好作军阀的写照。……现在军阀的要人，都有几百万、几千万的家产，奢侈的（得）了不得；别种好的作（做）工的人，穷的（得）饿死，这不是率兽食人的样子么？现在天津、北京的军人，受了要人的指使，乱打爱国的青年，岂不明明是猛兽的派头么？”①

1920年8月，陈独秀已在上海组建中国第一个共产主义小组。北大学生张国焘带着李大钊的口信，来上海与陈独秀联系。恰在此时，蔡元培也因事来到上海，张国焘去看望蔡元培并告诉他愿意追随共产主义运动。张国焘回忆说：“一向信仰无政府主义的蔡先生表示：看来中国只有走社会主义的道路，无政府主义者始终没有组织，这是一个弱点。马克思主义者要有作为，就应该赶快组织起来。蔡先生平素是很客气的，不愿对人浇冷水，但对自己的学生们则很直率，他这次赞同我所采取的途径，显然不是敷衍式的客套话。”②

1927年3月6日晚，吴稚晖和陈独秀相会，吴问陈，中国实行共产主义须若干年？陈独秀说“尚须20年”。吴稚晖以此造谣说共产党要在20年内消灭国民党，为蒋介石决心铲除共产党制造口实。1927年4月2日，国民党中央监察委员会在上海举行会议，吴稚晖、张静江、李石曾、蔡元培、古应芬等出席，由蔡元培主持会议，决定“清党”。12日蒋介石在上海对共产党和工人纠察队进行血腥屠杀。当时蔡元培全然没有料到蒋介石会大开杀戒，酿成惨祸，多次营救被捕的共产党人。③

1928年在国民党建都南京后，新的《中央日报》创刊，蔡元培为该报题词，对国民党的报刊宣传提出反对过激、反对保守、反对腐败、反对攻击异己的指导方针。全文如下：“党外无党，囊括长材，进取保守，相济无猜。进取过激，是曰恶化；宁闻碎玉，果愈全瓦。保守已甚，腐化是惧，或开倒车，或封故步；补偏救弊，赖有谠言。后知后觉，努力宣传。严戒讦攻，多筹建设，忝属同志，敢告主笔。”他希望以《中央日报》为代表的国民党报刊发挥整合人心的作用，告诫国民政府吸取“我国因工具缺乏，宣传上大受障碍、国际宣传薄弱”的教训，提出“设置国际宣传机构”、“从速组织国际

① 《蔡元培全集》，第3卷，第392页，中华书局，1984。

② 张家康：《北大校长蔡元培与中国共产党的交情与过节》，载《党史博览》，2007年第5期。

③ 张家康：《北大校长蔡元培与中国共产党的交情与过节》，《党史博览》2007年第5期。

宣传机关，发刊西字报纸及创办西字电报通讯社”的建议。

1928年他在《三民主义的中和性》一文中的结尾，特别提到在国民党内应当谨防“法西斯主义”的渗透，指出：“若口唱三民主义，而精神上不是法西斯，便是波尔雪维克，那就是孙先生的罪人了。”① 他对蒋介石的暴政已有非议。在与蒋介石的斗争过程中，他主要采取的是“不合作”、但也不破裂的斗争方式，即坚持自己的见解，批评蒋介石的倒行逆施，参与进步的政治活动，又不采取极端的方式与蒋对抗。1928年10月，他坚持辞去中央政治会议委员、国府委员和代理司法部长等职务，不久又坚辞监察院院长一职，认为“监察制度在民主国家中，发挥过相当作用，可是在豺狼当道……的局面下，有什么可为的呢?”

1932年12月，蔡元培与宋庆龄、鲁迅、杨杏佛等人在上海成立了中国民权保障同盟，由宋庆龄任主席、蔡元培为副主席，杨杏佛任总干事，开始着力维护人民的言论、出版、集会自由，反对蒋介石的思想专制统治。在由其参与草拟并与宋庆龄、杨铨、黎照寰、林语堂等共同署名发表的《发起中国民权保障同盟宣言》中，表明了他坚决保障人民言论出版自由的立场。

该宣言首先痛斥蒋介石践踏民权的严酷现实，指出：“抑制舆论与非法逮捕，杀戮之记载，几为报章之所习见。至男女青年有时加以政治犯之嫌疑，遂不免秘密军法审判之处分。虽公开审判，向社会公意自求民权辩护之最低限度之人权，亦被剥夺。”为了“保障人类生命与社会进化所必需之思想自由与社会自由”，“为结社集会自由、言论自由、出版自由诸民权努力之一切奋斗”。② 1932年12月，蔡元培在致蒋介石的信中严正要求“政府明令全国保障人民集会、结社、言论、出版、信仰诸自由，严禁非法拘禁人民，检查新闻”，实现“以重民权，而张公道”的清明政治。

1933年1月21日，江苏镇江《江声日报》经理兼主笔刘煜生因揭发登载政府官吏公卖鸦片的黑幕及吸毒丑行，被国民党江苏省政府以“共党”和“共党报纸”，“蓄意煽起阶级斗争，鼓动红色恐怖”等莫须有的罪名非法枪决，舆论哗然，此时又传来《时事新报》驻京记者王慰三被枪杀案，新闻界人人自危，各地同仁纷纷发电抗议，指斥顾祝同“弁髦法令，蹂躏人权之暴

---

① 蔡元培：《三民主义的中和性》，《蔡元培全集》，第5卷，第447—448页，浙江教育出版社，1997。

② 蔡元培等：《发起中国民权保障同盟宣言》，载《申报》，1932年12月18日。

行，实与北洋军阀张宗昌枪杀邵飘萍、林白水之惨案有过之而无不及”。中国民权保障同盟为此两度发表中英文宣言，揭露刘案的真相：“非死于描写社会生活之文字，而实死于揭载鸦片公卖之黑幕。”1933年2月1日，蔡元培为此专门发表了对记者的谈话，对于顾祝同的军阀行为予以强烈谴责：“刘之被杀与张宗昌之杀邵飘萍、林白水事出一辙，不经司法审判，非法处死。”“查封《江声日报》，证明顾祝同实质与北洋军阀毫无二致。全国人民应共起抗争。”同时提出关于刘案处理的三点意见：“（一）免顾祝同及其他关系人员职，依法惩办。（二）公布顾祝同认为宣传共产之《江声日报》副刊诸文。（三）切实保障民权，不致再发生同样事。”蔡元培对报界寄予了希望：“过去政权多握军人手中，现不宜使民权毫无保障。刘案无非军阀所为。死者已矣，生者如何？诸君皆报界，应有补救。”①

在全国人民的强大舆论压力下，国民党当局不得不调离顾祝同的职务，并于同年8、9月间又向各省市政府和军队发布了《切实保护新闻从业人员》及《保障正当舆论》的通令，以缓和新闻界和各界群众的愤慨。刘案发生后不久，蔡元培又在上海八仙桥青年演讲会发表演讲，他“考诸哲人的遗训，证诸历史的事实”，② 重点阐释了保障民众言论自由（出版自由）的重要性，指出：“对于思想、言论、集会的自由，尤以言论自由为集点。”③ 他历数中国历史上因钳制舆论压制人民言论自由的亡国遗恨，警告国民党政府：民众的言论自由是不能被剥夺的，否则将无异于引火自焚，自取灭亡。

此篇演讲涉及中国典籍较多，表明蔡元培关于言论自由思想扎根于传统文化。他引用经典言论告诫南京政府：孔子说，“一言可以丧邦……唯其言而莫予违也。”《孝经》说：“士有诤友，则身不离于令名；父有诤子，则身不陷于不义。”荀子说：“非我而当者，吾师也；是我而当者，吾友也；谄谀我者，吾贼也。”《国语》载：“周厉王虐，国人谤王……王怒，得卫巫，使监谤者，以告，则杀之。国人莫敢言，道路以目。王喜曰：‘吾能弭谤矣，乃不敢言，’召公曰：‘是障之也。防民之口，甚于防川；川壅而溃，伤人必多；民亦如之。是故为川者决之使导，为民者宣之使言。’王弗听，于是国

① 蔡元培：《对记者谈话》，载《大公报》，1933年2月1日。

② 蔡元培：《保障民权》，《蔡元培全集》，第6卷，第252页，中华书局，1988。

③ 蔡元培：《保障民权》，《蔡元培全集》，第6卷，第250页，中华书局，1988。

人莫敢出言。三年，乃流王于彘。"《左传》鲁襄公三十一年载："郑人游于乡校以论执政；然明谓子产曰：'毁乡校何如？'子产曰：'何为？夫人朝夕退而游焉，以议执政之善否；其所善者，吾则行之；其所恶者，吾则改之；是吾师也。若之何毁之？我闻忠善以损怨，不闻作威以防怨；岂不遽止？然犹防川，大决所犯，伤人必多，吾不克救也；不如小决使导；不如吾闻而药之也。'"观召公、子产，均以防川为喻，厉王强弭之而被逐，子产利用之而得师。孰得孰失，显而易见。至于历史上给我们的教训，甚多甚多，举其最著者：秦始皇时，"偶语诗书弃市"，"以古非今者族""秦以速亡。汉季党锢之祸，以干涉集会之自由，杀捕党人，遂以亡汉。袁世凯如不钳制言论，草菅人命，亦不至受群小之包围，试行帝制以自杀。"①

蔡元培不仅引证典籍说明民众的言论自由神圣不可侵犯，还以保护民权的实际行动警示蒋介石政府不可重蹈历史覆辙。他认为，在民族危亡的关键时刻，当局尤其应当保护言论出版自由，集思广益，共赴国难。"若对于言论、出版、集会等自由，尚不许充分运用，则所谓集思广益者何在？""且各种事业，均感人才缺乏；若有为之才，偶因言论稍涉偏激，或辗转联带的嫌疑，而辄加逮捕，甚思处死，则益将感为事择人之困难，而无术救国。"② 他认为，任何镇压言论与思想自由的行为，都是对人才的扼杀。

第三节　胡适报刊思想的多次转变

胡适原名胡洪骍，字适之，1891 年生于安徽绩溪，中国现代著名的思想家、文学家、哲学家和报刊政论家。1910 年赴美留学，入康奈尔大学，1915 年转入哥伦比亚大学师从杜威研究哲学，1917 年获哥伦比亚大学博士学位，同年回国任北京大学教授，1946 年任该校校长。早在 1906 年他在上海加入"竞业学会"，编辑《竞业旬报》，随后担任该报主编，其年 15 岁。当时胡适在《本报周年之大纪念》一文中阐释了他当时的办报宗旨："第一，革除从前种种恶习惯。第二，革除从前种种野蛮思想。第三，要爱我们的祖

---

① 蔡元培：《保障民权》，《蔡元培全集》，第 6 卷，第 251 页，中华书局，1988。

② 蔡元培：《保障民权》，《蔡元培全集》，第 6 卷，第 252 页，中华书局，1988。

国。第四，要讲道德。第五，要有独立的精神。”① 显然，胡适在年轻时是个道德论者和爱国主义者，这是他的思想起点，此后他编辑或担任过撰稿人的报刊——比如《新潮》、《新青年》、《每周评论》、《努力周报》、《国学季刊》、《新月》、《独立评论》、《自由中国》等，以及他一生撰写的数百篇政论，都有这一思想的影子。

一、从不谈政治到热衷政治

1917年9月胡适获聘北大教授后，参加了《新青年》的编辑工作，他“打定二十年不谈政治的决心，要想在思想文艺上替中国政治建筑一个革新的基础”。② 胡适的所谓“二十年不谈政治，二十年不干政治”的名言，不意味着他对政治不感兴趣或者排斥政治，而是因为他认为，当时谈政治并不能解决中国的问题，中国的根本问题应是在文化上改造国民。他自认为自己是“‘一个注意政治的人’，并在留美求学期间就已经形成了‘关心政治是知识分子的责任’的观念”。③ “不谈政治”，事实上正是胡适当时的一种政治观。

那时他强调政治的基础是“思想文化”，以一定的文明为前提，中国固有的文明必需得到“系统的严肃批判和改造”，才有健康的政治。“要想在思想文艺上替中国政治建筑一个革新的基础”，最需要的是改造国民性，强调树人，强调教育，他参加《新青年》的编辑或在《新青年》上发表的文章，都贯穿这一思想。正如1916年1月他在给朋友许怡荪的信中所说：“适近来劝人不但勿以帝制撄心，即外患亡国亦不足顾虑。祖国有不能亡之资，则祖国决不致亡。倘其无之，则吾辈今日之纷纷，亦不能阻其不亡。不如打定主意，从根本下手，为祖国造不能亡之因。”“今日造因之道首在树人，树人之道端赖教育。故适近来别无奢望，但求归国后能以一张苦口，一支秃笔，从事于社会教育，以为百年树人之计，如是而已。”④

---

① 胡适：《本报周年之大纪念》，载季羡林主编《胡适全集》，第21卷，第125页，安徽教育出版社，2003。

② 胡适：《我的歧路》，载季羡林主编《胡适全集》，第2卷，第467页，安徽教育出版社，2003。

③ 沈卫威：《无地自由：胡适传》，载季羡林主编《胡适全集》，第2卷，第110页，上海文艺出版社，1994。

④ 《胡适留学日记》，(三)，第832—833页，商务印书馆，1947。

图 5－6　胡适

在当时的胡适看来，“参与政治意味着要从事武夫们正在干的那些肮脏的勾当，从政治上解决问题意味着要通过与流氓恶棍打交道而寻求妥协”。[①] 胡适一再强调自己的“一番愚忱”，想把新文化运动“维持成一个纯粹的文化运动和文学改良运动”。对胡适来说，政治确实是不洁的，常常有碍于他改造国民性的伟大工程，他不会屈就于黑暗的政治现状。所以，胡适在《新青年》上发表的文章几乎都是提倡新文化和文学革命。

1917 年他发表《文学改良刍议》，提出文学改良要从“八事”入手，猛烈抨击封建文学，反对文言文、提倡白话文，这篇发难之作引起很大反响。接着他又发表了《历史的文学观念论》、《建设的文学革命论》等几篇论文，把白话文学提到“中国文学之正宗”的地位。他立志要创造一种“活的文学”，用“国语”写作文学作品和报刊文章，并率先发表白话文学作品。后来他在《中国新文学大系·建设理论集·序》中说：“文字之功用在于达意，而达意的范围以能达到最大多数为最成功。”他认为，以文言文为工具的封建文学，“是一种僵死了的残骸”，“引车卖浆之徒”的白话是“有文学价值的活语言”，是能够而且已经产生了有价值的文学。但由于没有文学革命运动的推动，一千多年来始终“不登大雅之堂，不能取死文学而代之”。只有发动文学革命，白话文才能取代文言文，白话文学才能取得正宗地位。

1918 年底陈望道给《新青年》写信说：“中文应该横行加标点符号”，“诸子却仍纵书中文，使与横书西文错开；圈点与标点杂用，这是东人尾崎红叶［注：尾崎红叶（1867－1903 年），日本明治初期小说家］的遗毒，诸子却有人模仿他，而且前后互异，使浅识者莫名其妙”。[②] 钱玄同回信说：“我个人的意见，以为横行必较直行为好，在嵌入西文字句的文章里，尤以改写横行为宜……独秀先生亦极以为然，原拟从本册起改为横行。只因印刷方面发生许多困难的交涉，所以一时尚改不成，将来总是要想法的。”[③] 于

① 王人博：《宪政政治与现代中国》，第 475 页，法律出版社，1997。
② 陈望道：《横行与标点》，《新青年》，1919 年第 6 卷第 1 号。
③ 《新青年》，1919 年第 6 卷第 1 号。

是《新青年》编辑部规定，从1918年开始，任何作者“非白话文不用”。1919年12月1日《新青年》又刊登了《本志所用标点符号和行款的说明》，宣布“从7卷1号起，划一标点符号和行款”。《新青年》所用的白话文和标点符号和新的行款，影响中国的文字和中国文体的演进，是中国社会向现代转型的起点，也为现代中国社会的整体转型奠定了文化基础。这同胡适的积极提倡有很大关系。

当时胡适看到了报刊的力量，积极发表新文化改良的文章，正如后来他回顾时所说：“我们应该相信，我们这一行业——报业，确是无冕帝王，我们是有力量的，我们的笔是有力量的。只要我们对这一行业有信心，只要我们的主张是站得住的，有材料，有证据，不为私，是为公，以公平的态度锲而不舍地努力下去，‘功不唐捐’，努力是不会白费的。提倡白话文运动，四年小成，十年大成，终于普及全国，这就是一个证明。”①

1918年12月，由陈独秀主编的《每周评论》创刊，胡适参加《每周评论》的编辑工作，也是依“不谈政治”为指导原则的。胡适说：“陈独秀和几位北大教授创办了这项单张小报，来发表他们的政见。在某种意识上说，这张小报的发行原是尊重我只谈文化、不谈政治的主张。我曾向我的同事们建议，我们这个文化运动既然被称为‘文艺复兴运动’，它就应该撇开政治，有意识地为新中国打下一个非政治的（文化）基础。我们应该致力于（研究和解决）我们认为最基本的有关中国知识、文化和教育方面的问题。我并且特地指出我们要‘二十年不谈政治，二十年不干政治’。我的政治兴趣甚浓的朋友们如陈独秀等人，对我的这番建议并不太热心。因此他们才创办这个新周刊《每周评论》，来发表政见、批评时事和策动政治改革。这样一来，《新青年》杂志便可继续避免作政治性的评论，同时他们也可利用一个周刊来得到政治的满足。”②

显然，胡适对陈独秀、李大钊等人在《新青年》和《每周评论》上谈论政治是不满意的，他要办的是文化教育刊物，而不是政治刊物，他认为只有推广文化教育才适合当时的国情，才有最大的价值。所以1922年胡适在《我的歧路》中回忆说：“一九一八年十二月，我的朋友陈独秀、李守常等发

---

① 《报业的真精神——台北市报业公会欢迎会上讲词》，载《胡适的声音》，广西师范大学出版社，2005。

② 《胡适口述自传》，第189—191页，安徽教育出版社，1999。

起《每周评论》。那是一个谈政治的报，但我在《每周评论》做的文字总不过是小说文艺一类，不曾谈过政治。”①

可是1919年6月11日，陈独秀因散发反对北洋军阀的《北京市民宣言》传单被捕。胡适在危难中接办了这份以谈政治为主的《每周评论》，北洋政府的残暴逼迫他不得不谈起政治来。真所谓不是“他关心政治，而是政治关心他”了，从此他走上政治办刊的道路。在6月29日的《每周评论》（第28号）上，胡适写了一组《随感录》，每篇虽仅有寥寥数十字，却对当局极尽讽刺挖苦，对被幽禁于警察厅的陈独秀表示敬意：“我们对他要说的话是：爱国爱公理的报酬是痛苦，爱国爱公理的条件是要忍受得住痛苦。”②他直接引用了陈独秀的名言——“我们青年要立志出了研究室就入监狱，出了监狱就入研究室，这才是人生最高尚优美的生活。”这是胡适热衷政治办刊的开始。

据胡适本人说，他谈政治的另一个原因是关于“问题与主义”的争论，由于“新舆论界”不断高谈“主义”激起他谈论政治的兴趣。他说：“那时正当安福部极盛的时代，上海的分赃和会还不曾散伙。然而国内的‘新’分子闭口不谈具体的政治问题，却高谈什么无政府主义与马克思主义。我看不过了，忍不住了，——因为我是一个实验主义的信徒，——于是发愤要想谈政治。我在《每周评论》第三十一号里提出我的政论的导言，叫做《多研究些问题，少谈些主义！》（《文存》卷二，页一四七以下）。我那时说：我们不去研究人力车夫的生计，却去高谈社会主义……不去研究安福部如何解散，不去研究南北问题如何解决，却去高谈无政府主义：我们还要得意洋洋的夸口道：‘我们所谈的是根本解决’。老实说罢，这是自欺欺人的梦话，这是中国思想界破产的铁证，这是中国社会改良的死刑宣告！……”他接着回顾说：“我等候两年零八个月，实在忍不住了。我现在出来谈政治，虽是国内的腐败政治激出来的，其实大部分是这几年的‘高谈主义而不研究问题’的‘新舆论界’把我激出来的。我现在的谈政治，只是实行我那‘多研究问题，少谈主义’的主张。”③

---

① 胡适：《我的歧路》，载季羡林主编《胡适全集》，第2卷，第467页，安徽教育出版社，2003。

② 《每周评论》，1919年6月29日。

③ 胡适：《我的歧路》，载季羡林主编《胡适全集》，第29卷，第464—476页，安徽教育出版社，2003。

胡适当时认为，中国应该赶紧解决的问题多得很。从人力车夫的生计问题，到大总统的权限问题；从卖淫问题到卖官卖国问题；从解散安福部问题到加入国际联盟问题；从女子解放问题到男子解放问题……哪一个不是火烧眉毛的紧急问题?① 刊物研究这些政治问题，自然比大谈主义对统治阶级的威胁更大，于是1919年8月31日《每周评论》被北洋军阀政府查禁，共出刊37期。前25期由陈独秀负责主编，他和李大钊都是主要撰稿人，从第26期起，在胡适主持下被查封。

《每周评论》被封后，胡适等了一年多时间，“希望国内有人出来做这种事业，办一个公正的、正义的好报”，但最终让他失望。他说：“现在政府不准我办报，我更不能不办了。梁任公吃亏就在于他放弃了他的言论事业去做总长。我可以打定主意不做官，但我不能放弃我的言论的冲动。”② 从此他开始谈政治了，并再也没有离开政治这条道。

图5-7 胡适谈起政治了

1920年8月1日胡适、李大钊等人联名发表了《争自由的宣言》，声明：“我们本来不愿意谈实际的政治，但实际的政治，却没有一时一刻不来妨害我们。……我们便不得不起一种彻底觉悟，认定政治如果不由人民发动，断不会有真共和实现。但是如果想使政治由人民发动，不得不先有养成国人思想自由评判的真精神的空气。我们现在认定，有几种基本的最小限度的自由，是人民和社会生存的命脉，故把他郑重提出，请我全国同胞起来力争。”③

1922年丁文江、胡适发起组织评论政治的《努力周报》，胡适给刊物起了这个名字，3月31日他们终于收到当局同意创办《努力周报》的正式批文，但批文上要求胡适“慎重将事，勿宣传偏激之言论!”④ 5月7日《努力》第1期正式出版，胡适总算又有了一个“谈政治”的园地。但他又说：

---

① 《胡适文集》，第2卷，第251页，北京大学出版社，1998。

② 季羡林主编：《胡适全集》，第29卷，第512页，安徽教育出版社，2003。

③ 胡颂平编著：《胡适之先生年谱长编初稿》，第411页，台北联经出版事业公司，1990。

④ 季羡林主编：《胡适全集》，第29卷，第559页，安徽教育出版社，2003。

"我们这个报并不是'专'谈政治的。政治不过是我们努力的一个方向。……我们这几年所以不谈政治，和许多不谈政治的人略有不同：我们当日不谈政治，正是要想从思想文艺方面替中国政治建筑一个非政治的基础。现在我们虽然因时势的需要，不能不谈政治问题，但我们本来的主张是仍旧不当抛弃的，我们仍旧要兼顾到思想与文艺方面的。""我们的希望是：讨论活的问题，提倡活的思想，介绍活的文学。"他进一步指出："我们至今还认定思想文艺的重要。现在国中最大的病根，并不是军阀与官僚，乃是懒惰的心理，浅薄的思想，靠天吃饭的迷信，隔岸观火的态度。这些东西是我们的真仇敌!"① 显然，他的观点变得似是而非起来，既想谈政治又说"这几年不谈政治"，既"不能不谈政治问题"，又认定"思想文艺的重要"。

胡适把中国问题的症结归咎于人的思想意识，显然没有抓住问题的根本。胡适强调："打倒今日之恶政治，固然要大家努力；然而打倒恶政治的祖宗父母——二千年思想文艺里的'群鬼'更要大家努力!"当《晨报》编辑孙伏园（伏庐）质问胡适"从前许多抛了文化专谈政治的人现在都碰了头回过来了，为什么先生一定也要去走一走这条不经济的路子"时，胡适坚称自己不能全力"灌注在政治上"，是因为"哲学是我的职业，文学是我的娱乐，政治只是我的一种于忍不住的新努力"。②

不管胡适的说法怎么变，《努力周报》从一开始就谈政治了，其中影响最大的一篇政治文章是由丁文江与胡适共同起草，由蔡元培、王宠惠、罗文干 3 位宿将领衔，16 位名流签名的《我们的政治主张》，提出了"好政府主义"。文章中说："我们为供给大家一个讨论的底子起见，先提出我们对于中国政治的主张，要求大家的批评，讨论，或赞助。"胡适等人的政治主张是："政治改革的目标我们以为现在不谈政治则已，若谈政治，应该有一个切实的，明了的，人人都能了解的目标。我们以为国内的优秀分子，无论他们理想中的政治组织是什么（全民政治主义也罢，基尔特社会主义也罢，无政府主义也罢），现在都应该平心降格的公认'好政府'一个目

① 邵建：《歧路中的胡适》，载《胡适与鲁迅——20 世纪两个知识分子》，光明日报出版社，2010。

② 胡适：《我的歧路》，载季羡林主编《胡适全集》，第 29 卷，第 464－476 页，安徽教育出版社，2003。

标，作为现在改革中国政治的最低限度的要求。我们应该同心协力的拿这共同目标来向国中的恶势力作战。”接着他们提出政治改革的三个基本原则和三个基本的要求。①

这份“宣言”发表后，引起报刊界的热评。北京的《晨报》发表社论《政治主张的根本问题》指出，“蔡胡诸君的政治主张……十之八九都不能不责成于所谓‘好政府’。这其间却有一个根本问题，就是这好政府从哪里来?”“社会的优秀分子要如何才能大结合起来和恶势力奋斗？我很望诸君们注意，并给我们大家一个解答。”邵力子在《民国日报》上发表评论《读蔡孑民、胡适之诸先生的政治主张》等文章，② 认为“好政府主义”就是不敢革命，是“好人主义”的幻想。也有人说：“你们的意思都很好，但你们要想好人出来做政治，决没有这回事!”1925 年胡适应段祺瑞之邀参加善后会议，他的“好政府主义”被人们疑为不过是想在军阀政府中谋取官职而大造的一番舆论而已。

1922 年 6 月，胡适曾发表过政治倾向十分鲜明的《政论家与政党》一文，把报刊政论家分为“服从政党的政论家”、“表率政党的政论家”和“监督政党的政论家”三类。他认为“服从政党的政论家”充当某个政党的喉舌，“纯粹是政党的鼓吹机关”，完全缺乏独立。“表率政党的政论家”除了作某个政党的喉舌外，还对政党进行监督，代表的是“一党的思想阶级”，是“一党中的观象台，斥候队”。他们“替一党订计划，定方针”，对党内提出主张并要求采纳，对党外则替本党的政策作说明、宣传和辩护。以上这两种政论家并无本质的差别，都隶属于政党，不具真正的独立性。胡适极力赞成“监督政党的政论家”即独立的政论家，他们是独立和“超然”的，不属于任何政党，是为社会国家服务的。独立的政论家通过“只有政见，没有党见”的政论来实施对各政党的监督。③

报刊政论家要保持“超然”和独立，就要有良知，要负责任。他指出：“现在最可怪的一种现象就是舆论界的麻木与混沌。”他举例说：“上海的报界在直奉战争时的议论，差不多全是‘张作霖胜固可忧，吴佩孚败亦可喜’

---

① 载《努力周报》，第 2 期，1922 年 5 月 14 日；又载《晨报》，1922 年 5 月15 日。

② 《民国日报》，1922 年 5 月 18、19 日。

③ 胡适：《政论家与政党》，载季羡林主编《胡适全集》，第 21 卷，第 256－258 页，安徽教育出版社，2003。

的论调。”“《公言报》虽坏，但远胜于近来这种麻木的‘稳健’了！”“北京近来的报纸更不能免这种麻木与混沌的责备。即如董康在这个时候敢出来做财政上的清理与改革，这种‘掮木梢’精神，不能不使我们佩服。舆论对他，至少应该表示一种同情的援助。然而北京的报界对他只有嘲笑与讥讽，甚至于那主张新文化的《晨报》也只有嘲笑与讥讽。”①

1923年，北洋政府下令“取缔新思想”，胡适正好生病住院，有人猜测胡适将“三十六计，走为上计”。胡适特地撰文声明：“我是不跑的，生平不知趋附时髦；生平也不知躲避危险。封报馆，坐监狱，在负责任的舆论家的眼里，算不得危险。然而，‘跑’尤其是‘跑’到租界里去唱高调：那是耻辱！那是我决不干的。”② 可见，胡适办《努力周报》的政治立场十分坚定，大有不屈不挠的一股精神。

胡适创办《努力周报》卖力地“谈政治”，在读者中获得赞誉，一位叫王伯秋的读者在致《努力周报》的信中称：“雄鸡一唱天下白，提倡改选政治的《努力》已出版了。”读者傅斯棱说他对于胡适等人的政治主张“完全表示同意、赞成”。就连他的留美同学兼论敌梅光迪也致书称赞胡适：“《努力周报》所刊政治主张及其他言论，多合弟意。兄谈政治，不趋极端，不涉妄想，大可有功社会，较之谈白话文与实验主义胜万万矣。”③

《努力周刊》是胡适公开“谈论政治”的一份独立性刊物，不过，胡适在《努力周报》上既用心“谈政治”，也不忘他的“学术思想艺文”，这也招致了各种非议。胡适对此说：“我现在忍着心肠来谈政治，一只脚已踏上东街，一只脚还踏在西街，我的头还是回望那原来的老路上！”④ 这“东街”、“西街”、“老路”即指政治、思想、艺文、学术。他沿着政治办刊走下去，朝政治方向跑去，一旦遇到政治问题，不能不发表自己的观点。

1929年10月10日，国民党中央宣传部长叶楚伧发表了《由党的力行来挽回风气》一文，称在清朝入关以前中国本来是一个由美德筑成的黄金世

① 胡适：《政论家与政党》，载季羡林主编《胡适全集》，第21卷，第259—260页，安徽教育出版社，2003。

② 胡适：《“胡适先生到底怎样?”》，载《努力周报》，1923年1月7日第36期。

③ 胡适：《我的歧路》，载季羡林主编《胡适全集》，第2卷，第463、471、473页，安徽教育出版社，2003。

④ 胡适：《我的歧路》，载季羡林主编《胡适全集》，第2卷，第466页，安徽教育出版社，2003。

界，但自清朝以降直至蒋介石国民政府成立以前，中国的“政治道德”、“民族气节”、“社会风尚”等都被败坏了。在叶楚伧的文章发表一个半月后，胡适在《新月》上发表了《新文化运动与国民党》一文予以回应，指责国民党已由“革命的国民党”变为“专政的国民党”，在思想言论自由、对待文化的态度等方面都是“反动”的。[①] 胡适指出：“我们从新文化运动者的立场，不能不宣告叶部长在思想上是一个反动分子，他所代表的思想是反动的思想。”胡适揭露说：“我们不信无宪法可以训政；无宪法的训政只是专政。我们深信只有实行宪政的政府才配训政。”文中胡适不仅谈政治，而且对国民党的所作所为进行了严厉的清算。

在《新月》受到国民党当局迫害的时候，胡适创办了他一生中用力最多、影响最大的政治性综合周刊《独立评论》。该刊 1932 年 5 月创办于北京，1937 年 7 月 25 日因北平战事吃紧而停刊。胡适在该刊发表了上百篇文章，他把这段时间称为“小册子的黄金时代”。《独立评论》标榜“独立的精神”，“不倚傍任何党派，不迷信任何成见，容忍异见，成为中国 20 世纪 30 年代‘文人论政’的典型。刊物创办一年后，销量达到 13000 多份，政论性刊物达到这样大的发行量在当时实属罕见”。

《独立评论》最大的特点，就是立场独立，政治观点不依附于任何派别。胡适在《〈独立评论〉引言》中解释说：“不倚傍任何党派，不迷信任何成见，用负责任的言论来发表我们个人思考的结果；这是独立的精神。”“我们深深的感觉现在中国的最大需要是一些能独立思想，肯独立说活，敢独立做事的人。古人说的‘贫贱不能移，富贵不能淫，威武不能屈’，这是‘独立’的最好说法。但在今日，还有两种重要条件是孟子当日不曾想到的：第一是‘成见不能束缚’，第二是‘时髦不能引诱’。”[②]

胡适宣称 20 年“不谈政治、不干政治”，在不到 3 年后谈了政治，在不到 20 年后干了政治。抗日战争时期胡适任国民政府国防参议会参议员，1938 年被任命为中国驻美国大使。1948 年 12 月北平被解放军包围，16 日他被蒋介石派飞机接往南京。1949 年 1 月 20 日经毛泽东修改定稿的中共中央贺淮海战役胜利的电文中指出：“现在南京城内尚有头等战犯……及其他

---

① 胡适：《新文化运动与国民党》，载季羡林主编《胡适全集》，第 21 卷，第 420—434 页，安徽教育出版社，2003。

② 胡适：《〈独立评论〉引言》，《独立评论》，第 1 号，1932 年 5 月。

罪大恶极的帮凶们，例如胡适、郑介民、叶秀峰等人，企图继续作恶。”

二、报刊的伦理责任论

胡适对报刊有自己的评价，首先他认为报刊要大胆地说话，用清晰的词句表达明快的思想。1921 年他为《时报》所作的《十七年的回顾》中说：“《时报》的短评在当日是一种创体，做的人也聚精会神的大胆说话，故能引起许多人的注意，故能在读者脑筋里发生有力的影响。……当日看报人的程度还在幼稚时代，这种明快冷刻的短评正适合当时的需要。用简短的词句，用冷隽明利的口吻，几乎逐句分段，使读者一目了然，不消费工夫去点句分段，不消费工夫地去思索。……我们试看这种短评，在这十七年来，逐渐变成了中国报界的公用文体，这就可见他们的用处与魔力了。”“《时报》创出这种制度之后，十几年之中，全国的日报都跟着变了，全国看报的人也不知不觉的变了。”① 他强调报刊要敢于说话，把话说得明快，提出一个说话者的责任问题。

胡适还强调，无论是评论还是新闻都提倡以事实为证，用事实表达自己的观点，把事实置于第一位。他说：“我们不说时髦话，不唱时髦的调子，只要人撇开成见，看看事实，因为我们深信只有事实能给我们真理，只有真理能使我们独立”，“我们不惜在大家狂热的虚骄心与夸大狂上面去浇冰冷水”。正因为重视事实和理性，胡适的报刊政论比较平实，对时事的分析冷静。有读者评价《独立评论》时说：“读《独立评论》总觉得不过瘾。”胡适回应道：“我们不供给青年过瘾的东西，我们只妄想至少有些读者也许可以因此减少一点每天渴望麻醉的瘾。”② 他还回答读者说：“因为我们不作刺激性的文字，不供给‘低级趣味’，又不会搬弄意义模糊的抽象名词，当然不能叫青年读者过瘾。”③ 胡适的这个观点，实际上申明了报人应有一种理性的责任，不能被动地迎合读者。

早在 1919 年胡适在北京“少年中国学会”做《少年中国之精神》的演

---

① 胡适：《十七年的回顾》，载季羡林主编《胡适全集》，第 2 卷，第 404 页，安徽教育出版社，2003。

② 胡适：《〈独立评论〉的一周年》，载季羡林主编《胡适全集》，第 21 卷，第 623 页，安徽教育出版社，2003。

③ 胡适：《〈独立评论〉的四周年》，载季羡林主编《胡适全集》，第 22 卷，第 485 页，安徽教育出版社，2003。

讲时，曾提出要“注重假设”、“注重证实”。他说：“观察事物之后，自说有几个假定的意思；我们应该把每一个假设所涵的意义彻底想出，看那意义是否可以解释所观察的事实，是否可以解决所遇的疑难。所以要博学，正是因为博学方才可以有许多假设，学问只是供给我们种种假设的来源。”关于“证实”，胡适又主张：在“许多假设之中，我们挑出一个，认为最合用的假设，但是这个假设是否真正合用？必须实地证明。……证实了的假设，方可说是‘真’的，方才可用；一切古人今人的主张、东哲西哲的学说，若不曾经过这一层证实的工夫，只可作为待证的假设，不配认作真理。”这就是胡适早年主张的“大胆的假设，小心的求证”的治学方法。但这种大胆假设难免要“说时髦话”，“唱时髦的调子”，既然是大胆，也允许说出“成见”。到了《独立评论》时期，他的思想发生了一定变化，强调的是“撇开成见，看看事实”，“只有事实能给我们真理”，而不是一味地大胆假设。此时，他的“假设和求证”都要注重事实，不能脱离事实而大胆假设。胡适前后观点的变化，孕育了他的报刊伦理责任思想的产生。

1922 年 2 月 12 日，“北大新闻记者同志会”成立，胡适、李大钊、徐宝璜出席大会并分别发表演讲。胡适《在北大新闻记者同志会上的演说词》中强调，新闻纸应主要讨论社会上活的问题、真的问题，如总统问题、国会问题，而“不能专替马克思、克鲁泡特金、契诃夫、莫泊桑翻译几篇著作，充充篇幅”。他指出：“我以为北大同学不作新闻事业则已，否则不应当专做充篇幅的事情，应当讨论社会上种种的问题，最痛心的，就是替曹锟、张作霖、叶恭绰、薛大可办的报，做充篇幅的事业，这也是很可耻的事情。”探讨“活的问题”会面临“封报馆”、“坐监禁”、“受枪毙”等各种威胁和危险，但他强调“宁可为讨论活的问题被封，坐监禁，受枪毙，不可拿马克思……来替曹锟、张作霖、叶恭绰、薛大可的报纸充篇幅！”①

这里，胡适提出了记者和评论家要为自己的报道和言论负责，万万不可回避社会的实际问题去做应景文章，或迎合统治者。发表负责任的言论，必须提倡“研究的态度”，这是胡适的一贯理念。在 1919 年他在《欢迎我们的兄弟》一文中，就赞赏《星期评论》诸位先生能以“研究的态度”撰文难能可贵，因为“舆论界的大毛病——死症——就是没有人肯做这种仔细研究的

① 《新闻研究资料》，第 47 辑，第 75 页，中国社会科学出版社，1989。

工夫”。他痛斥当时上海那几位最“红”的主笔先生“从来不做学问的研究，也不做社会的考察，只靠一个真滑的头脑，一支惯熟的破笔”。他诘问“这种‘舆论家’的主张还有什么价值可言呢？”①

胡适所提倡的“研究”并不单指“书本上的研究”，而是“学问上的研究”和“实地考察”的结合。他曾指出：“现在舆论界的大危险，就是偏向纸上的学说，不去实地考察中国今日的社会需要究竟是什么东西。……要知道舆论家的第一天职就是要细心考察社会的实在情形。一切学理，一切Isms，都只是这种考察的工具。”

1929年3月25日，胡适、徐志摩、梁实秋、罗隆基等人着手筹办《平论》周刊。胡适为该刊写的发刊词《我们要我们的自由》中说：“我们办这个刊物的目的便是以负责任的人对社会国家的问题说负责任的话。我们用自己的真姓名发表自己良心上要说的话。”胡适指出，在国民政府鼓吹的“训政”和“维持共信”的政策环境中，一切言论自由和出版自由都受到钳制，“负责任的舆论机关既被钳制了，民间的怨愤只有三条路可以发泄：一是秘密的传单小册子，二是匿名的杂志文字，三是今日最流行的小报。”而在这三种情况下，都会直接导致“一个国家里没有纪实的新闻而只有快意的谣言，没有公正的批评而只有恶意的谩骂和丑诋”。胡适进一步指出：“我们深信，不负责任的秘密传单或匿名文字都不是争自由的正当方法。我们所争的不是匿名文字或秘密传单的自由，乃是公开的，负责任的言论著述出版自由。”② 尽管《平论》周刊半路夭折，但胡适提出的要在办报实践中履行报刊责任意识，是值得称道的。

什么样的报纸言论才算是负责任的？胡适认为，负责任的言论不仅应该是“有材料，有证据，不为私，是为公”的，而且必须是独立研究、独立思考的结果，因此，独立的精神乃是自由主义报业的灵魂所在。“言论自由须负责任”的理念，体现为对政治与社会重大问题应发表负责任的议论。1931年为祝贺《大公报》发行一万号，胡适撰文《后生可畏》，将《大公报》之所以当得“中国最好的报纸”的荣誉，归结为该报“在这几年中做到了两项最低限度的报纸职务，第一是登载确实的消息，第二是发表负责任的评论”。

---

① 《每周评论》，1919年6月29日，第28号。

② 胡适：《我们要我们的自由》，载季羡林主编《胡适全集》，第21卷，第365—366页，安徽教育出版社，2003。

1932 年 5 月 22 日，《独立评论》第 1 号出版，胡适所撰写的《引言》中突出强调："用负责任的言论来发表我们各人思考的结果。"①

1936 年 5 月 10 日，胡适针对"广田三原则"所作的《调整中日关系的先决条件》一文发表后引起各方评论，他又撰文《关于〈调整中日关系的先决条件〉》来回应，重申"敬慎无所苟"的理念，强调"负责任的言论是平心静气的为一个国家设想，或为一个政府设计，期望自己的主张能十足兑现，不折不扣。……个人的挨骂，被刑罚，被暗杀，只是应负的责任的最小部分。更重要的责任是国家政府因采纳我的主张得着的种种结果，我都得负道德上的责任。自己肯负十足兑现的责任，然后可以希望自己的主张得到他人的考虑和信从。听者藐藐，言者不可不谆谆。'对牛弹琴'，也许有'百兽率武'的一天"。②

胡适在这篇文章中，首次把舆论家的责任归结为"道德上的责任"，他认为这种伦理责任是建立在"公心与理智"的基础上的。在他人赞扬《独立评论》"不唱高调"时表示，调子没有什么高低可说，可说的只是"说的话是不是用我们的公心和理智去思考的结果？说话的人是不是愿意对于他的主张负道德上的责任？"③

胡适的报刊道德责任论是建立在他的"社会不朽"和"大我"的信仰基础上的。胡适曾撰文《不朽——我的宗教》一文，提出"三不朽说"（"立德、立功、立言"）和"社会不朽论"，指出："个人的一切罪恶，一切言语行事，无论好坏大小，一一都留下一些影响在那个'大我'之中，一一都与这永远不朽的'大我'一同永远不朽。"个人这个"小我"须对社会、人类这个"大我"负责任，即"我这个现在的'小我'，对于那永远不朽的'大我'的无穷过去，须负重大责任；对于那永远不朽的'大我'的无穷未来，也须负重大责任。"④ 后来在《我的信仰》中胡适又指出："一个错误的政治或社会改造议论，却可以引起几百年的杀人流血"，"行为的结果才构成我们道德责任的意识。小我对于较大的社会的我负有巨大的债项……"⑤

---

① 胡适：《〈独立评论〉引言》，《独立评论》，1932 年 5 月 22 日，第 1 号。

② 胡适：《关于〈调整中日关系的先决条件〉》，载《独立评论》，1936 年 5 月 10 日第 200 号。

③ 胡适：《〈独立评论〉的四周年》，载《独立评论》，1936 年 5 月 17 日第 201 号。

④ 胡适：《不朽——我的宗教》，载《新青年》，1919 年 2 月 15 日第 6 卷第 2 号。

⑤ 胡适：《我的信仰》，载《胡适文集》(1)，第 21 页，北京大学出版社，1998。

1933年4月，一位叫徐炳昶的读者致信《独立评论》，建议该刊“联合起来出个宣言‘主张坚决的战争’”。九一八事变后，胡适主张对日“缓抗”。对徐炳昶提出的建议，胡适在《独立评论》发表了《我的意见也不过如此》，批评《大公报》发表的《就利用“无组织”和“非现代”来与日本一拼》一文中鼓吹的对日作战的“壮语”和“高调”。胡适引用孔子的话提出了他的“立言无所苟”的主张。他写道：“孔子曾说：‘故君子名之必可言也，言之必可行也。君子于其言，无所苟而已矣。’言之必可行也，这就是‘无所苟’，这就是自己对自己的话负责任。凡立一说，建一议，必须先把此说此议万一实行时可以发生的种种结果都一一想象出来，必须自己对于这种种结果准备担负责任。这才是立言无所苟。不能如此的，都是不负责任的废话。”

这里，暂且不论他对抗日的态度，仅就记者、评论家要对自己的言论和后果负责而言，他的观点是非常重要和正确的。正如胡适所说：“作政论的人，更不可不存这种‘无所苟’的态度。因为政论是为社会国家设想，立一说或建一议都关系几千万或几万万人的幸福与痛苦。一言或可以兴邦，一言也可以丧邦。所以作政论的人更应该处处存哀矜，谨慎的态度，更应该在立说之前先想象一切可能的结果，——必须自己的理智认清了责任而自信负得起这种责任，然后可以出之于口，笔之成书，成为‘无所苟’的政论。”①

胡适之所以重视报刊的伦理责任，是因为他对报刊的影响力有深刻的认识，1953年他在《报业的真精神——台北市报业公会欢迎会上讲词》中谈到他对报刊力量的理解时说：“当年梁启超先生在海外办《新民丛报》，倡导维新，竟至影响了国内全国的政治社会！革命的前辈在海外办《民报》，鼓吹革命，清政府禁止其运入国内，许多留学生却将《民报》缝入枕头，偷偷地运回国内秘密传观。流行的数量这样的少，可是几年中全国青年人接受了革命的思想，促成革命的成功，这是孙中山先生所梦想不到的！他们远在海外，以少数几个人的力量，凭着胆量勇气，提倡理想的主张，在短时期内，便震动全国，证明报业是有力量，足以自夸的高贵的职业。”越是高贵的职业，越应对社会负有重大责任。

---

① 胡适：《我的意见也不过如此》，季羡林主编《胡适全集》，第21卷，第200—202页，安徽教育出版社，2003。

三、从谴责言论专制到“容忍不自由”

1920年8月，胡适、李大钊等人针对中国没有实现民主政治，人民的各种自由都受到军阀的钳制，发表了《争自由的宣言》，痛陈军阀政府对报刊的控制：“报纸条例把日刊、周刊、旬刊、月刊、年刊和不定期刊的言论自由放在警察官署手里，并且先要求许多保押费，这是中国抄袭日本的特别法律。结果把个人意见和社会舆论的发表权，寄附在警察官喜怒之下，思想既不能自由，舆论也不能独立，约法上言论自由的规定，还有什么效力!”“出版法把人民著作发行印刷出售散布文书图书的自由又交给警察官署或县知事处理，不独把宣传文化灌输学术思想的工具完全破坏，并连约法上出版自由也根本消灭。”胡适等人提出“不得在宪法外更设立制限的法律”，① 发出争取言论自由的号召。

1928年6月，国民党制订了《指导普通刊物条例》和《审查刊物条例》，对非国民党系统的报刊作了明确的规定：“各刊物理论取材，须绝对以不违反本党之主义政策为最高原则”，“必须绝对服从中央级所在地最高级党部宣传部的审查。”1929年1月，国民党中央又颁布了《宣传品审查条例》，规定接受国民党当局审查的对象除国民党的宣传品外，还包括国民党外的报纸及通讯稿。同年8月，国民党以“为保障出版自由，防止不正当出版品之流行”为借口，颁布了《出版条例原则》，内中规定凡“宣传反动思想”、“妨害治安”的出版品皆不予以登记，“其已登记者应撤销之”。

对国民党当局残害言论出版自由的行径，胡适在《新月》上发表的《新文化运动与国民党》一文痛斥说：“新文化运动的一件大事业就是思想的解放。我们当日批评孔孟，弹劾程朱，反对孔教，否认上帝，为的是要打倒一尊的门户，解放中国的思想，提倡怀疑的态度和批评的精神而已。但……国民党协作的结果，造成了一个绝对专制的局面，思想言论完全失去了自由。上帝可以否认，而孙中山不许批评。礼拜可以不做，而总理遗嘱不可不读，纪念周不可不做。一个学者编了一部教科书，里面对于三皇五帝表示了一点怀疑，便引起了国民党政府诸公的义愤，便有戴季陶先生主张要罚商务印书馆一百万元！一百万元虽然从宽豁免了，但这一部很好的历史教科书，曹

① 胡适等：《争自由的宣言》，载欧阳哲生编《容忍比自由更重要——胡适与他的论敌》，上册，第208—209页，时事出版社，1999。

锟、吴佩孚所不曾禁止的，终于不准发行了！① ……至于舆论呢？我们花了钱买报纸看，却不准看一点确实的新闻，不准读一点负责任的评论。”他奉劝国民党“废止一切钳制思想言论自由的命令、制度、机关”，“取消统一思想与党化教育的迷梦”，“至少至少，学学专制帝王，时时下个求直言的诏令！”②

1948年，胡适在国民党政权撤出大陆前，与雷震、王世杰等人创办了《自由中国》杂志，担任刊物发行人。胡适为《自由中国》撰写四条宗旨，对中国共产党进行肆意抨击。③《自由中国》言论激烈，同时也批评蒋介石政权独裁专制，而且发表文章阻挠蒋介石第三次连任总统，公开鼓吹要由新的政党与国民党政权抗衡。

胡适一贯主张中国的报人和报刊应该独立于政党和政府之外，他以美国和英国的报业为例，倡导报刊应持中间立场。他说：“在美国就没有一个报纸可以说是国家的。政府绝不办报纸。有党籍的人办报也不是以党的资格来办。譬如有许多报纸，在选举期间，在候选人出来之前就有一种表示，有些表示的早，有些较晚，当初共和党人的报纸占大多数，然而二十年来共和党不能当政。……照党的背景看来，报纸老板共和党的人特别多，应该是共和党永远当政。但是社会并不因为共和党报纸多而影响选举。英国也是一样，有一个时期，工党只有一个报，销路很小，叫做《H·R·报》，后来销路增加，那时自由党有无数报社，然而工党已经当政了两次。这就说明这些国家没有一个报算是政府的，他们是独立的，能够自立的。这与我们有很大的区别。”④ 胡适的这番话是1952年他在台北编辑人协会上发表的（《新闻独立与言论自由》），当时台湾的主要报刊都是由国民党办的，胡适认为这种状况限制了报刊对政府的监督，破坏了言论自由。

---

① 1929年国民政府查禁了顾颉刚、王钟麒编写的《现代初中本国史教科书》，其理由是该书对中国上古史持怀疑态度，“不承认三皇五帝为事实”，造成“动摇国本”的恶果。

② 胡适：《新文化运动与国民党》，载季羡林主编《胡适全集》，第21卷，第423—434页，安徽教育出版社，2003。

③ 胡适：《自由中国社的宗旨》，载季羡林主编台北《自由中国》创刊号，1949年11月20日。

④ 胡适：《新闻独立与言论自由——台北市编辑人协会欢迎会上讲词》，载季羡林主编《胡适全集》，第22卷，第757—758页，安徽教育出版社，2003。

1949年3月27日下午，胡适应邀在台北中山堂演讲了《中国文化里的自由的传统》，以及在《宁鸣而死，不默而生》等文章中，胡适对中国古代争取言论自由的传统进行了回顾，将这种传统视为争取言论出版自由的根据。胡适从古代的谏官制度谈到史官制度，强调现在争取自由的斗争就是继承中国历史的自由传统。“谏官制度相当于现在的监察院……谏官为的是监督政府，批评政府，都是冒了很大的危险，甚至坐监，牺牲生命。……这种谏官制度，可以说是自由主义的一种传统，就是批评政治的自由。”“在中国古代还有一种史官，就是记载君王的行动，记载君王所行所为以留给千千万万年后的人知道。……古代的史官，正如现在的记者，批评政治，使为政者有所畏惧，这却充分表示了言论的自由。以上所说的谏官御史和史官制度，都说明在中国政治思想和哲学思想尚未成立时，就非常尊重批评自由，与思想自由。”他向人们正告：有人“说‘自由’是有产阶级的奢侈品，人民并不需要自由。假如有一天都失去了‘自由’，到那时候每个人才真正会觉得自由不是奢侈品，而是必需品。”① 这些话似乎表明，胡适是争取人民自由而奋斗的战士，他同国民党政府进行过不屈不挠的斗争。

1952年，胡适出席了《自由中国》月刊社举办三周年纪念会，并就“言论自由”发表了意见。他说：“言论自由，只在宪法上有那一条提到是不够的。言论自由同别的自由一样，还是要靠我们自己去争取的。人人应该把言论自由看作最宝贵的东西，随时随地的努力争取，随时随地的努力维持。”他针对台湾国民党当局的行为，说：“我们当政的人，应该极力培养合法的反对，合法的批评。什么是合法的反对，合法的批评呢？舆论就是合法的反对，合法的批评。”②

1953年1月16日，蒋介石邀胡适共进晚餐，胡适在吃饭时毫不客气地向蒋指出：“台湾现在几乎没有言论自由。第一，无人敢批评彭孟缉（台湾警备司令）。第二，无人敢批评蒋经国。第三，无一语批评蒋总统。那么，所谓的言论自由，也就‘尽在不言中’了。”蒋介石听了一直发愣，不知如何对待这位文人政治家。胡见蒋介石没有怒颜，干脆直言不讳：“宪法只许总统有减刑与特赦之权，绝无加刑之权。而总统屡次加刑，这是明显的违宪

① 《胡适文集》(3)，第575页，北京大学出版社，1998。

② 转引自魏邦良：《胡适的“诤臣”、“诤友”理想和实践》，载《粤海风》，2008年第2期。

啊！可是政府竟无一人敢向总统这样说!”① 胡适的意见绵里藏针，敢于为争取言论自由向蒋进行面对面的斗争。

可是，《自由中国》1959年3月14日（第26卷第6期）却发表了胡适的《容忍与自由》一文，标志他的自由立场发生了变化。胡适在此文中写道：“十七八年前，我最后一次会见了母校康奈尔大学的史学大师布尔先生。我们谈到英国史学大师阿克顿一生准备要著作一部‘自由之史’，没有完成他就死了。布尔先生那天谈话很多，有一句话我至今没有忘记。他说：‘我年纪越大，越感觉到容忍比自由还更重要’。”“他这句话我越想越觉得是一句不可磨灭的格言。”“有时我竟觉得容忍是一切自由的根本，没有容忍，就没有自由。”他接着写道：“在宗教自由史上，在思想自由史上，在政治自由史上，我们都可以看见容忍的态度是最难得，最稀有的态度。人类的习惯总是喜同而恶异的，总不喜欢和自己不同的信仰、思想、行为。这就是不容忍的根源。不容忍只是不能容忍和我自己不同的新思想和新信仰。一个宗教团体总相信自己的宗教信仰是对的，是不会错的，所以它总相信那些和自己不同的宗教信仰必定是错的，必定是异端、邪教。一个政治团体总相信自己的政治主张是对的，是不会错的，所以它总相信那些和自己不同的政治见解必定是错的，必定是敌人。一切对异端的迫害，一切对‘异己’的摧残，一切宗教自由的禁止，一切思想言论的被压迫，都由于这一点深信自己是不会错的心理。因为深信自己是不会错的，所以不能容忍任何和自己不同的思想信仰了……我曾说过，我应该用容忍的态度来报答社会对我的容忍。我现在常常想我们还得戒律自己：我们想着别人容忍谅解我们的见解，我们必须先养成能够容忍谅解别人的见解的度量。至少我们应该戒约自己决不可‘以吾辈所主张者为绝对之是’。我们受过实验主义的训练的人，本来就不承认有‘绝对之是’，更不可以‘以吾辈所主张者为绝对之是。’”②

胡适这一观点如果是向镇压言论的统治者提出的要求是正确的，但“容忍”的尺度是什么？谁向谁容忍？他没有明确指出来。这就出现一个问题，对统治者压制言论的行为也要容忍吗？如果对任何思想与信仰都不能批评，才是容忍，那么五四时期胡适对复古倒退、反对新文化的批评也是“不容

① 转引自魏邦良：《胡适的“诤臣”、“诤友”理想和实践》，载《粤海风》，2008年第2期。

② 刘绍唐主编：《胡适选集·杂文》，第227—233页，台湾传记文学社印行，1970。

忍”，这不是自打耳光吗？显然他的自由思想发生了不幸的变化，变成几近不分是非的容忍专制的立场。

在学理上，胡适“容忍的自由观”远不如他在1948年9月4日发表的《自由主义》一文说得更确切，当时他说：“自由主义在这两百年的演讲史上，还有一个特殊的、空前的政治意义，就是容忍反对党，保障少数人的自由权利。向来政治斗争不是东风压了西风，就是西风压了东风，被压的人是没有好日子过的，但近代西方的民主政治却渐渐养成了一种容忍异己的度量与风气。因为政权是多数人民授予的，在朝执政权的党一旦失去了多数人民的支持，就成了在野党了，所以执政权的人都得准备下台时坐冷板凳的生活，而个个少数党都有逐渐变成多数党的可能。甚至于极少数人的信仰与主张，‘好像一粒芥子，在各种种子里是顶小的，等到他生长起来，却比各种菜蔬都大，竟成了小树，空中的飞鸟可以来停在他的枝上。’（《新约　福音十四章》，圣地的芥菜可以高到十英尺）人们能这样想，就不能不存容忍别人的态度了，就不能不尊重少数人的自由了……”胡适在这里说得很明确，需要容忍的是在朝党对在野党、统治阶级对人民的容忍，这同他在《容忍与自由》一文表达的观点是不同的。

《容忍与自由》在《自由中国》发表后，引起了讨论。殷海光在《胡适论〈容忍与自由〉书后》中，盛赞此文是“近四十年来中国思想史上的一个伟大的文献”，但他提出异议说：“适之先生是历史大家，他一定知道，就咱们中国而论，自古至今，容忍的总是老百姓，被容忍的总是统治者。所以我们依据经验事实，认为适之先生要提倡容忍的话，还得多向这类人士说法。”海外学人周策纵也撰文对胡适“容忍是自由的根本”的论断进行商榷，他认为：“我们承认容忍是自由的一个基础，社会如果没有容忍就绝不会有真正的自由。……但有了容忍是否就有自由，却要看这容忍的态度普遍到什么程度而定。中国的妇女在旧礼教的束缚下不是容忍了几千年么，她们何尝得到婚姻上和经济上的自由？在许多专制政治和独裁政治下，大多数的人民往往容忍到了极点，但自由也不曾自动地降临。”①

胡适的许多办报思想及对言论自由的看法，发生过多次变化，根本原因在于他要做国民党的诤臣和诤友，既赞成和拥护国民党政府的制度，又要批评国民党的专制，他的观点就不得不因时而异、因事而异。1933年3月31

① 唐小兵：《自由比容忍更重要》，载《中国文史精华年选》，2006年第2辑。

日、4月28日，时任国民党行政院长的汪精卫两次写信请胡适出任教育部长和驻德大使，胡适的回信说明了他一生的根本政治立场。胡适说，一旦他加入政府，也就不能对政府进行一种有效的监督了。“我所以想保存这一点独立的地位，决不是图一点虚名，也不是爱惜羽毛，实在是想要养成一个无偏无党之身，有时当紧要的关头上，或可为国家说几句有力的公道话。一个国家不应该没有这种人；这种人越多，社会的基础越健全，政府也直接间接蒙其利益。我深信此理，故虽不能至，心实向往之。以此之故，我很盼望，先生容许我留在政府之外，为国家做一个诤臣，为政府做一个诤友。”①

胡适对言论自由也有始终不变的立场，即认为中国共产党不给言论自由，也不允许政治批评自由。他在《共产党统治下决没有自由——跋所谓〈陈垣给胡适的一封公开信〉》中说：“在他们统治之下，决没有自由，决没有言论的自由，也没有不说话的自由”，“共产党之下决没有学术思想的自由。”② 这种敌视的观点，在他临死之前都没有放弃。

1954年胡适在台湾任“光复大陆设计委员会”副主任委员，1957年出任台湾“中央研究院”院长。1960年《自由中国》杂志遭到蒋介石的查处，社长雷震被捕入狱，判刑10年，胡适不得不停办《自由中国》。1962年2月24日，胡适在台湾的一个酒会上突发心脏病去世。

第四节　鲁迅对媒介时弊的剖析

作为文学家、思想家的鲁迅，一生与媒介关系密切，无论对报刊出版、电影与广告，还是对书报审查制度，都发表过指陈时弊、评判得失的言论。早在1912年，鲁迅为故乡《越铎日报》创刊号写的《〈越铎〉出世辞》，就提出“纾自由之言议，尽个人之天权，促共和之进行，尺政治之得失，发社会之蒙覆，振勇毅之精神。灌输真知，扬表方物……”的报刊宣言③。这个激情洋溢的《出世辞》，实际成为该报初期的宗旨，此后20多年来，鲁迅一

① 魏邦良：《胡适的“诤臣”、“诤友”理想和实践》，载《粤海风》，2008年第2期。

② 载《自由中国》杂志，1950年第2卷第3期。

③ 《鲁迅全集》，第8卷，第42页，人民文学出版社，2005。

以贯之，把它作为批判媒介的主导思想。周建人的长女周晔曾用“批评的灵魂和报纸的躯壳”来概括她的伯父，[①] 结论可谓非常贴切。

一、报刊的帮闲与龌龊灵魂

鲁迅将报刊视为社会批判的阵地，其中包括对报刊思想媒介的批判。他说：“中国现今文坛（?）的状态，实在不佳……最缺少的是‘文明批评’和‘社会批评’，我之以《莽原》起哄，大半也就为得想引出些新的这样的批评者来，虽在割去敝舌之后，也还有人说话，继续撕去旧社会的假面。”[②] 他认为，近人对报刊的作用不够重视，但“只要撮取报章，存其精英，就是一部不朽的大作”。[③] 可是“近人印古书，选新文章，却不注意选报，如果择要剪取，汇成巨册，若干年后，即不下于《三朝北盟汇编》矣”。[④] 他还设想编辑一种刊物，像前清时的《选报》一样，录取各种报刊上有价值的论说和其他材料。“每省须有访员数人，专收该地报上奇特的社论，记事，文艺，广告等等，汇刊成册，公之于世。则其显示各种‘社会相’也，一定比游记之类要深切得多。”[⑤]

图 5-8　鲁迅

鲁迅在复杂的政治环境下，时刻聆听新闻的呼声，在《伪自由书》前记中，他意味深长地说：“其时讳言时事而我的文字却常不免涉及时事。”[⑥] 这句话至少有两重涵义：（一）在当时严酷的政治环境中，报刊生存艰难、言论自由虚幻，报刊批评异常敏感；（二）时事即新闻之一种，正直的批评家决不能回避报刊反映的现实问题。鲁迅纵览各种报刊，总叹息“北京的印刷品现在虽然比先前多，但好的却少”，[⑦] 认为报刊上“多是些无关大体的无

① 周晔：《伯父的最后岁月——鲁迅在上海》，第 375 页，福建教育出版社，2001。
② 《鲁迅全集》，第 11 卷，第 486 页，人民文学出版社，2005。
③ 《鲁迅全集》，第 5 卷，第 155 页，人民文学出版社，2005。
④ 《鲁迅全集》，第 13 卷，第 573 页，人民文学出版社，2005。
⑤ 《鲁迅全集》，第 4 卷，第 49 页，人民文学出版社，2005。
⑥ 《鲁迅全集》，第 5 卷，第 5 页，人民文学出版社，2005。
⑦ 《鲁迅全集》，第 11 卷，第 33 页，人民文学出版社，2005。

聊事，这是堕落文人的搬弄是非，只能令人变小”。①

他对报刊的批评很多都用短小精悍的杂文，在950多篇杂文中，有相当一部分是对报刊上的新闻、通讯、报章标题甚至广告的评析。特别是在《伪自由书》和《准风月谈》中，涉及1933年前后上海出版的各类报刊上的100多篇资料。面对形形色色的报刊，他常常发出自己独到而一针见血的评价。比如，《顺天时报》——日本人学了中国人口气。②《猛进》——很勇，而论一时的政象的文字太多。③

《甲寅周刊》——自己广告性的半官报。④《论语》——上海的“幽默”杂志，其实绝不幽默。⑤《现代评论》——学者们的喉舌；⑥ 讨得官僚津贴或银行广告费的“大报”；⑦ 作者固然多是名人，看去却很显得灰色。⑧ 如此等等。

鲁迅所作的《论“人言可畏”》、《〈某报剪注〉按语》、《“滑稽”例解》和《中国的科学资料——新闻记者先生所供给的》、《“小童挡驾”》、《剪报一斑》等文章，都对报刊的不良倾向予以旁敲侧击。《我对于〈文新〉的意见》、《水灾即“建国”》等文则是专门对报刊存在的问题发表意见，展示了报刊龌龊的灵魂。

鲁迅阅报范围非常广泛。在他的一生中，曾经点名批评的报刊约有三十多种，其中既有日本人在华出版的中文报纸《顺天时报》、罗马天主教教会在华办的中文日报《益世报》，也有国民党中央机关报《中央日报》与国民党财阀孔祥熙收买的《时事新报》；既有《社会新闻》、《微言》等国民党CC系主办的刊物，也有《醒狮周刊》、《国魂》等国家主义派的报刊；既有《人言》、《现代评论》等留学英、美的大学教授所办的同人杂志，也有《科学新闻》、《文艺新闻》等左翼作家办的刊物；既有《大公报》、《申报》等在当时很有影响的民营大报，也有《晶报》、《金刚钻》、《福尔摩斯》等现代上海

① 《鲁迅全集》，第14卷，第123页，人民文学出版社，2005。
② 《鲁迅全集》，第3卷，第177页，人民文学出版社，2005。
③ 《鲁迅全集》，第11卷，第33页，人民文学出版社，2005。
④ 《鲁迅全集》，第3卷，第120页，人民文学出版社，2005。
⑤ 《鲁迅全集》，第14卷，第237页，人民文学出版社，2005。
⑥ 《鲁迅全集》，第7卷，第80页，人民文学出版社，2005。
⑦ 《鲁迅全集》，第3卷，第161页，人民文学出版社，2005。
⑧ 《鲁迅全集》，第11卷，第33页，人民文学出版社，2005。

小报。

对于国民党的官报，鲁迅这样写道：这些“靠了钦定或官许的力量，到处推销无阻”的东西，可是“读的人们却不多，因为宣传的事，是必须在现在或到后来有事实来证明的，这才可以叫作宣传。而中国现行的所谓宣传，则不但后来只有证明这‘宣传’确凿就是说谎的事实而已”。① 这些报刊另有一副嘴脸，表面说的好听，实则尽干坏事。他们有着民众“向来没有印过的字典。这里面很有新奇的解释，例如：‘解放’就是‘枪毙’；‘托尔斯泰主义’就是‘逃走’；‘官’字下注云：‘大官的亲戚朋友和奴才’；‘城’字下注云：‘为防学生出入而造的高而坚固的砖墙’；‘道德’条下注云：‘不准女人露出臂膊’；‘革命’条下注云：放大水入田地里，用飞机载炸弹向‘匪贼’头上掷之也”。②

这样的“坏结果，是令人对于凡有记述文字逐渐起了疑心，临末弄得索性不看。即如我自己就受了这影响，报章上说的什么新旧三都的伟观，南北两京的新气，固然只要看到标题就觉得肉麻了”。久而久之，“宣传这两个字，在中国实在是被糟蹋得太不成样子了，人们看惯了什么阔人的通电，什么会议的宣言，什么名人的谈话，发表之后，立刻无影无踪，还不如一个屁的臭的长久，于是渐以为凡有讲述远处或将来的优点的文字，都是欺人之谈”。最后鲁迅总结道：“所谓宣传，只是一个为了自利，而漫天说谎的雅号。”③

对于那些自我标榜“既非商办，又非官办”，“在报界里是很难得的”，其实“不知道谁是东家，就是究竟谁是‘员外’”的报刊，④ 鲁迅称之为“帮闲”，并用“二丑”这一戏剧形象对其进行剖析。所谓“二丑”，是戏剧术语，或称“二花脸”，和“小丑”不同，既“不扮横行无忌的花花公子，也不扮一味仗势的宰相家丁，他所扮演的是保护公子的拳师，或是趋奉公子的清客。总之：身份比小丑高，而性格却比小丑坏。”⑤

“二丑”坏在哪里呢？鲁迅说“小丑”扮的恶仆，还比较“简单”，“只会作恶，到底灭亡”，⑥ 大家也比较容易分辨。比如，“上海的小书贾化作蚊

---

① 《鲁迅全集》，第 4 卷，第 435 页，人民文学出版社，2005。
② 《鲁迅全集》，第 6 卷，第 521 页，人民文学出版社，2005。
③ 《鲁迅全集》，第 4 卷，第 435 页，人民文学出版社，2005。
④ 《鲁迅全集》，第 5 卷，第 164 页，人民文学出版社，2005。
⑤ 《鲁迅全集》，第 5 卷，第 207 页，人民文学出版社，2005。
⑥ 《鲁迅全集》，第 5 卷，第 207 页，人民文学出版社，2005。

子，吸我的一点血……而我却还没有什么大怨气，因为我知道他们是蚊子，大家也都知道他们是蚊子”。① 而“二丑”是“智识阶级”，他的“本领却不同，他有点上等人模样，也懂些琴棋书画，也来得行令猜谜”，大家很容易被他迷惑。但终究他“倚靠的是权门，凌蔑的是百姓，有谁被压迫了，他就来冷笑几声，畅快一下，有谁被陷害了，他又去吓唬一下，吆喝几声”。②显然，这类报刊道貌岸然，装扮成民众的代言人，实际是统治阶级的帮凶。

可见，“二丑”最坏的地方，在于他的伪装，并非一味地趋炎附势，不得不装出同统治阶级有二心的样子。“他明知道自己所靠的是冰山，一定不能长久，他将来还要到别家帮闲，所以当受着豢养，分着余炎的时候，也得装着和这贵公子并非一伙。”所以当他“倚靠权门”的时候，“大抵一面又回过脸来，向台下的看客指出他公子的缺点，摇着头装起鬼脸道：你看这家伙，这回可要倒楣哩！”鲁迅指出：“这最末的一手，是二丑的特色。”③ 虽然“二丑”们自以为聪明，在帮闲之余，也偶尔在无关紧要处对统治当局讥刺几下，摆出一副公允持正的样子，小骂大帮忙一下。可“小百姓看透了这一种人”，“我们只要取一种刊物，看他一个星期，就会发见他忽而怨恨春天，忽而颂扬战争，忽而译萧伯纳演说，忽而讲婚姻问题；但其间一定有时要慷慨激昂的表示对于国事的不满：这就是用出末一手来了”。④

在鲁迅的笔下，这些帮闲们的伎俩，“在忙的时候就是帮忙，倘若主子忙于行凶作恶，那自然也就是帮凶。但他的帮法，是在血案中而没有血迹，也没有血腥气的”。⑤ 他们的主要手法有三：第一种是插科打诨，把读者的注意力从国家的生死存亡这些重要话题转引到恋爱、色情等庸俗之事上。“譬如罢，有一件事，是要紧的，大家原也觉得要紧，他就以丑角身份而出现了，将这件事变为滑稽，或者特别张扬了不关紧要之点，将人们的注意拉开去，这就是所谓‘打诨’。如果是杀人，他就来讲当场的情形，侦探的努力；死的是女人呢，那就更好了，名之曰‘艳尸’，或介绍她的日记。如果是暗杀，他就来讲死者的生前的故事，恋爱呀，遗闻呀……”⑥

---

① 《鲁迅全集》，第 3 卷，第 161 页，人民文学出版社，2005。
② 《鲁迅全集》，第 5 卷，第 207 页，人民文学出版社，2005。
③ 《鲁迅全集》，第 5 卷，第 207 页，人民文学出版社，2005。
④ 《鲁迅全集》，第 5 卷，第 208 页，人民文学出版社，2005。
⑤ 《鲁迅全集》，第 5 卷，第 289 页，人民文学出版社，2005。
⑥ 《鲁迅全集》，第 5 卷，第 289 页，人民文学出版社，2005。

第二种是以道德家的身份捣鬼，让告诫读者的警世者也化为丑角，让读者的希望化为乌有。“假如有一个人，认真的在告警，于凶手当然是有害的，只要大家还没有僵死。但这时他就又以丑角身份而出现了，仍用打诨，从旁装着鬼脸，使告警者在大家的眼里也化为丑角，使他的警告在大家的耳边都化为笑话。耸肩装穷，以表现对方之阔，卑躬叹气，以暗示对方之傲；使大家心里想：这告警者原来都是虚伪的。……周围捣着鬼，无论如何严肃的说法也要减少力量的，而不利于凶手的事情却就在这疑心和笑声中完结了。它呢？这回它倒是道德家。”①

第三种是“当没有这样的事件时，那就七日一报，十日一谈，收罗废料，装进读者的脑子里去，看过一年半载，就满脑都是某阔人如何摸牌，某明星如何打嚏的典故。”用这些阔人、明星的琐事来填充读者的头脑，结果如何呢？“开心是自然也开心的。但是，人世却也要完结在这些欢迎开心的开心的人们之中的罢”。② 这正是帮闲报刊的最可怕之处，鲁迅对它们灵魂的分析不仅惟妙惟肖，而且入木三分、鬼相毕露。

1925 年 2 月 20 日在京创刊的《第一小报》，自创刊日起就连载译自日文的《常识基础》一书，受到读者冷落。鲁迅用反讽的口气评论道：“民众要看皇帝何在，太妃安否？而《第一小报》却向他们去讲‘常识’，岂非悖谬。”所以，《第一小报》与《群强报》之类的消闲小报相比，“即知道实与民意相去太远，要收获失败无疑”。《群强报》是当时北京出名的小报。刊登的政治新闻纯是旧闻，而对社会新闻则周咨博访，力求详尽。如庙会情形、天桥动态、剧界演出等，特别注重。尤其是对戏院的演出非常重视，每天刊登广告。凡是有戏癖的人清早起来，即花铜子二枚买一张，因此报纸销路日增，日销七八万份。在当时这类小报的确成了供应北京社会低层大众的精神食粮。因此，鲁迅跟时任北京大学哲学系教授、《猛进》周刊主编徐炳昶谈到办“通俗的小日报”一事时，只能无奈地说“现在没奈何，也只好从智识阶级……一面先行设法，民众俟将来再谈。而且他们也不是区区文字所能改革的”。③

来到上海后，鲁迅更发现，“上海的市侩们更不需要这些，他们感到兴

---

① 《鲁迅全集》，第 5 卷，第 290 页，人民文学出版社，2005。

② 《鲁迅全集》，第 5 卷，第 290 页，人民文学出版社，2005。

③ 《鲁迅全集》，第 3 卷，第 25—26 页，人民文学出版社，2005。

趣的只是今天开奖，邻右争风；眼光远大的也不过要知道名公如何游山，阔人和谁要好之类；高尚的就看什么学界琐闻，文坛消息。总之，是已将生命割得零零碎碎了”。①

1933年，鲁迅与瞿秋白共同编著出版了《萧伯纳在上海》一书，是一部名副其实的报刊批评专著。全书只有短短的68000字，收录了上海中外报刊对萧伯纳在上海停留期间的报道和评论。当时各家报刊对同一采访对象，因立场不同而评价各异，正如鲁迅在《萧伯纳在上海》一书的广告中所说：“萧伯纳一到香港，就给了中国一个冲击，到上海后，可更甚了，定期出版物上几乎都有记载或批评，称赞的也有，嘲骂的也有。编者便用了剪刀和笔墨，将这些都择要汇集起来，又一一加以解剖和比较，说明了萧是一面平面的镜子，而一向在凹凸镜里见得平正的脸相的人物，这回却露出了他们的歪脸来。是一部未曾有过先例的书籍。”② 也就是说，摘要“剪报”只是一种手段，目的是要解剖和比较各类报刊露出的歪脸，进而展示它们截然不同的灵魂。

对于外国人在华创办的中文报刊，鲁迅一针见血地指出他们是“学了中国人的口气”办给中国人看的。这些报刊大多有帝国主义背景，颇多“居心”和“卑劣”，不希望中国有任何进步。在《“公理”的把戏》一文中，鲁迅愤怒地对《顺天时报》唯恐中国不乱的行为进行了剖析：“日本人学了中国人口气的《顺天时报》，即大表同情于女子大学，据说多人的意见，以为女师大教员多系北大兼任，有附属于北大之嫌。亏它征得这么多人的意见。然而从上列的名单看来，那观察是错的。”③ 他随后指出，《顺天时报》对中国事情指手画脚，乃是藏着不良的用心和企图。“《顺天时报》的记者倘竟不知，可谓昏瞀，倘使知道而故意淆乱黑白，那就有挑拨对于北大怀着恶感的人物，将那恶感蔓延于女师大之嫌，居心可谓卑劣。但我们国内战争，尚且常有日本浪人从中作祟，使良民愈陷于水深火热之中，更何况一校女生和几个教员之被诬蔑。我们也只得自责国人之不争气，竟任这样的报纸跳梁！”④ 鲁迅愤愤地提醒国人认清该报的真面目，批评了“国人之不争气”，“对于这样一种报纸，当时的中国人尤其是平津一带的中下层及官僚还争看不已”。⑤

① 《鲁迅全集》，第4卷，第576页，人民文学出版社，2005。
② 《鲁迅全集》，第8卷，第510页，人民文学出版社，2005。
③ 《鲁迅全集》，第3卷，第177页，人民文学出版社，2005。
④ 《鲁迅全集》，第3卷，第177页，人民文学出版社，2005。
⑤ 张静庐：《中国新闻记者和新闻纸》，第17页，现代书局，1932。

在对出版物的评价上，鲁迅认为当时的出版环境并不好，在校的青年“可看的书报实在太缺乏了”，科学文章过于高深、枯燥，他希望有一种“通俗的科学杂志，要浅显而且有趣的”。① 因此，他提倡出版物的多样性，“只看一个人的著作，结果是不大好的：你就得不到多方面的优点。必须如蜜蜂一样，采过许多花，这才能酿出蜜来，倘若叮在一处，所得就非常有限，枯燥了”。②

鲁迅劝朋友少看无聊新闻，因为“你所从朋友和报上得来的，多是些无关大体的无聊事，这是堕落文人的搬弄是非，只能令人变小，如果旅沪四五年，满脑不过装了这样的新闻，便只能成为像他们一样的人物，甚不值得”。③ 鲁迅认为，现在的报章能为恶，自然也还能为善。因此，他并不同意文字无用之说，反驳道：“假如文字真的毫无什么力，那文人真是废物一枚，寄生虫一条了。他的文学观，就是废物或寄生虫的文学观。”④

二、“有闻必录”与“笔舌杀人”

中国近代最早提出“有闻必录”的是《申报》。19 世纪 80 年代，“有闻必录”一词出现并很快流传开来，自上海报刊扩及广州和全国其他城市的报刊。在相当长的一段时期内，“有闻必录”受到报界的推崇，一方面它被认为是报人的一种不容侵犯的权力；另一方面也成为报人对各种流传的消息无一遗漏的自负感，实则是报界不负责任的一种通词。

1935 年初的阮玲玉之死，是报章“有闻必录”、“笔舌杀人”的恶果。这年阮玲玉主演了电影《新女性》，描写了卑劣记者的种种劣迹而得罪了记者，遭到新闻界的发难，要求联华电影公司向全体记者登报道歉，修改影片中侮辱记者的情节。⑤ 阮玲玉作为女主角的扮演者受到株连。报章一改过去对她演技的赞誉，开始吹毛求疵挑毛病，加以棒杀。此时正值她要求脱离其夫张达民而引起诉讼，一些报刊连篇累牍地所谓揭露她的私生活“隐情”，在舆论的攻击下，阮玲玉于 3 月 8 日妇女节当天（开庭审理前日）饮恨自

① 《鲁迅全集》，第 3 卷，第 26 页，人民文学出版社，2005。

② 《鲁迅全集》，第 14 卷，第 76 页，人民文学出版社，2005。

③ 《鲁迅全集》，第 14 卷，第 123 页，人民文学出版社，2005。

④ 《鲁迅全集》，第 8 卷，第 425 页，人民文学出版社，2005。

⑤ 辛生：《新女性侮辱记者之应付》，《晶报》，1935 年 2 月 12 日；辛生：《新女性片交涉紧张》，《晶报》，1935 年 2 月 18 日；百合：《影片之题材与新女性》，《晶报》，1935 年 3 月 1 日。

杀，留下了“人言可畏”的遗言，等候在法庭外的记者们扑了个空。新闻界以“有闻必录”、以事实为据为自己辩解。当时已沉疴在身的鲁迅抱病写下了《论“人言可畏”》这篇新闻批评，揭露了“有闻必录”的杀伤力。

鲁迅首先针对“报纸无能为力”的论调，谈到了“有闻必录”中的“闻”，即新闻的选择性问题。他说：“现在的报章之不能像个报章，是真的；评论的不能逞心而谈，失了威力，也是真的……但是，新闻的威力其实是并未全盘坠地的，它对甲无损，对乙却会有伤；对强者它是弱者，但对更弱者它却还是强者，所以有时虽然吞声忍气，有时仍可以耀武扬威。于是阮玲玉之流，就成了发扬余威的好材料了，因为她颇有名，却无力。”[①] 在这里，鲁迅指出有些报刊恃强凌弱，对百姓的不幸则“吞声忍气”、“不逞心而谈”，对强者“失了威力”，而对“有名无力”的民众却“耀武扬威”地扮演“强者”的角色，傲慢地“发挥余威”。

报刊所谓的“有闻必录”其实是有选择的，阮玲玉有名，是“给报章凑热闹的好材料，至少也可以增加一点销场”。[②] 而对读者来说，“恐怕义军的消息，未必能及鞭毙土匪，蒸骨验尸，阮玲玉自杀，姚锦屏化男的能够耸动大家的耳目罢?”[③] 报刊标榜“有闻必录”，有时是为了避重就轻，弃社会责任于不顾，迎合“爱听人们的丑闻”、“尤其是有些熟识的人的丑闻”的读者心态。[④] 1928 年春夏间，马振华因受汪世昌诱骗投水自杀，上海报纸一通评说，很快“大世界小世界”这些娱乐场里“都有了《马振华》文明戏了，某影片公司也做起影戏来，这不消说也是颇受社会欢迎的。《马振华哀史》也应运而生了，并再版一万部作无条件的赠送，只要邮票六分耳。中国人喜看死人出丧，喜看杀头剜肉，哀史自然也喜看了”。[⑤]

在《论“人言可畏”》中，鲁迅更将市侩心理分析得十分透彻：“上海的街头巷尾的老虔婆，一知道近邻的阿二嫂家有野男人出入，津津乐道，但如果对她讲甘肃的谁在偷汉，新疆的谁在再嫁，她就不要听了。阮玲玉正在现身银幕，是一个大家认识的人，因此她更是给报章凑热闹的好材料，至少也可以增加一点销场。读者看了这些，有的想：‘我虽然没有阮玲玉那么漂亮，

① 《鲁迅全集》，第 6 卷，第 343 页，人民文学出版社，2005。
② 《鲁迅全集》，第 6 卷，第 344 页，人民文学出版社，2005。
③ 《鲁迅全集》，第 6 卷，第 296 页，人民文学出版社，2005。
④ 《鲁迅全集》，第 6 卷，第 344 页，人民文学出版社，2005。
⑤ 《鲁迅全集》，第 8 卷，第 281 页，人民文学出版社，2005。

却比她正经’；有的想：‘我虽然不及阮玲玉的有本领，却比她出身高’；连自杀了之后，也还可以给人想：‘我虽然没有阮玲玉的技艺，却比她有勇气，因为我没有自杀’。化几个铜元就发见了自己的优胜，那当然是很上算的。”① 于是，“这哄动一时的事件，经过了一通空论，已经渐渐冷落了，只要《玲玉香消记》一停演，就如去年的艾霞自杀事件一样，完全烟消火灭。她们的死，不过像在无边的人海里添了几粒盐，虽然使扯淡的嘴巴们觉得有些味道，但不久也还是淡，淡，淡”。②

接着，他批驳了“有闻必录”中“如何录”的问题，也就是新闻的真实性问题。他说：“新闻记者的辩解，以为记载大抵采自经官的事实，却也是真的。上海的有些介乎大报和小报之间的报章，那社会新闻，几乎大半是官司已经吃到公安局或工部局去了的案件。但有一点坏习气，是偏要加上些描写，对于女性，尤喜欢加上些描写。”③ 鲁迅指出，因为“这种案件，是不会有名公巨卿在内的”，没有“有威力的强者”在，“因此也更不妨加上些描写”。“案中的男人的年纪和相貌，是大抵写得老实的，一遇到女人，可就要发挥词藻了，不是‘徐娘半老，风韵犹存’，就是‘豆蔻年华，玲珑可爱’。一个女孩儿跑掉了，自奔或被诱还不可知，才子就断定道，‘小姑独宿，不惯无郎’，你怎么知道？一个村妇再醮了两回，原是穷乡僻壤的常事，一到才子的笔下，就又赐以大字的题目道，‘奇淫不减武则天’，这程度你又怎么知道？”④ 这样的“录”是“有所闻”才录的，同时也是“发挥词藻”而录的，在描写中加上记者的想象，事实也就没有真实可言。

“发挥词藻”而“录”的结果必然是：“加之村姑，大约是并无什么影响的，她不识字，她的关系人也未必看报。但对于一个智识者，尤其是对于一个出到社会上了的女性，却足够使她受伤，更不必说故意张扬，特别渲染的文字了。然而中国的习惯，这些句子是摇笔即来，不假思索的，这时不但不会想到这也是玩弄着女性，并且也不会想到自己乃是人民的喉舌。但是，无论你怎么描写，在强者是毫不要紧的，只消一封信，就会有正误或道歉接着登出来，不过无拳无勇如阮玲玉，可就正做了吃苦的材料了，她被额外的画

① 《鲁迅全集》，第6卷，第344页，人民文学出版社，2005。
② 《鲁迅全集》，第6卷，第343页，人民文学出版社，2005。
③ 《鲁迅全集》，第6卷，第344页，人民文学出版社，2005。
④ 《鲁迅全集》，第6卷，第344－345页，人民文学出版社，2005。

上一脸花，没法洗刷。叫她奋斗吗？她没有机关报，怎么奋斗；有冤无头，有怨无主，和谁奋斗呢？"① 在这里，鲁迅提到了"机关报"。这些机关报是当时各为其主的党派小报。

鲁迅在文章中层层剥茧，充分揭露新闻界作风的恶劣，让人们惊讶地看到这种堕落已经到了丧失人性的地步。他把新闻界之黑暗，与司法界之流弊，某些受众的无聊心理，以及各色人等阿Q式的"优越感"等，放在一起并提，作了鞭辟入里的剖析。鲁迅在文章中说"她的自杀，和新闻记事有关，也是真的"这句话重复了两次，对某些记者自述的"阮玲玉的死，和新闻记者是毫无关系的"这个谬论作了有力的批驳。②

三、电影的宣传、煽动与社会意义

夏衍在1936年这样写道："时人论中国电影，常常从1932年开始……田汉、洪深，很早的关心电影艺术而且实际的和电影制作发生了关系，这是一般人周知的事实，但是另外一个'作为宣传煽动手段的电影'的关心者——鲁迅，就很少有人知道。"③

诚如夏衍所言，许多人对鲁迅在促进中国电影方面的贡献知之甚少，无论是在当时还是现在，研究者对这方面的关注远远低于对鲁迅小说、散文、杂文的关注。与鲁迅大量的报刊批评相比，他的有关电影的文字并不算多，仅在十几篇杂文和二十多封书信和日记中零散地谈到过电影。但鲁迅热爱电影，关注电影，正是他于1929年在中国首次转述了列宁关于电影的论述。鲁迅翻译了卢那卡尔斯基的《艺术论》和《文艺与批评》两部论著，不仅提供了苏联电影的信息，而且介绍了电影分析的思想与方法。在《文艺与批评》中，鲁迅"硬译"了列宁那段关于电影的名言："一切我国的艺术之中，为了俄罗斯，最为重要的，是电影。"④ 1930年初，在左翼作家进入电影界、中国电影发生根本改变之前，他翻译了日本电影评论家岩崎昶所著的

---

① 《鲁迅全集》，第6卷，第345页，人民文学出版社，2005。

② 《鲁迅全集》，第6卷，第344－345页，人民文学出版社，2005。

③ 刘思平、邢祖文：《鲁迅与电影（资料汇编）》，第174页，中国电影出版社，1981。

④ 据李道新的《中国电影批评史》的说法，1932年6月，王尘无第一次在中国介绍了列宁的这一观点，似可商榷。参见《中国电影批评史》，第61页，北京大学出版社，2007。

《电影和资本主义》中的一部分（原名《作为宣传，煽动手段的电影》，重点论述了电影的宣传作用）。他读后“觉得于自己很有裨益”，① 所以介绍给了中国读者，让中国人认识电影的宣传和欺骗作用。他把译名定为《现代电影与有产阶级》，并撰写长达千余言的《译者附记》，对我国早期的电影事业产生了重大影响，也为电影批评提供了思想启蒙。

他撰写的《略论中国人的脸》、《上海文艺之一瞥》、《“连环图画”辩护》、《电影的教训》、《未来的光荣》等文章对于20世纪二三十年代我国放映的中外影片及电影界的某些现象，发表了独到的见解。他从电影中看到了宣传的力量和侵略的存在，随着他观看电影次数的增多，鲁迅对电影的艺术形式有了新的认识，这同他对文学的认识逐渐趋于同步。

鲁迅对岩崎昶电影理论的借鉴并未全盘照抄，而是结合中国社会及电影艺术进行了独立与极富创造性的思考。他在《译者附记》中对电影在宣传、战争和迎合小市民等方面所起的宣传、煽动和迷惑作用做了深入分析。鲁迅认为：“上海的日报上，电影的广告每天大概总有两大张，纷纷然竞夸其演员几万人，费用几百万，‘非常的风情，浪漫，香艳（或哀艳），肉感，滑稽，恋爱，热情，冒险，勇壮，武侠，神怪……空前巨片’，真令人觉得倘不前去一看，怕要死不瞑目似的。现在用这小镜子一照，就知道这些宝贝，十之九都可以归纳在文中所举的某一类，用意如何，目的何在，都明明白白了。”② 鲁迅也看这类电影，但他强调必须认识其社会意义，不能稀里糊涂地被教化。

在他对电影中有产阶级的思想进行剖析时，也揭示了电影的社会性质，引导电影艺术家正确发挥电影的社会功能。20世纪30年代中期左翼电影兴起，突出社会革命的主题，抨击庸俗电影和反动电影对观众的腐蚀。鲁迅在《译者附记》中针对中国电影的制作导向、广告宣传、观众欣赏趣味等，为中国电影理论建设和推动中国电影艺术的健康发展，提出了许多积极的思想。在《二心集》的序言中，他说：“《现代电影与有产阶级》附在末尾，因为电影之在中国，虽然早已风行，但这样扼要的论文却还少见，留心世事的人们，实在很有一读的必要的。”③ 他把电影同社会发

① 《鲁迅全集》，第4卷，第418页，人民文学出版社，2005。

② 《鲁迅全集》，第4卷，第418页，人民文学出版社，2005。

③ 《鲁迅全集》，第4卷，第195页，人民文学出版社，2005。

展联系起来，不仅专注于电影本身，而是把分析的笔触扩大于中国的历史、社会和信仰，揭示电影及其创作的社会意义，抨击电影中阶级、种族和性别偏见。

此后，鲁迅相继发表了《电影的教训》、《“立此存照”（三）》等十多篇论及电影的文章。在这些文章中，鲁迅一再批评国产电影将中国人的奴性、媚骨艺术化而深感痛心，抨击帝国主义利用电影进行文化侵略。他意识到“电影对于看客的力量的伟大”，[①] 画面镜头的强烈感染力，有时发挥麻醉作用，因此他提出，对于文盲可以“请画家，演剧家，电影作家出马，给他看文字以外的形象的东西”，但必须是健康有益的内容。[②] 电影由于其视觉化语言而被电影理论者称为“没有文化的人的书籍”，这和鲁迅对电影形象化的描述是一致的，可见鲁迅对电影艺术的特点有较全面的把握，对电影的批评具有着深刻的眼光。

对好莱坞电影，鲁迅是一个在文化上积极主张“拿来的”思想家，没有一味否定。他在《拿来主义》一文中这样写道：“但我们被‘送来’的东西吓怕了。先有英国的鸦片，德国的废枪炮，后有法国的香粉，美国的电影，日本的印着‘完全国货’的各种小东西。于是连清醒的青年们，也对于洋货发生了恐怖。其实，这正是因为那是‘送来’的，而不是‘拿来’的缘故。”这“送来”的历史就是被迫屈辱的历史，在鲁迅看来，打破这种屈辱首先需要“拿来”。所以他说：“总之，我们要拿来。我们要或使用，或存放，或毁灭。那么，主人是新主人，宅子也就会成为新宅子。然而首先要这人沉着，勇猛，有辨别，不自私。没有拿来的，人不能自成为新人，没有拿来的，文艺不能自成为新文艺。”[③]

鲁迅认为：“一切文艺固是宣传，而一切宣传却并非全是文艺。”[④] 鲁迅对电影这种新型影像媒介的看法，与他阅读具有马列主义倾向的杂志有关，也跟他时常观看影片有关。作为一个思想家、文艺家和影迷，鲁迅的电影批评富有社会思索和艺术体验，是一种切合电影特点的批评眼光。更难能可贵的是，在 20 世纪 30 年代中国电影还处于不成熟的情况下，鲁迅的电影批评

---

① 《鲁迅全集》，第 4 卷，第 421 页，人民文学出版社，2005。
② 《鲁迅全集》，第 5 卷，第 537 页，人民文学出版社，2005。
③ 《鲁迅全集》，第 6 卷，第 40—41 页，人民文学出版社，2005。
④ 《鲁迅全集》，第 4 卷，第 85 页，人民文学出版社，2005。

已经具备了可贵的现代意识。

鲁迅用影院纪实的笔调批评了观众崇洋的心理，这种畸型的社会心理扭曲了电影欣赏中的联想，自卑和自大纠结下的奴性心态成为帝国主义电影文化侵略的社会基础。在剖析观众潜在奴性的背后，鲁迅指出了观众的市侩性。因为“鼻子生得平而小，没有欧洲人那么高峻，那是没有法子的，然而倘使我们身边有几角钱，却一样的可以看电影。侦探片子演厌了，爱情片子烂熟了，战争片子看腻了，滑稽片子无聊了，于是乎有《人猿泰山》，有《兽林怪人》，有《非洲探险》等等，要野兽和野蛮登场。然而在蛮地中，也还一定要穿插一点蛮婆子的蛮曲线。如果我们也还爱看，那就可见无论怎样奚落，也还是有些恋恋不舍的了，‘性’之于市侩，是很要紧的”。① 这段对电影观众的描述，颇有阿Q的神韵。

图 5-9　鲁迅对电影的沉思

四、剥下广告与文奴的画皮

鲁迅自称是一个“爱看广告者”，② 同时也是一位优秀的广告创意者，他身体力行作过不少书刊广告。在2005年版的《鲁迅全集》和2006年出版的《鲁迅全集补遗》里，笔者粗略统计后发现直接与广告有关的文章有60多篇。广告为他赢得了读者，也帮助他了解当局统治下的半封建半殖民地社会的人情世态，成为他观察和批判现实生活的第一手材料来源。

鲁迅对经常订阅的几份报刊上的广告，看得很细心，每有“奇特”广告，就剪下来略加点评“绍介”给读者，希望“有目共赏”。③ 所以，当他看到“庐山荆棘丛中，竟有同志在剪广告，真是不胜雀跃”。于是，连原文加上一节“拾遗”，发表在《语丝》周刊上。但是，鲁迅是个非常认真的人，他也指出了“从敝眼光看来，盈同志所搜集发表的材料中，还有一种缺点，

① 《鲁迅全集》，第5卷，第443页，人民文学出版社，2005。

② 《鲁迅全集》，第8卷，第277页，人民文学出版社，2005。

③ 《鲁迅全集》，第4卷，第49页，人民文学出版社，2005。

就是他尚未将所剪的报名注明是也。自然，在剪广告专家，当然知道紧要广告，大抵来登‘申新二报’，但在初学，未能周知”。①

为什么连剪广告也要注明报名呢？因为鲁迅有一个经验，就是“看广告的种类，大概是就可以推见这刊物的性质的。例如‘正人君子’们所办的《现代评论》上，就会有金城银行的长期广告，南洋华侨学生所办的《秋野》上，就能见‘虎标良药’的招牌。虽是打着‘革命文学’旗子的小报，只要有那上面的广告大半是花柳药和饮食店，便知道作者和读者，仍然和先前的专讲妓女戏子的小报的人们同流，现在不过用男作家，女作家来替代了倡优，或捧或骂，算是在文坛上做工夫。”② 在这里，鲁迅不仅敏锐地看到了报刊通过其所登的广告反映出来的它对某一资本家财团在经济和政治上的依附关系，也看到了它们之间在精神和思想文化上的一致性。有时候，广告也成为当局者统治的一种手段。鲁迅曾愤恨地说：“现在的统治者……什么他都怕，因而在出版界上也布置了比先前更进步的流氓，令人看不出流氓的形式而却用着更厉害的流氓手段：用广告，用诬陷，用恐吓。”③

在《剪报一斑》中，编者盈昂剪录了5类广告共计7篇，篇篇可谓奇文：如律师启事里，江西龙虎山“受命于天，传位已六十三代”的张天师聘请律师做顾问，接洽事务，并对“不法侵犯者当依法尽维护之责”；商业广告里，则是茂丰洋行“为寓沪富绅巨商之安全起见，重金特聘欧战时著名工程师来沪专装无畏保险汽车”；还有则图书广告宣称：上海三友图书公司表示“无论中外埠，如附邮票六分附下列赠券”，即可无条件赠送马振华哀史；特别启事里，是南洋兄弟烟草公司声明：烟壳内层上所印字母缩写并非“共产党”之缩写；最后一则于《扬州日报》封面刊登的“求婚广告”更妙，一位“二十一岁方始读书”的朱姓丧偶“名士”，自称“竖穷三界。横贯地球。对于宗教学，性命学，道德学，政治学，法律学，兵机学”均精通，广征“香阁娇娃。学林才女。或及正之娼妓。失志之英雄。……唯外国人不收”。④

对这7篇所剪广告，鲁迅的评论是：“这篇一发表，我的剪存材料，

---

① 《鲁迅全集》，第8卷，第277页，人民文学出版社，2005。

② 《鲁迅全集》，第4卷，第175页，人民文学出版社，2005。

③ 《鲁迅全集》，第4卷，第309页，人民文学出版社，2005。

④ 《鲁迅全集》，第8卷，第279－284页，人民文学出版社，2005。

可以废去不少。”看来鲁迅所剪存材料与此篇有类似之处，不过“唯有一篇，不忍听其湮没，爰附录于后，作为拾遗”附录进去。附录进去的这篇是“寻人赏格”。这可不是普通的寻人启事，而是妓院主人悬赏捉拿“潜逃妓女”的启事，赫然登在“中华民国十七年八月一日《新闻报》第三张‘紧要分类’中之‘征求类’”。至此，人们也明白了《拾遗》开头，鲁迅说“紧要广告，大抵来登‘申新二报’”中，这“紧要”的含义了。妓院悬赏拿人的广告也算“紧要”，对此，鲁迅只能说，“妓院主人也可以悬赏拿人，至少，可以使我们知道所住的是怎样的国度，或不知道是怎样的国度者也”。①

当时许多报刊为了经济利益，对广告的内容基本是不审查的。香港《循环日报》上，居然堂而皇之地刊登绑匪枪毙人质、索要赎金的《撕票布告》，相命师诓骗信女的诈骗信《致信女某书》，还有地痞流氓逼迫茶楼女招待妙娥的《诘妙娥书》。鲁迅把这3篇“奇文”收编成文，集在《匪笔三篇》里，在前言中“号召”广为征收“土匪，骗子，犯人，疯子等等的创作”，“不限有韵无韵”，“但经文人润色，或拟作赝作者不收”。②

还有许多广告故弄玄虚、欺骗读者，或读者在看广告时，很难分辨真假。在《某笔两篇》中，鲁迅对他昨天“得幸”看到的两则奇特广告给予评说。一则是载于香港《循环日报》的行医广告。一位熊姓人士在广告中吹嘘自己曾“历任民国县长，所长，处长，局长，厅长。通儒，显宦，兼作良医，尤擅女科……每日下午应诊及出诊”。如果只从广告中看，这个姓熊的确很不简单，官做过不少，又是通儒显宦，并且是个擅长女科的良医；但世上真有这样的奇人吗？不只鲁迅，恐怕所有看过这则广告的读者中也没几个人信。因此鲁迅在按语里如此评说：“以吾所闻，向来或称世医，以其数代为医也；或称儒医，以其曾做八股也；或称官医，以其亦为官家所雇也；或称御医，以其曾经走进（?）太医院也。若夫‘县长，所长，处长，局长，厅长。通儒，显宦’，而又‘兼作良医’，则诚旷古未有者矣。而五‘长’做全，尤为难得云。”③ 鲁迅的点评，有理有据，欲擒故纵，对这一名不符实的虚假广告给予了批驳，使做广告者立时显出其真意来。

---

① 《鲁迅全集》，第8卷，第277页，人民文学出版社，2005。

② 《鲁迅全集》，第4卷，第44页，人民文学出版社，2005。

③ 《鲁迅全集》，第4卷，第49—50页，人民文学出版社，2005。

另外一则刊登在广州《民国日报》的广告更加离奇。广告刊登者是广东省立第一中学的余姓人士，“受中等教育有年，品行端正，纯无嗜好”。父母不幸去世后，他独自继承了家产，现在自愿“甘心”给人当儿子。有相当之家庭，且需要儿子者，请和他联系，来函报告家庭状况、经济地位若何。看了该广告后能帮忙介绍者，成功后则赠送百金酬谢。虽介绍但不成者，“当有谢谢”。对这则广告，鲁迅评论说：“我辈生当浇漓之世，于‘征求伴侣’等类广告，早经司空见惯，不以为奇。昔读茅泮林所辑《古孝子传》，见有三男皆无母，乃共迎养一不相干之老妪，当作母亲一事，颇以为奇。然那时孝廉方正，可以做官，故尚能疑为别有作用也。而此广告则挟家资以求亲，悬百金而待荐，雒诵之余，乌能不欣人心之复返于淳古，表而出之，以为留心世道者告，而为打爹骂娘者劝哉？特未知阅报诸君，可知广州有欲儿子者否？要知道倘为介绍，即使好事不成，亦有‘谢谢’者也”。①

这里，鲁迅用反讽写法来调侃这位刊登广告者千古未曾有的孝心，故意用帮衬语言“特未知阅报诸君，可知广州有欲儿子者否？要知道倘为介绍，即使好事不成，亦有‘谢谢’者也”。对这位世上罕见的大孝子进行了讽刺。那么这位“孝子”真如广告中所说之用心良苦要尽孝道，还是另有企图（如需来函报告家庭状况、经济地位）？其用心究竟何在？对于这样的广告人们应该如何读解？鲁迅的评说当能引发许多读者深省。

1935年9月，上海报纸上刊登了这样一条广告，题目是四个一寸见方的大字——“看救命去!”如果只看题目，人们恐怕会猜想到这是展示外科医生对重病人施行大手术，或对淹死的人用人工呼吸，救助触礁船上的人员，挖掘崩坏的矿穴里面的工人等等。但其实展示的不是这些内容，而照例是“筹赈水灾游艺大会”，看些滑稽戏、月光歌舞团的歌舞之类。诚如广告所说，“化洋五角，救人一命……一举两得，何乐不为”。钱是要拿去救命的，不过所“看”的却其实还是游艺，并不是“救命”。在《逃名》一文中，鲁迅对这种耸人听闻、名不副实的发国难财的广告非常愤恨。鲁迅说，这就是所谓“文字游戏国”的中国人的一种习惯：“一切总爱玩些实际以上花样，把字和词的界说，闹得一团糟，弄到暂时非把‘解放’解作‘孥戮’，‘跳舞’解作‘救命’不可。捣一场小乱子，就是伟人，编一本教科书，就是学者，选几条文坛消息，就是作家。于是比较自爱的人，一听到这些冠冕堂皇

---

① 《鲁迅全集》，第4卷，第50页，人民文学出版社，2005。

的名目就骇怕了，竭力逃避。”[①] 在这里，鲁迅不仅对资本家在广告上的不择手段和报刊对资本钱袋的依附，作了有力的批判，而且对某些读者贪求虚名也做了辛辣的讽刺。

鲁迅着眼于“真”和“诚”，对新闻和广告的真实性极为重视。他认为：“只有真的声音，才能感动中国的和世界的人。”真和诚应该是媒介工作者必备的品质。“文艺是国民精神所发的火光，同时也是引导国民精神的前途的灯火”，[②] 如果高举灯火的战士，不能照见社会黑暗的本质，而是用“瞒”和“骗”造出奇妙的逃路，那就永远不能将迷茫无知的民众从睡梦中惊醒。传播者应该力求以独到、敏锐的眼光和无畏的勇气揭示真实的现实，否则，浮光掠影、隔靴搔痒地反映社会，甚至粉饰太平，永远无法起到震撼、激励民众的作用。

鲁迅希望传播者以真诚换真诚，通过对现实的深刻透视，言民众所不能言或不敢言，获取民众的真心信任。媒介是否能取得良好的传播效果，很大程度上取决于他们能否在民众中树立可信的形象，能否做到以诚待人，给予民众平等的关注和体谅，否则只能与民众疏远，直至背离民心。

在对媒介的批判中，鲁迅抓住一个“不通”，使报刊出版管理中的各色人物的立场毕现：“不准通”，是“官”——媒介制度制订者的立场；“不敢通”，是“奴隶”——民间报纸的立场；“不愿通”、“不肯通”，是“奴才”——官报、帮闲报刊的立场。而这之中，最缺少的就是真正的“人”的立场。在被当权者圈起来的界限中，“人”只能沦落为奴隶，苟延残喘地和读者相见。他们的文章是“官许之印本，必经检查，抽去紧要处，恰如无骨之人，毫无生气”。[③] 而当时的报刊上，何止这样没有独立思想和人格的无骨之文，即使是奴才文章也比比皆是。

对于奴隶和奴才，鲁迅曾有过这样的区分：“一个活人，当然是总想活下去的，就是真正老牌的奴隶，也还在打熬着要活下去。然而自己明知道是奴隶，打熬着，并且不平着，挣扎着，一面‘意图’挣脱以至实行挣脱的，即使暂时失败，还是套上了镣铐罢，他却不过是单单的奴隶。如果从奴隶生活中寻出‘美’来，赞叹，抚摩，陶醉，那可简直是万劫不复的奴才了，他

---

① 《鲁迅全集》，第 6 卷，第 409 页，人民文学出版社，2005。

② 《鲁迅全集》，第 1 卷，第 254 页，人民文学出版社，2005。

③ 《鲁迅全集》，第 13 卷，第 343 页，人民文学出版社，2005。

使自己和别人永远安住于这生活。就因为奴群中有这一点差别，所以使社会有平安和不安的差别，而在文学上，就分明的显现了麻醉的和战斗的不同。”① 这里论述的奴隶与奴才的区别非常精辟，麻醉与战斗，陶醉与抗争，正是他们本质的不同。

对奴性的抨击，对立人的追求，可以说贯穿了鲁迅的一生。而鲁迅对于奴群的差别的辨析，倒跟列宁很相似。列宁也是这样划分奴隶与奴才的，他在《论大俄罗斯人的民族自豪感》一文中说：“谁都不会因为生下来是奴隶而有罪；但是，如果一个奴隶不但不去追求自己的自由，反而为自己的奴隶地位进行辩护和粉饰……那他就是理应受到憎恨、鄙视和唾弃的下贱奴才了。”② 鲁迅未必看过列宁的这篇文章，恐怕只能说是英雄所见略同了。

鲁迅的许多报刊实践，正是“力争通”的努力，在不自由中争自由，属于走出奴隶时代的“人”的挣扎。他的媒介批评，也是对“立人格、立报格”的向往。这些既显示出鲁迅独立的批判意识，也凸映出鲁迅的媒介批评归根结底还是一种社会批评。

---

① 《鲁迅全集》，第 4 卷，第 604 页，人民文学出版社，2005。
② 《列宁全集》，第 26 卷，第 110 页，人民出版社，1988。

第六章　中共党报初期的批评与发展

中共党报批评是在劳工知识分子报刊思想的基础上发展起来的，经过20多年的经验积累才逐步成熟。1921年中国共产党在“第一个决议”中就对党报有了初步界定，提出“一切书籍、日报、标语和传单的出版工作，均应受中央执行委员会或临时中央执行委员会的监督。每个地方组织均有权出版地方的通报、日报、周刊、传单和通告。不论中央或地方出版的一切出版物，其出版工作均应受党员的领导。任何出版物，无论是中央的或地方的，均不得刊登违背党的原则、政策和决议的文章”。① 这一文件确定了党报的基本方向和基本方针。党报批评随着办报实践的发展，适应各时期的斗争形势，在功能定位、性质定位和报道、宣传方式方面，不断总结经验教训，严防不正确思潮侵入党报的肌体。

第一节　党报职能与性质的确立

党报在创立之初，首先需要确立这种新型报刊同旧报刊有什么不同，如何认识它的职能和性质，如何划清它同资产阶级政党报刊和民营报刊的界限。这是党报初期批评首先要解决的问题。在艰苦、危险的斗争环境中，由于深受共产国际的影响，中共党报一开始就坚持了坚定的革命立场和报道方针，宣传了中共在各个时期的方针政策，始终保持批判反动阶级及一切错误思潮的战斗精神，成为中国革命取得胜利的重要思想武器。

① 中央档案馆编：《中共中央文件选集》，(第一册)，第3—4页，中共中央党校出版社，1982。

一、党报的职能定位论

中国共产党党报并不像一般党派报纸那样仅担负“宣传”职能，而是承担多种功能。由于革命斗争需要以及受苏联报刊思想的影响，中共党报还要承担“组织”和发动群众的职能，即利用党报统一思想，启发群众的觉悟，巩固党的各级组织，指导民众积极投身革命。党报所担负职能的重心也因此经历了由“宣传”向“组织”转移的变化。这期间要排除所有不利于党报职能明确定位的因素，对资产阶级的新闻“性质说”进行了批判。党报批评不仅顺应各种变化，在不同的时期依据各有侧重的标准对党报方向进行规正，而且依据现实需要引领党报的报道和宣传。

（一）同传统“性质说”的决裂

中共党报职能的明确定位，首先来自对资产阶级新闻思想的肃清。五四前后，以徐宝璜、邵飘萍、戈公振为代表的早期新闻工作者认为报道新闻是报刊的天职，除官报外，报刊都具有商业性质。徐宝璜评价报纸的作用是“以真正之新闻，供给社会”，“代表舆论、创造舆论、灌输智识、提倡道德、振兴商业”。但“振兴商业，广告者”。[①] 徐宝璜提出“商业化”是报业发展的一个标志，通过经济独立使报业不再依赖某个政治派系。“故为一报自身利益计，实有谋其广告发达之必要。况广告者，乃有力之商业媒介。”“而经济之究竟能独立与否，则大半系于营业部之办理若何也。”“对于外国的、社会的、商业新闻，亦应详细记载”。[②]

邵飘萍对“真正之新闻”的解释，着重在报道事实的趣味性，他指出：“报告读者以最新而又最有兴味，最有关系之各种消息。”戈公振将这种选择“真正之新闻”的标准概括为两点：时宜性与一般性。

也就是说，新闻应是具备一定性质的事实，报刊也都带有商业性、经营性，这些性质具有普遍性，不会因阶级不同而有所区别。而报刊应以报道这些超阶级之上的性质（如时效性、趣味性等）的新闻为天职。当时上海以《新闻报》、《申报》为代表的几家大报正是按照这种传统的性质说从事报道和经营活动的。

中国共产党自建党后，认为党报是进行阶级斗争和解放劳动大众的锐利

---

① 《新闻学》，载《新闻文存》，第284－288页，中国新闻出版社，1987。

② 《新闻学》，载《新闻文存》，第353、361、368页，中国新闻出版社，1987。

的武器，对上述观点不与苟同。因为一旦此种观念“侵蚀”党的新闻工作，必会严重销蚀党报为党和革命斗争服务的宗旨，放松党对党报的利用。所以廓清党报的职能，首要就是从报纸所必须登载的“新闻”入手，强调新闻的阶级性和反映劳动者的呼声，从而在党员干部，特别是在各级党的新闻工作者中清除不适合中共党报需要的新闻观。

1921年8月中共的《劳动周刊》发行，在其发刊词中指出：“这个《劳动周刊》是中国劳动组合书记部的机关报，就是全国劳动者的言论机关。我们这个周刊是不比得有产阶级的报纸，有产阶级的报纸，是只记得金钱，那里记得什么公平正义呢！我们的周刊不是营业的性质，是专门本着中国劳动组合书记部的宗旨为劳动者说话，并鼓吹劳动组合主义……”①

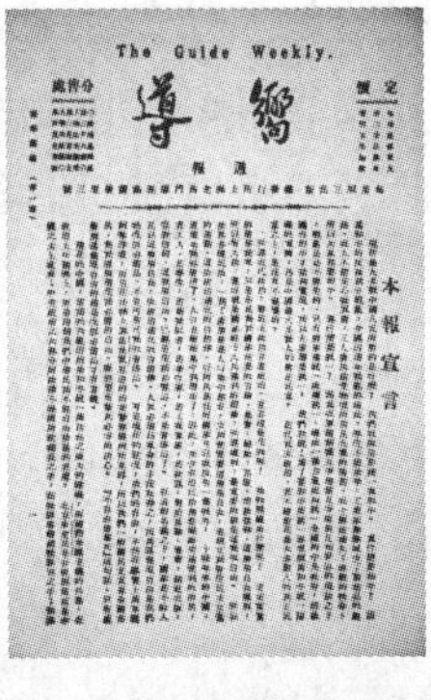
The Guide Weekly.
嚮導
本報宣言

图6-1《向导》周报

1922年9月13日，经中国共产党第二次全国代表大会决定，中共中央机关报《向导》周报在上海创刊，初由陈独秀、蔡和森主编，继后由彭述之、瞿秋白担任主编。陈撰写的发刊词《本刊宣言》中称：“近代民主政治，若不建立在最大多数人的真正民意之上，是没有不崩坏的。……依照全国民意及政治经济事实的要求，谨以统一、和平、自由、独立四个标语呼号于国民之前!”该宣言阐述了中国人民的三方面要求：（一）统一与和平。因为全国连年战乱，所以人民要和平；因军阀割据，互争地盘，战乱不能避免，所以要统一。（二）要实行民主政治、立宪政治，国家要给人民言论、集会、结社、出版和宗教信仰的自由。（三）我中华民族为被压迫的民族自卫计，势不得不起来反抗国际帝国主义的侵略，努力把中国造成一个完全的、真正独立的国家。② 党报《向导》向国人宣告了中共打倒帝国主义侵略、民主建国的主张，负有宣传民主革命的重任。

1925年10月22日中共中央在《关于出版〈布尔塞维克〉的决议》中指出：“布尔塞维克报当为建立中国无产阶级的革命的思想之机关，当为反对资产阶级思想及一切反动妥协思想之战斗机关，布尔塞维克报并且要是中国革命新道路的指针——反对帝国主义军阀豪绅资产阶级的革命斗争的领导

① 《〈劳动周刊〉发刊词》，载《共产党》杂志，1927年7月7日。
② 陈独秀：《本报宣言》，载《向导》，1922年9月13日。

者，它应当做工农革命行动的前锋。”① 该报于1927年10月24日在上海秘密创刊。该报的出版决议表明，这份党报具有无产阶级性质，中共中央要求以无产阶级思想和政治纲领编辑这张报纸。

1930年8月15日，中共中央在上海又创办了机关报《红旗日报》，它的发刊词《我们的任务》完整地概括了中共党报的职能。发刊词指出：“本报出版的任务，不仅是要登载每日的全国的政治事变，传达各地的革命活动，并且要根据着马克思列宁主义的原则，发布中国共产党对革命中各个问题的观点与主张。在现在阶级社会里，报纸是一种阶级斗争的工具。”“本报是中国共产党的机关报，同时在目前的革命阶段中必然要成为全国广大工农群众之反对帝国主义与反对国民党的喉舌，就在这一点看来，已经决定了本报的最大任务。”② 中共党报不是简单地承袭报刊的一般任务——报告新闻和发表言论，而是超越报刊这类外在的使命，履行党报的根本职能——进行阶级斗争，打击阶级敌人，充当工农劳动群众的喉舌。

井冈山革命根据地建立后，苏区的新闻机构有了进一步发展。1931年11月7号在江西瑞金成立了红色中华通讯社，对外播发新闻的呼号为CSR(Chinese Soviet Radio)，是中共第一家广播电台。不久《今日新闻》创刊，由红色中华社编印出版，早期曾用《无线电材料》、《每日电讯》等名称。1931年12月11日在江西瑞金创刊了《红色中华》报，为中央革命根据地第一份党的机关报。中国工农红军军事委员会于1931年12月还创办了《红星报》，由中国工农红军总政治部出版，邓小平任主编。

1931年前后，共产党人张友渔在北平《世界日报》任主笔，他著的《新闻之理论与现象》一书，对当时国统区新闻界盛行的传统的新闻性质说予以批驳，他说：“现代的新闻，具有二种性质，一方面是‘政治斗争的武器’，他方面是‘以获得利润为目的的企业’……这在各国，本来已经是一般人所公认了的真理和事实，而在我国，则连有名的新闻记者，新闻事业乃至自命为新闻理论家的人们，还都墨守陈腐的见解，以为新闻是超乎阶级，超乎党派，只问是非，不计利害之社会的木铎！这对于从事新闻事业的人们，有志新闻事业的人们乃至社会上的一般人们，实在都是无益有

---

① 《中国报刊广播文集》(一)，第3页，北京广播学院新闻系编（内部版本），1980。

② 张之华主编：《中国新闻事业史文选》，第388页，中国人民大学出版社，1999。

害的。”①

然而，与这种观念的斗争当时并没有大规模地展开，即使在革命根据地的干部和记者中，仍有一些人认为新闻与报刊仅是传播消息及其特性而已。直到1943年，陆定一发表著名的《我们对于新闻学的基本观点》，将这种新闻观定性为资产阶级的新闻“性质说”，才从理论上对其进行了彻底批判。

文章一开始，陆定一就树起了一个靶子，“抗战以后，参加党的新闻事业的知识分子，乃是来自旧社会的，他们之中，也就有人带来了旧社会的一套思想意识和一套新闻学理论。这套思想意识，这套新闻学理论，是很糊涂的不大老老实实的，甚至是很不老老实实的，也就是不大科学的，甚至很不科学的。如果不加以改造，不加以教育，就会不但无益、而且有害，就无法把党的新闻事业做好。”这套旧社会的新闻思想长期很严重地污染了党报，但懂得它的谬误在哪里却经历了相当长的时间，而“真正与这一套坏东西作斗争，还是《解放日报》去年四月改版才开始”。那么，这个被扣上“很不老实，很不科学”帽子的新闻学理论是什么呢？接下来，陆定一抓住“资产阶级新闻理论中所谓‘性质说’（Quality theory）”，进行了深入分析：“最早的‘性质说’认为‘新闻乃是时宜性与一般性之本身’。后来，花样越来越多，代替‘时宜性’‘一般性’的，有所谓‘普遍性’‘公告性’‘文艺性’‘趣味性’‘完整性’等等。总而言之……把新闻解释为某种‘性质’的本身，脱离开了某种‘性质’就不成其为新闻。”

“新闻乃是时宜性与一般性之本身”这句话其实出自戈公振的《中国报学史》，当时陆定一手里只有这本新闻学论著。虽然没有点出戈氏的名字，但是，陆定一的批评上纲上线到了哲学与阶级的高度，称其为“新闻学理论中的唯心论”，“企图否认‘新闻是事实的报道’的唯物论定义”②。其实，戈氏的“时宜性（Zeitgemassigkeit）”来自德文，指即时发现的事实，包含“及时＋现实”两层含义。他的原话是：“总之，时宜性与一般性，二者不能分离而存在，且互相维系而成报纸之特殊形体，故不能不以此特殊形体之自身，作为报纸内容之原质。此特殊形体，可名曰新闻，即新闻为报纸之原质。”他的意思很清楚，即报纸的基本职能是提供新闻，报纸上的新闻要具

① 张忧虞：《新闻之理论与现象》，“自序”，太原中外语文学会印行，1936。

② 陆定一：《我们对于新闻学的基本观点》，载延安《解放日报》，1943年9月1日。

有时效性和普遍兴趣。戈公振接下来补充道，“性质与具体事实乃同一体，其结果可以避免谬误，不致以新闻事实之自身为新闻与否之区别，只须包括上述性质之事实，均可作为新闻。”① 即新闻并非是事实就可以报道，还应该选择具有一般性和时宜性的事实。如此看来，这实在没有否认新闻是事实报道的企图。

为了彻底驳斥这种观念，总需要找一个突破口，陆定一于是选择了“兴趣”。“兴趣是有阶级性的，对于劳动者有兴趣的事实，写出来就成为对于劳动者有兴趣的新闻。但同一事实，剥削者看来就毫无趣味，因而这个新闻对于剥削者也就成为无兴趣的新闻。例如关于劳动英雄的新闻，就是如此。”言下之意，我们不能仅凭那些超脱阶级之上的抽象“性质”来写作新闻，因为在阶级社会，同一个事实对不同阶级也许意味着截然不同的“性质”，故而“性质”只是新闻的形式，事实才是本质。所以无产阶级的新闻只能尊重客观存在的事实，这个“事实”有时是有阶级性的。“事实完整了，写出来就成为完整的新闻，事实尚未完整，报道这个事实的新闻也只能不完整。事实很‘文艺性’，报道也自然会有‘文艺性’，否则就相反，例如宣布政府或党的公告的新闻，有什么文艺性呢？诸如此类，不一而足。这都说明：事实决定新闻的‘性质’。”

接着，陆定一用“归谬法”将新闻的“性质说”从理论上逼入绝境：“唯心论的‘性质说’，把片面的东西夸大成为全面的东西，把形式当作本质，把附属的当作主要的，把偶然的当作必然的，因而是错误的。照此做去，必致误入歧途。新闻界中的下流坯，提倡所谓‘桃色新闻’‘黄色新闻’，岂不是以‘兴趣性’做招牌的么？借口‘文艺性’而把地上的事实夸张成为神话一般的事，在新闻界中岂不是数见不鲜的么？这种唯心论的‘性质说’歪曲了客观现实，一方面，把人人可以懂得的新闻说得神乎其神，只能‘吓唬土包子’，一点积极作用也没有；另一方面，对新闻事业还起了消极作用，因为如果相信了这种‘性质说’，天天去玄而又玄的研究这个‘性’或那个‘性’，就一世也不会有结果，必致流入脱离事实，向壁虚造，无病呻吟，夸夸其谈，也不会有结果。”② 那么如何才能保证新闻不脱离事实呢？“只有为人民服务的报纸，与人民密切联系的报纸，才能得到真实的新闻。”

① 戈公振：《中国报学史》，第 15—16 页，中国新闻出版社，1985。

② 陆定一：《我们对于新闻学的基本观点》，载延安《解放日报》，1943 年 9 月 1 日。

很明显，这个“人民”指的广大工农群众。

陆定一通过论证资产阶级的新闻“性质说”最终导致新闻失实，将其彻底排除出无产阶级新闻理论视野。进而指出，真实得自于同人民千丝万缕的联系，党报要深入实际为工农群众服务。“只有无产阶级这个最革命的阶级，不怕面对事实，对反动派没有任何畏惧，也无所迎合，因此就能彻底尊重客观事实”。①

这种批判思路很快在中共党内和革命根据地产生了影响。1948 年，习仲勋在西北区记者节会上的讲话中批评了《解放日报》不重视边区消息的问题，切入口正是“兴趣”。他说：“有些同志对边区消息不感‘兴趣’，不重视边区消息，说边区消息零碎，没有什么了不起，甚至有人主张把边区消息或边区版放在第四版。表面看来是个技术位次问题，实际是个思想问题，是一种小资产阶级的情绪和‘兴趣’，绝不能照办。有这种‘兴趣’的人总喜欢看远的大的别的地区的消息，不研究本地区的问题。试问报纸离开了边区的具体实际还叫什么‘边区群众日报’？这是一种与边区实际割裂的小资产阶级的好高骛远的思想。”② 兴趣是有阶级性的，党报是为无产阶级服务的，自然应该满足无产阶级的兴趣，否则遵循的就是旧报人的“性质说”。

至此可以看出，压抑时宜性、一般性等富有“新闻”事实特征的目的，只是为了使党的新闻工作者从思想上明了、在实践中履行党报应刊登那些符合无产阶级利益、指导民众斗争的事实的报道。正如陆定一在批判完资产阶级的新闻“性质说”后所指出的，“只有把尊重事实与革命立场结合起来，才能做个彻底的唯物主义的新闻工作者”。③ 所以党报的职能不应专注于登载那些超脱阶级的新闻，而应该立足本阶级，为本阶级的斗争和利益而呐喊。

（二）“宣传”是党报的基本工作之一

中国共产党建立后，十分重视并利用党报进行宣传鼓动，各级党报很早就从指导思想上切实地以宣传马克思列宁主义、党的斗争任务和革命精神，作为日常工作和主要任务。1921 年的《劳动周刊》即明确要求自己“为劳动者说话，并鼓吹劳动组合主义”。④ 1922 年《先驱发刊词》提出：“本刊

① 陆定一：《我们对于新闻学的基本观点》，载延安《解放日报》，1943 年 9 月 1 日。

② 习仲勋：《关于〈群众日报〉工作的几个问题》，载《西北新闻工作汇编》，1948。

③ 陆定一：《我们对于新闻学的基本观点》，载延安《解放日报》，1943 年 9 月 1 日。

④ 《〈劳动周刊〉发刊词》，《中国报刊广播文集》（二），第 365 页，北京广播学院新闻系校内用书，1980。

的任务是努力唤醒国民的自觉，打破因袭、奴性、懒惰和依赖的习惯而代以反抗的创造的精神，使将来各种事业，都受着这种精神的支配而改变。”①那时中国共产党还不能系统运用无产阶级理论指导宣传鼓动工作，不过“宣传”的思维已经形成，随着革命理论的逐步完善和不断强化，随后的岁月中，党报宣传功能稍有偏废，都会遭致批评。

1925 年，中国共产党第四次全国代表大会召开，大会对党在宣传工作中的努力，使“我们党的机关报《向导》树立了舆论指导地位”，受到中共中央领导人的表扬。但同时也指出了党报宣传不足的毛病：“大会亦承认因为党的幼稚，党的教育宣传还未切实，致使党的理论基础常常动摇不定，尤其对于民族革命理论的解释和鼓吹，《向导》、《新青年》、《前锋》以及《党报》中的文章，在第三次大会后竟因三次大会关于国民运动决议文的稍欠明了，同时复为防止党中左稚病起见，过于推重于资产阶级的力量，忘了自己阶级的宣传，结果遂发生了右的乖离错误。同时左倾的幼稚观念也遂因右倾的扩大而存在。中间虽经一九二四年扩大中央会议之纠正，但实际上在党内在党外毕竟没有做多少宣传与解释的工夫，故一般同志对民族革命策略上的认识，常常表现其非左倾即右倾的机会主义的色彩。这种倾向都是殖民地运动中所最难免的一偏之见，极需要我们努力与纠正。”②

1929 年 6 月中共中央通过《宣传工作决议案》，指出：“党必须依靠全体党员坚决的争斗以求革命的胜利，同时党又不会在群众以外，有自己的争斗的力量，不能用命令或强迫的方式使群众为党的口号争斗，只有动员自己的全体党员，以正确的策略领导群众，以宣传工作说服群众，争取广大群众到自己的政治影响之下，使自己的口号成为群众争斗的目标。所以党必须将宣传教育工作，视为党的基本工作之一。”③ 而宣传工作最有力的武器正是党报。1930 年《红旗》曾这样评价党报担负的宣传工作职能：

> 无产阶级的政治任务是非常伟大的，他必须动员全无产阶级的力量，在同一个正确的政治认识之下，在同一个正确的策略路线之下，继续不断的长期的坚决的奋斗，然后才能取得最后的胜利。为达到这一任务起见，无产阶级的先锋队——共产党，必须有全国范围内的经常的政

---

① 《先驱发刊词》，载《先驱》，1922 年 1 月 15 日。

② 《中国共产党新闻工作文件汇编》，上卷，第 18－19 页，新华出版社，1980。

③ 《中国共产党新闻工作文件汇编》，上卷，第 41 页，新华出版社，1980。

治机关报，有系统的对全国无产阶级广大的劳苦群众作广大的政治教育，深刻的解释一切政治问题，战胜统治阶级的欺骗，指出正确的革命斗争的策略。

不但要使群众了解斗争的必要，并且要发动群众有斗争的决心。不但要让群众认识正确的策略方向，并且要使群众在斗争中，依照正确的策略方向而前进。为完成这一种任务，又必须有全国的机关报，因为只有他才能根据每日的事变，说出群众所要说所应该说的话，只有他才能根据于每一个斗争，鼓动群众扩大斗争的决心，并鼓动群众在一个正确的道路上前进。①

抗日战争时期，军队中一度流行重军事轻宣传的思想，“军事就是打仗，用不着宣传”，“军事宣传只是扩大部队的政治影响，与部队的战斗力是无关的”，“军事干部只管拿枪打仗，不管拿笔宣传”。② 以1943年而论，《解放日报》的军事社论只有3篇，军事副刊给人的印象非常浅淡。1943年敌后约有150次的大小“扫荡”与反“扫荡”战争，在《解放日报》上有报道的还找不到一半，并且想找出几个有头有尾的报道也是困难的。为此总政宣传部进行了严厉批评：“如果把敌报和战斗消息除外，则真正可以算得上军事宣传的东西，也实在是太贫乏了。从此可见我们的军事宣传，远落后于我们的军事行动，军事宣传还没有提到应有的重要地位……我们的军事实际是无愧于国人的，但是我们的军事宣传，却是愧对于我们的军事实际的，它远落后于我们的军事实际。”③

党报宣传就是对民众进行思想动员，如果宣传工作不力，必然会影响党的群众工作。党报进行宣传是为了推动党的斗争向前发展，宣传应符合组织和斗争实际，从具体情况出发，有的放矢、因地制宜地进行。任何将宣传与组织斗争实际相脱离，重组织斗争轻宣传或重宣传轻实际斗争的现象和观念都是错误的。1929年6月中共六届二中全会通过的宣传工作决议案，指出这些错误，并进行了可能是迄今最彻底的批评。这个“决议案”指出：

（三）忽视宣传工作是错误观念 有些同志以为只有党的组织与斗争

① 《提高我们党报的作用》，载《红旗》，1930年2月26日。

② 《苏联的军事宣传与我们的军事宣传》，《中国报刊广播文集》（二），第493页，北京广播学院新闻系校内用书，1980。

③ 《苏联的军事宣传与我们的军事宣传》，《中国报刊广播文集》（二），第489页，北京广播学院新闻系校内用书，1980。

工作才是实际工作，宣传只是'说白话'。'做文章'，是一般'文把子'，'老先生'的事情。因为这样，他们分配工作，便将那些完全不能实际工作只能写几句文章的人，指定担任宣传工作，而且只有党的组织与斗争工作不甚紧张之时，才注意到宣传工作。这种错误观念，使宣传工作完全离开实际，在实际斗争中毫无宣传工作。党必须以最大的力量纠正这种错误观念。党的正确的宣传工作，便是最实际的工作，而且有推动党的一切其他实际工作的伟大作用。文字的宣传，固然是宣传工作的一个重要部分，但离开了实际斗争生活，决不会有正确的宣传文字。忽视宣传工作，是党在全部工作上一个大的损失。

（四）以为组织重于宣传的错误观念 还有些同志以为党须依靠群众有组织的力量，来决定革命斗争的胜利，所以以为党要降低自己的宣传口号以求接近组织群众。这种观念亦显然是错误的。

……

（六）离开组织与斗争而谈宣传工作的错误 另外亦有些同志，以为党只有靠宣传工作去接近群众，只有经过宣传才谈得上组织斗争，这表面上是特别看重宣传工作，实际是离开组织斗争而谈宣传工作。这仍是一个很大的错误观念。党不但要依靠宣传工作去接近群众，并且要依靠组织与斗争工作去接近群众，而在这一切工作中都注意到扩大党的政治宣传，党只有在组织与斗争的工作中扩大自己的宣传，最能影响群众使接受拥护党的政治口号，离开实际的宣传，在群众中是不能发生很大影响的。①

1941年张闻天起草的《中央宣传部关于党的宣传鼓动工作提纲》中指出："宣传鼓动工作和组织工作对于我们整个党的工作正如鸟之两翼，车之两轮，不可缺一……没有宣传鼓动也就没有组织工作，没有组织工作也就不能把宣传鼓动工作变为物质的力量。"② 然而，党报宣传中脱离斗争实际，凭主观愿望写作与报道的现象仍时有发生。李维汉就曾俏皮地讽刺过这种现象："我们的宣传鼓动工作中，有一种很坏的毛病，就是单从自己的主观愿望与理想出发，不顾自己是对着什么人，什么地点和什么时间。好比和尚念经一般，不管时间、地点和对象，都是'南无阿弥陀佛'。有人讥笑宣传鼓

① 《中国共产党新闻工作文件汇编》，上卷，第42—43页，新华出版社，1980。
② 《中国共产党新闻工作文件汇编》，上卷，第111页，新华出版社，1980。

动工作是'贩狗皮膏药'这自然是错误的，但如果用来加在宣传鼓动工作中主观主义和公式主义的却也很合适的。"他进一步评述道："宣传鼓动工作，如同党的全部活动一样，应当从当时当地的具体情况出发，不应当把主观的幻想或某种公式作为根据。'一切决定于地点，时间和条件'这个规律，同样应当为宣传鼓动工作者多严格遵守。"①

1948年，中宣部再次批评了宣传中的主观主义，指出报刊宣传"常常轻重倒置，不从客观情况的分析和要求出发，而从主观的固定愿望出发，把应该强调的问题摆在次要地位，而不应强调或可以不强调的问题摆在显著地位，例如：八月三十日把'六十二岁钟德安积极支前'的通讯（这个通讯对当前正在组织新的津浦线战役中的支前工作有极大指导及鼓励作用），却登在三版的左下角，极不显著，而同日二三版所有显著地位，则都是登的生产消息，生产是重要的，且是最近时期连日在报上强调的，这是对的，但在三十日的版面上，这条支前稿件和其他生产稿件比起来，根据当前工作的实际要求，则是更为重要的，是应该放在比同日二三版的任何稿件都更为显著的地位的。"② 作为党的基本工作之一，利用党报进行宣传是为了从思想上动员广大民众积极投身革命事业，党报应最大限度发挥宣传职能，运用各种策略与技巧，务使宣传满足斗争的需要，符合实际情况，产生积极、圆满的效果。

（三）党报"组织"功能的新内涵

自从列宁"报纸不仅是集体的宣传者还是集体的组织者"的著名论断20世纪20年代末传入我国后，党的新闻工作者对报纸功能的理解就多了一个维度——报纸不仅具有宣传的功能，而且还具备组织的功能。进入30年代，在中国共产党领导人的论述与著作中，对报纸的组织功能开始越来越多地提及。随着这一概念在党报理论地位的提升，报纸组织功能发挥得如何也就进入了人们批评的视野。在经历一系列的评价甚至批评后，报纸组织作用的内涵和实现也获得了发展。

对报纸组织作用的解释，最早见于1930年3月26日第87期的《红旗》。由于当时列宁的名言才传入中国不久，报刊的组织作用在全党还没有形成共识。《提高我们党报的作用》一文，针对党报只重宣传作用而没有意

① 罗迈（李维汉）：《宣传鼓动工作笔记》，载《共产党人》，1941年第17、18、19期。

② 《中国共产党新闻工作文件汇编》，上卷，第213页，新华出版社，1980。

识到组织作用的现象进行了批评："党报并不只是一个宣传鼓动的中心，他同时是一个组织的中心。一个无产阶级政党的党报，他必须深入于无产阶级群众中间。在他的宣传与鼓动之下，自然可以扩大党在无产阶级群众中政治影响，可以更加紧党与群众的联系，这就是一种伟大的组织作用。再加以供给党报的材料，必须有经常的采访，必须在各工厂、农村、兵营中，都有党报的通讯员。为了适当的分配报纸，必须有经常的发行交通网，他必须与各个工厂、农村、兵营有密切的联系，以使党报能很快的经常的传到读者手中。党与群众的关系，因为党报的作用而更加巩固与扩大，这就是伟大的组织作用。"① 5月，李立三又进一步评价这种作用"就在阐明党的纲领与政治路线，聚集广泛的同一政治主张，拥护同一政治路线的分子，结合成为统一的党，以整齐的阵线，进行一致的斗争"。② 可以看出，这时的组织作用仅仅限于通过党报，巩固与扩大党与群众的联系，党报顺其自然也就具备了组织功能，这仅仅是一种"自在"的过程。

在20世纪30年代初期，这种组织功能又表现为通过党报登载具体的斗争经验与方法来组织民众。在《红色中华》第100期纪念号上，李富春批评了《红色中华》组织作用的欠缺，指出："今后不但要经过通讯员来扩大订阅组织读者，更当要有系统的介绍各种群众性组织（如突击队、耕田队等）的作用和工作，以及其经验，在一定的党的任务和苏维埃具体的号召中，同时提出完成这些号召的方式和组织的方法！"③ 至此，报纸的组织作用更接近于一种指导作用，体现为思想上、工作上的指导，甚至可以对生产作指导。

这种推测在1931年1月27日《中共中央政治局关于党报的决议》中得到了证实。这份决议明确提出了"党报必须成为党的工作及群众工作的指导者，成为扩大党在群众中影响的有力工具，成为群众的组织者。"④ 在这个排比句中，中央把指导作用与组织作用并列。紧接着，决议进一步解释了这种指导者与组织者的职责是："党报不仅要解说中国革命的理论问题策略问题，解说党目前的中心口号，同时，要极可能的多收集关于实际工作的文

---

① 《提高我们党报的作用》，载《红旗》，1930年3月26日。

② 李立三：《党报》，《中国报刊广播文集》（三），第666页，北京广播学院新闻系校内用书，1980。

③ 李富春：《〈红色中华〉百期的战斗纪念》，载《红色中华》，1933年8月10日。

④ 《中共中央政治局关于党报的决议》，载《实话》，1931年第9期。

章，特别是关于党的组织任务的文章，论文要带有指示文件的性质，要带极高限度的具体性，应当给予实际工作中的同志以具体的建议。”① 不仅如此，战争年代党报的这种组织作用一度膨胀，大有取代党的组织工作之势，不仅可以对政治思想和具体工作作指导，甚至一定程度上代替了党内文件。1931年1月底，中央“决定改变过去发表报告的分析与策略的政治通告的方式，而以党报的社论为代表中央政治局在政治上的分析与策略的指导，一切重要工作的具体指示”②。

1944年，博古做了一个更明确的界定：“（党报）组织性——不单反映现实，要指导现实，组织运动，指导一定工作。”③ 可以看出，“组织”与“指导”之间并非泾渭分明，组织作用正是体现在一个个详尽而具体的指导中，加强了党与群众的联系，从而达到组织的效果。至此，党报的组织作用从“自在”发展成一种“自为”的状态。

正是由于党报所承载的组织职责日益庞大与艰巨，任何不重视党报的现象日渐不能被容忍。“必须从思想上动员全党，使其深刻认识，党报是全党教育与组织群众的集体事业，任何对党报不关心、不帮助的观念都是错误的，都是对党不负责任的。”④ 过去党长期处于秘密工作状态，不能旗帜鲜明地发行全国性的党报，党的各项政策和指导要靠秘密的油印刊物传达，不重视党报尚有理可据。到了1938年，党已建立有全国性的党报和杂志，这种状态仍然没有改观，许多同志仍然没有把党报、党刊上重要负责同志的文章当作党的政策和党的工作方针来研究，对于所登载的经验和指示也没有引起足够的重视。

党中央和各级党报管理部门批评这是对党报在战争年代特有组织能力的漠视，“由于过去党处在长期秘密工作之下，不能发行全国性的党报，因此对于党的各项政策只能靠秘密的油印刊物传达，这样就养成同志们不了解党报的作用。在今天新的条件之下，党已建立全国性的党报和杂志，因此必须纠正过去的那种观念，使每个同志应当重视党报，读党报，讨论党报上的重要论文。党报正是反映党的一切政策，今后地方党部必须把党报杂志上重要

① 《中共中央政治局关于党报的决议》，载《实话》，1931年第9期。

② 《中共中央关于改用党报方式加强党对实际工作指导的通知》，《中国报刊广播文集》（一），第11页，北京广播学院新闻系校内用书，1980。

③ 博古：《党报记者要注意些什么问题》，在延安《解放日报》的谈话，1944。

④ 《贯彻全党办报的方针》，载《晋察冀日报》，1944年4月22日。

负责同志的论文当作是党的政策和党的工作方针来研究”。[①] 那种“对于党的秘密电报和文件，有着很大的神秘感，总想从那里发现一些什么新奇的秘密，如果不能看到这些东西就感觉不满，对于党经由报纸和通讯社发表的重要文件、指示和意见，则表示不屑一读，这是一种不正常的变态”[②]。并责令“新华报上的社论、新华、解放、群众上中央政治局负责同志的文章，必须在支部及各级党的委员会上讨论和研究”[③]。

至1942年下旬，在经受了中共中央多次严厉批评之后，这种现象仍没有实质性改观，西北中央局为此专门做了自我检讨，并上升到了“党性不好”的高度：“个别地方党部和部分党员对《解放日报》表示一种漠不关心的态度，或者把党报当作普通新闻纸类一样看待，而不注意加以研究和讨论；或者随便拿党报去糊窗子、包东西，而不肯替它写通讯、做文章。所有这些，都是应当立即纠正的现象。为此，西北中央局特责成各级党部在党内进行关于党报的教育工作，使每个党员干部认识对党报漠不关心的态度乃是党性不好的一种具体表现……今后，凡在《解放日报》上发表的社论，党和边区政府的决议、指示、法令等以及中央或西北中央局负责同志发表的谈话或文章，各级党的领导机关应即分别的在党员干部中组织研究，并讨论执行，不得借口没有接到党的直接通知而置之不理。”[④]

1943年3月，西北中央局再次批评“各地党委对于《解放日报》的帮助和利用，还是不够的，还没有真正达到把它‘当作自己经常业务之一’，还缺乏经常的把自己地区的工作方针和动态，及时的在《解放日报》上反映，使《解放日报》……对于各种政策的执行、各种运动和工作的进程，开始如何计划和布置，进行中有些什么困难，怎样克服困难，有些什么典型例子，犯过一些什么错误，有些什么可取的经验，足供大家借鉴等等，都还反

① 《中共中央关于党报问题给地方党的指示》，《中国报刊广播文集》（一），第16—17页，北京广播学院新闻系校内用书，1980。

② 《办好党的报纸和通讯社》，载《豫西日报》，1948年11月23日。

③ 《中共中央关于党报问题给地方党的指示》，《中国报刊广播文集》（一），第17页，北京广播学院新闻系校内用书，1980。

④ 《中共中央西北局关于〈解放日报〉工作问题的决定》，《中国报刊广播文集》（一），第43页，北京广播学院新闻系校内用书，1980。

映得不够”，没有更能起到‘集体的宣传鼓动者和集体组织者’作用”。①

当时党报替代党内文件是邮发与通讯不畅的结果，党报的主要作用始终是宣传与工作指导。党报大篇幅枯燥地登载训令通告，早在30年代初就受到少共国际的批评。当时作为给中国共产主义青年团中央机关报的批评，少共国际指出，“无论如何不能建立成为命令和指令的机关”。1933年在《红色中华》100期纪念上，何凯丰引用了这一段批评，并进一步对当前《红色中华》的实际进行了评价：“到今天还使我们不能满意的是：……登载了许多苏维埃的训令通告，有时甚至占着极大的篇幅。”② 及至《解放日报》改版，在那篇著名的《致读者》中，对党报专注登载党内文件而不加解释的做法，《解放日报》进行了深刻检讨，党报的组织内涵开始更注重对实际斗争的指导，而逐步摆脱仅做登载文件的“传声筒”角色了。

党报的组织功能还有一种解释，它使党报进一步从一个宣讲者变为一个行动者。李一氓在《论目前〈红色中华〉的任务》中，批评《红色中华》“缺乏有计划有力量的去加强这个组织工作”，“在经济的动员上，《红色中华》的成绩是比较大的，但还没有成为‘工作’，而仅止于号召，如公债票的退还，《红色中华》尽可以代收，按期宣布数目，按期转交财政部。”③ 不过由于过于超越职权范围，党报这种做法难免有越俎代庖之嫌，伴随批评而产生的这种“组织”功能在历史长河中只能短暂一现就销声匿迹了。

（四）党报功能从“宣传”向“组织”转化

从党报组织功能的发展历程可以看出，组织功能本身就是对宣传效果的必然产物。列宁“不仅……还”的句式暗合了两者的关系，却并没有解决两者的着重点，这也为后来党报关于两个功能到底谁轻谁重的争执埋下了伏笔。

早期的中国共产党人虽然已经初步认识到，媒介除有宣传功能外，也有潜在的组织功能，但是对后一种功能的认识毕竟还处于萌芽阶段，认为组织功能不过是宣传功能的补充，宣传做好了，自然会带来组织的效果。早在五卅运动时期，恽代英评价当时的报刊宣传说，如果没有之前持续深入的反帝

① 《中共中央西北局关于〈解放日报〉几个问题的通知》，《中国报刊广播文集》（一），第45－46页，北京广播学院新闻系校内用书，1980。

② 凯丰：《给〈红色中华〉百期纪念》，载《红色中华》，1933年8月10日。

③ 李一氓：《论目前〈红色中华〉的任务》，载《红色中华》，1933年8月10日。

国主义宣传，没有传播新思想和理论的报刊的大力创办和普及，五卅运动不可能在短时期内组织发动起来，并取得如此辉煌的胜利。“五卅运动所以能起来而且能轰动全国，便是因为全国已经有了两三年反帝国主义的宣传，尤其是在上海，因为新书报购买之容易，与国民党和工会的宣传，已经深入学生、工人群众中间，所以受革命运动的影响更大，五卅运动便从上海发生起来。”①

他在一段评价报刊宣传的文字中，表现出他对报刊宣传与组织作用关系的认识：“我们要宣传到使勇敢的人起来帮着我们宣传，我们要宣传到使怯弱的人都了解而赞助我们的主张，我们要宣传到一切被压迫的人们都联合起来，大多数向来为统治阶级作爪牙效奔走的人们都对于统治阶级倒戈相向，于是统治阶级便土崩瓦解地倒下来了！”“我们现在最要紧的是整顿革命党，向农工平民宣传革命党的主义，把他们吸引而组织到革命的旗帜下面。”②从所引的话中可以看出，当时媒介的重点任务还在于宣传。媒介的组织功能仅仅是作为宣传功能的延伸，还没有独立发挥积极的作用，成为一种能动的报刊力量。

这种思维也是符合斗争实际的。共产党成立之初，阐明党的纲领、宗旨自然是主要任务。及至国共第一次合作，为了团结国民党左派、揭露右派，党报不得不着重于政治思想的阐述。大革命失败以后，党报机构损失殆尽，立足尚且不易，遑论有大的作为。直到农村革命根据地的建立，《红色中华》、《青年实话》、《红星》以及红色中华通讯社的创立，共产党有了自己统治的天地，报刊的组织、指导作用才有提上日程的可能。加之列宁“不仅是集体的宣传者和集体的鼓动者，而且也是集体的组织者”的思想，在此时被引入和引用，这就在理论上给党报实践指明了方向。

20 世纪 30 年代初是批判李立三“左”倾冒险主义时期，党报功能的侧重点的转变正是以此为契机的。1930 年 3 月开始的李立三“左”倾冒险路线给党报造成的影响，遭到了彻底清算。中共中央做出的决议指出，在这之前，“在立三路线之下，党报形成一个单纯对外的宣传品，失却其对党的工作及群众工作的领导作用。……偏与理论问题和策略问题，不能带来最大限

---

① 恽代英：《组织群众与煽动群众》，《恽代英文集》（下），第 907 页，人民出版社，1984。

② 刘用亚：《新闻界人物：恽代英》，第 70 页，新华出版社，1987。

度的具体性，来指示实际工作。尤其是关于党的组织问题党的建设问题，差不多完全没有注意到。”① 中共中央对立三路线下党报单纯只履行宣传职责进行了批评，相对地提出党报还应以“最大限度的具体性，来指示实际工作”。据黄旦先生考证，与这一决议同时在《实话》上发表的还有洪易的《列宁主义与党报》一文，介绍了列宁有关报刊的论述。随后，张闻天又发表了《怎样完成党报的领导作用?》的文章，批评过去的党报并不符合列宁的报刊思想，完全脱离了实际的组织、指导作用，成了李立三无视实际，盲目鼓吹积极进攻、武装暴动的喉舌。②

1938 年武汉《新华日报》的一篇社论，就把党报的组织功能提高到应有的高度，并在理论上做了深刻的说明。这篇题为《本报的期望》指出：“‘报纸——不仅是集体的宣传者和集体的鼓动者，而且也是集体的组织者。’（列宁：做什么）为要达到现在全国所进行的民族自卫战争的胜利，仅靠有正确的抗日民族统一战线的政策和口号，仅靠抗日救国的宣传鼓动，是完全不够的。为要取得抗战的最后胜利，必须有认真的巨大的组织工作。只有把四万万五千万的民众，组织成为民族威力的时候，才能成为不可战胜的力量。报纸既‘也是集体的组织者’，所以它在传达正确政策和口号外，同时应指出去实行正确政策和口号的斗争形式和组织方法，去综合各种行动和组织实际的斗争，以取得胜利”。③ 抗日战争进入艰难阶段后，民众在思想上已经有了自我的判断，拥有广大民众基础的中国共产党要做的往往是指导民众，同时思想理论上的宣传也不能忽视。

在延安整风时期，“组织作用”作为党报的最基本职能之一，由《解放日报》的自我批评进行了明确阐述：“如果从这样的观点去检查我们十个月的工作，实在是惶恐的很，应该说，《解放日报》是没有能够完成真正战斗的党的机关报的责任的，它尚未能成为党中央传播党的路线贯彻党的政策与宣传组织群众的锐利武器。我们以最大的篇幅供给了国际新闻，而对于全国人民和各抗日根据地的生活、奋斗，缺乏系统的记载；我们孤立登载着中央的决议指示，领导同志的论文，而没有加以发挥和阐明，对于政策和决议的

① 《中共中央政治局关于党报的决议》，载《实话》，1931 年第 9 期。

② 黄旦：《“耳目”与“喉舌”的历史性转换：中国百年新闻思想主潮论》，第 110 页，国家图书馆博士论文库，1998 年 5 月。

③ 《本报的期望》，载武汉《新华日报》，1938 年 5 月 11 日。

执行的情形经验检讨则毫无反映；我们以巨大的篇幅登载枯燥乏味的论文和疑问，不能以生动活泼通俗易解的文字解释迫切的问题，对于敌对思想缺乏应有的判评，对于我们工作的缺点，没有严格的揭露和帮助其改正，对于边区中所进行的各种巨大的群众运动，我们至多只记载了一些论断，而没有能够全面地反映，更说不上推动与倡导。总之，我们还没有具备党报所必需的品质：党性、群众性、战斗性和组织性。”①

党报的组织职能，不仅体现在通过党报传达党的政策策略以指导革命斗争，更体现在结合本地实际，对党的政策策略进行阐发，以便有效地指导实际和全国革命运动。《解放日报》的《致读者》，在党报批评史上第一次对党报以“组织作用”为其基本职能做出明确的评价：“什么是党报？一提起这个问题的时候，大家必然会想起‘报纸不仅是集体的宣传者和集体的鼓动者，而且还是集体的组织者’（列宁）、‘报纸是我们最锐利和最有力的武器’（斯大林）这一类名言。但是试问报纸到底如何才能成为集体宣传者集体鼓动者集体组织者呢？究竟怎样才能成为党手中最锐利和最有力的武器呢？……第四，响应党的政府的号召，或者根据党的方针倡导各种群众运动，经常注视和直到运动的展开，具体的帮助各种群众运动和工农大众的斗争。党报决不能是一个有闻必录的消极的记载者，而应该是各种运动底积极的提倡者组织者。”②

解放日報
蘇援華堅定不變
英美態度殊堪注意

图 6－2 《解放日报》

作为延安新闻界整风运动的重要组成部分，《解放日报》改版正是从这篇《致读者》开始的。改版的主要目的就是使党报进一步发挥“组织”职能，结合实际指导民众斗争，把“党”的喉舌与“群众”的喉舌统一起来。此后“组织作用”作为党报的基本品质，开始得到党内普遍的认可和赞同。党报批评也以党报是否选择对实际有指导意义的报道内容与传播方法为主要评判标准。改版后的《解放日报》自然获得了高度认可。1944 年，毛泽东在陕甘宁边区文化教育工作座谈会上这样表扬《解放日报》等党报：

① 《致读者》，载延安《解放日报》，1942 年 4 月 1 日。
② 《致读者》，载延安《解放日报》，1942 年 4 月 1 日。

"解放报在边区已成为一个组织者。没有解放报，在这样一个人口稀少，地域辽阔，在全中国算是很落的地区工作是很困难的。有一个解放日报，就可以组织起整个边区的政治文化生活。还有群众报，发行更广，看的人更多……我们地委的同志，应该把报纸拿在自己手里，作为组织一切工作的一个武器，反映政治、军事、经济又指导政治、军事、经济的一个武器，组织群众和教育群众的一个武器。"①

而不符合该标准的，则会受到批评。如新闻报道中一度存在的"有头无尾"现象，邓拓认为这样的报道方法会极大损害党报对实际工作的指导作用，应予以纠正。他写道："由于实际斗争是发展的，因此，报道的方法也必须能够反映和指导斗争发展的全部过程。我们过去在这一方面是存在着严重缺点的。大家都谈到我们的报纸以往只有各种运动的号召和动员，并在运动结束以后很久，来一个长篇大论的总结文章，其中虽有宝贵的经验教训，但只能供将来的参考，对当时的运动并不能起指导作用。这样，在号召、动员和总结之间，就有一个大的空白了。究竟运动是怎样发展着呢，有什么问题发生呢，应该怎样解决呢？这些问题都很少及时地回答了。因此，党报在指导实际工作上就表现了贫弱无力，现在我们要求党报加强指导实际工作，就是要求我们及时报道各种斗争发展的过程。"②

1948 年 10 月，刘少奇在《在对华北记者团的讲话》中，对如何评价党报与党报的指导作用做了准确的论述，他说："你们写东西的目的，就是为了给大家看的，你们是为读者服务的，为看报的人服务的。看报的人说好，你们的工作就是作好了。看报的人从你们那里得到材料，得到经验，得到教训，得到指导，你们的工作就是作好了。……那么，现在我们要问，在社会上，在世界上，为什么要你们这些人？任何一件事情，任何一种人，都要考虑在世界上有无存在的必要。我们看你们有存在的必要，因为你们能给广大读者服务而且帮助他们。在整个社会中间，有你们的特殊职务，别人做不好，不能做的，有些专门的人，不作别的事情，或者少作别的事情，专门作这样事情。因此社会上有此必要，因为人民有这个需要。""这样看，报纸就

① 毛泽东：《报纸是指导工作教育群众的武器》，《毛泽东新闻工作文选》，第112—113 页，新华出版社，1983。

② 邓拓：《改造我们的通讯工作和报道方法》，载《晋察冀日报》增刊，1944 年 5 月 16 日。

存在着一个很大的危险性。办得好，就引导人民向好的方面走，引导人民前进，引导人民团结，引导人民走向真理。如果搞得不好，也可以散布落后的东西，错误的东西，而且会引导他们分裂，引导他们斗争，引导他们互相摩擦。因此新闻事业，新闻工作，它的影响是最大的，不是一件平常的事情。”①

二、党报的性质定位论

新中国成立前党的领导人对于党报的性质存在两种不同的观点，一个是坚持党报是党的机关报，应具备“党性”；另一个则提出党报应成为人民的报纸，故“人民性”才是党报的性质。两种观点通过批评讨论的方式不断修正完善，相互吸取对方的合理因素，达到两者的初步统一。这不仅为日后争论的解决提供了思路，而且丰富了党报批评的思想方法，也为媒介批评的发展提供了更广阔的视野。

（一）党报是党领导的报纸

党报是党的报纸，体现为报纸要讲究“党性”，在革命战争年代，这一思想贯穿党报批评的整个历程，成为党报批评者脑中时刻紧绷的一根弦。进入20世纪，报刊日益显现出强大的舆论功能，中国共产党人也清醒地意识到了这种变化，积极创办自己的政党报刊，进行革命鼓动。他们并不讳言本党报刊的“政党倾向”和“政党立场”，与此相反，生怕党报丧失这种倾向和立场。

从1937年起各抗日根据地陆续建立，党的各级媒体有了巨大的发展。在延安革命根据地党中央先后恢复了红中社（即此后的新华社），党中央机关报《新中华报》和后来的《解放日报》、《参考消息》、国统区的《新华日报》与边区政府机关报《边区群众报》；出版的杂志有《解放》、《共产党人》、《八路军军政杂志》、《中国青年》、《中国妇女》、《西北》（周刊）、《中国工人》、《中国文化》、《文摘》、《前线画报》等。1940年12月30日延安新华广播电台开始播音。在其他抗日根据地先后创办了《抗敌报》、《晋察冀日报》、《抗战日报》、《晋绥群众报》、《晋绥日报》、《大众报》、《拂晓报》、《江淮日报》、《七七报》、《豫西日报》等，到1947年各解放区的铅印报纸已达近百家。加强对这些报纸的领导，除了直接下达指令，通过口头和书面的报刊批评是主要途径，批评的主要目标就是使这些报刊提高党性意识，真正

---

① 刘少奇：《对华北记者团的讲话》，1948年10月2日。

成为党的报刊。

"党性"概念的提出本身就是党报批评的产物。1904 年，列宁批评新《火星报》已变成"反党的机关报"，要求党报工作者增强党性、克服小组习气，贯彻党的政治纲领，坚持高度的统一性，反对记者立场的分散性和独立性。深受列宁影响的中国共产党人很自然地接受了这一思想，并不断通过党报批评将这一思想巩固和发展。

1942 年 3 月 14 日毛泽东给周恩来的一封电报中讲道："关于《解放日报》已有讨论，使之增强党性与反映群众"①，这是他对《解放日报》改版要点的概括。这里的"党性"，是指加强报纸宣传党的方针政策的自觉性，要有强烈的党的机关报意识。毛泽东要求《解放日报》"增强党性联系群众"，从各方面贯彻党的路线和政策，写作坚决废除八股。4 月 1 日，《解放日报》正式改版，刊登了中宣部 3 月 16 日颁布的改革解放区党报的纲领性文件《中共中央宣传部为改造党报的通知》，提出党报编辑部要和领导机关的政治生活联成一气；党报要有适当的正确的自我批评，使之成为"真正战斗的党的机关报"。

《解放日报》编辑部在改版社论《致读者》对此前的报纸做了自我批评。这种批评并不仅限于对内宣传，稍加留意便会发现，还有相当一部分对党报的批评是针对外宣中的无组织无纪律现象。中共中央就曾两次发文予以强调。早在 1941 年 5 月批评"从近几月中各根据地的广播与战报看来，我党的对外宣传是不合适于这个要求的。特别应引起我们注意的，是许多违反党的政策与中央指示的言论之公开广播（如另立中央政府的主张，马日事变的估计，陈团起义的发表，仇货充斥的自白等），与各地对外宣传工作中独立无政府状态的存在。这种全世界任何国家政党所没有的极端严重的现象，如不迅速纠正，对党对革命必有很大危害"。② 1942 年 4 月再次批评"去年中央曾电令各地党政军负责同志对带有全国、全党、全八路军、全新四军性质的文件、电文、讲演，必须事先征得中央同意，否则一律不准任意发表与广播。近来在有个别地方未遵照此电令，有碍政治步调的齐一，望各地负责同

---

① 《党报应吸收党外人员发表言论》，《毛泽东新闻工作文选》，第 93 页，新华出版社，1983。

② 《中共中央关于统一各根据地内对外宣传的指示》，《中国报刊广播文集》（一），第 19 页，北京广播学院新闻系校内用书，1980。

志对通讯社及报纸严加约束”。①

1942年，正值国共合作联合抗日的关键时刻，党的政策体现在宣传上不能发表反对国民党的言论，但在实际工作中，仍然有通讯社和报纸按照以往的宣传思路工作。10月28日，毛泽东专门给中央局、中央分局起草了指示，点名批评“最近一个时期内各地宣传曾发生若干不适合目前党的政策的事件。例如，新华社太行分社发表东北军一一一师反对国民党人员的通电，苏北分社发表反对国民党的新闻，晋西北分社发表某友军致新军五周年纪念贺电（足以影响友军之地位），均是和我党目前政策不适合的”。责令应尽快“改正过去不讨论新闻政策及社论方针的习惯，抓紧对通讯社及报纸的领导，务使通讯社及报纸的宣传完全符合党的政策，务使我们的宣传增强党性，拿《解放日报》所发表的关于如何使报纸增强党性的许多文件去教育我们的宣传人员，克服宣传人员中闹独立性的错误倾向”。②

1948年，中共中央东北局又就此问题温和地批评了《东北日报》。“东北局认为在目前东北新的形势和工作情况下，有进一步改进《东北日报》内容、开展《东北日报》通讯工作的必要……党报是党的喉舌，党的每一个政策、运动和斗争，都必须依靠和通过它来反复地多方面地进行宣传，借以达到交流经验、改进工作、教育干部和群众的目的……革命形势要求我们彻底消灭工作中无纪律的无组织的无政府状态，要求我们统一意志统一纪律统一行动，贯彻党中央的正确政策和路线，争取革命的早日胜利。”③

对违反外宣政策的行为，中共中央也及时给予批评，例如中央发出的电报：“十一月三十日电悉。解总中原分会代表赵政一④，私自允许并发言欢迎联合国儿童急赈基金委员会美籍代表司崇德筹办汴郑儿童福利事业，是完

---

① 《中共中央关于根据地统一对外宣传的第二次指示》，《中国共产党新闻工作文件汇编》，上卷，第120页，新华出版社，1980。

② 毛泽东：《克服宣传人员中闹独立性的倾向》，《毛泽东新闻工作文选》，第97页，新华出版社，1983。

③ 《中国共产党新闻工作文件汇编》，上卷，第221页，新华出版社，1980。

④ 赵政一，山东梁山人。1939年参加八路军，1944年加入中国共产党。曾任冀、鲁、豫边区昆山县人民政府财务科科长，解放区救济总会驻开封代表处代表、洛阳联络处主任、中原分会副主任，河南省政论交际处处长。1950年后，历任驻罗马尼亚大使馆二等秘书，外交部亚洲司专员、第一亚洲司副司长，驻印度尼西亚大使馆参赞，中国人民外交学会副秘书长，驻巴基斯坦大使馆参赞，驻塞拉利昂、博茨瓦纳、哥伦比亚大使。

全错误的。你们令汴郑在中央广播前不得发表这个新闻是正确的。此后涉及外交的同类新闻，均必须由中央发表。但在纯地方性的并与中央既定政策相符合的范围内，地方报纸在必要时可以自己发一些简单消息。赵发言事，除由中央另电批评外，望利用此机会，在各地特别是城市宣传工作人员中，进行纪律教育与外国人政策的教育，告诉他们不要因为某些外国人为了达到政治目的而在嘴上讲了几句好话，就当作他们一定是好人。”①

毛泽东显然对此有着更为深刻的理解，1948 年他通过两次批评，做了进一步的发挥和阐述。6 月 3 日，在对《华东近一年来办报情形》的批语中，他指出“各地领导机关（包括中央局、区党委两极）对于报纸、通讯社等极端重要的宣传机关放弃领导责任，或者虽未放弃领导，但是抓得不紧，听任许多错误观点广泛流行，宣传工作极不严肃。此种状况，必须坚决改正”。两个月后，他又重申“各地党报必须无条件地宣传党的路线和政策，并不得在宣传中将中央和受中央委托执行中央的路线、政策和任务的机关（即各中央局、分局、军委分会和前委会）相平列。相反地，必须公开向党内外声明，各受中央委托的机关是执行中央的路线、政策和任务的”。②

到了 1949 年，《东北日报》和新华社东北总分社在关于新闻宣传工作中无政府、无组织、无纪律现象的总结检查中，对“自觉性”有了更生动的体会。他们检讨有一次“一篇稿件文末有总社重要附注，但编辑以为是通知，只剪送新华社转东北局，而新华社亦未转呈，只刊在供内部参考的东北电讯上就完了。直至热河报纸后来发现有这个附注，才追查出这件事。”③ 既然党报负有自觉宣传党的方针政策的重大职责，那么必然就应该兢兢业业，即使是挂万漏一，也是不允许的。

从这两篇报刊批评中，我们可以体会到，党报是党的报纸，这个“党”首先应指党中央，这一点是包括中央局、区党委两极在内全党上下都应该明了的。毛泽东所批评的正是党报模糊了自己的归属。由于战争的残酷多变，中国共产党必须形成严厉的科层制才能保证政令的通畅，行动的统一。如果

① 《中国共产党新闻工作文件汇编》，上卷，第 263 页，新华出版社，1980。

② 毛泽东：《党报必须无条件地宣传中央的路线和政策》，《毛泽东新闻工作文选》，第 155－156 页，新华出版社，1983。

③ 《东北日报和新华社东北总分社关于新闻宣传工作中无政府、无组织、无纪律现象的总结检查》，《中国报刊广播文集》（一），第 157 页，北京广播学院新闻系校内用书，1980。

党报混淆了执行机关和党中央的角色，无形中就会削弱中央的绝对领导地位，体现了党报对自身所归属的机关是漠视的。

不过，党报仅仅有党的意识还不够，还要符合党的政策和策略，才是坚持了党性。如果党报在宣传中违背了党的方针、政策，报刊的强大作用是发挥不出来的。这一观点早在建党之初就获得了不容质疑的党内共识。中共"一大"通过的第一个决议中，在有关"宣传"部分就明确规定，"每个地方组织均有权出版地方通报、日报、周刊、传单和通告……任何出版物，无论是中央的或地方的都不得刊登违背党的原则、政策和决议的文章"。① 这是对党报性质给出的最早评价，这也意味着在以后的岁月中，任何违背此条决议的媒介都将受到严厉的批评。

依此来看，无论是对内还是对外的宣传，作为党的报纸就必须符合党的宣传政策，这一点是绝对不能打折扣的。陕北新华广播电台在 1948 年 2 月 28 日播送中央关于老区半老区土改和整党工作指示时，对个别词语略加口语化，中央宣传部认为有几处是不应该的，于 3 月发文点名逐一批评。"第四节'在第三类地区中'改成'在土地改革很不彻底的地区当中'，人家听来以为文件如此，所以是不应该的。至于口语化也要愈少愈好，可以听懂的就不要改。"② 为了达到最好的宣传效果，广播口语化正是广播发挥其优势的最大捷径，但是党性原则又要求不能违反党的政策，不违反最好的方式自然是将文件照搬照抄，风险最小。

通过上面各个时期的党报批评，我们可以看出，作为党报生命的"党性"在党的历史上是何等的重要。然则它是否因此就可以被称之为"唯一的性质"呢？因为作为建立在最广大人民基础上的中国共产党的党报，在党性之外，还有也应该有另一个归属，这就是它是人民的报纸或群众的报纸。

（二）党报是人民群众的报纸

党报是群众的报纸，就是指党报要富于"群众性"，不仅要反映群众的生活和要求，而且要给群众提供他们需要的内容，提高他们的创造力和参与斗争的主动性。在很多人的理解中，"群众性"是指党报以群众为对象，依

---

① 中央档案馆编：《中共中央文件选集》，第一册，第 7—8 页，中共中央党校出版社，1982。

② 《中共中央宣传部关于文件口播的指示》，《中国报刊广播文集》（一），第 94 页，北京广播学院新闻系校内用书，1980。

靠群众办报，把报纸办得喜闻乐见、通俗易懂。其实，这些是属于“全党办报、群众办报”的内容。[①]“群众性”原初内涵并非如此。

1933年张闻天在《使〈红色中华〉更变为群众的报纸》一文中，热烈地赞扬《红色中华》报“是苏维埃政权下千百万工农劳苦群众的喉舌，她是同群众的生活不能片刻分离的”。[②] 更早的评价见于1930年8月，《红旗日报》在《发刊词》中指出“在全国工农劳苦群众面前的任务，要使《红旗日报》成为全国工农群众自己的报纸……成为全国广大工农之反帝国主义与反国民党的喉舌”。而刘少奇则评价记者的重要职责之一就是“到各地方去，人民想和毛主席通通气，想和中央通通气，有所反映，有所要求，有所呼吁。他们不会写字，邮政不通，电报不通，见毛主席很难见到，这是没法子的事情。本来天天见面就好了，可是办不到，没法子，这就依靠你们把他们的呼声、要求、困难、经验以至错误反映上来，变成新闻通讯，给新华社，给各级党委，给中央，给毛主席”。[③] 由此可以看出，所谓群众的报纸，就是要成为群众的喉舌。“群众性”最初的内涵，正是充当“群众的喉舌”。至于报刊的通俗、易读、有趣味，以及“群众办报”，只是手段，是为了达到并实现“群众喉舌”的目的。

按照延安《解放日报》的评价：“群众性”是：“密切地与群众联系，反映群众的情绪、生活需求和要求，记载他们的可歌可泣的英勇奋斗的事迹，反映他们身受的苦难和惨痛，宣达他们的意见和呼声。报纸的任务：不仅要充实群众的知识，扩大他们的眼界，启发他们的觉悟，教导他们，组织他们，而且要成为他们的反映者、喉舌，与他们共患难的朋友。”[④]

在中文中，“人民群众”是一个并列短语，“群众”一词又常常为“人民”所替代。但无论群众还是人民，在当时都是指除了反动派外，以劳苦大众为主体的绝大多数人。刘少奇在对华北记者团记者谈话时指出，“人民包括各阶层，要加以区别，不要简单地说‘人民’、‘群众’，要具体的讲，要

---

① 黄旦：《“耳目”与“喉舌”的历史性转换：中国百年新闻思想主潮论》，第92页，国家图书馆博士论文文库，1998。

② 张闻天：《使〈红色中华〉更变为群众的报纸》，载《红色中华》，1933年8月10日。

③ 刘少奇：《对华北记者团的讲话》，《刘少奇选集》，上卷，第399页，人民出版社，1981。

④ 《致读者》，载延安《解放日报》，1942年4月1日。

善于分析具体情况”。[①] 1945年前后，“党报是人民的报纸”的提法渐渐成型，例如1944年2月16日，《解放日报》首先评价自己为“人民大众的报纸”[②]；1945年10月11日，重庆《新华日报》更是以“人民的报纸”为标题对自己进行了“定性”[③]；1946年1月11日重庆《新华日报》八周年特刊上，陆定一再次以“人民的报纸”为标题，赞扬“《新华日报》是人民的报纸的典型”[④]，并批判了人民的报纸的对立面——新专制主义者的报纸。从此，人民的报纸等同于群众的报纸，群众的喉舌也就是人民的喉舌。

党报究竟怎样做才算是“群众的喉舌”呢？1940年柯华在《边区各地地方党报问题商榷》一文中给出了最好的评价标准：“党报应该成为群众的讲台，经常反映群众的呼声，群众的要求，群众的困难，群众的意见。群众要说的话给他们说出来，积极的关心群众的日常生活，经常的给群众实际问题以解答。”参照这个标准，接下来柯华肯定了《关中报》第15期《大家小心牛得病》，《救亡报》273期《雇工做模范，雇主绑雇工》之类的文章，批评了《救亡报》、《抗战报》和《进步报》“总是喜欢用连篇累牍的篇幅描写一个什么会议呀，一个什么训练班呀……我很难设想这类文字会有多少读者对于它感到兴趣的”。“特别是（《救亡报》）二七〇期的占第二版版面三分之二的一篇《抗战剧团活动近影》等，这类东西是没有多大意思的。”[⑤]

1943年7月到9月，中国共产党对新一轮反共高潮予以严厉反击。恰逢其时，大后方的《新华日报》、《群众》等却登了不少林森、宋子文、苏州反省院长的新闻，以及一县一机两年实现宪政的言论，中宣部于11月专门致电董必武予以批评，其中重要内容之一就是批评两报失却“群众性”。“我们的报纸必须是群众性的，这是我们与资产阶级、小资产阶级的原则区别，现在《新华》统治阶级新闻与知识分子议论太多，应有一个大转变，多登反映群众生活各种侧面的东西，多登能适应群众各种日常需要的东西，多登群

---

① 刘少奇：《对华北记者团的讲话》，《刘少奇选集》，上卷，第402页，人民出版社，1981。

② 《本报创刊一千期》，载延安《解放日报》，1944年2月16日。

③ 《人民的报纸》，载重庆《新华日报》，1945年10月11日。

④ 陆定一：《人民的报纸——为〈新华日报〉八周年纪念作》，载重庆《新华日报》，1946年1月11日。

⑤ 柯华：《边区各地地方党报问题商榷》，载《共产党人》，1941年3月20日。

众自己写的各种东西（但要力避与他们通信），这些材料应力求通得过审查，并尽可能逐渐增加其分量，使人民觉得这究竟是自己的报纸。"①

其实，无论这种提法是否见诸笔端，党报在思想上都非常重视深入群众，加强与人民群众的联系，因为只有这样才能真正了解人民群众的需求、呼声与愿望。体现在党报批评则是对疏忽群众性的报刊严厉批评，并时刻提醒从中央至地方的各级党报加强与巩固这种联系。

20世纪40年代初，《晋察冀日报》对当时党报许多通讯稿件中所表现出来的脱离群众的现象进行了严厉批评。"党报许多通讯稿件……表现了艺术至上主义的倾向，如描写英雄，多侧重其超群出众，而忽视其与群众的联系，报告减租运动，多强调政府的'恩赐'作用，而忽视群众的斗争力量。甚至有些稿件字里行间充满了小资产阶级的自我反映，而缺乏群众的思想感情。……所有这一切都是缺乏群众观点的结果。"②

"整风运动"之后，创办人民的新闻事业的呼声在解放区愈加高涨。在《提高一步》中，《解放日报》首先肯定自己"自从《解放日报》创刊以来，特别是经过整风运动以来，我们党的新闻事业，人民大众的新闻事业，曾有长足的进步。这种进步主要表现于报纸跟人民生活和实际运动有了初步结合……我们的报纸是人民大众的喉舌，要向人民大众负责。因此，与群众联系的程度如何，为人民服务得好不好，是报纸办好或办不好的一个重要关键。我们报纸的内容，一切从群众中来，又到群众中去"。但是这种进步仍然赶不上时代和运动，所以下一步"必须要把报纸办成人民的报纸，反映群众的生活和要求，介绍群众的活动和创造，与群众的脉搏息息相关……这方面我们有了些进步，以后还要坚持下去，并求得更多的进步"。

从这一幕幕的媒介批评中，我们可以看到一个建立在广大人民群众基础上的政党，是怎样须臾不敢忘记它的根本，一旦党报出现脱离人民群众的状况，轻则旁敲侧击，重则耳提面命。对于做到人民的报纸要求的党报，则予以热烈地赞扬。从而使"党报是人民的报纸"构成了新中国成立前党报批评不可缺少的重要组成部分。

（三）到群众中去，从群众中来

① 《中国共产党新闻工作文件汇编》，上卷，第138页，新华出版社，1980。
② 《贯彻全党办报的方针》，载《晋察冀日报》，1944年4月22日

《豫西日报》和新华社中原总分社在《办好党的报纸和通讯社》一文中，称“党性是党报的第一生命”，[①] 重庆《新华日报》却说“将更加努力使《新华日报》成为人民的报纸”[②]。一说党报是党的报纸，一说党报是人民的报纸，那么党报批评到底应当依照哪一种说法呢？新中国成立之前，党报批评者对此问题已经有了一定的思索。

20世纪40年代《新华日报》对党报到底是党的报纸还是人民的报纸做了新中国成立前最为完整的评述：“由于中国共产党是一个人民的政党，它代表的是人民的利益，它的一切政策完全从人民的利益出发的，因此，《新华日报》也是完全站在人民的立场，从人民的利益出发。这就是说，《新华日报》是一张党报，也就是一张人民的报，《新华日报》的党性，也就是它的人民性。《新华日报》的最高度的党性，就是它应该最大限度地反映人民的生活和斗争，最大限度地反映人民的呼吸和感情、思想和行动，有的读者说：《新华日报》的‘党性色彩太浓厚’，这其实正是党性发挥得不够，也就是人民性发挥得不够的表现。”[③] 到了1945年，针对某些人所提出的“《新华日报》既是共产党的机关报，怎么能够成为人民的报纸”的质疑，[④]《新华日报》再次发表文章，给予回应。这一次说得更为明白：“本报是共产党的报纸，但谁都知道，共产党目前的主张是和平、民主、团结，在这基础上建立独立自由幸福富强的新中国。这主张难道不是全国人民的共同希望么？共产党所要求于他的全党党员的，不是别的，就是：忠实的为人民服务，虚心的做人民的勤务员。因此，作为共产党机关报的《新华日报》，为了执行党的主张政策，也就是要使他自己真正成为人民的报纸。”[⑤]

这是一个全新的角度，理论上也完全成立。中国共产党是无产阶级的先锋队组织，她不仅代表后者的整体利益，其中自然包括整个人民的利益。那么，作为共产党报刊的党报也必然是人民的报刊。所以党的喉舌，也就是人民的喉舌。共产党是最大公无私的政党，她丝毫没有自己的私利，她要解放全人类然后才能解放自己，这为她站在人民的立场说话提供了可能。

---

① 《办好党的报纸和通讯社》，载《豫西日报》，1948年1月3日。
② 《人民的报纸》，载重庆《新华日报》，1945年10月11日。
③ 《中国共产党新闻工作文件汇编》，下卷，第80页，新华出版社，1980。
④ 《人民的报纸》，载重庆《新华日报》，1945年10月11日。
⑤ 《人民的报纸》，载重庆《新华日报》，1945年10月11日。

在此两年前，胡乔木批评报社一些脱离人民群众的记者、编辑时，这种思想就已经初露端倪。虽然那次批评相当委婉，用的是假设语气，但已经把"党的报刊是人民的报刊"这个意思讲得十分透彻了。"如果他们是懒洋洋的，他们就尽可以依赖这个通讯社那个通讯社的原稿，这次记录那次记录的原稿，把这些原稿拿来编了号送给排字间，他的事就差不多了。但是谁命令他们只许这样作的？没有人。他们应该……使它（党报）能够表现人民的感情和意志。"因为"对于我们，没有比人民的要求更神圣的标准了……我们依靠着人民的生活的海洋，我们的富源是不愁枯竭的，问题只在我们应该每天去捞些什么，要解决这个问题，一定要熟悉人民的生活和人民的心，要熟悉党的方向、政策和工作的具体过程，要跟党有十分密切的联系，要绝对忠于党的意图和党的指挥。这样子，我们才有指望产生出真正合于人民需要的第一流的记者"。①

把这段话稍加分析即可看出，为了能够表现人民的感情和意志，合于人民的需要，就一定要"熟悉人民的生活和人民的心"。然而，单单熟悉人民的生活和人民的心是不够的，还要熟悉党的方向、政策，听党的指挥，这样才能产生"真正合于人民需要的第一流的记者"。为什么？因为党的利益和人民的利益完全一致，党报做好了党的喉舌也就等于做好了人民的喉舌。但是，具体怎样操作才能保证这种和谐统一呢？胡乔木同志指出记者应该吃透两头，"上头"——党和"下头"——人民群众。胡的做法是力图引导记者向下看，而刘少奇则敦促记者直接深入群众："你们要和群众生活在一起，慢慢扯总要扯出点名堂来，了解他们真正的情绪和要求，看他们反对什么，拥护什么，要什么，如果你嫌一个礼拜的时间太少，可以住两个月……要了解群众的情绪、痛苦、要求，晓得他要什么。""人民有各种要求和情绪，要采取重视的态度，把真实的情况反映出来，吹是不好的，应该吹的才吹，要把人民的要求、困难、呼声、趋势、动态，真实地、全面地，不是拉杂地而是精彩地反映出来。""如果能真实全面地深入地把群众情绪反映出来，作用就很大，这是人民的呼声，人民不敢说的，不能说的，你们说出来了，如果能够经常作这样的反映，马克思主义的记者就真正上路了。你们若能经常地好好执行自己的职务，群众就会真正地拥护你们。你一到那里，群众就找你

① 乔木：《报纸是人民的教科书》，载延安《解放日报》，1943年1月26日。

反映情况，记者也有出头的一日……你的笔，是人民的笔，你是人民的喉舌。"①

当时党报记者已经具备相当的政治素质，如果能够深入群众，把群众的呼声和党的要求结合起来，自然也就使党报既成为党的报纸又成为人民的报纸。但更直接有效的方式则是从下边培养出能担负上边工作的群众通讯员。"要建立报纸与群众之间的最密切的联系，最彻底的与最完善的方法还要靠群众写，群众办。吸引广大农民，特别是工农群众来为报纸写稿，把通讯工作建筑在广大群众的基础上。"②

1942 年《解放日报》的一篇社论也对此做出过较完整的评介。当时，《解放日报》的改版刚刚告一段落，脱离群众所带来的惨痛教训显然还记忆犹新。面对通讯员仍然有许多"觉得替报纸写稿不是自己的事，而是另外一些具有'特别本领'的人的事；许多通讯员同志对于这一点也有些模糊，以致总感觉没有什么可写的'大事'，拿起笔来总想摹拟一定的现成'腔调'。于是我们的稿件就不能不感到短缺，而稿件内容也就不能不空洞贫乏"的现状，报社及领导不得不一再批评，一再强调，"我们的报纸是党的报纸，同时也是群众的报纸，群众的利益、群众的情绪，是党决定政策的依据；群众的意见、群众的行动，也是考验我们的政策与工作的标尺；党教育群众，不是高高在上地用空洞的原则、死板的教条去照本宣读的说教，而应该是站在群众之中，通过群众耳闻目见的活生生的事实之分析与理解，使群众逐渐提高他们的认识。我们的报纸正是要负起这样的任务"。延安《解放日报》的改版，要解决的就是两个问题——党性和群众性，实际上就是党的喉舌和群众（人民）喉舌的问题，最终也就是如何办党报以使两个喉舌统一的问题。现在，由于脱离群众，《解放日报》丧失了其中一个喉舌的性质。仅批评现状显然无济于事，批评者还给出解决的方法，那就是"不仅需要有能干的编辑与优秀的记者，而尤其需要有生活在广大人民中间的、参加在各项实际工作里的群众通讯员"。③

从中国共产党建党伊始，为了更好地发挥党报的作用，党的宣传部门对

---

① 刘少奇：《对华北记者团的讲话》，《刘少奇选集》，上卷，第 399—405 页，人民出版社，1981。

② 《三论如何提高一步》，载《中国报刊广播文集》（二），第 511 页，北京广播学院新闻系内部用书，1980。

③ 《展开通讯员工作》，载延安《解放日报》，1942 年 8 月 25 日。

通讯员工作的指导就不断加强，通过一系列的报刊批评，逐渐摸索出了两种密切联系群众的方式：一是引导职业通讯员熟悉群众生活，即到群众中去；二是选择“生活在广大人民中间的、参加在各项实际工作里的群众通讯员”，即从群众中来。当然这里只是借用“群众路线”的方针形象地表现这两种方式，其内涵与“群众路线”有一定差异。通过引导职业通讯员到群众中去，从群众中选择工农通讯员，党报很好地解决了可能与人民群众脱离的情况，使党报既成为党的报纸，又成为人民的报纸。

1944 年 4 月 28 日，邓拓在晋察冀边区宣传工作会议上对两种方式的关系表达了自己的看法，他认为：“只有当群众自己能够写作通讯的时候，才是最真实最生动的，而当群众自己能够写作通讯的时候，也才是我们通讯工作发展的最高峰。这是我们努力的方向，要有一个艰苦的过程才会达到。在这个过程中，首先要求我们的通讯工作者，写出一篇新闻通讯尽量都经过群众的鉴定，写的是什么地方什么人的事情，就读给什么地方什么人听或者经他们看过，得到他们的校正与修改，证明我的新闻通讯真正是群众的了，才能放手。有些同志曾经这样做过，成绩都很好。其次应该尽量替群众写作新闻通讯，他们说什么，我们就替他们写什么，逐渐帮助他们写作，最后我们的新闻通讯就可以直接由群众自己写作了。”①

到群众中去，从群众中来，通过这两种方式，党报从理论上有效地解决了性质定位的分歧问题。从本质上说，“全党办报，群众办报”的内涵是一致的，“群众办报”与“全党办报”一样，都是手段而不是目的，目的是反映和捍卫人民的利益。但是理论上的完全统一，并不能解决新闻工作中的实际问题，仍会出现党的立场和人民立场不一致的情况，只有这时才能真正检验出一份党报的性质与立场。

三、对党报战斗性的认识

党报批评与党报的使命相生相栖，因而某种情势下也不可避免的带上强烈的“目的论”色彩，尤其体现在党报批评以“战斗者”的形象出现时。具体表现有两方面：“与一切反动言论作斗争”以及“为捍卫新闻自由而批评”，我们不能简单粗暴地将之归结为正确或错误。历史的评判总是要参照

① 邓拓：《改造我们的通讯工作和报道方法》，载《晋察冀日报》增刊，1944 年 5 月 16 日。

时代的选择，不过可以肯定的是，在革命年代，从批评内容到批评形式也带有强烈的战斗色彩。

（一）同一切反动言论作斗争

党报作为党的事业的一部分，要协助党与一切反动派作斗争。党报是影响思想的工具，自然是在思想领域为党鞠躬尽瘁。正如《解放日报》在其著名社论《致读者》中所要求的，“党报必须是为着党的革命方针和路线而奋斗的战士；报纸必须根据当前的政治事变而进行热忱的鼓动，而鼓动的成功，则极有赖于明朗锐利的揭露一切黑暗和腐败，抨击一切有害于抗日团结的阴谋和企图。尤其在思想战线上，报纸应该进行经常的坚持的思想斗争，宣传共产主义的民主主义的思潮，反对一切反动、复古、黑暗、愚昧。”①

其实，早在1924年，这个在思想领域形成的没有硝烟的战场，共产党人张太雷就已经意识到了。在他所留存的文集中，比例较大的是对外报的批评与批判。例如，国民党改组以后，全国反对帝国主义的空气日甚一日，帝国主义的报纸开始大骂其为过激派。张太雷对此评论道：“帝国主义的报纸所以如此责备反对帝国主义的都是过激派，就是要恐吓这班本来胆小而革命性软弱的先生们，和鼓吹他们的政府来干涉中国……为什么他们（《大陆报》、《字林西报》）这样怕法？他们所怕的就是过激派对于救中国的政策是正对病症，他们运动的对象就是在推倒帝国主义。”② 张太雷意识到反动报刊对革命者的攻击，应当同反动言论作斗争，但他还没有将此上升为党报的一种职责。

1925年，毛泽东在评论《政治周报》的责任时，总结为“向反革命宣传反攻，以打破反革命宣传”的16个字。到了1938年，在党的第六届中央委员会第六次全体扩大会议上，毛泽东进一步将这个结论纳入党报新闻宣传的任务，即：党报要彻底揭露“敌人一切残暴兽行的具体实例”③。此后，党报在思想领域的斗争中发挥了揭露、攻击反动派的作用。

这种斗争经常体现为对反动言论的揭露与批判，采用小消息或夹叙夹议的述评，短快却精准，像一把刺向敌人的匕首。以1946年5月为例，《人民

① 《致读者》，载延安《解放日报》，1942年4月1日。

② 张太雷：《帝国主义计划中之共管中国的方式》，《张太雷文集》，第72—73页，人民出版社，1981。

③ 《全民族的当前紧急任务》，《解放》，1938年第57期。

日报》两度驳斥国民党中央社的造谣言论：21 日，批驳国民党中央社“造谣包藏祸心，阴谋掩盖水淹我区罪行”。治理黄河，本是国民党办事不力，却推到了共产党头上，还企图水淹解放区，“事实的真相是如此的，现在国民党反动派，连几经‘洽商推进’方始成立的菏泽协定，开封协定，都一齐推翻，甚至连‘测量河床’都不管了，只在花园口‘督导赶修’，‘限于五月内打桩抛石’，堵口放水，毁灭解放区，然后将消极怠工，‘推进’无效这一件罪过加在我们头上，以示我解放区人民死有余辜，孽由自作，与国民党反动派的老爷们毫无关系云云，面具后的鬼脸就是如此，像中央社这种包藏祸心的造谣，及国民党反动派的恶毒行为，我们必须予以坚决的驳斥和反对”。[①] 26 日，揭露“中央社无耻造谣诬我派机袭击太原飞机场”，国民党中央社 18 日妄称“中共派机袭击太原飞机场”，《人民日报》严正回应：“纯属梦呓无耻造谣……此类恶毒谣言，无非欲以掩盖国民党法西斯派近旬来不断利用美造飞机在东北进行大规模内战，中原、晋冀鲁豫、晋察冀、热河、晋绥以至陕甘宁解放区城市进行扫射和侦察的挑衅行为。”[②]

与反动言论的斗争存在于军事战场之外的第二战场，谁掌握了人的思想谁也就掌握了人。驳斥敌对报刊，使党报批评在战争年代具备了运筹帷幄之中，制敌千里之外的能力。党报批评无疑对党报的对敌批判职能发挥了重要作用，它在激烈、动荡与慌乱的斗争年代无疑是必要的、也是行之有效的。但是，新中国成立后，当一切都步入制度化规范化，敌我矛盾演变为人民内部矛盾时，我们不得不承认，这种满溢价值评判和强烈感情色彩的党报批评不能替代行政部门的指令，不能替代党政部门的管理，更不能替代法院判决书。

（二）捍卫阶级的新闻自由

除了对反动报刊各式各样的造谣、阴谋进行揭露之外，在党报与反动言论的斗争中，还存在一个为捍卫新闻自由而批评的内容。也就是说，中共党报在革命战争年代不断地同全国民主进步势力站在一起，对国民党政府剥夺人民的言论与新闻自由，不断地展开批判。

中国的新闻自由是与言论出版自由紧密联系在一起的。中国共产党在 1922 年的《〈向导〉发刊词》中，最早为争取新闻出版自由进行了斗争。由

① 《人民日报》，1946 年 5 月 21 日。
② 《人民日报》，1946 年 5 月 26 日。

袁世凯以共和名义立宪，法律上以维护社会治安为由颁布的《治安警察条例》，实则是对新闻出版自由进行钳制。《向导》对此提出质疑："言论、集会、结社、出版、宗教信仰这几项自由，已经是生活必需品，不是奢侈品了……可是现在的状况，我们的自由，不但在事实上为军阀剥夺净尽，而且在法律上为袁世凯私造的《治安警察条例》所束缚"，并正告，"国家若不给人民以这几项自由，依政治进化的自然律，人民必须以革命的手段取得之"。[①] 从共产党创建到新中国成立，为捍卫新闻自由而进行的斗争形成了两次热潮，第一次热潮发生在30年代末40年代初。

20世纪30年代末40年代初，抗日战争全面爆发不久，国民党军队在正面战场连连失利，1937年底弃守南京、上海，新闻中心逐步向武汉和重庆转移。抗日战争刚开始，国民党在较大程度上停止了对抗战言论的禁锢和压制。作为国民党战时基本国策的《抗战建国纲领》规定，"抗战期间，于不违反三民主义最高原则及法令范围内，对于言论、出版、集会、结社当予以合法之充分保障"[②]。但是，这种良好的形势并没有维持多久。1938年，国统区多处地方发生抗日报刊被国民党当局封禁的事件。是年7月，国民党公布了《图书杂志原稿审查办法》，在中央和各地成立了审查会，对图书杂志进行检查。武汉沦陷以后，国民党当局日益加强对新闻舆论的控制。1939年6月，根据蒋介石手令，国民党正式成立战时新闻检查局。

此后一直到1940年底，国民党共颁布钳制新闻的法规10余种，建立新闻检查所21个，新闻检查室54个，形成了遍布各省和重要市、县的严密的新闻检查网络。[③] 为了维护团结抗战，国统区新闻界展开了以《新华日报》为中坚的全面争取新闻自由的"抗检"斗争。1938年的9月1日记者节，武汉《新华日报》批评当局"目前严厉的新闻及图书检查的制度，常阻碍记者工作的发展。新闻记者的任务，是把前方的情形忠实的报道给后方，把后方的情形传达给前方，但目前的战地记者的通信，常受到严厉的检查和删改，而失了报道的原意，同时有许多暴露前后方缺陷和弱点的文字，也因检查而不能发表，这不仅隐瞒了事实真相，同时也不能把抗战的真相反映出

---

① 《〈向导〉发刊词》，载《向导》周报，1922年9月13日。

② 中国国民党《抗战建国纲领》，全文载1938年4月3日重庆《新华日报》。

③ 方汉奇主编：《中国新闻事业通史》（二），第678－679页，中国人民大学出版社，1990。

来，促成各方的注意和改进。所以我们希望当局能注意到这一点而予以合理的解决”①。

一年以后，舆论环境不但没有改善反而愈加恶化，转战重庆的《新华日报》批评当局压制新闻自由的口气便不那么客气了：“中国新闻事业虽在发展，却是极有限度的，许多地方不但不能求得应有的提携和扶助，反常受到不必要的限制和阻碍。我们要问第二届参政会所通过的‘确立战时新闻政策促进新闻事业发展案’实现了多少？该案于调整新闻宣传机构办法中，曾想‘改善新闻检查制度，使之不仅实施消极的检查工作，更应推行积极的指导任务’……”② 在《新华日报》的带领下，各民主党派报刊也纷纷批评当局压制新闻出版自由的行为。这次党报批评的热潮虽然没有取得显著胜利，但却反映了进步报刊对新闻出版自由迫切向往的一致愿望，为争取新闻自由的第二个批评高潮打下了良好的基础。

到了抗战后期，国统区的各种社会矛盾日趋尖锐，军事失利，政治腐败，经济紊乱。为了挽回民心，蒋介石和国民党于1943年9月再次打出“宪政”的旗号。然而伪装不久便露出了马脚。翌年6月，国民党政府公布了《战时出版品书刊审查办法》，内容无所不包。为了以其之矛攻其之盾，全面揭露国民党的伪善嘴脸，争取新闻出版自由，截至1946年下半年，国统区内再次出现了针对国民党当局新闻禁锢的报刊批评大潮。1945年3月31日，《新华日报》挑选各地批评当局新闻政策的言论共9篇，以《新闻自由——民主的基础》为题，痛斥国民党政府限制言论出版自由，指出“是民主还是独裁就看有无言论自由”，“作恶扣押新闻必造成自由的衰落”，“势将使出版事业趋于萎缩，而人民的精神食粮也感缺乏；终极的结果，使演成人民的无识和不知。以无识和不知的人民，固不足以言抗战，更不足以谈建国”。③ 这些有力的言论，抨击了国民党压制言论与新闻自由的反动政策。

1945年10月1日至1946年9月1日，《新华日报》4次就新闻自由与国民党一论长短，言之凿凿，理之切切。“这种制度（——注新闻检查制度和书刊审查制度）的不合理，令人头痛，可以说没有人不深深感觉到在别的国家的战时检查制度，只限于有关军事秘密的部分。在中国则上至言论，下

① 《纪念“九一”记者节》，载武汉《新华日报》，1938年9月1日。
② 《纪念记者节》，载重庆《新华日报》，1939年9月1日。
③ 《新闻自由——民主的基础》，载《新华日报》，1945年3月31日。

至广告，无事不检，无字不查，弄得有话不能说，有新闻不能写，办报的人痛苦万分，读报的人对报纸不敢相信。中国的报人，八年以来，工作分外艰辛，效果却那么低劣，其痛苦真是一言难尽。”① 至于新闻自由，“实在是人民的‘不容侵害’、‘不容割让’的权利……是中国民主自由的一部分”，并进一步评价“离掉了中国的独立、和平、民主而侈谈新闻自由，不过刻舟求剑而已。因此，中国的新闻工作者，不仅应该有保卫新闻自由的决心，而且应该有为中国的独立、和平、民主的事业而努力的决心”。②

1946年4月，延安《解放日报》发表社论抗议非法搜捕北平《解放报》事件，质问国民党：“办报何罪？新闻工作何罪？始终忠实于中华民族与中国人民利益的中国共产党何罪？抗战柱石、功在国家的八路军何罪？国民党当局竞（注——原文此字）敢出此卑污恐怖手段，蹂躏人权，摧残言论，其置和平民主于何地，政协决议于何地？人身言论自由于何地？国法纲纪于何地？对于此种非法的法西斯暴行，我们不能不表示万分愤慨，万分痛恨……这是何等卑鄙！何等无耻！何等罪恶！”③《解放日报》的这篇社论及时地向全国人民揭露了“中国法西斯派在国民党二中全会中制造反对政协决议的宪草原则的决议，在实际行动上就是蹂躏人民的人身自由和言论出版自由”。④这种严厉谴责，虽然没能实际改善当局钳制新闻自由的状况，但却使更多的人认清了国民党的真实面目。

共产党并不因此认为任何人、任何党派都应该享有新闻自由。毛泽东后来批评“资产阶级所说的‘新闻自由’是骗人的，完全客观的报道是没有的”。⑤ 显然他是指在阶级斗争尖锐的社会中，没有超阶级的绝对的新闻自由，只有相对的新闻自由。一个阶级的新闻自由，总是建立在剥夺另一个阶级的新闻自由基础之上的。新闻自由只能在本阶级内部实现，特别是在人民内部，应该放手让大家讲不同观点。但在抗日民族统一战线确立之后，一切主张并进行抗日的派别都是人民的一分子，剥夺他们的言论与新闻自由显然

---

① 张友渔：《言论自由的初步收获》，《张友渔新闻学论文选》，第93页，新华出版社，1988。

② 张友渔：《保卫新闻自由 保卫独立、和平、民主事业》，《张友渔新闻学论文选》，第108－112页，新华出版社，1988。

③ 《抗议非法搜捕北平〈解放报〉事件》，载延安《解放日报》，1946年4月6日。

④ 《抗议非法搜捕北平〈解放报〉事件》，载延安《解放日报》，1946年4月6日。

⑤ 《毛泽东新闻工作文选》，第159页，新华出版社，1983。

是逆历史潮流而动。

四、肃清和抵制假新闻运动

假新闻由来已久，对假新闻的抵制和批评也源远流长，中共党报批评史上较为典型的一次对假新闻的批评运动，发生在1947年前后。这场反“克里空”的行动由党报批评发展为党报批评运动。重新审视这段历史，让人们认识到何为党报批评最理想的环境与心态？党报批评应该保持怎样的一种姿态与标准，以把握最底线的客观与公正？是有极其深刻教益的。

（一）党报假新闻的产生与批判

假新闻并不是敌对媒介的专有物，只要为了某些目的办报，假新闻就会为了达到这些目的而蠢蠢欲动。中国共产党显然也意识到了这一点。早在建党之前，新闻失实就已经为许多接受马克思主义的知识分子所不齿。周恩来根据报刊对事实所采取的态度，将报刊分为上、中、下三个品类：“守正不阿，严于褒贬，秉董狐之笔，执春秋之义，上报也。唯善是彰，唯恶是隐，持一见，虽败勿悔，刀锯加身而不惧，中报也。至传闻失实，随声附和，则亦斯下矣。”① 恽代英也经常强调防止新闻失实，事实真实的重大作用。1919年五四运动期间，他在拟订的《国耻周刊》办报条款中评价“记载”，乃“叙每次交涉之实情，及失败后损失之实情，务令观者一目了然，由真知识发真感情”。② 后来，他在《学生报》大纲中再次评价“记事”，是“用简明之笔，将已发生而社会应知晓之事，条述之”。③ 关于《学生报》的办报宗旨，他拟定了4条，其中第三条就是一个“真”字。

不过，假新闻似乎并没有因为这些清醒的认识，在党报中销声匿迹。1931年毛泽东就曾批评当时《时事简报》存在的“红军缴枪一千说有一万，白军本有一万说只一千的做法。这种离事实太远的说法，是有害的。《时事简报》不靠扯谎吃饭”。④ 1943年，陆定一也曾批评《解放日报》“曾经登载过一篇叫做《鄜县城内家家户户纺织声》的新闻，后来查起来，那时鄜县城内原来还一架纺织机都没有。去年征粮时，报上又登过一条消息，说延安

---

① 《周恩来早期文集》，上卷，第50页，南开大学出版社，1993。

② 《恽代英日记》，第550页，中共中央党校出版社，1981。

③ 《恽代英日记》，第560页，中共中央党校出版社，1981。

④ 毛泽东：《普遍地举办〈时事简报〉》，《毛泽东新闻工作文选》，第29页，新华出版社，1983。

乌阳区首先完成入仓任务，后来查明，乌阳区在延安征粮中是最落后的一个区，记者写那个消息时，入仓工作还未开始呢!”[①] 这说明，即使在以马克思主义为指导思想的党报系统中，假新闻仍然不可避免。

曾任中共中央宣传部部长的张闻天对此很担忧，他说：“我们要反对那种‘吹牛’、‘夸大’、‘粉饰’、‘掩盖’、‘装腔作势’、‘华而不实’、‘形式主义’、‘风头主义’等毛病。这些毛病，不幸在我们党内今天还是存在着的。”[②] 为此，1940 年初在《提倡朴素与切实的作风》一文中他评价党报应“对于当前情况采取‘老老实实’的态度的意思。革命处在严重危险中，我们就应承认这种危险。没有革命形势，我们就应承认没有革命形势。革命失败了，我们就应承认革命失败了。革命情势有好转，我们就应承认好转。我们丝毫也不用掩盖事情的真相，来欺骗或安慰别人与自己”。[③] 一年以后，他又再次批评了当时“通讯的真实性不够。比如说开会并不热烈，但通讯上却写得热烈，或者相反”。这种情况出现的原因，他归之为“我们的通讯员还不会从各种平凡的表面的现象里去把握本质的东西。而没有这种本领，通讯就会缺乏真实性”[④]。在张闻天看来，开会热烈不热烈是现象，如果新闻流于现象，那么就很容易造成失实。

紅色中華

图 6－3 《红色中华》

1933 年，张闻天在《关于我们的报纸》一文中，批评当时《红色中华》报道江西省扩大红军的突击运动时，只报道个别好的情况，“十月十六日《红色中华》一一六期上，我们看到关于博生县九月底十天内扩大红军一千八百名的记载。在《红色中华》一二四期上又说到‘博生县的广泛动员’，从十月十一号起至十月十七日止，在梅江、流南等五区‘七天动员了一千五百八十三人’。只依照《红色中华》这两次关于博生的记载，那它单在十七天内完成了博生县原定计划，而且超过了计划。关于江西

① 陆定一：《我们对于新闻学的基本观点》，载延安《解放日报》，1943 年 9 月 1 日。
② 张闻天：《提倡朴素与切实的作风》，载《晋察冀日报》，1940 年 2 月 10 日。
③ 张闻天：《提倡朴素与切实的作风》，载《晋察冀日报》，1940 年 2 月 10 日。
④ 张闻天：《怎样才能写好通讯》，载《晋察冀日报》，1941 年 1 月 28 日。

其它各县，也是如此，所以依照《红色中华》的记载，我们可以得出非常乐观的结论，就是我们不但完成了我们的计划，而且可以超过我们的计划。然而实际上却完全不是这么回事。实际同《红色中华》所描写的动人的图画，是不相符合的。实际给了《红色中华》所描写的乐观的记者以冷酷的嘲弄。”实际是“依照最近我们得到军委的报告，在十一月十五号以前，江西集中的新战士不到五千。广暴节（即1927年12月11日广州暴动日——注）前扩大红军三万五千的计划的流产的危险，已经在我们的前面。但是这种危险在我们的报纸上是看不到的。在我们的报纸上照例还到处是‘光荣的模范的动员’”。①

张闻天一系列的批评与指正，触及到了新闻真实的深层，即怎样通过一个个独立的新闻来反映整个现实的真实。如果这种“反映”是曲解的，那么也是一种失实。张把“反映”的途径构建为对一种预设“本质”的把握。显然，张闻天是绕过事件的表面现象谈新闻真实的，当然他也认为，新闻现象的记录如果失却真实，也是新闻失实。后来《晋察冀日报》就提及，党委审稿中，曾发现一件事多个说法的情况。如“某三篇来稿说该县三六区蝗虫损害田禾万余亩者一，数千余亩者一，地区不大者一；某县报道克复某敌占据点的稿件中，日期不相同”，② 这些就是党报常常遇到的失实问题。

1945年延安《解放日报》在其社论《新闻必须完全真实》中，批评了这种因事实不确切导致的假新闻。“有些新闻还有分寸上的夸大。例如事情正在计划做，报道为正在进行中，正在进行中的则报道为已经完成了，这种报道方法，据说叫做‘提高一步的报道’。又例如一个药方医好了六条牛，报道起来说成几十条牛，这是数字的夸大。又例如报道有一技之长的某一劳动英雄，把他写成十全十美的圣人，这是分寸上的夸大。”③ 不过，该篇社论却把产生不真实的原因归结为主观主义与阶级立场。

假新闻出现的原因多种多样，除了上述明确指出的两种，还有一种是没有被指出过的，就是为了造成宣传效果故意为之。毛泽东1945年在党的七大上批评说：“我们曾经有个时期分对内对外，内报一支是一支，外报一支

① 张闻天：《关于我们的报纸》，载《斗争》，1933年12月1日。
② 《把新闻报道工作提高一步》，载《晋察冀日报》，1944年9月1日。
③ 《新闻必须完全真实》，载延安《解放日报》，1945年3月23日。

是两支。现在我们专门发了这个通令，知之为知之，不知为不知，一支为一支，两支为两支，是知也。"① 这里的"外报"，指的是公开的新闻报道。也就是说，连毛泽东也承认，我们关于战果的报道曾经是不真实的。又如《毛泽东选集》的注释，关于平型关战斗、台儿庄战役消灭敌人的数字，分别是3000人和7万人，直到1991出版《毛泽东选集》修订本，才改为1000人和1万人，假的数字一直讲了几十年。不得不承认，这其实是一种体制性失实，即因某种政治价值观发生作用而造成的失实。比较前面两种，也许这种新闻失实更值得研究。

由于上面的这些原因，假新闻从党报出现就一直与之相伴。虽然因为代表人民大众，党报要比其他报纸更加强调新闻真实，但似乎总是事与愿违，假新闻仍然不能根除。当历史行进到1947年，根据地实行土地改革时，新闻报道出现右倾，群众反映新闻失实严重，一场抗击假新闻的党报批评运动由此展开。

（二）对假新闻批判的高潮

1947年下半年解放战争进入战略反攻阶段，为了保证最后胜利，必须要有一个巩固的后方保障。在经历了国民党一年的疯狂进攻之后，解放区面积缩小、人口减少、物资匮乏。为此，从"二月会议"到"十二月会议"，党中央制定了一系列方针政策迎接革命新形势的到来。认为胜利的关键"第一是善于捕捉战机，勇敢坚决，多打胜仗；第二是坚决执行争取群众的政策，使广大群众获得利益，站在我军方面。只要这两点做到了，我们就胜利了"。这个争取群众的政策，主要指土地改革。但中央在1947年2月进行的土改复查中发现，一些报刊在宣传土改的方针政策时，程度不同地出现了右的偏向，甚至由于某些报纸的宣传存在严重失实，造成农民（特别是广大中农、贫雇农）对报纸产生某种不信任的态度。

"《晋绥日报》从1946年秋以来，陆续发表批评性的消息，对各项工作起了很大的推动作用。报纸的威信空前提高，但后来读者拿报纸的报道对照实际工作，却发现很多报道失实，犯了右倾的偏向，报上一片和平土改的景象。开始报社和新华总分社接到读者来信，择要在新闻刊物《新闻研究》和报纸上发表，后来读者的来信越来越多，揭发的事情也随着增多，而且极严

---

① 《讲真话，不偷、不装、不吹》，载《毛泽东新闻工作文选》，第128页，新华出版社，1983。

重，因此决心彻底整顿新闻阵容。”① 假新闻使农民对党报产生了不信任，并进一步发展为对党的不信任，这种情绪又发生在迫切需要通过土改争取农民的关键时刻，于是一场借批判假新闻恢复广大农民群众对党报、对党信任的反“克里空”运动②应势而生。

在党报史上，声势如此浩大的专项党报批评运动，唯此一次，虽然这场运动的原初目的并不单纯出于对假新闻的深恶痛绝。1947 年 6 月至 9 月反“克里空”运动的第一阶段，《晋绥日报》在报上公开揭露失实新闻 50 余起。揭露的失实新闻以 1946 年为主，同时还包括 1942 年、1944 年的报道。在内容上，不仅揭露记者写的失实新闻以及如何造成错误的过程，而且还交代写稿的动机以及立场。失实新闻揭露方式都由读者来信提出，再由编辑部进一步与作者核实，最后发表文章总结教训。

1947 年 8 月 28 日，新华社发表署名总社编辑部的专论《锻炼我们的立场与作风——学习〈晋绥日报〉检查工作》，赞扬并推广《晋绥日报》的经验。该文说：“过去各解放区都曾作过一些改进新闻军的工作，而且也有若干成绩，但是如象《晋绥日报》六月下旬开始的这样公开地、群众性地检查工作，则没有做过。所以《晋绥日报》这次的反对‘克里空’运动，在人民新闻事业建设过程中是有历史意义的。而且不但对晋绥一地有意义，对其他解放区同样有意义。”③ 9 月 1 日记者节，新华社又发表社论《学习〈晋绥日报〉的自我批评》，号召各解放区的新闻工作者学习《晋绥日报》。在当晚的记者节晚会上，李井泉政委发表讲话，批评反“克里空”运动开展的还不够彻底：“应当认识，现在只是运动的开始，揭露的还很不够。从量上看，揭露的还不多，顶多揭露了今年和去年的，但是好几年来都有‘客里空’，特别是四三年四四年以来更严重，也应当揭露。应当算老账，翻底子。”他提出把肃清“客里空”和检查端正党内领导作风结

① 《晋绥新闻界深入自我批评、发动群众检查新闻工作》，《新华日报》（太行版），1947 年 9 月 1 日。

② 这一概念来自苏联话剧，指虚构、编造新闻。苏联作家科尔内楚克在卫国战争期间写了《前线》的剧本，剧中一名军事特派记者名叫克里空。他在前线采访时，不是深入前沿阵地的战士中，而是整天呆在指挥部里胡编乱造新闻，根据地的新闻界把新闻失实称为“克里空”。

③ 《锻炼我们的立场与作风——学习〈晋绥日报〉检查工作》，《中国报刊广播文集》（二），第 540 页，北京广播学院新闻系校内用书，1980。

合起来。"'客里空'之所以能够出现，又是和戈尔洛夫（《前线》中的总指挥）分不开的，'字里空'的笔是替'戈尔洛夫'写的。"① 至此，反"客里空"运动进入第二阶段，对假新闻的揭露在范围上扩展至整个解放区新闻界，在判断标准上从立场与作风入手，尤其是联系到阶级立场问题。

解放区各报纷纷检查自身存在的新闻失实现象，自我批评的态度极其诚恳。如新华社吕梁分社于1947年10月进行了反"客里空"的初步检查，12月给总分社寄来他们检查的报告，检讨了他们在战争报道中的"客里空"错误，并希望全文发表。《晋绥日报》于1947年12月8日分别以"把几十分钟写成五分钟"，"想象中的'游击战争火海'"，"'为文填色'与'锦上添花'"与"为何明知故错"4个小标题，将其部分刊出。

不可否认，反"客里空"运动确实给了假新闻当头一棒，不仅揪出了许多失真新闻，而且采用批评与自我批评的方式，特别是后期的自我揭发，使党报新闻工作者在思想上提高了对假新闻的防范意识。但是，这场针对假新闻的党报批评运动，在"破"的同时并没有"立"，即"新闻真实"是什么？"新闻真实"的标准是什么？他们只能从逻辑上理解，"不真实新闻"的反面即"真实新闻"，对真实的标准则说不清楚。

反"客里空"运动开始以反右倾为目的，但当时已存在"左"倾的苗头，后期则发展到十分严重的地步。由于用"左"倾思想看问题，因而否定了抗日时期党在晋绥边区的工作成绩，把许多报道晋绥解放区对敌斗争和各条战线的模范人物的新闻，指责为假报道，报上连篇累牍地介绍"假劳模"、"假模范村"。因为用查三代办法划分阶级成分，把许多劳动群众错划为地主、富农，过去表扬这些生产先进的农民的新闻、文章，也被指责为"包庇地主、富农"。如此一来，判定是否是"客里空"不是以事实为依据，而是以土地改革中的"左"倾认识为标准，以政治运动的气候、风向为转移，不少揭露"字里空"的文章，本身也沦为了"客里空"。

1947年9月20日，《晋绥日报》登载的《从献地宣传中看我们的立场》有这样的文字："去年8月13日，本报刊登《刘副议长及其胞弟（即今年8月27日为黑峪口群众清算镇压了的大地主恶霸刘向坤）向农工献出土地房

① 常芝青：《在晋绥日报的年代里》，《中国现代出版史料》，丁编上卷，第28页，中华书局，1959。

屋》的消息，文中引证了刘少白的一串冠冕堂皇的漂亮话，把刘少白这个地主代言人描写得煞像拥护土地改革似的。”意即刘少白是反对土改的。事实上，当时任晋绥边区临时参议会副参议长的刘少白是1937年的老党员。毛泽东曾经说过：“晋绥边区的刘少白、陕甘宁边区的李鼎铭等人，在抗日战争和抗日战争以后的困难时期内，曾经给我们以相当的帮助，而在我们实行土地改革的时候，他们又并不妨碍和反对土地改革，因此对他们仍应采取团结的政策。”① 由于有一个地主胞弟，老党员也成了地主代言人。

在反“客里空”后期，一些党报的负责人实际是把坚持工农的阶级立场和阶级作风当作判断“客里空”的标准，这就完全错了。新闻真实是超乎立场、作风的客观性概念，与立场与作风没有必然联系，否则，国统区的报纸岂不全成了满纸谎言？新闻真实要求报道要符合实际，按照客观实际反映事实。

反“客里空”运动给中共党报记者的教育意义是深刻的，作为一场党报批评的盛宴，总的看来取得了巨大成功。唯一的教训是，如何在运动中保持理性与冷静，如何找到更为适合的党报批评形式，如何使“破”与“立”相结合，是解决党报错误倾向的关键。

第二节　党报批评的机构与机制

自1921年中国共产党成立后，中共党报体制是严格按照加入共产国际的“二十一条”的要求确定的。随着党的队伍不断壮大与成熟，党报体制也逐步进行了一系列适应中国国情的调整，并于1942年延安整风时期逐步完善。在这一过程中，党报批评不断调整自己的状态以适应媒介体制的发展，并通过一定的“批评”方式影响媒介的发展方向。在革命斗争年代，党报只能在革命队伍和根据地的群众中发行，媒介批评具有一定的内部性与组织性，形成了特定的批评机制。

从某种意义上讲，新中国成立前中国共产党的媒介批评可概括为“组织性与统一性”的报刊批评机制。为了抓好新闻宣传的政治方向，各级党委经

① 《关于民族资产阶级和开明绅士问题》，《毛泽东选集》，第4卷，第1288页，人民出版社，1991。

常研究新闻报道，对舆论导向发生的问题及时批评以至进行把关，对于那些影响全局的言论、消息和文章，党委分管领导负起政治责任，必要时对重大报道和社论亲自动手起草和修改。由于当时恶劣的战争环境，决定了只能采取有组织的、统一的、有步骤的方式进行。所有这些，“都体现出媒介批评的管理方式，形成中共新闻管理批评的特殊模式，即高度宣传控制的模式”①。这种控制体现在媒介批评中，至少涉及三个权力部门：党委、宣传部以及上级新闻机构。

一、党报批评的机构与实施

所谓“组织性”，指的是批评者的构成和批评的有组织、有步骤地进行。这种批评具有“高度控制的线性结构”，或由上至下或由下至上地逐步开展，而不是由社会的批评者自发、分散地进行。由于战争环境的残酷，党的统一领导贯穿在各项工作、各个部门中，报刊批评往往是在党的宣传部门直接领导与计划下开展起来，批评的内容和批评的人员都由党的宣传部门确定和安排，而不是随机的和放任自流的。

早期党的成员大都是治学严谨的学者，擅长写深奥的理论文章，却缺乏宣传鼓动的实际经验。由书斋走向群众，是在共产国际的帮助下实现的。1920 年 7 月至 8 月，中国共产党参加了共产国际第二次代表大会，会议通过的《加入第三国际的条件》在宣传方面的规定是：“一切定期的或其他的报纸与出版物，须完全服从党的中央委员会，无论它是合法的或违法的，决不许出版机关任意资助，以致引出违反党的政策。”② 由中央（执行）委员会领导、监督报刊及其宣传，成为那个时代党报批评的唯一体制和机制。

根据《加入第三国际的条件》的精神，《中国共产党关于（奋斗）目标的第一个决议》对党的宣传工作作出了决定：“一切书籍、日报、标语和传单的出版工作，均应受中央执行委员会或临时中央执行委员会的监督。”中共“一大”还决定设立党的宣传局，由《共产党》杂志主编李达担任主任。到“二大”时，中央委员蔡和森又接手这项工作，负责全党的宣传与刊物的管理工作，这其实是“中共中央宣传部”的前身。由这个机构领导和组织党报的批评与自我批评，是由党的组织原则决定的。

---

① 刘建明：《媒介批评通论》，第 96 页，中国人民大学出版社，2002。
② 林之达：《中国共产党宣传史》，第 41 页，四川人民出版社，1990。

不能忽视的是，除了一些有权管理机构，各级领导人也拥有相对的对报刊的批评权。领导人对媒介进行批评指导，是共产党以至后来的社会主义国家媒体管理的普遍特征。

大革命前后，严峻的国内革命形势使搞好宣传工作更为迫切。原有的宣传局仅限于中央一级领导，对于理应存在于万千基层群众中的报刊宣传工作显然不能适应。1923 年 10 月 15 日，共产党和共青团中央又组织成立教育宣传委员会，并颁布教育宣传委员会组织法，明确规定该会的职任是："在于研究并实行团体以内之政治上的主义上的教育工作以及团体以外之宣传鼓动。"① 教育宣传委员会下设编辑部、函授部、通讯部、印行部、图书馆，这是党史上第一次对党报管理机构的部门分工与人员设定进行详细规定。与"宣传局"不同的是，教育宣传委员会主要针对地方，在各地方委员会中"选定一人负教育宣传工作之责，其工作之指导权除属于地方委员会外，同时直接属于教育宣传委员会"②。从此，党委和上级宣传部门的双重领导模式正式确立，党报的批评体制不能不带有双重机制。

然而，教育宣传委员会的效能却并不尽如人意。各地方委员会被选定负责教育宣传工作的同志由于缺乏严格的选拔程序，充数现象时有发生，为改变此种状况，党又把宣传教育的大权收归宣传局。同年通过的《党内组织及宣传教育问题决议案》中，第一次出现了"中央宣传部"的字眼，虽然不能确定"宣传局"更名为"中央宣传部"的确切时间，但"中央"两字的添加，显示了党对报刊领导体制的初步确立。

1925 年 1 月，中国共产党第四次全国代表大会就强调了"中央应有一强固的宣传部负责进行各事，并指导各地宣传部与之发生密切有系统的关系"③。《党内组织及宣传教育问题决议案》还赋予了地方党委管理批评党报的权利："地方委员会由三人组织之：委员长兼宣传部，秘书兼组织部……第三人管理农工部。"④ 地方党委委员长兼任地方宣传部部长，领导模式进一步得以强化。决议案还间接表明了中央及地方宣传部的职责偏重于对党报

---

① 《中国共产党新闻工作文件汇编》，上卷，第 7 页，新华出版社，1980。

② 《中国共产党新闻工作文件汇编》，上卷，第 9 页，新华出版社，1980。

③ 《中国共产党宣传史》，第 81 页，四川人民出版社，1990。

④ 《中国共产党新闻工作文件汇编》，上卷，第 13 页，新华出版社，1980。

上涉及理论、教育、政策宣传的管理，因而，十分有必要特别设一“编辑委员会”，“只对中央全体大会报告”，在“中央常委指导监督之下”① 主持中央一切机关报，以对全国性的政治宣传进行规划。可见，这一时期，党开始有意识地将教育与宣传分开，特别是将党报单独划出来，由单独的编辑委员会负责，党报的管理由此更趋系统化和集中化。

中国共产党是一个结构相对稳定、目标和价值观相对明确的政党，为了发展壮大，实现目标，在应对各种复杂的现实问题中，党就必须强化自身的整体特征，使各种工作能够“制度化”；无疑，制度化后的组织运作更具有序性，组织关系更具明确性。

然而在复杂的斗争任务面前，编辑委员会的作用表现出一定的局限性。中央级的编辑委员会很难对各基层的新闻活动及时做出反应，多头管理的批评主体虽拓宽了监督的领域，却降低了效率，并容易产生各自为政的弊端，所以线性的“中共中央—中宣部—各地宣传部—党报”的批评体制被不断放大强化，而编辑委员会的作用随着时间的推移逐渐被削弱，这也是中共中央与中宣部经常下发涉及具体新闻业务的批评文件的体制原因之一。

客观地讲，战争年代（尤其是我党处于地下时期）消息封锁、信息阻塞、人员流动大等多变的特殊环境，削弱了线性批评体制由上而下的控制能力，党报批评在实际运用中往往由于缺乏监督而软弱无力，所以，中国共产党第三次中央扩大执行委员会议批评各宣传部对“上届扩大会议的宣传问题的决议案，至今实行的不及百分之二”②。如何让富有权力色彩的报刊批评管理保持令行禁止的效力，党不得不经常调适，以寻求一种最能适应现实生存环境的党报批评机制。

1926 年 9 月，中共中央对中宣部的机构进行了进一步细化，设立消息课、图书馆和日常部务，其中以文件形式规定“依据编辑委员会决议，每月对于各地一切刊物，加以总的批评”③。1929 年 6 月，在《中共六届二中全会宣传工作决议案》中，又对宣传部的职能在组织上再次调整：“自中央省委以至有党报的地方党部，都应当将党报委员会与宣传部在组织上划分清白

① 《中国共产党新闻工作文件汇编》，上卷，第 25 页，新华出版社，1980。
② 《中国共产党新闻工作文件汇编》，上卷，第 34 页，新华出版社，1980。
③ 《中国共产党新闻工作文件汇编》，上卷，第 31 页，新华出版社，1980。

……宣传部不能代替党报委员会。有些有党报的省委，整个宣传部的力量完全用在编辑党报上，这既不足以使整个省委对党负责，又不能使宣传部注意真正全省宣传工作的指导。”① 1939年，在宣传部下组织宣传委员会，讨论与检阅宣传教育工作的内容与方法，统一宣传教育工作的领导。1941年又提出在每种报纸杂志“建立编辑委员会，挑选政治上得力的干部来负责，政治报纸还须设立由党、政、军、民各方面代表参加的社论委员会，以统一各种报纸杂志的社论”。② 负责党报批评的部门越来越具体，权利开始分化，报刊批评管理的功能日渐加强。部门之间可以更好地协作，组织的连续性增强了，随着批评与指导经验的增长，不必再经过那种无效的尝试和错误，就能找到最好的功能发挥方法。

1937年1月，随着红色中华通讯社更名为新华通讯社，党报批评结构中的一个重要角色出现了。1939年初，新华社脱离新中华报社，成为独立的新闻机构，并陆续在全国建立分社。当然，这一新闻机构力量的真正突显，还是在1941年至1942年间。为整顿各地通讯社组织不统一、方针不明确所造成发稿分散与无政府的状态，中共中央发出了一系列通知，决定：各地报纸的通讯社，应同延安新华社发生通讯关系，并一律改为新华社某地分社，受延安总社的直接领导③。这就有力地加强了新华社在中国共产党宣传系统中的地位和作用。此后，新华社逐渐登上批评、指导党的新闻工作的舞台，配合中宣部，参与执行对新闻机构的监管职能。新华总社是一个特殊的机构，其特殊性体现在重大事件由其组织通稿，而在战争年代此种通稿更多。新华总社主要担负传播信息、搞好宣传和建立中国新闻观念的三重任务，并侧重于负责监管具体的新闻业务问题，而中宣部则转向了宏观政策与政治导向的把握。

尤其是到了解放战争后期，这种区分愈加分明。这一时期，革命形势日趋明朗，解放区由农村扩大到城市，中央工作面临着由“推翻旧制度”向“建立新政权”的转变，进一步分清各部门职权势在必行。随着各职能部门逐步走向规范，党报批评的发出者转为中宣部以及新闻机构的上级领导机

① 《中国共产党新闻工作文件汇编》，上卷，第59页，新华出版社，1980。

② 《中国共产党新闻工作文件汇编》，上卷，第116页，新华出版社，1980。

③ 方汉奇主编：《中国新闻事业通史》（二），第803页，中国人民大学出版社，1996。

人民日報

我們是能夠克服困難的

華中我軍連下七城

湘西重鎮常德解放

八一電賀中共中央

八一節的勞軍

图 6-4 1948 年华北《人民日报》

关。这种变化是令人欣慰的。1948 年下旬，华北《人民日报》发表新闻评论《全区人民团结斗争，战胜各种灾害》，因该文有客观主义之嫌，受到了点名批评，而此次发出批评指示的，不再是中共中央或华北局，而是中共中央宣传部。更为明显的例子则是 1948 年 11 月中共中央宣传部和新华总社对各地报道城市政策中的右倾偏向，作出的批评指示，而在 9 个月之前，面对土地改革中各地新闻报道中的“左”倾偏向，还是由中共中央直接发文做出批评。新华社的批评范围也开始收拢，更多专注于如何写作、如何报道等新闻业务领域[①]，党报批评部门的职权更加明晰。

党报批评在残酷的斗争环境中，经过不断的洗礼与检验，逐渐形成了一整套明确的规章制度，各部门之间的分工更加细致合理，自上而下的线形批评体制更加强化。党报在组织上隶属于某一级党委，党报也出现了级别之分，使党报成为党的各级权力体系的一部分。党报批评在这样的背景下，呈现出“批评＋检讨”的形态。

这种批评机制建立之初，批评部门往往不是新闻的主管部门，而是同级党委，甚至上级党委领导，采用的都是直接批评方式——一竿子插到底。1942 年 9 月，中共中央机关报《解放日报》兼任西北中央局的机关报。1943 年 3 月，针对半年来《解放日报》工作中的缺点，西北局专门发出通知予以批评[②]。在批评之后，《解放日报》很快从下进行自我批评与检讨。1947 年末至 1948 年初，在土地改革的宣传中，许多地方通讯社和报纸登载了不少包含“左”倾错误偏向的通讯和文章，1948 年 2 月 21 日，中共中央便发文批评纠正土地改革宣传中存在的这种“严重的原则性错误”[③]，3 月 7

---

① 注：如 1949 年 2 月新华总社连续发布了《新华总社关于改进新闻报道的指示》、《新华总社关于淮海战役报道中几个重要缺点的指示》、《新华总社转发中原总分设关于新闻写作的指示》等多个对具体新闻业务的批评指示。

② 《中共中央西北局关于〈解放日报〉几个问题的通知》，《中国报刊广播文集》（一），第 45—47 页，北京广播学院新闻系内部用书，1980。

③ 《中共中央关于纠正土地改革宣传中的“左”倾错误的指示》，《中国报刊广播文集》（一），第 76 页，北京广播学院新闻系内部用书，1980。

日，新华总社口播部开始进行自我检讨，随后，各地党报陆续展开对土地改革宣传中出现的“左”倾错误进行自我批评。9月1日《晋绥日报》在关于“左”倾偏向的检讨中，甚至列出三件典型偏“左”的报道，逐一检讨，而且严厉地批评自己的行为是“不从实际出发，指责一切”，“不合乎自己主观的东西一概拒绝，甚至强词夺理”①。这种在西方媒介看来似乎不可思议的现象，正是根植于中共党报自上而下的高度领导模式。

另一方面，由于党报与党的这种高度归属关系，党报连带地被赋予了一定的政治权力。特别是在当时通讯还不发达的战争年代，中央与地方党组织的联系绝大部分依靠党报。很容易使读者混淆党报是政策颁布者还是政策传播者的界限，使新闻机构蒙上了权威的面纱，党报也因此获得了某些超越本职的裁定权。在中国，行政的裁定基本上意味着听从与遵守，于是新闻机构的这种“裁定”也同样带来了下级干部和群众对它的遵从，使错误报道转变为基层干部与群众的错误行动。宣传中“左”的报道不可避免地造成实际后果，就这样发生了。

1947年底，保德地区天旱缺粮，贫农张红奴不但不好好劳动生产，还不节约过日子，把土改后分到的一石二斗粮，两三个月就吃完了，于是中农与贫农联合对他进行了批评，他拒绝批评，还服了毒。这件事被写成了通讯，反映中贫农团结一致。但《晋绥日报》认为这事本质上反映的是中农排挤贫农，便在此通讯后面加了一个编后，对这篇通讯和通讯员进行了批评。一个月不到，报社便收到了通讯员以及张红奴所在村贫农小组和村支部书记的检讨信，承认了错误。令人深思的是，这件事最终被定性为报社犯了“左”倾错误，《晋绥日报》也随即进行了自我批评。②报社的“裁定”缺乏相应的约束以及复查机制，自由或随意做出的报道很有效果，而代价与风险也自然加大。

高度组织性的报刊批评机制虽然会制约记者的主动性和创造性，但不可否认的是，它确保了非常时期党的宣传政策的贯彻与落实，确保了各级党报保持统一的政治方向与阶级立场。新华总社对新闻业务批评的加强，显示了

---

① 《〈晋绥日报〉关于“左”倾偏向的检讨》，《中国报刊广播文集》（一），第88、92页，北京广播学院新闻系内部用书，1980。

② 详见《〈晋绥日报〉关于“左”倾偏向的检讨》，《中国报刊广播文集》（一），第88－90页，北京广播学院新闻系内部用书，1980。

党中央的新闻机构已经觉察到党报批评集中化所带来的问题。有鉴于新华总社不是统管全党新闻媒体的管理机构，新中国建立后，党设立了新闻总署，全面管理新闻事业，这种媒体批评管理机制一直延续至今天。

二、党报批评的制度与机制

中共党报的批评体制与机制带有明显的特征，通过总结这些特征不难发现，今天的党报批评仍带有许多当年的影子。怎样从几十年党报批评的固定思维中解放出来，创造更为多元与开放的党报批评形式，形成多层次、宽领域的批评制度，需要对这些特征加以总结。

（一）政治制约的机制

我国新闻事业的一元结构在组织关系上体现为层层对上负责（确切地说是对同级党委负责），党报批评体现为党政领导部门层层对下负责。从理论上讲，“新闻工作在客观上受着政治的、经济的、社会文化的种种制约因素的控制，并相应存在着由这些因素交互相合而成的系统性的评价因素”。[①]然而控制体制割断了许多控制性因素对于新闻工作的影响，特别是在经济、社会文化等领域，仍然以政治为评价标准，使党报批评大多局限于政治批评。

1949 年 3 月，全国解放形势日趋明朗，中国共产党需要逐步以全国的视野考虑问题。当时的新华社天津分社请示新华总社关于报道经济新闻的办法，中共中央财经部联合新华总社给予了答复，遂成为以后经济新闻的评判标准。其中限定“经济新闻的目的，是报告经济消息，并在报告经济消息中，宣传党的经济政策，予一切公私企业以正确的指导，并对一切投机破坏行为，作必要的揭露与批评”，“不是无立场、无原则的有闻必录，危言耸听”。[②] 以今天的眼光来看，报道经济新闻，还让其承担政治新闻的职责，很容易损害经济新闻的客观性，从而直接影响各类经济活动的正确方向。

不仅如此，仅以政治为唯一的制约机制，还使这种党报批评能否成为报刊主管部门的得心应手的工具，成为一个难题。在某种程度上，这也导致了

① 喻国明：《喻国明自选集——别无选择：一个传媒学人的理论告白》，第 69 页，复旦大学出版社，2004。

② 《中央财经部、新华总社关于报道经济新闻办法问题给天津分社的指示》，《中国报刊广播文集》（一），第 162 页，北京广播学院新闻系内部用书，1980。

日后出现的媒介眼睛只向上，领会上级领导意图，而忽视事实的真相和生活实际，经常产生新闻报道“唯书唯上”的倾向。

（二）领导指令的机制

新中国成立之前党的新闻事业，通过主管部门一个个带有批评性质的通令、指示对党报进行约束。在实际操作中，又具体为主管部门领导人的批评意见，直接下达和指挥媒体。例如，在新华社晋冀鲁豫1948年1月13日电讯中，对于边区人民代表大会及其选出的政府，只说农民、工人不说小资产阶级和中等资产阶级（当时认为这是土地改革中“左”倾的表现），为此，中共中央专门发电报给中央邯郸局并告中央工作委员会和新华总社予以批评，这是毛泽东的意思，这份电报实际上是他起草的。①

由于从来没有具体的章程或法规对批评权限进行制约，致使主管领导人、甚至高层领导人握有对某个新闻机构无限的批评与解释权。加上全党上下对这种批评方式在认识上的高度支持与认可，不可避免地使党报批评带有人治的色彩。一般讲，法治规定被控制对象活动的边界与条件，注重大的原则、大的方向，限制的条文非常明确。而人治则是一种直接控制，它的控制具体、直接和随意，并且随时随地发出指令，没有任何程序和受制约的因素，完全是个人说了算，有时一个电话就对媒体下达了批评意见。

新中国成立前的党报批评，由于一直“无法可依”，只能由主管领导“以言代法”，便很容易助长管理的任意行为。一旦党内领导人出现“左”倾或右倾情绪，党报往往因为缺乏自主性而不得不跟风，1931年1月27日《中共中央政治局关于党报的决议》提到的问题，就证实这种结果。1930年3月开始的李立三“左”倾冒险错误给党报造成的影响，在这份决议中做了说明：“在立三路线之下，党报形成一个单纯对外的宣传品，失却其对党的工作及群众工作的领导作用。……偏与理论问题和策略问题，不能带来最大限度的具体性，来指示实际工作”，② 当时担任中央宣传鼓动部部长的正是李立三。

人治致使党报批评的范围、内容、方式与方法在很大程度上取决于主管

① 《研究中央政策，纠正错误观点》，《毛泽东选集》，第139－140页，新华出版社，1983。

② 《中共中央政治局关于党报的决议》，《中国报刊广播文集》（一），第11页，北京广播学院新闻系校内用书，1980。

领导个人的品质、德行、水平、管理艺术与开明程度，批评的差异性与随意性则因人而异。“反映在新闻工作的管理上就相应地存在着时间上的变异性（即所谓‘初一十五不一样’）和空间上的变异性（即所谓‘同是一个阳光照，天南地北不一样’）。”①

1947年，解放战争已经转入进攻阶段，党报记者开始进入城市。7月10日，新华总社“关于在争取新闻的时间性中必须防止的偏向的指示”中，批评“记者入城后很容易犯资产阶级新闻观点的毛病，单纯追求‘快’，和非党报纸‘抢时间’，‘抢新闻’。这是必须防止和克服的……那种单纯追求‘迅速’，满足于表面的肤浅的报道，而降低我们新闻的指导意义的倾向，应引起我们的警惕并予以克服”。因为“我们和非党报纸的竞争或竞赛，主要的不在于‘快’，而在于我们的新闻确实，真正反映人民的最大要求和最大利益，真正能解决问题，指导工作，教育群众”。抢新闻包含“抢”和“压”两个方面，“抢”侧重新闻效果，而“压”则侧重社会效果。很显然，这里侧重的是“压”的方面。

到了1949年的2月，中共中央宣传部联合新华总社再一次对“抢新闻”问题发出指示，不过这次是批评党报记者对新闻“抢”的意识不够。“这种缺乏时间观念和不善于争取时间的现象，无论在各总分社和分社以至总社本身都长期的严重的存在。这不仅是技术问题，也是我们政治上不够敏锐，工作态度不够认真负责，在工作作风上疲沓粗疏的结果。”理由也反了过来：“自然，争取时间仍应先求内容准确无误，但也不能以此为借口而玩忽拖延。这个问题过去再三说过，迄未改正。现在我们已进入大城市，我们的报社通讯社已代替了这些城市的国民党的和帝国主义的报纸通讯社，因此我们在新闻方面就在人民中担负了比过去更为重大的任务。”可以想象，面对同一问题截然相反的两份指示，被批评者只能左右为难。在看似机构化的批评者背后，暗含的是领导者个人的批评意旨。

当时，中共中央似乎也意识到了这一问题的严重性，曾提出：“各级领导同志的文章应经过同级党委或党团适当人员的审阅。分局委员以上、师以上负责人的文章，凡带有全国及全党意义的，应实现将主要内容报告或电告

---

① 喻国明：《喻国明自选集——别无选择：一个传媒学人的理论告白》，第69页，复旦大学出版社，2004。

中央"①，以统一政策口径。不过这一建议在党报批评史上终究是罅隙微尘，对批评权缺乏体制制约，仅凭一纸决定，很难贯彻到每个领导者那里，也很难贯彻始终。

（三）多头监管的机制

由于特殊的党报批评体制，致使新闻机构的上级有三个部门：中共中央、中央宣传部、新华总社（后来又增加新闻总署和广电总局）。作为监管媒介的三个部门，在建党之初，他们之间的监管权限并不清晰，均可以对媒介的各个方面进行批评指导。除了进行思想和政治立场等宏观把握外，对新闻业务以及新闻观念也是事无巨细地提出批评意见。大至报道方针、工作计划，小至版面位置、字号大小，上级领导部门和主管领导均有权过问并予以指示，使新闻单位的负责人（社长或总编辑）在相当大的程度上，不是作为新闻传播的决策者，而仅仅是作为一个执行者在工作。

陆定一往往就扮演着这样一个角色。1946 年的陆定一任中共中央宣传部部长兼《解放日报》社社长。不过他的主动权似乎有限，在 9 月毛泽东给他的一封信中，我们看到了一个非常注重新闻工作的领导人是怎样对新闻进行管理和指导的——"文章的写法宜改变……我们的文章与新闻立论之重点，不是说敌人如何压迫，如何凶狠，而是要解释敌人虽有二百师兵力，虽有美国援助，虽已经占去一些地方与还可能占去一些地方，但是有种种条件我军必胜蒋军必败。每遇一次胜利，即写一篇社论鼓励之，证明之；每失一重要地方即写一短文解释之，说只要歼敌，将来可以恢复。"② 在形势多变的战争年代，一个杰出领导者的事必躬亲，自然会比一整套的制度要高效快捷得多。当时，除了领导人，新闻主管部门也是如此。

1941 年 5 月 25 日《中共中央宣传部关于电台广播工作的指示》中规定："（二）广播材料应力求短小精彩，生动具体、切忌长篇大论、令人生厌的空谈。（三）广播均应采取短小的电讯形式，每节平常以三百至五百字为适当，至多不得超过一千字。"③ 不点名批评了当时电台广播拖沓冗长的状态。

---

① 《中共中央关于统一抗日根据地党的领导及调整各组织间关系的决定》，《中国报刊广播文集》（一），第 42 页，北京广播学院新闻系校内用书，1980。

② 毛泽东：《宣传一定要适应形势的发展变化》，《毛泽东新闻工作文选》，第 134 页，新华出版社，1983。

③ 《中共中央宣传部关于电台广播工作的指示》，《中国报刊广播文集》（一），第 20—21 页，北京广播学院新闻系校内用书，1980。

不过，以今天的观念来看，“来自新闻管理部门的媒介批评不能干预新闻报道的业务和新闻观念的具体问题”①。因为如果把所有的媒介都囿于一个统一的标准之下，那么必然会有损不同媒介个性的发展，最终将对整个媒介的良性发展造成不好的影响。在美国以及西欧，新闻观念不是由国家自上而下强制推行的，而是民族气质和历史积淀以及报业自由竞争的结果。加之西方报业主要是私营，所以除非涉及国家安全或公共利益，否则各个报社的新闻观念将无人问津。而报社的编辑方针以及业务准则属于在新闻观念之下的具体实践，已经细化到具体操作层面，谈不上谁对谁监管。两相比较，我们当年行之有效的方法在今天的环境下，是否也应该重新审视它的有效性呢？

（四）同政治斗争紧密结合的机制

出于战争年代的考虑，党报批评在新中国成立前，多根据当时革命斗争的实际需要，有的放矢。这个特点，一方面决定了当时的党报批评针对性强，另一方面党报批评要服务于斗争需要。

为了配合 1942 年的整风运动，上至中共中央宣传部，下至各地报社，从中共中央领导人到各报社负责人，全区齐动，一轮党报批评与自我批评的热潮由此展开。从 1942 年 3 月 16 日中共中央宣传部对《解放日报》进行不点名批评，拉开《解放日报》改版序幕算起，整个整风运动期间，为配合整风而展开的党报批评，仅中央级别的（包括新华总社和《解放日报》）就多达十余篇，这还不包括运动向基层推进之后对地方报纸的批评。

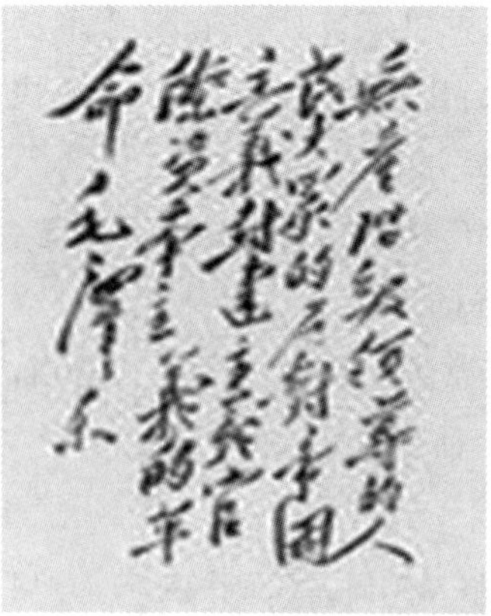

图 6-5　毛泽东给《晋绥日报》的题词

1947 年，当《晋绥日报》挑头发起“不真实新闻与‘克里空’之揭露”的运动时，这种党报批评现象再次出现。6 月 25 日，《晋绥日报》编辑部首先著文向假新闻开刀。为了将运动推向深入，8 月 28 日，新华总社发表编辑部文章《锻炼我们的立场和作风》，副标题是“学习《晋绥日报》检查工作”，紧接着第二天，新华总社再次发文，以社论形式对《晋绥日报》的自我批评进行了表扬，号召全区学习。是年记者节，《晋绥日报》再接再厉，一篇更彻底的自我批评，将反“克里空”运动推

① 刘建明：《媒介批评通论》，第 97 页，中国人民大学出版社，2001。

向了新高潮。

在随后开展的解放区土改运动中，党报批评的这种特点又一次得到了印证。为了保证土地改革的正确方向，中共中央对全区报刊在土改宣传中的“左”倾偏向进行了严厉批评，随后，全区报刊纷纷开始检讨自身宣传中的“左”倾错误，从而确保了土地改革沿着党所既定的方向前行。

显而易见，配合政治运动的党报批评符合当时的斗争需要，使党报极大地推进了党的工作，发挥了动员群众的作用。不过，稍显遗憾的是，在配合政治运动之外，自发的、经常性的党报批评很少出现。

第三节　党报批评的方式及其发展

党报批评机构的线性分布使政令畅通、等级清晰，便于中央政策的贯彻执行，也有利于形成相对统一的批评标准。事先审查的控制手段可以把问题消除在萌芽阶段，防止酿成难以解决的后果。为了保证党报宣传任务的顺利完成，又不至于偏离正确的方向，早在1926年中国共产党第三次中央扩大执行委员会议就规定了中央各出版物必须有定期的检查，每月一次，由编辑委员会执行，党报须经党委事先审查的规定就此确立了下来。

一、事先审查与事后追惩

事先审查成了党报批评的一种独特方式。中共中央晋察冀分局曾严格规定：“未经分局宣传部审查的重要稿件报社不登。”① 合格则通过，不合格则扣留，用“行动”代替“言语”批评。在党报批评体系的初创期，由于缺乏专门的媒介管理机构，只能将党的刊物寄报中央以备审查和保存之用②。审查不仅限于新闻稿件，甚至各地通讯员的意见和建议也在其列。20世纪30年代通过的党报通讯员条例就建议，“各省通讯员寄给中央党报委员会的高见，最好先经各该地党部审查”③。

① 《中国共产党新闻工作文件汇编》，上卷，第146页，新华出版社，1980。

② 《中国共产党新闻工作文件汇编》，上卷，第40页，新华出版社，1980。

③ 《中共中央党报通讯员条例》，中国报刊广播文集（三），第10页，北京广播学院新闻系校内用书，1980。

及至批评体系粗具规模，各级党报也不再一律寄送中央，而是“下级的报纸杂志应送上级宣传部审查。党的委员会及主要负责人定期的直接检查宣传部此项工作并加强领导”。① 各级宣传部和党委担负起了审查和把关的责任，审查的内容包括“正确性（如是否违反党的政策？是否暴露秘密？是否确实值得在党报表扬?）及真实性（如是否夸大？民兵战果是否多报?）”②。审查的项目着力于关键问题和方向问题，审查权力下放，使各地能够根据实际情况进行切实把关，避免了“一刀切”的现象。

进入20世纪40年代，随着党组织的扩大及解放区的日益巩固，对新闻的事先审查开始转向事后追惩。事后追惩的方式分为两种，一种是由上级主管部门通令批评，一种是由出问题的新闻部门自我调查处置，有的时候两种方式同时或先后进行。

1940年7月英、美开始全面应对德、意、日法西斯，《新华日报》没有洞察到这一变化，依旧奉守反击英、美帝国主义的立场，中共中央8月2日发文对该报7月18日的社评进行了批评。指出“《大公报》在这点上是正确的。《新华日报》十八日的社评是错的”③。两年后，《新华日报》再次因宣传口径把握不准确而受到批评，这一次还附带了《新华日报》负责人的自我调查与批评。当时正值抗战末期的又一轮反共高潮，《新华日报》却在此时不恰当地对国民党多有赞语，中宣部致电负责人给予严厉批评，称之“未认真研究宣传毛泽东同志思想，而发表许多自作聪明、错误百出的东西，如××论民族形式，×××论生命力、×××论深刻等，是应该纠正的”④。半个多月后，《新华日报》负责人即回电周恩来和中宣部，就《新华日报》所犯的错误进行清查与检讨，并告知对相关人员处置的结果。不得不提及的是，就在这份电报的结尾，负责人表示会响应中宣部号召，对报纸进行大检查，完善报社阅稿与审查制度。可见，事先审查为保证报刊的宣传方向提供了有效的措施，在媒介环境相对宽松促其实施事后追惩时，一旦出现问题，严峻的形势就会迫使“事先审查”这根弦再次绷紧。党报批评的方式在曲折中艰难前行。

---

① 《中国共产党新闻工作文件汇编》，上卷，第40页，新华出版社，1980。
② 《中国共产党新闻工作文件汇编》，上卷，第146页，新华出版社，1980。
③ 《中国共产党新闻工作文件汇编》，上卷，第93页，新华出版社，1980。
④ 《中国共产党新闻工作文件汇编》，上卷，第138页，新华出版社，1980。

显然，“事后追惩”不可能维持太久的时间。解放战争期间由于战事频仍，不少地方放松了向中央的请示报告，党的新闻机构再次出现分散状态，中央于1948年发起了一次短期的反对无政府、无组织行为的党内斗争。党报批评的事先审查首当其冲被提上了日程。6月3日，毛泽东发出了加强通讯社领导的指示，要求“中央局（分局）及区党委（省委）对于自己的报纸，必须于每天出版之前，由一个完全懂得党的正确路线和正确政策的同志，将大样看一遍，改正错误观点，然后出版。各地领导同志必须以严格的科学的态度，对待宣传工作”。① 5日，中共中央即发布《关于宣传工作中的请示与报告制度的决定》，就报刊宣传工作中涉及的一系列问题进行请示与报告做出规定，第一条即严肃指出：“必须执行毛主席所指示的由各地党委负责人看大样制度，每天或每期党报的大样须交党委负责人或党委所指定的专人作一次负责的审查，然后付印。”② 这种状态一直持续到新中国成立前夕，伴随着全国通讯网的日渐繁密，新华总社越来越多地担负起追惩各地新闻报道的职责，事后追惩才真正进入了稳步发展的阶段。

“事先审查”与“事后追惩”作为党报批评的方式，一直并存发展，只不过是在某一时期，哪种方式使用得更多一些而已。也许是环境使然，当媒介处在一个和平、稳定与昌明的时期，我们有理由相信，事后追惩的批评方式更有助于媒体的生存、发展与繁荣。

二、阶级分析与哲理分析

20世纪40年代初，在中共党内出现了以普及辩证唯物主义和历史唯物主义哲学思想为特征的新启蒙运动，即用马克思主义真理，来动员人民投身于反对日本侵略者的斗争中，其主要内容是强调唯物论和阶级斗争学说，开展一次改造学习、整顿党风的运动。1940年，毛泽东发表《新民主主义论》，明确指出中国的资产阶级民主主义革命只能在无产阶级领导下才能实现，越来越多的人认为毛泽东指出了一条通往解放的道路。在这种历史背景下，党报批评用阶级分析和唯物论作指导，注重党报的客观实效。

（一）阶级分析的立场

阶级分析就是运用阶级和阶级斗争的观点观察和认识社会的现实与历史

① 《中国共产党新闻工作文件汇编》，上卷，第184页，新华出版社，1980。

② 《中国共产党新闻工作文件汇编》，上卷，第186页，新华出版社，1980。

现象，在党报批评领域，贯彻阶级立场，严防或肃清资产阶级对革命新闻队伍的侵蚀，成为主要的批评方针。比如批评资产阶级记者“自命为‘无冕之王’，一切照自己的兴趣办事，自己喜欢写什么就写什么，怎样对自己有利就怎样办事”。赞扬我们党报的记者和通讯员“老老实实为党为人民办事……我们这样为人民做事，我们是非常光荣的”。① 即使个别的在新闻里还有分寸夸大的毛病，由于“我们的记者与通讯员的立场是与旧型新闻记者不同，与法西斯则更是完全对立的。我们这里，夸大的出发点，大概的由于要想赞扬工农兵的伟大事业而来，这种出发点是无可非议的”。②

当新闻报道出现不认真、不精致的坏作风时，则斥之为“与我们新闻军的成员的阶级出身有关，绝大部分由小资产阶级知识分子组成的新闻军”。而且进一步分析道：“新闻军里革命的小资产阶级知识分子中，有一些人还带来了没落的封建阶级那种自高懒惰清淡，苟且敷衍于人民事业，应付旁观缺乏热情，这种没落的没有前途的个人主义思想与陈腐的习惯，对于人民新闻事业造成了而且造成着不断的损失，需要我们坚决起来与之作不调和的斗争。”③

不仅如此，党报还把这种阶级分析用到自己的头上，将报纸划分为两个对立阶级的产物。早在1930年8月《红旗日报》的《发刊词》中，如此揭露统治阶级（资产阶级）报纸同无产阶级党报的截然对立：“统治阶级利用一切新闻报纸的机关，来散布各种欺骗群众的论调。在目前国民党的白色恐怖的统治之下，一切公开发行的报纸，都是帝国主义豪绅资产阶级的拥护者，都是帝国主义忠实的奴仆。他们不仅是发表反革命的理论，掩饰统治阶级之一切投降帝国主义剥夺工农及屠杀群众的罪恶，并且，他的更进一步的不顾一切事实，整篇的尽是欺骗、造谣、虚伪，企图完全掩尽全国工农群众的耳目。”所以，我们“不仅要反对国民党的政治压迫，同样要起来建立自己的革命报纸，宣传革命的理论，传达真实的革命斗争的消息，建立在革命斗争中之一个伟大的推翻国民党的言论机关”。④ 这个言论机关，自然就是无产阶级的报纸。

---

① 《给党报的记者和通讯员》，载延安《解放日报》，1942年11月17日。

② 《新闻必须完全真实》，载延安《解放日报》，1945年3月23日。

③ 《锻炼我们的立场与作风——学习〈晋绥日报〉检查工作》，《中国报刊广播文集》（二），第541页，北京广播学院新闻系校内用书，1980。

④ 《〈红旗日报〉发刊词》，载《红旗日报》，1930年8月15日。

1936 年，共产党人张友渔在《新闻之理论与现象》一书中，对报纸的阶级性做了全面的理论梳理，对此前种种批评资产阶级报纸的言论给予了系统的阐述。此书是他在北平成舍我的“世界”报系上发表的文章，又是他在成氏主办的北平新闻专科学校讲课稿的汇编。他指出：“社会本身既是阶级斗争的表现，故所谓新闻，不外是阶级对立的人类社会中的阶级斗争的武器，即压迫阶级，用新闻维持他的支配地位，被压迫阶级，用新闻反抗压迫阶级，还有同一阶级，在分解过程中有时也用新闻相互攻击。”① 从而构造了“一整套以阶级分析为基础的关于报纸与政治、舆论关系的新理论，以及新闻与阶级斗争关系的新理论”②，也首次在报刊批评领域将阶级分析上升到了理论高度。

图 6－6　中共新闻理论家张友渔

在这样一种思维的统领下，张友渔对列宁关于“出版自由”的一段党报批评给予了高度的认可。当时，资产阶级学者与报人认为社会主义者以暴力蹂躏出版自由，列宁斥之为“反动论调”。他说，出版自由是分为布尔乔亚基的自由和社会主义的自由的，布尔乔亚基“垄断了全新闻之最大的分配量，能够毫无妨碍地麻醉民众的理解，诱起民众的混乱。布尔乔亚基新闻是布尔乔亚基之最有力的武器……在劳动者及农民的新政府，将要被树立的重大的瞬间，把这样的武器，完全委给敌人之手，是不可能的了。为什么呢？因为在这样的时期，新闻是比炸弹和机关枪，还更危险的东西”。③

张氏对苏联报刊学说的引进和分析，只是为了对党报批评实践予以理论的支持。早在 1920 年，陈独秀就指出，“若不经过阶级斗争，若不经过劳动阶级占领权利阶级底时代，德谟克拉西必然永远是资产阶级底专有物，也就

① 张友渔：《报人生涯三十年》，第 118 页，重庆出版社，1982。

② 陈力丹：《新启蒙与陆定一的〈我们对于新闻学的基本观点〉》，《陈力丹自选集》，第 78 页，复旦大学出版社，2004。

③ 张忧虞：《新闻之理论与现象》，第 5－6 页，太原中外语文学会，1936。

是资产阶级永远把持政权抵制劳动阶级底利器”。① 这不仅说明民主是有阶级性的，而且由此而来的必然逻辑是，由民主所延伸出的一切政治概念都带上了阶级的色彩。被视为民主、自由象征的“出版自由”自然也就有了阶级的性质。

1933 年，何凯丰在给《红色中华》的百期纪念文章中很自然地印证了这种逻辑。一度曾是中宣部负责人的何凯丰在这篇文章中高度称赞《红色中华》为“一个自由的刊物”，体现了苏维埃政权之下，不再虚伪的出版自由，“因为印刷局与纸张都从资产阶级那里拿来了”，“都是剥夺了旧的统治阶级来武装了苏维埃的出版”。接着笔锋一转，他批判道：“在已经过去了的虚伪的资产阶级德谟克拉西的时候，资产阶级的出版自由也是虚伪的，因为出版要印刷机、房屋、纸张，这些东西都被资产阶级垄断，都要加上统治阶级的警察宪兵的压迫，封闭，检查。”由于报刊出版对资本的要求，资产阶级的出版自由确实是富有阶级才能享受。

此后，党报批评涉及的新闻理念，都或多或少地运用了阶级分析的视角。陆定一的《我们对于新闻学的基本观点》巧妙运用阶级分析的方法，全面系统地批判了法西斯“新闻就是‘政治’本身”的论调，以及西方自五四以来传入中国的新闻学常识，诸如新闻要求新、及时、有趣味等等，要求无产阶级报刊必须同西方的与法西斯主义的新闻学划清界限。他指出：“只有无产阶级这个最革命的阶级，不怕面对事实，对反动派没有任何畏惧，也无所迎合，因此就能彻底尊重客观事实。”

为了完成报纸在战争年代的特殊使命，运用阶级分析是必要的，实际上当时新闻界也是阶级斗争的一条战线。任何战争动员，都需要树立一个明确的敌对目标，战争时期的思想斗争，同样也需要建构敌对观点和敌情意识。“敌人必须被塑造成不仅是作为社会一向的威胁而出现，而且是实现新的民族价值观的障碍。”② 然而，一旦这种充满意识形态色彩的方针充斥了党报批评领域，占据了党报批评者的主导思维模式，把新闻的任何问题都归咎于阶级属性，一些属于新闻行业的社会性问题也就被掩盖了，那么必然会造成后患。后来的事实也确实如是，1957 年开始的新闻战线上两条道路的斗争，

① 陈独秀：《谈政治》，《陈独秀文章选编》，中卷，第 9 页，三联书店，1984。

② ［美］哈罗德·D·拉斯韦尔著：《世界大战中的宣传技巧》，第 59 页，中国人民大学出版社，2003。

使新闻学研究"长期陷于不停地划清阶级界限的狭隘认识里，难以进入学术领域"①。

（二）唯物反映论的哲理分析

唯物反映论是马列主义唯物论的重要组成部分，它将马克思主义哲学的两个基本问题相统一，坚持物质第一、意识第二，意识能够正确地反映物质。体现在新闻工作中，即要求新闻工作者坚持事实第一、尊重事实，不因自己的主观意识、经验或价值观而任意取舍、歪曲甚至捏造事实。只有这样，记者才能正确客观地反映现实世界的真实变动，为斗争、生产和生活提供以兹信赖的决策依据。可以看出，坚持唯物反映论是对党报工作最基本的要求，也是新闻报道达到真实的前提。

中国共产党人将唯物反映论奉为指导党报工作的重要方针。党报对新闻真实性的强调、对假新闻的批判和防控，以及其他相关论述都贯穿辩证唯物主义反映论的指导方针。党报批评自然要以唯物论的反映论为指导，要尊重事实。在毛泽东那里，这种批评思想早在1925年就已形成。当时主持《政治周报》的他认为，"我们反攻敌人的方法，并不多用辩论，只是忠实地报告我们革命工作的事实。敌人说：'广东共产。'我们说：'请看事实。'敌人说：'广东内讧。'我们说：'请看事实。'敌人说：'广州政府勾联俄国丧权辱国。'我们说：'请看事实。'敌人说：'广州政府治下水深火热民不聊生。'我们说：'请看事实'。"② 随着毛泽东在全党地位的逐步确立，新闻忠于事实的思想也被日益强化，对不真实新闻的批评也陆续见诸报端。

陆定一在《我们对于新闻学的基本观点》一文中，把唯物反映论作为党报批评的重要指导方针，上升到辩证唯物主义的高度加以阐述。他的分析武器就是辩证唯物主义。比如他说："在阶级社会里，每条新闻归根结蒂总有其阶级性或政治性，这是对的……但是我们认为，这种政治性比起那包含这种政治性的事实来，乃是第二性的、派生的、被决定的，而第一性的东西，最先有的东西，乃是事实而不是什么'政治性'。……事实与新闻政治性，二者之间的关系，万万颠倒不得。一定要认识事实是第一性的，一切'性质'，包括'政治性'在内，与事实比起来都是派生的、被决定的、第二性

① 陈力丹：《新启蒙与陆定一的〈我们对于新闻学的基本观点〉》，《陈力丹自选集》，第90页，复旦大学出版社，2004。

② 《〈政治周报〉发刊理由》，载《政治周报》，1925年12月5日。

的。一定要认识我们革命的新闻工作者必须尊重事实，而且尊重事实是与政治上的革命性密切结合不可分离的。反之，凡是不尊重事实的，哪怕装得像很'革命'，实际上一定是反动的家伙。"

在新闻报道中，当遇到的事实并不利于我方时，也应首先尊重事实，这才是共产党人革命性的表现。他举例说："例如河南大灾荒不准报道，西安特务开了九个人十分钟的会就'报道'说西安'文化界'主张'解散共产党'等，就是他们的'新闻杰作'。"陆定一对法西斯新闻理论的分析，运用了最质朴的辩证唯物主义反映论：事实胜于雄辩。唯物论与唯心论在新闻学理论中的一条明确的界限，就是是否主张尊重事实，而且是否在实践中真正尊重事实。"①

依据唯物主义反映论，党报怎样才能正确反映事实，又应当反映到什么程度，都需要确实和详尽的评判标准。1944 年 3 月，新华总社关于通讯社工作致各地分社与党委的电报中，这样评价新闻真实："新闻的真实性关系党的宣传工作的信用，应引起最大的注意，在新闻宣传上，我们同样应有实事求是的态度，无论是发扬成绩或检讨错误，都应老老实实讲求分寸，不应故意夸大吹嘘，尤其是战绩和统计数字的公布，更应可靠和一致。"②《解放日报》在《从五个 W 说起》一文中，对当时普遍存在的一些新闻现象进行了批评。"一到实际报道新闻的时候，却往往难能尽如人意，有时还距离很大。说到时间，就常常可以看到'不久以前'、'上旬'、'日前'、'同时'这类笼统的话头，有时甚至连这些'大概'的日期都没有一个，如冀鲁豫收复某一很大城市，就没有报道日期。说到地点，许多村庄、小据点，属于何县，居何诶，常常不加表明，有的虽然标了一下，但范围很大，在一连串的小地名下，注上一个'以上均在某某解放区'之类，打开地图，不知从何查起，弄得人头昏眼花，望图兴叹。说到人名，往往有名无姓，有姓无名，有头衔无姓名，有姓名无略历，如韩副司令员、于市长、丁主任、一个上士、一个侍奉官、一个折了腿的荣誉军人、一个老头儿等等，五花八门，不一而足。至于报道之有头无尾，有尾无头，或有头尾无经过，更是司空见惯。不知道有多少新闻通讯稿，就因为缺少五个'W'的新闻要素，而不得不忍痛

---

① 《我们对于新闻学的基本观点》，《陆定一文集》，第 324－325 页，人民出版社，1992。

② 《中国共产党新闻工作文件汇编》，上卷，第 153 页，新华出版社，1980。

割爱，作者、编者、抄者、译者枉费许多人力，结果还是不能与读者见面。"① "五个 W" 即新闻的基本要素，规定新闻必须具备五要素以保证新闻细节真实的做法，正是通过这篇党报批评确立起来的。

1946 年，新华总社元旦给各地总分社及分社的指示信中，对当时新闻报道缺乏系统和联系的现象给予了批评，指出："有许多报道十分散漫，头尾不全或断续不接，如丧失城市不宣布，收复时却突然报道，一个大会报道了开幕，以后再无下文，春耕时热火朝天，秋收成绩如何却默不作声等等。不仅使读者有贸然之感，甚且对新闻本身发生怀疑。"② 新闻反映客观实际，仅细节确切是不够的，它还应通过连续的报道，将各个事态完整地呈现出来。这也是辩证唯物主义反映论所应有的题中之义。只有这样的"反映"才能真正称得上尊重事实原貌。

通过一个个独立的报道反映出整个世界的真实，是唯物主义反映论的必然要求，不过在新中国成立前，党报批评对新闻真实的探讨尚未深入这一层面，只有张闻天曾经略有涉及。1933 年，张闻天在《关于我们的报纸》一文中，批评当时的《红色中华》在报道江西省扩大红军的突击运动时，只报道个别好的情况，"只依照《红色中华》这两次关于博生的记载……我们可以得出非常乐观的结论，就是我们不但完成了我们的计划，而且可以超过我们的计划。然而实际上却完全不是这么回事……实际同《红色中华》所描写的动人的图画，是不相符合的"。③ 个别的"记载"虽然是真实的，但因其并不代表整体和全局，任意的赋予是不负责任和错误的。作为批评者的张闻天认为，新闻工作者于报道之前对现实的本质应有准确把握，这样才能正确选择那些真正具备代表全局的诸多事件加以报道。

唯物主义反映论不是机械的反映论，而是辩证的反映论，它突出强调作为反映的中介——记者的主观能动性和唯物主义立场。尤其是处于战争年代的中国共产党的党报，首要是应完成政治上的宣传任务，更多要做的是通过事实表达党的观点，操作技巧的把握也是非常重要的，所以党报批评又对新闻工作者提出了"政治第一，技术第二"的要求。

1943 年 6 月 10 日《解放日报》上的《政治与技术》一文，批评了有些

① 《从五个 W 说起》，载延安《解放日报》，1945 年 12 月 13 日。

② 《中国共产党新闻工作文件汇编》，上卷，第 176 页，新华出版社，1980。

③ 张闻天：《关于我们的报纸》，载《斗争》，1933 年 12 月 1 日。

记者过度看重写作技术、编排技术和校对技术，提出“技术第一，政治第二”的观点。该文认为这是“党报工作中的一个重要问题”，这是反对党性的口号，是取消全党办报、群众办报的口号。“好的技术能把正确的政治内容最完善地表达出来，坏的技术则不能做到这点，甚至会起相反的作用。技术的作用，技术的可贵，就在这个意义上。”“对于记者来说，对于报纸来说，如果政治立场坚定了，技术的进步是可以求得的，也是必须求得的。”“越是主张‘技术第一’，越是脱离政治，就越不关心如何完满地表现政治内容，因而在技术上就不会有真正的上进之心。”该文提出“因此，我们必须反对‘技术第一’的观念，采取‘政治第一’的口号。”①

这篇文章对党报的技术批评提出了基本方针，即政治重于技术，但不可轻视技术，政治是运用技术和提高技术的前提。技术批评决不能滑向唯技术论的轨道，更不能陷入“技术第一”的泥坑。在今天看来，无论政治还是技术，都是做好新闻工作必备的素质和条件，二者缺一不可，但政治始终处于前提的地位。

① 《政治与技术》，《中国报刊广播文集》（二），第473—475页，北京广播学院新闻系校内用书，1980。

第七章　新中国媒介转型的思想冲突

1949年10月1日中华人民共和国诞生了，中国历史从此揭开新的篇章，中国新闻事业揭开了新的一页，报刊、出版和广播等大众媒介逐步进入体制改造阶段。这一时期的媒介批评围绕媒介制度的变革和建立统一的党报体制开展起来，出现了新的媒介思想，不同媒介观念不可避免地发生某些冲突。其中包括党和国家领导人的新闻思想、国家的新闻与出版政策的前后变化，以及新闻界与新闻学术界各种认识的交锋，揭示了新中国媒介转型的曲折道路。这一章在系统梳理各种报刊观念的史实中，逐步分析新中国成立初期媒介批评的坎坷、巨变和党报制度的确立。

第一节　建立媒介新体制的曲折探索

1949年10月中华人民共和国成立，出现了解放区内渐成系统的党报体系[①]与新解放的地区以及城市的民间报纸并存的局面。中国共产党领导下的新闻事业开始了新的尝试和改革。为建立新的媒介制度，从1949年到1960年作为新中国媒介体制的探索期，进行了果断改造与创新，各种媒介批评思想非常活跃，但也遭遇了不应有的挫折。

一、新中国媒体变革的思想波动

1949年9月，中国人民政治协商会议在北京召开，在会议通过的《中国人民政治协商会议共同纲领》中第49条写道："保护报道真实新闻的自由。禁止利用新闻以进行诽谤，破坏国家人民的利益和煽动世界战争。发展人民广播事业。发展人民出版事业。并注意出版有益于人民的通俗书报。"

① 此处党报体系指共产党领导下的报纸、期刊、通讯社的总称。

纲领表明，新中国将致力于把新闻事业纳入服务于人民的轨道，建立崭新的人民的新闻出版事业。为了完成这一任务，新闻事业交由政府直接管理，成立了新闻总署，走出了媒介变革的第一步。

1949年1月14日，人民解放军对天津发起总攻。当天中午全市戒严，张琴南、李光诒、于效谦、刘洪升等《大公报》同人坚持继续出报，报道了天津解放的消息。15日清晨，市民涌上街头，而报童和报贩们却未出现，《大公报》职工拿着当日报纸当街叫卖。正在市民争购时，来了两位佩带军管会臂章的解放军战士劝告他们，在未获得军管会批准以前，暂停发售，这一天的报纸仅售出5881份。

早在1948年11月8日，中共中央就做出了《关于在新解放城市中中外报刊通讯社处理办法的决定》，对像《大公报》这样的私营报纸，“不得没收，亦不禁止其依靠自己力量继续出版，在出版时应令其登记”，对报社人员“一般采取争取、团结与改造的方针，应以我们党员及进步分子为领导组织新闻团体，进行学习，改进工作与生活等方式，加强对他们的领导”。但天津解放后，中共天津市委决定将天津各民营报刊一律停刊，为此，中共中央于1月18日发出了《关于不要命令旧有报纸一律停刊给平津两市委的指示》，19日又发出了《关于天津旧有报纸处理办法给天津市委的指示》，23日再次发出了《关于天津〈大公报〉、〈新星报〉、〈益世报〉的处理办法的指示》，纠正了一些不妥的做法。根据中央的指示精神，中共天津市委改而采取了对停刊各报除已确定封闭者外，即以秩序恢复为理由，先令出版，待审查后再发许可证的补救措施。①

此时，津版《大公报》处于停顿状态，报社负责人张琴南不知该怎么办，报社内的中共地下党员因单线联系，没有得到党组织的具体指示，也不知该怎么办，报社内的200余名职工的生活因工作停顿而陷入困境。张琴南找到军管会，希望代印《论联合政府》、《新民主主义论》等毛主席著作，很快得到批准。不久中共指派杨刚、孟秋江、宦乡一身戎装来到报社，联络了报社内的中共地下党员杨邦祺（李定）、李光诒、胡邦定、傅冬菊、刘桂果等，投入了报社的改组工作。2月19日报社召开了临时职工大会，通过决议将津版《大公报》改名为《进步日报》，向军管会申请登记，再行出版。1949年2月26日，天津军管会发出由主任黄克诚、副主任黄敬签署的给

① 王鹏：《建国初〈大公报〉的一段曲折》，载《炎黄春秋》，2005年第8期。

《进步日报》社的“通知”。“通知”说：“兹据天津《大公报》同人代表张琴南等前来本会陈述该报同人一致决议进行改革，出版《进步日报》。今后以站在人民立场上从事新闻事业为宗旨，一切言论记事业务，均以最大多数人民利益为依归，并以民主集中制之原则进行内部组织与管理，成立临时管理委员会，选定张琴南等人为委员，以宦乡为主任，张琴南、徐盈为副主任。经本会审查，认为尚属可行，准予登记出版。”这样，《进步日报》就完成了全部出版登记手续。2月27日，天津《进步日报》创刊，成为解放区新创办的第一张民营报纸，自主经营，自负盈亏，不领任何补助和津贴。

在《进步日报》的创刊号上，刊登了《〈进步日报〉职工同人宣言代发刊词》和《〈进步日报〉是如何产生的——大变革中的一个故事》两篇文章，经新华社播发，在国内外引起很大反响。西方各大通讯社都作了报道，并评论说，允许民营报纸在解放区创刊，标志着中共新闻政策在转变，同时预示着在经济政策上对私营企业放宽。

在《代发刊词》中，对新中国成立前的《大公报》作了严厉批判：“我们是前天津大公报社的从业人员，现在开始来办一个新的报纸——《进步日报》。利用这个时机，我们要向全国各界人士作下面这番自白。……我们要说一说《大公报》的真实面目。大家知道，在北洋军阀时代，《大公报》是依附于军阀官僚买办统治集团而生长起来的。等到蒋介石代替了北洋军阀，建立了卖国独裁的反动政权以后，它就很快的投到蒋介石的门下，成为国民党政学系的机关报。”“现在，我们有机会永远脱离《大公报》这个丑恶的名义而工作了。我们利用天津《大公报》原有的物质基础，创办这张簇新的人民的报纸。如果我们在《大公报》中工作的期间也曾犯过对人民的过失，我们将以今后认真的工作自赎。而我们从来所自信的一片为人民为革命服务的诚心诚意，将能不受拘束地充分地发扬在工作上面，使我们不能不万分的兴奋鼓舞。”①

香港《大公报》要不要转发天津《进步日报》这两篇文章？萧乾说：“感情上难以接受，而政治上我又担当不起这个扣发的重责。可惜当时杨刚和王芸生都已相继北上，不然的话，也轮不到我来值班负责全面。于是，我就过海去找住在九龙的夏衍——他那时代表中共地下党负责同港版《大公报》联系。从他翻阅新华社通讯稿时脸上呈现的茫然神色看，我估计天津的

① 王鹏：《建国初〈大公报〉的一段曲折》，载《炎黄春秋》，2005年第8期。

党组织在这个改名问题上，事先并没有同香港的党组织有过任何联系。夏公沉吟了好一阵子，然后咬咬下唇，果断地对我说，一字不改地照发。于是，港版《大公报》次晨就在世界新闻史上开创了一个绝无仅有的新纪录：在自己的报纸上登出痛骂自己的社论。那天出版的港版《大公报》也应是收藏家们的一宗珍品。”

《进步日报》出版发行一周后，3 月 7 日该报发表题为《新闻事业的新方向》的社论，社论说：“本报创刊已经一周。我们的态度和作风，读者大致都有了解。在这里，我们愿就自己所感觉的新闻事业的新方向提出来谈一谈。……我们认为新闻事业首先是服从于经济的政治的方向。它不是脱离了经济政治的事实而超然自在的东西。它一方面是剥削及压榨阶层控制人民的工具，另一方面它又是人民反抗剥削和压榨的武器。因此，新闻事业的方向就不能不有两种分歧。一个是压迫阶级的方向，另一个是人民的方向。……我们以为解放了的新闻记者和读者，应该认识这样一个新的方向。虽然太阳在它突破了乌云忽然出现的时候，是难以看清，似乎生疏的，但是热与光的吸引力却会使我们自动的欢迎它，跟随它。”

与此同时，上海《大公报》仍由王芸生主持，没有改名，继续出版。1949 年 11 月 31 日，中宣部致电华东局宣传部要求扶助经营困难的上海《大公报》：“拨给适当数目纸张，作为公股投入该报。”① 之后各大城市也采取措施改善私营报纸的困难处境。一个公营、私营、公私合营并存的报业新格局初步形成，据新闻总署 1950 年 2 月 28 日的不完全统计，全国共有报纸 281 家，其中私营报纸为 55 家左右，上海的私营报纸最多有 14 家。国家参股使报纸的体制发生了根本改变。

这一时期，《进步日报》每天发行 2 万多份，收支平衡，基本做到了自给自足，银行贷款也能按期归还。中共天津市委宣传部对《进步日报》的工作是满意的，曾有这样的评价：“前《大公报》改组为《进步日报》以来，为宣传党的路线政策，在知识界、工商界中发挥了某种特殊的作用。”当时《进步日报》这样的“民营”报纸，采访跟着《天津日报》跑，同党报内容雷同，不被读者重视，其发行量逐年下降，最少时只有 1.8 万份，甚至有些订户不再订阅了。上海《大公报》也出现了同样的问题。

---

① 转引自孙旭培：《解放初期对旧新闻事业的接收和改造》，载《新闻研究资料》总第 43 辑，中国社会科学出版社，1988。

1952年夏，上海《大公报》总编辑王芸生给毛主席写了一封信，希望中央帮助解决报社的暂时困难。不久，毛主席在北京接见了王芸生，当面向他宣布中共中央决定，“上海《大公报》与天津《进步日报》合并迁京，择地建新馆，报名仍叫《大公报》。作为中央直接管理的全国性政治类大报，分工报道财经政策和国际新闻。两报合并迁京，富余人员由津、沪两地政府负责接收，安排适当的工作。”王芸生听罢愁云顿消，激动得说不出话。毛主席见状便风趣地说：“大公王，恭喜你收复失地了！”①

1952年，起初不是党的政策不准私人办报，实际是私人报纸办不下去了。私营报纸面临许多问题与困难。首先是它对完全陌生的办报形式和宣传内容不适应；其次它热衷于社会新闻，一些机关对私营报纸记者均有戒心，使他们很难采访和获得主流新闻；另外处于恢复时期的经济状况令私营报纸的主要财源——广告收入很少。不久，中共中央对新闻出版事业实行比其他行业更早的公私合营政策，报社内部成立了共产党的组织，正在改造成为宣传党的各项方针政策的社会主义报纸。还有一些报纸公私合营后，办起了党的机关报。②

1953年后，由私营变为公私合营，继而又转变为公营的民间或民主党派的报纸，全国只剩下5家：《文汇报》、《新闻日报》、《新民报晚刊》、《大公报》和《光明日报》。就是这5家，生存也是举步维艰。1954年10月6日，中共中央宣传部在下发的《关于〈大公报〉若干问题的通知》中说：“现在《大公报》实际已是党领导的公私合营的报纸，但为适应国内外的政治情况，目前对外仍保持私营的面目。各有关地区和部门的党组织应根据中央这一指示精神对待《大公报》，并予以应得的协助。”③ 1956年夏，《大公报》的新馆在北京宣武区永安路18号落成，10月1日《大公报》正式在北京出版发行。

《文汇报》在1956年4月“自动宣布停刊”，因为这时《文汇报》已经有一点办不下去了。徐铸成说了当时的情况：“解放之初，我在北京是了解中央对过去的一些报纸是重视的，是希望我们充分发挥积极作用的，但有些

① 王鹏：《建国初〈大公报〉的一段曲折》，载《炎黄春秋》，2005年第8期。

② 郎劲松：《中国新闻政策体系研究》，第61页，新华出版社，2003。

③ 转引自方汉奇等：《〈大公报〉百年史》，第344－345页，中国人民大学出版社，2004。

具体领导新闻工作的同志，却对我们这些报纸采取歧视和排斥的态度，他们认为这样性质的报纸在某些社会主义国家没有，我国也不应该有，因此他们对我们这些报纸一向采取改造和逐步消灭的办法，特别在……一个时期，我们《文汇报》和《新民报》被压得气都透不过来。在教条主义和宗派主义的高压下，《文汇报》几乎寿终正寝。”①

幸亏中央提出“双百”方针，才使《文汇报》复刊了。新闻总署要求所有报纸都担负指导中心工作的职能，私营报纸也开始效法党报的宣传，渐渐失去了自己的特色。当时党报在群众中具有一定的影响，因为党报可提供人们关注的政府的权威信息，而私人报纸则不可能。这使私营报纸逐渐失去了自身存在的可能性，党的机关报开始一统天下。② 最后只剩下《新民晚报》，赵超构的“软些，软些，再软些”的办报思想还有一定生存空间。

二、媒介体制变革的基本方针

1949 年 10 月 30 日，中共中央宣传部、新华通讯社发出《关于中央人民政府成立后宣传工作中应注意事项给新华社各总分社和各地党报的指示》中指出：“在中央人民政府成立后，凡属政府职权范围的事，应经由政府讨论决定，由政府明令颁布实施。……不要再如过去那样有时以中国共产党名义向人民发布行政性质的决定、决议或通知。……今后各地中国共产党党报的社论、论文和新闻按语，也要注意不再用行政命令的态度和口气，而应该用号召、建议和商讨的态度和口气。报纸用行政命令的态度和口气，不仅现在是错误的，就是过去也是不对的。”③ 1949 年 12 月中宣部又发出《关于今后各级党报名义不要公开宣传的指示》，④ 指出：“今后各行政区、省、区的主要报纸，都不必公开宣传是中共机关报，也不必说是政府机关报，只称某地某报即可。”⑤ 这两个指示表明党对新闻事业的领导方式开始有所变化，

---

① 徐铸成：《“墙”是能够拆掉的》，载 1957 年 5 月 19 日《文汇报》。

② 郎劲松：《中国新闻政策体系研究》，第 62 页，新华出版社，2003。

③ 转引自方汉奇等：《〈大公报〉百年史》，第 324 页，中国人民大学出版社，2004。

④ 中国社会科学院新闻研究所编：《中国共产党新闻工作文件汇编》，上卷，第 324 页，新华出版社，1980。

⑤ 中国社会科学院新闻研究所编：《中国共产党新闻工作文件汇编》，上卷，第 324 页，新华出版社，1980。

对党报的定位也许有新的方针。

新闻总署在1949年11月11日发出《关于稿件须经有关方面审阅后始得发表的指示》，规定："今后无论记者、通讯员，采写新闻均应首先交由各该新闻的机关、团体负责人，和各该新闻本身的当事人审查（包括各党派和无党派的组织和人士在内）。要求他们考核事实是否准确，政治上、政策上有无问题，新闻本身可否发表，最好由他们签字同意，然后送往编辑部。这种审查是必不可少的。应该定为新闻稿件的必经手续和采访记者的纪律责任。编辑部在处理稿件的时候，首先就应检查这些审查手续已否完成。如有特殊原因无法交给当事人审查者（例如采写敌方情况或俘虏官兵谈话的新闻），也应经过有关机关的负责人考核。"①

这个指示一方面保证了党对新闻事业的绝对领导，使新闻事业紧密围绕党与政府的中心任务和要求而报道，另一方面也限制了一些稿件尤其是批评稿件的刊登，在新闻的时效上有所耽搁。这种政策很难保证一些原来民营报纸认真地执行，必然出现违反上述规定的现象，对此中央采取了强化措施。11月20日，中宣部发出《关于克服新闻工作系统中无政府无纪律现象、坚持请示报告制度的指示》，通报了一批忽视请示制度、违反宣传纪律的稿件，强调"请示审查制度是保障党和国家的宣传统一，防止政治上、政策上发生错误的重要步骤，破坏这种制度，会使我们在政治上遭受损失，是绝对不能允许的无政府无纪律状态"。②

与此同时，为保障关于中央人民政府及其所属机关的新闻的正确性，实行统一发布新闻的办法，确定和加强以新华社和《人民日报》为首的党的新闻事业的喉舌功能。1949年12月9日，中央人民政府政务院第十次政务会议通过《关于统一发布中央人民政府及其所属各机关重要新闻的暂行办法》，③ 规定凡须经过中央人民政府委员会、政务院、人民革命军事委员会、最高人民法院和最高人民监察署通过或同意的一切公告，以及须经上述机构负责首长同意发布的一切公告性新闻，均由国家通讯社即新华通讯社统一发

① 中国社会科学院新闻研究所编：《中国共产党新闻工作文件汇编》，上卷，第363页，新华出版社，1980。

② 中国社会科学院新闻研究所编：《中国共产党新闻工作文件汇编》，上卷，第325—326页，新华出版社，1980。

③ 中国社会科学院新闻研究所编：《中国共产党新闻工作文件汇编》，上卷，第290—291页，新华出版社，1980。

布。其中，也提到外国记者采访中央人民政府及其所属各机关的新闻，“由新闻总署国际新闻局统一办理。各政府机关不得自由对外国记者发布新闻”。为了进一步加强新闻发表的效果及其准确性，1950年中央人民政府政务院又专门发表了《关于中央人民政府所属各机关在〈人民日报〉上发表公告及公告性的文件的办法》，指定“凡属中央人民政府及其所属各机关的一切公告及公告性新闻，均应交由新华通讯社发布，并由《人民日报》负责刊载；如各种报刊所发表的文字有出入时，应以新华通讯社发布、《人民日报》刊载的文字为准”。①

11月22日，中宣部发出《关于发布军事新闻的指示》，就十兵团司令部未经中央同意，擅自在10月25日《厦门日报》发布我军在炮火掩护下登陆金门消息，造成政治损失一事作出规定：“一、凡重要战报、军事评论、部队首长讲话、作战经过和战绩总结公报，必须发交新华总社，转请中央审核，由新华总社统一公布。在新华总社未广播前，不得在当地报纸和广播电台发表。二、对于军事行动，不应在事先作预测性的报道，也不应在动作开始时即行公布，而应于战役完全结束或告一段落时，将已经成为确定事实的胜利，发交新华总社披露。”②

1949年11月，中央人民政府政务院（后改名国务院）新闻总署正式成立，它的职能是“负责领导全国的新闻事业，管理国家的新闻机构。……新闻总署成立后，有领导有计划地贯彻执行党和政府有关新闻事业的政策法令、指令，召集全国性工作会议，调整和发展新闻事业，研究指导新闻业务的改革。”③ 新闻总署在报纸杂志的登记办法、报纸的分类等方面作出了明确的规定，要求增加专业性报纸、减少综合性报纸。

新中国伊始，生产、交通和教育都处于恢复过程中，物价的上涨影响了报纸的经营发行，纸张费用占报纸总成本过半以上，读者的购买力弱，造成各地报纸陷入亏本的困境。为改变报纸经营不善的局面，1949年12月，新闻总署召开全国报纸经理会议，决定采取两大措施：一是报纸经营实行“企

---

① 中国社会科学院新闻研究所编：《中国共产党新闻工作文件汇编》，中卷，第9页，新华出版社，1980。

② 中国社会科学院新闻研究所编：《中国共产党新闻工作文件汇编》，上卷，第327页，新华出版社，1980。

③ 方汉奇主编：《中国新闻事业通史》，第3卷，第43页，中国人民大学出版社，1999。

业化”；一是报纸发行实行“邮发合一”政策。要求全国报纸尤其是公营报纸，必须转变供给思想，把报纸作为生产事业来经营，逐步改变政府补贴状况，达到经费全部或大部分自给。

同年底，中共中央也作出决议，对新闻出版用纸要“以优待价格统一配售给新闻出版机关”，“报纸定价必须不低于纸张成本；多登有益的广告”，对仍不能自给的报纸，“均由政府新闻行政部门与财政部门在审核报社预算后实行定期、定额的补贴制度，废除现在许多地方予取予求的单纯报销制度”。[①] 1950 年 3 月新闻总署署长胡乔木在全国新闻工作会议上强调：“报纸可以卖给老百姓……而不是像发文件一样地编号发给少数干部，而不是只讨论干部中间的问题，这就证明报纸不能仅是把活动范围限制在干部里面，而应该面向群众。”“要把我们的工作安排得适宜于群众在报纸上来表现他们生活中的重要问题，要把我们的报纸当作表现他们的工具”。[②] 这些政策措施，使各地报纸经营转状况开始好转。到 1950 年 8 月，全国有 33 家公私营报纸已经或开始做到全部自给而有盈余。到 1951 年，省级以上报纸已基本做到自给自养。[③] 这说明上年 12 月新闻总署召开的全国报纸经理会议决定的企业化经营报纸的方针是完全正确的，可以实现的。[④]

但还有些报纸存在严重亏损现象，例如华东的《解放日报》1950 年上半年亏损三十余亿元，[⑤] 南京《新华日报》八个月亏损近五亿元，《光明日报》八个月中亏损四亿一千二百余万元。有些党报还不了解和不重视企业化的方针，认为报纸是文化事业，不能当作生产事业来经营，甚至个别报社还残留着“赔多少向公家报销多少”的思想，加上他们缺乏精打细算的经济核算观念，报价太低，编制等费用太大，使新闻总署的政策没有全面落实。中宣部批评了这些错误的观点和现象，督促各报社切实执行企业化方针，要求省级报纸尽量在 1951 年消灭赔耗数字，做到自给自养。

---

① 《中共中央批转中央人民政府新闻总署党组“关于全国报纸经理会议的报告”》，载中国社会科学院新闻研究所编《中国共产党新闻工作文件汇编》，上卷，第 294－295 页，新华出版社，1980。

② 《中国共产党新闻工作文件汇编》，中卷，第 46、49 页，新华出版社，1980。

③ 郎劲松：《中国新闻政策体系研究》，第 60 页，新华出版社，2003。

④ 《中宣部关于报纸实行企业化经营情况的通报》，载中国社会科学院新闻研究所编《中国共产党新闻工作文件汇编》，中卷，第 20 页，新华出版社，1980。

⑤ 当时 1 万元相当于现在的人民币 1 元。

对新闻报道内容，新闻总署曾正式发出专文，明确指出，国家正处于转变之中，报纸和新闻广播必须毫不动摇地把报道和指导经济建设作为压倒一切的中心工作，经常和系统地反映经济建设，指导劳动人民的生活和斗争。[①] 为此，新闻总署对不同报纸的分工进行了统一调整，强调报纸的各自特点，规定全国性报纸与地方性报纸、公营和私营报纸之间的分工应有所不同。1950 年 2 月，京津新闻工作会议召开，对于报社、通讯社、广播电台的发展方向和相互关系做了规定。其中，明确了《人民日报》、《光明日报》、《工人日报》是全国性报纸，应注意发表全国性专电与通讯，与新华社互相配合。

同年又颁布了《全国报纸杂志登记暂行办法草案》，规定对各地出版报刊的要求，成为新中国第一个全国性新闻传媒登记法规，并对报纸的言论记载提出要求。1950 年 3 月，新闻总署在北京组织召开中华人民共和国成立后的第一次全国新闻工作会议，认为报纸工作的中心问题是加强报纸与人民群众的联系。根据会议的讨论意见和中央指示精神，新闻总署向全国连续发布了关于新闻事业的三个重要决定：《关于建立广播收音网的决定》、《关于统一新华通讯社组织和工作的决定》、《关于改进报纸工作的决定》，要求报纸在新的历史时期，进一步发扬联系实际、联系群众，开展批评与自我批评的传统，更好地满足群众对报纸的需要。新闻总署对于不同新闻工具和不同报纸之间的分工进行了统一调整。

三、党报思想与《真理报》的影子

1952 年 2 月 12 日，根据中央人民政府政务院第 114 次政务会议决定，撤销新闻总署，全国新闻事业由党的宣传部门负责领导。[②] 不久颁布了《中共中央关于报纸和期刊的创办、停办或改刊的办理手续的几项规定》，中央人民政府政务院公布了《期刊登记暂行办法》，8 月 16 日，中央人民政府政务院公布《管理书刊出版印刷业发行业暂行条例》。

1953 年 3 月，《宜山农民报》批评宜山地委的报道引起中共中央的注意，中宣部对广西《宜山农民报》批评宜山地委一事作出批复："党报是党

---

① 童兵：《主体与喉舌——共和国新闻传播轨迹审视》，第 4 页，河南人民出版社，1994。

② 郎劲松：《中国新闻政策体系研究》，第 60 页，新华出版社，2003。

委会的机关报，党报编辑部无权以报纸与党委会对立。”批复中规定，党报“不经请示不能擅自在报纸上批评党委会，……党报编辑部如有不同的意见，它可在自己权限内向党委会提出，必要时并可向上级党委、上级党报直至中央提出，但不经请示不能擅自在报纸上批评党委会，或利用报纸来进行自己与党委会的争论，这是一种脱离党委领导的做法，也是一种严重的无组织无纪律现象。党委会如犯了错误，应由党委会用自己的名义在报纸上进行自我批评。报纸编辑部的责任是：一方面不应在报纸上重复这种错误，另一方面可在自己权限内向党委会直至上级党组织揭发这些错误。报纸编辑部即在上述情况下亦无权以报纸与党委会对立。这是党报在其和党委会的关系中必须遵循的原则。”① 从此，这一批示成为“党报不能批评同级党委”的原则，划定了媒介监督的政策边界。②

全国媒体在党的领导下，逐步走上权力集中的轨道，但也出现了脱离实际和脱离群众的倾向。尤其是在1954年全面学习苏联媒体以后，党报不仅丢掉了好的传统，由于照搬苏联经验的弊端，媒体从形式到内容都变得枯燥、乏味。全国以至各省、市、区到某个具体媒体，所采取的新闻体制、新闻政策和报道模式完全一致，报道与传播的内容基本雷同，以党报为主体的报纸出现了千报一面的现象。群众和各级领导干部对此表示不满，提了很多意见，其中陆定一的批评直到现在还有借鉴意义。

新闻界学习苏联新闻界的理论和经验，早在抗日战争时期就开始了。1942年重庆《新华日报》改版，以《真理报》为参考样板。在革命战争年代，这种单一、直接的模式起到了组织和鼓动作用。到新中国成立初期，由于国内外各种条件的限制，学习苏联新闻工作的经验成为新闻事业建设的重要指导思想。“学习苏联”，“坚决倒向苏联”，是我国20世纪50年代初期的基本国策。

新闻工作学习苏联，主要表现在三个方面。首先，翻译了大批苏联新闻工作理论与实践的文章，出版了有关的书籍和刊物。1950年1月4日创刊的《人民日报》《新闻工作》副刊，集中“介绍苏联新闻工作经

① 《中宣部关于党报不得批评同级党委问题给广西省委宣传部的复示》，引自中国社会科学院新闻研究所编《中国共产党新闻工作文件汇编》，中卷，第279页，新华出版社，1980。

② 郎劲松：《中国新闻政策体系研究》，第63—64页，新华出版社，2003。

验”，创刊号《编者的话》宣告，在创建中国人民新闻事业中，有一个便利的条件，就是可以“大量地利用”苏联的“丰富经验”，要求全国的新闻工作者系统学习以《真理报》、塔斯社为代表的苏联新闻工作的理论和实践。

“其次，派出新闻代表团到苏联访问学习，邀请苏联新闻代表团来中国介绍经验。早在建国之初，人民日报社、新华社就曾派出记者去苏联真理报社、塔斯社学习访问，中国访苏的青年团、解放军代表团等也顺道访问参观了《共青团真理报》和苏军的《红星报》。新闻摄影、新闻记录电影、新闻教育等方面也都进行了学习借鉴。1954 年出现赴苏对口学习的热潮。年初，人民日报社总编辑邓拓率领由《人民日报》等各报组成的中国新闻工作者代表团访问《真理报》，在苏联学习 50 多天。回国后，先在《人民日报》等报上发表多篇关于学习收获的文章，不久人民出版社汇集出版《学习〈真理报〉的经验》一书。同年 7 月，中央广播事业局副局长温济泽率领中央广播事业局代表团赴苏访问。回国后编印了《苏联广播工作经验》。同年底，新华社副社长朱穆之率领‘新华社代表团’出访塔斯社，回国后编印了《塔斯社工作经验》一书。同年 10 月，《真理报》编委率领苏联报刊工作者代表团 20 人应邀来中国访问。一个月中，为北京等地新闻出版界举行了 50 多次专题报告会和座谈会。人民日报社将报告、座谈纪录汇集出版《苏联报刊工作经验》一书。一年多后，苏联广播工作者代表团访华，又送来苏联广播工作经验。这些经验成为中国报纸、通讯社、广播电台学习效法的模式。”①

原上海《解放日报》总编辑马达回忆说：“50 年代初，我是上海《劳动报》总编辑，报纸就模仿苏联的《劳动报》。苏联《劳动报》把‘全世界的无产者联合起来’放在报头，我们也学这种模式，还要打上‘全国总工会华东办事处暨上海总工会机关报’。我就搞改革，说我们一个地方的工人报纸，天天登‘全世界无产者联合起来’这样一个口号，没什么必要。而且这是从苏联《劳动报》抄过来的，没有我们报纸自己的创见。所以我就拿掉了，为此还专门向上级打报告，领导同意的时候没讲什么话，结果反右派的时候这成了我的一大罪名，叫‘篡改报纸无产阶级的方向’，后来撤掉领导职务、

---

① 方汉奇主编：《中国新闻事业通史》，第 3 卷，第 167－168 页，中国人民大学出版社，1999。

受处分。”[1]

可见，在学习苏联经验中，发生了教条主义的错误，生搬硬套、盲目模仿，以致束缚了自己的创造性。随着全国大规模的学习，这种情况越来越多地发生。在学习《真理报》的经验中，认为《真理报》从不登“更正”，是一张“没有错误的报纸”。在如何办好中共中央机关报的构思中，便提出了一个不科学的指导思想，即要“为没有错误的报纸而奋斗”。在访问《真理报》归来后，特别强调这样一个观点：我们的语言必须是党的语言、阶级的语言、人民的语言；我们的作风必须是党的作风。这就是说，我们的一字一句，一言一行都要代表党中央。“为没有错误的报纸而奋斗”是一种僵化的观点，在这种思想指导下，党的机关报生怕犯错误，处处谨小慎微，结果只能严肃有余，活泼不足，缺乏生气。“缺乏创新意识，报道模式千篇一律，会议新闻充斥一版，而反映国内工农业建设的新闻要闻版很少刊发。”[2]

在社论的写作上，盲目模仿《真理报》，不论有无必要，硬要每天必有一篇。于是，《人民日报》和全国许多报纸都在为实现“每天一篇”社论而绞尽脑汁。这样做，社论的数量上去了，但质量却得不到保证。而且每天的社论要按规格写满2500字，放在一版头条地位，结果不少文章写得“无的放矢”，“无病呻吟”，作者硬写，读者不愿看。在新闻写作和编排上，凡是《真理报》的标题就是好标题，凡是塔斯社的导语就是好导语。照抄生搬的结果是，中国传统的“多行题”不见了，换成清一色的“一行题”。关于国际新闻，也沿袭苏联的做法，只登骂帝国主义的和说我们好话的文章和报道，敌人骂我们的新闻不管以什么角度一概不让见报。对社会主义国家只报喜不报忧，对西方国家则只报负面新闻。这样一来，片面代替全面，不能完全反映客观真相，引起读者对报纸的不信任。《真理报》不登广告，于是，我国报纸也不重视广告，广告刊登得越来越少，直至广告完全消失在我国的媒体上。

在广播方面，盲目照搬苏联广播工作经验出现了两个问题：一个是提出以中央台为基础，地方台为补充的节目方针，要求地方台用较多的时间转播中央台的节目，削弱了地方广播联系当地实际的作用，影响了地方办广播的

---

① 马达：《报业体制与运行机制亟待改革》，载《新闻记者》，2010年第10、11期。

② 孙旭培：《当代中国新闻改革》，第6页，人民出版社，2004。

积极性。另一个是限制在广播中开展批评，认为广播不宜于进行批评，只能谈成绩，不能讲缺点。①

有人认为，苏联媒体模式的好处和弊端都很突出。好处是，“当党的领导制定并执行正确的方针政策的时候，党的机关报如鱼得水，能充分发挥‘喉舌’作用”；但是当党的政策出现偏差时，“党报往往亦步亦趋，难以抵制，反而容易为错误的思想或方针推波助澜。”② 党在革命年代，学习这种模式有很大的现实意义，当党成为执政党时，形势的变化使这种模式的弊端凸显出来。新闻事业有自己的规律，党报规律只能在尊重新闻规律的作用下才能发挥，反之，如果把全国的媒体都纳入党报系统，只强调宣传功能，忽视甚至歪曲其普遍规律，党报的宣传也最终会出问题。

第二节　1956 年党报的改革创新

随着党的机关报不能满足群众的需要，新华社和所有媒体越来越脱离实际，广大受众和各级干部对新闻出版事业提出新的要求，引发了 1956 年的以《人民日报》改版为标志的新闻改革。这次党报体制的创新，提出许多新闻理论和报刊批评的新思想，是摈弃苏联模式、开拓党报新路子的一次积极尝试。这次新闻创新得到上自国家领导人、下自新闻从业人员和广大读者的关注和评价，从内容到形式是一次符合新闻规律的探索。可惜好景不长，翌年六月反“右派”斗争开始，这次新闻探索便中途夭折了。

一、《人民日报》的改革思路

《人民日报》作为中国第一大报，报社人手充足，在新中国建立头两年报道有生气，言论增多，批评与自我批评相当活跃，也能提出一些切中时弊的问题。但新闻逐渐减少，被沉闷、死板的文风所代替，到了非改不可的程度。原《人民日报》副总编辑李庄分析造成这种局面的原因时，指出：(1)

① 方汉奇主编：《中国新闻事业通史》，第 3 卷，第 168－170 页，中国人民大学出版社，1999。

② 钱江：《〈人民日报〉1956 年的改版》，载《新闻研究资料》总 43 辑，1988 年第 3 期。

许多同志长期在农村根据地办报，惯于直接代表党政机关发言，进行自上而下的指导，习惯于某种直接灌输的做法。50年代中期，社会形势和党的任务和读者要求都有很大变化，但报社没有及时进行深入的分析研究，对新情况采取的新办法不多。(2) 在报纸上进行批评，例如对某些省市党代会不民主，对一些干部搞特权，对有些省市搞浮夸的批评，曾经很有锋芒。这些批评多数准确，有的失当，几乎无例外地遭到责难和非议。报社没有，也难以坚持，逐渐偃旗息鼓，落于生活之后。(3) 学《真理报》产生了负效果。谈办报思想，如有人自诩它是“没有错误的报纸”，报社就学“不犯一点错误”，“一字一句都代表中央”，束缚了手脚；谈编辑业务，推崇《真理报》的标题简单，不讲文采，多少篇文章可用一个标题，如《在列宁旗帜下》，我们也把标题搞得干巴巴，如此等等。当然，对此不能责人，只能自责——我们学的不是地方。(4) 报纸不能令人满意，跟不上领导的要求(事后看来也并不那么恰当)，经常受批评，包括“书生办报”和以后的“死人办报”那样严厉但不见得完全公允的批评。报社很多同志有一种动辄得咎之感，越受批评越拘谨，越拘谨越无所作为，不少干部的锐气是大大消减了。①

1956年初社会主义改造完成，第一个五年计划执行情况良好，经济发展，政局稳定，各项工作欣欣向荣。毛泽东把注意力放在经济和科学文化建设上，开始探索我国的社会主义建设道路。毛泽东在《论十大关系》中强调：“努力把党内党外、国内国外的一切积极的因素，直接的、间接的积极因素，全部调动起来，把我国建设成为一个强大的社会主义国家。”新中国成立后的几次思想改造运动、特别是1955年的整肃“胡风反革命运动”，使“知识界空前沉闷，知识分子心情压抑，政治热情、工作热情受到严重挫伤”。1月14日在“知识分子问题会议”上，周恩来以“知识分子已经是工人阶级的一部分”为前提，指出“加强领导，克服缺点，采取一系列有效措施，最充分地动员和发挥知识分子的力量”；接着中央提出“百花齐放、百家争鸣”的指导方针。

3、4月间党中央要求《人民日报》办成名副其实的中央机关报，人民群众希望《人民日报》办成代表党、代表人民说话的报纸。上半年“双百”

① 李庄：《四十年间三大事》，载《李庄文集·回忆录编》，上册，第6—7页，人民日报出版社、宁夏出版社，2004。

方针经过一段时间的酝酿，各方面人士表示热烈拥护，中央宣传部部长陆定一于5月下旬作了题为《百花齐放，百家争鸣》的报告，代表中央郑重、系统地阐述了贯彻“双百”方针的要求。此时，国际共产主义运动中发生了某些重大事件——苏共“二十大”、“波匈”事件对我国的群众思想产生了重要影响，知识界的思想开始活跃。

《人民日报》在胡乔木的指导下，邓拓、胡绩伟等人发动报社的编辑、记者检查报社各项工作，广泛征求群众意见，研究中外有影响的报纸，拟定了报纸改革的思路和措施，向高层提交了《〈人民日报〉编辑委员会向中央的报告》。报告检查了报纸的严重缺点——对党的政策宣传不及时、不系统，缺少力量；新闻少，并有很大片面性；通讯内容贫乏，不能反映国内国际生活的现实；教条主义和党八股作风严重；缺少不同意见的讨论；技术性错误太多。针对上述缺点，报告提出以下改革措施：(1) 坚决克服教条主义和党八股习气，努力改进评论工作，提高评论质量，增加各种体裁的文章，努力改进文风；(2) 增加工作问题和思想学术问题的讨论，使各方面的不同意见能够在《人民日报》上发表；(3) 增加新闻和通讯，改进版面安排，满足各方面的需要；(4) 加强编辑部工作，包括加强调查研究，扩大同群众的联系，扩大作者队伍，同新华社密切合作，尽力消灭错误。中共中央同意这个报告，报纸在7月1日发表社论《致读者》，扼要宣布“报告”的精神和措施，增加报纸篇幅，由四版改成对开八版。

社论《致读者》提出，“《人民日报》是党的报纸，也是人民的报纸”，“我们的报纸名字叫《人民日报》，意思就是说它是人民的公共武器，公共财产。人民群众是它的主人”。本报“将着重从扩大报道范围，开展自由讨论，改进文风等三个方面，改进报纸的工作”。该篇社论代表党中央重新界定了党报的性质和任务，第一次用“公共”字眼揭示党报的属性，是一次意义重大的改革，它的思路对党报的健康发展指出了正确的方向。

第一，党报需要扩大报道范围。社论说，我们生活在一个充满着变化的世界，各种不同的读者要求从不同的方面了解这个变化着的世界。尽量满足读者的多方面的要求，这是我们的天职。在过去，我们的篇幅比较小，不能容纳很多材料，这是一个困难。我们所以在目前纸张供不应求的情况下扩大篇幅，正是为了解决这个困难。但是问题并不尽在于此。我们没有努力在有限的篇幅中多发新闻，发多方面的新闻。生活里的重要的、新的事物——无论是社会主义阵营的，或者是资本主义国家的，是通都大邑的，或者是穷乡僻壤的，是直接有关于建设的，或者是并不直接有关于建设的，是令人愉快的，或者是并不令人愉快的，人民希望在报纸上多看到一些，我们也应该多采集、多登载一些。在报纸改出八个版以后，我们的新闻在数量上将增加一倍半左右，在题材上也将尽量扩大范围，力求适应读者的需要。①

第二，党报需要言论开放和讨论自由。社论中说，报纸是社会的言论机关。在任何一个社会里，社会的成员不可能对于任何一个具体问题都抱有同一种见解。党的和人民的报纸有责任把社会的见解引向正确的道路，但是为了达到这个目的，不应该采取简单的、勉强的方法。首先，报纸的编辑部无论凭着什么名义，总不能设想自己是全知全能的，或者故意摆出这样一副神气，活像对于任何问题可以随时作出绝对正确的结论。不是的，事实决不是如此。有许多问题需要在群众性的讨论中逐渐得到答案。有部分问题甚至在一个时期的讨论以后暂时也还不能得到确定的答案。有许多问题，虽然已经有了正确的答案，应该在群众中加以广泛的宣传，但是这种宣传也并不排斥适当的有益的讨论，相反，这种讨论可以更好地帮助人们认识答案的正确性。

为了便于开展自由讨论，我们希望读者注意：在我们的报纸上发表的文章，虽然是经过编辑部选择的，但是并不一定都代表编辑部的意见——这不是说代表编辑部的意见就不可以讨论，而是说，我们发表的某些文章的某些观点跟编辑部的有所不同，这些文章的作者的观点彼此也不同，这种情形希望读者认为是正常的。②

第三，大力改进文风。社论说，“报纸上的文字虽然有所进步，但是，整个说来，生硬的、枯燥的、冗长的作品还是很多，空洞的、武断的党八股以及文理不通的现象也远没有绝迹。”“文风不好，不但读者不愿意看，还会造成有害的风气，不利于思想文化，也不利于政治经济”。“报纸上的文字应该力求言之有物，言之成理，而且言之成章”。要杜绝党八股，提倡写短文，形成生动活泼的文风，以更好地满足读者的需要。

该篇社论是由胡乔木起草的，他特别强调：“只有靠着人民群众，我们才能把报纸办好。《人民日报》是党的报纸，也是人民的报纸，从它创刊到

① 《人民日报》，1956年7月1日。

② 《人民日报》，1956年7月1日。

现在，一直是为党和人民的利益服务的。”① 这个论述表明中国在当时客观上已摆脱苏联新闻体制的影响。社论明确提出言论放开的主张，认为党报上发表的意见不一定代表党中央，也可能不代表党报编辑部，推翻了过去认为党报上的一切观点都是党的观点，百分之百地要做“党的喉舌”。这表明《人民日报》打算朝着人民喉舌的这一方向前进，让人民享有宪法赋予的言论自由和新闻自由的权利。

《人民日报》的创新改革，第一次提出党报是社会的言论机关，为党报后来的新闻改革提供了借鉴。它设立了《读者专栏》，让读者各抒己见，提供了编者和读者思想交汇的平台，拉近了报纸与广大群众的距离。它在国际报道中所达到的突破，一反过去那种以对象国与我国关系亲疏来选择新闻的主观主义做法，按照新闻的重要程度安排是否报道和报道的分量。从传播学的角度看，《人民日报》改革，试图从组织传播部分地回归社会传播，这是从夺取政权斗争的党报向执政党的党报转变的开始，在当时虽然没有成功，但已经做了有益的尝试。

二、《人民日报》的改革成果

人民日報

致讀者

全国人民代表大会会議閉幕

对日本战争犯罪分子的寬大处理

中华人民共和国主席令

图 7－1　1956 年 7 月 1 日《人民日报》发表《致读者》的 社论

自《人民日报》发表《致读者》社论后，报纸面貌开始变化，头版头条出现经济新闻，7、8 两个月 62 篇头条，经济新闻占了一半，基本体现了国家在建设时期的生活主流。报纸加强了与读者的互动，仅 7 月就刊登了读者来信 292 篇，比改版前的 6 月份增加一倍还多。读者来信中大多针对报纸内容和社会问题提出批评意见，读者与编辑的思想呈现活跃。《人民日报》遵循“双百方针”，发表了一些争鸣文章。比如 7 月 9 日头版消息《学术刊物应有充分的学术自由》，既报道了“全国三十一家哲学、社会科学学术刊物

① 《人民日报》，1956 年 7 月 1 日。

的负责人在北京座谈一致拥护‘百家争鸣’”，又用消息中的话表明报纸将以“百家争鸣”的立场来选择新闻。11日刊登朱光潜的《百家争鸣，定于一是》，14日发表了茅盾的《对于“鸣”和“争”的一点小意见》，提出所有思想园地都应无条件地开放，保证自由争鸣的落实。

这次改革并不局限于党报本身，一些党外报纸和公私合营的报纸也竞相进行改革，并以全新的面貌出现。上海《文汇报》于1956年4至9月间迁往北京，改为国家教育部的机关报《教师报》；同年10月1日，该报复刊并迁回上海，开始强调精编新闻，多发独家新闻和专访，讲究言论的及时性，努力“办成一张社会主义的中国报纸”。与此同时，报纸努力办好《笔会》等多种副刊，展开问题讨论，以丰富多彩的内容、活泼的形式受到读者的青睐，发行量大增，复刊后的一个月达到13万份，收到读者来信来稿近7000件。上海《新民报晚刊》通过这次改版，不再盲目模仿，突出晚报的三大特点——时间性强、地方性强、文化娱乐性强。改版后一个月，发行量由长期维持在2万份左右上升到9万份，一年后又增至14.5万份。

《人民日报》改版得到中央领导和读者的认可。8月1日，中共中央向全国各省、自治区、直辖市党委批转了《人民日报》给中央的报告并明确指示：“中央批准这个报告，认为《人民日报》改进工作的办法是可行的。”① “为了便于今后在报纸上展开各种不同意见的讨论。《人民日报》应该强调它是党中央的机关报又是人民的报纸。过去有一种论调说：‘《人民日报》的一字一句都必须代表中央’，‘报上发表的言论都必须完全正确，连读者来信也必须完全正确’。这些论调显然是不实际的，因为这不仅在事实上办不到，而且对于我们党的政治影响也不好。今后《人民日报》发表的文章，除了少数的中央负责同志的文章和少数的社论以外，一般地可以不代表党中央的意见，而且可以允许一些作者在《人民日报》上发表同我们共产党人见解相反的文章。这样做就会使思想界更加活跃，使马克思主义的真理愈辩愈明。各地党委今后也要强调地方党报是地方党委的机关报又是人民的报纸。我们党的各种报纸，都是人民群众的报纸，它们应该发表党的指示，同时尽量反映人民群众的意见；如果片面强调它们是党的机关报，反而容易在宣传上处于

① 《中共中央转批〈人民日报〉编辑委员会向中央的报告》，引自中国社会科学院新闻研究所编《中国共产党新闻工作文件汇编》，中卷，第483－484页，新华出版社，1980。

被动地位。”①

“《人民日报》和各地方报纸还应该尽量多登新闻，扩大报道的范围。新华通讯社发出的新闻，《人民日报》应该首先尽量采用。但是，各地方报纸收到新华社的国内外新闻，除了最重要的以外，不必完全同《人民日报》一样重复刊登，可以摘要改写，也可以不登，以便留出篇幅登载本地新闻。全国性的重大政治会议，如全国人民代表大会会议、政协全国委员会会议、党的全国代表大会等的发言，凡是决定公布的，《人民日报》必须一律发表全文，各地方报纸却不必全文发表，只要刊登发言的摘要，或者选登有关本地问题的个别代表的发言。其他如各民主党派的会议，青年、妇女的会议，工业、农业、商业、科学、文化、教育等各方面的会议，无论是全国性的或者是国际性的，《人民日报》和各地方报纸都只要选登有关这些会议的重要消息和重要决议，至于这些会议的报告和发言等应该由其他有关的全国性报纸分别发表。”②

至此，《人民日报》改版的三个文件——关于改版的报告及附件，《致读者》的社论，中央的批示文件，成为全国新闻界工作的新指南。这三个文件相互补充，形成了完整的当时报刊批评理论，也构成了党报的理论体系。

但进入1957年后，《人民日报》的改版开始举步维艰，除了它因为反“冒进”而受到批评外，舆论监督报道也遇到阻力，监督稿件的见报数量越来越少。6月，反右派斗争开始了，《人民日报》卷入其中，许多记者和报外作者被打成“右派”，报社记者编辑更是首当其冲，《人民日报》的改革经过半年的实践便夭折了。

这一时期的改革虽有一些成果，但也有许多不尽如人意之处，比如反对教条主义不够彻底，对许多错误思想，特别是来自最高领导的一些不正确的意见——比如反冒进、对苏联无产阶级专政经验的某些肯定，仍然视为禁区。另外，《人民日报》的改革仅仅持续半年多时间，仅有的一点成果也没有坚持下来。毛泽东于1957年3月10日在中国共产党全国宣传工作会议期间同新闻出版界部分代表谈话时指出：“目前思想偏向有两种：一种是教条

---

① 《中共中央转批〈人民日报〉编辑委员会向中央的报告》，引自中国社会科学院新闻研究所编《中国共产党新闻工作文件汇编》，中卷，第483－484页，新华出版社，1980。

② 《中共中央转批〈人民日报〉编辑委员会向中央的报告》，引自中国社会科学院新闻研究所编《中国共产党新闻工作文件汇编》，中卷，第484页，新华出版社，1980。

主义，一种是右倾机会主义。右倾机会主义的特点是否定一切，教条主义则把凡有怀疑的都一棒子打回去，肯定一切。教条主义和右倾机会主义都是片面性，都是用形而上学的思想方法去片面地孤立地观察问题和了解问题。”①毛泽东提出这一分析时并没有具体指出这“两种主义”的表现，但就当时的实际情况看，教条主义确实存在，但右倾机会主义则不是明显的倾向，特别是新闻界存在的问题主要是“左”而不是右。

三、新旧报刊观念的交替

在新闻体制与新闻报道的变革中，许多报人仍然坚守传统的报刊观念，但新的报刊观念也不断涌现。自1949年至1965年，是我国新旧报刊观念交替与并存的时期。在这15年中，党报的传统观念具有牢固的根基，继续指导媒体坚持党报的基本原则。新的报刊观念被一些人提出后，有过一定的发展，或在短期被一些人接受，但常常遭到强烈批判而偃旗息鼓。

坚持党性与人民性是新中国建立初期党报刊工作者的普遍观念，但有些报人作了补充，提出“党性是人民性的集中表现”。党的关于改进报刊工作文件中还提出，党报能否开展批评是有无党性的表现之一。1957年的《新闻战线》、《新闻与出版》等刊物上刊登文章多次提到人民性。中宣部出版处的王谟说：“党性和人民性是完全一致的，党性是无产阶级性集中的表现，也是人民性集中的表现。”② 郑远（即当时中国人民大学新闻系主任安岗）说：“我们报纸上的人民形同我们的阶级使命是完全一致的。因此，我们的党性正是人民性的集中表现。”③《安徽日报》总编辑欧元方说：“党性、阶级性，人民性是统一的。”④ 有些人认为报纸服从党委领导，听党的话，就是党性。党性主要表现为坚持宣传马克思主义，正确宣传党的路线和政策，保证政治上和党中央的一致。在对待任何问题时，从国家和人民的整体利益出发；与一切反马克思主义的倾向作斗争；在组织上严格服从党的领导，是贯彻新闻党性的基本要求。以上这些观点于上个世纪30－40年代在党报的文献中已经提出，只是没有把党性、阶级性和人民性排列在一起，进行比较

① 《毛泽东论新闻宣传》，第133页，新华出版社，2000。
② 《新闻战线》，1957年创刊号。
③ 《新闻出版》，1957年第8号。
④ 《新闻战线》1957年第10期。

和综合分析。

1956年在对待党报党性问题有两种倾向，一种是想要摆脱党的领导的独立倾向；另一种是某些党委片面强调集中领导，忽视新闻工作自身的规律，对党的新闻宣传工作干涉过多过细，没有注意在政治方向一致的前提下，应充分发挥党的新闻工作者的积极性和独创性。有时又表现为新闻机构的“婆婆”太多，各行各业的领导都想干预新闻工作，把党的新闻事业作为他们的宣传机构，多发自己的消息，成为领导机关的喉舌。

1957年毛泽东说：“报纸是要有领导的，但是领导要适合客观情况……群众爱看，证明领导得好；群众不爱看，领导就不那么高明吧？”[①] 毛泽东在延安对黄炎培有个著名的谈话，讲到如何防止党的腐败和脱离人民，提出民主和监督问题。新中国刚建立后党中央就在1950年4月专门发布了《关于在报纸刊物上展开批评和自我批评的决定》，1954年党中央又发布了《关于改进报纸工作的决议》，强调：“各级党委要经常注意，把报纸是否充分地开展了批评、批评是否正确和干部是否热烈欢迎并坚决保护劳动人民自下而上的批评作为衡量报纸的党性，衡量党内民主生活和党委领导强弱的尺度。”[②] 把在报纸上开展批评作为衡量报纸党性的标准之一，显然是指报刊的“党性”包含能否实行舆论监督。毛泽东在谈到典型报道时，将表彰好人好事与揭露坏人坏事并提，在一定意义上强调党报的党性要求坚持舆论监督。

与此同时，新闻界还充满新闻自由与“舆论一律”两种观念的交锋。1949年9月，中国人民政治协商会议第一次全体会议通过的《共同纲领》第49条规定：“保护报道真实新闻的自由。”这个具有临时宪法性质的《共同纲领》的这个规定，实际是中国新闻出版自由的第一个法律条文。

1955年毛泽东在反胡风的“批语”中提出“舆论一律”的概念，各个报刊进行了广泛宣传，一度被许多人所接受。随之，一些报刊研究者还提出如何认识新闻自由问题，新闻自由提上报人的思考日程。但在党报思想正统的意识里，新闻自由被误解为资产阶级新闻思想，是向党争自由、闹独立。一些媒体的主持者发表言论认为，西方的普遍自由形式具有虚伪性，新闻自

---

① 《毛泽东论新闻宣传》，第134页，新华出版社，2000。

② 《中共中央关于改进报纸工作的决议》，引自张之华主编《中国新闻事业史文选》，第858—859页，中国人民大学出版社，1999。

由不是新闻工作的重要原则，他们强调人民的新闻自由，但没有提及建立新闻自由的法律制度与司法措施。

毛泽东认为，在社会主义社会必须实行“舆论一律”，所谓“舆论一律”，是指不许反革命分子发表反革命意见，不许反革命分子有言论自由，只许人民内部有这种自由。在人民内部，是允许舆论不一律的，这就是批评的自由，发表各种不同意见的自由，宣传有神论和无神论（即唯物论）的自由。

毛泽东论证说，人民内部实行舆论不一律的方针，是由社会主义制度所决定的。① 毛泽东把这种舆论不一律的方针，又称为放的方针。他说，所谓“放”，就是放手让大家讲意见，使大家敢于说话，敢于批评，敢于争论，“放”，就是不怕错误的议论，不怕有毒素的东西，发展各种意见之间的相互争论和相互批评，既容许批评的自由，也容许批评批评者的自由；“放”，就是在文艺和学术领域实行“百花齐放，百家争鸣”的方针，“放”，就是对于错误的意见，不是压服，而是采取说服教育和以理服人的办法，不搞“一棍子打死”。

然而在“左”倾思想的笼罩下，新闻官员强调内外有别，借口保护党与国家机密，向人民封锁某些不必封锁的消息。如果人们的思想同高层领导人的意见不一样，不管干部还是群众，都可能被打成反革命或右倾分子，排除在人民队伍之外，也就被“舆论一律”制裁了。这样，即使在人民内部实行新闻与言论自由也是很难实现的。正如廖盖隆（当时为中共中央党史研究室副主任）批评的那样：“这就牵涉到我们社会主义国家的新闻、出版、广播的政策根本改革问题了。不久以前，陆定一同志在五届政协二次会议上曾经提出这个问题，认为应该有一个根本上的改革，就是什么消息，重要的消息，不管是好的，坏的……都要向人民公布，而不要只报一样，报喜不报忧。”他还指出：“如果认为老百姓是阿斗，他不配知道各种各样的事情，那就是完全错误的。”“只有向人民广泛报道客观事实情况，才符合社会主义的本性和社会主义的原则。”②

1957 年 4 月发生了“左叶事件”。当时苏联最高苏维埃主席团主席伏罗

① 《毛泽东选集》，第 5 卷，第 157 页，人民出版社，1977。

② 廖盖隆：《关于社会主义建设新长征》，引自孙旭培《论社会主义新闻自由》，载《新闻自由论集》，文汇出版社，1988。

图 7－2 记者拥挤在伏罗希洛夫身边采访“左叶事件”的起因

希洛夫在刘少奇的陪同下参观北京全国农业展览会，现场记者拥挤，许多摄影记者为了抢镜头有点混乱。可是外交部部长助理左叶总是挡着镜头，中央新闻纪录电影制片厂的摄影师韩德福便走过去轻轻地拉了一下他的胳膊：“同志，请你让开点!”左叶扭过头来说：“怎么！你重要还是我重要？再挤就叫你们滚出去!”第二天，北京、上海等地的报纸纷纷批评“部长助理辱骂摄影记者的粗暴、错误行为”。

“左叶事件”出来后，邓拓认为这个偶然事件反映了党的干部的一些官僚习气，可以进行批评。当“左叶事件”在媒体间炒得沸沸扬扬时，身为中华全国新闻工作者协会会长的邓拓于 7 月 13 日，主持召集了专门座谈会。8 月 14 日《人民日报》一版以“新华社 13 日讯”为电头发表了《协会调查证明，“左叶事件”报道失实》的文章，称媒体不应大肆报道这一事件，认为某些记者借机向党和国家进攻，要求恢复资产阶级的所谓“新闻自由”。①

当时党报占据报纸的绝对优势，但全国党报大同小异，枯燥乏味，已经远远不能满足读者的需要，这给晚报提供了发展空间。在“左”倾思想影响的年代，知识性、趣味性被当作资产阶级的新闻观，晚报也经历了一段曲折的发展时期。但从干部到群众读者，当时大都认为晚报生动活泼，有可读性，喜欢晚报成为一种流行的观念。当时全国仅有的几家晚报——《新民晚报》、《北京晚报》、《羊城晚报》和天津的《新生晚报》等，被全国各类图书馆、各机关和企事业单位以及大量读者所订阅。

1959 年 5 月，记协召集的新中国建立后第一次晚报工作座谈会在北京举行，参加座谈会的就是上述四家晚报。会议讨论了晚报的特点，认为，晚报是当地党委机关报的辅助和补充力量，要宣传党的各项工作，特点是着重从侧面进行报道。1960 年 4 月，全国第二次晚报工作座谈会在广州举行，参加会议的仍是上述四家晚报，着重讨论了晚报的新闻报道和副刊工作等问

① 庞旸：《邓拓在 1957 年的“左叶事件”中》，载《中华读书报》2010 年 4 月 28 日。

题。会议认为，晚报的新闻报道特别要深刻地发掘新生事物中的共产主义因素，副刊要热情地歌颂新人新事，“更高地举起毛泽东文艺思想的红旗，充分地反映我们伟大的时代”，强调文艺“必须坚决为无产阶级政治服务”。

作为当时中共广东省委第一书记的陶铸，1959 年在《南方日报》创刊十周年庆祝大会上的讲话中说：“在大城市里办一张晚报，我是很赞成的。一张晚报，既有时事政策宣传材料，又有增加知识、广见闻、提高文化的材料以补日报之不足；人们吃了晚饭，看看打球、下棋等等消息，至少也是一种娱乐，比天天逛街、打‘五百分’有意义得多。”① 陶铸认为，办报纸要坚持毛主席提出的“百花齐放、百家争鸣”的方针。他回顾《羊城晚报》创刊的历史说，既然要“百家争鸣”，就得允许争论，不能只是一家之言。“报纸要有声音，有争论。没有争论，报纸就没有味道。要允许有不同的意见，通过争论，把错误的意见引导到正确的方向去。”②

《北京晚报》于 1958 年创刊，1966 年停刊。谢觉哉同志对《北京晚报》提出了很多中肯的批评和建议。他对《北京晚报》的编辑方针提出商榷：“晚报以后可不可以不转载《人民日报》的社论，我看可以不转载。《人民日报》的社论登出来，白天就看了，不用等到晚上再看。”他指着报纸对记者说：“这么长的社论，你们的报纸又小，登了一个版还登不下。实际上今天你们的报纸只出了半张，其余半张可能是个浪费，因为看的人不多或者没有人看。你们小报为什么要转载大文章呢？”“有重要的社论，电台倒是应当广播的，各个单位也会组织学习，你们可以去调查一下这部分读者到底有多少人？从实际出发，不一定要全文转载，写条消息，讲讲今天《人民日报》有篇什么样的社论就可以了。晚报要有自己的特点，不能办成小日报。”③

谢觉哉认为，晚报的特点要体现“真、抢、快、杂、短、浅”。他说：“晚报固然是晚上出的，但是消息应该比次日的日报要快，在这个意义上来说，晚报就是早报、快报。”“关键在于你们登出来的新闻是不是真实的，有没有违反中央的统一步调，如果是真实的，步调是一致的，不怕人家说你们抢新闻，要说抢也抢得对嘛。报纸是党的喉舌，是宣传党的方针政策的，要

① 《思想·感情·文采》，载《新闻战线》，1960 年第 1 期。

② 《思想·感情·文采》，载《新闻战线》，1960 年第 1 期。

③ 丁浪：《谢老谈晚报》，载《谢觉哉与新闻工作》，第 160—161 页，重庆出版社，1983。

尽快地做到家喻户晓、深入人心。尽快，就是你说的抢，有什么不好？没有热情，没有敏锐，办不好晚报。人民群众想早知道的事情，报纸尽可能早告诉他们，这是群众观点。上午发生的大事，下午你们晚报就要有所反映。”“据我知道很多负责同志都喜欢看晚报，说你们报纸消息灵通，打开晚报，当天的大事你们报都有了。……晚报如果只慢不快，有旧无新，变成旧闻了。晚报的新闻记者、编辑应该是办报纸不是在编历史。”①

当时在副刊的头条，经常刊登领导同志的诗文，谢觉哉认为：“应该是由内容来定的。内容定、领导定，可以统一起来。……是好就好，不好就不好，不要顾面子，要对广大读者负责，不是对作者一个人负责。头条是整版最显著的，领头的，放真正好的文章。要打破框框，不要以为有名气的人写的就要放头条，文章写得不好，也可以放到报屁股。现在很多报纸的头条反而没有人看或者最后才看，往往从后面看起，从小段看起，这是什么原因？……一张报纸的头条，人家不甚爱看，就是编者的失败。”“头条头条，应当是让人家头一个想看这一条，不能不看内容，只因为有名，就摆在前面作招牌。”②

报刊的知识性、趣味性，在“左”的思想影响下是不受重视的，甚至遭到批判，被认为没有阶级性，是资产阶级新闻观点。20 世纪 60 年代前半期，报刊曾经重视知识性、趣味性，在这方面进行过一些改进和探索，使报刊办得比较生动活泼，受到广大读者欢迎。③

第三节　国家高层领导的新闻思想

在党报体制下，作为执政党的中共各级领导人，不能不把管理新闻工作当作他们的重要任务。毛泽东、刘少奇、邓小平等领导，为管理好新闻事业，针对新闻工作情况不断发表一些指导性意见，批评新闻报道中出现的一

---

① 丁浪：《谢老谈晚报》，载《谢觉哉与新闻工作》，第 161 页，重庆出版社，1983。

② 丁浪：《谢老谈晚报》，载《谢觉哉与新闻工作》，第 166－167 页，重庆出版社，1983。

③ 方汉奇主编：《中国新闻事业通史》，第 3 卷，第 310 页，中国人民大学出版社，1999。

些不良苗头，提出许多新闻思想。他们在革命年代亲自办报，对新闻工作非常熟悉，新中国成立后他们对新闻工作的意见构成了新闻事业发展的路标，对新闻实践发挥了指向作用。尤其是毛泽东的新闻观，对全国新闻界的工作状态和前进方向产生了决定性的影响。同时，他的贡献与失误，也强有力地制约了新闻工作的效果，是新闻学研究者值得深入探讨的课题。

一、毛泽东的“阶级斗争工具”论

新中国成立初期，国外各种敌视力量威胁我国的安全，国内也有各种不稳定的思想，党的政权的巩固还有许多不确定的因素，社会主义建设事业遇到许多障碍。因此党的许多领导人和新闻宣传干部都认为报纸是一种阶级斗争的工具，从报纸功能上来说，是用于政治和思想斗争最有力的武器，对此毛泽东论述得最多。

报纸是“阶级斗争的工具”在当时提出来后，产生很多争议。1957 年毛泽东阐述这一论断，是基于党报传统和当时的国内外政治形势，也是毛泽东新闻思想向“左”的方向发展的重要因素之一。但不可否认，报纸是“阶级斗争工具”不仅在阶级斗争尖锐的时期是，而且将来一旦出现严重的阶级对立仍然会被利用来进行阶级斗争。但是这一概括仅仅表明报纸和阶级斗争的关系表现出来的一种属性，而不能用它来概括报纸在任何时期都不会改变的性质，更不能上升为仅仅用“阶级斗争工具论”来指导新闻事业。

“阶级斗争工具论”最早出现在 1930 年的《红旗日报》上，在该年 8 月 15 日第 1 期的《发刊词》中，以及 9 月 9 日该报的宣言中，都提到“报纸是一种阶级斗争的工具”。[①] 后来在中共中央文件和领导人的讲话中多次出现类似的表述。新中国成立后，毛泽东认为意识形态领域一直“树欲静而风不止”，批判梁漱溟、胡适和反胡风运动后，特别是 1956 年苏共“二十大”否定斯大林和波匈事件的发生，以及国内出现了一连串的少数人闹事，国内外报刊对这些事件有截然不同的报道和评论，引起毛泽东对报刊上阶级斗争动向的警觉。

1957 年 1 月 27 日，毛泽东在省、市、自治区党委书记会议上的讲话中提出了《参考消息》就是“种牛痘”的见解。“现在，我们决定扩大发行《参考消息》，从两千份扩大到四十万份，使党内党外都能看到。这是共产党

① 《〈红旗日报〉发刊词》，载《红旗日报》，1930 年 8 月 15 日。

替帝国主义出版报纸，连那些骂我们的反动言论也登。为什么要这样做呢？目的就是把毒草，把非马克思主义和反马克思主义的东西，摆在我们同志面前，摆在人民群众和民主人士面前，让他们受到锻炼。不要封锁起来，封锁起来反而危险。这一条我们跟苏联的做法不同。为什么要种牛痘？就是人为地把一种病毒放到人体里面去，实行'细菌战'，跟你作斗争，使你的身体里头产生一种免疫力。发行《参考消息》以及出版其他反面教材，就是'种牛痘'，增强干部和群众在政治上的免疫力。"① 这就是说，通过报纸可以了解敌情，提高防范敌对阶级意识侵蚀的能力。

毛泽东对党报负责人不能在报道中体现他的意图，十反反感。据吴冷西在《忆毛主席》一书中回忆，1956 年，毛泽东与刘少奇、周恩来在关于国家经济建设的诸多问题上有过严重分歧。当时《人民日报》按刘少奇的要求拟于 1956 年 6 月 20 日发表社论，题为《要反对保守主义，也要反对急躁情绪》。社论必须经过总编辑发稿。清样送到毛泽东那里，毛批示："我不看了。"（后来他对胡乔木、吴冷西说："骂我的文章我为什么要看?"）面对毛泽东退回来的文稿，邓拓左右为难。他本人同意社论的观点，想来想去，决定还是发表它。结果毛泽东批评邓拓是"书生办报"，1957 年 2 月 27 日，毛泽东在最高国务会议上作了题为《关于正确处理人民内部矛盾的问题》的报告，特别强调意识形态领域里的阶级斗争将长期存在，有时还可能激化。邓拓由于未接到公开发表报告内容的指示，没有宣传，更没有发表社论。在实施双百方针开始后，《人民日报》也没有更大的动作，毛泽东很不满意。自 4 月 10 日后毛泽东多次批评《人民日报》编辑为"书生办报、死人办报"，怀疑邓拓对报刊阶级斗争工具论有抵触。毛泽东对邓拓说："你只知道养尊处优，不能占着茅坑不拉屎。"不久邓拓被撤销总编职务，只保留社长名义，总编辑由吴冷西继任。②

当时毛泽东反复指出："无产阶级和资产阶级之间在意识形态方面的谁胜谁负问题，还没有真正解决。我们同资产阶级和小资产阶级的思想还要进行长期的斗争。不了解这种情况，放弃思想斗争，那就是错误的。凡是错误的思想，凡是毒草，凡是牛鬼蛇神，都应该进行批判，决不能让它们自由泛滥。但是，这种批判，应该是充分说理的，有分析的，有说服力的，而不应

---

① 新华通讯社编：《毛泽东论新闻宣传》，第 131 页，新华出版社，2000。

② 钱江：《〈人民日报〉社前社长邓拓自杀前的抗争》，载《世纪》，2009 年第2 期。

该是粗暴的、官僚主义的，或者是形而上学的、教条主义的。”①

1957 年 3 月，毛泽东在《同新闻出版界代表的谈话》中说：“在阶级消灭之前，不管通讯社或报纸的新闻，都有阶级性。资产阶级所说的‘新闻自由’是骗人的，完全客观的报道是没有的。美国的通讯社和报纸，现在也报道一下新中国经济建设的情形，它是想做生意，所以做些姿态出来给人看看，因为经济危机压迫着它。”他强调“在世界上存在着阶级区分的时期，报纸又总是阶级斗争的工具。”这一论述被认为是新中国成立后报纸是“阶级斗争工具论”的权威来源。这个提法意味着报纸的唯一任务或主要任务就是搞阶级斗争，除此之外，别无其他职能。

毛泽东谈到报纸上要不要及时报道新闻时，也和阶级利益与阶级斗争联系起来，提出著名的“新闻、旧闻、无闻”的概念。1957 年 5 月 18 日毛泽东在中央政治局常委会议上说：“一般讲新闻要新、要快是对的，但有的事情发表太快副作用就很大。”“新闻有阶级性、党派性。资产阶级报纸只登对他们有利的东西，不登对他们不利的东西。无产阶级和人民大众的报纸也不登对我们有害的东西。这都是阶级利害关系，是普遍规律。……这是‘有闻’、‘无闻’的问题，涉及阶级利益的问题。”“有些消息，是我们自己做的事情，不登报、不广播。如禁止鸦片烟，又如轰轰烈烈的新区土地改革，我们就没有发消息，这也是一种‘无闻’。我的一些讲话，当时并没有公开发表，1955 年关于农业合作化的讲话，过了 3 个月才发表；今年 2 月在最高国务会议上的讲话，已经过了 3 个月，还在修改，也许下个月才能发表。这不是‘旧闻’吗？还有去年 4 月讲的‘十大关系’，已经一年多了，也还不准备发表，将来发表也是‘旧闻’。”②

1957 年 6 月 14 日，《人民日报》在毛泽东的授意下发表社论，再次强调“在社会主义国家，报纸是社会主义经济即在公有制基础上的计划经济通过新闻手段的反映，和资本主义国家报纸是无政府状态的和集团竞争的经济通过新闻手段的反映不相同，在世界上存在着阶级区分的时期，报纸又总是阶级斗争的工具”。

毛泽东认为，文字宣传充满着你死我活的阶级斗争，能发挥“杀人不见

① 《在中国共产党全国宣传工作会议上的讲话》，《毛泽东文集》第 7 卷，第 281 页，人民出版社，1999。

② 转引自吴冷西：《忆毛主席》，第 36—37 页，新华出版社，1995。

血”的作用。在他看来，枪杆子杀人容易引起人们的高度注意，而笔杆子杀人往往容易让他们麻痹大意，丧失警惕，因而危险性更大。1956 年毛泽东多次把报刊、宣传同推翻或建立一个制度联系起来，正如他当时指出的："一个新的社会制度的诞生，总是要伴随一场大喊大叫的，这就是宣传新制度的优越性，批判旧制度的落后性。"①

报纸历来是作为工具出现的，不管是传播消息的工具，经济建设的工具，还是阶级斗争的工具，每种“工具说”都不是其唯一的功能，更不是报纸的性质。新闻媒介的性质，是由它的本质特征规定的，只能是传递新闻和信息、影响社会舆论的工具，可称为社会舆论机构或社会的公共领域。从这一点看，“阶级斗争工具论”作为新闻媒介性质的表述，作为新闻学的基本理论，是片面的、不科学的。

毛泽东提出“阶级斗争工具论”，是为他的新闻政策服务的，是他制定的党的新闻工作指导思想的理论基点。既然报纸、广播和以后出现的电视，统统都是阶级斗争的工具，都是党手中的斗争武器，那就把社会生活的主要内容规定为阶级斗争。于是，报刊在反右派斗争中同“右派分子”斗，在“大跃进”中同右倾机会主义分子斗，在“插红旗，拔白旗”中同“右倾保守”斗，在“革命大批判”中同各条战线的资产阶级路线斗，新闻媒介成了地地道道的打击不同观点的武器，这就导致了毛泽东决策的连连失误。曲解新闻媒介的性质，以“斗争工具”用于报道和评论各种问题，是毛泽东领导新闻工作的最大失误之一。

二、刘少奇的“客观与立场”论

新中国成立后，刘少奇作为党和国家的主要领导人之一，关心新闻工作，对中国的新闻改革提出了不少有益的观点，对新闻工作有重大的理论贡献。他认为新闻必须是“客观的、真实的、公正的、全面的，同时必须是有立场的”。这个思想从 20 世纪 50 代至今，一直在我国新闻界流传，既体现了党报的党性原则，也体现了对新闻工作规律的尊重。

刘少奇尽管与毛泽东的观点相同，也提出过“报纸是阶级斗争的工具”这一论断，比如 1956 年 5 月 28 日在新华社的谈话中提到“通讯社是阶级斗

① 《中国农村的社会主义高潮》，中册，第 706 页，人民出版社，1956。

争的工具"[1]，但不同的是，他没有像毛泽东那样片面地、绝对地去强调媒介在阶级斗争中的作用，他注意到了媒介自身的性质，更多强调的是人民立场和客观立场。他在1961年4月28日、5月1日关于《人民日报》的工作谈话中，贯穿马克思主义新闻学理论，强调记者要"听真话、说真话"，"抵制弄虚作假，不搞形式主义"，是党在新的历史条件下坚持马克思主义新闻学的重要论断。把报纸作为阶级斗争的工具，要分清是非，是非不明，其结果必祸国殃民。

刘少奇首先提出，党领导的媒介在新的形势下以何种形式存在更有利的问题。关于新华社的性质和地位，刘少奇说："新华通讯社做国家通讯社好，还是当老百姓好，我看，不做国家通讯社，当老百姓好；新华社干部不作为国家干部，不受行政级别限制，记者的薪水也可以比毛主席薪水高。新华社的评论、新华社记者的评论，不是代表国家发言。新华社也不要学习塔斯社那样代表政府辟谣。新华社如果当了老百姓，不搞国家通讯社，国务院可以成立新闻处，发公报新闻，声明、辟谣由它来做。"[2]

这不是要把新华社变成私营公司，而是遵循媒体的社会生态机制，给新华社以正确的定位。他解释道："主要是不要时时强调自己是官办的。现在什么东西都变为官办，连农业合作社也成为官办的。所谓'独立的'只是一种形式，实质是不变的。问题是不要老是强调官方身份，更不要把自己束缚得死死的。"刘少奇在这里既表现了原则的坚定性，也表现了策略的灵活性。在新形势下过分强调"官方"身份，不利于联系群众；群众面对鲜明的"官方身份"，也会产生隔离感。对于其他国家和媒体，如果以非国家通讯社的形式出现，新闻和评论就可以有更大的权威性。通讯社的这种定位，也方便党和政府的工作，党和国家不必为媒介发出错误的信息承担责任。

对国际新闻，刘少奇主张适当地发表西方通讯社批评中国的报道。他说："有些报纸刊登国际新闻只登说我们好的，骂我们的或者说一句美国好的都被删去，这种做法是不好的。"[3] 周恩来总理骂了美国，有的美国资产

① 刘少奇：《对新华社工作的第一次指示》，《中国共产党新闻工作文件汇编》，下卷，第369页，新华出版社，1980。

② 刘少奇：《对新华社工作的第一次指示》，《中国共产党新闻工作文件汇编》，下卷，第367—368页，新华出版社，1980。

③ 刘少奇：《对新华社工作的第一次指示》，《中国共产党新闻工作文件汇编》，下卷，第360页，新华出版社，1980。

阶级报纸就刊登出来。为什么资产阶级报纸敢于把我们骂他们的东西登在报纸上，而我们的报纸却不敢发表人家骂我们的东西呢？不是我们的优点。我们的新闻报道，为什么不反映真实情况呢？我们应该让人民知道世界真实情况，让人民知道今天世界上有几派人，有骂我们的人。现在我们的国际报道只有一面：骂美国的，说我们好的。这种片面性的报道，会造成假象，培养主观主义。”

1956年5月28日，刘少奇在新华社视察时提出，要学习塔斯社，同时也要学习资产阶级通讯社。他说：“我们的新闻报道，学塔斯社的新闻格式，死板得很，毫不活泼。比如，往年报道天安门游行，只是官样文章，公报式新闻。公报，就是官僚主义形式。不顾时间、地点，条件，不顾读者的思想情绪，我只管发出去，你看也好，你不看也好。这是党八股，照格式写文章。这样的文章，小学生也可以写。我们不能学这种党八股。”

他还说，外国记者强调他们的新闻报道是客观的、真实的、公正的报道；客观的、真实的、公正的报道，是他们的口号。我们如果不敢强调客观的、真实的报道，只强调立场，那么，我们的报道就有主观主义，有片面性。如果这样做，就是下决心要片面性。新华社的报道，如果有了片面性，就会丧失一切，对自己不利，对人民不利，就不能成为世界性通讯社。

他还要求我国的记者学习资产阶级的报道技巧。指出：“他们善于运用客观的手法、巧妙的笔调，既报道了事实，又挖苦了我们，他们的立场站得很稳。人们从他们的新闻报道中能够看到一些真实的情况。”

刘少奇从维护党和人民的根本利益出发，对于党和政府的工作错误和国内的严重负面现象，要求以两种方式报道。1956年5月28日在对新华社的谈话中，他说：“报道工作中的缺点和错误，要对党对当前斗争有利；如果不利，你们要做自我检讨。……事情是真实的，但如果公开报道了，对敌人有利，对我不利，那么，就不要公开报道，可写成内部参考资料。……‘内部参考’应该成为一种有权威的刊物。……稿子分两类，一类是公开发表的新闻，包括反对我们的新闻；另一类是内部参考资料。国内记者写的稿子也要分这两类。”在刘少奇看来，这两种报道的地位同等重要。

刘少奇的几次谈话，为1956年《人民日报》的改革提供了指导思想。刘少奇的谈话思想解放，有很多新的见解，适应受众需要和国际舆论竞争的实际。刘少奇谈话中的绝大多数观点符合新闻报道规律，是探索社会主义新闻工作的具体方针，对《人民日报》的改版、新华社和中央人民广播电台改进报道工作，都有重要的指导作用。但这些见解的正确部分直到今天也没有完全落实，对于加强国家的软实力建设仍未失去重要指导意义。

三、邓小平、胡耀邦的“新闻工作指导论”

新闻事业作为国家整个事业的有机组成部分，是特殊的意识形态和文化部门，和各行各业有着千丝万缕的联系，因此它对加强和改善党的领导有重要作用。如何发挥报刊在社会建设中的功能，指导党和政府的各项工作，邓小平和胡耀邦都做过专门论述。

邓小平（1904—1997年），四川广安人，1931年夏到江西中央革命根据地，先后担任江西省委宣传部长、红军总政治部秘书长、总政治部机关报《红星》报主编。1934年10月随中央红军长征，年底任中共中央秘书长。1949年10月，任中共中央西南局第一书记、西南军政委员会副主席、西南军区政治委员。1950年5月16日，邓小平在西南区新闻工作会议上的报告①中详细论述了新闻对于实际工作的指导作用，要求党的各级领导干部重视新闻工作。邓小平认为拿笔杆是实行领导的主要方法，作用最广泛的是写文章登在报纸上和出小册子，再就是写好稿子到广播电台去广播。出报纸、办广播、出刊物和小册子，而又能做到密切联系实际，紧密结合中心任务，这在贯彻实现领导意图上，就比其他方法更有效、更广泛，作用大得多。②

他认为办好报纸有三个条件：结合实际、联系群众、批评与自我批评。“办好报纸的前提在领导”。这三条离开了领导也搞不好，报纸就没有力量，容易变成“有闻必录”。③ 报纸要结合实际，结合当时当地的中心任务。他针对当时的新闻工作情况指出，新华社总社发来的稿件应该重视，但比较好编。领导同志和办报同志的主要精力要放在当地新闻上，要大量刊登本区人民的工作和生活情况。报社要时时和领导取得联系，根据本地当前任务的变化，随时调整自己的报道方针。不久前《新华日报》写了一篇专论，讲的是剿匪中的情况，内容主要是批评。正确不正确？也正确。合不合时宜？不合时宜。正确与否要考虑到时间、地点、条件等因素来判断。在剿匪已经有了

① 《邓小平文选》，第1卷，第145—150页，人民出版社，1994。

② 《邓小平文选》，第1卷，第145页，人民出版社，1994。

③ 《邓小平文选》，第1卷，第146页，人民出版社，1994。

成绩，部队又很艰苦很努力的情况下，主要去批评就不合时宜了。放在一个月以前则刚合时宜。这说明我们的同志对剿匪的实际情况了解不够。

他说，现在报纸的影响比过去大了，有些不正确的东西在报上一表扬，就糟了。前几年很多干部不看报，现在不同了，报纸有威信，看到报纸讲什么就要照着去做。很多地方看到报纸批评了的做法，就秘密地改，这就是报纸的作用。社会上很多人看报，看共产党什么态度，人民政府政策如何，要从报上找自己需要的东西，解决自己的问题。正因为干部群众都重视报纸，我们就要很慎重。比如"剿匪方面，四川剿匪有很多好经验，报纸要报道，但又不能让土匪完全了解我们的战术。报纸要宣传剿匪政策，宽大与镇压相结合。首恶必办，胁从不问，立功受奖。什么叫胁从不问？'不问'是说不问罪，也就是不治罪。有的问都不问一下就放了，这就错了。总要教育教育，坦白一下，群众取保，才能释放啊。总的说，剿匪见效。贵州、云南的情况又各有不同。报纸必须抓住每个地方的特点，这就是指导性。"①

邓小平认为，报纸要实现领导任务，在突出的方面要集中力量，有时候用整版来登，用一个月时间，发表一连串的评论、社论来宣传和贯彻，这样人们就注意了。报纸有没有力量，不仅是质，也有量的问题。质是要准确，量要加大，各方面围绕于此，才有力量。

邓小平特别重视中共西南行政区党委机关报《新华日报》开展批评与自我批评，强调报纸既要报喜也要报忧。他说《新华日报》过去报喜不报忧，现在也报忧了，这就可以医治自满和麻痹。报纸最有力量的是批评与自我批评。中央过去表扬了几个报，主要因为他们实现了批评与自我批评，是非弄得很清楚，应该做的和不应该做的弄得很明确。报纸搞批评，要抓住典型，有头有尾，向积极方面诱导，有时还要有意识地作好坏对比。这样的批评与自我批评才有力量，才说明是为了改进工作，而不是消极的。什么叫生动活泼？不在文字长短，而是要写出生动的过程，而且有结果。我们有的批评往往只是把问题摆出来了，没有下文。描写过程也不能冗长。批评与自我批评要大大发扬，我们还很不够。党委和政府要全力支持通讯员写批评稿，现在敢说话的人太少，要鼓励说话。对有些与事实不符的批评，必要时也要提醒和说明。

邓小平指出，从领导来看，办报是大家办报，从新闻工作者自己来看，

① 《邓小平文选》，第1卷，第147页，人民出版社，1994。

也是大家办报。报纸真的同实际、同群众联系好了，报纸办好了，对领导是最大的帮助。常常有这样的情况：党和政府听不到的，报纸能听到，它能摸到社会的脉搏。目前最突出的问题是什么，把读者来信加以综合研究，常常就能看出来。任何一个任务不是一家报纸所能完成的。各家报纸接触面不同，要各方面努力，才能把党和政府的声音普遍传播到各阶层群众中去。

1956年胡耀邦（1915—1989年）对新闻工作也发表了重要观点。胡耀邦，湖南浏阳县人，自1952年起先后任团中央书记处书记、第一书记。1956年5月25日，他对报纸的性质做了生动的论述，他说："我们的报纸，既是'号角'又是'喉舌'。这四个字就表达了从群众中来、到群众中去的关系。"①

"我们的号召是根据什么东西来的呢？是根据群众的意愿。现在群众的意愿究竟是什么呢？如果我们仔细考查一下，就可以断定，现在全国人民最大的意愿还是要搞社会主义，而且是搞得越快越好。"②"我们的报纸要真正成为号角，成为喉舌，就要准备去战斗。我们要随时准备战斗，随时准备发出战歌。报纸没有战斗性不行，一定要扯破脸，要搞批评，要准备打官司。你们不要怕。我看你们现在就是有点怕。"③"当然这里所谓的斗争，并不是斗争哪个人，而是这种思想观点战胜那种思想观点，这种政策、措施克服那种政策、措施。"④

胡耀邦特别强调，"我们的斗争方法还是可以多样化一点。例如我们报纸的社论的形式就可以多一点，可以摘录一下下边同志的来信，然后加一个按语，说：某月某日某同志来信讲到什么问题，我们觉得这种意见反映了当前有一部分同志的思想观点，因此加以公布，请大家讨论，我们觉得……现在我们的社论很单调，只是讲讲工作上的几项办法而已，很少根据群众当前的思潮，根据群众的正义呼声去写东西。我想如果我们的社论能够反映群众

① 中国社会科学院新闻研究所编：《中国共产党新闻工作文件汇编》，下卷，第345页，新华出版社，1980。

② 中国社会科学院新闻研究所编：《中国共产党新闻工作文件汇编》，下卷，第345页，新华出版社，1980。

③ 中国社会科学院新闻研究所编：《中国共产党新闻工作文件汇编》，下卷，第347页，新华出版社，1980。

④ 中国社会科学院新闻研究所编：《中国共产党新闻工作文件汇编》，下卷，第349页，新华出版社，1980。

当前的思潮，反映群众的正义呼声，我们的报纸也就更有群众性，更有力量了。而且有群众的东西也就更易于造成舆论。”①

谈到报纸的斗争作用时，他认为：“我们主要是打击某种错误观念形态，并不一定要指名道姓，这同你们的新闻观点也许不大一样。现在报纸上有时把一个团支部书记‘打’得那么可怜，我倒有点同情他，因为他只是代表着当前的一种观念形态，代表着当前的一种社会思潮，可是现在我们却把他当‘阿Q’来牺牲了。我是不主张牺牲‘阿Q’的。因为中国人有一种习惯，就是主张保护具体的人。我们不要向‘阿Q’开刀，而是向‘阿Q’的思潮开刀。拿起刀子来砍当前群众中的错误思潮，砍那些犯错误的社会背景，我看更有力量。总之，我们要严言，不要严惩。”② 这就是人们常说的，报刊批评对事不对人。

对报纸关心群众的事情，照顾群众的兴趣，他批评了认为资产阶级报纸反映群众要求的看法。他指出：“有的同志提出无产阶级专政的阴暗面在新闻工作上有什么反映？为什么说资产阶级办报，反而考虑到群众的爱好，而我们却考虑得少？我不同意这样的看法。在旧社会，群众情绪是没有出路的，因此旧社会的报纸在这方面的反映往往是只代表着一种毫无出路的声音。他们报纸上所反映的所谓群众的爱好，事实上引诱群众走向没落。在这点上我们的报纸不能向他们学习。因为他们是没有出路的，我们是有出路的，我们的出路就是把大伙的事搞好。有同志说，我们一、二版没有起什么作用，我看不见得，在城市里也许没有人看，但是到了县委，恐怕人家就凭它去做工作了。”③

他批评了编辑记者不愿意深入生活、下基层采访的错误倾向，要求“报社的同志要经常下去吸收新鲜空气，有些东西可以到下边去写。下去也不要把自己用框框套起来，也不要有思想压力，似乎搞不出成绩来，就不好意思回来。思想也是从实际中来的。我们的社论、评论要结合实际，最大的问题

---

① 中国社会科学院新闻研究所编：《中国共产党新闻工作文件汇编》，下卷，第349页，新华出版社，1980。

② 中国社会科学院新闻研究所编：《中国共产党新闻工作文件汇编》，下卷，第349页，新华出版社，1980。

③ 中国社会科学院新闻研究所编：《中国共产党新闻工作文件汇编》，下卷，第351页，新华出版社，1980。

恐怕还是要了解情况"。[①] 胡耀邦的新闻观点很务实，对新闻工作产生了积极影响。

第四节　新闻机构主持者的新闻观念

新中国成立初期的媒体，大部分由解放前在解放区做过新闻工作的负责人直接主持宣传管理或日常报道，其中新闻总署署长胡乔木、中宣部部长陆定一、人民日报总编辑邓拓等一批党的新闻工作主持者，发挥了重要作用。他们的媒介观点总体上说和中央最高领导的新闻思想一致，但他们毕竟在第一线工作，最熟悉媒介运作的情况，提出过大量有益的观点，对那个时期新闻事业的恢复和发展做出了很大贡献。胡乔木的报刊思想在不同章节有过评介，在此节不再专论。

一、陆定一论报纸的宣传方针

陆定一（1906—1996年），江苏无锡人，在长期的记者、编辑生涯中，积累了丰富的经验，对党的宣传和新闻工作有着很深的理解。他曾主编《中国青年》、《红星报》，领导《新华日报》华北版的工作。1942年4月，负责编辑《解放日报》的《学习》副刊，同年8月，担任《解放日报》总编辑。1945年，任中共中央宣传部部长。中华人民共和国成立后，连任中共中央宣传部部长、中央人民政府文教委员会副主任。作为全党主管宣传的最高领导人，陆定一为新中国的新闻事业发展提出很多宝贵意见。从50年代中期开始，特别是反右派运动之前，他始终警惕苏联"左"的流毒对我国宣传工作的影响。在全国宣传工作会议上，屡次批评媒体报道的片面性、形式主义和教条主义倾向。

1954年5月，在第三次全国宣传工作会议上，陆定一作了《关于报纸工作的几个问题》的报告。他指出了报纸的一些缺点：联系实际、联系群众不够密切；批评与自我批评没有经常地、正确地开展，有些忽冷忽热，而且有不正确的、错误的批评；马克思列宁主义理论宣传很薄弱；长时期严重地

① 中国社会科学院新闻研究所编：《中国共产党新闻工作文件汇编》，下卷，第356页，新华出版社，1980。

忽视关于党的生活的宣传；经济宣传存在着很多缺点；国际问题的宣传也注意得不够；除了几家报纸以外，多数报纸的评论工作非常薄弱，评论不多，有些报纸甚至没有评论，懒得讲话；在新闻报道方面，也存在着迟缓、冗长、不生动的严重缺点。

陆定一指出："据华东的同志反映，上海先施公司解放后差不多每个地下党员都订一份《解放日报》，现在都不订了，这是由于报纸上的新闻迟缓、冗长、不生动。这是文风上的一个缺点。这里讲一讲冗长的问题。我们不是反对长，好消息应该写得长，但是冗长就不好了。既空空洞洞，又长，就叫冗长。这些缺点恐怕提得还不够，可能还有更多的缺点。例如，在关于党的生活的宣传方面，许多报纸曾自觉地或不自觉地进行了个人主义、个人崇拜、分散主义、宗派主义的宣传，对于这些缺点，我们还总结得不够。有些报纸虽然总结了，但往往是局部性的。"陆定一还认为，报纸存在缺点的主要原因在于党委抓得不紧不力，当然报纸编辑部也有责任。[①] 陆定一对报纸宣传工作的批评，既涉及宣传方针和政策，也包括新闻报道的文风。

1956 年 3 月 23 日，他在给张际春同志的信《应当纠正宣传工作中的形式主义》中提到宣传部的任务是管思想，报纸、刊物、党校等是思想工作的工具。"宣传工作中形式主义的现象，看来相当严重。在工厂中，一是广播，不管工人在做工、吃饭，它在做政治报告。这时候，究竟是停了工注意听报告呢？还是专心做工不听政治报告好呢？二是宣传网，在党、团、工会之外另立系统，经常汇报，实际上是占了时间，添了忙乱，反而使宣传员没有可能利用时间去向工人做宣传工作。其实，党委宣传部要了解思想情况，经过党、团、工会、行政等系统就尽够了，用不着直接听宣传员一个个来汇报，至于宣传员，不是团员，就是党员或是工会会员，用不着另外再有一套独立组织。以前工厂里没有党的组织，搞一批宣传员还有些道理可说，现在已经没有这个单独组织必要。三是学习，项目很多，学习起来又总是先听报告，然后分组讨论，一条一条，不问轻重缓急，总是老一套，为的可以报账。结果时间拉得很长，学得没有味道。现在工厂的党委宣传部门，在工人中被认为'五多'的部门。"[②] 他批评道："凡事要有分寸，讨一个老婆是喜事，讨两个老婆是犯法；吃二、三碗饭可以饱肚子，合卫生，吃十碗八碗就会生

---

① 《陆定一文集》，第 459－460 页，人民出版社，1992。

② 《陆定一文集》，第 491 页，人民出版社，1992。

病。这是分寸。宣传工作也要讲究分寸。”① 这是陆定一对广播、报纸不分时间、不分地点、不分对象、不分轻重缓急的宣传方式而进行的严厉批评，反对宣传报道大轰大嗡、一味灌输、不讲效果的错误做法。

陆定一看到党的宣传工作中存在的形式主义不仅仅表现在新闻媒介和其他的宣传手段上，还看到了这种危害的更重要的一面，“甚至在日常生活当中也形成了一股风气”，严重影响了人民群众的正常生活。比如长江轮船上，对乘客要上政治课，而且是交通部的某一政治部规定的。在农村中，现在有些乡村也买了大批喇叭，准备做到广播“家喻户晓”。“为了公债，有的大学教授已经参加了五次关于公债的会议，教育工会召开一次，卫生人员的组织又召开一次，学校一次，区里一次，如此等等。有个大学教授说，规定我买九千元公债，我愿买一万，只希望不要开会。”

在第三次全国宣传工作会议上，陆定一还详细阐释了报纸的工作纲领。他说：第一，报纸要加强理论宣传。陆定一说：“这里涉及两个问题：一个是联系实际的问题。进行系统的马克思列宁主义的宣传，不是空空洞洞地来宣传，要同实际问题和干部群众的思想密切地结合起来。再一个就是干部教育问题，报纸的马列主义宣传要跟干部的理论教育工作密切结合起来。我们现在学习总路线，报纸就应该发表一些这方面的文章，使报纸的理论宣传能够帮助干部的理论教育。中宣部曾通报了西北干部理论教育的例子，他们出一批题目，组织一批同志写文章，写了文章以后作报告，报告以后修改，修改以后登报。这样就出来一些比较带理论性又联系实际的文章，学习理论的同志就可以研究这些文章。”

第二，报纸要加强党的生活宣传。党的生活应不应该见报？陆定一认为应该见报。“实现总路线，实现国家社会主义工业化和农业社会主义改造，没有党的领导是不行的。我们党是马列主义的党，它有健全的党内生活，这对我们的工作能起到很大的推动作用，全国人民对此也是很仰慕的。是他们把党看作是领导社会主义事业的一个核心。党的生活宣传要注意教育党员怎样过党的生活，怎样过支部生活，怎样进行批评和自我批评，怎样领导群众，怎样纠正不正确的思想和作风等等。”

第三，经济宣传要有全局观念。在经济宣传中要有以国家的社会主义工业化为主体的整体观念，关于工业和农业、交通运输、财经工作和贸易工作

① 《陆定一文集》，第492页，人民出版社，1992。

的发展，都要适当注意宣传。这就是说在经济宣传中要有整体观念，而不要孤孤单单地片面地只宣传某个方面。各类报纸由于担负的任务和读者对象不同，当然应当有它的侧重面，但不能单打一。陆定一还特别强调，在经济宣传中，要注意宣传重工业，因为重工业是生产生产工具和原材料的。所以我们要花一点力量来宣传，告诉群众为什么要搞重工业，愿意为发展重工业出力，哪怕在生活水平的提高上暂时受到一些影响，这也是经济宣传的整体观念。

在经济宣传中，陆定一特别强调对于有重大价值的先进经验和生产技术的宣传。他说："这里要注意的是综合性报纸同一般的专业报纸不一样。综合性报纸读者的面很广，各个阶层，各种不同职业、不同文化程度的读者都有，而不像专业报纸，它们的读者对象主要是专业技术人员。所以综合性日报进行技术宣传要注意普及，要让大家都容易懂，而不要太专门化。至于专业报纸，那是可以专一点的，可以多讲一些专门的名词等等。但是有些重要的技术宣传，综合性报纸也要详细地讲。"这种针对不同报纸的具体指点，对于综合性报纸和专业报纸做好技术性宣传报道有着很强的指导作用。

他还认为，经济宣传中，一定要宣传人民生活水平的提高。对于人民生活水平的任何提高都要宣传。比如造了新的工人宿舍，造了新的托儿所，造了新的学校等等都要宣传。这是我们报纸宣传的一项很重要的工作，不能一天到晚总是讲增加生产呀。增加生产的目的是什么？目的就是改善人民生活，你宣传人民生活的改善，就会鼓励提高劳动生产率，鼓励人民群众完成和超额完成国家计划。

第四，关于国际问题的宣传。陆定一说："争取世界和平以及亚洲和平，是党的总路线的一个组成部分。也是我们报纸宣传应该注意的。"在国际问题的宣传中，还有一个国际贸易的宣传问题。国际贸易，出口商品，这是争取和平必不可少的一件事情。发展国际贸易不只为了发展我国的工业，而且有政治意义，这个政治意义就是争取和平。我们要经常从国内建设和世界和平这两方面来宣传国际贸易。

第五，鼓励专家写报纸评论。报纸要组织评论。组织评论的方法，苏联的经验，可以借鉴，就是团结和组织多方面的专家，包括工人模范、农民模范、厂长、合作社主任、工业农业中的技术人员、科学家、政府的部长来参加报纸的评论工作。苏联是这样做的：评论由报馆写，写出来之后发给很多人看，提出修改意见。这样一来，许多荒谬的技术和数字错误都会避免。

第六，报纸要有自己的特点。党委机关报的特点就是党的生活、党的建设。当然，别的问题它也要讲，但是它一定要有党的生活、党的建设问题。工会的报纸要有对工人的共产主义教育、劳动竞赛、工会建设这样一类的问题，别的报纸也要讲，但是它应该在这方面讲得多一些。农民的报纸要通俗，要向农民讲农业的社会主义改造问题，普及农业生产知识，普及科学知识、卫生知识等等。青年团的报纸要加强对青少年的教育。地方报纸要有地方性，就是说它的地方消息要占它版面的二分之一以上，其余的国际国内问题占二分之一以下。

1957年3月13日，在全国宣传工作会议上，陆定一说："现在我们扩大了《参考消息》，发行25万份，这是给帝国主义'办报'。我还希望办报的同志订几份香港反动报纸看看。顶反动的是国民党办的《香港时报》，它每天有半版'铁幕新闻'，登的大多数是我们的漫画、文章，包括《人民日报》的在内。有的他改一下，有的不改，只换个标题，无非是共产党要崩溃之类。当然不是说他们登了我们的批评文章，我们以后就不要批评了，还是要的，他要登让他登去。但看看有好处，使我们头脑清醒些，知道如果叫国民党来办报，它就只暴露我们的黑暗。"

陆定一认为，报纸能否认真地开展批评与自我批评，是报纸党性强弱的一个标志，同时还是党的民主生活是否充分的一个反映。他对报纸的批评和自我批评报道提出了几个必要的条件：1. 批评的事实要完全正确，而不是基本正确。群众对报社的要求是，凡是你发表的东西，头一个条件就是完全正确。要做到所写的批评报道完全正确，那就需要调查。2. 批评要有利于实际工作，有利于团结，要对党、对国家、对人民，以至对被批评者都有帮助。我们所需要的是这样的一种自我批评，即通过自我批评提高工人阶级的文化程度，发挥它的战斗精神，巩固它的胜利信心，增加它的力量，帮助它成为真正的国家主人。3. 批评的态度要正确。批评文章不能随便给人家戴帽子，什么官僚主义等等。批评的态度就是毛主席说的"惩前毖后，治病救人"；为了团结进行批评，批评要达到团结的目的。4. 要慎重对待批评发表的时间问题。一般的批评，时间问题不大。但有些问题，就要争取时间发表，比如冬天来了，煤还没有运来，赶快批评吧，批评了煤就可以运来，如果你等上两个月，等到明年春天再发表，那么这个批评就没有用了。有些重要的问题就要考虑到时间问题，比如高岗、饶漱石的问题，要不要登报？将来要登报的，究竟什么时候登报？这就要中央来决定，报社的人不能决定。

5. 报纸的正面报道，要盖过批评报道。我们的编辑部要注意这个问题，就是不要使得人家在报纸上面看到那个地方漆黑一团，只有这样，才合乎我们国家的真实情况。6. 批评与自我批评要加强党委的领导。重要的批评一定要请示党委，不请示是不对的。《人民日报》上的重要批评，事实由报社调查清楚，批评的态度对不对，发表的时间合适不合适，由中央负责同志分别看稿子，进行审查。各级党委的机关报也要这样办。7. 报社内部也要开展批评与自我批评。报社批评别人，自己也要开展批评与自我批评。陆定一还重点推荐了苏联《真理报》的做法，认为我们的报纸也可以借鉴。他说："《真理报》出版了一个《真理报人》，是一个内部刊物，那上面有非常激烈的批评。他们还收集读者的信，把对《真理报》的意见，整理出来，给中央看，这都是报社内部开展批评与自我批评的办法，我们的报纸也可以借鉴。"①

另外，陆定一还指出，我们还要发挥《人民日报》"报纸的报纸"的作用，它要对于其他的报纸加以评论，看哪些办得好，哪些办得不好，办得不好就批评，办得好就表扬，在《人民日报》发表。②

陆定一主张：中宣部要减少琐碎的事务性工作，反对形式主义，腾出时间来研究一些大的思想、政治方针问题，这样才能更好地体现党的思想领导作用。他说，如果中宣部每一个处一年能写出一篇好文章，提出一些好建议，递交的报告被中央采用一点，甚至几个字，就算做好了工作。他强调，中宣部不要取代中央发号施令。如果每个处都想对下发号施令，那么究竟谁是中央呢？解放战争后期中央曾转发斯大林、日丹诺夫批判列宁格勒《星》杂志自由化倾向的讲话，一些宣传干部深受影响，喜欢多管一些具体事物，往往把创作和新闻报道的细节、方法问题视作思想立场问题，而忽视了大方向。③

当全国掀起"向苏联老大哥学习"的高潮时，陆定一没有赶浪潮，而是头脑冷静地看待苏联，实事求是地对待苏联。陆定一引用米高扬的话说，苏联的很多新闻工作者除了能背诵一些马列主义著作，没有学问和知识，许多文章夸夸其谈，言之无物。在新闻工作方面，塔斯社报道的消息不全面，报

① 《陆定一文集》，第486－487页，人民出版社，1992。

② 《陆定一文集》，第486－487页，人民出版社，1992。

③ 秦川：《我眼中的阎王们》，载《同舟共进》，1998年第3期。

纸只登结论性的文章，没有生气，这些问题值得我们考虑。陆定一的实事求是态度，对新闻界的唯物主义者是鼓舞，对一切形式主义者却是强有力的告诫。

二、邓拓的办报经验谈

邓拓是杰出的党报工作者，1912 年生于福建闽侯（今福州市），1938 年 4 月在晋察冀边区担任中共晋察冀宣传部副部长，兼任《晋察冀日报》社社长、总编辑，并兼任新华社晋察冀分社社长。1949 年 4 月调任中共北京市委宣传部长，新中国成立后任《人民日报》社社长兼总编辑、全国新闻工作者协会主席，1958 年任北京市委书记处书记，分管文化宣传工作。1960 年起兼任中共中央华北局书记处候补书记，主编理论刊物《前线》。他在长期主持报刊的工作中，形成了丰富的媒介批评思想。由于他发表《燕山夜话》、《三家村杂记》等一系列批评性的杂文和文章，拒绝对极左路线歌功颂德，在“文化大革命”期间受到残酷迫害而自尽。

1955 年，在《关于报纸的社论》① 一文中，邓拓对党报如何搞好社论工作提出了一些见解。他认为报纸的社论应该满足以下几个要求：第一，要面向广大的对象。不同的对象所关心的问题当然各有不同，但社论一般应该尽可能以最广大人民群众为对象，应该讨论广大人民群众所普遍关心或具有普遍兴趣的问题。第二，要有一定的思想水平。党的机关报的社论应该善于正确地按照马克思列宁主义的立场、观点和方法，来分析问题和解决问题，表达党的政治见解，提出当前的动员口号。社论能够做到这样，就有了一定的思想水平，同时也是报纸党性强弱的重要标志之一。第三，要切合实际情况和需要。社论必须正确地运用马克思列宁主义的基本原理和党的各项政策原则，去分析和解决各种实际问题。如果没有掌握大量的实际资料，当然就不能想象会有好的社论产生。但是，社论所采取的材料又要比其他文章引用的材料更精辟，更带有典型意义，才能根据这些材料做出结论，提出改进实际工作和进行革命斗争的办法和主张。第四，要正确运用活的语言。现时流行的社论和报刊的其他文章多半叫人读不下去，重要原因之一是语言的枯燥和八股调子。连篇累牍地重复着已经讲了又讲的老话，而缺乏广大读者喜闻

① 复旦大学新闻系编：《中国报刊研究文集》，第 418－422 页，上海人民出版社，1959。

乐见的新鲜内容，必须努力改进报刊语言的这种八股腔。

他要求所有报纸的社论能够正确地运用人民群众的活的语言，既不要死板的八股老调，也不要标新立异的怪调，要的是大众的通俗的语言。这是真正有生命的新鲜活泼的语言，最大多数人懂得它并且喜欢它。应该把那些方言土话同大众的通俗的语言区别开来，方言土话是不普及的，因此，在社论中不宜采用。社论作者应该努力端正自己的文风，好的文风是可以经过不断地锻炼培养起来的。社论应该写得朴素、精炼而生动，要做到朴素，关键在于作者要决心不哗众取宠，用老实的态度来写作。要做到精炼，就要作者决心删去一切可有可无的字句和段落。要做到生动，最要紧的是要搔到痛处痒处，说得具体和尖锐。这些都是可以经过不断地锻炼培养起来的。[①] 邓拓深中肯綮的批评，不仅指出了当时社论存在的主要弊病，而且也击中了当今一些报纸社论所患的顽疾。

1958年初，邓拓以《人民日报》总编辑身份在中共中央直属各机关、中央国家机关、中共北京市委和人民解放军驻京部队干部大会上，作了《新闻战线上的社会主义革命》的报告，提出报刊内容和形式都应该“百花齐放”。他说：“我们要使报刊的内容和形式，充分地反映社会主义的原则和生动活泼的朝气，充分地反映广大人民建设社会主义的劳动热情和祖国日新月异的面貌，充分按照党的政策方针去指导人民群众的政治斗争、生产劳动和实际生活。我们不但应该经常大量地用各种形式报道人民的政治、经济和文化生活，并且要经常大量地向群众进行马克思列宁主义的基础知识和唯物辩证法的宣传。这种宣传必须同群众斗争和思想实际密切结合，从客观实践中提出问题来进行解释。”

“至于报刊的表现形式更应该力求生动活泼，丰富多彩，而不应该拘于一格。属于新闻业务或技术方面的问题，各报应该展开社会主义的革命竞赛，使百花齐放，各显神通。”邓拓强调：“如果我们的报纸离开内容而盲目地追求形式，那当然是错误的。但是，形式的活泼生动能为读者所喜见乐闻，又不可不注意。我们编一张报纸要像园丁经营一座美丽的花园一样，要使报上红花突出，绿叶茂盛，既有中心，内容又很广泛而不单调。文章的形式也要如百花齐放，各式各样的花色品种应该日日开放，有色、有香、有味。并且要及时刊登，免得变成明日黄花。”他指出：“无产阶级是需要知识

---

① 复旦大学新闻系编：《中国报刊研究文集》，第432页，上海人民出版社，1959。

的。报纸天天和读者见面，向人们输送精神食粮，应该承担起传播知识的职责，满足读者渴望知识的要求。从一定意义上说，报纸应该是给人知识的百科全书。所以，新闻工作者一定要有广博的知识，知识的范围越广越好。”①邓拓形象生动的说明，阐述了报刊贯彻“百花齐放”方针的重要性和基本要求，对于报刊的繁荣发展是大有裨益的。

在邓拓主管《人民日报》期间，他要求报纸上发表的每一篇文章都必须是言之有物的。一个人写每一篇文章，总要有自己的见解，要有新的思想，要有所发现。在文章里要有别人没有发现的东西。如果在文章中不可避免地要涉及一般性内容时，只需一笔带过，不要多费笔墨，而对于所要突出的重点，新的思想内容，则要充分发挥，切忌人云亦云，空洞无物的东西。

在他主持《前线》杂志期间，明确提出办刊物要坚持一个指导思想，就是要有知识性。他主张刊物要开辟多种栏目，给读者以广泛的知识教育，包括古今中外、天文地理、文史哲经，“要把杂家的灵魂加进去”。1961 年在《前线》创刊三周年的编辑部会议上，邓拓说：“我曾经有一个兴头，办个《杂家旬刊》，十天出一期，每篇文章不超过千字，内容什么都可以讲，一字不空。要政治，整个都是政治眼光贯穿着，但是要生动。不光是为了给人一些知识，而且是广泛地讨论一些问题，使人从中吸取一些有用的东西。搞出来的东西，要使人感到充实。”他还号召办刊物的同志要努力当杂家，刻苦学习各种知识，博览群书，接触三教九流，并说：“不要怕人家说杂七杂八，只要有马列主义的根底，就不怕杂，不怕乱。”②

1958 年邓拓指出，许多新闻单位存在严重的“六气”，③ 这就是官气、暮气、骄气、娇气、阔气还加上书生气。这六气如果不从思想根源上挖掘干净，必有后祸。我们有许多新闻工作者官气十足，架子很大；或者是老气横秋，暮气沉沉；或者骄傲自满，盛气凌人；或者是娇生惯养，不肯吃苦；或者是铺张浪费，少爷作风。书生气更是我们所特有的，这就是关门办报，脱离实际，八股腔调，老一套办报方法。这种书生气也增加了暮气、官气、骄

---

① 成美、顾行：《邓拓传》，第 120—121 页，山西教育出版社，1991。

② 成美、顾行：《邓拓传》，第 123 页，山西教育出版社，1991。

③ 复旦大学新闻系编：《中国报刊研究文集》，第 213—216 页，上海人民出版社，1959。

气、娇气等等。

邓拓提出要用“多快好省”的方针剔除新闻工作中的“六气”。对于新闻工作，什么是“多”？邓拓说：“这在新闻工作上就是要求编辑记者写得多、编得多、看得多，反映到报纸上是品种多，特别是评论要多，要改变过去‘一篇主义’倾向。要解决一个问题发一篇社论往往是不够的，今后要抓住重大问题，连续发表许多篇社论，求得彻底解决问题。我们要经常注意社会上发生的新问题，及时反映到报纸上来。美术作品也要增多，这样版面才能活跃。报纸发行数量也要增多，以满足读者的需要。”

什么是“快”？“对新闻工作者来说，这是一个很重要的问题。我们经常很快就知道许多事情，但是反映在报纸上却比较慢。今后我们要反映问题快，宣传中央政策方针快，发行快。”什么是“好”？“好的标准就是准确性、鲜明性、生动性。准确性不但是逻辑问题，而且包括宣传中央政策要准确，反映的各项事实及问题提法也要准确。鲜明性主要是逻辑问题，生动性主要是写作技巧问题。这‘三性’是我们努力的目标，我们新闻工作者应该首先在这方面展开竞赛。”什么是“省”？“这对于新闻工作者来说，就是文章要力求短小精悍，不要写多余的字句，这样既可省笔墨，又可省篇幅，还可省读报人的时间；电报短些，也可省钱。”

怎样在新闻工作中实现“多快好省”？邓拓还提出了相应的对策。首先，要有一个全面的规划，一年要做几次检查，年终应该进行评比。这样才能够及时总结经验，发扬成绩，克服缺点，纠正错误。这样就可以激励人心，大家共同前进。其次，各新闻单位的主要负责人应该普遍推广“试验田”，改进领导方法，突破一点，推动全面。主要负责人要把主要精力放在业务上，抓住先进例子和落后例子，从这两个对立面去寻求新的工作规律，积累经验，带动一般。现在有的新闻工作单位已经出现了一些先进的工作方法和良好的成绩，我们应该组织参观，互相学习，迅速推广优秀工作者的先进方法。各单位的具体条件不同，有许多工作方法和经验不是普遍适用的，在学习中要防止教条主义的机械搬用。对于社会主义兄弟各国报刊工作的经验教训，我们也一定要继续认真地学习。他们的好经验对我们有用，他们的失败教训对我们也有用。在这一方面同样要防止教条主义的倾向，要提倡创造性的学习态度。

他还提出新闻工作者迫切需要思想改造，改造的方法是轮流下放，到生产劳动和基层工作中去锻炼，像希腊神话中的安泰一样，要去寻找母亲，增强自己的力量，改变我们知识分子先天不足的弱点。编辑记者在作风上，要真正联系实际、联系群众，具有勤劳、朴素、忠诚、谦逊、坦率、勇敢、热情、乐观等优良品质。这样的品质只有生活在工农劳动人民中间去。每个社会主义的新闻工作者都应该立志把自己改造成为无产阶级的新闻战士。一方面要彻底无产阶级化，就是要红，并且要红得透；另一方面要有丰富的熟练的业务技能和知识，就是要专，并且要专得深。

在“左”的思想影响下，他向新闻界提出，红透专深的红色专家的道路是知识分子的共同道路，也是我们新闻工作者的道路。新闻工作者怎样实现红与专，还有若干具体问题。比如政治与业务的关系，对于新闻工作者似乎无例外的都可以统一起来，其实有一部分新闻工作者并没有真正把两者统一起来。新闻工作者中仍然有忽视政治而偏重业务技术的人，他们没有把技术无条件地服从于政治，他们处理问题往往不多从政治上考虑，而多从技术上着眼。这种人很危险，很容易迷失方向，造成错误。这种人需要耐心的帮助，要让他到群众中去，到斗争尖锐的地方去，改变书生气，成为政治家。一般地说，编辑记者都需要全套的本领，本领不够的就要学，缺门就要补。一个优秀的新闻工作者不但要有全套的业务技能，而且要有全套的基本知识。无论哲学、政治经济学、历史、文学、逻辑学、自然科学、技术科学、民族语、外国语等都应该学会一些。这些都是新闻工作者所需要的基本知识。

邓拓在指出新闻单位存在“六气”弊病的同时，还提出了“多快好省”的治病良方，并对如何实现“多快好省”提供了指导性意见。这种对媒介的批评，对于新闻媒体的作用如何，在60年后的今天已经被实践所证明：大部分脱离中国社会的实际进程，没有触及新闻媒体的关键问题，具有不少形式主义和“左”的思想倾向。

1961年，我国经济遭到了严重的天灾人祸，新闻工作也遇到不少困难。“大跃进”三年宣传工作中的浮夸风，使不少编辑、记者头脑发热，对形势的估计过于乐观。暂时经济困难的出现，许多人觉得突然，缺乏必要的思想准备。面对困难的经济形势，许多事情不好报道，一些编辑记者感到新闻的路子越来越窄，报纸越来越不好办。邓拓知道这些情况后，就邀集当时北京市的四家报刊——《北京日报》、《北京晚报》、《前线》、《北京文艺》的负责人和部分编辑、记者，在北海公园的庆霄楼举行座谈会。会议开得生动活泼，邓拓风趣地称之为“神仙会”①。

邓拓在广泛听取大家意见后，帮助大家分析了形势，指出报刊宣传要摆脱目前的困难，首先需要在思想作风上有一个大的转变。他说：“目前北京的报刊面临着一个共同的问题：大家必须共同努力打开一条新路。”“要开路，就要精心经营报刊；编辑记者要深入群众，多交朋友。”“办报纸刊物，不能像种大田作物那样粗放，而应该像丰台、海淀等地的菜农种菜园子一样精耕细作。写一篇文章，要多讨论几次，多花点心血；在写作之前，至少应该把别人在这个问题上发表过的意见都看看，只有在这样的基础上，才不致人云亦云，才能提出自己的看法，解决别人所没有解决的问题。”邓拓这番富有针对性的讲话，无疑为头脑发热的编辑记者注射了一剂镇静良药。会后，几家报刊的编辑部开展了读书和练基本功的活动，使报刊工作得到了很大的改进。

长期的党报工作实践，使邓拓树立起一个明确的观念：新闻工作者不能是生活的旁观者，而必须是生活的参加者，和群众一起共同建设新生活。因此，他一直认为，报纸编辑部的工作重点不应在报社之内，而应该在报社之外。要想尽一切办法，把千万根线索伸展到群众中去。在《人民日报》，他坚决贯彻这个方针，离开《人民日报》之后，他也始终不渝地强调报纸密切联系实际，联系群众的极端重要性。他说：“人民群众是报纸的服务对象，是报纸的真正主人。我们一定要摆正报纸和群众的关系，我们切不可以站在群众之上办报，向群众发号施令，指手画脚。我们应当站在群众之中办报，和群众平等相处，想群众之所想，急群众之所急，既引导教育群众，又反映群众的呼声。”②

他曾经多次说过：“报纸一定要做关心群众的‘热心人’。广大群众关心的问题，不论是思想的、工作的、生活的或者是学习的，报纸都要敢于触及，给以回答。这样，报纸的读者时时刻刻感到你是在关心他，报纸就会办得得人心，就能成为读者的知心朋友。”③“要办好报纸，努力了解我们的读者是最重要的。报纸要引导、教育好群众，编辑记者首先要站在群众之中向

---

① 成美、顾行：《邓拓传》，第 117 页，山西教育出版社，1991。
② 成美、顾行：《邓拓传》，第 119 页，山西教育出版社，1991。
③ 成美、顾行：《邓拓传》，第 120 页，山西教育出版社，1991。

群众学习。‘先当学生，后当先生’，这是我们新闻工作者对待群众的基本态度。”①

邓拓一直强调新闻工作者，尤其是担负报刊领导工作的同志，切忌做官，而应该不停地写东西。他认为，一个报纸的总编辑，只有自己不断地写作，不脱离新闻工作的实践，才能取得领导资格。他说：“一写东西，就会逼着你去关心实际问题，研究各方面的政策；逼着你去学习；逼着你联系群众，改进作风。高高在上的‘新闻官’是写不出东西来的，而不写东西的总编辑、编委，又何以说服记者呢？”他认为，记者是一辈子的职业，记者不论担任了什么行政领导职务，组长、部主任也好，编委、总编辑也好，对报纸来说，他都是本报记者，都应该不断地写东西。他说：“可惜现在有的同志把新闻工作岗位当‘官儿’来做，光坐在屋里开开会，动动嘴，而不采写文章，这是不宜于做新闻工作的。”他说，“投笔从戎”可以，“投笔从官”不行，一定要反对“新闻官”。② 邓拓对新闻工作者和新闻行业领导人的批评，切中了要害，在当今都有很强的现实意义。

长期以来，在艰苦和复杂的环境下从事报纸工作，邓拓养成了一种特有的政治素质和工作精神。对于报纸工作的任何一个环节，大到编辑计划的制定，小到一个标点符号的改动，都抱着极端认真负责的态度。邓拓经常要求报纸的编辑要有高度负责的精神。他说：“要做一个称职的党的新闻工作者是很不容易的。我们的新闻工作者和资产阶级的不同，我们的报道实际上是用公开形式出现的对党和人民负责的报告。报纸工作是重大的政治思想工作，但表现出来的却是日常具体技术工作，例如排版、组版、标题、校对等等。对待琐碎的技术性工作，我们应该从政治着眼去看待它。做编辑工作，要注意小事，越是大家不注意的地方，编辑就越要注意。要尽可能把一切都办得让作者和读者看了舒服、满意，对你放心。或者，我们干脆可以说，编辑工作无小事！”③

邓拓非常关心新闻队伍素质的培养和提高，满腔热情地帮助年轻的新闻工作者学习成长。《燕山夜话》在《北京晚报》刊出期间，工作之余，邓拓常常鼓励年轻的记者和编辑，要求他们多加学习。他说，新闻工作很忙，学

① 成美、顾行：《邓拓传》，第120页，山西教育出版社，1991。
② 成美、顾行：《邓拓传》，第123页，山西教育出版社，1991。
③ 成美、顾行：《邓拓传》，第124页，山西教育出版社，1991。

习时间是在忙里挤出来的，总是很零碎；想要找出一大段时间来专门学习，是不大可能的。但是，用零碎的时间同样可以学到不少东西，这就需要有计划。一定时期内要有一定的主攻方向，要有目的地一本一本地读书，同时注意涉猎和积累多方面的知识。这就像穿珠子一样，用一根线把一粒粒珠子穿起来，零碎的东西就成为一个整体了。能不能有效地利用零碎时间学习，是新闻工作者成长得有快有慢的一个重要原因。他要求我们认真学习马列主义的经典著作。他认为，有计划地选择几本马列经典著作，认真学懂学通，这是建梁立柱的功夫。掌握了马列主义的基本观点，多种多样的知识就活了，就能够融会贯通，运用自如。否则，即使读了许多书，也无非是书架子、书柜子，于实际没有什么用处。①

三、陶铸谈党报的特点、作用与任务

陶铸不但是我党老一辈的无产阶级革命家，而且是一个热情的宣传鼓动家。他1908年出生于湖南祁阳，1926年参加革命，多次被捕入狱，1937年抗日战争爆发后经组织营救出狱，被派往武汉任中共湖北省委常委兼宣传部长。1940年到延安，任中共中央军委秘书长、总政治部秘书长兼宣传部部长。1957年起任中共广东省委第一书记、广州军区政委。1960年起任中共中央中南局第一书记兼广东省委第一书记，1966年5月任中共中央书记处常务书记兼中央宣传部部长。同年8月在中共八届十一中全会上成为中共中央政治局常务委员，1967年1月遭江青等人诬陷，受到残酷迫害，1969年逝世。

他响应“毛主席关于党委必须掌握报纸”、“第一书记要亲自动手抓报纸”的指示，对广东省的报刊和新闻工作给以有力的指导。仅以《羊城晚报》改版以后的十个月为例，陶铸平均每个月讲一次，从方针政策、工作方法，直到具体的栏目、版面、标题、文风，都亲自过问。

1965年7月，《羊城晚报》改版，成为中南局的报纸。陶铸提出的办报方针是：《羊城晚报》既要有晚报的特色，又要起中南局指导工作的作用；又要起机关报的作用，又要是晚报。到底应该办成一个什么样子呢？陶铸明确地说：“它应该办成基本上还是晚报的样子。”② 他曾经多次强调这一基本

① 成美、顾行：《邓拓传》，第125—126页，山西教育出版社，1991。
② 《陶铸同志谈〈羊城晚报〉》，载《新闻战线》，1979年第1期。

方针，不能因为《羊城晚报》收归中南局，就把原来的一些特点都丢掉了。他说："所谓机关报的作用，主要是指担负意识形态领域、思想文化战线方面的报道任务来说的。""中南局要在晚报一版搞点社论，组织一些报道，谈谈中心工作如何抓法，但同时，又要保持晚报原来的活泼。"

1965年正是"文化大革命"前夕，也正是林彪鼓吹的"活学活用"、"立竿见影"甚为风行之时。陶铸不赞成这一套。他的意见是："报纸一定要抓阶级斗争，要认真宣传毛泽东思想；但是，要用生动具体的材料、事例、典型来宣传，不要概念化。例如宣传焦裕禄、欧阳海、麦贤得，就是宣传毛泽东思想，他们在毛泽东思想的阳光雨露抚育之下成长起来的。"① 这是陶铸一针见血的媒介批评，如果在"文化大革命"中，多一些这样中肯的批评，我们的媒介也不会沦为林彪、"四人帮"的传声筒。他指出，有一种人学习毛主席著作是为了引用，是概念游戏。学毛著是为了用毛泽东思想改造人的世界观。宣传毛泽东思想不是说非用这个词不可，毛泽东思想是革命的立场、观点和方法，掌握它，为了使人们能够正确地对待工作、思想和生活。不能总是说"活学活用"、"一抓就灵"、"立竿见影"，老讲那几个字有什么意思！②

陶铸想通过实践，尝试把一张报纸办得既能起到机关报的作用，又能使群众喜闻乐见。因此，他说："社会主义报纸可不可以办得多种多样呢？我们想另辟蹊径，可不可以呢？我看是可以的。既要有政治性，又要有知识性、趣味性，通过一段实践来看，这样的报纸可以办好。我们教育人民的形式是多种多样的。不要以为板起面孔，马克思主义的东西就多一些，文章写得风趣，不一定没有马克思主义。"③

怎样才能办成一张有自己特色的报纸？归纳起来，陶铸说了三点意见：要打破框框，要有取有舍，要会做编辑工作。陶铸说："打破框框，有些东西就可以登一版。王杏元是农民，写了长篇小说《绿竹村风云》，一版要作文章。农民也能写出这样好的作品，说明文化不再是少数人垄断的了。一版要选全世界、全中国、全中南、全广东比较有分量的消息。今后登消息要有特点，没有，就不要登。或者本身有特点，也可以登。消息一定要有新观

① 《陶铸同志谈〈羊城晚报〉》，载《新闻战线》，1979年第1期。
② 《陶铸同志谈〈羊城晚报〉》，载《新闻战线》，1979年第1期。
③ 《陶铸同志谈〈羊城晚报〉》，载《新闻战线》，1979年第1期。

点，新材料。一个月要有七、八条这样新的消息。有些书生，开会讲话不着边际，最没意思，这类事可以不登。晚报和《广州日报》合并那一段，每况愈下，受欢迎的东西没有抓住，搞一些大会动态，一般化，官腔，没人看了。一版还要多登广州的消息，因为是'羊城'晚报。要多登广州的科学、艺术、发明创造和经济建设方面的消息。这张报纸25万份发行在广东、广州，所以一定要以广州为中心。"①

"四版也要打破框框，要革命。《纵横谈》这个栏目很好，但现在是纵不起来，也横不起来。写好这个栏目的文章，要很有一些国际知识，要笔锋很犀利，要有实有虚，夹叙夹议。四版的电讯要选择，不是来了什么就登什么，登满为止。有的可以多登一些，加上照片，加上历史、地理知识，加上言论，就突出了，就会使读者有深刻的印象，就会与别的报纸有所不同，老炒冷饭，有啥意思。要改编，有些消息，读者不一定当天就要知道，没材料停一天也可以。要精心组织一、四版。篇幅不多，就更要挖空心思，要与别的报纸有所不同。"②

总之是要有些有见解的东西，有些独特的东西。陶铸说："当编辑要有取有舍。别的报纸没有抓到或者抓着的，而问题又是重要的、新鲜的，就着重把它抓住，挖得深，宣传得很突出，那就有自己的特色了。《花地》要有花，不能光是野草，要真正登出有水平的作品来。多搞些好照片，好的报告文学，要组织一批特约撰稿人。周立波的《韶山的节日》，写得很朴素，很好。这样的文章很有生命力。有些文章，摆架子，没有生命力。有位古人论文章说，宁愿做活老鼠，不愿做死蛟龙，我很欣赏。希望报纸上多一些活老鼠，少来点死蛟龙。"③

"编辑工作要讲究，编编辑辑，大有可为。要学会找尖端。什么是尖端？特别大，特别小，特别薄，特别厚，都是尖端，要会选。凡是报纸都应该看，凡是有用的东西都为我所有。要多看，眼观六路，耳听八方。要善于组织稿件，多看看各地的内部刊物，实行'拿来主义'，改写以后在报上发表。好的照片都要收集到一起。如果我是总编辑，我就搞一个大夹子，把好的照

① 《陶铸同志谈〈羊城晚报〉》，载《新闻战线》，1979年第1期。
② 《陶铸同志谈〈羊城晚报〉》，载《新闻战线》，1979年第1期。
③ 《陶铸同志谈〈羊城晚报〉》，载《新闻战线》，1979年第1期。

片收集起来，一有机会，就发表一张。”①

陶铸认为，办报纸要坚持毛主席提出的“百花齐放、百家争鸣”的方针。他回顾《羊城晚报》创刊的历史说：“《羊城晚报》是在反右派斗争以后，为了给大家一个百花齐放、百家争鸣的园地才办的。它原来就是一个文化阵地，搞文化建设和文化革命。”② 要“百家争鸣”，就得允许争论，不能只是一家之言。陶铸说：“报纸要有声音，有争论。没有争论，报纸就没有味道。要允许有不同的意见，通过争论，把错误的意见引导到正确的方向去。”

批评与自我批评是我们党的优良传统，在报纸上开展批评与自我批评，是完全必要的。《羊城晚报》有一个栏目叫《五层楼下》，是一个发表批评性意见的小专栏。陶铸说：“《五层楼下》很重要，它实际上是对各种不良现象展开批评。报纸没有批评，没有声音不行。我们代表广大群众的利益，对一些不好的东西可以展开批评。我在考虑，用什么形式对中南地区带普遍性、共同性的不良现象，展开批评。”陶铸举例说：“不是有一家书店么？如果确是服务态度不好，你们去访问它，如果还不好，你们可以登头条，题目就叫：这样的书店有没有存在的必要！社会主义就是要斗争。”有的同志担心怕出错，陶铸鼓励大家解放思想，说：“写东西要完全不错是难的，大道理抓对了，小道理错一些，也不要紧。”

陶铸重视报刊的评论写作，他对《新闻战线》的记者说：“办报有两件事。一是会借题发挥，没这个本事，不能办报。你们是有题不发，发而不挥，怎么能写好言论？萌芽状态的东西要点出来。二是要知道群众需要什么，需要的你不讲，讲的人家不需要，报纸是永远办不好的。”③ 精心写好评论，是报纸用党的方针政策指导群众、指导工作的极其重要的任务。陶铸非常重视这一工作。他说：“报纸要有自己的言论。没有言论就不成为其报纸。每个月要写几篇有分量的社论。写社论要抓问题，不要泛泛而谈。要有点劲头，要站得高，有斗争性，赞成什么反对什么要旗帜鲜明。”陶铸对评论性文章要求很高，他指出：“写言论要放开，要有新观点，要有文采。写文章要有些棱角，有些闪光的东西，要言之有物，要有自己的见解。不要净

① 《陶铸同志谈〈羊城晚报〉》，载《新闻战线》，1979 年第 1 期。
② 《陶铸同志谈〈羊城晚报〉》，载《新闻战线》，1979 年第 1 期。
③ 《陶铸同志谈〈羊城晚报〉》，载《新闻战线》，1979 年第 1 期。

是水，说空话。”

对于报纸上发表的重要新闻和典型报道，陶铸认为都应该配以评论。他说：“发头条，没有社论也要有编者按，它说明我们为什么要发这个东西。发表典型报道的时候，应当写点言论，这样才能给人以深刻印象。牡丹虽好还须绿叶扶持。”就是对于剧本和画，陶铸也认为应该加强评论。这年的七月份中南区准备戏剧会演，陶铸提出：“晚报要抓好对戏剧会演的评论，有表扬有批评，通过对剧目的具体分析，从而得到提高，推动革命现代戏的发展。《花地》应与美术学院等加强联系，搞些好的画发表。登剧本和画，都配些评论。”

为什么陶铸一再强调要保持晚报的特点？也是因为陶铸心中有群众。他说：“国内、国外大事，从日报、本地报纸可以看到，但晚报这些内容，却从别的报纸上看不到。人家看你的报纸，你总要满足一下群众的需要吧。”陶铸举例说，《晚会》搞些科学知识、历史掌故、“陈医生手记”，可以各取所需。《五层楼下》反映一些群众的呼声。港澳、台湾的一些情况，许多人都想知道，通过《港澳新闻》和《今日台湾》，可以加强报纸与读者的联系。总之，读者在《花地》、《晚会》和体育版等等副刊和专栏里，总可以找到一点自己可看的东西。

第五节　新闻报道的学术争鸣

新中国在探索和实践新闻事业的道路中，遇到的许多问题不再仅仅是方针政策和新闻业务方面，已经涉及基本新闻理论问题。其中既有业界的迷茫，也有学界的思索，在上个世纪五六十年代出现了一些学术争鸣文章，开辟了媒介批评的学理传统，也深化和提高了中国媒介批评的素养。

一、“新闻真实”的歧义

关于新闻真实问题，看似简单，然而，什么是新闻的真实，新闻报道怎样达到真实，分歧却由来已久，争论也最为激烈。在新中国成立前，党的领导人以及新闻理论家等都对这个问题有过论述，党中央在解放区还领导了反“客里空”运动。但是，由于报道中不断出现新闻失实现象，对新闻真实的争论一直是新闻界的焦点之一。新中国成立初期的新闻界对这个问题也有过热烈的争论。

(一) 对“合理想象论”的讨论

1952—1960年新闻界曾就记者的“合理想象论”展开讨论，对某些记者的新闻杜撰进行批评。“合理想象论”的提出和一篇通讯有很大关系。1952年10月25日晚，志愿军英雄黄继光在朝鲜战场夺取上甘岭597.9高地的战斗时，用身体堵住敌人碉堡的机枪枪眼，掩护部队前进而光荣牺牲。通讯稿描写黄继光在冲向敌人堡垒途中受伤，第一次从昏迷中醒来的情景则是：“一阵阵的冷雨落在黄继光的脖颈上，敌人的机枪仍然在嘶叫，他从极度的疼痛中醒来了。他每一次轻微的呼吸都会引起胸膛剧烈的疼痛……”

当黄继光第二次从昏迷中醒来后，记者又这样描述黄继光的心理活动：“……黄继光又醒过来了，这不是敌人的机枪把他吵醒的，而是为了胜利而战斗的强烈意志把他唤醒了……后面坑道里营参谋长在望着他，战友们在望着他，祖国人民在望着他，他的母亲在望着他，马特洛索夫的英雄行为在鼓舞着他。”

这篇通讯发表后引起很大反响，但新华社内部有人持不同看法。他们提出，黄继光同志完全有可能产生那些思想和感觉的，但他在没有机会和任何人说一句话前就牺牲了，而其余战友离他又有很大距离，不可能看清他的表情和轻微动作，因此，通讯的描述，显然出自记者的揣测。当然也有人完全站在记者的立场上，认为通讯可以适当地进行文艺加工，为了丰富报道的内容，记者可以适当地发挥自己的想象。双方的意见经过很长时间的争论。

一些记者认为新闻不是文学，写新闻不能运用文学创作的方法。按照陆定一对新闻的定义，新闻仅仅是新近发生的事实的报道。文学创作上的“合理想象”，不适用于新闻写作，合理想象的东西不能当作新闻的事实来报道。持不同意见者认为，新闻可以“合理想象”，它和真实性并不矛盾。他们列举了很多理由：“只要经过采访对象认可，某些细节是可以合理想象的”；“只要不指出具体人名，某些细节可以合理想象”；“自然风景可以合理想象，阴天可以写成阳光灿烂”；“人物的心理可以合理想象”；“主要情节合乎事实，在细节上可以合理想象”；等等。①

有人甚至提出了“合理想象”的“理论”，认为合理就是符合客观实际，想象就是把没有看到的客观实际，根据过去的经验在头脑中加以想象。这

① 宫策：《新闻真实性的原则是不可动摇的》，载《新闻战线》，1963年第1期。

样，就能通过合理想象使客观事实反映得更接近真实，更符合真实，更生动，更具体。他们还特别强调说：人的眼睛往往不能看到更全面更细致的发展过程，而人的头脑有时比眼睛更明亮更细致！

应该说，这种“理论”是荒唐的，它既不符合“事实是第一性的，新闻是第二性的”新闻学理论，也不符合辩证唯物主义的认识论。然而，由于当时的历史条件和人们对国家建设的高涨热情，导致了新闻工作者在报道中习惯于对事实拔高，造成了很坏、很广泛的影响，这是新中国成立初期新闻失实的主要原因。

然而，真理总是愈辩愈明。这场争论最后以华山的文章《文学不能代替新闻》作了总结。文章指出，虽然文学和新闻有着许多共同的地方，但新闻却有自己特殊的任务，就是把每天大量发生的新鲜事物摆到读者面前，这是文学所不能代替的。华山批评关于黄继光的通讯不从更多方面去努力发掘战士的思想感情，不努力组织各个侧面的材料去烘托说明战场上所表现出来的英雄行为，却把力量用在火线感情的虚构上面，这样做的结果，只是用贫乏的想象窒息了丰富的生活，把实在的事情弄成假的。①

经过华山的总结，人们在文学不能代替新闻这一原则问题上基本统一了认识：任何以虚构代替深入发掘材料和苦心组织材料的做法都必须坚决反对。这次讨论不仅对新华社的采写工作有指导意义，而且对全国的新闻工作者坚持真实报道，克服“克里空”，也产生了很大的影响。因为新中国建立以后，新闻报道的“客里空”阴影一直跟着新闻媒介。在新华社，虽然一开始就开展了练笔运动，接着反了一阵“客里空”，后来又认真讨论过黄继光的通讯失实的教训，但新闻造假的错误仍屡反屡犯。据 1954 年初新华社总社给中宣部的报告，1953 年 1 月至 10 月，新华社的国内新闻共更正 177 条，更正错误 243 处，平均每月发出事实更正平均 17.7 条。事实上，总社自己采写的和各地来稿中所发生的错误还远远不止此数。于是，新华社 1954 年 5 月—7 月间又开展了一个“消灭错误”的运动，这个运动的重点是消灭报道中的事实错误以杜绝“客里空”现象。②

记者在采访之前，对将要采访的事件、问题和人物等进行充分地研究，

---

① 华山：《文学不能代替新闻》，载《新闻业务》，1953 年总第 18 期。

② 童兵：《主体与喉舌——共和国新闻传播轨迹审视》，第 33—34 页，河南人民出版社，1994。

对报道方法进行充分的讨论，对主题思想和表现形式等作出一定的构思与铺排都是允许的，也是应该提倡的。特别是应该明确报道方针和报道目的，避免采访工作中的盲目性，做到心中有数和必要的材料调动和表现的艺术。但是，这一切仅仅应该是事前的设想，在采访时应该完全从实际情况出发，根据实际情况来搜集和选择材料，作出报道，决不可把事前的设想当作新闻事实。这是一个根本原则，超过这条原则的界限，就会犯“客里空”的错误，是必须警惕和预防的。

（二）对“本质真实论”的探讨

“本质真实论”也是关于新闻真实争鸣中的一个观点，它提出报道要反映事物的本质。实际这个论点早在1940年代末期就有人提出过，经过五六十年代的讨论，“本质真实论”一度被业界所接受，成为当时新闻真实的理论基石，其正确性从未受到任何怀疑。[①] 在十年动乱中和“文化大革命”后，对这种真实观也曾讨论过。

新中国成立后提出本质真实论讨论的是陈绪宗和华山。陈绪宗在1953年第6期的《中国青年报通讯》上发表了《新闻必须完全真实》一文，他说：“我们所谓的事实，是本质的事实，是完全真实的事实。所谓真实和本质的事实，就是全面的符合于事物发展规律的事实，而不仅是表面的和片面的事实。”这里，他提出了事实有“本质的事实”和“非本质的事实”，新闻事实是“本质的事实，是完全真实的事实”。那么，非本质的事实是否真实呢？他没有说，但细细体察，他的话是含有这个意思的。华山就明确地把这个意思说出来了：“片面的偶然的现象不是真实的。只有事物的本质才是真实的。”[②]。后来，本质真实的观点经过修正和补充，但基本思想没有变，认为只有反映事物本质的事实的报道才能达到新闻真实的要求，把揭示事物的本质作为衡量新闻真实的标准。

本质真实论的本意是好的，但显然在理论上有漏洞，要求也过于苛刻，并为1957年后的大面积假报道的炮制提供了借口。他们认为，在社会主义社会，主流总是好的，成绩总是九个指头的问题，缺点和不足只是支流，属于一个指头的问题。新闻工作者的责任，就是报道好的一面，报道成绩，报

① 蒋亚平、官健文、林荣强：《新闻失实论》，上册，第194页，中国新闻出版社，1986。

② 《新闻业务》，1953年总第20期。

道九个指头，这样的报道就反映了社会主义社会的本质。或者说，凡是报道成绩的新闻，从本质上说都是真实的。“本质真实论”的阐述者并非假新闻的赞成者，但这种竭力主张报道主流和成绩、掩盖缺点和不幸现象的“理论”助长了报喜不报忧、爱吹不爱批的庸俗作风，为压制新闻批评提供了借口。从这个意义上说，这种被歪曲的“本质真实论”是“假、大、空”文风的“理论基础”。①

新中国成立初期，新闻失实主要表现为让人“盲目乐观”的片面性报道比较多。新华社社长陈克寒在1950年8月16日的《人民日报》上发表文章《克服新闻报道的片面性》，分析了这种现象。他说，在我们的新闻纸中，向壁虚构、凭空捏造的现象，是已经基本上消灭了。但那种片面性的新闻，却不时在报纸上出现。这种片面性的报道，往往报道了工作的成绩，而不报道缺点，不说明目前存在的问题以及尚待努力的地方。例如，在报道水利建设中，我们曾经报道了修堤复埝的巨大规模，动员了大量民工，花费了无数器材，筑成了很长的堤坝，等等，这些都是事实，是应该宣传的。但有时某些地方已经发现修建工程缺乏严密计划，发生偷工减料，敷衍塞责等现象，在当时却往往很少或几乎没有任何揭发，一直到大水来临，有些新筑的堤坝溃决，才开始报道某些工程有毛病。② 1954年10月22日，《人民日报》记者安岗（后来担任中国人民大学新闻系主任）撰文分析了工业报道中片面性的种种表现：

第一种表现是人云亦云，不进行独立的调查、思考和判断，信手拈来，便信以为真，……一个记者又一次在报道营口造纸厂的工作时，只是看了一下该厂的捷报和检修总结，找了几个例子，就写了稿子。稿子发表后，才发现该厂在检修中加班加点而出了事故。第二种表现，是只看问题的一面，不全面的观察和分析问题。我们经常在报纸上看到完成国家计划的消息，其中有很多是真正完成的，但也有不少的消息只说了完成的一面（如产值计划），而没有说出未完成的一面（如产品种类计划，降低成本计划等）。为什么只看一面呢？一方面“报喜不报忧”的思想在作怪，另一方面也是对近代化工业活动的多样性和统一性认识不足，抓住一点，不顾其他。第三种表现是割

---

① 蒋亚平、官健文、林荣强著：《新闻失实论》，上册，第193页，中国新闻出版社，1986。

② 陈克寒：《克服新闻报道的片面性》，载《人民日报》，1950年8月16日。

断历史，把一件事同他的主客观条件对立起来，而不是从事物的内在联系中去发现问题进行报道。据《沈阳日报》检察，他们曾在显著地位上发表了“二一九二工地发动职工讨论旬施工计划”的消息，介绍和推广了该工地讨论计划的做法。消息中所报道的本来都是事实，可是这个工地的旬计划仅仅实行了一次就烟消云散了，同时在这一旬内还发生了返工事故，就不报道了。第四种表现是笔下生花，“要什么有什么”。工厂刚实行责任制，有些报纸马上就有了“新气象”的新闻，好像责任制是一股万灵妙丹一样。我们的报纸曾大量地报道实行作业计划后的新气象，其中绝大部分都是事实，但在很多地方，作者的笔却把事实夸大了。①

客观出现的片面、偶然与支流现象，也是真实发生的，只是它不是事物本质的反映，否定这些现象的真实存在已经滑向唯心主义。反对报道非本质现象，不仅扭曲了事物的全貌，而且不利于人们防范工作中出现的意外情况和错误倾向。从“阶级斗争工具论”到“本质真实论”，从“驯服工具论”到“假大空”文风，中国在20世纪40年代形成的党报的真实传统逐渐滑向错误的道路。认为局部问题、不幸的现象不应报道，抵制新闻的全面真实，使中国的新闻批评逐渐在这些问题上偏离了马克思主义新闻观的轨道。

（三）对“客观主义”的批判

新闻的客观性和新闻客观主义有着完全不同的含义，二者又是有联系的。新闻客观主义的理论坚持认为新闻报道的事实只要是真实发生的，完全按照它的一切样子报道，不主张对材料进行选择，反对突出报道重要的事实，这是“有闻必录”的翻版。新中国建立初期这种理论虽然没有占据主要地位，但在实践中还是有所表现。

在中国共产党的党报历史上，新闻客观主义的苗头始于1948年。这年10月10日，中央华北局机关报《人民日报》在报道当时华北灾害时，用三分之二的篇幅去罗列灾害现象，甚至连鸡瘟、狼咬人等都搜罗在内，给人描绘了一幅阴冷的灾荒图景。新闻报道没有抓住主要事实，只是现象的客观堆砌，犯了客观主义的错误，减弱甚至销蚀了新闻的价值。

1948年11月8日华北《人民日报》编辑部发表《克服宣传报道中的客观主义倾向》一文，对上述报道作了自我批评，说：“客观主义的特征是喜

① 蒋亚平、官健文、林荣强：《新闻失实论》，上册，第67—68页，中国新闻出版社，1986。

欢把一大堆各不相属的现象加以罗列，拜倒于自发论之前，常常是讴歌一部分落后农民和小资产阶级的情感，他们不能通过现象的表面，而找到本质内在的联系，因而他们缺乏积极的能动的力量，只会坐在主流之旁对逆流浪花加以咀嚼和聒噪，屈服于客观困难之前，而没有勇气与力量去克服它。”

《克服宣传报道中的客观主义倾向》一文在批评客观主义倾向时说，“他们不能透过现象的表面而找到本质的内在的联系”，指出新闻把各种自然灾害的原因归咎于“长期战争”与“土改中政策过左”是完全错误的，批评记者“强调的不是战胜灾害的积极方面，而是灾害重重的消极方面”。作者对事物的主流、本质，即“人民已经在共产党，在广大党政军民干部领导下，已经战胜灾荒，获得了甚至优于去年的收成”视而不见，“只会坐在主流之旁对逆流浪花加以咀嚼和聒噪。”① 这篇文章承认记者观察问题的立场、观点、方法是错误的，但却没有说那篇新闻报道在新闻事实上有什么不真实。这就是说，新闻报道要通过现象看本质，不能搞现象罗列，并不是真实与虚假的问题，而是如何客观报道的问题。

新中国成立初期，各地报刊也出现了这种罗列真实现象的报道，尤其是关于灾情报道。(1950 年)“如三月九日《解放日报》所载《皖北生产救灾工作报告》中称：灾区达二十余县，灾民达八百万人，因灾民一般的吃些野菜、草根、麦苗、树皮，也有杀狗宰猫的。各人情绪不同理智失常，因而有劝妻改嫁，卖儿鬻女，也有把儿女抛入河内的，也有饿疯的，(如凤阳)饿死的，自杀的，(灵璧、宿县、滁县都有)，下面列举一大堆断炊，饿毙，因病而死的数字。此处，同一报纸对于皖南、苏北、苏南的灾情也有类似的报道。”② 中央人民政府新闻总署在 1950 年 4 月 2 日给各地新闻机关《关于救灾应即转入成绩与经验方面报道的指示》中指出，“各地对救灾工作的报道，现应即转入救灾成绩与经验方面，一般地不要再着重报道灾情。过去的灾情报道一般是有益的，但亦发生了偏向。……这种报道，把个别的特殊的例子夸大为一般的现象，片面地孤立地宣传灾情的严重性，而没有和实际救灾工作相结合，这是客观主义倾向的表象。这种报道可能造成悲观失望情绪；同

① 蒋亚平、官健文、林荣强著：《新闻失实论》，第 193－195 页，中国新闻出版社，1986。

② 《中央人民政府新闻总署给各地新闻机关关于救灾应即转入成绩与经验方面报道的指示》，《中国共产党新闻工作文件汇编》，中卷，第 62 页，新华出版社，1980。

时给予帝国主义反动派夸大我国灾情，进行挑拨造谣的藉口”。①

如实报道灾情没有什么错误，即使非常严重的灾害也应当真实的报道，但不能把个别情况说成多数情况和全局情况，更重要的是要在报道灾情时动员人们如何救灾、防灾。只介绍灾情而不动员人民如何防灾、救灾，绝不是真实问题，而是报道片面、消极的问题，或者说追求新闻客观性走了极端。

二、关于报纸属性的争论

1956 年党提出“百花齐放，百家争鸣”的双百方针，新闻界尤其是新闻学界个别学者发表了有独特学术见解的论文，主要是对新中国成立初期这七年的新闻事业和理论的反思和探索。既有对报纸性质和功能的重新定位，也有对报纸业务的探索与改进。其中有人突破传统党报理论的某些固有观点和苏联的新闻理论，提出新的有关报刊性质的观点。但他们的论断被认为是坚持资产阶级方向，遭到严酷的批判。

1958 年第 4 期的《新闻战线》上发表了一篇社论《大家都来批判王中》，文章说：“我们认为王中这个人物比较典型。这不仅因为他有比较成套的东西，资产阶级的新闻观点也比较完备，而且因为他的反动新闻观点，具有相当大的普遍性，几乎在全国各地都能找到他的影子……鞍山有李惠众，山东有刘健，湖南有苏新涛，四川有贾唯英。而这些人物，现在虽然被搞臭了，孤立了，但他们的影响，还远没有扫清，有资产阶级新闻观点的人各地是不难找到的。所以挑出王中这个人物来进行系统的全面的思想批判，在今天还是一件重要事情。”② 这篇文章反映出当时党报理论已经严重窒息了人们的新闻实践，许多人都想尝试打破它，持有不同新闻观点的人并不是个别的。他们的观点不管对错，绝大部分都应当限制在学术讨论的范围，但他们却遭到不应有的政治批判。

王中（1914－1994 年），原名单绩，笔名张德功，山东高密人，著名新闻教育家、新闻学家，曾任山东解放区《农民报》、《鲁中日报》、《大众日报》编辑主任、总编辑，新华社山东总分社主任。1949 年 7 月，任华东新闻学院教务长，1950 年 9 月为复旦大学新闻系教授，1956 年编写《新闻学

① 《中央人民政府新闻总署给各地新闻机关关于救灾应即转入成绩与经验方面报道的指示》，《中国共产党新闻工作文件汇编》，中卷，第 62 页，新华出版社，1980。

② 《大家都来批判王中》，载《新闻战线》，1958 年第 4 期。

原理大纲》，1957 年成了全国“资产阶级新闻理论的权威”，被打成“右派”，1978 年经中共上海市委批准予以“改正”，1979 年重新担任复旦大学新闻系教授、系主任，兼任复旦大学分校校长。

图 7－3 复旦大学新闻系教授王中

王中在《新闻学原理大纲》一书中认为，报纸的指导性是要的，但指导不能离开报纸的特性，是通过报纸的特性而发挥指导作用的。报纸不能代替政权机关，不能代替各级组织的作用。在“报纸的性质”一节他写道：“报纸是上层建筑的一部分。可以为政治服务，但不是政治的本身。报纸与法权在性质上不同：在一个国家内只能建立一种法权，报纸则多种可并存，法权具有强制作用。报纸与政党不同，政党只存在于阶级社会，在完成历史任务后即行消失，但在无阶级的社会里人类即有了解情况的需要和行为，所以没有报纸只是因为条件不具备，在政党消灭后报纸仍应存在。”

他指出，报纸不是阶级斗争斗出来的，而是在一定社会历史条件下的产物；办报要有读者观点，满足读者需要；党报具有两重性——工具性和商品性。[①]“就报纸刊载文字内容论，多数文字有阶级性（气象预报、自然变化、自然科学知识等则没有阶级性），为一定阶级利益服务。就其为读者获得的方式论，是任何人以至敌对的阶级均可以一定代价获得之商品，与情报、内部文件不同，亦与标语、传单不同。”“任何政党的机关报具有两重性，报纸产生于政党形成前，是政党运用社会已存在定期出版物的工具作为政党的宣传工具。政党机关报：一方面是受政党机关的意志约束，力求使报纸按政党的意志影响读者，另一方面又保存了政党利用前的报纸性质——人们借以了解新闻的印刷商品，是两个方面的相合的。‘办报卖’与‘买报看’两方面的结合。没有读者的报纸则根本不能发生机关报的作用。”“党报和一般报纸一样，获得报纸必付一定代价，通过买卖关系达宣传对象手中，与标语、喊话不同。”

对报纸是否具有商品性，业界和学界一直存在不同的看法。当时有人认

① 丁淦林：《王中对新闻工作和新闻教育的贡献》，载赵凯主编《王中文集》，第 396 页，复旦大学出版社，2004。

为："尽管新闻在流通过程中有相当程度的商品性，但是不能因此得出结论说它是商品"。王中反驳说，这里"说新闻不是商品，没有说报纸不是商品。我讲报纸是商品，没有问题，它和内部刊物标语口号不同，和监狱政权不同，我们要区别这两个东西"。①

当时许多人认为报纸只有一重性，就是阶级斗争工具。王中坚持自己的观点："政党使用的报纸是两重性"，工具性和商品性，"这两种性能，它是相互结合起来才能发生作用的。它是两重，不是单一的。"报纸产生于政党形成之前，是政党运用社会上已经存在的这样的一种出版的工具来作为政党的工具；不是政党所创造的一种工具，不是政党本身的一种属性。所以"机关报他一方面是受着机关意志的约束，政党办的一个机关报，它总是受政党的意志约束，为政党的意志而宣传而服务。这是基本的一面。政党意图使报纸按照政党的意志来影响读者。""另外一面呢，报纸的另一重性就是社会借以获得新闻的一种商品，不是'商品性'。我说这种东西同时又是社会上的人借以获得新闻的一种商品。"②

王中接着指出，在这个意义上讲，"两个方面是相互结合起来发生作用，要是结合不起来，就不能够发生作用，也就是说'办报卖'与'买报看'，两个方面必须结合，一个方面讲'办报卖'，'办报卖'的人极力地想用他的意志来影响你，'买报看'的人是极力地想要买到我所需要的知识。……那么，结合不起来呢？那就是变成没有读者的报纸了。没有读者的报纸就根本不能够发生机关报的作用。"③

王中谈到"片面地强调是阶级斗争的工具，是政治宣传的工具，而不讲到也是人民的报纸，也不讲到社会上的人有需要新闻的一面，不谈这一面，我以为是有害的，就会有可能造成报纸脱离人民大众"。④ 由于"政治斗争工具必须通过商品的作用才能发挥"这个观点在当时遭到许多非难和误解，

① 王中：《新闻学原理大纲》，载赵凯主编《王中文集》，第92页，复旦大学出版社，2004。

② 王中：《新闻学原理大纲》，载赵凯主编《王中文集》，第92页，复旦大学出版社，2004。

③ 王中：《新闻学原理大纲》，载赵凯主编《王中文集》，第93页，复旦大学出版社，2004。

④ 王中：《新闻学原理大纲》，载赵凯主编《王中文集》，第99页，复旦大学出版社，2004。

王中便将这个观点修改成："报纸必须结合着人民大众所需要的内容和喜闻乐见的形式，才能发挥政治斗争、阶级斗争工具的作用"。① 说法虽然变通了一点，但王中仍然坚持报纸的两性是互相结合的，被认为他顽固地反对党报为党服务、为政治服务。

王中在1956年8月10日在《大众日报》编辑部全体干部会议上，提出了报纸和读者的关系，指出读者花5分钱买报纸反映了他们对商品的需要。他认为，报纸是社会的产物，并不是人们因为要宣传鼓动才去企图创造报纸。不能过分地夸张报纸的作用，如说报纸是"最有力的武器"，只能说是有力武器之一。报纸赖以存在的基础是：供给读者消息，让读者在报纸上说话。②

王中强调，报纸要根据读者需要来办，这是办好报纸的根本问题。离开了读者的需要，只把报纸当作党的宣传武器，不把它当成读者要花5分钱购买的一种商品，报纸必然不会受读者欢迎的。③《解放日报》铁青的面孔，一片机器呼隆声（意指报道生产过多）。我们都是人，而人都是热爱生活的。有一省长说"某报副刊办得不好，无指导性"，王中不同意他的看法，他认为《北京日报》生活气息很好。而报纸所以需要改革，就是因为违抗了"满足人民的需要"这一法则。王中认为"要经常地改进报纸，使之能适合读者和社会的需要，基本问题是要经常分析当时当地的社会现象。这就要求加强对读者的调查，根据社会的变化而自觉地改进报纸。"④ 王中指出，报纸对读者群众的意见不够重视。"报纸的改进，大都是根据党委指示或批评后，就来一下改进，很少经常听取读者意见来改进报纸。"他说，最近各报根据中央的指示，在酝酿改进；实际上，这些意见群众早就提过了。如果认真吸收群众的好的意见，报纸是可以及时改进很多的。

1956年王中亲自带队到上海周边城市考察，发现苏州等地的经济发展

---

① 王中：《新闻学原理大纲》，载赵凯主编《王中文集》，第100页，复旦大学出版社，2004。

② 王中：《报纸和读者的关系》，载赵凯主编《王中文集》，第7页，复旦大学出版社，2004。

③ 王中：《办报人要有读者观念》，载赵凯主编《王中文集》，第4页，复旦大学出版社，2004。

④ 王中：《新闻事业的发展规律和报纸的职能》，载赵凯主编《王中文集》，第17－18页，复旦大学出版社，2004。

和上海之间的关系，提出了一个重要主张，就是办经济区域报纸。他认为人们除了政治生活以外，经济、文化等生活都是以交通、文化、经济同中心城市联结在一起，像苏南有些城镇的群众就要看上海的报纸，由中心城市联结周围农村，报纸在中心城市出版，发行快，内容丰富，与人民经济文化生活更贴近，不至于成为刊登文件的“布告牌”。①

王中关于区域报纸的论述虽然还不十分系统，但是他认识到报纸联结不同区域的特殊作用，这就是大众传媒的信息功能对区域经济的影响。这跟王中一贯倡导的报纸是社会需要的产物是一致的。王中的报刊理论是新中国成立后，经济建设成为国家的中心任务在新闻事业上的反映，是适应政治经济文化的变化而提出来的。可惜，王中的这一理论没有得到足够的重视，改革开放后我们才提到经济报纸、区域性报纸这类概念。

第六节　政治运动中的媒介批判

新中国成立后，新闻工作受到政治尤其是党的主要领导人的高度控制，必然随领导人的政治意图而发挥政治批判作用。当全国开始大大小小的政治运动时，新闻媒介不可避免地充当了各种运动的急先锋，尤其是在反右派运动中，媒介不得不扮演这种角色，使新闻界遭遇了重大损失。在此后极左思潮横行的岁月，特别是在“文化大革命”中完全沦为领导人大批判的工具。

一、电影《武训传》批判的政治帽子

新中国第一个不正确的政治运动，是对电影《武训传》的批判。这次运动以阶级斗争为统帅，事先定调子，选靶子，通过媒介发动，用政治批判代替学术争鸣，最后给批判对象带上政治帽子。此后对胡适的批判、对红楼梦研究的思想批判、对胡风文艺思想的批判，等等，大体都沿袭这种政治陷害模式。在运动中，声势大，火力猛，把不同意见视为敌对立场施以武断压服，最后给以定性、置人于死地。批判《武训传》初期，还有些人敢提出不同意见，报上也能登出，但最后都将其作为斗争的靶子。

① 丁淦林：《王中对新闻工作和新闻教育的贡献》，载赵凯主编《王中文集》，第396页，复旦大学出版社，2004。

图 7－4 电影《武训传》剧照

电影《武训传》创作于 1944 年，编剧李士钊，导演孙瑜，主演赵丹，于 1948 年 7 月在南京中国电影制片厂投入拍摄，但只拍摄了 1/3 因经济困难而停拍。昆仑影业公司买下了拍摄权，于 1950 年 10 月完成影片制作任务。1951 年 2 月，孙瑜带着拷贝到北京请周恩来等中共高层审看。2 月 21 日晚 7 时，朱德、周恩来、胡乔木等百余位中共首脑在中南海某大厅观看了此片，“大厅里反应良好，映完获得不少的掌声”。朱德与孙瑜握手称赞道“很有教育意义”，周恩来、胡乔木没提多少意见，周恩来只是希望将狗腿子毒打武训的镜头剪短①。

影片从 1950 年 12 月公映到 1951 年 5 月 20 日《人民日报》发表社论前，观众对《武训传》的评价基本是正面的，各大报发表了影片介绍和影评文章，教育界一些人士表示要发挥“武训精神”搞好教育工作。各地报刊在两个月中发表赞同《武训传》的文章近 50 余篇，只有贾霁、杨耳、邓友梅等少数人对武训和影片持批评态度。

1951 年 5 月 16 日《人民日报》转载了杨耳的文章《陶行知先生表扬“武训精神”有积极意义吗》，文章前边加了一篇大号字体的“编者按”，文长 400 多字，俨然是一篇评论，提出《武训传》“歌颂清朝末年的封建统治者而污蔑农民革命斗争，污蔑中国历史，污蔑中华民族”，“纲”上得很高。

隔了 4 天，即 5 月 20 日，《人民日报》发表了社论《应当重视电影〈武训传〉的讨论》，对影片进行了严厉批判。此文是由名家起草的，毛泽东审阅并加写和改写了主要段落。社论指出：“《武训传》所提出的问题带有根本性质”，所以“应当展开关于电影《武训传》及其他有关武训的著作和论文的讨论”。社论给武训定性后又给电影《武训传》定性：“承认或者容忍这种歌颂，就是承认或者容忍污蔑农民革命斗争，污蔑中国历史，污蔑中华民族的反动宣传为正当的宣传。”社论专断地指出，这表明“资产阶级的反动思

① 孙瑜：《影片〈武训传〉前前后后》，载《中国电影时报》，1986 年 11 月 29 日。

想侵入了战斗的共产党”。①接着，社论给肯定电影的党内领导干部扣了一顶大帽子：“特别值得注意的，是一些号称学得了马克思主义的共产党员。他们学得了社会发展史——历史唯物论，但是一遇到具体的历史事件，具体的历史人物（如像武训），具体的反历史的思想（如像《武训传》及其他关于武训的著作），就丧失了批判的能力，有些人则竟至向这种反动思想投降。资产阶级的反动思想侵入了战斗的共产党，这难道不是事实吗？一些共产党员自称已经学得的马克思主义，究竟跑到什么地方去了呢？”

社论列出43篇赞扬电影《武训传》的文章的题目、48名作者与报刊名称和登载日期。不久，批判升级，名人上阵了。过去曾经作文、讲演赞扬过武训的人不得不半作检讨半作批判，对电影“上纲”认识，给武训扣的帽子越来越多：“大流氓”、“大骗子”、“大地主”、“大债主”、“帮凶”、“反革命”、“封建僵尸”，“封建社会中最丑恶、最虚伪、最反动的奴才”，“从头顶到脚底，从皮肤到血管，浸透封建主义的毒素”，是“实行西太后的反革命路线的最忠实最驯服的走狗”，等等，电影《武训传》被有的批判文章说成是“对新中国的挑战”。

这篇社论由新华社向全国播发，各地报刊和广播电台按照规定必须照样转载，一时间在全国形成媒体的舆论攻势。全国报刊高度一致发表同一篇文章，似乎全国媒体都支持《人民日报》社论的立场，在社论发表当天，《人民日报》还在“党员生活”栏中，发表短评《共产党员应该参加关于〈武训传〉的批判》，《人民教育》发表社论《展开〈武训传〉的讨论，打倒武训精神》，文化、教育、历史研究部门迅速行动起来，召开各种批判会，各界人士被组织起来，纷纷发表文章表态，徐特立、何其芳、夏衍、艾青、袁水拍、胡绳、王朝闻、钱俊瑞、华君武、陈波儿等名人先后发表言论批判电影《武训传》。

压力虽然很大，但还是有不同声音，这说明在第一次政治运动中正直的人不了解“引蛇出洞”的策略，总想理论理论。有人给《人民日报》寄去了稿子和信件。1951年6月1日，“读者来信”栏登载6篇来信，并加“编者按”说：“今天所发表的，是一部分对本报社论表示异议或怀疑的。我们认为，武训和《武训传》问题的讨论，目的既然在于解决思想问题，就应当采取发展争论追求真理的方法，就应当使各种不同的意见都有被讨论者了解的

① 《应当重视电影〈武训传〉的讨论》，载《人民日报》，1951年5月20日。

机会。”[①] 但这些来信的读者被记录下所在单位，事后受到批判。

此后为了彻底澄清文化界和教育界在武训问题上的所谓“混乱思想”，人民日报社和中央文化部组织了武训历史调查组，由中宣部副部长周扬负责，由人民日报社的袁水拍、文化部的钟惦棐和江青（化名李进）、山东省委宣传部的冯毅之、聊城地委宣传部的司洛路、临清镇委宣传部的赵国璧等13人组成，在堂邑、临清、馆陶等县、镇、区、村干部的协助下，访问了当地各阶层的人160余位，进行了两个多月的调查。《人民日报》于1951年7月23—31日每天以整版的篇幅连续发表了由袁水拍、钟惦棐、江青3人执笔的《武训历史调查记》。

这篇调查实际是先有结论再找材料，证明《人民日报》的社论完全正确，被调查的人只能顺着调查者的话说，否则就删除在调查材料之外。毛泽东亲笔对这篇调查记作了多处修改。《武训历史调查记》的结论是：“武训是一个以‘兴学’为手段，被当时反动政府赋予特权而为整个地主阶级和反动政府服务的大流氓、大债主和大地主。”郭沫若、翦伯赞、管桦、李尔重等学者纷纷撰文，谈《武训历史调查记》给他们的教育启发。8月8日，《人民日报》发表周扬的文章《反人民、反历史的思想和反现实主义的艺术》的长文，为《武训传》批判做了理论总结：政治上反人民，思想上反历史，文学上反现实主义。周扬的逻辑是：“因为新中国是革命是武装斗争的成果，如果强调改良主义的合理性和正当性，当然，就等于质疑了革命的合理性和正当性。”根据这个前提，周恩来在中央做了检查，夏衍等电影界领导在报上公开检讨，李士钊在6年后被打成“右派”，《武训传》被禁映。从社论发表到5月底的11天中，仅报上发表的批判和检讨文章即达108篇，到6月末，报上批判文章的数量则翻了四番，至1951年8月底，这类文章已达到850多篇。

据毛泽东身边的人回忆，毛泽东在延安时期“也曾在一些讲话中称赞过‘武训精神’，并把它作为鼓励大家克服困难，坚持革命到底的一面旗帜”。[②] 1951年6月他在审阅修改杨耳的另一篇文章《评武训和关于武训的宣传》时，曾写道：“武训自己怎样想是一件事，武训的后人替他宣传又是一件事。武训自己一个人想得不对，是极小的事，没有什么影响。后人替他宣传就不

① 《读者来信》，载《人民日报》1951年6月1日。

② 转引自何虎生编著：《毛泽东初进中南海》，第172页，中共党史出版社，2008。

同了，这是借武训来宣传自己的主张，而且要拍成电影，写成著作或论文，向中国人民大肆宣传，这就引起了根本问题了。”①《武训传》的关键不在武训这个人和他所办的义学，而在于电影及朱德、周恩来等其他中央领导对它的称赞，在于要把思想文化领域里的不同意见纳入阶级斗争范围。

《武训传》批判之后，即1951年11月，中共中央宣传部常务副部长兼秘书长胡乔木建议江青做中宣部电影处处长。胡乔木的书面报告打给了毛泽东，毛泽东在1951年11月16日批复：“此件很好，可照此实行。”②

1980年8月，江苏无锡公安分局张经济投书《齐鲁学刊》，希望为武训平反，作者根据亲身了解的事实指出：一、武训始终是一个靠行乞过日子的穷人，虽然后来有了田产，但都是为了办义学，他本人却不敢有所私。二、统治阶级确实嘉奖过他，但他没有接受那件黄马褂，没有以此欺压乡里，穷孩子读书仍然可以不缴学费。三、他本人没有反对过农民起义。四，他办义学确有一定成绩。至于义学失败，是社会造成的，绝不能由武训来挨棍子。在文章的结尾处，作者写了这样一段话：“从批判《武训传》、《清宫秘史》到‘文化大革命’，我国开展了众多的意识形态领域里的大革命，我们失去了什么，得到了什么，真该认真总结一下深刻的教训啊!”

1985年9月6日《人民日报》第一版刊登一条消息，标题是《胡乔木说：对电影〈武训传〉的批判非常片面、极端和粗暴》。全文如下：“本报讯　记者毕全忠报道：中共中央政治局委员胡乔木9月5日在谈到武训这个有争议历史人物时说，武训这个人物应该如何评价，这是一个历史学的问题，需要不抱任何成见加以重新研究。”胡乔木是在中国陶行知研究会和陶行知基金会成立大会上谈这个问题的。胡乔木说：“解放初期，也就是1951年，曾经发生过电影《武训传》的批判。这个批判涉及的范围相当广泛。我们现在不对武训本人和这个电影进行全面的评价，但我可以负责任地说明，当时这种批判，是非常片面、极端和粗暴的。因此，这个批判不但不能认为完全正确，甚至也不能说它基本正确。”

同一天，新华社以同样内容向全国发了通稿：电影《武训传》在被“片面、极端和粗暴”地批判三十四年之后，终于得到平反昭雪。这个事实再一

---

① 毛泽东：《在审阅杨耳〈评武训和关于武训的宣传〉稿时加的几段文字》，载《学习》，1951年第4卷第5期。

② 于光远：《我所知道的江青》，载《炎黄春秋》，2006年第2期。

次证明，凡是歪曲事实、不得人心的任何批判和任何决定，迟早总是要还历史以本来面目的。2005年在上海影城举办的纪念赵丹诞辰90周年电影回顾展上，新中国首部禁片《武训传》被完整地展示在观众面前，媒体称这是《武训传》被雪藏55年来首见天日。①

1994年夏衍针对《武训传》问题对知识分子产生的负面影响时，指出："《武训传》事件之所以会惊动党中央和毛泽东，这和江青的插手有关。孙瑜、郑君里、赵丹这些人30年代都在上海电影、戏剧界工作，知道江青在那一段时期的历史，这是江青的一种难以摆脱的心病。加上赵丹、郑君里等人都是个自由主义者，讲话随便，容易泄露她过去的秘密，所以《武训传》就成了打击这些老伙伴的一个机会。这一次事件孙瑜、赵丹由于周恩来的保护而没有整垮，但是江青对他们是不会甘心的，'文化大革命'开始，上海首当其冲的是电影界，就是郑君里和赵丹。"②

在电影《武训传》批判的同时，毛泽东先后又发动了"胡适思想批判"与反对"胡风反动文艺思想和反革命集团"的政治运动。1951年秋先由北京大学举办"胡适思想问题"的学术会议，接着在上海召开了"胡适思想批判座谈会"，到1954年掀起了一场大规模地批判胡适思想的政治运动。1954年10月16日，毛泽东就《红楼梦》研究致函中共中央政治局委员及有关人员，号召开展"反对在古典文学领域毒害青年三十余年的胡适派资产阶级唯心论的斗争"。接着，报刊上批判文章如雪片飞舞，口诛笔伐，一大批专家学者如俞平伯等人受到批判，报刊再一次充当阶级斗争的工具。

接踵而来的是对胡风的批判。新中国成立后，胡风和赞成他的文艺思想的人同另一派文艺理论家的矛盾日趋尖锐，经常在文艺刊物上交锋。掌握文艺大权的负责人指出，胡风的文艺思想"是一种实质上属于资产阶级小资产阶级的个人主义的文艺思想"。举行多次座谈会对他进行帮助。1954年7月，胡风写了30多万字的《胡风对文艺问题的意见》上报党中央。文艺宣传界的领导决定对胡风文艺思想展开全面的彻底的批判，《人民日报》4月1日发表了郭沫若的文章《反社会主义的胡风纲领》，《文艺报》1955年5月

① 《新中国首部禁片〈武训传〉开禁55年来首见天日》，载《扬子晚报》，2005年12月2日。

② 夏衍：《〈武训传〉事件始末》，载《文化电影时报》，1994年7月16日。

号发表了茅盾的文章《必须彻底地全面地展开对胡风文艺思想的批判》，集中批判胡风对文艺问题宣扬主观唯心论，抹杀共产主义世界观对现实主义创作方法的指导作用，忽视作家学习马克思主义和改造世界观的必要性，还对胡风等人的宗派主义情绪进行了批判。最后思想文艺批判发展到对所谓“胡风反革命集团罪行”的敌我斗争。毛泽东为《关于胡风反革命集团的材料》的发表加了编者按语，报刊上随之掀起批判的高潮，胡风及其朋友被定为现行反革命分子关进监狱，直到1980年、1988年中共中央两次正式发出通知，才平反了这场罕见的文化冤案。这说明，在某种程度上当时党的报刊已经成为领导人压制不同意见的工具，根本没有任何思想自由、言论自由和学术争鸣的自由。

二、新闻界的鸣放与“反右”斗争

1957年5月1日中共中央在《人民日报》上公布了《关于整风运动的指示》，号召全党进行一次反对官僚主义、宗派主义、主观主义的大鸣大放。《人民日 报》连续配发社论和评论，鼓动知识分子及各民主党派充分地发表意见，帮助中国共产党开展整风运动。在这次整风运动中，新闻界的许多老报人和编辑记者批评了党的报刊制度，新闻报道方式，许多言辞相当尖刻，继而引发了一场残酷的“反右”派斗争。

第一次首都新闻工作会议于1957年5月16日至5月18日，由中国记协、北京大学中文系新闻专业、中国人民大学新闻系联合举办，为探讨党的新闻政策及新闻理论问题放手让大家发表意见，实则这是一次鸣放会议。到会的新闻系统和新闻教育界人员发言激烈，对党的新闻工作提出了尖锐的批评。安岗说：“毛主席就不断说，他最不爱看《人民日报》，死板板地……”著名记者彭子岗说，《人民日报》拥有那么多的人，花了那么多的钱，结果却完全脱离群众。她问道：“现在，谁还喜欢《人民日报》呢？连毛主席也不爱看了。”说到这里，会场上为她鼓起了掌声。她随即又说：“《大公报》人手不多，经费又少，但就是效率高，不但消息快，而且文章好，有许多文章，很快就流传全国……”[①] 在这次会议上，王中教授再一次阐述了报纸二重性的观点，成了毛泽东在新闻界进行整风摸底摸出来的一条“大鱼”。

---

① 李新：《反“右派”亲历记》，载中共中央党史研究室中央档案馆编《中共党史资料》总第67辑，第38—39页，中共党史出版社，1998。

与此同时，全国各大城市的新闻单位接二连三举行鸣放会，据中宣部编录的《新闻界反对右派斗争资料汇编》中记载，在鸣放中，邓季惺说党报是亲儿子，非党报是义子。徐铸成在发言中现身说法，批评《文汇报》内存在的党员与非党员之间的“墙”。名义上他是社长兼总编辑，但是实际上，说好听一点也只是可有可无的顾问。他坦白说，凭三十年新闻工作的经验和良心，不忍看满纸教条八股的报纸。实际负责编辑工作的是一位党员副总编辑，他从来没有做过新闻工作，文化程度似乎也不那么高明，但他有一套本事，能够把通的文章改成不通，把所有的稿件改成教条八股。他把上级的指示当作领导的秘本，不和群众商量，也不在编委会认真讨论。

顾执中从另一角度批判了新闻工作中的宗派主义。他说，新闻的发表，本来要服从时间的规律，而我们偏偏要创造性地来破坏这一规律，要时间来等待我们的新闻的发表，这是完全对新闻外行的主观主义作风。这就是让敌人的新闻和社会的谣言，争先侵占我们的脑袋，在宣传战线上丧失了阵地，完全遭到失败，而我们还自以为这是社会主义的办报方法，真是自欺欺人。赵超构也批评说，教条主义通行无阻，领导与教条主义采取和平共处的态度，未把教条主义当作毒草来斗争，甚至故意袒护，这就养成一种“宁左勿右”的惰性，因为“宁左勿右”不会被人怀疑为立场不稳。

《大公报》老报人许君远认为，解放后的报纸只顾说教，忽视趣味，而趣味正是中国报纸的一种优良传统。趣味和指导性应该并重，这中间是没有矛盾的。解放后报馆机关化，新闻从业员与一般机关干部没有什么差别。大家例行公事一番，消息不必竞赛，版面不必改进。张友鸾则指出，报纸把最优越、最能使人注意的地位，用来刊登一些论文和谈话；最近发生的、读者极为关心的新闻，却被压缩，被挤得排在报纸的角落上。每有一次什么大会，会上的总结报告，往往各报以不怕千篇一律的“勇气”，刊登连篇累牍的“明日黄花”。

《中国青年报》总编辑张黎群说，现在报纸实际上担任了布告牌、留声机、翻版书和“惹是生非”的责任。① 他以《中国青年报》为例，主张加强报纸批评。他说，我们不要把青年放在暖室里培养，不要放在真空地带去培养，要使他们能够明辨是非。报纸发表批评稿件，正是可以用此来教育青

---

① 张黎群等主编、唐非撰：《胡耀邦传》，第 1 卷，第 793 页，人民出版社、中国党史出版社，2005。

年，使他们知道什么是对的，什么是不对的。①

在北京新闻工作座谈会上的发言中，邹震说，新闻工作的“鸣”“放”问题，就是彻底实现新闻自由，言论自由和出版自由的问题。邹震认为，应该喊出“民主办报”和“民主办社”的口号来，使新中国出现更多的党的报纸和通讯社，出现更多的民主党派和无党派的或民营的报纸和通讯社。郑白涛认为，我们的国家里是没有新闻检查的。但即使没有新闻检查，一个主观主义、教条主义的官僚式的社长总编辑比一个检查官更妨碍新闻工作的发展。上海代表彭文应在批判新闻宣传一阵风的现象时指出，新闻记者应该能够自由采访新闻。新闻报道除了遵守保密条件的规定外，应该不受机关企业行政的限制。重要国家机关，应该定期举行记者招待会，及时报告重要消息。新闻记者应该得到应有的尊重及各种的便利。

《大公报》记者萧离认为，中宣部对《大公报》“以财经为主，同时进行国际宣传的、综合性、政治性的报纸”的定位，是没有充分考虑《大公报》的传统的。这个定位，加上报纸内部领导上水平不高等原因，《大公报》实际上变成介乎财经部门的内部刊物与报纸之间的一种报纸，几乎全部抛弃了它的传统与特点，全部失去了它原有的读者。这样的《大公报》，完全没有必要保留“大公报”这个名字。

在首都新闻工作座谈会上，陈铭德说，现在全国有几百家党报，但是非党的报纸仅有光明、大公、文汇、新闻、新民等五家。非党的报纸不是太多而是太少了。他试探性地提出了自己的主张：作家提倡办同人出版社，新闻界是否可以提倡办同人报纸呢？对于旧报纸的传统，徐铸成认为，要研究中国报纸的办报传统，就是要研究文人办的报纸。这里有文化人的同人性，发挥同人的创造性、能动性，经过自己的共同研究来进行宣传。

陆诒以“报纸真是一朵花”为题，在上海市委宣传会议上发言说，报纸长期沾染教条主义。首先是领导和编辑之间有矛盾。这里所谓领导，就是指党的中央和党的上海市委会。陆诒说，新闻记者本来是一个光荣的称号，硬要在他头上评上十级、十二级等，真是天下本无事，庸人自扰之。他以《新闻日报》为例，一个记者或编辑上面，有副组长、组长、秘书、秘书处主任、编委、副总编辑、总编辑、秘书长、副社长、社长，简直像衙门。新华

① 张黎群等主编、唐非撰：《胡耀邦传》第1卷，第293页，人民出版社、中共党史出版社，2005。

社记者邹震也认为，新闻机构“衙门”化，使得机构臃肿，新闻迟缓，报道落后于客观现实的发展，人才搁置。《人民航运报》记者赵琪也批评交通部政治部用官僚主义的方式办报，报纸机关化，外行领导内行。

图 7－5 文汇报社社长兼总编辑徐铸成作检讨，后被划为“右派”

新闻界鸣放发言最激烈的是《光明日报》总编辑储安平。储安平，江苏宜兴人，新中国成立前曾任《中央日报》主笔兼国际版编辑，抗战胜利后主编《客观》周刊，1946 年任上海复旦大学教授，同年 9 月 1 日创办了《观察》。他倡导自由、民主，反对独裁、内战，储安平写出的时评总是有震撼力。1952 年，他任中央出版总署发行局副局长，1957 年 4 月 1 日在胡乔木的力荐下出任民主党派报纸《光明日报》总编辑，社长为章伯钧。

他上任不久曾在报社说：“报纸与党和政府存在着根本矛盾，那就是报纸要登，党和政府不许登。”他还说：“我们的目的在揭露，分析和解决问题是共产党的事”。“我们这些人是以批评政府为职业的”。他反对报纸报道党与政府的工作，宣传政策，他认为：“报纸就是报纸。报纸过去就叫新闻纸，它是报道消息的”。“只要是事实，什么新闻都可以登”。他一再强调：“搞头条新闻，时间要争，质量可以少一点”。当有人问储安平，对于重大新闻要不要向中共中央宣传部请示时，他直率地回答：“我们是民主党派的报纸，用不着。”储安平还说：“我听统战部一位副部长说，毛主席说过，《光明日报》可以和《人民日报》唱对台戏。请问：大家有没有这样的思想准备？有没有真正拥护和贯彻这一点的准备？来把它检查一下子。”①

1957 年 6 月 1 日，在统战部召开的整风座谈会上，储安平做了《向毛主席、周总理提些意见》的发言，他说：“解放以后，知识分子都热烈拥护党，接受党的领导，但这几年来党群关系不好，而且成为目前我国政治生活中急需调整的一个问题”。“这个问题的关键究竟何在？据我看来，关键在‘党天下’这个问题上。”他认为，“领导国家并不等于这个国家即为党所有，大家拥护党，但并没忘了自己也还是国家的主人”。“政党取得政权的主要目

① 《光明日报四十年》，第 68 页，光明日报出版社，1989。

的，是实现他的理想，推行他的政策。为了保证政策的贯彻，巩固已得的政权，党需要掌握国家机关中的某些枢纽，这一切都是很自然的”。“但是在全国范围内，不论大小单位，甚至一个科一个组，都要安排一个党员做头儿，事无巨细，都要看党的颜色行事，都要党员点了头才算数，这样的做法，是不是太过分了一些。”① 6月2日《人民日报》发表了储安平在座谈会上的发言，报纸上也刊登了一些文章批驳储安平“党天下”的言论。1966年6月“文化大革命”爆发，储安平多次遭到批斗，后失踪，至今生死不明，时年57岁。

《人民日报》资深记者、东方部主任蒋元椿在鸣放中讽刺胡乔木是圣旨口，说一不二。他说：“只要某个领导人的嘴一动，大家就洗耳恭听，急忙记在笔记本上，回来照办无误。不管这位领导人的意见是否切实可行，是否符合实际情况，是否需要灵活处理，反正来一个死搬活套。据说，这叫做‘组织性纪律性’。”蒋元椿还认为编委会无条件服从中央的领导，是“一层层往下传话”，“典型的教条主义”。编委会在中央领导下可以容许而且应该有“独立思考”，以便更好地根据中央的意图做好宣传工作。但这种“独立思考”同无条件服从中央领导不是对立的而是统一的。在大字报中，蒋元椿把党中央和编委会的领导称为“皇帝老子”、“土皇帝”，把报社状况描写成“从上到下都有懒惰思想”，“暮气沉沉”，“没有希望，没有前途”；“官气味太重”，千篇一律，报喜不报忧，要求恢复新闻记者“无冕之王”的称号，记者采访不受“限制”，不能“听任摆布，呼之则来，挥之则去”。当时胡乔木是中央派来领导报社的，蒋元椿因这些言论被扣上反中央、反党的帽子，打成“右派”。

《人民日报》记者胡平的言论是关于新闻学术方面的，他在非党知识分子和老报人座谈会上说：“资产阶级报纸讲究用事实说话，分明是一篇评论，但它很巧妙地写成‘客观地报道事实’的样子。而我们只知道笨手笨脚地发议论，不注意用事实来说服人。《纽约时报》的评论是采取发表意见，和读者商量的口气。而我们常常用一种教训人的口气。外面不把我们当成舆论机关，而当成布告牌，登不登视为政治待遇。”“报社有一些领导同志，头上戴着个金箍儿的。他们一听到权威方面说几个字，马上头发热，手足无措。”《人民日报》记者陈国安是因为同意办《同人报》而被划成“右派”的。他

① 储安平：《向毛主席、周总理提些意见》，载《人民日报》，1957年6月2日。

在鸣放中说，毛主席说“我看每省办两个报，一个党外办，一个党内办，唱对台戏。”毛主席自己说可以，一些人跟着鹦鹉学舌，于是被划成“右派”，陈国安就是这样被打成“右派”的。

1957年6月8日，中共中央发出了《组织力量反击右派分子的猖狂进攻》的党内指示，《人民日报》发表了毛泽东撰写的社论《这是为什么》，从而在全国吹响了反右派斗争的号角，事情发生了令新闻界、文化教育界和民主党派人士意想不到的变化。毛泽东、党中央号召全党与党外积极分子对“右派”的言论进行批判，揪出反党、反社会主义的“反动分子”。新闻界的储安平、王中、蒋元椿等几百人不久被定为“右派”，从6月11日到9月底，全国新闻界有近千人被错划为“右派”。

1957年反右派时，温济泽是中央广播事业局党组成员、副局长，中央广播电台副总编和对外广播部门的负责人。局党委办公室的负责人对他说：“你们部门二百几十人，按平均百分之五计算，应打出十几个右派分子。”温济泽说：“如果有百分之六，我不会放过；如果没有百分之五，我也不能硬打。”对外广播部门抓“右派”未能达到规定数，温济泽便在1958年10月被补为“右派”。

被划为“右派分子”的人中，只有极少数是反党、反社会主义的。许多人只是向党的工作和党的干部提出批评意见，批评或者是正确的，或者有片面性，也有用语尖刻的。反右派斗争的扩大化，使许多知识分子受到不公正的对待，党的威信遭到严重损害，也给整个国家和党的事业造成严重损失。

三、对“大跃进”媒体浮夸的反思

到1958年中共中央又掀起“大跃进”运动，报纸上放的卫星一个比一个大，“红旗”插遍大江南北，整个新闻界也无一幸免，成为中外新闻史上罕见的集体造假的机构。这种大范围的弄虚作假是整个国家运行状况在新闻媒体上的反映，也是中央某些领导人思想狂热、随心所欲的恶果。深刻反思这段时期的媒介失控现象，对理解当时语境下的所谓媒介正面报道，有着沉痛的教训。

1958年至1960年间，毛泽东、刘少奇、周恩来等提出工农业生产和文化教育开展全面跃进。在1958年5月中共八大二次会议上，毛泽东主持通过了“鼓足干劲、力争上游、多快好省地建设社会主义”的总路线，要求工农业主要产品的产量在一两年内几倍或几十倍地增长。由于忽视客观经济规律，不可能迅速改变我国经济文化落后的面貌，仅实施半年多，就出现经济结构失衡，农田荒芜，农副产品极端短缺，出现大面积饿死人的情况。1958年11月至1959年7月，毛泽东和中共中央曾努力纠正已经觉察到的错误，压低1959年的工农业生产指标。但1959年错误地批判所谓彭德怀右倾反党集团，又展开"反右倾"的另一个政治运动，"大跃进"的"左"倾错误进一步发展。党报体制要求媒体必须反映党的领导人的思想，跟着他们的步子走，致使"大跃进"时期的媒体吹牛撒谎、造假浮夸接连大规模地发生，以至达到骇人听闻的程度。

1958年8月至9月，刘少奇赴山东和江苏等地视察，沿途再次对各地已经如火如荼的各种"跃进"加温。在山东寿张县，他表扬当地的干部群众的浮夸行为是"压倒了科学家"，"是一个革命"。[①] 报纸、电台随之大放"卫星"，什么麦子亩产8500斤，早稻亩产3600斤，中稻亩产6万斤，地瓜亩产几万斤、百万斤，等等。这些虚假报道是各地基层干部在反右倾压迫下的杜撰，主要责任在于最高领导的高指标和下面干部对层层领导的欺骗，但新闻界本身也在进行"大跃进"，各家新闻单位像运动员赛跑似的，生怕落后，即使发现造假的事实也不敢、也不能揭露，加剧了浮夸新闻的泛滥。诸如"湖北建国一社出现天下第一田，早稻亩产三万六千九百多斤"[②] 的荒唐新闻，堂而皇之地出现在党报上。

这样的报道充斥从中央到地方的各级党报上，许多人是怀疑的。为了解除人们怀疑新闻失实的心理，报社刊登了一些新闻照片，让人们信以为真。1958年8月15日，《人民日报》一版刊登一组照片，题目是《一颗早稻大"卫星"》，报道的是湖北省麻城县麻溪河乡建国一社那块亩产36956斤的"天下第一田"。其中一幅是四个小孩站在生长着的稻穗上，照片说明是："这块高产田里的早稻长的密密层层，孩子站在上面就像在沙发上似的。"另外三幅照片分别是"科学家正在丰产田里考察"（照片说明有名有姓）；"人们怀着极大的兴趣参观高产田收早稻"；"省地县三级验收团在验收"。[③]

中央的几个领导人首先提出人民公社向共产主义过渡的思想，要求农村、工厂和街道建立公社、民兵组织，发动妇女参加集体劳动，大办食堂，

① 《刘少奇同志视察山东工厂农村》，载《光明日报》1958年8月4日。

② 载《人民日报》，1958年8月13日。

③ 《一颗早稻大"卫星"》，载《人民日报》，1985年8月15日。

提高家庭生活的社会化。① 1958 年 9 月 13 日《人民日报》发表《高举人民公社的红旗前进》的社论，鼓吹“共产风”和“穷过渡”，“跑步进入共产主义”！这篇社论是背着毛泽东发表的。在当时的人民公社化运动中，起了很坏的导向作用。社论要求在建立人民公社时一定要建立“公共食堂”、“托儿所”、“缝纫组”一类组织，体现人民公社比农业生产合作社更加社会化，更加集体化的优点。

1958 年 8 月 6 日，刘少奇派中共中央农村工作部副部长陈正人，带着康有为的《大同书》到河北省徐水县搞共产主义公社试点，陈正人传达了刘少奇关于搞试点的指示，还把康有为的《大同书》送给一些人。徐水县委第一书记张国忠立即宣布“跑步进入共产主义”，成立公社，树木归集体，房屋也由公社统一分配，社员实行工资制，社员和干部大搞实验田，计划一亩山药产 120 万斤，一棵白菜 500 斤，小麦亩产 12 万斤，皮棉亩产 5000 斤。这些将要发射的卫星庄稼，是迈向共产主义的人民公社殿堂上空飘扬的鲜明耀眼的红旗。报纸、广播立刻作为即将实现的目标加以报道。②

图 7－6　报纸上报道“密植高产卫星田，撑得住儿童”

1958 年，全国新闻机构以总路线、“大跃进”和人民公社运动为中心，展开了轰轰烈烈的、大规模的宣传报道。虚假掩盖了真实，高调排斥了真话，口出狂言和大话连篇成了“大跃进”宣传报道的特征，践踏了新闻规律，破坏了党报的指导性。这样严重的大面积的新闻失实，显然不能用某些记者个人采访作风与思想作风有问题的原因来解释。毛泽东 1959 年 4 月 29 日在一篇《党内通信》中说，有许多假话是上面压出来的，上面“一吹二压三许愿”，使下面很难办。事实正是如此。许多浮夸新闻并不是记者要写，而是某些党委的负责人硬逼着他们写的。那颗最大的

① 薄一波：《若干重大决策与事件的回顾》（下），第 731－732 页，中共中央党校出版社，1993。

② 康濯：《徐水人民公社颂》，载《人民日报》，1958 年 9 月 1 日。

“卫星”《广东琼山出奇迹，一亩中稻六万斤》就是这样“放”出来的。

记者曾亲自到现场调查，发现这个数字不真实，不想发这条消息，但是地方党委坚持要发。于是记者便在消息中披露了亩产六万斤的秘密：今年七月中旬这个社在全国各地早稻不断放出高产“卫星”的鼓舞下，决定进行水稻高产试验，同时也想争取时间多种一造秋薯。在支部的倡议和领导下，这个社组织了青年突击队，决定在敬目坳一块田里，把六十二亩二分田里抽穗的禾苗集中进行最高度的密植。密植前先深耕一尺，施下基础塘泥、草皮泥和绿肥等八千斤……然后在 7 月 18 日实行最高度的集中密植，整块田共插下禾苗八十多万蔸，一千多万株。……8 月 30 日上午，这块田开始收割。……到现场参加验收的，有中共广东省委秘书长张根生、韶关第一地委书记左铭、连县县委第一书记许文明，还有省农业厅副总农艺师谢焕庭等科学技术人员——所谓亩产六万斤，实际上是六十二亩二分地的产量。①

宣传的浮夸风实际是“反右”反出来的。1957 年的反右派斗争，把许多善意帮助党整风的直言不讳的观点，打成“右派”言论。在新闻界，主张真实报道的记者被戴上“右派”的帽子，不少记者由于写过内参，向中央反映下面存在的一些严重问题被打成“右派”，被开除党籍或开除公职。于是在新闻界出现这样的心理：讲成绩比讲缺点保险，多讲成绩比少讲成绩划算，讲大成绩比讲小成绩更得领导欢心。报刊一边“大跃进”，一边对所谓“右倾”思想开展大批判，迫于政治压力，怕戴“右倾”、“保守”的帽子，被当“黑旗”拔掉，很少有人敢说真话，出现那么多违背常识的造假新闻也就不奇怪了。②

浮夸新闻又是高指标压出来的。由于党的指导思想出现偏差，“左”的东西发展严重，没有人敢批评、也没有报纸敢登揭露浮夸的稿子，对“左”的东西有人恭维，便一哄而起，助纣为虐。可见，大量新闻失实的原因不应从记者个人的素质中去寻找，而要从党的指导思想中去挖根。只要党的指导思想正确，即使出现了假新闻，也可以揭露出来。正如吴冷西自我检讨时所说：“南宁会议是一个劲反‘右倾’的，成都会议和武昌会议的主旋律是鼓

---

① 参见蒋亚平、官健文、林荣强：《新闻失实论》，上册，第 75—76 页，中国新闻出版社，1986。

② 参见蒋亚平、官健文、林荣强：《新闻失实论》，上册，第 76—77 页，中国新闻出版社，1986。

足干劲，其间虽然也谈到留有余地或压缩空气，但声音微弱，到了5月间的八大二次会议，解放思想、敢想敢做的呼声压倒一切。我主持人民日报和新华社的宣传也随大流，但因有毛主席的再三叮咛，开始还是比较谨慎，但到了6月份，农业上的生产'卫星'开始放了，接着是钢铁'卫星'、煤炭'卫星'也陆续出现了，大跃进形成高潮，浮夸风到处泛滥。对人民公社，开始还只限于典型报道，后来从河南全省公社化起，就刮起一股共产风。虽然不能说人民日报和新华社应对1958年的浮夸风和共产风负有主要责任，但我主持这两个单位的宣传工作在这期间所造成的恶劣影响，至今仍深感内疚。"①

国家的大政方针出了错，党报没有独立的话语权，只能火上浇油，越来越乱。刘少奇在1961年反思说：这几年是"中央领导一半，人民日报领导一半"。② 李庄分析当时《人民日报》犯错误的原因是，"犯错误，有外在原因：有的时候党的指导思想发生偏差，党报很难不犯错误；也有内在原因：党报工作人员思想政治，业务知识水平低，未能完整准确地、敏锐及时地体现党的路线和方针、政策。后者是大量的。"③ 邓拓在与《广西日报》和《桂林日报》同志谈办报时，曾说"对新闻报道所产生的社会效果如何估价，我就主张客观一些、灵活一些，不能说得过死。就拿'刮共产风'来说，不能把它归罪于哪一张报纸，要人家承担煽风的责任。"④

1956年刘少奇认为，记者最重要的是坚持真理，他说："新闻记者要坚持真理，要有斗争性，头上要长角。不要怕人家报复，不要怕人家把你赶走。如果你报道正确，人家把你赶走了，这是你的光荣。"⑤ 在中央总体路线正确的情况下，记者坚持真理是有机会发挥作用的，也能维护自己的正当权益。如果中央路线不正确，记者坚持真理只能遭到打击，甚至要献出生命。所以，重要的是要建设一个真正的实事求是的党、爱护人民的党，党的领导要善于听取不同意见，要尊重记者的创造性和主动性。

---

① 吴冷西：《忆毛主席》，第72页，新华出版社，1995。

② 刘少奇：《关于人民日报工作的讲话》，载《中国赫鲁晓夫刘少奇反革命修正主义言论集》(1958.6—1967.7)，第158页，人民出版社，1967。

③ 李庄：《我在人民日报四十年·前言》，第1页，人民日报出版社，1990。

④ 《邓拓全集》，第5卷，第424页，花城出版社，2002。

⑤ 刘少奇：《对新华社工作的第一次指示》，《中国共产党新闻工作文件汇编》，下卷，第365页，新华出版社，1980。

由于新中国初期的新闻工作者大都是从革命年代培养出来的，许多人只知道服从党的命令，缺乏独立思考精神，往往把领导者的话当作真理。他们习惯于揣摩领导的心理，领导喜欢什么，就写什么、说什么。正如前新华社总社社长兼总编辑陈克寒所说："某些机关和某些人们，自觉不自觉地向报纸和记者供给片面性的情况，报喜不报忧或报忧不报喜，也不能不负很大责任。……有些记者认为，上级要什么，就给什么，那样总不会有错，而且可以多得到一些发表的机会。"于是，编辑部一个报道方针或报道计划制定下来，记者们就分头去为方针和计划的实现而奋斗，努力寻求与报道方针和计划相适应的材料。有时发现实际情况与计划方针并不符合，或者情形要比预先设想的复杂得多，他们就宁可舍繁就简，把许多真实材料舍弃不顾，仅仅选择适合于上级口胃的那部分写出来。

1959 年 7 月 21 日，范长江在追悼邹韬奋时也表达了新闻干部要坚持真理的观点，他说："我们现在比韬奋同志所处的时代当然幸福得多，但是，我们的时代也有我们这个时代的问题，在各项革命建设工作中，永远有正确和错误、先进和落后的斗争，永远需要我们有献身真理的精神，勇敢地站在正确和先进方面，推动我们的事业前进。所以，在我们的社会中也要提倡敢想敢说的共产主义风格，要反对贾桂的奴才思想，要提倡说真话。"① 1961 年，他强调："报纸不能仅仅考虑地方党委的反映，也要考虑广大群众的反映。""根据人民群众的要求、愿望去理解中央的方针政策，这样做，大致上是不会错的。就是错一次，也不要动摇，因为这条路线是正确的。""做新闻工作，一定要翻很多跟斗，翻跟斗不要怕，只要方向对头了，翻一次跟斗也就能提高一步，与群众的联系也会更加密切起来。"② 他还说："领导也有糊涂的时候，领导糊涂的时候群众是清楚的。如果和群众有密切的联系，就会心中有底，不至于像赌钱一样，跟着别人押宝，别人输了，你也跟着输了。"③

经过"大跃进"，刘少奇感到报纸与党委的关系不协调，就报纸这一面，

---

① 于友：《长江——多难得的新闻事业家》，引自胡愈之、夏衍等著《不尽长江滚滚来——范长江纪念文集》，第 417 页，群言出版社，2004。

② 于友：《长江——多难得的新闻事业家》，引自胡愈之、夏衍等著《不尽长江滚滚来——范长江纪念文集》，第 415 页，群言出版社，2004。

③ 于友：《长江——多难得的新闻事业家》，引自胡愈之、夏衍等著《不尽长江滚滚来——范长江纪念文集》，第 415 页，群言出版社，2004。

他很理解工作上的难处。1961 年 5 月他在对《人民日报》工作的谈话中提到："听话，也不是；不听话，也不是；是难办。作一个共产主义的新闻记者是难办……不服从，是错误的，要犯错误；服从，也要犯错误，是不容易。"① 他提醒报纸在与党委的关系上防止两种倾向时，指出："过去你们要求新闻自由，认为服从党委领导就妨害批评和自我批评……要讲两种偏向：一种偏向，脱离地方党委的领导，认为受党委领导就不能批评，因而就闹独立性；一种偏向是完全听党委的话，因而就出现浮夸这类事，什么公共食堂好，放卫星。"②

在报纸批评的问题上，胡耀邦特别指出，"批评是一个武器。凡是武器就包含两方面，一方面说明有力量，可以打敌人，打坏人坏事；一方面说明弄得不好就有危险性，可能打倒自己人。因此在开展批评问题上既要坚决，又要谨慎。"③

如何解决记者坚持真理、正确地批评错误，特别是批评领导的错误意见，刘少奇遵循党的组织原则，提出如下解决的方法："要把坚持原则性和坚持纪律性结合起来。一方面要服从党委领导，要坚持纪律性，一方面也要敢于向党委反映问题，提出意见，要坚持原则性。不要怕对党委有争论，有争论不是不服从党委。"④ 在这里，纪律性是必要的组织约束，不得违背，但"原则性"则更重要。报纸一方要敢于向党委反映问题；党委一方，则不能将有争论视为不服从领导。

如果党内民主生活正常，这一做法对正确处理党的媒介与党的领导的关系，应当是有效的。但在实际上很难做到，党委一把手指挥媒体，不受制约，媒体没有任何独立性，这种体制必然导致 1958 年的错误不断重演，只不过有时严重、有时轻微。媒体的唯一幸运是遇到一个好上级，能够尊重新闻规律。1960 年 12 月 24 日至 1961 年 1 月中央召开工作会议，号召大兴调

---

① 刘少奇：《关于人民日报工作的讲话》，载《中国赫鲁晓夫刘少奇反革命修正主义言论集》(1958.6—1967.7)，第 158 页，人民出版社，1967。

② 刘少奇：《关于人民日报工作的讲话》，载《中国赫鲁晓夫刘少奇反革命修正主义言论集》(1958.6—1967.7)，第 158 页，人民出版社，1967。

③ 张黎群等主编、唐非撰：《胡耀邦传》，第 1 卷，第 264 页，人民出版社、中共党史出版社，2005。

④ 刘少奇：《关于人民日报工作的讲话》，载《中国赫鲁晓夫刘少奇反革命修正主义言论集》(1958.6—1967.7)，第 158 页，人民出版社，1967。

查研究之风，刘少奇在1961年5月同《人民日报》负责人谈话时，明确提出记者和编辑“是调查研究的专业工作者。报上的一切文章都应当是调查研究的结果”。[①] 管媒体的领导重视调查研究及其结果，就是尊重新闻规律，是党报好上级的重要标准。

① 刘少奇：《关于人民日报工作的讲话》，载《中国赫鲁晓夫刘少奇反革命修正主义言论集》(1958.6—1967.7)，第159页，人民出版社，1967。

第八章 “文化大革命”中的媒介大批判

“文化大革命”前夕，极左思想尽管在“反胡风”、反“右派”、“大跃进”和“反右倾”时期已经冒头，但并没有在全社会肆虐到疯狂程度，有时还能控制在理性范围。但从 1965 年开始，媒介批判已经火药味十足，在“两报一刊”（即《人民日报》、《解放军报》和《红旗》杂志）上接连出现蛮横的批判文章，被批判对象完全陷入被动挨打、无权申辩、丧失人身安全的处境。中央和众多地方党报围攻北京市委的党报党刊而揭开了“文化大革命”序幕，继而在全国对大量报刊文章、文学作品、戏剧、电影、学术著作以及除毛泽东、康生与“四人帮”以外的各级领导干部的言行，进行了没完没了的“革命”大批判。这场斗争一直持续了十年之久。

第一节 媒介大批判的发动

整个“文化大革命”大批判的历史，首先是从林彪、江青等人夺取新闻舆论战线领导权开始的。他们从批判《海瑞罢官》入手，发动所谓革命群众的批判，组织新闻媒体搞“自我批判”，制造有利的舆论，达到篡党夺权的目的。他们使用文字狱的手段，以莫须有的罪名，一步步施展阴谋诡计，给攻击对象扣上“反党、反社会主义、反对毛泽东思想”的大帽子，欲置其死地而后快。他们采取断章取义、夸大其词、颠倒是非的手法，“欲加之罪，何患无辞”到了极其卑鄙的程度！

一、姚文元与张春桥的政治投机

极左的媒介批判始于 1957 年 6 月 10 日姚文元在《文汇报》发表《录以备考——读报偶感》。随后，毛泽东先后为《人民日报》撰写的《〈文汇报〉在一个时间内的资产阶级方向》和《〈文汇报〉的资产阶级方向应当批判》

两文，进一步助长了这种苗头。报上发表的许多“反右”文章和言论歪曲事实，对人身肆意攻击，“大批判”这个概念伴随“大鸣大放”已经被最高领导提出来。

姚文元，1932年生于浙江诸暨，1950年参加工作，先后任上海市嵩芦区青年团工委宣传部秘书干事、副部长。1956年6月任《萌芽》编辑部诗歌组组长，12月任《文艺月报》理论组组长。1958年6月任《解放》半月刊编辑。1962年6月任上海《解放日报》文艺部主任。1963年3月任《解放日报》编委、党委委员，亦是上海市委政策研究室工作人员。

姚文元是一个政治投机分子，他的许多批评文章都是与政治运动结合在一起的。1957年夏天，毛泽东几乎天天读上海的《文汇报》，关注着《文汇报》的“资产阶级方向”。姚文元从张春桥那儿得到信息后，马上赶写了《录以备考——读报偶感》。

姚文元这篇“反击右派”的文章，是由新华社1957年5月25日一条很短的电讯引起的。电讯报道了毛泽东在5月25日下午接见中国新民主主义青年团第三次全国代表大会全体代表。姚文元比较了《解放日报》、《人民日报》和《文汇报》刊登这一电讯时的不同编排技巧，在文章中大发感叹①：“同是一条消息，经过不同的编辑同志的编排，其价值竟可以相差十万八千里之遥，这个奇妙的秘诀，是我最近从报纸上得来的。前几天毛主席在接见共青团代表时发表了讲话。讲话虽短，含意却极深远。《解放日报》用特别巨大的铅字和醒目的标题放在第一条新闻，《人民日报》排在当中，标题比《解放日报》要小些，也突出了‘团结起来，坚决地勇敢地为社会主义的伟大事业而奋斗，一切离开社会主义的言论行动都是错误的’。但《文汇报》呢，却缩小到简直使粗枝大叶的人找不到的地步，或者看了也觉得这是一条无足轻重的新闻。其全部地位，大约只有《解放日报》标题用的铅字二个铅字那么大。”

接着姚文元向《文汇报》投出了匕首：“到底是什么缘故使三个报纸编辑部对一条新闻的估价相差如此之远呢？是因为《解放日报》认为这条消息特别重要呢，还是因为《文汇报》编者同志觉得这个谈话是谈谈什么社会主义、党的领导……之类早已‘听得烂熟’的老话，没有什么新鲜内容，所以无足轻重呢？还是因为编者以为《文汇报》的读者是知识分子、同青年们没

① 叶永烈：《姚文元传》，第152—153页，时代文艺出版社，1993。

有什么关系？抑或是编者以为突出这条消息，会影响‘争鸣’，因为‘争鸣’中似乎是不适合多说什么党的领导、社会主义的，我因为说了两句，就很遭到有些人的反对。”

姚文元在文章中，自我标榜对《文汇报》并没有“扣帽子”、“打棍子”，而是带着一种商榷的口气探讨新闻编排的政治性。其实，他的主要目的是要批评《文汇报》的“资产阶级方向”，以迎合毛泽东的关注，谋求政治上的升迁。

毛泽东对姚文元的《录以备考——读报偶感》颇为欣赏。他通知《人民日报》加以转载，并亲自写了“本报编辑部”署名文章《〈文汇报〉在一个时间内的资产阶级方向》，与姚文元的文章一起，刊于1957年6月14日《人民日报》第一版。文章说[①]：“上海《文汇报》和北京《光明日报》在过去一个时间内，登了大量的好报道和好文章。但是，这两个报纸的基本政治方向，却在一个短时间内，变成了资产阶级报纸的方向。这两个报纸在一个时间内利用‘百家争鸣’这个口号和共产党的整风运动，发表了大量表现资产阶级观点而并不准备批判的文章和带煽动性的报道，这是有报可查的。这两个报纸的一部分人对于报纸的观点犯了一个大错误。他们混淆资本主义国家的报纸和社会主义国家的报纸的原则区别。”“党外报纸当然不应办得和党报一模一样，应有他们自己的特色。但是，他们的基本方向，应当是和其他报纸一致的。这是因为在社会主义国家，报纸是社会主义经济即在公有制基础上的计划经济通过新闻手段的反映，和资本主义国家报纸是无政府状态的和集团竞争的经济通过新闻手段的反映不相同。”在文章中，毛泽东特别强调：“姚文元的文章只是含蓄地指出《文汇报》的资产阶级方向，看到了《文汇报》一些人站在资产阶级立场上向无产阶级进行阶级斗争的这个明显的和有害的倾向，是一篇好文章，故转载于此。并且借这个由头，向我们的同业——《文汇报》和《光明日报》说出我们的观点，以供考虑。”

全国各地报纸转载了姚文元的杂感和《人民日报》毛泽东的文章，中央人民广播电台在新闻节目中也播发了。毛泽东和党中央机关报的点名批评，使文汇、光明两报编辑部倍感压力。随后，《文汇报》和《光明日报》接连召开批判会，发表批评文章，对自己的“资产阶级右倾立场”进行了检讨。

1957年7月1日，毛泽东又对《光明日报》和《文汇报》随后的认

---

① 《建国以来毛泽东文稿》，第6册，第508－509页，中央文献出版社，1992。

"错"态度进行了分析，并亲自撰写了《人民日报》的社论文章《〈文汇报〉的资产阶级方向应当批判》。文章严厉抨击了《文汇报》6月14日的检讨，说："《文汇报》根本上没有作自我批评。相反，它在14日社论中替自己的错误作了辩护。'我们片面地错误地理解了党的鸣放政策，以为只要无条件地鼓励鸣放，就是帮助党进行整风；多登正面的意见或者对错误的意见进行反批评，就会影响鸣放'。是这样的吗？不是的。《文汇报》在春季里执行了民盟中央反共反人民反社会主义的方针，向无产阶级进行了猖狂的进攻，和共产党的方针背道而驰。其方针是整垮共产党，造成天下大乱，以便取而代之，真是'帮助整风'吗？假的，真正是一场欺骗。"

这篇社论，给《文汇报》上纲上线到反党反人民反社会主义的高度，报社的民主党派领导被打成"右派"。文中咄咄逼人的质问，让我们可以隐隐约约地看到大批判的烈火。不过，毛泽东和姚文元批评的出发点有所不同，前者是出于对"资产阶级办报思想"的警觉，而后者则完全出于政治投机。

这里不能不提到张春桥这个人。张春桥出生于山东巨野，1935年5月到上海，从事文化写作，1937年9月返回济南，参加抗日救亡活动。1938年他到达延安，同年8月加入中国共产党，在晋察冀解放区先后担任《晋察冀日报》副总编辑，新中国建立前夕来到石门市（今石家庄）任《石门日报》总编辑。

1954年9月，柯庆施从石门市调任中共上海市委书记，张春桥任柯庆施的"政治秘书"一同来到上海。柯庆施特别留意毛泽东的言论，深刻地影响了张春桥，张春桥把从柯庆施那里听来的毛泽东的动向，细心研究并作为自己行动的指针。1957年张春桥已是《解放日报》副总编辑。6月8日，《人民日报》社论《这是为什么?》一发表，张春桥接二连三地在《解放日报》上发表反击"右派分子"的文章。在1958年"大跃进"中，张春桥摸准了毛泽东思想的脉搏，数易其稿，写出《破除资产阶级的法权思想》一文发表在上海《解放》杂志第6期上。这篇文章送到毛泽东手中，他特别赏识张春桥的观点，嘱令《人民日报》全文转载，并亲笔写了《编者按》。张春桥的名字，第一次引起人们的注意。

在中共八届十中全会上，毛泽东发出"千万不要忘记阶级斗争"的号召，张春桥又多次写文章批判"阶级斗争熄灭论"。不久张春桥已是中共上海市委常委、宣传部长。1963年12月25日至1964年1月22日，上海举行华东地区话剧观摩演出。柯庆施、张春桥把江青请到了上海京剧院，"指导排演"《智取威虎山》。1964年冬，江青在上海看了淮剧《海港的早晨》，产生了极大的兴趣，对张春桥说："《海港的早晨》也可编成京剧嘛!"张春桥遵照江青的"指示"，全力抓《智取威虎山》和《海港》的现代京剧的排练，在上海树起两部"样板戏"。1965年张春桥升为中共上海市委书记处书记，成为上海举足轻重的人物。4月9日柯庆施病逝。此后，江青频繁来沪，同张春桥、姚文元密谋勾结，炮制批判历史剧《海瑞罢官》，直到1965年11月10日，署名姚文元《评新编历史剧〈海瑞罢官〉》一文发表于上海《文汇报》，中央其他高层领导还不知道这是毛泽东首肯、江青策划的一篇发动"文化大革命"的"重磅炸弹"。

为了将党内"走资本主义道路的当权派"、"修正主义分子"打倒，毛泽东认为必须在思想文化战线进行一场自下而上的政治大革命，即无产阶级"文化大革命"。而革命的突破口是从批判《海瑞罢官》开始，批判的工具就是全国的报刊和广播，批判的内容首先是报刊发表的各种作品和各种出版物，把它们一律打成向社会主义进攻的、浸透"封资修"的"大毒草"。

二、对《海瑞罢官》的歪曲与诬陷

1958—1959年，由于急于求成而造成的经济上的失误使每个中国人无不感到痛心，毛泽东对广泛存在的不敢讲真话的恶劣作风提出了尖锐的批评，他多次说，有很多假话是上面压下来的，应当提倡魏征精神和海瑞精神。在毛泽东的指示下，中宣部先后邀请吴晗写了《海瑞骂皇帝》、《论海瑞》的文章和《海瑞罢官》剧本。《海瑞罢官》剧本是在1959年4月开始写作，1960年底完成，并在1961年第1期的《北京文艺》上发表，此后排成京剧多次演出，受到文化界和观众的好评。

姚文元的文章不仅批判了《海瑞罢官》的剧本，而且也对许多报刊上肯定这个剧本的文章进行了斥责。他指出，有的文章说它"深寓着丰富的意味"、"留给观众以想象的余地"，鼓吹"羞为甘草剂，敢做南包公"；有的评论文章称赞吴晗同志"是一位善于将历史研究和参加现实斗争结合起来的史学家"，"用借古讽今的手法，做到了历史研究的古为今用"，这个戏更是"开辟了一条将自己的历史研究更好地为社会主义现实、为人民服务的新途径"；有的文章还说，"人们在戏里表扬'清官'……是在教育当时的做官的，起着'大字报'的作用。"

姚文元抨击说，《海瑞罢官》并不是芬芳的香花，而是一株毒草。它虽然是头几年发表和演出的，但是，歌颂的文章连篇累牍，类似的作品和文章大量流传，影响很大，流毒很广，不加以澄清，对人民的事业是十分有害的。吴晗的新编历史剧《海瑞罢官》，歌颂敢说敢做、具有一身浩然正气的清官海瑞，是为了给右倾机会主义分子彭德怀翻案制造舆论。[①] 姚文元歪曲历史，影射现实，无限上纲，完全是一种恶毒攻击。

学术研究
評新编历史剧《海瑞罢官》

图 8－1　姚文元的诬陷、批判文章

《评新编历史剧〈海瑞罢官〉》引起了众多媒体的关注，“四人帮”所把持的中共上海市委机关报《解放日报》率先于 11 月 12 日转载了这篇文章，随后华东地区的《新华日报》、《福建日报》、《浙江日报》、《大众日报》、《安徽日报》、《江西日报》等 7 省区报纸，纷纷转载，而北京的《人民日报》、《解放军报》、《光明日报》、《北京日报》、《北京晚报》等报纸，却迟迟不肯转载。

北京的报纸不肯转载，是北京市委第一书记兼市长彭真的意思。11 月 10 日，彭真在第一时间得知姚文元《评新编历史剧〈海瑞罢官〉》在上海《文汇报》发表后，气愤地拍着桌子说：“批判一个副市长，竟然不和市委打招呼，真是岂有此理！这不是对同志搞突然袭击吗？”彭真要下属通知北京各报，“一律不准转载姚文元的文章。凡是有关点名批判的新闻报道，要向市委请示，让他们拿出党性来，我们要坚持真理！”[②]

彭真还进一步指名道姓地反驳：“《海瑞罢官》这戏我早就看过了，哪里是毒草？张春桥说《海瑞罢官》是毒草，上海不是也演过《海瑞上书》，难道张春桥没有责任吗？姚文元的文章乱上纲，这也是错误，要批判！”[③] 后来，彭真还打电话质询了上海市委宣传部的做法，并且当面批评了参与组织此文的张春桥。由于《评新编历史剧〈海瑞罢官〉》是揭开“文化大革命”

① 载 1965 年 11 月 10 日《文汇报》第 1 版。
② 纪希晨：《史无前例的年代》，第 36 页，人民日报出版社，2001。
③ 纪希晨：《史无前例的年代》，第 36 页，人民日报出版社，2001。

媒介大批判的导火索，因此可以说，彭真是站在反批判第一线的高层领导，因此他成为政治局中被毛泽东打倒的第一人。

彭真的指示，马上被江青一伙所注意，并向毛泽东报告说："各地报上来的材料充分说明，他们封锁姚文元同志的文章，扣压左派批判《海瑞罢官》的文章，完全是有组织、有预谋、有步骤的阴谋。北京各报刊，几乎都接到了彭真的指令，不许转载姚文元的文章。"毛泽东对此十分不满，他对上海市委负责人曹荻秋、陈丕显说："他不转载，你们就出单行本，看他转载不转载。"① 1966 年 3 月 30 日，毛泽东对彭真质询上海市委宣传部的做法极为愤怒，他说："1962 年十中全会作了阶级斗争的决议，为什么吴晗写了那么多反动文章，中宣部都不要打招呼，从不要批准，而发表姚文元的文章，却偏要跟中宣部打招呼呢？难道中央的决议不算数吗？什么叫学阀？那些包庇反共知识分子的就是学阀，包庇吴晗、翦伯赞这些'中学阀'的人是'大学阀'，中宣部是'阎王殿'，要打倒阎王，解放小鬼！我历来主张，凡中央机关做坏事，就要号召地方造反，向中央进攻。地方要多出几个孙悟空，大闹天空。彭真、北京市委、中宣部再包庇坏人，中宣部要解散，北京市委要解散，五人小组②要解散。要保护左派，建立队伍，进行文化大革命！"③

毛泽东对中央和北京市的严厉指责，已经不是一种简单的批评了。可以说，当时享有极高威信的党的最高领袖的不满，直接导致了随后中宣部、北京市委和五人小组的改组，也导致彭真、陆定一等受到长达十年的批斗和关押。

迫于巨大的政治压力，在抵制了 19 天之后，《解放军报》（11 月 29 日）、《北京日报》（11 月 29 日）和《人民日报》（11 月 30 日）等终于转载了姚文元的文章，并且都在引文前加了引导性的编者按。《解放军报》的编者按旗帜鲜明，宣判《海瑞罢官》"是一株大毒草"，后两家报纸都强调要根据"百花齐放、百家争鸣"的方针，进行平等的讨论。细心的读者可以看出，这两家报纸并不赞同姚文元的文章所采取的以势压人、一棍子打死的做

① 纪希晨：《史无前例的年代》，第 39 页，人民日报出版社，2001。

② 五人小组是 1964 年夏天由毛主席提议成立的，彭真担任组长，陆定一任副组长，组员有康生、周扬、吴冷西，主要任务是研究"贯彻和执行中央和主席关于文化艺术和哲学社会科学的指示"。

③ 纪希晨：《史无前例的年代》，第 65 页，人民日报出版社，2001。

法。《北京日报》和《人民日报》所加的编者按其实也是对姚文元的一种间接批判。

北京的报纸转载后，“四人帮”通过《文汇报》和《解放日报》将三家报纸配发的按语作为新闻编发了，排列的次序则是《解放军报》的按语放在首位，把按语中“一株大毒草”的字样登在最前面，[①] 予以肯定。而与之唱反调的编者按则尽量压后给以贬低，这显然表达了他们对 3 家报纸的态度。

为了将吴晗《海瑞罢官》的问题限制在学术讨论的范围，彭真会同中宣部和北京市委的领导，要求吴晗在《北京日报》上作出自我检讨，并要求《人民日报》配合吴晗的检讨，发表相关的学术讨论文章，还要求中宣部警惕学术讨论上升为政治批判。

1965 年 12 月，戚本禹突击写了一篇关于《〈海瑞罢官〉要害是罢官》的文章，要求在《人民日报》上发表。陆定一说：“当前这场讨论是学术性的，要先搞学术问题，政治问题以后再说。”他还特别提醒斯大林时代的历史教训，指出“学术批判不能过火，一过火就有反复。”[②] 这是陆定一对“四人帮”一伙搞政治大批判阴谋的反击。

1965 年 12 月 12 日，《北京日报》发表了邓拓化名向阳生的《从〈海瑞罢官〉谈到道德继承论——与吴晗商榷》一文。邓拓的文章正面回答了姚文元的问题，认为吴晗的问题是“道德继承论”的问题，而不是“反党反社会主义”的问题。邓拓的文章开宗明义地作了说明。这个说明很重要，一眼就看出，作者是想把对《海瑞罢官》的讨论引向学术方向。他写道：“最近许多报纸正在开展关于新编历史剧《海瑞罢官》的讨论，这引起了学术界的普遍重视。我看过姚文元同志的文章之后，重新翻阅了北京出版社出版的吴晗同志 1960 年 11 月 13 日七稿、1961 年 8 月 8 日改定剧本，同时参看了从 1959 年到 1962 年这个期间的《人民日报》、《北京日报》和《北京晚报》、《解放军报》、《文汇报》等所刊登的有关海瑞的其他文章和几种剧本，加以比较，反复探索吴晗同志研究海瑞和创作《海瑞罢官》这个剧本的指导思想究竟是什么？”[③]

---

① 宋维：《军报转载〈评新编历史剧《海瑞罢官》〉始末》，载《百年潮》，2003 年第 7 期。

② 苏双碧、王宏志：《吴晗传》，第 352 页，上海人民出版社，1998。

③ 苏双碧、王宏志：《吴晗传》，第 351 页，上海人民出版社，1998。

1965年12月27日，《北京日报》以两万字的篇幅发表了吴晗的《关于〈海瑞罢官〉的自我批评》。他在文章中给自己上纲上线："我忘记了阶级斗争"，"用的是形式主义的方法，片面地、绝对地、主观地来描述海瑞和农民群众，把海瑞的历史地位评价过高了，这是思想问题，也是阶级立场问题，错误是严重的"，"效果是十分恶劣的"。① 尽管这段话也是违心的，但原则却是坚持的，那就是"错误"可以检讨，"反党反社会主义"是绝对不能接受的。这是吴晗的态度，也是北京市委和中宣部的态度，目的只有一个就是将批判限制在学术范围里。

《人民日报》在同一天发表了中宣部副部长周扬主持写作、署名方求的文章《〈海瑞罢官〉代表一种什么社会思潮?》。这是一篇真正的学术批判文章。文章一开头就指出吴晗在《海瑞罢官》这出戏中"尽情歌颂了一个被说成农民'救星'的'清官'海瑞，歌颂了一个被说成要为农民作主张，并且因此被罢了官的海瑞"。这篇文章着重批评吴晗关于"清官"海瑞记述的错误。作者首先认为，把"清官"海瑞说成是农民的"救星"，是从根本上违反马克思主义的。文章从封建法律的阶级性着手批驳吴晗的上述观点，应该说这个批评是有分析的，作者想通过揭示"清官"的本质指出把清官当作"救星"的错误。这篇文章还是想把对吴晗的批判限制在学术界线内。

彭真和中宣部用心良苦，他们想把对吴晗的《海瑞罢官》问题的讨论回归于学术，而不是无限上纲到政治高度。彭真还在1965年11月28日《北京日报》转载姚文元的文章时，对《北京日报》和《前线》杂志社负责写编者按的同志说："你们必须赶写几句按语，要写出水平来。你们一定要在历史唯物史观上下功夫。凡点到吴晗名字的时候，一律在后面加上'同志'，这是分清敌我的大事。"② 这其实是对姚文元《评新编历史剧〈海瑞罢官〉》的一种隐性的反批判。

但是，彭真、陆定一等人的立场，并没有得到"四人帮"一伙的认可。相反，在一定程度上，给"四人帮"授以口实。他们认为：吴晗的《海瑞罢官》确实有反党反社会主义的政治问题，北京市委通过各种方式，想保吴晗，但是后来保不住了，于是《北京日报》等报刊又假惺惺地批判起吴晗来，批判是假，保护是真。

---

① 苏双碧、王宏志：《吴晗传》，第350页，上海人民出版社，1998。

② 纪希晨：《史无前例的年代》，第39页，人民日报出版社，2001。

三、对北京市委及其报刊的攻击

为了攻击北京市委和中宣部对姚文元文章的立场，1966年4月2日，《光明日报》和《人民日报》同时发表了戚本禹的《〈海瑞骂皇帝〉和〈海瑞罢官〉的反动实质》一文。戚文吹捧姚文元《评新编历史剧〈海瑞罢官〉》一文"揭开了这一场不可避免的大论战的序幕"，"像一块大石头投进了池塘，平静的水面沸腾了起来"；指出吴晗的文章《海瑞骂皇帝》"是为右倾机会主义分子向党进攻擂鼓助威"；《海瑞罢官》"是号召被人民'罢官'而去的右倾机会主义分子东山再起"。4月5日，《红旗》杂志发表了关锋、林杰的《〈海瑞骂皇帝〉和〈海瑞罢官〉是反党反社会主义两株大毒草》。这两篇文章犹如火上浇油，抓住所谓吴晗的政治问题不放，使批判吴晗的烈火愈烧愈旺。

1966年5月8日，《解放军报》发表了江青化名高炬所写的文章《向反党反社会主义的黑线开火》，《光明日报》发表关锋以何明的化名写的文章《擦亮眼睛，辨别真伪》，直指北京市委，蛮横地把《北京晚报》连载发表的《燕山夜话》和《前线》杂志发表的《三家村札记》斥为反党反社会主义的毒箭、黑话，把邓拓、吴晗等人斥为阶级敌人、黑线人物。文章诬陷"邓拓是他和吴晗、廖沫沙开设的'三家村'黑店的掌柜，是这一小撮反党反社会主义的一个头目"。江青还点明："《前线》和《北京日报》长期以来为吴晗等人打掩护，现在突然'积极'起来……他们不过是借批判之名，行掩护之实，打起斗争的招牌，干着包庇的勾当。"① 江青就借这种"围城打援"式的手法，把批判矛头对准北京市委书记处书记邓拓以及北京市委机关报刊《北京日报》和《前线》杂志，进而直逼北京市委第一书记、市长彭真。

随后，姚文元、戚本禹、林杰紧跟江青又相继发表文章围剿"三家村"。《解放日报》和《文汇报》在5月10日同时发表姚文元的《评"三家村"——〈燕山夜话〉〈三家村札记〉的反动本质》。《红旗》杂志第7期发表了戚本禹的文章《评〈前线〉〈北京日报〉的资产阶级立场》。《人民日报》5月14日又发表林杰的《揭破邓拓反党反社会主义的面目》。

"这些文章杀气腾腾，直接攻击北京市委和市委的机关报、机关刊，是中华人民共和国成立以后第一次中央党报党刊率领全国各级党报党刊围剿一

---

① 纪希晨：《史无前例的年代》，第39页，人民日报出版社，2001。

家地方党报党刊的舆论斗争，火力之集中、声势之猛烈在中外新闻史上是罕见的。”① 这种媒介大讨伐，在中外媒介批评史上，也是空前绝后的。

随后，江青、姚文元一伙在毛泽东的默许下，动用他们所掌管的舆论工具，展开了更加猛烈地抨击。其中戚本禹的《评〈前线〉〈北京日报〉的资产阶级立场》，完全按照林彪、江青“打倒党内资产阶级代表人物”的调子写的，不惜指鹿为马、颠倒黑白，对《北京日报》、《北京晚报》和《前线》杂志无限上纲。

文章开始就一口咬定，1966 年 4 月 16 日《北京日报》、《北京晚报》和《前线》杂志刊登的关于“《燕山夜话》和《三家村札记》的批判”资料和“编者按”不是在认真批判吴晗、廖沫沙和邓拓发表在这三家报刊上的“反动文章”，而是假揭露、真支持，假批判、真庇护，假斗争、真保护。文章给《北京日报》、《北京晚报》和《前线》杂志毫不留情地扣了一堆帽子，乱打一气棍子：《前线》和《北京日报》，还有那份《北京晚报》，在最近几年的一个相当长的时间里，本身就是邓拓、吴晗、廖沫沙等人猖狂向党、向社会主义进攻的工具，而不是什么不自觉地被人“利用”的问题。这个阵地不是无产阶级的阵地，而是资产阶级的阵地。邓拓、吴晗、廖沫沙等人在过去的一个相当长的时间里，本来就是安安稳稳地坐在市委、市政府的大门里当官做老爷，发号施令，执行着修正主义路线，企图用“和平演变”的方法实现资本主义复辟的梦想，而根本不是什么被“资产阶级的代表人物乘虚而入”的问题。你们是打着“红旗”反红旗，披着马克思列宁主义、毛泽东思想的外衣反对马克思列宁主义、毛泽东思想。……

文章最后用一连串的质问结尾：“在国内外阶级敌人大刮黑风的时候，是谁积极支持邓拓、吴晗、廖沫沙进行反党反社会主义的活动呢？邓拓、吴晗、廖沫沙的反党反社会主义活动遭到革命群众反击以后，是谁用各种办法包庇邓拓、吴晗、廖沫沙呢？后来，邓拓、吴晗、廖沫沙的问题包不住了，又是谁指使你们玩弄那套‘牺牲车马，保存将帅’的假批判把戏呢？”②

这篇批判文章，表面是要批判《北京日报》、《北京晚报》和《前线》杂志，其真正目的是要揪出支持和保护邓拓、吴晗、廖沫沙的以彭真为首的北

---

① 张涛：《中华人民共和国新闻史》，第 196 页，经济日报出版社，1992。

② 戚本禹：《评〈前线〉〈北京日报〉的资产阶级立场》，《红旗》杂志，1966 年第 7 期。

京市委。这篇文章在打倒北京市委的过程中，确实制造了林彪、“四人帮”所需要的政治气氛，为林彪、江青打倒以彭真为首的北京市委立下了“头功”。

1966年5月16日，中国共产党中央委员会发出《五一六通知》，把批判“三家村”的运动由北京推向全国，各地炮声隆隆，报刊上连篇累牍地登着这样的消息：山东省工农兵群众愤怒声讨“三家村”；陕西省委召开社会主义文化大革命座谈会，愤怒声讨邓拓“黑帮”；川藏高原战士痛斥邓拓“黑帮”；归国华侨以亲身经历驳斥邓拓“黑帮”的反党罪行；……各条战线，各个领域内的知名人士也顺应当时形势，向各类“三家村”猛烈开火。[①] 于是，在新闻战线上，《人民日报》的“长短录”，《云南日报》的“滇南漫谈”，《重庆日报》的“巴山漫谈”，《大众日报》的“历下漫谈”等栏目都成了“三家村”的分店，有关作者、编辑和报刊负责人受到无情的挞伐。

1966年6月1日，《人民日报》发表了《横扫一切牛鬼蛇神》的社论。6月2日又发表了《触及人们灵魂的大革命》的社论和《欢呼北大的一张大字报》的评论员文章。6月4日，《人民日报》发表了响应中央改组北京市委的决定的社论，题为《毛泽东思想的新胜利》。6月5日，又发表社论《做无产阶级革命派，还是做资产阶级保皇派》。“五天之中发表四篇同一性质的社论和一篇评论员文章，这在《人民日报》的历史上恐怕是绝无仅有的。”[②] 这些社论的基本宗旨，就是配合对“三家村”的深入批判，鼓动人们起来造反，打倒形形色色的“三家村”。

由《燕山夜话》和《三家村札记》引起的这场野蛮的批判，实际是珍惜中华文化还是践踏中华文化、是倡导实事求是还是鼓励造谣诬陷、是奉行光明磊落还是大搞政治陷害之间的一场斗争。

在1958年“大跃进”中，片面追求高速度、高指标，诸如“人有多大胆，地有多大产”，“不怕做不到，就怕想不到”的欺上瞒下无限膨胀，浮夸风、“共产风”和强迫命令风严重泛滥。1959年8月，庐山会议对彭德怀等人的批判，错误地打击了一批实事求是反映情况和提出批评意见的同志。1961年1月，中央召开经济工作会议，号召全党认真总结经验，大兴调查研究之风，恢复党的实事求是传统。中央会议刚刚结束，北京市委就召开常

---

① 高皋、严家其：《“文化大革命”十年史》，第16页，天津人民出版社，1986。

② 苏双碧、王宏志：《吴晗传》，第386页，上海人民出版社，1998。

委会议，研究如何克服“左”的倾向，多做实事，少说空话，渡过难关。邓拓在会上就报纸的宣传工作发表了意见。他说，现在工业下马，农业歉收，物资供应紧张，群众生活困难，情绪低落，许多事情不好报道。报纸应当提倡读书，帮助群众开阔眼界，增加知识，振奋精神，在困难时期保持一个好的精神状态。①

北京市委常委会议的精神在《北京日报》和《北京晚报》传达以后，《北京晚报》编辑部的同志都觉得邓拓的意见好，决定在报纸上开辟一个知识性杂文专栏，邀请邓拓本人来写。邓拓决定专栏的名字就叫“燕山夜话”，他的笔名用马南邨。该专栏固定在每周二、四《北京晚报》的《五色土》副刊上，从1961年3月19日开始，到1962年9月2日止，共发表153篇杂文。

在《北京晚报》的影响下，北京市委的理论刊物《前线》杂志也向邓拓提出了类似的组稿要求。他感到一个人力不胜任，建议《前线》编辑部邀请吴晗、廖沫沙笔会，专栏的名称为“三家村札记”。从1961年10月至1964年7月，每人各写稿20多篇。这两个专栏刊登一些提倡科学精神，坚持实事求是，鼓励人们充实文化知识，提高思想境界的杂文，深受读者的喜爱。仅1961年3月到1962年3月一年中，《北京晚报》编辑部就收到来自全国各地的读者来信有工人、教师、学生、科学工作者，也有中央的领导给作者的来信四百多封，人们在信中对“燕山夜话”如何出题目、找资料，提出自己的见解，② 作者和读者之间进行了思想交流，这在中国报刊史上是少见的。然而，受百姓喜爱的这样的专栏文章，竟然被诬蔑成“反党反社会主义”的反动文章，许多读者异常气愤。

姚文元在文章中声嘶力竭地叫喊：“凡是反对毛泽东思想的，凡是阻碍社会主义革命前进的，凡是同中国和世界革命人民利益相敌对的，不管是‘大师’，是‘权威’，是三家村或四家村，不管多么有名，多么有地位，是受到什么人指使，受到什么人支持，受到多少人吹捧，全都揭露出来，批判它们、踏倒它们。在原则问题上，不是西风压倒东风，就是东风压倒西风，为社会主义革命，为保卫毛泽东思想，为共产主义事业，敢想、敢说、敢闯、敢做、敢革命!”③ 这篇文章发表后，报刊上批判“三家村”的炮弹越

① 成美、顾行：《邓拓传》，第104—105页，山西教育出版社，1991。

② 成美、顾行：《邓拓传》，第107页，山西教育出版社，1991。

③ 姚文元：《评“三家村”》，载《红旗》杂志，1966年第7期。

来越密，火药味也越来越浓。各省市、各条战线、各界人士举行集会声讨邓拓“黑帮”的消息连篇累牍，“砸烂三家村”的口号声响彻全国。

第二节 媒介大批判的夺权阴谋

林彪、江青一伙无论批判《海瑞罢官》，还是批判《燕山夜话》和《三家村札记》，都是要夺取新闻战线的领导权，最终实现夺取国家最高权力的阴谋，这就要向“文化大革命”前党的新闻工作的领导权开刀。

发表在《人民日报》、《解放军报》和《红旗》杂志上的《把新闻战线的大革命进行到底——批判中国赫鲁晓夫反革命修正主义新闻路线》一文，就是他们夺取新闻战线大权的一篇宣言书。

这篇文章，是1968年9月1日，林彪、江青一伙互相串通，指使陈伯达、姚文元等人合伙炮制的，并以《人民日报》、《解放军报》和《红旗》杂志编辑部文章的名义发表。文章完全否定建国17年的新闻工作，把刘少奇等许多领导人指责为“反革命修正主义分子”，诬蔑他们“妄图使新闻事业变成颠覆无产阶级专政，复辟资本主义的工具”，诬蔑报纸是“放毒造谣的报纸”。该文实际是林彪、江青两个反革命集团全面篡夺全国新闻宣传领导权的纲领。在该纲领罗织的罪名下，许多著名的新闻工作的领导者和编辑记者被迫害致死，许多新闻工作者被剥夺了工作权利，报纸、广播和出版社等媒介变成林彪、江青两个反革命集团篡夺党和国家各级领导权的工具。

一、向新闻界夺权的纲领

“文化大革命”初，林彪就鼓吹“笔杆子、枪杆子，夺取政权就靠这两杆子”，制造反革命舆论。陈伯达是舞文弄墨的老手，张春桥、姚文元也都是靠笔杆子起家的，他们都很懂得制造舆论对于篡党夺权的重要性，一直苦心孤诣地策划夺取各新闻单位的领导权。

早在20世纪60年代初，林彪自认为已经掌握了枪杆子，就大谈特谈报纸的重要性，把手伸向新闻界，妄图发号施令，左右全国舆论。当时林彪攻击完整、系统地学习宣传毛泽东思想，是什么“费力很大，用处很小”，说写评论和文章，“主要是引证主席的话。主席的话，一句顶我们一万句，要多收集，多引用”，“毛主席的书，军事、经济、文化各方面都有，照办就行了”。林彪竭力鼓吹报刊不分时间、地点、条件，照抄照转照搬革命导师的话，完全抛弃了实事求是、一切从实际出发、理论与实践相结合这个马克思主义的根本原则。

“文化大革命”中，林彪、陈伯达打着批判刘少奇的旗号，利用新闻媒介大造反革命舆论，煽动极左思潮和无政府主义，鼓吹“怀疑一切，打倒一切”。林彪、陈伯达蛮横地宣布，包括新闻战线在内的思想文化阵地有一条“反党反社会主义的黑线”。陈伯达进入《人民日报》不久，就说那里有一个“反党集团”，把它比作蒋、宋、孔、陈，叫做“四大家族”。主持报纸工作的老干部被赶下台，许多中层干部靠边站。中央一级的报纸、刊物、广播、通讯社，很快被林彪、陈伯达和王力、关锋、戚本禹所把持。在上海，王洪文、张春桥、姚文元及其余党控制了《文汇报》和《解放日报》，并创办了《工人造反报》。

林彪和江青利用舆论工具，煽动和策划了外交部夺权的政治事件，暴露了这伙野心家、阴谋家的反动面目。1967 年 9 月，王、关、戚垮台，林彪、江青一伙控制舆论阵地的阴谋受到很大打击。这时，姚文元尾随陈伯达进入《人民日报》，于是，在 1968 年 9 月，陈伯达、姚文元又合伙抛出了《把新闻战线的大革命进行到底》的黑纲领，这是他们利用报纸进行篡党夺权阴谋活动的重大步骤。

这篇文章对十七年新闻战线的估计，进行了全盘否定和歪曲。在总论中，写了刘少奇在阶级斗争关键时刻对毛泽东新闻路线的干扰，在所谓四个“阶级斗争的关键时刻”，即建国初期、1956 年我国社会主义改造基本完成之后、三年经济困难时期和“文化大革命”前夕，刘少奇、邓小平成为“中国赫鲁晓夫等党内一小撮最大的走资派”，“他们把叛徒、特务、走资派安插到各个新闻单位”。刘少奇自始至终主宰着十七年的新闻战线，妄图使新闻事业变成颠覆无产阶级专政、复辟资本主义的工具。① 陈伯达和姚文元挥舞大棒，认为“文化大革命”“猛烈地炸开了中国赫鲁晓夫及其代理人把持的新闻界反革命独立王国”。

这篇文章对夺权的结果进行了总结：“那些放毒造谣的旧报纸，一个一个被封了，被冲了，被革命派夺了权。好得很！好得很!”这是姚文元的手笔。陈伯达仍嫌不足，在“那些”之后，特意点了“什么《羊城晚报》、《南

① 《把新闻战线的大革命进行到底》，载《红旗》杂志，1968 年第 2 期。

方日报》这类”，以发泄对以往报纸的刻骨仇恨。[①] 因为《羊城晚报》和《南方日报》在当时的中共华南局第一书记陶铸的直接领导下，是两份办得有特色、并在全国很有影响的报纸。这种报纸成了陈伯达、姚文元一伙的眼中钉、肉中刺。

既然新闻界已经成了“反革命独立王国”，报纸又都是“放毒造谣的旧报纸”，那么整个新闻队伍也必须大换班，才足以进行一场彻底“革命”。于是，陈伯达在文章的末尾喊出了他们阴险的口号：“办报纸、刊物要那么多人干什么?”“必须来一个大革命!”[②] 陈伯达、姚文元煞费苦心地拼凑了一个“新闻战线专政”论，对他们仇视的总编辑和记者予以撤职并关进牛棚、抓捕入狱或赶到农村改造。

从陈伯达最为痛恨、特意点名的《羊城晚报》和《南方日报》的遭遇，就可看出他们的卑劣手段。《羊城晚报》是一张有鲜明特色、有自己风格的报纸，在1965、1966年两次刊登作家周立波记述毛泽东于1962年重返韶山的散文《韶山的节日》，表达了对杨开慧烈士的崇敬。这件事触怒了江青，在康生、陈伯达、江青看来简直是大逆不道。为此，他们竟然要中宣部下令全国报纸不准转载，作家周立波横遭迫害，《羊城晚报》因获“放毒、造谣”的罪名而被封闭。至于《南方日报》，则因为是《羊城晚报》的“兄弟”而受株连。[③] 江青的震怒，就不再是简单的文字批评，而是法西斯专政——周立波被关押，报纸被查封，甚至还要“株连九族”。

江青、陈伯达和姚文元认为《人民日报》的干部是“一股邪气”，新华社的干部“是一筐烂西红柿”，《红旗》杂志社的干部都应该“用铁扫帚扫出去”，就连给报纸写稿的作者队伍，也被他们诬蔑为“踏进新闻界”的“叛徒、特务、‘三教九流’、牛鬼蛇神、封建阶级的遗老遗少、资产阶级的‘学者’、‘权威’”，统统被定为“反革命打手”。于是陈伯达叫嚷：“必须来一个大革命”。[④] 他们真的是要精简机构吗？不对！他们是想将这些具有正义感的报人，统统换成自己的拥趸，为篡夺新闻舆论大权创造条件，安插同党。

在他们把持下的新闻系统，如《红旗》杂志，原班人马包括工勤人员全

① 张之华主编：《中国新闻事业史文选》，第586页，中国人民大学出版社，1999。
② 张之华主编：《中国新闻事业史文选》，第586页，中国人民大学出版社，1999。
③ 张之华主编：《中国新闻事业史文选》，第590页，中国人民大学出版社，1999。
④ 张之华主编：《中国新闻事业史文选》，第590页，中国人民大学出版社，1999。

部被下放，赶到农村工厂，不予置理。他们操纵梁效、池恒、罗思鼎等几枝黑笔杆子，任意造谣，今天批判“叛徒”，明天揭露“走资派”，后天搞臭“某某权威”，打击异己，报复同事，《红旗》杂志成为林彪、江青一伙的“同人杂志”。早在 1966 年 5 月 31 日，陈伯达、王力、关锋等人的工作组就进驻了人民日报社。他们一进来就开始批判当时的中宣部副部长、新华社社长、《人民日报》总编辑吴冷西，由于他拒绝转载姚文元的《评新编历史剧〈海瑞罢官〉》，指责他撰文《接受吴晗同志的挑战》是包庇吴晗。不久，吴冷西被罢官，《人民日报》的许多新闻工作者也都“靠边站”，“四人帮”将他们的“帮手”安插在报社的各个岗位。他们想把《人民日报》的记者编辑下放到湖北、辽宁、山西“安置”，准备来个大换班，只因为毛泽东说“不要另起炉灶”，他们才未敢贸然下手。

图 8－2　《文汇报》的夺权大会

1967 年 1 月 4 日，在江青、张春桥和姚文元的支持下，《文汇报》“星火燎原”革命造反总部接管了《文汇报》。《文汇报》“星火燎原”革命造反总部在夺权后的第二天，就在《文汇报》和《红旗》杂志等报刊发表了《一定要把报纸的领导权夺过来》的社论，为江青、张春桥一伙夺取上海的舆论阵地摇旗呐喊，批判了前《文汇报》与旧上海市委的资产阶级立场。在文中，他们大喊：“从这一天起，《文汇报》正式宣布同原上海市委的资产阶级反动路线一刀两断，完全地彻底地站到毛主席的无产阶级革命路线这一边。这是全市革命造反派大联合的伟大胜利，是《文汇报》革命职工团结战斗的巨大胜利。一句话，是战无不胜的毛泽东思想的伟大胜利。我们振臂高呼：我们心中最红最红的红太阳毛主席万岁！万万岁！”①《文汇报》这篇煽动夺取报纸领导权的社论，点燃了随后轰轰烈烈开展起来的“全面夺权”运动。1 月 5

① 《一定要把报纸的领导权夺过来》，载《红旗》杂志，1967 年第 3 期。

日，上海《解放日报》的领导权被革命造反派夺去了。1月13日，北京《解放军报》的领导权，在江青的支持下，也被造反派夺去了。据统计，在1967年1月的前前后后，全国几乎所有的新闻舆论宣传机关，都被造反派夺了权，不计其数的新闻工作者被迫下放各地农村进行劳动改造。

陈伯达覆灭后，姚文元又同他的帮手鲁瑛接管了《人民日报》。鲁瑛是陈伯达工作组成员，是工作组中唯一留在《人民日报》掌权直至“文化大革命”结束的“四人帮”的“舆论管家”。鲁瑛政治水平低，业务能力差，报社许多人认为他担当不起《人民日报》总编辑的重任。1971年下半年，不断有人写信告到中央，其中有一封15人的联名信最有影响力，他们几乎都是《人民日报》的资深编辑、记者，有的还是新闻、理论、文艺界的知名人士，这对鲁瑛的地位形成了极大威胁。但是，在“四人帮”支持下，鲁瑛还是稳坐其位。而这15位参与写信的人，一个都没有逃脱被“四人帮”和鲁瑛整肃的命运。①

十年“文化大革命”，党中央机关报沦为林彪、“四人帮”一伙施展政治阴谋，制造反革命舆论的罪恶工具。事实上，从中央到地方，许多新闻单位的领导权已经先后被“四人帮”及其党羽所把持，形成了一个名副其实的新闻专制主义者集团，全国各级党报变为“四人帮”的“帮报”。党报都在说同样的假话、空话、大话，都在唱同样难以入耳的高调，全国出现了“小报抄大报，大报抄梁效”② 的舆论专制局面。

二、媒介批判与夺权的马前卒

在极左路线统治下，部分群众受到林彪、“四人帮”的蒙蔽，跟随他们发表大批判文章。群众的大批判被他们所利用，成为他们夺权的马前卒和打手，林彪、江青一伙则借用群众的力量实现夺取更高权力的阴谋。

在林彪、江青控制的《解放军报》和《红旗》杂志等报刊上，开设了诸如像“工农兵向反党反社会主义分子开火”这类专栏，专门刊登群众的大批判文章，鼓动不明真相的工农兵批判各式各样的“三家村”。原载1966年5月9日《解放军报》、后由1966年第7期《红旗》杂志转载的解放军某部排长、解放军某部班长以及浙江义乌县下骆宅公社党委代理书记和贫协筹委会

① 余焕椿：《“文化大革命”前夕的〈人民日报〉》，载《百年潮》，2004年第5期。
② 梁效是“四人帮”“清华大学和北京大学写作组”的别称。

主席的批判文章，就是其中的典型。

这些文章火辣、嚣张，不知深浅，从它们的标题可见一斑。《邓拓贩卖的是什么货色?》、《邓拓，我们就是要斗倒你!》、《吴晗，不许你反党反社会主义》、《把刘少奇打翻在地》等，杀气腾腾，赤裸裸地进行政治攻击，大加讨伐和谩骂。其中某排长的文章说："读了邓拓的'燕山黑话'，真使我气愤极了！什么树开什么花，什么阶级说什么话，邓拓在暗夜里放出的这一支支毒箭，清楚地告诉我们，他是一个站在资产阶级立场上的反党反社会主义分子。不说别的，单把他的《"伟大的空话"》拿来一分析，就很明白了。"……文章的口气与姚文元一模一样，生拉硬扯，不讲道理，不作实事求是分析，充满了"棍子"和"帽子"。由于批判人的身份都是普通人，文章很能迷惑一部分不了解真相的人。

陈伯达、江青所控制的《红旗》杂志和《哲学研究》编辑部，在1966年还组织了一批人马先后到太原、天津、苏州、上海、济南、沈阳、鞍山、长春等地，邀请部分工人、农民和解放军战士，以举行学术批判座谈会的名义，写文章批判邓拓、吴晗等并发表在《北京日报》、《北京晚报》和《前线》等报刊上。当时在林彪、江青的势力不能直接控制的许多中小城市，发动红卫兵写大批判稿，由红卫兵、造反派向媒体夺权。有许多报社由于造反派夺权不成，不仅制造了大量冤案，而且报纸停刊，造反派在充当了马前卒后也被赶到农村。

1966年6月4日，《新民晚报》出现了针对党组领导的大字报《为什么晚报运动冷冷清清》。6月18日，又出现了"揭发"和"批判"党组书记、总编辑束纫秋的大字报。6月24日，上海市委宣传部工作组进驻晚报。此后社内造反派纷起抄家，设牛棚迫害领导、编辑记者；赵超构、束纫秋等数十人先后被关入牛棚。在张春桥、王洪文的煽动下，报社两派争吵不休，在8月23日夺权没有结果后宣布将《新民晚报》改名为《上海晚报》，将报社门口的牌子砸烂烧毁，由此晚报停办。1967年2月6日，王洪文签发所谓"上海人民公社"接替《新民晚报》的"指示"。印刷设备为《上海工人造反报》所占用。晚报社造反派在"清队"名义下，继续对原报社领导人、大批干部、编辑记者和工人实施严重迫害，许多人身心备受摧残。最后全社人员、包括造反派大部分被安排到农村进行思想改造。

出于夺权、巩固媒介权力的需要，被夺权后的媒体不断总结夺权后的办报"经验"，一时间在新闻战线出现了一股"自我批判"热。特别是1967年后，夺权获得“新生”的媒体纷纷发表它们的夺权“经验”。1967年第6期《红旗》杂志上，刊登的《毛泽东思想是办好新〈文汇报〉的灵魂——上海〈文汇报〉新生后办报的几点经验》就是一篇典型的自我吹嘘文章，该文是由《文汇报》革命委员会和《红旗》杂志共同撰写的。文章说：“《文汇报》的同志，对前一段的工作及时进行总结的做法，为无产阶级革命派树立了一个很好的榜样。”① 随后，文章攻击在“旧”上海市委领导下的“旧”《文汇报》没有坚持毛泽东思想，没有坚持正确的阶级立场；新生后的《文汇报》高举毛泽东思想的伟大旗帜，坚持了无产阶级的正确立场。这篇“王婆卖瓜”的文章宣称《文汇报》的无产阶级革命派夺权的合法性，助长了地方报刊造反派疯狂夺权的嚣张气焰。

由于媒体大“换血”，进入媒体的造反派与工农兵通讯员极端缺乏新闻素养，《红旗》杂志于1971年第2期发表了署名江虹的《加强新闻报道队伍的思想建设》的评论文章，指出：“如果我们不是以实事求是的态度来搞新闻报道，不认真学习毛主席的各项指示，也不进行深入的调查研究，只是坐在上面想点子，跑到下面找例子，关起门来写稿子，一味‘笔下生花’，甚至采取资产阶级庸俗的手段，任意添枝加叶，就不能正确反映客观事物，就不能体现毛主席的路线和政策，就不能给人以正确的认识，就会危害革命事业，背离毛主席的新闻路线。”这种批评对于当时头脑发热的新闻队伍无疑是一剂镇静良药。

“文化大革命”媒介大批判的主要特点是上纲上线，无论什么情况都与走资派、反革命修正主义挂钩，弄得人人自危，在媒体内外先前充当大批判打手和马前卒的群众中，也揪出一些“反革命”或“坏人”。正如李松晨等主编的《辉煌50年——共和国档案》之三《文革档案》引用《解放军报》一位资深编辑的文章说，当时《解放军报》“当一版有毛主席照片时，就必须保证一版的其他照片上没有人把枪口对着毛主席的方向，甚至在文字上有‘毛主席’的字样出现时，一定要透过光线看看二版上的同一地方有没有贬义词……后来只好做一个报纸透视箱，一个玻璃桌子，桌下安几个电灯。报样出来后，一版和二版、三版放在玻璃板上，玻璃板下头打开电灯，进行透视，以检查毛主席照片和名字前后，有没有贬义词。经严格检查后，没有贬义词才能付印。”

① 载《红旗》杂志，第45页，1967年第6期。

另外，当时“新闻界还有一种风气叫‘对表’，大概第二天有什么比较重要的新闻，全国各地许多报纸夜间都要打长途电话到北京，其次打给《解放军报》，询问某一条重要的新闻安排在版面的什么地方，用什么字体，标题占多少栏。这样即使版面处理得不妥，也可以不负责任。”其实这种“透视”做法和“对表”风气，在很大程度上就是吸取了陕报“8·25事件”上纲上线的教训，不得已而为之的。

1966年8月25日，《陕西日报》第3版以《帝国主义和一切反动派都是纸老虎》为题，刊登了纪念毛泽东《和美国记者安娜·路易斯·斯特朗的谈话》发表20周年的有关文章，第四版刊登的是“毛主席检阅首都百万革命大军”的图片。报纸发出当天下午，西安交大、公路学院等院校2万多“革命师生”，聚集并包围了陕西日报社，痛斥这天报纸第3版标题《帝国主义和一切反动派都是纸老虎》中的“帝国主义”和“纸老虎”几个字正好对准了第四版毛泽东像的头部，“反动派”几个字正好对准了陈伯达（时任中央文革组长）的头和脖子，认为这是“以偷天换日的手法，对我们伟大的领袖、伟大的统帅、伟大的舵手毛主席进行的恶毒侮辱”，“是对我们无产阶级的猖狂进攻”，“是一个精心策划的反革命事件”，并将此事与西北局和中共陕西省委联系起来，向报社提出“六项要求”：1. 在报社门口召开声讨大会；2. 立即安装喇叭，布置会场；3. 刘澜涛（西北局第一书记）、霍士廉（陕西省委第一书记）参加大会，但不得发言；4. 由代总编辑李一松（陕西省军区副政委）交代问题，如交代不好，即封闭报社；5. 起草电报发往中央，不得延误；6. 两日内必须报道“西安交大等院校声讨省委黑帮大会”的消息。

围堵在报社周围的“革命师生”不断高呼“砸碎报社”、“封闭报社”、“接管报社”等口号。有些人冲进报社，占领报社编辑部办公楼，控制对外电话，限制报社人员出入，打烂贴报橱窗和楼门玻璃，闯入办公室，拿走和抄录文件及社论草稿、报纸杂志和钢笔、文具等，最后还发展到到处抓人，非法搜查两位副总编辑的办公室和宿舍，翻箱倒柜。有些人还强行摘掉李一松的红星帽徽和红领章，让李戴高帽子游街，将李批斗长达7个多小时。陕西师大和北京工大赴陕战斗队有人还贴出“西安一毒草，长在中山街（即今东大街，陕西日报社在该街），施肥自有省委人，根子实际在小寨”（指陕西省军区）的街头诗和“立即改组陕西省委，立即改组陕西日报社”的大幅标语。

面对造反师生的咄咄攻势，风雨飘摇中的西北局、陕西省委深感压力巨大，不得不在造反师生的强烈要求下，组织由“革命学生、革命工人、革命干部”组成陕西省委“《陕西日报》社印发传单问题”检查团，于11月2日进驻陕西日报社，进行所谓“检查”。12月14日，《陕西日报》被迫就印发传单做出检讨，同一天，陕西省委也做出了公开检讨。但是，检查团认为，陕西省委和陕西日报社的检讨极不深刻，结果“8·25事件”成了陕西日报社、陕西省委乃至西北局怎么也摆脱不了、洗刷不清的“罪恶”。随着“斗争”的逐步深入，1966年12月31日，陕西日报社终于被“红色造反者”查封，陕西省委、西北局大权被夺的日子也就临近了。[①] 报社的军代表、总编辑李一松吃尽了苦头。

图8-3 《陕西日报》的“8·25”事件

三、“造谣批判”与谣言新闻

造谣贯穿于“文化大革命”的媒介大批判中，是林彪、“四人帮”惯用的整人伎俩。他们的批判文章都塞满了精心制造的谣言。为了推行他们的反革命政治纲领，篡夺媒介大权与党和国家的领导权，他们只能制造谣言，大造舆论。在他们严密控制下的报纸、广播，通过各种卑劣手法，制造假事件，炮制假典型，树立假标兵，兜售假经验，把整个新闻界搞得乌烟瘴气。

为打倒所谓走资本主义道路当权派，报刊上的报道和大批判稿，无一不是捏造事实，罗织罪名。“四人帮”的逻辑是，以虚假的材料证明各级领导干部是反革命修正主义，把掌握在他们手里的领导权夺回来，自然是“顺理成章”的，这样一来谣言新闻也就满天飞了。即使到“文化大革命”后期，在“抓革命促生产”阶段，“四人帮”仍不断编造新闻典型，制造虚假报道。曾经在上海鼓噪一时的上海手表厂“三讲”的“先进经验”，就是“四人帮”的同伙马天水在1972年底至1973年批判“反回潮”中精心炮制的一个假典型。

① 郑耀林：《一段荒唐的往事：回忆〈陕西日报〉文革中的“8·25”事件》，载《今传媒》，2004年第5期。

当时，周总理针对林彪、“四人帮”路线在经济工作中造成的损失，做出了加强企业管理、健全规章制度、注意产品质量的指示。“四人帮”说这是“否定文化大革命”，是“右倾回潮”。姚文元还说企业管理“无非是三讲”，即讲路线，讲领导权，讲人与人之间的相互关系。马天水为此立即炮制了上海手表厂所谓“三讲”的经验，通过报纸、电台广为传播。他还先后三次亲自为《解放日报》和《文汇报》改写社论，大讲所谓“三讲”。上海手表厂原来是企业管理搞得比较好的一个单位，一经马天水的“改造”，变成了只抓所谓“三讲”、不抓企业管理的典型。上海手表厂的职工对此非常不满，他们说：“我们根本不知道他们提的‘三讲’是什么意思!”① 在根本不知道“三讲”是什么的上海手表厂里，竟然创造出了抓“三讲”的“先进经验”，这就是“四人帮”造谣新闻的一大杰作。

“四人帮”在1976年千方百计诬陷打击邓小平同志的时候，造谣新闻有了恶性发展。那时，报纸版面上满纸谎言，广播、电视中处处造谣。赤脚医生穿草鞋、布鞋，变成了穿皮鞋。明明大家对邓小平主持中央工作期间的工作衷心拥护，偏偏说大家早就对邓小平“敏锐地察觉”，并且坚决与他“对着干”。邓小平尖锐地批评过的上钢五厂，生产逐年下降，却偏偏要大肆宣传这个厂越批“唯生产力论”，生产越上升。为了诬陷邓小平，“四人帮”及其余党在上海人民广播电台的亲信，竟然指令工作人员翻箱倒柜，把几年前拍摄的与邓小平同志毫无关系的二十多部老电视片子，改头换面，添上诬陷邓小平的解说词，加以播放。②

意大利法西斯头子墨索里尼有一个臭名昭著的谬论，叫做“新闻就是谎言”。林彪、“四人帮”的造谣新闻，地地道道继承了法西斯的衣钵，是为篡党夺权服务的。“四人帮”搞造谣新闻，不管玩弄什么花招，装潢得多么光彩，总归要被客观事实所粉碎，要被广大群众所识破。在“四害”横行的日子里，群众看到造谣的报道，气愤得把报纸撕成碎片；群众听到造谣的广播，立刻就把收音机关掉。这是人民群众对“四人帮”大搞造谣新闻的严正抗议，也是对造谣新闻的正义声讨。

“四人帮”大搞造谣新闻，有它的理论根据，就是所谓的“政治需要”。“四人帮”公然鼓吹“事实要为政治服务”，“事实要服从路线斗争的需要”。

---

① 载《新闻战线》，1979年第1期。

② 载《新闻战线》，1979年第1期。

"四人帮"在上海的同伙马天水在抓一些假典型的报道时说："报道你们单位，不是你们工作做好了，而是政治需要，是借贵方一块宝地，做做文章"。[1]"四人帮"的"政治需要"论究竟是什么？可以剖析一下上海市第二中学的例子。

1975年11月底，上海的报纸、广播、电视里，相继报道了上海市第二中学批所谓"智育第一"的"先进经验"。市二中原来是抓智育比较好的一个学校，由于"四人帮"破坏教育，造成教学质量下降，邓小平主持中央工作后提出了要整顿教育。在这种情况下，"四人帮"以守为攻，在上海的同伙马天水派了一个调查组去市二中，总结这个学校抓好智育、提高教学质量的经验，准备开现场会，并要报纸、电台采写报道，为自己评功摆好。可是现场会还没有来到及开，报道、文章还没有来得及见报，"四人帮"挑起了教育战线上的所谓大辩论，大批所谓"右倾翻案"和"右倾回潮"。"政治气候"一变，马天水就立刻指令新闻单位把原来准备好的稿子统统推倒重来，彻底改写，并迅速见报。原来是抓智育比较好的先进单位，一下子变成了批所谓"智育第一"的"先进单位"；原来该校师生曾经开展过要不要抓智育的争论，也一下子变成了曾经开展过要不要批"智育第一"的争论。

在他们手里，市二中的经验就像一块橡皮泥，可以随意搓捏成各种形状。"先进经验"就在"四人帮"那种所谓"政治需要"论的指导下，像变戏法那样变出来了。当时，曾经有同志指出这样改不符合二中的实际，那些余党们却气势汹汹地说："现在是写政治，不是写经验！"[2]

"四人帮"为了"政治需要"，事实可以杜撰，经验可以篡改，典型可以炮制，样板可以捏造，是彻头彻尾的新闻造谣论！"四人帮"打着"政治需要"的幌子，公然反对深入实际、深入群众的采访路线，严重践踏实事求是的思想路线。凡是扎扎实实地反映工农业生产和群众实际要求的报道，一概被扣上"不突出政治"、"宣扬唯生产力论"、"给文化大革命抹黑"等罪名，横加扼杀，不让见报，不让广播。于是，"在家想点子，出门找例子，回来写稿子，登了报就是好小子"[3] 的歪风在新闻界刮了起来。"文化大革命"中，马克思主义的真实、鲜明、生动的文风几乎被造谣新闻破坏殆尽，媒体

① 载《新闻战线》，1979年第1期。
② 载《新闻战线》，1979年第1期。
③ 载《新闻战线》，1979年第1期。

上到处散布假、大、空的造谣新闻。

第三节　媒介批判与反批判的斗争

"文化大革命"的媒介大批判也是一场批判和反批判的较量，是林彪、"四人帮"的邪恶批判和人民群众的正义的反批判的斗争。一般来说，正义能够战胜邪恶，但在"文化大革命"的特殊历史时期，林彪、"四人帮"掌握了生杀大权，控制了全国媒体，许多群众、干部自发的正义批判文章被扼杀。尽管林彪、"四人帮"不断通过媒体乱施淫威，干部群众并没有完全退缩，或针锋相对地撰写反批判文章，或当面据理驳斥，或私下传播小道消息，在一定程度上打击了他们的气焰。群众干部的反批判，是由蛮横的大批判激起的正义呼声。

一、媒介大批判的"四无"

纵观整个"文化大革命"大批判的历史，有四个"荒诞无稽"的特点，即无中生有、无需论证、无限拔高、无限上纲①，可以把"文化大革命"时期的媒介批判称为"四无批判"。

媒介批评理应以事实和媒介行为作为批评的根据，没有确凿的根据，任何批评或批判都是站不住脚的。"文化大革命"时期的媒介批判没有事实就大放厥词，文章中多为指鹿为马、捕风捉影的词句，即使拿出某些具体事实也多为凭空捏造。从"黑帮分子"、"封资修的孝子贤孙"到"睡在我们身旁的赫鲁晓夫那样的人物"，从"党内最大的走资本主义道路的当权派"，再到"中国的赫鲁晓夫"、"刘少奇一类骗子"，以及"投降派"、"那个不肯悔改的走资派"，等等，多是破口大骂，以大帽子压人。这类一顶顶政治帽子，既无事实的支撑，也不作任何背景交代和说明，给人"无中生有"的感觉特别深刻。

在"文化大革命"大批判中，形而上学的思想倾向不仅在报刊盛行，而且在全社会的影响相当严重。这种思想倾向的突出表现就是，抓住某些僵化的、孤立的和没有必然联系的事实生编硬造结论，把它说得越大越好，越骇

① 参考胡文龙、秦珪、涂光晋：《新闻评论教程》，第47—50页，中国人民大学出版社，1998。

人听闻越心理满足，越罪加三等似乎越显示批判者的立场坚定。比如宣扬“毛主席是全世界人民的大救星”，“大批判显神威，大颂扬放金光”、“阶级斗争一抓就灵”，“老子英雄儿好汉，老子反动儿混蛋”，“宁要社会主义的草，不要资本主义的苗”……都是形而上学思想的典型表现。为了批判“三家村”的主将邓拓，在姚文元一伙所炮制的文章里，竟然可以将邓拓在“燕山夜话”栏目所写的知识性文章全盘否定，说《金龟子身上有黄金》是“美化赫鲁晓夫”，说《事事关心》是欣赏明代地主阶级内部的反对派东林党人。

形而上学思想给少数群众的影响极为恶劣，诱导他们作了许多坏事蠢事。比如丈夫被揪斗，妻子要划清界限，只能离婚、断绝夫妻关系，没有亲情往来，界限就清了。有的儿子要和家庭划清界限，回家杀了地主出身的父亲，因而得到军宣队的表扬。积极参加“大批判”就是热爱毛主席、保卫毛主席。每天做“三忠于”、唱语录歌就是忠于毛主席，是个革命派。许多人改了名字，叫什么王卫东、李卫东、赵文革以示自己革命立场坚定，站在毛主席革命路线一边。当时报刊上对这类形而上学的行为大肆赞扬，成为一时的媒介景观。“文化大革命”中媒介大批判提出的观点之所以无需论证，正是这类形而上学的思想在作祟。

媒介批评文章应该充满逻辑分析和论证，而“文化大革命”中的批判文章为了诬陷一个人、一篇文章、一个栏目、一份报纸或杂志，总是将搜集来的大量别有用心的材料统统塞进去，然后扣上一摞帽子，“黑材料”加“反动结论”就是这种“无需论证”的“风格”。

图 8－4　漫画：“四人帮”的鼓噪与阴谋

“无需论证”的杰作，以戚本禹的文章《评〈前线〉、〈北京日报〉的资产阶级立场》一文为最高标本。文章主要批判《前线》、《北京日报》和《北京晚报》包庇邓拓、吴晗和廖沫沙“三家村”的“资产阶级立场”。针对包庇吴晗、廖沫沙和邓拓的所谓事实，文章分三块一一进行批判，每一块都充斥着被“四人帮”一伙加以污蔑的黑材料，黑材料塞完后，最后抡起“大棒”，下了结论：“《前线》、《北京日报》和《北京晚报》是邓拓、吴晗和廖沫沙等人猖狂向党、向社会主义进攻的工具，《前线》、《北京日报》和《北京晚报》背后还有更大的资产阶级代表人物！”

无限拔高是将客观事实本来不具有的意义，通过“拔升”而达到作者需要的意义。"拔高"的手段，无非是夸大其词，无限褒贬，制造泡沫。理性批判应该实事求是，对批判对象进行科学、辩证地分析，而不是动辄就将事实无限拉高，上升到一种无所不能的境地。

1967年，是革命造反派疯狂夺权的一年。1月4日，上海《文汇报》"星火燎原"革命造反总部在全国率先夺取了《文汇报》的权。

夺权是违背真理、违背事实、违背人心的举动，竟被"四人帮"与造反派吹上了天，说是一场伟大的运动，"是战无不胜的毛泽东思想的伟大胜利"。最后还高喊"我们心中最红最红的红太阳毛主席万岁！万万岁！"将夺权的阴谋鼓吹为创举，把它的所谓意义吹到极致。

无限拔高是"捧"，而无限上纲则是"批"。无限上纲的代表作，当属姚文元"发迹"的"三评"——《评新编历史剧〈海瑞罢官〉》、《评"三家村"》、《评陶铸的两本书》。这些洋洋万言之作，俨然摆出一副"最革命"、"最权威"的架势，诬称优秀作品为"反党反社会主义的大毒草"，指责为有组织的反党反社会主义的大进攻。强词夺理，挥舞闷棍，无所顾忌，——这就是大批判者的"胆量"和"能量"。

媒介大批判为"文化大革命"制造了舆论氛围，鼓动群众进行打、砸、抢等破坏活动，制造了全国浩劫。在报纸上，大搞个人崇拜，大搞愚民政策，使中国的教育、文化、艺术事业遭到空前的摧残。这种歇斯底里的大批判"居功至伟"，造成党组织涣散，靠假话混日子，拿别人的命运当儿戏，党风民风和社会道德遭到严重破坏。

二、干部群众的媒介反批判

林彪、"四人帮"的倒行逆施、造谣中伤、任意摧残忠良的恶劣行径，导致社会秩序瘫痪，广大干部群众十分不安和愤慨，引起干部群众的抗议和回击。在姚文元发表攻击吴晗的黑文后，上海《文汇报》编辑部收到三千多件来信、来稿和抗议的电话，批驳或斥责姚文元的谬论。《海瑞罢官》的作者，吴晗愤怒地反驳道："如果真是要讨论对海瑞的评价，我可以奉陪，写文章参加争鸣。但姚文元是在扣政治帽子，我只能保持缄默，以示抗议。我的剧本写于庐山会议之前，当时既不知道彭德怀同志要被罢官，又怎能未卜先知地影射1962年才发生的'单干风'和'翻案风'呢?"① 吴晗列举的这

① 叶永烈：《姚文元传》，第232页，时代文艺出版社，1993。

一关键事实，是对江青、姚文元们造谣《海瑞罢官》为彭德怀翻案的最有力的回击。

1965年11月初，也就是姚文元《评新编历史剧〈海瑞罢官〉》发表的前几天，为了摸清知识界、文艺界对这篇文章的反响，张春桥、姚文元以“以征求意见稿”的形式，邀请了上海史学教授、专家和文艺界知名人士座谈，针对《评新编历史剧〈海瑞罢官〉》的大字排印本提意见，以做修改。

教授、专家们真以为是征求意见，都直言不讳，几乎异口同声对姚文元的文章进行了尖锐的批评。上海历史研究所副所长周予同教授慷慨直言：“吴晗是我的老朋友，我深知吴晗是一个好人。他解放前是一个勇敢的反对国民党法西斯统治的民主战士，解放后忠诚地跟着党走，深得毛主席的信任，怎么能说他反党反社会主义？这样把学术问题硬跟政治问题扯在一起，岂不是陷人于罪？”吴晗在民主革命时期，在反独裁、反饥饿、反内战、反迫害等一系列民主运动中，与广大进步学生休戚与共，并肩战斗，为中国人民解放事业作出了宝贵贡献，并受到了毛泽东、周恩来等中央领导同志的热情赞扬。

上海社会科学院党委书记李培南指出：“对海瑞也应一分为二。”① 上海华东师范大学历史系教授李平心本来有点顾虑，看到大家都“畅所欲言”也就对“清官”问题直抒已见，批判了姚文元的“清官比贪官更坏”的谬论。他对海瑞一分为二：他首先是一个大清官，一生两袖清风，为百姓做了很多好事，比如修复吴淞口等；但他是明代封建地主阶级的清官，他的“清”在政治上是忠于皇帝和朝廷的，正因为这样，在狱中知道嘉靖皇帝去世的消息后，他才会痛哭。而姚文元片面地把海瑞当作封建地主阶级对农民实行专政的爪牙，还认为历史上所有的“清官”都采取欺骗性的两手，一手大棒，一手胡萝卜，因此比贪官更坏。这显然不是一分为二，而是形而上学。

与会者反映最强烈的，便是把海瑞跟“要人民公社退田”“挂钩”，生拉硬扯……

1965年11月10日，姚文元的文章还是一字不改在《文汇报》上登出了。这天，也正好是上海史学界在莫有财饭店为吴晗的老朋友、中山大学的梁方仲洗尘的日子，姚文元《评新编历史剧〈海瑞罢官〉》，成了席间的中心

① 以下引文均来自叶永烈：《姚文元传》，第213－215页，时代文艺出版社，1993。

话题。因为参加宴会的多位教授，都曾出席前几天张春桥主持的“征求意见会”。大家纷纷发表意见：

“真是岂有此理，一字不改！你一字不改，开什么‘征求意见会’?”

“强词夺理，歪批《三国》!”

“胡闹!”

饭店里一片斥责之声。

专家们的斥责声，表达了他们心中的怒火。

在《评新编历史剧〈海瑞罢官〉》发表之后，为了达到“引蛇出洞”的阴险目的，江青、张春桥和姚文元一伙又在《文汇报》上开辟专版，冠以醒目的通栏标题“关于《海瑞罢官》问题的系列讨论”，并且用一位中学生批判姚文元的文章作为诱饵，目的是引出不同意姚文元意见的“大人物”，以便一网打尽。这种有预谋的媒介大批判在中外媒介批评史上，是极其罕见的。

在姚文元的文章发表后不久，江青就写了《展开〈海瑞罢官〉问题讨论的指示》① 文章，她说：“姚文元发表后，意见很多，但均在地下，要引到上面来。”“要采取‘诱敌深入’的办法，要使敌人感到你‘不堪一击’，这样，他就回击，出场。这样反复搞，他们非上马不可。”“总之，要调动敌人兵力。”“采取‘围而不歼’的战术，环绕此周围，开辟战场。”

这里用的全是军事术语，所谓“敌人”，指的是不同意姚文元文章的人。这就是江青的阴谋，将不同意姚文元意见的人统统引出来，引到报纸上来，然后再一一歼灭。这是何等的险毒！张春桥按照江青的意旨，指示《文汇报》：“要放手贯彻放的方针，要让反面意见放一个够。”他让《文汇报》连续发表批判姚文元的文章，并且亲自策划，由《文汇报》社出面召开上海史学界、文艺界座谈会，邀请知名人士参加。会前一再说明只是“内部谈谈，听听意见，不算账”。但到会议结束时，却突然宣布要整理成文，公开发表。张春桥指令报社把“放”出来的各种论点排队归案，凡不同意姚文元观点的，都被列入“右派言论”，发言者和文章作者都被定为“右派”，在报纸上点名批判。被诱入陷阱的著名历史学家翦伯赞、李平心等多名知识界和文艺界人士，遭到令人发指的摧残，有的甚至惨遭杀害。

在“引蛇出洞”中，张春桥要求《文汇报》刊登上海中学生马捷一篇言

---

① 纪希晨：《史无前例的年代》，第 49 页，人民日报出版社，2001。

词激烈的批姚文章。马捷的真名叫马以鑫，上海敬业中学的学生。马以鑫看到姚文元发表在《文汇报》上的《评新编历史剧〈海瑞罢官〉》后，脑海中产生了一连串问号：海瑞，向来是受人推崇的清官，如今怎么成了姚文元的批判对象？再说，批判吴晗的《海瑞罢官》，怎么可以跟毫不相干的“单干风”、“翻案风”、“平冤狱”扯在一起？……他认为姚文元的文章，无限上纲，强词夺理，逻辑混乱。随后，马以鑫就抽空跑到上海图书馆查阅有关资料，着手写他的那篇《也谈〈海瑞罢官〉》。

张春桥以“关于《海瑞罢官》问题的讨论”的通栏标题，发表了马以鑫的《也谈〈海瑞罢官〉》一文，文章火药味很浓，简直是指着姚文元的鼻子给以痛斥。他说：“姚文元同志的《评新编历史剧〈海瑞罢官〉》对吴晗同志的《海瑞罢官》作了全面否定，认为它是棵毒草。我们认为姚文元同志的许多观点是错误的，为了达到自己否定《海瑞罢官》的目的，不惜断章取义地引用他人文章。”“姚文元同志断章取义地引用他人文章，断章取义地分析作品，其卑鄙程度是令人诧异的。从根本上看，姚文元同志还对毛主席关于从历史中吸收精华的教导采取了反对态度，这正是阶级和阶级斗争的一个反映，不管是自觉的还是不自觉的。”①

马捷的文章犹如一枚重磅炸弹，迅速在社会上“炸”开了舆论之口。读者们以为《文汇报》“作风民主”，“敢于发表不同意见”，于是写信给《文汇报》参加讨论。张春桥下令，把其中反对姚文元的三千多封读者来信，逐一转到读者所在的工作单位。这三千多位读者遍及全国各省市，蒙受了“恶毒攻击中央负责同志”的罪名，受到各种形式的惩罚！其中有很多读者被隔离、入狱。

邓拓曾明确地说过：“姚文元的文章不是结论。吴晗同志也不是一无是处。我专门查对过原文，姚文元的引文歪曲了吴晗的意思。他这样搞很被动，有心人多得很！你们思想要解放，写文章不要有顾虑，不要怕自己和吴晗有什么共同之处。要摆事实，讲道理，采取商榷的态度，不要扣帽子。有什么看法就写什么看法……”② 在姚文元的文章发表后，邓拓专门查对过吴晗的《海瑞罢官》原文，发现了姚文元在多处肆意歪曲吴晗的原意。邓拓有理有据地反批判，得到北京报刊界的支持！

---

① 叶永烈：《姚文元传》，第226页，时代文艺出版社，1993。

② 叶永烈：《姚文元传》，第233页，时代文艺出版社，1993。

《人民日报》总编辑吴冷西也不同意姚文元文章的观点，认为姚的文章武断地指责《海瑞罢官》借古喻今，联系1962年所谓“单干风”、“翻案风”，对吴晗同志进行政治攻击，把文艺评论变为政治问题。所以，吴冷西一开始就不同意在《人民日报》上转载姚文元的文章。①

1966年4月5日，当吴晗看见戚本禹的《〈海瑞骂皇帝〉和〈海瑞罢官〉的反动实质》文章后，还气愤地对他的朋友关世雄说：“戚本禹的文章表面气势汹汹，我看最没内容，全篇都是穿凿附会，我写《海瑞骂皇帝》是在庐山会议前一个月写的，怎么会影射彭德怀。戚本禹是别有用心的，他把我写《胡惟庸党案考》联系起来，难道我三十多年前就知道反党吗？如果我把你戚本禹的文章串起来看，你戚本禹会是什么样的人呢？”② 戚文诬陷吴晗，让一个正义的知识分子感到无比愤怒，但作为要被打倒的史学家，吴晗还不能在媒体上反驳姚文元、戚本禹之流，只能向亲朋好友倾诉自己的抗争。

一些学者、专家也纷纷出来声讨姚文。

学者胡愈之说：“吴晗的《海瑞罢官》是学术问题，不是政治问题。”

著名历史学家周谷城说：“这是姚文元陷人于罪！”③

著名历史学家翦伯赞说：“思想批评，要联系个人历史，要看他是什么样的人。吴晗早在抗日战争时期就参加了民主革命，如果整吴晗，所有进步的知识分子都会寒心。”④

和吴晗一起编《中国历史小丛书》的羽白（即张习孔），斥责姚文元的文章“神气十足，但没有货色，不会分析问题，讲不出道理，没有说服力”。⑤

元史研究专家翁独健教授义正辞严地指出：“姚文元最后一段议论提出《海瑞罢官》影射现实，过了头，超过了学术范围。姚文元给吴晗下‘反党反社会主义’结论，这是莫须有的罪，和秦桧陷害岳飞的理由一样。你姚文元把海瑞的平冤狱、退田同现实类比，请问你是什么存心？你故意这样套，是不是存心反党反社会主义？”这是元史专家翁独健对姚文的针锋相对的挑战。⑥

---

① 纪希晨：《史无前例的年代》，第36页，人民日报出版社，2001。

② 苏双碧、王宏志：《吴晗传》，第383页，上海人民出版社，1998。

③ 纪希晨：《史无前例的年代》，第49页，人民日报出版社，2001。

④ 纪希晨：《史无前例的年代》，第49页，人民日报出版社，2001。

⑤ 叶永烈：《姚文元传》，第213页，时代文艺出版社，1993。

⑥ 苏双碧、王宏志：《吴晗传》，第383页，上海人民出版社，1998。

在普通群众中，也有许多正义感强烈的人勇敢地站出来，对姚文进行了尖锐地批判。北京一个青年徒工遇罗克写了《和机械唯物论进行斗争的时候到了》的文章，批驳姚文元的谬论纯属形而上学，他在日记中写了“姚文元诸君只是跳梁小丑”之类的批评话语，表示对姚文元文章的蔑视和不满。“文化大革命”正式开始后，他对报纸上宣扬的血统论又进行了批判，遭到林彪、江青一伙的残酷杀害。① 这是普通群众中因媒介批评而被枪杀的第一人。

另外，西安市一位二十多岁的青年米曦亭，由于写了一篇批驳姚文元的文章寄给《文汇报》，在万人大会上被打成现行反革命，严刑拷打以致双目失明，家庭也被拆散。② 从此，造谣诬陷成风，封建法西斯主义愈演愈烈。林彪、“四人帮”在新闻战线开展的大批判，是“只许州官放火，不许百姓点灯”的法西斯专政。

三、中央某些领导的正确声音

面对毛泽东支持陈伯达和“四人帮”操纵的媒介大批判，许多中央高层领导都不理解，表现出无奈和勉强附和的姿态，但有时在气愤之余也有抗争的举动。1965 年 11 月 10 日，上海《文汇报》发表《评新编历史剧〈海瑞罢官〉》，点名批判北京市副市长、历史学家吴晗是为右倾机会主义翻案，是一株毒草时，以彭真、陆定一为核心的文化大革命五人小组于 1966 年 2 月拟定了《关于当前学术讨论的汇报提纲》(后来被称为《二月提纲》)，提出：“要坚持实事求是，在真理面前人人平等的原则，要以理服人，不要像学阀一样武断和以势压人”的媒介与思想批评原则，力图抵制江青、张春桥、姚文元一伙的政治诬陷。

随着媒介大批判越演越烈，许多党和国家领导人都对新闻媒体上的造谣污蔑及各种不实之词提出严肃批评。1966 年 6 月 1 日，《人民日报》发表社论《横扫一切牛鬼蛇神》，当天晚上，中央人民广播电台在黄金时间播出了聂元梓等七人写的大字报，都是经毛泽东同意发表的，而主持中央工作的刘少奇事先一点都不知道。8 月 1 日至 12 日，毛泽东主持召开中共八届十一中全会。8 月 4 日，毛泽东在人民大会堂福建厅开了个小会，严厉批评刘少

① 叶永烈：《姚文元传》，第 229 页。

② 成美、顾行：《邓拓传》，第 142 页，山西教育出版社，1991。

奇、邓小平派工作组镇压群众，说："说得轻一些，是方向性的问题，实际上是方向问题，是路线问题，是路线错误，违反马克思主义的。"还指北京"新市委镇压学生群众，为什么不能反对！"当毛泽东责问为什么怕群众时，刘少奇反驳说："革命几十年，死都不怕，还怕群众？"毛泽东又批评刘少奇在北京专政，刘少奇再次反驳："怎么能叫专政呢？派工作组是中央决定的。"还说："无非是下台，不怕下台，有五条不怕。"刘少奇、邓小平向北京高校和一些单位派工作组，事先请示了毛泽东，毛是同意的。①

8月5日，毛泽东在党的八届十一中全会上，突然写出了一张《炮打司令部》的大字报发表在报刊、广播里，矛头直指"党内头号走资本主义道路的当权派"，这个举动立即使人们悟到了所指何人，毛泽东这张大字报是针对刘少奇、邓小平等人的。接着刘少奇在中南海里被揪斗，刘的专用电话被拆除。1967年4月，刘少奇的妻子王光美在清华大学被斗争。刘少奇则被《人民日报》不指名地称为"党内最大的走资本主义道路的当权派"。报刊广播不断把批刘、批邓推向高潮。十月，在中央工作会议上，刘少奇做了检查，毛泽东亲笔批示："基本上写得好，很严肃，特别是后半部更好。"但当检查作为文件下发时，"文革小组"却故意删去了毛泽东的批示。林彪、江青、陈伯达一伙，煽动红卫兵，把检查当成"活靶子"，掀起了新的"批刘高潮"。报刊上和街头巷尾的大字报对刘少奇进行人身攻击，造谣中伤，诽谤诬陷的传单传遍全国。刘少奇痛苦难言，十分痛心地说："国民党骂了我多少年，也没敢用这样的语言啊！"②

红卫兵运动迅速掀起，陈伯达、江青唆使报刊、广播鼓动红卫兵"破四旧"、抄家游街、毁坏文物、烧书挖坟，打骂被批斗者，无恶不作。刘少奇的孩子也参加了"红卫兵"组织，刘少把孩子们叫到身边，拿出一本《中华人民共和国宪法》，说："你们破'四旧'，我不反对，但不能去抄家、打人。我是国家主席，必须对宪法负责。许多民主人士，跟我们党合作了几十年，是我们多年统战工作的重要成果，来之不易，不能让它毁于一旦。"他还说："《宪法》是我主持通过的，我要对你们讲清楚，要对你们负责。"③

1967年1月3日晚饭后，一伙"造反派"冲进刘少奇家，强令刘少奇

① 《"文化大革命"哄然而起》，载黄峥《王光美访谈录》，中央文献出版社，2006。
② 东方震：《刘少奇"文化大革命"蒙难纪实》，载《南方周末》，1986年12月19日。
③ 东方震：《刘少奇"文化大革命"蒙难纪实》，载《南方周末》，1986年12月19日。

和王光美站到走廊门口接受40分钟的批斗。当刘少奇据理答辩使造反派们无言以对时，一个家伙跳出来让刘少奇当场背诵语录本某页某条。刘少奇一时背不出，那些人便大声嘲笑。刘少奇镇静地说："叫我背词句，我背不出，但你们可以问我毛主席的哪篇文章，写的什么内容，当时的历史背景，针对什么问题，当时所起的作用，在理论上有何创新，这才是毛泽东思想的精髓。我是《毛泽东选集》编辑委员会的主任，无论哪篇文章，我都可以解答!"那些人被说得哑口无言，便喊了几句口号，一哄而散。刘少奇望着人群走出院门，对围拢过来的妻儿们说："这种办法我是不赞成的，但我不能和群众对立！你们要理解群众。群众认为我犯了错误，他们有权利批评我……这些年党也犯了些错误，群众当然不满，你还不许人家骂娘？我主持中央工作，必须承担主要责任，群众现在认为我没有把他们交给我的工作做好，他们生气，对你们也可能会有过火行动，你们也不能有对立情绪，要经得起委屈。"①

1967年4月1日，国内各大报纸登载了署名戚本禹的长篇文章《爱国主义还是卖国主义》。刘少奇读后，气愤至极，他狠狠地把报纸摔在桌上，"假话，这篇文章有许多假话，我什么时候说过那个电影（指《清宫秘史》）是爱国主义的？什么时候说过当红色买办？不符合事实，是栽赃！党内斗争从来没有这么不严肃过，我不反革命，也不反毛主席，毛泽东思想是我在七大提出来的，我宣传毛泽东思想不比别人少。""我早在去年8月的会议上就讲过五不怕，如果这些人无所畏惧，光明正大，可以辩论嘛！在中央委员会辩论，在人民群众中辩论嘛！我还要为这个国家、人民，为我们党和广大干部讲几句话!"②

1965年11月27日，周恩来在得知毛泽东指示北京各报要立即转载姚文元的文章后，在第二天召开了北京市委、中宣部领导的碰头会。在会上，周恩来说："解决意识形态领域里的矛盾和斗争，不能用谩骂和恐吓，鲁迅早就说过'辱骂和恐吓不是战斗'嘛"。北京市委主管文教工作的书记邓拓接着说："姚文元的文章是这种谩骂和恐吓的典型。"接着周恩来说："那你们为什么害怕他的文章不予转载呢？发表出来让大家鉴别嘛。赫鲁晓夫反华

① 东方震：《刘少奇"文化大革命"蒙难纪实》，载《南方周末》，1986年12月19日。

② 纪希晨：《史无前例的年代》，第151页，人民日报出版社，2001。

的报告和文章，我们毛主席指示全文照发，让人民评价。而正是赫鲁晓夫及其现在的新领导，却对我们的文章怕得要死，拼命封锁。这能挽救他的失败命运么？"① 这是周恩来对姚文的蔑视，他认为姚文元的文章颠倒黑白，要将它公诸于众，让人民去评价。

1967年4月21日，周恩来接见《红旗》杂志、《人民日报》、《解放军报》、新华社记者时说："你们反映的面要广一些。解放军支左是中心，但还要报道一些解放军支工、支农的成绩，也要听一听群众性很大的保守派方面的意见。这样，我们看问题广阔一些，考虑问题更全面一些。"② 在当时的特殊环境下，周恩来所作的这一含蓄的批评有利于局势的稳定。毛泽东说军队支左工作有错误，但支工、支农对社会稳定是有积极意义的，正面报道军队支工、支农的成绩，报道广大人民群众拥护解放军，目的在于树立军队的威信，维护军队的稳定。

1967年5月，对于红卫兵冲击香港事件的报道，周恩来批评香港的《大公报》、《文汇报》的调子不能太高，应当同内地的报纸有所区别。③ 周恩来还批评了新华社、《人民日报》在报道香港问题上有意夸大的做法。当时，新华社报道港英警察打死打伤游行工人二三百人，《人民日报》根据新华社的消息又冠以"血腥大屠杀"标题刊登。周恩来就此事指示新华社进行核实，结果发现实际上只死了一人，伤几人。对此，周恩来严厉地批评说："这是严重的失信，更加激起人民的义愤，使我国在政治上很被动。发这样大的消息报道，为什么事先不向我请示？你们越搞越大的目的是什么？"④ 这是周恩来对当时媒体涉外报道带有大批判倾向的严厉批评。

"文化大革命"后半期，林彪武装政变的阴谋被粉碎，毛泽东委托周恩来主持中央工作，再次负责《人民日报》、新华社等新闻媒体的工作。从那时直到去世，周恩来一直巧妙而力所能及地批判极左的新闻工作路线。1972年，《人民日报》、《红旗》杂志按照周恩来的部署，接连发表社论，批判极左思潮。4月1日《红旗》杂志发表了社论《正确理解和处理政治和业务的关系》，《人民日报》4月24日发表了社论《惩前毖后，治病救人》，5月1

① 纪希晨：《史无前例的年代》，第34页，人民日报出版社，2001。
② 陈扬勇：《苦撑危局——周恩来在1967》，第160页，中央文献出版社，1999。
③ 陈扬勇：《苦撑危局——周恩来在1967》，第354页，中央文献出版社，1999。
④ 陈扬勇：《苦撑危局——周恩来在1967》，第354页，中央文献出版社，1999。

日《红旗》杂志发表了社论《执行惩前毖后，治病救人的方针》，1972年10月1日《人民日报》、《红旗》杂志和《解放军报》发表了国庆社论《夺取新的胜利》。这些社论批判了林彪、江青形左实右、否定一切、打倒一切的思潮，驳斥了他们在新闻战线搞乱人心、搞乱全国的大批判行为。

从1972年7月到8月，周恩来多次对新华社的工作提出批评。8月2日又指出，极左就是形左实右，搞空洞的、抽象的、形式主义的东西，夸夸其谈，走极端，不批透还会犯错误。极左不批透，右的要出来。对于新华社和《人民日报》在宣传工作上的不得力，周恩来还调整了新华社的班子，经他提议，中共中央任命朱穆之为新华社社长，穆青等人任副社长。《人民日报》的业务领导班子也做了必要的调整，新华社、《人民日报》、广播事业局等中央新闻单位的报道宣传计划都直接报请总理。由于采取了这些措施，《人民日报》等新闻单位对极左思潮的批判得以顺利开展。

1972年10月14日，《人民日报》根据周恩来的指示发表了三篇批极左的文章，即《无政府主义是假马克思主义骗子的反革命工具》（龙岩）、《坚持无产阶级铁的纪律——读〈共产主义运动中的“左派”幼稚病〉的一点体会》（纪众言）、《一个阴谋家的丑史——读〈巴枯宁〉》（李定）。三篇文章组成了一个整版，主题突出，影响很大。尽管“四人帮”一伙一直顽固地抵制周恩来批判极左和无政府主义的主张，但是周恩来要求发表的这些文章有力地揭穿了林彪、江青两个反革命集团的丑恶面目，对消除“文化大革命”媒介大批判的影响起到了振聋发聩的作用。

“文化大革命”初期，时任中国人民解放军总参谋长的罗瑞卿，在林彪鼓吹学习毛主席著作的“顶峰”和“最高最活”的时候，就对《解放军报》的负责人说：“顶峰！难道就不发展了？”“什么最高最活？难道还有次高次活吗？”在他审查一篇稿子时，见其中写了“顶峰”和“最高最活”等话，便把这些词句改掉了，并亲笔在旁边批示道：这样的提法，毛主席知道也不会同意的。罗瑞卿十分厌恶《学习与批判》这本“四人帮”的“帮刊”，认为“全是一派混账逻辑”，有时看着看着就气得把它摔掉。为了洞察“四人帮”的阴谋和批判他们的谬论，他又不得不按捺怒火看下去，同时细心查阅马列和毛主席的原著，认真加以对照。有时，他还要求别的同志好好看看，并说：“那里面尽是毒草”。①

① 纪希晨：《史无前例的年代》，第36页，人民日报出版社，2001。

四、天安门事件报道中的尖锐斗争

到“文化大革命”末期，“四人帮”再次掀起媒介大批判高潮，打起“批林批孔”、“评水浒”、“儒法斗争”的旗号，疯狂反对周恩来和重新工作的邓小平。1976年1月8日，周总理逝世，全国人民举行各种悼念活动。1月14日，首都群众的悼念活动声势浩大，被姚文元操纵的《人民日报》前三版竟然看不到周总理的名字，而头版头条刊登的是《大辩论带来了大变化》。人民群众对这种强奸民意的做法怒火中烧，以特殊的方式进行了抗议：许多人把报纸撕碎寄还给报社；数百人打电话给报社表示抗议，人们向天安门人民英雄纪念碑送的花圈越来越多、越来越大，最后送去了几吨重的钢铁花圈。周恩来逝世以后，“四人帮”千方百计在报刊上压低悼念周恩来的规格，不许《人民日报》发表广大群众悼念周恩来的来信来稿，残酷蹂躏人民对周总理的怀念，全国人民义愤填膺。

“四人帮”的“帮报”《文汇报》，在1976年3月5日的新闻中删去周总理给雷锋的题词，接着又在3月25日抛出了“党内那个走资派要把被打倒的至今不肯悔改的走资派扶上台”的攻击周总理的报道。《文汇报》骂周总理是“党内走资派”！这消息一传十，十传百，引起了人们的强烈抗议。短短几天内，《文汇报》接到抗议信件420多封，抗议电话1000多次。抗议舆论的斗争首先从南京开始。南京人民群众在街上贴出了标语，指出“《文汇报》的反党文章是篡党夺权的信号弹”，“不揪出《文汇报》的黑后台誓不罢休”，号召“打倒张春桥”。南京市民将“《文汇报》把矛头指向周总理，罪该万死”，“谁反对周总理，就砸烂谁的驴头（‘驴头’指的是张春桥那如驴之头）”等标语刷在途经南京的列车上，让列车把这些反映人民心声的标语带到大江南北。[①] 利用流动的大标语进行媒介批判，在中外媒介批评史上，是独一无二的。

长期压抑在人民心中的怒火，像火山一样爆发了。3月29日，南京人民纷纷走向雨花台，悼念周总理，反对“四人帮”。很快，声讨“四人帮”的烈火在全国许多地方燃烧起来。首都人民在天安门广场举行演说、声讨、送花圈，把斗争推向高潮。

4月3日，姚文元从《人民日报》内部情况中看到：“在纪念碑北侧的

① 张涛：《中华人民共和国新闻史》，第223页，经济日报出版社，1996。

栏杆上，贴着不署名的标语‘我们想念周总理，我们怀念杨开慧’”，就在这句话的后面加了一句：“这同外地的煽动性反动口号完全一样。”4月4日，姚文元再次打电话告诉《人民日报》的鲁瑛：“天安门人民英雄纪念碑的活动是反革命性质。”在这前后，“四人帮”和鲁瑛一起，在“内部讲话”、《内部情况》和公开报道中，一再叫嚣天安门广场的活动“是有预谋、有计划、有组织”的“反革命政治事件”，“有幕后策划者”，要抓“总根子”、“总后台”，等等，他们为镇压革命群众和打倒一大批老一辈无产阶级革命家，大造舆论。

图 8－5　漫画：全国人民愤怒声讨“四人帮”

“四人帮”和《人民日报》的鲁瑛指挥记者突击采写、编发的关于天安门广场活动的《内部情况》，是经过“精选”，然后又经姚文元亲自修改、审定付印的。姚文元对于广大群众深切悼念周总理、声讨“四人帮”的大量诗词祭文，以及广场的活动情况，有些扣压不发，有些则断章取义，恶意拼凑，再给群众加上种种莫须有的罪名，什么“反对毛主席”、“坏人”、“坏家伙”、“反对中央首长”、“反对社会主义”、“反对无产阶级专政”等等。抨击这些诗词祭文“半文半白，丑恶不堪”，“完全是腐朽、没落、死亡的反对阶级的语言”等等。

4月5日，广场上有一辆上海牌小汽车被烧，鲁瑛指使人写情况说：“这很重要，马上写情况”。这个记者说，他没有采访任务，不了解是怎么烧的，只看见冒烟，无法写。他们说：“没有采访任务也可以写，只要写几点几分烧汽车，证明此事就行了。”硬要人捕风捉影地写了一个情况。所谓烧军营，他们并没有搞清房子是因为什么烧的，是什么人干的，就武断地说是阶级敌人搞的。内部情况原稿写有“现场黑烟冲天，一股橡皮气味”的字样，他们大笔一挥，将“一股橡皮气味”改为“一片反革命喧嚣声”；另一处说：“还有一些人得意洋洋地说”被改为“一小撮坏人竟得意洋洋地说”；有一句“现场指挥部楼前都是青年人”，被改为“参加这次反革命事件打先锋的，大都是青年人”，等等。把广场上许多人，打成了“坏人”、“反革命”。在编写这篇报道时，张春桥出了个更歹毒的主意，他说：“把烧楼房改为烧解放军营房，全国人民一听这帮坏人砸了、烧了解放军营房，就会愤慨！”“有一队百余人的值勤警卫战士排队走向那座大楼”，改为“天安门广场值勤警卫战士为了保卫解放军营房，向营房走去”。张春桥就是这样造谣欺骗、蛊惑人心，进行煽动。

4月7日上午，“四人帮”的“舆论管家”鲁瑛一伙急急忙忙赶到人民大会堂。姚文元见了他们，洋洋得意地说：“大好事，大好事!”接着，王洪文、张春桥、江青也都接见了他们。张春桥说：“在情况的基础上写，不要另写。”姚文元说：“要鲜明地点出邓小平。他们说秦始皇的时代已经过去了。题目也不要变。……要快。”“粗点没关系”。姚文元不断催促快点编，陆续发排，来往送稿车不够，可以用他的汽车。就这样，他们改完一页，马上送回报社排字打样，几部小汽车轮着送稿送样。

几乎同时，毛泽东的联络员毛远新两次向毛泽东报告天安门情况，毛泽东同意公开发表《人民日报》记者关于天安门事件的所谓“现场报道”。经姚文元炮制的这个“现场报道”，捏造罪名，诬陷群众悼念周总理的活动是“反革命活动”，“妄图扭转当前批邓和反击右倾翻案风的大方向”。毛泽东表示：据此开除邓的一切职务，保留党籍，以观后效。毛泽东还提出：华国锋任总理（在同年2月已任代总理）。[①] 1个小时后，中央人民广播电台即向全国广播了这两个决议。4月8日，《人民日报》刊登了《天安门广场的反革命政治事件》的报道。[②] 这是在“四人帮”亲自主持下，在内部情况的基础上改编的。

“四人帮”为了打击陷害邓小平同志，硬说邓小平同志是天安门事件的总后台。4月7日，在改编《天安门广场的反革命政治事件》报道时，姚文元说：“这些家伙说，由邓小平主持中央工作，斗争取得了决定性胜利，就是为邓小平歌功颂德。”“要把‘由邓小平主持中央工作，斗争取得决定性胜利，全国人心大快’这些话引进去，这样更有力量。”张春桥说：“这帮家伙写那些反动诗，就是要推出邓小平当匈牙利反革命事件的头子纳吉。”姚文元接着说，要把张春桥说的这些话“写上去”。后来，张、姚的这些诬陷之词，统统塞进了4月8日的那篇报道中。张春桥在审查《天安门广场事件说明了什么?》社论时，公然诬蔑广大群众是“一群反共、反人民、反社会主

---

① 《生死攸关的选择》，载童青林《回首1978——历史在这里转折》，人民出版社，2008。

② 《揭露“四人帮”及其心腹炮制天安门事件报道的阴谋》，载《新闻战线》，1978年第1期。

义的反革命分子。他们的矛头所向和罪恶目的，同邓小平是完全一致的”，诬蔑邓小平是苏修叛徒集团的“健康力量”。

1976年4月8日，《人民日报》及全国重要报纸全部在头版位置以大字标题刊登了中共中央的两个决议和《天安门广场的反革命政治事件》一文，并连续刊登各地党政军机关召开群众大会“拥护”以上决议的消息。借鉴南京人民的做法，人们纷纷采用信件、标语、大字报、诗笺、演说等各种形式批判这种法西斯舆论专制。

从4月8日起，人民日报社便不断接到抗议的电话和信件。4月12日，该社收到一封署名“一个现场工人民兵”的来信。信封里装着4月8日的《人民日报》，“人民”两个字被打了叉，报头被改为“造谣日报”，上面写道：“令人震惊！党报堕落了！成为一小撮法西斯阴谋家的传声筒!”“四人帮”的帮报被人们视为造谣的报纸，这封来信的背面写上了“请戈培尔编辑收”。①

署名“四万四千零一个”的读者给“戈培尔编辑”的信中说：“伟大的中国共产党的机关报《人民日报》被你贬低为‘两校’的校刊，你受主子的利诱，无恶不作，罪该万死。你们的丑事，才真是‘不得人心’。”“你们一小撮盗用‘本报记者’名义，胡作非为，八亿人民都痛恨你们。”“你们对周总理制造反革命言论，你们到底是国民党，还是混进共产党的阶级异己分子!!”“你这个人根本没有党心、党员之心，甚至没有人心、良心。只想做官，跟着你主子作威作福，你们的末日快到了。全国八亿人民，全党三千万党员要审判你们。”②

天安门事件之后，党中央任命华国锋为党中央第一副主席，国务院总理，“四人帮”极为不满。他们千方百计地贬低华国锋。华国锋任第一副主席，他们不让报纸作通栏新闻标题；华国锋的照片，他们不准登大。6月8日《人民日报》一版刊登华国锋会见外宾的照片，姚文元嫌突出了，横加指责：“今天一版的照片，你们做大了，……要适当掌握。”

为了继续利用天安门事件大做文章，把矛头指向华国锋，“四人帮”一伙又连续炮制了《天安门广场的反革命政治事件（续）》和《不许纳吉式的人物上台》两篇文章，准备出笼。他们炮制这些文章的目的，就是“要从组

① 载《新闻战线》，1978年第1期。

② 载《新闻战线》，1978年第1期。

织上说明走资派是天安门事件的后台”，说明“一条是社会上确有反革命，一条是党内确实有资产阶级”的荒谬结论。以上这些，都围绕着一个阴谋，就是要篡党夺权，把华国锋和一大批领导干部“赶下台去”。

第九章　改革开放后媒介批评的新生

"文化大革命"风暴后，我国传媒界和其他各行各业一样开始拨乱反正，一个新的时期来临了。"文化大革命"极左的媒介大批判被禁止，林彪、"四人帮"的流毒逐步肃清，我国媒介批评与传媒业走上正常发展的道路。但这一历史转折进行得并不顺利，伴随各种干扰和挫折，还需要跨越许多障碍。在进入21世纪后，媒体虽然需要解决体制和法制问题，但媒介批评的广泛性和步入健康的轨道表明，媒介的成长和发展迎来了历史上最好的时期。

第一节　媒介批评兴起的新环境

从1978年开始，倡导实事求是、实践是检验真理的唯一标准，使百业待兴的中国开始了新的长征。党和国家的工作重心从阶级斗争转移到现代化建设上来；通过勇敢、主动的探索，我国社会逐步完成了从计划经济向市场经济的转变，经济活动、文化领域与大众传媒向世界开放，掀起了一场学习西方先进科技、经济管理和大众文化的热潮。中国为世界提供了一个广阔的舞台，也为自己的快速发展开辟了正确的道路，传媒业和媒介批评在良好的历史契机中获得新生。

一、观念革新与经济变革催发媒介批评

1976年10月粉碎"四人帮"以后，华国锋提出"两个凡是"的方针，即"凡是毛主席作出的决策，我们都坚决维护；凡是毛主席的指示，我们都始终不渝地遵循"。"两个凡是"阻碍了拨乱反正工作的进行；同时也阻碍了解放思想和实事求是思想路线的贯彻。在历史的紧要关头，有关实践是检验真理的唯一标准的大讨论，从根上否定了"两个凡是"，拉开了我国思想解放的序幕。正是这样一个思想环境，为媒介批评创造了条件，提出了新的要

求，这就是打破思想禁锢，以实事求是的认识路线为指导，冲破思想僵化和唯书唯上的枷锁，对媒介和媒介现象展开科学、创新的批评。

观念革新要求传媒继续完成反封建的任务，因为“有一些领导新闻工作的同志，长期脱离实际，脱离群众，高高在上，滥用权力，从主观需要出发，不顾人民群众的需要进行宣传报道，处处以布道者的形象出现，而不是‘平等地交谈’；新闻工作体制上，一些党的领导部门管得过细，统得过死……鼓励唯上是从，照搬照抄的衙吏作风；‘书记说的话就是新闻’，报道中大量充斥领导干部不重要的言论和行踪，并在文字、画面、版面处理上过于强化，个人崇拜的痕迹依稀可辨”①。面临反对官僚主义的领导作风和思想专断的重任，要求媒介批评充分发扬民主、平等和独立思考，敢于发现媒体及其管理中存在的问题，并分析这些问题的危害性。

经济体制的转轨和思想观念的更新，构建了其他一切社会因子变化的基石，为媒介批评提供了施展拳脚的舞台。从“文化大革命”极左思潮的钳制中解放出来，打破思想禁锢，吸收国外的先进思想，为媒介批评营造了积极、有利的思想氛围。为了广泛听取不同意见，保障广大群众的民主权利，防止压制、打击群众的批评，邓小平指出：“一个革命政党，就怕听不到人民的声音，最可怕的是鸦雀无声。现在党内外小道消息很多，真真假假，这是对长期缺乏政治民主的一种惩罚。”“在党内和人民内部的政治生活中，只能采取民主手段，不能采取压制、打击的手段。宪法和党章规定的公民权利、党员权利、党委委员的权利，必须坚决保障，任何人不得侵犯。”② 邓小平这一重要论断，为媒介批评确定了重要的指导思想和基本原则，是媒介批评健康发展的根本保障。

媒介批评的关键问题是坚持正确的政治方向和思想方向，既要反“左”，又要防止右的倾向。在1981年，邓小平就《解放军报》的经验说：“《解放军报》办得比较好，要继续努力。要多写些从思想上、理论上论述坚持四项基本原则的文章。反对和否定四项基本原则，有来自‘左’的，有来自右的，写文章要注意到这两个方面。”③ 1985年9月23日，他在党的代表会议

① 裘正义：《实践的多元化与观念的变革——关于新闻事业现代化的一点思考》，载《新闻大学》，1986年第13期。

② 《邓小平文选》，第2卷，第144－145页，人民出版社，1994。

③ 《邓小平文选》，第2卷，第380页，人民出版社，1994。

上指出："思想文化教育卫生部门，都要以社会效益为一切活动的唯一准则，它们所属的企业也要以社会效益为最高准则。思想文化界要多出好的精神产品，要坚决制止坏产品的生产、进口和流传。"① 这就向媒介批评者指出，新闻报道一定坚持积极向上的方向，把全国人民凝聚到社会主义精神文明上来，防止只顾经济效益、忽视社会效益的倾向，要用这个标准评价媒介。

邓小平非常重视新闻媒体的思想导向作用，提出许多积极且有建设性的方针。为集中干部群众发展生产的注意力，要求报刊对重大理论问题和政策不要争论，允许人们试验。为避免对重大政策理论问题出现复杂的分歧和思想混乱，邓小平主张不要就这类问题在媒体上争论。他说："我们的政策就是允许看。""不搞争论，是我的一个发明。不争论，是为了争取时间干。一争论就复杂了，把时间都争掉了，什么也干不成。"② 30年来中国社会发展的辉煌实践证明，邓小平的这一论断是正确的。媒介批评遵循这一方针，对媒体报道改革和经济措施不要吹毛求疵，争论不休，应当允许媒体报道各种实验，做对了就做下去，做得不对就提醒及时改正。

1992年邓小平南方谈话，掀起了新一轮的改革热潮。同年10月召开的中国共产党第十四次全国代表大会明确提出建立社会主义市场经济体制，不仅进一步丰富和完善了建设有中国特色的社会主义理论，而且为我国传媒业迈向产业化、市场化的道路开了绿灯，带来了新的发展契机。同时也给中国传媒业提出了新要求：一方面要完成自身的转变和发展，另一方面又要为新时期的经济社会发展作好宣传。媒体的这种双重角色要求媒介批评就媒介的性质和功能、新闻报道的任务和内容以及各种媒介现象进行多层次的思考。

改革开放带来的不仅仅是经济开放，在"经济效益"挂到嘴边的年代，人们的思想、媒体的观念渐渐发生变化。当西方文化工业席卷全球每个角落时，从前为人们所诟病的传媒对金钱的渴求开始为中国传媒所效仿。这种效仿和追求一旦过度，不仅和我国的现有价值取向不吻合，也不符合媒介的职业操守。日益不规范的传媒行为呼唤媒介批评的兴起和指导。

有的批评家就新时期党报党刊的任务提出建议：党报应该侧重于哪些方面的任务，突出哪些方面的内容呢？我们认为，党报要围绕经济建设这一中

① 《邓小平文选》，第3卷，第145页，人民出版社，1994。

② 《邓小平文选》，第3卷，第374页，人民出版社，1994。

心，加强宣传报道的思想性，着重从政策思想方面去启发、影响、指导人们，以其光辉的思想征服人心、赢得人心。① 党的宣传工具应该也可以根据自己的特性作适当分工，尽量做到内容丰富，形式多样化。随着党的中心任务的变化，它除了仍应以某种形式指导工作外，还必须满足人民群众日益增长的获取物质、文化生活信息的需要。②

李良荣指出，新时期我国的新闻媒介应该侧重下列内容的报道：（一）宣传党的重大的方针政策；（二）不断提出社会生活和实际工作中的倾向性的问题，以及人们迫切要求解答的关键问题，以引起人们的深思，启发人们去探讨；（三）抓一些有普遍教育意义、震动人心的重大典型；（四）扶植带有方向性的新事物，总结带有方向性的新经验；（五）揭露、批评严重妨碍"四化"建设、妨碍党的方针政策落实的典型事件、人物和错误思想，监督党和政府的各级工作人员。③ 等等。

许多新闻学者对经济改革带来的报道的变化，及时写出批评文章进行了分析，例如复旦大学夏鼎铭教授说：市场经济确实给我们的建设事业带来了巨大的动力和活力，然而在各项政策法令和管理制度尚不完备的情况下，它所引发的消极作用也是十分明显的……在这种情况下，党的新闻工作者应取何种态度？无动于衷、随波逐流，显然是违背党性原则的。基本立场应是：以党和人民的利益为重，力争按中央的指示精神和国家的法令办事，促使问题妥善解决。④ 面对新情况、新问题，有的媒介批评者为传媒工作者支招。比如在报纸上见得比较多的还是些改革的动态，这里改革了工资奖金制度，那里实行了厂长负责制等。这类报道，当然也需要，但不能仅仅停留在这一步。……我们的经济宣传要搞得比较深，很重要一点是必须加强报道的针对性，做到有的放矢，而不是人云亦云。⑤

有批评家指出，新时期报纸读者构成发生了很大变化，由过去比较单一的干部读者发展成各行各业、各个层次的读者，尤其是读者的知识结构的变化，一大批具有科学文化知识的各类专业人员和青年学生成为各类报纸的读

---

① 参见李良荣：《新时期党委机关报怎么办好》，载《新闻大学》，1985 年第 9 期。

② 裘正义：《实践的多元化与观念的变革——关于新闻事业现代化的一点思考》，载《新闻大学》，1986 年第 13 期。

③ 参见李良荣：《新时期党委机关报怎么办好》，载《新闻大学》，1985 年第 9 期。

④ 夏鼎铭：《党性原则操作中诸问题》，载《新闻大学》，1995 年春季号。

⑤ 周永康：《报道经济改革　改革经济报道》，载《新闻大学》，1985 年第 10 期。

者。……他们一般都不满足于政治表态、政策号召、生产动员式的新闻报道，而要求新闻报道反映更加宽广的生活领域，反映不同的专业特点，真实地反映时代特征。[1] 随着改革的深入，受众的作用得以凸显，各新闻媒介都增强了受众意识和受众观念，一切想着受众的需要，出现了竞争读者、听众、观众的局面。

在市场经济体制下，传媒业的发展遇到体制上的尴尬，有的批评文章指出：随着经济体制改革的发展，20 世纪 80 年代中期国家对新闻单位实行“事业单位，企业管理”的改革，所需经费由“全部国家支出”，变成“国家补贴一部分或全部由自己支出”，使新闻媒介处于一种似乎颇为尴尬的境地：作为事业单位，却不再享受或不完全享受国家补贴，需自收自支，事实上是“独立的经济核算单位”；作为企业，却又在同级党委、政府的领导下，内部管理仍在实行计划体制下的人事制度、分配制度，缺乏强有力的激励机制和市场机制。旧体制的优势已经丧失，新体制的优势尚未到来，相反新闻旧体制的弊端却同时存在。[2]

急剧变化的政治、经济环境使传媒界对自身的发展进行思考。“在这种情况下，各新闻媒介仍努力发挥好社会效益，同时兼顾经济效益。在担负起宣传功能的同时，都注意加强经营管理，把取得一定的盈利，以适应事业发展和增加职工收入的需要，视为媒介的重要目的之一。”[3] 竞争的出现，传媒业开始重视经营，掀开了中国传媒走向企业化、市场化的序幕。

改革开放后，西方的传播批判理论引进到国内，从法兰克福学派、意识形态学派到文化研究学派、符号学—结构主义学派，从政治经济学、女权主义学派到媒介帝国主义和后现代主义学派，汇聚成批评理论的浩浩川流，传入我国。他们的著作成为记者的读物和大学新闻专业教学的参考书。在我国，媒介批评理论在传播学学科的基础上有了新的发展，国内逐步接受了批判理论的“否定姿态”，而我国传统的批评理论主要是以肯定的面目出现的。

1988 年，美国批评家韦勒克的专著《批评的诸种概念》由四川文艺出

① 卢惠民：《改革报业结构是新闻改革的重要一环》，载《新闻大学》，1986 年第 12 期。

② 参见孙旭培、殷莉：《社会主义市场经济与新闻职业道德》，载《新闻广场》，1999 年第 5 期。

③ 孙旭培、殷莉：《社会主义市场经济与新闻职业道德》，载《新闻广场》，1999 年第 5 期。

版社翻译出版。1989年，霍克海默的名著《批判理论》由重庆出版社翻译出版；同年，原中国人民大学新闻学院研究生黄煜（后赴英留学）与裘志康一同翻译引介了美国批判学者阿特休尔的力作《权力的媒介》。1996年，席勒的名作《思想管理者》由中国社会科学院新闻与传播研究所副研究员王怡红翻译，在台湾出版。1998年，卡勒的《论解构》被翻译到国内。1999年，哈贝马斯的《公共领域结构的转型》被曹卫东翻译到国内。这些著作和理论引介以及批评理论研究热潮的兴起，为我国的媒介批评实践提供了很好的理论借鉴，同时又为我国媒介批评理论的构建做了理论铺垫。

媒介批评理论将大众传媒作为价值介入的世界，突破了传媒是中立的物理性工具的观念，展现出传媒世界丰富的价值意义和文化内涵。媒介批评理论从"批判"或"批评"的角度警示人们对社会不平等的关注，从策略上规定了研究者的责任，要求批评者具有批判意识，制定抗争的策略，带动历史的变迁。总之，"媒介批评理论的最终目的是政治性的而非学术性的，它带来的是政治上的实践效应"。① 事实上，在引介批判学派理论的同时，我国学者也在进行着媒介批评理论的发现，但这种"发现"显然晚了些。基于对媒介批评学学科的构建，我国学者开始了对马克思主义经典著作的再次重读，并发现了比西方现在通行的"批评理论"要早得多的媒介批评的源头，正如本书第一、二章所介绍的那些报刊批评事件和思想。

二、媒介实践推动媒介批评的发展

1979年春天，中共中央在北京召开了党的理论工作务虚会，对种种"左"的和右的思想起到正本清源的积极的作用。但是，尽管当时党中央下发文件要求加强新闻工作的宣传纪律，但在现代流行思潮的冲击下，传媒界还是出现了异声。比如有关"党性和人民性"问题的争论，传媒界要求"新闻自由"等等。

邓小平指出我们的报纸、刊物——他说的是党报党刊，应当成为实现安定团结的思想中心。"我现在想提出这样一个希望，就是我们要认真研究一下，有系统地、有计划地、长期地来宣传我们的社会主义社会安定团结的一些基础、一些依据。"② "要宣传我们这一代要实现的理想和奋斗的目标。现

① 参见潘知常、林玮主编：《传媒批判理论》，第25—27页，新华出版社，2002。
② 《胡乔木同志在北京新闻学会成立大会上的讲话》，载《新闻战线》，1980年第4期。

在青年中的危机是没有目标。……要把社会主义思想充实到青年生活中去，使青年认识到社会主义道路是唯一正确的选择。……青年是我们的未来，教育青年是保证社会主义后继有人的百年大计。我们的宣传工作要为此呼喊，以此来引导社会舆论。”①

江泽民1989年在讲话中指出：“在新的历史时期，新闻工作坚持为社会主义服务，为人民服务，就要坚定地全面准确地宣传党的基本路线，宣传建设有中国特色的社会主义的理论和决策，宣传全国各族人民在现代化建设和改革开放中的业绩和经验。……各新闻单位要紧紧围绕维护和发展安定团结的政治局面，推进治理整顿和深化改革，实现国民经济持续、稳定、协调发展，加强社会主义精神文明建设，来部署和开展新闻宣传工作。”② 江泽民的评价为我国传媒业的发展提供了适时的指导。

步入21世纪，原新闻出版署署长杜导正指出：“新闻战线的任务是什么？我认为党内、国内的议论都围绕三方面进行：一是思想路线，核心是实事求是的问题；二是政治路线，要彻底否定毛泽东晚期的‘以阶级斗争为纲’和无产阶级专政下的继续革命的理论；三是组织路线，搞民主与法制。要把这些作为考虑问题和处理问题的历史大背景。”③ 针对我国改革开放过程中传媒界出现的问题，有的媒介思想家重视传媒业的宏观批评，从媒介的性质、体制等方面对我国媒体的现状和改革不断发表文章，提出新的观点。

在市场经济大潮的席卷下，新闻界出现了“有偿新闻”、假新闻、新闻低俗化的倾向。“一些报刊为了追求卖点，大量刊登煽情、耸动的新闻，向色情暴力新闻方向靠拢，甚至不惜添油加醋，个别的还刊登某些完全是向壁虚构的东西。一些报刊热衷于刊登披露个人隐私的新闻，损害他人名誉权。很多报刊摘登别的媒介的作品，却不尊重作者的著作权，如署名权、获得报酬权。在报纸发行上虚报数字，欺骗广告客户。为了吸引听众，有些广播电台播放猥亵的和低级趣味的对话节目。一些地方电视台，播送从非法渠道获

---

① 田戈整理：《当前宣传思想上一些值得注意的问题》，载《新闻学会通讯》，1981年第2期。

② 江泽民：《关于党的新闻工作的几个问题——在新闻工作研讨班上的讲话提纲》，载《新闻战线》，1990年第3期。

③ 杜导正：《晚年考试成绩好些》，载王永亮等编著《传媒思想——高层权威解读传媒》，第250页，广播学院出版社，2004。

得的电影、电视节目，有些台还在中央电视台的节目中打上自己的文字广告。”①

1993年在震惊全国的北京长城机电科技产业公司总裁沈太福非法集资行贿案中，《科技日报》记者孙某等收受贿赂为沈造谣惑众，引起了传媒界对自身队伍建设的反思，并日渐形成了一种趋向成熟的批评指向。自2001年以来，从《新闻记者》杂志连续组织评选的“全国十大假新闻”中，我们可看出问题的严重性。而低俗化表现得更露骨的是一些小报和都市报。它们为了吸引读者、扩大发行，极力奉行“性”、“星”（影视歌星）、“腥”（暴力）的原则。这些不仅严重降低了新闻媒体的品格和信誉，更是大大损害了传媒业的公信力和影响力。“在我国新闻队伍中出现的新闻道德失衡与错位现象，发生在计划经济向市场经济转轨时期。毫无疑问，也只有在促进转轨完成的深化改革中，才能使之大幅度减少。”②

另一个突出问题是，对媒介受众缺乏应有的敬重，受到批评家的关注。“现在不少受众抱怨：我们的报纸、电视、广播没有特色，日趋雷同。新闻报道、栏目设置、版面安排大同小异。雷同化趋势的原因很多，但在竞争中，新闻媒介片面追求发行量、收视率、收听率对雷同化有重大影响。……为了满足各种受众的需要，各种媒介只有走同一条路：大众化、通俗化。于是，哪一类新闻走俏，各种媒介都集中去抢这类新闻；哪一种栏目一炮打响，大家都一哄而上。”③ 一方面各媒体盲目地争夺受众，另一方面媒体上信息匮乏，没有吸引人的内容。人们往往从报纸、电视和广播电台中得不到自己喜欢的新闻与娱乐品。所以，传媒业“要更好地为经济建设和改革开放服务，就要及时地向读者（还包括听众、观众等，笔者注）提供大量的、各种各样的信息。过去，新闻稿件往往注重政治性、思想性，不注意信息含量。报道一家商厦开业，连商厦的位置也讲不明”。④

随着舆论监督的逐渐兴起，又一个矛盾出现了：一方面媒体为了有效地行使党、国家、社会和人民群众赋予的舆论监督权，想方设法在媒体上揭露

---

① 孙旭培、殷莉：《社会主义市场经济与新闻职业道德》，载《新闻广场》，1999年第5期。

② 孙旭培、殷莉：《社会主义市场经济与新闻职业道德》，载《新闻广场》，1999年第5期。

③ 李良荣：《十五年来新闻改革的回顾与展望》，载《新闻大学》，1995年春季号。

④ 吕熙祥：《冲破旧习惯　形成新风气》，载《新闻大学》，1994年春季号。

坏人坏事和腐败现象，另一方面则在各种利益的纠缠和牵扯中新闻舆论监督很难有效地深入开展。于是，我国媒体出现了违法而合理的一幕：偷拍蔚然成风。在一个正走向法治的国家，这是需要审慎使用的采访手段。这些现象及其影响，引起传媒界和社会各界的不同评价，媒介批评正在走向社会与法律规范。

三、媒介批评正确方针的形成

自1981年开展批判电影《太阳和人》(《苦恋》)后，媒介批评界渐渐接受和认识了邓小平提出的“不揪辫子、不扣帽子、不打棍子”的“三不主义”的重大意义，媒介批评的正确方针逐步形成。在媒介批评领域贯彻平等争鸣的方针，是解放思想、坚持民主平等原则的具体表现，也是媒介批评获得新生的可靠保证。贯彻这一方针的目的，在于坚持真理，促进新闻传播的繁荣。

在贯彻争鸣方针时，各种观点可以自由讨论，每个批评家的地位是平等的，没有有权威的人，只有有权威的意见，因为只有正确的、散发真理芳香的观点，才能说服人、征服人。只许一花独放、一家发言，压制人们发现真理，是对平等争鸣方针的歪曲。正确的批评能容纳、消化、吸收一切真正有价值的思想，其创新性与批判性能鉴别、摒弃一切错误和糟粕，因此要允许、鼓励不同意见的争论。同样，错误的意见只有在争鸣中才能被揭示，被深刻的认识，最终得到克服。有人往往打着马克思主义的旗号，自称马克思主义和社会主义，对不同意见乱扣帽子。这种做法恰恰是反马克思主义和社会主义原则的。马克思主义从来不害怕批评，也允许批评，因为它是在批评和斗争中发展的。以错误意见压制争鸣，不允许发表不同意见，并没有给错误披上华丽的外衣，人们仍然认为它是错误的。允许不同意见的存在，才是发展媒介批评的唯一途径。对待媒介作品和批评见解，一定要采取实事求是的分析态度，以理服人而不是以势压人。探索一个真理，或对某一媒介现象取得比较正确的结论，是需要时间的，有时还需要很长的时间。因此，对于分歧较大、又不涉及急于贯彻的政策问题，不要匆忙作出结论。

在争鸣中，保证各种观点从容不迫的讨论，进行深入的探索，需要贯彻“三不主义”原则。“三不主义”是指在批评中不允许把对方视为敌对派滥施淫威，而要坚持“不抓辫子、不戴帽子、不打棍子”的友善态度，从分清是非、共同提高的愿望出发，达到共同发现与认识真理的目的。

从新中国成立以来的历史教训出发，邓小平于1979年提出了“三不主义”，成为著名的学术正义原则。“无论如何，思想理论问题的研究和讨论，一定要坚决执行百花齐放、百家争鸣的方针，一定要坚决执行不抓辫子、不戴帽子、不打棍子的‘三不主义’的方针，一定要坚决执行解放思想、破除迷信、一切从实际出发的方针。这些都是三中全会决定了的，现在重申一遍，不允许有丝毫动摇。”① “三不主义”方针的提出，为理论与学术研究的健康发展提供了重要条件，在真理面前人人平等的权利受到重视。就一般而论，媒介批评不能自诩所发表的文章是百分之百的真理，不许别人提出不同观点与之辩论。实际上，报刊、杂志发表的许多批评意见仅仅在某一方面或基本观点是可取的，有些批评甚至完全是错误的，这些都需要通过争鸣来克服或达到深化。

在理论学术研究方面，贯彻“三不主义”是没有边界的，只要能促进批评健康地发展，对已经达到科学探讨标准的任何文章，都应当给予发表。在它发表之后，通过争鸣发扬高见或克服错误倾向。邓小平指出：“我们现在不同意见的争论、讨论不是太多了，而是太少了。讨论当中可能会出来一些错误的意见，也不可怕。我们要坚持百家争鸣的方针，允许争论。不同学派之间要互相尊重，取长补短。要提倡学术交流。”② 压制他人的观点，特别是不容对立观点发表，是媒介批评中的一种恶劣作风。任何见解只有在不同观点的争鸣中，才能逐步得到丰富、完善，拒绝、压制对立观点的挑战，正是丧失真理、理论虚弱、害怕他人批驳的表现。

坚持平等争鸣的方针，主要包括三个方面，一是，允许不同批评人对同一媒介现象有不同的观点和分析，双方都要认真听取和研究对方的观点，以充分说理的态度反驳自己不赞成的意见。二是，允许被批评的人发表意见，说明自己的见解，反驳他认为是错误的批评。允许被批评人为自己申辩，坚持和保留自己的意见，这是澄清认识、发现真理的必经途径。三是，媒介批评不应由某个领导部门来发动，发表什么重头文章；也不允许宣传管理部门或哪个组织给批评者作出结论，记入档案或什么材料中。媒介争鸣如果需要思想引导，只能由某个权威性专家的正确文章发挥这样的作用，而权威专家又是在他长期的思想成果影响下形成的，不是哪个部门、哪个人指定的。

① 《邓小平文选》，第2卷，第183页，人民出版社，1994。
② 《邓小平文选》，第2卷，第57页，人民出版社，1994。

第二节 电影《苦恋》的批判风波

作家白桦1979年在《十月》第3期发表了剧本《苦恋》，据此摄制的电影改名为《太阳和人》，导演是长春电影制片厂的彭宁，影片于1980年底完成影片。电影描写了画家凌晨光一生的遭遇。在旧中国，少年凌晨光家境贫寒，但很有才华，青年时被国民党抓了壮丁，被船家女绿娘搭救，彼此相爱。后来，凌晨光因参加“反饥饿、反内战、反迫害”运动，被特务追捕，逃到国外。在美洲的某个国家他成为画家，有别墅、汽车和豪华的画室。绿娘后来也辗转来到美洲，有情人终成眷属。新中国成立后，凌晨光夫妇返回祖国，在享受了短暂的快乐时光后，接二连三的政治运动让凌晨光的处境越来越艰难，思想改造运动使他无法经常拿起画笔。“文化大革命”发生后，凌晨光全家被赶到没有窗户的昏暗斗室，他被打得遍体鳞伤。女儿星星决定和男朋友到国外去，凌晨光表示反对，女儿反问父亲：“您爱这个国家，苦苦地恋着这个国家……可这个国家爱您吗?”凌晨光无法回答。后来，凌晨光被迫逃亡，藏身芦苇荡，成为一个靠吃生鱼、老鼠粮生活的野人。他终于死在雪地里，死前在雪地上爬出一个“问号”。

一、对《苦恋》两种相反的评价

从剧本发表的1979年9月到1981年10月，围绕这部电影持续了两年的争论，并在文坛上激起了一场轩然大波。这是改革开放后在意识形态领域一次短暂的批判，“左”的余毒和对待作品的正确立场发生了尖锐的斗争，但毕竟时代不同了，《苦恋》的作者和影片导演受到保护。

1981年1月在《电影艺术》、《大众电影》两家杂志联合召开的“电影创作和理论座谈会”上播放了这部影片。这次会议邀请电影界编剧、导演、评论工作者为主的一百多人参加，会期两周。这次会议的主要内容是观摩1980年的部分较好的新片，从评论具体作品再归纳出一些理论问题进行探讨。会议主旨标明“民主、争鸣、团结”，由于大家刚刚从“文化大革命”及其后的“两个凡是”的阴影中走出来，自然而然地形成一种强烈的反“左”倾向。谢晋带来他的新作《天云山传奇》，引起与会者的很大兴趣。谢晋介绍，影片正在送审，前途未卜。因为有一种意见认为影片“美化右派，丑化党的领导”。在这个会上，几乎所有的人都支持谢晋，认为《天云山传奇》是一部佳作。参加会议的白桦和彭宁带来了电影《太阳和人》。在会上放映后，马上成为会议的焦点，引起重大分歧。

这部电影引起了中宣部的注意。时任中宣部部长的王任重先是听到有人向他反映情况，并听到一些争论，看了样片后，给文化部主管电影工作的副部长王阑西和电影局局长陈播写信，要求他们关注这部影片的情况。文化部主管电影工作的人认为，这个剧本不仅写了“四人帮”对画家凌晨光一家的迫害，还有对诗人、教授的迫害，逼迫他们过原始野人的生活，从这点说来，有一定意义，“电影诗”的表达风格也是好的。但整个剧本的构思与影片使人感到情调悲怆，没有反映出“四人帮”横行前，党对知识分子总体还是重视的。晨光在雪地里爬出的“大问号”，使人感到在粉碎“四人帮”后晨光却死去了，令人难以理解。①

1981 年 5 月 21 日，王任重与书记处的同志一起看了样片，“大家都反对拍这部电影”，也有人提出修改后拍摄的意见。王任重的意见是“修改不好电影剧本，就不要拍”。根据这样的意见，文化部电影局便开始组织修改这部影片，要求长春电影制片厂拿出书面的修改意见，报文化部和中宣部。中宣部同意按照修改意见拍摄。可是影片完成送来审查时，基本没有按照修改意见修改，只是将结尾凌晨光爬出的大问号改掉了。王任重接到报告后，提议请中央党校和军队的同志们看看，王任重的意思是，让这两部分观众来说服白桦，对影片进行修改。

在此期间，白桦和彭宁又找到电影家协会，借了放映室放映该片，寻求支持，看影片的有七百多人，还有外国人。看过的人都说好，感觉是在替知识分子说话。影协的林杉同志对这部片子很看好，他召集了一个座谈会，参加座谈会的有电影界的评论家、比较优秀的导演和写过很多好剧本的编剧。尽管会上对《苦恋》有两种不同的分析，但不少同志对影片作出非常肯定的支持和表扬。如有同志说，这部影片“在思想上是振聋发聩”，“艺术上是标新立异”。有的导演讲，粉碎“四人帮”后，这是一部最新最完整的影片。座谈会上都说好，这就造成了一种声势，这部片子不但是送审的问题，而且变成了文艺界关注和争论的问题了。

---

① 参见徐庆全：《〈苦恋〉风波的前前后后》，载《温故》，广西师范大学出版社，2005 年第 12 期。

中央党校相关人员看了《太阳和人》这部电影后，意见很不一致，有的说这是毒草，也有人说好，还有人说白桦本来就是“右派”。看来搞文学工作的人太危险了。[①] 而军队方面，当时正在召开全军政工会议，与会者观看后基本是反对意见。[②]

有人追究《太阳和人》事件的责任，疾言厉色，气氛森严，颇有点又要开展一场反右斗争的味道。文化部周巍峙任代部长，他接手处理这件事。他认为，这部片子是有错误的。一方面是一片叫好声，另一方面是文化部要求继续修改，白桦想到要让中央高层领导看看这部片子。他找到了胡耀邦：1981年1月10日晚，有关负责人求见胡耀邦，请他看看片子。胡耀邦拒绝了这位负责人的请求。他说："这部影片在没有审查通过之前，我不看。昨天晚上在中南海放了这部片子，我没有去。听说有人反对，有人支持。我们家看过电影的就是两派。我的儿子是赞同你们的，我的秘书就不赞同。"接着他说："希望你们的电影能够通过，然后也能在电视上放，我会坐在这张藤椅上看。"后来，这部电影一直没有通过。[③]

尽管胡耀邦拒绝了白桦的要求，但在社会上对这部片子的讨论沸沸扬扬的时候，他还是保持了一种冷静的态度。后来白桦在一篇文章中写道："已故的中央党校秘书长宋振庭，在当时打电话告诉我，尽管沸沸扬扬，耀邦在你这个问题上仍然一而再、再而三地抵制了那些'左'派同志，重申他的一贯主张：再也不能以一部作品和某些言论加罪于知识分子了，更不能发动一次政治运动。"[④]

在这"沸沸扬扬"的时刻，文艺界领导层之间原有的分歧伴随着对《苦恋》的不同看法进一步加深。1981年2月14日，刘白羽致信周扬、王任重，"建议在文艺界党员学习大会上放映《太阳和人》，联系实际，进行讨论"。周扬、张光年、夏衍、陈荒煤等人，与王任重的意见一样，不枪毙影片，促使作者修改。林默涵和刘白羽虽同意这样的意见，但不愿就此罢休。刘白羽时任解放军总政治部文化部领导，《苦恋》的作者白桦是部队作家——武汉军区的创作人员，这也使《解放军报》对于他的批评

① 《陈登科文集》，第8卷，第527页，北京燕山出版社，2003。

② 《陈登科文集》，第8卷，第525—526页，北京燕山出版社，2003。

③ 白桦：《我所见到的胡耀邦》，载《怀念胡耀邦》，第3集，第221页，香港亚太国际出版有限公司，2001。

④ 《陈登科文集》，第8卷，第528页，北京燕山出版社，2003。

"师出有名"。①

二、军报对《苦恋》的凌厉批判

1981年3月27日上午，邓小平在听取解放军总政治部负责人韦国清、梁必业、华楠汇报解放军学习贯彻1980年12月中央工作会议精神的情况时，着重就反对错误思想倾向问题发表谈话。指出，当前，还是以贯彻中央工作会议精神为中心，同时要加强坚持四项基本原则的宣传、教育，要多写这方面的文章。要批判"左"的错误思想，也要批判右的错误思想。解放思想，也是既要反"左"，又要反右。对"左"的错误思想不能忽略，它的根子很深，重点是纠正指导思想上"左"的倾向，同时也要纠正右的倾向。对"左"对右，都要做具体分析。纠正"左"的倾向和右的倾向，都不要随意上"纲"，不要人人过关，不要搞运动。人人都去作检查，那就会变成运动。邓小平谈到了《苦恋》，说："对电影文学剧本《苦恋》要批判，这是有关坚持四项基本原则的问题。当然，批判的时候要摆事实，讲道理，防止片面性。"②

以此为契机，《解放军报》和《时代的报告》，开始酝酿对《苦恋》这一电影文学剧本的批判文章。《解放军报》不但组织了自己报纸的文章，而且也同时组织了在其他报刊发表的文章，以造成批判声势。4月17日，《解放军报》在头版头条发表题为《坚持和维护四项基本原则》的"社论"，其中有近三分之一的篇幅专门批评了文艺界的"违反四项基本原则的现象"和"资产阶级化自由化的倾向"。"社论"指出："有的作品公然违背四项基本原则，把我们的党和国家描写得一团漆黑，歪曲和糟蹋爱国主义，向社会主义制度和人民民主专政发泄不满，恶意嘲弄和全盘否定毛泽东同志和毛泽东思想，像这种在政治倾向上有严重错误的作品，难道不应该批评吗？对那些社会效果不好，不利于安定团结，有损于我们党和国家的形象、有损于人民军队的尊严和荣誉以及对青年起腐蚀作用的作品，难道能够听之任之，不加以抵制吗？"

4月18日，《解放军报》第3版以半个版的篇幅发表部队读者批评《苦

---

① 张光年：《文坛回春实录》（上），第224页，海天出版社，1998。

② 邓小平：《关于反对错误思想倾向问题》，《邓小平文选》，第2卷，第382页，人民出版社，1994。

恋》的3封“来信”。3封“来信”的具体内容不管有何差异，其基本精神都是对前日“社论”的拥护，为其提供“公然违反四项基本原则”的实例。其中来自白桦当时所在的“武汉部队”的信——《一部违反四项基本原则的作品》，不管从题目还是从内容来看，都较其他两封来信严厉。这封来信提出了这样的吁请：“我们看了电影文学剧本《苦恋》，深深感到这个剧本和党中央一再提出的四项基本原则的精神背道而驰。对这样有严重错误的作品，我们希望报刊展开批评，使人们具体生动地看到：什么样叫违反四项基本原则，怎么样才能更好地坚持和维护四项基本原则。”

4月20日，《解放军报》以近整版的篇幅，发表了署名为“本报特约评论员”的文章《四项基本原则不容违反——评电影文学剧本〈苦恋〉》，指出《苦恋》“散布了一种背离社会主义祖国的情绪”，是“借批评党曾经犯过的错误以否定党领导下的社会主义国家，否定四项基本原则，这决不是爱国主义，而是对爱国主义的污辱”，“它的锋芒是指向党，指向四项基本原则的”。文章最后指出：电影文学剧本《苦恋》的出现不是孤立的现象，它反映了存在于极少数人中的无政府主义、极端个人主义、资产阶级自由化以至否定四项基本原则的错误思潮。如果容忍这种错误思潮自由泛滥，势必对安定团结的政治局面造成危害，也就不可能顺利进行经济调整和四化建设，这是违背全国人民的根本利益的。我们批评《苦恋》的错误倾向，目的正是为了坚持和维护四项基本原则，巩固和发展安定团结局面，保卫社会主义的四化建设。

《苦恋》被严厉批判的未公映电影

图9-1　电影剧本《苦恋》及作者白桦被批

《解放军报》“特约评论员”文章发表后，《北京日报》在4月23日发表了何洛的《我观〈苦恋〉》（稍后《解放军报》转载）。随后，《时代的报告》、《文学报》、《红旗》杂志、《长江日报》、《湖北日报》（后两份报纸均为白桦武汉军区所在地的党的机关报），也发表了对《苦恋》的批评文章。与此同时，刘白羽主持的解放军总政治部文化部，编印了系列材料：《关于批判〈苦恋〉的部分情况汇报》，上报中央军委和邓小平，邓小平阅后批示“印发中央政治局、书记处各同志”。①

在《解放军报》发起的这场批判中，与《解放军报》配合最好、影响最大的是黄钢等人主持的《时代的报告》增刊。因为在这一期增刊上，不但发表了黄钢以“电影文艺评论员”的身份写的《这是一部什么样的“电影诗”》、该刊观察员写的《〈苦恋〉的是非，请与评说》，而且还再次发表了《苦恋》的剧本，以供批判用。

三、《苦恋》批判引起的各种反响

《解放军报》对《苦恋》的批判，以及《时代的报告》等媒体的密切配合，在社会上产生了极大的影响。“文化大革命”这场浩劫刚刚过去，人们对“文化大革命”的创痛仍记忆犹新。面对《解放军报》上纲上线的批判，“文化大革命”开始时该报的种种作为又出现在人们的记忆中。获得平反的“胡风反革命集团案”“骨干分子”贾植芳在日记中写道：“前天《解放日报》转载了《解放军报》批白桦《苦恋》的文章，帽子一大堆，上纲法又来了，好像又回到了50年代或‘文化大革命’前夕。”“小魏送来登载白桦剧本《苦恋》的《十月》。晚上看竟，作者显然缺乏题材所包括的真实生活，凭借想象，有些情节、场景以及细节都不够真实，但他概括‘文化大革命’中的知识分子的悲剧命运，它的主题却是真实的。这两天为《解放军报》事，议论很多，据说学校也出现了一些学生的小字报，表示抗议，北京大学学生贴了三条标语，一曰‘白桦是人民的作家’，二曰‘白桦何罪之有?’三曰‘《苦恋》万岁!’”②

1981年5月7日，周扬主持召开的老作家座谈会，王瑶、黄药眠、朱光潜、李何林等都参加了。老教授们对《解放军报》批白桦很紧张，北大师生大都反感。丁玲也谈及《苦恋》。她说，黄钢同志这篇文章可惜了，怎么能这样写？这样写怎么能说服读者？有家报纸的批判文章像是棍子，像是梁效写的。文章可以署作者的名字，为什么要用“特约评论员”的名义发表呢？《苦恋》这题材抓得好，问题是要把账算在谁的身上？算在祖国身上？

---

① 参见徐庆全：《〈苦恋〉风波的前前后后》，载《温故》，广西师范大学出版社，2005年第12期。

② 参见徐庆全：《〈苦恋〉风波的前前后后》，载《温故》，广西师范大学出版社，2005年第12期。

算在人民身上？那不能吗！但是，现在这种批判，不能服人。我本来也想写文章谈一下看法的，一看“特约评论员”文章的架式，没法写了，调门这么高了，还怎么写?《苦恋》这一点抓住了人，我们正是《苦恋》着的，吃了苦，也不埋怨，还是相信我们的祖国一定会好起来的。①

《人民日报》社长胡绩伟回忆说：当时，《苦恋》这本书和《太阳和人》这部影片都被禁止发行和禁止放映，人们根本不知道它的内容是什么。这篇批判文章一登，社会上以为“狼来了”，“文化大革命”式的大批判运动又要来了，国内国外都引起震动，纷纷猜测我国的政治动向。文艺界更是议论纷纷，甚至有一些恐慌。作家黄秋耘从旧金山给韦君宜来信说，海外华侨听说又要批《苦恋》，怕发展为反右运动，十分忧虑。并要求她向有关同志反映。②

对于《苦恋》事件，周扬的意见为三条：一、白桦是一个有才华的作家，但作品《苦恋》有错误，可以批评；二、应该对作家采取帮助的态度，帮他把电影修改好，而不是对作品采取“枪毙”的办法；三、批评应该实事求是。周扬这三条意见在不同场合说过，也受到不少指责。他说了一句“白桦还是有才华的”，像惹了祸似的。当时，在周扬等人直接控制下的报刊上，开始是按兵不动，稍后则采取了有倾向性的报道，没有对《苦恋》大动干戈。③

1981年4月14日，经方毅同志批准，王任重同意，美籍华裔教授杨振宁同时看了《巴山夜雨》和《太阳和人》，这是他要求看的。据陪同的人员说，他看后流了泪，哭了，两次说：“我的意见说出来，可能挨批评。”他说他很感动，“两部片子都很好，很美，很动人”；“听说《太阳和人》挨了批评，又说没有批评。事情很复杂，对影片，内容有争论，我不便说什么”。他还说，“听说《太》片正在修改，白桦本人参加修改了吧？我想还可以有另一种改法，就是按作家的想法改下去”，“‘文革’是一次民族的经历、个人的经历，是历史事件。在大的事件后，可能出现艺术精品。影片是不是上

---

① 参见徐庆全：《〈苦恋〉风波的前前后后》，载《温故》，广西师范大学出版社，2005年第12期。

② 参见徐庆全：《〈苦恋〉风波的前前后后》，载《温故》，广西师范大学出版社，2005年第12期。

③ 参见徐庆全：《〈苦恋〉风波的前前后后》，载《温故》，广西师范大学出版社，2005年第12期。

演，和影片本身的价值如何，是两件事情。可以放到一百年以后再看。现在不是有些事情已经清楚了吗？”①

1981年8月8日，胡乔木在长达三个多小时的讲话中，多次提到《苦恋》，并由《苦恋》对文艺界提出严厉的批评。他说，像《苦恋》这样显然存在着严重政治错误的作品，我们的文艺批评界竟然长时间内没有给以应有的批评，直至让它拍成电影。在《解放军报》发表批评意见以后，一些同志除了指责这些评论文章的缺点以外，仍然不表示什么鲜明的态度。这不但是软弱，而且是失职。在社会科学和其他思想工作领域内，也有一些类似的情况。我们再不能容忍这种状态继续存在下去了。②

1981年12月16日，在北京的白桦，接受了香港《新晚报》记者的采访。该报在30日刊出了这篇题为《白桦说事情过去了》的采访文章写道：16日下午，白桦从上海飞到北京，当天晚上，他接受了记者的访问。他从武汉到上海，是去探望妻儿；从上海到北京，是参加全国作协的理事会议。在这以前，谣传他是不许离开武汉的。他的这些行动本身已经构成了新闻。他说，经过这一次，他感到更应该尊重作家这职业。《苦恋》的问题出来后，海内外许多人都表示了真诚的关心，显出作家这职业是和群众息息相关的。这使他的责任感更强了，感到更应该精益求精，创作出有分量的作品，用更好的创作来体现对大家的感谢之情。因此，“无论从任何角度来看，这次事件对我都是有积极作用的”。今后只有用刻苦的劳动，更细致深刻地写出更好的作品。他说，这一次以后，文艺批评应该可以走上正常的轨道了。一方面，不会一批评就是对人家打棍子，而另一方面，也不会一听到批评就紧张，就发毛，就说人家打棍子。说到这里，他笑了起来，“如果这样，也可以算是我的一点小小的贡献吧”。至此，《苦恋》风波归于平息。

四、来自胡耀邦、邓小平的声音

《解放军报》和《时代的报告》声势浩大的批判开始后，一些报刊纷纷转载，让人们联想起“文化大革命”的大批判，各方人士的忧虑情绪也很明

① 参见徐庆全：《〈苦恋〉风波的前前后后》，载《温故》，广西师范大学出版社，2005年第12期。

② 参见徐庆全：《〈苦恋〉风波的前前后后》，载《温故》，广西师范大学出版社，2005年第12期。

显。这种局面引起了胡耀邦注意。1981 年 5 月 17 日，胡耀邦与中国文联及各协会以及中央文化部的负责人有一次谈话，主要是关于目前对《苦恋》批判的问题。

他在谈话中指出："首先，文艺战线形势是好的，成绩是主要的，缺点、错误是次要的。正确与错误是相伴而行的。所以必须首先肯定成绩，也必须克服前进过程中出现的不成熟或有害的东西，接受过去的教训，就是吃了不肯定主流的亏。""写《苦恋》的作家还是写了些好作品，但这篇（作品）是不健康的，有害的。军队对他的态度还是好的，但军报那种批评的措辞，用的方法不稳妥。（批评）我过去提过，是否可叫评论？大家叫惯了也可以。但批评是卫生运动，是洗脸，这是一。其次，争取作者作自我批评，作者反批评也可以。第三，发表批评文章，一定要用个人名义。第四，要把批评作品与批评作者分开，不要混在一起。第五，要充分说理。说理不容易。（批评文章）不要全国报纸一起登。各报可转载，可不转载，不要强制人家转载。我和××谈了这个问题。对《苦恋》的批评现在国内外反应强烈，台湾还转发了（日本）《读卖新闻》的消息，说我们党内意见不一致，说胡耀邦、邓颖超反对这个批评。我们建议先把这场风波平息下来，现在国内还没有平息下来。用一两句话把这事冷却下来。不要再批判了。过一段再说，有些事情处理方法就应该这样。"①

1981 年 6 月初，在周扬的授意下，根据胡耀邦讲话精神，6 月 8 日《人民日报》发表了署名顾言的《开展健全的文艺评论》一文，对《苦恋》事件中的种种过"左"的做法，作了批评。由于自批《苦恋》事件以来，《人民日报》一直未表态，这篇文章发表引起敏感的在京外国新闻记者的注意，当日，合众国际社、美联社、路透社、法新社发出十几条消息，有的说："中国迅速平息了一场新的整肃知识分子的运动。"

但是，主管意识形态的胡乔木，却几次要求《人民日报》转载《解放军报》的文章。胡绩伟回忆说，当时负责管理思想战线的主帅胡乔木却一再下命令，要《人民日报》转载《解放军报》那篇批判文章。报社文艺部同志同文艺界领导同志商量，认为这篇文章带有"文化大革命"时"打棍子"和"大批判"的色彩，不能以理服人，如果《人民日报》一转载，就表明中央

① 参见徐庆全：《〈苦恋〉风波的前前后后》，载《温故》，广西师范大学出版社，2005 年第 12 期。

同意他们的观点和他们的做法，所以我们坚持不转载。《人民日报》这种按兵不动的态度，对文艺界和广大读者的惶惶不安情绪是一种安慰。当时，我们还不敢站出来为《苦恋》说话，只能说军报的文章火气太大，缺乏说服力，《人民日报》只能自己写一篇。

胡乔木知道《人民日报》坚持不转载，后台是胡耀邦，因而他把这个官司告到邓小平同志那里。于是，有了邓小平对《苦恋》问题的谈话。

1981年7月17日，邓小平召集周扬、王任重、朱穆之、曾涛、胡绩伟讨论对《苦恋》的批评问题。据胡绩伟回忆，谈话中，周扬、曾涛和胡绩伟都阐述了对《解放军报》文章的意见，“就是认为《苦恋》有错，应该批评，但军报那样扣上‘资产阶级自由化——反党反社会主义’的帽子，是‘大批判’式的打棍子的做法，因而《人民日报》不能转载”。

邓小平在谈话中，肯定了《解放军报》对于《苦恋》的批判，但也指出其缺点。他说，关于《苦恋》，《解放军报》进行了批评，是应该的。首先要肯定应该批评。缺点是，评论文章说理不够完满，有些方法和提法考虑得不够周到。《文艺报》要组织几篇评论《苦恋》和其他有关问题的质量高的文章。不能因为批评的方法不够好，就说批评错了。谈话中，邓小平对如何对待《苦恋》风波指示说：“关于对《苦恋》的批评，《解放军报》现在可以不必再批了，《文艺报》要写出质量高的好文章，对《苦恋》进行批评。你们写好了，在《文艺报》上发表，并且由《人民日报》转载。”[①]（参见《邓小平文选》第2卷，第389－393页）

邓小平的谈话传达后，《解放军报》对《苦恋》的批判基本上终止，取而代之的是根据邓小平谈话的精神，畅谈对文艺界形势的认识和党对文艺的领导等问题。而周扬等人领导下的文联和作协的刊物，也围绕着同一问题，发表了多篇文章。在肯定当前的文艺形势及强调党的领导的同时，也突出强调了鲁迅关于文学批评要有科学的态度、要实事求是、允许反批评的一些主张。

8月3日，由中央召集一个包括中央、地方、军队三方面共300人的“思想战线座谈会”，“正式传达和讨论”邓小平的“重要谈话，研究部署在思想文艺界展开批评和自我批评的问题”。在这次会议上，胡耀邦作了长篇讲话，批评了“党对思想战线的领导处于软弱的状态”。他在强调“三个必

---

① 参见徐庆全：《〈苦恋〉风波的前前后后》，载《温故》，广西师范大学出版社，2005年第12期。

须做好”时，第一个谈到的就是“要把对电影剧本《苦恋》的批评做好”。他说：“本来这个问题好解决，但当时我没有注意到，我也有一份责任。如果当时我们建议文联开个会，请一些作家艺术家来，对《苦恋》作个公正评价就好了。现在看起来，当时没有走群众路线，如果走走群众路线就好了。……对白桦同志，还是要从团结的愿望出发，不要一棍子打死，白桦同志还是写了好作品的嘛。但是，《苦恋》就是对人民不利，对社会主义不利，应该批评嘛！”①

1985 年，在中国作家第四次代表大会后，著名诗人、作家公刘在 1985 年第 4 期的《清明》大型月刊上，发表了《创作自由臆说》的评论文章。文章建议为电影《苦恋》和话剧《假如我是真的》开绿灯，不过，似乎公刘的呼吁没有什么实际效果。

第三节 舆论监督的批评诉求

自 1987 年中共十三大明确提出“舆论监督”以来，“舆论监督”成为传媒界的热门话题。1988 年，舆论监督成为各个媒体讨论的热点。但自那时起，人们仍处在一方面殷切期待舆论监督能够发挥巨大作用，另一方面又处于舆论监督的困境中。而造成这种困境的深层原因涉及我国传媒的体制问题。这是单凭传媒人的一己之力是难以改变的。这就提出了一个要求：一方面新闻媒介要积极地进行舆论监督，另一方面更需要批评家对这种困境进行思考，为扫除舆论监督的障碍提出正确的意见。

一、两种不同的舆论监督观

舆论监督分广义和狭义两种，在含义和范围上各有侧重。狭义的舆论监督，一般是指公民享有对国家和社会事务通过表达“舆论”实行监督的权利和自由，是公民在知情权的基础上，通过传播媒介对坏人坏事、腐败渎职给予揭露。广义的舆论监督则强调各种组织形式和街谈巷议的批评建议，以影响公共决策，是实现社会民主的必要环节。实行舆论监督是一个制度化进程，

① 参见徐庆全：《〈苦恋〉风波的前前后后》，载《温故》，广西师范大学出版社，2005 年第 12 期。

而舆论监督的对象，显然主要是一切权力及其机构。

显然，狭义的舆论监督一般特指新闻舆论监督，即公民依法运用媒介充分发表意见、建议和呼声，表达自己的意志和要求，依法运用新闻媒介对国家和社会事务进行批评。在我国，行使新闻舆论监督本质上是人民群众当家做主的表现，是对官员和群众关系的一种必要的调节。

探究改革开放以来两种不同的舆论监督观的碰撞和相互发展，梳理其间闪烁的媒介批评的思想火花，才是我们研究的目的。改革开放后人民群众舆论监督权的获得是一个逐渐发展的过程。1987 年 7 月 18 日通过的《中央宣传部、中央对外宣传小组、新华通讯社关于新闻报道若干问题的意见》中指出，进行批评性报道，“发稿要注意控制数量，不能过于集中”①。这是对当时舆论监督不能放开的一个注解。

当时，有人以“思者有备，有备无患”为借口，认为“报忧可以使人居安思危，所以报忧要多于报喜”。也有人说：在和平建设时期，“报纸应侧重于舆论监督”。这里所说的“多于”和“侧重”，没有根本区别。如果按此办理，我们报刊广播“多于报忧”和“侧重于舆论监督”，那么就与“正面宣传为主”的方针相悖。这样，只能使人民群众感到处处是阴暗面，而无处有光明面，从而挫伤积极性和创造性，使人心涣散，社会动荡，其后果可想而知。② 所以，对舆论监督的“侧重”也应缓行。

1989 年 11 月 25 日，李瑞环同志在一次新闻研讨班上指出：“搞资产阶级自由化的头面人物所鼓吹的新闻舆论监督，同我们所说的根本不同，他们是要凌驾于党和政府之上，站在党和人民的对立面来进行所谓‘监督’，这种‘监督’往往是他们或他们的小集团对党和人民不满情绪的宣泄，甚至是对党和政府的进攻。人民群众根本不需要这样的‘监督’，而且坚决反对这种所谓‘监督’。”③ 一些“伪监督”的出现，也导致一些人认为舆论监督不能放开。

与“舆论监督不能放开”相对应的是呼唤充分发挥舆论监督的作用。确切地说，我国的社会主义新闻事业有着良好的舆论监督的传统。邓小平

---

① 《中央宣传部、中央对外宣传小组、新华通讯社关于改进新闻报道若干问题的意见》，《新闻工作文献选编》，第 307 页，新华出版社，1990。

② 康荫：《邓小平新闻宣传思想概论》，第 154 页，北京广播学院出版社，1999。

③ 李瑞环：《坚持正面宣传为主的方针——在新闻工作研讨班上的讲话》，载《新闻战线》，1990 年第 3 期。

1957年在西安干部会上作报告时就指出："党要受监督，党员要受监督，八大强调了这个问题。毛主席最近特别强调要有一套章程，就是为了监督。毛主席说，要唱对台戏，唱对台戏比单干好。我们党是执政的党，威信很高。我们大量的干部居于领导地位。在中国来说，谁有资格犯大错误？就是中国共产党。犯了错误影响也最大。因此，我们党应该特别警惕。宪法上规定了党的领导，党要领导得好，就要不断地克服主观主义、官僚主义、宗派主义，就要受监督，就要扩大党和国家的民主生活。如果我们不受监督，不注意扩大党和国家的民主生活，就一定要脱离群众，犯大错误。"①

1981年1月29日，中共中央出台了《关于当前报刊新闻广播宣传方针的决定》，指出："近年来，许多报纸刊物重视反映人民群众的意见和呼声，积极地开展批评和自我批评，增强了党和人民群众的联系，也提高了报刊和党的声誉。今后还要坚持这样做。……对于不正之风，要坚持进行批评斗争。首先要反对的是对三中全会以来党的路线、方针、政策进行抵制或另搞一套、阳奉阴违这样一种不正之风。当然，对官僚主义和生活特殊化的批评和纠正也是必要的。"② 尽管这对舆论监督的难度还认识不够，但已经是对1950年《关于在报刊上开展批评和自我批评的决定》和1954年《改进报纸工作的决议》的进一步补充，对媒介监督的作用给予明确的肯定。

1987年党的十三大报告明确提出了"舆论监督"的任务："要通过各种现代化的新闻和宣传工具，增加对政务和党务活动的报道，发挥舆论监督的作用，支持群众批评工作中的缺点错误，反对官僚主义，同各种不正之风作斗争。"③ 江泽民在1994年1月24日召开的《在全国宣传思想工作会议上的讲话》上强调，"要重视对社会舆论情况和群众思想情况的调查研究，积极地反映广大群众的意见和建议，加强舆论监督。舆论监督应着眼于帮助党和政府改进工作，解决实际问题，增进人民团结，维护社会稳定"。④

2004年2月17日颁布的《中国共产党党内监督条例（试行）》第三十三条专门指出："在党的领导下，新闻媒体要按照有关规定和程序，通过内

① 邓小平：《邓小平文选》第1卷，第270页，人民出版社，1994。

② 《中共中央关于当前报刊新闻广播宣传方针的决定》，《新闻工作文献选编》，第285页，新华出版社，1990。

③ 《沿着有中国特色的社会主义道路前进》，《十一届三中全会以来党和国家重要文献选编》下册，第478页，中央文献出版社，1997。

④ 江泽民：《在全国宣传思想工作会议上的讲话》，载《人民日报》，1994年3月7日。

部反映或公开报道，发挥舆论监督的作用。党的各级组织和党员领导干部应当重视和支持舆论监督，听取意见，推动和改进工作。”① 很明显这是批评和自我批评的优良作风在媒介批评作用上的体现，很好地表现了中国共产党从宏观层面对媒介功能的肯定，对媒介批评的要求。

同时，媒介批评家和思想家纷纷展开对舆论监督的探讨和评价。有人撰文指出：“现代舆论监督是商品经济发展的产物，它是一种普遍的而非人为赐予的平等的权利；普遍的舆论监督，又是进一步发展商品经济的必要条件。然而，我国却缺乏现代舆论形成和发展的必要历史阶段。所以，舆论监督要真正名副其实，新闻体制的改革必须与之同步进行。”② 这是从我国改革开放和发展社会主义市场经济的大前提下发出的呼唤。

对舆论监督的范围，有学者认为，既要对一些“官僚主义和生活特殊化的批评和纠正”——这些主要是对人的监督；更要对制度进行监督——不合实际的方针，以及一些落后于实践发展的政策规定等。③ 这是对舆论监督较深刻的认识。还有学者指出，进行舆论监督应该正确处理好党性和人民性的关系。认为正确处理好党性和人民性的关系，是舆论监督的一个重要问题。认为舆论监督是正确执行党和国家的有关规定，发挥人民群众积极性和主动性，实现人民群众权利的有效方式。④

对于“舆论监督”和“舆论导向”的关系，魏永征的分析和评价非常到位：“新闻舆论监督是整个新闻舆论的组成部分，应当从正确进行舆论导向的高度来实施舆论监督。新闻对舆论的导向作用，是在新闻媒介从阶级斗争工具转变为大众传播媒介的过程中提出来的。重视舆论导向，既是坚持了传统的新闻的宣传功能、喉舌功能，同时又是对‘阶级斗争为纲’年代里直接用新闻媒介发号施令，指挥政治运动和经济工作这种违背新闻规律的做法的扬弃。”⑤

---

① 《中国共产党党内监督条例（试行）》，载《人民日报》，2004 年 2 月 18 日。

② 陈力丹：《1988 年我国新闻学研究发展概况》，引自中国社会科学院新闻研究所、中国新闻学会联合会编《中国新闻年鉴·1989》，第 13 页，中国社会科学出版社，1989。

③ 刘学洙：《关于引导舆论的几点看法》，引自中国社会科学院新闻研究所、中国新闻学会联合会编《中国新闻年鉴·1989》，第 115 页。

④ 范漂：《谈报纸的舆论监督》，引自中国社会科学院新闻研究所、中国新闻学会联合会编《中国新闻年鉴·1989》，第 116－117 页。

⑤ 魏永征：《在法律范围内履行舆论监督的职责》，载《新闻大学》，1997 年春季号。

有人认为言论自由是舆论监督的理论根源，民主制度是舆论监督得以实施的保障。“在现代法治国家中，言论自由集中表现为公民个体或公民群体对政府及其官员进行监督、批评的行为许可性。”① 张允若先生认为，新中国的成立，同样应该继承中国人民千辛万苦争取来的民主自由的权利。他批评那种认为“新闻自由”不存在的说法：“新闻自由，如同言论、出版、集会、结社等各项民主自由权利一样，理所当然地要作为革命斗争的重要成果继承下来，并且积极付诸实践。对于这一点，我想我国人民、我国新闻界的多数朋友，大概都不会反对的。试问谁会公然主张建立了新中国，就该把民主自由的口号抛到九霄云外、再也不许谈论它呢?”② 舆论监督的实施，正是人们的言论自由和新闻自由实现的方式之一。在现代民主法治国家，监督、批评这种权利实施的许可性，是有着法律依据的。

但是，舆论监督的切实实施，必须有一个宽松的政治环境和法治氛围作保证。2001 年末有人呼吁，“如果放宽舆论监督概念的范畴，可以把网络论坛、BBS 纳入视野，对于传统新闻媒体舆论监督的研究会是一种必要的补充”③。又比如，2003 年黑龙江省的“宝马车撞人案”，在事情没有被平面媒体报道之前，网络上的舆论已经沸沸扬扬，最终引起各大知名媒体的关注。当时媒介批评家和思想家纷纷撰文指出网络媒体舆论监督的重要性，称“让人民通过网络发言是一种必然和进步”，“对于网络和网络言论这种‘新’事物，真的是到了我们的政府和我们这个社会好好地认识它、恰当地应用它的时候了”。④

二、舆论监督理论发展的障碍

在我国，从舆论监督的酝酿、提出和实施，一直到舆论监督的发展和深

---

① 季燕京：《言论自由·权利·知晓权——〈新闻侵权法律辞典〉词条选刊》(二)，载《新闻大学》，1993 年夏季号。

② 姚福申主编：《新时期中国新闻传播评述》，第 235－236 页，复旦大学出版社，2002。

③ 陈彤旭、邓理峰：《网上舆论监督——“强国论坛”个案研究》，载展江主编《中国社会转型的守望者——新时期新闻舆论监督的语境与实践》，第 122 页，中国海关出版社，2002。

④ 于珞珈：《让人民通过网络发言是一种必然和进步》，载《新京报》，2004 年 1 月 8 日。

化，充满了争辩和矛盾。当新闻事业作为党和国家的一种工具时，舆论监督只能是权力的补充和延伸。在这种形势下领导部门提出，舆论监督的实施始终不能脱离我国传媒体制的框限，应该在党委领导下进行，必须遵守党性的政治原则。"当然，对官僚主义和生活特殊化的批评和纠正也是必要的，但是这种批评，必须在党的领导下进行。要注意方法和时机，要注意内外有别，坚持与人为善、治病救人。""要事先听取党的有关部门的意见和被批评者本人的意见。"① 同时，舆论监督必须严格。具体说来就是："执行党的政治纪律；遵守党的组织纪律，下级服从上级，全党服从中央。"② "必须无条件地同中央保持政治上的一致，不允许发表与中央路线、方针、政策相违背的言论。""对党的路线、方针、政策和党委的决定如有不同意见，可以向上级党委直至中央提出，有的也可以在党内刊物上探讨，但是在上级党委没有改变有关决定前不得公开发表。"③ 党管媒体的体制，为舆论监督的实施提供了强有力的支撑，设置了正确发挥监督功能的依据。

实行舆论监督必须以维护党和人民的利益，维护国家和社会的团结稳定为前提。李瑞环指出，要正确地发挥新闻舆论的监督作用，"新闻工作者必须坚定地站在人民利益的立场上，也就是站在党的立场上，反映广大人民群众的呼声、愿望和要求。"④ "批评性的报道应坚持四项基本原则，以促进四化建设和改革、开放为目的，不能削弱党的领导，背离社会主义方向，破坏党的纪律；不能影响安定团结的大局，动摇人民群众前进的信心。"⑤ 这些界定，既为我国的新闻舆论监督指明了方向，又为区分正确的舆论监督和错误的舆论监督提供了依据。

行使监督，也要接受来自人民和法律的监督。李瑞环强调，"新闻舆论监督必须在宪法和法律的范围内进行，新闻单位和新闻工作者也应接受党和

---

① 《中共中央关于当前报刊新闻广播宣传方针的决定》，《新闻工作文献选编》，第285页，新华出版社，1990。

② 唐惠虎：《社会主义舆论监督的基本原则与社会调控》，载《新闻大学》，1994年秋季号。

③ 《中共中央关于当前报刊新闻广播宣传方针的决定》，《新闻工作文献选编》，第286页，新华出版社，1990。

④ 李瑞环：《坚持正面宣传为主的方针——在新闻工作研讨班上的讲话》，载《新闻战线》，1990年第3期。

⑤ 《中央宣传部 中央对外宣传小组 新华通讯社关于新闻报道若干问题的意见》，《新闻工作文献选编》，第307页，新华出版社，1990。

人民的监督”。① 这是对舆论监督含义全面而科学的论断。

有的批评家指出，贯彻“正面宣传为主”的方针，可能成为掩护腐败的手段。“出于政治稳定的考虑，1989年以后，党委媒体制订了‘以正面宣传为主’的方针，但是一些地方上的个别腐败官员利用这一方针，冠冕堂皇地堵塞了新闻舆论监督的渠道，尤其是在他们管治下，媒体总是报喜不报忧，成为颂扬个人‘政绩’的工具。”②

也有的媒介批评家分析道：“1981年，中共中央作出《关于当前报刊新闻广播宣传方针的决定》，主张实行新闻批评，但存在一些缺陷，没有直接和明确地提出运用新闻传播工具对党政机关和人民公仆进行舆论监督，对社会生活实行软控制……从1981年文件到党的十三大，都没有能够触动党报（实际上是一切报纸）不得批评同级党委的规定。”③ 这在我国舆论监督的实施中是一个缺陷。还有人强调，实施舆论监督，必须把揭露性和建设性统一起来。“批评要选择典型事例，点名批评要慎重。”④ “点名批评”往往会给被批评对象带来很大的压力。在行使舆论监督权利时，需要区分不同情况。不能一味地揭露和曝光，而是要本着建设性的初衷来报道。

舆论监督的实践之所以曲折，也跟人们对舆论监督认识的不够全面、不够正确有关。许多媒介批评家提出了自己的思考。钟欣指出了对舆论监督认识上的一种误解：“一些单位和个人，认为舆论监督揭露阴暗面是给自己脸上抹黑。”⑤ 田大宪认为，人们在思想上对舆论监督存在两大认识误区：一是认为舆论监督不利于维护整个国家和社会的稳定；二是认为舆论监督不符合“正面宣传为主”的方针。并指出，新闻媒体及其从业人员不能因此而产生畏难情绪。⑥ 有人机械地照搬西方的言论自由和新闻自由的思想，认为舆论监督就是无条件的、不受任何规定和限制的。还有人以为只要最后能达到

---

① 李瑞环：《坚持正面宣传为主的方针——在新闻工作研讨班上的讲话》，载《新闻战线》，1990年第3期。

② 展江：《社会转型·公共领域·舆论监督》，载展江主编《中国社会转型的守望者——新世纪新闻舆论监督的语境与实践》，第5页，中国海关出版社，2002。

③ 童兵：《新闻批评和政治民主》，载《中国人民大学学报》，1988年第4期。

④ 《中共中央关于当前报刊新闻广播宣传方针的决定》，《新闻工作文献选编》，第285页，新华出版社，1990。

⑤ 钟欣：《正确开展舆论监督，服务全党与全国大局》，载《新闻出版报》，1998年1月19日。

⑥ 田大宪：《新闻舆论监督研究》，第126－136页，中国社会科学出版社，2002。

曝光的目的，舆论监督可以不顾一切，因而，在我国“偷拍”成风。“中央赋予新闻媒介进行舆论监督的职能，极大的鼓舞了新闻工作者干预现实的积极性和责任感，推动了新闻改革和新闻批评；但是他们中间有些人在不同程度上还没有摆脱‘新闻宣判’的习惯。”魏永征因此撰文指出，应该警惕舆论监督成为“媒体审判”，以免惹上“新闻官司”。①

陈力丹指出：“现在各种权利组织似乎有一种倾向，在以权力组织的名义掀起的各种运动中，越来越多的下发文件，要求组织新闻单位，配合进行‘明察暗访’、‘组织新闻曝光’。将党政权力与媒介权力结合起来，对某些违法行为和违法人物进行批评，这到底是媒介监督、舆论监督，还是党政行为，都很难说。”随着我国舆论监督工作的进展，以及新闻媒体在曝光和反腐败等方面的突出表现，舆论监督被赋予了超出其本身应有的重任。因此，人们需要认识到，“媒介批评的权力不是一种特权，不应成为以媒介面目出现的另一种党政权力”。②

郑保卫进一步指出：“由于认识问题，对新闻批评和舆论监督的顾虑重重，因而对批评报道人为地设置障碍，导致‘禁区’过多，范围偏小。”“由于认识问题，有意或无意地避重就轻，用一些鸡毛蒜皮的事情作应付，或是东一榔头，西一棒子，导致重点不突出，批评和监督的力度自然也就不够了。”“由于认识问题，一些批评报道浅尝辄止，不敢触及要害问题，内容缺乏深度，形不成影响力和冲击力。”③

纵观整个改革开放后的中国发展历程，人们发现这些点滴的思想和总结在丰富舆论监督理论的同时，也在我国的媒介批评思想历程上留下了一个个或深或浅的脚印。当从媒介批评的视野来看待舆论监督理论和实践的曲折时，人们还会发现舆论监督要得到切实施行、媒介批评发出的声音受到社会重视，还需要媒体在民主进程中尽快营造一个“公共领域”。

三、舆论监督呼唤“公共领域”的构建

如何更好地实施舆论监督？如何突破我国舆论监督的障碍？在我国，随

---

① 魏永征：《在法律范围内履行舆论监督的职责》，载《新闻大学》，1997年春季号。

② 陈力丹：《关于舆论监督的几个认识问题》，载展江主编《舆论监督紫皮书》，第80—81页，南方日报出版社，2004。

③ 郑保卫：《力度·效度·制度——对当前搞好新闻舆论监督的思考》，载展江主编《舆论监督紫皮书》，第67页。

着改革开放的深入，随着民主和法制观念的普及，在众多思想家和媒介批评家的呼吁下，“公共领域”的概念在新闻界逐渐得到了认可。舆论监督及其理论的发展障碍，以及由此引起的诸多批评性思考，使“在大力发展社会主义民主和法治、推进经济市场化的中国社会发展的现实情景下，建设公共领域具有举足轻重的意义”。①

“公共领域”（public sphere）概念最早由美籍德裔犹太哲学家汉娜·阿伦特（Hannah Arendt）在她的名作《人的条件》中明确提出。后来，当代德国著名思想家尤根·哈贝马斯（Juergen Habermas）在他的经典著作《公共领域的结构转型》中，对“公共领域”的研发做出了富有原创性的贡献。哈贝马斯认为，“所谓‘公共领域’，我们首先意指我们的社会生活的一个领域，在这个领域中，像公共意见这样的事物能够形成”。② 在他看来，“公共性本身表现为一个独立的领域，即公共领域，它和私人领域是相对立的。有些时候，公共领域说到底就是公共舆论领域，它和公共权力机关直接相抗衡”。③

“公共领域”概念的提出，在某种程度上是对一种历史传播现象的概括。在现在看来，“公共领域”概念既有基本的指称对象和学理含义，又标明了明确的价值导向，带有一定的理想色彩。“公共领域”为人们描述了一个介于私人领域与公共权力领域之间的中间“地带”——这是一个向所有公民开放、由对话组成的、旨在形成公共舆论、体现公共理性精神的、以大众传媒为主要运作工具的批评空间。从价值层面来看，“公共领域”概念高扬与彰显公共性，不仅以批判与开放为特征，更重要的是，它以自由、民主、正义为基石，为人们描绘了一个理想的公共环境、公共场所和公共交流的平台。

所以，有媒介思想家认为，“公共领域尤其是大众传媒构建的公共领域的最重要的功能，是提供一种‘对话’的机制——通过对话，社会公众对公共决策进行质询和批评，监督权力部门的运行，并借此达成国家利益和公众利益之间的平衡”。④ 基于“公共领域”试图为人们提供一种平等对话的平

① 展江：《社会转型·公共领域·舆论监督》，载展江主编《中国社会转型的守望者——新世纪新闻舆论监督的语境与实践》，第 1 页，中国海关出版社，2002。

② ［德］尤根·哈贝马斯著、汪晖译：《公共领域（1964）》，引自汪晖、陈燕谷主编《文化与公共性》，第 125 页，三联书店，1998。

③ ［德］哈贝马斯著、曹卫东等译：《公共领域的结构转型》，第 2 页，学林出版社，1999。

④ 王雄：《新闻舆论监督》，第 315 页，新华出版社，2002。

图 9－2　自由讨论是一种公共领域

台和制衡权力的机制的构想，舆论监督理论在“公共领域”理论中找到了突破障碍的支撑点。“当代中国处于急剧转型过程当中，现代性的冲动一波强似一波，政治变革、社会变迁、文化认同的危机以及个体信念的矛盾，都是我们始料未及的，也是我们的传统理论资源所难以解释和解决的。在这种情况下，哈贝马斯的‘公共领域’/‘公共性’规范批判为我们从事当代中国的社会批判提供了一定的可能性，当然，这决不意味着我们要唯他是从，而是说他的批判精神和批判技巧值得我们借鉴和落实。”① 这是我们借鉴“公共领域”理论的目的之所在。

正如有学者指出的，“新闻媒体在当代中国社会公共领域的构建中虽然发挥了十分积极的作用，但是我们也应该看到，媒体的这种构建作用并不是可以独立地、在一个封闭空间里完成的”。② 公共领域的构建，还需要综合考虑社会各个阶层和利益集团的利益和诉求。换言之，公共领域的构建不是一个像逻辑推理那样理所当然的过程。“当代中国社会公共领域的建设还存在着诸多的不足和障碍，这些不足和障碍既妨碍着新闻媒体发挥更大的作用，也在相当的程度上制约着中国的民主化和法制化进程。”③ 舆论监督想通过公共领域的构建来突破发展的障碍，根本在于通过不断地尝试和努力，推进中国社会的民主化和法制化进程。所以，解决舆论监督的困窘，构建社会主义社会的公共领域，需要勇敢地面对下列问题：

1. 改变政治体制改革滞后和整个社会监督体系的不完善，真正提高新闻媒介在政治上相对独立的社会地位，拓宽舆论监督的范围。“党的十六大报告中讲的‘认真推行政务公开制度。加强组织舆论和民主舆论，发挥舆论

---

① 曹卫东：《关键词：公共领域》，引自当代文化研究网 http：//www. cul－studies. com/

② 王雄：《新闻舆论监督》，第 378 页，新华出版社，2002。

③ 王雄：《新闻舆论监督》，第 378 页，新华出版社，2002。

监督的作用'，显然也是将舆论监督的内容限定为监督政务方面，而不是指监督非权力组织的社会、经济、文化活动。"① 这种批评性的分析清楚地指出，只有让舆论监督的作用在社会各个层面发挥，公共领域的构建才有可能。

2. 改变新闻法治建设的"失语"，为新闻媒介的舆论监督提供法律保障。有媒介批评思想家指出："新闻批评和舆论监督要想收到好的效果，发挥应有的作用，达到预期的目的，还需要一定的保障条件。各级党委和政府的支持就是一个基本的保障条件。""除了党和政府及广大人民群众的支持外，建立和健全相应的法律法规，形成必要的相关制度，也是保障新闻批评和舆论监督得以顺利开展的重要条件。""要从根本上保证新闻批评和舆论监督能够顺利进行，一个重要的条件就是，要将其纳入法制的轨道。国家应该通过新闻立法（制订和颁布《新闻法》、《舆论监督法》等法律）来规范和管理新闻批评和舆论监督工作，使其能借助法律来改变无序和困难的状况，进入规范化、法制化的运行轨道。"② 这就是说，突破舆论监督的困境，构建社会主义社会的公共领域，必须借助法律的武器，走法治化道路。

3. 构建平等对话的公共领域，需要监督者和被监督者都具备一定的媒介知识，明确自身的职责（尤其是监督者自身）。陈力丹指出："我们常说舆论监督难，主要难在被监督者从地方和本位的角度出发，处处设置障碍，甚至出现了记者挨打和被非法拘禁的事情。而在监督者方面，有时也在扩张自身的'权力'（例如一些媒介'策划'事件），在不属于自己职责的范围内显示所谓的监督的权力，与其他监督形式争夺话语权。""正是由于相当多的党政机构在自己的职责范围内不负责任，于是许多

图 9-3　独立而自由交流社会问题的媒体是公共领域

① 陈力丹：《关于舆论监督的几个认识问题》，引自展江主编《舆论监督紫皮书》，第 79 页，南方日报出版社，2004。

② 郑保卫：《力度・效度・制度——对当前搞好新闻舆论监督的思考》，引自展江主编《舆论监督紫皮书》，第 67－68 页。

人求助于媒介的公开批评；而媒介的监督遇到各种抵制，就会采取一些没有法律保障的手段来获取信息，加上媒介自身也有利益追求，监督变成炒作，所以当事方均越权同时又不完全履行自身的职责。”① 这种分析，从媒介、政府、民众各自的职责入手，为公共领域的构建扫除了认识上的障碍。

当然，公共领域的构建和舆论监督的实施，首先是一个透过纷繁芜杂的社会现象挑出其背后隐藏的“不足和障碍”的过程。当人们为了寻求舆论监督的进展而努力构建公共领域时，这其实正是媒介批评思想发挥作用的过程，同时也是不断发展的过程。

第四节　“媒介商品性”的批评与反批评

在我国新闻界，有关“媒介商品性”② 的问题似乎是一个永远争论不完的话题。自 1956 年前后王中教授提出报纸的两重性引起最早的争论起，改革开放以来又经过了 3 次大的讨论（20 世纪 80 年代初、1993 年前后和 1999 年前后）。其间，对媒介的商品属性，坚持者有之，反对者亦有之；但最终在批评和反批评的认识中，人们还是就此问题达成了基本共识。

一、商品观与宣传观的对立

在我国，“媒介商品性”的提出以及多次遭到批评，根本原因是由于新闻观念落后。长久以来，单一的新闻体制以及对新闻媒介政治性功能过于强调，使我国新闻出版界盛行的是一股实力强劲、影响深远的“宣传观”。当人们提出要适应市场经济、更新新闻观念时，从西方借鉴过来的“商品观念”就不可避免地会处处碰壁，直到整个社会意识得到更新，这种境况才稍有改观。

那些有学术修养和学术良心、极具媒介批评精神的思想家们开始借助对理论的掌握和对现实的了解，首先发出承认媒介与新闻商品性的呼喊。尽管

---

① 陈力丹：《关于舆论监督的几个认识问题》，引自展江主编《舆论监督紫皮书》，第 81 页。

② “媒介商品性”包括媒介自身的商品性、媒介产品（比如新闻）的商品性和媒介行为的商品性。

这些最初的声音在强大的"新闻宣传观"面前，显得势单力薄，但历史的发展还是证明了这种批评精神的难能可贵和先见之明。

"文化大革命"结束后以"经济建设为中心"的国策的确立，我国新闻界又重提1956年有关报纸两重性的问题。"党的十三大报告提出'生产商品化、社会化、现代化'以后，新闻学界关于新闻商品性的讨论在1988年深化，变成了新闻商品化讨论。"① 但是20世纪80年代初期的争辩同样没有很好地解决问题。经过十几年的发展，到了1990年，人们对报纸是否具有商品性，是否是商品并没有多大的争论；争论集中在新闻是否具有商品性，是否是商品。当时，在《新闻战线》、《中国记者》和《新闻大学》等刊物上刊登了大量的争论性文章。正是这一篇篇文章完成了对媒介商品性问题的一次批评和反批评的实践。

1981年1月，作为当时我国新闻事业领导的安岗在北京新闻学会举行的报纸经营座谈会上指出："报纸作为一个特殊的商品，它已经进入了市场竞争。由读者根据自己的需要选购。我们应当在承认报纸的党性、政治性是报纸的基本属性的同时，也承认报纸具有商品性，报纸的商品性决定了它与社会的经济活动密不可分，是全社会经济活动中的一个组成部分。"② 这里，安岗已经开始用经济学和市场的眼光来看待新闻媒介。他较全面地评价了媒介的属性，并较早地论及媒体的市场竞争。

1993年，郭镇之在《商业广播电视辩证》一文中从广播电视的角度出发，对媒介运营的商业性进行了阐述和评价：电台"出售"了受众存在的事实，获得了广告费；厂商兜售了广告，获得了消费者；视听者出让了时间（主要指忍耐广告的时间），换得了娱乐，三方面各有所求，也各有所需，走了一个三角形，实现了某种交换——具体的商品交换和抽象的价值交换，这种经营方式是一种特殊的商业行为，是广播电台、电视台，所特有的商业行为。③ 这里，从总结媒介的经营方式来论证媒介的商品性，具有很强的说

① 陈力丹：《1988年我国新闻学研究发展概况》，引自中国社会科学院新闻研究所、中国新闻学会联合会编《中国新闻年鉴·1989》，第14页，中国社会科学出版社，1989。

② 安岗：《我们能不能建立一门新闻经济学》，载《新闻学会通讯》，1981年第3期。

③ 郭镇之：《商业广播电视辩证》，载《传播论稿》，第176页，北京广播学院出版社，1997。

服力。

赞同媒介商品性的人提出思考："广大读者所以买报纸，难道主要不是因为报纸上刊载的新闻吗？如果报纸不刊载新闻，胡乱印些东西，读者会买吗？""说新闻如果有了商品性，就会失去贞洁。这实在是历史性的偏见。……在社会主义市场经济条件下，劳动力是商品现在已没有什么争论了，难道因此我们就变得下贱了吗？就'不贞洁'了吗？""有偿新闻与新闻商品性是两个根本不同的概念。"① "这种行为（指有偿新闻，笔者注）与新闻作为商品的运作根本不是一回事，把它作为新闻是商品的一种表现，过于想当然了。"②

李位三在1994年写的文章《关于新闻商品性讨论的几点意见》中提出，"欢迎严肃的学术争鸣，但对大批判文章将不予理会"。并指出"新闻的党性原则与新闻是商品并不是对立的"，他反问道："新闻是商品必然带来新闻的庸俗化吗？"并呼吁正确理解媒介商品性和媒介商品化的概念。"既然正式文件都在使用'商品化'这个概念，不知为什么我们的新闻学术界这样讳言它。我无意非叫新闻学者们使用这个词，使用'商品性'也无妨，但希望能够正确理解'商品化'的内涵。"③

无独有偶，姚福申也撰文对当时的争论提出了自己的看法，认为需要全面地看待这场争论："然而回过头来看看，当年持反对意见者提出的，办报不是做生意，不该采取生意眼的办报方针，是否就一点没有道理呢？显然也不好这么说。今天不是有把报纸当作地地道道的商品买卖而滚入地摊报纸泥坑的吗？当年没有深入开展报纸商品性的探讨，现在似乎还有补一补课的必要。"④ 在一片争论的热潮中，陈力丹和姚福申在批评方法论上面的反省和呼吁，显得难能可贵。

改革开放后，媒介商品性的提法刚出现，就有人指出无形的新闻不是商品："新闻不是商品。在几种主要的新闻工具中，无线电广播和电视等也不能成为商品；只有表现为有形物的报纸可成为商品。我们花七分钱买一份《人民日报》，买的是作为商品的报纸，而不是非商品的新闻。"⑤

---

① 何光珽：《关于新闻商品性的思考》，载《新闻界》，1994年第3期。
② 李位三：《关于新闻商品性讨论的几点意见》，载《新闻界》，1995年第1期。
③ 李位三：《关于新闻商品性讨论的几点意见》，载《新闻界》，1995年第1期。
④ 姚福申：《论报纸的不完全商品性》，载《新闻大学》，1994年秋季号。
⑤ 罗荣兴：《谈谈报纸的商品性问题》，载《新闻学会通讯》，1982年第19、20期。

同时，多年来，持反对意见的人对媒介商品性提出了一个又一个的观点加以批评和驳斥：[①] “难道我们能认为新闻的发布和事实的报道都是为了交换，为了拿到市场上去卖吗？难道能认为，我国外交部新闻发言人发布的新闻，党的会议和人代会发布的新闻是商品或具有商品属性，是为了交换而写作，为了拿到市场上去卖而发布的？难道能认为‘美国之音’采写的新闻，美国白宫发言人在新闻发布会上发布的新闻是商品或具有商品属性吗？”“和广大读者间发生的买卖关系是报纸而不是新闻。理由是：报纸物化了工人的劳动，所以它具有商品性，是商品。”“新闻如果有了商品性，成为商品就不高尚了，就会失去贞洁。”“新闻有了商品性就会降低新闻的质量。”“承认新闻的商品性，承认新闻是商品，就是承认有偿新闻的合理性。”

1994 年第 2 期的《新闻界》刊登了关于新闻商品性讨论的综述，有人更是指责“如果我们的某些‘专家’硬要把新闻说成商品，那新闻将被脏水淹没”。[②] 1998 年，中国社会科学院新闻研究所所长喻权域在《新闻大学》(1998 年秋季号和冬季号）上发表了《对新闻学中一些基本问题的看法》一文，对媒介商品性的提法进行了驳斥，引起了对媒介商品属性最激烈、最彻底的一次争论。[③]

喻权域提出疑问：“能不能说新华社播出的一条新闻，登在报纸上就叫‘商品’，而在电台、电视台上广播就不是商品呢？”并提出“新闻报道和报纸都不是‘商品’，而是‘服务’”的观点，他概括了赞同新闻商品性学者所持的两个三段论：1. 凡是需要花钱才能得到的就是商品，报纸是需花钱买的，所以报纸是商品。2. 既然报纸是商品，而报纸是新闻纸（或者说“报纸是以新闻为主的”），因此新闻是商品。

然后他进行反驳说，这两个三段式都不能成立：1. 需要花钱才能得到的东西不一定都是商品。比如，参观天安门城楼的门票是 10 元钱一张，天安门城楼是商品吗？2. 报社收入的 2/3 靠广告费，报纸上 2/3 的篇幅是广告。你花钱买到的报纸其主体并不是新闻，而是广告。3. 收听电视新闻、

① 何光珽：《关于新闻商品性的思考》，载《新闻界》，1994 年第 3 期。

② 引自陈力丹：《关于新闻商品性讨论的几点意见》，载《新闻界》，1995 年第 1 期。

③ 有关当时“媒介商品性”的争论，详情请参阅 1998 年和 1999 年的《新闻大学》杂志。

收看无线电台新闻是不花钱的。4. 美国统计进出口贸易，把报刊、书籍、电影、电视片和音像制品列为“劳务输出”，不列在“商品输出”栏里。美国国内统计分类，把报刊社、出版社、电台、电视台收入列为“服务业”收入，把印刷厂、音像品制造厂收入列为“商品生产”。①

喻权域在文中批评了赞同媒介具有商品性的学者以及他们的论证和逻辑思维的缺陷，认为之所以得出“新闻是商品”这个结论是形而上学导致的结果：“我国那些主张‘新闻是商品’的学者，忘记了辩证逻辑，用的是‘非此即彼’的形而上学的思想方法，不知道‘商品’与非‘商品’（比如空气、雪、冰雹）之间还有个‘服务业’。”②

喻权域不知道，收费的“服务”在经济学上也被界定为商品。他的观点带有相当的普遍性，而这种观点以及支撑其论点的批评方法更是为媒介批评提供了一个特殊的例子，值得研究。

二、“媒介商品性”提法的普及

喻权域在《新闻大学》上发表的文章（下文简称“喻文”）引起了诸多学者的反驳。李位三（陈力丹当时用的笔名）、姚福申、孙旭培、张允若等知名学者先后提出商榷意见；姚福申以及《新闻大学》编辑部也发出了反批评的声音。更主要的是，经过批评与反批评，媒介批评在方法论层面得到了发展。

陈力丹指出，“服务”是商品的一种表现形式。他从马克思对此问题的论述开始，以翔实的考察为基础分析了商品、商品性和商品化的概念，认为只有充分阐明新闻商品的运行规则才能揭露“有偿新闻”的实质。“为什么有些同志会将权钱交易的‘有偿新闻’现象与‘新闻是商品’的认识挂起钩来呢？我想这是历史造成的误解。”“不理直气壮地阐明新闻作为商品的运行特点和规则，将妨碍新闻事业在市场经济条件下的发展，也会给‘有偿新闻’提供掩护，似乎它是一种商品交换。同时，也会在观念上给人一种扭曲了的‘商品’和‘商品交换’的认识。”③ 陈力丹仍坚持新闻商品化的提法：“考虑到对商品的传统认识上不可能一下子消除，人们对使用某些概念也许

① 喻权域：《对新闻学中一些基本问题的看法》，载《新闻大学》，1998 年秋季号。
② 喻权域：《对新闻学中一些基本问题的看法》，载《新闻大学》，1998 年秋季号。
③ 陈力丹：《“服务”是商品的一种表现形式》，载《新闻大学》，1999 年春季号。

会引起误解，在这个意义上，我同意暂不使用‘商品化’，而用‘新闻的商品性’这个分歧较小的概念，但所指其实是完全一样的。”①

张允若在《新闻与传播研究》中发表《新闻的商品属性是一种客观存在——同持反对意见的朋友商榷》，也是从历史考察和哲学抽象的途径出发，对喻权域的批评提出了反批评的“商榷”；同时又在《新闻大学》发表文章指出：“喻文把有偿新闻泛滥的现状归咎于实事求是地指出新闻产品的商品性的学者，这一说法，同把当今社会的腐败现象归因于实施了市场经济政策如出一辙。试问，花钱取得新闻产品或信息服务，同花钱买稿权、刊播权是一回事吗？”②

图 9－4　改革开放后各城市陆续出现报摊

当时，先后发表喻权域和陈力丹等先生文章的《新闻大学》编辑部也特别发表声明，对辩论的缘由进行了交代。后来，姚福申在其主编的《新时期中国新闻传播评述》中对媒介商品性的争论进行全面的总结，代表了我国对媒介商品属性的普遍性认识：“报纸之所以能够进入新闻市场，不正是因为它刊载了新闻的缘故吗？报纸的使用价值和交换价值不只是、而且主要不是在‘变成铅字’的过程中创造的，主要的还是在新闻的采集、制作、传递的过程中创造的。不登新闻的‘报纸’，在新闻市场上是毫无价值的，不能转化为商品的。所以，只承认报纸的商品性不承认新闻的商品性，倒真是既不符合客观实际，又在理论上‘不够科学’的。”③ 新闻商品性的提法有害吗？答案是否定的。“历史和现实已经一再表明，新闻媒介的宣传指导作用，只有在向受众提供他们所需要的新闻信息的过程中才得以实现。”④

随着改革开放的深入，经过屡次争论，人们对新闻媒介的属性大体有了

① 陈力丹：《“服务”是商品的一种表现形式》，载《新闻大学》，1999 年春季号。

② 张允若：《关于“新闻自由”之说》，载《新闻大学》，1999 年夏季号。

③ 姚福申主编：《新时期中国新闻传播评述》，第 153 页，复旦大学出版社，2002。

④ 姚福申主编：《新时期中国新闻传播评述》，第 156 页，复旦大学出版社，2002。

正确的认识：新闻媒介“就它生产意识形态的精神产品来说，属于上层建筑领域；但同时就它为全社会提供经济活动和人们生活不可少的信息、知识和娱乐来说，属于第三产业”。① 孙旭培总结道：“在中华人民共和国成立(1949) 以后的40多年里，新闻业一直被称为党和政府的喉舌，是宣传工具，被反复强调的是其党性、阶级性和政治性。而新闻商品性不但在实践中受到遏制，即使在学术界对此进行讨论，也是极为敏感的，可能会招来政治上的麻烦。似乎提及新闻的商品性，就会玷污新闻宣传工具的纯洁性，动摇新闻作为党和政府耳目喉舌的权威性和可靠性。”无疑，这不仅会阻碍人们对媒介属性的正确认识，更会阻碍我国传媒业的发展。

所以，当梁衡先生在1995年提出：“全面地说，报刊有四个方面的属性，即：政治属性，它是喉舌，要讲社会效果；文化属性，即它表现为文化形式，要讲文化质量；信息属性，它的主要功能是传播信息；商品属性，它生产出来后要参与流通进行交换”②。探讨对媒介多重属性的认识时，其实更多的是强调在媒介批评学视野下，要求以一种全面的、客观的眼光来看待事物。对于走在改革开放前沿的新闻界以及传媒人来说，不论是老前辈还是年轻人，都应让自己的观念变革走在前面。经历过前后几次有影响的批评和反批评后，媒介具有商品性的观点逐渐得到认可，而那种单一的宣传观正在被历史所淘汰。

第五节　倡导“新闻专业主义”

台湾学者黄新生在其专著《媒介批评》一书的序言中特别提出媒介文化现象的鱼龙混杂。他认为，媒介所创造的媒介文化中“固然有些片羽吉光，对我们的生命与生活有所照明，有所启示，令人称道，但更多的是陈影滥象，浮议奢论”，所以，“我们不能习焉不察，全盘接纳消费大众媒介文化，所以，我们要批评大众媒介——这就是我撰写本书的用意”。③

---

① 孙旭培：《当代中国新闻改革》，第43页，人民出版社，2004。

② 孙旭培：《中国当代新闻业的商业性发展》，http：//academic. mediachina. net（传媒学术网）。

③ 黄新生：《媒介批评——理论与方法·自序》，第2页，台北五南图书出版有限公司，1997。

为什么这是媒介文化现象呢？其实，还不仅仅是媒介文化现象。除了社会历史的外部因素，有没有媒介自身的因素？当我们更深一层问询，就会把目光投向媒介道德这一话题。媒介道德历来是一个备受人们关注和批评的问题。尤其是在改革开放仍在深入、市场经济的浪潮正席卷一切的时候，各种跟媒介从业人员和媒介有关的问题层出不穷。比如"有偿新闻"的屡禁不止、假新闻满天飞、低俗新闻的四处泛滥等，使得人们不得不提出质疑：新闻媒介究竟怎么啦？新闻记者的职业道德观跑到哪里去了？针对日益严峻的现实，新闻传播界提出了"新闻专业主义"以加强职业自律和自我救赎。

一、抨击传媒职业道德的滑坡

传媒职业道德的滑坡，在新中国成立后至改革开放前几乎没有被摆到桌面上来进行讨论，换言之，在过去一段时期内，这个问题只能是政治道德问题——新闻欺诈、报刊诬陷，等等。可是，随着改革开放的进展，随着市场经济的确立和深化，随着传媒体制的逐步改革，传媒职业道德问题开始凸显出来。这些正是推动现今媒介批评发展的直接动力。

破坏新闻媒介在人们心目中美好形象的主要是"有偿新闻"、假新闻和低俗化。何谓"有偿新闻"？即广告新闻化，一般认为，是指报道对象出钱让新闻媒介用新闻的形式来宣传自己、变相推销自己，在这种情况下新闻是按照报道对象的意图写作的。在"有偿新闻"中的买卖行为，是在报道对象和新闻机构或新闻从业人员之间进行的，而不是在和广大受众之间进行的；买卖的东西也不是新闻产品，而是传播新闻的权力。

在表现形式上，"有偿新闻包括两种现象：一是新闻机构按一定标准向广告主收费，有计划地安排相应的版面或广播电视播放时间，以记者采访、经验介绍、报告文学等形式刊播广告主的企业形象、产品功能等宣传材料。"这种形式下的"有偿新闻"在表现形式上既不表明广告，又采用新闻的笔法，不明"内幕行情"的人往往容易把这种"新闻"当成纯新闻对待。"二是新闻机构采编人员以新闻报道形式为被采访单位做宣传，从中牟取私利。"①

1993年，"有偿新闻"成为我国新闻界的一个热门话题。诸多新闻学者从各个角度出发对这种现象提出批评。比如，冯英子在《新闻广场》第4期

① 姚福申主编：《新时期中国新闻传播评述》，第292页，复旦大学出版社，2002。

发表论文提出《“新闻”岂能“有偿”》的质疑；王休强在《中国记者》第7期发表《评“有偿新闻”》；夏商周则在《中国记者》第9期《论有偿新闻之怪现象》，提出应该尽早杜绝这种怪现象；唐非在《求是》第23期呼吁《必须加强新闻队伍的职业道德建设》。

早在1991年，中华全国新闻工作者协会就通过了我国新闻史上第一个统一的、系统的新闻职业道德规范《中国新闻工作者职业道德准则》。其中就规定：“不刊发各种形式的有偿新闻，不得以新闻或版面做交易，接受和索取钱物，牟取私利。”1993年7月，中共中央宣传部和国家新闻出版总署联合发出《关于加强新闻队伍职业道德建设，禁止“有偿新闻”的通知》，再次对“有偿新闻”做出规定。“通知发出后，‘有偿新闻’现象有所好转”。①

遗憾的是，尽管各方就“有偿新闻”的现象表示了强烈的反对，并提出了自律或强制的“规定性”要求，但这并不能禁止“有偿新闻”的继续蔓延，仅新世纪头几年就出现了一些重大案件：

2002年，山西省繁峙一座金矿发生特大爆炸事故，38名金矿工人不幸罹难。但是当地政府居然捂着不上报、不公开难情；而最早赶到采访的一些记者却被当地负责人和非法矿主的现金和金元宝所收买，进行了虚假的报道。直到1年后才被揭开实情。其中，包括新华社记者在内的11名记者涉案；

2002年8月，浙江广播电视报原总编王建人因犯受贿罪、贪污罪被判处16年有期徒刑；

2002年11月，辽宁省沈阳日报报业集团原总裁、沈阳日报总编辑傅贵余因犯受贿、贪污罪被判处有期徒刑14年；

2003年10月，广东省纪委主办的杂志《党风》披露了原广州市委常委、市委宣传部部长、曾任《广州日报》社社长的黎元江腐败堕落案件的侦破过程，被誉为“中国报业改革第一人”的黎元江因受贿、截留公款被提起公诉；

2003年11月，中共陕西省西安市委宣传部副部长、西安日报原社长王长安涉嫌受贿，被判处有期徒刑7年；

---

① 方汉奇、张之华主编：《中国新闻事业简史》，第498页，中国人民大学出版社，1995。

2003年年底，原红旗出版社社长徐建一因挪用公款、徇私舞弊给单位造成1700余万元的经济损失，被法院一审判处有期徒刑7年；

还有中央电视台原文艺部主任赵安、中央电视台文艺中心副主任冯骥相继被逮捕；

……

一连串似乎没有尽头的名单和严峻的事实，激起批评家们的果断揭露，分析有偿新闻的危害，提出建设性意见，或查找"有偿新闻"屡禁不止的原因。有学者指出，造成"有偿新闻"的原因：一是广告主的攻势太猛烈，采取种种手段对媒体和媒体从业人员进行物质上的诱惑、拉拢和腐蚀，终于攻克了媒体这一个牢固的城堡。二是新闻和广告尽管有着本质区别，但是在传递信息的功能上是一致的，二者之间的界线不好把握，容易混淆。尤其是在各种资讯显得日益重要的今天，新闻和广告走得更近。三是"钱本位"作怪，一些新闻机构"见钱违法"，为了追求自身的经济效益，把党的宣传纪律、新闻规律、社会效益，有关法规禁令统统抛之脑后，为"有偿新闻"合法化大开绿灯。①

从主观到客观，从外到内，尽管上述批评比较中肯地回答了"有偿新闻"屡禁不止的原因；但是把"有偿新闻"的出现过多地归咎于客观因素，而不从主观方面寻找，或多或少有失偏颇。

"有偿新闻"在损害媒介形象，假新闻也毫不逊色地起着推波助澜的作用。有心人发现赫赫有名的《北京青年报》也连续三次刊登高超"换头术"的假新闻。② 1998年4月24日，《北京青年报》在"前沿新知"版发表头条新闻《换头术，我是谁》的报道，详细介绍了在前苏联、美国发生的有关换头、甚至换脑的新技术。文中说美国影星伊丽莎白·泰勒前不久已经签订合同，预付了3.5万美元的手术定金。文中以一条1998年春发生在瑞士的"五W"都俱全的"新闻"来佐证报道。此文被《作家文摘》转载，广泛传播。1999年9月17日，《北京青年报》又在"前沿新知"版发表通版大新闻《伊丽莎白·泰勒大脑移植已交定金》。2001年7月22日《北京青年报》

① 《"有偿新闻"屡禁不止的原因》，参考姚福申主编《新时期中国新闻传播评述》，第293页，复旦大学出版社，2002。

② 参见陈力丹：《假新闻何以泛滥成灾?》，载《新闻记者》，2002年第2期；凌非编著：《中国媒体记者调查》，第524—525页，光明日报出版社，2004。

发表了"美国医生怀特赴乌克兰操刀换人头"的新闻。结果，这三则"新闻"都是假的！

"为什么像'换头术'之类的假新闻并没有出现群起而攻之的局面，反而被当作'趣闻'广泛地传播？因为这类新闻远离受众的生活现实，既曲折动人，又震撼人心，还有许多令人感兴趣的细节。"从社会心理角度对假新闻的泛滥进行分析，这是一种直接的评价。但"出现这么多假新闻的根本原因，是因为记者编辑选择新闻的标准不是其社会价值和现实意义，而仅仅为了满足受众的心理需要"。① 那么为什么记者和编辑会做出如此选择呢？这就需要到社会深层去找原因。

从2001年起，《新闻记者》杂志连续刊登"十大假新闻"。如，2001年的"十大假新闻"：1. 最富想象力的假新闻——上海将建300层、容10万人的摩天大楼；2. 最匪夷所思的假新闻——错位夫君夜换娇妻30年；3. 最伤中国人自尊心的假新闻——世界10大污染城市中国竟占8个；4. 最耸人听闻的假新闻——家庭连环悲剧猪吃娃；5. 最具科幻色彩的假新闻——美国医生操刀换人头；6. 最能满足国人虚荣心的假新闻——中国少女改写牛津大学800年校史；7. 最令人作呕的假新闻——女大学生状告爸爸的吻；8. 最荒诞不经的假新闻——一男子游悉尼因好色两肾被偷；9. 最令人扼腕的假新闻——广西高考状元沦为劫匪；10. 最敢开国际玩笑的假新闻——汤加出现反华风潮。

如2003年的"十大"假新闻的造假方式是：1. 无中生有：王小丫先遇车祸再离央视；2. 愚人胡闹：盖茨被谋杀；3. 空穴来风：《尘埃落定》为中学必读书目；4. 信口开河：34亿元买下黄山；5. 以偏概全：高校女生8%—10%在卖淫；6. 顺风搭车："神五"飞船设计者海口遇难；7. 咄咄怪事：谢霆锋跳楼自杀；8. 夸大捏造：警察鸣枪镇群殴；9. 子虚乌有：路拾百万美金还失主；10. 人为拔高："袖珍富翁"与靓妹恋爱。媒介批评对造假方式的概括，意味深长。

这样的"十大假新闻"还很多。在这里之所以不厌其烦地引用《新闻记者》对假新闻的"评奖"以及"评语"，是因为《新闻记者》杂志的做法值得我们尊敬和学习。他们以"轻松"的方式把严谨的媒介批评进行了一种快乐的解读。

---

① 陈力丹：《假新闻何以泛滥成灾？》，载《新闻记者》，2002年第2期。

另外一种严重损坏媒体信誉的传媒现象就是新闻低俗化、庸俗化和媚俗化日益泛滥。对"三俗"的媒介行为社会各界屡次提出批评，但还是有一些媒体和记者乐此不疲。先来看看一些传媒界的新闻报道：①

2003年1月27日，《×快报》刊登了题为《"人乳宴"长沙首现》的新闻：今年1月份长沙首现"人乳宴"，引起很大争论。记者作为首批食客……品尝了用人乳做成的菜肴。报道说，人奶源是正处哺乳期的年轻妇女，食客们举着筷子犹豫不决。据店老板介绍，他们花了3个月时间开发"人乳鲍鱼"、"人乳河蚌"、"人乳鱼头火锅"、"人乳肚花"、"乳香藕片"等60多个菜品。据知情人说，该店年内还准备在深圳推出标价高达28万元的"极品人乳全宴"。如此满足人们"猎奇"心理的报道，也正是这条新闻的低俗所在。

2003年6月16日，武汉《××晚报》刊登了题为《董事长当众掉裤子，百万合同泡了汤》的新闻：郑州一家公司董事长，因为某名牌皮带脱扣，裤子当众掉下，导致和女客户的百万合同泡汤。第一次，作者写道：双方的手刚握在一起，李先生的裤子忽然掉下，露出里面的短裤和大腿……他惊慌失措，极为尴尬，赶紧提起裤子……第二次，李先生整理好裤子后，向女客户道歉，正弯腰落座……皮带又脱扣，大腿再次曝光，李先生又气又急，提着裤子退出房间，落荒而逃，百万合同泡了汤。报道把一个发生在一名公司董事长身上的商品质量问题，演绎成一个具有情色成分的戏剧化故事，让人有粗俗之感。这件事导致百万合同泡汤，也令人生疑。

2003年6月28日，成都歌手周旋在其新书签售会上爆出"皇阿玛张铁林骚扰她"的丑闻，顿时成为了媒体追踪报道的焦点。一些报纸有关此事的报道标题有：《"皇上"赖在房里不走，周璇洒泪揭大腕》、《周璇向媒体公布与"皇阿玛"对质的录音》、《"性交易丑闻"人证金小山：那晚我一直在场》、《"性交易"丑闻回放：周璇不一般的几天》、《周璇表明自己另一番立场：都是媒体惹的祸》、《"性交易"进入离奇阶段，现代版三言二拍》、《皇阿玛案下周二开庭　周璇：要钱没有要命有一条》，等等。媒体对"皇阿玛性交易"的丑闻炒作得可谓沸沸扬扬，最后却证明媒体被周璇自我炒作所利用，成为丑闻炒作的工具。

---

① 有关新闻低俗化现象，参见郑宇：《社会新闻低俗化十例》，载《新闻实践》，2003年第10期。

2003年8月14日，福建《××导报》刊登了题为《貌美女研究生惨死情刀下》的新闻。讲述了一个因爱不成反生恨的悲剧：8月12日，福州某大学女研究生施某被其男友张某杀害于宿舍，随后，张某放火点着房间，割腕自杀。新闻标题渲染女研究生的美貌，强调是惨死，而且死在情刀之下，给艳情增添恐怖之感。文中还多处借现场观者之口对死亡惨状作详细描绘。其余的，就不再一一列举了。

……

有偿新闻、假新闻的出现和屡禁不止，以及新闻低俗化、庸俗化和媚俗化的泛滥，不是中国传媒业特有的现象，而是各国的传媒界都曾遇到的难题。为寻求我国有偿新闻、假新闻和新闻低俗化滋生的原因，许多批评家从社会发展和媒介自身变革的关系中作了分析。当单一的新闻体制逐步放开，呈现在人们眼前的是一个物质丰富的世界时，新闻界和其他社会系统一样，一下子还没有学会如何去享有突如其来的财富、如何去争取正当的财富，如何去保持高尚的气节与品德。

二、寻找媒介自救的药方

媒介道德的滑坡现象日益严重，批评家们呼吁重提“新闻专业主义”，并提出拯救传媒的药方，以助媒介实现自救。新闻“专业主义”（professionalism），是美国政党报纸解体后新闻业的职业伦理标准，为报人的“公共服务”提供一种信念；它相信新闻从业人员可以从非党派、非团体的立场，客观地报道新闻事实，不欺骗、不愚弄读者，做良心应做的事情。李良荣教授认为，“‘客观、真实、公正、全面’和‘服务’是新闻专业主义的五个要件”。①

由于新闻专业主义追求的目标不是为了某一团体或阶级的利益，而是要服务于全体公民，所以，新闻专业主义加强了传媒工作者对自我职业形象的维护，强化了服务社会的职业理念。自改革开放以来，新闻专业主义的理念在我国新闻界缓慢地树立起来。诚如有人总结的：“十一届三中全会以后，20多年新闻改革与实践，为新闻业遵循新闻规律、实践新闻专业主义精神创造了一定的条件，也可以说是西方传播观念特别是新闻专业主义理念在中

---

① 转引自莫继严：《重提新闻专业主义——从媒体报道高峰事件说起》，载《当代传播》，2003年第1期。

国新闻业中得到认同的过程。”“这一过程包括信息概念的引进和媒介传播信息功能的确认；新闻改革的推进，新闻业务的改进，受众本位、新闻本位的回归；传播者素质的提高，新闻职业道德、媒介操守、伦理规范的建立健全等几个方面，为我国新闻传播业的发展注入了生机和活力，也为我国新闻专业主义的萌芽和出现提供了土壤。”①

新闻专业主义要求新闻媒体担负起促进社会进步的职能，向公众提供真实的、公正的、健康的、有思想的新闻报道和其他社会信息。这是媒介应担负的责任和义务。“李良荣认为，‘市场化办报，也不能脱离新闻专业主义’，‘脱离新闻专业主义的市场化报纸，就有可能陷入黄色报纸的泥潭’，‘必须高举新闻专业主义大旗，弘扬新闻理念的主旋律’，‘如果不讲新闻专业主义，中国的新闻真的没有希望。这是我们面临的最为严峻的问题’。”在有偿新闻和假新闻泛滥日益严峻的今天，“新闻事业如果偏离和背弃了新闻专业主义，必将被历史所淘汰，遭到公众的遗弃”。②

有偿新闻、假新闻，甚至成为新公害的“假记者”的泛滥，期待以新闻专业主义的力量来解决。但新闻媒介要实现自我的挽救，仅仅靠富有远大理想的新闻专业主义是不够的，还必须有一套行之有效的具体措施将其付诸实践。面对层出不穷的假新闻，有学者认为需要建立起一套可操作性的法规来惩罚假新闻的造假者；或者“更寄希望于受众的监督”，③ 借助“上帝”来实现媒介形象的改观。新闻专业主义的“新闻自律只是一种自我教育，法治才是强大的手段。道德自律并不可靠，自律的理性是脆弱的，因为，自律仅仅是一种可能。……自律需要媒介组织和广大受众的经常督促和监督，必要时还可进行某种形式的检查”④。

曹鹏结合我国改革开放的经济社会实践，对新闻专业主义的理想做出了更加现实的评价：“我一向认为，从职业道德角度去反对有偿新闻，在理性上是非常正确的，但作为措施，却很不得力。”他提出了更加具有经济理性的措施来实现媒介的自救：“若想彻底禁绝有偿新闻，还得确诊其病根所在：有偿新闻之所以有市场，不单纯是职业道德或精神文明出了问题，主要是经

① 侯迎忠、赵志明：《西方新闻专业主义初探》，载《当代传播》，2003 年第 4 期。

② 莫继严：《重提新闻专业主义——从媒体报道高峰事件说起》，载《当代传播》2003 年第 1 期。

③ 陈力丹：《假新闻何以泛滥成灾?》，载《新闻记者》，2002 年第 2 期。

④ 刘建明编著：《当代新闻学原理》，第 395 页，清华大学出版社，2003。

济上有需求、管理上有漏洞。如果把有偿新闻作为一个经济现象来研究分析，就不难找出根治的药方。”①

当跳出单纯地从新闻媒介自身来看待媒介自救的问题时，人们发现属于整个社会大系统一分子的媒介要根除“毛病”，或许还得借助整个社会系统的完善。在此基础上，有关“媒介素养”和“媒介知识”的问题凸显出来。有人据此建议，“在社会上，要使传媒的功能、正确的运作需要新闻理念的‘通识教育’。新闻知识不仅是新闻从业人员的工具，同时也应该成为受众监督媒介的工具”。② 这是一种好的尝试。但结合我国目前的现状来思考问题时，人们也许需要有一个更加理性的认识。“解决传媒职业规范的缺乏，有一个从认识到行动、由观念到现实的过程”；人们“需要时间，不可能一步到位。一方面加强媒介自身职业规范教育，这是根本之所在”；③ 另一方面，人们还需要不断的摸索和总结。

三、媒介道德建设与媒介批评目标

媒介道德的滑坡及其衍生的各种复杂的媒介生态，正是催发媒介批评的直接动因。但是，对这些现象的批评和思考，只是媒介批评在微观层面上的作为。媒介批评除了要通过批评性的思考和分析来拯救传媒，还原良好的媒介生态，还肩负推动媒介道德建设的任务。

媒介批评的目标在微观层面上主要表现为以下两个方面：一是对各种传媒现象的批评；二是对信息传播系统中受众主体的发掘。前者具体表现为媒介批评对媒介现象“发表批评或者批判”的言论。这种批评和批判，直接来源于不断发生的跟媒介有关的一些现象，比如，媒介从业人员敲诈、剽窃、造假，收受贿赂，有偿新闻，新闻低俗化、庸俗化，新闻侵权，等等。当直接批评媒介现象时，会逐渐进入到对媒介事件的发掘。这样的发掘正是沿着发现受众主体地位的脉络进行的。

黄新生关于媒介的“陈影泛滥、浮议奢论”，以及对受众的蒙骗，正是出于对受众权利的维护。所以，作为媒介信息传播系统中最后的一环，受众有权利也有义务对各种不良的媒介现象进行批评。但是，在实行对媒介批评

---

① 曹鹏：《媒介业出现新现象和新问题》，载《新闻记者》，2002 年第 2 期。
② 付素素、陈力丹：《传媒报道应是客观事实》，载《当代传播》，2004 年第 3 期。
③ 付素素、陈力丹：《传媒报道应是客观事实》，载《当代传播》，2004 年第 3 期。

的权利时，又出现了批评权利为所谓的“权威”所垄断的现象。“这种权威主宰的批评范式，导致这样一种结果：把批评当作一种既定的事实，由特殊人物确定它与生活和报道的关系，很少分析从事件到新闻作品的复杂演进过程，以及在这个过程中记者与受众的思维特性”。①

由于对媒介批评认识不够全面，权威主宰的出现使媒介批评的发展难以拓展。而最好的解决方法，就是使媒介批评的知识和理论广为接受，成为一门通识性的学科。正是基于此种认识，“媒介批评学主要是探索和提升受众的解读原则、方法、后果和批评理念”。② 媒介批评总是沿着提升受众权利的脉络前进，通过媒介批评知识的普及，使受众主动批评、揭露媒介的各种丑陋与腐化现象，对媒介的道德建设发挥作用。媒介批评使一个有理性、良知和正义追求的记者，忠心地履行对媒介和社会的义务。

濒于道德失范的传媒不仅要倡导“新闻专业主义”，同时还要提出建设性的意见，增强记者关注人民命运的责任感。进入新世纪，《中国青年报》、《南方周末》和《南方都市报》等一批平民媒体陈述了一个个普通人的经历、见闻、故事，既不把主人公作为英雄加以渲染，也不简单地表示对他们的同情，而是报道他们的生存状况或生死忧患，传达难能可贵的普通人的申述。中央电视台的“焦点访谈”、“东方时空”和“实话实说”栏目，经常推出观众代表或某些公众人物表达内心的苦与乐，从国家大事到家庭变故，表达了他们的处境及对政府的殷切希望。

许多媒介批评家指出，记者有责任站在平民的立场上，审视国家制度和政策的利弊，建立起政府和公众沟通的桥梁。把弱势群体在社会底层的艰难生存和微弱的个体声音拿到媒体上来，反映人民群众的苦难、呼声、要求，是新闻这一职业不可推卸的天职。只有把人民真实的生存状态、困难和要求反映出来，领导者才能制定切合实际的政策，促进社会的良性发展，这是媒介批评要达到的最高目标。

① 刘建明：《媒介批评通论》，第 2 页，中国人民大学出版社，2001。

② 刘建明：《媒介批评通论》，第 2 页，中国人民大学出版社，2001。

第十章　台湾媒体与媒介批评的转向

台湾曾被日本殖民统治50年之久。日本殖民统治时期，殖民主义者在文化教育领域，一面大力推行日语普及，一面残酷压制言论与新闻自由，对媒体实行控制，媒体成为日本总督的传声筒。这一时期的日文报刊享有特权，呈高度畸形发展，虽有中国爱国志士创办的中文报纸，但很难反映中华民族反对侵略者的强烈呼声。1945年10月台湾光复后，国民党政府代表中国接收台湾，10月11日，建立了台湾行政长官公署宣传委员会，作为台湾地区新闻事业的主管机关，台湾的媒体和媒介批评发生了第一次转向。

第一节　台湾报史与报刊的反日斗争

台湾自古就是中国领土，清廷的邸钞和19世纪末的《京报》孕育了台湾第一张报纸。台湾第一家印刷所"松云轩刻印坊"出现在1821年，但业务仍以刊印佛书、诗文集为主。刘铭传是清朝驻台将领（后成为台湾首任巡抚），他想把台湾建成一个像西方那样的工业和商业发达的地区，1885年，他效仿《京报》在台湾创办了最早的中文报纸《邸抄》，以手抄或木刻制作，主载法令规章与官员动态。[①] 这是台湾最早的官报。显然，刘铭传认识到报纸是传达政令、发展实业、教化黎民的工具。

一、台湾的中国报刊传统

1885年7月，英国长老教会牧师巴克礼在台湾创办了第一份印刷刊物《台湾府城教会报》，以白话传播教义与教徒活动，也报道社会新闻、发表文艺作品，比《邸抄》更接近近代报纸的外观。巴克礼在《台湾府城教会报》

① 参见王天滨：《台湾报业史》，第25—26页，台北亚太图书出版社，2003。

的发刊词〔光绪（乙酉）十一年6月1日〕中说："可惜，恁本国的字真沤，少少人看会晓得。所以阮有设别物的法度，用白话字来印册。"意思是，汉字难学难懂，用罗马字母来拼写台湾当地的话，印成报册，人们一看就晓得了。

图10－1 刘铭传

这份报纸记载当时台湾的政治、军事、经济及民情风俗、教育等信息，记录自1885年以来台湾社会一连串演变的新闻，经过数次更改名称，终称《台湾教会公报》（Taiwan Church News）。它一直发行到1969年12月，因国民党当局的禁令，不再使用台湾闽南语与白话字，而改以现代标准汉语与汉字编写。目前周刊发行，累计出刊达2800余期。①

巴克礼（Thomas Barclay），1849年11月21日出生在苏格兰格拉斯哥一个经营布匹的家庭，其父是教会的长老，全家都是虔诚的基督徒。1864年，从小对物理学感兴趣的巴克礼进入格拉斯哥大学学习。次年，16岁的巴克礼听到神的呼召，决心一生为主所用。1869年，他进入苏格兰自由神学院就读，毕业后，转赴德国莱比锡大学深造一年。1874年，回国后的巴克礼被立为牧师，加入英国长老会的海外教会，被派往中国。

1875年6月5日，他从台湾高雄旗津上岸，成为英国长老教会第5位来台的牧师。1876年12月，巴克礼到台南积极从事教育工作，为了培养本土传道人，于1877年将高雄和台南两所传教所合并为一，于1880年创立台南神学院，巴克礼为首任校长，共收15名学生。他打算创办一张报纸传播教义与知识，启迪台湾民众的智慧。为了掌握印刷技术，他于1881年10月17日从淡水搭船回国，11月30日抵达伦敦，在故乡格拉斯哥一印刷公司学习印刷术，学会了捡字和排版方法，1884年1月6日回到台湾，同年5月24日在新楼开始印刷工作，名其书房为"聚珍堂"，俗称"新楼书房"，这里就是他创办《台湾府城教会报》的地方。1885年7月12日，《台湾府城教会报》出刊，创刊号只有4页，从第2号起增至8页，此后数年未变。

台湾长老教会重视白话字的推广，使不少台湾少数民族信徒能够阅读

① 参见张妙娟：《〈台湾府城教会报〉与清季台湾基督徒教育》，2002。

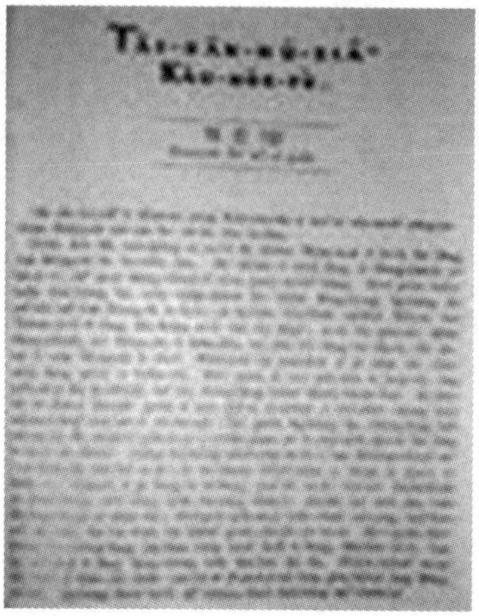
图 10－2　《台湾府城教会报》

《台湾府城教会报》与教会出版的书籍。据记载，1889 年，属于平埔族群的岩前等 3 个信徒即订阅了 33 份《台湾府城教会报》。①

除抗战末期被迫停刊外，《台湾府城教会报》成为台湾最早和发行最久的刊物。战后复刊，改名为《台湾教会公报》，学界一般通称《教会公报》。《教会公报》发扬了中国报刊的传统，即不但重视新闻，而且重视普及知识、发表评论和感言，交流教徒间的信仰和对人世的态度。办报者的宗旨和对这份报纸的要求从以下几方面可以体现出来：1. 教会内消息的流通；2. 刊载信仰培灵的相关知识；3. 宣导教会的主张；4. 多刊登提升信徒知识的报道，包括时事报道，介绍天文地理介绍和科学常识等。②

二、日文报纸的内耗与反暴

1895 年清政府因甲午战争失利，被迫与日本签订丧权辱国的马关条约，割让台湾给日本。1895 年 6 月至 1919 年 10 月间，日本殖民者为建立“殖民地体制”，用武力残酷镇压台湾人民的反抗，实行军人专政。1896 年“大平顶事件”中，3 万中国人遭到屠杀；在 1901 年“后壁林惨案”中，有 3473 人被屠杀；在 1902 年“噍吧年事件”中，又有 3 万余人被杀害；在 1913 年 12 月间的“苗栗事件”与 1915 年西来庵起义中，共有数万人遭到杀戮。据有的学者统计，在日本殖民统治台湾期间，被日本殖民者残杀的中国人多达 60 多万。

日本在台湾推行“皇民化”，强调“培养帝国臣民的素质”，极力进行亲日宣传和精神动员，强迫民众学习、使用日语，创办报刊控制思想。1917 年 12 月，台湾殖民当局颁布第 2 号律令《台湾新闻纸令》，规定办报刊要缴巨额保证金，重新申请许可证，如不遵守，将被起诉重罚。在严厉的法例下，华文报刊纷纷关闭，日文报刊相继出现。日本殖民者引用在日本实行的

① 参见张妙娟：《〈台湾府城教会报〉与清季台湾基督徒教育》，2002。
② 参见张妙娟：《〈台湾府城教会报〉与清季台湾基督徒教育》，2002。

《新闻纸条例》及《谗谤律八条》，对媒体实行言论管制。[①]

日本人创办媒体作为殖民政府的喉舌，全力配合全面的奴化教育，多以日文为主。1896 年 6 月，前任日本大阪府警务部长山下秀实，带着大阪《雷鸣新闻》的活版铅字和印刷设备在台湾创立《台湾新报》，初期限于物资匮乏，不定期发行。同年 7 月，第二任台湾总督桂太郎把《台湾新报》作为台湾总督府公报，刊登律令，成为一份半官半民的刊物。

1897 年 5 月，《台湾日报》在总督桂太郎的授意下创刊，也成为台湾总督府公报。由于待遇和派系问题，《台湾日报》开始抨击总督府，与亲总督府的《台湾新报》反目为仇，展开激烈笔战，甚至发展成街头斗殴。1898 年 4 月，第四任台湾总督儿玉源太郎上任后出面调停，协助日人守屋善兵卫收购两报，合并为《台湾日日新报》，成为之后 30 年间日本殖民当局统治压迫台湾人民的新闻工具。[②]

《台湾日日新报》为日文报纸，限于台湾民众大多不识日文，总督府无法有效宣扬殖民思想，遂于 1905 年 7 月发行四开一张的《台湾日日新报》汉文版，若干台籍人士有了参与报业的机会。先后进入该报工作的有举人罗秀实，汉文学者连横、黄尔施、巫永福、何春木、李越涛、林佛国、魏清德等。1911 年 11 月《台湾日日新报》汉文版多次报道了辛亥革命的消息，总督府害怕台籍人士受中国革命的影响，反日情绪增长，故将汉文版停刊，只在日文报纸上开辟了两个汉文版面。

1898 年儿玉源太郎任台湾总督后，对台湾人民的反抗、镇压略有减弱，政治上采取怀柔政策，召开乡典会、扬文会，颁发绅章以笼络地方士绅；对台湾民风旧俗不予干涉，对武力反抗以“招抚”为主。1898 年 11 月 3 日《高山国》报创刊于台北，创办人为日本众议员照山佐佐木安五郎。他是个进步人士，《高山国》批评时政，抨击台湾总督屠杀台湾革命党人，并以漫画图片讽刺官员，引起全台轰动。总督儿玉源太郎因而把《高山国》视为眼中钉，欲除之而后快。《高山国》后来公开征求批评材料，遭到当局忌恨，不到两个月就被迫停刊，成为日本殖民统治时期政府干涉日人报纸言论的首例。

1898 年《台湾民报》创刊，当时台北日籍律师团反对台湾总督专制集权，认为集权有违日本国法，因而集资创办该报批评日本殖民政策。后来

---

① 李谷城：《日本治台推行的奴化教育》，载香港《东方日报》，2008 年 2 月 7—9 日。

② 参见王天滨著：《台湾报业史》，第 25—26 页，亚太图书出版社，2003。

台灣日日新報

图 10-3　汉文《台湾日日新报》

《高山国》的创办人照山佐佐木安五郎担任主笔，笔锋激烈，在 1904 年被下令停刊解散。①《高山国》与《台湾民报》对日本殖民者的批评主要是殖民者内部的派系斗争，但也是日本进步人士反对暴力的表现，是日人反日的特例。

1899 年 12 月 20 日，《台中新闻》日报创刊，1907 年改名为《台湾新闻》，前后创刊的还有《台澎日报》，以台南为据点发行，1903 年更名《台南新报》。《台南新报》远离北部强大的竞争对手，占有地利，得以稳步发展，汉文学者连横曾担任过汉文版的主笔，吸引不少台湾工商界人士订阅。1937 年 4 月 1 日该报再度改组，更名为《台湾日报》。

三、《台湾民报》的反日立场

1920 年春，林献堂等人在东京共组"新民会"，创办《台湾青年》杂志社，发行月刊。创刊号有台湾总督、蔡元培、杨度等三人题字，编辑兼发行人为蔡培火，创刊后广受海内外台胞捐助支持。《台湾青年》创刊初期强调青年奋斗与文化发展，民族色彩强烈，由于受日本当局管制，无法将报纸运回台湾，甚至被迫禁止发行。

1921 年秋，台籍留日学生与台籍人士三百多人，在台北成立台湾文化协会，林献堂为总理。

1922 年，《台湾青年》改名《台湾》，版面中、日文各占一半。1923 年 1 月，台湾文化协会关于成立议会的请愿遭日本当局禁止，2 月，请愿者在东京的《台湾》杂志社内成立台湾议会同盟会，4 月《台湾民报》半月刊创刊。12 月，日本当局对年初台湾议会同盟会的与会者展开逮捕行动，史称"治警事件"，许多《台湾民报》的工作人员遭收押判刑。日本殖民当局审讯当天，《台湾民报》出特刊详尽报道。后来《台湾民报》改为周刊，《台湾》杂志社股份有限公司也改称《台湾民报》社股份有限公司。《台湾民报》在东京发行，文稿从台湾寄到东京总社，编排印刷后再寄回台湾销售。从

① 参见王天滨著：《台湾报业史》，第 35－41 页，台北亚太图书出版社，2003。

1927 年 8 月 1 日起，《台湾民报》迁入台湾但仍以周刊发行。1930 年 3 月 29 日，为进一步为日刊发行做准备，增资改组，改名为《台湾新民报》，1932 年 4 月 15 日正式改为日报，1937 年 6 月 1 日被日本殖民者废除汉文发行。①

《台湾民报》在《创刊词》中开门见山地指出，中国是祖，批评现在的台湾人对日本文化“同化”的麻木。“我们汉族移住于台湾已经过了有三百年了”，“虽是堂堂的黄帝子孙，也恐怕与蛮人无大异”，“我们岛内同胞，若沉醉不醒，深迷不悟，也恐怕將无颜可以见世界上的文明人了”。“我们祖先虽然来自祖国大陆”，但是“社会的文化，还没有普及，若不赶快想个法子，来启文化，来振起民气”，“也不可得了”。编者指出办报的目的是：“专用平易的汉文，满载民众的智识，宗旨不外欲启发我岛的文化，振起同胞的元气，以谋台湾的幸福。”②

被誉为“台湾的民族运动的铺路人”的蔡惠如，在《台湾民报》创刊号上说：“台湾的兄弟不懂汉文，我所以滚下泪珠儿来咧。这个原故，是很容易明白的，我们台湾人的人种，岂不是四千年来黄帝的子孙吗？堂堂皇皇的汉民族为什么不懂自家的文字呢？”蔡惠如对《台湾民报》办报宗旨讲得十分明白。③

《台湾民报》大量介绍祖国大陆的新文化运动及其文学作品。《台湾民报》1924 年第 1 卷第 4 号发表了许乃昌的长篇论文《中国新文学运动的过去，现在和将来》，第 3 卷第 12 号详细介绍了陈独秀的《文学革命论》和胡适的《文学改良刍议》，还发表了苏维霖的《二十年来的中国古文学及文学革命的略述》。1925 年分六次连载蔡孝乾的《中国新文学概观》（《台湾民报》第 3 卷第 11—16 号）。1926 年 4 月发表刘梦苇的《中国诗的昨今明》，同时还转载了鲁迅、胡适、郭沫若、郑振铎等作家的文学作品。1923 年，《台湾民报》的同仁还在台南成立了“白话文研究会”，促进台湾人的中华民族文化认同。

至 19 世纪 20 年代中期，《台湾民报》反对日本殖民统治、弘扬中华民

① 李谷城：《日本治台推行的奴化教育》，载香港《东方日报》，2008 年 2 月 7—9 日。
② 李南衡编：《日据下台湾新文学·明集》（5），第 37 页，台北明潭出版社，1979。
③ 李谷城：《日本治台推行的奴化教育》，载香港《东方日报》，2008 年 2 月 7—9 日。

图 10－4　1923 年创刊的《台湾民报》

族文化的运动达到高峰，提出台湾的中国新文化与反对日本殖民统治，实为一个问题的两个方面。提倡读书的实际运用，反对八股文，希望台湾人民运用中国新文化来与日本殖民文化作斗争，而不是满足于书斋的自娱自乐。《台湾民报》这方面的作用，在张我军做主编时表现得最为强烈。①

张我军被称为台湾新文化运动的先锋，他把"五四"新文化运动的火种通过《台湾民报》播撒在台湾岛上。张我军在厦门、上海、北京等地系统地接受过祖国新文化运动的洗礼，1924 年返回台湾，担任《台湾民报》编辑。同年 4 月，他在《台湾民报》发表了《致台湾青年的一封信》，批评台湾青年"诸君怎么不读些有用的书来实际应用于社会"，说他们"讲些什么八股文章替先人保存臭味"。11 月 21 日，他又在《台湾民报》发表了《糟糕的台湾文学界》（《台湾民报》第 2 卷第 24 号），还连续发表了《为台湾文学界一哭》（《台湾民报》第 2 卷第 26 号）、《请合力拆下这座败草丛中的破旧殿堂》（《台湾民报》第 3 卷第 2 号）、《绝无仅有的击钵吟的意义》（《台湾民报》第 3 卷第 2 号）、《新文学运动的意义》（《台湾民报》第 3 卷，第 6－7 号）等一系列重要文章，系统而全面地介绍了胡适和陈独秀发起五四新文化运动的"八不主义"和"三大主义"等主张，在台湾岛上引发起一场新文化运动，使《台湾民报》和维护日本殖民统治的三大报纸《台湾日日新报》、《台南新报》及《台湾新闻》形成对立的两大营垒。

《台湾民报》的活动引起了台湾总督府的仇恨，于是总督府下令：凡在日人机构的台籍员工，如果直接或间接与《台湾民报》及台湾文化协会有联系，或虽无关系却表现同情或有接近的言行，必须离职。但《台湾民报》的成员宁可丢掉工作，也没有人因此而退会。自 1923 年 2 月至 1925 年 2 月，在恫吓无效后，警察开始对协会的骨干分子进行大逮捕，理由是他们违反了"治安警察法"，扰乱了社会治安。至 1923 年末共有 99 人被捕，有 18 人被

① 李谷城：《日本治台推行的奴化教育》，载香港《东方日报》，2008 年 2 月 7—9 日。

起诉。在法庭上，协会成员蒋渭水拒不承认自己是日本人，最后日本殖民当局将蒋渭水判监禁四个月。当他出狱时，沿街民众自动燃放鞭炮，殖民当局不得不派警察驱散欢迎的群众。被称为台湾殖民统治时期非暴力反抗“圣雄甘地”的蒋渭水，是《台湾民报》的固定撰稿人，主张以中国文化认同来对抗日本殖民同化。[1]

图 10－5 《台湾民报》在东京创刊时的蔡如惠、黄朝琴、黄呈禄、陈逢源、蔡式谷、蔡培火、蒋渭水（由右至左）

1936 年 3 月《台湾新民报》社组织考察团回祖国大陆进行考察，游历了厦门、上海等地，在上海接受华侨团体欢迎时，考察团主要成员林献堂深情致辞说，“林某终于归来祖国”，表达了赤子对祖国深深的依恋之情。这引起了台湾日本殖民当局的强烈不满，台湾“总督府”的报纸辱骂林献堂为“日奸”。日本浪人借机寻事，趁林献堂在台中公园参加集会之际，上前打了林献堂一巴掌，当时林献堂在台湾地位崇高，日本人此举是借林献堂来打击台湾的民族运动，这次事件被称为“祖国事件”。“祖国事件”直接地表现出《台湾民报》主要办刊人对祖国的赤子之情。

在抗日战争时期，《台湾新民报》真正反映了台湾人的心声，不仅为台籍知识精英所依赖，还成为台湾民众的“喉咙”。为了让这“喉咙”失声，日本殖民当局的压力随之而来，透过新闻检查钳制《台湾新民报》。《台湾新民报》坚决斗争的态度越发勇敢，将所有电文中的“支那”皆改为“中国”，常与检查报纸的日本警察发生争吵。该报常刊登直接向日本政府发出警告战争后果的言论，1937 年 6 月 1 日，《台湾新民报》中文刊遭停刊，甚至连中文都严禁在台湾使用。在殖民当局的高压政策下，一批爱国志士没有沉默，更没有臣服，转入“地下状态”进行顽强斗争。

---

① 洪桂己著：《光复以前之台湾报业》，载《中国新闻史》，第 543－544 页，台湾学生书局，1979。

第二节　光复后的媒体

日本投降后，国民政府迅速组织“前进指挥所”，接收台湾的先遣部队进入台湾各地，日人留下的报刊广播也在接管之中。1945 年 11 月 23 日，台湾省行政长官公署发布文件，要求报刊都要按照出版法办理许可证，无证的报纸都要相继停刊。从 1945 年 11 月到 1946 年 11 月一年间，登记的报纸有 23 家，其中日、晚刊 19 家，3 日刊 3 家，5 日刊 1 家，通讯社 5 家。“此一时期，台湾新闻事业破茧而出，一方面欣欣向荣，一方面却又杂乱无章。政权转换时期的台湾，时局混乱，百废待举，日本人长久的言论控制导致了此时的办报热潮，形成了台湾史上少有的媒体充分自由的时期。”① 光复初期，国民政府对报业持“言论不受检查”的态度，废除了新闻检查制度，言论自由得到保障，创办报纸不再有任何限制。“由于动机不一，办报人素质良莠不齐，加之环境不佳，报纸虽多，却少有杰出表现，很少能长期经营，往往发行不久即告关门。”②《台湾新报》被改制为《台湾新生报》，是台湾省行政公署的机关报。

一、新闻界的复杂、混乱局面

台湾省行政长官公署宣传委员会成立后，开始加强台湾媒体的管理工作，在报业方面，取消日文版，报纸发行前需申请登记，行政公署介入《台湾新生报》的经营，使其成为官方的报纸。宣传委员会扮演官方化妆师，一方面管理新闻媒体，另一方面将各种政令通过媒体传达给社会大众。由于政府与报刊立场不同，双方一度关系紧张。

值得注意的是，虽然当时执行台湾新闻管制的单位是宣传委员会，但最大的压力来自国民党台湾省党部。起初台湾军政首脑陈仪将宣传委员会交由非国民党人士主持，给予报纸、杂志很大的言论自由空间，引起国民党负责人的不满，认为新闻管制措施太过温和，放纵媒体抨击政府，影响社会视听。很多情治机关，如警备司令部等，以维护军事机密为由，加入到迫害新

---

① 王新命：《新闻圈里四十年》（下），第 316—317 页，台北，龙文出版社，1993。

② 叶明动：《光复初期的台湾报业》，载台北《中华日报》，1957 年 3 月 12 日。

闻自由的行列。

此时，新闻从业人员在省籍、教育程度、身份、政治背景和理念方面差别很大，报刊和社会各界的关系复杂。正如台湾文化学者金生丽所描述："台湾最初的新闻界，表面看起来似乎欣欣向荣，但从另一方面来说，畸形现象亦多，如从各地派驻台湾的记者、特派员之类的采访人员着实不少，但实际上真正工作的却没有几个人。有很多借着记者名义来台，而另作其他活动的，有的为求一官半职的，也有是为做生意而以记者名义为幌子的，还有很多根本就不知有报纸还是没有报纸的人，也经常以记者名义出现，只要有什么记者招待会，满坑满谷的着实热闹。"① 台湾著名记者叶明动说："早年记者少有科班出身，且光复后，许多报社为推销报份，常给予外埠零售商记者证，便利业务的推动。在他担任三界记者工会理事期间，每次开记者大会，常发现不少杂货店老板，甚至特种营业女郎成为记者。"② 当时，由于会中文写作的人不多，只要懂中文，有兴趣，都可以进入报社工作；受过教育的知识分子和文人，更是报社大力延揽的对象。

这一时期台湾新闻从业人员的背景五花八门，包括日本殖民统治时期避居祖国大陆，战后返台的台籍政客；来台的大陆新闻工作者；日本殖民统治时在报社工作的台籍人士与参加社会及政治运动的活跃分子；握有资本的台籍实业家；会写文章、写诗的文人、作家等；他们中有左倾思想者、极右派人士、自由主义者、社会主义分子，也有人将办报当成公益事业。

"由于办报者对新闻事业不清楚，或给予尝试或怕资金有去无回，一直出现若干怪异现象。有些报纸根本不发薪水，工作人员入社之初，社长即言明：本报财政困难，须自筹生活费用，一切工作则应照常进行不误……"③

因为缺乏新闻人员，门槛因而降低，许多人透过关系进入报社工作，增加了新闻界的复杂性。当时进入报社服务也极为容易，甚至一人身兼数职。

二、"二二八"事件中的报刊

1947 年 2 月 27 日，台北发生查缉私烟事件，民众因不满缉私员伤人、杀人而包围警宪处所，并举行示威游行。次日长官公署下令对民众开枪，引

① 金生丽：《台湾采访话旧》，第 111 页，台北市编辑人协会，1954。

② 叶明动：《感怀 3 集》，第 181 页，台北昇文化公司，1998。

③ 金生丽：《台湾采访话旧》，第 109 页，台北"中华民国新闻编辑协会"，1965。

发了一连串的官民对立与省籍冲突，最后蔓延至台湾全省各地，造成约18000余人死亡。事件平复后，台湾行政长官公署主席陈仪认为媒体必须为“二二八”事件负责，因为政府平时对媒体太放纵，媒体对行政长官肆无忌惮的抨击，加深了大陆人和本省人间的隔阂与仇恨。事件结束后，当局对媒体展开严厉扫荡，十余家报社被查封，无数新闻从业人员被杀、被捕、被关、被通缉。许多报业精英失去生命，一些新闻工作者逃离报社，刚刚发展的报业遭受重创。

“3月13日，警总以‘思想反动，言论荒谬，诋毁政府，煽动暴乱之主要力量’为由，查封《人民导报》、《民报》、《大明报》；以‘未核准登记’为由，查封《中外日报》；而以‘擅发号外’为由，查封《重建日报》。15日，以‘言论荒谬，诋毁政府，煽动民心’为由，查封《青年自由报》；《大公报》台北办事处则以‘持论荒谬’被迫关闭。17日，未说明理由，径予查封《工商日报》、《自强日报》。又，《经济日报》虽不查封，但奉警总令，暂不予复（刊）”。23日，又以“言论反动，并潜入共党分子为由，查封《和平日报》”。① “此外，《人民导报》社长宋斐如，《大明报》发行人艾璐生，《台湾新生报》总经理阮朝日以及该报编辑吴金鍊，都因被判为‘阴谋叛乱首要’而遇害”②，“另外还有上百名媒体以及新闻从业人员被杀、被捕，或者被迫逃离台湾”③。

媒体之所以会受到如此严厉的整肃，是由于“二二八”事件前媒体的言论过于煽动、极力鼓惑导致的结果。“二二八”事件发生前，《民报》与《人民导报》堪称是最具批判性的民间报纸，“两报的影响力与《台湾新生报》分庭抗礼，甚至逼得官报报份节节下跌”。④ 从资料中发现，两报的新闻报道与用语大胆尖锐，毫不留情地抨击政府的缺失。《民报》与《人民导报》在报道中指出，政府官员贪污横行，而人民生活困苦，民不聊生；失业率大增，台籍人与大陆籍人职位不均；社会治安恶化，教育不振，行政效率不彰，法规不合理等等。

“二二八”事件发生的背景十分复杂，事后许多人探究，都直指事件与

---

① 王天滨：《台湾报业史》，第113页，台北亚太图书出版社，2003。

② 王天滨：《台湾报业史》，第111－112页，台北亚太图书出版社，2003。

③ 王天滨：《台湾报业史》，第111－114页，台北亚太图书出版社，2003。

④ 李攸峰：《从〈民报〉看战后初期台湾得政经与社会》，载《台湾史料研究》，第98页，台湾史料基金会，1996。

新闻界的言论自由有关。不少人认为新闻太自由，具有相当程度的挑拨作用。例如，叶明动说："民国三十五年前后，报纸的言论内容，可以说完全是自由的，丝毫不受干涉或约束，部分报纸也许因为刚刚解除日本统治的桎梏，对于新闻自由没有深切认识，不免误解而到了滥用的程度，所以在新闻伦理上，往往越出法律和道德的范围，若干评论，常常歪曲事实，也有以狭窄的地方观念，感情用事，措辞更是极尽尖刻恶毒之能事，为了满足部分寻求刺激的读者心理，新闻报道方面，也有无中生有，虚词捏造的，而报纸登载却绘声绘色。这些都是报界过去的污点。"①

他还指出，当时省营的报纸只有《台湾新生报》一家，民营的报纸却有十几家，争奇制胜，大鸣大放，主管虽为长官公署宣传委员会，但相当放任，绝不像日本殖民统治时代那样严加管制，这种现象是台湾同胞前所未见的。于是，"报纸天天批评政府，政府不加以澄清，而这些批评很少是建设性的，人民不明底细，经常在看这些充满煽惑性、逞一时之快的文章，久而久之，自然积非成是，只见坏的一面，不见好的一面，扭曲了对政府的形象"。②

当时任台湾监察委员的丘念台在谈到台湾光复之初的报业时表示：台湾"除了一、二家大报能保持平稳立场之外，其他类多超越新闻自由范围而趋向于滥用自由。他们平时夸大报道，用刺激性方言做标题，借以吸引读者；在评论上，更是随便攻击政府。他们表现出这样的态度，自然有其个别的立场和目的，……以为敢用言论攻击政府就是能干，没有想到光复后的政府是我们自己的政府，不能和从前相比拟了。"他进一步指出，报纸滥用自由的结果，却逐渐给社会形成一种轻重不分、是非不清的公众舆论。③

台湾监察委员杨亮功的《二二八事件调查报告》分析事件发生的原因有10项，媒体因素占两项。报告中写道：在日殖民统治时代，"舆论上亦受绝对之统制，光复以来，陈长官在经济上采取统制政策，在政治上已较为宽松，在舆论上则采取放任主义。一年以来，行政当局本能注意应付环境，各方面开罪过多，是以全台十余家报纸之舆论，无日不有批评政府，诽谤政府，甚至不依事实，任情谩骂，恶意丑化。长官公署以言论自由，均置之不

---

① 叶明动：《光复以来的台湾报业》，载台北《中央日报》，1957年3月12日。

② 叶明动：《谁知明月照沟——二二八事纪念45周年感言》，载台北《中国时报》，1992年2月18日。

③ 戴国辉、叶芸芸：《爱憎二二八——神话与史实：揭开历史之谜》，第172页，台北远流出版事业股份有限公司，2002。

理。台胞触及教育甚为普及，能阅报者占绝大多数，此等攻击政府之舆论，为其从来未所见，初则因为怪事，继则信为正确，而渐启轻政府，不信任政府之心理矣。”①

图 10-6 台湾的“二二八”事件

若干历史学家后来研究“二二八”事件时，也持同样看法。有人指出：“导致台湾人对政府不满的众多因素之一，是媒体所引起的作用。陈仪深信孙文学说，以渐进的方式使中国民主化。他不但实施了1946年的选举，也给了新闻界较多的自由。1947年3月13日，陈仪听取了事变的原因报告后，指摘新闻界滥用政府给予他们的自由，任意谩骂政府，并且在台湾人和外省人之间播下冲突的种子。虽然陈仪的指摘并非全然有理，但是新闻界猛烈而过分的抨击政府，的确有助公众舆论的形成。”② 廖风德认为：“整体来说，台湾光复初期的媒体表现，与‘二二八’事件似乎确有某些关联的存在……”③

其实，“二二八”事件发生时，许多报纸提出检讨与建言，要求政府做好善后工作，惩治失职官员，也呼吁民众守法冷静，严守媒体应有的本分。媒体是否真的“太自由”，评论是否歪曲事实、措辞尖刻，新闻报道是否无中生有，虚词捏造，需要全面、客观地分析。当时新闻界享受的自由并没有想象的那样多，报纸出现不实报道和对政府的攻击，还来自少数暴民控制报社和报道。这一重要原因，当时的台湾官员和后来的媒介批评者都忽略了。

三、小撮暴民对媒体的控制

“二二八”事件发生时，媒体与外省民众成为主要的攻击目标，特别是来自祖国大陆的记者。绝大多数民众对国民党当局的斗争是正义的，但也有极少数暴徒乘机造谣鼓惑，大打出手，扩大事态，一些报社人员受到小撮暴

① 陈芳明：《二二八事件学术论文集》，第219页，台北前卫出版社，1989。

② 赖泽涵、马若孟、魏萼著，罗珞珈译：《悲剧性的开端——台湾二二八事变》，第132页，台北时报文化出版企业公司，1993。

③ 廖风德：《台湾历史探索》，第317页，台北台湾学生书局，1996。

民的胁迫与控制，在非自由意志下出报。当时一位外省记者描述："那时每天外出采访时，几乎是冒着生命危险，因为参与事件的民众在街上专打外省人，倒霉的碰到他们，拳打脚踢，还有武士刀随时可以送你老命。"①

不只记者，通讯社、报社、广播电台的办公室都没能避免民众的骚扰。《台湾新生报》是当时的第一大报，报社处于台北市中心区，成为小撮暴民攻击的主要目标。《中华日报》记者钱塘江描绘他的遭遇说："在这种混乱局面中，我们新闻记者所遭受的困扰最大，生活大成问题。一部分规模较小的毫无基础的通讯社、报社，无形中等于关门，其实整个新闻机构也都陷入了停顿的状态。但已被暴徒控制的处理委员会，却派几个小流氓通知我们，应继续出报，并且要把他们一切动态以及向当局提出的条件，一一刊登，否则便有捣毁的可能。"②

"除了受迫出报，吃、睡也是一个问题。若干外省籍新闻同业每天吃饭都成问题，尤其躲在宣传委员会的二十几个新闻记者，晚间睡觉用报纸当被盖，十分狼狈。"③ "台中《和平日报》在事件中，报社同仁被民众软禁十天，与外界断绝音讯，并在受控下出报，情况比其他报社严重。"④ "由于时间延续多日，秩序极为混乱，台北报社几乎都停止正常出刊：但因许多民众急于知道事件的相关讯息与最新发展，报纸只好变通方式，包括《台湾新生报》与其他报纸，这段时间都以号外形式发行临时版，因街上时有枪声，各报都是自己管自己，只有报贩在街头巷尾贴几张给人观看。"⑤

"二二八"事件后，台湾社会秩序逐渐恢复正常，被整肃的报业也慢慢恢复出报，但报业的发展受限很多。1947 年 3 月 15 日，台湾行政长官公署宣传委员会被撤销，代之以台湾省政府新闻处对台湾媒体进行管理。

第三节　国民党退台后的报禁

1949 年下半年蒋介石败退台湾，台湾的政治、经济环境发生巨变，大

---

① 钱塘江：《我的采访故事》，第 138 页，台北莘莘出版公司，1970。
② 钱塘江：《我的采访故事》，第 138 页，台北莘莘出版公司，1970。
③ 钱塘江：《我的采访故事》，第 138 页，台北莘莘出版公司，1970。
④ 张煦本：《记者生涯四十年》，第 121—122 页，台北自立早报出版社，1982。
⑤ 周梦江：《二二八事件变见闻录》，第 73 页，台北时报文化出版公司，1995。

众媒体受到严密控制，开始了长达38年的戒严时期。“这一时期，人民的言论、出版、集会，结社等自由受到限制，媒体长期受到政治力的掌控，扮演政治侍从的角色。一直到1980年代初，在政治反对运动团体的一再抗议下，非主流媒体才顺势而起，开始扮演民主催化的角色。在戒严期间，主流报纸媒体为执政的国民党服务，执政者也以限制新报纸登记与限制张数来保障既有报纸经营者的利益。《中国时报》和《联合报》的全盛时期，都是在1980年代左右，当时两报发行量都突破百万份，广告应接不暇。媒体作为特殊企业，在两蒋时代享有特殊利益，公共利益在媒体利益与正当利益包夹下，则明显遭到忽视。”①

一、党国控制的报业与电视

1949年7—9月间，祖国大陆的许多报刊和报人随蒋介石集团迁移到台湾，一些优秀报人不论是东山再起还是半路出家，办报理念和手法都与台湾本地报人不同，为台湾报业注入了清新气息，大大刺激了报业的发展。新型报纸相继成立，仅台北一地就有数十家新报出现，地方报及专业性报纸也纷纷创立。早年在台湾办报纸缺乏资金与设备，许多报社捉襟见肘，惨淡经营。1950年朝鲜战争爆发后，由于各方面的客观原因所致，台湾的报刊、广播业开始好转。

此时民众对时局的关注大增，看报需求提高，晚报由于抢先日报将朝鲜战场上的消息报道给读者，带动了晚报市场的崛起。“当时的报业发展，因政治新闻被严格控制，以致造成民营报纸竞相以社会新闻的耸动报道为能事，一方面训练新闻技能，一方面吸收经济起飞的广告收益，促使《联合报》与《中国时报》相继超越官方《中央日报》的销售数，然而这方面的低俗新闻表现少为当局所禁止，反而报人受国民党呼召，负起为党国宣传的任务。”②

同时，“广播媒体逐渐茁壮，却不是独立自主的媒体，而是美国围堵政策与心战的工具，也是国民党的新兴事业。‘政府’统合各民营电台的节目

① 苏蘅雅：《煞不住的下冲列车：台湾媒体批判》，第37－38页，台北米罗文化有限公司，2004。

② 林丽云：《台湾威权政体下侍从报业的矛盾与转型1949－1999》，载《台湾产业研究》，2000年第3期。

政策，使广播媒体成为积极宣扬国民党政权的工具。”① “电视媒体部分，60年代电视开办时，美国的援助已经接近尾声，台湾转而寻求日本资助，日本因企图建立台湾的电视机销售市场，所以决定投资。”② 电视台开始采取纯商业模式，但言论部分受到严格管控，新闻节目内容受到来自国民党文工会、警总、新闻主管部门、甚至安全主管部门的干预。

台湾当局控制媒体的政策却一步步加强，行政当局于1951年6月10日颁布了“从严限制登记”训令，严格限制民众办报，报业发展受到抑制，只能在原有格局中进行汰换与洗牌。这期间，不少报纸常因经济因素改组，报名更改频繁。当局透过报禁及各种法令规章，如出版规定，广电有关规定，惩治叛乱条例等，限制媒体的发展，同时扮演媒体规范者与推动者的双重角色。一方面，管制言论，规范媒体内容，另一方面，推行各种奖励措施使其顺从政府意志，更甚者，结合党、政、军三者力量，直接介入媒体经营或控制资本及人事决策权。③ 形成所谓的官控商营模式。“报纸杂志的新闻自由空间相当小，统治当局透过报禁，限制发行张数，以资金补助或贷款，资讯来源的管制手段，抑制私人的媒介发展。”④ 其中，最常被人提到的就是行政当局在1958年4月秘密提请主管部门修改出版规定的举动，要求赋予行政机关不经所谓“司法”程序，拥有给予报刊警告、罚款、停刊及撤销登记等处分的权力。

台湾的新闻自由从此受到严格限制。当时有人认为，这样做“不仅违反‘宪法’精神，更扼杀了新闻自由，在‘立法院’又以秘密会议审议，足见隐藏畏惧舆论的不可告人机谋。”⑤ 根据王惕吾的回忆：出版修正案的许多规定，对新闻言论自由构成严重侵蚀，“我攘臂而起的反对，也联合起同业来群起反对。其间便遭遇了许多阻碍，变幻与压力，但我不顾个人得失，甚

---

① 程宗明：《后进民主国家电视政策的民主化与现代化思辨——以台湾无线电视公共化与数位化政策汇流为例》，载《传播与媒体生态研讨会论文》，台北义守大学，2003。

② 冯建三：《广电资本运动的政治经济学》，第65页，载台北《台湾社会研究》从刊五，1995。

③ 王震寰编著：《广播电视媒体的控制权》，载郑瑞城著《解构广电媒体》，第435—474页，台北，澄社，1993。

④ 彭怀恩：《政治传播与沟通》，第22页，台北风云论坛出版社有限公司，2002。

⑤ 张慧英：《提笔为时代：余纪忠》，第47页，台北时报文化出版公司，2002。

且不顾报纸的存亡……坚持反对立场。”① 虽然媒体群起反对修正出版有关规定，但是台主管机构最后还是通过了此项所谓“法案”。当时以微弱力量突破政治封锁的媒体，都是比较次要的小报，如《自立晚报》、《台湾时报》与一些党外杂志等。“台湾解严前的整个民主化的过程中，主流媒体扮演的角色十分有限，有时甚至有反民主的表现。”②

在政治霸权的体制下，媒体角色受到高度注意，成为台湾当局权力操控的工具。有台湾学者认为：“媒体为侍从报业，为统治者传声，台湾人民的政治社会化过程，须透过党国一体的教育与传播体制。”③ 在党政一元化的环境中，媒体基本上是台湾当局宣传与教育的工具。当局“运用‘党国’体系的复合组织及动员，再配合多重的政策实施，全面介入操控媒体，加上媒体内组织的控制，排除异议杂声，铲除反对政府及市民社会自主的势力。”④

20 世纪 50 年代，台湾在经济上大体是在国际资本主义体系内运行，呈现出强烈的对外依附性，主要是对美、日两国的依附，直接导致了文化的对外依附。美国文化随着美援进入台湾，对台湾本土文化产生深远影响。美式文化是借由大众媒介输入的，电影、书刊、唱片及广播电视节目的传播，使台湾形成一种“仿拟文化”（imitation culture），即抄袭美国文化。台湾媒介的发展，尤其是电视业发展呈现出以下几个特征。

1. 日“硬”美“软”。出于迫切需要现代化的政治考虑，台湾本无力开设电视台，却提出开办电视事业没有条件、创造条件也要上。当时台湾的经济无力资助电视台的运作，缺少电视传播所必需的设备，技术和节目制作只能依靠外力。作为台湾的两大经济伙伴，美国和日本便成为其依附的对象。依附的结果是，日本提供硬体，美国提供软体及其商业化的电视制度，呈现出美、日“软硬兼施”的局面。由于商业电视制度唯利是图的本性，媒介逐步沦为促销商品的有效工具，节目品位俗不可耐。

美国加州州立大学祝基滢教授曾对此有过论述：“台湾的电视以主张犯

① 王惕吾：《我与新闻事业》，第 8 页，台北联经出版事业公司，1991。

② 李金铨：《从威权控制下解放出来—台湾报业的政经观察》，载朱立与陈韬文编《传播与社会发展》，第 81—94 页，香港中文大学新闻与传播学系，1992。

③ 郑自隆：《选举与台湾社会—李登辉时代精选传播的意义与特色》，载《传播与媒体生态研讨会论文集》，台湾义守大学，2003。

④ 郑自隆：《选举与台湾社会—李登辉时代精选传播的意义与特色》，载《传播与媒体生态研讨会论文集》，台湾义守大学，2003。

罪与降低观众品味而备受抨击。台湾电视界及观众所面临的问题是：娱乐节目挂帅，日趋商业化以及药品广告泛滥。由于三家电视公司竞争激烈，所以广告商得以操纵支配节目，导致节目商业化，节目品质粗俗。”

2. 日资对电视所有权的介入。这一时期，电视所有权受到日本势力的介入，以台视为例，创立初期日资曾占40%，后虽有所减少，但至今仍有股份。就媒介设备而言。媒介设备几乎全部仰赖进口，主要来源于美、日。电视业发展初期，日商是主要的广告提供者，随着台湾经济的快速发展，岛内的广告赞助才成为主体。

3. 外来节目的输入。台湾电视节目约有99%来自美国，美国影片在台湾电视节目中占有绝对的比例，后来被香港节目逐渐取代。即使在若干年后有所改变，台湾电视节目的制作仍然以抄袭、模仿、盗用的形式出现。

这一时期的台湾电视文化，由于政治上的保守和腐化，造成了新闻伦理不彰。由于节目内容过度地依赖外国，导致了文化入侵的殖民地倾向。官控商营的运作模式使台湾电视弊病丛生，面对岛内外的各种节目冲击近乎束手无策。

二、“报禁”与“文化大清洗”

1951年以后，全台报纸有31家，国民党当局对报业采取高压统制手段，制定重重法规，逼迫报业在有限的框架中活动。当局对报业管制手段最主要的杀手锏，是五项限制措施：限证，限张，限印，限价，限纸，统称“报禁”，目的在限制报纸的正常发展，以便于言论控制。1988年1月1日报禁才正式解除，实施时间长达20余年。此外，当局还以各种法律、命令，规范、约束报纸的新闻与言论内容。其中以1958年，台湾当局主管部门秘密审议第五次出版有关规定修正案，赋予行政机关可以不经“司法”审判，对报刊警告，罚款，停止发行，撤销登记等处分之权利，对新闻自由带来很大伤害。[①]

国民党中央青年工作会编印的《报禁问题问答录》中，对报禁做了以下解释：所谓“报禁”，是指“限制新闻纸申请登记”，“限制新闻纸的篇幅”，以及“限定新闻纸应在申请登记时载明所在地印刷出版”，亦即报业有三禁：限证、限张与限印。[②]

---

① 王天滨：《台湾报业史》，第152页，台北亚太图书出版社，2003。

② 王天滨：《台湾报业史》，第152页，台北亚太图书出版社，2003。

1954年11月5日，台当局主管部门制定《战时出版品禁止或限制登载事项》（简称“九项禁令”），因对言论的规范极为苛刻，舆论大哗，纷纷对其抨击，这项不合时宜的禁令前后只实施了5天。这九项禁令限制登载的事项是：1. 涉及政府、军事、外交之机密而有损台湾利益者。2. 夸大描述盗匪流氓等非法行为而有诲盗作用者。3. 描述自杀行为而有助长自杀风气之虞者。4. 描述少年犯罪行为而有助长少年犯罪之虞者。5. 描述赌博或吸食烟毒之情景足以诱人堕落者。6. 描述猥亵行为而有诲淫作用足以影响社会治安者。7. 传布荒谬怪诞邪说淆乱社会视听者。8. 记载不实之消息意图诽谤或侮辱领导人或当局名誉足以淆乱社会视听者。9. 对于法院刑事诉讼进行中案件之批评足以淆乱社会视听者。

台湾当局制定“九项禁令”源于文化清洁运动，从对文艺作品的批评开始，然后延伸至媒体的新闻自由领域。1954年8月，“台湾中国文艺协会”等团体发起这项运动，活动正值高潮，台当局主管部门突然对10家杂志下令停刊，文化清洁运动的主导人士也立即发表声明予以支持。表面上看，文化清洁运动是希望借文艺内容的净化追求新文艺的建设，但当时各民营报业感觉事有蹊跷，认为此项运动可能是有预定的计划，相继撰文质疑和批评，后来的演变证实了这项运动是当局对新闻刊物进行言论管制的有计划行为。①

1952年5月5日，曾虚白②在一篇名为《我们要战斗文艺》的文章中，首次谈到台湾充满赤色、黄色、灰色文艺作品，并呼吁消灭此种趋势，但当时并未引起人们多大的注意。一年半以后，台湾文化界接受蒋介石的指示，组成扑灭“文化三害——赤色的毒，黄色的害，黑色的罪”运动。除三害运动是一种造势手法，让当局找到压迫新闻自由的借口。1954年11月5日，台湾当局主管部门制定了“战时出版品禁止或限制登载事项”，作为运动的纲领，对新闻与言论自由具有很大的杀伤力，遭到民营报业及民意代表的强烈反对。在群情激愤下，台北报业公会决议请撤销“九项禁令”，并发表共同声明：“此禁例将使新闻工作者失去其本身之衡量与判断，而禁令中所谓机密又无明确标准可循，结果所有报纸除刊登政府机关公报外，任何新闻之刊载，势必动辄得咎……随时有使新闻记载被指为影响社会治安，侮辱政府

① 王天滨：《台湾报业史》，第167—168页，台北亚太图书出版社，2003。
② 曾虚白：《谈天下事：国内续集》，第544页，台北正中书局，1992。

机关名誉，或淆乱社会视听而受到处分……此项禁条之本身已构成对新闻自由之莫大束缚。”

由于反对声浪接踵而至，台湾当局终于退让。11月9日，台湾行政当局在接到内政主管部门报请该“法案”核备时，决定暂缓实施。事件平息后，《自立晚报》发行人李玉阶深入追查事件的整个内幕过程，发现是文宣当局有计划、有步骤地钳制新闻自由的行动。遂在《自立晚报》上公布了全部过程，暴露政治制度及行政决策过程的双重缺失。当时众多民营报纸同心合作，争取新闻自由，当局不得不缩手，这场风波才告平息，“九项禁令”只公布了5天，就中途夭折。

但台湾当局对新闻言论的控制仍未死心，数年后，悄悄进行第五次出版法修正案，赋予行政机关不经“司法”程序，即可向报刊发出警告、罚款、停刊及撤销登记。台湾的新闻自由从此被限制在当局允许的范围里。1958年3月28日该法案秘密审议通过，6月28日“总统”公布实施，1999年1月12日该法案被废除，施行时间长达41年，是台湾当局压制新闻自由最著名的“恶法”。

国民党统治台湾初期对媒体的控制和在大陆时期一样，一方面透过暴力的机制，另一方面建立自己的宣传通道，其主要的作法包括：透过“法令”与政策明白的赋予大众传播媒体特定的任务和目标；其次，当局对于媒介内容实施检查制度，同时对于媒介表现所给予惩处交由行政机关来认定，而非司法机关；另外，军事单位亦介入大众传播媒介的运作，除了投入媒介经营外，媒介内容的检查工作亦交付军事单位，如警备总部执行。①

与此同时，持不同政见的杂志却艰难地破土而出，正如有的学者说，在这些看似严密的控制机制限制下，与当局相异的声音并非没有出口，“随着台湾内部一连串政治改革运动的发展，连带的作为反对意见发声管道的媒介遂因应而生，进而形成媒体与政治反对运动相互支持的现象，而异议的政论报刊便在执政者对政治性集会结社以及大众传播的严厉控制的氛围中，成了政治异议分子宣传政见、纠集民意、组织动员的唯一机关”②，不但政治运

① 郑瑞城：《透视传播媒体》，第39－40页，台北经济与生活出版事业股份有限公司，1988。

② 李旺台：《台湾反对势力一一九七六一一九八六》，第28页，高雄五千年出版社，1993。

动走向杂志化，杂志也充满政治的色彩。

三、《自由中国》与《美丽岛》事件

发生在1960年的“雷震案”，对漫长的台湾民主宪政之旅有着既深且远的影响，实为台湾战后民主运动史和报刊史中一个标杆事件。雷震被捕是在1960年9月4日，与之同时被捕的还有《自由中国》的主编傅正、经理马之骕和会计刘子英。这一天上午9点20分，台湾警备总司令部上校军事检察官桑振业、保安大队中校副大队长施建良、上尉副中队长郭振斌率大批军警，将雷震之宅暨《自由中国》杂志编务所突然围住，强行将雷震等人带走，并对其寓所进行了搜查。随即，警备总司令部发言人王超凡在记者招待会上声称：“《自由中国》半月刊发行人雷震等涉嫌叛乱，已由本部根据惩治叛乱条例第10条的规定于9月4日依法拘捕，现正在侦讯中。”①

图10－7 胡适与《自由中国》杂志负责人雷震合影

是晚，国民党中常委陶希圣、中央党部第四组主任曹圣芳、“新闻局长”沈锜等人宴请台湾各媒体负责人，通报了雷震当天被捕的原委及经过，并散发了一份《〈自由中国〉半月刊违法言论摘要》白皮书。在这份《白皮书》中，当局给雷震等人罗织的罪名有六项：“（1）倡导反攻无望；（2）主张美国干涉内政；（3）煽动军人愤恨政府；（4）为共产党作统战宣传；（5）挑拨本省人与大陆来台同胞间感情；（6）鼓动人民反抗政府流血革命。”② 两天后，王超凡再次召开新闻发布会，称《自由中国》半月刊会计刘子英已供认不讳是“匪谍”，并有其“坦白书”为证。第二天，也就是9月7日，台湾《联合报》以《王超凡宣称刘子英为“匪谍”》为题，对此事作了报道：“……刘子英为‘匪谍’，警总已获有具体证据，彼系于1950年奉‘匪’方使命来台，其入境时之保人为雷震。刘在雷震任国民党参政会副秘书长时担任秘书之职，雷氏甚多私人函件均由其处理……治安人员曾在其寓所搜获‘匪’文件及雷震寄存之文件甚多……”

① 台湾《征信新闻报》，1960年9月5日。
② 台湾《联合报》，1960年9月5日。

被捕前的雷震和被捕后的雷震，在台湾媒体的视野里，从一开始就有着划时代的意义。这既是《自由中国》半月刊在一个时代的夭折，又是一场“媒体反对运动”的真正开始。“《自由中国》创刊于1949年，创办的目的主要是源起于国民党内以雷震为首的自由主义知识分子进行的内部改造运动，除了表达反对共产主义的立场外，另一方面则促进国民党当权派进行改革。《自由中国》的言论清楚地揭橥自由、民主的原则，进而也衍生出对选举、书刊检查，以及各种法政金经制度的议论，这份杂志也因而沾染上明显的异端色彩。”①

不过，《自由中国》的初创阶段和国民党当局仍保持着良好的关系，“不但经费由‘教育部’编列，省府亦提供住宅予以使用，甚至部队中也订阅该杂志给官兵阅读”②，一直到1951年6月，《自由中国》发表《政府不可诱民入罪》的社论，针对当局的贪污问题加以抨击，才引来官方的压力。

1956年10月《自由中国》推出的“祝寿专号”，建议蒋介石选拔继任人才，确立内阁制。这样的主张引起国民党及军方的不满与批判，攻击《自由中国》思想走私，为“共匪”统战铺路。攻击《自由中国》的炮火越来越猛烈。当这群外省籍的改革者与台籍人士联合倡议组织新党后，更让这份刊物及主事者面临停刊与牢狱之灾。

1957年4月下旬，台湾举行第三届县、市长及“省议员”选举，郭国基等多位无党籍人士顺利当选“省议员”，选举过后，李万居召集各地的无党籍及民、青两党人士召开选举检讨会，雷震也应邀发表演说，并欲进一步组织新党③。在选举期间，《自由中国》便已发表专文表达地方自治与组党问题的看法。同年5月27日，在《自由中国》社举办的欢迎胡适返台就任“中研院”院长的茶会中，胡适发表了一篇从争取言论自由谈到反对党的演说，公开主张由知识分子、教育界、青年出来组织一个在野党。“不论是下乡的草根组织与座谈活动，或者透过文字、演说的热情主张，《自由中国》杂志社根本就是组党与改革的联络中心”④，因此，官方的逮捕行动自然就

① 钱永祥：《自由主义与政治秩序—对〈自由中国〉经验反省》，载台北《台湾社会研究》季刊，1988年第1卷第4期。

② 李筱峰：《台湾民主运动四十年》，第59页，台北自立晚报出版社，1987。

③ 李筱峰：《台湾民主运动四十年》，第70—72页，台北自立晚报出版社，1987。

④ 李旺台：《台湾反对势力——九七六——九八六》，第3页，高雄五千年出版社，1993。

将雷震与《自由中国》视为首要对象。

雷震逮捕入狱，随即掀起轩然大波。案发当日，国民党内部就有人提出异异。“监察委员”陶百川与“立法委员”成舍我、胡秋原等人质疑“警备总司令部”——雷震纵使涉嫌违反了普通刑法，但并未触犯所谓“惩治叛乱条例”，有何理由认为是“叛乱”而要受到军事法庭的审判？为此，监察机构派出一个由陶百川等五人组成的调查小组，对案情作进一步调查。当时在美的民社党主席张君劢闻讯后急电蒋介石，抗议雷震被捕，并将第二封措辞严厉的电文转至台北《公论报》。《公论报》迫于形势，未敢全文刊登，只发表了部分内容。

雷震的好友胡适彼时正在美国出席学术合作会议，当天收到“副总统”兼“行政院长”陈诚发来有关“雷震案”的电报，即回电表示：“今晨此间新闻广播雷震等被捕之消息，且明说雷是主持反对党运动的人，鄙意‘政府’此举甚不明智。”胡适认为，此举对当局有三点不良影响，一则岛内外舆论必认为雷震等被捕，表示“政府”畏惧并挫折反对党运动；二则此次雷震等四人被捕，《自由中国》杂志当然停刊，当局必将蒙摧残言论自由之恶名；三则在西方人士心目中，批评当局与谋成立反对党皆与叛乱罪名绝对无关，一旦加以叛乱罪名，恐将腾笑世界。雷震案显示了台湾当局的专制权威，也显示了台湾媒体以及媒体人的集体愤怒与无奈。

国民党的惩治名单当然不只雷震与《自由中国》，参与组党的台籍人士及其经营的刊物也名列其中。例如，在经济上抵制吴三连所经营的事业，迫其离开台湾，高玉树则被控渎职与窃盗，而李万居所经营的《公论报》则遭到停刊的命运。《公论报》与《自由中国》是戒严初期少数敢直接批判当局体制的媒介，主要的经营者也投身于组织新党的活动。在李万居参与组党活动，国民党便已透过各种方式企图封锁《公论报》。雷震下狱后，《公论报》除了呼吁要用“司法”审判外，更明确揭露雷震案是一场为了扼杀新党生机的政治阴谋。当局施展了控制《公论报》的手段：不准当局机关购买该报及刊登广告，不准报摊公开贩卖《公论报》，甚至企图将李万居打为中共的同路人。虽然这些手段并未直接迫使该报关门，但却也使李万居不得不透过增资的手段来维持营运，而此时国民党则趁机融资介入，并改组报社，最后则在法院判决后，《公论报》被迫转手。①

① 冯建三：《异议媒体的停滞与流变之初探：从政论杂志到地下电台》，载台北《台湾社会研究》季刊，1995 年总第 20 期。

不过，批判时政的声浪并未就此停止，《文星》、《大学杂志》、《台湾政论》、《夏潮》、《这一代》、《八十年代》等刊物相继出现，多数以知识分子为主体，除了部分内容涉及文化、思想、艺术层面外，大多对当时的政经体制提出严厉的批评。然而由于组成与定位的不同，他们所采取的角度也各有差异。例如，《大学杂志》被认为是台湾自由主义的最后堡垒，标榜着一种自由主义的理性态度；“《夏潮》则结合了一批有着社会主义思想的知识分子，企图在台湾形成批判性的左翼论述”①；而《台湾政论》、《八十年代》则突显了台湾的主体意识，甚至“台湾人出头天的口号”也已出现了。② 这些刊物不论其关怀取向与立场为何，都代表着报禁时期媒介作为另类意见出口的重要意义。

台湾世新大学传播研究所管中祥③博士在《媒体反对运动》一文中指出：“有关大众媒体在推动民主及言论自由中所扮演的角色，一直是战后台湾政治反对者与社会运动团体的关切重点，而雷震恰恰是这场运动中首当其冲的人物。”2002 年 9 月 4 日——雷震被捕纪念日这一天，台湾“国史馆”正式出版《雷震案史料汇编》两册，将当年所谓“雷震等人涉嫌叛乱案”的真相大白于天下。台湾媒体因此呼吁让“民众更加了解台湾过去的历史”，进而让历史见光、见日。但谁都不可能忘记在国民党专制暴政下的那个“白色恐怖”时代。

事实上，“从 1947 年以来的几次包括组党在内的政治运动，都在争论杂志的培养下发展壮大”。④ 例如台湾“民主党的新党运动有《自由中国》杂志作为言论中心，《大学》集团的政治革新运动，就是以《大学》杂志为基地，并为台湾的政治运动储备及集结人才，而 70 年代兴起的党外运动中，也有《台湾政论》、《八十年代》、《美丽岛》杂志，以及其后各种五花八门的周刊，发出诸如解除戒严”等政治改革呼声。⑤ 其中《美丽岛》更企图以杂志社作为串联党外运动的根据地。

---

① 郭纪舟：《七〇年代台湾左翼运动》，第 30 页，台北海峡学术出版社，1999。

② 李筱峰：《一百年来台湾政治运动中等国家认同》，第 291 页，台北吴三连台湾史料基金会，1995。

③ 管中祥、刘昌德：《媒体反对运动》，第 24—27 页，载《台湾史料研究》，第 16 期，台北吴三连台湾史料基金会，2000。

④ 李筱峰：《台湾民主运动四十年》，第 271 页，台北自立晚报出版社，1987。

⑤ 李筱峰：《台湾民主运动四十年》，第 271 页，台北自立晚报出版社，1987。

1979年9月，由黄信介为发行人、许信良任社长、张俊宏任总编辑的党外政论性刊物《美丽岛》在台北创刊。该刊言论激烈，要求民主，党外人士想借办刊物集结力量为组建实质性政党做准备。国民党从一开始就对这本杂志恨之入骨，在杂志创刊酒会上，就有一群人到酒店门口寻衅闹事；创刊后的2个月中，该刊发行人的住宅和杂志社曾多次遭到骚扰，工作人员受到威胁。《美丽岛》杂志以社委的形式组成，网罗了全台各地的党外人士，具有政党的雏形，因此，《美丽岛》被视为党外运动的机关刊物。① “美丽岛集团以实质的政党形态迅速发展，在短短四个月，组成中央党部，推出党魁，在全省各地成立十五个地方党部”。② “美丽岛政团在匆促中崛起，快速膨胀，却在七九年的美丽岛事件中遭到瓦解”③。

1979年11月30日，《美丽岛》杂志与“台湾人权委员会”联合向台湾当局申请集会游行，遭到拒绝。《美丽岛》杂志决定按原计划照常举行集会游行，并准备了一些木棍，以应付可能遭受的镇压。12月10日，集会如期举行。台湾当局派出大批军警部署于街道，并实行交通管制。晚6时，聚集在《美丽岛》杂志高雄办事处的民众已达五六百人。黄信介、姚嘉文等就地发表演讲，与会3000多名群众情绪激昂，不断高呼“打倒特务统治!”、“反对国民党专政!”等口号。集会结束后，以3辆宣传车开道，几千民众持木棍、火把开始游行。四周待命的警察上前强行阻拦，并用催泪弹驱赶游行队伍，民众则以木棍、火把、酒瓶还击，双方发生严重冲突。这次冲突共造成双方近200人受伤。黄信介、施明德、张俊宏等152名党外人士以“涉嫌叛乱罪”被抓，1980年三四月间经过“军法”审判，以“为中共统战”和“台独叛乱”罪名判处期长不等的有期徒刑，这份发行量一度高达10万份的党外杂志，被迫永久停刊。

“1978年年底，党外人士为了能形成全岛串连的态势，成立了全省党外助选团总部，并以各地候选人提出共同政见的方式来形成一个整体党外集团的形象。事实上，当时的党外人士亦希望能将党外的力量组织化运作，以持续选举期间的运动能量，于是张春男和吕秀莲发起党外候选人联谊会；《夏潮》系统的黄顺兴成立了第一个民众服务处；施明德等人则希望成立党外总

---

① 李筱峰：《台湾民主运动四十年》，第145页，台北自立晚报出版社，1987。
② 李旺台：《台湾反对势力—1976—1986》，第4页，高雄五千年出版社，1993。
③ 李筱峰：《台湾民主运动四十年》，第152页，台北自立晚报出版社，1987。

部，建立一个没有党名的党。”[①] 一直到《美丽岛》杂志的创刊，杂志作为大规模的群众动员及政党集结的中心角色才出现。

《美丽岛》杂志的筹办，是在助选团总部转换成党外党部以后的事情。“没有党名的党，其实是呈现在两种方式中：最先是一个党外的总部。党外民意代表的联合办事处，政治位阶较高；另一个是美丽岛杂志社，位阶低，但都有实质的组织和运作。”[②] “美丽岛事件后，党外杂志更是大量出现，成为党外运动发展的一大特色，这时期的党外杂志初期多由担任公职等民意代表而创办，他们借着自己的杂志来宣传他们问政的成绩，并建立他们的知名度以突破现实的环境。”[③] 虽然如此，党外杂志仍具有鲜明的改革色彩，对当局的批判依然不遗余力，此后还有《鼓声》、《前进》、《春风》、《新潮流》及郑南榕的《时代》系列为代表，一直到1985年，市面上仍有21本使用不同名称的异议政论杂志销售。[④]

国民党当局在美丽岛事件后，对政治活动采取镇压路线，对党外杂志查禁得很严格。

四、新闻评议组织的出现

尽管此时电视已经成为台湾的大众传播媒介，一个家庭可能不订报纸，但电视机至少会有一台。据当时的调查显示，报纸仍旧是一般民众最主要的新闻来源，这个发现并不令人惊奇，因为电视和广播在新闻报道方面除了比较迅速外，在深度和广度上都远逊于报纸。台湾此时的报纸彰显了很多负面问题，内容雷同程度很高。报纸地方版的社会新闻过分歪曲了台湾地区县市乡镇的现实，成为犯罪分子的乐园和男盗女娼的天下。很多地方的社会新闻都是报道小人物的家庭纠纷，而且时常加以渲染，甚至故意捏造夸张，不仅破坏小人物的隐私权，而且任意诽谤，使小人物的名誉受损。

① 美丽岛口述历史编辑小组：《珍藏美丽岛—台湾民主历程真纪录口述史二》，第138页，台北时报文化，1999。

② 美丽岛口述历史编辑小组：《珍藏美丽岛—台湾民主历程真纪录口述史二》，第186页，台北时报文化，1999。

③ 李筱峰：《台湾民主运动四十年》，第195－196页，台北自立晚报出版社，1987。

④ 冯建三：《异议媒体的停滞与流变之初探：从政论杂志到地下电台》，载台北《台湾社会研究》季刊，1995年总第20期。

与此同时，报刊上的评论泛滥，很难读到新闻，遭到评论家的批评。正如徐佳士所说："今天是一个'非'常时代，常识似乎不再发生作用了。这些年来的台湾大小报纸上，除了国际版的外国通讯社的电讯外，一个读者在那些铅字印出的'大块文章'中，很难找出哪些'大块'是报道，哪些'大块'是评论。或者说得更加正确些：评论泛滥，成为泽国，连半方寸的新闻净土都很难发现哩。今天的很多记者似乎不甘心充当纯粹报道新闻的角色，而要加入主笔的阵营，结果是，极大部分的新闻读起来都像一篇一篇的社论。"报道品质的下降，究其原因，与媒体工作者有直接的关系，此时的报社采访人员，"胸怀大志，不屑做一个报道者，要挺身做一个鼓吹者，以服务于他所拥护的运动或改革事业，乃藉报道新闻来宣扬自己的主张。头脑单纯，相信什么事情都有简单的解决办法，'勇'于提出主张和评论。追求名望，认为只写'本报讯'，名字不见报，永远无法变成名记者。天天刊出署名专稿，必可打知名度，说不定还会变成'名政论家'。在这种风气下，读者利益便被牺牲了。第一，缺乏纯净的，客观的，平衡的报道，读者无法认识环境的真相。所谓'知的权利'丧失殆尽。第二，对于一切新闻事件，是是非非已经被记者们下了定论，读者的判断权利也被剥夺了。"①

在媒体上，犯罪新闻泛滥成灾，普遍采用"煽情主义"手法，传媒审判异常流行，广告新闻也非常普遍。1958 年 6 月 28 日，台湾当局公布了五度修正的"出版有关规定"，在第 6 章行政处分一款增加了"撤销登记"一项，加重了罚规，因而引起新闻界的反对。台北市报业公会为反对该出版规定，曾向主管机构请愿，结果在主管机构中引起了激烈的争论。对此，台湾新闻界的自律活动应运而生，提出效法欧洲各国，创建新闻评议会组织的建议。台湾报业自律的萌芽源于一批有远见的报人的责任感，在此后长期的"报禁"过程中一直发挥着作用。

直接促成报业评议会成立的是阳明山二次会谈。1961 年 8 月，在阳明山文化建设与新闻事业讲座会上，一些报人提出由新闻界制订积极性的自律公约以代替消极性的出版有关规定的建议。因为新闻界当能自觉对社会负责。12 月，台湾当局行政机构对报界的这一建议表示赞同，并希望新闻界拟定具体办法，早日实行新闻自律。1963 年 4 月，国民党当局召开台湾新闻界"第一次座谈会"。与会的各新闻团体联合提议组织全台湾新闻事业团

① 徐佳士：《记者？主笔?》，载台北《中华日报》，1988 年 4 月 18 日。

体，“积极推行新闻自律运动”。1963 年 5 月 2 日，台湾第一个报业自律机构——台北市报业新闻评议会成立。

评议会委员 7 人，由台北市报业公会聘请岛内新闻贤达、学者及法律专家担任，为荣誉职。担任当局行政工作及报业现任从业人员，不得担任评议会委员。1971 年 3 月，台北市报业公会、台北市记者公会、台北市通讯事业协会、“中国广播事业协会”、“中国电视学会”五个新闻团体举行联席会议，议决将台北市报业新闻评议会扩建为台北市新闻评议会，并通过了该会的《组织章程》。4 月 29 日，台北市新闻评议会正式成立。该会的组织章程与原会基本相同，仅在个别问题上作了新的规定。一是评议对象从报业扩展到广播电视，评议内容也扩及新闻、评论、节目、广告；二是赋予该会以主动审议权，照搬照抄英、美等国实行的“告诉乃论”制度；三是明文规定当局行政官员和现任新闻从业人员不得担任该会委员，以防裁决有失公正。1974 年 9 月 1 日，新闻评议会再次扩大，由地方性新闻评议组织扩为全岛性的新闻自律组织，在案件处理方面修订了陈诉、检举程序。

第四节　报禁后的媒介议题转变

1987 年是台湾社会的重要转折点，政治反对派在 1986 年组成民进党，执政党也在 1987 年宣布解除戒严，开放党禁，媒体的言论自由空间因政治自由化变得宽阔，报纸版面增加，新兴媒体大量涌现，由反对势力支持的第四电视台、地下电台，也逐渐取得发声管道。媒体工作人才需求急速膨胀，媒体进入“众声喧哗且快速繁衍的战国时代”。① 在顺应新政治局势的同时，媒体遭遇了僧多粥少的商业竞争。因此，解严后媒体虽曾百花齐放，但因经营不善而关门的也不在少数。“新闻工作者失去了戒严初期的自信与自傲……面对市场巨灵，只有俯首称臣的份。”②

一、报禁的解除与媒介激变

1987 年 7 月 15 日，台湾当局宣布从即日起台湾本岛和澎湖地区解除戒

---

① 苏蚵雅：《煞不住的下冲列车：台湾媒体批判》，第 69 页，台北米罗文化有限公司，2004。

② 胡元辉：《犹被禁锢的主体》，载《目击者》杂志第 36 期，2003 年 9 月。

严令，将对 237 名在戒严时期受军法审判的非军人受刑者予以减刑和恢复公民权，解除报禁。台湾自从开放报业以来，媒体市场产生结构性变化：报纸在 1996 年计有 369 家、杂志 5493 家，实际发行量大的报纸有五六十家。1988 年（出版法废止后）增加 65 家。有线电视自 1993 年合法化后，全台湾共有 64 个台提供高达八十余个频道。若以人口和土地计算，台湾应为全世界报纸和有线电视密度最高的地区。

解禁后的台湾媒体，党、政、军垄断减弱，新兴公视、有线、无线、卫星电视及若干地方台加入行列，引发大规模的竞争。众多民间媒体进入市场，频道数量增加，就业机会增长。随之而来的是商业竞争，为了压低运营成本而削减人力，然后是节目品质降低的潜在危险。

此时台湾每家报纸版面之多，更是空前。大量的资讯，展现在阅听人的眼前，导致资讯超载。“经济繁荣的持续扩散，加上政治的开放，使台湾财大气粗地迈进了黄金时代，人们普遍地自满、自豪，甚至有点目空一切，只喜欢谈台湾，好像世界上其他地方都不重要。……”更具影响力的电视媒介就无需多谈了，它们对岛内外新闻事件的处理，“绝少有过自主、完整而深入的观点。报纸媒介相对之下，固然好得多，但也呈现着颇为严重的问题。除了偶尔出现的突发性重大事件（如空难或地震），报纸的新闻内容大致上只剩两个重点：‘选举和股票’。前者更成为一些报纸目前热情关注的单一焦点，其强烈程度随不同报纸的品质与风格而有差异。……岛内的许多重要新闻及议题，亦常常一概被选举或与选举有关之热门政治新闻排挤省略掉。……新闻咨询的热炒，哄抬，短线交易等各种窝蜂主义，对台湾的阅听大众进行着什么样的教育，造成了什么样的影响，值得媒体工作者在选举热里冷静思索一下”。①

从三台 1988 年的表现来看，非但延续了多年来换汤不换药的低俗内容与落伍的制作观念，在节目内涵与社会影响上，更趋于恶化。电视剧的题材，仍然绕着几个固定模式打转，包括剥削历史素材或灌输愚忠愚孝、“皇民”意识的古装剧，描述豪门世家恩怨情仇的时装文艺剧，和神怪荒诞的儿童科幻剧，此外，渲染黑道暴力，动辄枪战火拼的社会写实剧亦大行其道。综艺节目也呈现极大的同质性，除了歌星上节目打歌与拙劣不堪的桥剧等一贯内容，各节目还纷纷将餐厅秀丽主持人要嘴皮、开黄腔、占歌星便宜等招

① 郭力昕：《新闻报道的窝蜂主义》，载台北《中国时报》，1989 年 11 月 13 日。

式搬上电视。“要你开心，要你好看”形态的电视综艺节目，在岛内“大致是以中视过去的‘黄金拍档’为鼻祖。最近停播的中视带状节目‘欢乐一起来’，延续了这种出特别来宾或现场观众洋相的制作概念，把参与游戏竞赛的来宾及小孩弄得满脸满身白面粉，让男女主持人争相取笑，并翻转与赛者身体，展示其‘灾难成果’。……不知电视台的主事者与这类节目的制作人，打算把人性导致何种扭曲的地步方能罢休?”①

儿童、妇女和社教趣味性节目，多半仍以商品消费为导向，甚少有教育的动机，节目广告化十分严重。最常见者为借卡通片或儿童剧贩卖玩具，在妇女节目中介绍美容护肤中心及家庭用品，以及在问答游戏节目中借赠品提高赞助商产品的知名度，而社教意义早已荡然无存。“三台至今仍乐而不疲地玩着收视率的数字游戏，特别是那些八点档连续剧。大型电视连续剧是国内电视公司因循保守的代表性标志，不见任何人有气魄将这个电视鸦片彻底拿掉，只见电视台日复一日地以谁超过谁几个（或零点几个）百分点进行着自慰的游戏……”②

台湾电视媒体与学校教育是当局管理得最为彻底的两个领域，而他们恰好也正是降低台湾文化品质，阻碍民主进步的两大根源。总的来说，解禁后的台湾媒体在大多数学者和业界人士眼中，贫乏而僵弊，面对政治势力的一党独大，表现得既焦虑又无奈。1988 年后，台湾当局对媒体的开放措施，除了是民间社会冲撞的结果外，开放的理由还因国际化与自由化的需要。

新自由主义以自由市场政策为主要特征，鼓励私有企业和消费者选择，主张市场作用和利益最大化，强调政府不该干涉市场，实行经济自由化。新自由主义的主倡者甚至认为，营利是民主的本质，任何一个推行反市场政策的政府就是反民主，因此，在政府干预经济尽可能少的情况下，社会运作才可能最佳。新自由主义提倡的解除管制原则也应用在媒体规范上，强调广电媒体是一种经济活动，不仅去除内容管制及商业经营限制，还要重视经济效率及市场竞争。

台湾媒体自解禁后，是否达到上述条件和要求是值得深思的。不过，媒

---

① 郭力昕：《整人为快乐之本？——“百战百胜”移植日本电视垃圾节目》，载台北《中时晚报》，1988 年 10 月 23 日。

② 郭力昕：《突破苟安的小框框——回顾一九八九年电视现象的忧与喜》，载台北《中时晚报》，1990 年 1 月 20 日。

改社等团体则强调，媒体改革必须从媒体结构改造做起；也就是在解除管制、强调自由市场机制的前提下，改变新自由主义下的媒体制度，是一个重要起点。

1988年发生了一件意义特殊的事件，对台湾电视媒体造成相当程度的震撼与深远影响。“农权会”于5月20日发起“五二〇”农民街头抗议活动，争取农民福利，保障农民权益。亲民进党群众抗议台视报道“五二〇”事件不公，聚集于台视大楼前抗议示威。“五二〇”事件的报道，台视新闻是资料最多、播报篇幅最大的一家电视媒体。针对电视台前的示威事件，台视声称将抵制播报与民进党有关的新闻，但不久即逐渐放弃了这个政策，以免影响收视率，因为反对党的政治运作已经成为民众普遍关切的问题。此事件教育了电视公司，使他们意识到一味蛮横地配合官方立场，无视观众知情权的时代，已经不复存在。

二、媒介批评家的反思

台湾媒体初尝新闻自由的滋味，发现没有想象中甜美。首先，政治仍然操控着媒体，“党政军仍握有客观数量的媒体，特别是具有垄断性质的无线电视”，四家之中的三家分别隶属“省政府”，执政党和军事当局，“第四家则由民进党的政治人物所掌控，透过所有权对新闻处理的影响，从基本架构上就限制了这些媒体可以发挥的空间”。[①] 其次，媒体的商业竞争也愈演愈烈。“台湾媒体在解严（1987年）之前，一直受到政治力的操控，报禁长达三十年，新电视台与广播电台亦不准设立。解严之后经过一段百花齐放的竞争，则是商业挂帅，收视率、卖报份数凌驾一切，广告主掌握了媒体生杀大权。在整个转化过程中，公众利益有时候被抬得高高的，有时却被摆放在一边”。[②]

因此，不少学者开始对新闻自由进行反思，他们发现“新闻自由不只一个面向，当来自媒体外部的政治性干预已经相当程度获得解除，产生于媒体内部的新闻扭曲则未曾稍减。报禁解除，真正享受到新闻自由的恐怕是媒体

---

① 苏正平：《革命尚未成功同志仍须努力——台湾记协队报禁解除十周年的声明》，载台北《目击者》杂志第3期，1998。

② 苏娴雅：《煞不住的下冲列车：台湾媒体批判》，第7页，台北米罗文化有限公司，2004。

经营者而不是新闻工作者。新闻工作者所获得的新闻自由，只是媒体经营者考量自身利害之后，所恩准的那部分。”① “过去，我们向极权政府要求新闻自由，现在，享有了新闻自由之后，我们才突然惊觉，原来要求媒体负起社会责任的工作比争取新闻自由还要难。今天，‘媒体自律’这四个字已经丧失它的公信力，一方面是因为我们没有一个强而有力的机制来监督及‘惩罚’那些不自律的媒体，另一方面，吊诡的是，自律的媒体不一定能在台湾生存。”②

正如有的评论家所说：“走过传统政治力全面掌控阶段，媒体正学习从政治‘侍从’转变为‘诤友’的角色。然而，禁锢的第四权尚未完全解放，就受到新的政治力量与商业力量的双重冲击。原来是媒体打压对象的反对党，试图取得媒体经营权。”③ 当1988年的台湾，继续以快速而全面的动作释放政治力和社会力，开创实质的民主变局时，电视与其相关的机构，却落在队伍的后面，原地踏步，甚至逆向而行。其停滞保守的程度，恐怕也只有同样被严密控制的中、小学教育和几乎僵弊的大学教育可以比拟。

报禁解除使台湾的新闻自由更开阔，但是此时台湾的新闻自由在一定意义上，只是办报的自由，而非完整意义上的自由。报禁解除后，台湾的新闻自由产生了很多负面现象，原来的专业规范开始迷失。开放办报只是其中的一个环节，广播和电视的台禁依然存在。开放报禁以后，新闻自由的空间更宽广，但新闻的责任感被削弱了，有太多道听途说的新闻被夸张处理了。虽然开放了很多的新报纸，但是大多数报纸显示出来的仍然是强势团体的声音，一般真正社会基层的弱势声音在媒体上没有被充分地表达出来，造成不平衡的现象。

解禁后的媒体可以监督政府、监督社会，但同时一个很重要的问题也摆在面前，谁来监督媒体。面对解禁后媒体的乱象，媒体人对媒体自身的焦虑显得些许苍白，自我约束可以说几乎没有什么效果。台湾的自律组织就是新闻评议会，它本身并没有能力有效地发挥功能。台湾媒体人想到的最后的一

---

① 苏正平：《革命尚未成功同志仍须努力——台湾记协队报禁解除十周年的声明》，载台北《目击者》杂志第3期，1998。

② 姚人多：《建构一个界线清楚的媒体与社会》，载于建川、黄淑慎总编辑：《再造公与义的社会和理性空间》，第506页，台北时报文教基金会，2003。

③ 苏娴雅：《煞不住的下冲列车：台湾媒体批判》，第69－70页，台北米罗文化有限公司，2004。

个力量就是众律，用大众的力量来约束，因此直接推动了媒体资讯消费者运动。

多年来，经不断“再塑造”的过程与客观条件配合，台湾电视文化逐步形成若干结构性的特征，有些出现了西方国家商业电视系统的共相，有些则反映了大多数第三世界国家的类似问题。首先表现为反智走向与消费性格。“庸俗反智的综艺，戏剧以及社交节目制作人，将观众视为必须瓜分或占领的市场，将观众收看电视节目视为纯粹的消费行为，在创造利润、争取收视率的最高指导原则下，电视节目等同于消费品，大众传播的意义，变成只顾大众价值而罔顾传播、沟通的功能，大众传播变成了大众消费的意义。……任由粗滥低俗的节目充斥电视，间接推动了台湾文化品质的全面庸俗化与轻薄短小的迅速消费性格。”①

固然，造成台湾媒介文化品质低落的商业化原因，不只被电视节目凸显出来，而这种文化本身也是重要因素。在电视内涵熏染下成长的新生代，普遍被调教成缺乏认知思辨能力、习于被动地接受讯息，崇尚用毕即弃的消费行为。“就在儿童，青少年，一直到大专学生都争相在电视上表现自身才华的同时，我们目睹了今日新生代被电视调教成毫无创意的悲哀事实——他们唯一的才能是模仿和抄袭。在‘TV 新秀’节目中，每个人都在依据‘电视经验’模仿别人，或复制一些从电视学来的东西，仿佛大家皆由一台巨大的复印机里掉出来似的。”“作家平路在一篇论及电视的文章里，称电视为‘有史以来最伟大的同化机器’，实非虚言，因为我们已经可以看到它逐步将新生代思想、情感、言行、价值彻底同质化的惊人成绩。并且，在这些制作人、经济人、媒体拥有者继续对电视疯狂的操纵与引领之暇，可以预期此类让新生代（以至于所有人）有机会‘红格十五分钟’的节目，将大量出现在电视上，以满足更多需要藉此寻找价值和自我肯定的人们。”②

电视迎合并强化都市已经泛滥的社会现象，将标准化了的价值观透过强大的传播力，加诸于不同的观众。绝大多数晨间新闻，儿童、妇女等节目以及时装电视剧的内容或制作方向，皆针对都市中产阶级的口味与需要。每天

① 郭力昕：《贫乏僵毙的台湾电视文化——回顾 1988 年的电视生态》，载《1988 台湾年度评论》，圆神出版社，1989。

② 郭力昕：《TV 新秀‘秀’了什么?》，载台北《中时晚报》，1989 年 5 月 6 日。

以相当多的时段详细播报股票行情与股市交易状况，投机心态暴涨，都市中产阶级赌博游戏盛行。

选美又是一例。台湾开放选美之后，此带有性别歧视的纯都会商业活动，透过各种电视综艺与社教节目，以及各类媒体，做宣传鼓吹，获选为“中国小姐”或类似名衔的参选者，被赋予许多堂皇的任务，譬如散播爱心，社会服务，为台湾争光等，“并接受各类电视节目的访问，俨然将其塑造成一种典范人物。除了专门针对妇女观众的节目之外，电视剧，新闻性节目，总以节目，卡通影片，以至于电视广告的内容里，都呈现了制式的、封建的、类型化的女性形象”。①

最后，台湾这一时期的媒体沦为美、日电视文化的代理商，美国化的趋势一直明显地影响人们的视听。台湾的企划制作单位为图省事，大量抄袭、模仿或直接购买美、日商业电视节目，使台湾成为美、日商品文化与社会风俗之专卖站。“从歌唱综艺节目，趣味娱乐资讯，美、日卡通到美国电视影集，电视充斥着两大传播帝国文化殖民的影子，”对乡土的关怀与本土文化的建设十分缺乏，呈现的本土文化面貌变得模糊不清。“许多观众，尤其是年轻的一代，对美日大众文化熟悉的程度，甚至超过了对自身文化的认识。”②

台湾新闻主管部门的监管重点仍然放在看守执政党政治利益的工作上，至于对节目内容与品质的管理，新闻主管部门充满伪善作风，只审检一些形式上的规定（譬如不准露三点），许多实质上破坏性极强的内容，则视而不见，任其腐化人心。各主要报纸的影剧版严重缺乏评议电视的文字，报人的保守观念与歧视影视心理，一贯将此版定义为无需严肃内容。

媒体人和文化工作者提起台湾电视的品质，都会摇头叹气表示极为痛心。艺人凌峰指出：“台湾目前社会的空洞，庸俗和价值观的混淆，电视媒体要负很大的责任。整个台湾电视文化充满了投机主义，功利主义，把价格和价值画等号。为追逐收视率，节目再怎么粗制滥造都无所谓。……我对即将成立的‘文化部’可能接管电视媒体寄予厚望。国民党若想赢得历史，恐怕需要做一些痛苦的抉择，得采取大刀阔斧的态度‘割肉’，勇于舍弃既得

① 郭力昕：《还要美容多久才找得到自己?》，载台北《中时晚报》，1988年8月10日。

② 郭力昕：《贫乏僵毙的台湾电视文化——回顾1988年的电视生态》，载《1988台湾年度评论》，圆神出版社，1989。

利益，将资源重新分肥。否则，赢得利益，输掉历史，很划不来的。”①

三、政治势力对媒体的争夺

由于三家电视台在政治立场上多偏袒执政当局，对于各类崛起的社会运动多予负面的评价，也使民众难以从三台窥得争议性事件的全貌，因此不少媒体或文化工作者为表达对广电体制的不满，纷纷透过自行拍摄的另类录像带，以影像的方式纪录台湾底层生活及社会运动的发展，同时作为与媒体抗争的工具。

“台湾的另类录像带的发展可追溯到1984年6月，郑文堂等人为海山煤矿灾变所做的记录”②，“当时是因为《前进》杂志的编辑王智章前往采访，发现许多罹难者家属未能领到应得抚恤金，于是结合郑文堂偷偷录像采访，此举不仅关心被大众媒体冷漠的家属，并召开记者会公布事情的真相，相关单位因而重新处理此事，影像录像带的影响力也开始受到重视。”③

当时的另类录像带纪录的范围相当广泛，自早期自立救济模式的小区抗争，到环保运动、学生运动、农民运动、劳工运动、少数民族运动，甚至是宣扬政治反对运动人物的理念与风格，以及彰显本土文化的内容都涵盖其中。④ 在纪录这些事件时，他们几乎抛弃传统媒体客观中立的立场，进而颠覆当时媒体的主流价值，并作为鼓吹某种意识形态的战斗工具。长期参与环境议题纪录工作的李泳认为：“我只不过是代替观众走向现场，把环境记录下来加以整理、呈现……帮助大家了解台湾环境被破坏的状况和导致整体破坏的缘由……”呈现岛内核电政策、能源政策的种疑问和矛盾，“希望能使社会上更多人因质疑、思考而动摇对主流媒体拥核论调的信任，进而体谅、认同、支持反核人士的用心”。⑤

---

① 郭力昕：《突破苟安的小框框——回顾一九八九年电视现象的忧与喜》，载台北《中时晚报》，1990年1月20日。

② 张碧华：《反对运动的新据点》，载敦诚编《边地发声—反主流影像媒体与社运记录》，第156页，台北唐山出版社，1992。

③ 戴伯芬、魏吟冰：《台湾反主流影像媒体的社会观察》，载敦诚编《边地发声—反主流影像媒体与社运记录》，第44页，台北唐山出版社，1992。

④ 余阳洲：《造反有理，时不我予—台湾异议录像的过去、现在与未来》，第2页，载台北《世新大学学报》，1992，第4期。

⑤ 李泳泉：《以影像与土地订约》，载敦诚编《边地发声—反主流影像媒体与社运记录》，第96页，台北唐山出版社，1992。

"这些陆续出现的另类录像带，伴随着台湾解严后狂飙的社会运动以及反对党的成立一起发展，因此，另类录像带工作者的角色不单是为社会运动纪录者，亦当视为社会机制的改造者"，他们参与的层面不只是单一主题的社会现象，还包括对台湾当局体制与政策的不满与挑战。"也由于透过影像的纪录与流通，不仅解构了台湾政治权力的神话，终结台湾强人对历史的论述，同时更进一步成为反叛工具，担负起教育组织群众的功能"[①]，更有学者认为，"这些另类录像带应被定位在具有'革命情绪浓烈的颠覆性媒介'"。[②]

然而，曾经一度引领媒体与反对运动结合风潮的另类录像带，随着外在政治与社会环境的改变、恶劣的竞争市场机能的排挤作用，以及内部经营理念的轻忽、劳务分配不均、长期工作倦怠，和对政治现实失望等因素逐渐销声匿迹。[③] 虽然如此，另类录像带的出现，也间接地协助了另一种反对运动与媒体结合的形式，为新兴的民主台提供节目来源。

台湾报业史上曾出现过两次极具代表性、规模较大的退报运动，为古今中外报业史上闻所未闻。而两次退报运动的矛头指向分别是民营《联合报》和党营《中央日报》。1961年初，《联合报》因其发表的有关雷震案的社论，引起执政当局的不满，遂以禁阅的方式，限制军中订阅《联合报》，直接打击了《联合报》的发行，这也是《联合报》所遭受的首次退报运动。1992年因《联合报》转载大陆反对"台独"的言论，在李登辉的煽动下出现"退报运动"，一些群众集会，成堆的《联合报》在台上被焚烧，住户的信箱上被运动者贴上"我家不看《联合报》"的贴纸，有些超市商家不许《联合报》上架，有些航空公司在班机上撤下《联合报》，企业被胁迫不在《联合报》上刊登广告。

虽然印刷媒体逐渐走向自由开放，但广电媒体的进步却相当缓慢。台湾当局在三家电视台的股权结构以及人事任命上仍占控制地位，三台继续扮演意识形态机器的角色。政治反对团体认为电视报道不公，要求创办电视台。

① 戴伯芬、魏吟冰：《台湾反主流影像媒体的社会观察》，载敦诚编《边地发声—反主流影像媒体与社运记录》，第51页，台北唐山出版社，1992。

② 余阳洲：《造反有理，时不我予—台湾异议录像的过去、现在与未来》，载台北《世新大学学报》第4期，第1—21页，1994。

③ 余阳洲：《造反有理，时不我予—台湾异议录像的过去、现在与未来》，载台北《世新大学学报》第4期，第1—21页，1994。

首先，民进党于1991年2月公布电视解禁计划，并开始一连串要求当局释出无线电视台频道的行动。1993年9月1日，包括蔡同荣、李镇源、李应元、吴树民等政界、学界、报界人士，组成民间传播股份有限公司①，这是后来取得第四家无线电视台执照的民间全民电视公司的前身之一。另外，学界与社运界方面也针对无线电视台的表现及产权结构，提出改革诉求。他们所组成的媒体监督小组指出，三家无线电视台的新闻报道利用影像的剪辑，营造出特定的社会气氛。将"台独"分子型塑成破坏社会安定的民族的恶棍。企图将一个应当放入公共领域讨论的问题，转化为道德恐慌的根源，而予以道德上的责难。② 同时，他们也认为："三家无线电视台压缩反对势力的言论空间，大量呈现官方的选举议题看法，并时时佐以各种冠冕堂皇的口号与图腾……三台在一开始就否定自身为公共领域的角色，阻绝了不同党派、团体、势力的媒体近用权……自甘为党营机构，扮演传声筒角色。"③

紧接着，自由派色彩鲜明的学者联合组织澄社，在1992年开始着手，并于1993年4月出版了《解构广电媒体》一书。从学术、历史及批判的角度，该书提出了实际的建言，要求重新检讨广电媒体所有权与经营权的当局介入问题。其中对政党、军队退出无线电视台经营的观念，成为后来以迄目前为止，要求"党政军退出三台"呼声高涨的滥觞之一：任何政党不应经营广电媒体，国民党应退出中视……军事当局及与其有关之机构团体，如黎明基金会和军队袍泽储蓄会应让渡华视和其所控制的电台股权，并退出经营……当局"应订定法律规定媒体所有权与经营权分立，广电媒体的董事会依法由股东选举产生，总经理向董事会负责，严禁党、政、军等外力之介入。"④

同时，著名的经济学者、后来也曾任澄社社长的张清溪发表的一篇文章，或可表达当时一些学者的看法："公营事业既要民营化，财团进驻岂有办法避免。另一方面，也许更重要的是，财团进驻有何不好？世界上有哪个国家的经济发展不是靠财团的贡献。"⑤

---

① 冯建三：《广电资本运动的政治经济学》，第33－34页，台北《台湾社会研究》，1995。

② 廖伟程：《电视新闻的再现、重构、真实》，第344页，台北前卫出版社，1994。

③ 孙秀蕙：《三台电视如何报导二届立委选举新闻》，第129－130页，台北前卫出版社，1994。

④ 李金铨，郑瑞城等：《解构广电媒体》，第547－549页，台北澄社，1994。

⑤ 张清溪：《开放比民营化重要》，载台北《中国时报》，1995年2月21日。

出身台湾，现为美国明尼苏达大学新闻传播学院教授的李金铨曾说，当时台湾的电视是“硕大无朋的‘官僚商业勾结体’”。“十多年过去了，旧官僚体系也许已经崩解，但更精确的论述，或许应当说它已恢复本尊，变成披着政党外衣的商业复合体。”① 在混乱的政治生态中，媒体尤其是电视媒体，成为各党派，各种社会力量争夺的重要目标。媒体由于生存与利益的需要，与各党派联系紧密，有的属于某个党派，有的在各党派中合纵连横，八面玲珑，从中渔利。

以2004年台湾地区领导人大选的报道为例，电视台的报道方式就遭到诟病，早在一年之前，各大新闻台便已开始倒计时。每天的新闻主播会告诉大家大选只剩下多少天，“随着这套处心积虑建构出来的时间观，SNG连线每天带我们到全台湾大大小小造势的场子目睹各候选人的尖酸言论，以及一群群坐游览车来刚吃完便饭的群众高喊‘冻蒜’……一股巨大的力量正在制造集体亢奋，它对冗长的理性辩论没兴趣，愈仇恨愈对立的东西它愈喜欢，一个无形的精神紧张状态从电视荧幕扩散到整个社会。”②

政党喊出的媒体中立的口号，只不过是相对于反对党所控制的媒体而言，实则是不同党派的媒体争夺战。民进党由于当初手中的媒体不多，曾经将“党、政、军推出媒体”作为竞选口号，吸引选民。陈水扁在竞选时，还联合一批大学教授起草了一份《媒体政策白皮书》，声称自己如果当选，将推动媒体中立。这一口号在面对掌握强势媒体的国民党时，起到了有力的助选作用。在陈水扁当选后，民进党的舆论仍然不停地说国民党旗下的媒体不支持新当局，呼吁媒体中立。陈水扁还大谈媒体应走“新中间路线”。在电视媒体方面，民进党人士异常积极地推动无线电视台“公视化”，以此消解中视和华视背后的国民党势力。但是陈水扁的“媒体新中间路线”的说法，立即遭到各界人士的质疑。

“政治人物与媒体的关系一向爱恨交织，执政当局尤其如此。对于媒体报忧不报喜的批评自戒严时期以来，始终不绝于耳。这类批评之所以难昭公信的一个主要原因，在于政治人物在进行媒体批判时，从未真正放弃操弄媒

① 翁秀琪等：《当前台湾电视的生态问题》，载《无线电视公共化可行性评估报告》，“台湾行政院新闻局”，2006。

② 转引自苏蘅雅：《煞不住的下冲列车：台湾媒体批判》，第111页，台北米罗文化有限公司，2004。

体。”陈水扁“近来一连串以出书方式披露政权移交过程中的黑幕等动作，基本上也不脱为政治目的在操弄媒体，制造舆情的性质”。①

各种政治势力对媒体的争夺，从选举活动中得以充分的体现。1991 年允许政党利用电视竞选后，台湾媒体的言论空间进一步扩大，在选举中的卷入程度大幅加深。不少研究者认为，台湾地区的选举宣传，在 20 世纪 90 年代已经由“文宣造势”阶段，过渡到了“选举行销”阶段。所谓“选举行销”，其基本假设就是将候选人视为商品，选民就是消费者，选民的投票行为就是购买行为，即“政党就是企业，选战就是行销”。不论是什么样的竞选，什么样的造势活动，报纸、电视、广播都是作为最主要的媒体，以扩大宣传效果。

① 林鹤玲：《媒体如何摆脱政治纠葛》，载《媒体观察电子报》，2001 年 10 月 31 日。

第十一章　香港的媒介事件与媒介批评

香港早期的报纸主要是英文报纸，为洋商及殖民地精英服务，华人大众的需要被忽略。[①] 当时华人大众很少阅读报纸，也难以对报刊发出“批评”，故该时期报刊批评围绕着英文报纸展开，基本控制在港英政府政治的范围内。港英政府秉承英国的新闻自由传统，对不同意见一般采取容忍态度。在管制新闻的法律上有一套“备而少用”的苛刻条文，也有一套钳制传媒的办法。“在整个六十年代，香港共有108份报纸，光是1957年到1963年就有59份报纸创刊。1959年又有10份报纸创刊。而这当中大部分属‘同仁报’。”[②] 这表明，香港新闻界从20世纪60年代开始繁荣。

第一节　香港回归前的媒介风暴

1951年隆冬，香港九龙城东头村发生重大火灾，导致14000人流离失所。广东各界决定组织慰问团前往香港赈灾，但香港政府却封锁了罗湖至尖沙咀一线。1952年早春，粤穗慰问团筹备委员会200多位代表乘火车前往罗湖，遭香港警察拦阻。20万香港群众到尖沙咀欢迎慰问团，也在粉岭遭到港英政府阻拦，说慰问团不来了，香港警察与群众发生冲突，死一人，伤多人，拘捕100多人，其中18人被判有罪，这就是“三一事件”。[③]

一、港英政府治下的媒体冲突

针对“三一事件”，《人民日报》发表短评，抗议英帝国主义捕杀香港的

① 李谷城：《香港中文报业发展史》，第31页，上海古籍出版社，2005。

② 张圭阳：《金庸与报业》，第21页，香港，明报出版有限公司，2000。

③ 白润生编著：《中国新闻通史纲要》，第565页，新华出版社，1998。

我国居民。第二天，香港《大公报》、《文汇报》、《新晚报》全文转载《人民日报》短评，刊登粤穗慰问团声明，被香港警方认定为“刊载煽动性文字”。当局逮捕了费彝民等三人，酿成“《大公报》案”。不久，香港法庭宣布，对费彝民罚款4000元，另支付控方诉讼费1500元，《大公报》停刊半年。这是香港《管制出版统一条例》规定的停刊最高期限。周恩来代表中国政府发表声明说，《大公报》是中国人民的报纸，令外交部就“三一事件”和《大公报》案向英国政府提出严重抗议，迫使香港政府并未实行法院判决。

1967年，“文化大革命”波及香港，酿成了“六七”风暴（又称“六七”暴动、“反英抗暴斗争”）。5月6日，在左派工会的发动和组织下，工人举行静坐罢工，香港警察用防暴枪和催泪弹对付罢工的工人，到5月14日共有400人被捕。从5月16日起，香港左派发动各新闻单位、工厂、学校、电影公司和其他中资机构的干部群众，到港督政府前游行示威，张贴大字报，勒令港英政府立即释放被捕的中国工人和居民，并向全港中国同胞赔礼道歉。5月16日到20日，成立了“香港各界同胞反英抗暴斗争委员会”。

8月7日港英政府查禁《香港夜报》、《新午报》、《田丰日报》及承印这三份报纸的印务公司，这三份报纸是以狗马经及黄色内容为主的小报，读者为低下阶层。在暴动期间，三报经常以激烈煽情字眼谩骂港英政府，《香港夜报》更以通栏横题大书：“鲤鱼门外突现中国炮舰，驶向香港海域”，令当时混乱的社会深受震荡。①

在这段时期内，一些中立于国、共两党之外的报纸受到激烈的批评。金庸的《明报》“建明印刷公司”机房的一名工人，乘工作之便偷偷在《明报》版面上做手脚。6月23日早晨，《明报》一出版，立即引起轰动，第四版上赫然刊出一篇题为《敬告同业行动起来》的声明，署名“明报机房工人斗委会”。内容说，《明报》机房工人已成立斗委会，呼吁同业不要承印《明报》：“我们流血流汗，捱更抵夜，老板却赚了大量金钱，到瑞士去做寓公，这样的事情绝对办不到。”②

1967年7月13日，《明报》发表《恐怖世界，人人自危》社评，谴责左派。结果出现了媒介间的恶性指责。7月23日，《新晚报》以三行大字标题刊出了一篇半文不白、充满恶毒谩骂的“奇”文：

---

① 王庚武主编：《香港史新编》，第529页，三联书店（香港）有限公司，1997。
② 张圭阳：《金庸与报业》，第160—161页，香港明报出版有限公司，2000。

绿村电台《特种狗经》介绍

最佳汉奸狗胆豺狼镛

系一只反骨阴湿恶狗①

该文揭发金庸的"恶劣言行"，指出他的人生哲学就是"人不为己，天诛地灭"，"为个人的私利，什么事也可以做"。凡是港澳"爱国同胞"，"人人都恨不得宰而烹之"。② 政治风潮引起了香港媒介批评的异化，甚至发展到暴力批评。1967 年 8 月 24 日，香港商业电台著名男播音员林彬，因为在《大丈夫》、《欲罢不能》节目内猛烈批评左派分子，被左派分子浇上汽油，活活烧死。他的死震惊了整个香港，新闻界人人自危。

林彬被杀害后，金庸被列入左派分子暗杀的六人黑名单，其他五人包括立法局议员李福树、简悦强等。金庸家还收到一个邮包炸弹，有人发现邮包可疑，于是报警，警方在金庸的家门口引爆了那个炸弹。③ 事后，金庸暂避新加坡。其间，承印《明报》的印刷厂常遭到攻击，几百位左派分子气势汹汹赶到南康大厦，准备对《明报》进行破坏，扬言要火烧《明报》。因为《明报》事先有所防备，将《明报》编辑部的标志拆了下来，在大门外安装了铁闸门，字房工人甚至把铸字用的铅熔成为铅液，以备暴徒来犯时防卫。汹涌而来的人流一下子没找到编辑部所在，等找到时，铁闸门关上了，混乱中大队警察赶到，《明报》才免于一劫。④

"六七"风暴左派分子也到其他传媒机构捣乱，如围困《工商日报》，焚烧了《天天日报》的车辆，投掷石头。左派分子炸毁了《华侨日报》采访车，剪断了丽的呼声电视电线，南华早报报社被置炸弹。⑤ "六七"风暴是在内地"文化大革命"特殊时期发生的，对共产党控制的香港报纸造成了极大的伤害，事后，这些报纸读者减少，销量大跌。

1967 年香港电视台 TVB 开台，正值"六七"风暴结束，港督戴麟趾致辞表示："开台时香港正值动乱结束，需要正确的报道，所以大众报道负有重大责任。这是一个疯狂的年代，大家都很需要真正的资讯。"⑥

---

① 傅国涌：《金庸传》，第 220 页，北京十月文艺出版社，2003。

② 杨莉歌：《金庸传说》，第 161 页，台北，远景出版事业公司，1997。

③ 傅国涌：《金庸传》，第 221 页，北京十月文艺出版社，2003。

④ 傅国涌：《金庸传》，221－222 页，北京十月文艺出版社，2003。

⑤ 张圭阳：《金庸与报业》，第 165 页，香港明报出版有限公司，2000。

⑥ 吴昊：《香港电视史话》，第 115 页，香港次文化有限公司，2003。

六七十年代香港经济腾飞，香港本土意识加强，国、共两党舆论机关已不是报业主流，中间派报纸长期占据发行量前位，香港新闻业得到了发展。《东方日报》、《明报》等主流、中立报纸发展势头强劲，电视业兴起，而至70年代后愈加兴旺。“自由”的新闻界对香港经济腾飞，贡献巨多。虽然，“六七”风暴过后，香港媒介话语被政治话语挟制的状态仍没有改变，当1976年毛泽东逝世的消息传到香港，TVB新闻报道员刘家杰在直播新闻中，加重语气说：“全港市民流泪”，立刻引起反共人士的不满，当晚有几百人包围电视台示威。①

1988年8月1日，香港总督卫奕信在《星岛日报》社庆50周年贺词中说：“在过去50年代来，《星岛日报》为香港市民提供有关本地及海外的最新消息，其社论及副刊亦为读者提供资料丰富及趣味盎然的可读文章。”②英国工党党魁甘若克也表示：“在多元化的英国社会，《星岛日报》扮演重要的角色，既能满足独特社会的需求，又能对整个社会的生活质素及多姿多彩作出贡献。”③

二、回归前后的政治与黄色风波

“九七”日益临近，香港媒体生态也在悄悄地酝酿着变化。香港的前途成为普通香港市民关注的焦点，更是香港媒介报道的重点，而香港媒介也出现了一些激烈事件。

1988年11月中旬，《明报》老板金庸赴广州出席香港基本法起草委员会政制小组会议，他提出的“新协调方案”最后成了“主流方案”。由于对方案产生异议与误解，11月30日，香港的几所高校，如岭南学院、理工学院、树仁学院的20多名学生代表，打着“你有强词夺理的自由，我有火烧《明报》的道理”，“歪曲事实引得人人愤，断章取义必须引火烧”两个横幅，在围观群众的簇拥下来到北角英皇道《明报》大厦门前。他们一遍遍高呼“维护香港人利益”、“要公理”、“不许出卖香港利益”等口号，将11月25日至27日的《明报》和这三天放大复印的社评烧毁。学生代表在演讲中说，金庸身为起草委员会政制小组的港方负责人，本应一切从维护香港人利益出

① 吴昊：《香港电视史话》，第113页，香港次文化有限公司，2003。

② 寄丹：《报业豪门：胡文虎、胡仙传》，第162页，广州出版社，1995。

③ 寄丹：《报业豪门：胡文虎、胡仙传》，第115页，广州出版社，1995。

发，他不但没有做到这一点，“反而受中方的旨意，一味迎合中共的要求，不惜出卖香港人的利益以谋自己的私利”。[①] 一些学生认为，他在《明报》一贯标榜“自由、公正”，在这次“主流方案”风波中不仅没有站在公正立场为民请命，以中立、客观的态度报道事实真相，反而将《明报》当作个人狡辩的阵地，成了他的私器。学生界认为金庸已不能持公正的立场，应辞去政制小组负责人一职，以谢香港之民愤。同一天，不断有学生和民主派人士游行到《明报》大厦门外，向金庸提交抗议信。[②]

黎智英率《壹周刊》杀入竞争激烈的香港传媒业市场，引发了传媒业的生态变化。1993 年 11 月 18 日，黎智英的寓所遭掷汽油弹。在这一年，香港《壹周刊》杂志偷拍艺人梅艳芳一组照片，引发了香港表演协会、艺人协会的一批艺人抗议新闻媒介不道德的采访，侵犯艺人的隐私权，联合采取了一次空前的抗议行动。消息宣布后，在场的所有艺人都带上口罩，以示拒访的决心。以往艺人得罪“娱乐记者”，遭“娱乐记者”封杀时有发生，而这次由艺人封杀“娱乐记者”倒是历史上的首次。[③]

此后，香港传媒业处境日趋恶化，东方报业集团为与《苹果日报》竞争不惜“搏出位”，甚至挑战司法权威。1998 年 1 月 24 日，律政司发表声明，决定控告东方报业藐视法庭；6 月底，高院裁定《东方日报》前总编辑黄阳午及东方集团藐视法庭罪名成立，黄阳午被判入狱四个月，而东方报业被罚五百万元。[④]

“九七”回归，香港结束了英国长期的殖民统治，整个新闻业的政治生态发生了本质变化。中、英二元政治的结束，香港与内地的互动成为主导性话语。在这个时期，国内外大环境都趋于稳定，香港也迎来了历史上的发展期。香港新闻业转向服务大众时期，虽然国、共两党在香港的“文宣”斗争比较显眼，但已不是香港新闻业主流。

1998 年出现了香港新闻史和香港媒介批评史上的重要事件——“陈健康事件”，几乎引起了大规模地对香港不良媒体的批评。这宗最不“健康”的传媒事件，跟随“人办”[⑤] 的狗仔用金钱买新闻，报纸销量有所提升，但

① 转引自孙宜学：《千古文坛侠圣梦：金庸传》，第 250—251 页，团结出版社，2001。
② 傅国涌：《金庸传》，第 364—365 页，北京十月文艺出版社，2003。
③ 夏春平：《香港文化色彩》，第 221 页，龙门书局，1997。
④ 李少南编：《香港传媒新世纪》，第 155 页，中文大学出版社，2003。
⑤ 广东话“人类的反面教材”的意思。

"捏造新闻"的恶名昭彰，受尽香港社会及新闻从业组织的指责。

1998年10月，香港上水天平村一名妇人因为承受不了丈夫在内地"包二奶"的打击，从14楼寓所的露台上先后将两名10岁和6岁的儿子抛落街头，然后自己也跃下自杀，惨剧触动人心。事发后，该妇人的丈夫陈健康从内地返港，接连接受多家传媒访问，公开承认自己所为，并批评刚去世的太太，不能满足他的性需要，自谑为"人办"，陈健康顿时成了最不健康的人渣。而《苹果日报》却利用这一事件，继续编造陈健康的桃色新闻，在媒介产生了极坏的影响。《苹果日报》派出记者跟随陈健康北上寻欢，将镜头全部拍摄下来，连日以头版头条新闻，配合"精彩"图片，做了大篇幅系列报道。这个系列报道引起社会人士的强烈谴责。出人意料的是，陈健康在强大社会压力下，承认他是在接受记者5000元"津贴"后，"做秀"给记者拍照的。

《苹果日报》1998年11月10日，头版刊出黎智英署名的道歉启事，开了香港报业史上头版刊登道歉启事的先河。

2000年4月，香港有18个来自教育、社工、家长及宗教团体自发地联合起来，共同展开了反色情暴力信息运动。4月2日，举行"嫖妓指南是长期影响心态的信息"研讨会，探讨报刊嫖妓指南对青少年的毒害。4日，各团体派代表在香港政府总部外举行集会，约见了《东方日报》、《苹果日报》两大报的负责人，表达了集会参与者的不满。

第二节　媒介事件与媒介批评的母题

彼德森将20世纪媒介批评的主题归纳为七个方面[①]，其中核心问题是"报刊危害社会道德"的主题。在当代，香港的媒介批评众声喧哗，不同批评者关注不同的对象，发出不同的声音，但大都同媒体人的职业道德有关。尽管批评内容涉及香港传媒的方方面面，批评的"高频"话语几乎都是围绕同一类"母题"而发出的，其中主要有：1. 苹果化（香港传媒报道风格）；

① 谢静：《建构权威·协商规范：美国新闻媒介批评解读》，第125页，复旦大学出版社，2005。

2. 狗仔队（香港传媒从业人员的伦理）；3. “煽色腥”（香港传媒内容的黄色倾向）。

一、对报刊“苹果化”的抨击

“苹果化”是对香港传媒文化、传媒的整体风格的概括，也是《苹果日报》创办以来，较为集中的批评主题。1995 年《苹果日报》创刊，改变了整个香港传媒业生态。无论是报纸风格、报道手法、经营管理等新闻业的各个方面，一些报纸纷纷向《苹果日报》看齐。这就是香港报纸“苹果化”的倾向。

《苹果日报》创办初期曾发文说：“去年筹办《苹果日报》本报管理层觉得当时报纸没东西可看；所谓没东西看就是刺激不起阅读兴趣，社会上突发新闻只是一般性报道；副刊死板；娱乐版看一家即如看遍各家娱乐版，马经死气沉沉……在此时，激发本报之开创，要带给读者全新感受，于是定下方针，办一份充满活力的报纸，令读者重拾阅读乐趣。”①

1995 年 6 月 21 日，香港大学经济系教授张五常在题为《苹果何物》一文中指出，“在西方文化，凡是新发现，可口，有营养而又不知其名或尚未知其名的果实，初时皆称苹果……苹果象征美味可口，又增加对知识的追求……选用别有深意，还给读者以亲切感，受到读者的欢迎……报纸以一个可爱的红苹果比较特别和醒目，且喻意更深，有意思”。②

“苹果化”“泛指用电脑排版，多用彩色，绘图，美术设计，甚至出位以求变，创新等编排手法均被入‘苹果化’的意义之中。”③《苹果日报》从日本购入可侦测警用频率的采访车到处“碰”到新闻；狗仔队随之出现；设风月版以迎合某些读者趣味；一切以港闻为主，并且以耸人图片、标题和如故事般的写作手法来突破传统；大量使用广东话，必要时依声借字或造字；而更具影响的是，它大幅提高新闻工作者的薪酬，要求属下员工专职，令其他传统报纸黯然失色。

20 世纪 90 年代前，香港报纸的版面设计水平相差不大，缺乏相互促

① 苏钥机：《完全市场导向新闻学：〈苹果日报〉个案研究》，陈韬文等编《大众传播与市场经济》，第 215 页，庐峰学会，1997。

② 吕家明：《黎智英传说》，第 144 页，台北远景出版事业公司，1997。

③ 陈世光：《香港大众传播产业概论》，第 148 页，香港天地图书公司，2001。

蘋果
日報
變態色魔
殺妓燒屍

图 11－1　2006 年 6 月 23 日《苹果日报》头版

进的动力。《苹果日报》成功创刊后，立即促成香港报业版面的改革，吸引到大批的年轻读者。《东方日报》也随即改版，加强电脑美工设计，图文并茂，这就是《东方日报》的“苹果化”。

香港中国通讯社港澳新闻部主任施清彬指出：“读者对象为中上层的《明报》、《星岛日报》，也加强电脑排版、制图的技术操作。一是突发事件的电脑制图，还原新闻现场，电脑图片解说，形成了立体报道的方式。二是财经新闻，易读性，趣味性。这些适应新的报纸风格的变革，也被涂抹上‘苹果化’的意涵。”但是，电脑技术的普遍应用，也为报纸对新闻图片加工提供了方便，在处理凶杀、自杀、意外死亡的死者图片时，很多报纸用电脑技术将血色变得鲜红，增加感官效果。电脑制作的假新闻图片更是难以分辨，使新闻图片的真实性原则受到了冲击。“为了刺激感官，编辑不避血腥和恐怖，猎奇取胜，品位低下。”①

何良懋评价说：“报纸版面改革的精神，首先是从娱乐版的采访手法‘发难’。这方面不得不承认是《苹果日报》首开其端，打破娱乐版记者过去互相‘夹料’的恶习，引入了突发新闻互相竞争精神，将娱乐新闻纳入港闻化的正规采访模式，鼓励互动式业务竞争，成为年度新闻革新一大德政。”②但明星艺人对“狗仔队”的这种“揭密式”报道深感不满。在 1995 年 7 月中旬，香港演艺人协会决定抵制全港新闻传媒 3 天，在这期间内不接受任何访问。③

近年来，一些社会学家批判了社会的“麦当劳化”④，而“麦当劳式”的报纸在他们看来是社会的“麦当劳化”在新闻业的表现。关于“市场导向

① 施清彬：《香港报纸商业战》，第 79 页，香港太平洋世纪出版有限公司，1994。
② 何良懋：《颠覆传媒》，第 30 页，香港次文化堂，1997。
③ 施清彬：《香港报纸商业战》，第 83 页，香港太平洋世纪出版社，1994。
④ ［美］乔治·里泽著、容冰译：《麦当劳梦魇》，中信出版社，2006。

新闻学”，西方报业理论家麦曼莱斯的《市场新闻业：公民自行小心》一文已有详细的分析批判。香港中文大学教授苏钥机认为，《苹果日报》的理念是“完全市场导向学”：“不太准确却颇为传神地说：我们可以用‘完全市场导向新闻学’来形容《苹果》的路向。”① 而香港学者俞旭与黄煜将其概括为以下三个特点：1. 将阅听人视为消费者而非一般具有理性沟通能力的公众；将新闻资讯作为普通商品而非公益品；2. 个人的选择与消费决定是媒体的终极制裁；3. 商品拜物教与市场无形之手的法则成为新闻业的意理与价值观。②

《苹果日报》在香港发行量大增，自然赚了大钱，依香港学者胡恩威看来，它的这种市场成功有以下几个原因：首先是高效率的现代发行、市场、管理、制作突破了香港传统办报落后的经营模式；其二是迎合了香港人90年代以来的犬儒悲观、今朝有酒今朝醉阴谋论的意识。在这别无选择的环境中、纸醉金迷的社会中，文化传媒工作者只可求存，很容易出现“酸秀才”心态和厌人成功、妒人富贵的心理，欺善怕恶，只敢挑剔 easy target（容易受袭的目标）。更可悲的是，《苹果日报》的报业同行并没有深入思考该报成功背后的各种原因来改革创新，用创新和提升品质来和该报进行竞争。大家只懂跟“苹果风”，目标是成为《苹果日报》的“复制版”。一些标榜走大报知识分子路线的报纸，编采素质和销售量也是年年下降。③

整个香港新闻业的“苹果化”引来有识之士的忧虑和批评。中文大学的梁伟贤批评说，“传媒内容已经退化为垃圾堆，而新闻资讯更日趋煽情和小道消息化”。④ 胡恩威批评说：“我们当然可以简单地把这种情况算作《苹果日报》创办人黎智英的责任，但香港新闻素质下降、反智风气盛行是香港传媒的集体创作，这也反映了大部分传媒投资者忽视传媒维护人文精神和推动知识发展的社会责任。《明报》、《信报》、《星岛日报》近年也出现‘精神分

---

① 苏钥机：《完全市场导向新闻学：〈苹果日报〉个案研究》，载陈韬文等编《大众传播与市场经济》，第230页，庐峰学会，1997。

② 俞旭、黄煜：《市场霸权强势典范与传媒的伦理道德：香港个案之研究》，载台湾《新闻学研究》总第55期，1997。

③ 胡恩威：《香港报业苹果化的十年》，华尔街社区，http://bbs.wswire.com/viewthread.php?tid=52139。

④ 梁伟贤：《常见恒久的媒介操守问题》，摘自李少南编《香港传媒新世纪》，第155页，香港中文大学出版社，2003。

裂’的情况，强调理性独立新闻方针的同时，经常出现标题‘苹果化’、新闻简单化、文字广东口语化的情况。在培养作者评论人方面，也只重视专栏式的表态文章，《信报》林行止每天的深入评论可以说是后继无人。而《信报》作为香港目前唯一的分析文字主导报，也出现精神分裂的情况，像早前在文化版出现张爱红《定淫与宣淫》一文，活像《东方日报》‘功夫茶’专栏和《苹果日报》李八方的谩骂游戏文章。‘大学变妓院、十亿包起医学院’等刻薄的文字风格、引江湖奇书作道德高位指标，是犬儒文学的典型。这种游戏文章其实不值一提，但在《信报》文化版出现这种与知识分子报格格不入的文章，也说明了‘苹果基因’对香港报业的影响。”①

香港凤凰卫视评论员曹景行批评香港报纸“苹果化”的表现，在道德和恶劣影响方面，做了全面分析。他指出：“在一个非常自由的、非常商业化、市场化的环境当中，《苹果日报》开创了一个没有任何道义，也不讲任何价值观念的媒体行为的先河。你要什么我就给你看什么，就给你做出什么来。这样一种媒体行为对香港整个媒体行业的冲击是非常大的。《苹果日报》出现后的十年，香港媒体发生了根本的变化。有它好的一面。比如它给香港媒体陈旧的管理模式、发行方式以及死板的版面设计，带来了冲击。但是也有坏的方面。狗仔队也是从那个时候开始出现的，他们用破坏性的手段来报道所有的新闻，包括政治新闻、经济新闻，尤其是娱乐新闻。可以说，十年的‘苹果化’，从根本上颠覆了香港的新闻道德价值观。”②

“苹果化”在一定程度上被批评人士过度“抹黑”，具有一定的坏语感。但对待“苹果化”应从公正、客观、历史的角度分析。“苹果化”之前的香港报业死气沉沉，各个报纸在“卡特尔”③ 协议下，各自分肥，无意改变保守的报业文化。《苹果日报》杀入市场后，引来香港新闻业的生态剧变，带来了不少可喜的变化，比如：讲究娱乐新闻独家报道，图文并茂，增加可读性，增强读者意识。当然其负面作用亦不可忽视。彭家发教授的说法比较公允：虽然如此，壹传媒集团刊物也有很多优点，例如，它的“小册子新闻学”，生活时尚报道，服务新闻学，超市新闻学，以及通天晓新闻学，都很

---

① 胡恩威：《香港报业苹果化的十年》。华尔街社区：http://bbs.wswire.com/viewthread.php?tid=52139

② 曹景行：《文化选择中的媒体专业道义》，载《解放日报》，2005年08月02日。

③ 香港报业协会的价格协议。

不错，即夹叙夹议的价值新闻学与深入探索之多层次透视新闻亦表现得可圈可点。①

二、对“狗仔队”记者的斥责

在香港媒介批评的话语中，“狗仔队”无疑是高频词汇，香港新闻从业人员或受众都对其司空见惯。“狗仔队”这一词汇来源于意大利文 Paparazzi，首次出现于1958年，正式翻译名应为“追踪摄影队”。1960年，意大利导演费里尼的电影《甜美生活》中，男主角马斯杜安尼就是八卦新闻记者。1963年，费里尼的电影《八部半》再度出现八卦新闻记者的角色，给人们心中打上“Paparazzi”的鲜活印象。20世纪50年代的香港警察部刑事情报科擅长追踪案件，以跟踪、窃听的调查方式闻名，便衣刑事侦查员外号叫“小狗队”，取意于狗类擅用灵敏的嗅觉，追踪猎物。香港狗仔队是警方正式成员，刑事情报科、政治部、毒品调查科等警方都设有“狗仔队”②。

这种调查追踪方式后来被香港记者发扬光大，日夜追踪新闻人物、艺人等。由于长时间的跟踪、守候，非一人可以独立完成，这群善用镜头捕捉消息的记者就被统称为“狗仔队”了。

图11－2 香港“狗仔队”跟拍艺人

在香港传媒史上，“狗仔队”大显身手是在1995年6月，即黎智英创刊《苹果日报》之时。把“八卦”③变为商品的正是《苹果日报》的老板，人称“肥佬黎”的黎智英。《苹果日报》创刊成立了300多人的编辑部，而在此前一般报纸编辑部与采访部合起

① 彭家发：《传媒文化之移植：以香港传媒集团成立台湾姊妹集团为例》，载单波、石义彬主编：《跨文化传播新论》，第174页，武汉大学出版社，2005。

② 巴图：《香港洪帮》，第330页，时事出版社，1996年。

③ 据说，原本香港专门刺探或讨论别人的隐私或内幕的杂志都是八开大小，而粤语的八开（8k）与八卦音近，所以人称“八卦杂志”。也有指早年香港黄色书刊发行时，会在封面照片上的重点部位加贴八卦图，类似现在的打格子效果，以避法律责任，于是这一类杂志便称为“八卦杂志”。

来也就二三十人。张圭阳说："更重要的是黎智英颠覆了报纸内容，完全市场导向，头版必是耸人的大标题。黎智英办报的另一个特色就是'丑闻新闻'。为了抢新闻，《苹果日报》开设'现场 team'，配备高速机车、无线电截听设备、照相机，一旦监听到警察无线通报后，立刻奔赴现场，作业标准是'务必比警察更早到'。这样就可以拍到未经破坏的现场画面，通常为车祸、凶杀、火警等血淋淋镜头。'记者们按区域巡街，每早都会到医院、消防队、警察局去走访一圈，看看有没有什么怪事新闻发生。'"①

图 11－3 "狗仔教父"的《苹果日报》创始人黎智英

在香港娱乐新闻史上，"狗仔队"追访娱乐界隐私，如"王菲窦唯婚变"、"梁朝伟刘嘉玲分手"、"成龙章子怡传绯闻"、"龙种事件"等，都是"狗仔队"的"杰作"。狗仔队的出现，促进了香港娱乐新闻业的竞争，多家报纸相继成立了"狗仔队"。"狗仔队"不择手段的采访手法及报道，破坏了传媒的良好形象及公信力，一度引起社会强烈的批评。"陈健康事件"、"洪宝之恋"、"豪门争产"等，都是"狗仔队"的杰作，受到了广泛谴责。

香港作家冯木清批评说："由于香港快餐式信息的盛行，因此造成了本地记者素质整体偏低，大部分只是抄录员而已，因此我基本上认同'太幼稚'的'指摘'。"香港的记者非常年轻，一半以上是女性，平均年龄不足 30 岁，51％在 30 岁以下，85％不过 41 岁，只有 7％的人在 50 岁以上。有 5 年经验的新闻从业人员，差不多就处于领导、管理阶层，很多"资深记者"年龄不足 30。五六十年代，香港记者以"学徒派"为多，70 年代以后以"学院派"为主，90 年代大约有 78％以上受过高等教育，其中约有 48％是新闻传播专业的毕业生。② 香港记者队伍流动性很大，加入新闻行业的平均年限只有 5 年零 9 个月，55％的从业人员在受聘单位工作不到两年。1990 年，报界人事变动率竟高达 70％，真如铁打的营盘流水的兵。学者陈昌凤评论说："因为年轻，更因为行业媒体间竞争压力和香港人

① 李伟、戈旋：《八卦拳　狗仔队》，载《三联生活周刊》，2002 年第 11 期。
② 陈昌凤：《香港传媒：欲说还休》，载《时代传媒》，2002 年第 11 期。

特有的'搏杀'精神，香港记者之善于'死打烂缠'是出了名的。他们在采访中有'等功'、'缠功'、'追功'、'闯功'等看家本领，'英勇善战'的女记者有时令男同行不得不快快让道。香港记者还长于'包围战'，战术包括用麦克风("咪")的电线缠住采访对象，最'经典'的事件莫过于记者在采访时用'咪'敲破过当时港督尤德的头。他们刨根问底的'问功'也颇为了得，直到对方一连串的'无可奉告'然后挟起公文包逃出重围，或者惹得对方满脸愠色下决心从此戴着口罩出门，才心满意足就此收工。"[①]

批评"狗仔队"的主体多是香港艺人和高官，也有一部分市民。"狗仔队"对采访权的无限放大，直接对艺人或者市民造成权益上的损害，批评"狗仔"比批评"苹果化"来得更直接，更迫切，反映了香港文化的心理诱因。谴责"狗仔队"，表面上是批评一些不良记者，其背后却是心态复杂的香港市民和谋利的传媒老板。这两者的合谋，反映了香港市民的商业文化心态。

三、"煽色腥"与传媒操守

"煽色腥"与"传媒操守"紧密相关。"煽色腥"是长期以来香港传媒报道的重要特点，对此批评的不光有香港市民、媒介批评家和传媒研究者，还有各个行业的社会精英，包括社团甚至宗教协会。虽然传媒操守的下降是香港各个层面普遍关心的话题，但各界都苦无良策应付。

"煽色腥"（sensational）与"黄色新闻"大同小异。美国莫特教授曾指出，黄色新闻的技巧，经常带有煽动性大标题，伪造图片，捏造新闻等。香港的报纸不少都有"咸湿"版，可以说是一个老的传统，这是人所皆知的。[②] 全港 8 份综合性的报纸中，均有"咸湿"版，如"风月"、"开心坊"、"豪情夜生活"、"谈性说爱"等栏目。

这些专版表面上是向读者提供性事及心理常识，但实际是经常贩卖淫亵货色，以庸俗低级趣味来取悦读者。香港记者杜宝琪就曾对以青少年为销售对象的《苹果日报》作了抽样调查，时间是从 1999 年 7 月 1 日至 12 月 31 日，统计出有 61 天的头条涉及色情、暴力或血腥的内容，平均 3 天就有一次。

香港有线电视于 1998 年 7 月，在按次收费成人频道播映的其中三部电影，

---

① 陈昌凤：《香港传媒：欲说还休》，载《时代传媒》，2002 年第 11 期。

② 1903 年创刊的《实报》是现代色情副刊的先驱。载陈世光《香港大众传播产业概论》，第 9 页，香港天地图书有限公司出版，2001。

图 11－4　2006 年 6 月《壹本便利》以年仅 14 岁的未成年少女，穿一件半透明且湿透的睡衣照作封面，广受批评

内含一些不准在收费电视频道播出的露骨性爱镜头，露骨程度甚至超越了香港《电影检查条例》界定的三级电影的尺度。事实上，“卖肉”、“斗波”已是香港电视界的一股歪风。电视台惯以衣着性感的女士作为噱头来宣传节目，以期提高收视率。① 1999 年 4 月 23 日，广播事务管理局对亚洲电视播出的《今日睇真 D》之《名校教师泰国荒淫实录》在合家欢时间播放，互动电视播映的《捷克猛男对对碰》，也有露骨的性爱镜头。

对此，各界经常发出“强烈劝喻”和“严重警告”。学者陈嘉彰总结道：“综合香港报纸所呈现的煽色腥内容特质有：1. 版面编排上掺杂大量的广告，甚至是头版全版广告，影响阅读，如《成报》、《明报》等。部分版面的广告内容大于新闻内容，如《东方日报》、《苹果日报》、《星岛日报》等。2. 在新闻处理上经常小题大作，或运用大量夸张、耸动的报道方式。如 2000 年 7 月 4 日市区顽猴闯荡的新闻。3. 对于车祸、斗殴、凶杀等意外新闻的处理手法可议，在取镜上毫不考虑当事人的隐私权而清楚刊登，连血流满面的照片也不做任何处理（如马赛克）。如《太阳报》、《东方日报》、《苹果日报》、《成报》等。4. 对于犯罪新闻的过程描述过于详细。如《太阳日报》、《东方日报》、《苹果日报》。5. 狗仔文化盛行，喜挖名人隐私，见诸报端。如内地女星赵薇走光照（《太阳报》、《苹果日报》）、江欣燕风骚露玉腿等（《太阳报》）。6. 辟有情色内容专版，内述文字露骨煽情。如《太阳报》、《东方日报》、《苹果日报》等。7. 刊登情色广告，清楚刊载从事色情服务小姐的花名、照片、价钱及联络办法，如《太阳报》、《东方日报》、《苹果日报》等。”②

香港媒介批评家谭志强在《香港“淫贱资讯”兴起的背景与基础》说：“1989 年 6 月民意挫折后，香港于 1990 年开始出现一种以专挖名人黑幕丑

① 陈世光：《香港大众传播产业概论》，第 156 页，香港天地图书有限公司，2001。
② 陈嘉彰：《港报内容乱象可为我净化新闻之殷鉴》，载台湾《国政评论》，2001 年 6 月。

闻（主要指政坛人士，商场富豪，影视明星等）的‘扒粪型’娱乐新闻周刊。其中《壹周刊》（创刊于1990年）与《东周刊》（创刊于1992年）这两本‘扒粪’周刊，专门采取种种‘出位的’（offsided）‘作大的’（exaggerated）报道手法，专曝名人们不堪对外人道的丑闻秘史，曾创下每期18万份以上的销量记录，对香港新闻事业生态和传统新闻专业理念，带来强烈的冲击，后来更感染到香港大众化的报纸采取这种采访报道的方式。”①

香港学者何舟批评“膻色腥”出现的原因是：“1. 大众化商业社会的价值取向和审美情趣；2. 商业化传媒的“煽情化”倾向；3. 移民社会的低文化构成；4. 快节奏社会的生活压力；5. 粤语方言文字化的影响；6. 一些传媒和传媒从业人员的无社会责任感；7. 教育质量的降低；8. 富裕社会中青少年的不思上进；9. 一些传媒从业人员素质的低下。”②

香港学者梁伟贤对香港过去15年（1986—1996年）有关新闻传播媒体违背专业操守的149个媒介事件做出分析，发现可以将它们纳入若干类别③，他说：“从选出的6个具代表性的个案陈述与道德思考的分析，我们发现影响传媒做出违反专业操守的诱因包括政府、政党的利益考虑，商业利益的考虑，传媒机构（非商业）利益的考虑，传媒老板个人利益的考虑，传媒工作者的利益考虑和读者的利益考虑。”④

凤凰卫视何亮亮批评香港传媒操守堕落，斥责传媒“淫贱化”；成龙批评《苹果日报》是“淫媒”。许多市民和学者批评报章的“风月版”为“嫖妓指南”。蔡志森批评说：“香港色情资讯泛滥，当街当巷售卖色情刊物的现象，连以性开放见称的欧美国家，恐怕亦自愧不如！香港在性资讯方面十分开放，但在性教育方面却又十分保守；家庭、学校和教会对性的问题仍然诸多回避，令青少年生活在一个十分矛盾，甚至感到虚伪的环境！”“一些传媒将赌博、抽烟、酗酒、黑社会等负面行为加以美化，对青少年价值观的影响

---

① 老冠祥主编：《破口上的螳螂：新闻线上的信仰反省》，第98页，香港宣道出版社，2001。

② 何舟：《香港传媒的退化》，选自何舟、陈怀林编著《中国传媒新论》，第335页，太平洋世纪出版社（香港），1998。

③ 梁伟贤：《常见恒久的媒介操守问题》，载李少南《香港传媒新世纪》，第155页，香港中文大学出版社，2003。

④ 参见梁伟贤：《为谁服务：老板、集团、党派、还是读者？——传媒操守的个案与理论》，载李少南编《香港传媒新世纪》，第155页，香港中文大学出版社，2003。

也是深远的。打开多份畅销报章，体育版已变成了赌博版。”①

香港色情泛滥和黑社会猖獗一直是个社会问题，而不光是传媒内容。许多民间社团和香港精英对此做出过严厉批评。香港女协、香港青年协会、香港社会服务联会、香港小童群益会、基督徒记者团等社会团体也经常关注传媒操守，甚至掀起社团的批评运动。但香港媒介批评却显示了它的无力，其背后的政治、经济压力，把“媒介批评”淹没在媒介艰难生存的呼声中。

四、媒介事件及社会反响

1994年11月14日晚上，香港电视观众在本地两家电视台的荧光幕上，看到一位身材较胖的女士，“落落大方”、甚至是“沾沾自喜”地重述她如何挑逗十多位的士司机，和跟他们上床的经历。节目还访问了这位女士的“未婚夫”，他表示自己并不介意“未婚妻”跟别人上床，二人更在镜头前亲热一番。在众多媒体跟进报道和市民加入讨论传媒操守的问题之后，这位女士终于透露，而电视台也承认，她愿意“自曝内幕”的原因，是收了电视台的金钱。

这就是香港媒介批评史上的“欲海肥花”事件。而像“欲海肥花”这样具有“批评价值”的事件往往是“突如其来的事件”，即由于该事件造成“社会次序的破坏”，令人无所适从，需要通过“媒介批评”来加以贬斥而不使其泛滥。在这些媒介事件中，对香港传媒操守的一些观察，探讨各种操守问题的不同形态，分析各种成因，做出相关的“道德思考”（moral reasoning），最后尝试研究传媒的“新闻典范”（Journalistic Paradigm）理论，探讨对专业操守产生什么影响②。这就是对媒介事件批评的意义。

2002年10月30日，以“字母女星被虐裸照曝光”作封面报道的新一期香港《东周刊》一摆上香港大街小巷的报摊，立即引起轰动，当天下午即告售罄。照片中该女星的双眼及胸部已用细小的马赛克遮盖，但其容貌和上半身仍清晰可见。封面右上角有“娱圈悲剧”四个字。其中多项内容都指向香港女艺人刘嘉玲。

11月1日，演艺圈十大团体联手举行名为“天地不容”的声讨大会，强

---

① 蔡志森：《论传媒工作者的质素与操守》，载于老冠祥主编《失落的使命：为混乱的香港传媒把脉》，第82—85页，香港，明光社，2002。

② 梁伟贤：《为谁服务：老板、集团、党派、还是读者？——传媒操守的个案与理论》，载李少南《香港传媒新世纪》，第139—160页，香港中文大学出版社，2003。

烈谴责《东周刊》为求促销，埋没良知，毒害下一代，并商议酝酿自当年反黑社会及反盗版游行以来最大规模的抗议行动。成龙、梅艳芳、杨紫琼、林建明、吴思远、毛舜君、张同祖及尔冬升等参加了声讨大会，联合发出声明，呼吁市民不要再购买或阅读《东周刊》，并应制止女星裸照在网上流传。

图 11-5　香港艺人集会抗议《东周刊》“字母女星被虐裸照曝光”的报道

香港特别行政区政府立法会八大党派和许多社会团体也随即发表声明，对《东周刊》的行径表示不齿，香港报业评议会严厉谴责该周刊罔顾新闻专业操守。市民纷纷向影视处发信和打电话，香港特别行政区政府影视及娱乐事务管理处在短短 3 日内就收到约 300 宗投诉。影视处决定将这一期《东周刊》送交淫亵物品审裁处评级。保安局局长叶刘淑仪也表示，警方会跟进此事，看其中是否涉及刑事和暴力行为。11 月 2 日晚，香港特别行政区行政长官董建华在公开场合对该事件表示愤慨，指出这种作法与香港社会的道德价值观抵触。

当晚，《东周刊》社长陈耀安和总编辑蒙汉明、新传媒集团行政总裁郑概强联合署名在各大传媒刊登道歉启事，承认“我们彻彻底底地犯错了”，承诺尽快对事件做出交代。社长陈耀安会后向传媒宣布了《东周刊》停刊的消息。他对《东周刊》停刊深表遗憾，对事件的受害人、传媒和《东周刊》员工深感抱歉。陈强调《东周刊》刊登此相片绝对不涉及金钱或者私人利益，已主动与警方联络提供资料。待事件圆满解决后，包括自己在内的三名高层会引咎辞职。身在海外的《东周刊》大股东杨受成也向各大传媒发出声明，表示对《东周刊》刊登女艺人裸照感到“十分震怒及羞愧”，并做出一个“痛心的决定”，“要求《东周刊》立即停刊，并马上采取善后措施”。11 月 3 日回到香港后，杨受成再次会见传媒，亲自向公众道歉。

但其他不良传媒竟然“顶风作案”。11 月 2 日，香港南华传媒集团旗下的《叁周刊》竟然又以“被虐裸照真相公开”作为封面故事出版新一期杂志，并且很快被抢购一空，又加印了再版。《东周刊》所言“其他传媒的炒作和渲染令事件越闹越大”固然是推卸责任，但也反映了某些香港传媒的真实状态。

此次事件也使香港公众要求特别行政区政府重新考虑修改法例、加强管制不良报刊的呼声日高。香港工商及科技局长唐英年回应公众的意见时表示，《淫亵及不雅物品条例》里对此已有一定监管要求，有关部门收到投诉后，会立即转交淫亵物品审裁处，如裁定有罪，最高刑处罚款100万元及监禁3年。

明光社总干事蔡志森在《勿让“东周”成为另一次“陈健康”事件》一文中评论说：“其实对这两次事件，几乎所有传媒群起而攻之，是因为这两个传媒机构错得太离谱，引起全城公愤，于是一沉百踩，但不少传媒每日仍在测试市民大众容忍程度的底线，它们所做的在本质上和这两个传媒机构分别不大，对一些以大同小异手法经营的报刊来说，这两个传媒机构最大的错误是‘搏得太尽’，行多了一步，以至跌出了底线，而不是经营手法和方针出了问题！在东周事件仍在全城怒吼的时候，《叁周刊》竟然敢于将女明星的裸照再登一次（甚至没有遮眼）就是最好的明证。东周事件只是传媒生态问题的冰山一角，若果大家没有积极的跟进行动，事件亦会像陈健康事件一样不了了之，过去几年的经验告诉我们，对于个别传媒机构犯错，其他传媒会十分乐意报道，但要批评一些传媒普遍出现的问题，不少传媒都视若无睹！若果今次的事件不是涉及艺人，没有大批公众感兴趣的演艺界人士出来表态，能否令传媒连日大篇幅报道亦成疑问。”①

岭南大学通识教育学院助理教授梁旭明认为：“最大的困局，是部分传媒认为，将报道煽情夸张，手法哗众取宠，再在相片及措词中淋血洒盐花，才是销量的保证。今次事件说明，市场导向的香港传媒在这狭窄视野下运作，最终也只会挑战这些做法的极限。可悲的是读者边骂又边看，最终受害的，不只是私隐受侵犯的受害人，更是广大公众的利益及品味。要打破这困局，可能要假借在环保政策中的一个常用词：‘可持续’的传媒运作，意指传媒在达致销量收益之余，不会牺牲公民社会应有的人性尊重、知识权、品味及道德意识，但最终成就这个可能的，是公众本身。”②

香港不同于其他地区的是它的地理条件，构成了它特殊的体魄——弹丸之城、风云之地。六百多万人口密集的“东方之珠”，市民社会化程度和彼此粘合程度通过传媒得到强化。2005年11月7日，香港《明报》报社收到

---

① 香港报业评议会，http：//www.presscouncil.org.hk/j/defaultc.htm。

② 梁旭明：《求真与私隐——“裸照的反思”》，载香港《传媒透视》，2002年11月。

一名男子送给总编辑的一束玫瑰花和一件类似礼物的小包裹。《明报》行政秘书兼总编辑私人秘书杨宝珊，拆开了那个邮包，打开小盒后发生爆炸，杨宝珊下巴、上唇顿感灼痛，右眼更感到模糊。报社人员马上报警。警方在现场发现随爆炸品一起送来的恐吓信，其内容是："《明报》姓金、张氏夫妇、总副编辑、社长：你们这一群人渣，在10月中做的好事，不用多讲你们也心知肚明，现送你们一份小礼物及给你们3天时间，用《明报》之身份捐3000万进公益金之户口及在报张（章）上刊登收据，你亦可当作一封开玩笑的信。但是你记得所有后果及员工之安全由你这人渣自负。3天！3000万，请以后你们也不要做这些事情，否则下次罚得更加利害！好自为之。"①

图11-6 2005年11月7日《明报》收到的邮包炸弹及其恐吓信

除极个别报社外，几乎所有报社均在头版头条位置重点报道《明报》的邮包炸弹案，表示支持。很多读者、传媒同业还以传真、电邮等方式向《明报》表示慰问。香港特别行政区行政长官曾荫权闻讯后马上表示："（警方）一定会追查到底……"香港特别行政区保安局长李少光也表示："绝不容忍任何不法事件影响新闻工作者。"11月10日，《明报》收到邮包炸弹及恐吓信的第3天，亦即恐吓信提及3天限期的期满之日，香港特首曾荫权罕有地专程到访《明报》编辑部。在与杨宝珊合影后，曾荫权还在杨宝珊贴在墙上的纸条上写了一句话：

"With great admiration of your courage（十分欣赏您的勇气）。Donald Tsang（曾荫权的英文名）"。他鼓励员工要坚强工作，"愈是环境困难，愈要坚强"。②

这并非香港媒介批评史的孤案，其实暴力批评十分普遍，不但针对香港传媒组织，而且也针对传媒从业者。比如，1998年8月19日，电台节目《风波里的茶杯》主持人、"名嘴"郑经翰，在广播道商业电台停车场，步往

① 戴平：《香港〈明报〉遭遇邮包炸弹疑云》，载《南方周末》，2005年11月17日。
② 戴平：《香港〈明报〉遭遇邮包炸弹疑云》，载《南方周末》，2005年11月17日。

电台大楼准备返回直播室途中，被两名职业“刀斧手”伏击。郑经翰身中六刀重伤，血流如注。郑经翰手脚部分神经被砍断，大量失血，经五小时接驳手术后转为稳定，但经医治后亦成残障。血案引起社会震惊，各界一致谴责凶徒的暴行。时任香港特别行政区行政长官的董建华对此表示关注，当天下午致电警务处长许淇安，要求警方尽快破案。但时至今日，仍是悬案一桩。这不是郑经翰第一次受袭击了，在 1994 年 9 月他就被人袭击，也被怀疑是与他的节目主持人身份有关。

香港媒介批评家老冠祥说：“就记者同行而言，新闻工作的目的是要维护香港言论自由，但是前提必须是新闻记者有免于恐惧的自由，否则在暴力的威胁下，香港的新闻自由也可能蒙上阴影。”香港新闻界遭到一连串暴力事件，令新闻界十分担心，直接给新闻工作者造成多重的心理压力。“虽然目前没有迹象显示，会有记者因此而离开新闻工作岗位，但是长远来说，可能会影响记者投身新闻界的热诚，增加家长反对子女加入新闻界压力。”①

第三节　媒介批评的多重力量

每一个公民都是媒介批评者，这是“天赋人权”，不证自明。同样，每个香港人都是香港新闻媒介的批评者。一位香港市民说：“每当我经过报摊，眼睛被人欲横流的报章杂志轰炸，心里为这个城市哀哭……”另一位香港市民说：“我最感愤慨的是：大众媒介‘公器私用’的情况到了令人震惊的

图 11－7　香港八卦报刊充斥报摊

① 老冠祥：《郑大班血案启示》，载于老冠祥主编《破口上的螳螂：新闻线上的信仰反省》，第 18 页，香港宣道出版社，2001。

地步！就像他们惯用煽情报道方式，以单元剧手法，肆无忌惮地践踏及蹂躏'新闻主角'，连死者也不放过！"① 香港这样的批评声音并不少见，但公民的批评只能回荡在街头巷尾。香港是一个市民化很强的社会，普通百姓谈论媒体就形成习惯，这是香港媒介批评的第一种力量。

一、市民媒介批评的主动性

图 11－8　香港市民在街头焚烧《壹本便利》周刊

过去，由于香港 75％以上的受众文化水平较低，对传媒容易产生过度依赖，乃至成为一种习惯，对传媒低品质的内容见怪不怪，乃至成为一种习惯。另外，一些受众的猎奇心理和庸俗趣味始终不减，不断得到传媒的迎合。这也是为什么传媒中淫亵内容虽屡遭口诛笔伐，仍然大有市场。那时，少数市民对媒介发出批评的声音多停留在"私人领域"，不愿投诉或公开表达对媒介的意见。2002 年 2 月 26 日，香港报业评议会专设研究小组发表了《市民对处理报章投诉机制的意见调查报告》，调查发现，市民不满意香港报章的操守，大多数认为渲染色情暴力、夸张煽情、侵犯隐私和报道失实严重，但感到投诉无门。七成受访者不知道投诉渠道。"当问及现有投诉渠道有效程度时，仅有少数人认为效用大，而认为'效用一般'和'效用小'的则比较多"。②

造成这一现象，一方面基于长期的政治冷漠症；另一面，也是对于香港"老板社会"的"禁声"。其实这与长期以来殖民地政府刻意忽视公民教育有关，香港社会长期在中、英二元政治结构中陷于"政治无语"的困境。

进入 20 世纪 90 年代后，香港踏入"后殖民时代"（post－colonial period）的崭新历史阶段。在"一国两制"之下，香港朝着政治民主开放、经济自由创富及文化多元发展的路向前进，香港市民的公民意识显著提高。正如李月

① 李碧心：《失落的使命》，载于老冠祥主编《破口上的螳螂》，第 4 页，香港宣道出版社，2001。

② 李碧心：《失落的使命》，载于老冠祥主编《破口上的螳螂》，第 4 页，香港宣道出版社，2001。

莲说："孕育了香港的身份认同，又意识到社会福祉需要亲自争取，故此觉得要采取积极行动以改善传媒。"教育界及社会人士体会到推广传媒教育的迫切性，"一群传媒教育的倡议者把外国推行传媒教育的经验引进香港，于是传媒教育便得以在香港萌芽发展"。① 香港市民对媒介的批评逐步成为主流声音。

香港传媒运动的发展，加上互联网的出现，增加了批评的公共性和开放性，许多网民在报纸的网络版大胆批评报纸得失。市民对媒介的批评主要方式是投诉。在《东周刊》事件中，事发两天后，香港特别行政区政府影视处收到有关《东周刊》刊登女星裸照的投诉909宗，收到有关《叁周刊》刊登女星裸照的投诉178宗。市民通过向香港特别行政区政府管理部门投诉，表达了他们对不良媒体和媒体行为的批评。

香港传媒教育运动的开展，提高了民众批评传媒的自觉性与主动性。在"传媒教育调查"中，很多参与传媒教育活动的教师及青少年工作者，在问卷中强烈表达了他们对香港传媒的不满。他们形容香港的传媒"夸张报道"、"哗众取宠"、"道德操守低落"、"令社会歪风扩大及蔓延"、"下流的讯息居多"、"资料失实"、"报道单一化"、"专业分析不足"、"过分商业化"等。这种不满和要求改善传媒的情绪，既是启动传媒教育的力量，也是民众批评媒介的行动。② 李月莲介绍说："进入90年代之后，传播科技、信息科技和通讯科技汇流，令信息传递更快更新，形式更加多元化，尤其是互联网（Internet）的普及化，令新媒体将年青人全面包围。香港教师、社工及家长极度关注'互联网的正确使用'、'色情网页'、'ICQ陷阱'及'漫画网吧'等问题。新媒体威力所引来的关注，也是刺激传媒教育发展的动力。香港教育协会直接发起运动批评媒介色情化、暴力化。"③

二、社会团体的媒介教育

在20世纪二三十年代，虽然香港的公共空间和公共文化并未得到发展，但香港的行会、社团却得以成长，这些都是香港公共领域的雏形，而同样具

---

① 李月莲：《香港传媒教育运动："网络模式"的新社会运动》，载（台湾）《新闻学研究》第71期，2002年4月。

② 李月莲：《香港传媒教育运动："网络模式"的新社会运动》，载（台湾）《新闻学研究》第71期，2002年4月。

③ 李月莲：《香港传媒教育运动："网络模式"的新社会运动》，载（台湾）《新闻学研究》第71期，2002年4月。

有公共性的是传媒监督机构。其中，十分活跃的明光社出版了不少印刷物，批评香港媒介，传递媒介素养知识和认识方法。它发表的《失落的使命：为混乱的香港传媒把脉》、《破口上的螳螂：新闻线上的信仰反省》等文章，产生了极好的社会效果。明光社不时到各学校介绍传媒教育的重要性，举办监察传媒的学习班，设立传媒教育资源中心及制作了有关网页。在2001、2002年它得到资助，在40个中学举办传媒教育工作坊。另一家传媒监察机构“突破机构”不但有不少出版物，还建立了认识传媒的图书馆，便利于大众了解和批评香港传媒。

2006年8月27日香港“民生动力”等18个妇女团体代表声讨《壹本便利》偷拍钟欣桐换衫照事件，斥责《壹本便利》的行为“无耻、下流”，并烧毁该杂志的影印本以示不满。

在外国，宗教团体是推广传媒教育的一股重要力量，除出版刊物，还经常派成员到各学校演讲。香港基督徒记者团举办“小记者驻校计划”，进行媒体制作方面的教育；香港天主教正义和平委员会一度每年举办传媒教育讲座，出版了“影响你我的传媒：传媒教育教材套”，对在学校推行传媒教育帮助尤大。香港回归之后，教育界多个团体联合行动，呼吁全港学生家长抵制不良传媒。香港六大宗教领袖也打破开埠以来的传统，首次联合谴责传媒，社会各界都觉得有约束及改革传媒的需要。

三、新闻行业组织的呼声与自律

直接批评和指导传媒健康发展的团体是新闻行业组织，是香港媒介批评的第三种力量。1954年5月10日成立的香港报业公会是较早的新闻行会，但它“是香港新闻传播机构老板的组织”。[①] 由《南华早报》、《华侨日报》等四家报社负责人倡议组成，主旨是促进香港新闻业界合作，推动一切有关香港报章事宜及会员利益。香港报业公会早期主办最佳新闻摄影记者奖、最佳记者奖等，以表扬新闻同业出色的表现及成就[②]。近年来还设置了“最佳新闻奖”，又先后增设“最佳新闻版面设计”及“最佳科学新闻报道”等奖项。2005年“香港新闻奖”的奖项多达62项。

---

① 方汉奇主编：《中国新闻事业简史》，第540页，中国人民大学出版社，1995。

② 香港报业公会金禧纪念特刊编辑委员会编辑：《香港报业50载印记：香港报业公会金禧纪念特刊》，第97页，香港明报报业有限公司，2004。

为了促进业界的发展，“公会”定期举办“研习班”，与不同地区的同业交流；对社会的重要议题不定期举办“午餐会”，邀请社会具代表性的人士出席，并担任演讲嘉宾，对政府一些有关传媒法例及条例的草拟起了积极的作用。报业公会开设小组研究，向当局提供业界的意见，包括近年的版权法及缠扰法等草案，对创立“报业评议会”也作出不少努力。

2004年7月12日，香港廉政公署拘捕了上市公司“先科国际”主席黄创光和公司总经理等人，指他们涉嫌行贿美国运通银行及汇盈证券高层，协助配售和购买股份，并收买两证券分析员撰写有利公司的证券报告。24日廉政公署持法庭搜查令，搜查了至少6家报馆和1间律师楼，怀疑他们在廉政公署调查“先科国际”贪污案时串谋，妨碍司法公正。报业公会于7月27日召开紧急会议，对廉政公署搜查七家报馆行动表示强烈不满，香港多家报馆负责人出席会议，要求廉政公署进一步作出解释。可见，该会主要代表行业利益与报馆老板的意志。

1986年2月25日成立的香港新闻行政人员协会，由在职的新闻编辑、采访主任以上职级人员组成。协会的会员为香港各大传媒的新闻行政人员，包括总编辑、副总编辑及编采行政人员等一百多人。该会的宗旨是维护及促进新闻自由，促进会员之间的了解和合作，发扬专业团结精神，维护专业尊严，建立专业操守，[①] 同报业公会“老板行会”一样，新闻行政人员协会是“媒介专业精英”管理层的行会。

1989年12月一个寒冷夜晚，一群摄影师在湾仔一间酒店内聚会，成立了一个后来命名为香港摄影记者协会的组织。他们希望将摄影记者们组织起来，争取社会更广泛的认识和承认，为本港的新闻摄影确立道德标准。《香港摄影记者协会会章》第二部分就提到该会的目的是提高新闻记者摄影质素；让摄影记者得以交流摄影心得、意见；保障摄影记者权益；促进外界对摄影记者行业之认识；敦促政府立例保障采访自由；争取及维持公平而合理之薪金比率、工作时间及其他工作条件。除了遵守《新闻从业员专业操守守则》外，2002年4月30日，该会还结合摄影记者的特殊性，制定了与警察关系的准则。鉴于摄影记者与警察在执行其工作时，可能会产生摩擦，故有必要订立较明确和具体的指引。比如：“摄影记者采访时需要：佩带记者证

① 方汉奇、张之华主编：《中国新闻事业简史》，第540页，中国人民大学出版社，1995。

以便让警察实时识别摄影记者身份，意识到摄影记者在场的特殊职责，与其他在场人士有所分野。摄影记者的主要职责并非和警察理论或对持，这有损双方工作效率，并转移了双方在场原来目的。集中精神，寻找拍摄时机，全心全意采访，不把个别碰撞或遮挡视为故意。若摄影记者觉得被亏待，亦要保持冷静和理性态度，与警察理论。摄影记者采访时避免讲粗口，挑衅言语，喧哗，故意冲撞敌视和偏离岗位。”①

据统计，近年较活跃的自称“最具代表性”的香港新闻记者协会，是规模最大的记者工会。记协于1968年成立，现有会员约600名，不到全港记者的五分之一。香港记者协会辖下有执行委员会、操守委员会、新闻自由小组、会员培训及福利小组、中国关注小组、国际关系小组及刊物小组。执行委员会是香港记者协会组织架构中的最高委员会；操守委员会是由3位经执行委员会选举出来的会员组成，负责向执行委员会表达意见。

2000年前，香港本无传媒的自律条例，只是香港新闻记者协会制定过有关记者的专业守则，“留意传媒违反新闻道德的事件”②，基本上与其他国家和地区的传媒自律信条相同。该守则也相当笼统，对香港传媒目前存在的比较严重的问题，诸如披露个人隐私、宣扬暴力、性事等并没有详细的规定，故而缺乏约束力。香港新闻记者协会是作为一个维护记者权益和行业利益为首要目标的社会团体，记者自律不是其主要关心的议题。它的另一个主要作用是批评传媒，1988年12月8日，香港记协发表声明，指查良庸干预《明报》采访安排，并要求其辞职。半年后，查良庸表示，《明报》为我办，我有权处理。③

1999年8月，法律改革委员会隐私小组公布一份传媒的隐私行为咨询文件，批评部分新闻媒介滥用新闻自由，侵犯隐私情况严重，新闻业内长久缺乏有效监管机制，建议设立法定组织“保障隐私报业评议会”。这个评议会由新闻界人士和公众组成，负责处理市民投诉、主动调查、裁决及处罚违规的报刊负责人。“法定评议会”的权力相当大，不但能指令违规的报刊作出更正、刊登道歉启事，还可判处罚款高达一百万港元。“法定评议会”虽说独立，但特别行政区行政长官却间接影响成员的委任。

---

① 《摄影记者采访与警察关系》指引草稿，载于香港摄影记者协会网站，http://www.hkppa.net。

② 方汉奇主编：《中国新闻事业简史》，第540页，中国人民大学出版社，1993。

③ 张圭阳：《金庸与报业》，第214页，香港明报出版有限公司，2000。

这项建议在新闻界引起广泛的讨论，得到多半市民的赞成，民众认为，即使牺牲新闻自由也在所不惜。新闻界却多持反对意见，担心这个组织会损害新闻自由。他们不希望法律或特别行政区政府来解决新闻道德问题，而希望以自律解决新闻道德问题。一时间，媒介上讨论热烈，平时各自为政的几个新闻组织联合成立"新闻界操守联席工作小组"，研究提升新闻操守的方案，以"积极行动"反对特别行政区政府介入报业评议会。特别行政区政府方面其实并没有既定方案，也同意特别行政区政府越少介入越好，媒介机构的自律最为理想。有学者点评说："新闻界强烈反对有关建议，担心'法定评议会'干预新闻自由，又以行动响应公众的不满和批评。"①

于是，2000 年由香港记者协会、香港摄影记者协会、新闻工作者联会和新闻行政人员协会等 4 个新闻工作者组织，草拟了《新闻从业员专业操守守则》，经咨询后最后定稿。守则主要分理念、操守守则和运作细则三部分，除了表明要维护新闻自由外，也指出必须以公众利益为依据，进行求真和公平客观地报道，避免淫亵、不雅和煽情，遵守个人隐私，避免利益冲突，正确处理不愿透露身份人士所提供的消息等。

同时，由报业公会催生的报业评议会于 2000 年 7 月正式成立，有 11 份报纸和两个新闻工作者团体参加。成员除了新闻业界人士，还有非业内人士，他们主要来自大专院校。销量最大的几家报纸，如《苹果日报》、《东方日报》却没有参加这些自律机构，自律机制未必能有效发挥制衡力量，只是"无牙老虎"，既无法定权力，又缺乏惩罚力度。

香港中文大学的陈韬文教授认为："报评会成立只有五年，是新闻界的自律组织，对受谴责的报刊没有什么法定的约束力，更有三份销量较大的报章不是会员，在这样先天不足的条件下，凭着报评会的努力，过去一共处理了 103 宗的投诉，发出 10 个谴责，当中获得不少报章的报道及有关报章的积极回应，而现在也有一成左右的受访者强烈地认同报评会的效用。民间组织要建立权威，往往要靠细水长流，报评会大概也不会例外。从这样的角度看来，报评会的效用已受到社会初步的肯定，努力并没有白费。"② 香港浸会大学新闻系助理教授甄美玲认为，"'报评会'的表现未如理想，面对的困

① 甄美玲：《报业评议会五年来的表现》，载香港电台《传媒透视》，2005 年第 8 期。

② 陈韬文：《报评会获得市民肯定》，载香港《传媒透视》，2005 年 8 月。

难很多，前景亦不明朗，这其实是全球大多数报业评议会的普遍现象，问题源于它的本质。很多时候，报业评议会只不过是报界的一个自卫组织，用以抗衡政府的规管意图。由于报界自律的决心不大，报业评议会的成效往往成疑问。长远而言，'报评会'亦难以消除政府规管报刊的威胁。'法改会'发表报告书后，政府未有积极跟进。从表面看来，设立法定组织的建议不了了之，但这可能只是风雨来临的前夕，一旦公众认定报刊死性不改，又遇上传媒的一些做法激起民愤，政府就能挟着当时的民意出击，极速地落实'法改会'的建议，立法加强规管报业。"①

四、名流与批评家的理性分析

在香港很早就有各类批评家和评论家，如"影评人"（电影），"马评人"（赛马），"球评人"（足球），"股评人"（股票），甚至"狗评人"（赛狗），但是迟迟未有"报评人"。这无疑是香港文化的缺陷。追溯香港媒介批评家的滥觞，可发现，19 世纪后半期的王韬不但是文人论政的知识分子，还是媒介批评家。现代中国的优秀知识分子都涉足过香港，他们对香港报刊都有批评，如 1938 年茅盾为编《文艺阵地》来到香港，感到"似乎进入了一片文化沙漠"。他写道："1938 年的香港，是一个畸形儿——富丽的物质生活掩盖着贫瘠的精神生活，这在我到达香港不久就感觉到了。香港的报纸很多，大报近十种，小报有三四十种，但没有一张是进步的……其编辑人眼光既狭窄，思想也落后。至于大量充斥市场的小报，则完全以低级趣味，诲淫诲盗的东西取胜。港英政府为保持香港'中立'的地位，就不能得罪日本，就必须限制抗日言论。港英政府实行苛刻的新闻检查制度，是抗战初期限制抗日言论的直接措施。那时，港府派出的审查员对报刊上的抗日言论看得很紧。翻开当时香港出版的报刊，成群结队的'X'随处可见，大块大块的空白也是平常事，不少报纸的社论被删得只剩标题，甚至完全开天窗。"②"在中国特殊的社会组织中，这种深刻的期待必然通过社会思想文化的载体——中国的知识分子群体所显著地反映和表达出来。"③

香港专业的媒介批评家是在 1949 年后出现的，是香港媒介批评的第四

---

① 甄美玲：《报业评议会五年来的表现》，载香港《传媒透视》，2005 年 8 月。

② 茅盾：《我走过的道路》（下册），第 35 页，三联书店（香港）有限公司，1989。

③ 李谷城：《香港中文报业发展史》，第 264 页，上海古籍出版社，2005。

种力量。1959 年金庸创刊《明报》，代表香港利益、具有本土意识的知识分子开始崭露头角。他们具有独立人格和自由精神，香港的新闻自由和政府对经济的不干预政策，使这些知识分子获得更多的言论自由和报刊批评空间。金庸被人评为“一手写武侠，一手写社论”的名家，而他在主持《明报》时，以“事实不可歪曲，意见大可自由”来标榜新闻专业主义。虽然金庸的评论更多的是社会政治评论，但涉及传媒的评论也不少。在《明报》史上，金庸的报评两次引起全港关注，一次与左派报纸进行“核子辩论”；一次与多家媒体展开“大亚湾”论战。①

1963 年 10 月，外交部长陈毅在北京对日本记者团发表“核裤论”，声明“不管中国有多穷，我当了裤子也要造原子弹！”查良镛立即在《明报》上发表《要裤子不要核子》的社评。此论一出，香港《大公报》、《文汇报》、《新晚报》、《香港商报》、《晶报》等左派报纸猛烈围攻《明报》。《明报》又发表《我们关于裤核问题的十点立场》，以全部版面阐述对“核裤论”的看法。1980 年中央政府公布大亚湾核电厂是中、英、法三国合作项目，建成后七成电力供应香港，1984 年大亚湾核电厂平整地基，没有引起香港报界的任何反对，当苏联切尔诺贝利核电厂发生事故后，香港的环保团体长青社、地球之友和核电关注组在 5 月 6 日首先要求暂时停止兴建大亚湾核电厂。从 4 月 27 日至 6 月 5 日，《香港时报》、《明报》、《文汇报》刊登了 478 条大亚湾核电厂的新闻。6 月 4 日，《明报》发表社评《香港就成死港！》，强调“任何地方的核电站万一发生事故，附近居民都可疏散撤退，香港人也可疏散撤退，香港却成了死港。这是根本的原则”。“死港”社评一出，在香港报界引起争议。在这两起事件中，《明报》声誉大增，获取香港第一政治大报的地位。

香港回归前后，香港民间有一种活力在集结，这股力量在特定的议题上，例如公园的拆除、环保、反核，都发挥了影响力。其中知识分子发出的声音引人注目。一些媒介批评家也意识到香港传媒业的乱相，发出了“专家话语”，成为香港媒介批评的重要力量。比如近年较活跃的学者张圭阳就是一例。张圭阳是资深新闻工作者，从业 20 余年，在《明报》、无线台都做过管理。张圭阳曾是香港电台普通话频道的总编辑，也是香港报业评议会的成员，他常针对传媒的表现发表意见。这些批评家们大多有新闻从业背景，深

---

① 李金铨：《香港媒介专业主义与政治过渡》，载《新闻与传播研究》，1997 年第 2 期。

识其中三昧，故能切中时弊。

图 11-9 成龙在集会中批评不良传媒《东周刊》

近年成龙已多次公开抨击《东周刊》与《壹周刊》，在2002年“《东周刊》事件”中多位社会名流如著名导演吴思远，香港立法会八大党派和许多社会团体领袖也随即发表声明，对《东周刊》的行径表示愤慨。这些威权批评更多具有“舆论领袖”的意味。

香港高校的新闻教育机构有中文大学、浸会大学、城市大学树仁学院、珠海学院等，其中以香港浸会大学传理学院和香港中文大学新闻与传播学院最为突出。1995年11月上旬，在香港中文大学新闻学三十年系庆之际，举行了“市场主导新闻学实践与批评”的学术会议。罗粲、香树辉、黎廷瑶等新闻学界和业界人士参与讨论，是一次难得的学术界与业界的沟通。本次会议主题是“市场主导新闻学大争论”。黎廷瑶是《苹果日报》的副总编辑，也是受围攻最多的人，而《苹果日报》为首的壹传媒集团的报刊被批评为“黄赌毒黑邪”刊物。在场的媒介批评家何良懋有感触地说道：“而受台上台下围攻的黎廷瑶重复说过一段话，我觉得可圈可点。他以自己五年来的新闻工作经验为例，自我剖析，表示在周刊编辑部日常工作中，工作者的自我成分不断减少。刊物发展过程中，自由市场的产品意识日益膨胀后，在销路压力和传媒老板影响下，从业人员日夕须以满足市场为当务之急。而从心理学上受到压抑，使自我不断减少。”①

陈韬文说：“统计起来，香港全职从事新闻与传播学教育约有50位，其中积极做研究的只有十多个，就算加上其他科系的研究者，活跃的总人数恐怕不超过20人。人数这么少，对香港传播研究的数量和范围都构成了很大的限制。”② 象牙塔里的学术研究没有形成规模，加上多数研究者脱离媒体实践，是很难影响传媒的。在高度发达的商品社会中，新闻院系研究空气不浓，专家们在学术上难以发挥引导媒介的作用。

---

① 何良懋：《解构传媒》，第35页，香港，次文化堂，1997。

② 陈韬文：《香港传播研究的回顾与前瞻》，摘自朱立、陈韬文编《传播与社会发展——香港中文大学新闻与传播学系成立廿五周年纪念学术研讨会论文集》，第423页，香港中文大学新闻与传播学系，1992。

参考文献

[英] 李提摩太：《报中杂论跋》，刊于1891年6月27日《直报》。
[英] 马礼逊夫人：《马礼逊回忆录》，广西师范大学出版社，2004年版。
（明）梅村野史：《鹿樵纪闻》卷中，《扬州十日记》，神州国光社，1946年版。
《明会典》，中华书局，1989年版。
《明史》，中华书局，1974年版。
《德宗景皇帝实录》，新文丰出版公司影印本。
《强学会》影印说明，中华书局，1991年版。
《清世祖章皇帝实录》，中华书局，1985年版。
《辛亥革命》，上海人民出版社，1957年版。
昌切：《清末民初的思想主脉》，东方出版社，1999年版。
《毛泽东选集》，人民出版社，1991、1977年版。
《毛泽东早期文稿》，湖南出版社，1990年版。
《毛泽东书信选集》，人民出版社，1983年版
《毛泽东文集》，人民出版社，1993—1997年版。
《建国以来毛泽东文稿》，中央文献出版社，1992年版。
《刘少奇选集》，人民出版社，1981年版。
《周恩来早期文集》，中央文献出版社、南开大学出版社，1998年版。
《邓小平文选》，人民出版社，1994年版。
《孙中山全集》，中华书局，1981—1986年版。
《李大钊文集》，人民出版社，1984年版。
《陈独秀文章选编》，生活·读书·新知三联书店，1984年版。
《先总统蒋公全集》，台北“中国文化大学出版部”，1984年版。
《鲁迅全集》，人民文学出版社，2005年版。

《章士钊全集》，文汇出版社，2000年版。
章士钊：《章士钊文选》，上海远东出版社，1996年版。
《朱执信集》，中华书局，1979年版。
《蔡元培全集》，中华书局，1984年版。
梁启超：《饮冰室合集》文集，中华书局，1989年版。
梁启超：《清代学术概论》，上海古籍出版社，1998年版。
梁启超：《梁启超选集》，人民文学出版社，2004年版。
谭嗣同：《谭嗣同全集》，中华书局，1981年版。
汤志钧编：《章太炎政论选集》，中华书局，1977年版。
汤志钧：《章太炎年谱长编》，中华书局1979年版。
章太炎：《章太炎全集》，上海人民出版社，1985年版。
季羡林主编：《胡适全集》，安徽教育出版社，2003年版。
《胡适文集》，北京大学出版社，1998年版。
陈玉申：《晚清报业史》，山东画报出版社，2003年版。
丁淦林主编：《中国新闻事业史》，高等教育出版社，2002年版。
方汉奇：《中国近代报刊史》，山西人民出版社，1981年版。
方汉奇：《方汉奇文集》，汕头大学出版社，2003年版。
方汉奇主编：《中国新闻事业通史》，中国人民大学出版社2000年版。
方汉奇、李矗主编：《中国新闻学之最》，新华出版社，2005年版。
冯自由：《革命逸史》，中华书局，1981年版。
黄远生：《远生遗著》，商务印书馆，1984年版。
黄卓明：《中国古代报纸探源》，人民日报出版社，1982年版。
胡道静：《中国国民党党报溯源》，见《新闻史上的新时代》，世界书局，1946年版。
胡太春：《中国近代新闻思想史》，山西人民出版社，1987年版。
蒋良骐：《东华录》，中华书局，1980年标点本。
赖光临：《中国近代报人与报业》，台湾"商务印书馆"，1979年版。
李彬：《唐代文明与新闻传播》，新华出版社，1999年版。
李文治：《晚明民变》，中华书局，1948年版。
李逊之：《三朝野记》，北京古籍出版社，2002年版。
李瞻：《新闻学》，台湾三民书局，1985年版。
陆容：《菽园杂记》，中华书局，1985年版。

倪延年：《中国古代报刊发展史》，东南大学出版社，2001年版。
邵廷采：《东南纪事》，神州国光社1946年版。
沈云龙主编：《近代中国史料丛刊》，文海出版社有限公司印行。
史可法：《史可法集》，上海古籍出版社，1984年版。
孙承泽：《天府广记》，北京古籍出版社，1984年版。
陶骏、陶念霖增修：《大清律例增修统纂集成》，铅印本，光绪32年版。
王士贞：《弇山堂别集》，中华书局，1985年版。
王韬：《韬园尺牍》，广文书局，1994年版。
王韬：《弢园文录外编》，上海书店出版社，2002年版。
吴其昌：《梁启超》，重庆胜利出版社，1944年版。
汪康年：《汪康年师友书札》，上海古籍出版社，1987年版。
魏源：《海国图志叙》，《魏源集》中华书局，1976年版。
魏源：《魏源集》，北京中华书局，1983年版。
文秉：《列皇小识》卷六，神州国光社，1946年版。
徐咏平：《革命报人别记》，台湾正中书局，1973年版。
尹韵公：《中国明代新闻传播史》，重庆出版社，1990年版。
余继登：《典故纪闻》，中华书局，1981年版。
张功臣：《外国记者与近代中国》，新华出版社，1999年版。
郑观应：《郑观应集》，上海人民出版社，1988年版。
余家宏、徐培汀编注：《新闻文存》，中国新闻出版社，1987年版。
王文彬：《中国现代报史资料汇编》，重庆出版社，1996年版。
荣孟源：《蒋家王朝》，中国青年出版社社，1980年版。
郑逸梅：《书报话旧》，学林出版社，1983年版。
王泰栋：《陈布雷外史》，中国文史出版社，1987年版
冯玉祥：《我所认识的蒋介石》，黑龙江人民出版社，1980年版。
《邵力子文集》，中华书局，1985年版。
曾虚白：《中国新闻史》，台北三民书局，1966年版
《韬奋新闻出版文选》，学林出版社，2000年版。
《季鸾文存》，大公报馆，1947年版。
周雨编：《大公报人忆旧》，中国文史出版社，1991年版。
吴廷俊：《新记〈大公报〉史稿》，武汉出版社，1994年版。
徐宝璜：《新闻学》中国人民大学出版社，1994年版。

黄天鹏主编：《新闻学论文集》，上海大光书局印行，1935年版。
孟兆臣：《中国近代小报史》社会科学出版社，2005年版。
戈公振：《中国报学史》，上海古籍出版社（插图整理本），2003年版。
黄天鹏：《新闻学入门》，上海大光书局印行，1936年版。
谢六逸：《实用新闻学》（《申报新闻函授学校讲义》），《申报》新闻函授学校印行，1935。
朱传誉：《先秦唐宋明清传播事业论集》，台湾“商务印书馆”，1988年版。
卓南生：《中国近代报业发展史1815——1874》，中国社会科学出版社，2002年版。
《新闻界人物》编委会编：《新闻界人物》（一），新华出版社，1983年版。
复旦大学新闻系新闻史教研室编：《中国新闻史文集》，上海人民出版社，1987年版。
中国社会科学院新闻研究所新闻研究资料编辑室编辑：《新闻研究资料》，1981年版。
胡正强：《中国现代报刊活动家思想评传》，新华出版社，2003年版。
李建新：《中国新闻教育史论》，新华出版社，2003年版。
李楠：《晚清民国时期上海小报》插图本，人民文学出版社，2006年版。
孟兆臣：《中国近代小报史》，社会科学出版社，2005年版。
王桧林、朱汉国主编：《中国报刊辞典》（1815－1949），书海出版社，1997年版。
杨光辉等编：《中国近代报刊发展概况》，新华出版社，1986年版。
《张太雷文集》，人民出版社，1981年版。
《中国报刊广播文集》（一）（二）（三）（四），北京广播学院新闻系，1980年5月
中国社科院新闻所编：《中国共产党新闻工作文件汇编》，新华出版社，1980年版。
中央文献研究室和新华社编：《毛泽东新闻工作文选》，新华出版社，1983年版。
陈清泉、陶铠编选：《陆定一新闻文选》，新华出版社，1987年版。

韩一德、王树棣编：《李大钊研究论文集》，河北人民出版社，1984年版。
林之达：《中国共产党宣传史》，四川人民出版社，1990年版。
林骧华主编：《西方文学批评术语》，上海，上海社会科学出版社，1989年版。
潘知常、林玮主编：《传媒批判理论》，新华出版社，2002年版。
司马璐编：《李立三路线》，自联出版社，1980年版。
唐纯良：《李立三全传》，安徽人民出版社，1999年版。
唐纯良：《陆定一新闻文选》，新华出版社，1987年版。
童兵：《主体与喉舌——共和国新闻传播轨迹审视》，河南人民出版社，1994年版。
王君超：《媒介批评——起源·标准·方法》，北京广播学院出版社，2001年版。
王树康：《陈独秀评论选编》，河南人民出版社，1982年版。
吴玉章等：《毛主席在重庆：革命斗争回忆录》，解放军文艺出版社，1961年版。
肖小穗：《传媒批评——揭开公开中立的面纱》，黑龙江人民出版社，2002年版。
刘建明：《媒介批评通论》，中国人民大学出版社，2002年版。
姚维斗主编：《张太雷文集》，江苏人民出版社，1992年版。
尹树广：《国家批判理论：意识形态批判理论，工具论，结构主义和生活世界理论》，黑龙江人民出版社，2002年版。
袁亮编：《周恩来刘少奇朱德陈云与新闻出版》，中国书籍出版社，2003年版。
张大芝：《新闻理论基本问题》，陕西人民教育出版社，1990年版。
张国良主编：《20世纪传播学经典文本》，复旦大学出版社，2003年版。
张旭东：《批评的踪迹：文化理论与文化批评1985—2002》，三联书店，2003年版。
张锦华：《传播批判理论》，黎明文化事业股份有限公司，1994年版。
朱刚：《二十世纪西方文艺文化批评理论》，扬智文化事业股份有限公司，2002年版。
人民日报报史编辑组编：《人民日报回忆录》，人民日报出版社，1988

年版。
白润生：《中国新闻通史纲要》修订本，中央民族大学出版社，2004年版。
丁浪：《谢觉哉与新闻工作》，重庆出版社，1983年版。
何光先等：《新闻学初探》，人民日报出版社，1983年版。
胡愈之、夏衍等：《不尽长江滚滚来》，群言出版社，2004年版。
蒋丽萍、林伟平：《民间的回声：新民报创始人陈铭德邓季惺传》，新世界出版社，2004年版。
郎劲松：《中国新闻政策体系研究》，新华出版社，2003年版。
李辉：《邓拓：文章满纸书生累》，大象出版社，2000年版。
李庄：《我在人民日报四十年》，人民日报出版社，1990年版。
李庄：《李庄文集》，人民出版社、宁夏人民出版社，2006年版。
陆定一：《陆定一文集》，人民出版社，1992年版。
邓拓：《邓拓文集》，花城出版社，2002年版。
胡乔木：《胡乔木谈新闻出版》，人民出版社，1999年版。
胡绩伟：《新闻工作论说集》，工人出版社，1989年版。
王中：《王中文集》，复旦大学出版社，2004年版。
吴冷西：《忆毛主席》，新华出版社，1995年版。
徐铸成：《旧闻杂忆》，四川人民出版社，1981年版。
袁晞：《武训传批判纪事》，长江文艺出版社，2000年版。
徐铸成：《亲历一九五七》，湖北人民出版社，2003年版。
许静：《大跃进中的政治传播》，香港社会科学出版社有限公司，2004年版。
张黎群等主编：《胡耀邦传》，第1卷，人民出版社、中共党史出版社，2005年版。
《文汇报回忆录》，文汇出版社，1995年版。
成美、顾行：《邓拓传》，山西教育出版社，1991年版。
戴煌著：《胡耀邦与平反冤假错案》，新华出版社，1998年版。
盖军主编：《中国共产党波澜壮阔的八十年》，中国青年出版社，2001年版。
高皋、严家其：《文化大革命十年史》，天津人民出版社，1986年版。
黄峥：《刘少奇冤案始末》，中央文献出版社，1998年版。

纪希晨：《史无前例的年代》，人民日报出版社，2001年版。
李庄：《我与人民日报》，人民日报出版社，1985年版。
邱石编：《共和国重大事件决策实录（共和国轶事第二卷）》，经济日报出版社，1998年版。
苏双碧、王宏志：《吴晗传》，上海人民出版社，1998年版。
夏鼎铭：《马克思恩格斯列宁报刊理论与实践》，中央党校出版社，1998年版。
徐友渔：《直面历史》，中国文联出版社，2000年版。
纪希晨：《史无前例的年代》，人民日报出版社，2001年版。
叶永烈：《姚文元传》，时代文艺出版社，1993年版。
叶永烈：《张春桥传》，作家出版社，1993年版。
张涛：《中华人民共和国新闻史》，经济日报出版社，1996年版。
张之华主编：《中国新闻事业史文选》，中国人民大学出版社，1999年版。
胡文龙、秦珪、涂光晋：《新闻评论教程》，中国人民大学出版社，1998年版。
Roderick MacFarquhar John k. Fairbank 主编：《剑桥中国史》（《The Cambridge history of China》），第15卷，即中华人民共和国史下卷：《中国革命内部的革命：1966—1982年》，中国社会科学出版社，1992年版。
杨波主编：《中央人民广播电台简史》，北京广播学院出版社，2000年版。
姚福申主编：《新时期中国新闻传播评述》，复旦大学出版社，2002年版。
新华社新闻研究所编：《新闻工作文献选编》，新华出版社，1990年版。
黄新生：《媒介批评的理论与方法》，五南图书出版公司，1987年版。
林钟沂编译：《公共政策与批判理论》，源流出版事业公司，1991年版。
欧力同：《哈贝马斯的"批判理论"》，重庆出版社，1997年版。
欧阳宏生：《电视批评论》，中国广播电视出版社，2000年版。
卜卫：《媒介与性别》，江苏人民出版社，2001年版。
时统宇：《电视影响评析》。新华出版社，1999年版。
夏琼编著：《新闻评析》，高等教育出版社，2002年版。
肖小穗：《传媒批评——揭开公开中立的面纱》，黑龙江人民出版社，

2002 年版。
展江主编：《舆论监督紫皮书》，南方日报出版社，2004 年版。
展江主编：《中国社会转型的守望者——新世纪新闻舆论监督的语境与实践》，中国海关出版社，2002 年版。
张锦力：《解密中国电视》，中国城市出版社，1999 年版。
雷跃捷、哈艳秋主编：《邓小平新闻宣传理论研究》（论文集），北京广播学院出版社，2002 年版。
陈崇山、弭秀玲：《中国传播效果透视》，沈阳出版社，1989 年版。
陈富清：《江泽民舆论导向思想研究》，新华出版社，2003 年版。
方积根、唐润华、李秀萍编著：《台湾新闻事业概观》，新华出版社，1990 年版。
戈公振：《中国报学史》，三联书店，1955 年版。
孙旭培：《当代中国新闻改革》，人民出版社，2004 年版。
孙旭培：《新闻学新论》，当代中国出版社，1994 年版。
《于右任先生文集》，台湾“国史馆”印行，1978 年版。
陈芳明：《二二八事件学术论集》，前卫出版社，1989 年版。
陈国祥、祝萍：《台湾报业四十年》，自立晚报出版社，1987 年版。
成露茜、罗晓南主编：《媒体识读　一个批判的开始》，正中书局股份有限公司，2004 年版。
戴国辉，叶云云：《爱憎二二八——神话与史实：揭开历史之谜》，远流出版社，1992 年版。
冯建三：《大媒体 I》，元尊文化，1998 年版。
冯建三：《大媒体 II 媒体社会运动》，元尊文化，1998 年版。
冯建三：《广电资本运动的政治经济学》，远流出版公司，1995 年版。
郭力昕：《电视批评与媒体观察》，时报文化出版企业公司，1990 年版。
郭力昕：《新频道　电视　传播　大众文化》，万象图书股份有限公司，1992 年版。
郭纪舟：《70 年代台湾左翼运动》，海峡学术出版社，1999 年版。
胡幼伟：《传播讯息的第三者效果——理论探源与实证研究》，五南图书出版公司，1998 年版。
金生丽：《台湾采访话旧》，“中华民国新闻编辑协会”，1965 年版。
赖泽涵、马若孟、魏萼：《悲剧性的开端——台湾二二八事变》，时报文化出版公司，1993年版。
李筱峰：《台湾民主运动四十年》，自立晚报出版社，1987年版。
李旺台：《台湾反对势力—1976—1986》，五千年出版社，1993年版。
李巨源、冯光远：《给我报报003》，时报文化，1993年版。
李金铨：《新闻的政治，政治的新闻》，圆神出版社，1987年版。
李金铨、郑瑞城等：《解构广电媒体》，澄社，1994年版。
廖风德：《台湾历史探索》，台湾学生书局，1996年版。
廖伟程：《电视新闻的再现、重构、真实》，前卫出版社，1994年版。
潘家庆：《新闻媒介：社会责任》，台湾"商务印书馆"，1984年版。
彭怀恩：《政治传播与沟通》，风云论坛，2002年版。
彭渰雪：《除了转台摇头外》，载《妇女新知通讯》第6页，妇女新知基金会，2000年版。
苏蚵雅：《煞不住的下冲列车：台湾媒体批判》，米罗文化有限公司，2004年版。
孙秀蕙：《三台电视如何报导二届立委选举新闻》，前卫出版社，1994年版。
王天滨：《台湾报业史》，亚太图书出版社，2003年版。
王文昌：《透过电视看台湾》，未来文化出版，2003年版。
王惕吾：《我与新闻事业》，联经出版社，1991年版。
王震寰：《广播电视媒体的控制权》，澄社，1993年版。
王新命：《新闻圈里四十年》，龙文出版社，1993年版。
许介麟：《台湾战后史记》，文英堂出版社，1995年版。
徐佳士：《冷眼看媒体世界》，九歌出版社。
杨志弘：《解剖媒体》，时报文化出版企业有限公司，1990年版。
叶明动：《感怀3集》，昇文化公司，1998年版。
张作锦：《试为媒体说短长》，天下文化出版公司，1997年版。
张煦华：《迈向21世纪台湾媒体大剖析》，幼狮文化事业公司，1996年版。
张慧英：《提笔为时代》，时报出版社，2002年版。
郑瑞城：《透视传播媒介》，经济与生活出版事业股份有限公司，1988年版。
郑贞铭：《守望媒介》，幼狮文化事业公司，1991年版。

钟蔚文：《从媒介真实到主观真实》，正中书局，1992 年版。
香港报业公会金禧纪念特刊编辑委员会编辑：《香港报业 50 载印记：香港报业公会金禧纪念特刊》，明报报业有限公司，2004 年版。
《薪继火传：复旦大学新闻传播论文集》，复旦大学出版社，1999 年版。
《全球信息化时代的华人传播研究：2003 年中国传播学论坛文集》，复旦大学出版社，2004 年版。
巴图：《香港洪帮》，时事出版社，1996 年版。
蔡荣芳：《香港人之香港史：1841～1945》，牛津大学出版社，2000 年版。
陈昌凤：《香港报业纵横》，法律出版社，1997 年版。
陈启能主编：《香港与英国的殖民撤退》，中国社会科学出版社，1993 年版。
陈韬文等编：《大众传播与市场经济》，庐峰学会出版，1997 年版。
陈晓彬：《贵在人和：香港的工薪阶层与社会福利》，中国友谊出版公司，1997 年版。
陈世光：《香港大众传播产业概论》，天地图书公司，2000 年版。
陈扬：《新世纪序曲：香港政权回归录》，中国友谊出版公司，1998 年版。
陈龙：《媒介批评论》，苏州大学出版社，2005 年版。
冯智翔：《再唱香港人：探讨香港人性格变异》，次文化有限公司，1997 年版。
冯智翔：《唱衰香港人：探讨香港人质素衰败》，次文化有限公司，1997 年版。
傅国涌：《金庸传》，北京十月文艺出版社，2003 年版。
何良懋：《解构传媒》，次文化堂，1997 年版。
何良懋：《颠覆传媒》，次文化堂，1997 年版。
何舟、陈怀林编著：《中国传媒新论》，太平洋世纪出版社，1998 年版。
黄煜等：《并非吹毛求疵：香港中文报章的语言与报道问题评析》，广东高等教育出版社，1998 年版。
侯杰泰等编：《香港人的性格发展：个案选集》，广角镜出版社，1989 年版。
寄丹：《报业豪门：胡文虎、胡仙传》，广州出版社，1995 年版。

老冠祥主编：《螳臂集：新闻线上的信仰反省》，丝路信息及文化服务公司，1998年版。
老冠祥等：《变迁中的香港·澳门大众传播事业》，“行政院新闻局”（发行），1999年版。
老冠祥主编：《破口上的螳螂：新闻线上的信仰反省》，宣道出版社，2001年版。
老冠祥主编：《失落的使命：为混乱的香港传媒把脉》，明光社，2002年版。
冷夏：《文坛侠圣——金庸传》，广东人民出版社，1995年版。
李谷城：《香港报业百年沧桑》，明报出版社，2000年版。
李欧梵：《寻回香港文化》，广西师范大学出版社，2003年版。
李少南：《媒介纵横》，次文化公司，1993年版。
李少南编：《香港传媒新世纪》，中文大学出版社，2003年版。
李献文、何苏六：《港澳台电视概观》，北京广播学院出版社，2004年版。
李燕：《港澳与珠江三角洲文化透析》，中央编译出版社，2003年版。
梁伟贤、陈文敏主编：《传播法新论》，商务印书馆（香港）公司，1995年版。
刘曼容：《港英政府政治制度论：1841～1985》，社会科学文献出版社，2001年版。
卢敦基、周静：《自由报人——曹聚仁传》，浙江人民出版社，2003年版。
路滔：《世纪沧桑：香港一百五十六年风雨录》，人民文学出版社，1997年版。
罗孚：《香港文化漫游》，中华书局（香港）公司，1993年版。
吕家明：《黎智英传说》，远景出版事业公司，1997年版。
马松柏：《香港报坛回忆录》，商务印书馆（香港）公司，2001年版。
马杰伟：《香港电视史话》，次文化有限公司，2003年版。
施清彬：《香港报纸商业战》，太平洋世纪出版社，1994年版。
夏衍：《白头记者话当年》，重庆出版社1986年版。
谢静：《建构权威·协商规范：美国新闻媒介批评解读》，复旦大学出版社，2005年版。

俞旭、郭中实、黄煜主编：《新闻传播与社会变迁》，中华书局（香港）有限公司，1999年版。
展江、白贵编着：《中国舆论监督年度报告》，社会科学文献出版社，2006年版。
张圭阳：《金庸与报业》，明报出版社，2000年版。
张圭阳：《香港中文报纸组织运作内容》，广角镜出版社，1988年版。
钟紫主编：《香港报业春秋》，广东人民出版社，1991年版。
钟期荣主编：《经济全球化与跨地区文化传播》，香港树仁大学，浙江大学出版社，2003年版。
朱立、陈韬文编：《传播与社会发展》，香港中文大学新闻与传播学系成立25年纪念学术研讨会论文集，1992年版。

图书在版编目（CIP）数据

中国媒介批评史/刘建明等著. --福州：福建人民出版社，2011.3（2019.10 重印）

ISBN 978-7-211-06249-2

Ⅰ.①中… Ⅱ.①刘… Ⅲ.①传播媒介—批评—研究—中国 Ⅳ.①G206.2

中国版本图书馆 CIP 数据核字（2011）第 003673 号

中国媒介批评史

ZHONGGUO MEIJIE PIPINGSHI

作　　者： 刘建明等著
策划编辑： 魏清荣
责任编辑： 黄须友　魏芳
出版发行： 福建人民出版社　　**电　　话：** 0591-87533169（发行部）
网　　址： http://www.fjpph.com　　**电子邮箱：** fjpph7211@126.com
地　　址： 福州市东水路 76 号　　**邮政编码：** 350001
经　　销： 福建新华发行（集团）有限责任公司
印　　刷： 福州德安彩色印刷有限公司
地　　址： 福州市金山浦上工业区 B 区 42 幢　　**邮政编码：** 350007
开　　本： 730 毫米×990 毫米　1/16
印　　张： 46.5
插　　页： 2
字　　数： 782 千字
版　　次： 2011 年 3 月第 1 版
印　　次： 2019 年 10 月第 2 次印刷
印　　数： 1501—3000
书　　号： ISBN 978-7-211-06249-2
定　　价： 75.00 元

本书如有印装质量问题，影响阅读，请直接向承印厂调。